KB041596

第 27 版

行 政 法 I

金東熙·崔桂暎

博 英 社

제27판 머리말

여기 행정법 Ⅰ 제27판을 출간합니다. 필자는 2021년 제26판부터 공저자로 참여하였고, 지난 2022년 8월 김동희 선생님께서 갑작스럽게 소천하셨습니다. 이 책은 김동희 선생님께서 생전에 남기신 원고를 반영한 개정판입니다.

이 판에서 주로 개정한 사항은 2021년 제정된 행정기본법에 관한 내용입니다. 행정기본법은 기존에 판례와 행정관행, 학설의 형태로 존재하던 행정의 원칙과 기본사항을 성문화한 법률입니다. 행정기본법에는 행정법총론뿐만 아니라 행정소송에도 영향을 미치는 광범위한 내용이 담겨 있습니다. 이 책에서는 불문법원, 시간적 효력, 기간, 신고, 행정규칙, 인허가의제, 행정계약, 자동화된 행정결정, 재량행위, 부관, 공정력, 직권취소, 철회, 실효성확보수단 등 관련된 항목에서 행정기본법의 내용을 충실히 반영하고자 하였습니다. 또한 행정기본법의 제정이 가져올 변화와 의의를 덧붙여 분석하였습니다. 행정기본법 제정에 뒤이어 2022년에는 행정절차법에도 상당한 변화가 있었습니다. 확약, 위반사실의 공표 등 행정절차법에서 새로이 규정된 사항과 청문, 행정계획 등 기존 규정이 보완된 사항을 해당 부분에 반영하였습니다.

김동희 선생님께서 남기신 원고를 토대로 하였지만, 혹여 선생님 뜻에 어긋나는 부분이 있지 않을까 걱정이 됩니다. 선생님께서는 교수의 직을 떠나신 후에도 이 책이 생명력을 잃지 않도록 항상 고민하고 고쳐 쓰는 작업을 손에서 놓지 않으셨고, 공부하는 사람의 삶은 어떠해야 한다는 것을 몸소 보여 주셨습니다. 선생님께서 남기신 원고를 찾아 주시고 개정판 출간에 흔쾌히 동의해 주신 유족분들, 책의 출간을 위해 애써 주신 박영사의 안종만 회장님, 조성호, 김선민 이사님과 편집부 여러분께 감사드립니다. 김동희 선생님의 명복을 빌며 머리말을 마칩니다.

2023년 2월

최 계 영

제26판 머리말

여기 행정법 Ⅰ 제26판을 출간한다.

이 판에서의 이전 판의 수정, 보완 등의 내용은 이전에 비하여 상당히 획기적인 것이라고 할 수 있다.

이 판에서는 이전과는 달리 행정관념을 형식적, 실질적 관념 이외에 조직적 관점에서의 관념에 관하여도 약술하였다. 통상적으로 행정에 관하여 언급할 때에는 행정 각부, 그 부·국 등 실제 행정의 담당 조직을 연상하는 것이 상례이고 보면, 행정관념의 학문적 검토에 있어서도 이러한 조직적 관점에서의 관념도 당연히 검토되어야 할 것으로 보이는 것이다.

또한 판단여지설의 내용도 일부 수정, 보완하고 있는데, 이것이 법학도 여러분의 판단여지설의 실질적 이해에 도움이 될 것으로 기대해 본다. 이 판에서는 규범구체화행정규칙에 대하여도 부분적으로 보완하고 있다. 또한 행정규칙에 관한 판례의 검토 내용을 수정하고 정리하였는데, 이것은 이 법제의 내용적 이해에 도움이 될 것으로 생각해 본다.

개인정보보호제도는 서울시립대학교 법학전문대학원의 경건 교수가 맡아서 검토하여 주었다. 오랜 기간에 걸쳐 이 법제를 연구해 온 경 교수의 검토이고 보니, 당연히 그 내용이 뛰어난 것으로서, 여기서 고마운 뜻을 표한다.

행정상 손해배상제도에서의 위법성의 관념은 취소소송에서의 위법성 관념보다 넓은 것으로 보는 것이 종래의 일반적 입장이었던 것이나, 대법원은 이러한 종래의 입장과는 달리 국가배상에서의 위법성의 관념이 취소소송의 경우보다 좁은 것이라는 입장을 취하고 있는 것으로 보이는 것으로서, 이 판에서는 이러한 대법원의 입장을 따르기로 하였다. 이 판에서는 희생보상청구권의 내용을 상당히 실질적으로 수정, 보충하였다.

행정소송의 검토 부분은 최계영 교수가 맡아서 그 전체에 걸쳐 수정, 보완하였다. 최교수는 서울대학교 법학전문대학원에서 행정법을 담당하고 있는 소장 교수로서, 최교수는 행정법제의 검토에 있어 평이하면서도 명확하게 그 내용을 기술하는 것이 그 기본적 장점이라고 할 수 있을 것으로 보인다. 최교수는 판사로도 근무한 경력이 있고 보면, 이러한 최교수의 행정소송 집필 부분은 법학도들의 이 법제의 올바른 이해에 매우 실질적인 도움을 줄 것으로 생각한다.

항상 그러했듯이 이번에서 보다 나은 체재의 책을 출간하기 위하여 수고를 아끼지 않으신 박영사의 안종만 회장과 편집부 여러분의 노고에 충심으로 고마운 뜻을 표한다.

2021년 2월

저 자 씀

머 리 말

本書는 저자가 서울大學校 法科大學에서의 講義錄과 그 동안에 발표한 行政法 분야의 論文 및 그간의 講義經驗을 기초로 하여 집필한 것이다. 본서는 원래는 昨年 初에 출간될 예정이었으나, 부분적인 내용의 未備로 연기된 것이다. 그 결과 저자 주변의 사람들, 특히 학생들에게는 결국 食言을 한 셈이나, 한 해에 걸쳐 본서의 내용을 강의하면서, 그 내용을 어느 정도 수정·보완할 수 있었던 것도 사실이다.

本書의 執筆에 있어서는 특히 다음의 두 가지 점에 유의하였다. 먼저 본서에서는 行政法의 기본적인 法制, 法理 또는 理論에 관하여, 다만 피상적·평면적으로 관련이론을 나열하는 것이 아니라, 그 내용을 분석적으로 설명함으로써 학생들이 그 본질적 내용을 이해할 수 있도록 노력하였다. 다음에 본서는 학부학생들을 염두에 두고 집필한 것인만큼, 지나치게 구체적·세부적 또는 枝葉的인 내용은 생략하여, 行政法을 공부하는 학생들의 부담을 가능한 한 경감시키면서, 학생들로 하여금 行政法을 체계적·종합적으로 이해할 수 있도록 노력하였다.

行政法學은 실정법으로서 行政法을 그 고찰대상으로 하는 것이고 보면, 우리나라의 法制·判例의 분석·정리가 그 기본적 내용을 이루는 것임은 물론이다. 그러나 行政法學은 단순히 實定法을 기술하는 것만은 아니고, 이를 분석·검토하고 그 基本原理를 규명하여 獨自的 法으로서의 행정법의 체계를 정립하는 것이 그 본질적 임무라 할 것이다.

行政法學은 연혁적으로는 독일·「프랑스」등의 대륙법계 국가에서 생성·발전된 것이고, 우리나라의 행정법은 기본적으로는 대륙법계 국가의 행정법을 그 모델로 하고 있으므로, 적어도 현 단계에 있어서는 독일·「프랑스」행정법상의 關聯法制 또는 法理에 대한 理解는 불가결한 것으로 보인다. 우리나라의 행정법은 특히 독일행정법의 영향을 많이 받고 있으므로, 본서에서는 우리나라 행정법의 해석·발전에 도움이 되는 것으로 판단되는 한도 내에서 주로 독일행정법의 관련법리들을 분석·검토하였다.

　이와 관련하여서는 특히 독일의 Autxier 교수, Rüfner 교수 및 「프랑스」의 Rivero 교수, Vedel 교수, Delvolvé 교수 등에게 이 지면을 빌어 진심으로 謝意를 표하고자 한다. Rüfner 교수는 저자가 독일 Saarbrücken 대학에서 연구교수로 있는 동안에, 바쁜 중에도 저자의 독일행정법의 理解에 많은 도움을 주었으며, Autxier 교수는 개인적으로는 저자의 오랜 친구이면서, 독일과 「프랑스」公法에 정통한 많지 않은 학자 중의 한 사람으로서 양국의 행정법의 이해나 그 비교연구에 항상 많은 도움을 주고 있다. Rivero, Vedel 및 Delvolvé 교수는 「프랑스」행정법의 가장 권위 있는 학자로서, 항상 바쁜중에도 변함없이 저자의 面談이나 書信에 의한 問疑에 기꺼이 응해 주고 계신다. 이 분들의 학문적 業績과 姿勢에 畏敬의 뜻을 표하는 바이다.

　이 책을 출간함에 있어서 그 校訂과 索引作成에 있어서 많은 수고를 하여 준 서울大學校 博士課程의 羅鉉 助敎를 비롯하여 慶健, 李元雨 君 그리고 碩士課程의 李熙貞 孃에게 진심으로 고마운 뜻을 표하며, 아울러 이처럼 산뜻한 책자를 출간하기 위하여 여러 가지로 애써 주신 博英社 安鍾萬 社長과 編輯部 職員 여러분에게 감사의 말씀을 드린다.

1991년 8월

冠岳山 硏究室에서

著　者 씀

차   례

제1편 행정법 서론
제1장 행   정
제1절 행정의 의의

제2절 통치행위

제3절 법치주의

제4절 행정법의 법원

제7절 특별행정법관계

제4장 행정법상의 법률요건과 법률사실

제1절 의의 및 종류

제2절 행정법상의 사건

제3절 공법상의 행위

제2편 일반 행정작용법

제1장 행정입법

제1절 개 설

제2절 법규명령

제3절　행정규칙

제2장 행정계획

제3장 행정상 사실행위

제1항 행정상 사실행위 일반

제2항 행정지도

제5장 행정법상의 확약

제6장 행정행위

제1절 행정행위의 개념

제2항 재량행위

제3항 행정행위의 내용

제2항 행정행위의 효력

제6절 행정행위의 하자

제7절 행정행위의 취소

제8절 행정행위의 철회

제9절 행정행위의 실효

제7장 행정절차

제1절 행정절차의 형성

제2절 행정절차의 의의 및 필요성(기능)

제3절 행정절차의 기본적 내용

제4절 우리나라의 행정절차법제

제1항 행정절차의 헌법적 근거

제2항 행정절차법

제3항 민원 처리에 관한 법률

제8장 행정정보공개·개인정보보호제도

제3편 행정의 실효성확보수단
제1장 개   설

제2장 행정상 강제집행

제3장 새로운 의무이행확보수단

제4장 즉시강제 및 행정조사
제1절 즉시강제

제2절 행정조사
제1항 일반적 고찰

제2항 행정조사기본법

제5장 행 정 벌

제1절 개 설

제4절　수용유사침해·수용적 침해 및 결과제거청구권

제3장 행정쟁송
제1절 개 설

제2절 행정심판

제3절 행정소송
제1항 개 설

제2항 취소소송

참 고 서 적

행정법에 관한 참고서적으로서는 국내는 물론이고, 그 외에도 일본과 독일·「프랑스」 및 영국·미국의 행정법에 관한 다수의 기본서가 있으나, 여기서는 국내의 최근의 행정법 교과서와 독일과 「프랑스」의 행정법 기본서만을 적어 두기로 한다.

Ⅰ. 국내의 행정법서

金道昶, 一般行政法論(上), 청운사, 1993

姜求哲, 講義 行政法(Ⅰ), 학연사, 1993

김남진·김연태, 행정법 1, 법문사, 2020

김남철, 행정법강론, 박영사, 2020

김유환, 현대 행정법강의, 법문사, 2020

김중권, 김중권의 행정법, 법문사, 2019

김철용, 행정법입문, 고시계사, 2020

류지태·박종수, 행정법신론, 박영사, 2019

박균성, 행정법론(상), 박영사, 2020

박정훈, 행정소송의 구조와 기능, 박영사, 2006

卞在玉, 行政法講義(Ⅰ), 박영사, 1991

朴鈗炘, 最新行政法講義(上), 박영사, 1997

徐元宇, 現代行政法論(上), 박영사, 1983

石琮顯, 一般行政法(上), 삼영사, 1997

劉尙炫, 韓國行政法(上), 환인출판사, 1995

尹世昌, 行政法(上), 박영사, 1985

李鳴九, 行政法原論, 대명출판사, 1997

李尙圭, 新行政法論(上), 법문사, 1994

이원우, 경제규제법론, 홍문사, 2010

하명호, 행정쟁송법, 박영사, 2019

韓堅遇, 行政法理論(Ⅰ), 홍문사, 1994

홍정선, 행정법원론(상), 박영사, 2020

홍준형, 행정쟁송법, 오래, 2017

Ⅱ. 독 일

Otto Mayer, *Deutsches Verwaltungsrecht*, Band Ⅰ, 1923

Ernst Forsthoff, *Lehrbuch des Verwaltungsrechts*, 1973

H. J. Wolff/O. Bachof/R. Stober, *Verwaltungsrecht* Ⅰ, 1994(이 책은 전체 3권으로 되어 있는 것으로, 그 제1권이 행정법총론에 해당하는 것인바, 독일의 행정법 교과서로서는 내용이 가장 자세한 것이다. 구체적 내용이나 이론적 수준의 면에서 모두 뛰어난 것이기는 하나, 이 책은 행정법을 보다 전문적으로 연구하는 데에 보다 적합한 것이라 본다)

F. Mayer/F. Kopp, *Allgemeines Verwaltungsrecht*, 1985

Dieter Schmalz, *Allgemeines Verwaltungsrecht*, Teil 1·2, 1988

H. Maurer, *Allgemeines Verwaltungsrecht*, 1997(이 책은 비교적 분량이 적고(800여 면), 내용이 비교적 평이한 편이고 독어문장도 비교적 쉬운 것이어서 일반법학도에게도 일독을 권장할 만한 것으로 본다)

H. U. Erichsen/W. Martens, *Allgemeines Verwaltungsrecht*, 1995(이 책의 특징은 행정법의 법제, 법리 또는 이론을 기본적으로 분석적 각도에서 검토하고 있다는 점이다. 위의 Maurer의 저서에 비하면 분량도 조금 더 많고, 내용도 더 어려운 편이기는 하나, 난해한 것은 아니므로, 이 책도 일독을 권장할 만한 것이다)

N. Achterberg, *Allgemeines Verwaltungsrecht*, 1988

Tschirra/Schmitt Glaeser, *Verwaltungsprozessrecht*, 1988(이 책은 행정쟁송제도에 관한 것으로, 비교적 적은 분량에 비하여(300여면), 내용이 매우 충실한 것이다. 우리나라의 행정소송제도의 이해에도 많은 도움이 될 수 있는 것으로 일독을 권장할 만하다)

Redecker/von Oertzen, *Verwaltungsgerichtsordnung*, Kommentar, 1986

H. J. Knack, *Verwaltungsverfahrensgesetz*, Kommentar, 1994

Ⅲ. 「프랑스」

J. Rivero, *Droit administratif*, 1993(이 책은 「프랑스」행정법에 관한 대표적 저서의 하나로, 그 분량에 비하여(650여면), 내용이 매우 충실하고 이론적 수준도 높은 편이다. 내용이 비교적 평이하고, 불어문장도 이해하기 쉬운 것이어서, 일반법학도에게도 일독을 권장할 만한 것으로 본다)

G. Vedel/P. Delvolvé, *Droit administratif*, t. 1·2, 1990(이 책도 「프랑스」행정법의 대표적 저서인데, 매우 분석적이고 높은 수준의 저서이다. 그 분량이 비교적 많은 편이기는 하나(1480여면), 「프랑스」행정법의 연구에는 필수적인 참고서라 할 것

이다)

A de Laubadére/J. C. Vénézia/Y. Gaudemet, *Trait. de droit administratif*, t. 1, 1988, t. 2, 1986(이 책은 전체 4권으로 되어 있는 것으로, 그 중에서 제1·2권이 행정법총론에 해당하는 것이다. 이 책도 「프랑스」행정법의 대표적 저서에 해당하는 것으로, 분량은 비교적 많은 편이나, 「프랑스」행정법의 전문적 연구에는 필수적 참고서라 할 만한 것이다)

R. Chapus, *Droit administratif g.n.ral*, t. 1·2, 1995(이 책은 그 초판이 비교적 최근에 출간된 것으로, 그 내용은 비교적 명확하고, 이론적 수준도 높은 편이다. 그러나 이 책은 그 방대한 분량(1300여면)으로 인하여 일반법학도에게 권하기는 어려운 면이 있다)

G. Braibant, *Le droit administratif français*, 1988

Ch. Debbasch, *Institutions et droit administratif*, t. 1: Les structures administratives, 1985; t. 2: L'action et le controle de l'administration, 1986

G. Dupuis/M. J. Guédon, *Institutions administratives. Droit administratif*, 1989

P. Weil, *Le droit administratif*, 1987(이 책은 그 분량은 매우 적은 것이나(120여면), 「프랑스」행정법의 종합적 이해에는 매우 유용한 것으로, 내용의 간략성에도 불구하고, 그 이론적 수준은 상당히 높은 것이다. 이 책은 저자가 「프랑스행정법」(박영사)으로 번역 출간한 바 있다)

J. M. Auboy/R. Drago, *Trait. de contentieux administratif*, t. 1·2, 1984(이 책은 「프랑스」 행정소송제도에 관한 대표적 저서이다)

제 1 편

행정법 서론

제 1 장 행　　정

제 1 절　행정의 의의

Ⅰ. 개　설

　　행정법은 행정에 관한 법이므로, 행정법의 내용을 파악하기 위하여는 먼저 행정의 개념 또는 내용을 밝혀 두어야 한다. 연혁적으로는 절대군주의 통치권 중에서 입법권과 사법권이 분화·독립되고 난 나머지의 국가기능을 행정으로 파악하게 되었으므로, 행정개념은 권력분립제도를 전제로 하는 경우에 비로소 성립될 수 있는 것이다.

　　행정은 다음의 세 가지 관점에 따라 정의될 수 있다. 첫째 조직적 의미의 행정관념으로서, 이것은 행정을 행정업무를 담당하고 있는 국가(광의)의 조직, 즉 행정주체와 그 기관으로 보는 것이다. 둘째 실질적 의미의 행정관념으로서, 이것은 행정을 행정작용, 즉 행정책무의 이행을 그 내용으로 하는 국가활동으로 보는 것이다. 셋째 형식적 의미의 행정관념으로서, 이것은 행정을 그 작용의 성질과는 무관하게 조직적 의미의 행정에 속하는 모든 작용으로 보는 것이다.

　　현대 국가에서의 입법, 사법, 행정관념은 권력분립원칙에 따라 생성된 것으로서, 이 원칙은 국가의 권한 또는 권력을 그 성질에 따라 입법·사법·행정으로 나누고 이들 권한을 상호 독립된 기관에 부여함으로써 권력의 집중을 방지하고 국민의 권리 보호를 그 목적으로 하는 것이다. 그에 따라서 실질적 의미의 행정과 조직적 의미의 행정의 내용 또는 범위는 원칙적으로 합치되어야 하는 것이나, 실제로는 양자는 완전히 합치되지는 않고 부분적으로 어긋나는 두 개의 원을 형성하고 있다.

　　조직적 내지 형식적 의미의 행정관념은 그에 따라 행정이 입법·사법의 관념과 명확히 구별된다는 점에서 그 기본적 장점이 있다. 그러나 실제 행정이 수행하는 작용에는 실질적 의미의 행정작용뿐만 아니라 일정 한도에서 행정입법작용(총리령·부령)과 행정심판과 같은 실질적으로는 입법 또는 사법작용도 포함되어 있다는 점에서 조직적 내지는 형식적 관념의 행정관념은 행정법의 대상인 행정의 정확한 파악에는 미흡한 점이 있다. 따라서 행정관념의 파악에 있어서는 그 내용에 따른 정의 방법, 즉 실질적 의미의 행정관념이 결정적 의미를 가진다. 그러나 후술하는 바와 같이 실질적 의미의 행정관념에 있어서는 행정의 내용이나 범위가 명확히 획정되지 아니한다는 문제점이 있다.

행정의 정의와 관련하여서는 통치행위의 의의나 그 인정근거 등을 밝혀 둘 필요가 있다. 왜냐하면 오늘날 행정은 법치주의의 원칙에 따라 법에 기속되고, 재판통제에 의하여 그 기속이 담보되는 것이나, 원칙적으로 통치행위는 그러한 재판통제의 대상에서 제외되는 것으로 파악되어 왔기 때문이다.

Ⅱ. 실질적 의미의 행정

이것은 국가작용에 성질상의 차이가 있음을 전제로 하여, 그 성질에 따라 입법·사법과 구별되는 의미에서의 행정개념을 정립하려고 하는 것이다. 이러한 관점에서 위의 세 가지 국가작용을 가장 간단히 정의하면, 입법은 법정립작용이고, 사법은 법선언작용이며, 행정은 법집행작용이라고 할 수 있다.

그러나 이 정도의 정의만으로 행정개념이 명확해졌다고 할 수는 없으며, 보다 구체적·실질적 정의가 필요하다고 하겠다.

1. 소극설(공제설)

국가작용 중에서 「입법과 사법을 제외한 나머지 작용」이 행정이라고 보는 입장이다. 구체적으로 이 견해에서는, 입법은 「국민의 권리·의무에 관한 일반적 규정을 정립하는 작용」이고, 사법은 「국민의 권리·의무에 관하여 발생한 구체적 분쟁을 법에 의하여 재단하는 작용」이라고 정의하고 나서, 행정은 이러한 「입법·사법작용을 제외한 나머지 국가작용」이라고 정의하고 있다.

소극설은, 행정은 그 다양성으로 인하여 적극적으로 정의하기 어렵다는 전제에 입각한 것으로서, 현재 일본의 통설적 견해이다. 이러한 소극설 또는 공제설은, 연혁적으로 행정작용이 군주의 통치권 중에서 입법·사법작용이 분화·독립되고 남은 작용이라는 행정의 역사적 발달과정에 착안한 것임은 물론이다.

그러나 소극설은 행정의 내용을 적극적으로 밝히고 있지 못하다는 점에서, 이 설의 내용이 행정의 정의라고는 할 수 없다고 본다. 그 외에 소극설은 입법·사법의 내용은 명확히 정의될 수 있다는 것을 전제로 하나, 실제로는 그러하지 않다는 데에도 문제점이 있다.

2. 적 극 설

이 설은 위의 소극설의 문제점을 극복하고 행정관념을 직접 적극적으로 정의하려는 입장이다.

(1) 목적실현설

「오토 마이어」는 행정은 「국가가 법질서 아래서 국가목적을 실현하기 위하여 행하는 작용」이라고 하고, 「게오르그 마이어」는 「행정은 국가가 국민의 이익을 도모하는 작용」이라고 하고 있다.

그러나 이처럼 행정이 국가목적 또는 공익목적의 실현작용이라고 보아 그 특질을 규명하려고 하는 견해는, 입법·사법도 국가목적·공익목적의 실현작용이라는 점을 감안할 때, 그것만으로는 행정과 입법·사법을 구분할 수 있는 구체적 기준이 된다고 할 수 없다.

(2) 양 태 설

이 견해는 행정의 관념을 보다 적극적·구체적으로 정의하려고 하는 입장이다. 이러한 견해를 취하는 학자들은, 혹은 행정은 입법과 사법 이외의 작용으로 「공익의 사실상의 실현을 임무로 하는 국가작용」이라고 하고(Sarwey), 혹은 행정은 「법률의 범위 안에서 법에 의거하여 행하여지는 장래에 대한 계속적인 사회형성활동」이라고 하고(Forsthoff), 혹은 「법 아래서 법의 규제를 받으면서 현실적·구체적으로 국가목적의 적극적 실현을 위하여 행하여지는, 전체로서 통일성을 가지는 계속적인 형성적 국가활동」이라고 하고 있다(田中二郎).

3. 기관양태설

이것은 「켈젠」, 「메르클」 등 순수법학파의 견해로서, 입법·사법·행정 사이에 본질적 차이는 없고, 이들은 다만 그 담당기관의 양태에 따라 구별할 수밖에 없다고 보는 것이다.

「켈젠」은, 작용의 성질이라는 관점에서 볼 때에는 모든 국가작용은 법정립적·법선언적·법집행적 성질을 아울러 가지고 있으므로, 성질에 따라 이들 작용을 구별하는 것은 불가능하다고 본다. 「메르클」도 같은 관점에서 입법·사법·행정의 성질에 따른 구분을 부인한다. 그에 의하면 입법은 합의체기관에 의하여 수행되는 작용이며, 사법은 직무상 상호 독립적인 등격관계에 있는 기관

이 행하는 법집행작용이며, 행정은 그 직무수행에 관하여 상급기관의 감독을
받는 상하관계에 있는 기관이 행하는 법집행작용이라고 보게 된다.

이 견해는 순수법학파의 특징적인 이론인 「법단계설」에 입각한 것으로서,
그 내용상 일반론적이고 추상적인 것이기는 하나, 입법·사법·행정이 절대적으
로 구분되는 것이 아니라는 사실을 밝히고 있는 점은 긍정적으로 평가될 만하
다. 그러나 이들 작용의 차이를 그 담당기관의 양태에서 구한 것은 타당하다고
보기 어렵다. 왜냐하면 그러한 기관의 차이는 오히려 그 작용의 성질상의 차이
에 기인하는 결과라고 보아야 할 것이기 때문이다.

4. 결   어

다른 설에 비하면, 위의 양태설에 속하는 견해가 행정의 관념을 상당히 구
체적으로 정의하고 있는 것은 사실이다. 그러나 이들 견해가 행정의 내용이나
범위를 완전히 보여 주고 있다고는 할 수 없다. 그것은 「마우러」 교수가 지적하
는 바와 같이, 행정의 활동형식·영역·업무의 내용 등은 너무 다양한 것이어서,
이러한 행정의 속성을 완전히 보여 줄 수 있는 간명한 정의는 그 자체 불가능
한 것이라는 사실에 기인하는 것이다. 이러한 점에서, 행정에 대해서는 이를
「기술할 수는 있으나 정의할 수는 없다」고 한 「포르스트호프」 교수의 주장은
나름대로의 타당성을 가지고 있다고 할 것이다.

그러나 어떤 현상에 대한 정의가 불완전한 것이라 하여 그 타당성을 완전
히 부인할 것이 아님은 물론이다. 이러한 관점에서 위에서 인용한 「포르스트호
프」나 「다나까」 교수의 행정에 대한 정의에 대하여는 일단 그 타당성을 인정할
수 있을 것이다. 다만, 전술한 바와 같이 행정은 그 다양성으로 인하여 그에 대
한 완전한 정의가 어려운 것이라는 관점에서, 위의 정의를 보충하는 의미에서
행정의 공통적 특성 또는 징표를 약술하여 두기로 한다.

1) 행정은 공익실현을 내용으로 하는 사회형성작용이다   사행정과는 달
리 공행정은 국가 또는 지역사회 및 그 구성원을 대상으로 하여 그 질서를 유
지·형성하는 작용이다. 따라서 행정은 공익실현을 그 본질로 한다. 행정이 이
처럼 공익실현작용이라는 점에서 행정에 인정되는 공법상 특권(일방적 의무부과·
행정강제 등)의 궁극적 근거를 찾을 수 있는 것이다.

공익은 개인적 이익과 합치되는 것이 보통이나, 양자가 대립되는 경우도
있으므로 이러한 경우에는 공익과 사익의 합리적인 비교형량에 의하여 관련문
제가 해결되어야 할 것이다.

2) **행정은 장래에 대한 능동적인 형성작용이다**　　법의 집행으로서의 행정은 기본적으로 법에 규정된 내용을 현실적·구체적으로 실현하는 작용이다. 그러나 이것이 행정은 항상 법을 기계적으로 집행하는 작용에 지나지 않음을 의미하지는 않는 것으로, 행정은 법률의 한계 내에서 자발적으로 독자적 판단에 따라 활동하는 경우도 적지 않다. 이 경우는 행정의 창조적 활동성이 부각되는 것이다.

3) **행정은 통일적이고 계속적인 사회형성작용이다**　　행정은 구체적으로는 개별적·구체적 작용의 형식으로 행하여지나, 또한 행정은 국가 또는 지역사회의 질서를 유지·형성하는 작용이라는 점에서 그 전체로서는 계속성과 통일성이 있어야 한다.

전술한 행정의 능동성과 계속성·통일성은 행정을 사법(司法)과 구분하여 주는 표지가 되는 것이다. 사법은 법률적 분쟁에 관하여 당사자에 의한 쟁송의 제기에 의하여 법률을 적용함으로써 분쟁을 해결하는 작용이다. 따라서 사법은 소극적이며 또한 과거의 개별적 분쟁의 해결작용이라는 점에서 개별목적적(ad hoc Moment)이고 현상유지적 성격을 가진다.

4) **행정은 구체적 처분에 의하여 그 목적을 실현하는 작용이다**　　이러한 점에서 행정은 일반·추상적인 법규의 정립작용인 입법과 구별되는 것이다. 물론 법규에도 그 법적 효과면에서 행정처분과 같은 성질을 가지는 처분법규(Massnahmegesetz)가 있고, 또한 실질적으로 일반·추상적 성질을 가지는 행정계획이라는 행정작용형식도 있으나, 이들은 예외적 현상에 불과한 것이다. 다만 현대 행정은 법률의 위임을 받거나 법률의 집행을 위해 필요한 범위에서 법규명령이나 행정규칙 등 일반·추상적 규범을 정립하는 행정입법에 의해 행정목적을 달성하는 경우가 점점 증가하고 있음은 사실이다. 그러나 이러한 규범정립작용은 대부분의 경우 행정의 구체적 처분의 상세한 근거마련을 위한 사전적 준비로서의 의미를 가지므로, 행정이 구체적 처분에 의하여 그 목적을 실현하는 작용이라는 명제는 여전히 유지될 수 있을 것이다.

Ⅲ. 행정의 실질적 개념과 입법·사법

1. 행정의 개념

입법·사법·행정은 「켈젠」 등의 순수법학파가 지적하는 바와 같이 절대적 차이가 있는 것은 아니다. 그러나 이론적으로 권력분립론이 주장되고, 역사적으로 절대군주의 통치권에서 입법·사법기능이 분화되게 된 것은, 상대적이나마 이들 3자간에 성질상의 차이가 있다는 점에 기인한 것임은 부인할 수 없다.

이러한 관점에서「행정은 법 아래서 사법(司法) 이외의 일체의 국가목적을 현실적·구체적으로 실현하기 위하여 행해지는 전체로서 통일성을 가지는 계속적 사회형성활동」이라고 일단 정의할 수 있을 것이다.

2. 행정과 입법

입법의 관념에 대하여도 여러 견해가 있으나,「국가·지방자치단체 등이 보통 일반적 효력을 가지는 일반·추상적인 성문의 법규를 정립하는 작용」이라고 일단 정의할 수 있을 것이다.

이와 같이 입법은 일반·추상적인 법규를 정립하는 작용인 데 반하여, 행정은 개별적·구체적 처분에 의하여 이를 집행함으로써 국가목적을 구체적으로 실현하는 작용이다.

3. 행정과 사법

실질적 의미의 사법은「구체적인 법률상 분쟁이 있는 경우에, 당사자의 쟁송제기에 의하여 무엇이 법인가를 판단·선언함으로써, 법질서를 유지함을 목적으로 하는 작용」이라고 정의하는 것이 일반적이다. 이러한 의미의 사법에는 성질상 공정성의 확보를 위하여 기관의 독립성과 절차의 신중성이 요청된다.

기술한 바와 같이 사법은 당사자간의 과거의 법률적 분쟁에 관한 개별목적적이며 현상유지적인 법인식작용이므로, 비교적 엄격한 법적 기속을 받는다. 이에 대하여 행정은 장래지향적으로 공익을 구체적·계속적으로 실현하는 작용이므로, 행정청의 독자적 또는 독창적 판단이 필요한 경우가 적지 않다. 따라서 행정에 있어서는—그 작용영역·성질 등에 따라서는— 행정청에 일정한 재량을 인정하여야 할 필요성 또는 정당성이 인정되는 경우가 많다.

제2절 통치행위

「오토 마이어」에 의하면 국가작용 속에는 각각 그 성질을 달리하는 일반적 또는 협의의 행정과 통치행위가 있는바, 광의의 행정에는 양자가 모두 포함된다고 한다.

오늘날에는 통치행위와 협의의 행정 사이에 본질적인 차이가 있다고는 보지 않는다. 그럼에도 불구하고 현재 각국의 판례상 통치행위에 해당하는 국가작용은 재판통제에서 배제되고 있는 까닭에, 이러한 의미의 통치행위를 별도로 고찰할 실익은 여전히 남아 있다.

Ⅰ. 개   념

통치행위는 실정법상의 개념이 아니고, 연혁적으로는 구미 제국의 판례에 의하여 정립된 것이기 때문에, 그 개념 자체도 명확하지는 않으나, 대체로 다음과 같이 정의할 수 있을 것이다. 통치행위는「법치주의원칙이 확립되고 국가기관의 행위의 합법성에 대한 통제가 일반적으로 인정된 법제하에서의 예외적 현상으로서, 고도의 정치적 의미를 가진 국가행위 내지는 국가적 이익에 직접 관계되는 사항을 대상으로 하는 행위에 있어, 그에 대한 법적 판단이 가능함에도 불구하고 재판통제에서 제외되는 행위」를 말한다.

그러나 이러한 정의로써 통치행위의 내용이 명확히 제시된 것은 아니다. 왜냐하면 이 관념은 전술한 바와 같이「프랑스」·영국·미국 등에서 주로 정치적 합목적성의 관점에서 판례에 의하여 형성되었기 때문이다. 따라서 통치행위의 내용은 각국의 역사와 전통에 따라 상이하며, 또한 그 인정근거도 명확하지 않다.

Ⅱ. 통치행위에 관한 학설

통치행위에 대한 학설의 입장은 이를 인정하는 견해가 일반적이나, 부정설도 상당히 유력하다.

1. 부 정 설

이 견해는, 실질적 법치주의가 확립되고 국민의 재판청구권이 일반적으로 인정되어 있으며 행정소송상 개괄주의가 채택된 현대국가에서는, 법률적 판단의 대상이 될 수 있는 국가작용은 모두 사법심사의 대상이 되어야 하는 까닭에, 법적 근거도 없이 일정 국가작용을 사법심사에서 배제하는 것은 인정될 수 없다고 본다. 순수한 정치적 문제가 사법심사의 대상이 되지 않는 것은 당연하나, 고도의 정치적 문제라 하더라도 그에 법률문제가 포함되어 있다면 그 한도 내에서 당연히 사법심사의 대상이 되어야 한다고 보는 것이다.

2. 긍 정 설

통치행위에 관하여는 학설상으로도 이를 인정하는 것이 일반적이나, 구체적으로 그 근거에 관하여는 다시 견해가 갈리고 있다.

(1) 재량행위설

이 견해는, 통치행위는 국가최고기관의 정치적 재량에 기한 행위로서, 여기에서는 기본적으로 정치적 합목적성만이 문제되므로, 이러한 통치행위는 법적 판단의 대상이 될 수 없다고 본다.

(2) 내재적 제약설(권력분립설)

이 설의 입론은 다음과 같다. 즉, 현행 헌법체제는 법치주의와 함께 국민주권·권력분립·의회민주정치의 원리 등 여러 원리가 복합적 요소를 이루고 있는 바, 정치적으로 중요한 의미를 가지는 행위의 당부는 민주정치의 관점에서 보면 정치적 책임이 없는 법원에 의하여 결정될 것이 아니라, 정부 또는 국회의 권한에 유보하여 국민의 감시와 비판하에서 처리하게 하는 것이 바람직하다는 것이다.

(3) 사법자제설

이 설은, 통치행위에 관하여도 그것이 법률문제인 이상 원칙적으로는 사법심사가 미치나, 실제 그에 대한 사법심사가 배제되고 있는 것은, 법원이 위법을 감수하여서라도 방지하여야 할 보다 큰 위해의 발생을 예방하기 위하여 그 재판권의 행사를 자제하는 결과라고 보는 입장이다.

3. 결 어

위에서 통치행위에 관한 학설을 개관하여 보았다.

논리적으로는 부정설이 가장 타당하지만, 오늘날에도 통치행위는 대부분의 국가에서 판례상 인정되고 있는 것이 현실이고 보면, 이 설은 각국의 실제에 부합되지 않는 것이다.

긍정설 중에서 재량행위설은 연혁적 관점에서라면 몰라도, 적어도 현재의 재량행위의 법리에는 부합되지 않는 것이다. 연혁적으로 보면, 대체로 19세기 중반까지 재량행위는 전적으로 사법심사에서 배제되어 있었다. 그러나 오늘날에는 재량행위도 재량권의 일탈·남용이 있는 경우에는 위법한 행위로서 당연히 사법심사의 대상이 되고 있다.

내재적 제약설은 일견 논리적 설득력이 가장 큰 것으로 보인다. 그러나 이

설도 다음의 관점에서는 문제가 있다. 즉 이 설은 통치행위에 대한 사법심사의 배제현상을 민주정치의 관점에서 설명하고 있으나, 민주정치의 본질은 자유정치(Free Government)에 있다고 하는 관점에서 보면, 국민의 자유·권리를 침해하고 제한하는 행위는 그것이 정치적으로 중요한 의미를 가지는 경우에도 당연히 사법심사의 대상이 되는 것으로 보아야 하는 것이다.

사법자제설은 그 자체 논리적이라고 보기는 어려우나, 적어도 통치행위의 실제를 가장 충실하게 설명하여 주고 있는 것은 바로 이 설이 아닌가 한다. 왜냐하면 통치행위에 속하는 국가작용에 대하여 사법심사를 배제하여야 할 논리필연적인 근거는 없다고 하여야 할 것이기 때문이다. 현재 각국에서 관련법제는 변함이 없음에도 불구하고, 통치행위의 범위가 축소되고 있는 현상도 결국은 이 설의 실질적 타당성을 뒷받침하여 준다고 하겠다.

Ⅲ. 통치행위에 관한 외국의 실제

1. 「프랑스」

「프랑스」에 있어서의 통치행위(acte de gouvernement)의 관념은 다른 나라와 마찬가지로 기본적으로 「꽁세유데따」(Conseil d'Etat)의 판례에 의하여 정립·발전되었다. 초기에 있어서 그 범위는 매우 넓어서 정치적 동기(mobile politique)에 기한 행정권의 행위에 대해서는 대체로 통치행위성이 인정되었다. 그러나 이후 그 범위가 계속적으로 축소되어, 현재는 국제기관 및 대(對) 의회관계에 있어서의 행정권의 일정 행위에 대해서만 통치행위성을 인정하고 있다.

2. 영   국

영국도 「프랑스」와 마찬가지로, 통치행위의 관념은 판례를 중심으로 전개되어 왔다. 영국에서는 국왕의 대권(Royal Prerogative)행사와 의회내부문제가 통치행위로서 사법심사에서 제외되고 있다. 전자는 국가승인·선전포고·강화·사면행위 등을 말한다. 영국에서는 일찍부터 「국왕은 소추의 대상이 되지 아니한다」라는 원칙이 확립되어 있었으므로, 국왕의 대권행위는 사법심사에서 제외되었다. 또한 영국에서는 의회주권이 확립되어, 「의회의 각원은 그 특권에 관한 유일한 법관이다」라는 원칙이 고수되어 왔던 결과, 의회의 특권에 속하는 의원징계행위 등에 관한 법원의 심판권은 부인되고 있다.

3. 미 국

미국에서는 사법권우위의 원칙에도 불구하고, 권력분립원칙의 엄격한 해석에 따라, 일정한 정치문제는 입법부나 행정부의 전권에 속하는 것으로 보아 사법심사에서 제외하고 있다. 이처럼 판례가 정치문제에 관하여 사법심사를 배제하는 데에는 사법자제적 고려도 또한 개재되어 있는 것이다. 사법심사에서 제외되는 정치문제는 국제조약의 체결·해석이나 대통령의 군사행위 등이다.

4. 독 일

독일에서는, 제2차대전 전까지는 행정소송사항에 관하여 열기주의를 취하고 있었던 결과, 판례상 통치행위의 관념이 정립될 소지는 없었던바, 이 문제는 주로 학설상의 문제로 검토되어 왔다. 종래 학설은 국회에 의한 선거의 적법성 심사·전쟁행위·국가긴급권의 발동행위 등을 통치행위로 보았다. 현재는 수상선거·국회해산·조약의 체결행위 등을 통치행위로 보고 있다.

5. 일 본

일본의 경우도 제2차대전 전까지는 행정소송사항에 관하여 열기주의를 취하고 있었으므로, 통치행위의 관념이 판례에 의하여 정립·발전될 소지는 없었다. 그러나 전후에 소송사항에 관하여 개괄주의를 취하면서 사법권의 한계로서 통치행위가 문제되기에 이르렀다. 판례는 미일안보조약의 해석 및 중의원의 해산행위 등에 통치행위성을 인정한 바 있으며, 학설상으로도 긍정설이 통설이다.

미일안보조약에 관한 사건에서, 최고재판소는 통치행위 내지 정치문제라는 용어는 사용하지 않았으나, 미일안보조약의 합헌 여부의 판단은, "재판소의 심사에는 원칙적으로 적합하지 아니한 것으로, 일견 매우 명백하게 위법무효로 인정되지 아니하는 한, 우조약의 체결권을 가지는 내각 및 그에 대하여 승인권을 가지는 의회의 판단에 따라야 하고, 종국적으로는 주권을 가지는 국민의 정치적 판단에 맡겨야 하는 것"이라고 선언하였다(最判 昭 34. 12. 15, 砂川事件大法庭判決).

한편, 중의원의 해산사건에서 최고재판소는, 이 행위는 '매우 정치성이 높은 국가통치의 기본에 관한 행위'로서, 이러한 행위에 관한 법률상의 유효·무효를 심사하는 것은 사법재판소의 권한 밖에 있다고 할 것이고, 이러한 사법심사에 대한 제약은, "당해 국가행위의 고도의 정치성, 재판소의 사법기관으로서의 성격, 재판에 필연적으로 따르는 절차상의 제약 등에 비추어 보아, 특정 명문상의 규정은 없으나, 사법권의 헌법상의 본질에 내재하는 제약으로 이해하여야 할 것"이라고 판시하였다(苦米地事件의 大法庭判決 昭 35. 6. 8).

Ⅳ. 우리나라에서의 통치행위

우리나라에서도 통치행위의 관념을 인정할 것인지의 여부에 관하여 명문상의 규정은 없으므로, 그것은 학설·판례에 의하여 해결될 문제이다.

법원은 모든 위법한 국가행위를 심리·판단할 수 있고(헌법 107②, 법원조직법 2①), 국민은 헌법상 재판청구권을 가지고 있으므로(헌법 27①), 고도의 정치적 행위라고 하여도, 그것이 법률적 쟁송으로서의 성격을 가지고 있는 한 그에 대한 사법심사를 부인할 수 없다고 보아야 할 것이며, 그러한 점에서는 부인설이 타당한 견해라고 할 수도 있을 것이다. 그러나 통치행위는 이를 인정하고 있는 구미각국에 있어서도 실정법상의 명시적 규정에 의거한 것은 아니고, 정치적 또는 정책적 합목적성에 기한 고려에 따라 주로 판례상 인정된 것임은 상술한 바와 같다.

아마도 기본적으로는 이러한 고려에 기인한 것으로 보이나, 우리나라에서도 외국의 예와 같이 통설·판례는 통치행위의 관념을 인정하고 있다.

대법원은 대통령의 계엄선포와 관련된 재판권재정신청에 대한 결정에서 대통령의 비상계엄선포는 "고도의 정치적·군사적 성격을 지니고 있는 행위"로서 "그것이 누구나 일견 헌법이나 법률에 위반되는 것이 명백하게 인정될 수 있는 것이라면 몰라도 그렇지 아니한 이상 당연 무효라고는 단정할 수 없다"고 하고, "계엄선포의 당·부당을 판단할 권한과 같은 것은 오로지 정치기관인 국회에만 있다"고 설시하여(대판 1964. 7. 21, 64초3), 대통령의 비상계엄선포행위에 대한 사법심사를 거부하였다.[1] 다만, 최근 대법원은 유신헌법 제53조에 근거한 '대통령 긴급조치 제1호'를 사법심사의 대상으로 인정하여, 이 조치가 유신헌법 및 현행헌법상 보장된 국민의 기본권을 침해하였다고 판시하였다(대판 2010. 12. 16, 2010도5986 전원합의체).[2]

---

1) 대법원은 대통령의 비상계엄선포와 관련된 1981. 9. 22, 81도1833 판결에서도 위의 판결과 같은 논거에 따라 그 통치행위성을 인정하였다. 대법원은 또한 대통령의 긴급조치에 대하여도 사법심사의 대상이 되지 않는다고 하였다(대판 1978. 5. 23, 78도813).

2) 대법원은 위 판결에서 재심소송에서 적용될 절차에 관한 법령은 재심판결 당시의 법

통치행위는 그에 대한 사법심사가 전적으로 배제되는 행위라는 점을 고려하면, 이러한 의미의 통치행위를 인정한다고 하더라도 그 범위는 매우 제한적이어야 할 것이다. 그러나 통치행위의 관념 자체가 논리적 필연성의 소산이 아닌 까닭에, 그 인정범위에 관한 기준을 제시하기는 어렵다고 본다.

이와 관련하여서는 다음의 대법원과 헌법재판소의 판례는 주목할 만한 것으로 보인다.

대법원은 최근의 남북교류협력에 관한 법률 위반에 관한 형사사건에 대한 판결에서 "입헌적 법치주의의 기본원칙은 어떠한 국가행위나 국가작용도 헌법과 법률에 근거하여 그 테두리 안에서 행하여질 것을 요구하며, 이러한 합헌성과 합법성의 판단은 본질적으로 사법의 권능에 속하는 것이고, 다만 국가행위 중에는 고도의 정치성을 띤 것이 있고, 그러한 고도의 정치행위에 대하여 정치적 책임을 지지 않는 법원이 정치적 합목적성이나 정당성을 도외시한 채 합법성의 심사를 강행함으로써 정책결정이 좌우되는 일은 결코 바람직한 일이 아니며, 법원이 정치문제에 개입되어 그 중립성과 독립성을 침해당할 위험성도 부인할 수 없으므로, 고도의 정치성을 띤 국가행위에 대하여는 이른바 통치행위라 하여 법원 스스로 사법심사권의 행사를 억제하여 그 심사대상에서 제외하는 영역이 있으나, 이와 같이 통치행위의 개념을 인정한다고 하더라도 과도한 사법심사의 자제가 국민의 기본권을 보장하고 법치주의 이념을 구현하여야 할 법원의 책무를 태만히 하거나 포기하는 것이 되지 않도록 그 인정을 지극히 신중하게 하여야 하며, 그 판단은 오로지 사법부만에 의하여 이루어져야 한다"고 전제하면서, "남북정상회담의 개최는 고도의 정치적 성격을 지니고 있는 행위라할 것이므로 특별한 사정이 없는 한 그 당부를 심판하는 것은 사법권의 내재적·본질적 한계를 넘어서는 것이 되어 적절하지 못하지만, 남북정상회담의 개최과정에서 재정경제부장관에게 신고하지 아니하거나 통일부장관의 협력사업 승인을 얻지 아니한 채 북한측에 사업권의 대가 명목으로 송금한 행위 자체는 헌법상 법치국가의 원리와 법 앞에 평등원칙 등에 비추어 볼 때 사법심사의 대

___

령이므로 유신헌법 제53조 제4항이 긴급조치를 사법심사의 대상에서 제외하였다 하더라도 현행 헌법에 기하여 긴급조치에 대한 사법심사가 가능하다고 판단하였다. 대법원은 또한 유신헌법에 기한 긴급조치는 국회의 동의나 승인 등 입법권행사로서의 실질을 전혀 가지지 않으므로 헌법재판소의 위헌심판대상인 '법률'에 해당하지 않고, 따라서 긴급조치의 위헌 여부에 대한 심사권은 최종적으로 대법원에 속한다고 하였다.

반면, 헌법재판소는 대통령 긴급조치도 법률과 동일한 효력을 가지는 것이어서 그 위헌 여부 심사권한도 헌법재판소에 전속한다고 보고, 대통령 긴급조치 제1호, 제2호, 제9호가 위헌임을 확인하였다(헌재결 2013. 3. 21, 2010헌바132·170(병합)).

상이 된다"(대판 2004. 3. 26, 2003도7878)고 판시하였다. 대법원은 또한 상훈법에 따른 서훈취소가 통치행위인지 여부가 문제된 사안에서는 "상훈법 제8조는 서훈취소의 요건을 구체적으로 명시하고 있고 그 절차에 관하여 상세히 규정하고 있다. 그리고 서훈취소는 서훈수여의 경우와는 달리 이미 발생된 서훈대상자 등의 권리 등에 영향을 미치는 행위로서 관련 당사자에게 미치는 불이익의 내용과 그 정도 등을 고려하면 사법심사의 필요성이 크다. 따라서 기본권의 보장 및 법치주의의 이념에 비추어 보면, 비록 서훈취소가 대통령이 국가원수로서 행하는 행위라고 하더라도 법원이 사법심사를 자제하여야 할 고도의 정치성을 띤 행위라고 볼 수는 없다(대판 2015. 4. 23, 2012두26920)"고 판시하였다.

한편 헌법재판소는 대통령의 긴급재정명령에 관한 헌법소원에 대한 결정에서,

> "대통령의 긴급재정명령은 국가긴급권의 일종으로서 고도의 정치적 결단에 의하여 발동되는 행위이고 그 결단을 존중하여야 할 필요성이 있는 행위라는 의미에서 이른바 통치행위에 속한다고 할 수 있으나, 통치행위를 포함하여 모든 국가작용은 국민의 기본권적 가치를 실현하기 위한 수단이라는 한계를 반드시 지켜야 하는 것이고, 헌법재판소는 헌법의 수호와 국민의 기본권보장을 사명으로 하는 국가기관이므로 비록 고도의 정치적 결단에 의하여 행해지는 국가작용이라고 할지라도 그것이 국민의 기본권침해와 관련되는 것인 때에는 당연히 헌법재판소의 심판대상이 된다"(헌재결 1996. 2. 29, 93헌마186)

라고 판시하였다.

헌법재판소는 이 결정에서 요컨대 통치행위라고 하더라도 그것이 국민의 기본권침해와 관련되는 것인 때에는 당연히 헌법재판소의 심판대상이 되는 것이라고 선언하고 있는 것이다.

통치행위는 사법심사에서 배제되는 국가행위라고 한다면, 이 결정은 국민의 기본권침해와 관련되는 국가행위에 대하여는 통치행위성을 부인하고 있는 것이라고 할 수 있는 것으로, 그러한 점에서는 이 결정은 우리나라에서의 통치행위이론에 있어서 획기적인 의미를 가지는 것이라고 할 수 있다.[1] 그러나 실제 통치행위로 인정되고 있는 대부분의 국가행위에 있어서는 국민의 기본권이 관련되어 있다는 점을 고려하면, 이 결정을 문언 그대로 해석하여 앞으로 국민

---

1) 이와 관련하여 김철수 교수는 국민의 기본권보장에 관한 한 통치행위의 이론은 부인되어야 한다고 하고 있고(김철수, 헌법학개론, 1997, p. 1079), 권영성 교수는 국민의 기본권보장에 중대한 영향을 미치는 행위는 '상대적 통치행위'로서 사법심사의 대상이 된다고 보고 있다(권영성, 헌법학원론, 1997, p. 738).

의 기본권침해와 관련되는 모든 국가행위에 대하여는 통치행위성이 부인될 것으로 보는 것은 속단으로 보인다. 실제 헌법재판소는 이후의 이라크에의 일반 사병파견에 대한 헌법소원사건에서는 이 사건에 있어서의 파병결정은 국방 및 외교에 관련된 고도의 정치적 결단을 요하는 문제로서 헌법과 법률이 정한 절차를 거쳐 이루어진 것이 명백한 이상 대통령과 국회의 판단은 존중되어야 한다고 하여, 이 결정의 통치행위성을 인정하였다(헌재결 2004. 4. 29, 2003헌마814).

V. 통치행위에 대한 국가보상의 문제

통치행위와 관련하여 개인에 발생한 손해 또는 손실에 대한 사법적 구제가 인정될 수 있는지의 문제가 있다. 이와 관련하여 프랑스 판례상으로는 비교적 최근까지도 통치행위에 대하여는 취소소송 등의 적법성 통제소송뿐만 아니라 그와 관련하여 발생한 손해배상소송도 모두 배제된다고 보고 있었다.[1] 그러나 이후 통치행위의 경우에도 그 적법성 통제를 내용으로 하지 않는 한에서는 그로 인한 손실보상청구는 인정될 수 있는 것으로 되었다.[2]

현재 통치행위의 범위나 내용은 축소되는 것이 일반적 추세이고 보면, 프랑스와 마찬가지로 우리나라에서도 통치행위로 인한 손해 또는 손실에 대한 사법적 구제가 인정될 수 있는 소지가 크다고 보는바, 다음에 이에 관하여 보다 구체적으로 살펴보기로 한다.

1. 손해배상

위법한 통치행위로 인하여 발생한 손해의 배상청구가 인정될 수 있을 것인가의 문제이다. 우리 국가배상법상 국가 등의 배상책임이 인정되기 위하여서는 그 손해가 위법한 공행정작용으로 인한 것이어야 한다. 그런데 통치행위는 그에 대한 법원의 적법성통제에서 배제되는 행위이고 보면, 그런 점에서 배상책임의 인정에 있어서도 당해 행위의 위법성을 인정할 수는 없는 것이므로, 통치행위로 인한 배상책임도 인정될 수 없는 것으로 보인다.

국가배상법상의 위법성의 관념은 엄격한 의미의 위법성의 관념보다는 넓은

---

1) C. E. 1er juin 1951, Société des étains et wolfrom du Tonkin; Long, Weil et Braiband, Les grands arrêts de la jurisprudence administrative, 6e édition, p. 538.

2) C. E. 30 mars 1966, Compagnie générale déenergie radioélectrique; Long, Weil et Braibant, ibid., p. 538.

것이라고 보는 견해도 있는바, 이러한 입장에서는 통치행위의 경우에도 국가배상책임이 인정될 소지가 없지 않다고 볼 수도 있다. 그러나 대법원은 국가배상법의 위법성이 취소소송의 위법성보다 좁은 것으로 파악하고 있는 것으로 보이고,[1] 그런 점에서는 우리나라에서 통치행위로 인한 손해의 사법적 구제가능성은 원칙적으로 없는 것으로 보인다.

2. 손실보상

이것은 적법한 통치행위로 인하여 발생한 손실이 구제될 수 있는지의 문제인바, 이 경우 통치행위의 위법성에 대한 통제의 문제는 제기되지 않으므로, 적법한 통치행위로 인한 손실의 구제는 원칙적으로 인정될 수 있을 것으로 보인다. 그러나 손실보상에 관한 헌법 제23조 제3항의 직접효력설을 취하지 않는 경우에는 적법한 통치행위로 인한 손실의 보상은 그에 관한 실정법상의 근거가 있는 경우에만 인정될 수 있을 것이다. 다만 이론상으로는 헌법상의 평등원칙에서 그 파생원리로서 공공부담 앞의 평등원칙이라는 불문법원리가 도출될 수 있을 것으로 보이고, 그러한 점에서는 통치행위로 인한 특별한 손실은 이러한 불문법원리에 따라 보상될 수도 있을 것으로 보인다.

제3절 행정의 분류

행정은 여러 가지 관점에서 분류될 수 있다. 행정은 우선 행정조직과 행정작용으로 구분할 수 있으며, 이외에도 그 주체·대상·성질·수단 등의 여러 기준에 따라 분류할 수 있다. 이처럼 여러 가지 기준에 따라 분류되는 경우에도 내용적으로는 중첩되는 부분이 있게 됨은 물론이다. 행정이 이처럼 여러 기준에 따라 분류될 수 있다는 것은 행정의 내용이 매우 복잡하고 다양함을 보여주는 것이다.

Ⅰ. 주체에 의한 분류

행정은 그 주체에 따라 국가행정·자치행정·위임행정 등으로 분류할 수 있다.

---

[1] 본서 p. 578 참조.

1. 국가행정

국가가 직접 그 기관을 통하여 행하는 행정을 말한다. 행정권은 원래 국가의 통치권의 일부이므로, 국가행정이 행정의 원칙적인 형태이다.

2. 자치행정

지방자치단체 기타 공공단체가 주체로 되어 행하는 행정을 말한다. 근대국가에서는 지방자치단체나 기타 공공단체(국가와는 독립된 법인격을 가지는 단체)도 일정한 범위 안에서 고유한 행정업무를 담당하는 것이 통례이다. 다만 국가와 공공단체 사이의 권한분배는 각 국가에 따라 상이한 것임은 물론이다.

3. 위임행정

국가나 공공단체가 자기의 사무를 다른 공공단체나 그 기관 또는 사인에게 위임하여 처리하게 하는 것을 위임행정이라 한다. 사인은 행정객체의 지위에 서는 것이 보통이지만, 국가나 공공단체로부터 수임한 행정사무를 집행하는 경우(공무수탁사인)에는 그 한도 내에서 행정주체의 지위에 서게 되며, 그 법률관계는 원칙적으로 공법관계가 된다.

Ⅱ. 대상에 의한 분류

오늘날의 행정은 매우 광범한 영역에 걸쳐 다양한 형식으로 행해지고 있다. 이러한 행정은 대상에 따라서는 경찰행정·사회행정·경제행정·교육행정·문화행정·국토개발행정·토지이용규제행정·환경행정 등으로 나누어 볼 수 있을 것이다. 이러한 행정의 분류는 논리적 체계성의 관점에서는 특별한 의미는 없는 것인지 모르나, 적어도 다양한 형태의 행정의 파악에 있어서는 나름대로의 유용성이 인정된다.

Ⅲ. 목적에 의한 분류

행정은 그 목적에 따라 질서행정·급부행정·유도행정·계획행정·공과행정·조달행정 등으로 분류된다.

1. 질서행정(Ordnungsverwaltung)

규제행정은 사회공공의 안녕과 질서를 유지하거나 공공의 이익을 증진하기 위하여 국민의 자유·재산을 제한하거나 규제하는 행정을 말한다. 교통규제·영업규제·건축규제·경제규제·환경규제 등의 행정작용이 이에 속한다. 이러한 의미의 규제(질서)행정은 전통적 의미의 보안경찰보다는 넓은 개념이다.

우리나라에서는 경찰을 협의로 파악하여 보안경찰로 이해하는 입장과, 이를 광의로 보안경찰·행정경찰을 포함하는 의미로 이해하는 입장이 있다. 이 책에서는 경찰관념은 원칙적으로 광의로 사용되고 있다.

2. 급부행정(Leistungsverwaltung)

급부행정은 국민의 생활·생존을 배려하기 위하여 국민에 역무나 재화를 제공하는 작용을 말한다. 과거의 자유주의적 국가에서는 자주적·자립적인 시민생활의 존중이 그 기본이념으로 되어 국가의 시민사회에의 개입은 공공의 안녕과 질서유지를 위한 최소한도에 그쳐야 하는 것으로 되어 있었다.

그러나 오늘날의 국가는 자유주의국가에서 복지(사회)국가로 국가이념이 크게 변천되어 국민의 '인간다운 생활'의 보장이 행정의 기본적 목표로 되어, 국가는 경제·사회·문화 등 모든 부문에서 국민의 복지증진을 위한 급부행정을 적극적으로 시행하게 되었다. 급부행정의 내용은 상당히 광범하고 다양한 것이나, 그 주요한 것으로서는 다음의 작용들을 들 수 있다.

(1) 공급행정

공업화·도시화·기술화된 현대사회에 있어서의 일상생활상 필요불가결한 공공역무를 제공하는 행정활동이다. 교통·통신시설(도로·항만시설 등), 생활필수적 역무(전기·가스·수도 등), 문화·교양적 역무(학교·체육시설· 도서관 등), 보건·복지시설(병원·보건소·직업훈련소 등)의 제공활동 등이 이에 속한다.

(2) 사회보장행정

우리 헌법 제34조는 "모든 국민은 인간다운 생활을 할 권리를 가진다"고 하고, "국가는 사회보장·사회복지의 증진에 노력할 의무를 진다"고 규정하고 있다. 사회보장행정은 이러한 헌법의 이념에 따라 직접 개인을 대상으로 하여 행하여지는 급부활동으로서, 공적부조·사회보험·사회복지활동 등이 이에 속한다.

(3) 조성행정

사회구조에 관한 정책의 일환으로 또는 개인의 생활개선을 목적으로 하여 행하여지는 급부활동이다. 자금의 조성·교부, 청소년의 보호·육성, 지식·기술의 제공 등이 여기에 속한다.

3. 유도행정(Lenkungsverwaltung)

유도행정은 사회·경제·문화활동 등을 규제·지원 등의 조치에 의하여 일정한 방향으로 유도하고 개선하기 위하여 행하는 활동이다. 그 전형적인 수단은 행정계획과 보조금지급이다. 이러한 유도행정관념은 비교적 최근에 학설상 주장되고 있으나, 질서행정이나 급부행정과는 명확히 구분하기 어려운 면이 있다. 예컨대, 환경보호조치는 위해방지조치(대기오염예방)로서의 성격과 생활조건의 개선조치로서의 성격을 아울러 가지는 것이다. 마찬가지로, 보조금지급은 그 목적상으로는 유도행정으로서의 성격을 가지나, 특정인에 대한 구체적 효과면에서는 급부행정으로 볼 수 있다.

4. 계획행정(planende Verwaltung)

행정계획은 오늘날 행정의 여러 부문에 걸쳐 그 목적·내용·기능 등에 있어서 매우 다양한 형태로 존재하는 행정의 행위형식이다. 그 일반적 정의는 이 형식의 내용적 다양성으로 인하여 쉽지 않으나, 일단 「해당 부문에 있어서의 관련된 모든 권리·이익을 비교·형량하고 관계상황을 구체적으로 검토하여 행하는 계획적 형성작용」이라고 정의할 수 있을 것이다.

현대에 있어서는 사회국가적 기능의 증대, 행정작용의 분업화, 행정상 수요를 충족하기 위한 자원이나 능력의 불충분성, 다원적 사회에 있어서의 여러 이해관계의 대립 등으로 말미암아, 가용자원의 효율적·합리적 이용이나 이해관계의 합리적 조정 등을 위한 장기적·종합적 계획이 요청된다. 한편 오늘날에는 과학·기술의 발달로 인해 비교적 정확한 장래예측적 계획수립이 가능해진 결과, 행정계획은 현대행정의 총아로 등장하였다고 하여도 과언이 아니다.

그러나 행정계획은 매우 다양한 형식으로 행하여지고 있어, 예컨대 그 법적 성격의 측면에서만 보아도, 단순히 자료제공적 성질을 가지는 것에서부터 법적 구속력을 가지는 계획에 이르기까지 실로 다양한 형태로 나타나고 있는 바, 이러한 행정계획의 다양성으로 인하여 이 행정작용형식에 관하여는 그 중요성에도 불구하고 아직도 체계적 이론이 확립되어 있지 못한 실정이다.

5. 공과행정(Abgabenverwaltung)

국가·지방자치단체 등이 그 소요재원을 마련하기 위하여 조세 기타 공과금을 징수하고 관리하는 행정이다.

6. 조달행정(Bedarfsverwaltung)

행정목적 달성에 필요한 인적·물적 수단을 취득하고 관리하는 행정이다.

Ⅳ. 수단 또는 형식에 의한 분류

행정은 그 수단 또는 형식에 따라 권력행정·단순공행정 및 국고행정 등으로 분류할 수 있다.

1. 권력행정(obrigkeitliche Verwaltung)

행정주체가 공권력을 발동하여 국민에 대하여 일방적으로 명령·강제하는 행정작용을 말한다. 경찰처분·조세부과·공용부담 등과 같이 행정권이 일방적으로 개인의 활동을 제한하거나 의무를 부과하는 행위를 말한다. 이러한 권력적 작용은 사인간에는 인정되지 않는 것으로서, 특수한 공법적 규율을 받는다.

2. 단순공행정(schlichte Hoheitsverwaltung)

이것은 공행정작용이기는 하나, 행정주체가 공권력주체로서가 아니라 공기업·공물 등의 경영·관리주체로서 국민과 대등한 지위에서 행하는 작용이다. 이러한 단순공행정은 행정목적달성에 필요한 한도에서만 공법적 규율을 받는다.

3. 국고행정(fiskalische Verwaltung)

국고행정은 광의로는 사법형식에 의하여 행하여지는 모든 행정작용을 말한다. 이 경우 행정주체는 국고, 즉 사경제주체로서 사인과 법률관계를 형성한다. 광의의 국고행정은 그 내용상 협의의 국고행정과 형식적 국고행정으로 나누어진다.

(1) 협의의 국고행정

이것은 예컨대 행정상의 사무용품이나 기타 필요한 물자의 구입, 국유잡종재산의 임대 또는 매각행위 등과 같이, 행정주체가 엄격한 의미의 국고 또는 사

경제주체로서 사인과 대하는 작용으로서, 그 법률관계는 사인 상호간의 관계와
다르지 아니하므로, 사법에 의하여 규율된다. 다만 대규모 프로젝트(예컨대 대규
모 공공시설의 건설 발주, 군용 비행기·탱크 등의 구입)의 경우 그에는 매년 엄청난 규
모의 예산이 투입되는바, 관련 기업에는 이들 프로젝트의 수주는 그 기업의 건
전한 경영 내지는 생존에 있어 자금지원의 수혜보다 훨씬 더 결정적인 의미를
가지는 것이다. 따라서 이러한 대규모 프로젝트의 발주·수주행위는 통상적 국
고행정의 이론으로서는 이를 적절히 파악하거나 설명하기 어려운 면이 있다.
따라서 이러한 경우에는 행정사법이 적용되는 경우와 마찬가지로 일정한 공법
적 규율이 적용된다고 보는 것이 현재의 다수설적 견해인 것으로 보이는바, 그
에 있어 가장 중요한 의미를 가지는 것은 평등원칙이다.[1]

(2) 형식적 의미의 국고행정

일정한 공행정책무(전기·수도·가스공급 등)의 수행에 있어서는 행정주체에게
그 행정형식을 선택할 자유가 인정된다. 환언하면 행정주체는 당해 행정업무를
공법적 형식으로도 또는 사법적 형식으로도 수행할 수 있는 것이다.

행정주체가 당해 행정업무를 사법적 형식에 의하여 수행하는 경우에는, 당
해 행정은 형식적으로는 물론 국고행정이지만, 그것이 공행정역무라는 점에 있
어서는 엄격한 의미의 국고행정은 아니다. 따라서 이 경우 행정주체는 완전한
사법상의 의사자치권을 향유할 수는 없고, 헌법상의 기본권, 특히 자유권이나
평등권에 의한 제한을 받으며, 또한 비례원칙 등 일정한 행정법상의 일반원리
에 의해서도 구속을 받는다.

즉 형식적 국고행위에 있어서의 법률관계는 원칙적으로는 사법에 의하여
규율되나, 동시에 일정한 공법규정 내지는 공법원리에 의한 제한·수정을 받게
된다.

이처럼 사법과 공법이 혼재하고 있는 법상태 또는 법영역을 행정사법(Ver-
waltungsprivatrecht)이라 한다.

V. 수익행정·침익행정·복효적 행정

행정은 그 상대방에 대한 효과를 기준으로 하여 볼 때, 기본적으로 수익행
정과 침익행정으로 나눌 수 있다. 수익행정은 상대방에게 제한된 자유(권)를 회

---

1) 최정일, 행정법의 정석 Ⅰ, p. 344.

복시켜 주거나, 새로운 권리·이익을 부여하는 행정작용을 말한다. 이에 대하여 침익행정은 상대방의 자유 또는 권익을 제한·침해하는 행정작용이다.

이상은 그 상대방에 대한 효과의 면에서의 구분이나, 일정한 행정작용은 제3자에 대하여 그 상대방에 대한 것과는 반대의 효과를 발생하는 경우가 있는 바, 이러한 행정작용을 복효적 행정작용이라 한다. 복효적 행정행위에 있어서는 제3자의 이익보호가 특히 문제되는바, 행정행위의 분류에 관한 부분에서 구체적으로 검토하기로 한다.

제2장 행정법

제1절 행정법의 의의

　행정법은 행정에 고유한 공법으로서, 내용적으로는 행정주체의 조직·작용 및 행정구제에 관한 공법을 말한다. 즉 행정법은 국가·지방자치단체 등 행정주체의 기관의 설치 및 그 권한 그리고 기관 상호간의 관계에 관한 법(행정조직법), 행정주체와 사인간의 관계에 관한 법(행정작용법) 및 행정작용으로 인한 개인의 권리침해에 대한 구제에 관한 법(행정구제법)으로서, 행정에 고유한 공법을 말한다.
　그 내용을 분설하면 다음과 같다.

Ⅰ. 행정법은 행정에 관한 법이다

　1. 행정법은 행정권을 중심관념으로 하며, 그 조직·작용 및 행정구제에 관한 법이다. 그러한 의미에서 행정법은, 국가의 통치권 전반을 대상으로 하며 국가의 근본조직·작용에 관한 법인 헌법과 구분되고, 입법권의 조직과 작용에 관한 법인 입법법(국회법·국회사무처법 등), 사법권의 조직과 작용에 관한 법인 사법법(법원조직법·민사소송법·형사소송법 등) 등과도 구별된다.
　2. 행정법은 행정에 고유한 법이다. 그러나 행정법은 헌법·민법·형법 등과 같이 통일적 법전으로 되어 있지도 못하고, 또한 그에 관한 총칙규정도 존재하지 않는 것으로, 내용적으로는 행정의 조직·작용 또는 행정구제에 관한 무수한 법들로 구성되어 있다. 이것은 독일·「프랑스」·영미 등을 포함한 어느 나라의 경우에서나 마찬가지이다.
　우리나라의 경우 행정에 관한 법 중에서 비교적 일반적 성격을 가지는 것으로서는 정부조직법·지방자치법·국가공무원법·지방공무원법·경찰관직무집행법·국세기본법·국세징수법·국토의 계획 및 이용에 관한 법률·공익사업을 위한 토지 등의 취득 및 보상에 관한 법률·행정대집행법·행정절차법법·행정심판법·행정소송법 등을 들 수 있다.

행정에 관한 여러 법들은 외견상으로는 내재적 유대도 없이 산재하고 있는 것으로 보이나, 내용적으로는 공통적 지도원리에 의하여 규율되는 통일적인 법체계를 이루고 있다. 그렇지 않다면 행정법이라는 독자적 법영역은 존재할 수 없게 될 것이다. 다만, 행정법은 위에 적은 바와 같이 단일법전으로 되어 있지도 않고, 그에 관한 총칙규정도 없는 결과, 이러한 행정법 전반을 규율하는 공통적 원리가 명확하지 않은 경우도 적지 않다.

따라서 이러한 행정법의 공통원리를 규명하고 이를 체계화하여야 할 필요성은 다른 법학분야에 비하여 행정법학에 있어서 보다 크다고 할 것이다.

Ⅱ. 행정법은 행정에 고유한 공법이다

이것은 행정법의 독자성과 그 범위를 나타내는 것이다.

1. 행정법의 독자성

행정법은 행정에 관한 법으로서, 그에 고유한 법원리에 의하여 규율되고, 사법 특히 민법과는 구별되며 그와는 독자적으로 존립하는 공법이다.

행정법은 근대에 이르러 법치주의의 확립과 더불어 생성된 것이지만, 법치주의의 확립은 행정법 형성의 필요조건이기는 하나, 충분조건은 아니다. 법치주의는 국가 등 행정주체의 작용도 법에 구속되어야 함을 내용으로 하는 것이기는 하나, 그 귀결로서는 국가 등의 활동도 사인 상호간의 관계를 규율하는 법인 사법에 의하여 규율하는 실정법체계도 또한 상정될 수 있기 때문이다. 이것이 영미법의 기본적 입장이기도 하다. 다만 이러한 법제하에서도 일정한 행정작용 (경찰·조세·공공용지취득 등)은 사법적 수단에 의해서는 그 목적을 효율적으로 달성할 수 없는 까닭에, 이들 부문에 있어서는 사법과는 다른 특수한 법제가 채택되고 있는바, 이러한 특수한 법제가 실질적인 행정법을 형성하고 있다.

그러나 이러한 의미의 행정법은 사법에 비하여 독립한 법체계를 이루는 것은 아니고, 단지 그에 대한 특별법으로 파악되고 있음에 불과하다.

영국·미국과는 달리「프랑스」·독일 등의 대륙법계 국가에서는 국가 등 행정주체의 활동은, 원칙적으로 민법과는 구별되고 그와는 법원리를 달리하는 법체계에 의하여 규율되는 것으로 파악되었던바, 이러한 독자적 법체계가 곧 공

법으로서의 행정법인 것이다.[1)]

2. 행정법의 범위

행정에 관한 모든 법, 보다 구체적으로는 행정작용을 규율하는 모든 법이 공법으로서의 행정법에 해당하는 것은 아니다.

국가 등의 행정주체는 사인과의 관계에서, 권력행정(경찰·조세 등)이나 관리 행정(공물·공기업 등) 등의 공행정주체로서 뿐만 아니라, 때로는 사경제주체로서 도 활동한다(예컨대 물품구입·건물임대 등). 국가가 이처럼 사경제주체로서 사인과 법률관계를 형성하는 경우에는 당해 작용은 사인의 행위와 다름이 없으므로 일 반사법에 의하여 규율된다. 그러나 오늘날에 있어서는 행정기능의 확대 및 그 다양화에 따라서, 행정주체는 본질적으로는 공행정역무에 해당하는 것을 사법 적 규율하에서 수행하는 경우도 있다. 이 경우, 당해 관계는 물론 사법에 의하 여 규율되는 사법관계이나, 당해 역무 자체는 공행정작용이라는 사실에 기인하 여, 그 법률관계를 규율하는 사법은 일정한 공법규정 또는 공법원리에 의하여 수정을 받게 된다. 이처럼 일정한 행정상의 법률관계에 있어 그를 규율하는 법 이 내용적으로 사법과 공법이 혼재하고 있는 경우, 이를 「행정사법(Verwaltungs-privatrecht)」이라고 하거니와, 이러한 행정사법은 행정법학에서도 주요한 고찰 대상으로 되어 있다.

Ⅲ. 행정법은 행정에 관한 국내공법이다

행정법은 행정에 관한 국내법으로서 국제법과는 구별된다. 그러나 우리나 라 헌법은 "헌법에 의하여 체결·공포된 조약과 일반적으로 승인된 국제법규는 국내법과 같은 효력을 가진다"고 규정하고 있으므로(법 6①), 이러한 요건을 충 족하는 국제조약·국제법규로서 행정에 관한 것은 행정법의 일부를 구성하게

---

1) 이와 관련하여서는 「프랑스」관할재판소(Tribunal des conflits)의 1873. 2. 8.의 「브랑꼬」판결은 매우 중요한 의미를 가지는 것이다. 이 판결은 국가의 손해배상책임에 관한 행정재판소와 사법재판소 사이의 관할쟁의에 관한 것으로서, 이 사건에서 관할재 판소는, 행정작용으로 인한 국가의 손해배상책임은 민법에 의하여 규율될 것은 아니라 고 선언하였다. 즉 이 판결에서 관할재판소는 "(국가의) 손해배상책임은 사인 상호간의 관계를 그 대상으로 하는 민법에 의하여 규율될 수는 없고, 그에는 고유한 법원리가 있 는 것"이라고 선언하였던바, 현재 「프랑스」행정법학자들은 이러한 「브랑꼬」판결의 원 칙은 손해배상문제뿐만 아니라 행정작용 일반에 확대적용되는 것으로 보아서, 이 판결 을 행정법의 독자성을 최초로 공적으로 선언한 판례로 보고 있다. Rivero, Droit administratif, 1983, p. 18.

된다.

오늘날 국제조약은 경제·사회·문화 등의 여러 분야에서 조약당사국의 국내행정에 대한 기준을 설정하고 필요한 조치 등을 규정하고 있는 경우가 적지 아니한바, 이러한 국제조약의 내용이나 그 적용에 따르는 국내법상의 문제점 등에 관한 구체적이고 체계적인 검토는 행정법학에 있어서도 하나의 중요한 과제로 등장하게 될 것으로 본다.

제2절 행정법의 성립

행정법은 근대에 이르러 국가의 활동도 사인과 마찬가지로 법에 구속되어야 한다는 의미의 법치주의가 확립됨으로써 비로소 성립하게 되었다. 그러나 법치주의의 확립은 전술한 바와 같이 행정법 성립의 필요조건이기는 하나, 행정에 특유한 공법이라는 의미로서의 행정법 성립에 있어서의 충분조건은 아니다. 왜냐하면 후술하는 영미의 경우에서 보는 바와 같이, 법치주의원칙에 따라 국가 등의 행정주체에 대해서도 사인과 마찬가지로 일반사법에 의하여 규율하는 법제도 당연히 성립할 수 있는 것이기 때문이다.

1. 「프랑스」의 행정법

「프랑스」에서의 행정법의 성립은 「앙샹레짐(ancien régime)」하에서의 행정권의 사법재판소(parlement)에 대한 불신과, 그로 인하여 혁명 후 행정사건에 대하여는 사법재판소의 재판권을 배제하였다는 사실과 밀접한 관련을 가지고 있다.

「앙샹레짐」하에서의 사법재판소였던 「빠를르망(parlement)」은 세습적지위를 가지는 법관들로 구성되어 있었던바, 이러한 「빠를르망」은 행정에 대한 간섭이 심했고, 특히 그 특권적 지위를 유지하기 위하여 국왕의 모든 개혁적 조치에 반대하는 입장을 견지하고 있었다. 따라서 혁명 후에는 입법조치에 의하여(1789. 8. 16~24 법률, 공화력 3년 fructidor 16일 법률) 모든 행정사건에 대한 사법재판소의 재판권을 배제하였다. 그러나 당시에는 아직 행정재판소가 설치되어 있지 않았던 결과, 행정사건에 대하여는 행정수반이 그 최종적 재판권을 행사하였다.

이처럼 행정사건에 대한 사법재판소의 재판권을 부인한 논거는 권력분립원칙에서 구하고 있었던바, 권력분립원칙에 따라 입법·사법·행정이 분립되어야 한다면 그 당연한 귀결로 행정사건에 대하여도 사법재판소가 간여할 수 없는 것으로 보았던 것이다. 그러나 이 논거가 완전히 설득력이 있는 것으로 보기는 어렵다 할 것이다.

1799년에 행정권에 대한 자문기관으로서 「꽁세유데따(Conseil d'Etat)」[1]와 도참사원(Conseil de préfecture)이 설치됨에 따라, 행정사건에 관하여는 실질적으로 「꽁세유데따」가 심리·결정하게 되었으며, 1872년 이후 「꽁세유데따」는 그 고유한 권한으로서 행정사건에 관한 재판권을 행사하게 되었다.

이처럼 행정사건에 관하여는 사법재판소의 재판권이 부인되고, 「꽁세유데따」가 그 재판권을 행사하게 되었으나, 당시에는 국가와 국민과의 관계를 규율하는 특별법은 거의 없었다. 그러나 「꽁세유데따」는 행정부에 대한 자문기능도 수행하고 있었던 관계로, 실제 행정에 정통한 인사들로 구성되어 있었으며 이들은 국가와 국민간의 관계는 원칙적으로 일반사법에 의하여 규율될 수 없다고 보고 있었다. 따라서 실제 판결에 있어 당해 사건에 관하여 일반사법과는 다른 특별법이 없는 경우에도, 「꽁세유데따」는 행정사건의 특수성에 입각하여 그에 관한 고유한 법리를 판례를 통하여 정립·발전시켰던 것이다.

이러한 「꽁세유데따」의 입장이 공식적으로 반영된 것이 1873년의 관할재판소(Tribunal des conflits)의 「브랑꼬」판결이다. 이 판결에서 관할재판소는 "국가와 국민간의 관계는 사인 상호간의 관계에 관한 법인 민법에 의하여 규율될 수는 없는 것으로, 그것은 공역무의 요청과 공익·사익간의 조정의 필요에 따라 결정되는 특별한 규율을 받는다"고 선언하였던 것이다.

요컨대 「프랑스」행정법은 기본적으로는 「꽁세유데따」의 판례에 의하여 정립·발전되어 왔다고 할 수 있는바, 이러한 「프랑스」행정법의 특색으로서는 다음의 몇 가지를 들 수 있을 것이다.

먼저, 「프랑스」에서는 행정사건이 일반 사법재판소와는 독립된 행정재판소의 관할로 되어 있다. 환언하면 「프랑스」의 사법제도는 이원적 구조를 취하고 있는 것으로, 행정재판소는 최고재판소인 「꽁세유데따」를 정점으로 하여 일정수의 지방행정재판소(Tribunaux administratifs)와 고등행정재판소(Cours d'appel)로 구성되어 있다.

다음에, 「프랑스」행정법은 적어도 그 기본적 원리에 있어서는 행정판례상

---

1) 「꽁세유데따」는 보통 국사원 또는 국참사원으로 번역되고 있다. 이 기관은 초기에는 행정권에 대한 자문기관으로 설치되어 있었다. 그러나 현재 이 기관이 최고행정재판소로서의 지위를 가지고 있음을 상기할 때, 국사원 또는 국참사원으로 번역하는 것은 아무래도 그 속성과는 부합하지 않는 것으로 여겨지므로, 여기서는 원어 그대로 표기하여 두기로 한다.

으로 정립된 여러 원리들로 구성되어 있다. 그러한 점에서 「프랑스」행정법은 독일행정법에 비하여 보다 구체적 성격을 띠고 있다.

끝으로, 「프랑스」행정법은 상당히 넓은 범위에서 비권력적 작용을 그 내용으로 하고 있는 공역무의 조직과 작용을 그 고찰대상으로 하고 있는 결과, 그 범위는 독일행정법에 비하여 넓은 편이다.

2. 독일의 행정법

독일의 행정법은 전통적으로 국가권력과 그에 복종하는 국민과의 지배복종관계를 중심으로 하여 성립·발전되어 왔던 것으로, 일면으로는 공권력 발동행위의 특수성을 강조하여 행정권의 우월적 지위를 인정하면서, 타면에 있어 그에 대한 국민의 자유와 권리의 구제수단을 강구하는 체제를 취하고 있었다.

내용적으로는, 전통적인 국고이론의 영향하에서, 국가가 재산권의 주체로서 행하는 국고작용은 사법관계로 파악하여, 사인과 마찬가지로 사법의 지배를 받고 사법재판소의 재판을 받도록 하고 있는 데 대하여, 권력작용은 공법관계로 보고, 이 관계에 있어서 특히 행정행위 관념을 중심으로 행정법을 구성하였다. 독일에서도 「프랑스」의 예에 따라 행정재판소제도가 채택되고 있었으나, 다수의 주에서는 소송사항에 관하여 열기주의를 취하여, 실질적으로 재판으로 다툴 수 있는 사항은 매우 제한되어 있었다. 또한 「프로이센」 등에서는 행정처분의 실효성을 확보하기 위한 목적에서 행정권에 의한 자력강제제도가 매우 포괄적으로 인정되어 있었다.

그러나 「본」기본법 아래에서는 행정소송사항에 관하여 개괄주의를 취하여, 공권력에 의한 국민의 권익침해에 대한 사법적 구제가 일반적으로 보장되게 되었다. 또한 행정재판소는 종전의 행정내부의 자기통제기구로서가 아니라, 사법부의 일부로서 행정작용에 대한 재판권을 행사하게 되었다.

독일행정법에 있어서도 권력행정 외에 비권력행정인 단순공행정(schlichte Hoheitsverwaltung)이 그 대상에 포함되어 있는바, 최근에는 그러한 작용으로서 급부행정이 중요한 고찰 대상으로 되고 있으며, 그 체계화가 행정법에 있어 하나의 중요한 과제로 등장한 것은 사실이다. 그러나 독일행정법에서는 권력작용이 여전히 중심관념을 이루고 있는바, 그러한 점에서 독일행정법의 범위는 「프랑스」의 그것에 비하여 좁다고 할 수 있다.

3. 영미의 행정법

영미에서는 국가와 국민간의 관계도 사인 상호간의 관계와 마찬가지로 원칙적으로 보통법(Common Law)의 지배를 받고, 그에 있어서의 다툼도 보통재판소가 재판하는「법의 지배(Rule of Law)원칙」이 적용되어, 국가 등의 작용에 관한 특수한 법으로서의 행정법은 존재하지 않았다. 그러나 19세기 말엽 이래 자본주의의 발달과 더불어 각종의 사회·경제적 문제가 대두하게 됨에 따라, 종래 자유방임주의를 기조로 하는 통상재판소에 의한 권리보호방식이나 통상행정기관의 활동만에 의해서는 개인의 권리와의 조정을 도모하면서 공공복리를 실현하기가 어렵게 되었다. 따라서 각 행정분야에 있어서 그에 따른 전문적·기술적 문제를 처리하기 위하여, 행정적 권한뿐만 아니라 준입법권 및 준사법권이 부여된 무수한 행정위원회(administrative commissions or boards)가 설치되어, 이러한 행정기관들의 권한, 그 권한행사의 절차, 또는 그 활동에 대한 사법심사 등에 관한 법을 중심으로 하여 행정법이 성립·발달하게 되었다.

그러나 영미에서의 행정법의 성립·발전이 전통적인 법의 지배를 부분적으로 수정하는 것이기는 하나, 이 원칙을 근본적으로 부정하는 것은 아니다. 왜냐하면 이들 행정기관의 활동은 원칙적으로 통상재판소에 의한 재판통제의 대상이 되는 것이며, 또한 행정처분을 법원의 판결에 기하여서만 실행할 수 있는 경우도 여전히 적지 않기 때문이다.

요컨대 영미에서의 행정법은 기본적으로는 보통법에 대한 예외로서 인정되고 있는 것인바, 바로 이 점에서 일반사법에 대하여 그 독자성이 인정되고 있는 대륙법계의 행정법과는 그 기본원리가 다른 것이다.

그러나 지난 반세기 동안 영미행정법도 제정법·위임입법·판례 등을 통하여 괄목할 만한 발전을 함으로써, 국가배상·행정절차·공무원제도·공공기업·지방행정 등을 포함하여 행정의 조직과 권한에 관한 하나의 포괄적인 법체계를 이루어 가고 있다.[1]

---

1) 김도창, 행정법(상), 1993, p. 111.

제3절 법치주의

Ⅰ. 개 설

법치주의는 인권보장을 목적으로 하여 모든 국가작용은 법에 따라 행해져야 한다는 것을 그 내용으로 하는 원리이다. 이러한 법치주의는 연혁적으로는 행정법 생성의 전제조건이 되었던 것임은 물론이거니와, 그것은 또한 현대행정의 기본원리를 이루는 것이다.

19세기에 형성된 법치주의는 국가권력으로부터 국민의 자유·재산을 수호하려는 자유주의적인 이념에 입각한 것이었다. 그러나 자유주의를 추진하려는 시민계급의 역량 및 군주나 봉건계급의 권력 여하에 따라 법치주의의 내용은 현격한 격차를 보이고 있었던 것으로, 이 점에서는 특히 독일 등의 법치행정원리와 영미의 법의 지배원리가 대비된다.

Ⅱ. 영미에서의 실질적 법치주의

영미의 법치주의의 특징은 실질적 법치주의를 채택하고 있었다는 점에 있다. 영미의 법의 지배원리는 먼저 악법은 법이 아니라는 것을 그 기본원리로 하고 있었다. 따라서 법률에 의하여서는 어떠한 내용의 기본권 침해도 허용된다는 식의 사고는 용인되지 않았던 것임은 물론이다. 이 점에서 법률의 실질적 내용 자체는 문제로 되지 않았던 독일의 형식적 법치주의와는 기본적 차이를 보이는 것이다.

다음에 법의 지배에 있어서는 사법재판소가 행정에 대한 재판권을 가지고 있었다. 이에 대하여 프랑스나 독일 등에서는 행정권의 내부에 행정재판소를 두고 있었던 것으로, 이러한 특별한 행정재판제도는 적어도 그 연혁상으로는 행정의 특권을 보장하기 위한 것이었다.

Ⅲ. 독일의 법치행정원리 — 형식적 법치주의

독일 등의 대륙법계 국가에서 법치주의 또는 법률에 의한 행정의 원리가 주창되고 성립된 것은 영미에서와 마찬가지로 국민의 자유와 권리의 보장을 그 기본이념으로 하는 것이었다. 그러나 19세기 외견적 입헌군주제하의 독일에서는 영미에 비하여 시민계급의 힘이 약하고 반대로 군주의 세력은 압도적으로 강력했던 결과, 독일의 법치주의는 그 본래의 이념 또는 목적에서 일탈하여 다만 행정의 형식만이 문제되는 형식적 법치주의로 변질되었던 것이다.

1. 근대적 법치행정의 이념

독일에서도 절대군주제가 붕괴되고 근대시민국가가 형성되었으나, 군주는 여전히 실질적인 권력을 장악하고 있었기 때문에, 이러한 독일의 근대국가는 군주에 의하여 대표되는 국가와 시민사회가 대립되는 이원적 구조를 취하고 있었던바, 신흥 상공계층으로 대표되는 시민계급의 기본적 관심사는 그들의 영업의 자유와 재산의 보호에 있었다. 따라서 국가의 시민사회에 대한 개입으로서의 행정권의 작용은 공공의 안녕과 질서유지에 필요한 최소한도에 한정시키고, 시민의 자유나 재산을 제한·침해하는 행정작용은 시민의 대표로 구성되는 의회에서 되는 법률의 수권에 기하여서만 이를 행할 수 있게 함으로써 시민의 자유·재산을 보호하려고 한 것이 독일의 근대적 법치행정의 기본이념이었다.

2. 법치행정원리의 구성요소

오토 마이어에 의하여 체계화된 독일의 법치행정 또는 법률에 의한 행정의 원리는 다음의 3개 원칙을 그 구성요소로 하고 있었다.

(1) 법률의 법규창조력

이 원칙은 법규, 즉 국민의 자유·재산을 침해하는 일반적·추상적 규정은 행정권이 이를 독자적으로 창조할 수는 없고, 다만 의회, 즉 법률만이 이를 창조하는 힘이 있다는 것이다.

(2) 법률의 우위

이것은 법률이 존재하는 경우에는 행정은 그에 위반할 수 없다는 것을 그 내용으로 한다.

(3) 법률의 유보

이것은 행정권의 발동에는 법률의 근거(작용법적 법률의 수권)를 요한다는 원칙이다. 이 원칙은 당해 행정작용이 기존 법률에 배치되지 아니하여도, 그 작용을 함에 있어서는 법률의 적극적 수권이 필요하다는 것을 그 내용으로 한다. 법률의 우위원리는 법치행정원칙의 소극적 측면을, 법률의 유보원칙은 그 적극적 측면을 표현하는 것이다.

3. 이념형과의 편차

(1) 법치행정 구성원칙의 제한·수정

위에서 검토한 법치행정원리의 3대 구성원칙이 자유주의적 법치주의의 이념을 표현하는 것임은 부인할 수 없다. 그러나 이 원칙들도 강력한 군주력에 의하여 대표되는 외견적 입헌군주제하에서 주장된 것이라는 점에서 그 실제 적용에 있어서는 그 내용 또는 범위에 있어 제한 또는 수정되고 있었다.

먼저 법률의 법규창조력원칙은 대폭적으로 제한되고 있었다. 즉 군주에게는 독립명령권·긴급명령권 등이 부여되어 그 한도에서 군주는 독자적으로 법규를 정립할 수 있었다. 또한 법률에 의한 포괄적 수권이나 일반조항에 의한 광범한 재량권의 부여도 법률의 법규창조력을 수정 내지는 변질시키는 요인이 되고 있었다. 다음에 법률의 우위원칙은 비상조치(바이마르헌법 48조)나 긴급칙령에는 적용되지 아니하였던 것이다. 끝으로 법률의 유보원칙에 있어서도 그 적용범위는 매우 제한되어 단지 국민의 자유·재산을 제한·침해하는 행정작용만이 법률의 근거를 요하는 것으로 되고 있었다.

(2) 법치행정원칙의 적용배제영역

독일이나 일본에서는 법률의 법규창조력·법률의 우위 및 법률의 유보원칙을 그 내용으로 하는 법치행정의 원리가 적용되지 않는 영역이 존재하였던 것으로, 행정조직 및 공무원의 근무관계가 그것이다. 이들 영역은 초기 경찰국가에서는 당연히 군주의 대권에 속하는 것으로 되어 있었으나, 근대 법치국가에서는 이들 영역의 경우에도 그 정당성의 근거가 요청되고 있었던바, 그 이론으로 제시된 것이 행정조직권(Organisationsgewalt) 및 특별권력관계론이었다.

4. 형식적 법치주의

전술한 바와 같이 근대에 들어 법치주의가 주창된 것은 시민의 자유의 보장을 위하여(목적), 국가작용을 그 대표로 구성된 의회가 제정한 법률에 구속되도록 한 것이었다(수단).

따라서 독일에서의 법치국가도 19세기 전반에는 자유주의적 국가목적을표시하는 개념이었다. 그러나 강력한 군주의 세력에 의하여 대표되던 19세기의 독일의 입헌군주제하에서는 그 내용이 점차 변질되어 19세기 말에는 국가목적 실현수단의 표시개념으로 고착되어, 그에서는 경제적·정치적 자유는 법치국가의 개념에서 배제되고 말았다. 그 결과 수단으로서의 법률에 의한 행정의 원리 및 이를 담보하는 행정재판소의 존재만이 법치국가의 필요·충분조건으로 되었던 것이다.

이러한 19세기 말의 독일의 형식적 법치주의에 있어서는 법률의 실질적 내용은 문제되지 않고, 다만 행정권의 발동이 형식적으로 법률에 의거하여야 한다고 하는 국가목적 실현의 형식·절차만이 문제되었던 것이다. 따라서 법률의 근거만 있으면 어떠한 권력발동도 정당한 것으로 인정될 수 있었던 것이다.

Ⅳ. 실질적 법치주의의 일반화

영미에서의 법의 지배는 인권보장을 기본이념으로 하는 실질적 법치주의이었던 데 반하여, 19세기 중반에서 20세기 중반에 이르기까지 독일·일본 등에서는 법치주의를 형식적으로 파악하여, 법률의 내용은 불문하고 다만 국가권력발동의 형식·절차상의 합법성만을 문제로 삼았음은 전술한 바와 같다. 그러나 제2차대전 이후에는 독일 등에 있어서도 종래의 형식적 법치주의에 대한 심각한 비판과 반성이 제기됨에 따라, 제도적으로 헌법에 상당히 포괄적인 기본권이 규정되고, 법률의 합헌성보장제도로서 헌법재판제도가 도입되었으며, 행정재판소를 사법기관화하는 등 실질적 법치주의의 기반이 마련되었다.

따라서 오늘날에는 실질적 법치주의가 일반화·보편화되어 있다고 할 수 있을 것이다.

Ⅴ. 실질적 법치주의의 내용

오늘날의 실질적 법치주의는 대체로 다음과 같은 내용 또는 특징을 가지고 있다.

1. 법치행정원칙의 일반적 적용

형식적 법치주의에 있어서는 행정조직이나 공무원의 근무관계에는 법치행정원리가 적용되지 않는 것으로 보고 있었음은 상술한 바와 같다. 그러나 오늘날에는 행정조직이 국민생활에 미치는 영향을 고려하여 이를 법률로써 규정하도록 하는 것이 보통이다(행정조직법정주의). 우리나라 헌법도 "행정각부의 설치·조직과 직무범위는 법률로 정한다"(법 96)고 규정하고 있다.

공무원의 근무관계나 영조물이용관계 등은 종래 특별권력관계로 보아, 그러한 특별권력의 주체에게는 포괄적 지배권이 부여되어 있어 개별적인 법률의 근거 없이도 일방적으로 명령·강제할 수 있는 것으로 보았다. 그러나 이러한 의미의 특별권력관계론은 오늘날에는 그 타당성이 부인되어 이 관계도 기본적으로는 법관계로서, 원칙적으로 법치행정의 원리가 적용된다고 보는 것이 현재의 통설·판례의 입장이다.

2. 행정입법에 대한 법률의 (전권적) 법규창조력

종래 독일·일본 등에서는 행정권이 긴급명령·독립명령 등의 형식으로 법률과는 독자적으로 법규를 창조할 수 있었다. 그러나 오늘날 독립명령은 존재하지 않고, 긴급명령은 헌법에 의하여 그 발령요건이 엄격히 규정되어 있으며 예외적으로만 인정되고 있다.

이 원칙에 의하면, 행정권이 정립하는 법규명령은 원칙적으로 법률의 위임이 있는 경우에만 제정될 수 있다. 그러나 법률에 의한 위임에 있어 일반적·포괄적 수권을 하는 경우에는 이 원칙은 결국 무의미해지고 만다. 따라서 위임명령은 일반적으로 법률에서 그 내용·범위·목적을 구체적으로 정하여 위임한 사항에 대하여서만 제정할 수 있도록 하고 있는 것이다(독일헌법 80, 한국헌법 75). 따라서 법률에서 포괄적 내지는 백지수권을 하는 것은 위헌이 된다.

3. 합헌적 법률의 우위

법률의 우위원칙은, 모든 행정작용은 법률에 위반되어서는 안된다는 것을 그 내용으로 하는 것으로서, 이 점에 있어서는 종래와 다름이 없다. 그러나 종래 독일·일본 등의 형식적 법치국가에 있어서는 법률의 실질적 내용은 문제삼지 않았던 결과, 내용적으로 불법적인 법률의 우위도 용인되었던 것이다.

그러나 제2차대전 이후에는 독일 등에서도 최고규범으로서의 헌법에 기본권이나 자유주의적 민주국가의 기본원칙 등이 규정되기에 이르렀고, 이러한 헌법에 대한 법률의 합헌성심사제도를 도입하여, 합헌적 법률의 우위를 보장하고 있으며, 그에 의하여 실질적 법치국가를 구현하고 있다.

4. 법률의 유보범위의 확대

법률의 유보란 행정권의 발동에는 법률의 근거(작용법적 근거)가 있어야 한다는 것이다. 종래에는 법률의 유보범위를 매우 제한적으로 파악하고 있었으나, 오늘날에는 그 범위를 확대하여 파악하는 것이 학설·판례의 입장이다.

(1) 침해유보설

이 설은 권력적으로 국민의 자유·권리를 제한 또는 침해하거나 새로운 의무를 부과하는 행정작용은 반드시 법률의 근거를 요한다고 본다. 이 설은 과거 독일·일본에서의 통설이었으며, 독일에서는 현재도 상당한 비중을 차지하고 있는 것으로 보이지만, 현재 우리나라에서는 이 설을 지지하는 학자는 없다.

이 설에 의하면, 국민의 자유·권리를 제한 또는 침해하는 작용 이외의 영역에 있어서는 행정은 독자적으로 활동할 수 있는 것으로 보는바, 예컨대 보조금지급이나 공공시설의 설치 등은 법률의 근거가 없어도 행정권이 독자적 판단에 따라 행할 수 있다고 보는 것이다. 행정은 법의 기계적 집행이 아니고, 행정권의 독자적 책임과 판단에 따라 공익목적을 구체적으로 실현하는 자율적인 국가작용이라는 것이 종래 이 설의 논거이었다.

이에 대하여 오늘날에는 법률의 유보범위를 확대하게 되면(예컨대 급부행정유보설) 오히려 국민에게 불리한 결과를 야기할 수도 있다는 점을 들어, 이 설의 원칙적 타당성을 인정할 수 있다고 보는 견해가 있다. 즉, 모든 행정작용에 대하여 법률이 제정될 수 있다고 보는 것은 비현실적 사고방식으로서, 법률의 유보범위를 확대할 경우 종래 행정의 내부적 기준에 따라 행해지던 국민에 대한 수익적 조치도 더 이상 행해질 수 없을 것이라고 하고 있다.[1]

이 설은 연혁적으로는 군주와 시민이 대립적 역관계에 있던 19세기 독일의 외견적 입헌군주제하에서 군주와 시민 사이의 타협의 산물로 나타난 것으로서, 법률로부터 자유로운 영역을 군주에게 확보하여 주는 역할을 하였던 것이 사실이다.

(2) 전부유보설

이 견해는 위의 침해유보설과는 정반대의 입장에서, 모든 행정작용은 법률의 근거를 요한다고 보는 것으로서, 입헌군주제에서 민주적 법치국가로 변천한 오늘날의 헌법현실을 그 배경으로 하여 주장되고 있는 것이다. 즉 과거의 입헌군주제나 관료국가와는 달리, 오늘날의 민주국가에 있어서는 행정권은 지도적 역할(Führungsrolle)을 상실하였고, 의회는 국가의 최고기관으로서의 지위를 가지고 있으므로, 모든 행정작용은 국민의 의사의 표현인 법률에 따라 행하여져야 한다고 보는 것이다.

그러나 이러한 전부유보설에는 다음과 같은 몇 가지 문제점이 있다.

---

1) Erichsen/Martens, Allgemeines Verwaltungsrecht, 1995, pp. 176~178.

먼저, 현대 행정의 양적 범위나 그 다양성을 고려하면, 모든 행정작용에 법률의 근거가 있어야 한다는 것은 이상론에 불과하다는 점이다. 다음에 이론적으로 보아도, 의회가 국가의 최고기관이라는 사실은 입법작용의 행정에 대한 우위성의 근거가 되는 것이기는 하나, 그것이 반드시 전부유보설의 근거가 되는 것은 아니라는 점이다. 왜냐하면 행정권도 일정한 민주적 정당성(Legitimität)을 가지고 있기 때문이다.[1]

이 설은 행정의 실제와는 전혀 부합되지 않는 것으로, 현재 우리나라에서 이 견해를 주장하는 학자는 없다.

(3) 권력행정유보설

이 설은, 당해 행정작용이 침익적인가 수익적인가를 가리지 않고, 행정권의 일방적 의사에 의하여 국민의 권리·의무를 결정하게 되는 모든 권력적 행정작용은 법률의 근거를 요한다고 본다.

이 설은 행정이 법률의 기계적 집행이 아니고, 창조적 활동으로서의 속성을 가지고 있는 것임은 인정하고 있다. 그러나 오늘날과 같은 민주적 법치국가에서는 국가 등의 행정주체가 국민에 대하여 우월적 지위에 서는 것은 행정권의 고유한 속성으로서가 아니고, 그 근거는 국민의 대표로 구성되는 의회에서 제정되는 법률에 의한 수권에서 찾아야 한다는 것이다. 따라서, 국가 등이 국민에 대하여 우월적 지위에서 공권력을 행사하는 경우에는 반드시 법률의 근거가 있어야 한다는 것이다.

(4) 급부행정유보설

이 설은, 법률의 유보원칙은 침해행정뿐만 아니라 수익적 행정활동인 급부행정의 전반에 대해서도 적용되어야 한다고 보는바, 현대국가에 있어서 국가의 급부활동과 국민생활의 밀접한 관련성 및 급부행정의 중요성에 대한 인식에 입각하고 있다. 오늘날 국민생활은 국가 등이 제공하는 각종 급부에 크게 의존하고 있는바, 이러한 급부의 거부 또는 부당한 배분은 실질적으로는 침해행정에 못지않게 침익적 성격을 가진다. 따라서 그 내용이나 요건 또는 기준을 법률로 규정하여 그에 대한 예견·예측가능성을 부여함으로써, 행정의 자의를 방지하여야 할 필요성이 있다. 이 설은, 현대국가에서 자유는 국가의 급부에 대한 공평한 참여와 그에 따른 수익을 의미하는 것으로 본다.[2] 그에 따라「행정에 대한 자유」보다는 오히려「행정을 통한 자유」가 보다 중요한 의미를 가진다고 보는

---

1) Ibid., p. 177.
2) Rupp, Grundfragen der heutigen Verwaltungslehre, p. 142 이하.

것이다.

이 설에 대하여는 ─이는 위의 권력행정유보설에 대한 비판이기도 하나─ 기본적으로 다음의 몇 가지 문제점이 지적되고 있다.

먼저, 행정은 단순히 법률의 기계적 집행만은 아니며, 창의적·적극적으로 국민생활에 필요한 재화·역무를 제공하거나 사회질서를 형성하고, 또한 탄력적이고 적절한 조치에 의하여 구체적 상황에 대처하여야 한다. 그런데 이러한 모든 경우에 법률이 있어야만 한다고 하는 것이 반드시 합리적·현실적이라고 할 수는 없다. 즉, 이 설에 의하면, 어떠한 이유에 기한 것이든지 법률이 결여된 경우에는 국가는 국민생활에 필요한 급부를 제공할 수 없게 될 것인바, 이것은 결국 국민의 권익을 보호하기 위한 이론으로 주장된 당해 학설이 오히려 그 반대의 결과를 야기할 수도 있음을 의미하는 것이다. 다음에, 이론적으로는 기술한 바와 같이 오늘날 행정권에도 나름대로의 민주적 정당성이 인정되고 있다는 점에서 보면, 모든 권력행정 또는 급부행정에 있어 반드시 의회가 제정한 법률의 근거가 있어야 한다는 논리는 성립하지 않는다고 보아야 한다. 또한 권력행정이나 급부행정에 있어 법률의 근거가 없다고 하여도, 그것만으로 곧 행정이 자의적으로 행하여진다고 말할 수는 없는바, 이 경우에도 법률의 우위원칙은 여전히 적용되며, 또한 헌법상 또는 행정법상의 일반원리인 평등원칙·비례원칙 등에 의한 기속은 받기 때문이다.

(5) 본질성설(중요사항유보설)(Wesentlichkeitstheorie)

1) 법률의 일반적 근거로서의 민주주의원칙 및 법치국가원리　　법률의 유보의 근거로서는 일반적으로 민주주의원칙과 법치국가원리가 제시되고 있다. 먼저 민주주의원칙에 따라 국가 사회의 기본적인 사항은 국민에 의하여 선출된 의원들로 구성되어 그 민주적 정당성이 인정되는 의회에 유보되어야 한다는 것이다. 다음에 법치국가원리에 따라 국가와 국민의 관계는 법률에 의하여 규율함으로써 국민의 행정작용에 대한 예측가능성·예견가능성이 보장되게 되는 것이다.

민주주의원칙과 법치주의원리에 따라 법률유보의 기본적 근거 또는 내용이 제시되고 있기는 하나 그 내용이 일반적인데 그친다는 문제점이 있는 것으로서, 이러한 문제점을 보완하여 법률유보의 범위를 구체적으로 제시하기 위하여 제의된 것이 연방헌법재판소의 판례(「칼카르」결정 1978. 8. 8)에 의하여 정립된 본질성설이다.

2) 본질성실　　이 설에서는 행정의 본질적 사항에 대한 규율은 법률에

유보되어야 한다고 하고 있다. 여기서 본질적 사항 여부의 판단은 당해 행정부문 또는 행정작용의 속성이 아니라, 국민일반 및 개인과의 관계에 있어 기본권의 실현상 당해 사항에 대한 법적 규율이 가지는 의미·효과·중요성 등에 따라 판단되는 것이다. 따라서 이 설에 있어서의 본질적이라는 관념은 확정개념은 아니고, 개별적·상대적으로 결정되어야 하는 것이다. 당해 행정부문의 일정 사항에 대한 규율이 국민 일반이나 당사자 개인에 대하여 가지는 의미나 중요성이 큰 것일수록, 그에 대한 법적 규율의 요청은 높아지게 된다.

따라서 본질성설에 따르면, 구체적·세부적 사항에 이르기까지 법률에 의하여 규율되어야 하는 사항, 부분적으로는 법률의 위임에 의한 법규명령에 의하여 규율될 수 있는 사항 내지는 전혀 법률에 의한 규율을 필요로 하지 않는 사항 등 여러 경우가 상정될 수 있다.1)

이 설은 법률유보의 범위를 행정부문 또는 행정작용의 속성(침해행정·급부행정, 권력행정·비권력행정)에 따라 일률적으로 정하는 것이 아니라, 기본권의 실현에 있어 당해 행정부문·영역에 있어 관련 사항에 대한 법적 규율이 국민 일반 및 개인에 대하여 가지는 의미, 중요성 등에 따라 구체적으로 결정되어야 한다고 보고, 또한 법률유보의 범위뿐만 아니라, 그 규율의 정도에 대하여도 기본원칙을 제시하고 있다는 점에서는 그 의의를 인정할 수 있는 것임은 물론이다. 그러나 이 설은 일반원칙을 제시함에 그치고, 그 구체적 기준은 제시하고 있지 못하다는 점에 기본적인 문제점이 있으며, 바로 이 점에서 이 설은 그 초기와는 달리 현재는 많은 비판을 받고 있다.2)

3) **의회유보**(Parlamentsvorbehalt)　　　이 관념은 위에서 검토한 본질성설과

---

1)「마우러」는 본질성설에 입각하여 학교제도에 대한 법적 규율의 필요성 및 정도의 문제에 관하여 다음과 같이 기술하고 있다. 학교제도에 있어 법률에 의한 규율사항과 법규명령에 의한 규율사항의 구분 및 법률에 의한 규율의 정도 문제는 본질성설에 의하여 결정된다. 이 문제에 있어 본질적이라는 것은 무엇보다도 기본권의 실현에 있어서의 본질적인 것을 의미한다. 그에 따라 입법자는 학생 내지는 학부모의 기본권과의 대비에서 학교법제를 정립할 국가적 책무를 지는 것이다. 이 사안에서는 침해행정·급부행정의 구분은 법률유보범위의 획정에 있어 별다른 의미를 가지지 못하는 것으로, 그것은 학교영역에 있어서는 양자는 교착적으로 존재하기 때문이다.

학교영역에 있어서 법률에 의한 규율을 요하는「기본적 사항」에 속하는 것으로서는 교육내용과 목적, 교육과목, 학교의 조직적 기본구조(학교의 종류, 교육과정, 학부모·학생의 공동결정제도 등), 학생의 법적 지위(입학·퇴학·시험·진학 등) 및 징계제도이다. 학교제도에 있어 관련사항이 본질적이라는 것은 그에 대한 법적 규율의 정도에도 결정적 의미를 가지는 것이다. H. Maurer, Allgemeines Verwaltungsrecht, 1994, pp. 107~108.

2) Ibid., p. 101.

관련하여 제시된 것이다. 이 설에 의하면 법률에 의한 규율의 범위·정도에 있어 그에 대한 법적 규율이 가지는 의미나 중요성 등에 따라 그 구체적·세부적 사항도 법률로써 규율하여야 하는 사항도 있게 되는 것임은 전술한 바와 같다. 이러한 경우에는 당해 사항에 대한 규율은 전적으로 법률로써 행해져야 하는 것으로서, 그에 대한 법적 규율을 법규명령에 위임할 수는 없다. 이처럼 그에 대한 법적 규율에 있어서 법규명령에의 위임이 금지되고 전적으로 의회가 제정한 법률에 의하여서만 규율되어야 하는 사항을 의회유보사항이라고 한다.[1]

이러한 의회유보설의 입장에서는, 법률의 유보사항은 내용적으로는 전적으로 법률에 의하여서만 규율되어야 하는 사항과 그에 대한 규율의 일부가 법규

---

[1] F. Ossenbühl, Vorrang und Vorbehalt des Gesetzes, in: Handbuch des Staatsrechts, Band Ⅲ, p. 322.

헌법재판소는 텔레비전 방송수신료에 관한 사건(헌재결 1999. 5. 27, 98헌바70)에서 본질성설에 입각하여 다음과 같이 판시하였다. "헌법은 법치주의를 그 기본원리의 하나로 하고 있으며, 법치주의는 행정작용에 국회가 제정한 형식적 법률의 근거가 요청된다는 법률유보를 그 핵심적 내용의 하나로 하고 있다. 그런데 오늘날 법률유보원칙은 단순히 행정작용이 법률에 근거를 두기만 하면 충분한 것이 아니라, 국가공동체와 그 구성원에게 기본적이고도 중요한 의미를 갖는 영역, 특히 국민의 기본권실현에 있어서는 행정에 맡길 것이 아니라 국민의 대표자인 입법자 스스로 그 본질적 사항에 대하여 결정하여야 한다는 요구까지 내포하는 것으로 이해하여야 한다(이른바 의회유보원칙). … 입법자가 형식적 법률로 스스로 규율하여야 하는 그러한 사항이 어떤 것인가는 일률적으로 확정할 수 없고 구체적 사례에서 관련된 이익 내지 가치의 중요성, 규제 내지 침해의 정도와 방법 등을 고려하여 개별적으로 결정할 수 있을 뿐이나, 적어도 헌법상 보장된 국민의 자유나 권리를 제한할 때에는 그 제한의 본질적 사항에 관한 한 입법자가 법률로써 스스로 규율하여야 할 것이다." "수신료는 국민의 재산권보장의 측면에서나 공사에게 보장된 방송자유의 측면에서나 국민의 기본권실현에 관련된 영역에 속하는 것이고, 수신료금액의 결정은 … 수신료에 관한 본질적이고도 중요한 사항이므로, 수신료금액의 결정은 국회가 스스로 행하여야 할 것이다."

대법원도 일정한 경우에 납세의무자가 제출하는 세무조정계산서를 외부전문가에게 맡기도록 강제한 외부세무조정제도를 규정한 법인세법 시행령 등이 모법의 위임 없이 규정된 것이거나 모법 조항의 위임범위를 벗어난 것으로서 무효라 판단하면서 다음과 같이 판시하였다. "특정 사안과 관련하여 법률에서 하위 법령에 위임을 한 경우에 모법의 위임범위를 확정하거나 하위 법령이 위임의 한계를 준수하고 있는지 여부를 판단할 때에는, 하위 법령이 규정한 내용이 입법자가 형식적 법률로 스스로 규율하여야 하는 본질적 사항으로서 의회유보의 원칙이 지켜져야 할 영역인지 여부, 당해 법률 규정의 입법목적과 규정 내용, 규정의 체계, 다른 규정과의 관계 등을 종합적으로 고려하여야 하고, 위임 규정 자체에서 그 의미 내용을 정확하게 알 수 있는 용어를 사용하여 위임의 한계를 분명히 하고 있는데도 그 문언적 의미의 한계를 벗어났는지 여부나, 하위 법령의 내용이 모법 자체로부터 그 위임된 내용의 대강을 예측할 수 있는 범위 내에 속한 것인지 여부, 수권 규정에서 사용하고 있는 용어의 의미를 넘어 그 범위를 확장하거나 축소하여서 위임 내용을 구체화하는 단계를 벗어나 새로운 입법을 한 것으로 평가할 수 있는지 여부 등을 구체적으로 따져 보아야 한다(대판 2012. 12. 20, 2011두 30878 전원합의체)."

명령에 위임될 수 있는 사항으로 구분된다.

위에서 검토한 법률유보 내지는 의회유보와 대립되는 것으로서 행정유보(Verwaltungsvorbehalt)라는 관념이 있다. 여기서 행정유보란 행정권이 법률의 수권을 요하지 아니하고 스스로 활동할 수 있는 행정의 고유한 영역을 말한다. 이러한 의미의 행정유보는 내용적으로는 배타적 행정유보와 허용적 행정유보로 구분된다. 배타적 행정유보란 일정한 사항에 대하여는 법률의 제정이 허용되지 않고 전적으로 행정권에 의한 입법만을 인정하는 것을 말한다(예컨대, 프랑스 제5공화국 헌법 제37조상의 독립명령(réglement autonome)). 이에 대하여 허용적 행정유보란 법률이 없는 경우에도 행정권이 독자적으로 행정입법을 할 수 있으나, 의회는 언제든지 이러한 행정입법이 제정된 사항에 대하여도 법률로 규율할 수 있는 것을 말한다. 배타적 행정유보는 헌법적 근거를 요하는 것이므로, 우리나라에서는 허용적 행정유보만이 거론될 소지가 있으나, 현재 이러한 이론을 주장하는 학자는 없다.

(6) 결 어

과거 독일 등 입헌군주제하에서 법률의 유보범위에 관하여 침해유보설이 절대적 통설이었던 것은 논리적 근거에 의해서가 아니라 당시 군권과 민권의 대립적 역관계에서의 타협의 소산이었던 것임은 기술한 바 있다. 따라서 현대의 민주적 법치국가에서는 그 범위를 국민의 자유·재산을 제한하거나 침해하는 작용에 한정할 이유는 없다. 또한 실질적 관점에서 보아도, 국민생활이 국가의 각종 급부활동에 강하게 의존하고 있는 현대사회에 있어서는 급부의 거부 또는 부당한 배분은 적극적 침익작용에 못지않게 침익적 성격을 띠게 됨은 부인할 수 없다. 그러한 점에서는 침익적 권력작용뿐만 아니라 급부행정에도 법률의 근거가 있어야만 한다는 주장에 대하여는 일단 그 타당성을 인정할 수 있을 것이다. 그러나 급부행정에 있어서도 실제로는 적지 않은 행정작용이 구체적 법률의 근거 없이 행하여지고 있는바(예컨대 도로건설·문화장려활동 등), 이들 모든 부문에 있어 반드시 법률의 근거가 있어야 한다는 것은 오히려 국민에게 불리한 결과만을 야기한다는 비판론도 상당한 설득력을 가지고 있다.

따라서 권력적 행정작용 이외의 급부행정이나 기타 행정영역에 대한 법률유보원칙의 적용 여부에 관한 문제는 일률적으로 논할 것은 아니고, 구체적 행정활동 내지는 구체적 관련상황을 고려하여 개별적·구체적으로 검토하여 기본권 실현에 있어 당해 사항에 대한 법적 규율이 당사자 개인 내지 국민일반에 대하여 본질적인 것으로 판단되는 사항은 원칙적으로 법적 규율을 요한다고 보

아야 할 것이다.1)

　법률유보원칙을 논함에 있어서는 다음의 두 가지 점을 특히 유의하여야 한다. ① 먼저 일정 행정영역에 이 원칙이 적용되지 않는다고 하는 경우, 행정권은 구체적 법률의 근거가 없어도 활동할 수 있다는 것을 의미할 뿐, 당해 행정영역에 대한 법적 규율의 가능성이 전적으로 배제된다는 것을 의미하지는 않는다는 점이다. 환언하면, 의회는 그 독자적 판단에 따라 어느 행정작용에 대해서도 법률을 제정하여 그를 규율할 수 있는 것이다.2) ② 다음에 행정의 「법률로부터의 자유」가 동시에 「법으로부터의 자유」를 의미하는 것은 아니라는 것이다. 왜냐하면 이 경우에도 행정은 여전히 헌법상의 원칙을 포함한 행정법상의 여러 불문법원리에 의한 구속을 받기 때문이다.

제4절　행정법의 법원

제 1. 개　설

1. 의　의

　행정법의 법원이라는 개념은 여러 가지로 파악될 수 있다. 먼저 행정법의 생성의 원천이라는 개념으로 파악될 수 있는데, 이러한 의미에서의 법원론에서는 실정법체계 그 자체보다는 그러한 실정법체계의 생성요인으로서의 그 나라의 역사·전통·문화·사회구조 내지는 기후조건 등이 그 고찰대상이 된다. 보다 좁은 의미에서 행정법의 법원이라는 관념은 행정법의 인식근거(Erkenntnis-

---

1) 헌법재판소는 중요사항유보설에 입각하고 있는 것으로 보인다. 즉 동 재판소는 이 문제에 대하여 오늘날의 법률유보원칙은 단순히 행정작용이 법률에 근거를 두기만 하면 충분한 것이 아니라 국가공동체와 그 구성원에게 기본적인 중요한 의미를 갖는 영역, 특히 국민의 기본권실현과 관련된 영역에 있어서는 국민의 대표자인 입법자가 그 본질적 사항에 대하여 스스로 결정해야 한다는 요구까지 내포하고 있다고 판시하였다(헌재결 1999. 5. 27, 98헌바70).

　　최근에는 대법원도 중요사항유보설에 입각하여 판단하였다. 대법원은 "어떠한 사안이 국회가 형식적 법률로 스스로 규정하여야 하는 본질적 사항에 해당하는지는, 구체적 사례에서 관련된 이익 내지 가치의 중요성, 규제 또는 침해의 정도와 방법 등을 고려하여 개별적으로 결정하여야 하지만, 규율대상이 국민의 기본권 및 기본적 의무와 관련한 중요성을 가질수록 그리고 그에 관한 공개적 토론의 필요성 또는 상충하는 이익 사이의 조정 필요성이 클수록, 그것이 국회의 법률에 의해 직접 규율될 필요성은 더 증대된다"고 판시하였다(대판전합 2015. 8. 20, 2012두23808).

2) Erichsen/Martens, op. cit., p. 177.

grund für etwas als Recht)라는 의미로 파악된다. 그러나 이 관념은 일반적으로는 행정에 관한 실정법의 존재형식이라는 의미로 파악되고 있는바, 여기서도 법원의 관념은 이러한 의미로 쓰기로 한다.

최근에는 이러한 의미의 행정법의 법원에 행정규칙이 포함되는가에 대하여 많은 논의가 있는바, 이것은 행정규칙의 대외적 효력의 문제라고 할 것으로, 이에 관하여는 뒤에서 구체적으로 검토한다.

2. 행정법의 성문법주의

행정법에 있어서도 다른 법영역에 있어서와 마찬가지로 성문법과 불문법이 있으나, 현재 거의 모든 국가는 성문법주의를 원칙으로 하고 있다. 그 이유로서는 ① 국민의 자유와 재산에 관한 일방적인 행정권발동은 예측 또는 예견의 가능성과 법적 안정성을 보장하기 위해 그 한계와 조건을 미리 명확히 해 두어야 할 필요가 있다는 점, ② 행정작용의 공정성확보의 요청, ③ 국가적 급부활동의 계속성 보장의 요청, ④ 국가적 지도와 보호의 목적·수단 등을 명백히 해 두어야 할 필요, ⑤ 행정구제절차를 명백히 하여 국민의 권익을 보장할 필요 등이 제시되고 있다.[1]

우리나라 헌법도 성문법주의를 취하고 있다고 할 것인바, 그 근거로서는 일정 기본권에 관한 사항을 법률에 유보하는 동시에(법 12·23·37), 중요한 행정작용은 법률에 유보하고(동법 23③·59), 행정조직도 원칙적으로는 법률로 정하도록 하면서, 일정한 범위에서의 위임입법을 인정하고 있는 점(동법 75·95·114 ⑥) 등을 들 수 있다.

3. 불문법에 의한 보완

전술한 이유 또는 필요에 따라 우리나라를 포함한 거의 모든 국가가 성문법주의를 취하고 있으나, 그것은 행정법이 민법·상법 등과 같이 단일법전으로 되어 있다는 의미는 아니다. 실제로 행정법은 어느 국가에 있어서도 행정조직·작용 등에 관한 무수한 법령의 집합으로 되어 있다. 또한 행정은 매우 광범하고 다양한 작용을 그 내용으로 하고 있으며, 행정현상은 수시로 변모하는 속성을 가지고 있는 결과 이러한 모든 행정현상을 성문법으로 규율하는 것은 매우 곤란한 것이어서, 실제로는 성문법이 정비되지 아니한 분야도 적지 않은데, 이러

---

1) 김도창, 행정법(상), 1993, p. 147; 이상규, 행정법(상), 1993, p. 133; 박윤흔, 행정법(상), 1994, p. 90.

한 경우 행정법은 내용상 불문법에 의하여 보완되기도 한다.

그러나 행정법에 있어서의 불문법의 기능은 특정 행정영역에 있어서의 성문법의 흠결상태를 보완하는 데에만 그치는 것은 아니다. 왜냐하면 행정법에는 총칙적 규정조차 없는 결과, 행정법 전반에 걸친 다수의 원리는 결국 불문법원리에서 구할 수밖에 없기 때문이다. 이와 관련하여서는 헌법의 구체화 규범으로서의 행정법의 일반원리가 특히 중요한 의미를 가진다.

제 2. 성문법원

우리나라 행정법상 성문법원으로서는 헌법·법률·조약·명령·자치법규 등이 있다. 이들 성문법은 헌법을 정점으로 하여 통일적·단계적 체계를 이루고 있다.

1. 헌 법

헌법은 국가의 기본조직과 작용에 관한 기본법인바, 그 중에서 행정조직에 관한 규정(대통령, 국무총리, 국무회의, 행정각부, 감사원, 지방자치단체에 관한 규정 등)과 행정작용에 관한 규정(국민의 권리와 의무, 대통령과 정부의 권한, 경제관계에 관한 규정 등)은 행정법의 법원 중에서 최고법원으로서의 지위를 가진다.

헌법과 행정법의 관계에 관하여, 「오토 마이어(O. Mayer)」는 1924년에 그의 「독일행정법」 제3판의 서문에서 "헌법은 변해도 행정법은 존속한다"(Ver-fassungsrecht vergeht, Verwaltungsrecht besteht)고 기술한 바 있다. 이 구절은 행정법의 기술적·전문적 성격으로 인한, 헌법에 대한 행정법의 무감수성을 표현한 것이라고 일반적으로 해석되고 있다. 헌법의 변화에 대한 행정법의 불변성·부동성은 「본」기본법하에서도 상당기간 계속되었으나, 이후 행정법은 헌법종속적 법으로의 기본적 변모과정을 겪게 되었다. 이러한 현상은 연방헌법재판소장이었던 「베르너(F. Werner)」가 1957년에 피력한 '헌법의 구체화법으로서의 행정법'(Verwaltungsrecht als konkretisiertes Verfassungsrecht)이라는 어구에 적절히 표현되어 있다. 즉 오늘날의 행정법은 헌법형성적 가치관념 또는 기본원리와 무관하게 존재하는 것이 아니고, 이러한 가치관념 또는 기본이념은 일정한 실정법원리로 구체화되어 행정을 구속하는 행정법의 기본원리를 구성하고 있는 것이다. 이러한 헌법의 구체화법리로서는 평등원칙, 비례원칙, 신뢰보호원칙 등을 들 수 있다.

2. 법 률

여기에서 법률이라 함은 형식적 의미의 법률, 즉 국회가 헌법상의 입법절차에 따라 제정하는 법률만을 의미한다. 이러한 법률은 행정법의 가장 중요한 법원을 이루는바, 이는 행정법의 성문법주의·국회입법의 원칙 및 법치행정의 원칙에 따른 당연한 귀결이다.

법률은 법규명령(행정입법)이나 조례·규칙(자치입법)에 대하여 상위의 효력을 가지는 것으로서, 법률에 저촉되는 법규명령이나 조례·규칙은 무효이다. 그러나 긴급명령, 긴급재정·경제명령(헌법 76) 등은 그 예외로서, 이들은 형식적으로는 행정입법이지만, 내용적으로는 법률과 같은 효력을 가지고 있다.

3. 명 령

여기서 명령이라 함은 국가행정권에 의하여 정립되는 법규, 즉 법규명령을 말한다. 행정규칙이 법규, 즉 국민의 권리·의무에 변동을 가져오는 법규범으로서의 성질을 가지는 것인가에 대해서는 다툼이 있지만, 이에 대해서는 후술하기로 하고, 여기서는 일단 이를 제외하기로 한다.

오늘날 행정은 고도의 전문성·기술성을 띠고 있고, 또한 명령은 법률에 비하여 보다 신축성이 있으므로, 법률은 대강만을 정하고 그 세부사항에 관한 규율은 명령에 위임하는 경우가 늘어나게 됨에 따라, 행정법의 법원으로서의 명령에 대한 중요성이 부각되고 있다.

우리나라 헌법하에서는 원칙적으로 법률종속적 명령만이 인정되나, 그 예외로서 긴급명령, 긴급재정·경제명령은 법률과 동위의 효력을 가지고 있다(헌법 75·76·95).

명령은 법률의 위임 여부에 따라 위임명령과 집행명령으로 구분된다. 명령은 또한 그 주체에 따라 대통령령·총리령·부령 등으로 구분되고, 이외에 중앙선거관리위원회규칙·대법원규칙 및 헌법재판소규칙 등이 있다.

이상의 법규명령은 모두 헌법에서 규정하고 있는 것이나, 감사원규칙(감사원법 52)에 법규명령으로서의 성격을 인정할 것인지에 대하여는 다툼이 있다. 소극설은 국회입법원칙에 대한 예외로서의 행정입법은 헌법에 명시된 경우에만 인정될 수 있다는 관점에서 감사원규칙의 법규명령성을 부인한다. 이에 대하여 적극설은 헌법에 규정되어 있는 행정입법형식은 열거적인 것은 아니라고 보아 그 법규명령성을 인정하고 있다.

4. 국제조약 · 국제법규

국제조약은 조약 · 협정 · 협약 등 그 명칭 여하를 불문하고 국가와 국가 사이 또는 국가와 국제기구 사이의 법적 구속력 있는 합의를 말하며, 국제법규는 우리나라가 당사국이 아닌 국제조약으로서 국제사회에서 일반적으로 그 규범성이 승인된 것과 국제관습법 등을 말한다.

국제법과 국내법의 관계에 대해서는 법체계에 관한 이원설과 일원설, 그리고 효력에 관한 국제법우위설과 국내법우위설 등의 대립이 있다. 우리나라 헌법은 제6조에서 "헌법에 의하여 체결 · 공포된 조약과 일반적으로 승인된 국제법규는 국내법과 같은 효력을 가진다"고 규정하고 있다. 이 규정은 국제조약 및 국제법규의 국내에서의 적용을 전제로 한 것으로서, 당해 조약이나 국제법규가 행정에 관한 것인 때에는(예컨대, 이중과세방지협정 · 우호통상항해조약 · 지적소유권에 관한 조약 등) 행정법의 법원이 된다. 동조상의 '국내법과 같은 효력'의 의미에 관해서는 이를 법률과 같은 효력을 의미하는 것으로 보는 것이 통설적 견해이다.[1]

5. 자치법규

자치법규는 지방자치단체가 자치입법권에 의하여, 법령의 범위 안에서 제정하는 자치에 관한 법규를 말한다(헌법 117①). 이러한 자치법규에는 지방의회가 제정하는 조례와 지방자치단체의 집행기관인 장이 제정하는 규칙이 있다. 집행기관에는 일반사무의 집행기관과 교육에 관한 사무의 집행기관의 두 종류가 있으므로, 규칙에도 (일반)규칙과 교육규칙의 두 종류가 있다.

조례는 자치사무와 단체위임사무에 한하여 제정될 수 있으나, 규칙은 기관위임사무에 관하여도 제정될 수 있다.

제 3. 불문법원

행정법은 원칙적으로 성문법으로 되어 있으나, 전술한 이유에 따라 불문법도 중요한 의미를 가진다. 행정법의 불문법원으로서는 일반적으로 관습법 · 판례법 및 조리를 드는 것이 보통이나 여기서는 이에 부가하여 행정법의 일반원리

---

1) 판례

"국제항공운송에 관한 법률관계에 대하여는 일반법인 민법에 대한 특별법으로서 바르샤바 협약이 우선 적용된다"(대판 1986. 7. 22, 82다카1372).

의 문제도 검토한다.

I. 관 습 법

행정법상의 관습법은 일반적으로 행정영역에 있어 다년간에 걸쳐 동일한
관행이 반복되고, 이러한 관행이 일반국민의 법적 확신을 얻어 법규범으로서
인식·승인된 것이라고 정의할 수 있다.[1]

이러한 정의에 의하면 관습법은 객관적 요소로서의 관행과 주관적 요소로
서의 법적 확신의 결합에 의하여 성립된다. 그러나 이러한 두 가지 요소 외에
다른 요건이 필요한지에 대하여는 견해가 갈리고 있다.

(1) 법력내재설(법적 확신설)

이 설은 법의 본질을 국가 등의 법공동체에 있어서의 보편타당한 법관념과
법적 확신의 표현으로 보아, 일반국민의 법적 확신에 의하여 뒷받침되는 관행
은 관습법으로서 법적 효력을 가진다고 본다.

(2) 국가승인설

이 설은 관행이 일반국민의 법적 확신을 얻은 경우에도, 국가가 이를 법으
로 명시적 또는 묵시적으로 승인함으로써 비로소 관습법으로 된다고 본다. 이
견해는 연혁적으로는 법실증주의의 관점에서 제정법만이 법이라는 전제에 입각
한 것으로서, 단순한 사실로서의 관행이 법으로 되기 위하여는 그를 위한 국가
의 승인이 필요하다고 보는 것이다.

(3) 결 어

관습법은 본질적으로 자생적 법현상이라고 한다면, 행정관습법에 있어서도
그 성립에는 별도의 국가적 승인이 필요한 것은 아니라고 보며, 그 점에서 법적
확신설이 타당하다고 본다. 이에 대하여 국가승인설의 입장에서는 이 설이 국
가적 법질서와의 연결을 간과하고 있다고 비판하고 있다. 그러나 행정관습법은
바로 국가라는 법공동체 및 그 법질서의 테두리 안에서 형성되는 것이라는 점
에서 볼 때, 위의 비판이 타당한 것인가는 의문이다.

---

[1] 판례
　"관습법이란 사회의 거듭된 관행으로 생성한 사회생활규범이 사회의 법적 확신과 인
식에 의하여 법적 규범으로 승인 강행되기에 이른 것을 말하고 사실인 관습은 사회
의 관행에 의하여 발생한 사회생활규범인 점에서는 관습법과 같으나 다만 사실인 관습
은 사회의 법적 확신이나 인식에 의하여 법적 규범으로 승인된 정도로 이르지 않은 것
을 말한다"(대판 1983. 6. 14, 80다3231).

1. 관습법의 인정여부(법원성의 문제)

행정관습법에 관해서는 민법 제1조와 같은 일반적 규정이 없는 결과, 그 인정 여부에 관하여는 견해가 갈리고 있다.

(1) 소 극 설

이 설은 행정의 합법률성원칙에 따라 법률의 근거가 없는 경우에는 관습법에 의한 공의무의 설정은 허용되지 않고, 행정은 사법과는 달리 '법규에 대한 갈망'(Hunger nach Recht)이 없고, 법규가 없는 경우에도 행정은 독자적으로 활동할 수 있으므로 관습법은 필요하지 않으나, 다만 성문법규가 관습법을 허용하는 명문규정을 두고 있는 경우 및 협소한 공통이해관계자간의 내부관계에 있어서의 관례로서만 예외적으로 인정될 수 있다고 본다.

(2) 적 극 설

이 설은, 현대행정은 질적·양적으로 매우 광범위하고 다양한 작용을 그 내용으로 하고 있어, 법적 규율이 필요한 행정영역에 있어서도 성문법규가 완비되기는 어려운 실정이므로, 법률에 의한 행정의 원리가 엄격히 적용될 수는 없고, 성문법규가 정비되지 아니한 행정영역에 있어서는 관습법의 성립을 인정하여야 한다고 본다.

(3) 결   어

행정은 사법과 달리 법규가 없는 경우에도 독자적으로 활동할 수 있는 것은 사실이나, 권력적·침익적 작용은 물론이거니와 그 이외의 행정작용에 있어서도 국민생활에 기본적으로 중요한 의미를 가지는 행정작용은 원칙적으로 법률에 의하여 규율되어야 할 것으로 본다. 그러나, 행정법에 있어서는 사법과는 달리 성문법상 흠결이 많은 것이 사실이며, 또한 행정의 특수성을 감안하면 성문법이 완비될 것을 기대하기도 어렵다고 할 것이다. 이러한 사실을 감안하는 경우 행정법에 있어서도 일반국민의 법적 확신에 의하여 지지되고 있는 불문법으로서의 관습법을 부인할 이유는 없다고 본다.

그러나 현대사회는 비교적 변화가 빠르고 다원적 가치체계를 그 특징으로 하고 있다는 점에서 관습법의 성립요소로서의 장기간에 걸친 관행이나 그에 관한 일반국민의 법적 확신이 형성되는 것은 용이하지 않다고 본다. 그러한 이유에 기인한 것인지는 모르나, 일반적 행정관습법의 예는 매우 드문 편이다.

2. 관습법의 효력

행정관습법의 효력에 관해서는 성문법과의 대비에서 그 보충적 효력만을 인정하는 견해와, 그 개폐적 효력까지 인정하는 견해가 대립하고 있다.

국가승인설의 입장에서는 보충적 효력밖에 인정할 수 없다고 본다. 이에 대하여 행정관습법도 일반국민의 법적 확신에 기하여 법적 효력을 발생하는 법규범이라는 이유를 들어 그 시원적 법원성을 인정하는 견해에서는, 관습법과 성문법에 동위적 효력을 인정할 수 있다고 본다. 따라서 관습법에 의한 성문법의 개폐도 인정될 수 있을 것이다. 다만 관습법은 국가(또는 일정지역)에서 궁극적으로 법적 확신이 따르는 장기간의 관행이 형성되는 경우에만 인정되는 것이라는 점에서는, 관습법에 의한 법률의 개폐사례는 예외적인 것일 수밖에 없다고 본다. 왜냐하면 일정 법률이 장기간 적용되지 않고, 또한 관계 여건 등의 변화로 당해 법률은 이미 객관적 타당성을 상실했으나 형식적으로는 폐지되지 않은 경우에 있어서만 비로소 관습법에 의한 성문법의 개폐의 문제가 제기될 수 있기 때문이다.

이에 대하여 관습법에 보충적 효력만을 인정하는 입장에서는, 법치행정의 원칙상 성문법에 반하는 관습법의 효력은 이를 부정할 수밖에 없고, 실제상 관습법에 의한 성문법의 개폐란 있을 수 없다고 하고 있다.[1] 판례는 일단 보충적 효력설에 입각하고 있는 것으로 보인다.[2]

3. 관습법의 종류

(1) 행정선례법

이것은 행정청이 취급한 선례가 오랫동안 반복됨으로써 형성된 것이다. 특히 상급행정청의 훈령·예규 등이 발하여지고, 그에 기하여 사무처리관행이 반

---

[1] 이상규, 신행정법(상), p. 143.
[2] 판례
"가정의례준칙 제13조의 규정과 배치되는 관습법의 효력을 인정하는 것은 관습법의 제정법에 대한 열후적·보충적 성격에 비추어 본조의 취지에 어긋나는 것이다"(대판 1983. 6. 14, 80다3231).
한편 신행정수도의건설을위한특별조치법의 위헌확인사건에서 헌법재판소는 관습법의 개폐방법에 대하여 판단하였다. 다수의견은 관습헌법은 성문헌법과 마찬가지의 헌법개정절차를 통해서 개폐될 수 있다고 보았고, 별개의견에서는 그 밖의 수단으로도 당해 관습에 대한 법적 확신의 변화·소멸을 확인함으로써 관습헌법의 개폐가 가능하다고 보았으며, 소수의견은 성문헌법과 관습헌법이 동일한 효력을 가진다고 할 수 없다고 하였다(헌재결 2004. 10. 21, 2004헌마554·556).

복되는 경우에는 그것은 행정선례법으로서의 의의를 가진다고 본다.1)

국세기본법(법 18③), 행정절차법(법 4)은 행정분야에 있어서의 행정선례법의 존재를 명문으로 인정하고 있다.

(2) 민중적 관습법

이것은 민중 사이에서 행정법관계에 관한 관행으로서 성립하는 것으로, 주로 공물·공수의 이용관계에서 그 예를 찾아볼 수 있다. 마을어업권(수산업법 xi), 관습상의 유수사용권(관개용수리권, 유수권, 식용용수권) 등이 있으나 그 예는 많지 않다.

Ⅱ. 판 례 법

1. 의 의

행정사건에 관한 법원의 판결은 제기된 구체적 분쟁에 있어서 사실관계를 확정하고 그에 법령을 적용함으로써, 당해 분쟁을 해결하고 법질서를 유지함을 그 직접적인 목적으로 하는 것이다. 이러한 의미에서 사법 또는 재판은 법적용 작용이라 할 수 있다. 그러나 이러한 의미의 재판이 단순한 법의 기계적 적용을 의미하는 것은 아니다. 법원은 분쟁에 대한 판단과정에 있어 관계법이 흠결되어 있거나, 관계 법규정이 다의적 또는 불확정적인 것이라든가 또는 당해 규정

---

1) 판례

"지방자치단체가 관할하는 공유수면의 행정구역 경계에 관하여는 … 법률상의 경계는 존재하지 않지만, 지방자치단체 등의 행정기관이 수산업법상의 어업허가 내지 어업면허, 어업단속행위, 공유수면관리법상의 공유수면에 대한 점용 내지 사용허가 등 개별법률들에 의한 행정권한을 행사함에 있어서 국립지리원이 간행한 지형도상의 해상경계선을 행정구역 경계선으로 인정해온 행정관행이 존재하고, 이러한 관행이 오랜 기간 동안 존재하여 왔고, 지형도상 해상경계선이 해상에서의 행정구역 경계선이라는 점에 대한 지방자치단체들과 일반국민들의 법적 확신이 존재한다고 할 것이므로, 국립지리원이 간행한 지형도상의 해상경계선은 행정관습법상 해상경계선으로 인정될 뿐만 아니라 행정판례상으로도 인정되고 있기 때문에, 불문법상의 해상경계가 된다"(헌재결 2004. 9. 23, 2000헌라2).

다만 2009. 4. 1. 지방자치법 제4조 제3항 이하가 신설되어 행정자치부장관이 재량으로 공유수면 매립지 등의 관할을 결정하도록 하는 제도가 마련되어, 종래 매립지 등 관할결정의 준칙으로 적용되어 온 지형도상 해상경계선 기준이 가지던 관습법적 효력은 위 지방자치법의 개정에 의하여 변경 내지 제한되게 되었다. "관계 법령의 내용, 형식, 취지 및 개정 경과 등에 비추어 보면, 종래 위 지방자치법 개정 이전까지 매립지 등의 관할 결정의 준칙으로 적용되어 온 지형도상 해상경계선 기준이 가지던 관습법적 효력은 위 지방자치법의 개정에 의하여 변경 내지 제한되었다고 봄이 상당하고 피고는 매립지가 속할 지방자치단체를 정함에 있어 상당한 형성의 자유를 가지게 되었다 할 것이다"(대판 2013. 11. 14, 2010추73).

의 적용이 부당한 결과로 귀착하게 된다든가 하는 등의 여러 문제에 봉착하게
되는 경우가 적지 않다.

이러한 경우들에 있어서 법적용은 단순한 포섭(Subsumption)이 아니고 법관
은 스스로 그 판단기준을 설정해야 하는데, 그 결과 판결에 의하여 정립된 기준
내지 법리가 그 합리성으로 말미암아 이후 같은 종류의 사건에 대한 재판에서도
그 준거가 되는 경우, 행정판례법의 법원성이 문제된다. 이러한 의미의 판례가
국민에 대하여 법적 구속력을 가지는가는 영미법계와 대륙법계에 따라 다르다.

2. 판례의 법원성

(1) 영미법계

영미법계의 국가에서는 「선례구속성 원칙(doctrine of stare decisis)」이 확립
되어, 판례법의 법원으로서의 지위는 거의 절대적이다. 영국의 경우 상급법원의
판례는 하급법원을 무조건 구속할 뿐만 아니라, 1966년 이전까지 최고법원인
귀족원은 자기 판례를 변경하지도 못하였다. 미국에서도 상급법원의 판례는 하
급법원을 엄격히 구속하나, 연방법원 및 주최고법원은 자기 판례를 변경할 수
있다.

(2) 대륙법계

영미법계의 국가와는 달리, 「프랑스」·독일·일본 등의 대륙법계 국가에서
는 「선례구속성 원칙」이 인정되어 있지 않고, 최고법원이 자기 판례를 변경할
수 있음은 물론이며, 그 판례는 하급법원에 대하여 법적 구속력이 없고, 다만
사실상의 구속력을 가지고 있음에 불과하다.

(3) 우리나라

우리나라에도 다른 대륙법계의 국가와 마찬가지로 「선례구속성 원칙」은 존
재하지 않는다. 법원조직법은 "상급법원의 재판에 있어서의 판단은 당해 사건
에 관하여 하급심을 기속한다"고 규정하고 있으나(법 8), 이것은 당해 사건에
한정되는 것이고, 같은 성질의 다른 사건에 대해서까지 하급심을 기속한다는
의미는 아니다.

우리나라에서 판례법의 법원성의 문제에 관하여는, 이를 제도적 또는 형식
적 관점과 실질적 관점의 두 가지 측면에서 고찰하여야 할 것으로 본다. 먼저
제도적 또는 형식적 관점에서 보면, 법원에는 법정립권이 인정되지 않으므로,
「판결에 의하여 제시된 (법)원칙(Rechtsprechungsgrundsätze)」은 당해 사건에 있
어서만 구속력을 가지는 것이고, 그를 떠나서는 법원이나 행정청을 구속할 수

는 없다. 환언하면 판례에 의하여 정립된 법원칙, 즉 판례법은 행정법의 법원은 아니다.

그러나 실질적 측면에서 보면 판례법의 실정법적 효력을 부인할 수는 없다고 할 것인바, 그것은 다음의 두 가지 이유에 기한 것이다. 먼저, 판례에 의하여 정립되는 법원칙은 구체적 사건의 판정과 관련하여 정립되는 것이기는 하나, 그 내용에 있어서는 당해 구체적 사건의 결정기준을 넘어서서 장래의 사건에 있어서도 적용될 수 있는 결정기준을 내포하고 있는 경우가 있다는 점이다. 물론 제도상으로는 어느 법관도 이러한 판례상의 법원칙에 기속되지는 않으나, 합리적이고 구체적인 근거가 없는 한, 법관은 판례상 확립된 원칙을 무시할 수 없다. 다음에, 행정청도 형식적으로 보면 당해 사건에 대한 법원의 판단 외에 판례상의 법원칙을 준수할 법적 의무는 없으나, 이를 정당화하는 구체적·합리적 이유가 없는 한, 이러한 원칙에 반하는 행정처분은 궁극적으로 판결에 의해 위법한 것으로 판단되어 손해배상의 원인 또는 취소의 대상으로 된다. 따라서 확립된 판례상의 (법)원칙은 실질적으로는 효력있는 법으로서, 행정법의 법원으로서의 성격을 가지고 있다고 보아야 할 것이다.

Ⅲ. 조 리 법

1. 조리에 관한 우리 학설의 개관

우리나라의 행정법 교과서에는 모두 조리를 행정법의 불문법원의 하나로 들면서, 그에 관하여 대체로 다음과 같이 기술하고 있다.

조리(Natur der Sache)는 '사물의 본질적 법칙' 또는 '일반사회의 정의감에 비추어 반드시 그러하여야 할 것이라고 인정되는 것'을 말한다. 이러한 조리는 ① 법해석의 기본원리로서, 그리고 ② 성문법·관습법·판례법이 모두 없는 경우에 최후의 보충적 법원으로서 그 중요성을 가진다.

행정법에는 총칙적 규정이 없을 뿐만 아니라, 그 규율대상인 행정이 복잡·다기하여 성문법으로 모든 사항을 규율하기는 어려운 것이고, 또한 행정법규 상호간에는 모순·결함이 많고 법규 상호간에도 횡적 통일성이 결여된 경우가 많으므로, 행정법의 법원으로서의 조리의 중요성이 부각되는 것이다. 조리의 내용은 영구불변한 것이 아니고, 시대와 사회에 따라 변화할 수 있다. 조리의 내용으로서는 종래 평등원칙·비례원칙·신의성실의 원칙 등이 거론되어 왔으며, 최근에는 신뢰보호원칙·과잉급부금지원칙·부당결부금지원칙 등이 검토되고 있다.

이러한 조리의 내용과 관련하여서는 최근 들어, 이들 원칙들의 연원이 다양한 것임을 지적하면서, 그에 따른 조리의 효력 자체에 대하여도 재검토하려는 견해가 유력하게 부각되고 있다. 예컨대 "조리라고 하는 것들을 엄밀하게 살펴보면 여러 가지 것에서 유래하며, 따라서 그 법적 성질 내지는 효력도 일률적으로 말할 수는 없겠다. 예컨대 평등의 원칙 및 비례의 원칙은 헌법원칙으로 볼수 있고, 신의성실의 원칙은 민법 내지는 법의 일반원칙이며, 행정행위의 취소권의 제한에 관련된 원칙 등 많은 조리는 판례법적 성질을 가진다"는 주장[1]이나, "비례·평등원칙은 실정제도화되어 조리법의 차원을 넘어선 것으로 보는 것이 옳을 것"이라는 주장[2] 등이 바로 그것이다.

2. 조리법의 내용 및 연원

(1) 개 설

이상에서 본 바와 같이 우리 학설에서는 행정법의 제3의 불문법원으로서 조리를 들면서, 이를 일반적으로 사물의 본질적 법칙 또는 일반사회의 정의감에 비추어 반드시 그러하여야 할 것이라고 인정되는 원리라고 정의하고 있다. 그러나 이러한 조리의 내용으로서는 평등원칙·비례원칙·신의성실의 원칙·신뢰보호원칙 등을 들고 있는바, 이들 원칙이 과연 사물의 본질적 법칙이라는 의미의 조리관념에 포괄될 수 있는 것인가에 대하여는 의문이 제기된다.

결국 학설은 조리라는 관념에 내용적으로는 관습법과 판례법에 속하지 않는 행정법의 모든 불문법원리를 포괄적으로 포함시키고 있다. 이러한 점을 고려하면 행정법의 제3의 불문법원으로서는 조리 대신에 독일행정법에서와 같이 포괄적 관념으로서의 행정법의 일반원리(Allgemeine Grundsätze des Verwaltungs-rechts)라는 용어를 사용하는 것이 보다 바람직한 것으로 보인다. 그러나 현재 우리나라 행정법 교과서에서는 아직도 관습법·판례법 이외의 행정법의 제3의 불문법원은 조리라는 관념하에서 검토하고 있는바, 교과서수준에서는 일단 이용어를 그대로 쓰기로 한다. 그러나 위에서 본 바와 같이, 사물의 본질적 법칙이라는 의미의 조리와 현재 일반적으로 그 내용으로서 거론되고 있는 여러 불문법원칙과는 부합하지 않는 면이 있으므로, 여기서는 조리의 관념을 광의로 보아 '사물의 본질적 법칙 또는 법의 일반원칙'으로 정의하여 두기로 한다. 다

---

1) 박윤흔, 행정법(상), pp. 115~116.
2) 김도창, 행정법(상), p. 170.

만 이러한 의미에서의 조리는 엄격한 의미에서의 조리관념이라기보다는 그에 포함되는 여러 불문법원칙을 표현하기 위한 종합적·목적적인 관념임을 밝혀 둔다.

(2) 조리의 연원

위에서 정의한 의미의 조리의 연원으로서는 대체로 관습법과 판례법, 헌법 규정 또는 그 원리, 일반사법 또는 공법규정, 법의 기본원리 또는 협의의 조리 등을 들 수 있을 것이다.

1) 헌법의 기본규정 또는 헌법원리에서 도출되는 일반원리   「볼프(H. Wolff)」에 의하면 현대국가의 헌법에는 그 국가의 구체적 종류·형태에 관한 결단의 표현으로서 정치적·법적 기본규범, 즉 헌법형성적 기본결단이 포함되어 있는바, 이러한 기본규범은 명시적으로 규정되기도 하나, '기본명제'(Grundsätze) 또는 '지도이념'(Leitideen)으로서 개별규정에 함축되어 있을 수도 있다고 보고 있다. 이러한 헌법형성적 기본결단 또는 헌법상의 기본규범은 국가활동의 목적과 방향을 설정하는 규정에 한정되는 것으로서, 국가형태, 통치구조, 문화·경제·사회제도 등에 관한 헌법규정이 이에 속하는 것으로 본다.

헌법상의 기본규범이나 그 원리로부터 구체화된 법리인 행정법의 일반원리를 도출하는 작업은, 「베르너(F. Werner)」의 '헌법의 구체화법으로서의 행정법'이라는 어구에 의하여 표현되듯이, 현재 행정법원리의 매우 중요한 창출수단이되고 있다. 그러나 헌법상의 기본규범·원리는 그 본질에 있어서 매우 다의적이고 불확정적인 것이므로, 이들 원리에서 객관적이고 구체적인 행정법원리를 도출하는 것은 용이한 일이 아니다. 또한 헌법형성적 기본규범은 매우 제한된 것일 수밖에 없으므로, 이들 원리에서 도출될 수 있는 행정법의 일반원리의 범위도 결국 한정적이라고 할 것이다.

2) 실정법규정에서 도출되는 법의 일반원리 또는 법원리

⑺ 법의 일반원리   형식적으로는 특정부문의 실정법에 규정되어 있는 것이나, 그 내용상으로는 당해 법영역을 넘어 일반적 타당성을 가지는 법원리를 말한다. 예컨대 민법 제2조상의 신의성실의 원칙이 그에 해당한다.

⑷ 행정법규정에서 도출되는 일반원리   행정법의 일반원리는 행정에 관한 여러 실정법규정에서도 도출될 수 있다고 본다. 행정의 여러 부문에 있어서의 다수의 법률에 유사한 법리가 표현되어 있고, 이들 원리의 기본관념이 그 성질상 다른 행정작용에도 적용될 수 있는 것인 때에는, 이러한 법리는 행정법의 일반원리로서 인정될 수 있을 것으로 본다. 즉 이러한 경우, 개개의 법률에 특

유한 부수적 부분이 사상된 기본관념은 행정법의 일반원리로 인정될 수 있다고
보는 것이다.

　이것은 「프랑스」행정법상 「꽁세유데따」에 의한 행정법의 일반원리의 발견
내지는 창출에 있어서 하나의 중요한 수단이 되고 있다. 독일에서는 이러한 행
정법의 일반원리의 도출방법을 주장하는 견해는 드문 것으로 보이나, 「마우러
(H. Maurer)」는 이를 인정하고 있다.

　3) 판 례 법　　선례구속주의를 취하지 아니하는 우리나라에서는 형식적
또는 제도적 관점에서 보면 판례법 자체에 대하여 그 법원성을 인정할 수는 없
을 것이다. 그러나 일정 판례에 의하여 정립된 법원칙이 당해 사건뿐만 아니라
그와 유사한 다른 사건에도 적용될 수 있는 결정기준을 내포하고 있어서, 이후
의 다른 판결에서도 이 법원칙이 계속 확인되는 경우에 이러한 판례상의 법원
칙에 대하여 실질적 관점에서는 그 법적 효력을 부인할 수 없을 것이다. 이 경
우, 당해 법원칙은 판례상의 연원을 떠나, 행정법의 일반원리로서의 성격을 가
진다고 할 수 있을 것이다.

　4) 법의 기본원리 및 조리　　법의 기본원리(Rechtsgrundsätze)라는 관념은
「볼프」가 주장하는 것으로, 그는 이를 법의 기본적 요소로서의 정의원칙에서
도출되는 원리라고 정의하고 있다. 이러한 법의 기본원리는 그 자체로서는 개
별적 규율성을 갖추고 있지 않으나, 이들 원리가 구체적·전형적 사실관계와 결
합되는 경우에는 이로부터 구체적 법규가 도출된다고 본다. 따라서 이러한 법
의 기본원리가 행정법부문에서 구체화된 경우 이를 행정법의 일반원리라고 할
수 있다는 것이다.

　전술한 「볼프」적인 법의 기본원리에 행정법의 법원성을 인정할 수 있는가
에 대하여는 일단 회의적이라고 할 수밖에 없을 것으로 보인다. 왜냐하면 어떠
한 형식이든 최소한의 자연법적 사고가 부가되지 않는 한, 정의관념에서 직접
도출되는 법의 기본원리에 실정법적 법원성을 인정할 수 있는 근거는 실정제도
상 존재하지 않는다고 보기 때문이다.

　그러나 정의관념이 법의 기본적 요소라는 것은 누구도 부인할 수 없는 것
이고 보면, 그에서 당연히 도출되는 것으로 인정되는 법의 기본원리에 대하여
일반적 합의(consensus)가 이루어지는 경우에는, 이들 원리는 판례에 의한 불문
법원리로서의 행정법의 일반원리의 정립에 있어 일종의 준법원적 의의를 가질
수 있는 것이 아닌가 한다.

　사물의 본질적 법칙(Natur der Sache)이라는 의미의 협의의 조리도 기본적으

로는 같은 의의를 가지는 것이 아닌가 한다. 그러나 우리 학설상 조리는 일반적
으로 행정법의 불문법원으로 인정되고 있고, 또한 그 내용이나 근거가 항상 명
확한 것은 아니나, 판례에서 조리칙이 원용되는 경우도 적지 않은 것이 현실이
고 보면, 협의의 조리의 구체적 내용에 관한 검토는 앞으로 우리 학계에 있어서
중요한 과제의 하나가 될 것으로 본다.

3. 조리의 내용

전술한 바와 같이, 조리의 내용을 이루는 대표적 법원리로서 평등원칙·비
례원칙·신뢰보호원칙 등이 일반적으로 열거되고 있거니와, 다음에서는 그 대표
적인 몇 가지 원리의 내용을 구체적으로 검토한다.

(1) 평등원칙(Prinzip der Gleichheit)

평등원칙은 그를 정당화할 만한 사유가 없는 한, 다른 자에 대한 처분보다
불리한 처분을 하여서는 아니 된다는 원칙을 말한다. 우리 헌법 제11조는 법
앞의 평등원칙을 규정하고 있으므로, 평등원칙은 직접 헌법에 명시된 법원칙으
로 보는 견해가 있다. 그러나 헌법 제11조는 다만 법 앞의 평등원칙만을 규정
하고 있을 뿐, 행정법상 평등원칙의 내용을 이루고 있는 공공부담 앞의 평등원
칙·공역무 앞의 평등원칙 등에 대하여는 직접적으로 규정하고 있지 않다. 그러
한 점에서 보면 평등원칙의 내용을 이루는 대부분의 원리는 헌법 제11조에 직
접 규정되어 있는 것은 아니고, 동조의 기본이념으로부터 도출되는 불문법원리
라고 보는 것이 타당하지 않을까 한다. 그러나 이러한 견해를 취하는 경우에도
당해 원칙은 헌법 제11조의 기본이념에서 도출되는 것이기 때문에, 그것은 헌
법적 효력을 가진다고 보아야 할 것이며, 그러한 점에서 보면 전자의 견해와 실
질적인 차이는 없는 것이다.

평등원칙은 헌법적 효력을 가지는 것이기 때문에, 그에 위반된 국가작용(입
법·행정)은 위헌·위법한 것이 된다.[1] 행정법상 평등원칙과 관련하여 최근에 특

---

1) 평등원칙의 위반을 이유로 법규명령을 무효로 판단한 예: "헌법 제11조 제1항에 근
   거를 둔 평등원칙은 본질적으로 같은 것을 자의적으로 다르게 취급함을 금지하는 것으
   로서, 법령을 적용할 때뿐만 아니라 입법을 할 때에도 불합리한 차별취급을 하여서는
   안 된다는 것을 뜻하는바, 앞서 본 사정을 종합하여 보면 위 시행령 제35조 제1항 제3
   호에서 집단에너지공급시설에 대한 훼손부담금의 부과율을 전기공급시설 등에 대한 훼
   손부담금의 부과율인 100분의 20의 다섯 배에 이르는 100분의 100으로 정한 것은, 피
   고들이 상고이유에서 주장하는 것처럼 집단에너지공급시설과 전기공급시설 등의 사이
   에 그 공급받는 수요자가 다소 다를 수 있음을 감안한다 하더라도, 부과율에 과도한 차
   등을 둔 것으로서 합리적 근거 없는 차별에 해당한다(대판 2007. 10. 29, 2005두
   14417).

히 거론되고 있는 것은 행정의 자기구속원리이나, 이 문제는 행정규칙에 관한 부분에서 구체적으로 검토하기로 한다.

(2) 비례원칙(Prinzip der Verhältnismäßigkeit)

1) 개 념　　행정법상의 비례원칙은 일반적으로는 행정작용에 있어 목적 실현을 위한 수단과 당해 목적 사이에는 합리적인 비례관계가 있어야 한다는 것을 말한다. 이러한 의미의 비례원칙은 내용적으로는 적합성의 원칙·필요성의 원칙 및 협의의 비례원칙으로 구성된다. 먼저, 적합성의 원칙은 행정작용이 그 목적달성에 적합한 수단이어야 한다는 것이다. 다음에, 필요성의 원칙은 목적달성을 위한 당해 행정작용은 그 상대방과 일반국민에 대하여 필요 최소한도로 침해적인 것을 선택하여야 한다는 것이다. 그리고 협의의 비례원칙은 위의 두 가지 요건이 충족되는 경우에도 다시 당해 작용에 의한 침해의 정도와 그 추구하는 목적 사이에는 합리적인 비례관계가 있어야 한다는 것이다.[1]

2) 근 거　　비례원칙의 근거는 일단 정의관념·형평관념 등에서 찾을 수도 있을 것이다. 그러나 근대 입헌국가의 헌법은 이익형량에 의한 적정한 가치의 확보를 그 이념으로 하고 있으며, 우리 헌법 제37조 제2항에서는 비례원칙의 이념이 천명되어 있다고 볼 수 있다. 그러한 점에서 비례원칙은 단순한 일반조리상의 원칙에 그치지 않고, 헌법의 기본규범이나 이념에서 도출되는 헌법적 원리라고 할 수 있다.[2] 이러한 헌법적 원리를 구체화하여 행정규제기본법은 비례원칙을 행정규제작용 일반에 적용되는 원칙으로 규정하고 있다(법 5③).

3) 적용영역

(가) 개 설　　비례원칙은 일반적으로 행정청의 재량권의 한계를 설정하여 주는 행정법의 일반원리로서, 모든 행정작용에 적용된다. 그러나 이 원리는 엄격한 의미의 재량행위가 아니라 할지라도 행정청에게 일정한 판단권이 부여되어 있는 경우에는 그 합리성의 판단기준으로 작용하게 된다. 당해 행위가 재량

---

1) 판례

　　"비례의 원칙(과잉금지의 원칙)이란 어떤 행정목적을 달성하기 위한 수단은 그 목적달성에 유효·적절하ㅌ고 또한 가능한 한 최소침해를 가져오는 것이어야 하며 아울러 그 수단의 도입으로 인한 침해가 의도하는 공익을 능가하여서는 아니된다는 헌법상의 원칙을 말하는 것"이다(대판 1997. 9. 26, 96누10096).

2) 비례원칙의 위반 등을 이유로 한 법률의 위헌결정의 예

　　"변호사법 제10조 제2항의 개업지 제한규정은 직업선택의 자유를 제한하는 것으로서 그 선택된 수단이 목적에 적합하지 아니할 뿐 아니라, 그 정도 또한 과잉하여 비례의 원칙이 정한 한계를 벗어난 것으로 헌법 제37조 제2항에 위반됨은 물론, 헌법 제11조 제1항(평등권)·제15조(직업선택의 자유)에 위반되어 위헌이다"(헌재결 1989. 11. 20, 89헌가102).

행위인 경우에는 재량을 일응 그르친 경우에도 그것은 원칙적으로는 부당행정에 그치는 것이므로, 행정소송에 의한 통제의 대상은 되지 않는다. 그러나 재량행위에 있어서도 비례원칙을 위반한 경우에는 위법한 행위가 되는 것이다. 실제 재량행위에 대한 재판통제사유로서 가장 자주 원용되고 있는 것이 바로 비례원칙이다.

(나) 침익행정　　경찰작용, 행정강제, 행정행위의 취소·철회, 행정행위의 부관의 한계, 행정조사, 규제적 행정지도 등이 비례원칙이 적용되는 전형적인 행정작용형식이다.

(다) 급부행정　　비례원칙은 침익적 작용뿐만 아니라, 수익적 작용으로서의 급부행정에도 적용될 수 있다. 과잉급부금지원칙이 바로 그것인바, 행정청은 그 목적달성에 적합한 정도의 급부만을 행하여야 한다는 원칙이다(상세한 내용은 행정법Ⅱ의 관련내용 참조).

4) 위반의 효과　　비례원칙은 헌법적 원칙이므로, 이에 위반된 국가작용은 위헌·위법한 작용이 된다.

(3) 부당결부금지원칙(Koppelungsverbot)

이것은 행정작용을 함에 있어서 그와 실체적 관련이 없는 상대방의 반대급부를 조건으로 하여서는 안된다는 원칙이다. 예컨대 인근공원에 미화사업을 할 것을 조건으로 하여 호텔건축의 허가를 하는 경우가 이에 해당한다.

이 원칙은 일반적으로 사물의 본질적 법칙이라는 의미로서의 조리에서 도출되는 것으로 보고 있다. 그러나 이 원칙은 헌법상의 법치국가원리에서 도출되는 것으로 보는 견해도 있다.

이 원칙은 주로 공법상 계약의 체결에 있어 상대방에 대한 당해 계약상의 급부와는 무관한 반대급부의 부과, 행정행위의 부관으로서의 부담의 한계,[1] 행정작용의 실효성확보수단으로서의 당해 행정작용과는 실질적 관련이 없는 수도·전기 등의 공급거부 등과 관련하여 주로 논의되고 있으나, 그 외의 공행정작용에 대하여도 이 원칙이 적용될 수 있는 경우가 있는 것임은 물론이다.

이 원칙을 헌법상의 법치국가원리에서 도출되는 것으로 보는 경우에는, 이

---

1) 판례

"수익적 행정행위에 있어서는 법령에 특별한 근거규정이 없다고 하더라도 그 부관으로서 부담을 붙일 수 있으나, 그러한 부담은 비례의 원칙, 부당결부금지의 원칙에 위반되지 않아야 적법하다. 사업자에게 주택사업계획승인을 하면서 그 주택사업과는 아무런 관련이 없는 토지를 기부채납하도록 하는 부관을 주택사업계획승인에 붙인 경우, 그 부관은 부당결부금지의 원칙에 위반되어 위법하다"(대판 1997. 3. 11, 96다49650).

원칙에 위반한 국가 등의 작용(입법·행정작용)은 위헌·위법한 것이 된다.

(4) 명확성원칙(Bestimmtheitsgrundsatz)

이것은 행정행위의 내용은 명확한 것이어야 한다는 것이다. 이 원칙은 행정행위는 그 처분청이 요구하는 바를 상대방이 분명히 알 수 있도록 명확하게 규정될 것을 요구한다. 행정행위의 기본적 기능은 개별 사안과 관련하여 근거 법령상의 일반적 내용을 구체적이고 명확히 규정하는 것인바, 명확성원칙은 이러한 행정행위의 본질적 기능에서 나오는 것이다.

이러한 명확성원칙은 비례원칙이나 신뢰보호원칙과 같이 법치국가원리에 그 근거를 두고 있는 헌법적 원리이다.[1] 우리나라 행정절차법 제4조는 행정청이 행하는 행정작용은 구체적이고 명확하여야 한다고 규정하고 있다.[2] 명확성의 원칙은 독일 행정절차법에도 규정되어 있는바(동법 37), 동법은 행정행위의 무효사유의 하나로서 처분청을 알 수 없는 경우를 들고 있다(동법 44②i).

(5) 신뢰보호원칙(Prinzip des Vertrauenschutzes)

1) 개 념　　이는 행정기관의 일정한 언동(명시적·묵시적)의 정당성 또는 존속성에 대한 개인의 보호가치 있는 신뢰는 보호해 주어야 한다는 원칙을 말한다. 이러한 신뢰보호의 관념은 독일에서는 20세기 초 이래 학설·판례상으로 정립·발전되어 왔고, 특히 제2차대전 이후 사회국가적 기능이 중시되면서 급속한 발전을 보아, 1976년의 연방행정절차법(Bundesverwaltungs\verfahrensgesetz)은 위법한 수익적 행정행위의 취소의 제한(법 48), 행정행위의 철회의 제한(법 49), 확약(법 38) 등의 법적 근거로서 신뢰보호원칙을 제도화하기에 이르렀다.

영미법상의 금반언의 법리(Estoppel)도 신뢰보호원칙과 대체로 같은 이념을 가진 것이라 할 수 있다. 이 법리는, 일방 당사자가 전에 주장한 바 있고 타방 당사자가 이를 신뢰한 경우에, 그 일방 당사자가 종전의 그의 주장과 모순되는 주장을 하는 것은 금지된다는 원칙으로서, 법의 세계에 있어서의 fair play의

---

1) Maurer/Waldhoff, Allgemeinses Verwaltungsrecht, 19. Auflage, §10 Rn. 52; Wilfried Erbguth, 8. Auflage, §14 Rn. 54.

2) 판례

"독점규제 및 공정거래에 관한 법률(2004. 12. 31. 법률 제7312호로 개정되기 전의 것, 이하 '법'이라 한다) 제2조 제1호 소정의 사업자가 법 제23조 제1항 제4호, 제2항, 법 시행령 제36조 제1항[별표 1] 제6호 (나)목 및 (라)목 소정의 행위를 하였음을 이유로 공정거래위원회가 법 제24조 소정의 시정명령 등 행정처분을 하기 위해서는 그 대상이 되는 '이익강요' 및 '불이익제공'의 내용이 구체적으로 명확하게 특정되어야 하고, 그러하지 아니한 상태에서 이루어진 그 시정명령 등 행정처분은 위법하다고 할 것이다"(대판 2007. 1. 12, 2004두7146).

한 표현으로서 인정되고 있다.

  2) 신뢰보호원칙의 근거   신뢰보호원칙의 법적 근거에 관하여는 종전에
는 신의칙설, 그리고 최근에는 법적 안정성설이 유력하며, 그 밖에 사회국가원
리설·기본권설 등이 있다.

  (개) 신의칙설   신뢰보호의 근거를 사법에서 발달한 신의성실의 원칙에서
구하고 있는 견해로서, 신의성실의 원칙은 법의 일반원리로서 행정기관은 성실
하게 적법한 행정작용을 행하여야 하고, 국민은 그것을 적법한 작용으로 신뢰
하게 되는데, 사후에 그 위법성 등을 이유로 그 효력을 부인하는 것은 국민의
신뢰에 반하는 것이므로, 이로 인하여 개인이 손해를 입은 때에는 이를 보호하
여야 한다는 것이다.

  그러나 신의칙은 당사자간에 계약 등 구체적 관계가 있을 때에만 적용되는
것으로 보는 것이 일반적인바, 그를 전제로 하지 않는 행정작용에는 적용하기
어렵다고 본다.

  (내) 법적 안정성설   신뢰보호의 근거를 공행정작용 등의 예측가능성 및
존속성·계속성을 내용으로 하는 법적 안정성에서 찾는 견해로서, 헌법상의 법
치국가원리는 내용적으로 합법률성의 원칙과 법적 안정성의 원칙으로 구성되어
있는바, 신뢰보호원칙은 후자에서 도출된다고 보는 것이다. 헌법재판소도 이 입
장을 취하여 신뢰보호원칙은 법치국가원리의 파생원칙이라고 하였다(헌재결
1997. 7. 16, 97헌마38 전원재판부).

  (대) 실정법적 근거   실정법상으로는 종래 국세기본법 제18조 제3항이 이
원칙을 규정하고 있었고, 또한 1996년 제정된 행정처분 등에 관한 일반법인 행
정절차법은 제4조에서 신뢰보호원칙을 명문으로 규정하고 있다. 그러나 이 규
정은 이미 행정법의 불문법원리로 통용되고 있던 이 원칙을 확인한 데 그치는
것이지, 이 규정에 의하여 비로소 이 원칙에 법적 효력이 부여된 것은 아니라고
할 것이다.

  3) 신뢰보호원칙의 적용요건   대법원의 판례상 제시되고 있는 신뢰보호
원칙의 적용요건은 다음과 같다.[1]

  ──────────────

  1) 판례
    "일반적으로 행정상의 법률관계에 있어서 행정청의 행위에 대하여 신뢰보호의 원칙
  이 적용되기 위하여는, 첫째 행정청이 개인에 대하여 신뢰의 대상이 되는 공적인 견해
  표명을 하여야 하고, 둘째 행정청의 견해표명이 정당하다고 신뢰한 데에 대하여 그 개
  인에게 귀책사유가 없어야 하며, 셋째 그 개인이 그 견해표명을 신뢰하고 이에 상응하
  는 어떠한 행위를 하였어야 하고, 넷째 행정청이 그 견해표명에 반하는 처분을 함으로
  써 그 견해표명을 신뢰한 개인의 이익이 침해되는 결과가 초래되어야 하며, 마지막으

㈎ 선행조치   행정기관의 선행조치로서 공적인 견해표명이 있어야 하는
바, 법령 · 행정규칙 · 처분 · 확약 · 행정지도 기타 적극적 또는 소극적 언동[1] 등
이 여기에 해당한다.

㈏ 보호가치   위의 선행조치의 정당성 또는 존속성에 대한 관계인의 신
뢰가 보호가치 있는 것이어야 한다. 이와 관련하여 독일 연방행정절차법 제48
조는 행정행위의 성립에 있어 관계자의 부정행위(사기 · 강박 · 증수뢰 · 부정신고 등)
가 있었거나, 그 작용의 위법성에 대한 인식이 있었거나 과실로 이를 인식하지
못한 경우에는 보호가치성을 부인하고 있다. 판례도 수익적 행정행위의 취소의
경우에는 "그 처분을 취소하여야 할 공익상 필요가 당사자가 입을 불이익을 정
당화할 만큼 강한 경우에 한하여 취소할 수 있으나, 그 처분의 하자가 당사자의
사실은폐나 기타 사위의 방법에 의한 신청행위에 기인한 것이라면 당사자는 그
처분에 의한 이익이 위법하게 취득되었음을 알아 그 취소가능성을 예상하고 있
었다고 할 것이므로 그 자신이 위 처분에 관한 신뢰의 이익을 원용할 수 없다"
고 하였다(대판 1991. 4. 12, 90누9520. 동지: 대판 2008. 11. 13, 2008두8628).

㈐ 상대방의 조치   신뢰보호는 행정기관의 조치를 신뢰하여 그 상대방
이 일정한 조치(투자 · 건축개시 등)를 한 경우에만 인정된다. 신뢰보호는 상대방이
행정기관의 선행조치에 대한 신뢰에 입각하여 일정한 조치(건축개시 · 자본투자 등)
를 한 경우에 이러한 조치를 보호하는 것이 그 목적이다.

㈑ 인과관계   행정청의 언동과 그 상대방에 의한 조치 사이에는 인과관

로 위 견해표명에 따른 행정처분을 할 경우 이로 인하여 공익 또는 제3자의 정당한 이
익을 현저히 해할 우려가 있는 경우가 아니어야 한다"(대판 2002. 11. 8, 2001두
1512).

[1] 판례
"국세기본법 제18조 제2항에서 정한 일반적으로 납세자에게 받아들여진 국세행정의
관행이 있으려면 반드시 관세관청이 납세자에 대하여 불과세를 시사하는 명시적인 언
동이 있어야만 하는 것은 아니고 묵시적 언동 다시 말하면 비과세의 사실상태가 장기
간에 걸쳐 계속되는 경우에 그것이 그 사항에 대하여 과세의 대상으로 삼지 아니하는
뜻의 과세관청의 묵시적인 의향표시로 볼 수 있는 경우 등에도 이를 인정할 수 있다"
(대판 1984. 12. 26, 81누266).
"신의칙이나 국세기본법 제18조 제3항에서 규정하는 조세관행 존중의 원칙은 합법
성의 원칙을 희생하여서라도 납세자의 신뢰를 보호함이 정의의 관념에 부합하는 것으
로 인정되는 특별한 사정이 있을 경우에 한하여 적용되고, 일반적으로 납세자에게 받
아들여진 세법의 해석 또는 국세행정의 관행이란 비록 잘못된 해석 또는 관행이라도
특정 납세자가 아닌 불특정 일반 납세자에게 정당한 것으로 이의 없이 받아들여져
납세자가 그와 같은 해석 또는 관행을 신뢰하는 것이 무리가 아니라고 인정될 정도에
이른 것을 말하며, 그러한 해석 또는 관행의 존재에 대한 입증책임은 그 주장자인 납세
자에게 있다"(대판 2002. 10. 25, 2001두1253).

계가 성립되어야 한다. 즉 상대방이 행정청의 선행조치의 정당성·계속성을 믿음으로 말미암아 일정한 조치를 한 경우이어야 한다.

㈐ 선행조치에 반하는 처분의 존재   신뢰보호의 원칙이 적용되기 위하여서는 행정기관 등이 위의 선행조치에 반하는 처분등을 하여 이를 신뢰한 개인의 이익이 침해되는 결과가 초래되어야 한다.

㈑ 공익 또는 제3자의 정당한 이익의 불침해   행정청이 그 견해표명에 따른 행정처분을 할 경우 이로 인하여 공익 또는 제3자의 정당한 이익이 현저히 침해되지 아니하여야 한다. 이것은 신뢰보호원칙의 적용상의 소극적 요건으로서 비교적 최근에 판례상 추가된 것으로서(대판 1998. 11. 13, 98두7343; 대판 2005. 7. 8, 2005두3165), 관계인의 이익보호 요청과 공익 또는 제3자의 이익보호 요청과의 비교형량에 관한 것임은 물론이다. 그러나 제3자의 이익침해가 공익침해와 같은 정도의 비중을 가지고 비례원칙의 적용의 제한사유로서 작용할 수 있는지에 대하여는 의문이 제기될 수 있을 것으로 보인다. 공익은 행정의 정당성의 궁극적 요건으로서, 판례는 예컨대 기속행위인 주유소등록 등에 있어서 상대방의 신청이 근거법상의 요건을 충족한 때에도 행정청은 중대한 공익상의 이유로 그 등록을 거부할 수 있다고 하고 있다. 판례는 또한 근거법상의 근거도 없고 당해 처분 이후 사실상·법령상의 변경도 없는 경우에도 중대한 공익상의 이유로 수익적 행정처분의 철회가 허용된다고 하고 있다. 그러한 점에서는 공익의 현저한 침해를 신뢰보호원칙의 소극적 요건으로 하더라도 그에는 별다른 문제는 없는 것으로 보인다. 그런데 판례 또는 학설 어느 것도 제3자의 이익보호요청을 공익과 같은 정도로 행정의 궁극적 정당성의 기준이 된다고 보고 있지는 아니한 것으로 보인다. 예컨대, 위에서 검토한 주유소등록에 있어 상대방의 신청이 근거법상의 요건을 충족하고 있음에도 그 허가가 이웃주민 등의 정당한 이익을 침해한다는 사유에 따른 그 거부결정이 적법한 것이라고 보고 있지는 아니한 것이다. 그러한 점에서는 선행조치에 대한 상대방의 신뢰가 행정처분 등의 합법성의 원칙을 희생하여서라도 보호할 만한 것으로 인정되어 당해 처분의 취소가 허용되지 아니하는 것임에도 불구하고, 그로 인하여 제3자의 이익이 침해되는 경우에는 다시 신뢰보호원칙의 적용이 배제되어 당해 처분의 취소가 허용된다고 볼 수 있는 경우는 극히 예외적인 경우에 한정된다고 할 것이다.

  4) 신뢰보호의 한계
    ㈎ 신뢰보호원칙과 행정의 법률적합성원칙   신뢰보호원칙이 행정의 법률적합성원칙과 충돌하는 경우 양자의 관계를 여하히 조정할 것인지의 문제가

있다.

(ⅰ) 법률적합성우위설   행정의 법률적합성원칙은 법치주의의 기본원리로서, 행정행위가 위법한 것임에도 불구하고 상대방의 신뢰보호를 위하여 그 존속성 등을 인정하는 것은 법치주의에 반한다고 보는 것이다.

(ⅱ) 법률적합성과 신뢰보호원칙의 동위설   이 설은 신뢰보호원칙의 근거를 법적 안정성 원칙에서 구하는 입장에서 주장되는 견해로서, 법치주의원리를 구성하는 행정의 법률적합성 원칙과 법적 안정성 원리는 동위적·동가치적인 것이므로, 후자에서 도출되는 신뢰보호원칙과 행정의 법률적합성의 원칙도 동위적인 관계에 있다고 보는 것이다.

(ⅲ) 이익형량   신뢰보호의 근거에 관하여는 현재 법적 안정성설이 통설이다. 이러한 관점에서는 위의 신뢰보호요건이 충족되는 때에는, 관계인의 보호이익과 행정처분의 취소 등에 의하여 달성되는 공익간의 구체적 형량이 행해지게 된다.

이러한 형량의 결과, 수익적 처분으로서의 보조금의 지급결정이나 버스사업면허 등의 취소가 허용되지 아니하는 경우도 있다. 이 경우의 상대방의 신뢰보호는 당해 행정조치의 현상보장 또는 존속보호인 것이다. 구체적 형량에 따라서는 행정처분 등의 취소 등은 허용되나[1] 그에 따라 상대방에 발생하는 재산적 손실을 보상하여 주어야 하는 것으로 되는 경우도 있다. 이 경우의 신뢰보호는 현상보장은 아니고, 관계인의 재산적 가치의 보호인 것이다. 다만 이러한 경우에 법률에 보상 규정이 없는 경우에도 보상을 청구할 수 있는지에 대해서는 견해가 갈리고 있다. 이에 대해서는 행정구제편에서 자세히 검토할 것이다.

(내) 사정변경   신뢰형성의 기초가 된 결정적인 사실적·법적 상태가 추후

---

1) 판례

  "일반적으로 행정상의 법률관계에 있어서 행정청의 행위에 대하여 신뢰보호의 원칙이 적용되기 위하여는, 첫째 행정청이 개인에 대하여 신뢰의 대상이 되는 공적인 견해표명을 하여야 하고, 둘째 행정청의 견해표명이 정당하다고 신뢰한 데에 대하여 그 개인에게 귀책사유가 없어야 하며, 셋째 그 개인이 그 견해표명을 신뢰하고 이에 어떠한 행위를 하였어야 하고, 넷째 행정청이 위 견해표명에 반하는 처분을 함으로써 그 견해표명을 신뢰한 개인의 이익이 침해되는 결과가 초래되어야 하고, 어떠한 행정처분이 이러한 요건을 충족할 때에는, 공익 또는 제3자의 이익을 해할 우려가 있는 경우가 아닌 한, 신뢰보호의 원칙에 반하는 행위로서 위법하게 된다고 할 것이므로, 행정처분이 이러한 요건을 충족하는 경우라고 하더라도 행정청이 앞서 표명한 견해에 반하는 행정처분을 함으로써 달성하려는 공익이 행정청의 견해표명을 신뢰한 개인이 그 행정처분으로 인하여 입게 되는 이익의 침해를 정당화할 수 있을 정도로 강한 경우에는 신뢰보호의 원칙을 들어 그 행정처분이 위법하다고 할 수 없다"(대판 1998. 11. 13, 98두7343).

에 변경되고 관계인이 이를 인식하였거나 인식할 수 있었던 경우에는 관계인은
신뢰보호를 원용할 수 없다 할 것이다(대판 2000. 6. 13, 98두18596).

5) 신뢰보호의 적용례

(가) 위법한 수익적 행정행위의 취소제한   위법한 행정행위는 그것이 수
익적 행위인 경우에도 행정청은 자유로이 취소할 수 있다는 것이 종래의 통설
이었다. 그러나 1950년대 후반부터 독일의 학설·판례는 취소제한의 원칙으로
전환하였던바, 그 기본적 근거를 신뢰보호원칙에서 구하고 있었다. 나아가
1976년의 독일 연방행정절차법은 이러한 신뢰보호원칙을 실정법적 법제로서
규정하게 되었다. 연방행정절차법은 행정행위의 취소자유의 원칙을 전제로 하
면서도(법 48① 1문), 수익적 행정행위의 경우에는 그에 대한 일정한 제한을 인
정하고 있다. 즉 위법한 수익적 행정행위에 의거하여 일정한 금전급부나 가분
적인 현물급부가 행하여진 경우에는 그 취소를 원칙적으로 인정하지 않고 있으
며, 기타의 수익적 행정행위의 경우에는 취소 자체는 인정하되, 그로 인한 손해
에 대해서는 보상을 하도록 규정하고 있다. 또한 취소가 인정되는 경우에도 신
뢰보호의 견지에서 그 소급효를 제한하고 있다.

최근에는 우리나라 대법원도 금전급부를 내용으로 하는 수익적 행정행위와
관련하여 신뢰보호원칙을 근거로 잘못 지급된 급부의 반환을 제한하였다.[1]

(나) 적법한 행정행위의 철회제한   연방행정절차법 제49조는 부담적 행정
행위에 대하여는 확정력이 발생한 후에도 행정청에 의한 철회자유의 원칙을 인
정하고 있으나, 수익적 행정행위에 있어서는 그 철회를 제한하여, 일정한 경우
에만 인정하고 있다. 또한 행정행위의 철회로 말미암아 그의 존속을 신뢰한 수
익자에게 발생한 재산상의 손실에 대하여는 이를 보상하도록 규정하고 있다.

(다) 계획변경   도시계획·국토계획·경제계획 등의 행정계획을 신뢰하여

---

1) 판례
  "보험급여를 받은 당사자로부터 잘못 지급된 보험급여액에 해당하는 금액을 징수하
  는 처분을 함에 있어서는 그 보험급여의 수급에 관하여 당사자에게 고의 또는 중과실
  의 귀책사유가 있는지, 잘못 지급된 보험급여액을 용이하게 원상회복할 수 있는지, 잘
  못 지급된 보험급여액에 해당하는 금액을 징수하는 처분을 통하여 달성하고자 하는 공
  익상 필요의 구체적 내용과 그 처분으로 말미암아 당사자가 입게 될 불이익의 내용 및
  정도와 같은 여러 사정을 두루 살펴, 잘못 지급된 보험급여액에 해당하는 금액을 징수
  하는 처분을 하여야 할 공익상 필요와 그로 인하여 당사자가 입게 될 기득권과 신뢰의
  보호 및 법률생활 안정의 침해 등의 불이익을 비교·교량한 후 그 공익상 필요가 당사
  자가 입게 될 불이익을 정당화할 만큼 강한 경우에 한하여 보험급여를 받은 당사자로
  부터 잘못 지급된 보험급여액에 해당하는 금액을 징수하는 처분을 하여야 한다고 봄이
  상당하다"(대판 2014. 7. 24, 2013두27159).

자본 등을 투하하였으나, 이후 당해 계획이 폐지·변경된 경우에 사인의 신뢰보호라는 관점에서, 이른바 계획보장청구권(Plangewährleistungsanspruch)을 인정할 것인가에 대하여는 부정적 견해가 지배적인 것으로 보인다.

㈐ 실권(Verwirkung) 행정청이 행정행위의 위법상태를 장기간 묵인·방치함으로써 개인이 당해 행위의 존속을 신뢰하게 된 경우에는, 행정청이 이후 그 위법성을 이유로 당해 행위를 취소할 수 없다는 법리이다. 독일 연방행정절차법은 이러한 실권의 법리를 명문화하여 행정행위의 취소기한을 1년으로 한정하고 있다(법 48④).

대법원은,

"실권 또는 실효의 법리는 법의 일반원리인 신의성실의 원칙에 바탕을 둔 파생원칙인 것이므로 공법관계 가운데 관리관계는 물론이고 권력관계에도 적용되어야 함을 배제할 수는 없다 하겠으나, 그것은 본래 권리행사의 기회가 있음에도 불구하고 권리자가 장기간에 걸쳐 그의 권리를 행사하지 아니하였기 때문에 의무자인 상대방은 이미 그의 권리를 행사하지 아니할 것으로 믿을 만한 정당한 사유가 있게 되거나 행사하지 아니할 것으로 추인케 할 경우에 새삼스럽게 그 권리를 행사하는 것이 신의성실의 원칙에 반하는 결과가 될 때 그 권리행사를 허용하지 않는 것을 의미하는 것이다"(대판 1988. 4. 27, 87누915)

라고 하여 이 법리를 인정하였다.

㈐ 확약(Zusage) 행정청이 장차 상대방에게 일정한 작위 또는 부작위를 행할 것을 약속한 경우에는, 신뢰보호원칙에 따라 행정청은 그에 구속된다는 법리이다. 독일 연방행정절차법 제38조는 이 법리를 명문으로 규정하고 있다.

㈐ 처분사유의 추가·변경 판례는 취소소송에 있어서의 행정청에 의한 처분사유의 추가·변경은 당초의 처분사유와 기본적 사실관계에 있어서 동일성이 있는 것에 한정된다고 보고 있는바, 그 근거로서는 신뢰보호의 원칙을 들고 있다.

㈐ 행정법령의 소급효금지 행정법규의 소급효를 허용하게 되면 관계인의 신뢰보호를 해치게 되는 것이므로, 그것은 원칙적으로 금지된다고 할 것이다. 그러나 행정법규의 소급효도 내용적으로는 과거에 이미 종료된 사실 또는 법률관계를 규율하게 되는 진정소급효와 이미 과거에 시작되었으나 현재도 진행중인 사실관계 또는 법률관계를 규율하게 되는 부진정소급효가 있는바, 소급효가 금지되는 것은 원칙적으로 진정소급효의 경우이다. 이에 대하여 부진정소급효

의 경우에는 입법자의 입법형성권이 우선된다고 하는 것이 판례의 입장이다.[1]

법령의 개정이 진정소급효적인 내용의 것이 아닌 경우에도, 구 법령의 존속에 대한 당사자의 신뢰가 합리적이고도 정당하며, 법령의 개정으로 야기되는 당사자의 손해가 극심하여 새로운 법령으로 달성하고자 하는 공익적 목적이 그러한 신뢰의 파괴를 정당화할 수 없다면, 입법자는 경과규정을 두는 등 당사자의 신뢰를 보호할 적절한 조치를 취하여야 하며, 이러한 적절한 조치 없이 새 법령을 그대로 시행하거나 적용하는 것은 헌법의 법치주의 원리에서 도출되는 신뢰보호의 원칙에 위배되어 허용되지 아니한다(대판 2006. 11. 16, 2003두12899).

6) 신뢰보호원칙의 위반의 효과   신뢰보호원칙은 실정법적 효력을 가지는 원칙이기 때문에, 행정처분이 이에 위반하는 경우에는 원칙적으로는 취소사유가 될 것이나, 예외적으로 무효가 되는 경우도 상정될 수 있을 것이다.

4. 행정의 법 원칙

행정기본법은 제8조 내지 제13조에서 행정의 기본적 법원칙으로서 법치행정의 원칙·평등의 원칙·비례의 원칙·성실의무 및 권한남용금지의 원칙·신뢰보호의 원칙 및 부당결부금지의 원칙을 규정하고 있다. 이들 조항은 헌법등에 근거하여 판례와 학설로 확립되어 있는 불문법원리로서의 행정법의 일반원리를 명문으로 규정하는 데 그치고 새로운 내용을 담고 있는 것은 아니다. 행정기본법 제8조는 행정상 법치주의원칙의 2대 원리인 법률우위의 원칙과 법률유보의 원칙을 정하고 있다. 제9조에서는 행정에 있어 합리적 근거없이 국민을 차별하여서는 아니된다는 내용의 평등의 원칙을 정하고 있다. 제10조에서는 행정법의 기본원리의 하나인 비례원칙의 내용을 이루는 ① 적합성의 원칙, ② 필요성의 원칙, ③ (협의의) 상당성의 원칙을 규정하고 있다.

---

1) 판례
　"대학이 성적불량을 이유로 학생에 대하여 징계처분을 하는 경우에 있어서 수강신청이 있은 후 징계요건을 완화하는 학칙개정이 이루어지고 이어 당해 시험이 실시되어 그 개정학칙에 따라 징계처분을 한 경우라면 이는 이른바 부진정소급효에 관한 것으로서 구 학칙의 존속에 관한 학생의 신뢰보호가 대학 당국의 학칙개정의 목적달성 보다 더 중요하다고 인정되는 특별한 사정이 없는 한 위법하다고 할 수 없다"(대판 1989. 7. 11, 87누1123).
　"새로운 입법으로 이미 종결된 사실관계에 작용케 하는 진정소급입법은 허용되지 않는 것이 원칙이며 특단의 사정이 있는 경우에만 예외적으로 허용될 수 있는 반면, 현재 진행중인 사실관계에 작용케 하는 부진정소급입법은 원칙적으로 허용되지만 소급효를 요구하는 공익상의 사유와 신뢰보호의 요청 사이의 교량과정에서 신뢰보호의 관점이 입법자의 형성권에 제한을 가하게 된다"(헌재결 1998. 11. 26, 97헌바58).

행정기본법 제11조 제1항에서는 사법의 기본원리 내지는 법의 기본원리로서 행정법에도 통용되는 것으로 인정되고 있는 신의성실의 원칙을 행정법상의 성실의무의 원칙으로 규정하고, 제2항에서는 권한남용 금지원칙을 민법상 권리남용 금지원칙과 구별하여 행정법의 고유한 법원칙으로 규정하고 있다. 제12조 제1항에서는 신뢰보호원칙으로서 "행정청은 공익 또는 제3자의 이익을 현저히 해칠 우려가 있는 경우를 제외하고는 행정에 대한 국민의 정당하고 합리적인 신뢰를 보호하여야 한다"고 규정하고 있다. 동조 제2항은 실권의 법리를 규정하고 있다. 이 법리는 행정기관이 조치를 취했어야 하는 사안을 장기간 방치하고 이로 인해 그 상대방이 해당 조치가 없을 것이라고 신뢰하게 된 경우, 상대방의 이러한 신뢰를 보호하기 위해 해당 행정기관이 더 이상 조치를 취할 수 없다는 원칙이다.

실권의 법리와 유사한 기능을 수행하는 것이 법 제23조의 제재처분의 제척기간이다. 행정청은 법령등의 위반행위가 종료된 날부터 5년이 지나면 해당 위반행위에 대하여 제재처분(인허가의 정지·취소·철회, 등록말소, 영업소 폐쇄와 과징금부과)을 할 수 없다(동조 ①). 이러한 제재처분에 대한 제척기간은 실권의 법리와 마찬가지로 신뢰보호원칙에 근거한 것이다. 따라서 상대방의 신뢰를 보호할 필요가 없거나 공익상 필요한 특별한 사유가 있는 경우 등에는 제척기간을 적용하지 아니하는 것이 합당하다 할 것이다. 동조 제2항은 비적용사유로서 ① 거짓이나 그 밖의 부정한 방법으로 인허가를 받거나 신고를 한 경우, ② 당사자가 인허가나 신고의 위법성을 알거나 중대한 과실로 알지 못한 경우, ③ 행정처분을 하지 아니하면 국민의 안전·생명 또는 환경을 심각하게 해칠 우려가 있는 경우 등을 들고 있다.

행정기본법 제13조는 행정작용시에 행정청은 상대방에게 해당 행정작용과 실질적인 관련이 없는 의무를 부과해서는 아니된다는 내용의 부당결부금지 원칙을 규정하고 있다. 이 원칙은 판례와 학설에 의하여 인정되어 온 것으로서, 행정기본법에서 이를 일반원칙으로 명시한 것이다.

위에서 살펴본 행정기본법 제9조 이하 제13조상의 행정의 법 원칙은 종래 조리 내지는 행정법의 일반원리로서 행정법의 불문법원으로 통용되어 온 것이었다. 이에 대하여 제8조상의 법치행정의 원칙은 그것이 행정의 기본원칙을 이루는 것이기는 하나, 이 원칙을 행정법의 불문법원으로 보기는 어렵다 할 것이다.

제5절 행정법의 효력

행정법의 효력이란 행정법이 그 관계자를 구속하는 힘을 말한다. 행정법의 성문법원을 이루는 성문법규는 그 효력범위에 있어 시간적·지역적·대인적 한계가 있다. 이 한계에 관한 일반원칙은 다른 법분야에서의 법령의 경우와 기본적인 차이는 없으나 행정법의 경우, 시시각각으로 변화하는 객관적 상황에 대응할 필요에 따라 그 개폐가 비교적 빈번할 뿐만 아니라, 일정 지역에서의 특수한 행정상의 필요에 대응하기 위하여 특정 지역만을 적용대상으로 하여 제정되는 법령도 있는바, 이러한 한도에서는 다른 법분야에서의 법령의 효력과는 다른 약간의 특색이 인정되는 것이다.

I. 시간적 효력

1. 발효시기

(1) 공포에 관한 원칙

행정법령은 그 강행성으로 말미암아 이를 일반국민에게 주지시킬 필요가 있는바, 이에 따라 공포와 효력발생(시행)과의 사이에는 일정한 시간적·절차적 간격을 두는 것이 원칙이다. 이에 대한 우리나라의 관련규정을 살펴보면 다음과 같다.

법령과 조례·규칙은 그 시행일에 관하여 특별한 규정이 없으면, "공포한 날부터 20일을 경과함으로써 효력을 발생한다"(헌법 53⑦, 법령등공포에관한법률 13, 지방자치법 26⑧). 과거에는 시급하다는 이유로 공포일로부터 시행하도록 명문규정을 둔 예도 적지 않았다. 그러나 최근에는 대통령령 등 부속법령의 제정을 위한 기간의 필요성 등의 고려에 기하여 3월 또는 6월이 경과한 후에 효력을 발생하게 하는 예가 많다.[1] 공포의 방법은 법령·조약의 경우 관보에 게재하고(법령등공포에관한법률 11①), 조례·규칙은 당해 자치단체의 공보나 일간신문에의 게재 또는 게시판에의 게시로써 한다(지방자치법 시행령 30①). 대통령의 법률안거부권행사로 인하여 재의결된 법률을 국회의장이 공포하는 경우에는 서울특별시에서 발행되는 둘 이상의 일간신문에 게재하여야 한다(법령등공포에관한법

---

1) 유상현, 행정법(상), 1995, p. 98.

률 11②).

(2) 공포에 관한 특칙

법령·조례·규칙 등에서 실제로는 위 원칙에 의하지 않고, 그 부칙이나 시행령에서 그 시행일을 따로 정하는 경우가 많다. 예컨대, ① 공포 후의 일정 유예기간의 존치, ② 일정 사실의 발생일부터 시행, ③ 공포일부터 시행, ④ 시행일의 대통령령에의 위임 등의 형식이 그것이다. 이 중에서 특히 공포일 시행주의는 해당 법령이 국민의 권리·의무사항 또는 벌칙을 규정하고 있는 경우에는 이를 사전에 주지시켜야 한다는 취지에서 볼 때 20일간의 유예기간을 두고 있는 위의 일반원칙의 기본취지를 몰각하는 결과가 되는 것이다.

(3) 시 행 일

시행일은 법령의 효력발생일을 말한다. 행정기본법 제7조는 법령등의 시행일에 관한 기간계산에 관하여 민법의 기간계산 원칙과 달리 운영되고 있는 현행 법령 등의 시행일에 관한 실무를 반영하여, 법령등(훈령·예규·고시 등 포함)을 공포한 날부터 일정 기간이 경과한 날부터 시행하는 경우 그 기간의 말일이 토요일 또는 공휴일인 경우에 그날 만료한다는 특례를 규정하고 있다.

2. 법 적용기준

(1) 소급적용금지

새 법령이 시행되기 전에 종결된 사실에 대하여 당해 법령을 적용하는 것을 소급적용이라 한다. 우리 헌법은 소급입법에 의한 처벌, 참정권의 제한 또는 재산권의 박탈을 금지하고 있다(법 13). 이러한 소급입법의 금지는 원칙적으로 시행일 이전에 이미 종결된 사실에 대하여 법령이 소급하여 적용되지 않는다는 것을 의미하는 것이지(진정소급효의 금지), 시행일 이전에 시작되었으나 현재도 진행 중인 사실에 법령이 적용되지 않는 것(부진정소급효의 금지)을 내용으로 하는 것은 아니다.[1]

---

1) 판례

"행정처분은 근거 법령이 개정된 경우에도 경과규정에서 달리 정함이 없는 한 처분 당시 시행되는 법령과 그에 정한 기준에 의하는 것이 원칙이다. 개정 법률이 기존의 사실 또는 법률관계를 적용대상으로 하면서 국민의 재산권과 관련하여 종전보다 불리한 법률효과를 규정하고 있는 경우에도 그러한 사실 또는 법률관계가 개정 법령이 시행되기 이전에 이미 완성 또는 종결된 것이 아니라면 개정 법률을 적용하는 것이 헌법상 금지되는 소급입법에 의한 재산권 침해라고 할 수는 없다. 다만 개정 전 법률의 존속에 대한 국민의 신뢰가 개정 법률의 적용에 관한 공익상의 요구보다 더 보호가치가 있다고 인정되는 경우에 그러한 국민의 신뢰를 보호하기 위하여 적용이 제한될 수 있는 여지가 있을 따름이다"(대판 2014. 4. 24, 2013두26552).

다만 헌법재판소는 진정소급효의 경우에도 "국민이 소급입법을 예상할 수 있었거나, 법적 상태가 불확실하고 혼란스러웠거나 하여 보호할 만한 신뢰의 이익이 적은 경우의 소급입법에 의한 당사자의 손실이 없거나 아주 경미한 경우, 그리고 신뢰보호의 요청에 우선하는 심히 중대한 공익상의 사유가 소급입법을 정당화하는 경우"에는 예외적으로 소급입법이 허용된다고 하였다(헌재결 1999. 7. 22, 97헌바76, 98헌바50·51·52·54·55(병합)). 헌법재판소는 최근 친일반민족행위자 재산의 국가귀속에 관한 특별법 제3조 제1항 본문 등의 위헌소원 사건에서 진정소급입법 금지의 예외를 인정한 바 있다(헌재결 2011. 3. 11, 2008헌바141, 2009헌바14·19·36·247·352, 2010헌바91(병합)).[1] 대법원도 최근에 위 조항이 진정소급입법이라는 이유만으로 헌법 제13조 제2항에 위배된다고 할 수 없다고 하였다. 또한 귀속조항은 일본제국주의에 저항한 3·1운동의 헌법이념을 구현하기 위한 것으로 그 입법목적이 정당하고, 기존 재산법 조항의 해석 및 적용에 의존하는 방법만으로는 친일재산의 처리가 어려운 점에 비추어 적절한 수단이며, 사안이 중대하고 범위가 명백한 네 가지 친일반민족행위를 한 자의 친일재산으로 그 귀속재산을 한정하고 선의의 제3자에 대한 보호규정도 마련되어 있어 피해의 최소성 원칙에 반하지 않으며, 법익의 균형성도 충족하므로 헌법 제37조 제2항이 정한 과잉금지의 원칙에 반하여 헌법 제23조가 정한 재산권보장의 원칙을 침해하지 아니한다고 판단하였다(대판 2012. 2. 9, 2009두16305).

(2) 행정기본법상의 기준

행정기본법 제14조는 법 적용의 기준으로서 소급적용금지와 함께 처분시법주의 및 행위시법주의를 규정하고 있다.

1) 소급적용금지   행정기본법 제14조 제1항은 "새로운 법령등은 법령등에 특별한 규정이 있는 경우를 제외하고는 그 법령등의 효력 발생 전에 완성되거나 종결된 사실관계에 대해서는 적용되지 아니한다"라고 하여 새 법령등의 소급적용금지를 선언하면서도 법률에 특별한 규정이 있는 경우 그 예외를 규정하고 있다. 이러한 법률의 명시적 규율에 따른 예외적인 소급적용에 관한 규정은 국민이 충분히 예상할 수 있었거나, 소급입법에 의한 손실이 없거나 아주 경

---

1) 이 결정에서 5인의 재판관은 위 조항이 진정소급입법에 해당하지만, 친일재산의 취득 경위에 내포된 민족배반적 성격, 대한민국임시정부의 법통계승을 선언한 헌법 전문 등에 비추어 친일반민족행위자측으로서는 친일재산의 소급적 박탈을 충분히 예상할 수 있었고, 친일재산 환수 문제는 그 시대적 배경에 비추어 역사적으로 매우 이례적인 공동체적 과업이므로 소급입법의 합헌성을 인정한다고 하더라도 이를 계기로 진정소급입법이 빈번하게 발생할 것이라는 우려가 불식될 수 있음을 이유로 위 조항이 합헌이라 판단하였다.

미한 경우 또는 공익상 필요성이 신뢰이익을 현저히 능가하는 등의 경우 등 특단의 사정이 있으면 소급입법이 허용될 수 있다는 헌법재판소의 결정(97헌바38)의 취지를 고려한 것이다.

2) 처분시법주의　당사자의 신청에 따른 처분은 법령등에 특별한 규정이 있거나 처분 당시의 법령등을 적용하기 곤란한 특별한 사정(예컨대, 불가피한 사유 또는 중대한 과실 등이 이유로 민원사무처리가 지연된 경우)이 있는 경우를 제외하고는 처분이 이루어지던 당시의 법령등을 적용한다(동법 14②).[1]

3) 행위시법주의와 그 예외　법령등에 특별한 규정이 있는 경우를 제외하고는, 법령등을 위반한 행위의 성립과 이에 대한 제재처분에 대하여는 위반행위 당시의 법령등을 적용한다. 다만, 법령등을 위반한 행위가 있은 후 법령등의 변경에 의하여 그 행위가 법령등을 위반한 행위에 해당하지 않거나 제재처분 기준이 가벼워진 경우로서 해당 법령등에 특별한 규정이 없는 경우에는 변경된 법령등을 적용한다(동조 ③).

3. 효력의 소멸

(1) 비한시법인 경우

일반적으로 법령은 ① 당해 법령 또는 그와 동위 또는 상위에 있는 법령에 의한 명시적 개폐가 있거나, ② 그와 저촉되는 동위 또는 상위에 있는 후법의 제정에 의하여 효력을 상실한다.[2]

---

1) 판례
　"행정행위는 처분 당시에 시행중인 법령 및 허가기준에 의하여 하는 것이 원칙이고, 인, 허가신청 후 처분 전에 관계 법령이 개정 시행된 경우 신법령 부칙에서 신법령 시행 전에 이미 허가신청이 있는 때에는 종전의 규정에 의한다는 취지의 경과규정을 두지 아니한 이상 당연히 허가신청 당시의 법령에 의하여 허가 여부를 판단하여야 하는 것은 아니며, 소관 행정청이 허가신청을 수리하고도 정당한 이유 없이 처리를 늦추어 그 사이에 법령 및 허가기준이 변경된 것이 아닌 한 새로운 법령 및 허가기준에 따라서 한 불허가처분이 위법하다고 할 수 없다"(대판 1992. 12. 8, 92누13813).

2) 판례
　근거법령의 폐지·개정에 따른 집행명령의 효력 ─ "상위법령의 시행에 필요한 세부적 사항을 정한 이른바 집행명령은 근거법령인 상위법령이 폐지되면 특별한 규정이 없는 이상 실효되는 것이나, 상위법령이 개정됨에 그친 경우에는 성질상 이와 모순·저촉되지 아니하는 한 개정된 상위법령의 시행을 위한 집행명령이 새로이 제정·발효될 때까지는 여전히 그 효력을 유지한다고 할 것이다. 따라서 자동차운수사업법이 개정되어 자동차대여사업(렌트카 사업)이 건설교통부장관의 면허제에서 등록제로 변경되었음에도 불구하고 '자동차대여사업자가 사업구역 외의 지역에 영업소를 설치하고자 할 때에는 당해 영업소의 소재지를 관할하는 행정관청에 신고하여야 한다'는 동법시행규칙(45조의2)의 규정은 당연히 실효된 것이 아니고 별도로 개정될 때까지는 여전히 효력을 유지한다"(광주고등법원 1988. 5. 19, 87구74). 동지: 대판 1993. 2. 12, 92누5959.

임시조치법의 성격이 뚜렷한 법령이라도 그 유효기간이 한정되어 있지 않는 한, 원칙적으로 위의 경우에만 그 효력이 소멸된다.

(2) 한시법인 경우

일정한 유효기간이 규정되어 있는 한시법의 경우에는 그 기간이 도래하면 법령의 효력이 당연히 소멸된다. 다만 그 유효기간 내의 위법행위에 대하여는 법령의 실효 후에도 처벌할 수 있다는 것이 판례의 태도이나, 법령에 명문의 규정을 두는 것이 보통이다.

Ⅱ. 지역적 효력

일반적으로 행정법령은 그것을 제정한 기관의 권한이 미치는 모든 지역에 있어서 효력을 가지고, 그 이외의 지역에 대하여는 효력을 가지지 않는 것이 원칙이다. 따라서 국회나 중앙행정기관이 제정한 법령은 전국에 효력이 미치고, 지방자치단체가 제정하는 조례·규칙은 당해 자치단체의 구역 내에 있어서만 효력을 가지는 것이다.

그러나 이 원칙에 대해서는 몇 가지 예외가 인정되고 있다. 국가가 제정한 법령이라도 그 내용에 따라서는 일부 지역에 대해서만 효력을 가지는 경우가 있는바, 서울특별시나 부산광역시에 관한 법률과 같이 하나의 지방자치단체에만 적용되는 법률이 그 예이다. 이와는 반대로, 하나의 지방자치단체의 조례가 다른 지방자치단체의 구역 내에 있어서도 그 효력을 가지는 경우도 있을 수 있는바, 하나의 지방자치단체가 다른 지방자치단체의 구역 내에 공공시설을 설치하는 경우가 그 예이다.

Ⅲ. 대인적 효력

행정법규는 속지주의 원칙에 따라 원칙적으로 그 영토 또는 구역 내에 있는 모든 자에게 적용되는 것으로, 내국인·외국인, 자연인·법인 여하를 불문한다. 그러나 이 원칙에는 약간의 예외가 인정되고 있다.

1) 국제법상 치외법권을 가진 외국원수 또는 외교사절에 대해서는 우리 행정법규는 적용되지 아니한다.

2) 국내에 주둔하는 미합중국군대 구성원에 대하여는 한미협정에 의하여 우리나라 법의 적용이 매우 제한되고 있다.

3) 일반 외국인에 대하여는 행정법규가 일반적으로 적용됨이 원칙이나, 상호주의의 유보하에서 적용(예컨대 국가배상법 7)하거나, 법령상 외국인에 대한 특칙을 두는 경우도 있다(출입국관리법 7 내지 68).

4) 국외의 자국인에 대하여 본국의 행정법규가 적용되는 경우도 있다. 여권법 등이 속인적으로 적용되는 것은 그 성질상 당연하나, 그 밖에도 당해 행정법규가 국가의 공공이익과 관련되고, 그 취지·목적상 국외에서의 행위까지 규율할 것이 요구되는 경우에는 국외의 자국인에게도 효력이 미친다고 보아야 할 것이다.

제3장 행정상 법률관계

제1절 공법관계와 사법관계(공법과 사법의 구별)

법률관계라 함은 권리주체 상호간의 관계에 있어, 일정한 권리에 기하여 일방이 타방에 대하여 일정한 작위·부작위·급부·수인을 요구하고, 타방이 그에 따른 의무를 부담하는 권리의무관계를 말한다. 따라서 보통 행정상 법률관계는 행정권의 주체인 국가 또는 공공단체와 그 상대방인 국민 사이의 법률관계를 말한다. 그러나 넓은 의미에서의 행정상 법률관계는 이러한 행정작용법적 관계 외에 행정조직법적 관계도 포함한다.

제1절 공법관계와 사법관계(공법과 사법의 구별)

Ⅰ. 제도적 구별

국가 등의 행정주체와 국민간에 형성되는 법률관계는, 내용적으로는 공법으로서의 행정법에 의하여 규율되는 공법관계와 사인 상호간의 관계와 마찬가지로 사법에 의하여 규율되는 사법관계가 있다. 이것은 실정제도가 공법과 사법의 이원적 구조를 취하고 있음을 전제로 하는 것임은 물론이다. 그에 따라 구체적으로는 당해 행정상 법률관계가 공법관계인가 사법관계인가, 또는 그를 규율하는 법이 공법인가 사법인가를 구별할 필요가 있게 된다. 결국 여기서 문제되는 공법·사법의 구별은 선험적·추상적 또는 유형적 구분이 아니라, 실정제도상의 경험적·구체적 구분의 문제인 것이다.

Ⅱ. 공법관계·사법관계의 구별실익

행정상의 법률관계가 공법관계인가 사법관계인가를 판정·구분하는 것은,

사법재판소와 행정재판소의 이원적 제도를 취하고 있는「프랑스」, 또는 특별재판소로서 행정재판소를 두고 있는 독일 등에 있어서는 결정적인 의미를 가진다. 왜냐하면 당해 법률관계의 법적 성격에 따라 그 관할재판소가 달라지기 때문이다.

우리나라에서는 특별재판소로서의 행정재판소의 설치가 허용되지 않고(헌법 107②), 행정사건도 사법재판소의 일반적 관할로 되어 있는 까닭에 공법관계·사법관계의 구분은 독일·「프랑스」에서와 같이 중요한 의미를 갖고 있지는 않지만, 다음과 같은 몇 가지 점에서는 여전히 그 의의가 인정된다.

1. 적용법리의 결정

행정상 법률관계를 공법관계·사법관계로 구분하는 것은, 당해 법관계에 적용할 법규 또는 법원리가 불확실한 경우에, 이를 결정하기 위하여 필요하다. 즉, 당해 법관계가 공법관계로 파악되면, 그것은 행정법규 및 행정법 고유의 불문법원리에 의한 규율을 받게 된다.

2. 소송절차

우리나라에서는 특별재판소로서의 행정재판소의 설치가 허용되지 않고, 행정사건도 사법재판소의 관할로 되어 있다. 그러나 소송절차에 있어서는 행정사건의 특수성을 감안하여 행정소송법이 제정되어 있고, 이 법은 민사소송과는 다른 절차를 규정하고 있다. 즉, 행정소송법은 행정법관계에 있어서의 다툼에 관한 쟁송수단으로서, 위법한 공권력의 행사·불행사에 관한 소송인 항고소송과 공법상의 법률관계에 관한 소송인 당사자소송을 규정하고 있다. 따라서 공법관계·사법관계의 구분은 소송절차와의 관련에서 그 의미가 있는 것이다.

3. 행정강제

행정상 의무위반 또는 그 불이행에 대하여는, 행정청은 대집행·강제징수 등의 실력적 강제수단에 의하여 그 의무이행을 확보할 수 있다. 이러한 행정상 강제는 행정법상의 의무위반 또는 그 불이행에 대하여만 적용되는 것이므로, 이 점에서 당해 법률관계가 행정법관계인가 사법관계인가를 구별할 실익이 있다.

Ⅲ. 구별기준

전술한 바와 같이 행정상 법률관계를 공법관계와 사법관계로 구별하는 실익이 인정되는 경우에도, 구체적으로 양자의 구별기준이 무엇인가의 문제는 당연히 제기된다. 독일의 경우 관련학설은 30여 개에 이르고 있으나, 대표적인 것으로는 다음의 3 또는 4개의 학설을 들 수 있다.

1. 주 체 설

(1) 구주체설

이 설은, 법률관계의 주체를 기준으로 하여, 적어도 그 일방 당사자가 국가 기타 행정주체인 경우는 공법관계이고, 그 당사자가 모두 사인인 경우는 사법관계라고 본다.

이 설에 대하여는 다음과 같은 문제점이 지적되고 있다. 먼저, 행정주체의 행위라도 국고행위(예컨대 물품구입)나 사법적 형식에 의한 공행정작용의 경우에는, 행정주체가 일방 당사자이지만 당해 법률관계는 사법관계이다. 그 반대로 그 당사자가 모두 사인인 경우에도, 예컨대 조세의 원천징수나 선장·기장 등에 의한 경찰권의 행사는 공법관계로 파악되고 있다.

현재 이 설을 주장하는 학자는 없다.

(2) 신주체설

이 설은 「볼프」가 구주체설을 보완하여 주장한 것으로, 특별법설(Sonder-rechtstheorie) 또는 귀속설(Zuordnungstheorie)이라고도 한다.

이 설은, 공권력의 담당자인 국가 등의 행정주체에 대해서만 권리·권한을 부여하거나 의무를 부과하는 법은 공법이고, 모든 권리주체에 권리를 부여하고 의무를 부과하는 법은 사법이라고 본다. 이 설은, 요컨대 공권력의 주체로서의 국가 또는 공공단체가 그들만을 규율대상으로 하는 법에 기하여 활동하는 관계, 보다 간단하게는 공권력주체 또는 그 기관의 직무법이 공법이고, 그에 따라 활동하는 관계가 공법관계라는 것이다.

이 설은, 행정주체가 사인과 같은 지위에서 행하는 국고행위를 공법관계에서 배제하는 반면에, 공법상 계약도 공권력주체인 행정주체의 활동이라는 점에서 공법관계에 포함시키며, 공권력이 부여된 사인의 행위도 공법관계로 파악할 수 있는 장점이 있다. 이 설이 현재 독일의 통설이다.

2. 권력설(Subjektionstheorie)

이 설은 지배설 또는 복종설이라고도 한다. 이 설은, 당해 법률관계가 지배복종관계인가 대등관계인가에 따라서, 전자를 공법관계로, 후자를 사법관계로 보고 그 각각의 관계를 규율하는 법을 공법과 사법으로 본다.

이 설은, 공행정의 내용이 기본적으로 경찰·조세 등의 권력적 작용에 한정되어 있던 시대에는 공법관계·사법관계의 구분에 관한 통설이었으나, 금세기에 접어 들어 행정기능이 다양화됨으로써, 권력적 작용뿐만 아니라 급부행정 등 비권력작용도 공행정작용의 내용으로 되면서 그 자체만으로는 공법관계·사법관계의 구별기준으로서 불충분하게 되었다.

일반적으로 이 설의 문제점으로서는, 사법관계에도 지배복종관계가 있고, 그 반대로 공법관계도 공법상계약과 같은 대등관계가 있다는 점이 지적되고 있다.

3. 이익설(Interessentheorie)

이 설은, 공익목적에 봉사하는 법률관계를 공법관계로, 사익의 추구에 봉사하는 법률관계를 사법관계로 보고, 그 각각을 규율하는 법을 공법과 사법으로 구분하는 것이다.

행정이 공익실현작용이라는 점에서 보면, 이 설은 행정의 가장 본질적인 측면을 부각시키고 있다. 실제 「프랑스」에서는 공익실현작용을 내용으로 하는 공역무관념이 행정상 법률관계에서의 공법관계·사법관계의 구별에 있어 가장 유력한 기준이 되고 있다.

그러나 이 설에 대하여도 다음의 몇 가지 문제점을 지적할 수 있다. 먼저 이론적 문제로서, 공익관념의 명확한 정의나, 이를 전제로 한 공익과 사익의 명확한 구분이 가능한지는 의문이다. 다음에, 공익적 사기업(entreprise privée d'utilité publique)과 같이 공익적 요소를 다분히 포함하는 사적 활동도 적지 않다는 것이다. 끝으로, 다수의 법규는 공익과 사익을 동시에 그 고려대상으로 하고 있다는 점을 들 수 있다.

이러한 점에서, 이익설은 공법관계·사법관계의 구별에 관한 하나의 유용한 기준을 제시하는 것이기는 하나, 그것만으로 명확하거나 완전한 기준이 된다고 할 수는 없다고 본다.

4. 보충적 검토

위에서 공법관계·사법관계의 구별에 관한 대표적 학설을 살펴보았거니와, 이들 학설은 당해 법률관계의 성격 판정이 난해한 경우에만 그 판단 기준으로 적용되는 것이다. 실제 다수의 경우 당해 법률관계의 공법 또는 사법관계 여부의 판정은 달리 어렵지 아니한 경우가 적지 않다. 이와는 달리, 위의 기준들에 의하여서도 그 법적 성격 판정이 어려운 경우도 없지 아니하다. 다음에서는 이들 문제에 관하여 간단히 살펴보기로 한다.

(1) 행정은 그 목적 또는 내용에 따라 규제(침익)행정, 급부행정, 공과행정, 조달행정 등으로 구분되는바, 이러한 행정의 영역 또는 내용에 따라 당해 법률관계의 성격이 비교적 용이하게 판정되는 경우가 적지 않다.

1) **질서행정**   이것은 사회질서를 유지하거나 공공의 이익을 증진하기 위하여 국민의 자유, 재산을 제한하거나 규제하는 행정작용으로(경찰처분, 행정제재금의 부과 등), 그에는 법률적 근거가 필요하고 그에 관한 분쟁은 공법적 분쟁에 속한다.

2) **국고행정**   행정주체에 의한 그 수요충족을 위한 물자의 취득활동이나 그 재산의 관리 또는 사경제영역에서의 경제적 영리활동 등을 말한다. 이러한 국고행정은 사법적 규제하에서 행하여진다. 이러한 행정작용도 일정한 기본권의 제한을 받기는 하나, 이들은 본질적으로 사법적 활동에 속하며, 그에 관한 분쟁은 일반법원의 관할에 속한다.

3) **급부행정**   공법관계·사법관계의 구분이 용이하지 아니한 경우가 적지 않다. 급부행정은 국민의 생활을 보장 내지는 개선하기 위한 생활 배려적 행정작용으로서 교통·통신시설(도로·항만시설), 생활필수적 역무(전기·가스·수도 등), 문화·교양적 역무(학교·체육시설·도서관 등), 보건·복지시설(병원·보건소) 등의 제공활동 등이나 각종 보조금의 지급활동이 이에 속한다.

이러한 급부행정의 영역에서는 법적으로 명시되어 있지 아니한 한 행정은 그 행위형식(사법 또는 공법)의 선택의 자유가 인정되고 있다. 독일에서는 이러한 급부행정에 있어서의 법 관계는 이른바 2단계 이론으로 설명되는 경우가 많은 것으로 보인다. 이 이론은 예컨대 보조금의 지급관계를 그 지급결정과 차후의 지급단계로 구분하여 파악하는 것으로서, 내용적으로는 제1단계는 행정처분으로, 그리고 제2단계는 사법상 또는 공법상 계약으로 이해하는 것이다.

(2) 위에서 살펴 본 행정 유형과는 달리 사실행위 등 당해 행정작용에 관

한 법적 근거가 없는 경우에는 당해 작용의 법적 성격은 위에서 살펴 본 이익설이나 주체설 등의 공법·사법의 구분이론에 의하여서는 파악하기 어려운 것으로서, 이러한 경우는 관련 사안을 종합적·체계적으로 분석, 검토함으로써 그 구체적 성격이 파악될 수 있는 경우도 있다. 그 한 예로서 공무원의 특정 사업자에 대한 명예훼손적 발언의 법적 성격의 문제를 살펴보면 대체로 다음과 같다. 먼저 관계 공무원이 사인의 지위에서 행정과는 무관하게 명예훼손적 발언을 했다면, 그것은 사법상의 문제가 될 것이다. 이에 대하여 당해 공무원의 발언이 그 직무와 관련된 것인 때에는 그 법적 성격은 다음의 두 가지 경우로 나누어 파악될 수 있을 것이다. 먼저 그 발언이 행정의 사법적 작용(행정물품의 매입계약)과 관련된 것이라면, 그에 따른 법률관계는 사법상 관계로 될 것이다. 이에 대하여 당해 발언이 공법작용(영업허가 등)과 관련하여 행해진 것이라면, 그와 관련된 법률관계는 공법상 법률관계로서, 피해자인 기업자는 행정소송에 의하여 구제를 받을 수 있을 것이다.

제2절 행정상 법률관계의 종류

행정상 법률관계는 위에 적은 바와 같이, 광의로는 행정작용법적 관계와 행정조직법적 관계를 포함한다. 행정작용법적 관계는 다시 행정법관계(공법관계)와 사법관계를 포함한다.

I. 행정조직법적 관계

(1) 행정관청 상호간의 관계(상하관청·대등관청간의 관계)나 기관위임사무에 있어 중앙행정기관의 장과 지방자치단체의 장과의 관계 등과 같이, 행정기관 상호간 또는 행정기관의 내부적 관계가 행정조직법적 관계이다.

이러한 관계는 권리주체간의 관계는 아니므로 권리의무관계가 아니고 직무권한에 관한 관계이다.

(2) 국가와 지방자치단체간의 관계와 지방자치단체 상호간의 관계가 행정조직법적 관계인가, 행정작용법적 관계인가에 대하여는 문제가 있다. 그 자체는 행정기관 상호간의 관계는 아니고, 행정주체 상호간의 관계이기는 하나, 그것은 지방자치제도의 인정에 따라 적정한 행정을 담보하기 위하여 조직법적으로 인

정된 관계로서, 국가와 국민간의 관계와 같은 순수한 행정작용법적 관계로 보기는 어렵다.

Ⅱ. 행정작용법적 관계

이것은 행정주체와 국민간의 관계로, 이에는 행정법의 규율을 받는 행정법관계(권력관계·관리관계)와 사인과 동일하게 사법에 의하여 규율되는 사법관계(국고관계)가 있다.

1. 권력관계

이것은 행정주체가 공권력의 주체로서 우월적인 지위에서 국민에 대하여 일방적으로 명령·강제하는 관계이다. 이 관계는 대등한 사인 상호간의 이해조정을 목적으로 하는 사법관계와는 근본적으로 다른 것이므로, 그에는 원칙적으로 사법이 적용되지 아니한다.

이 관계는 부대등관계로서, 행정주체의 행위에 공정력·확정력·강제력 등 법률상 우월한 효력이 인정되고, 그에 대한 불복은 항고쟁송의 방법에 의하게 된다.

2. 관리관계

이것은 행정주체가 공물·공기업 등을 관리·경영하는 것과 같이, 공권력주체로서가 아니라 재산 또는 사업의 관리주체의 지위에서 국민을 대하는 관계로서, 성질상으로는 사인의 행위와 유사하여 그와 본질적인 차이는 없다.

그러나 해당 작용은 공행정작용으로서 공공복리의 실현과 밀접한 관련이 있는 것이므로, 그 한도 내에서 특별한 공법적 규율을 받게 된다. 따라서 이 관계에 특수한 공법적 규율이 인정되기 위하여는, 명문의 규정이 있거나, 순수한 사경제적 관계와는 다른 공익성 내지는 윤리성이 실증되어야 하며, 그러하지 아니하는 한, 해당 관계는 사법에 의하여 규율되고 그에 대한 다툼은 일반 민사소송에 의하게 된다.

3. 국고관계

1) 행정주체가 그 일방 당사자인 경우에도, 우월한 공권력의 주체로서가 아니라, 국고의 주체(사법상 재산권의 주체)로서 국민을 대하는 경우에는, 같은 성

질의 관계는 같은 법률로 규율되어야 한다는 의미에서 사법이 적용되고, 당해 관계는 사법관계로 보게 된다. 예컨대 국가가 물품매매계약을 하고, 청사·도로·교량 등의 건설도급계약을 하거나, 국유재산(일반재산)을 관리·매각하고, 지방자치단체가 지방채를 모집하거나, 은행으로부터 일시차입을 하는 관계 등이 이에 해당한다.

2) 그러나 이러한 국고관계에 있어서도 국가 등은 국민을 위하여 활동하는 것이기 때문에, 그에 대하여는 공정성 담보의 견지에서 일정한 제한과 규제가 가하여지고 있다. 예컨대 국가를 당사자로 하는 계약에 관한 법률·국가재정법·국유재산법·공유재산 및 물품관리법 등에 의하여 계약의 방법·상대방·내용 등에 일정한 제한이 가하여지는 것 등이 그것이다.[1]

이러한 특수한 규율의 성격에 관하여는, 이를 특별사법으로 보아 그것이 당해 행위의 사법행위로서의 성질을 변질시키는 것은 아니라고 보는 것이 통설·판례의 입장이다. 그러나 당해 규율은 공법으로 볼 수도 있을 것인바, 그것이 당해 행위의 본질적 부분에 관한 것일 때에는 이를 공법관계로 볼 수 있을 것이고, 그렇지 않은 경우에는 당해 관계를 이하에서 말하는 행정사법적 관계로 파악할 수도 있을 것이다.

4. 이른바 행정사법(Verwaltungsprivatrecht)의 문제

(1) 개 념

행정사법이란, 일정한 공법규정 내지는 공법원리에 의하여 수정·제한되고 있는 사법을 말한다. 환언하면, 행정사법은 공법과 사법이 혼재하고 있는 법상태 또는 법영역을 말한다.

행정사법론은 주로 독일에서 「볼프(H. Wolff)」가 주장한 이래 학설상 일반적으로 채택된 것으로서, 이하에서는 「볼프」의 이론을 중심으로 그 내용을 살펴보기로 한다.[2]

행정주체가 공행정작용을 수행함에 있어서는 행정주체에게 그 법적 형식의 선택가능성이 인정되는 경우가 있다. 이러한 경우, 행정주체는 해당 공행정작용

---

1) 판례

　"국가 또는 행정권의 주체가 사인과 대등한 지위에서 하는 행위 예컨대 국유재산의 불하, 정부수요품의 매입, 공사청부계약 등은 재정법 또는 국유재산법에 그에 대한 여러 가지 제한규정은 있을지라도 그 본질은 사법상의 법률행위이고 행정행위의 관념에 속하지 않는 것"이다(대판 1960. 1. 27, 4290행상139).

　2) Wolff/Bachof/Stober, Verwaltungsrecht Ⅰ, 1994, pp. 238~242.

을 공법적 규율하에서 수행할 수도 있고, 사법적 규율하에서 수행할 수도 있다.

행정주체가 공행정작용을 사법적 형식으로 수행하는 경우에는, 해당 작용은 형식적으로는 국고행위이나, 실질적으로는 엄격한 의미의 국고행위는 아닌 것이다. 즉 해당 작용은 어디까지나 공행정작용이므로, 그 법률관계는 순수하게 사법에 의해서만 규율되는 것은 아니고, 일정한 공법규정 내지는 공법적 원리에 의하여 제한·수정을 받게 된다.

이와 같이 공행정작용을 사법적 형식에 의하여 수행하는 경우에, 그를 규율하는 사법은 일정한 공법규정 내지는 공법원리에 의하여 제한·수정을 받게 되는바, 이러한 사법상태를 행정사법이라고 한다. 이와 관련하여 특히 유의하여야 할 것은, 행정사법은 행정작용의 형태가 아니라, 일정한 행정작용을 규율하는 법을 의미한다는 것이다.

예컨대 행정주체가 공행정작용인 전기·수도 등의 공급을 사법상계약에 의하여 행하는 경우에도, 사법상의 완전한 의사자치를 향유할 수는 없고, 일정한 공법규정 또는 원리에 의하여 기속을 받는다.

다음에 행정사법에 있어서의 사법의 제한·수정현상을 구체적으로 살펴본다.

(2) 사법원리의 제한·수정의 내용

1) 공법규정에 의한 수권　　행정주체는 일정한 행정작용을 사법적 형식에 의하여 수행할 수 있으나, 그것은 당해 작용에 대하여 행정주체에게 공법적 규정에 기한 권한이 부여되어 있는 경우에만 인정되는 것이다.

2) 기본권 등에 의한 제한　　행정주체는 사법적 형식에 의한 공행정작용의 수행에 있어서도 헌법상의 기본권규정 내지는 그에서 도출되는 헌법원리에 의한 제한을 받는바, 이와 관련하여 특별히 중요한 의미를 가지는 것은, 자유권·평등원칙·비례원칙 등이다. 이러한 관점에서 행정사법론은 행정에 있어 기본권에 의한 제한을 회피하기 위한, 이른바 행정권의 「사법으로의 도피」현상을 억제하는 의미를 가진다.

3) 사법상의 계약원리의 수정　　① 전기·수도 등의 공기업에 있어서는, 개별적인 계약행위가 없거나, 혹은 행위능력이 결여되거나 착오가 있는 경우에도 계약관계가 유효하게 성립될 수 있는바, 그 한도에서는 의사표시에 관한 사법원리가 제한·수정되고 있다. ② 그 밖에 행정사법에 있어서 특징적인 것으로는, 행정주체에 대하여 계약강제·해약제한·계속적 경영의무가 인정되거나 계약내용이 법정되는 등 일정한 공법적 제한이 가해지는 점을 들 수 있다.

「프랑스」행정법에 있어서는, 상공업적 공역무는 원칙적으로 사법에 의하여 규율되나, 그에 있어서도 공역무 앞의 평등원칙·공역무계속성의 원칙·공역무제도의 일방적 변경가능원칙 등의 일정한 행정법원리가 적용되는 것으로 인정되고 있다. 그러한 점에서「프랑스」에서는 행정사법의 법리가 공식적으로 거론되고 있지는 않지만, 실질적으로는 이를 인정하고 있다고 할 수 있다.

(3) 적용영역

행정사법이 적용되는 행정작용영역은, 행정주체에게 당해 작용수행의 법적 형식에 대한 선택가능성이 인정되는 경우에 한한다. 따라서 경찰·조세 등의 분야에서는 행정사법이 적용될 여지가 없다.

1) **급부행정**　행정사법이 적용되는 전형적 분야로는, 운수사업(시영버스 등), 공급사업(전기·수도·가스 등), 우편·전신전화사업, 오물 등 처리사업(하수도·쓰레기·오물처리 등) 등이 있다.

2) **경제지도행정**　보조금의 지급, 대부 등의 수단에 의한 경제지도행정이 이에 속한다.

제3절 행정법관계의 당사자

Ⅰ. 행정주체와 사인

행정법관계도 법률관계이므로, 권리·의무의 귀속주체로서 대립하는 당사자가 있어야 한다. 행정법관계에 있어, 행정권의 담당자인 당사자를 행정주체라 한다. 행정주체인 당사자에는 국가·공공단체와 행정사무를 위임받은 사인이 있다. 한편 행정권 발동의 대상이 되는 당사자로서는, 공공단체와 사인이 있다. 국가가 행정주체로 되는 경우에는 공공단체 또는 일반사인이 그 대상이 되고, 공공단체나 사인이 행정주체로 되는 경우에는 일반사인이 그 대상이 된다. 보통 행정주체의 상대방으로서 행정권 발동의 대상이 되는 자를 행정객체라고 한다.

Ⅱ. 행정주체

1. 국　가

국가는 시원적으로 행정권을 가지고 있는 행정주체이다. 국가의 행정작용은 일반적으로 대통령을 정점으로 하는 국가의 행정조직을 통하여 행하여진다.

그러나 국가의 행정권의 일부가 지방자치단체 기타의 공공단체(단체위임) 혹은 그 기관(기관위임)에 위임되어 행하여지는 경우도 있다.

2. 공공단체

공공단체에는 지방자치단체·공공조합·영조물법인 및 공법상재단이 있다.

(1) 지방자치단체

지방자치단체는 국가의 영토의 일부인 일정 지역을 그 구성단위로 하여, 그 지역 안의 주민을 통치하는 포괄적 자치권을 가진 단체이다. 이처럼 지방자치단체는 포괄적 행정권을 가지는 것이 원칙이나, 때로는 특정 행정권만을 가지는 경우도 있다. 전자를 보통지방자치단체(서울특별시·광역시·도·시·군·자치구)라고 하고, 후자를 특별지방자치단체(지방자치단체조합)라 한다.

지방자치단체가 가지는 자치권의 법적 성질에 대하여는 자치단체의 고유한 권한이라고 보는 견해도 있었으나, 현재는 그것은 국가로부터 전래된 권한이라고 보는 것이 일반적이다. 따라서 지방자치단체는 당연히 국가로부터 일정한 행정적 감독을 받는 것으로 보고 있다.

지방자치단체의 기관에는 의결기관(시·도의회 등)과 집행기관(시장·도지사 등)이 있어, 이 기관을 통하여 그 자치사무와 위임사무를 처리한다.

(2) 공공조합

특정한 행정목적을 위하여 일정한 자격을 가진 사람의 결합체에 공법상의 법인격을 부여한 경우가 있는바, 그러한 단체를 공공조합이라 한다. 공공조합은 일정한 지역을 그 존립기반으로 하는 것이 아니라는 점에서 지방자치단체와 다르다.

공공조합은 여러 가지 행정목적을 위하여 설립되는 것으로서, 산림조합·재개발조합·도시개발조합·변호사회·한국교원총연합회·상공회의소 등의 매우 다양한 종류가 있다.

(3) 영조물법인

일정한 행정목적을 달성하기 위하여 설립된 인적·물적 결합체에 공법상의 법인격을 부여하고 있는 경우 이를 영조물법인이라 한다. 이러한 영조물법인은 당해 행정목적을 수행함에 있어, 예산·인사 등에 있어서의 일반적인 공법상 제한을 완화하여, 합리적·능률적인 경영을 도모하고자 설립하는 것이 일반적이다.

영조물법인에 대하여는 국가에 속하는 영조물법인에 관한 일반법으로서 공공기관의 운영에 관한 법률이 있고, 지방자치단체에 속하는 영조물법인에 대한 일반법으로서 지방공기업법이 있는바, 영조물법인의 예로서는 공사나 특수은행으로서 예컨대 한국도로공사·한국전력공사·한국토지주택공사·한국은행·한국산업은행 등을 들 수 있다.

(4) 공법상재단

공법상재단(Stiftung des öffentlichen Rechts)이란 국가나 지방자치단체가 출연한 재산을 관리하기 위하여 설립된 재단법인인 공공단체이다. 이것도 공공단체의 하나이므로 공법에 의하여 설립된다. 공법상재단의 중심적 요소는 일정한 행정목적을 위하여 출연된 재산의 결합체로서, 이 점에서 인적·물적 수단의 결합체인 영조물법인과는 다르다. 공법상재단의 경우에도 이를 관리하는 인적 수단이 있기는 하나, 그것은 부수적 수단에 지나지 않는다.

공법상재단에는 공공조합에서와 같은 구성원이 없고, 또한 영조물법인의 경우와 같은 이용자도 없고, 다만 수혜자만이 존재한다.[1] 현행법상 공법상 재단의 예는 드문 편이나, 한국연구재단, 한국학중앙연구원 등이 이에 해당한다.

3. 공무수탁사인(Beliehne)

(1) 의 의

공무수탁사인은 특정 행정업무를 자신의 이름으로 독자적으로 처리할 수 있는 권한이 부여된 사인(자연인·법인)을 말한다. 공무수탁사인은 법적으로는 사법상 권리주체의 지위를 가지고 있으면서도 기능적 측면에서는 특정 행정업무를 처리할 수 있는 권한이 부여되고 있고, 그 한도에서 공무수탁사인은 간접행정의 일부로서 행정주체 및 행정청의 지위를 가진다.

이 법제에 의하여 국가는 일정 행정업무를 사인에 이전하고 그에 의하여 필요한 행정업무를 수행할 수 있게 된다. 국가는 이 법제에 따라 사인 특히 사기업의 전문지식, 능력 및 그 물적 시설 등을 활용하고 그에 의하여 국가 등의 업무나 재정부담을 경감할 수 있다.

공무수탁사인의 예로는 선박이나 항공기에서 경찰업무를 수행하는 선장 또는 기장(사법경찰관리의 직무를 수행할 자와 그 직무범위에 관한 법률 7, 항공보안법 22), 교정업무를 위탁받은 민영교도소(민영교도소 등의 설치운영에 관한 법률 3), 공익사업의 시행자로서 토지수용권을 행사하는 사인(공익사업을 위한 토지 등의 취득 및 보상에 관한 법률 4·19), 공증사무를 수행하는 공증인, 입학·졸업이나 학위수여 사무

---

1) H. Maurer, Allgemeines Verwaltungsrecht, 1994, p. 550.

를 수행하는 사립학교(고등교육법 33) 등이 있다.

(2) 국가(공무위탁자)와 공무수탁사인 사이의 법률관계

공무수탁사인은 위탁된 권한의 한계 내에서 공법적 권한을 행사하는 것이므로, 그 지위 설정에는 법적 근거를 요한다. 그에 관한 일반적 법적 근거로서는 정부조직법 제6조 제3항과 지방자치법 제104조 제3항을 들 수 있다. 공무수탁사인의 지위는 법률 또는 그에 기한 법규명령, 행정처분 또는 공법상 계약에 의하여 설정될 수 있는바, 공무수탁사인의 권리 등은 후자에 의하여 보다 구체적으로 규정될 것임은 물론이다.

공무탁사인은 법률 등에 의하여 그에 위탁된 공법적 책무를 수행할 권리와 의무를 가진다. 그에 있어서는 공무수탁사인은 공무위탁주체인 국가 등의 통제를 받는다. 적정한 기업이윤을 포함한 공무수탁사인의 위탁업무와 관련된 경비는 국가 등의 당해 기업에 대한 급부나 당해 역무의 이용자에서 징수되는 사용료 등으로 충당된다.

(3) 국민과의 법률관계

공무수탁사인은 독립된 행정주체로서 국민에 대하여 자기의 이름으로 근거법상 부여된 공법적 권한을 행사한다. 이와 관련하여 공무수탁사인은 행정처분을 발하거나, 공법상 계약을 체결하거나 사용료를 징수하거나 기타 공법상 행위를 할 수 있다.

행정주체로서 공무수탁사인은 그 공무의 수행에 있어서는 관련 공법규정, 특히 기본권규정 또는 행정법의 일반원리 등에 기속되는바, 평등원칙이나 비례원칙 등은 특히 중요한 의미를 가진다고 할 것이다.

공무수탁사인은 행정주체 내지는 행정청의 지위를 가지므로, 그 공무수행과 관련된 공법적 행위에 불복하는 경우에는 공무수탁사인을 상대방으로 하여 행정소송을 제기하여 다투어야 할 것이다. 따라서 그 처분에 대하여 불복하는 경우는 공무수탁사인을 상대방으로 하여 항고소송을 제기하여 이를 다툴 수 있고, 그 직무와 관련된 공법상 계약에 대하여는 공무수탁사인을 상대방으로 하는 당사자소송에 의하여 다툴 수 있을 것이다.

공무수탁사인의 위법한 직무집행으로 인하여 발생한 손해에 대하여는 국가배상법 제2조에서 배상책임의 요건으로서 "공무원 또는 공무를 위탁받은 사인"으로 규정하고 있으므로, 이 규정에 따라 피해자가 국가 또는 지방자치단체에 손해배상을 청구할 수 있다고 볼 수도 있다. 그러나 이러한 해석에 따르면 경과실의 경우에는 공무수탁사인의 배상책임은 면책되게 되어 독립한 행정주체로서의 공무수탁이 자기책임원칙에 반한다거나 행정작용의 법적 효과는 그 행정주체에게 귀속되어야 하는 것이라는 논리에 맞지 아니한다는 문제점이 있다고 보아, 여기서의 "공무를 위탁받은 사인"은 공무수행권한을 위임받아 행정기관에 실질적으로 편입되었다고 볼 수 있는 사안에 한정되는 의미로 보거나,[1] 보조위탁의 경우에 한정된 의미로 보아야 한다는 견해도 제시되고 있다.[2]

공무수탁사인의 적법한 공행정작용으로 발생한 손실에 대하여는 공법상 당사자소송 또는 민사소송을 제기하여 구제받을 수 있을 것이다.

(4) 행정보조인과의 구별

공무수탁사인과 행정보조인은 모두 사인으로서 국가 등의 행정업무의 수행을 위하여 이용되고 있다는 점에서는 양자는 공통성이 있다. 그러나 공무수탁사인은 독자적 권한과 책임 하에서 그에 위탁된 업무를 처리하는 데 대하여, 행정보조인은 국가 등의 행정주체의 업무수행을 위한 도구로서 그에 위탁된 보조적 사무를 처리하는데 그치는 것으로서, 국민과의 관계에서는 어떠한 법률관계도 형성되지 아니하여 그 업무처리에 따른 책임은 국가 등이 진다.

종래 행정보조인의 기능은 비교적 경미한 행정사무 처리에 그친 것으로서, 그 전형적 예는 사기업인 자동차견인업자에 의한 위법주차차량의 견인업무를 들 수 있다. 그러나 오늘날의 행정보조인의 기능은 질적·양적으로 현격하게 증대된 결과, 예컨대 국가 등의 대단위 도로공사에의 참여도 그 업무의 하나로 되고 있다. 그러한 점에서는 행정보조인은 여전히 행정주체의 업무 수행에 있어 도구에 그친다고 하는 주장은 법적으로는 타당한 것이나, 오늘날의 행정보조인의 실제 기능과는 맞지 않는 면이 있다. 행정보조인의 업무는 행정청과 체결되는 계약에 따라 행해지는바, 이러한 계약은 원칙적으로 사법상 계약에 속한다. 이러한 계약의 체결에는 법적 수권이 필요하지 않으나, 행정보조인이 전기한 대단위의 도로공사와 같은 중요한 행정사업에 참여하는 경우에는 수권 규정을 두는 것이 바람직한 것인지도 모른다.[3]

---

1) 이상천, 「국가배상법 제2조 제1항의 입법론상 문제점」—공무수탁을 중심으로— 행정법연구, 제26호, p. 225 이하.
2) 박균성, 행정법론(상), 제15판, p. 98.
3) Maurer/Waldhoff, Allgemeinses Verwaltungsrecht, 19. Auflage, §24, Rn. 31.

제4절   행정법관계의 특질

공법관계로서의 행정법관계도 사법관계와 같이 법률관계임은 물론이다. 그러나 행정이 공익실현작용이라는 점에서 그 공익목적의 달성을 위하여 일면으로는 행정주체에게 실정법상 일정한 특권 또는 우월적 지위가 인정되고 있으며, 타면으로는 행정은 (사인에 비하여) 보다 엄격한 법적 기속을 받는다. 또한 행정법관계에서 개인이 가지는 권리도 공익과 밀접한 관련을 가지고 있다는 점에서, 그에는 어느 정도의 특수성이 인정되고 있으며, 그 구제수단에 대하여도 특별한 제도가 마련되어 있다.

Ⅰ. 법적합성

전술한 바와 같이, 행정이 공익실현작용이라는 점에서, 행정권은 사인과 같은 의사자치를 향유할 수는 없고, 행정작용은 원칙적으로 엄격한 법적 기속을 받는다.

Ⅱ. 공 정 력

공정력이라 함은 행정행위에 있어 그 성립에 흠이 있는 경우에도, 그 흠이 중대·명백하여 당연무효로 되는 경우를 제외하고는, 일단 유효한 행위로 통용되어, 권한 있는 기관이 이를 취소하기 전까지는 누구도 그 효력을 부인할 수 없는 힘을 말한다. 공정력의 인정근거나 범위에 관하여는 뒤에서 구체적으로 검토하기로 한다.

Ⅲ. 확 정 력

하자 있는 행정행위라 할지라도 일정기간이 도과하거나 또는 그 성질로 인하여 취소할 수 없는 경우가 있는바, 이것을 확정력이라 한다. 확정력에는 불가쟁력과 불가변력이 있다.

1. 불가쟁력(형식적 확정력)

하자 있는 행정행위라 할지라도 그에 대한 불복기간이 경과되거나 쟁송절차가 모두 경료된 경우에는 더 이상 그 효력을 다툴 수 없게 되는바, 이를 불가쟁력이라 한다.

다만 이러한 불가쟁력이 발생한 경우에도, 그 상대방은 그 위법성을 이유로 하여 행정상 손해배상을 청구할 수는 있으며, 또한 처분청은 직권으로 당해 행위를 취소할 수도 있다.

2. 불가변력(실질적 확정력)

일정한 행정행위는 그 성질상(일정한 쟁송절차를 거쳐 행하여지는 행정심판의 재결, 소청심사위원회·조세심판원의 결정, 토지수용위원회의 재결 등) 행정청(처분청·상급감독청)도 이를 취소·철회하지 못하는 것으로 보고 있는바, 이러한 효력을 불가변력이라 한다.[1] 종래 불가쟁력과 불가변력을 합쳐 확정력이라 불러왔으나, 이들 효력은 소송법상의 불가변력과는 성질이 다른 것이므로, 현재 독일행정법에서는 이들 효력을 존속력(Bestandskraft)이라고 하는 것이 일반적이다.[2]

불가변력이 인정되는 행위에 대하여도, 그 상대방(경우에 따라서는 제3자)은 행정쟁송절차에 의하여 당해 행위의 효력을 다툴 수 있다.

---

1) 판례
"귀속재산처리법에 의거한 귀속재산소청심의회의 재결은 본질상 쟁송의 절차를 통한 준재판이라 할 것이므로, 재심 기타 특별한 규정이 없는 한 재결청인 심의회 자신이 취소·변경할 수 없는 것임에도 불구하고 원고의 재심사요구에 따라 재결을 취소·변경한 것은 위법하다고 하겠으나, 그렇다고 하여 그 위법이 중대하고 명백하여 당연무효의 것이라고는 할 수 없다"(대판 1965. 4. 22, 63누200).
2) 독일 행정법상 존속력(Bestandkraft)이라는 용어는 문헌·판례에 자주 등장하고 있다. 그럼에도 이 관념은 매우 다의적이고 논란의 여지가 많은 것으로 아직 이에 대한 확립된 견해가 성립되어 있지 못한 실정이다. 그러나 존속력의 관념적 지주는 일반적으로 승인되고 있는 것으로서, 그것은 행정행위는 고권적 규율행위로서 구속적이어야 하며 또한 법적 존재로서 지속성이 확보되어야 한다는 데 있다. 그것은 법적 규율로서의 행정행위가 임의적 처분에 놓이게 된다면 그 본래의 의미에 반할 뿐 아니라 무가치할 것이기 때문이라는 것이다. 이는 행정행위에 특유한 법률관계의 명확화 및 안정화 기능에 유래한다고 한다. 이러한 행정행위의 공정력은 형식적 존속력(불가쟁력)과 실질적 존속력을 내용으로 하는데, 후자는 구속력과 제한된 취소가능성을 포함하는 것으로 보고 있다. 홍준형, 행정법, 2011, 199면.

Ⅳ. 강 제 력

행정상의 의무를 상대방이 이행하지 아니할 경우, 행정청은 직접 실력을 행사하여 그 이행을 확보하거나(자력집행력), 일정한 제재를 가하여 간접적으로 그 의무이행을 담보할 수 있다. 전자가 행정상 강제집행, 후자가 행정벌의 문제이다. 이러한 강제집행이나 행정벌은 법률상 근거가 있는 경우에만 인정되는 것임은 물론이다.

사법관계에 있어서 의무자가 그 의무를 이행하지 아니하는 경우에는, 민사소송의 절차에 따라 그 의무이행의 확보를 구하여야 하며, 자력으로 권리를 실현할 수는 없다.

따라서 행정법관계에 있어서의 행정청의 자력집행은, 국민에 대하여 일방적으로 의무를 부과할 수 있는 권한과 함께, 행정법관계에 있어서의 행정주체의 우월적 지위 또는 행정주체와 그 상대방 사이의 부대등성을 보여 주는 전형적 측면인 것이다.

Ⅴ. 권리·의무의 특수성

행정법관계에 있어서 개인의 권리는 공익적 견지에서 인정되는 것이거나, 혹은 그 행사가 공익실현과 밀접한 관련을 가지는 결과, 권리가 동시에 의무라는 상대적 성질을 가지는 경우가 적지 않다. 따라서 이러한 경우에는 그 이전·포기가 제한되고, 그에 대한 특별한 보호와 강제가 과하여지는 등의 법적 특수성을 가지게 되는 것이다.

Ⅵ. 권리구제수단의 특수성

행정법관계에 있어서, 국가 등의 행정작용으로 인한 국민의 권리·이익의 침해에 대하여는 실정법상 특별한 구제수단이 마련되어 있는바, 이것은 행정작용으로 인한 손해전보제도와 위법한 행정작용의 효력을 다투는 쟁송제도에 있어 모두 그러하다.

1. 행정상 손해전보

행정작용으로 인한 손해의 전보는 행정상 손해배상 또는 손실보상의 방법

에 의하여야 한다. 위법한 행정작용으로 인한 손해의 배상에 관하여는 그 일반
법으로서 국가배상법이 제정되어 있다. 그러나 적법한 행정작용으로 인한 특별
한 손실에 관하여 우리 헌법은 정당한 보상의 원칙을 규정하고 있으나(법 23③),
그에 관한 일반법은 없고, 토지보상법·하천법 등 개별법에서 규정하고 있을 따
름이다. 따라서 개인의 재산권에 대하여 특별한 손실을 가하면서도, 관계법에
보상규정이 없는 경우에는, 그 구제수단의 여하가 문제로 남게 된다. 이에 관하
여는 행정구제편에서 구체적으로 검토하기로 한다.

　행정상 손해전보의 청구는 그 성질상으로는 '공법상의 권리관계에 관한 소
송'으로서 행정소송(당사자소송)에 의하여야 할 것이나, 소송 실무상으로는 행정
상 손해배상은 종래 민사소송으로 다루어지고 있었다.

2. 행정쟁송

　위법한 행정처분의 효력을 다투는 쟁송제도는 국가에 따라 다른바, 공법·
사법의 이원적 법제를 취하지 아니하는 영미 등의 국가에서는 행정사건도 사인
사이의 분쟁의 경우와 마찬가지로 일반 사법재판소에서 다루고 있다. 이에 대
하여 독일·「프랑스」등의 대륙법계 국가에서는 행정재판소를 설치하여 그의
관할로 하고 있다.

　우리나라는 영미식의 통일관할주의를 취하여, 행정사건도 일반법원이 심판
하게 하고 있으나, 행정사건의 특수성에 비추어 민사소송에 대한 여러 가지 절
차적 독자성을 인정하고 있다. 단기제소기간·집행부정지원칙·직권심리주의·
사정판결 등이 그것이다.

제5절　행정법관계에서의 사인의 공권

　행정법관계도 기본적으로 법률상의 권리의무관계라는 점에서는 사법상의
법률관계와 다르지 아니한바, 사법관계에서의 권리인 사권에 대응하여, 공법관
계에서의 권리를 공권이라 한다.

　이러한 공권에 대하여는, 국가 등의 행정주체가 상대방인 국민에 대하여
가지는 지배권(경찰권·통제권·과세권 등)으로서의 국가적 공권과, 국민이 국가에
대하여 가지는 개인적 공권으로 구분하는 것이 전통적인 고찰방법이었다. 그러
나 국가적 공권은 엄격한 의미의 권리라기보다는 국가가 국민에 대하여 가지는

권력 또는 권능이라고 보아야 할 것이며, 그러한 점에서 이를 개인적 공권과 같은 관점에서 다루는 것은 문제가 있다고 본다. 따라서 여기서는 행정법관계에서의 공권 문제로서는 사인이 행정주체에 대하여 가지는 공권, 즉 개인적 공권(subjektive öffentliche Rechte)만을 다루기로 한다.

Ⅰ. 개인적 공권의 의의

일반적으로 권리는 자기의 이익을 위하여 그 상대방에게 일정한 작위·부작위·급부 또는 수인을 요구할 수 있는 법적인 힘을 말한다. 따라서 공법상의 개인적 공권이란 개인이 자기의 이익을 위해 국가 등에 대하여 일정한 행위(작위·부작위·급부·수인)를 요구할 수 있도록 공법상 개인에게 부여되어 있는 법적인 힘을 말한다.

이러한 개인적 공권은 현대의 실질적 법치주의에 있어서 매우 중요한 의미를 가진다. 왜냐하면 이러한 공권에 기하여 개인은 단순한 행정객체가 아니라, 행정권에 대하여 작위·부작위 등을 청구할 수 있는 권리주체의 지위로 고양되기 때문이다.

Ⅱ. 개인적 공권의 성립요건

1. 개 설

일반적인 법논리에 따라, 일방의 권리가 성립하기 위하여는 그에 상응하는 타방의 법적 의무가 전제되어야 하는 것이다. 입법기술상 단지 권리만이 규정되어 있는 경우에도, 그에는 법적 의무가 전제되어 있다고 보아야 할 것인바, 그렇지 않다면 당해 권리는 실체가 없는 것이 되기 때문이다.

이와 같이 권리는 필연적으로 법적 의무를 전제로 하는 것이기는 하나, 법적 의무가 존재한다 하여 바로 그에 상응하는 권리가 성립한다는 등식이 반드시 성립하는 것은 아닌바, 이러한 현상은 공법관계로서의 행정법관계에 있어서는 특히 현저하다.

즉, 행정의 본질은 공익의 실현작용이며, 행정법규는 전적으로 공공목적만을 위하여 행정청에 의무를 부과하는 경우도 적지 않은바, 이 경우는 행정주체에게 법적 의무는 부과되어 있으나 그에 상응하는 사인의 권리는 성립하지 않는 것이다.

2. 개인적 공권의 성립요건

개인적 공권이 성립하기 위하여는 다음의 세 가지 요건이 충족되어야 한다.[1]

(1) 강행법규에 의한 의무부과

전술한 바와 같이, 공권도 그에 상응하는 의무를 전제로 하는 것이므로, 개인적 공권이 성립하기 위하여는 먼저 행정법상의 강행법규에 의하여 국가 기타의 행정주체에게 일정한 행위의무가 부과되어 있어야 한다.

(2) 강행법규의 사익보호성

강행법규에 의하여 행정주체에게 일정한 법적 행위의무가 부과되어 있고, 그로 인하여 일정인이 이익을 받고 있는 경우에도, 당해 법규의 목적·취지가 적어도 관계인의 이익도 보호하고자 하는 것인 경우에만, 관계 이익은 법적으로 주장할 수 있는 이익으로서 비로소 권리성이 인정된다. 이에 반하여 당해 법규의 목적·취지가 전적으로 공익추구에 있는 때에는, 이로 인해 개인이 일정한 이익을 받더라도 그것은 법규가 공익목적을 위하여 행정주체에게 의무를 부과한 반사적 효과로서 받는 이른바 반사적 이익에 불과한 것이다.

관련법규의 취지가 개인의 이익을 보호하는 데에도 있는지 여부에 대한 판단은 종종 매우 복잡한 문제를 제기한다. 때로는 법령상의 용어 자체에서 그러한 성격이 명백히 인정되는 경우도 있다. 예컨대, 헌법상의 기본권규정이나, 법률이 사인에 대하여 「청구권」 또는 「권리」를 명시적으로 인정하고 있는 경우가 그러하다.[2] 그러나 법률상 이러한 명시적 규정을 두고 있는 경우는 오히려 예외적이라 할 것인바, 일반적으로 당해 법규의 사익보호성 여부의 판단은 결국 당해 규정 내지는 그 법규 전체의 목적·취지 등을 고려하여 합리적으로 판단할 수밖에 없다고 본다.

(3) 이익관철의사력(소구가능성)

공법관계에서 사인에게 공권이 인정되기 위하여는, 법적으로 인정되고 있는 이러한 이익을 국가 등의 행정주체에 대하여 궁극적으로 소송에 의하여 관철할 수 있는 의사력(Willensmacht) 또는 법적 힘이 사인에게 부여되어 있어야 한다.

---

1) 이것은 「옐리네크」에 의하여 주창되었으며, 「뷜러(O. Bühler)」에 의하여 체계화된 것으로, 오늘날 독일행정법에 있어 일반론으로 되어 있는 것이다.

2) Erichsen/Martens, Allgemeines Verwaltungsrecht, 1986, p. 152.

그러나, 대부분의 다른 나라가 그러하듯이 우리 헌법도 재판을 받을 권리를 일반적으로 보장하고 있는 까닭에, 이러한 제3의 요건은 오늘날에는 이미 그 독자적 의의를 상실했다고 할 것이다. 따라서 공권의 성립요건으로서는 위의 두 가지 요건만을 검토하면 된다고 본다.

Ⅲ. 공권과 반사적 이익

1. 반사적 이익의 관념

행정상의 강행법규에 의하여 행정주체에게 일정한 의무가 부과되거나 행정청의 행위에 일정한 제한이 가해져 있는 경우에, 개인이 그로 인하여 일정한 이익을 받는 경우가 있다. 그러나 근거법규가 전적으로 공익목적만을 위한 것인 때에는, 사인이 받는 이러한 이익은 공익적 견지에서 행정주체에게 일정한 법적 제한 또는 의무를 부과한 반사적 효과로서의 이익에 불과한 것으로, 이를 반사적 이익이라 한다.

2. 공권과 반사적 이익의 구별의의

이러한 반사적 이익의 관념은 특히 행정쟁송(행정심판·행정소송)에 있어서의 원고적격의 인정문제와 관련하여 중요한 의미가 있다.

우리나라 행정소송법 제12조는 "취소소송은 처분등의 취소를 구할 법률상 이익이 있는 자가 제기할 수 있다"고 규정하고 있다. 동조상의 법률상 이익의 관념에 대하여 우리 판례는 취소소송에 있어서 원고적격은 적어도 「법적으로 보호되는 이익」이 침해된 경우에만 인정되고, 단순한 사실상의 이익이나 반사적 이익이 침해된 경우에는 인정되지 않는다는 입장을 취하고 있다. 따라서 위법한 행정처분에 의하여 일응 그 개인적 이익이 침해된 때에도 그 이익이 단순히 반사적 이익에 그치는 것인 때에는, 그 이익의 구제를 구하는 소송은 소송요건을 결한 부적법한 것으로서 각하될 것이다.

「법적으로 보호되는 이익」은 우리나라에서는 근거법의 취지가 개인의 이익도 보호하고자 하는 경우에 인정되는 관념으로 이해하는 것이 일반이다.

법적으로 보호되는 이익을 이러한 의미로 파악하는 경우에는, 이 관념과 공권이 구별되는 것인가의 문제가 제기된다. 왜냐하면 공권이라는 관념 자체가 공법에 의하여 부여·보호되고 있는 이익이기 때문이다. 아마도 공권이라는 관념을 헌법상의 기본권이나 봉급청구권과 같은 전통적 권리로 좁게 파악하면,

양자는 일응 구분된다고 볼 수 있을지도 모른다. 왜냐하면 법률상 보호되는 이익이라는 관념은 위에 적은 바와 같이 근거법의 취지가 공익뿐만 아니라 개인의 이익도 보호하는 데 있는 것으로 판단되는 때에 인정되는 것으로 파악되고 있기 때문이다. 그러나, 기본권·봉급청구권 등의 협의의 공권이나, 근거법이 적어도 개인의 이익도 보호하는 취지인 것으로 해석되는 경우에 있어서의 법적 보호이익은 양자가 모두 법에 의하여 보호되는 이익이라는 점에서는 본질적인 차이가 없다. 그러한 점에서 공권과 법적 보호이익은 결국 표현상의 차이에 불과한 것이라고 할 것이다.[1] 다만, 우리 학설·판례는 법적 보호이익이라는 용어를 계속 사용하고 있으므로, 내용적으로는 공권과 같은 의미로서 이 용어도 함께 사용하기로 한다.

3. 공권 또는 법적 보호이익의 확대경향

(1) 근거법규의 합리적 해석

근거법규상 개인이 받는 이익이 공권인지 여부의 판단은 기본적으로 당해 법규의 강행법규성 및 사익보호성의 두 가지 기준에 따라 결정되는 문제이며, 대부분의 경우 그 사익보호성은 근거규정과 당해 법규 전체의 목적·취지에 비추어 합리적으로 판단되어야 하는 것임은 기술한 바와 같다.

이러한 근거법규의 목적·취지의 해석·판단에 있어서는, 독일·일본 등의 경우와 마찬가지로 우리나라의 판례도 가급적이면 근거법규에 공익보호와 동시에 개인의 이익보호의 취지도 있는 것으로 해석하는 경향이 나타나고 있다. 따라서 종래에는 반사적 이익으로 보았던 것도, 근거법규가 공익과 동시에 개인적 이익도 보호하는 것으로 해석함으로써, 당해 이익을 법적으로 보호되는 이익 또는 공권으로 인정하는 경우가 점차 증대하고 있는 것이다.

다음에 이에 관한 두 가지 구체적 사례를 들기로 한다. 그 하나는 위법한 연탄공장의 설치허가를 인근주민이 다툰 사건이다. 이 사건에 관하여 먼저 고등법원은, 이 공장에서의 원동기의 가동으로 원고는 통상적인 주거의 안녕을 영위하기가 곤란하고, 그로 인하여 그 가옥의 가치가 하락되고 임대가 어려워져 재산권의 침해를 받고 있다는 사실을 인정하였다. 그러나 동 법원은, "원고가 주거지역에서 건축법상 건축물에 대한 제한규정이 있음으로 말미암아 현실적으로 어떤 이익을 받고 있다 하더라도, 이는 그 지역거주의 개개인에게 보호

1) 동지: 김남진, 행정법(Ⅰ), p. 138; 홍정선, 행정법(상), p. 196; 한견우, 행정법(Ⅰ), p. 181; 류지태, 행정법, p. 80.

되는 개인적인 사익이 아니고, 다만 공공복지를 위한 건축법규의 제약의 결과로서 생기는 반사적 이익에 불과한 것"이라고 하여, 원고의 소를 각하하였다. 그러나 대법원은 도시계획법과 건축법상의 관계규정이 "주거지역 내에서의 일정한 건축을 금지하고 또한 제한하고 있는 것은 …공공복리의 증진을 도모하는데 그 목적이 있는 동시에 주거지역 내에 거주하는 사람의 주거의 안녕과 생활환경을 보호하고자 하는 데도 그 목적이 있다고 해석된다. 따라서 주거지역 내에 거주하는 사람이 받는 이익은 단순한 반사적 이익이나 사실상의 이익이 아니라, 법률에 의하여 보호되는 이익"이라고 선언하였다.[1] 같은 관점에서 대법원은 주거지역에서의 위법한 자동차 LPG충전소 허가에 대한 인근주민의 취소소송을 인용한 바 있다.[2] 대법원은 또한 경업자에 의한 신규허가처분의 취소소송에 있어서도, 근거법의 취지는 공익과 동시에 기존업자의 이익도 보호하는데 있다고 보아, 당해 청구는 이유 있는 것이라고 판시한 바 있다.[3]

    이에 반하여, 대법원은 공중목욕탕 사이의 거리제한규정을 위반한 신규영업허가에 대한 기존업자의 취소청구에 관하여는 "본건 허가에 의하여 사실상 목욕장업에 의한 이익이 감소된다 하여도 원고의 이 영업상 이익은 단순한 사실상의 반사적 이익에 불과하고 법률에 의하여 보호되는 이익이라 할 수 없다"고 하여 그 소를 각하한 바 있다.[4] 그러나 이 사건에서 거리제한은 행정규칙인 내규에 규정되어 있었던바, 대법원은 행정규칙에 대하여는 그 법규성 즉 외부적 효력을 인정하고 있지 않다는 점을 유의하여야 할 것이다.

    이상에서 본 바와 같이, 근거법규의 목적·취지의 합리적 해석에 의하여 점차 법적 보호이익의 범위를 확대하고, 그에 따라 종래에는 반사적 이익으로 보았던 것도 점차 법적 보호이익으로 인정하여, 그에 따른 사법적 구제를 인정하는 것이 현재 판례의 경향이라 할 수 있다.

    그러나 이와 관련하여 한 가지 유의하여야 할 것은, 판례상 종래에는 반사적 이익으로 보던 것도 이를 법적 보호이익으로 보아 사법적 구제를 인정하고 있는 것은, 근거법규의 새로운 해석에 의하여 당해 이익을 법적으로 보호되는 이익으로 판단하게 된 결과에 의한 것이라는 점이다.

---

1) 대판 1975. 5. 13, 73누96·97.
2) 대판 1983. 7. 12, 83누59.
3) 대판 1969. 12. 30, 69누106; 대판 1975. 7. 22, 75누12 등.
4) 대판 1963. 8. 31, 63누101.

(2) 근거법규의 범위의 확대

근거법규는 원칙적으로 당해 처분의 직접적 근거가 되는 법령을 의미한다고 할 것이다. 그러나 대법원은 최근의 판례에서 근거법규의 범위를 당해 처분의 직접적 근거가 되는 법령뿐만 아니라 다른 관련 법령도 그에 포함된다고 함으로써 당해 처분을 다툴 수 있는 '법률상 이익'이 확대되게 되었다.

그 대표적인 것으로서 대법원 1998. 4. 24. 선고 97누3286 판결을 들 수 있는바, 이것은 속리산국립공원 내의 용화집단시설지구의 개발허가처분이 위법하다고 하여 그 지역 주민들이 그 취소를 소구한 사건에 관한 것이다. 이 판결에서 대법원은 조성면적이 10만m^2 이상이어서 환경영향평가대상사업에 해당하는 당해 집단시설지구개발사업에 관하여 변경승인 및 허가처분을 함에 있어서는 반드시 자연공원법령 및 환경영향평가법령 소정의 환경영향평가를 거쳐 그 평가의 내용을 사업계획에 반영시키도록 하여야 하는 것이니만큼 자연공원법령뿐 아니라 환경영향평가법령도 당해 변경승인 및 허가처분에 직접적 영향을 미치는 근거 법률이 되는바, 이들 법령의 규정들의 취지는 환경영향평가지역 안의 주민들이 개발 전과 비교하여 수인한도를 넘는 환경침해를 받지 아니하고 쾌적한 환경에서 생활할 수 있는 개별적 이익도 이를 보호하려는 데에 있는 것이므로, 위 주민들이 변경승인 및 허가처분과 관련하여 갖고 있는 환경상의 이익은 주민 개개인에 대하여 보호되는 직접적·구체적 이익이라고 판시하였다(동지의 판례: 대판 2001. 7. 27, 99두2970).

Ⅳ. 개인적 공권의 종류

1. 개인적 공권의 구분방식의 문제

전통적으로는 헌법상의 기본권은 자유권·수익권·참정권으로 구분되고 있었고, 그에 따라 행정법에서의 개인적 공권도 이러한 3구분 방식을 취하고 있었다. 그러나 오늘날에는 헌법상의 기본권의 분류는 이러한 전통적 분류 방식을 넘어서서 6분법(① 인간의 존엄과 가치·행복추구권, ② 평등권, ③ 자유권적 기본권, ④ 생존권적 기본권, ⑤ 청구권적 기본권, ⑥ 참정권) 또는 7분법(① 기본권보장의 이념 및 포괄적 기본권, ② 평등권, ③ 자유권적 기본권, ④ 경제적 기본권, ⑤ 정치적 기본권, ⑥ 청구권적 기본권, ⑦ 사회적 기본권) 등으로 보다 구체화하고 있다. 이러한 헌법의 기본권의 분류방식의 구체화에 부응하여 행정법상의 개인적 공권의 분류도 보다 구체화할 필요가 있다고 할 수도 있다. 그러나 현재 행정법상 개인적 공권에 관한 논의는 그 구체적 내용보다는 근거법과의 관계에서 관계 이익에 대한 개인적 공권성의 인정 여부에 그 주된 관심이 있고 보면, 여기서는 일단 전통적인 분류 방식에 따르고, 개인적 공권의 새로운 분류 방식의 문제는 차후의 검토과제로 미루기로 한다.

2. 헌법상의 기본권과 개인적 공권의 관계

(1) 행정법상 공권은 그 침해에 대하여 궁극적으로 재판에 의한 구제를 청구할 수 있는 권리를 의미한다. 이와 관련하여서는 행정처분의 근거법령 등에서는 재판상 그 침해를 주장할 수 있는 구체적 공권이 도출되지 아니하는 경우에 헌법상의 관련 기본권의 침해를 이유로 취소소송 등을 제기할 수 있는지의 문제가 제기된다.

(2) 헌법상의 기본권이 국민 개개인을 위한 개인적 공권이라는 점에 대하여는 이론이 없는 것으로 보인다. 그러한 점에서는 헌법상의 기본권의 침해를 이유로 하는 취소소송 등은 적법한 것으로 보아야 할 것이라는 결론에 도달할 수 있을 것이다. 실제 대법원의 판례에는 이러한 방향의 판례가 일정수 보이고 있기도 하다(대판 1992. 5. 8, 91누7552; 대판 1989. 12. 26, 87누308). 그러나 헌법상 기본권 모두가 재판에 의하여 구제될 수 있는 구체적 공권이라고 보기는 어려운 것으로 보인다. 이와 관련하여서는 매우 일반적인 것이기는 하나, 헌법상 기본권 중에서 그 구체적 내용에 따라 법률에 의하여 구체화되지 아니하고도 직접 적용될 수 있는 경우에 한하여 재판상 주장될 수 있는 개인적 공권으로 보아야 할 것이라는 하나의 기준이 제시될 수 있을 것이다. 예컨대 자유권적 기본권이 그에 해당한다 할 것이다.[1] 이에 대하여 헌법상의 생존권적 기본권이나

---

1) 판례

　"행정소송법 제12조는 "취소소송은 처분 등의 취소를 구할 법률상 이익이 있는 자가 제기할 수 있다고 규정하고 있는데, … 여기서의 '법률상 이익'이란 법에 의하여 보호되는 이익, 즉 실정법을 근거로 하여 성립하는 공권을 뜻하므로, 비록 행정처분의 직접 상대방이 아닌 제3자라도 당해 처분의 취소를 구할 법률상 이익이 있는 경우에는 행정소송을 제기할 수 있다고 하겠다. … 이 사건에 관하여 보건대, 설사 국세청장이 지정행위의 근거규범인 이 사건 조항들이 단지 공익만을 추구할 뿐 청구인 개인의 이익을 보호하려는 것이 아니라는 이유로 청구인에게 취소소송을 제기할 법률상 이익을 부정한다고 하더라도 국세청장의 지정행위는 행정청이 병마개 제조업자들 사이에 특혜에 따른 차별을 통하여 사경제 주체간의 경쟁조건에 영향을 미치고 이로써 기업의 경쟁의 자유를 제한받게 된 자들은 적어도 보충적으로 기본권에 의한 보호가 필요하다. 따라서 일반법규에서 경쟁자를 보호하는 규정을 별도로 두고 있지 않은 경우에도 기본권인 경쟁의 자유가 바로 행정청의 지정행위의 취소를 구할 법률상의 이익이 된다고 할 것이다"(헌재결 1998. 4. 30, 97헌마141).

청구권적 기본권에서 구체적인 권리로서 개인적 공권이 바로 도출된다고 보기는 어려운 것으로 보인다.[1]

(3) 위에서 살펴 본 행정소송에 있어서의 헌법상 기본권의 구체적 공권성의 문제는 처분의 근거법령 등에서 구체적 공권이 도출될 수 있는 경우에는 제기되지 아니한다. 이러한 경우는 근거법령의 헌법규정에 대한 적용우위원칙에 따라 근거법령에 규정되어 있는 공권이 먼저 고려되고 적용되게 된다. 이러한 법률의 우선적용의 원칙은 법률은 헌법상의 원칙을 보다 구체적이고 상세하게 규정하는 것이 일반적인 것으로, 직접 헌법규정을 적용하면 이러한 법률의 내용을 무시하게 된다는 점에 그 근거가 있다.

헌법은 법률상위의 효력을 가지므로, 근거법령은 당연히 헌법규정에 합치되도록 해석되고 적용되어야 하는 것임은 물론이다. 이와 관련하여서는 근거법령상으로는 개인적 공권이 명시적으로 규정되어 있지 아니한 경우에도, 헌법상의 기본권 규정의 목적론적 해석에 의하여 공권이 인정될 수 있는 경우도 상정될 수 있을 것으로 본다.

V. 개인적 공권의 특수성과 그 비판

1. 종래의 특수성론

종래 공권에 대하여는 사권에 비하여 일정한 특수성이 인정되는 것으로 보아, 그러한 것으로서 불융통성·비대체성·포기성의 제한 등을 들고 있었다.

(1) 불융통성

공권은 사권과 달리 공익적 관점에서 일정인에 이를 귀속시킨 것이기 때문에, 그에는 일신전속성이 있어 이전성·포기성이 제한된다.

---

[1] 판례

"사회적 기본권의 성질을 가지는 의료보험수급권은 국가에 대하여 적극적으로 급부를 요구하는 것이므로, 헌법규정만으로는 이를 실현할 수 없고 법률에 의한 형성을 필요로 한다. 의료보험수급권의 구체적 내용, 즉 수급요건·수급권자의 범위·급여금액 등은 법률에 의하여 비로소 확정된다"(헌재결 2003. 12. 18, 2002헌바1).

판례

"헌법 제35조 제1항에서 정하고 있는 환경권에 관한 규정만으로는 그 권리의 주체·대상·내용·행사방법 등이 구체적으로 정립되어 있다고 볼 수 없고, 환경정책기본법 제6조도 그 규정·내용 등에 비추어 국민에게 구체적인 권리를 부여한 것으로 볼 수 없으므로, 원고들에게 헌법상의 환경권 또는 환경정책기본법 제6조에 기하여 이 사건 각 처분을 다툴 원고적격이 있다고 할 수 없다"(대판 2006. 3. 16, 2006두330 전원합의체).

1) 이전성의 제한   ① 공권은 양도·상속 등 그 이전성이 부인되는 경우가 많으며(국가배상법 제4조상의 배상받을 권리의 양도금지, 공무원연금법 제32조에 의한 연금청구권의 양도금지 등), ② 따라서 압류도 제한(민사집행법 제246조 제1항 제4호에 의한 공무원봉급압류제한 등) 또는 금지(국가배상법 제4조 배상받을 권리의 압류금지, 공무원연금법 제32조 연금청구권 압류금지 등)되는 때가 많다.

2) 포기성의 제한   일정한 공권은 그 행사에 의하여 공익실현에 기여하는 것이므로, 임의로 이를 포기할 수 없는 것이 원칙이다(선거권·소권 등). 다만 공권의 불행사와 포기는 구별되어야 하는 것으로, 예컨대 선거의 기권은 선거권의 포기가 아니라, 그 불행사인 것이다.

(2) 비대체성

공권의 일신전속적 성격으로, 그 위임 또는 대리가 인정되지 않는 경우가 있다.

(3) 보호의 특수성

행정소송법상 공권에 관한 다툼은 "공법상의 권리관계에 관한 소송"으로서 공법상 당사자소송에 의하도록 하게 되어 있다.

(4) 금전채권의 소멸시효의 특수성

국가나 지방자치단체가 가지는 또는 그에 대하여 가지는 공법상의 금전채권에 대하여는 각각 국가재정법 제96조 또는 지방재정법 제82조가 적용되어 그 소멸시효기간이 5년이 되므로, 이 점에서 개인적 공권은 사권과 다른 특색이 있다고 본다.

2. 공권의 특수성론에 대한 비판

위에서 본 바와 같이, 종래 공권은 사권에 비하여 일정한 특질이 있는 것으로 보고 있었으나, 이에 대하여 일본 행정법학계에서는 비판론이 상당히 유력하게 제기되고 있다. 다만 이 비판론은 공법·사법의 이원적 구분을 기본적으로 부인하는 입장에서 제기되고 있는 것임을 유의하여야 한다.

이 견해는 전술한 공권의 특질로서의 불융통성·포기성 제한 또는 비대체성에 관하여 다음과 같이 그 문제점을 제시하고 있다. 먼저 참정권이나 자유권에 이러한 특질이 인정되는 것은, 이들 권리가 근대국가에 있어서의 국민의 신분에 본질적으로 내재하는 기능으로서 그와 불가분의 관계에 있는데 기인하는 것이지, 공권에서 도출되는 필연적 속성은 아니다. 따라서 위와 같은 신분내재적인 권리가 아닌 봉급권, 하천·도로 등의 사용권과 같은 재산적 권리의 융통

성 문제는 각 권리의 성질에 따른 개별적 판단의 문제이지 공권의 일반적 특수
성으로 들 수 있는 것은 아니라고 본다. 비판적 견해는 또한 위의 국가재정법
또는 지방재정법의 규정은 국가 또는 지방자치단체가 갖는 모든 금전채권과 그
에 대하여 개인이 갖는 모든 금전채권의 소멸시효에 관한 규정이지 공법상의
금전채권에 한하여 적용되는 것은 아니라고 한다(대판 1966. 9. 20, 65다2506).

3. 결 어

확실히 공권의 특수성 문제는 일반적·선험적으로 논구될 문제는 아니고,
관련법규의 구체적 규정 내지는 그 목적·취지에 비추어 개별적으로 판단되어
야 할 문제라고 본다. 그러한 점에서 위의 비판적 견해는 타당하다고 본다. 그
러나 실정법상 공권에 대하여 일정한 특질을 규정하고 있는 것은 기본적으로
공권의 인정 또는 행사가 공익과 밀접한 관련을 가지고 있다는 점에 입각한 것
이라고 보아야 할 것이다. 이러한 관점에서는 공권과 사권은 상대적이기는 하
나, 그 성질상의 차이를 인정할 수 있다고 본다.

Ⅵ. 무하자재량행사청구권

무하자재량행사청구권의 법리는 독일에서 먼저 이론적으로 주장되어 대체
로 1950년대 이후에는 학설·판례상으로 그 내용이 확립되었다. 이 이론 또는
법리는, 우리나라에서는 1970년도 후반기부터 주로 이론적 측면에서 검토되어
왔으나, 이것은 실정법적 법리로서도 인정될 수 있는 것이다.

1. 개 념

무하자재량행사청구권은 개인이 행정청에 대하여 하자 없는, 즉 적법한 재
량처분을 구하는 공권이다. 이 권리는 단순히 위법한 처분을 배제하는 소극적
또는 방어적 권리(Abwehrrecht)가 아니라, 행정청에 대하여 적법한 재량처분을
할 것을 구하는 적극적 공권이다. 그러나 이 권리는 기속행위에 대한 것과는 달
리, 특정처분을 구하는 실체적 공권(substantielles Recht)은 아니고, 다만 그 종국
적 처분에 이르는 과정, 환언하면 종국처분의 형성과정에 있어서 재량권의 법
적 한계를 준수하면서 (어떠한) 처분을 할 것을 구하는 것이라는 제한적 공권으
로서의 속성을 가지고 있다. 무하자재량행사청구권은 그 내용이 이처럼 원칙적
으로 재량처분에 있어서 종국처분 형성과정상 재량권의 법적 한계를 준수하면

서 (어떠한) 처분을 할 것을 구하는 데 그치고, 특정처분을 구할 수 있는 권리는
아니라는 점에서, 이를 절차적 또는 형식적 공권(formelles Recht)이라 한다. 이
것이 협의 또는 엄격한 의미의 무하자재량행사청구권이다.

그러나 재량행위에 있어서도 예외적으로 재량권이 영으로 수축되어 오직
하나의 처분만이 적법한 재량권행사로 인정되는 경우에는, 개인은 행정청에 대
하여 그러한 특정처분을 할 것을 청구할 수 있게 되는바, 이 경우 절차적 청구
권으로서의 무하자재량행사청구권은 기속행위에 대한 것과 같이 실체적 청구권
으로 전환된다. 무하자재량행사청구권은 광의로는 이러한 예외적인 경우에 있
어서의 재량행위에 대한 실체적 청구권도 포함한다.

2. 성립요건

무하자재량행사청구권도 공권의 하나이고, 이 청구권은 헌법 또는 개별법
에 명문으로 규정되어 있는 것은 아니므로, 이 청구권이 성립하기 위하여는 다
음의 두 가지 요건이 충족되어야 한다.

(1) 처분의무

이 청구권이 성립하기 위하여는 먼저 행정청에 법적 의무로서의 처분의무
가 부과되어 있어야 하는바, 재량처분에 법적 의무성을 인정할 수 있는가에 대
하여는 일단 의문이 제기될 수 있다. 왜냐하면, 재량행위는 행위를 할 것인가의
여부(결정재량) 또는(and/or) 법적으로 허용되는 복수의 행위 중에서 어떠한 행
위를 할 것인가(선택재량)에 대하여 행정청에게 독자적 판단권이 부여되어 있는
행위이기 때문이다.

그러나 재량행위가 행정청의 임의적·자의적 처분이 허용되는 행위는 아니
고, 재량행위에 있어 재량권은 법적으로 한계지어진 것으로서, 재량처분에 있어
서도 이러한 재량권의 한계를 준수할 법적 의무는 있는 것이다. 다만, 기속행위
에 있어서의 법적 의무는 그 종국적 결정에 대하여도 미치는 것인데 대하여, 재
량행위의 경우에는 그 종국적 결정에 대하여는 처분청에 재량권 즉 독자적 판
단권이 인정되어 처분청의 법적 의무는 그 형성과정에만 미치는 것이라는 점에
서, 양자간에는 기본적인 차이가 있다.

(2) 사익보호성

이 청구권은 당해 재량처분을 규정하고 있는 관계법규의 목적·취지가 적어
도 개인의 이익도 보호하고자 하는 경우에만 인정된다. 즉, 관계법규가 전적으
로 공익만을 그 목적으로 하는 때에는 이 청구권은 인정되지 아니하는 것이다.

3. 무하자재량행사청구권의 인정 여부 또는 그 독자성의 문제

위에서 무하자재량행사청구권의 개념 및 그 성립요건에 관하여 기술하였거니와, 이 청구권에 대하여는 적어도 초기의 이론적 검토단계에서는 그 인정 또는 독자성에 대하여 부정적 견해도 상당히 강하게 제시된 바 있다. 이 견해의 논거는 다음의 두 가지로 요약될 수 있다.

먼저 재량처분의 일탈·남용으로 인하여 그 권리가 침해된 자는 그 취소를 구할 수 있으므로, 그러한 점에서 구태여 무하자재량행사청구권을 거론할 실익은 없다. 다음에 이 청구권이 재량하자만으로 당해 처분의 취소를 구할 수 있는 소익을 인정하는 것이라면 그것은 원고적격을 부당하게 넓혀 민중소송화할 우려가 있으므로 이러한 의미의 무하자재량행사청구권은 인정될 수 없다.[1]

전술한 내용의 무하자재량행사청구권의 부정론은 타당하지 않다고 본다. 먼저 하자 있는 재량처분에 의하여 그 권익이 침해된 자가 그 취소를 청구하는 것은 위법한 재량처분에 대한 소극적 방어권의 표현인데 대하여, 무하자재량행사청구권은 (자신의 신청에 대하여) 적극적으로 적법한 재량처분을 발하여 줄 것을 구하는 적극적 청구권으로서, 이러한 의미의 무하자재량행사청구권을 인정할 실익은 당연히 인정되는 것이다. 다음에 무하자재량행사청구권론을 재량하자가 있으면 소익이 인정된다는 이론으로 이해하여 이 이론이 원고적격을 부당하게 넓혀 민중소송화할 우려가 있다는 비판은 이 이론을 잘못 이해한 데 기인하는 것으로서 타당한 것이라고 할 수는 없다고 본다. 왜냐하면 무하자재량행사청구권도 다른 공권과 같이 강행법규에 의하여 의무부과와 그 사익보호성이 인정되는 경우에 비로소 성립하는 것이기 때문이다.

무하자재량행사청구권의 법리는 우리 판례상 이미 수용되었다고 할 수 있다. 사법시험에 합격하고 사법연수원의 소정과정을 마친 후 검사임용신청을 하였으나 거부된 자가 제기한 취소소송에서 대법원은,

"검사의 임용에 있어서 임용권자가 임용 여부에 관하여 어떠한 내용의 응답을 할 것인지는 임용권자의 자유재량에 속하므로 일단 임용거부라는 응답을 한 이상 설사 그 응답내용이 부당하다고 하여도 사법심사의 대상으로 삼을 수 없는 것이 원칙이나, 적어도 재량권의 한계일탈이나 남용이 없는 위법하지 않은 응답을 할 의무가 임용권자에게 있고 이에 대응하여 임용신청자로서도 재량권의 한계 일탈이

1) 이상규, 행정법론(상), pp. 199~200.

나 남용이 없는 적법한 응답을 요구할 권리가 있다고 할 것이며, 이러한 응답신청
권에 기하여 재량권 남용이 위법한 거부처분에 대하여는 항고소송으로써 그 취소
를 구할 수 있다고 보아야 하므로, 임용신청자가 그 임용거부처분이 재량권을 남
용한 위법한 처분이라고 주장하면서 그 취소를 구하는 경우에는 법원은 재량권 남
용 여부를 심리하여 본안에 관한 판단으로써 청구의 인용 여부를 가려야 한다"(대
판 1991. 2. 12, 90누5825)

라고 판시하였다.

헌법 제25조는 "모든 국민은 법률이 정하는 바에 의하여 공무담임권을 가
진다"고 규정하고 있는바, 검사의 임용은 사법시험에 합격한 자로서 사법연수
원의 소정과정을 마친 자 중에서 임용하도록 되어 있다(검찰청법 29·34). 이러한
관계법의 규정에 따라 그 요건을 충족하는 자는 일단 검사임용신청권이 인정된
다. 그러나 근거법인 검찰청법은 단지 사법시험합격과 사법연수원의 소정과정
의 이수라는 요건만을 규정하고 있으므로, 이러한 요건을 충족하는 임용신청자
중에서 누구를 임용할 것인가에 대하여는 임용권자에게 재량권이 인정되어 있
다고 할 것이고, 따라서 임용권자는 상대방의 신청에 따라 반드시 그를 임용할
의무는 없다고 할 것이다.

이 경우 검사의 임용권자는 그 임용요건을 충족하는 자의 신청에 대하여
신청대로의 처분을 할 의무는 없으나, 의무에 합당한 재량권을 행사하여 상대
방의 신청에 대한 임용 또는 거부의 명시적 처분을 할 의무는 있는 것이다. 대
법원은 이러한 의무를 응답의무라고 하고 있으나, 처분을 할 의무라고 하는 것
이 보다 정확한 표현이라고 본다.

4. 무하자재량행사청구권과 쟁송수단

우리나라에 있어서 무하자재량행사청구권을 관철하기 위한 쟁송수단으로서
는 취소소송, 의무이행심판 및 부작위위법확인소송이 있다.

(1) 취소소송

이 청구권에 기하여 관계자가 행정청에 하자 없는, 즉 적법한 재량처분을
구하고, 행정청이 이를 거부한 경우에는, 당사자는 거부처분의 위법을 이유로
그 취소를 구할 수 있다. 이 경우 당해 거부처분의 위법사유는 다음의 두 가지
경우로 나누어진다.

1) 재량행위에 있어서 행정청은 종국처분에 대하여 독자적 판단권이 있으

므로, 거부처분의 위법사유는 원칙적으로 그 형성과정상의 위법사유에 한정된다. 이 경우 당해 처분이 취소되면 처분청은 판결의 취지에 따라 그 위법사유를 시정하고 다시 처분을 하여야 한다(행정소송법 30②③).

그러나 이 경우 행정청은 그 형성과정상의 위법을 반복하지 않는 한, 내용적으로 동일한 처분을 다시 하여도 위법한 처분으로 되지는 않는다.

2) 재량권이 영으로 수축되어 상대방의 신청에 따른 처분만이 적법한 재량처분으로 되는 경우에는, 바로 당해 처분을 하지 않은 것이 거부처분의 위법사유가 된다. 따라서 이 경우에 행정청은 판결의 취지에 따라 바로 상대방이 신청한 대로의 처분을 하여야 한다.

(2) 의무이행심판

관계인의 신청에 대하여 행정청이 위법하게 이를 거부하거나 부작위 상태로 방치하는 경우에는, 의무이행심판을 제기할 수 있다(행정심판법 5iii). 이 경우 그 심판청구가 이유 있으면 위원회는 "신청에 따른 처분을 하거나 처분을 할 것을 피청구인에게 명한다"(행정심판법 43⑤). 그러나 동조의 '신청에 따른'이라는 어구는 반드시 명확한 것은 아닌바, 내용적으로는 '신청에 대한'이라는 의미로 해석하여야 할 것이다.

1) **거부처분**   무하자재량행사청구권은 원칙적으로는 재량처분의 형성과정에만 미치는 것이므로, 의무이행심판의 인용재결에 있어서도 재결청은 당해 거부처분을 그 종국적 결정에 있어서의 절차상의 위법사유를 이유로 취소하고 그러한 절차상의 하자가 없는 처분을 직접 하거나 처분청에 이를 할 것을 명할 수밖에 없고, 신청대로의 처분을 하거나 이를 명할 수는 없다.

그러나 재량권이 영으로 수축되는 예외적인 경우에는 신청대로의 처분을 하거나 이를 할 것을 명하여야 함은 물론이다.

2) **부 작 위**   개인에게 무하자재량행사청구권이 인정되는 한, 행정청은 그 신청에 대하여 처분을 할 의무가 있는 것이다. 따라서 관계인의 적법한 신청에도 불구하고 이를 방치하는 것은 위법한 처분이 된다. 그러나 이 청구권은 원칙적으로는 그 형성과정상에 하자가 없는 처분을 구하는 권리에 그치는 것이므로, 재결청도 상대방의 신청에 대하여 (어떠한) 처분(인용 또는 거부)을 하거나 이를 할 것을 명할 수밖에 없다.

그러나 재량권이 영으로 수축되는 경우에는, 재결청은 신청대로의 처분을 하거나 처분청에 이를 할 것을 명하여야 한다.

(3) 부작위위법확인소송

전술한 바와 같이 무하자재량행사청구권이 있는 자의 신청에 대하여는 행정청은 처분을 할 의무가 있으므로, 상대방의 신청에 대하여 이를 부작위로 방치하는 것은 위법한 것이 된다. 따라서 관계자는 부작위위법확인소송을 제기하여 그 부작위가 위법한 것이라는 확인을 받을 수 있을 것이다.

판결에 의하여 당해 부작위의 위법성이 확인되면, 행정청은 판결의 취지에 따라 상대방의 신청에 대하여 처분을 하여야 한다(행정소송법 38②·30). 그러나 부작위위법확인소송은 행정청의 부작위가 위법한 것임을 확인하는 소송이므로, 실정법상 행정청의 처분의무가 특정처분을 하여야 하는 것인 경우에도, 법원은 다만 신청에 대한 방치상태가 위법한 것임을 확인할 수밖에 없다고 본다.

따라서 이 소송형태의 경우에는, 협의의 무하자재량행사청구권에 있어서는 문제가 없으나, 재량권이 영으로 수축되는 경우에 있어서는 당해 청구권의 실현수단으로서 불충분한 것이라 할 것이다.

Ⅶ. 행정개입청구권

행정개입청구권의 이론 또는 법리도 무하자재량행사청구권의 경우와 같이 독일의 학설·판례에 의하여 정립·발전된 것이다.

1. 개 념

행정개입청구권은 법률상 행정청에 규제·감독 기타 행정권발동의무가 부과되어 있는 경우에, 그에 대응하여 사인이 행정청에 그러한 행정권발동을 구하는 권리를 말한다.

이 청구권은 행정청에 대하여 적극적으로 행정행위 기타 행정작용을 할 것을 구하는 적극적 공권이라는 점에서, 다만 위법한 권익침해의 배제를 구하는 소극적 공권 또는 방어권과는 다르다.

이러한 행정개입청구권은 법규상 행정청에 부과되어 있는 규제·감독 기타 공권력발동의무에 대응하는 것이므로, 법규상의 행정청의 의무에 따라 그 내용을 달리하는 것임은 물론이다. 아마도 그 전형적인 것으로는 경찰개입청구권,[1]

---

1) 우리 판례상 행정개입청구권을 정면으로 인정한 판례는 아직 없다. 그러나 행정상 손해배상사건에서는 이 법리에 따라 국가 등의 배상책임을 인정한 몇 개의 판례가 있는바, 다음의 판례는 그 대표적인 것이다.

소음·먼지·공기오염행위에 대한 규제권발동청구권 등을 들 수 있겠으나, 그 외에도 다양한 형태가 상정될 수 있을 것이다.

일반적으로 이 청구권은 사전예방적 기능을 가지는 것으로 기술되고 있으나, 그것은 의문이다. 예컨대 소음·공기오염행위에 대한 인근주민의 행정개입청구권이 인정되는 경우, 그것은 반드시 사전예방적인 성질의 것만은 아니기 때문이다.

2. 성립요건

이 청구권은 헌법에 직접 규정되어 있는 것은 아니므로, 그 성립에는 다음의 두 가지 요건이 충족되어야 한다. 즉, ① 법규에 의하여 구체적인 행정권발동의무가 부과되어 있어야 하고, ② 당해 법규의 취지가 적어도 개인의 이익도 보호하는 것이어야 한다.

3. 행정개입청구권의 특질

(1) 행정개입청구권의 적용대상

1) 행정개입청구권은 일반적으로 재량행위와의 관련에서만 검토되고 있으나, 기속행위에 대하여도 이 청구권이 인정될 수 있음은 의문이 없다. 기속행위의 경우, 행정청은 특정처분을 하여야 할 법적 의무를 지고 있는바, 행정청의 규제, 개입 등을 정하고 있는 근거법규의 목적·취지가 개인의 이익도 보호하고자 하는 데 있는 때에는 관계자는 행정청에 당해 법규가 정하고 있는 규제, 개입 등의 특정처분을 청구할 수 있음은 물론이다. 이처럼 기속행위에 대하여 이 청구권을 인정함에 있어서는, 이론상 특별한 문제가 없는 공권일반론에 관한 것이므로, 이를 특별히 검토할 필요는 없다. 독일의 행정법서나 논문에서 이 청구권을 기속행위에 대한 것으로서는 검토하지 않는 것은 이러한 이유 때문인 것으로 본다.

2) 재량행위에 대한 행정개입청구권의 인정에 있어서는, 근거법규의 사익보호성 인정 문제 외에도, 다음의 두 가지 문제점이 있다.

───────

"경찰관직무집행법 제5조는 경찰관은 인명 또는 신체에 위해를 미치거나 재산에 중대한 손해를 끼칠 우려가 있는 위험한 사태가 있을 때에는 그 각호의 조치를 취할 수 있다고 하여 형식상 경찰관에게 재량에 의한 직무수행권을 부여한 것처럼 되어 있으나, 경찰관에게 그러한 권한을 부여한 취지와 목적에 비추어 볼 때 구체적인 사정에 따라 경찰관이 그 권한을 행사하여 필요한 조치를 취하지 아니하는 것이 현저하게 불합리하다고 인정되는 경우에는 그러한 권한의 불행사는 직무상의 의무를 위반한 것이 되어 위법한 것이 된다"(대판 1998. 8. 25, 98다16890).

먼저, 재량행위의 발동도 기속행위의 경우와 같이 이를 행정청의 법적 의무로 파악할 수 있는가가 문제되는바, 재량행위는 행위를 할 것인지의 여부 또는 법적으로 허용되는 복수행위 중에서 어느 행위를 할 것인가에 대하여 행정청에 재량권, 즉 고유한 판단권이 부여되어 있는 행위이기 때문이다. 그러나 재량행위라 하여도 그 재량권에는 일정한 법적 한계가 있기 때문에, 행정청에는 이러한 재량권의 한계를 준수할 법적 의무가 있다. 따라서 재량행위에 있어서도 관계법규의 목적·취지가 개인의 이익도 보호하는 데 있는 때에는, 관계인은 행정청에 대하여 적법한 재량처분을 할 것을 적극적으로 청구할 수 있는 것이다.

다음에, 재량행위에 있어 행정청의 법적 의무는 다만 종국처분에 이르는 과정에 있어 재량권을 적법하게 행사하여야 할 의무에 그치는 것이므로, 개인은 행정청에 특정처분을 구할 수는 없다. 그러나 재량행위에 있어서도 재량권이 영으로 수축되는 예외적인 경우에는, 관계인은 의무에 합당한 유일한 재량처분인 특정처분을 할 것을 청구할 수 있다.[1]

(2) 무하자재량행사청구권

위에서 본 바와 같이 재량행위의 경우에도 예외적으로 재량권이 영으로 수축되는 경우에는, 관계인은 유일하게 의무에 합당한 처분으로 인정되는 특정처

---

1) 행정개입청구권의 법리는 전후 독일에서 경찰행정 분야에서 판례상으로 정립·발전된 것이다. 이에 대한 기본판례는 연방행정재판소의 1960년의 띠톱판결(Bandsägeurteil, BVerwGE 11, 95)이다. 이 사건의 사안은 주거지역에 설치된 석탄 제조 및 하역업소에서 사용하는 띠톱에서 배출되는 먼지와 소음으로 피해를 받고 있던 인근주민이 행정청에 건축경찰상의 금지처분을 발할 것을 청구한 것이었다. 이에 대하여 소관행정청은 이 업소의 조업은 관계법규에 위반되지 않는 것이라 하여 그 인근주민의 신청을 기각하였던바, 그에 대한 취소소송에서 「베를린」 고등법원은 원고에게는 행정청에 대하여 건축경찰법에 기한 특정처분을 청구할 수 있는 권리가 없다고 보아, 원고의 청구를 기각하였다. 그러나 연방재판소는 이 사건에서 경찰법상의 일반수권조항의 해석에 있어, 먼저 인근주민의 무하자재량행사청구권을 인정하고, 이어서 재량권의 영으로의 수축이론에 의거하여 원고의 청구를 인용하였다.
   이 판례는 다음의 두 가지 점에서 종래의 판례에 대한 획기적인 전환점을 이루는 것으로 평가되고 있다. 먼저 종래는 시민의 경찰에 대한 규제조치 등 청구권은 부인되었던바, 그것은 경찰개입의 결과 개인이 이익을 받는다고 하여도, 경찰관계법규는 오직 공익만을 위한 것이므로, 그 이익은 반사적 이익으로 보아 왔으나, 이 판결에서는 경찰법규의 목적은 공익의 보호·증진과 동시에 국민 개개인의 이익도 보호하려는 것이라고 해석함으로써, 사인은 경찰당국에 대하여 원칙적으로 규제 등의 조치를 취할 것을 청구할 수 있다고 판단하였다. 다음에 경찰의 개입 여부의 결정은 원칙적으로 재량처분이나, 일정 상황하에서는 오직 하나의 결정, 즉 개입결정만이 의무에 합당한 재량권의 행사로 되며(재량권의 영으로의 수축이론), 이러한 경우에는 개인은 경찰당국에 당해 조치를 취할 것을 청구할 수 있는 권리를 가진다고 판시하였다. 그 결과 경찰권의 행사와 관련하여, 사인이 특정조치를 취할 것을 청구할 수 있는 권리, 즉 이른바 경찰개입청구권(Anspruch auf polizeiliches Einschreiten)이 인정되었던 것이다.

분을 할 것을 행정청에 청구할 수 있다. 이처럼 행정개입청구권이란 재량행위의 경우에 있어서도 사인의 신청에 따른 처분으로서의 특정처분을 할 것을 구할 수 있는 청구권이다. 이에 대하여 협의의 무하자재량행사청구권에 있어서는 개인은 행정청에 대하여 당해 재량처분의 형성과정상에 있어 재량권의 한계를 준수하면서 (어떠한) 처분을 할 것을 구할 수 있는 데에 그치고, 행정청의 종국적 결정의 내용에 대하여 자신의 신청에 따른 처분을 할 것을 청구할 수는 없다.

그러나 무하자재량행사청구권에 있어서도 행정청의 재량권이 영으로 수축되어 오직 하나의 결정만이 의무에 합당한 재량권의 행사로서 적법한 처분으로 인정되는 예외적인 경우에는 관계인은 당해 특정처분을 구할 수 있으며(광의의 무하자재량행사청구권), 이 경우 행정청의 처분의무가 감독·규제 등의 것인 때에는 사인은 행정청에 대하여 당해 행정조치의 발동을 구하는 권리, 즉 행정개입청구권이 인정되는 것이다. 그러한 점에서 (광의의) 무하자재량 행사청구권은 행정개입청구권도 그 내용의 일부로 포함하고 있다고 할 수 있다.

4. 행정개입청구권과 쟁송수단

개인의 실체법적 공권으로서의 행정개입청구권의 실행을 위한 가장 실효적인 소송형식은 의무이행소송이다. 그러나 우리나라에서 이 소송형태는 인정되고 있지 않으므로, 현행제도상으로는 행정심판으로서의 의무이행심판과 취소소송 및 부작위위법확인소송에 의할 수밖에 없다.

이들 쟁송수단에 관하여는 앞에서 무하자재량행사청구권과 관련하여 검토하였으므로, 여기서는 다시 반복하지 않기로 한다.

제6절 행정법관계에 대한 사법규정의 적용

Ⅰ. 개 설

행정법관계는 공법으로서의 행정법에 의하여 규율되는 관계이다. 그러나 행정법은 사법에 비하여 역사도 짧고, 또한 총칙적 규정도 없는 결과, 구체적인 경우에 적용법규가 결여되어 있는 경우가 발생할 수 있다. 이러한 경우에 사법규정의 적용에 의하여 그 흠결상태를 보완할 수 있는가의 문제가 제기된다.

Ⅱ. 관련학설

1. 소 극 설

이것은 「오토 마이어」 등의 견해로서, 공법과 사법 사이에 공통적인 법제도의 존재를 부인하면서, 공법규정의 흠결을 사법규정의 적용(직접적용·유추적용)으로 보충할 수 없다고 본다. 즉 공법과 사법은 각각 분리·독립된 별개의 법체계이므로, 공법에 있어서 물건·계약·손해배상 등 사법상의 관념과 비슷한 관념이 사용되어도, 그 법제는 전혀 다른 것이라고 보는 것이다.

2. 적 극 설

이 견해는 행정법관계에 대하여도 사법규정의 적용에 의하여 그 흠결을 보완할 수 있다고 본다. 이 설은 내용적으로는, 사법규정의 일반적 적용을 인정하는 견해와 그 한정적인 적용만을 인정하는 견해로 나눌 수 있다.

(1) 일반적 적용설(특별사법설)

이것은 공법·사법의 이원적 구별을 부인하고, 행정법을 사법의 특별법으로 보는 관점에서 주장되는 것이다. 이러한 관점에서는 행정법규가 흠결되어 있는 경우 당연히 사법이 적용된다고 본다.

그러나 행정법관계에 대한 사법규정의 (보완적) 적용의 문제는 공법·사법의 이원적 구별을 인정하는 법제하에서의 문제라는 점에서 보면, 이 설은 논외가 된다고 하겠다.

(2) 제한적 적용설

이 설은, 행정법관계에 대한 사법규정의 적용은 당해 법률관계의 내용 및 사법규정의 성질에 따라 제한적으로만 인정될 수 있다고 보는 것이다. 이것이 현재 판례의 입장이며,[1] 또한 통설이기도 하다. 다음에 이 설에 따라 행정법관계에 관한 사법규정의 적용 내지는 그 한계의 문제를 검토한다.

---

[1] 손실보상청구권에 대해 채권의 준점유자 변제에 관한 민법의 규정이 적용되지 않는다는 대판 2016. 8. 24, 2014두46966(헌법 제23조가 천명하고 있는 정당보상의 원칙과 손실보상청구권의 법적 성격 등에 비추어 보면, 국가가 원인무효의 소유권보존등기 또는 소유권이전등기의 등기명의인으로 기재되어 있는 자 등 진정한 소유자가 아닌 자를 하천 편입 당시의 소유자로 보아 등기명의인에게 손실보상금을 지급하였다면, 설령 그 과정에서 국가가 등기명의인을 하천 편입 당시 소유자라고 믿은 데에 과실이 없더라도, 국가가 민법 제470조에 따라 진정한 소유자에 대한 손실보상금 지급의무를 면한다고 볼 수 없다) 참조.

Ⅲ. 사법규정의 적용의 한계

1. 사법규정의 성격

사법규정은 사적 자치 또는 당사자의 이해조정을 목적으로 하는 것이 보통이다. 그러나 사법규정에는, ① 모든 법분야에 타당한 법의 일반원리에 관한 규정과, ② 법기술적인 약속으로서 다른 법분야에도 적용될 수 있는 규정이 있다. 이들 규정은 형식적으로는 민법 등에 규정되어 있으나, 그 일반규율적 성격에 따라 행정법관계에도 적용된다.

민법 등에서 어떠한 규정이 이러한 법의 일반원리 또는 법기술적 약속규정인가는 구체적으로 검토·판단되어야 할 것이나, 신의성실(민법 2①),[1] 권리남용금지(동조 ②),[2] 자연인·법인, 물건, 기간, 주소 등 총칙규정 및 사무관리·부당이득·불법행위에 관한 채권법 규정 등은 이에 해당한다고 할 것이다.

2. 행정법관계의 종별

행정법관계는 개괄적으로 권력관계와 관리관계로 구분되는바, 이러한 행정법관계의 내용에 따라 그에 대한 사법규정의 적용 범위는 달라진다.

(1) 권력관계

권력관계는 행정주체가 우월한 공권력의 주체로서 국민에 대하는 관계로서, 부대등한 법률관계이다. 따라서 이 관계는 대등자 사이의 법률관계인 사법관계와는 성질을 달리하며, 이 관계에는 일반규율적 규정 이외의 사법규정은 원칙적으로 적용되지 않는다.

우리 판례도 "행정주체가 공권력의 주체로서 국민에 대하는 관계에 있어서는 …국가공익의 실현을 우선적으로 하는 특수성을 고려하여 특수한 법규와 법원칙이 인정되어야 할 것"이라고 보고 있다.[3]

(2) 관리관계

관리관계는 행정주체가 비권력적인 공물 또는 공기업의 관리·경영주체의 지위에서 국민에 대하는 관계로서, 본질적으로는 사법관계와 다르지 않다. 그러

---

1) 대판 2011. 1. 20, 2009다103950; 대판 2011. 6. 30, 2009다72599(수출업자 등의 부가가치세액의 공제·환급청구가 신의성실의 원칙에 반하여 허용될 수 없다고 본 판례).
2) 대판 2011. 1. 13, 2009다103950: 대판 2011. 6. 30, 2009다72599: 대판 2011. 9. 8, 2009다66969(국가배상청구사건에서 국가가 소멸시효완성을 주장하는 것이 권리남용으로서 허용될 수 없다고 한 판례).
3) 대판 1961. 10. 5, 4292행상6.

나 그 작용의 공공성·공익성으로 인하여, 명문으로 특별한 규제를 하거나, 그러한 명문의 규정이 없는 경우에도 해석상 공법적 규율이 인정되는 경우도 있다. 관리행정에 특칙을 두고 있는 예로는, 영조물의 설치·관리의 하자로 인한 손해배상에 관한 특칙을 둔 것(국가배상법 5), 공기업의 목적달성을 위하여 배상책임을 부정하거나 일정한 범위에 한정한 것(우편법 38 이하), 공물에 관하여 그 융통성을 제한한 것, 행정재산의 사용료징수에 대하여 행정상 강제징수를 정한 것 등을 들 수 있다.

그러나 이러한 경우 외에는 관리관계에는 사법규정이 일반적으로 또는 유추적용된다.

Ⅳ. 개별적 판단설

행정법관계에 대한 사법규정의 적용 문제에 관하여 판례 및 통설은 위에서 본 바와 같이 당해 법률관계의 종류 및 사법규정의 성질에 따른 일정한 한계가 있다고 본다. 그러나 이에 대하여는 이 문제는 당해 법률관계가 권력관계인가 비권력관계인가, 또는 공법관계인가 사법관계인가의 문제와는 무관하게 각각의 법률관계의 구체적 성격과 기능에 따라 판단되어야 한다는 견해가 반론으로 제기되고 있다.[1]

생각건대, 권력관계는 그 대등성에 의하여 특징지어지는 사법관계와는 그 성질이 다른 것이고 보면, 여기에 법일반원리적 규정이나 법기술적 규정 이외의 사법규정은 원칙적으로는 적용될 수 없다고 본다. 그러나 권력관계도 법주체간의 법률관계라는 점에 있어서는 사인 상호간의 법률관계와 다르지 않다. 또한 권력관계라고 하여도 그 모든 측면에 있어 사법관계와 다른 특질이 부각되는 것은 아니라고 본다. 이러한 관점에서 권력관계에 대하여도 그 성질과 기능에 반하지 않는 한도 내에서는 사법규정의 유추적용이 인정될 수 있다고 본다.

제7절 특별행정법관계

특별행정법관계는 종래 이른바 특별권력관계로서 검토되고 있었던 것이 오

---

1) 서원우, 행정법, 1983, p. 155. 동지: 김도창, 행정법(상), p. 251.

늘날 법치주의가 확대·강화됨에 따라 이 관념에 대해 새로운 시각에서 검토하게 되면서 형성된 개념으로서, 특별법관계·특별신분관계라는 용어를 쓰는 학자도 있다.

Ⅰ. 전통적 특별권력관계론

1. 의 의

종래의 통설에 의하면, 행정법관계를 권력관계와 관리관계로, 그리고 권력관계는 일반권력관계와 특별권력관계로 구분하고 있었다.

일반권력관계는 국가 또는 공공단체의 통치권(일반지배권)에 복종하는 관계로서, 국민 또는 주민의 신분을 가지는 모든 자에게 당연히 성립하는 관계를 말한다. 이에 대하여, 특별권력관계는 특별한 공법상 원인에 기하여 성립되고, 공법상 행정목적에 필요한 한도 내에서 그 특별권력주체에게는 포괄적 지배권이 인정되고, 그 상대방인 특별한 신분에 있는 자(공무원·군인·학생 등)가 이에 복종하는 관계를 말한다.

2. 특별권력관계의 특색

전통적 이론에 있어서도 특별권력관계의 구체적 내용에 대해서는 논자에 따라 어느 정도의 차이가 있었으나, 그 공통적인 특징으로는 다음의 몇 가지를 들 수 있다.

(1) 포괄적 지배권

특별권력관계에서의 특별권력주체에는 포괄적 지배권이 부여되어 있어, 그에 복종하는 자에 대하여 특별권력을 발동하는 경우에도 개별적·구체적인 법률의 근거를 요하지 않는다. 즉, 그에 있어서는 법치주의원리, 특히 법률의 유보원칙이 배제되는 것이다.

그러나 특별권력관계에서도 그 내용을 명백히 하기 위하여 법률 또는 그에 기한 법규명령이 이들 관계의 내부에 있어서의 권력발동의 기준·방법 등에 관하여 규정하는 경우가 있다. 예컨대, 공무원의 근무관계에 관하여 국가공무원법이나 지방공무원법이 공무원에 대한 징계권이나 기타 행정조치에 대하여 일정한 제한을 두어 공무원의 권리를 보장하고 있는 것은 그 대표적 예이다. 이러한 경우에는, 이들 법규에 위반되는 규칙이나 처분은 위법한 것이 된다. 그러한 한도에서는 특별권력관계에 대해서도 법치주의, 특히 법률의 우위원칙이 적용된다.

(2) 기본권의 제한

위의 포괄적 지배권과 관련하여, 특별권력관계의 내부에 있어서는 그 설정목적에 비추어 필요하다고 인정되는 합리적 범위·한계 내에서 그에 복종하는 자의 기본권을 법률의 근거가 없더라도 제한할 수 있는 것으로 보았다(예컨대, 공무원에 대한 주거제한 또는 대학 내에서의 집회제한).

(3) 재판통제의 배제

전통적 견해에서는 사법권의 기능이 일반시민의 법질서를 유지하는 데 있는 것으로 보아, 특별권력관계에서의 권력주체의 행위에 대하여는 원칙적으로 사법심사가 미치지 않는다고 보았다.

그러나 이 관계의 권력행사에 사법심사가 완전히 배제되었던 것은 아니다. 즉, 당해 분쟁이 특별권력관계의 내부문제에 그치는 경우는 사법심사의 대상이 되지 않으나, 그것이 일반권력관계상의 국민의 지위에까지 영향을 미치는 문제인 경우(예컨대, 해당 관계로부터의 배제)에는 재판통제가 인정되었다. 예컨대, 징계처분의 경우, 면직처분이나 퇴학처분은 재판통제의 대상이 되나, 정직·정학처분은 그 대상에서 제외되었던 것이다.

3. 특별권력관계의 성립원인

일반권력관계가 모든 국민 또는 주민에게 당연히 성립되는 것과는 달리, 특별권력관계는 공법상의 특별한 법률원인이 있는 경우에만 성립된다. 구체적으로는, ① 직접 법률의 규정에 의한 경우(예컨대, 감염병환자의 국공립병원에의 강제입원·공공조합에의 강제가입·수형자의 수감·징집대상자의 입대), ② 본인의 동의에 의하여 성립하는 경우가 있다. 후자는 다시 임의동의에 의한 경우(예컨대, 국공립대학입학·공무원임명)와 법률에 의하여 의무화된 동의에 의한 경우(예컨대, 학령아동의 취학)가 있다.

4. 특별권력관계의 종류

종래 특별권력관계로서는 ① 공법상 근무관계·군복무관계(대판 1971. 6. 22, 70다1010) 등, ② 공법상 영조물이용관계(국공립대학 재학관계·국공립병원 입원관계·교도소 재소관계 등), ③ 공법상 특별감독관계(특허기업·공공조합에 대한 국가의 감독관계 등), ④ 공법상 사단관계(공공조합과 조합원의 관계 등)를 드는 것이 보통이다.

5. 특별권력의 내용

특별권력은 그 종류에 상응하여, 직무상 권력·영조물권력·감독권력 및 사단권력으로 구분되며, 이들은 내용적으로는 포괄적인 명령권과 징계권을 포함한다. 명령권은 그 발동형식에 따라 일반적·추상적인 행정규칙(영조물규칙·특허명령서 등)의 형식에 의하거나, 개별적·구체적인 명령·처분의 형식에 의한다.

6. 특별권력관계의 역사적 성격

특별권력관계론은 연혁적으로는 19세기 후반기의 독일 입헌군주제하에서 관리관계를 설명하기 위하여 정립된 것이었다. 당시의 학설은 행정을 내부관계와 외부관계로 준별하는 이원론에 입각하여, 행정의 외부에 있어서는 행정주체와 행정객체 사이에 대립하는 권리의무관계가 형성되고, 행정의 내부, 즉 특별권력관계에서는 그 구성원과 법주체로서의 행정권이 일체를 이루는 것으로 파악하고 있었다. 그리하여 일반권력관계에서는 법치주의가 적용되나, 특별권력관계에서는 상호 대립하는 법주체를 전제로 하여 그 관계를 규율하는 법규는 존재하지 않으며, 시민에 대하여 무엇이 법인가를 결정하는 작용인 행정행위도 또한 존재하지 않는 것으로 보았던 것이다. 그에 따라 특별권력관계는 법률로부터 자유로운 영역으로서의 성격을 가지게 되었다.

요컨대 특별권력관계론은, 당시 절대군주의 지배에 대항하여 대두한 신흥시민세력이 의회를 통하여 행정을 국민의 의사, 즉 의회가 제정하는 법률에 의하여서만 행하게 하려고 한 것에 대하여, 관리(官吏)의 근무관계와 같은 행정조직 내부관계에 대하여는 이를 특별권력관계로 보아, 그에 대한 예외를 인정하려고 하였던 데서 비롯된 것이다. 이러한 특별권력관계론은 말하자면 행정을 국민의 의사인 법률에 의하여 제한하려는 입장과 행정의 특권적 지위를 계속 확보하려는 입장 사이의 타협적 산물이었다고 할 수 있다.

특별권력관계론은 이처럼 독일의 외견적 입헌군주제하에서 그 특유한 정치적·사회적 여건과의 관련 속에서, 군주의 특권적 지위를 유지하여 주기 위한 이론으로서 형성되었다. 그럼에도 불구하고 이 이론은, 이후 「바이마르」공화국을 거쳐 「본」기본법하의 독일에서까지 상당기간 유지되었으며, 일본의 경우도 기본적 상황은 다를 바 없었다.

Ⅱ. 특별권력관계론의 재검토

상술한 바와 같이 특별권력관계론은 적어도 연혁적으로는 반법치주의적·반민주주의적 성격을 가진 것이었다. 따라서 이 이론은 제2차대전 이후 독일·일본에서 격렬한 비판의 대상이 되었다.

특별권력관계론에 대한 비판론은, 그 전면적 부인론과 그에는 이르지 않고 이를 새로운 시각에서 재구성하려는 입장으로 나누어진다.

1. 부 정 설

(1) 전면적·형식적 부정설

민주주의·법치주의·의회주의가 지배하고, 기본권보장을 그 기본이념으로 하는 오늘날의 헌법하에서는, 공권력의 발동은 반드시 법률의 근거를 요하는 것이므로, 헌법이나 법률에 근거가 없는 특별권력관계라는 관념은 인정될 수 없다고 보는 견해이다.

다만 이 견해에서도, 통상 특별권력관계로 불리는 관계들에 있어 실정법상 특별규정을 두고 있는 경우도 있고, 또한 법해석상 특별한 해석의 필요성이 있다는 것을 전적으로 부인하지도 않는다. 그러나 이러한 필요성은 개별적·구체적으로 합리적 이유가 있는 경우에 한정되는 것으로 결코 일반권력관계와는 본질적으로 다른 특별권력관계에서 도출되는 것은 아니라고 본다.

(2) 개별적·실질적 부정설

이 견해는, 종래 특별권력관계를 모두 공법상의 권력관계로 파악하고 있는 점에 문제가 있다고 보아, 이들 관계를 구체적으로 분석하여 그 법적 성격을 개별적으로 판단하여야 한다고 본다. 그러한 관점에서 공무원의 근무관계, 국공립학교의 재학관계 또는 국공립병원의 이용관계는 권력관계가 아니고 일종의 계약관계로 본다. 즉, 공무원의 근무관계는 본질적으로는 사기업에 있어서의 근무관계와 같은 근로계약관계이고, 국공립학교에서의 학생과 학교와의 관계도 사립학교의 그것과 다르지 않은 계약관계라고 본다.

이 견해는 또한 특허기업자에 대한 국가의 감독관계는 일반권력관계이며, 죄수의 교도소 재소관계에도 법치주의가 전면적으로 적용된다고 본다.

(3) 기능적 재구성설

이 견해는, 특별권력관계론 그 자체는 부인하면서도, 종래의 이들 관계를 포함하여, 일반시민과의 관계와는 다른 부분사회의 내부관계를 「특수적·내부

규율적 법률관계」, 「특수자율적 내부관계」 또는 「특수기능적 내부관계」로 파악
하고, 그에 따른 고유한 법이론을 구성하려는 입장이다.

2. 특별권력관계론의 수정이론

이에 속하는 이론은, 구체적인 내용에 있어서는 차이가 있으나, 기본적으로
전통적인 특별권력관계론의 정당성·타당성은 부인하면서도, 이들 관계에 대하
여는 일반권력관계에 비하여 일정한 특수성·독자성을 인정할 수 있는 것으로
보고 있다.

(1) 기본관계·경영관계 구분론

이것은 「울레(C. H. Ule)」의 견해로서, 그는 특별권력관계에서의 행위를 기
본관계와 경영수행관계로 구분하여, 사법심사는 기본관계에만 미친다고 보고
있다.

기본관계는 특별권력관계 자체의 성립·변경·종료 또는 당해 구성원의 법
적 지위의 본질적 사항에 관한 법관계를 말한다. 예컨대, ① 공무원의 임명·전
직·퇴직·파면이나, ② 국공립대학생의 입학허가·전과·진급·정학·제적 등의
조치가 그에 해당한다. 이에 대하여 경영수행관계는 당해 특별권력관계에서 형
성되는 경영수행적 질서에 관계되는 행위를 말한다. ① 공무원에 대한 직무명
령, ② 국공립학교에 있어서의 과제물부과, 구두·필기시험의 평가, 학생에 대
한 학교의 특정행사에의 참가명령, 여학생에 대한 바지착용금지 등이 이에 해
당한다.[1]

(2) 제한적 특별권력관계론

이것은 「에릭센(Erichsen)」의 견해로서, 그는 전통적인 특별권력관계론은
내용적으로 다수의 이질적인 법관계를 내포하고 있다는 데에 그 문제성이 있다
고 본다. 그러나 공무원의 근무관계·군복무관계 및 죄수의 수형관계는 다른 일
반권력관계에 비하여 보다 강화된 의무에 의하여 특징지어지는바, 이러한 강화
된 의무라는 공통성을 가지고 있는 일정한 법관계를 특별권력관계로 이론구성
하는 것은 여전히 나름대로의 의미가 있다고 본다.

(3) 특수법관계론

이 견해는, 전통적인 특별권력관계 및 사기업에서의 근무관계 또는 사립학
교에서의 재학관계 등을 포괄적 지배권이 인정되는 특수법관계 또는 특수사회

---

1) Ule, Das besondere Gewaltverhältnis, VVDStRL, 15, 1957, pp. 153~155,
161~162.

관계로 본다.

이 견해는 특별권력관계에 대한 긍정론적 관점에서 주장되는 것이나, 그 부정론에서도 비슷한 견해가 주장되고 있는 것은 흥미 있는 일이다.

3. 결   어

특별권력관계론은, 기술한 바와 같이 19세기 후반 독일의 외견적 입헌군주 제하에서 군주와 시민세력과의 대립관계에서의 타협적 산물로서, 행정에 대한 군주의 특권적 지위를 보장하기 위한 이론으로 정립된 것이었다. 그러나 국가 와 사회의 동질성이 인정되고, 법치주의·민주주의·의회주의 원칙에 입각한 현 대 헌법하에는 전통적인 특별권력관계론은 이미 그 성립기반을 상실한 것이다. 따라서 오늘날에는 특별권력관계도 법관계라는 점은 누구도 부인할 수 없고, 그러한 점에서 그것은 일반권력관계와 본질적인 차이는 없다.

그러나 종래 특별권력관계에 포함되어 있던 여러 관계는 자율적 부분법질 서를 형성하는 관계라는 사실도 부정할 수 없다고 본다. 그러한 점에서 실정법 상 특수한 규율을 하고 있는 경우(예컨대, 공무원의 근무관계·군복무관계)도 적지 않 거니와, 법해석상으로도 특별한 해석을 하여야 하는 경우도 상정될 수 있다고 본다.

Ⅲ. 특별권력관계와 법치주의

1. 법률의 유보

전통적 이론에 의하면 특별권력관계에 대하여는 법치주의원리가 적용되지 않는 까닭에, 특별권력주체는 개개의 법률적 근거가 없이도 그 구성원에 대하 여 포괄적 지배권을 행사할 수 있는 것으로 보았다.

그러나 특별권력관계도 본질적으로는 일반권력관계와 다르지 않은 법관계 이고 보면, 이 관계에 있어서의 작용에 대하여도 원칙적으로 법률의 근거가 있 어야 할 것이다. 다만, 이들 관계가 자율적 부분법질서를 형성하는 관계라는 점 에서는, 법률에 의한 규율방식도 일반조항적 규정에 의하는 경우가 적지 않을 것으로 본다.

2. 기본권 제한

특별권력관계 또는 특별행정법관계에 있어서도 기본권제한은 원칙적으로

법률에 의해서만 가능하다고 본다.[1]

그러나 당해 관계의 목적(예컨대, 교육목적)과의 관련에서, 기본권보장규정 그 자체의 해석문제, 즉 기본권의 내재적 제약의 문제로 본다면, 법률의 근거가 없는 경우에도 기본권을 제한할 수 있는 가능성이 전적으로 배제되는 것은 아니라고 보는 견해도 있다.

3. 사법심사

특별권력관계에서의 행위에 대한 사법심사에 관하여는, 종래 이를 긍정하는 입장에서도, 특별권력관계로부터 배제하는 행위 내지는 일반국민으로서 법적 지위에까지 영향을 미치는 행위에 대하여만 제한적으로 인정된다고 보았다.

이에 반하여 최근의 다수 견해는, 이 관계에서의 행위에 대하여도 전면적으로 사법심사가 미치는 것이나, 이 관계에서의 행위를 재량행위로 보아 재량권의 일탈·남용이 있는 경우에만 사법심사가 인정된다고 보고 있다.

이론적으로는 이러한 전면적 긍정설이 타당하다고 본다. 그러나 특별권력관계 또는 특별행정법관계에서의 행위를 재량행위로 보는 근거가 이들 관계가 자율적 부분법질서에 관한 것이라는 점에 있다고 한다면, 그 자율성보장이라는 관점에서는, 이 관계에서의 일정행위는 사법심사에서 배제된다는 이론이 성립될 여지도 또한 있다고 본다.[2]

---

1) 판례
　"행형법상 징벌의 일종인 금치처분을 받은 자에 대하여 금치기간 중 집필을 전면 금지한 행형법시행령 제145조 제2항 본문 부분은 금치대상자의 자유와 권리에 관한 사항을 규율하는 것이므로 모법의 근거 및 위임이 필요하다. 이 사건 시행령조항은 금치처분을 받은 수형자의 집필에 관한 권리를 법률의 근거나 위임 없이 제한하는 것으로서 법률유보의 원칙에 위반된다"(헌재결 2005. 2. 24, 2003헌마289).
　"사관생도는 군 장교를 배출하기 위하여 국가가 모든 재정을 부담하는 특수교육기관인 육군3사관학교의 구성원으로서, 학교에 입학한 날에 육군 사관생도의 병적에 편입하고 준사관에 준하는 대우를 받는 특수한 신분관계에 있다(육군3사관학교 설치법 시행령 제3조). 따라서 그 존립 목적을 달성하기 위하여 필요한 한도 내에서 일반 국민보다 상대적으로 기본권이 더 제한될 수 있으나, 그러한 경우에도 법률유보원칙, 과잉금지원칙 등 기본권 제한의 헌법상 원칙들을 지켜야 한다"(대판 2018. 8. 30, 2016두60591).
2) 헌법재판소는 얼차려와 관련된 사건에서, 당해 얼차려명령은 상관으로서 권한 내의 명령이 아닐 뿐더러, 적법절차를 무시한 무권한의 것이며, 그 내용에 있어서도 가혹한 행위에 해당되어 항명죄의 객체인 상관의 정당한 명령이 될 수 없음이 명백하여 청구인에 대하여 항명죄의 혐의를 인정해서는 안될 사안이라고 하고, 청구인의 평등권과 행복추구권 침해를 이유로 검찰의 청구인에 대한 기소유예처분을 취소하였다(헌재결 1989. 10. 27, 89헌마56).
　이 결정은 군복무관계에서 내부관계로 취급될 수 있는 훈련중에 자행된 가혹행위를 한편 이와 관련하여서는, 특별권력관계라는 관념이 존재하지 않는 「프랑스」에서, 학설·판례가 이른바 내부조치(mesures d'ordre intérieur)에 대하여는 사법심사가 미치지 않는 것으로 보고 있는 점은 매우 시사적이다.

기본권을 침해하는 위헌적인 행위라고 함으로써, 특별권력관계에 대한 폭넓은 사법심사를 인정하였다는 점에서는 주목할 만한 것이라 할 것이다. 그러나 이 결정만으로 사법심사에서 제외되는 일정한 내부적 조치의 인정가능성을 전적으로 배제하는 것은 속단이라고 할 것이다.

제4장 행정법상의 법률요건과 법률사실

제1절 의의 및 종류

Ⅰ. 의 의

행정법관계의 변동, 즉 행정법관계의 발생·변경 또는 소멸의 법률효과를 발생시키는 사실을 행정법상의 법률요건이라 하며, 법률요건을 이루는 개개의 사실을 법률사실이라 한다. 행정법상의 법률요건은 1개의 법률사실(예컨대, 상계)로 이루어지는 경우도 있고, 여러 개의 법률사실(예컨대, 공법상계약에서의 청약행위와 승낙행위, 건축허가에서의 신청과 허가)로 이루어지는 경우도 있다. 행정법상의 법률요건 및 법률사실은 사법상의 법률요건·법률사실의 유추개념이라 할 수 있다.

Ⅱ. 종 류

행정법상의 법률사실은 민법에서와 같이 사람의 정신작용을 요소로 하는가의 여부에 따라 용태와 사건으로 나누어진다.

1. 행정법상의 사건

행정법상의 사건은 사람의 정신작용을 요소로 하지 않는 법률사실로서, 사람의 생사, 시간의 경과, 일정한 연령에의 도달, 일정한 장소에서의 거주 등이 그 예이다.

2. 행정법상의 용태

행정법상의 용태는 정신적 작용을 요소로 하여 이루어지는 법률사실이다.

(1) 외부적 용태

외부적 용태는, 사람의 정신작용이 외부적 거동으로 발현된 것으로서 일정한 행정법상의 법률적 효과를 발생하는 것을 말한다. 이러한 외부적 용태로서는 공법행위가 그 중심을 이루지만, 사법행위도 공법적 효과를 발생하는 경우가 있는바(예컨대, 납세의무의 발생), 그 한도 내에서는 사법행위도 행정법상의 법률사실이라 할 수 있다.

(2) 내부적 용태

내부적 용태는, 외부에 표시되지 않은 정신상태로서 행정법상 효과를 발생시키는 것을 말한다. 예컨대, 선의·악의, 고의·과실 등이 이에 해당한다.

제2절   행정법상의 사건

Ⅰ. 시간의 경과

행정법상의 법률관계가 시간의 경과에 의하여 발생·변경 또는 소멸되는 경우가 있다. 시간의 경과와 관련되는 문제는 기간·시효·제척기간이다.

1. 기 간

(1) 서 설

기간은 한 시점에서 다른 시점까지의 시간적 간격을 말한다. 이 점에서 기간은 기일 또는 기한과 다르다. 기간의 계산방법에 관한 규정은 법기술적 약속으로서, 원칙적으로 공법과 사법에 있어 다르지 않다. 따라서 법령에 특별한 규정이 있는 경우를 제외하고는, 행정법상의 기간계산에 있어서도 민법의 규정(법 156 내지 161)이 그대로 적용된다.

1) 기간계산의 기산점에 관하여는, 기간을 일·주·월 또는 년으로 정한 때에는 기간의 초일은 산입하지 않는 것이 원칙이며, 시·분·초로 정한 때에는 즉시부터 기산한다.

2) 기간의 종료점에 관하여는, 기간을 일·주·월 또는 년으로 정한 때에는 그 기간의 말일이 종료됨으로써 기간이 만료되나, 그 말일이 토요일 또는 공휴일인 때에는 그 익일에 만료된다(동법 159·161).

3) 법령이 기간을 규정함에 있어, 예컨대 '선거일 30일 전'이라고 규정하여

기간을 역산할 때가 있는데, 이 경우도 선거일은 빼고 기간을 계산하여야 한다.

(2) 행정기본법의 규정

1) 민법 준용 원칙　　행정기본법도 기간 계산에 관한 위의 일반원리에 따라 제6조 제1항은 이 법 또는 다른 법령등에 특별한 규정이 있는 경우 외에는 민법을 준용한다고 명시하고 있다.

2) 침익적 사안과 관련된 민법의 예외 및 그 예외　　행정기본법은 국민의 이익을 제한하거나 의무를 부과하는 경우와 같이 국민에게 불리한 사항이 지속되는 기간을 계산할 때에는 민법에 관한 특칙을 두어 초일을 산입하고 기간의 말일이 토요일 또는 공휴일이더라도 민법에 대한 예외로서 그날 만료한다고 규정하면서도 이와 같은 예외가 국민에게 불리한 때에는(예컨대, 공휴일이 만료일인 경우, 금전납부의무를 부담하는 국민의 입장에서는 납부비용마련을 위해 그 다음날이 기간 만료인 것이 자금융통상 유리할 수 있다), 민법 제161조를 적용하는 것으로 하고 있다(법 6②).

2. 시 효

(1) 의 의

시효는 원래 사법에서 발달된 제도로서, 일정한 사실상태가 일정기간 계속된 경우에, 그 사실상태가 진실한 법률관계에 합치되는지를 묻지 않고, 그 사실상태를 그대로 존중하여 그것을 진실한 법률관계로 인정하는 제도이다. 시효제도의 취지는 장기간 계속된 사실상태를 존중하여 법률생활의 안정을 도모하려는 데에 있다.

이러한 시효제도는 법의 일반원리적 성격을 가지는 것으로서 공법관계에도 그 타당성이 인정될 수 있다고 본다. 따라서 법령에 특별한 규정이 없으면, 민법의 시효에 관한 규정이 행정법관계에도 적용된다 할 것이다.

(2) 금전채권의 소멸시효

행정법상 시효와 관련하여 주로 문제되는 것은 금전채권에 관한 것이다. 이와 관련하여 국가의 경우는 국가재정법이, 지방자치단체의 경우는 지방재정법이 각각 일반적 규정을 두고 있다.

1) 국가재정법 제96조는 국가의 또는 국가에 대한 금전채권은, 다른 법률에 특별한 규정이 없는 한, 5년간 행사하지 않으면 소멸한다고 규정하고 있다(지방자치단체에 대하여는 지방재정법 제82조가 유사한 규정을 두고 있다). 여기서 '다른 법률의 특별한 규정'이라 함은 구 예산회계법(현행 국가재정법) 이외의 모든 법률

(민법·상법 등의 사법도 포함)에서 5년보다 단기로 규정하고 있는 경우를 의미하는
것으로 보는 것이 판례의 입장이다.[1]

다른 법률에 특별한 규정이 있는 예로는, 국민측의 권리로서 단기급여지급
청구권(3년: 공무원연금법 81①), 관세과오납반환청구권(5년: 관세법 22②) 등을 들
수 있다.

2) 국가재정법 제96조(지방재정법 82)는 "금전의 급부를 목적으로 하는 국가
의 권리와 … 국가에 대한 권리"라고 규정하고 있으므로, 동조는 공법상의 금전
채권뿐만 아니라, 사법상의 금전채권에도 적용된다 할 것이며, 이것이 판례의
입장이기도 하다.

3) 시효의 중단·정지 등에 관하여는 법령에 특별한 규정이 없으면 민법의
규정이 적용된다 할 것이다(법 168 이하 참조). 국가재정법(법 96④) 및 지방재정
법(법 84)은 국가 또는 지방자치단체에 의한 납입의 고지는 시효중단의 효력이
있다고 규정하고 있다. 최고는 6월 내에 재판상 청구 등이 없으면 시효중단의
효력이 없다는 민법의 규정(법 174조)에 대한 특칙이다.

사인이 공법상 금전채권을 행사하는 경우에도 마찬가지이다. 산업재해보상
보험법은 재해근로자가 행정청인 근로복지공단을 상대로 하는 보험급여 청구를
별도의 시효중단 사유로 규정하고 있는바, 이에 대해서는 최고의 시효중단 효
력에 관한 민법 제174조는 적용 내지 준용되지 아니한다.[2]

4) 소멸시효의 효력에 관하여, 민법에서는 시효기간의 경과가 권리 자체를
소멸시키는 것은 아니고, 다만 권리자가 그 권리를 주장하는 경우에 이에 대한
항변권을 발생시키는 데 그친다는 상대적 소멸설과, 시효완성은 권리의 절대적
소멸원인이 된다는 절대적 소멸설이 대립하고 있다. 행정법관계에 있어서는 법
률관계의 일률적 확정의 요청이라는 관점에서 후자가 타당하다고 본다.

(3) 공물의 취득시효

민법에서는 부동산은 20년간, 동산은 10년간 소유의 의사로 평온·공연하
게 점유를 계속하면, 점유자는 그 소유권을 취득한다고 규정하고 있다(법 245·
246). 이러한 민법 규정이 공물에도 적용되는가에 대하여는 긍정설과 부정설이
갈리고 있다.

그러나 부동산인 공물을 20년간, 또는 동산인 공물을 10년간 평온·공연하
게 점유한다는 것은 공물의 의의나 존재목적 또는 그 관리의 실제와는 부합되

---

1) 대판 1966. 9. 20, 65다2506; 대판 1967. 7. 4, 67다751.
2) 대판 2018. 6. 15, 2017두49119.

지 않는 것이다. 따라서 어떤 공물에 대하여 취득시효의 요건이 일응 충족되어 있다면, 당해 공물은 이미 공물로서의 목적에 공용되어 있지 않고, 묵시적 공용 폐지가 있었다고 볼 수밖에 없을 것이다.

판례는 공공용 또는 공용의 행정재산은 공용폐지를 하지 않는 한 일반재산 과 달리 시효취득의 대상이 되지 아니한다고 하면서, 공용폐지의 의사표시는 명시적이든 묵시적이든 상관없다고 하고 있다. 그러나 판례는 예컨대 국유 하 천부지가 대지화되어 본래의 용도에 공여되고 있지 않고 있었다거나(대판 1997. 8. 22, 96다10737), 또는 갯벌이 간척에 의하여 갯벌로서의 성질을 상실하여 사 실상 본래의 용도에 공여되고 있지 않다는 사실(대판 1993. 12. 24, 93다35131)만 으로는 공용폐지의 의사표시가 있었다고 볼 수 없다고 하고 있다. 다만, 매우 예외적인 것이기는 하지만 학교 관사와 관련하여서는 묵시적 공용폐지에 따른 시효취득을 인정한 바 있다.[1] 앞에서 본 공물의 시효취득에 관한 판례는 대체 로 다음과 같이 요약될 수 있을 것이다. 즉 판례는 공물의 묵시적 공용폐지는 인정하나, 그 경우에는 의사표시로 추단할 만한 사정(국가의 묵인 등)은 있어야 하며, 본래적 용도에 공용되고 있지 아니하다는 사실만으로 공용폐지의 의사를 인정할 수는 없다고 보고 있다.

3. 제척기간

제척기간이란 일정한 권리에 대하여 법률이 정한 존속기간을 말한다. 이러 한 제척기간은 행정법에도 그 예가 적지 않다(예컨대, 행정심판·행정소송의 제기기간 등).

일정기간 권리를 행사하지 않으면 그 권리가 소멸된다는 점에서는 소멸시 효와 공통점이 있다. 그러나 시효는 영속적 사실상태를 존중하여 법률생활의 안정을 도모하려는 데에 그 목적이 있으며, 따라서 그 중단이나 정지제도가 있 지만, 제척기간은 법률관계의 신속한 확정을 목적으로 하기 때문에, 그 기간이 짧고 그 중단제도가 없다는 점에서 시효와 다르다.

---

1) 대법원은 학교장이 학교 밖에 위치한 관사를 용도폐지한 후 재무부로 귀속시키라는 국가의 지시를 어기고 사친회 이사회의 의결을 거쳐 개인에게 매각한 사건에서, 이 사 건에서의 용도폐지 자체는 국가의 지시에 의한 것으로서 유효하다 아니할 수 없고, 그 후 오랫동안 국가가 위 매각절차상의 문제를 제기하지도 않고 위 부동산이 관사 등 공 공의 용도에 전혀 사용된 바가 없다면, 이로써 이 부동산은 적어도 묵시적으로 공용폐 지되어 시효취득의 대상이 되었다고 결정하였다(대판 1999. 7. 23, 99다15924).

II. 주소 · 거소

1. 주 소

(1) 의 의

인간의 활동은 그가 사는 곳을 중심으로 하여 행하여지는 경우가 많으므로, 사법에서도 그러하거니와 행정법에 있어서도 주소나 거소는 중요한 의미를 가지고 있다.

1) 민법은 "생활의 근거되는 곳을 주소로 한다"고 규정하여(법 18①), 생활의 근거라는 객관적 사실에 따라 주소의 관념을 정의하고 있다(객관주의).

2) 공법상 자연인의 주소에 관하여는, 주민등록법이 일반적 규정을 두어, 공법관계에서의 주소는 다른 법률에 특별한 규정이 없으면, 동법에 의한 주민등록지가 주소로 된다고 규정하고 있다(법 23①).

주민등록은 30일 이상 거주할 목적으로(의사) 일정한 곳에 주소나 거소를 가지는 경우(사실)에 하는 것이므로(동법 6① 본문), 주민등록법은 자연인에 대한 주소의 인정에 있어, 의사주의에 의하면서도 주민등록이란 형식적 절차에 의하게 하고 있다.

(2) 주소의 수

주소의 수에 대한 입법례나 학설은 구구하다. 민법은 객관주의에 입각하여 주소복수제를 명문화하였으나(법 18②), 주민등록법은 이중등록을 금지하고 있으므로, 결국 공법상의 주소는 1개소에 한정된다.

오늘날과 같은 복잡한 생활관계에서는 인간생활의 중심적 장소를 1개소에 한정할 수는 없으므로, 복수주의가 원칙적으로는 타당하다고 본다. 그러나 주민등록지를 1개소에 한정하는 것은 행정적 관점에서는 충분히 그 타당성이 인정된다고 본다. 그러므로 필요에 따라 관계법령에서 주소에 관한 특별한 규정을 두는 것이 현실적인 방안으로 보인다.

2. 거 소

거소란 사람이 다소의 기간 동안 계속하여 거주하지만, 그 장소와의 밀접도가 주소만 못한 곳을 말한다. 행정법관계에서 이러한 거소에 대하여 일정한 법률효과를 부여하는 경우가 적지 않다(소득세법 1의2①i · 6①, 지방세기본법 28① · 73① · 135).

무엇을 거소로 볼 것인지는 특별한 규정이 없으면 민법의 예에 의할 것이나, 공법관계의 주소는 주민등록법에 의한 주민등록지가 되는 것이므로, 주민등록을 하지 아니한 경우에는 그것이 생활의 본거지라 하여도 거소로 볼 수밖에 없을 것이다.[1]

제3절 공법상의 행위

Ⅰ. 공법행위

1. 의의 및 종류

(1) 의 의

공법행위란 일반적으로 공법관계에서의 행위로서, 공법적 효과를 발생·변경 또는 소멸시키는 행위를 말한다. 공법행위는 실정법상의 용어는 아니고, 강학상의 관념이다. 이러한 공법행위는 내용적으로 입법행위·사법행위 및 행정법관계에서 행위를 모두 포함하나, 행정법상의 공법행위는 행정법관계에서의 행위만을 지칭하는 좁은 의미로 쓰이고 있다.

(2) 종 류

행정법관계에서 공법행위는 여러 기준에 따라 분류할 수 있으나, 가장 중요한 것은 그 행위주체를 기준으로 한 것이다.

공법행위는 그 행위주체에 따라, 행정주체의 공법행위와 사인의 공법행위로 나눌 수 있다. 행정주체에 의한 공법행위는 행정입법·행정행위 등과 같이 행정주체가 우월적 지위에서 행하는 것도 있고, 공법상계약과 같이 상대방과 대등한 지위에서 행하는 것도 있다.

이에 대하여 사인의 공법행위는 행정법관계에서의 사인의 행위로서 공법적 효과를 발생하는 것을 말한다. 행정주체의 공법행위는 다음의 행정작용편에서 상론하므로, 여기서는 사인의 공법행위만을 살펴보기로 한다.

2. 사인의 공법행위

(1) 의 의

오늘날의 행정에 있어서는, 사인은 국가·공공단체 등 행정주체에 대하여 단순한 객체로서의 지위에만 머물러 있는 것은 아니고, 행정의사의 결정과정에

---

1) 이상규, 행정법(상), 1993, p. 237.

적극적으로 참여할 수 있는 법적 지위가 인정되어 있다.

사인의 공법행위는, 행정법관계에서의 사인의 행위로서 공법적 효과를 발생시키는 행위를 총칭한다. 이러한 의미의 사인의 공법행위는, 내용상 그 명칭, 법적 성격, 효과 등을 달리하는 다양한 행위를 포함하고 있다. 이러한 사인의 공법행위는 행정행위와 다른 것임은 물론이거니와, 그것은 또한 사적 자치 및 평등원칙에 의하여 지배되는 사법행위와도 다르다.

(2) 종 류

사인의 공법행위에는 매우 다양한 행위가 포함되어 있다. 이들 행위는 그 내용상 당해 행위 그 자체만으로 법적 효과를 발생하는 것이 있는가 하면, 그 자체만으로는 행정주체에 의한 행정행위의 동기 또는 요건이 되거나, 공법상 계약의 일방 당사자로서의 의사표시에 그치고 행정주체의 행위와 결합함으로써 비로소 법적 효과를 발생하는 것도 있다.

1) 자족적 공법행위

⑺ 투표행위   이것은 다수의 사인의 공동의사표시로 1개의 의사가 구성되는 합성행위이다.

⑷ 신 고   이것은 사인의 행정청에 대한 일정한 사실·관념의 통지에 의하여 공법적 효과가 발생하는 행위이다.

통상적 의미에 있어서의 신고는 행정청에 대한 사인의 일방적 통고행위로서 그것이 행정청에 제출되어 접수된 때에 관계법이 정하는 법적 효과가 발생하는 것이고, 행정청의 별도의 수리행위가 필요한 것은 아니다(이른바 자기완결적 신고(공중위생관리법 3, 체육시설의 설치·이용에 관한 법률 20)). 행정절차법도 같은 취지의 규정을 두고 있는바, 동법은 "법령 등에서 행정청에 일정한 사항을 통지함으로써 의무가 끝나는 신고를 규정하고 있는 경우"에는, 당해 신고가 관계법령상의 형식적 요건을 갖춘 것인 때에는 "신고서가 접수기관에 도달된 때에 신고의무가 이행된 것으로 본다"고 규정하고 있다(법 40①②). 이것은 판례의 입장이기도 하다.

"행정청에 대한 신고는 일정한 법률사실 또는 법률관계에 관하여 관계행정청에 일방적으로 통고를 하는 것을 뜻하는 것으로서 법에 별도의 규정이 있거나 다른 특별한 사정이 없는 한 행정청에 대한 통고로서 그치는 것이고 그에 대한 행정청의 반사적 결정을 기다릴 필요가 없는 것이므로, 체육시설의 설치·이용에 관한 법률 제18조에 의한 변경신고는 그 신고 자체가 위법한 것이거나 신고에 무효사유가 없는 한 이것이 도지사에게 제출되어 접수된 때에 신고가 있었다고 볼 것이고, 도지사의 수리행위가 있어야만 신고가 있었다고 볼 것은 아니다"(대결 1993. 7. 6, 93마635).[1]

법령상 신고라는 용어가 사용되는 경우에도 그것이 항상 전술한 의미의 신고에 해당하는 것은 아니다. 예컨대 혼인신고의 경우에는 행정청이 중혼 여부, 동성동본혼 여부 또는 연령 등에 관한 요건심사를 하여 그 수리 여부를 결정하며, 이 경우 행정청의 불수리결정이 위법한 경우에는 신고인은 소를 제기하여 이를 다툴 수 있다(가족관계의등록등에관한법률 71·43·109 내지 111).[2]

최근 들어 행정규제의 완화책으로서 종래의 허가사항이 다수 신고사항으로 된 바 있다. 그러나 근거법상 허가제가 신고제로 되기는 하였으나, 종래의 허가의 요건이 그대로 신고의 요건으로 남아 있는 경우도 없지 않다. 이러한 경우 사인의 신고가 근거법상의 신고요건을 충족하지 않는 경우에는 행정청이 당해 신고의 수리를 거부하고 있는바, 이 경우의 신고제는 실질적으로는 완화된 허가제와 같은 의미를 가진다고 할 것이다. 이것은 판례의 입장이기도 하다.[3]

행정절차법 제40조 제1항에서 "법령 등에서 행정청에 일정한 사항을 통지함으로써 의무가 끝나는 신고를 규정하고 있는 경우"에는 그 신고서가 접수기

---

1) 동지: 대판 1968. 4. 30, 68누12; 대판 1990. 6. 12, 90누2468; 대판 1995. 3. 14, 94누9962.

2) 판례

"구 체육시설의 설치·이용에 관한 법률(2005. 3. 31. 법률 제7428호로 개정되기 전의 것) 제19조 제1항, 구 체육시설의 설치·이용에 관한 법률 시행령(2006. 9. 22. 대통령령 제19686호로 개정되기 전의 것) 제18조 제2항 제1호 ㈎목, 제18조의2 제1항 등의 규정에 의하면, 위 법 제19조의 규정에 의하여 체육시설의 회원을 모집하고자 하는 자는 시·도지사 등으로부터 회원모집계획서에 대한 검토결과 통보를 받은 후에 회원을 모집할 수 있다고 보아야 하고, 따라서 체육시설의 회원을 모집하고자 하는 자의 시·도지사 등에 대한 회원모집계획서 제출은 수리를 요하는 신고에서의 신고에 해당하며, 시·도지사 등의 검토결과 통보는 수리행위로서 행정처분에 해당한다"(대판 2009. 2. 26, 2006두16243).

3) 판례

"액화석유가스의안전및사업관리법 제7조 제2항에 의한 사업양수에 의한 지위승계신고를 수리하는 허가관청의 행위는 단순히 양도·양수자 사이에 발생한 사법상의 사업양도의 법률효과에 의하여 양수자가 사업을 승계하였다는 사실의 신고를 접수하는 행위에 그치는 것이 아니라 실질에 있어서 양도자의 사업허가를 취소함과 아울러 양수자에게 적법히 사업을 할 수 있는 법규상 권리를 설정하여 주는 행위로서 사업허가자의 변경이라는 법률효과를 발생시키는 행위이므로 허가관청이 같은 법 제7조 제2항에 의한 사업양수에 의한 지위승계신고를 수리하는 행위는 행정처분에 해당한다"(대판 1993. 6. 8, 91누11544). 동지: 대판 1995. 2. 24, 94누9146; 대판 2012. 12. 13, 2011두29144.

관에 도달한 것으로 신고의무가 이행된 것으로 규정하고 있다. 이것은 이러한 통상적 의미의 신고 이외에 그 실질적 내용상으로는 인가나 허가와 같은 신고도 있는 것임을 간접적으로 밝히고 있다고 볼 수 있다.

전술한 바와 같이 신고의 수리는 수리를 요하는 (결정요건적) 신고에만 문제가 되고, 자기완결적 행위로서의 신고에서는 문제되지 아니한다. 후자의 경우에도 신고를 필한 경우에는 신고필증이 교부되는 것이 보통이나, 이것은 신고대상인 행위의 적법성을 승인하여 주는 행위가 아니라, 단지 관계인이 신고대상인 사실을 행정기관에게 알렸음을 확인하여 주는 사실행위에 지나지 아니한다. 이에 대하여 결정요건적 신고에 있어서는 신고필증은 사인에게 허가 등에 준하는 효과를 발생시키는 수리행위가 이루어졌음을 증명하는 행위에 해당한다.[1]

자기완결적 신고에 대하여 행정청이 그 수리를 거부한 경우에는 그 신고가 당해 영업행위의 법정요건을 갖추지 못한 것인 때에는 그 영업행위는 무신고 영업행위에 해당한다. 그러나 적법한 요건을 갖춘 영업신고에 대한 수리거부의 경우에는 그 신고는 행정청의 수리처분 등의 조치를 기다릴 필요 없이 그 접수시에 신고로서의 효력이 발생하므로, 당해 영업행위는 적법한 영업행위가 되는 것이다.[2]

자기완결적 신고와 수리를 요하는 신고는 법령 문언상 명시되지 않으면 명확히 구분되지 않는다. 이 문제와 관련하여 행정기본법 제34조는 행정청의 수리가 필요하다는 것이 법률에 규정되어 있는 경우 해당 신고는 수리를 요하는 신고라는 기준을 제시하고 있다(법 34). 따라서 법률에 행정청의 수리가 필요하다고 명시되지 않은 경우 해당 신고는 원칙적으로 자기완결적 신고의 성격을 갖게 된다.[3]

---

1) 홍정선, 행정법(상), 2005, p. 173.
2) 판례
 "체육시설의설치·이용에관한법률 제10조, 제11조, 제22조, 같은법시행규칙 제8조 및 제25조의 각 규정에 의하면, 체육시설업은 등록체육시설업과 신고체육시설업으로 나누어지고, 당구장업과 같은 신고체육시설업을 하고자 하는 자는 체육시설업의 종류별로 같은법시행규칙이 정하는 해당 시설을 갖추어 소정의 양식에 따라 신고서를 제출하는 방식으로 시·도지사에 신고하도록 규정하고 있으므로, 소정의 시설을 갖추지 못한 체육시설업의 신고는 부적법한 것으로 그 수리가 거부될 수밖에 없고 그러한 상태에서 신고체육시설업의 영업행위를 계속하는 것은 무신고 영업행위에 해당할 것이지만, 이에 반하여 적법한 요건을 갖춘 신고의 경우에는 행정청의 수리처분 등 별단의 조처를 기다릴 필요 없이 그 접수시에 신고로서의 효력이 발생하는 것이므로 그 수리가 거부되었다고 하여 무신고 영업이 되는 것은 아니다"(대판 1998. 4. 24, 97도3121).
3) 정부는 2016년부터 개별법상 수리가 필요한 신고와 수리가 불필요한 신고를 조사하고 구분하여 법률에 명시하는 '신고제 합리화 사업'을 추진하였다. 총 218개 법률 개정

이러한 (자기완결적) 신고의 법리에 따라 대법원은 예컨대, 건축법상의 신고 사항에 관하여 건축을 하고자 하는 자는 적법한 요건을 갖춘 신고만 하면 건축을 할 수 있고, 행정청의 별단의 조치를 기다릴 필요는 없는 것이므로, 행정기관이 그 신고에 대하여 이를 반려하였다고 하여 그것이 원고의 구체적인 권리의무에 직접 변동을 가져 오는 행정처분은 아니라고 하고 있었다(대판 1995. 3. 14, 94누9962).

그러나 대법원은 최근 2010. 11. 18. 선고 2008두167 전원합의체 판결에서 종래의 입장을 변경하여, "건축주 등은 신고제하에서도 건축신고가 반려될 경우 건축을 개시하면 시정명령, 이행강제금, 벌금의 대상이 되거나 건축물을 사용하여 행할 행위의 허가가 거부될 우려가 있어 불안정한 지위에 있게 된다. 따라서 건축신고 반려행위가 이루어진 단계에서 당사자로 하여금 반려행위의 적법성을 다투어 법적 불안을 해소한 다음 건축행위로 나아가도록 해 장차 있을지도 모르는 위험에서 미리 벗어날 수 있도록 길을 열어주고 위법한 건축물의 양산과 철거분쟁을 조기에 근본적으로 해결할 수 있게 하는 것이 법치주의의 원리에 부합한다"고 하여, 건축신고반려행위는 항고소송의 대상이 된다고 판시하였다. 이 판결에 따라 대법원은 신고의 수리거부는 행정소송의 대상이 되지 않는다고 한 위의 1995. 3. 14. 선고 94누9962 판결이나 2009. 9. 5. 선고 99두8800 등의 판결을 변경하였다.

대법원은 또한 최근의 판결에서 인·허가의제 효과를 수반하는 건축신고는 일반적인 건축신고와는 달리, 특별한 사정이 없는 한 행정청이 그 실체적 요건에 관한 심사를 한 후 수리해야 하는 이른바 '수리를 요하는 신고'로 보아야 한다고 판시하였다.[1]

안이 국회에 제출되어 2021년 1월 현재 174개의 법률이 국회를 통과하여 그 수리 여부가 명시된 바 있다.

1) 판례

  "건축법에서 인·허가의제제도를 둔 취지는 인·허가의제사항과 관련하여 건축허가 또는 건축신고의 관할 행정청으로 그 창구를 단일화하고 절차를 간소화하며 비용과 시간을 절감함으로써 국민의 권익을 보호하려는 것이지, 인·허가의제사항 관련 법률에 따른 각각의 인·허가요건에 관한 일체의 심사를 배제하려는 것으로 보기는 어렵다. 왜냐하면, 건축법과 인·허가의제사항 관련 법률은 각기 고유의 목적이 있고, 건축신고와 인·허가의제사항도 각각 별개의 제도적 취지가 있으며, 그 요건 또한 달리하기 때문이다. 나아가 인·허가의제사항 관련 법률에 규정된 요건 중 상당수는 공익에 관한 것으로서 행정청의 전문적이고 종합적인 심사가 요구되는데, 만약 건축신고만으로 인·허가의제사항에 관한 일체의 요건 심사가 배제된다고 한다면, 중대한 공익상의 침해나 이해관계인의 피해를 야기하고 관련 법률에서 인·허가의제 제도를 통하여 사인의 행위를 사전에 감독하고자 하는 규율체계 전반을 무너뜨릴 우려가 있다. 또한 무엇보다도

㈐ 합동행위   재개발조합 등의 설립이 이에 해당한다.

2) 행정행위 등의 동기 또는 요건적 행위

㈎ 신 청   사인이 행정청에 대하여 일정한 행위(작위·급부 등)를 청구하는 의사표시를 말한다. 이러한 신청에는, ① 각종 인허가신청·특허신청·등록신청과 같이 쌍방적 행정행위에 있어 행정청에 당해 행위를 청구하는 경우, ② 공법상계약에서의 청약행위, ③ 청원이나 행정심판청구와 같이 행정청의 법률적 또는 사실적 판단을 청구하는 경우 등이 있다.

㈏ 동의·승낙   이에는 ① 행정행위의 요건으로서의 동의 또는 승낙(예컨대, 공무원임명에 있어서의 사인의 동의), ② 공법상계약에 있어서의 승낙(토지수용절차에 있어서의 협의. 다만 협의를 사법상의 계약으로 보는 견해도 있다) 등이 있다.

(3) 사인의 공법행위의 효과

사인의 공법행위의 법적 효과는 관련법규에 따라 다른 것임은 물론이거니와, 다음에서는 행정행위의 요건적 공법행위에 관하여 몇 가지 문제점을 살펴보기로 한다.

1) 행정청의 처리의무   사인의 신청에 대한 행정청의 처리의무는 사인이 당해 행위에 대하여 청구권을 가지고 있는가의 여부에 따라 그 내용을 달리한다.

㈎ 당해 행위에 대한 청구권이 있는 경우   이 경우도, 행정청의 처리의무는 당해 행정행위의 성질에 따라 달라진다. ① 당해 행위가 기속행위인 때에는 행정청은 신청된 특정처분을 할 의무가 있으나, ② 재량행위인 때에는 행정청은 재량권의 한계를 준수하면서 다만 (어떠한) 처분을 할 의무만이 있다. 이것

건축신고를 하려는 자는 인·허가의제사항 관련 법령에서 제출하도록 의무화하고 있는 신청서와 구비서류를 제출하여야 하는데, 이는 건축신고를 수리하는 행정청으로 하여금 인·허가의제사항 관련 법률에 규정된 요건에 관하여도 심사를 하도록 하기 위한 것으로 볼 수밖에 없다. 따라서 인·허가의제 효과를 수반하는 건축신고는 일반적인 건축신고와는 달리, 특별한 사정이 없는 한 행정청이 그 실체적 요건에 관한 심사를 한 후 수리하여야 하는 이른바 '수리를 요하는 신고'로 보는 것이 옳다.
이 판결에서는 다음의 반대의견이 있었다. "다수의견에 의하면, 행정청이 인·허가의 제조항에 따른 국토계획법상 개발행위 허가요건 등을 갖추었는지 여부에 관하여 심사를 한 다음, 그 허가 요건을 갖추지 못하였음을 이유로 들어 형식상으로만 수리거부를 하는 것이 되고, 사실상으로는 허가와 아무런 차이가 없게 된다는 비판을 피할 수 없다. 이러한 결과에 따르면 인·허가의제조항을 특별히 규정하고 있는 제도적 의미 및 신고제와 허가제 전반에 관한 이론적 틀이 형해화될 가능성이 있다. (중략) 여러 기본적인 법원칙의 근간 및 신고제의 본질과 취지를 훼손하지 아니하는 한도 내에서 건축법 제14조 제2항에 의하여 인·허가가 의제되는 건축신고의 경우에도 그대로 유지하는 편이 보다 합리적 선택이라고 여겨진다"(대판 2011. 1. 20, 2010두14954).

이 이른바 무하자재량행사청구권의 문제인바, 이에 대해서는 전술한 바 있다.

(내) 당해 행위에 대한 청구권이 없는 경우　　이 경우 행정청에는 사인의 신청에 대한 법적인 처리의무는 없다. 그러나 이 경우도 법률상 그에 대한 처리 결과를 사인에게 통지할 것을 규정하고 있는 경우도 있다.

2) 제3자에 대한 행정권 발동요구　　법령상 행정청에 일정한 규제·감독 등의 의무가 부과되어 있는 경우에, 당해 법규의 목적·취지상 일정 개인에게 이러한 공권력발동을 청구할 수 있는 자격 또는 지위가 인정되는 경우가 있다. 이 경우 관계인은 행정청에 대하여 제3자에 대한 공권력발동을 청구할 수 있는 것임은 물론이다. 이것은 이른바 행정개입청구권의 문제로서, 이에 대해서도 전술한 바 있다.

3) 수정인가의 가부　　수정인가가 가능한가에 대하여는 적극설·소극설의 대립이 있기는 하나, 인가는 사인의 법률행위의 효력을 완성시켜 주는 데 그치는 보충적 행위라는 점에서 보면, 수정인가는 허용되지 않는다고 할 것이다.

4) 사인의 공법행위의 하자의 효과　　이 문제는 경우를 나누어 고찰하여야 할 것이다.

(개) 사인의 공법행위가 행정행위의 단순한 사실상의 동기인 때에는, 그 흠결은 행정행위의 효과에 영향이 없다.

(내) 사인의 공법행위가 행정행위의 요건인 경우는 사인의 공법행위에 단순한 위법사유가 있는 때에는 행정행위는 원칙적으로 유효하다 할 것이고, 사인의 공법행위에 무효사유에 해당하는 하자가 있는 때(예컨대, 강박에 의한 사직원 제출)에는 당해 행정행위도 무효라 할 것이다.

(4) 사인의 공법행위에 대한 적용법규

사인의 공법행위에 대한 적용법규에 관하여는, 개별법에서 산발적으로 규정하고 있는 것 외에 일반적 규정은 없다. 따라서 그러한 개별적 규정조차 없는 경우에, 민법상의 법률행위에 관한 규정 또는 법원리가 유추적용될 수 있는가의 문제가 있다. 사인의 공법행위에 있어서는 다음의 몇 가지 사항들이 주로 문제로 되고 있다.

1) 의사능력·행위능력　　사인의 공법행위에도 의사능력과 행위능력이 필요한가에 대하여는, 공법상의 일반적 규정은 없으나, 의사능력 없는 자의 행위는 무효로 보고 있다. 그러나 행위능력에 관하여는 공법상 특별한 규정을 두어, 민법상의 제한능력에 관한 규정의 적용이 배제되는 경우가 적지 않다(예컨대, 우편법 10, 우편환법 17). 그러나 재산관계에 관한 사인의 공법행위에 대하여는

원칙적으로 민법의 규정이 유추적용된다고 보는 것이 일반적인 견해이다.

　　2) 대 리　　사인의 공법행위에 있어서는 법규정에 의하여 또는 행위의 성질상(예컨대, 선거·귀화신청·수험 등의 일신전속적 행위) 대리가 허용되지 않는 경우가 많다. 그러나 그 밖에 개인적 자격과 직접 관계가 없는 행위는 대리가 허용된다고 볼 것이고, 그 한도에서는 민법의 규정이 유추적용될 수 있을 것이다.

　　3) 요식행위　　사인의 공법행위는 반드시 요식행위이어야 하는 것은 아니다. 그러나 행위의 존재나 내용을 명확히 하기 위하여 법령으로, 또는 법령에 규정이 없는 경우에도 내규로 일정한 서식에 의하도록 규정하고 있는 경우가 많다(행정심판청구서·인허가신청서 등).

　　4) 효력발생시기　　이에 관한 공법상의 일반적 규정은 없으나, 개별법에서 달리 규정하고 있지 않는 한(예컨대, 발신주의: 국세기본법 5의2), 민법에서와 같이 도달주의에 의하여야 할 것이다.

　　5) 의사의 흠결 및 의사표시상의 하자　　사인의 행위에 의사의 흠결(허위표시·심리유보·착오 등) 또는 의사표시상 하자(사기·강박에 의한 의사표시)가 있는 경우에 사인의 행위의 효력에 어떠한 영향을 미치는가에 대하여는 공법상 일반적 규정이 없으므로 민법의 규정(법 107 내지 110)이 유추적용된다고 할 것이다. 다만 사인의 공법행위 중에서 정형적·단체적 성질이 강하여 사인간의 거래와는 다른 특수성이 인정되는 행위의 경우에는 민법총칙은 수정·변경되어 적용된다 할 것이다.1)2)

---

　　1) 판례

　　　　"무릇 인·허가 등의 행정처분에 대응하여 인·허가 등을 받는 개인이 제출하는 각서의 의미·내용을 해석함에 있어서는 행정청이 우월적 지위에 있는 공법관계의 특성, 각서 문언의 내용, 그와 같은 각서가 제출된 동기와 경위, 그에 의하여 달성하고자 하는 목적, 당사자의 진정한 의사 등을 종합적으로 고찰하여 사회정의와 형평의 이념에 맞도록 합리적으로 해석하여야 하고, 그럼에도 당사자의 진정한 의사를 알 수 없다고 한다면 의사표시의 요소가 되는 것은 표시행위로부터 추단되는 효과의사, 즉 표시상의 효과의사이고 표의자가 가지고 있던 내심적 효과의사가 아니므로, 의사표시의 해석에 있어서도 당사자의 내심의 의사보다는 외부로 표시된 행위에 의하여 추단된 의사를 가지고 해석함이 상당할 것이다"(대판 1999. 1. 29, 97누3422).

　　2) 판례

　　　　"원고가 그 주장과 같이 일괄사표를 제출하였다가 선별수리하는 형식으로 의원면직되었다고 하더라도 공무원들이 임용권자 앞으로 일괄사표를 제출한 경우 그 사직원의 제출은 제출 당시 임용권자에 의하여 수리 또는 반려 중 어느 하나의 방법으로 처리되리라는 예측이 가능한 상태에서 이루어진 것으로 그 사직원에 따른 의원면직은 그 의사에 반하지 아니하고, 비록 사직원제출자의 내심의 의사가 사직할 뜻이 아니었다 하더라도 의사가 외부에 객관적으로 표시된 이상 그 의사는 표시된 대로 효력을 발하는 것이며, 민법 제107조 제1항 단서의 비진의 의사표시의 무효에 관한 규정은 그 성질상 공법행위에 적용되지 아니하므로 원고의 사직원을 받아들여 원고를 의원면직처분한 것

6) 부 관   사인의 공법행위에는 부관을 붙일 수 없는 것이 원칙이다. 왜냐하면 부관은 행정목적의 조기실현이나 행정법관계의 안정요청에 반하는 것이기 때문이다.

7) 철회·보정   사인의 공법행위는, 그에 의거하여 행정처분이 행해지거나 법적 효과가 완성되기까지는, 일반적으로 자유로이 철회하거나(예컨대, 사직원의 철회) 보정할 수 있다고 보고 있다. 그러나 법률상 그 자유가 제한되는 경우도 있고(예컨대, 과세표준 수정신고기한의 제한: 국세기본법 45), 또는 합성행위(예컨대, 선거에서의 투표), 합동행위에 있어서는 그 단체성·형식성으로 인하여 그 자유가 제한된다고 할 것이다.

Ⅱ. 공법상의 사무관리와 부당이득

1. 공법상의 사무관리

사무관리란 법률상의 의무 없이 타인의 사무를 관리하는 행위(민법734)를 말한다. 이것은 원래 사법상의 관념이나, 그에 해당하는 행위는 공법분야에도 존재하므로(예컨대, 수난구호, 보호기업에 대한 강제관리 등), 이 법리는 공법에서도 인정된다고 보는 것이 일반적 견해이다.

공법상의 사무관리는 이를 행할 공법상의 의무에 의거한 것이기 때문에 사무관리라고 볼 수 없으므로, 공법상의 사무관리는 존재할 수 없다고 보는 견해도 있다(Jellinek). 그러나 그 의무는 국가에 대한 것이며 피관리자에 대한 것은 아니라는 점에서, 사무관리의 일종으로 볼 수 있는 것이다.

공법상 사무관리에 대하여는, 법령에 특별한 규정이 없으면, 민법상의 사무관리에 관한 규정을 준용하여 사무관리기관의 통지의무·비용상환, 기타 이해조정이 강구되어야 할 것이다.

2. 공법상의 부당이득

(1) 개 설

부당이득이란 원래 사법상의 관념으로, 법률상 원인 없이 타인의 재산 또는 노무로 인하여 이익을 얻고, 이로 인하여 타인에게 손해를 끼치는 것(민법741)을 말한다. 그러나 이에 해당하는 행위는 공법분야에도 존재하는 것으로,

---

을 당연무효라고 할 수 없다고 판단하였다. 원심의 위와 같은 판단은 정당하"다(대판 2000. 11. 14, 99두5481).

예컨대 조세부과처분에 따라 납세하였으나, 이후 당해 처분이 행정소송에서 취소된 경우, 조세의 과오납,[1] 봉급과액수령, 무자격자의 연금수령 등이 그것이다.

공법상의 부당이득에 관하여는, 개별법령에 특별한 규정(국세기본법 51 내지 54)을 두고 있는 경우는 있으나, 일반적 규정은 없다. 그러나 부당이득으로 인한 재산관계의 불공정한 상태를 조정·시정하여야 하는 것은 사법의 경우와 다름이 없다. 따라서 법령에 특별한 규정이 없는 경우는, 민법의 규정(법 741 내지 749)이 유추적용될 수 있을 것이다.

(2) 부당이득반환청구권의 성질

1) 공 권 설   이 견해는, 공법상의 부당이득반환청구권은 공법상의 원인행위에 의하여 발생한 결과를 조정하기 위한 제도이므로, 공권이라고 한다.

2) 사 권 설   이 견해는, 공법상의 부당이득이 공법상의 원인에 의하여 발생했다 하여도, 부당이득의 발생원인은 권원으로서의 법률원인이 없는 것임을 전제로 하는 것이고, 또한 부당이득제도는 다만 경제적 견지에서 인정되는 이해조정제도라는 관점에서 주장된다.

위의 견해 대립은 이론적 관점에서는 검토할 만한 것임은 물론이나, 그 실익은 거의 없는 것이다. 왜냐하면 이 청구권을 공권으로 보는 경우 그에 관한 소송은 '공법상의 법률관계에 관한 소송'인 당사자소송에 의하게 될 것이나, 당사자소송에는 민사소송에 대한 특례가 많지 않으며 실제로는 거의 민사소송법에 의하고 있기 때문이다. 판례는 사권설을 취하고 있다(대판 1989. 6. 15, 88누6436 전원합의체).

(3) 공법상의 부당이득의 유형

공법상의 부당이득은 주로 국가나 지방자치단체의 부당이득의 문제로 제기되는 것이나, 사인이 행정주체와의 관계에서 부당이득을 취하는 경우도 있을 수 있다.

1) 행정주체의 부당이득   행정주체의 부당이득은 행정행위와 관련하여 발생하는 경우가 보통이나, 일정 사실행위 등에 따라 성립하는 경우도 있다.

⑺ 성 립

(ⅰ) 행정행위로 인한 경우   이것은 당해 행정행위가 무효이거나, 후

---

1) 판례
　　"조세환급금은 조세채무가 처음부터 존재하지 않거나 그 후 소멸하였음에도 불구하고 국가가 법률상 원인 없이 수령하거나 보유하고 있는 부당이득에 해당하고, 환급가산금은 그 부당이득에 대한 법정이자로서의 성질을 가진다"(대판 2009. 9. 10, 2009다11808).

에 실효되거나 또는 권한 있는 기관에 의하여 취소된 경우에 생긴다. 행정행위의 성립상에 하자(위법성)가 있어도 그것이 취소사유에 그치는 것인 때에는, 행정행위의 공정력으로 인하여 권한 있는 기관이 취소하기 전까지는 부당이득의 문제는 생기지 않는다.

(ii) 행정행위 이외의 행정작용으로 인한 경우   행정주체가 정당한 권원 없이 타인의 토지를 도로로 조성·사용하는 경우가 그 예이다. 이러한 경우 법령상 달리 규정되어 있지 않은 한, 관계인은 법률상의 원인 없음을 이유로 하는 부당이득반환청구를 할 수 있을 것이다.[1]

(나) 부당이득의 반환범위   이에 대하여는 행정주체의 선의·악의를 불문하고 전액반환을 정하는 경우가 많다(다만 민법 제748조는 선의인 경우는 경감하고, 악의인 경우는 가중하는 규정을 두고 있다).[2] 특별규정이 없더라도, 공권력에 의하여 일방적으로 과하여진 부담에 대하여는 그로 인한 이익의 전부를 반환하여야 한다고 할 것이다.

(다) 반환청구권의 행사   사인의 행정주체에 대한 부당이득반환청구권의 행사는 법률에 특별한 규정이 없는 한, 판례에 따라 민사소송절차에 의하여 이를 행사할 수 있을 것이다.[3]

2) 사인의 부당이득

(가) 성 립   공무원의 연금수급, 보조금의 교부 등의 경우와 같이 사인이 국가나 지방자치단체 등으로부터 부당이득을 하는 경우도 있다. 이러한 사인의 부당이득도 내용적으로는 행정행위에 기인한 경우와, 그 이외의 원인에 의한

---

1) 판례

　"피고가 원고들 소유토지를 법률상의 원인 없이 임의로 자기 필요에 의한 도로를 조성하여 점유·사용하고 있는 것이라면 피고는 자기 목적달성을 위하여 이 사건 토지를 이용하고 있는 것이라고 할 것이므로, 여기에는 벌써 객관적으로 이 토지에 대한 이용의 대가만큼의 이득을 보고 있는 것이라고 아니할 수 없을 뿐만 아니라 수익자의 반환범위를 규정하고 있는 민법 제748조 제2항에 의하면 악의의 수익자는 그가 받은 이익 이외에 손해가 있으면 이를 배상하도록 되어 있고, 이 사건에서 원고들은 피고에게 이 조문에 의하여 자기들이 입고 있는 손해배상까지를 청구하고 있는 것이라고 볼 수 있다"(대판 1980. 7. 8, 80다790).

2) 판례

　"환급가산금의 내용에 대한 세법상의 규정은 부당이득의 반환범위에 관한 민법 제748조에 대하여 그 특칙으로서의 성질을 가진다고 할 것이므로, 환급가산금은 수익자인 국가의 선의·악의를 불문하고 그 가산금에 관한 각 규정에서 정한 기산일과 비율에 의하여 확정된다"(대판 2009. 9. 10, 2009다11808).

3) 판례

　"조세부과처분이 무효임을 전제로 하여 이미 납부한 세금의 반환을 청구하는 것은 민사상의 부당이득반환청구로서 민사소송절차에 따라야 한다"(대판 1991. 2. 6, 90프2).

경우가 있는데, 행정행위에 기인한 경우는 당해 행정행위가 무효이거나 취소됨으로써 성립하는 것임은 행정주체의 부당이득의 경우와 같다. 수익적 행정행위의 취소제한의 법리에 따라 당해 행정행위가 취소될 수 없는 경우에는, 부당이득의 반환청구는 불가능하게 되는 것임은 물론이다.

(나) 반환의무의 범위   법에 위반되는 이득은 허용되지 않으므로, 수익자인 사인은 받은 이득의 전액을 반환하여야 할 것이다.

(다) 반환청구권의 행사   행정주체에 의한 부당이득반환청구권의 의사표시에 대하여는 관계법이 행정행위로서의 효력을 인정하고, 그 불이행에 대하여는 행정상 강제징수를 정하고 있는 경우가 있다(국세기본법 51⑧, 보조금 관리에 관한 법률 33 등). 그러한 특별규정이 없으면, 국가의 반환청구권의 행사라 할지라도 대등자간의 의사표시로서의 효력을 가진다고 할 것이다.

(4) 소멸시효

이에 대하여는 특별한 규정을 둔 경우도 있고(산업재해보상보험법 112①), 또한 제척기간을 정한 경우도 있다. 이러한 특별한 규정이 없으면 소멸시효기간은 5년이다(국가재정법 96, 지방재정법 82).

제 2 편

일반 행정작용법

현대행정의 질적·양적 확대에 따라 행정작용형식도 다양화되었다. 전통적으로 행정의 작용형식은 기본적으로 행정입법과 행정행위에 한정되어 있었다고 할 수 있다. 이 중에서 행정입법은 행정작용의 형식이라는 측면보다는 행정권에 의한 입법이라는 측면에서 검토되어 온 것이 사실이다. 행정행위는 행정작용의 가장 중요한 형식으로서, 현재도 행정법의 가장 중요한 관념이 되고 있다. 공법상 계약이라는 행정작용형식은 종래에도 행정작용형식의 하나로 검토되어 왔으나, 그 실질적 의미는 간과할 만한 정도였던 것이 부인할 수 없는 사실이다.

이상의 전통적 행정작용형식 외에도, 오늘날에는 행정계획·행정지도 등이 새로운 작용형식으로 등장하게 되어, 그 법적 성격이나 그에 대한 구제수단 등은 행정법상의 중요한 문제로 되었다. 또한 행정법에 있어서 종래에 비하여 국민의 권익보호라는 문제가 보다 부각되는 일반추세에 따라 확약이론이 행정작용법에 있어 새로운 문제로 등장하였다.

따라서 이 편에서는 위에 열거한 여러 작용형식들을 검토하고, 아울러 행정절차는 행정작용은 아니지만 그와 밀접한 관련을 가지는 것이므로, 이 문제도 이 편에서 함께 고찰하기로 한다.

제1장 행정입법

제1절 개 설

I. 행정입법의 관념

행정입법은 행정기관이 법조의 형식으로 일반·추상적인 규정을 정립하는 작용 또는 그에 따라 정립된 규범을 말한다. 여기서 '일반적'이란 그 상대방이 특정되지 아니한 것을, 그리고 '추상적'이란 그 적용사건이 특정되고 있지 아니하다는 것을 의미한다. 행정입법에는 국가행정권에 의한 입법과 자치단체에 의한 자치입법이 포함된다. 그러나 자치입법은 지방자치법 부분에서 구체적으로 검토되므로, 여기서는 국가행정권에 의한 입법에 한정하여 검토한다.

국가행정권이 정립하는 일반·추상적인 규범에는 법규의 성질을 가지는 것과 그러한 성질을 가지지 않는 것이 있는바, 일반적으로 전자를 법규명령이라 하고 후자를 행정규칙이라 한다.

II. 행정입법의 필요성

현대행정의 기본원리로서의 법치주의 또는 법률에 의한 행정의 원리는, 행정권의 발동을 국민의 대표로 구성되는 의회가 제정한 법률에 의하게 하여, 행정을 민의에 부응하게 하려는 것이다. 이러한 법치행정의 취지를 철저하게 실현하려면, 의회가 행정의 내용을 미리 법률로써 가능한 한 상세하게 규정하여 두는 것이 바람직하다.

그럼에도 불구하고 오늘날 모든 국가에서는 위임입법으로서의 성질을 가지는 행정입법제도가 일반적으로 채택되고 있는바, 그 이유로서는 ① 현대행정이 고도로 복잡하고 전문화·기술화되어 있어, 전문적·기술적 사항에 관한 규율은 행정권이 보다 적절히 할 수 있다는 것, ② 의회의 심의에는 많은 시간이 소요되어 법률로써는 사회·경제·과학기술 등 행정대상의 급속한 변화에 기민하게 대응하기 어렵다는 것, ③ 일정 사항은 오히려 정치적으로 중립적인 입장에서 보다 객관적으로 규율할 수 있다는 것, ④ 법률의 일반적 규정으로는 지방적 특수사정에 대응하는 것이 어려운 경우가 적지 않다는 것 등을 들 수 있다. 이러한 실질적 이유에 기하여, 오늘날 법률은 행정작용이나 시책의 목적·요건·내용 등에 관하여 그 대강만을 규정하고, 그 세부적인 사항은 행정기관이 규율하도록 행정권에 위임하고 있는 경우가 적지 않다.

그러나 행정입법은 어디까지나 법률에 의한 행정의 원리를 보완하는 의미를 가지는 것이고, 또한 거기에서 행정입법의 한계를 찾아야 할 것인바, 지나친 골격입법이나 백지수표식 수권법은 이 원리 자체를 포기한 것이라 할 것이다.

제2절   법규명령

Ⅰ. 의의 및 성질

법규명령이란 행정권이 정립하는 일반적·추상적 규정으로서 법규의 성질을 가지는 것을 말한다. 법규의 개념에 관하여는 여러 가지 견해가 있으나, 여기서는 「국민과 행정권을 구속하고 재판규범이 되는 성문의 법규범」을 총칭하는 것으로 정의하여 둔다.

법규명령은 이러한 의미의 법규적 성질을 가지기 때문에, 그에 위반한 행정청의 행위는 위법행위로서 무효 또는 취소사유가 되며, 그러한 행위로 인하여 자신의 권익이 침해된 국민은, 행정쟁송을 제기하여 그 무효확인 또는 취소를 청구하거나, 또는 손해배상소송을 통하여 그 손해의 배상을 청구할 수 있다.

Ⅱ. 종   류

법규명령은 여러 가지 기준에 따라 분류할 수 있다.

1. 수권의 범위·근거에 의한 분류

(1) 비상명령

이것은 비상사태를 수습하기 위하여 행정권이 발하는, 헌법적 효력을 가지는 독자적 명령이다. 「바이마르」헌법 제48조에 기한 비상조치나 현행 「프랑스」
제5공화국헌법 제16조에 기한 비상조치가 이에 해당한다.

(2) 법률대위명령

이것은 법률적 효력을 가지는 명령으로서, 헌법상의 근거를 요한다. 「프로
이센」헌법 제55조상의 명령 또는 구일본헌법 제8조상의 긴급칙령 등이 이에
해당한다. 우리 헌법 제76조가 정하고 있는 긴급재정·경제명령과 긴급명령도
법률대위명령의 성질을 가진다.

(3) 법률종속명령

법률의 명시적 수권에 기하여(위임명령) 또는 법률의 집행을 위해(집행명령)
발하는 명령으로서, 법률보다 하위적 효력을 가지는 법규명령이다.

1) 위임명령　　이것은 법률보충명령이라고도 할 수 있는 것인데, 법률
또는 상위명령에 의하여 위임된 사항에 관하여 발하는 명령으로서, 위임의 범
위 내에서는 국민에 대해 새로이 권리·의무를 설정할 수 있다.

2) 집행명령　　이것은 법률의 범위 내에서 그 실시에 관한 구체적·기술
적 사항을 규율하기 위하여 발하는 명령이다. 행정은 법집행의 의무와 권한을
가지고 있다는 점에서, 집행명령은 법률의 명시적 규정이 없더라도 발할 수 있
으나, 새로운 입법사항에 관하여는 규율할 수 없다.

그러나 실제로는 특정 법규명령이 위임명령과 집행명령의 어느 것에 속하
는지가 분명하지 아니한 경우가 많으며, 또한 하나의 법규명령 중에 위임명령
적 규정과 집행명령적 규정이 혼재하고 있는 것이 오히려 일반적인 현상이라고
할 수 있다.[1]

2. 법형식에 의한 분류

(1) 헌법상 인정되고 있는 법규명령

1) 대통령의 긴급명령과 긴급재정·경제명령　　국가긴급권제도로서 제
4·5공화국헌법은 대통령에 의한 헌법적 효력을 가지는 긴급조치 또는 비상조
치에 관하여 규정하고 있었다.

그러나 현행 헌법은 제76조에서 다만 법률적 효력을 가지는 대통령의 긴급
재정·경제명령(동조 ①)과 긴급명령(동조 ②)만을 규정하는 데 그치고 있다.

2) 대통령령(헌법 75)　　보통 시행령이라 불리우며, 내용적으로는 위임명

---

1) 김도창, 행정법(상), p. 307; 이상규, 행정법(상), p. 293.

령과 집행명령이 있다.

3) 총리령·부령   부령은 보통 시행규칙 또는 시행세칙이라 한다. 양자 모두 위임명령과 집행명령을 포함하고 있다.

4) 중앙선거관리위원회규칙   중앙선거관리위원회는 헌법 제114조 제6항에 의하여 법령의 범위 안에서 선거관리·국민투표관리·정당사무 등에 관한 규칙을 제정할 수 있는바, 이 규칙은 법규명령의 성질을 가지고 있다(대판 1996. 7. 12, 96우16). 이 규칙에는 내용적으로 위임명령과 집행명령이 모두 포함되어 있다.

한편 이와 관련하여서는 감사원법 제52조에 기하여 제정되는 감사원규칙의 법적 성질이 문제된다. 이에 대하여 행정입법은 국회입법원칙에 대한 예외를 이루는 것이므로, 헌법상 근거가 있는 경우에만 인정된다는 견해와,[1] 헌법은 일정한 행정입법 형식을 인정하고 있으나 그것은 제한적인 것은 아니라고 보아, 위의 규칙은 법규명령으로 보아야 한다는 견해가[2] 대립하고 있다. 생각건대, 법령에 기하여 그 내용을 보완하거나 그 구체적 사항에 관하여 규정하는 법규범이 정립되어도 그것이 국회입법원칙에 대한 실질적 침해가 된다고 볼 수 없다는 점에서는, 그 실질적 내용에 비추어 당해 규칙을 법규명령으로 보아도 문제 없다고 본다. 헌법재판소도 헌법이 인정하고 있는 위임입법의 형식은 예시적인 것으로서, 법률은 행정규칙에 위임할 수도 있으나, 그것은 입법자에게 상세한 규율이 불가능한 것으로 보이는 영역에서 행정부에게 필요한 보충을 할 책임이 인정되고 극히 전문적인 식견에 좌우되는 영역에서 제한적으로 인정될 수 있다고 하였다.[3]

---

1) 김도창, 행정법(상), p. 311.

2) 박윤흔, 행정법(상), pp. 246~247; 이상규, 행정법(상), p. 294.

3) 판례

"오늘날 의회의 입법독점주의에서 입법중심주의로 전환하여 일정한 범위 내에서 행정입법을 허용하게 된 동기가 사회적 변화에 대응한 입법수요의 급증과 종래의 형식적 권력분립주의로는 현대사회에 대응할 수 없다는 기능적 권력분립론에 있다는 것 등을 감안하여 헌법 제40조와 헌법 제75조, 제95조의 의미를 살펴보면, 국회입법에 의한 수권이 입법기관이 아닌 행정기관에게 법률 등으로 구체적인 범위를 정하여 위임한 사항에 관하여는 당해 행정기관에게 법정립의 권한을 갖게 되고, 입법자가 규율의 형식도 선택할 수 있다 할 것이므로, 헌법이 인정하고 있는 위임입법의 형식은 예시적인 것으로 보아야 할 것이다. 다만, 형식의 선택에 있어서 규율의 밀도와 규율영역의 특성이 개별적으로 고찰되어야 할 것이고, 그에 따라 입법자에게 상세한 규율이 불가능한 것으로 보이는 영역이라면 행정부에게 필요한 보충을 할 책임이 인정되고 극히 전문적인 식견에 좌우되는 영역에서는 행정기관에 의한 구체화의 우위가 불가피하게 있을 수 있다. 그러한 영역에서 행정규칙에 대한 위임입법이 제한적으로 인정될 수 있다"(헌재결

독점규제 및 공정거래에 관한 법률 제48조 제2항, 금융위원회의 설치 등에 관한 법률 제22조, 한국은행법 제30조, 노동위원회법 제25조 등은 각각 공정거래위원회규칙, 금융위원회규칙, 금융통화위원회규정, 중앙노동위원회규칙의 제정권에 관하여 규정하고 있다. 이들 규칙, 규정 등도 전술한 감사원규칙에 대한 법규성의 인정과 같은 논거에 따라, 이들이 대외적 사항에 관하여 규정하고 있으면, 그 한도에서 법규로서의 성질이 인정된다 할 것이다.[1]

(2) 관련문제

1) 국무총리직속기관의 입법   종전에는 총리 직속기관으로서 그 장을 국무위원으로 보하는 재정경제원·통일원 등이 있었던바 이들 기관도 '행정각부'로 보아 이들에도 부령제정권이 인정되는지에 문제가 있었다. 이에 대하여는 소극설이 통설로서 이들 기관의 업무에 대하여 법규로 규율할 사항은 총리령으로 발할 수 있는 경우 그에 의하여야 한다고 보고 있었다.[2] 그러나 1998년 2월 정부조직법의 개정으로 이들 기관은 행정각부로서 재정경제부·통일부로 개편된 결과 위의 문제는 더 이상 제기되지 아니한다.

2) 총리령과 부령과의 관계   이에 관하여는, 양자간에 형식적 효력면에서는 차이가 없으나, 총리령은 국무총리의 소관사무에 관하여 발하는 것이고, 이 때의 소관사무는 '대통령을 보좌하며 행정에 관하여 대통령의 명을 받아 행정각부를 통할'하는 것을 주된 내용으로 하는 것이므로(헌법 86②), 그 한도에서 총리령은 실질적으로 부령에 비하여 우월한 효력을 가진다는 견해와,[3] 헌법에 양자간의 효력상의 차이에 관한 명시적 규정이 없고 총리령은 행정각부의 장과 동일한 지위에서 그 소관사무에 관하여 발하는 것이므로, 동위적 효력을 가진다는 견해가[4] 있다.

문제는 국무총리의 법적 지위 또는 그 소관사무의 성격이 어떠한 것인가에 달려 있다고 본다. 국무총리는 일면으로는 그 소관사무에 관하여 다른 행정각부의 장과 같이 그 분장사무를 처리하는 중앙관청으로서의 지위를 가지고 있다. 그러나 타면에 있어서는 총리는 행정각부를 통할하는 한도에서 실질적으로 행정각부에 대한 우월적 지위도 동시에 가지고 있다 할 것이므로, 그 한도에서는 총리령은 부령에 대하여 상위적 효력을 가진다고 할 것이다.

2004. 10. 28, 99헌바91).

1) 김철용, 행정법(Ⅰ), 1999, p. 106.
2) 김도창, 행정법(상), p. 311; 박윤흔, 행정법(상), p. 246.
3) 김도창, 행정법(상), pp. 311~312.
4) 이상규, 행정법(상), p. 294.

Ⅲ. 법규명령의 근거

법규명령의 제정에는 헌법, 법률 또는 상위명령의 근거가 필요하다. 긴급명령이나 긴급재정·경제명령(예컨대, 금융실명거래및비밀보장에관한긴급재정경제명령)은 헌법상의 요건이 충족되는 때에만 발할 수 있고, 위임명령은 법률의 개별적 수권에 기하여서만 발할 수 있다. 그러나 집행명령은 새로운 입법사항을 규율하는 것이 아니고, 법률의 집행을 위하여 필요한 세부적·기술적 사항에 관한 규율을 그 내용으로 하는 것이므로, 법률의 명시적 수권이 없어도 발할 수 있다 (헌법 75·95).

Ⅳ. 법규명령의 한계

1. 대통령의 긴급명령, 긴급재정·경제명령의 한계

긴급재정·경제명령은 ① 내우·외환·천재·지변 또는 중대한 재정·경제상의 위기에 있어서, ② 국가의 안전보장 또는 공공의 안녕질서를 유지하기 위하여 긴급한 조치가 필요하고, ③ 국회의 집회를 기다릴 여유가 없을 때에 한하여 대통령이 발할 수 있다(헌법 76①).

긴급명령은 ① 국가의 안위에 관계되는 중대한 교전상태에 있어서, ② 국가를 보위하기 위하여 긴급한 조치가 필요하고, ③ 국회의 집회가 불가능한 때에 한하여 대통령이 발할 수 있다(동조 ②).

이에 관한 자세한 논의는 헌법학에 맡긴다.

2. 위임명령의 한계

(1) 위임범위

이 문제에는 위임명령에 대한 수권법률의 합헌성의 문제와 위임명령이 수권법률의 위임의 한계를 준수였는가의 두 가지 문제가 포함되나, 여기서는 전자에 한하여 검토한다. 수권법률의 합헌성의 문제에는 내용적으로는 그 대상 및 기준·범위의 개별성·구체성의 문제와 규율내용 또는 밀도의 문제가 포함되어 있다.

1) 위임의 대상·범위   법치행정의 원리를 이루는 법률의 유보원리에 의하면 국민의 권리·의무에 관한 사항은 법률로 규정하여야 하는 것으로서, 이러한 법치행정의 원리를 실질적으로 부정하는 것과 같은 위임은 허용되지 아니

한다. 따라서 그 대상이 한정되지 않거나, 명확한 범위나 기준이 설정되어 있지 아니한 일반적·포괄적 위임은 허용되지 아니한다.

헌법 제75조는 "구체적으로 범위를 정하여 위임받은 사항"에 관하여만 위임명령을 발할 수 있다고 규정하고 있다. 이 규정은 대통령령에 관한 것으로서, 총리령·부령에 관한 헌법 제95조는 이러한 위임의 한계를 규정하고 있지 않으나, 헌법 제75조는 법률의 명령에 대한 헌법상의 일반적 위임의 한계를 정한 것으로 보아야 할 것이다. 여기서 '구체적'이란 규율대상에 관한 것으로서, 그것이 추상적이어서는 아니된다는 뜻이고, '범위를 정하여'는 수권의 양적 제한에 관한 것으로서, 일반적·포괄적이어서는 아니된다는 뜻이다. 문제는 일반적·포괄적 위임과 개별적·구체적 위임의 한계라 할 것인바, 개별적·구체적 위임이기 위하여는, 수권법률에서 ① 행정입법으로 정할 대상을 특정하여야 하고(대상의 특정성), ② 그 대상에 대하여 행정입법을 제정함에 있어 행정기관을 지도 또는 제약하기 위한 목표·기준, 고려하여야 할 요소 등을 명확히 제시하여야 한다(기준의 명확성).

2) **규율의 밀도**　　법률의 유보원칙에 관한 본질성설에 의하면 행정부문의 본질적 사항에 대하여는 법률로 이를 규율해야 하는 것으로 된다. 구체적으로 당해 사항에 대한 행정작용에는 법률의 근거가 있어야 할 뿐만 아니라, 근거법률에 의한 규율은 당해 행정작용 또는 행정부문의 본질성의 정도에 부응해야 하는 것이다. 이러한 본질성설에 따르면 위임명령은 단지 수권법률상 근거규정이 있는 것으로 충분하지 않고, 그 수권법률이 의회의 책무로서의 본질적 사항에 대한 규율책무를 다하였다고 볼 수 있는 정도의 규율밀도를 갖추고 있는 경우에 비로소 적법한 것이 되는 것이다.

3) **판　례**

㈎ **대 법 원**　　대법원은 헌법 제75조에 따라 행정입법에 대한 법률의 위임은 반드시 구체적으로 한정된 사항에 대하여 개별적으로 행하여져야 할 것인바, 여기서 구체적 위임의 범위는 규제하고자 하는 대상의 종류와 성격에 따라 달라지는 것이어서 일률적 기준을 정할 수는 없으나, 적어도 위임명령에 규정된 내용 및 범위의 기본사항이 구체적으로 규정되어 있어서 당해 법률로부터 위임명령에 규정될 대강의 내용을 예측할 수 있어야 하는 것이나, 그 예측가능성의 유무는 당해 위임조항만으로 판단할 것이 아니라 그 위임조항이 속한 법률의 전반적인 체계와 취지 및 목적, 당해 위임조항의 규정형식과 내용 및 관련법규를 유기적·체계적으로 종합하여 판단하여야 한다고 하고 있다(대판 2005.

3. 25, 2004다30040; 대판 2006. 2. 24, 2005두2322).

(내) 헌법재판소

(i) 위임의 대상·범위　　이 문제에 대하여는 헌법재판소도 대법원과 기본적으로 같은 입장이나, 위임의 구체성·명확성에 대하여 보다 구체적인 기준을 제시하고 있다. 즉 헌법재판소는 이에 대하여 국민의 기본권이 직접적으로 제한되거나 침해될 소지가 있는 영역에서는 위임의 요건과 범위는 구체적으로 규정되어야 하는 반면에, 급부행정영역이나 다양한 사실관계를 규율하거나 사실관계가 수시로 변화될 것이 예상되는 영역에서는 위임의 구체성·명확성의 정도가 완화될 수 있다고 하고 있다(헌재결 1997. 12. 24, 95헌마390).

(ii) 규율의 밀도　　전술한 바와 같이 본질성설에 따르면 수권법률 조항이 당해 행정작용 또는 행정부문에 대하여 그 본질성의 정도에 부응하는 규율을 하지 아니한 때에는 그것은 법률의 유보원칙에 반하는 것으로 위헌으로 판단된다.

(2) 헌법상의 입법사항

헌법은 국적취득요건(법 2①), 재산권의 수용 및 보상(동법 23③), 행정각부의 설치(동법 96), 지방자치단체의 종류(동법 117②) 등을 법률로 정하도록 하고, 또한 죄형법정주의(동법 12) 및 조세법률주의(동법 59) 등에 관하여 규정하고 있다.

이러한 헌법규정은 당해 사항이 입법사항임을 명시한 것이다. 따라서 이들 사항에 관하여는 적어도 그 기본적 내용은 법률로 규정되어야 하나, 전적으로 법률로 규율되어야 하는 것은 아니고, 일정한 범위에서의 행정입법에 대한 위임은 허용된다고 본다.[1] 이 경우 그 위임의 범위는 개별사항에 따라 구체적으로 결정되어야 할 것이다.

(3) 처벌규정의 위임

위임입법의 한계로서 특히 헌법상의 죄형법정주의와 관련하여 중요한 의미를 가지는 것은 처벌규정의 위임에 관한 것이다.

처벌규정은 처벌대상인 행위의 설정(구성요건)부분과 그 행위에 대한 처벌정도(형벌의 정도)에 관한 부분으로 나누어 볼 수 있는바, 먼저 전자와 관련하여서는 법률에서 처벌대상인 행위를 규정하지 않고 이를 법규명령에 위임할 수 있는가의 문제가 제기된다. 이에 대하여는 법률이 처벌대상인 행위의 규정에 있어 그 구체적 기준을 정하여 위임하는 것은 허용되며, 처벌의 정도에 대하여도

---

1) 박윤흔, 행정법(상), p. 254.

법률이 형벌의 상한을 정하여 위임하는 것은 허용된다고 보는 것이 다수설적 견해이다.[1]

이 문제에 대하여 헌법재판소는 위임입법에 관한 헌법 제75조는 처벌법규에도 적용되는 것이나, 죄형법정주의와 위임입법의 한계의 요청상 처벌법규의 위임은 ① 특히 긴급한 요청이 있거나 미리 법률로써 자세히 정할 수 없는 부득이한 사정이 있는 경우에 한정되어야 하고, ② 이러한 경우에도 법률에서 범죄의 구성요건은 처벌대상행위가 어떠한 것일 것이라고 이를 예측할 수 있을 정도로 구체적으로 정하여야 하며, ③ 형벌의 종류 및 그 상한과 폭을 명백히 규정하여야 한다고 선언하였다(헌재결 1991. 7. 8, 91헌가4; 헌재결 1995. 10. 26, 93헌바62).

(4) 재위임문제

법률에 의하여 수권된 입법권(또는 그 일부)을 다시 하급 행정기관에 수권하는 것을 재위임이라 한다. 이러한 재위임을 법률 자체가 명시적으로 허용하고 있는 경우에는 문제가 없다. 그러나 그러한 명시적 규정이 없는 경우에, 그 수임권한을 전부 다시 위임하는 것은 실질적으로 수권법의 내용을 변경하는 것을 의미하므로 허용되지 않는다 할 것이다. 그러나 위임받은 사항에 관하여 일반적인 사항을 규정하고, 그 세부적인 사항의 규정을 다시 하위명령에 위임하는 것은 가능하다고 할 것이다.

헌법 제95조상의 '대통령령의 위임'은 이러한 의미로 해석하여야 할 것이다. 헌법재판소도 법률에서 위임받은 사항을 전혀 규정하지 않고 재위임하는 것은 "위임받은 권한을 그대로 다시 위임할 수 없다"는 복위임금지의 법리에 반할 뿐 아니라 수권법의 내용변경을 초래하는 것이 되고, 부령의 제정·개정절차가 대통령령에 비하여 보다 용이한 점을 고려할 때 재위임에 의한 부령의 경우에도 위임에 의한 대통령령에 가해지는 헌법상의 제한이 적용되어야 할 것이므로 법률에서 위임받은 사항에 관하여 대강을 정하고 그 중의 특정사항을 범위를 정하여 하위법령에 다시 위임하는 경우에만 재위임이 허용된다고 하고 있다.[2]

---

[1] 김도창, 행정법(상), p. 315; 이상규, 행정법(상), p. 299; 박윤흔, 행정법(상), pp. 254~255; 변재옥, 행정법(I), p. 202.

[2] 판례
　　"법률에서 위임받은 사항을 전혀 규정하지 않고 재위임하는 것은 복위임금지의 원칙에 반할 뿐만 아니라 수권법의 내용변경을 초래하는 것이 되고, 부령의 제정·개정절차가 대통령령에 비하여 보다 용이한 점을 고려할 때 재위임에 의한 부령의 경우에도 위

(5) 조례에 대한 위임의 문제

지방자치법 제22조는 지방자치단체는 그 사무(자치사무·단체위임사무)에 관하여 조례를 제정할 수 있으나, 주민의 권리제한 또는 의무부과에 관한 사항이나 벌칙을 정할 때에는 법률의 위임을 요한다고 규정하고 있는바, 이 규정에 따른 근거법에 의한 조례에의 위임의 한계가 문제된다. 왜냐하면, 대통령령, 총리령·부령에 대한 위임의 한계를 정하고 있는 헌법 제75조 및 제95조의 규정은 이 경우에는 적용되지 않기 때문이다.

이 문제에 대하여 판례는 법률에 의한 조례에의 위임에도 일정한 한계가 있는 것임은 인정하면서도, 조례는 지방의회의 의결로 제정되는 지방자치단체의 자주법이라는 점에서 위임명령에 대한 일반적·포괄적 위임의 금지원칙은 완화된다고 하고 있다.[1]

3. 집행명령의 한계

집행명령은 위임명령과는 달리 직권으로 발할 수 있으나, 그것은 법률 또는 상위명령의 집행을 위하여 필요한 사항만을 규정할 수 있다. 즉 상위법령을 집행하기 위하여 필요한 형식·절차, 세부적 사항 등에 관하여서만 규정할 수 있는 것으로, 그 한계를 넘어서 새로이 입법사항에 관하여 규정한 경우 그 집행명령은 위법한 것으로서 무효라 할 것이다. 이에 관하여 대법원은 개인의 권리·의무에 관한 내용을 변경·보충하거나 법률이 규정하지 아니한 새로운 내용을 정할 수는 없지만, 법률의 시행령이나 시행규칙의 내용이 모법의 입법취지와 관련 조항 전체를 유기적·체계적으로 살펴보아 모법의 해석상 가능한 것을 명시한 것에 지나지 아니하거나 모법 조항의 취지에 근거하여 이를 구체화하기 위한 것인 때에는 모법의 규율 범위를 벗어난 것으로 볼 수 없으므로, 모법에 이에 관하여 직접 위임하는 규정을 두지 아니하였다고 하더라도 이를 무효라고

임에 의한 대통령령에 가하여지는 헌법상의 제한이 당연히 적용되어야 할 것이므로 법률에서 위임받은 사항에 관하여 대강을 정하고 그 중의 특정사항을 범위를 정하여 하위법령에 다시 위임하는 경우에만 재위임이 허용된다"(헌재결 1996. 2. 29, 94헌마 213).

1) 판례

"공유수면관리법 제7조가 점용료의 산정기준, 방법 등에 관하여 구체적 범위를 정하지 아니한 채 포괄적으로 조례에 위임하였더라도 조례는 위임명령과는 달리 지방의회의 의결로 제정되는 지방자치단체의 자주법인 만큼, 법령에 위반되지 않는 범위 내에서 주민의 권리의무에 관한 사항을 조례로 제정할 수 있는 것이다"(대판 1991. 8. 27, 90누6613).

볼 수는 없다고 판시하여(대판 2014. 8. 20, 2012두19526) 그 내용 또는 범위를 상당히 구체적으로 적시하고 있다.

V. 성립·발효요건

1. 성립·발효요건의 내용

법규명령이 유효하게 성립하기 위하여는, 다음의 요건을 갖추어야 한다.

(1) 주 체

법규명령은 대통령·국무총리·각부장관 등 정당한 권한을 가진 기관이 제정하여야 한다.

(2) 내 용

법규명령은 그 내용상 상위법령에 근거가 있어야 하고, 또한 상위법령이나 헌법에 저촉되지 않아야 하며,[1] 그 규정내용이 명확하고 실현가능한 것이어야 한다.

(3) 절 차

법규명령은 소정의 절차에 따라 제정되어야 한다. 즉 대통령령은 법제처의 심사(정부조직법 23①)와 국무회의의 심의(헌법 89iii)를 거쳐 제정되며, 총리령·부령은 법제처의 심사(정부조직법 23①)를 거쳐 제정된다.

국민의 권리·의무 또는 일상생활과 밀접한 관련이 있는 법령을 제정 또는 개정하려는 경우에는, 해당 입법안을 마련한 행정청은 이를 예고하여야 한다(행정절차법 41①). 이 경우 행정청은 입법안의 취지, 주요내용 또는 전문을 관보·공보나 인터넷·신문·방송 등을 통하여 널리 공고하여야 하며(동법 42①), 그 예고기간은 특별한 사정이 없으면 40일(자치법규는 20일) 이상으로 한다(동법 43).

예고된 입법안에 대하여는 누구든지 의견을 제출할 수 있으며, 제출된 의

---

[1] 판례
"어느 시행령이나 조례의 규정이 모법에 저촉되는지가 명백하지 않는 경우에는 모법과 시행령 또는 조례의 다른 규정들과 그 입법 취지, 연혁 등을 종합적으로 살펴 모법에 합치된다는 해석도 가능한 경우라면 그 규정을 모법위반으로 무효라고 선언해서는 안된다. 이러한 법리는, 국가의 법체계는 그 자체 통일체를 이루고 있는 것이므로, 상·하규범 사이의 충돌은 최대한 배제되어야 한다는 원칙과 더불어, 민주법치국가에서 규범은 일반적으로 상위규범에 합치될 것이라는 추정원칙에 근거하고 있을 뿐만 아니라, 실제적으로도 하위규범이 상위규범에 저촉되어 무효라고 선언되는 경우에는 그로 인한 법적 혼란과 법적 불안정은 물론, 그에 대체되는 새로운 규범이 제정될 때까지의 법적 공백과 법적 방황은 상당히 심각할 것이므로 이러한 폐해를 회피하기 위해서도 필요하다"(대판 2014. 1. 16, 2011두6264).

견에 대하여는 행정청은 특별한 사유가 없으면 이를 존중하여 처리하여야 한다 (동법 44①③). 행정청은 입법안에 관하여 공청회를 개최할 수 있으며, 공청회에서 제시된 사실 및 의견이 상당한 이유가 있다고 인정하는 경우에는 이를 반영하여야 한다(동법 45①②).

(4) 형 식

법규명령은 조문형식으로 한다(구사무관리규정 시행규칙 3i). 대통령령에는 국무회의의 심의를 거친 뜻을 기재하고, 대통령이 서명·날인하고, 그 번호와 일자를 명기하며, 국무총리와 관계 국무위원이 부서(헌법 82)한 전문을 붙여야 한다(법령등공포에관한법률 7·10).

총리령·부령은 그 번호와 일자를 명기하고, 국무총리 또는 당해 부의 장관이 서명·날인한다(동법 9·10).

(5) 공 포

법규명령은 외부에 표시함으로써 유효하게 성립한다. 이러한 법규명령의 대외적 표시절차를 공포라 한다.

공포는 관보에 게재하는 방법에 의하며(동법 11①), 공포일은 관보발행일이다(동법 12).

(6) 효력발생

적법하게 공표된 법규명령은 이를 시행함으로써 현실적으로 구속력이 발생한다. 시행일은 당해 명령에서 규정하는 것이 보통이나, 특별한 규정이 없으면, 공포한 날부터 20일을 경과함으로써 효력을 발생한다(동법 13).

2. 법규명령의 하자

법규명령이 그 성립·발효요건을 갖추지 못한 때에는 하자있는 것으로서, 이러한 하자있는 법규명령은 무효라는 것이 일반적 견해이다. 그러나 최근에는 법규명령도 중대·명백한 하자가 있는 경우 외에는 일단 유효한 것으로 통용된다는 견해가 일부 제시되고 있다.[1] 생각건대, 일정한 법적 행위에 그 성립·발효요건이 법정되어 있는 경우에는 당해 행위는 이러한 성립·발효요건이 모두 충족된 경우에만 완전한 효력을 발생한다 할 것으로서, 이들 요건의 하나 이상이 충족되지 못한 경우에는 그것은 위법한 행위로서 법적 효력이 인정되지 아니하는 것이 원칙이라 할 것이다. 따라서 위법한 법규명령이나 공법상 계약은

1) 박균성, 행정법론(상), pp. 160~161; 석종현, 일반행정법(상), pp. 169~170.

원칙적으로 무효라고 보아야 할 것으로서,[1] 이른바 공정력에 따라 위법한 행정행위도 잠정적으로 유효한 것으로 통용되는 힘이 인정되는 것은 이러한 원칙에 대한 예외라고 보아야 할 것이다. 하자 있는 법규명령에 대한 재판통제는 선결문제심리 방식에 의한 간접통제가 원칙이나, 당해 법규명령이 처분법규의 성질을 가지는 것인 때에는 예외적으로 항고소송에 의한 직접통제도 가능하다.

Ⅵ. 법규명령의 소멸

1. 폐 지

법규명령의 효력을 장래에 향하여 소멸시키려는 행정권의 명시적·직접적 의사표시를 폐지라 한다. 법규명령의 폐지는 그 대상인 명령과 동위 또는 상위의 법령에 의하여서만 가능하다.

명령의 형식 자체가 폐지된 경우(구헌법상 인정되던 국무원령이라는 형식은 현행 헌법하에서는 인정되지 않고 있다)에도 기존의 명령은 그 내용이 상위법령에 저촉되지 않는 한 계속 효력을 가진다 할 것이다.[2] 명령의 형식 자체가 폐지된 것이 아니고, 그 명령을 발한 행정청이 폐지된 경우에는 그 사항이 다른 기관의 관할 사항으로 존속하는 한 당해 명령은 그 기관의 명령으로 존속한다.

2. 실 효

이것은 간접적 또는 결과적으로 법규명령의 효력이 소멸되는 경우이다.

(1) 간접적 폐지

법규명령은 내용상 그와 충돌되는 동위 또는 상위의 법령이 제정됨으로써 그 효력이 소멸될 수 있다.

(2) 법정부관의 성취

법규명령은, 그것이 한시법인 경우는 종기의 도래로 그 효력이 소멸되며, 해제조건부인 때는 해제조건의 성취에 의하여 그 효력이 소멸된다.

(3) 근거법령의 소멸

법규명령은 그 근거법인 법률 또는 상위명령이 소멸하면 법적 근거가 없는 것으로 되어 그 효력이 소멸된다.[3]

---

1) H. Maurer, Allgemeines Verwaltungsrecht, 2006, p. 252.
2) 박윤흔, 행정법(상), p. 231.
3) 판례

Ⅶ. 법규명령의 통제

1. 정치적 통제

이것은 의회에 의한 통제와 민중통제로 나누어진다.

(1) 의회의 통제

1) 간접통제   법규명령에 대하여 국회는 예산안심의(헌법 54①), 국정감사·조사(동법 61), 국무총리·국무위원 등에 대한 질문, 국무총리·국무위원해임건의(동법 63), 탄핵소추(동법 65) 등의 방법에 의하여 이를 통제할 수 있다.

2) 직접통제   법규명령에 대한 궁극적인 동의 또는 승인권을 유보하는 방법에 의한 통제이다. 독일의 「동의권유보」, 영국의 「의회제출절차」 또는 미국의 「입법적 거부」가 그 대표적인 예이다.

우리나라의 경우는 국회법 제98조의2가 대통령령 등에 대한 국회의 통제에 대하여 규정하고 있으나, 동조에 의한 국회의 통제는 위의 독일의 동의권유보나 미국의 입법적 거부에는 미치지 못하는 것으로서, 그 내용은 다음과 같다.

중앙행정기관의 장은 대통령령·총리령·부령·훈령·예규·고시 등이 제정·개정 또는 폐지된 때에는 10일 이내에 이를 국회 소관상임위원회에 제출하여야 한다(동조 ①). 이와 관련하여 상임위원회는 위원회 또는 상설소위원회를 정기적으로 개회하여 대통령령·총리령·부령(훈령·예규·고시 등은 제외됨)을 검토하여 그것이 법률의 취지 또는 내용에 합치되지 아니한다고 판단되는 경우에는 소관 중앙행정기관의 장에게 이를 통보할 수 있다. 이 경우 중앙행정기관의 장은 통보받은 내용에 대한 처리 계획과 그 결과를 지체없이 소관 상임위원회에 보고하여야 한다(동조 ③).

(2) 민중통제

법규명령안을 국민에게 예고하거나 그에 관한 공청회를 개최하고, 그에 따라 표명된 관계인의 의견을 법규명령의 내용에 반영하는 등의 방법이다. 기술한 바와 같이 우리 행정절차법은 행정상 입법예고제를 채택하고 있고 또한 법규명령안 등에 관하여 공청회를 개최할 수 있도록 하고 있다.

"상위법령의 시행에 필요한 세부적 사항을 정하기 위하여 행정관청이 일반적 직권에 의하여 제정하는 이른바 집행명령은 그 근거법령인 상위법령이 폐지되면 특별한 규정이 없는 이상 실효되는 것이나, 상위법령이 개정됨에 그친 경우에는 개정법령과 성질상 모순, 저촉되지 아니하고 개정된 상위법령의 시행에 필요한 사항을 규정하고 있는 이상 그 집행명령은 상위법령의 개정에도 불구하고 당연히 실효되지 아니하고 개정법령의 시행을 위한 집행명령이 제정, 발효될 때까지는 여전히 그 효력을 유지한다"(대판 1989. 9. 12, 88누6962).

2. 행정적 통제

이에 대하여는 다음의 몇 가지를 들 수 있을 것이다. 먼저 법규명령에 대하여는 상급관청의 하급행정관청에 대한 지휘·감독권의 행사에 의한 통제가 가능하다. 즉 상급관청의 하급관청에 대한 지휘·감독권에는 후자의 행정입법권의 행사도 포함되는 것이므로, 상급관청은 훈령권의 행사에 의하여 행정입법의 기준·방향 등을 지시하고, 위법한 행정입법을 하지 아니하도록 명할 수 있을 것이다. 다음에 법제처는 국무총리의 직속기관으로서 각 부·처에서 국무회의에 상정할 법령안을 심사할 수 있다(정부조직법 23). 끝으로, 행정절차법은 행정상 입법예고절차를 마련하여, 국민의 권리·의무 또는 일상생활과 밀접한 관련이 있는 법령 등을 마련한 행정청은 이를 예고하도록 하고 있다.

한편 행정규제기본법은 행정규제적 행정입법에 대하여 규제영향분석 및 자체심사제도를 규정하고 있다. 중앙행정기관의 장은 규제를 신설하거나 강화(규제의 존속기한의 연장을 포함)하려면, ① 규제의 신설 또는 강화의 필요성, ② 규제목적의 실현 가능성, ③ 규제 외의 대체 수단 존재 여부 및 기존규제와의 중복 여부, ④ 규제의 시행에 따라 규제를 받는 국민이 부담하여야 할 비용과 편익의 비교 분석 등의 사항을 종합적으로 고려하여 규제영향분석을 하고 그 결과를 기초로 하여 규제의 대상·범위·방법 등을 정하고 그 타당성에 대하여 자체심사를 하고(법 7①③), 규제개혁위원회의 심사를 거쳐야 한다(동법 10·12).

3. 사법적 통제

(1) 법원에 의한 통제

법원의 재판에 의하여 위법한 법규명령을 통제하는 방법인바, 그 구체적 제도는 국가에 따라 다르다. 우리나라에서는 추상적 규범통제를 인정하지 아니하고, 법규명령에 대하여는 특정 법규명령의 위헌·위법 여부가 구체적 사건에 대한 재판의 전제가 된 경우에 법원이 이를 심리·판단하는 선결문제심리 방식에 의한 간접적 통제만이 인정되고 있다.[1] 이러한 간접통제에서 법규명령의 특

---

1) 판례
 "행정소송의 대상이 될 수 있는 것은 구체적인 권리의무에 관한 분쟁이어야 하고 일반적·추상적인 법령 그 자체로서 국민의 구체적인 권리의무에 직접적인 변동을 초래하는 것이 아닌 것은 그 대상이 될 수 없으므로 구체적인 권리의무에 관한 분쟁을 떠나서 재무부령 자체의 무효확인을 구하는 청구는 행정소송의 대상이 아닌 사항에 대한 것으로서 부적법하다"(대판 1987. 3. 24, 86누656).

정 조항이 위헌·위법이어서 '무효'인 것으로 대법원에 의하여 확정적으로 판단되는 경우에도, 간접통제 방식에 따르는 한계로서 당해 규정은 당해 사건에서 적용이 배제될 뿐이고, 그것이 공식절차에 의하여 폐지되지 않는 한 이 규정은 형식적으로는 여전히 유효한 것으로 남아 있게 된다. 그러나 위헌 또는 위법한 것으로 확정적으로 판단된 관계규정이 이후의 다른 사건에서 적용되는 것은 합리적이지 않으므로, 이러한 경우 다른 사건에서도 그 적용을 배제하고 있는 것이 실제이다. 이와 관련하여서는 당해 규정이 대법원의 판결로 위헌·위법인 것으로 확정된 것임을 공시할 필요가 있게 된다. 그에 따라 행정소송법은 대법원이 명령·규칙을 위헌 또는 위법인 것으로 확정한 때에는 이를 행정안전부장관에게 통보하도록 하고, 이 경우 행정안전부장관은 이를 지체없이 관보에 게재하도록 하였다(동법 6①②). 그러나 법규명령이 직접적으로 국민의 법적 지위에 영향을 미치는 것인 때에는, 당해 법규명령에는 처분성이 인정되어 취소소송 등의 대상으로 될 수 있으며, 이 경우에는 직접적 재판통제가 가능하다.[1]

(2) 헌법소원심판에 의한 통제

1) 헌법 제107조 제2항은 명령·규칙 등의 위헌 또는 위법 여부가 재판의 전제가 된 때에는 대법원은 "이를 최종적으로 심사할 권한을 가진다"고 규정하고 있다. 한편 헌법재판소는 헌법 제111조 제1항 제5호에 근거한 헌법재판소법 제68조 제1항에 따라 법원의 재판을 제외한 공권력의 행사 또는 불행사에 대한 헌법소원심판권을 가지고 있는데, 이 중에 법규명령의 심사권도 포함되는지에 대하여는 견해가 갈리고 있었다. 소극설은 우리 헌법은 법률에 대한 위헌심사권과 명령·규칙에 대한 위헌·위법심사권을 구분하여, 전자는 헌법재판소에 그리고 후자는 법원에 부여하고 있다고 할 것이므로, 헌법재판소는 명령·규칙에 대한 위헌심판권은 가질 수 없다고 하였다.

2) 이 문제는 법무사법시행규칙에 대한 헌법소원사건에서 구체적으로 제기되었던바, 헌법재판소는 다음의 논거에 따라 적극설의 입장을 취하여 이 시행규칙에 대한 헌법소원을 인용하였다(헌재결 1990. 10. 15, 89헌마178). 즉, 헌법 제107조 제2항은 선결문제심리방식에 의한 명령·규칙에 대한 간접적 통제에 관한 규정으로서, 명령 그 자체에 의하여 직접 기본권이 침해되었음을 이유로 하여 헌법소원심판을 청구하는 것은 이 규정과는 상관이 없다. 따라서 시행규칙이 별도의 집행행위를 기다리지 않고 직접 기본권을 침해하는 것일 때에는 헌

---

1) 대판 1953. 8. 19, 4286행상37; 대결 2003. 10. 9, 2003무23.

법소원심판의 대상이 될 수 있는바, 이러한 법령의 효력을 직접 다투는 것을 소송물로 하여 일반법원에 구제를 구할 수 있는 절차는 존재하지 아니하므로 바로 헌법소원심판을 청구할 수 있다.

3) 법규명령의 기본권침해의 직접성의 요건의 인정에 있어, 헌법재판소는 당해 명령에 집행행위가 예정되어 있지 아니한 경우는 물론이고, 집행행위가 존재하더라도 그를 대상으로 하는 구제절차가 없거나 구제절차가 있더라도 권리구제의 가능성이 없고 다른 기본권침해를 당한 청구인에게 불필요한 우회절차를 강요하는 것밖에 되지 않는 경우이거나(헌재결 1997. 8. 21, 96헌마48), 법규범의 내용이 집행행위 이전에 이미 국민의 권리관계를 직접 변동시키거나 국민의 법적 지위를 결정적으로 정하는 것이어서 국민의 권리관계가 집행행위의 유무나 내용에 의하여 좌우될 수 없을 정도로 확정된 상태라면 그 직접성이 인정되어 헌법소원의 대상이 된다고 하여(헌재결 1997. 7. 16, 97헌마38), 다수의 시행규칙 또는 시행령에 대한 헌법소원심판을 인용한 바 있다.

그런데 대법원의 판례에서도 행정입법이 그 자체 직접적으로 개인의 권리·이익에 영향을 미치는 것이면, 그 처분성이 인정된다고 하고 있으므로, 이러한 점에서는 항고소송과 헌법소원이 서로 경합적인 관계에 있다고 할 수 있을 것이다. 다만, 현재로는 대법원에서 처분법규성을 인정한 것은 조례와 고시형식에 의한 시행규칙의 2건에 한정되어 있으므로, 현상적으로는 행정입법에 대하여는 헌법소원이 통상적인 구제수단으로서 기능하고 있다고 할 것이다.[1]

제3절 행정규칙

Ⅰ. 행정규칙의 개념

종래의 통설에 의하면, 행정규칙은 「행정조직 내부 또는 특별권력관계 내부와 같은 행정 내부관계에서 제정되는 일반·추상적 규정」으로 정의되었다. 한편, 법규는 역사적·인습적 법규관념에 따라 독립된 권리주체 사이의 외부관계를 규율하는 규범으로 파악되고 있었던 결과, 행정규칙은 그 법규성이 부인되고 있었다.

---

1) 최계영, 헌법소원에 의한 행정작용의 통제 —기능과 한계—, 공법연구 37집 2호 2008. 12, p. 203.

상술한 의미에서의 행정규칙에는 특별권력관계 내부에서 특별권력주체와 그 구성원의 관계를 규율하는 규범과, 행정조직 내부에서의 관계를 규율하는 규범이 포함되어 있는바, 이들은 모두 행정의 내부관계를 규율하는 것이라는 점에서 공통성이 있다.

그러나 전자는 특별권력관계의 구성원으로서의 사람(Person)을 그 수범자로 한 점에서, 행정조직 내부에서의 그 조직이나 업무처리의 절차·기준 등에 관한 규정인 후자와는 그 속성이 다른 것이다. 그에 따라 전자를 특별명령 (Sonderverordnung)[1] 이라 하여 이를 행정규칙의 범주에서 제외함으로써, 행정규칙을 후자에 한정하여 파악하는 것이 독일행정법상 유력한 견해의 하나이다.

확실히 양자 사이에는 그 속성이 다른 면이 있고, 그 법적 성질도 각각 다른 관점에서 검토되고 있으며, 우리나라에서의 행정규칙에 관한 논의도 내용적으로는 후자와의 관련에서만 검토되고 있으므로, 여기서도 양자를 구별하여 행정규칙을 후자에 한정되는 협의로 파악하기로 한다.

이러한 의미의 행정규칙은 「행정조직 내부에서 상급 행정기관이 하급 행정기관에 대하여 그 조직이나 업무처리의 절차·기준 등에 관하여 발하는 일반·

---

1) 특별명령은 독일행정법에서 비교적 최근에 학설상 광의의 행정규칙에서 분리되어 그 고유한 법적 지위가 인정된 것이나, 판례상으로는 아직 일반적인 승인을 받지 못하고 있는 것이다.

특별명령은 특별행정법관계에서 정립되는 일반적·추상적 규정을 말하는 것으로, 이는 특별행정법관계의 구성원을 그 수범자로 하고, 그 질서나 운영문제를 규율하는 것이다. 즉, 특별명령은 특별행정법관계의 구성원인 사람(Person)을 수범자로 하고, 예컨대 학생의 입학·진학·졸업 등에 관한 사항을 그 규율대상으로 하고 있는 것이다. 특별명령이 이처럼 개인의 기본적인 생활영역에 관한 사항을 규율하고 있다는 점에서 보면 그 법규성 자체는 부인할 수 없는 것이다.

문제는 그 제정권의 소재에 관한 것이다. 특별명령의 규율사항을 법률유보사항에 속한다고 볼 수도 있으나, 그 경우는 다수의 특별행정법관계에서는 현실적으로 법률의 공백상태가 상존하고 있으며, 이 문제는 단기간에 해결될 수 있는 것은 아니라는 문제에 봉착하게 된다.

그에 따라 특별명령의 제정권은 관습법에 의하여 부여되어 있다는 견해가 있으나, 그 구체적 근거가 없는 한, 이 견해의 타당성은 인정될 수 없다. 판례는 특별명령의 규율사항도 법률의 유보사항이라는 견해가 확립되는 경우는, 종래의 특별명령은 법률·법규명령이 제정되기까지는 '행정의 긴급권(Notkompetenz der Verwaltung)'에 기한 '과도기법(Übergangsrecht)'으로서 효력이 존속될 것으로 보고 있다.

이에 대하여 「에릭센」, 「그라베르트」 등은 특별명령은 행정의 시원적인 입법권에 의거한 것으로서, 법률의 위임이 없어도 제정될 수 있다고 본다.

이에 반하여, 「마우러」는 행정권은 기본법 아래에서는 법률종속명령(위임명령·집행명령)만을 발할 수 있고, 특별명령이 이러한 요건을 충족하는 경우 그것은 법규명령이 되는 것이므로, 특별명령이라는 관념은 불필요한 것으로서, 구체적인 법적 근거가 없는 경우에는 이 관념은 인정될 수 없다고 본다.

추상적 규정」이라고 정의할 수 있다.

Ⅱ. 행정규칙의 종류

1. 내용을 기준으로 한 분류

행정규칙을 광의로 파악하여 특별행정법관계와 행정조직 내부에서 정립되는 일반·추상적 규범으로 보는 경우, 그에는 다음과 같은 것들이 있다.

(1) 조직규칙

행정기관이 그 보조기관 또는 소속관서의 설치·조직·내부적 권한분배·사무처리절차 등을 정하기 위하여 발하는 규칙이다.

예컨대 관청 내부의 사무분장규정·사무처리규정 등이 이에 속한다.[1]

(2) 근무규칙

상급기관이 하급기관의 근무에 관한 사항을 계속적으로 규율하기 위하여 발하는 규칙이다. 상급관청의 하급관청에 대한 훈령·통첩 등이 이에 속한다. 행정효율과 협업촉진에 관한 규정은 법령등에 관한 법규문서에 대하여 훈령·지시·예규·일일명령에 관한 것으로서 지시문서를 들고 있고(동규정 4), 구사무관리규정은 이들 훈령·예규 등을 다음과 같이 구체적으로 정의하고 있었다.

1) 훈 령   상급기관이 하급기관에 대하여 상당히 장기간에 걸쳐서 그 권한을 일반적으로 지휘·감독하기 위하여 발하는 명령이다.

2) 지 시   상급기관이 직권 또는 하급기관의 문의에 의하여 개별적·구체적으로 발하는 명령이다.

3) 예 규   법규문서 이외의 문서로서 반복적 행정사무의 기준을 제시하는 것이다.

4) 일일명령   당직·출장·시간외근무 등 일일업무에 관한 명령이다.

일일명령은 1회적이라는 점에서 행정규칙에는 해당하지 아니한다고 할 것이다.

(3) 영조물규칙

영조물(국립학교·국립도서관 등)의 관리청이 그 조직·관리·사용 등을 규율하기

---

1) 종래 영조물의 조직이나 이용관계는 특별권력관계에 속하는 것으로 되어 있었다. 따라서 이에 관한 영조물규칙도 이러한 특별권력관계의 내부적 법관계를 규율하는 규칙으로 보았다. 그러나 오늘날에는 영조물의 조직이나 이용관계는 일반권력관계에 속하는 것으로 되어 있다. 따라서 오늘날에는 영조물규칙은 이러한 일반행정에 속하는 영조물의 내부적 관계를 규율하는 행정규칙의 한 유형에 속하는 것이다.

위하여 발하는 규칙이다. 국립대학교학칙·국립도서관규칙 등이 이에 해당한다.

2. 기능을 기준으로 한 분류

(1) 조직규칙

행정조직 내부에 있어서의 조직·권한분배·업무처리절차 등에 관한 규정을 말한다.

(2) 행위지도규칙

이에는 내용상 규범해석규칙·재량준칙 및 간소화지침 등이 있다.

1) 규범해석규칙   이것은 법규의 적용, 특히 그 불확정개념의 적용에 있어, 그 해석이나 적용방향을 확정하기 위하여 발하는 것이다. 이러한 해석규칙은 하급 행정기관에 의한 법의 해석·적용에 있어 중요한 준거기준이 되고, 또한 통일적인 법적용을 보장하여 주는 기능을 한다.

2) 재량준칙   이것은 하급 행정기관이 재량처분을 함에 있어서 재량권 행사의 일반적 방향을 제시하기 위하여 발하는 것이다.

3) 간소화지침(Vereinfachungsanweisungen)   이것은 대량적 행정처분에 있어 그 획일적 처분기준을 설정하기 위하여 발하는 것이다.

4) 법률대위규칙(gesetzvertretende Verwaltungsvorschriften)   이것은 법적 규율이 필요함에도 불구하고 흠결되어 있는 행정영역에서 발하여지는 것이다. 이러한 규칙은 법률유보원칙이 적용되지 않는 영역에서 법률이 전혀 없거나, 그것이 지나치게 일반조항적으로 규정되어 있어 그 구체화가 필요한 경우에 발하는 것이다. 후자의 경우는 재량준칙과의 구별이 문제되나, 이 경우에도 법률대위규칙은 재량준칙과는 달리 이미 법률상 설정되어 있는 결정기준을 구체화하는 것이 아니라, 원초적으로 이를 설정하는 것이라는 점에서 양자는 일단 구별된다. 그 대표적인 것으로 독일에서는 보조금지급준칙을 들고 있다.

5) 규범구체화행정규칙   이것은 앞에서 검토한 재량준칙 외에 그 외부적 효력이 인정되는 행정규칙의 제2의 유형이다. 이러한 규범구체화행정규칙의 법리는 독일 연방행정법원의 「빌」판결(1985. 12. 19)에서 정립된 것이다.

㈎ 의 의   규범구체화행정규칙에 대하여는 완전히 정착된 관념은 없으나, 여기서는 그 내용에 따라 이를 일단 「상급행정청이 하급행정청에 대하여 법률상의 수권규정에 기하여 판단 여지가 인정되는 동법상의 불확정개념 또는 미완결적 구성요건(offene gesetzliche Tatbestände)을 구체화하여 이를 집행가능하게 하기 위하여 발하는 일반·추상적 규정」으로 정의하여 둔다. 예컨대 연방

이미시온방지법 제48조는 연방정부에 대하여 동법상의 중심개념인 환경에 대한 유해 영향의 내용을 구체적으로 규정할 수 있는 권한을 부여하고 있는바, 그에 따라 여러 가지 이미시온에 있어서의 한계치가 행정규칙으로 정립된 바 있다(TA Luft, TA Lärm). 판례는 이러한 규범구체화행정규칙에는 일반규범해석규칙과는 달리 법원에 대한 구속력과 외부적 효력을 인정하고 있는바, 종전에는 전문가의 예견적 감정의견이라는 점을 그 근거로 보고 있었다. 그러나 현재는 이들 규칙은 근거법인 연방이미시온방지법 제48조에 의한 구체화수권을 그 근거로 보는 것이 판례[1]와 학설의 통설적 입장[2]이다.

(ㄴ) 유효요건   규범구체화규칙은 행정규칙의 형식으로 발령된 것이나 그에는 법규성이 인정되는 것이므로, 이들 규칙은 다음의 제한적 조건하에서만 그 유효성이 인정된다. 먼저 이들 규칙은 환경법, 기술안전법, 사회법 등 제한적 행정영역에서만 발령될 수 있다. 이들 규칙은 상위의 명령과 법률상의 가치판단결정을 준수하고, 학문·기술분야의 전문가들이 참여한 신중한 절차에 따라야 하며, 학문적, 기술적 발전상황에 뒤지지 아니하여야 한다.[3]

규범구체화규칙은 외부적 효력이 인정되므로 이해관계인이 그 내용을 알 수 있도록 고지되어야 한다.[4]

Ⅲ. 법규명령형식의 행정규칙과 법규적 내용을 가진 행정규칙

1. 법규명령의 형식을 취하는 행정규칙

행정규칙은 보통 고시·훈령·예규 등의 형식으로 정립되나, 때로는 법규명령의 형식으로 정립되는 때도 있다. 이 경우 행정규칙이 법규로서의 성질을 가지게 되는가가 문제된다. 이에 관하여는 적극설과 소극설의 대립이 있다.

(1) 적극설(형식설)

이 설은 해당 행정규칙은 법규로 되어 국민이나 법원을 구속한다고 보는 입장으로서, 그 논거로는 법규명령과 행정규칙이 각각 고유한 법형식이 있음을 전제로 하여 ① 법규명령은 일반공권력을 근거로 하여 제정되는 것으로, 국민의 자유·재산에 관계 없는 사항이라도 법규의 형식으로 규정됨으로써 일반국

---

1) BVerwGE 122, 264; BVerwGE 145, 145.
2) Erbguth/Guckelberger, Allgemeines Verwaltungsrecht, 10 Aufl., §14, Rn. 28; Peine/Siegel, Allgemeines Verwaltungsrecht, 13 Aufl., Rn. 859.
3) Maurer/Waldhoff, Allgemeines Verwaltungsrecht, 20 Aufl., §24 Rn. 33.
4) Maurer/Waldhoff, Allgemeines Verwalungsrecht, 19 Aufl., §24, Rn. 12.

민을 구속하게 된다고 보고 있다.[1]

(2) 소극설(실질설)

행정규칙은 법규의 형식으로 제정되어도 행정규칙으로서의 성질이 변하는 것은 아니어서, 일반국민이나 법원을 구속할 수는 없다고 보는 입장이다. 즉 법규명령이 언제나 국민 일반을 구속하는 것은 아니므로, 그 내용상 행정규칙에 해당함이 명백한 것인 때에는 그 형식에도 불구하고 행정규칙으로서의 성질이 변하지 아니한다고 보는 것이다.[2]

(3) 수권여부기준설

법률의 수권 여부를 기준으로 판단하는 설이다. 즉 이 설은 법률의 수권 없이 제정한 대통령령·총리령·부령은 행정규칙으로 본다.

(4) 판례의 입장

법규명령의 형식으로 정립된 행정규칙의 법적 성질·효력 등의 문제는 여러 가지 형태로 제기될 수 있다. 예컨대 대법원은 최근 법령의 위임이 없음에도 법령에 규정된 처분 요건에 해당하는 사항을 부령에서 변경하여 규정한 경우 대외적 구속력이 없는 행정명령에 그친다고 판단하였다.[3] 그러나 이 문제와 관련된 대부분의 판례는 제재적 재량처분의 기준을 정한 시행규칙(부령)·시행령(대통령령)에 관한 것이다. 다음에서는 판례의 내용에 따라 그 기준을 시행규칙으로 정한 경우와 시행령으로 정한 경우를 나누어 검토하기로 한다.

1) 제재적 재량처분의 기준을 정한 시행규칙(부령) 이러한 부령에 대하여는 그 법규성을 부인하는 것이 판례의 기본적 입장이다. 대법원은 구 자동차운수사업법 제31조상의 재량처분기준을 정한 교통부령에 대하여,

1) 김도창, 행정법(상), p. 325; 이상규, 행정법(상), p. 410; 박윤흔, 행정법(상), pp. 271~272; 변재옥, 행정법(Ⅰ), p. 215.
2) 석종현, 행정법(상), p. 405; 류지태, 행정법, p. 182; 한견우, 행정법(Ⅰ), p. 247.
3) 판례
"법령에서 행정처분의 요건 중 일부사항을 부령으로 정할 것을 위임한 데 따라 시행규칙 등 부령에서 이를 정한 경우에는 그 부령의 규정은 국민에 대해서도 구속력이 있는 법규명령에 해당한다고 할 것이지만, 법령의 위임이 없음에도 법령에 규정된 처분 요건에 해당하는 사항을 부령에서 변경하여 규정한 경우에는 그 부령의 규정은 행정청 내부의 사무처리 기준 등을 정한 것으로서 행정조직 내에서 적용되는 행정명령의 성격을 지닐 뿐 국민에 대한 대외적 구속력은 없다고 보아야 한다. 따라서 어떤 행정처분이 그와 같이 법규성이 없는 시행규칙 등의 규정에 위배된다고 하더라도 그 이유만으로 처분이 위법하게 되는 것은 아니라 할 것이고, 또 그 규칙 등에서 정한 요건에 부합한다고 하여 반드시 그 처분이 적법한 것이라고 할 수도 없다"(대판 2013. 9. 12, 2011두10584).

"자동차운수사업법 제31조 등의 규정에 의한 사업면허의 취소 등의 처분에 관한 규칙
(1982. 7. 31. 교통부령 제724호)은 부령의 형식으로 되어 있으나, 그 규정의 성질
과 내용이 자동차운수사업면허의 취소처분 등에 관한 사무처리기준을 규정한 것
에 불과한 것이므로, 이는 교통부장관이 관계 행정기관 및 직원에 대하여 그 직무
권한 행사의 지침을 정하여 주기 위하여 발한 행정조직 내부에 있어서의 행정명령
의 성질을 가지는 것이다"(대판 1984. 2. 28, 83누551)

라고 판시하였다.

이 판례는 이후 같은 내용의 다른 사건에서도 견지되고 있다.[1] 대법원은
또한 구 공중위생법 제23조상의 제재적 재량처분의 기준을 정한 시행규칙(부령)
에 대하여도,

"공중위생법 제23조 제1항은 처분권자에게 영업자가 법에 위반되는 종류와 정도
의 경중에 따라 제반사정을 참작하여 위 법에 규정된 것 중 적절한 종류를 선택하
여 합리적인 범위 내의 행정처분을 할 수 있는 재량권을 부여한 것이고, 이를 시
행하기 위하여 동 제4항에 의하여 마련된 공중위생법 시행규칙 제41조 [별표 7]
에서 위 행정처분의 기준을 정하고 있더라도 위 시행규칙은 형식은 부령으로 되어
있으나 그 성질은 행정기관 내부의 사무처리준칙을 규정한 것에 불과한 것으로서
보건사회부장관이 관계행정기관 및 직원에 대하여 그 직무권한 행사의 지침을 정
하여 주기 위하여 발한 행정명령의 성질을 가지는 것이지, 위 법 제23조 제1항에
의하여 보장된 재량권을 기속하거나 대외적으로 국민을 구속하는 것은 아니다"(대
판 1991. 3. 8, 90누6545)

라고 판시하였다.

대법원은 이외에도 의료법, 풍속영업의규제에관한법률 등의 규정에 따른
제재적 재량처분의 기준을 정한 부령에 대하여도 같은 논리에 따라 그 법규성
을 부인하고 있다.[2]

2) 제재적 재량처분의 기준을 정한 시행령(대통령령)   부령인 시행규칙의
경우와는 달리 판례는 당해 시행령에 대하여는 법규성, 즉 대외적 구속력을 인
정하고 있다. 그러나 보다 최근의 판례에서는 당해 시행령에 법규성은 인정하
면서도 그에는 신축적인 구속력만을 인정하는 것으로 보여서, 이 점은 특히 유

---

1) 대판 1991. 11. 8, 91누4973; 대판 1995. 10. 17, 94누14148; 대판 1996. 9. 6,
96누914.
2) 의료법: 대판 1996. 2. 23, 95누16318; 풍속영업규제법: 대판 1994. 4. 12, 94누
651.

의하여야 할 것으로 보인다. 그 각각의 판례를 인용하면 다음과 같다.

대법원은 1997. 12. 26. 선고 97누15418 판결에서는,

"당해 처분의 기준이 된 주택건설촉진법시행령 제10조의3 제1항 [별표 1]은 주택
건설촉진법 제7조 제2항의 위임규정에 터잡은 규정형식상 대통령령이므로 그 성
질이 부령인 시행규칙이나 또는 지방자치단체의 규칙과 같이 통상적으로 행정조
직 내부에 있어서의 행정명령에 지나지 않는 것이 아니라 대외적으로 국민이나 법
원을 구속하는 힘이 있는 법규명령에 해당한다"

라고 판시하였다.

대법원은 2001. 3. 9. 선고 99두5207 판결에서는,

"청소년보호법 제49조 제1항, 제2항에 따른 같은법시행령 제40조 [별표 6]의 위
반행위의종별에따른과징금부과처분기준은 법규명령이기는 하나 모법의 위임규정
의 내용과 취지 및 헌법상의 과잉금지의 원칙과 평등의 원칙 등에 비추어 같은 유
형의 위반행위라 하더라도 그 규모나 기간·사회적 비난 정도·위반행위로 인하여
다른 법률에 의하여 처벌받은 사정·행위자의 개인적 사정 및 위반행위로 얻은 불
법이익의 규모 등 여러 요소를 종합적으로 고려하여 사안에 따라 적정한 과징금의
액수를 정하여야 할 것이므로 그 수액은 정액이 아니라 최고한도액이다"

라고 판시하였다.

(5) 판례의 검토

위에서 법규명령 형식의 행정규칙에 관한 학설과 판례를 살펴보았거니와,
이에 관한 학설은 그 내용이 지나치게 일반적이어서 그 쟁점이 명확하게 부각
되지 못하고 있다. 이에 대하여 관련 판례에서는 그 쟁점이 매우 구체화되어 있
는 것으로, 그것은 제재적 재량처분의 기준을 정하고 있는 시행규칙(부령)과 시
행령(대통령령)에 법규성, 즉 대외적 효력이 인정될 수 있는지 여부에 관한 것이
다. 위에서 살펴본 바와 같이 판례상 제재적 처분기준을 정하고 있는 시행규칙
(부령)에 대하여는 그 법규성이 부인되는 반면에, 그 기준을 정하고 있는 시행령
(대통령령)에는 법규성이 인정되고 있다.

1) 제재적 재량처분의 기준을 정하고 있는 부령   위에서 본 바와 같이,
판례는 구 자동차운수사업법, 구 공중위생법 등의 관련 규정에서 정하고 있는
제재적 재량처분의 기준을 정한 시행규칙(부령)은 그 형식에도 불구하고 행정기

관 내부에서의 사무처리기준을 정한 것으로서 행정규칙의 성질을 가지며 대외적인 구속력은 없다는 입장을 취하고 있다.

이러한 판례의 검토에 있어서는 제재적 재량처분을 정하고 있던 구 자동차운수사업법 제31조와 관련된 대법원의 일련의 판례를 살펴보는 것이 그 실질적 이해에 도움이 될 것으로 보인다.

위 법 제31조에 기한 처분기준은 초기에는 교통부장관의 훈령으로 정하고 있었다. 이러한 상황에서 대법원은 1983. 3. 22. 선고 82누347 판결에서 "자동차운수사업법제31조등에관한처분요령은 법규의 성질을 가지는 것으로 볼 수 없고 행정조직 내부에 있어서의 명령에 지나지 아니한다"라고 하였다.

이후 교통부는 같은 내용의 기준을 시행규칙(교통부령)으로 정하였다. 그러나 당시에는 위 제31조에 이러한 시행규칙의 발령에 관한 위임규정은 없었으므로, 동 시행규칙은 그 성질상 집행명령에 해당하는 것이었다. 위 규정에 따른 제재적 처분에 있어서 교통부장관에는 재량권이 부여되어 있었고 보면, 장관은 그 재량권의 행사에 관한 일반적 기준을 집행명령으로 정할 수 있다는 점에 대하여는 의문이 없다고 할 것이다. 이처럼 당해 기준이 집행명령으로서의 부령으로 규정되어 있음에도 대법원은 전기한 1984. 2. 28. 선고 83누551 판결에서 그 법규성을 부인한 것이다.

이 판례가 계기가 된 것인지는 모르나, 1986년 구 자동차운수사업법의 개정으로 동법 제31조에 제1항에 기한 "처분의 기준이나 절차 기타 필요한 사항은 교통부령으로 정한다"는 내용의 제2항이 신설되었다. 따라서 이후의 처분기준은 위임명령의 형식을 취하게 되었다. 그럼에도 불구하고 대법원은 이후에도 종전과 같이 당해 부령에는 법규성을 부인하고 있다(대판 1995. 10. 17, 94누14148; 대판 1996. 9. 6, 96누914).

이러한 내용의 판례는 그 타당성을 인정하기 어렵다고 본다. 당해 처분기준을 훈령으로 정한 경우에는 훈령에 대외적 구속력을 인정할 수 있는 실정법상의 근거가 없다는 점에서, 그에 법규성을 부인한 초기의 판례는 타당한 것이었다. 이에 대하여 기본적으로 같은 내용의 것이기는 하나, 당해 기준을 집행명령 내지는 위임명령의 형식으로 정한 경우에도 그것은 내부적 사무처리기준인 행정규칙에 그친다고 하여 그 대외적 구속력을 부인한 이후의 판례는 기본적으로 다음의 두 가지 이유에 따라 타당성이 인정될 수 없다고 본다. 먼저, 당해 처분기준은 그 내용상 행정기관 내부에 있어서의 사무처분기준에 그치는 것이 아니고, 버스사업자 등에 대한 관계에서의 제재적 처분기준을 정하고 있다는 점이다. 다음에 보다 기본적인 것으로서, 당해 처분기준은 헌법 제95조가 정하고 있는 법규명령으로서의 집행명령 내지는 위임명령의 형식으로 되어 있었고 보면, 그에는 마땅히 대외적 구속력, 즉 법규성이 인정되어야 한다는 점이다.

전술한 바에 따라 구 자동차운수사업법 제31조에 기한 제재적 재량처분의 기준을 정한 교통부령에는 당연히 법규성이 인정되어야 하며, 그것은 구공중위생법이나 식품위생법의 관련 규정에 따른 처분기준의 경우도 마찬가지라고 본다. 그럼에도 판례는 이들 기준에 대하여 법규성을 부인하고 있는 것이다. 이처럼 판례가 법규명령의 형식으로 발령된 제재적 재량처분의 기준에 법규성을 부인하는 것은 기본적으로는 법논리적 이유라기보다는 국민의 실질적 권리구제라는 구체적 타당성의 고려에 따른 것이 아닌가 한다. 즉 당해 기준에 법규성을 인정하는 경우, 구체적 사건에서 그 형식적 적용에 따른 처분이 위반행위에 비하여 과도한 제재를 과하게 되는 부당한 결과도 발생할 수 있는 것이다. 이러한 경우에 판례는 관련 기준에 법규성을 부인하고, 당해 처분을 재량권의 일탈 또는 남용이라는 사유로 통제함으로써, 이러한 부당한 결과를 시정하려고 한 것이 아닌가 추측해 보는 것이다.

2) 제재적 재량처분의 기준을 정하고 있는 시행령   위에서 본 바와 같이 대법원은 97누15418 판결에서 제재적 재량처분의 기준을 정하고 있는 시행령(대통령령)에 대하여 법규성을 인정하고 있다. 대법원은 이 판결에서 당해 시행령은 주택건설촉진법 제7조 제2항의 위임에 터잡아 제정된 것으로서, 부령인 시행규칙이나 지방자치단체의 규칙과 같이 행정조직 내부에 있어서의 행정규칙에 지나지 않는 것이 아니라, 대외적으로 국민이나 법원을 구속하는 힘이 있는 법규명령에 해당한다고 판시하였다.

대법원은 이 판결에서 당해 시행령은 근거법령의 위임에 따라 제정된 것이라는 점을 들어 그 법규성을 인정하고 있는바, 당해 시행령에 법규명령으로서의 성질을 인정한 점은 옳다고 본다. 그러나 이 판결에서도 여전히 부령은 행정명령(행정규칙)의 성질을 가짐에 그친다고 하고 있는 점에는 찬동하기 어렵다. 왜냐하면, 판례상 그 법규성이 부인되고 있는 구 자동차운수사업법이나 식품위생법 등의 관련 시행규칙도 근거법의 명시적 위임에 따라 제정된 위임명령에 해당하는 것이기 때문이다(대판 1995. 10. 17, 94누14148; 대판 1997. 11. 28, 97누12952). 헌법 제75조는 위임명령으로서의 대통령령에 대하여, 그리고 동법 제95조는 위임명령으로서의 부령·총리령에 대하여 규정하고 있으며, 이들 위임명령의 효력에 대하여는 달리 규정하고 있지 아니하다. 따라서 제재적 재량처분의

기준을 정하고 있는 위임명령으로서의 대통령령에 법규성이 인정된다면, 마땅히
같은 내용의 위임명령인 부령에도 그 법규성이 인정되어야 하는 것이다.[1]

　위에서 살펴본 바와 같이 대법원은 99두5207 판결에서도 제재적 재량처분
의 기준을 정하고 있는 시행령의 법규성을 인정하고 있다. 그러나 이 판결에서
는 동 시행령의 명시적 규정에도 불구하고 그에 규정되어 있는 과징금수액은
정액이 아니라 최고액이라고 함으로써, 당해 시행령에는 신축적 구속력만이 인
정되게 되었다. 이 판례는 시행령에 법규성이 인정됨에 따라 그 처분기준이 기
계적으로 적용되는 경우에는 근거법 자체에서는 관련 처분을 재량처분으로 정
하고 있는 기본 취지와는 달리 사안에 따라서는 부당한 결과가 야기될 수도 있
는 것이다. 이 판결에서는 해당 시행령이 정하고 있는 과징금수액은 정액이 아
니라 최고액으로 해석하고, 그에 따라 이 처분기준에 따라 부과된 처분은 재량
권을 일탈한 처분이라고 하여 이를 취소하였던 것이다. 이 판결은 국민의 적정
한 권리구제라는 관점에서는 긍정적인 평가를 받을 만한 것이다. 그러나 그 명
시적 규정에도 불구하고 이 시행령이 정하고 있는 과징금수액은 최고액이라고
판단한 것은, 법원의 법령해석권의 범위를 벗어난 것이 아닌가라는 문제점이
있다.

(6) 판례의 종합적 평가

　위에서 살펴본 판례는 근거 법률상의 제재처분이 재량처분으로 되어 있는
경우 그 기준을 정하고 있는 부령 내지는 시행령의 법규성 여부에 관한 것이나,
이러한 기준은 재량처분에 관한 것이라는 점에서는 이를 행정규칙인 재량준칙
에 규정할 수도 있는 것이다. 그러한 경우에도 해당 재량준칙은 상급행정기관
이 그 지휘권 또는 훈령권에 기하여 하급행정기관에 대하여 발한 것이라는 것
으로서, 하급행정기관은 그 복종의무에 따라 원칙적으로 이러한 행정규칙을 준
수해야 하는 것이다. 그러한 점에서는 제재적 재량처분의 기준을 재량준칙인
행정규칙으로 정한 경우에도 그에 규정되어 있는 법률상의 행정의무의 준수는
원칙적으로 확보될 수 있는 것이다. 그럼에도 제재적 재량처분의 기준을 법규
명령으로 정한 것은 불필요한 과잉입법인지는 모른다. 그러나 법규명령에는 대

---

[1] 시행령과 시행규칙의 차이는 그 발령권자가 전자는 대통령, 그리고 후자는 각부장
관·총리라는 점 외에, 그 제정과정상 전자는 국무회의의 심의를 거쳐야 하는 데 대하
여, 후자는 이러한 절차를 요하지 아니한다는 절차상의 차이가 있다. 그러나 이러한 발
령기관 및 그 제정절차상의 차이가 시행령과는 달리 시행규칙에 법규성을 부인하여야
하는 충분한 논리적 근거가 되지는 아니한다고 본다. 위의 판례에도 불구하고 입법실
무상으로는 제재적 재량처분의 기준은 그 대부분이 여전히 총리령 또는 부령인 시행규
칙으로 정하여지고 있다.

외적 효력이 인정된다는 점에서 행정의무의 실효성 확보라는 면에서 제재기준
이 훈령인 경우와 부령이나 대통령령이 법규명령인 경우는 현격한 차이가 있다
는 행정 현실에 따른 것으로 보인다.[1] 그러나 판례는 처분기준을 정하고 있는
부령에 대하여는 법규성, 즉 법원이나 국민에 대한 구속력을 부인하고 있다. 집
행명령이나 위임명령으로서의 부령은 헌법상 그 대외적 효력이 인정되고 있다
는 점에서, 제재적 재량처분의 기준도 이를 부령으로 정하는 경우에는 그 법규
성, 즉 대외적 효력이 인정되어야 하는 것이다. 그럼에도 대법원이 제재적 재량
처분의 기준을 정하고 있는 부령에 법규성을 부인한 것은, 그 법규성이 인정되
는 경우에 당해 처분기준의 기계적 또는 엄격한 적용에 따르는 부당한 결과를
배제하기 위한 배려에 따른 것이 아닌가 한다.

　　대법원은 제재적 재량처분의 기준으로 정하고 있는 부령에 대하여는 법규
성을 부인한데 대하여, 그 기준을 정한 시행령(대통령령)에는 법규성을 인정하고
있다. 그러나 기술한 바와 같이 대통령이나 부령은 모두 헌법에 규정되어 있는
법규범으로서(헌 75·95) 양자의 효력을 구별할 이유는 없다. 그럼에도 판례상
부령과는 달리 시행령에는 법규성을 인정하고 있는 것은, 구체적 타당성의 고려
와 행정의무의 확보라는 확고한 입법의사 사이의 절충적 소산이 아닌가 한다.

2. 법규적 내용을 가진 행정규칙(법령보충규칙)

　　형식적으로는 고시·훈령 등 행정규칙의 형식으로 제정되었으나, 내용적으
로는 법률의 보충적 성질을 가지는 것이 있다. 예컨대, 물가안정에 관한 법률
제2조에 의하여 정부가 중요한 물품 등의 최고가격을 고시하는 경우가 이에 해
당한다.

　　이러한 행정규칙은 내용적으로는 법령의 구체적인 위임에 기하여 제정되는
것이므로, 그 실질적 내용에 따라 법규명령(위임명령)으로 보아야 할 것이다. 이
것은 판례의 입장이기도 하다. 대법원은 해당 규칙은 법령상의 명시적 수권에
기하여 발령된 것이므로, 그것은 당해 법령의 범위를 벗어나지 않는 한 대외적
구속력이 있는 법규명령으로서의 효력을 가진다고 하였다. 한편 헌법재판소는
전문적·기술적 사항이나 경미한 업무의 성질상 위임이 불가피한 사항에 있어
서는 법령의 위임에 의한 고시 등과 같은 행정규칙에 의한 법규명령의 제정도
합헌이라고 하였다(헌재결 2004, 16, 28, 99헌바28). 법규명령은 헌법상의 대통령

---

1) 박윤흔/정형근, 일반행정법 제30판, p. 224~225.

령, 총리령, 부령 등의 법규명령 형식에 따라 발령되는 것이 원칙이라 할 것이고 보면, 행정규칙 형식의 법령보충규칙은 제한적, 한정적으로만 인정되어야 할 것으로 보인다. 이러한 법령보충규칙은 독일 행정법상의 규범구체화행정규칙과 여러 측면에서 공통성이 있는 것으로 보인다(이 문제에 관한 자세한 내용은 뒤의 행정규칙에 관한 예외적 판례 부분 참조).

이 문제에 관한 최초의 사건으로서 재산제세사무처리규정의 법적 성격이 문제된 사건에서, 대법원은 이 규정이 비록 국세청장의 훈령 형식으로 되어 있다 하더라도, 그것은 소득세법과 그 시행령의 위임에 따라 그 규정의 내용을 보충하는 기능을 가지면서 그와 결합하여 대외적 효력을 발생하게 된다고 판시하였다(대판 1987. 9. 29, 86누484).[1]

Ⅳ. 행정규칙의 법적 성질

이것은 행정규칙이 법규로서의 성질을 가지는가의 문제이다.

전통적 견해에 의하면 행정규칙의 법규성은 전적으로 부인되었으나, 오늘날에는 일정 유형의 행정규칙에는 적어도 준법규적 성질이 인정된다고 보는 것이 일반적 견해이다.

1. 전통적 견해

행정규칙은 행정조직 내부 또는 특별권력관계 내부에서 그 조직·작용에 대해 규율하기 위하여 제정되는 것이므로, 국민에 대하여는 법적 효력이 없고, 그것은 또한 법원을 구속하거나 재판의 기준이 되지는 않는다고 보았다. 즉 행정규칙에는 법규성이 부인되어, 그러한 점에서 법규명령과 구별되고 있었던 것이다. 국민에 대해 법적 효력이 없다는 것은 구체적으로 다음과 같은 의미를 가진다. 첫째, 행정청은 행정규칙을 근거로 하여 국민을 법적으로 구속하는 결정을 할 수 없다. 둘째, 국민은 행정청의 행위에 대하여 행정규칙을 근거로 하여 그 행위의 적법성 또는 위법성을 주장할 수 없다. 셋째, 국민의 어떤 행위에 대한 법적 평가에 있어서도 행정규칙이 근거가 될 수 없다. 즉, 그 사인의 행위가 행정규칙에 부합한다 하더라도 그 행위가 반드시 적법하지 않을 수도 있고, 그

---

1) 동지의 판례: 대판 1988. 3. 22, 87누654; 대판 1996. 12. 23, 95누18567; 대판 2011. 9. 8, 2009두23822. 이 문제는 뒤의 행정규칙의 법적 성질에 관한 판례의 검토 부분에서 상론한다.

사인의 행위가 행정규칙에 위반된다고 하여 그 행위가 반드시 위법하지도 않다는 것이다.[1]

구체적으로 행정규칙은 다음과 같은 성질을 가지는 것으로 이해되고 있었다.

1) 행정규칙과 구체적 명령과의 동위성   행정규칙과 개별적 명령과는 본질적인 차이가 있는 것은 아니고, 양자는 동가치적·동위적인 것으로서, 양자의 구별은 형식적·기술적인 것에 불과하다.

2) 일면적 구속성   행정규칙과 개별명령은 이처럼 동가치적 또는 동위적 성질을 가지는 것이므로, 행정규칙의 발령기관은 구체적인 경우에 이에 구속되지 않고 그와 다른 처분을 할 수 있다. 즉, 행정규칙은 쌍면적 구속력을 가지는 것이 아니고, (수명기관·수명자에 대한) 편면적 구속력만을 가진다.

2. 새로운 견해

행정규칙에 대하여는 위에서 본 바와 같이 전통적으로 그 법규성이 전적으로 부인되고 있었으나, 오늘날에는 일정 행정규칙에 대하여는 적어도 준법규성이 인정된다고 보는 것이 일반적 견해이다. 다음에 이 문제를 내부적 효력과 외부적 효력으로 나누어 검토한다.

(1) 내부적 효력

행정규칙이 행정조직 내부에서 법적 효과를 가지는 법규범이라는 점에 대하여는 다툼이 없다. 즉 행정규칙은 상급 행정기관이 하급 행정기관의 조직이나 그 작용·활동을 규율하기 위하여 발하는 것으로, 그 수명자는 행정조직에서의 복종의무에 따라 당해 행정규칙을 준수하고 적용하여야 하는 것이다. 이러한 점에서 행정조직 내부에·있어서는 행정규칙도 법규범으로서의 성질을 가지고 있는 것이다.[2]

---

1) 개발제한구역관리규정(1998. 5. 19. 건설교통부 훈령 제203호로 개정된 것)은 건설교통부의 훈령으로서 그 규정의 내용이나 성질 등에 비추어 볼 때 개발제한구역의 관리 등에 관한 행정청 내부의 사무처리준칙을 정한 것에 불과하고 대외적으로 법원이나 일반 국민을 기속하는 법규명령으로서의 성질을 가지는 것이라고 볼 수 없으므로, 위 규정 제4조 제5호에 시장·군수에게 신고하거나 허가를 받지 않고 행할 수 있는 행위로 예시된 행위에 해당된다고 하여 관할관청의 허가 없이 하더라도 위 도시계획법 제21조 제2항에 위반되지 않는다고 볼 수는 없다(대판 2002. 10. 11, 2000도6067).

2) 행정규칙은 이러한 의미에서는 법규범이기는 하나, 현재의 통설·판례는 그 법적 효력을 행정내부에 한정되는 것으로 보아, 이를 법규명령과 구별하고 있는 것이다. 이와 관련하여 「마우러」는 행정규칙은 Rechtssatz이기는 하나 Rechtsnorm은 아니라고 한다. 법규관념의 정의에 따라서는 양자가 모두 법규에 해당한다고 볼 수도 있다.

   그러나 우리나라 학설이, 행정규칙의 법규성을 논의함에 있어서는, 그 법규관념을 이러한 행정규칙의 내부적 효력에 관한 한, 전통적 견해와 최근의 견해 사이에 차이는 없다.

(2) 외부적 효력

행정규칙은 하급 행정기관의 조직이나 작용에 관한 것으로서, 그 수명자는 행정조직에 있어서의 복종의무에 기해 이러한 행정규칙에 따라 행정사무를 처리하는 것이므로, 적어도 사실상으로는 외부적 효력을 가지고 있음은 부인할 수 없다. 문제는 이러한 사실상의 효력에 대한 법적 판단 여하이다.

이 문제에 관하여 현재 독일이나 「프랑스」행정법에서는 행정규칙 일반이 아니라, 각 유형별로 검토하고 있는바, 실제 행정규칙의 외부적 효력의 문제는 그 내용에 따라 달리 검토하여야 할 이유가 있는 것이므로, 여기서도 이 문제는 각 유형별로 검토하기로 한다.

1) **조직규칙**   독일이나 「프랑스」에서는 일정한 조직규칙에 대하여 학설·판례상 그 법규성을 인정하고 있다.

독일에서는 판례상 하급행정기관의 관할권을 정한 관할권규칙과 일정 절차규칙에 대하여는 외부적 효력이 인정되고 있으며,1) 학설상으로도 이러한 판례의 입장을 지지하는 것이 다수설인 것으로 보이나, 그 논거는 명확하지 아니한 것으로 보인다. 「오센뷜(F. Ossenbühl)」은 조직규칙이 시원적인 행정권의 법이라고 주장하고 있는바, 이는 행정권에도 일정 한도에 있어 고유한 입법권이 있다는 전제하에서 주장되고 있는 것이다. 그러나 행정권에 그와 같은 고유한 입법권을 인정할 수 있는지는 의문이다.

「프랑스」에서는 각부 장관에게 부령제정권이 없으나, 판례는 행정의 조직·운영에 관하여는 예외적으로 이를 인정하고 있는바, 이것은 「자마르」판결 (Jamart, Conseil d'Etat, 3 juillet 1936)에서 확립된 것이다. 이 판결은 "법률의 명시적 수권이 없는 경우에도 장관에게는 다른 모든 행정기관의 장과 같이, 그 소관행정의 원활한 운영을 위하여 법규명령을 제정할 수 있는 권한이 있다"고 선언하였다.

그러나 이 판결 자체에서도 그렇지만 학설상으로도 그 구체적 논거는 제시되지 못하고 있다.

2) **규범해석규칙**   행정청에게는 법해석에 있어 고유한 판단권이 인정될

「마우러」가 말하는 Rechtsnorm, 즉 대외적 효력을 가지는 일반·추상적 규정으로·파악하고 있음은 물론이다.

1) BVerfGE 36, 327; BVerfGE 40, 237(255).

수 없으므로 규범해석규칙에 고유한 법적 효력이 인정될 수는 없다 할 것이다. 당해 규칙이 관계법령을 적정하게 해석한 것인 때에는 이는 단지 법령상의 내용을 명확히하는 데 그치는 것이고, 그 자체에 고유한 의미는 없다. 따라서 이해관계인은 직접 법령에 의거하여 그 권리를 주장하면 되는 것이고, 규범해석규칙을 원용할 필요는 없는 것이다.

그러나 당해 해석규칙이 불확정개념에 관한 것이고, 그에 관하여 행정청에 판단여지가 인정되는 때에는, 당해 해석규칙에는 예외적으로 후술하는 재량행위에 대한 재량준칙에 준하는 효력이 인정될 수 있을 것이다.

규범해석규칙이 관계법을 잘못 해석한 것이나 그에 기하여 일정 행정관행이 형성된 경우에는, 다음과 같은 문제가 제기된다. 즉, 당해 규칙에 기한 처분이 법령상의 적법한 처분보다 국민에게 유리한 것인 경우에 있어, 이해관계자가 당해 해석규칙과 관행에 의거하여 동일한 처분을 청구할 수 있는가의 문제이다.

이것은 내용적으로는 법률에 의한 행정원칙과 평등원칙간의 충돌문제이다. 이 문제에 관하여는, 그것이 실질적으로는 부당한 결과를 야기할 수도 있는 것이지만, 소극적으로 해석할 수밖에 없다고 본다. 왜냐하면 평등원칙이 위법한 관행을 정당화할 수는 없고, 불법 앞의 평등원칙은 존재하지 않으므로, 위법행위의 반복청구권은 인정될 수 없기 때문이다.[1]

3) **법률대위규칙**　　법률대위규칙은 실질적으로는 법령과 같은 기능을 수행하는 것임은 물론이나, 삼권분립원칙을 취하고 있는 우리 헌법하에서는 행정권에 독자적 입법권을 인정할 수는 없다는 점에서, 법률대위규칙에 법규로서의 성질 또는 효력을 인정할 수는 없다고 할 것이다.

전술한 바와 같이, 법률대위규칙은 일정한 행정작용과 관련하여 근거법률이 없거나 그 규정 내용이 지나치게 일반적인 경우에 정립되는 것인바, 이 경우 행정권에는 그 범위가 보다 넓은 것이기는 하나 내용적으로는 재량권과 유사한 독자적 판단권이 인정되어 있다고 할 수 있다. 그러한 점에서는 법률대위규칙은 실질적으로는 재량준칙과 같은 기능을 수행한다고 할 수 있는바, 그에 따라 법률대위규칙에는 후술하는 재량준칙의 경우와 같이 평등원칙을 매개로 하여 법규에 준하는 효력을 인정할 수 있다고 본다(준법규설).

4) **재량준칙**　　재량준칙은 일정한 한도에서의 독자적 판단권이 부여되어

---

1) Erichsen/Martens, op. cit., pp. 137~138; H. Maurer, Allgemeines Verwaltungs-recht, 1994, pp. 572~573.

있는 재량처분에 있어 행정권이 스스로 그 처분의 일반적 기준을 설정하여 내용적으로는 재량권을 제한하는 의미를 가지고 있는 것으로서, 행정규칙의 법규성의 논의는 내용적으로는 이러한 재량준칙에 관한 것이 중심을 이루고 있다.

　재량준칙의 외부적 효력에 대하여 독일의 통설은 간접적 효력만을 인정하여 준법규성을 인정하고 있으나,「오센뷜」등은 직접적 효력까지도 인정하여 그 법규성을 인정하고 있다. 이러한 독일에서의 재량준칙의 효력에 관한 논의는 우리나라에 있어서도 유용한 준거점을 제시하고 있는바, 다음에 그 내용을 살펴보기로 한다.

　㈎ 준법규설　　재량준칙의 외부적 효력에 관하여, 독일의 통설은 전술한 바와 같이 행정의 자기구속원리에 입각하여 그 간접적 효력만을 인정하고 있다. 그 구체적인 내용을 간추리면 다음과 같다.

　재량행위에 있어서 그 재량권을 동일한 방향으로 행사하여 일정한 관행이 형성되어 있는 경우에는, 행정청은 동일한 사안에 대하여는 당해 관행에 따른 처분을 하여야 할 법적 구속을 받는다. 그것은 정당한 사유가 없음에도 불구하고 이전의 관행과 다른 처분을 하는 것은 헌법상의 원리인 평등원칙에 반하기 때문이다. 즉, 재량행위에 있어서 행정청에게는 원칙적으로 그 처분의 내용에 관한 재량권, 즉 독자적 판단권이 있음에도 불구하고, 그 재량권의 행사에 관한 관행이 형성되어 있는 경우에는, 헌법상의 평등원칙에 따라 스스로의 관행에 구속되는 것으로, 이를 행정의 자기구속원리(Prinzip der Selbstbindung der Verwaltung)라 한다.[1]

　이러한 행정의 자기구속원리와 재량준칙을 결합하면, 다음의 이론이 성립된다. 재량준칙이 일정기간 적용되면 그에 따른 행정관행이 형성되는바, 행정은 동일한 사안에 있어서는 평등원칙에 따라, 그를 정당화할 만한 사유가 없는 한 이러한 관행과 다른 처분을 할 수 없다. 즉 재량준칙이 그 적용관행에 의하여 뒷받침되는 때에는, 그 재량준칙과 다른 처분을 하는 것은 평등원칙에 반하는 위법한 처분이 되는 것이다. 이것은 재량준칙이 평등원칙을 매개로 하여 국민

---

[1] 행정의 자기구속원리는 신뢰보호원칙을 근거로 하여서도 일단 구성될 수 있을 것이나, 이 경우 그 타당범위는 평등원칙에 기한 경우에 비하여 훨씬 한정될 것이다. 왜냐하면 행정규칙 그 자체는 원칙적으로 국민에 대한 것이 아니라 행정내부에서의 업무처리의 기준으로 발하여지는 것이고 보면, 일반적으로 행정규칙은 신뢰보호원칙의 적용을 위한 선행조치의 요건을 충족하지 못하는 것이다. 따라서 신뢰보호원칙에 기한 행정의 자기구속원칙이 적용되기 위하여서는 구체적 상황과의 관련에서 당해 행정규칙이 특정인에 대한 확약으로 평가될 수 있는 경우 등에 한정된다 할 것이다. H. Maurer, Allgemeines Verwaltungsrecht, 1994, pp. 635~636.

에 대하여도 법적 효력을 가지게 됨을 의미한다. 즉 재량준칙은 국민이나 법원
에 대하여는 평등원칙을 매개로 하여 간접적으로 법적 효력을 갖게 되는바, 이
러한 점에서 재량준칙은 준법규성을 가진다고 할 수 있다.

한편 재량준칙에 따른 관행이 형성되어 있지 않은 경우, 즉 재량준칙의 1
차적 적용에 있어서의 그 법적 효력의 문제가 있다. 이 문제에 대하여 독일의
판례는 이 경우의 재량준칙을 일종의 예기관행으로 보아서, 이러한 예기관행으
로서의 재량준칙에 위반한 처분은 위법한 것으로 보고 있다. 이 문제에 대하여
「마우러」는 이러한 예기관행이론은 차후에 재량준칙에 따른 관행의 형성이 법
적으로 소명될 수 있는 경우에만 그 타당성이 인정될 수 있다고 하고 있다.[1]

(나) 법 규 설   이것은 「오센뷜」, 「베크만」 등의 견해로서, 재량준칙은 그
자체로서 직접 국민에 대하여 법적 효력을 가진다고 본다.

「오센뷜」은 통설적 견해가 인위적이라고 비판하면서, 재량준칙은 행정청이
재량권을 제한함으로써 스스로를 구속하려는 의사행위(Willensakt)의 결과로서,
그것은 행정의 고유한 기능영역에서 그 독자적인 입법권에 의하여 정립되는 시
원적인 행정권의 법(Administrativrecht)이므로, 외부에 대하여 직접적인 효력을
발생하는 것이라고 한다.[2]

이러한 「오센뷜」의 주장은 법률유보사항이 아닌 사항과 법률유보사항에 있
어서도 법률에서 재량여지·판단여지·형성여지를 인정한 경우 등에는 행정권에
시원적·자율적이고 대외적 구속력을 가진 법정립권이 인정될 수 있다는 견해
에 입각하고 있는 것이다.

「오센뷜」은 이처럼 재량준칙을 외부에 대하여 직접적 효력을 가지는 법규
로 보면서도, 행정권의 고유한 법으로서의 재량준칙은 내용적으로는 신축적 구
속력을 특징으로 하는 것으로서, 그에 대한 예외가 허용되는 점에서 일반법규
와는 구별되는 것이라 한다. 따라서 행정청은 구체적인 경우 정당한 사유가 있
는 때에는 재량준칙과 다른 처분을 할 수도 있다고 한다.[3]

(다) 결 어   이상에서 재량준칙의 외부적 효력에 관한 독일의 통설인 준
법규설과 그 비판론으로서의 법규설을 살펴보았거니와, 결론적으로는 통설적
견해가 보다 타당하다고 보는바, 그 논거는 다음과 같다. (i) 먼저 법규설은 행

---

1) Ibid., p. 634.
2) Ossenbühl, Verwaltungsvorschriften und Grundgesetz, 1968; ders, in: Erichsen/
   Martens, Allgemeines Verwaltungsrecht, p. 93 이하.
3) Ossenbühl, Rechtsquellen und Rechtsbindungen, in: Erichsen/Martens, Allge-
   meines Verwaltungsrecht, 1994, pp. 138~140.

정권에도 고유한 입법권이 있다는 전제에 입각하고 있는 것이나, 삼권분립원칙이 오늘날 헌법의 기본원칙이라고 한다면, 그에 대한 예외는 헌법이 명시적으로 규정하고 있는 경우에만 허용된다고 할 것이다. (ⅱ) 다음에 재량준칙의 외부적 효력은 행정이 스스로를 구속하려는 의사행위에 의하여 발생한다고 하고 있으나, 행정권이 당해 규칙에 직접적인 외부적 효력을 인정하려고 한다면, 동일한 내용을 법규명령의 형식으로 발할 수 있음에도 불구하고, 이를 재량준칙이라는 행정규칙으로 발한 이유가 문제된다. (ⅲ) 끝으로, 재량준칙을 법규명령이라고 한다면, 명문으로 그에 대한 예외를 규정하고 있지 아니한 한, 그와 다른 처분은 허용되지 아니한다 할 것이다. 그러나 재량행위에 있어 행정청에 대한 재량권의 인정이 구체적 상황에 가장 적합한 처분을 하게 하기 위한 것이라면, 예외적인 경우 재량준칙과 다른 처분도 허용되어야 하는 것이다. 평등원칙을 매개로 하여 재량준칙에 외부적 효력을 인정하는 경우에는, 행정청은 내용적으로 동일한 사안에 있어서만 관행에 의하여 뒷받침되는 재량준칙에 따른 처분을 하여야 하는 것이므로, 그 밖의 경우에는 행정청이 그와 다른 처분을 할 수도 있는 것이다.

이러한 문제점을 감안하여 「오센뷜」 자신도, 행정권의 법으로서의 재량준칙은 법규이기는 하나, 그에 대한 예외적 처분이 허용되는 것이라고 주장하고 있으나, 그 구체적 논거는 제시하고 있지 못하다.

재량준칙에 대하여 평등원칙을 매개로 하는 간접적 효력을 인정하는 독일의 통설적 견해는, 우리나라에 있어 당해 문제의 판단에 있어서도 타당한 견해로 원용될 수 있다고 본다. 왜냐하면 우리나라에서도 평등원칙은 헌법상의 원칙으로 되어 있고, 우리나라에 있어서도 재량준칙은 그 본질에 있어서 독일의 그것과 다르지 않기 때문이다.

기본적으로 이러한 이유에 기한 것으로 보이나, 재량준칙의 준법규성설은 우리 학설상 절대적 통설의 지위를 점하고 있을 뿐만 아니라, 이 법리는 판례상으로 채택되고 있다.

헌법재판소는 1990. 9. 3. 선고 90헌마13 결정에서, "이른바 행정규칙은 일반적으로 행정조직 내부에서만 효력을 가지는 것이고 대외적인 구속력을 갖는 것은 아니다. (그러나) 재량권 행사의 준칙이 그 정한 바에 따라 되풀이 시행되어 행정관행이 이룩되게 되면 평등의 원칙이나 신뢰보호의 원칙에 따라 행정기관은 그 상대방에 대한 관계에서 그 규칙에 따라야 할 자기구속을 당하게 되고, 그러한 경우에는 대외적인 구속력을 가지게 된다"고 판시하였다.

대법원의 판례의 경우는, 제재적 재량처분의 기준을 정하고 있는 식품위생법시행규칙은 행정기관 내부의 사무처리준칙에 불과하기는 하나, 특별한 사유가 없는 한 이 기준에 따라 처분을 하는 것이 보통이라 할 것이므로, 특정개인에 대해서만 이러한 기준을 과도하게 초과하는 처분을 한 경우에는 일응 재량권의 한계를 일탈한 것으로 볼 만한 여지가 충분하다고 판시한 1993. 6. 29. 선고 93누5635 판결에서 이 법리가 일단 표명되고 있는 것으로 보인다. 그러나 이에 대하여는 견해가 갈리고 있었던 것으로, 이 법리가 명시적으로 채택된 것은 2009. 12. 24. 선고 2009두7967 판결이다.

이 판결에서 대법원은, "상급행정기관이 하급행정기관에 대하여 업무처리지침이나 법령의 해석적용에 관한 기준을 발하는 이른바 '행정규칙이나 내부지침'은 일반적으로 행정조직 내부에서만 효력을 가질 뿐 대외적인 구속력을 갖는 것은 아니므로 행정처분이 그에 위반하였다고 하여 그러한 사정만으로 곧바로 위법하게 되는 것은 아니(나) 재량권 행사의 준칙인 행정규칙이 그 정한 바에 따라 되풀이 시행되어 행정관행이 이루어지게 되면 평등의 원칙이나 신뢰보호의 원칙에 따라 행정기관은 그 상대방에 대한 관계에서 그 규칙에 따라야 할 구속을 받게 되므로, 이러한 경우에는 특별한 사정이 없는 한 그를 위반하는 처분은 평등의 원칙이나 신뢰보호의 원칙에 위배된 재량을 일탈·남용한 위법한 처분이 된다"고 판시하였다.

3. 판 례

행정규칙의 법규성 여부에 대하여 우리 판례는 일단 이를 긍정하는 것과 부인하는 것으로 나누어지고 있으나, 그것이 합리적 기준에 따른 것으로는 보이지 아니한다.

(1) 원칙 — 법규성 부인

행정규칙에는 법규성, 즉 대외적 구속력이 없다고 보는 것이 우리 판례의 기본적 입장인 것으로 보인다.

대법원은 훈령에 대하여,

"훈령이란 행정조직 내부에 있어서 그 권한의 행사를 지휘·감독하기 위하여 발하는 행정명령으로서, 훈령, 예규, 통첩, 지시, 고시, 각서 등 그 사용명칭 여하에 불구하고 공법상의 법률관계 내부에서 준거할 준칙 등을 정하는데 그치고 대외적으로는 아무런 구속력도 가지는 것이 아니다"(대판 1983. 6. 14, 83누54)

라고 판시하여 그 법규성을 부인하였다.[1]

　　대법원은 재량준칙에 대하여도 그 준법규성 문제 등의 검토도 하지 아니한 채 다른 행정규칙과 같이 그 외부적 효력을 부인하고 있다.

　　구 자동차운수사업법 제31조 등에 기한 건설교통부장관의 훈령에 관하여 대법원은,

　　"자동차운수사업법 제31조 등에 관한 처분요령 [별표 2]에 논지와 같은 행정처분의 기준이 정하여져 있더라도 이는 훈시적인 규정에 지나지 아니하는 것으로서, 관계 행정청을 기속하는 것이라고 할 수 없음은 물론, 법원을 기속하는 성질의 것도 아니다"(대판 1983. 5. 22, 82누347)

라고 판시하였다.

　　대법원은 행정규칙의 형식으로 발하여진 훈령에 대하여 그 법규성을 부인하고 있을 뿐만 아니라, 위에서 본 바와 같이 같은 내용의 처분기준을 정하고 있는 부령에 대하여도 그 법규성을 부인하고 있다.

　　(2) 예　　외

　　상술한 바와 같이 대법원은 훈령 등 행정규칙에는 그 법규성을 부인하고 있으나, 이에 대한 몇 가지 예외적 판례가 나오고 있다.

　　1) 훈령에 규정된 청문절차에 대외적 효력을 인정한 판례(대판 1984. 9. 11, 82누166)

　　"건축사무소의 등록취소 및 폐쇄처분에 관한 규정(1979. 9. 6. 건설부훈령 제447호) … 제9조에는 건축사무소의 등록을 취소하고자 할 때에는 미리 당해 건축사에 대하여 청문을 하거나 필요한 경우에 참고인의 의견을 들어야 한다 … 고 규정하고 있는바, 이와 같이 관계 행정청이 건축사사무소의 등록취소처분을 함에 있어 당해 건축사들을 사전에 청문하도록 한 법제도의 취지는, 위 행정처분으로 인하여 건축사사무소의 기존권리가 부당하게 침해받지 아니하도록 등록취소사유에 대하여 당해 건축사에게 변명과 유리한 자료를 제출할 기회를 부여하여 위법사유의 시정가능성을 감안하고 처분의 신중성과 적정성을 기하려 함에 있다 할 것이므로, 관계 행정청이 위와 같은 처분을 하려면 반드시 사전에 청문절차를 거쳐야 하고 설사 위와 같은 법 제28조 소정의 사유가 분명히 존재하는 경우라 하더라도 청문절차를 거치지 아니한 건축사사무소등록취소처분은 위법한 처분"이다.

---

[1] 동지: 대판 1983. 3. 22, 82누347; 대판 1985. 7. 9, 83누189; 대판 1990. 4. 10, 90누271.

이 판결은 건축사법에 의한 건축사사무소의 등록의 취소처분이 훈령에 규정되어 있는 청문절차를 거치지 아니하여 위법하다고 판시하고 있어, 일응 행정규칙인 훈령에 법규성을 인정한 판례로 해석될 소지도 있다. 그러나 단순히 절차를 규정한 행정규칙에 외부적 효력을 인정할 수 있는 법적 근거는 없고 또한 이 판결은 당시의 대법원의 행정규칙의 비법규성 판례에 대한 유일한 예외를 이루고 있다는 점에서 이 판결이 당해 훈령에 법규성을 인정한 것이라고 하기는 어려운 것으로 보인다.

이 판결이 건축사들에 대한 청문절차라는 '법제도의 취지'에 관하여 언급하고 있다는 점에서는 대법원은 여기서의 청문절차의 효력의 근거를 그것이 규정되어 있는 훈령이 아니라 그 불문법원리성에 두고 있는 것으로 해석하는 것이 일단 합리적인 것으로 보인다. 그러나 대법원은 이후의 판례에서는 청문절차의 이러한 성격을 부인하고 있다(대판 1994. 8. 9, 94누3414).

2) 행정규칙에 기한 처분에 대하여 항고소송의 대상인 처분성을 인정한 판례(대판 2002. 7. 26, 2001두3532)

"항고소송의 대상이 되는 행정처분이라 함은 원칙적으로 행정청의 공법상 행위로서 특정사항에 대하여 법규에 의한 권리의 설정 또는 의무의 부담을 명하거나 기타 법률상 효과를 발생하게 하는 등으로 일반국민의 권리의무에 직접 영향을 미치는 행위를 가리키는 것이지만, 어떠한 처분의 근거나 법적인 효과가 행정규칙에 규정되어 있다고 하더라도, 그 처분이 행정규칙의 내부적 구속력에 의하여 상대방에게 권리의 설정 또는 의무의 부담을 명하거나 기타 법적인 효력을 발생하게 하는 등으로 그 상대방의 권리 의무에 직접 영향을 미치는 행위라면, 이 경우에도 항고소송의 대상이 되는 행정처분에 해당한다고 보아야 할 것이다."

대법원은 이러한 전제에 따라 행정조직 내부에서 제정된 예규 등의 행정규칙에 의한 '불문경고조치'가 법률상의 징계처분은 아니나, 이 처분을 받지 아니하였다면 차후 다른 징계처분이나 경고를 받게 될 경우 징계 감경사유로 사용될 수 있었던 표창공적의 사용가능성을 소멸시키는 효과와 1년 동안 인사기록카드에 등재됨으로써 그 동안은 장관표창이나 도지사표창 대상자에서 제외시키는 효과 등이 있다는 이유로 항고소송의 대상이 되는 행정처분에 해당한다고 판시하였다.

불문경고는 당해 공무원의 비위행위가 견책사유에 해당하는 것으로 판정되는 경우에도 그 표창공적을 감안하여 행하는 것으로서, 이것은 행정조직 내부에서 예규나 규칙 등이 이를 정하고 있다. 따라서 불문경고는 법률상의 징계처분에는 해당하지 아니하는 것으로서, 전통적 입장에 따르면 이러한 불문경고는 이후 이와 관련된 불이익조치가 행해지는 경우 당해 조치를 다투는 과정에서 그 위법성을 주장하여 법원의 심리를 받을 수 있는 것이므로, 직접 불문경고 자체를 다툴 이익은 부인되었을 것이다.

이에 대하여 이 판결에서는 관련 행정규칙의 관계 행정기관 또는 공무원에 대한 내부적 구속력을 매개로 하여 외부와의 법적 관련성을 인정하고 있는 것으로서, 그러한 한도에서 이 판결에서는 행정규칙에 대한 종래의 판례의 입장이 수정되고 있다고 할 수 있다(동지 대판 2004. 11. 26, 2003두10251 · 10268).

3) 제재적 선행처분에 따른 가중처벌 등을 정하고 있는 행정규칙에 기한 불이익조치의 위험을 배제하기 위하여 그 기간이 경과한 선행처분의 취소를 구할 이익을 인정한 판례(대판 2006. 6. 22, 2003두1684)

"제재적 행정처분의 가중사유나 전제요건에 관한 규정이 법령이 아니라 규칙의 형식으로 되어 있다고 하더라도, 그러한 규칙이 법령에 근거를 두고 있는 이상 그 법적 성질이 대외적 · 일반적 구속력을 갖는 법규명령인지 여부와는 상관 없이 관할 행정청이나 담당공무원은 이를 준수할 의무가 있으므로, 이들이 그 규칙에 정해진 바에 따라 행정작용을 할 것이 당연히 예견되고, 그 결과 행정작용의 상대방인 국민으로서는 그 규칙의 영향을 받을 수밖에 없다. 따라서 그러한 규칙이 정한 바에 따라 선행처분을 받은 상대방이 그 처분의 존재로 인하여 장래에 받을 불이익, 즉 후행처분의 위험은 구체적이고 현실적인 것이므로, 상대방에게는 선행처분의 취소소송을 통하여 그 불이익을 배제할 필요가 있다."

위의 판결은 관련 문제에 관한 이전의 판례를 변경한 것으로서, 대법원은 종래 부령인 행정규칙에서 선행의 제재처분을 이유로 한 가중처벌을 정하고 있는 경우에도, 행정규칙은 대외적으로 국민이나 법원을 구속하는 힘이 없으므로, 당해 규칙에 따라 가중적 불이익처분을 받을 위험이 있다고 하더라도 이는 사실상의 불이익에 그치는 것이고, 가중적 후행처분의 위법성의 판단과정에서 당해 선행처분이 위법한 것임을 주장할 수도 있으므로, 이러한 선행처분의 독자적 취소를 구할 이익은 없다고 하고 있었다(대판 1995. 10. 17, 94누14148).

이에 대하여 위의 2003두1684 판결에서는 선행처분을 이유로 하는 가중적 처분을 정하고 있는 부령을 일단 행정규칙이라 하면서도 그에 대한 행정청이나 공무원의 준수의무를 이유로 하여 그 외부적 관련성을 인정하고 있는 것으로서, 그러한 점에서 이 판결도 일정 한도에서 행정규칙에 대한 종래의 판례를 수정하고 있는 것이다.

　　4) 법령보충규칙의 문제　　대법원은 상위 법령의 명시적 수권에 기한 것이나 행정규칙의 형식으로 발하여진 국세청장, 산업통상자원부장관, 보건복지부장관 등의 고시, 지침, 예규 등에 대하여 대외적 구속력이 있는 법규성을 인정하고 있다. 이 판례의 효시를 이룬 것은 국세청장의 훈령에 대한 대법원의 1987. 9. 29. 선고 86누484 판결인바, 관련 부분을 인용하면 다음과 같다.

> "행정규칙은 일반적으로 행정조직 내부에서 효력을 가질 뿐 대외적인 구속력을 갖는 것은 아니지만, 법령의 규정이 특정 행정기관에게 그 법령내용의 구체적 사항을 정할 수 있는 권한을 부여하면서 그 권한행사의 절차나 방법을 특정하고 있지 아니한 관계로 수임행정기관이 행정규칙의 형식으로 그 법령의 내용이 될 사항을 구체적으로 정하고 있다면, 그와 같은 행정규칙, 규정은 행정규칙이 갖는 일반적 효력으로서가 아니라, 행정기관에 법령의 구체적 내용을 보충할 권한을 부여한 법령규정의 효력에 의하여 법령의 구체적 내용을 보충하는 기능을 갖게 된다 할 것이므로, 이와 같은 행정규칙, 규정은 당해 법령의 위임한계를 벗어나지 아니하는 한 그것들과 결합하여 대외적인 구속력이 있는 법규명령으로서의 효력을 갖게 된다."

　　이 판결에서 대법원은 국세청장이 발한 재산제세사무처리규정은 훈령의 형식으로 되어 있음에도 불구하고 그것은 소득세법과 그 시행령의 위임에 따라 제정되어 이들 법령의 내용을 보충하고 있는 것으로서, 이 규정(규정)은 그 상위 법령의 수임한계를 벗어나지 아니하는 한 대외적인 구속력이 있는 법규명령으로서의 효력을 가진다고 하고 있는 것이다.

　　대법원은 이후 다른 행정 영역에서도 위의 논리에 따라 관련 행정규칙에 법규성을 인정한 바 있다. 관련 판례를 몇 가지 들어 보면, 대법원은 ① 1993. 11. 23. 선고 93도662 판결에서는 수입다변화품목의 지정 및 그 수입절차 등에 관한 상공부훈령인 고시 제91-21호는 "그 근거가 되는 대외무역법시행령 제35조의 규정을 보충하는 기능을 지니면서 그와 결합하여 대외적인 효력을 지니는 것"이라고 하고, ② 1994. 4. 26. 선고 93누21668 판결에서는 국세청훈령인 주류도매면허제도개선업무지침은 "행정규칙의 형식을 취하고 있지만 국세청장이 주세법시행령 제14조의 위임에 따라서 그 규정의 내용이될 사항을 구체적으로 정하고 있는 것으로서 그 위임의 한계를 벗어나지 않는 한 시행령 제14

조와 결합하여 대외적으로 구속력이 있는 법규명령"이라고 하고, ③ 1994. 3. 8. 선고 92누1728 판결에서는 식품제조업허가기준에 관한 고시는 "공익상의 이유로 허가를 할 수 없는 영업의 종류를 지정한 구식품위생법 제21조의3 제4호에 따라 보건사회부장관이 발한 것으로서, 실질적으로 법의 규정 내용을 보충하는 기능을 지니면서 그것과 결합하여 대외적으로 구속력이 있는 법규명령의 성질을 가진 것"이라고 하였다.

위에서 본 바와 같이 대법원이 보건사회부장관의 고시나 국세청장의 지침 등에 대외적 구속력이 있는 법규성을 인정한 것은 이들 규범이 모두 그 내용을 구체적으로 보충할 수 있는 권한을 부여하고 있는 근거법령의 명시적 수권에 따라 발하여진 것이라는 사실에 근거하고 있는 것이다. 그러한 점에서는 이들 고시나 지침은 실질적으로는 위임명령에 해당하는 것이다.

이러한 법령보충규칙에 대해서는 대법원의 2012. 7. 5. 선고 2012다 72076 판결에 그 요건, 법적 성격, 한계 등이 적절하게 설시되어 있다.

"법령의 규정이 특정 행정기관에게 법령 내용의 구체적 사항을 정할 수 있는 권한을 부여하면서 권한행사의 절차나 방법을 특정하지 아니한 경우에는 수임 행정기관은 행정규칙이나 규정 형식으로 법령 내용이 될 사항을 구체적으로 정할 수 있다. 이 경우 행정규칙 등은 당해 법령의 위임한계를 벗어나지 않는 한 대외적 구속력이 있는 법규명령으로서 효력을 가지게 되지만, 이는 행정규칙이 갖는 일반적 효력이 아니라 행정기관에 법령의 구체적 내용을 보충할 권한을 부여한 법령 규정의 효력에 근거하여 예외적으로 인정되는 것이다. 따라서 그 행정규칙이나 규정이 상위법령의 위임한계를 벗어난 경우에는 법규명령으로서 대외적 구속력을 인정할 여지는 없다. 이는 행정규칙이나 규정 '내용'이 위임범위를 벗어난 경우뿐 아니라 상위법령의 위임규정에서 특정하여 정한 권한행사의 '절차'나 '방식'에 위배되는 경우도 마찬가지이므로, 상위법령에서 세부사항 등을 시행규칙으로 정하도록 위임하였음에도 이를 고시 등 행정규칙으로 정하였다면 그 역시 대외적 구속력을 가지는 법규명령으로서 효력이 인정될 수 없다."

이러한 법령보충규칙은 헌법상의 법규명령에 관한 규정이 열거적 규정이라는 입장을 취하지 아니하는 한 그 위헌성의 문제는 제기되지 아니한다. 헌법재판소는 법규명령은 대통령령, 부령 등의 형식으로 제정되는 것이 바람직하나, 제한적 한도에서는 행정규칙에 대한 위임에 따라 법규적 효력을 가지는 법령보충규칙의 발령도 합헌적이라고 하였다.

행정규칙은 법규명령과 같은 엄격한 제정 및 개정절차를 요하지 아니하므로, 재산권 등과 같은 기본권을 제한하는 작용을 하는 법률이 입법위임을 할 때에는 "대통령령", "총리령", "부령" 등 법규명령에 위임함이 바람직하고, 금융감독위원회의 고시와 같은 형식으로 입법위임을 할 때에는 적어도 행정규제기본법 제4조 제2항 단서에서 정한 바와 같이 법령이 전문적·기술적 사항이나 경미한 사항으로서 업무의 성질상 위임이 불가피한 사항에 한정된다 할 것이고, 그러한 사항이라 하더라도 포괄위임금지의 원칙상 법률의 위임은 반드시 구체적·개별적으로 한정된 사항에 대하여 행하여져야 한다(헌재결 2004. 10. 28, 99헌바91, 금융산업의구조개선에관한법률 제2조 제3호 가목등 위헌소원).

행정기본법 제2조 제1호에서는 "법령"과 "자치법규"를 합쳐서 "법령등"이라고 정의하면서, "법령"에는 "법률 및 대통령령·총리령·부령"과 함께 "국회규칙·대법원규칙·헌법재판소규칙·중앙선거관리위원회규칙 및 감사원규칙"을 명시하고 이들로부터 위임받은 행정규칙(법령보충규칙)이 포함되는 것으로 규정하고 있다. 동법은 총리령·부령 등의 전형적 법규명령과 법령보충규칙을 같은 차원의 법규명령으로 규정하고 있는 것으로 보인다. 그러나 법령보충규칙은 제한적 범위에서만 그 법규성이 인정되는 것이라는 점에서 해당 법령상의 규칙에 대한 법령보충규칙의 인정에는 신중한 판단이 필요할 것으로 본다.

4. 종합적 정리

위에서 행정규칙의 법적 성질에 대하여 학설·판례를 살펴보았거니와, 이를 간단히 정리하여 보면 다음과 같다.

전통적 견해에서는 행정규칙의 외부적 효력, 즉 법규성이 전적으로 부인되고 있었다. 오늘날에도 행정규칙의 법규성은 원칙적으로 부인되고 있으나, 이에 대하여는 다음의 두 가지 경우에는 그 예외가 인정되고 있다.[1] 먼저 행정규칙으로서의 재량준칙에는 평등원칙 또는 신뢰보호원칙을 매개로 하여 간접적·외부적 효력이 인정되고 있다. 다음에 이른바 법령보충규칙은 행정규칙의 형식으

---

[1] 판례

"행정규칙은 일반적으로 행정조직 내부에서의 효력을 가지는 것이나, 행정규칙이 법령의 규정에 의하여 행정관청에 법령의 구체적 내용을 보충할 권한을 부여한 경우나 재량권행사의 준칙인 규칙이 그 정한 바에 따라 되풀이 시행되어 행정관행이 이룩되게 되면, 평등의 원칙이나 신뢰보호의 원칙에 따라 행정기관은 그 상대방에 대한 관계에서 그 규칙에 따라야 할 자기구속을 당하게 되는 경우에는 대외적인 구속력을 가지게 되는바, 이러한 경우에는 헌법소원의 대상이 될 수도 있다"(헌재결 20012. 5. 31, 99헌마413).

로 되어 있으나, 그것은 법률의 명시적 수권에 따라 제정된 것이라는 점에서 판례상 그에는 법규적 효력이 인정되고 있다.

V. 행정규칙의 성립·발효요건

1. 주체에 관한 요건

행정규칙은 권한 있는 기관이 이를 받을 의무가 있는 기관에 대하여 발하여야 한다.

2. 내용에 관한 요건

1) 행정규칙은 법령의 수권을 요하지 아니하나(대판 1996. 8 23, 95누14718), 법령 또는 상위 감독기관의 행정규칙에 위반하지 아니하여야 한다. 행정규칙의 내용이 상위법령에 반하는 것이라면 법치국가원리에서 파생되는 법질서의 통일성과 모순금지 원칙에 따라 그것은 법질서상 당연무효이고, 행정내부적 효력도 인정될 수 없다(대판 2019. 10. 31, 2013두20011).

2) 행정규칙은 행정조직 내부에서의 복종의무의 한계를 넘어서 그 수명자에 대하여 필요 이상의 자유제한규정을 두어서는 안 된다.

3) 행정규칙은 사실상의 불가능을 명하거나 그 내용이 불명확한 것이어서는 안 된다.

3. 형식에 관한 요건

행정규칙은 보통 훈령·고시·예규·통첩·지침 등의 형식으로 행하여지나, 고유한 형식이 있는 것은 아니다. 또한 행정규칙은 보통 법조의 형식으로 문서로써 발하여지나, 요식행위는 아니므로, 구술로 하여도 무방하다.

4. 절차에 관한 요건

행정규칙의 제정에 있어서 절차에 관한 일반 규정은 없으나, 법령상 다른 기관에의 경유, 상급기관의 승인 등의 절차가 규정되어 있으면 이를 거쳐야 함은 물론이다.

행정규칙은 법규명령과는 달리 공포를 그 요건으로 하지 않는다.[1] 따라서

---

1) 판례
  "서울특별시가 정한 개인택시운수사업면허지침은 재량권행사의 기준으로 설정된 행

법령상 특별한 규정이 있는 경우 외에는, 수명자에 도달한 때부터 구속력이 발생한다.

Ⅵ. 행정규칙의 통제

1. 행정적 통제

상급 행정기관은 그 지휘·감독권에 기하여 하급 행정기관의 행정규칙을 통제할 수 있을 것이다.

2. 사법적 통제

(1) 법원에 의한 통제

다음의 두 가지 경우를 상정할 수 있다.

1) 행정규칙이 직접적으로 국민의 권리·의무에 변동을 가져오는 성질의 것인 때에는, 이를 '처분'으로 보아 이에 대해서는 취소소송 또는 무효등확인소송에 의한 통제방식이 적용될 수도 있을 것이다. 그러나 우리 대법원은 행정규칙에 대하여 국민에 대한 법적 효력을 인정하고 있지 않으므로, 원칙적으로 이러한 통제의 가능성은 없고, 실제로 이를 인정한 판례도 찾아볼 수 없다.

"개인택시면허 우선순위에 관한 건설교통부장관의 시달은 단순히 개인택시면허처분을 위하여 그 면허순위에 관한 내부적 심사기준을 시달한 예규나 통첩에 불과하여 현실적으로 특정인이 권리를 침해하는 것이 아니므로 이를 행정소송의 대상이 되는 행정처분이라고 할 수 없다"(대판 1985. 11. 26, 85누394).

2) 선결문제심리에 의한 행정규칙의 간접적 통제도 상정될 수 있다. 그러나 이 경우도 우리 판례상 행정규칙의 국민에 대한 법적 효력, 즉 그 법규성이 부인되고 있는 사실과 관련해서 보면, 행정규칙의 무효 여부에 대한 선결문제심리라는 간접통제방식도 부인된다고 본다. 그러나 행정규칙이 예외적으로 법령의 위임에 기하여 제정되는 위임명령으로서의 성질을 갖고 있는 경우, 그에 대하여는 일반 법규명령의 경우와 마찬가지로 선결문제심리에 의한 간접통제가

정청 내부의 사무처리준칙에 불과하므로, 대외적으로 국민을 구속하는 법규명령의 경우와는 달리 외부에 고지되어야만 효력이 발생하는 것은 아니다"(대판 1997. 1. 21, 95누12941).

가능한 것임은 물론이다.

(2) 헌법재판소에 의한 통제

행정규칙에는 대외적 구속력이 인정되지 아니하는 결과 원칙적으로 헌법재판소에 의한 통제의 대상이 되지 아니한다. 그러나 법령보충적 행정규칙이나 행정의 자기구속원리에 따라 재량준칙에 대외적 구속력이 인정되는 경우에는 헌법재판소의 통제대상 가능성을 인정하고 있다. 이와 관련하여 헌법재판소는 "행정규칙은 일반적으로 행정조직 내부에서만 효력을 가지는 것이나, 행정규칙이 법령의 규정에 의하여 행정관청에 법령의 구체적 내용을 보충할 권한을 부여한 경우나 재량권행사의 준칙인 규칙이 그 정한 바에 따라 되풀이 시행되어 행정관행이 이룩되게 되면, 평등의 원칙이나 신뢰보호의 원칙에 따라 행정기관은 그 상대방에 대한 관계에서 그 규칙에 따라야 할 자기구속을 당하게 되는 경우에는 대외적인 구속력을 가지게 되는바, 이러한 경우에는 헌법소원의 대상이 될 수도 있다"고 판시하였다(헌재결 2001. 5. 31, 99헌마413 전원재판부).

제 2 장   행정계획

Ⅰ. 의의 및 배경

1. 의 의

행정계획이라는 행정작용은 현대행정의 여러 분야에 걸쳐 매우 다양한 형식으로 존재하고 또한 그 성질도 매우 다양하여, 그에 대한 일반적인 정의는 어려운 것이나, 여기서는 일단 이를 「행정주체가 장래 일정기간 내에 도달하고자 하는 목표를 설정하고, 그를 위하여 필요한 수단들을 조정하고 통합하는 작용 (Planung), 또는 그 결과로 설정된 활동기준(Plan)」이라고 정의한다.

2. 배경(필요성)

행정계획이라는 행정작용형식은 이전에도 없었던 것은 아니나, 그것은 주로 공공사업의 실시계획 등에 한정되고 있었던 것으로, 행정계획의 필요성이 강조되고 그 의의가 부각된 것은 비교적 최근의 현상이라 할 수 있다. 오늘날에는 경제·국토개발부문을 위시하여 거의 모든 행정영역에서 행정계획이라는 현상에 접하게 된다. 이처럼 행정계획이 현대행정의 중요한 작용형식으로 등장하게 된 이유로서는 다음의 몇 가지를 들 수 있다.

(1) 국가기능의 변화

19세기적인 야경국가에 있어서는 국가기능이 기본적으로 질서유지작용에 한정되고 있었으므로, 행정계획의 필요성이나 의의는 그리 크지 않았다. 그러나 현대행정에 있어서는 이러한 소극적인 질서유지작용 외에도 적극적인 급부의 제공이나 사회형성활동도 그 책무로 되고 있는바, 이들 작용은 장기적·종합적인 판단과 활동기준을 요한다는 점에서, 행정계획이 행정작용의 중요한 형식으로 등장하게 된 것이다.

(2) 다양한 행정수요에 대한 효율적 대응

오늘날의 국민생활은 행정에 강하게 의존하고 있다. 그런데 다원성을 특징으로 하는 현대사회에서 구성원의 이해관계는 종종 대립적 양상을 띠면서 복잡하게 얽혀 있고, 그 수요를 충족시킬 수 있는 가용자원은 상대적으로 불충분하다는 점에서, 이러한 이해관계의 조정이나 행정수요의 효율적인 충족을 위해서도 장기적·종합적인 행정계획이 필요한 것이다.

(3) 계획책정을 위한 전제조건의 향상

오늘날에는 과학기술의 발달에 힘입어 자료수집·처리기술이 발달함으로써 장래예측의 정확도가 향상되었는바, 이것은 행정계획이 중요한 행정수단으로 등장하게 된 배경이 되었다.

II. 행정계획의 종류

행정계획은 여러 기준에 따라 분류할 수 있으나, 법적 관점에서는 계획의 구속력 여부에 따른 구분이 가장 중요한 의미를 가진다.

1. 종합계획과 부문별계획

이것은 계획대상의 종합성·개별성에 따른 구분으로, 종합계획 또는 전체계획은 종합적·전반적인 사업에 관한 계획을 말하고, 부문별계획은 특정지역 또는 특정사업에 관한 계획을 말한다. 전자는 국토종합계획·장기경제계획·장기사회계획 등과 같은 일종의 전략적 계획이고, 후자는 도시·군계획, 교육계획, 공해방지계획 등과 같은 전술적 계획이다.

2. 장기계획·중기계획·연도별계획

계획의 기간에 따른 구분이다. 구정부의기획및심사분석에관한규정(대통령령)은 장기계획은 6년 이상의 기간, 중기계획은 2년 이상 5년 이하의 기간에 걸치는 계획이라고 정의한 바 있다.

3. 지역계획과 비지역계획

지역적·공간적 의미를 가지는지의 여부에 따른 구분으로서, 국토종합계획(국토기본법 6), 도시·군관리계획 등은 전자의 예이고, 경제·사회계획은 후자의 예이다. 위에 적은 대로 국토종합계획과 경제계획은 행정계획의 중심을 이루는 것이나, 인구·노동·국민건강 등을 대상으로 하는 사회계획의 중요성도 그에 못지않다.

4. 상위계획과 하위계획

다른 계획의 기준이 되는지의 여부에 따른 구분이다. 국토종합계획은 지역계획에 있어 다른 법령에 의한 건설계획에 우선하고 그 기본이 되는 상위계획이며, 도시·군기본계획은 광역도시계획의 하위계획이며(국토의계획및이용에관한법률 4③), 도시·군관리계획은 도시·군기본계획의 하위계획이다(동법 25).

5. 구속적 계획과 비구속적 계획

계획의 법적 구속력의 유무에 따른 구분이나, 이에 대하여는 다음에 상술한다.

Ⅲ. 행정계획의 성질 — 법적 효력·법적 성질

1. 행정계획의 법적 효력

행정계획은 여러 가지 형태로 정립되고 또한 다양한 내용을 포함하고 있어서, 그 법적 효력에 대하여도 일률적으로 말할 수는 없고, 개개의 계획의 내용에 따라 구체적으로 판단되어야 할 것이나, 행정계획은 그 법적 효력의 관점에서 보통 다음의 세 가지 유형으로 나누어진다.

(1) 단순정보제공적 계획(indikative Pläne)

이것은 단순히 사회·경제 등의 여러 부문에 관한 현재상태나 장래의 변화·발전 등에 대한 자료나 정보를 제공하는 것을 그 내용으로 하는 계획이다. 이러한 계획은 법적 구속력은 없고, 다만 관련 행정기관이나 국민에 관련문제의 판단에 필요한 자료·정보를 제공하는 데 그친다.

(2) 유도적 계획(influenzierende Pläne)

이것은 법적 구속력은 없으나, 그에 조세특혜조치·보조금지급·관련지역의 기초시설의 정비 등 수익적 조치나 그 반대의 불이익조치 등을 예정하여 놓아, 관계자로 하여금 계획상의 목표에 따르도록 유도하기 위한 계획이다.

(3) 구속적 계획(imperative Pläne)

이것은 그 수범자를 법적으로 구속하는 계획이다. 이에는 행정내부에 있어서 행정기관 사이에서만 구속력을 가지는 계획과 국민에 대하여도 구속력을 갖는 계획이 있다. 구속적 계획을 후자에 한정하여 파악하는 입장도 있다.

2. 행정계획의 집중효 및 인허가의제

(1) 행정계획의 집중효

행정계획의 집중효란 독일 행정법상 계획확정절차에 인정되는 효과의 하나로서, 행정처분으로서의 행정계획이 청문 등 일련의 절차를 거쳐 확정되는 때에는, 당해 행정계획의 수행에 필요한 다른 행정청의 인가, 허가, 승인 등을 대체하는 효과가 발생하여 당해 인가, 허가 등을 따로 받지 아니하여도 되게 되어 있는바, 이러한 행정계획의 효과를 집중효라 한다. 계획확정절차에 따라 결정된 행정계획에 이러한 집중효가 인정되는 것은 법률에 그에 관한 명시적 규정이 있는 경우에 한한다.

(2) 인허가의제

위의 독일의 행정계획의 집중효에 대응하는 것으로서 우리 실정법상 채택되고 있는 것이 인허가의제인바 이것은 근거법상의 주된 허가, 특허 등을 받으면, 그 시행에 필요한 다른 법률에 의한 인허가도 이를 받은 것으로 간주하는 제도이다.

이러한 인허가의제는 특히 대규모사업의 경우 주된 허가, 인가 외에 다른 여러 행정기관의 인허가를 받아야 하는 경우에 이들 행정기관에 대한 인허가신청절차를 거치지 않고도 당해 사업을 할 수 있도록 절차를 간소화하고 그에 의하여 당해 사업수행을 촉진하려는 것이다. 이러한 인허가의제는 그 기능면에서는 행정계획의 집중효와 공통성이 있다. 그럼에도 양자는 다음의 몇 가지 점에서 서로 다르다. 먼저 우리 법제상으로는 독일에서 행정계획에 집중효가 인정되는 계획확정절차에 상응하는 절차는 없고, 다음에 인허가의제는 행정계획뿐만 아니라 건축허가 등 일반 행정행위에도 인정되고 있고, 끝으로 행정계획의 집중효는 행정계획과 관련된 모든 인허가에 걸쳐 인정되는 데 대하여, 인허가의제의 경우는 법률에 열거된 인허가행위에 한정되어 인정된다.[1]

(3) 행정기본법상의 인허가의제

인허가의제는 산업기지개발 촉진법에서 도입된 이래 116개 법률에서 규정하고 있으나, 그 내용과 방식이 통일되어 있지 못하다. 따라서 해당 개별 법률들의 내용을 간결히 하여 인허가의제 제도의 복잡성을 줄이고 보다 투명한 제도를 구축하기 위하여 행정기본법에 인허가의제에 대한 일반법적 성격을 갖는

---

1) 정태용, 인·허가의제제도에 관한 고찰, 법제, 2002. 2, p. 4.

표준화된 조항을 두고 있다.[1] 다음에서는 이러한 행정기본법상의 인허가의제 제도를 개관하기로 한다.

1) 인허가의제의 의의   인허가의제는 하나의 인허가("주된 인허가")를 받으면 법률로 정하는 바에 따라 그와 관련된 여러 인허가("관련 인허가")를 받은 것으로 보는 것을 말한다(법 24①).

2) 제출서류   인허가의제 제도는 주된 인허가 행정청을 통한 인허가 관련 One-Stop 서비스를 의도하는 제도이다. 따라서 신청인은 주된 인허가 행정청에 주된 인허가 제출서류와 함께 관련 인허가와 관련된 제출서류를 함께 제출하여야 한다(법 24②).

3) 관련 인허가 행정청과의 협의절차 및 협의간주   인허가 의제는 관련 인허가를 면제하는 제도가 아니기 때문에 주된 인허가 행정청은 관련 인허가 행정청과 협의 후 주된 인허가를 해야 한다(법 24③).

관련 인허가 행정청은 협의를 요청받으면 그 요청을 받은 날부터 20일 이내에 의견을 제출하여야 하며, 이 기간 내에 의견을 제출하지 않은 경우 협의는 이루어진 것으로 본다(법 24④).

4) 관련 인허가 법령 준수   관련 인허가 행정청은 주된 인허가 행정청의 협의 요청에 대하여 소관 법령을 위반하여 이에 응하여서는 아니된다. 다만 관련 인허가에 필요한 심의, 의견 청취 등 절차는 법률에 해당 절차를 거친다는 명시적인 규정이 있는 경우에만 이를 거친다(법 24⑤).

5) 인허가의제의 효과   협의된 사항에 대해서는 주된 인허가를 받았을 때 관련 인허가를 받은 것으로 본다(법 25①). 인허가의제의 효과는 주된 인허가의 해당 법률에 규정된 관련 인허가에 한정된다(동조 ②).

6) 인허가의제의 사후관리 등   관련 인허가 행정청은 관련 인허가를 직접 행한 것으로 보아 관계 법령에 따른 관리·감독 등 필요한 조치를 하여야 한다(법 26①).

7) 주된 인허가의 변경과 관련 인허가   주된 인허가의 변경은 관련 인허가에도 영향을 미칠 수 있다. 따라서 주된 인허가의 변경으로 관련 인허가에 변경이 수반되는 경우 주된 인허가 행정청은 관련 인허가 행정청과 협의 등을 하여야 한다(법 26②).

---

1) 법제처, 행정기본법 조문별해설, 2021, p. 96.

3. 행정계획의 법적 성질

행정계획은 그 형식이나 내용이 매우 다양하나, 이들은 고유한 작용형식이 아니라 전통적 작용형식(법률·법규명령·행정규칙·행정행위·사실행위)의 어느 한 형식에 속하는 것이 원칙이다. 그러나 예외적으로는 특정계획이 고유한 형식을 취할 수도 있을 것이다.

다음에서는 구속적 계획에 한정하여 그 법적 성질을 검토한다.

(1) 행정계획의 법적 성질에 관하여는 다음의 몇 가지 견해가 제시된 바 있다. 즉, ① 입법행위설은 행정계획은 국민의 자유와 권리에 관련되는 일반·추상적인 규범의 정립작용이라고 보고, ② 행정행위설은 행정계획 중에는 법관계의 구체적 변동이라는 효과를 가져오는 행정행위의 성질을 가지는 것이 있다고 보며, ③ 복수성질설은 행정계획 중에는 법규명령적인 것도 있고, 행정행위적인 것도 있을 수 있다고 하고, ④ 독자성설은 행정계획은 법규도 아니고 행정행위도 아닌 특수한 성질의 것 또는 이물(aliud)로서 그에는 구속력이 인정된다고 본다.

행정계획의 법적 성질은 그 근거법과 관련하여 개별적으로 판단되어야 할 것이나, 구속적 행정계획은 일반적으로 법규명령 또는 행정행위로 준별될 수 있을 것이다.

(2) 그러나 관계법에 기한 행정계획이 법규명령인가 행정행위인가에 관하여는 해석상 어려움이 따르는 경우가 적지 아니한바, 이는 구 도시계획법에 의한 도시·군관리계획결정이 행정소송법상의 '처분'에 해당하는지에 관한 구체적 문제로서 제기된 바 있다.

1) 소 극 설   구 도시계획법에 기한 "도시계획결정은 도시계획사업의 기본이 되는 일반적·추상적인 도시계획의 결정으로서, 특히 개인에게 구체적인 권리의무관계가 발생한다고 볼 수 없다"고 보아, 그 처분성을 부인한 것이 우리나라 고등법원의 입장이었다.[1]

2) 적 극 설   이에 대하여 대법원은 "구 도시계획법 제12조 소정의 도시계획결정이 고시되면 도시구역 안의 토지나 건물소유자의 토지형질변경, 건축물의 신축·개축 또는 증축 등 권리행사가 제한을 받게 되는바, 이런 점에서 볼 때 고시된 도시계획결정은 특정 개인의 권리 내지 법률상의 이익을 개별적·

---

1) 서울고판 1980. 1. 29, 79구416.

구체적으로 규제하는 효과를 가져오게 하는 행정청의 처분이라 할 것이고, 이는 행정소송의 대상이 된다"고 하였다.[1]

    3) 결 어   소극설이 종래의 통설적 견해로서, 이 견해가 도시·군관리계획결정의 처분성을 부인한 것은, 도시계획 자체만으로는 관계자의 권리의무에 구체적 변동을 가져오는 것은 아니고 다만 당해 사업의 청사진에 불과한 것으로 보았기 때문이다.[2]

    그러나 도시·군관리계획결정이 있으면 그 구역 내의 토지소유자에게는 현상유지의무가 부과되고, 또한 각 도시계획의 내용에 따라 국민의 권리의무에 구체적·개별적 영향이 미치는 것은 부인할 수 없다. 그러므로 당해 계획에는 처분성을 인정할 수 있을 것이며, 또한 실질적 관점에서도 행정쟁송의 대상을 계획 자체가 아닌 그에 기한 구체적 처분으로 하는 것은 대부분의 경우 구제의 실효성을 거둘 수 없다는 문제점이 있다.

Ⅳ. 행정계획의 절차

    행정계획은 장래를 향한 행정활동의 기준을 설정하는 것이므로, 그것은 광범하고도 지속적인 영향을 미치는 것이 보통이다. 따라서 이러한 행정계획의 책정에 있어서는 전문지식의 도입, 계획의 정당성·합리성 보장수단, 계획 상호 간의 조정, 전체적인 통일성의 확보, 관계인의 이해조절, 민주적 통제 등의 여러 가지 요소가 고려되어야 할 것이다.[3]

    우리나라에는 행정계획의 책정절차에 관한 일반적 규정은 없고, 개별법에 단편적으로 규정되어 있을 뿐이다.

    일반적으로 행정계획은 다음의 단계를 거쳐 책정된다.

1. 심의회의 조사·심의

    행정계획의 전문성·신중성을 담보하기 위하여 각종 심의회의 자문·조사를 거치는 것이 보통이다. 예컨대 국정의 기본계획에 대한 국무회의의 심의(헌법

---

1) 대판 1982. 3. 9, 80누105.
2) 종래의 통설적 견해에 의하면, 예컨대 토지구획정리사업법에 기하여 수립되는 사업계획은 청사진에 불과한 것으로 보았다. 이 견해는 당해 계획의 공고에 의하여 택지·건물 등의 소유자에게 토지형질변경·건물의 신축제한 등의 법적 효과가 생기나, 이것은 법률이 특히 부여한 공고에 따르는 효과에 그치는 것으로 보았던 것이다.
3) 변재옥, 행정법(Ⅰ), p. 230.

89) · 국토종합계획수립에 있어서의 국토정책위원회의 심의(국토기본법 12) 등이
그것이다.

2. 관계행정기관간의 조정

행정계획의 전체적 통일성을 담보하기 위하여 계획수립과정에서 관계 행정
기관이 협의하는 경우가 적지 않다. 예컨대 광역도시계획을 국토교통부장관이
관계 중앙행정기관의 장과 협의한 후 중앙도시계획위원회의 심의를 거쳐 결정
하는 것(국토계획법 16②) 등이 그것이다.

3. 이해관계인의 참여

구속적 행정계획은 이를 법규명령으로 보든 행정행위로 보든지 간에 관계
인의 권리·의무에 지대한 영향을 미치므로, 그 책정에 있어서는 이해관계인에
게 의견진술이나 권리주장을 위한 기회를 부여하는 경우가 적지 않다. 환지계
획의 수립에 있어서의 이해관계인의 참여(도시개발법 29)나 도시·군관리계획 입
안에 있어서의 주민의견청취(국토계획법 28)가 그 예이다.[1]

4. 행정예고

행정절차법은 ① 국민생활에 매우 큰 영향을 주는 사항, ② 많은 국민의 이
해가 상충되는 사항, ③ 많은 국민에게 불편이나 부담을 주는 사항, ④ 그 밖에
널리 국민의 의견을 수렴할 필요가 있는 사항은 이를 예고하도록 하고 있다(법

---

1) 판례
　"법령이 관할 행정청으로 하여금 도시관리계획을 입안할 때 해당 도시관리계획안의
내용을 주민에게 공고·열람하도록 한 것은 다수 이해관계자의 이익을 합리적으로 조
정하여 국민의 권리에 대한 부당한 침해를 방지하고 행정의 민주화와 신뢰를 확보하기
위하여 국민의 의사를 그 과정에 반영시키는 데 그 취지가 있다(대법원 1988. 5. 24.
선고 87누388, 대법원 2000. 3. 23. 선고 98두2768 판결 참조). 이러한 주민의견청취
절차의 의의와 필요성은 시장 또는 군수가 도시관리계획을 입안하는 과정에뿐만 아니
라 도시관리계획안이 도지사에게 신청된 이후에 그 내용이 관계 행정기관의 협의 및
도시계획위원회의 심의 등을 거치면서 변경되는 경우에도 마찬가지라고 할 것이고, 도
지사가 도시관리계획의 결정 과정에서 신청받은 도시관리계획안의 중요한 사항을 변경
하는 것은 그 범위에서 시장 또는 군수에 의하여 신청된 도시관리계획안을 배제하고
도지사가 직접 도시관리계획안을 입안하는 것과 다르지 아니하다. 그러므로 도지사가
관계 행정기관의 협의 등을 반영하여 신청받은 당초의 도시관리계획안을 변경하고자
하는 경우 그 내용이 해당 시 또는 군의 도시계획조례가 정하는 중요한 사항인 때에는
다른 특별한 사정이 없는 한 법 제28조 제2항, 시행령 제22조 제5항을 준용하여 그 내
용을 관계 시장 또는 군수에게 송부하여 주민의 의견을 청취하는 절차를 거쳐야 한다
고 봄이 타당하다"(대판 2015. 1. 29, 2012두11164).

46①). 행정계획 중 전기한 성질을 가지는 것은 이 규정에 따라 예고되어야 하는바, 예고기간은 예고내용의 성격을 고려하여 정하되, 특별한 사정이 없으면 20일 이상으로 한다(동조 ③).

다른 한편 행정계획이 행정절차법상의 처분에 해당하는 경우에는 동법에 따라 당해 계획의 책정에는 의견청취절차를 거쳐야 하고, 그에는 근거와 이유를 제시하여야 한다.

5. 지방자치단체의 참가

행정계획의 실시가 일정 지방자치단체와 밀접히 관련되어 있는 경우에는 당해 지방자치단체와의 협의 또는 그 의견청취절차가 규정되어 있는 것이 보통이다.

6. 공 고

불특정다수인에게 영향을 미치는 행정계획은 이를 주지시켜 예측가능성을 보장하기 위하여 공고하는 것이 보통이다.

Ⅴ. 계획재량(Planungsermessen)

1. 의 의

행정계획에 있어서는 그 관련상황의 복잡성(다수의 관련상황·상충적 이해관계 등)에 따르는 다양한 결정가능성 및 그 미래전망적 성격으로 인하여, 그에 대한 법적 규율은 상대적으로 제한될 수밖에 없다.

그에 따라 법률은 원칙적으로 계획이 추구하여야 할 목적과 당해 계획에 의하여 촉진 또는 보호되어야 할 이익 및 이를 위한 수단만을 규정하는 데 그치고 있다. 즉 법률은 목적·수단명제(Zweck-Mittel-Schema)적으로 규정되어 있는바, 이것은 일반 행정작용에 대한 법률규정이 조건명제(Wenn-Dann-Schema)적으로 규정되어 있는 것과는 그 내용을 달리하는 것이다. 즉 계획법규는 행정계획의 요건·효과에 관하여는 규정하지 않고 공백규정으로 두고 있는 것이 보통이다. 또한 일반적인 재량행위에 있어서는 원칙적으로 개별적 사익과 공익의 조정이 문제되는 데 대하여, 행정계획에 있어서는 다수의 상호 충돌적인 사익과 공익의 조정이 문제된다.

따라서 행정청이 행정계획을 책정함에 있어서는 일반 재량행위의 경우에 비하여 더욱 광범한 판단여지 내지는 형성의 자유가 인정되는바, 이를 계획재량 또는 계획상 형성의 자유(planerische Gestaltungsfreiheit)라고 한다.[1]

2. 재판통제 — 정당한 형량원리(명령)의 문제

위에 적은 바와 같이, 행정계획에 있어서 행정청은 일반 재량행위에 비하여 보다 광범한 계획재량 또는 형성의 자유를 가지나, 그것이 행정계획이 사법심사의 대상에서 제외된다는 것을 의미하는 것은 아니다. 행정계획에 있어서도, ① 그에서 설정되는 목표는 그 근거법에 합치되는 것이어야 하고, ② 관계법상 형식·절차가 규정되어 있으면 이를 준수하여야 하는 외에, ③ 관계 제 이익을 정당하게 고려하고 형량하여야 한다(정당한 형량의 원리).[2]

형량의 원리 또는 정당한 형량의 원리(Gebot gerechter Abwägung)는 독일에서 다수의 실정법에 규정되어 있는 원리이다. 예컨대 연방건설법전 제1조 제6항은 건설기본계획의 수립자는 계획재량권을 행사함에 있어서는 공익 상호간, 사익 상호간 및 공익과 사익 상호간의 정당한 형량을 하여야 한다고 규정하고 있으며, 그 외에도 다수의 실정법이 이러한 형량원리를 정하고 있다. 그러나 형량원리는 법률에 명문의 규정이 없어도 법치국가원리에 따라 모든 계획에 적용되는 것으로 인정되고 있다.[3] 우리나라 행정절차법에서도 행정청은 행정청이 수립하는 계획 중 국민의 권리·의무에 직접 영향을 미치는 계획을 수립하거나 변경·폐지할 때에는 관련된 여러 이익을 정당하게 형량하여야 한다고 규정하고 있다(제40조의4).

정당한 형량 원리에 따른 관계이익의 비교형량은 내용적으로는 계획과 관련된 제 이익, 즉 관련 공익과 사익의 조사 및 확인, 이들 여러 이익의 내용 및 중요성에 대한 평가 및 최종적인 (협의의) 비교·형량의 3단계에 걸쳐 행해진다.

이러한 형량원리에 따라 다음의 경우에는 형량의 하자가 있는 것으로서 당

---

1) 재량행위에 있어서의 재량권과 행정계획상의 계획재량 사이에는 단순한 양적인 차이만이 있는지 아니면 질적인 차이가 있는지에 대하여는 독일에서는 학설상 다툼이 있는 것으로 보인다. 그러나 어느 경우에나 행정청에는 독자적 판단권이 인정되고 있다는 점에서는 공통성이 있다. 다만 계획재량에 있어서는 전술한 바와 같이 관계법규의 규정방식이나 다수의 관계인의 이익이 조정되어야 한다는 점에서 일반 재량행위에 비하여 보다 광범한 재량권이 인정되고 있는 것으로서, 이것을 질적 차이로 볼 것인지, 양적 차이로 볼 것인지의 문제는 이론적인 측면에서는 별론으로 하더라도, 적어도 일반 교과서 수준에서는 이를 상론할 필요는 없다고 본다.

2) 홍정선, 행정법(상), p. 269.

3) 박윤흔, 행정법(상), p. 314.

해 계획은 위법한 것으로 된다. 즉, ① 형량이 전혀 없었던 경우(형량의 해태), ② 형량에 있어 반드시 고려되어야 할 특정 이익이 전혀 고려되지 아니한 경우(형량의 흠결), ③ 형량에 있어 관계 사익의 의미·내용 등을 오판한 경우(오형량), ④ 공익 상호간 또는 공익과 사익 사이의 비교형량에 있어 특정 이익이 과도하게 평가된 경우(형량의 불균형) 등이 그것이다. 우리 판례도 행정계획에 있어서는 행정청에게 광범한 재량권을 내용으로 하는 형성의 자유가 인정되는 것으로 보는 한편, 이러한 형성의 자유에 대한 통제의 법리로서 전술한 정당한 형량의 원리와 같은 내용의 불문법원리가 존재하는 것으로 보고 있다.1)

Ⅵ. 계획보장청구권(Plangewährleistungsanspruch) 및 계획변경청구권

1. 계획보장청구권

행정계획은 법적 안정성과 계획의 신축성이라는 두 가지 상충적 요청 사이에 놓여 있다. 행정계획은 일면에 있어서는 그 관계자, 특히 경제영역에 있어서의 이해관계자들에 대하여 투자 기타의 조치를 유발하는 기능 내지는 목적을 가지나, 이는 국민이 계획의 존속을 신뢰할 것을 전제로 한다(신뢰보호의 문제). 그러나 타면에 있어서는 행정계획은 정치·경제·사회적인 일정 여건을 기초로 하여 수립되는 것이므로, 이들 여건이 변화하거나 그에 대한 평가가 잘못되었

---

1) 판례

"행정계획이라 함은 행정에 관한 전문적·기술적 판단을 필요로 하여 도시의 건설·정비·개량 등과 같은 특정한 행정목표를 달성하기 위하여 서로 관련되는 행정수단을 종합·조정함으로써 장래의 일정한 시점에 있어서 일정한 질서를 실현하기 위한 활동기준으로 설정된 것으로서, 도시계획법 등 관계 법령에는 추상적인 행정목표와 절차만 규정되어 있을 뿐 행정계획의 내용에 대하여는 별다른 규정을 두고 있지 아니하므로 행정주체는 구체적인 행정계획을 입안·결정함에 있어서 비교적 광범위한 형성의 자유를 가진다고 할 것이지만, 행정주체가 가지는 이와 같은 형성의 자유는 무제한적인 것이 아니라 그 행정계획에 관련되는 자들의 이익을 공익과 사익 사이에서는 물론이고 공익 상호간과 사익 상호간에도 정당하게 비교형량하여야 한다는 제한이 있는 것이고, 따라서 행정주체가 행정계획을 입안·결정함에 있어서 이익형량을 전혀 행하지 아니하거나 이익형량의 고려대상에 마땅히 포함시켜야 할 사항을 누락한 경우 또는 이익형량을 하였으나 정당성·객관성이 결여된 경우에는 그 행정계획결정은 재량권을 일탈·남용한 것으로서 위법한 것으로 보아야 할 것이다"(대판 1996. 11. 29, 96누8567. 동지의 판례: 대판 2007. 1. 25, 2004두12063).

이러한 형량원리는 "주민의 도시관리계획 입안 제안을 받아들여 도시관리계획결정을 할 것인지를 결정할 때에도 마찬가지이고, 나아가 도시계획시설구역 내 토지 등을 소유하고 있는 주민이 장기간 집행되지 아니한 도시계획시설의 결정권자에게 도시계획시설의 변경을 신청하고, 결정권자가 이러한 신청을 받아들여 도시계획시설을 변경할 것인지를 결정하는 경우에도 동일하게 적용된다"(대판 2012. 1. 12, 2010두5806).

던 경우 등에는 당해 계획은 수정 또는 보완되어야 한다(계획변경의 문제).

계획보장의 문제는 이러한 상충적인 요청 사이에 위치하여 있는 것이다. 따라서 그것은 계획의 변경·폐지에 있어서 그 수립권자와 수범자 사이의 위험의 분배문제라고 할 수 있다.

(1) 계획존속청구권

이것은 계획의 변경 또는 폐지에 대항하여 계획의 존치를 주장하는 권리를 말하는바, 이러한 청구권이 국민에게 인정된다고 볼 것인가가 문제된다.

이에 대하여는 일반적인 계획존속청구권은 인정될 수 없다고 보는바, 이를 인정할 경우에는 국민의 신뢰보호만이 고려되고 계획변경에 의한 공익은 전혀 고려되지 아니하는 결과가 되기 때문이다.

그러나 계획이 법률 또는 행정행위의 형식으로 발하여진 때에는, 예외적으로 이러한 청구권이 인정될 소지도 있다.

먼저 계획이 법률의 형식으로 정립된 경우에는, 법률의 진정소급효와 부진정소급효의 경우를 나누어 보아야 한다.[1] ① 진정소급효의 경우에는 계획변경은 허용되지 아니하는 것으로 보나, 계획은 어느 경우에나 장래지향적이라는 점에서는 엄격한 의미의 진정소급효의 경우는 상정될 수 없다 할 것이다. ② 부진정소급효의 경우에는, (예외적으로) 당해 계획이 상대방에 의한 투자 기타 조치의 동인이었고, 계획변경의 필요성에 비하여 상대방의 신뢰보호의 요청이 월등히 큰 때에 한하여 계획존속청구권이 인정될 수도 있을 것이다.

다음에 행정계획이 행정행위의 형식으로 된 것인 때에는, 그 변경 또는 폐지는 행정행위의 철회에 관한 일반원리에 따라 판단되어야 할 것으로서, 이 경우에도 기본적으로 신뢰보호원칙과의 관계에서 당해 계획의 변경 또는 폐지가 허용되지 아니하는 경우도 상정될 수 있을 것이다.

(2) 계획이행청구권(Anspruch auf Planbefolgung)

이것은 계획의 준수 및 집행청구권과 그에 기한 행정청의 계획위반적 행위에 대항하는 권리를 내용으로 하는 것으로서, 이 문제는 계획의 준수와 그 이행청구의 두 가지 측면으로 나누어 고찰하여야 한다.

행정계획이 구속적 성질의 것인 때에는 행정청도 이를 준수하여야 하는 까닭에, 행정청이 그에 반하는 처분이나 기타 조치를 할 수 없음은 물론이다. 그

---

1) 법률의 진정소급효란 관계 법률이 과거에 종결된 사실에 적용되는 경우를 말하고, 부진정소급효란 과거의 사실이나 현재에도 계속되고 있는 사실 또는 법률관계에 적용되어 장래에 대하여 그에 있어서의 법적 지위 등을 침해하는 경우를 말한다.

러나 행정청이 국민에 대하여 행정계획의 신속한 집행의무를 지는가의 문제는
그 준수의무와는 다른 문제로서, 국민에게는 법률의 집행청구권이 없는 까닭에,
법규명령적 성질을 가지는 행정계획에 관한 일반적 집행청구권은 인정되지 않
는다. 그러나 행정청에 계획집행의무가 법률상 부과되어 있고, 당해 법률의 취
지가 특정 개인의 이익도 보호하려는 것인 때에는, 관계인에게 당해 행정계획
에 대한 집행청구권이 인정될 수 있음은 물론이다.

(3) 경과조치청구권(Anspruch auf Übergangsregelung und Anpassungshilfen)

이것은 계획에 따라 일정 조치를 취하였으나 이후 계획이 변경·폐지되는
경우, 이로 인하여 재산상의 손해를 받게 될 자가 행정청에 대하여 경과조치 또
는 적응조치를 청구할 수 있을 것인가에 관한 것이다. 이러한 경과조치와 적응
조치는 계획의 변경에 의한 공익실현과 관계인의 이익보호를 동시에 고려할 수
있는 장점이 있는 것이다.

그러나 이들 조치에 대한 일반적 청구권은 인정되지 않는다고 본다.

(4) 손해전보청구권

행정계획으로 인한 손해 또는 손실의 전보에 관한 일반적 규정은 없다. 따
라서 이에 관하여는 개별법의 규정과 행정상 손해배상 또는 손실보상에 관한
일반원리에 따라 결정하여야 할 것이다.

2. 계획변경청구권

이것은 기존의 계획의 변경을 구하는 공권이다. 행정계획에 있어서는 그
확정 후에 관련 사정 등의 변경 등의 이유로 관계 주민이 그 변경을 신청하는
경우가 생기는데, 이에 대하여는 기존의 행정계획의 변경결정에 대한 이해관계
인의 취소소송 등의 제기가능성은 별론으로 하고(대판 1995. 12. 22, 95누3831),
관계 주민의 계획변경청구권은 인정되지 않는다는 것이 종래의 판례의 일관된
입장이었다(대판 1989. 10. 24, 89누725; 대판 1995. 4. 28, 95누627). 그러나 판례는
다음 경우에는 예외적으로 계획변경청구권을 인정했다.

1) 계획변경신청의 거부가 실질적으로 사전결정이 있은 처분 자체를 거부
하는 결과가 되는 경우1)

---

1) 대판 2003. 9. 23, 2001두10936. 사안은 행정청이 국토이용계획(용도지역)변경이라
는 조건을 붙여서 적합통보를 한 경우인데, 폐기물처리업허가를 받기 위해서는 용도지
역을 변경하는 국토이용계획변경이 선행되어야 하고, 이 계획변경신청이 거부되면 이
는 실질적으로 폐기물처리업허가신청을 불허하는 결과가 되므로 그 계획변경을 신청할
법규상 또는 조리상 권리를 가진다는 것이다.

2) 법령에서 도시·군관리계획의 입안에 대한 제안권을 인정하고 있는 경우에 도시·군관리계획의 변경에 관한 제안을 거부한 경우[1]

3) 법률에 일정기간마다 문화재보호구역의 해제나 조정 여부를 검토하도록 하고 있는 경우에 토지소유자의 지정해제신청을 거부한 경우[2]

---

[1] 대판 2004. 4. 28, 2003두1806. 그런데 대법원 2012. 1. 12. 선고 2010두5806 판결에서는 이에서 더 나아가 입안제안의 대상이 되는 도시계획시설결정에 대해 입안제안을 하지 않고 변경청구를 했다가 거부당한 경우에도 변경청구권을 인정하였다.

[2] 대판 2004. 4. 27, 2003두8821.

제3장   행정상 사실행위

　　행정상의 사실행위란 그 자체 법적 효과를 발생하지 않는 행정작용 유형으로서, 실제 행정활동 또는 작용의 대부분은 이러한 사실행위가 차지하고 있다고 하여도 과언이 아니다. 그러나 행정상의 사실행위 일반에 대한 이론은 아직도 정리되어 있지 못한 실정이다. 이에 비하여 사실행위의 한 종류인 행정지도에 대한 검토는 이론상으로도 상당히 체계성을 갖추고 있다. 다음에서는 먼저 행정상의 사실행위 일반을 개관하고, 이어서 행정지도 및 비공식적 행정작용의 문제를 검토한다.

제1항   행정상 사실행위 일반

I. 사실행위의 의의 및 종류

1. 의 의

　　행정법상 사실행위(Realakte, Tathandlungen)란 일정한 법률효과의 발생을 목적으로 하는 것이 아니라, 직접적으로는 사실상의 결과만을 가져오는 행정주체의 행위형식의 전체를 말한다. 그것은 정신작용의 유무 또는 그 내용과 관계 없이 단지 객관적으로 행위가 행하여진 사실 또는 그 결과에 대하여 일정한 법적 효과가 결부되고 있는 행위라는 점에서, 효과의사 기타의 정신작용을 요소로 하여 그 내용에 따라 또는 법률의 규정에 따라 법률효과를 발생하는 행정행위나 기타의 법적 행위와는 구별된다.[1]

---

1) 김도창, 행정법(상), p. 281.

2. 종 류

행정상의 사실행위는 여러 기준에 따라 분류할 수 있는데, 그 중 중요한 것을 들어보면 다음과 같다.

(1) 물리적 사실행위와 정신적 사실행위(Wissenerklärung)

이것은 당해 행위가 단순한 물리적 행위에 그치는가, 아니면 일정한 정신작용을 내용으로 하는가에 따른 구별이다. 공공시설(도로·공공건물) 등의 설치·유지행위, 예방접종행위, 대집행의 실행행위 등은 전자에 속하고, 행정조사, 보고, 경고, 행정지도 등은 후자에 속한다.

(2) 집행적 사실행위와 독자적 사실행위

이것은 당해 행위가 행정행위 등의 집행행위로서 행하여지는지의 여부에 따른 구별이다. 집행적 사실행위는, 예컨대 대집행절차에 있어서의 대집행의 실행행위와 같이, 당해 행위가 행정행위 등의 집행수단으로서 행하여지는 경우가 그에 해당한다. 독자적 사실행위는 행정조사, 행정지도, 관용차의 운전 등과 같이 그 자체 독립적으로 행하여지는 사실행위를 말한다.

(3) 권력적 사실행위와 비권력적 사실행위

이것은 당해 행위가 공권력의 행사로서 행하여지는 것인지 여부에 따른 구별이다. 권력적 사실행위로서는 위법한 영업소의 폐쇄조치, 전염병환자의 강제격리, 위법한 관세물품의 영치행위 등을 들 수 있다. 행정심판법과 행정소송법은 행정쟁송의 대상인 '처분'을 '행정청이 행하는 구체적 사실에 대한 법집행으로서의 공권력의 행사'라고 정의하고 있는 결과(행정심판법 2i, 행정소송법 2①i), 권력적 사실행위는 동법상의 '처분'에 해당하는 것으로서 취소심판·소송 등의 대상이 된다고 본다.

(4) 공법적 사실행위와 사법적 사실행위

이것은 당해 행위가 공법적 규율, 또는 사법적 규율을 받는 것인지에 따른 구별이다. 양자의 구분은 관계법의 성질에 따라 할 것이나, 관계법이 없는 경우에는 당해 법률관계 전체의 합리적 해석에 따라 판단되어야 할 것이다. 이 구분은 국민의 권리구제의 방법과 관련하여 중요한 의미를 가진다.

(5) 내부적 사실행위와 외부적 사실행위

이것은 당해 행위가 행정조직 내부에서 행하여지는 것인지 또는 외부적으로 국민과의 관계에서 행하여지는 것인지에 따른 구별이다. 행정조직내부에 있어서의 문서편철·정리, 행정결정을 위한 준비행위 등은 내부적 사실행위의 예이고, 문서의 접수, 금전의 수납·지급, 인구조사 등은 외부적 사실행위의 예이다. 행정상의 사실행위는 외부적 사실행위를 지칭하는 것이 보통이다.

Ⅱ. 사실행위의 법적 근거와 한계

1. 법적 근거

사실행위에도 법적 근거가 필요한지의 문제가 제기된다. 집행적 사실행위의 경우는 그것은 그 집행대상인 행정행위 등의 법적 근거의 문제로 귀결되는 것이므로, 사실행위의 법적 근거의 요부의 문제는 내용적으로는 독자적 사실행위에 국한된 문제라 할 것이다.

모든 행정작용이 그러하듯이, 사실행위에도 조직법상의 근거가 필요하다는 점에는 의문이 없다고 본다. 즉 사실행위도 그것이 적법한 것이기 위하여는 당해 행정청의 정당한 권한의 범위 내의 것이어야 하는 것이다. 그러나 이러한 조직법상의 근거 외에도 다시 작용법적 근거가 필요한지에 대하여는, 법률유보의 범위에 대하여 어느 견해를 취하는가에 따라 견해가 갈릴 수 있다. 그러나 적어도 권력적·침익적 사실행위의 경우에는 반드시 법률의 근거가 필요하다고 할 것이다(침해유보설).[1] 그 외에도 당해 사실행위의 법적 규제가 국민의 권리보호(소극적·적극적)에 대하여 가지는 의미나 중요성과의 관련에서 법률의 근거가 필요한 것으로 판단되는 경우도 있을 수 있을 것이다(본질성설적 관점).

2. 한 계

사실행위의 한계의 문제는 행정행위의 그것과 기본적으로 다르지 아니하다.[2] 사실행위에 법적 근거가 있는 경우에는 관계법이 정하는 모든 절차적·실체적 요건을 충족하여야 하는 것임은 물론이고, 또한 행정작용에 관한 불문법 또는 행정법의 일반원리인 비례의 원칙·평등의 원칙·신뢰보호원칙을 준수하여야 할 것이다. 또한 사실행위에 법률상의 근거를 요하지 않는 이른바 법률로부터 자유로운 행위의 경우에도, 행정법의 일반원리상의 제한은 당연히 적용된다고 할 것이다.

---

1) 이상규, 행정법(상), p. 505; 박윤흔, 행정법(상), p. 540.
2) H. Maurer, Allgemeines Verwaltungsrecht, 1994, p. 375.

Ⅲ. 사실행위에 대한 구제

사실행위는 그 자체는 법적 효과를 발생하지 않는 것이나, 그 결과에 따라 국민의 권익이 침해되는 경우는 적지 않은 것으로, 그에 대한 구제의 문제가 당연히 제기된다. 다음에서는 손해전보와 행정쟁송의 경우를 나누어 검토한다.

1. 사실행위와 손해전보

행정상의 사실행위로 인한 손해의 전보문제는 위법한 사실행위로 인한 손해배상의 문제로서 제기되는 것이 보통이다. 행정상의 사실행위도 행정작용의 한 유형이므로, 이들 행위가 국가배상법 제2조상의 공무원의 직무행위 또는 동법 제5조상의 영조물의 설치·관리행위에 해당하는 점에는 이론이 없다. 따라서 사실행위에 기한 손해에 대하여는, 국가배상법 제2조 또는 제5조상의 다른 요건이 충족되는 한, 피해자는 국가 또는 지방자치단체에 대하여 그 배상을 청구할 수 있을 것이다.

그러나 당해 사실행위가 사법적 사실행위인 경우에는 국가배상법이 아니라 민법에 의하여 배상을 청구하여야 할 것이다.

적법한 권력적 사실행위에 의하여 사인이 특별한 손실을 받은 경우에는 손실보상을 청구할 수 있을 것이다.

2. 사실행위와 행정쟁송

위법한 사실행위에 의하여 그 권익을 침해당한 사인이 행정쟁송을 제기하여 그 위법한 상태를 배제함으로써 권리구제를 받을 수 있는지의 문제가 제기된다. 이것은 행정심판법·행정소송법상의 '처분'관념의 해석의 문제로서, 행정심판법 제2조 제1호 및 행정소송법 제2조 제1항 제1호는 처분을 '행정청이 행하는 구체적 사실에 관한 법집행으로서의 공권력의 행사 또는 그 거부와 그 밖에 이에 준하는 행정작용'으로 정의하고 있다.

권력적 사실행위는 공권력의 행사로서 동조상의 '처분'에 해당한다는 점에 대하여는 현재 이론이 없다. 따라서 위법한 권력적 사실행위에 대하여는 그 취소심판·취소소송을 제기하여 권리구제를 받을 수 있을 것이다. 그러나 사실행위는 비교적 단기간에 집행이 종료되는 경우가 보통이므로, 그러한 경우에는 소익(협의)이 부정되어 당해 소는 각하되게 될 것이다. 따라서 권력적 사실행위에 대하여 취소소송 등이 인정된다고 하여도, 내용적으로는 계속적인 성질의

사실행위인 경우에 그 실질적 의미가 있다 할 것이다. 다만 그에 대한 집행정지
신청의 인용을 전제로 하면 계속성이 없는 권력적 사실행위에 대한 취소소송도
가능한 것임은 물론이다.

비권력적 사실행위에 대하여도 이를 행정소송에 의하여 다투게 하는 것이
사인의 적절한 권리구제수단으로 판단되는 경우에는, 이를 행정심판법·행정소
송법상의 '처분'에 해당하는 것으로 보아, 그에 대한 취소소송 등을 인정하여야
한다는 견해가 있다(형식적 행정처분론). 행정소송법은 '공권력의 행사'뿐만 아니
라 '그 밖에 이에 준하는 행정작용'도 '처분'에 포함시키고 있다는 점에서는, 행
정지도나 기타 일정 사실행위도 동법상의 처분에 해당하는 것으로 볼 수 있는
소지가 있다고 본다. 그러나 우리 판례는 처분관념을 제한적으로 해석하여, 행
정지도 등 이른바 단순한 사실행위에는 그 처분성을 부인하고 있다.

> "항고소송의 대상이 되는 행정처분이라 함은 행정청의 공법상의 행위로서 특정
> 사항에 대하여 법규에 의한 권리의 설정 또는 의무의 부담을 명하며 기타 법률상
> 의 효과를 발생케 하는 등 국민의 구체적인 권리의무에 직접적 변동을 초래하는
> 행위를 말하는 것이고 행정권 내부에서의 행위나 알선, 권유, 사실상의 통지 등과
> 같이 상대방 또는 기타 관계자들의 법률상 지위에 직접적인 법률적 변동을 일으키
> 지 아니하는 행위는 항고소송의 대상이 될 수 없다고 해석하여야 할 것이다"(대판
> 1993. 10. 26, 93누6331).

3. 헌법소원

헌법재판소는 상당히 폭넓게 사실행위의 헌법소원 대상성을 인정하고 있
다. 다만, 헌법소원의 대상은 공권력의 행사이어야 하므로, 헌법소원의 대상인
사실행위도 권력적 사실행위에 한정되고 있다. 그러나 헌법재판소는 헌법소원
의 대상 인정에 있어 사실행위의 권력성을 상당히 폭넓게 인정하고 있다.[1] 예
컨대 당시 교육인적자원부 장관의 대학총장들에 대한 학칙시정 요구 사건에서,

---

1) 헌법재판소는 국립대학인 서울대학교가 제정·발표한 '94학년도 대학입학고사주요요
강'에 대한 헌법소원에서 이 요강은 "사실상의 준비행위 내지 사전안내로서 행정쟁송
의 대상이 될 수 있는 행정처분이나 공권력의 행사는 될 수 없지만 그 내용이 국민의
기본권에 직접 영향을 끼치는 것이고 앞으로 법령의 뒷받침에 의하여 그대로 실시될
것으로 예상되어 그로 인하여 직접적으로 기본권침해를 받게 되는 사람에게는 사실상
의 규범작용으로 인한 위험성이 이미 현실적으로 발생하였다고 보아야 할 것이므로 이
는 헌법소원의 대상이 되는 헌법재판소법 제68조 제1항 소정의 공권력의 행사에 해당
된다고 할 것이며, 이 경우 헌법소원 외에 달리 구제방법이 없다"고 판시하였다(헌재결
1992. 10. 1, 92헌마68·76(병합)).

헌법재판소는 그 법적 성격은 행정지도의 일종으로 보면서도, 시정요구 자체에서 그 불이행에 대하여 행정·재정상의 불이익을 예정하고 있어 사실상 그에 따르는 의무를 부과하는 것과 다를 바 없어 공권력의 행사에 해당한다고 하였다(헌재결 2003. 6. 26, 2002헌마337). 다른 한편 헌법재판소는 권리보호의 이익에 있어서도 상당히 폭넓게 이를 인정하고 있다. 즉 헌법재판소는 헌법소원제도는 국민의 기본권침해를 구제해 주는 제도이므로 그 적법요건으로서 원칙적으로 권리보호이익을 요구하면서도(헌재결 1997. 11. 16, 90헌마110), 그 예외로서 헌법소원은 객관적인 헌법질서보장이라는 객관적 기능도 겸하고 있으므로 '헌법적 해명의 필요성'이 있는 사항에 대해서는 주관적인 권리구제의 이익이 있다고 하여 심판청구의 이익을 인정하고 있다(헌재결 1997. 11. 27, 94헌마60). 여기서 헌법적 해명의 필요성은 ① 동일한 유형의 침해행위가 반복될 위험성이 있고, ② 당해 사안이 헌법질서의 유지를 위하여 중요한 사항인 경우에 인정되고 있다(헌재결 2002. 7. 18, 2000헌마327).

　권력적 사실행위는 항고소송의 대상이 된다고 하는 것이 다수설의 입장이다. 그러나 항고소송에 있어서의 취소 또는 무효라는 관념은 원칙적으로 처분의 법적 효과의 배제 또는 부인으로 보는 것이 그 자연스러운 해석으로 보이는데 따르는 것인지는 모르나, 권력적 사실행위에 대하여 항고소송의 대상을 인정한 판례는 쉽게 찾아보기 힘들다. 이에 대하여 위에서 본 바와 같이 헌법재판소는 사실행위의 헌법소원의 대상성을 폭넓게 인정하고 있는 결과, 적어도 현상적으로는 사실행위에 대하여는 헌법소원이 일반적 구제수단으로 기능하고 있다고 할 수 있을 것으로 보인다.[1]

제2항　행정지도

I. 개　설

　행정의 실제에 있어서는, 공식적인 행정처분에 의하여 국민에게 작위 또는

---

[1] 판례
　"구속된 피의자가 검사조사실에서 수갑 및 포승을 시용한 상태로 피의자신문을 받도록 한 이 사건 수갑 및 포승시용행위는 이미 종료된 권력적 사실행위로서 행정심판이나 행정소송의 대상으로 인정되기 어려워 헌법소원심판을 청구하는 외에 달리 효과적인 구제방법이 없으므로 보충성의 원칙에 대한 예외에 해당한다"(헌재결 2005. 5. 26, 2001헌마728).

부작위의무를 과하지 아니하고, 행정청이 조언·지도·권고·요망·경고 등의 방법에 의하여 국민에게 일정한 작위·부작위를 하도록 요망하고, 국민의 자발적 협력에 의하여 그 의도하는 바를 실현하는 경우가 적지 않다. 예컨대 섬유산업의 불황을 타개하기 위하여 관계기업에 그 조업단축을 권고한다든가, 주요시설의 설치허가에 앞서 그에 따른 인근주민과의 분쟁을 방지하기 위하여 사전에 주민들의 동의를 얻을 것을 요구하는 경우 등이 그것이다.

이와 같이 행정기관이 그 의도하는 바를 실현하기 위하여 행하는 조언·권고·요망 등의 비권력적 행정작용을 행정지도라 한다.

이러한 행정지도는 본래 실무상의 용어에 불과하였으나, 최근에 들어서는 이것도 행정의 중요한 작용형식으로서 행정법의 고찰대상이 되기에 이르렀는바, 이는 대체로 다음의 이유에 기인한다.

먼저, 오늘날에는 행정의 기능적 다양화와 질적·양적 증대에 따라, 행정지도가 양적으로 현저히 증가하였을 뿐만 아니라, 특히 급부행정에 있어서는 그 중요한 수단으로 등장하게 되었기 때문이다. 다음에, 행정지도는 본질적으로는 단지 비권력적인 사실행위이나, 그것이 공권력을 배경으로 하고 있다는 점에서, 국민은 그에 따라야 하는 심리적 압박을 받는 경우가 적지 않으며, 또한 행정지도에 따른 결과 국민에게 손해가 발생한 경우 그에 대한 구제의 문제가 제기되기 때문이다.

Ⅱ. 행정지도의 의의 및 종류

1. 의 의

행정지도의 관념은 아직 완전히 정착된 것은 아니나, 대체로「행정주체가 조언·권고 등의 방법으로 국민이나 기타 관계자의 행동을 유도하여 그 의도하는 바를 실현하기 위하여 행하는 비권력적 사실행위」라고 정의할 수 있다. 행정절차법은 행정지도를 "행정기관이 그 소관사무의 범위에서 일정한 행정목적을 실현하기 위하여 특정인에게 일정한 행위를 하거나 하지 아니하도록 지도·권고·조언 등을 하는 행정작용"으로 정의하고 있다(법 2ⅲ).

2. 종 류

광의의 행정지도는 행정주체·행정기관에 대한 지도와 사인에 대한 지도로 구분할 수 있다. 다만 일반적으로는 행정지도는 후자에 한정되는 것으로 파악하고 있다.

(1) 행정주체·행정기관에 대한 행정지도

국가가 지방자치단체에 대하여 또는 상급 행정기관이 하급 행정기관에 대하여 감독권의 발동으로서가 아닌 조언·권고 등을 하거나 관련정보 등을 제공하는 것 등이 이에 해당한다. 예컨대 주무부장관이 지방자치단체의 장에게 그 자치사무에 대하여 행하는 조언 또는 권고·지도(지방자치법 166①), 기관위임사무에 대하여 행하는 지도(동법 167) 등이 그것이다.

(2) 사인에 대한 행정지도

이것은 여러 관점에서 분류할 수 있다.

1) 성질에 의한 분류

㈎ 조성적 행정지도   경제·사회·문화 등의 여러 분야에서 행정권이 의도하는 일정 목표와의 관련에서 국민에 대한 서비스의 형식으로 지식·기술·정보 등을 제공하는 것이다. 예컨대 영농지도·중소기업에 대한 경영지도·생활개선지도 등이 이에 해당한다.

㈏ 조정적 행정지도   이것은 경제적 이해대립이나 과당경쟁 등을 시정하고 조정하기 위하여 행하는 행정지도이다. 예컨대 기업 사이의 이해대립의 조정, 기업의 계열화촉진, 수출쿼터의 조정 등이 그것이다.

㈐ 규제적 행정지도   이것은 공공복리 또는 질서유지에 반하는 것으로 판단되는 행위·사태 등을 제거 또는 억제하기 위하여 특정인·단체 또는 기업 등에 일정한 행위를 하거나 하지 아니할 것을 요망 또는 권고하는 것이다(예컨대, 소비재 등의 가격인상억제를 위한 지도).

이러한 행정규제사항은 본래 행정행위에 의하여 규제되어야 하는 것이나, 그 사전적 또는 대체적 수단으로서 행정지도에 의할 수도 있다.

2) 법적 근거의 유무에 의한 분류

㈎ 법령의 직접적 근거에 의한 행정지도   행정지도에는 반드시 법령상의 근거가 필요한 것은 아니나, 실정법상 행정지도에 관하여 규정하고 있는 경우도 적지 않다. 예컨대 농촌진흥법에 의한 농촌지도사업(법 2iii), 중소기업기본법에 의한 중소기업에 대한 경영 및 기술지도(법 6), 건설산업기본법에 의한 건설업자 상호간의 협력 지도(법 48), 산업발전법에 의한 기업간 협력(법 11③), 독점규제 및 공정거래에 관한 법률에 의한 위반행위의 시정권고(법 51) 등이 그것이다.

㈏ 법령의 간접적 근거에 의한 행정지도   법령상 직접적 근거규정은 없

으나, 당해 사항에 관하여 일정한 행정처분을 할 수 있는 근거가 있는 경우에는, 이를 배경으로 하여 사전적으로 행정지도가 행하여지는 경우도 적지 않다.

㈐ 법령의 근거 없는 행정지도   행정기관이 행정지도에 관한 법규상의 수권 없이 행정지도를 하는 경우이다. 이 경우 행정기관은 단지 조직법상의 권한에 의거하여 행정지도를 하는 것으로, 행정지도의 대부분은 이에 해당하는 것이다.

전술한 바를 도식화하면 다음과 같다.

Ⅲ. 행정지도의 효용성과 문제점

1. 행정지도의 효용성

행정지도의 효용성 또는 필요성은 다음의 세 가지 측면에서 찾아볼 수 있다.

1) 먼저 행정기능의 확대 및 다양화와 행정현실의 급격한 변화와 관련하여 행정지도의 필요성이 인정되는 것이다. 과거의 야경국가와는 달리, 오늘날의 행정은 그 기능이 양적·질적으로 증대된 결과, 모든 행정작용에 관하여 법률로 규율하는 것은 불가능하게 되었다. 그에 따라 행정지도는 특히 급부행정에 있어 유용한 수단으로 등장하게 되었던 것이다.

경우에 따라서는 당해 행정부문에 법률이 있는 경우에도 사회·경제현상 등의 급격한 변화로 그 법적 규율은 현실적 여건에 비하여 이미 낙후된 것인 경우도 있고, 또한 그 법규정이 구체적 사안에 적합하지 않은 경우도 있다. 이러한 여러 문제들과의 관련에서 볼 때, 행정지도는 구체적 상황에 가장 적합한 조치를 취할 수 있는 신축적·탄력적인 행정수단으로서의 의미를 가지는 것이다.

2) 다음에 행정지도는 공권력발동으로 야기될 수 있는 마찰이나 저항을 방지할 수 있는 장점이 있다. 즉 공권적인 처분·명령에 의하여 일방적으로 의무를 부과하는 것이 아니라, 조언·권고 등의 형식으로 사인에게 협력을 구하는

경우에는, 그 상대방은 그에 대한 심리적 저항감을 느끼지 않고 이를 받아들일 수 있는 것이다.

이러한 행정지도에 의한 행정목적 달성방식은 우리 국민의식에도 가장 부합하는 것이라고 본다.

3) 끝으로 행정지도는 특히 경제분야에 있어 최신의 지식·기술·정보를 제공하여 줄 수 있는 적절한 수단이 되고 있다. 오늘날의 경제·사회현상이나 과학·기술은 매우 빠른 속도로 변화·발달하고 있기 때문에, 행정청은 그에 대응하여 국민에게 적절한 지식이나 정보를 제공하여 국민의 활동을 바람직한 방향으로 유도·조장하여 나갈 필요가 있는 것이다.

2. 행정지도의 문제점

행정지도는 상술한 바와 같은 여러 가지 효용성이 있으나, 그에는 또한 다음과 같은 여러 가지 문제점이 있다.

1) 특히 법적 근거가 없는 행정지도(행정지도의 대부분은 이에 해당)의 경우에는, 법적 제약이 없고 또한 행정기관의 책임소재조차 명백하지 않은 경우가 적지 않다.

2) 행정지도는 본질적으로는 국민의 임의적 협력을 기대하여 행하는 비권력적 작용이나, 행정기관은 여러 가지 공권적 규제 또는 조성적 조치를 배경으로 하여 이를 행하므로, 국민은 이를 수락해야 하는 심리적 압박을 받거나, 실질적으로 이를 수락하지 않을 수 없는 경우가 적지 않다. 이 경우 행정지도는 실질적으로 권력작용과 같은 의미를 가진다.

3) 행정지도의 비권력성이나 신축성·탄력성 등으로 인하여, 행정청이 공식적인 규제권한을 발동하지 않고, 관련문제를 행정지도라는 수법에 의하여 애매하게 처리하거나, 필요 이상으로 관계인과 타협하는 경우도 발생한다. 이러한 경우에는 업계와 행정의 유착이라는 비판을 받기도 한다.

4) 행정지도는 상대방의 임의적 협력을 전제로 하는 비권력작용이라는 점에서 행정쟁송의 대상으로서의 '처분성'을 인정하기 어렵고, 손해가 발생한 경우에 국가 등의 배상책임 인정에도 난점이 있다.

Ⅳ. 행정지도의 원칙 및 방식

행정절차법은 행정지도에 관한 장에서 행정지도의 원칙과 방식에 관하여 규정하고 있다.

1. 행정지도의 원칙

(1) 과잉금지원칙 및 임의성의 원칙

행정지도는 그 목적달성에 필요한 최소한도에 그쳐야 하며, 또한 상대방의 의사에 반하여 부당하게 강요하여서는 아니된다(행정절차 법 48①). 행정지도의 상대방은 해당 행정지도의 방식·내용 등에 관하여 행정기관에 의견제출을 할 수 있다(동법 50). 따라서 행정지도의 상대방은 당해 행정지도가 위법하거나 부당한 것으로 판단되는 때에는, 행정기관에 대하여 그 시정을 촉구할 수 있을 것이다.

위의 원칙에 반하여 행해지는 행정지도는 위법한 행정작용이 된다. 따라서 그로 인하여 손해를 받은 관계인은 국가 등에 대하여 손해배상을 청구할 수 있을 것이다.

(2) 불이익조치금지원칙

행정기관은 상대방이 행정지도에 따르지 아니하였다는 것을 이유로 불이익한 조치를 하여서는 아니된다(동법 48②). 행정지도는 상대방의 임의적 협력에 의하여 행정목적을 달성하려는 비구속적·비권력적 작용이고 보면, 상대방이 그에 따르지 아니하였다고 하여 불리한 조치를 할 수 없는 것임은 물론이다. 그러나 실제로는 이러한 부당한 사례도 없지 아니하다는 점을 고려하여, 행정절차법은 자명한 원리를 명문으로 규정한 것으로 보인다.

2. 행정지도의 방식

(1) 명확성의 원칙 및 행정지도실명제

행정지도에 있어서는 그 책임소재나 내용의 불명확성이 그 기본적 문제점의 하나로 되고 있다. 행정절차법은 이러한 점을 고려하여, 행정지도를 행하는 자는 그 상대방에게 행정지도의 취지·내용 및 신분을 밝히도록 하여, 행정지도에 있어서의 명확성을 기함과 동시에 행정지도실명제를 규정하고 있다(동법 49①).

(2) 서면교부청구

행정절차법은 행정지도의 형식에 대하여는 명시적으로 규정하고 있지 않다. 그러나 동법은 행정지도가 구두로 행해진 경우에 상대방이 그 내용을 기재한 서면의 교부를 요구하는 때에는 그 행정지도를 행하는 자는 "직무수행에 특별한 지장이 없으면 이를 교부하여야 한다"고 규정하고 있다(동조 ②).

이러한 서면교부청구절차는 행정지도의 존재, 내용 및 책임의 소재를 명확히 하기 위한 것으로서, 행정지도를 신뢰하여 행동한 상대방은 이러한 절차에 의하여 당해 행정지도에 관한 문서를 받아 두는 것이 차후 행정지도의 존부에 대한 분쟁을 방지하는 유용한 수단이 될 수 있다 할 것이다.

(3) 다수인에 대한 행정지도의 공통사항의 공표

행정기관이 같은 행정목적을 실현하기 위하여 다수인에게 행정지도를 하고자 하는 경우에는, 특별한 사정이 없는 한 행정지도에 공통적인 내용이 되는 사항을 공표하여야 한다(동법 51). 이것은 행정지도의 명확성과 공평성을 확보하기 위한 것이라 할 것이다.

V. 행정지도의 법적 근거

행정지도에 대한 행정절차법의 규정에도 불구하고 위와 같은 여러 문제점과 관련하여, 이에 대하여도 법적 근거가 있어야 하는 것이 아닌가 하는 문제가 제기된다.

이에 대하여는, 전부유보설의 견지에서 행정지도에도 법률의 근거가 있어야 하고, 법적 근거가 없으면 어떠한 행정지도도 할 수 없다는 견해가 있다. 그러나 전부유보설은 행정의 실제에는 전혀 부합되지 않는다는 점에서 그 타당성을 인정할 수 없다.

행정지도 중에서 규제적 지도에는 법률의 근거가 필요하다는 견해가 있다. 이 견해는, 행정행위의 대체적 성질을 갖는 행정지도 이외의 모든 규제적 행정지도에는 법률(작용법)상의 근거가 필요하다고 보고 있다. 이 견해에 대하여는 다음과 같은 비판이 가하여지고 있다. 먼저 행정지도는 법률의 불비현상을 보완하여 행정청이 새로운 행정수요에 신속하게 대응하여 행정책임을 완수하기 위한 수단으로 행하여지는 것이고, 이것이 또한 행정지도의 장점 또는 효용성이라 할 것인데, 행정지도에도 법적 근거를 요구하게 되면 이런 행정지도의 장점은 상실되게 된다. 또한 행정지도에 관하여 법적으로 규율하는 경우에도 관계규정은 행정지도의 속성으로 인하여 추상적·개괄적인 것에 그칠 수밖에 없는 까닭에, 법적으로 규율하는 실질적인 의의는 별로 없다고 할 것이다. 더욱이 행정지도에 법률의 근거를 요한다고 하면, 상당수의 경우에 행정지도는 공개되지 않고 은밀하게 행하여질 위험성이 있다.

Ⅵ. 행정지도의 한계

행정지도는 구체적인 법률(작용법)의 근거 없이 행하여질 수 있다고 하는 경우에도, 다음과 같은 법적 한계는 있는 것이다.

1) 행정지도는 조직법상 당해 행정기관의 소관사무의 범위 내에서 행하여 져야 한다. 따라서 다른 행정기관의 권한에 속하는 사항에 관하여 행하여진 행정지도는 위법한 것으로 된다.

2) 법에 저촉되는 행정지도는 허용되지 않는다. 먼저, 행정지도는 법률상의 명문규정에 반하여 행하여질 수는 없다. 근거법이 행정지도의 요건을 규정하고 있는 경우, 그에 반하는 행정지도가 허용되지 않는 것은 물론이거니와, 실정법에 위반하는 행위를 하도록 유도하는 행정지도도 위법한 것이 된다. 다음에, 행정지도는 행정법의 일반원리에 위반하여서도 안된다. 이와 관련하여서는 평등원칙·비례원칙 등이 특히 중요한 의미를 가진다.

3) 행정지도는 상대방의 임의의 협력을 구하여 행정목적을 달성하려는 비권력적 수단이므로, 그것이 강제적인 것이 되어서는 아니 된다. 예컨대 상대방이 행정지도에 따를 의사가 없음에도 집요하게 이를 강요하는 것은 허용되지 아니한다 할 것이다.[1] 행정절차법은 이러한 원칙을 명시적으로 규정하고 있다 (법 48①).

Ⅶ. 행정지도와 행정구제

위법한 행정지도에 의하여 권리·이익의 침해를 받은 국민에게는 그 구제 수단이 확보되어야 한다. 그러나 행정지도는 상대방의 임의적 협력을 전제로

---

1) 판례

"이른바 행정지도라 함은 행정주체가 일정한 행정목적을 실현하기 위하여 권고 등과 같은 비강제적인 수단을 사용하여 상대방의 자발적 협력 내지 동의를 얻어 내어 행정상 바람직한 결과를 이끌어 내는 행정활동으로 이해되고, 따라서 적법한 행정지도로 인정되기 위하여는 우선 그 목적이 적법한 것으로 인정될 수 있어야 할 것이다. 주식매각의 종용이 정당한 법률적 근거 없이 자의적으로 주주에게 제재를 가하는 것이라면 이 점에서 벌써 행정지도의 영역을 벗어난 것이라고 보아야 할 것이고, 만일 이러한 행위도 행정지도에 해당된다고 한다면 이는 행정지도라는 미명하에 법치주의의 원칙을 파괴하는 것이라고 하지 않을 수 없다. 더구나 그 주주가 주식매각의 종용을 거부한다는 의사를 명백하게 표시하였음에도 불구하고 집요하게 위협적인 언동을 함으로써 그 매각을 강요하였다면 이는 위법한 강박행위에 해당한다고 하지 않을 수 없다"(대판 1994. 12. 13, 93다49482).

하는 비권력적 작용이라는 점에서, 그에 대한 권리구제에 있어서 여러 가지 난점이 있다.

1. 항고소송

행정지도가 항고소송, 특히 취소소송의 대상이 되는가의 문제가 있다. 행정소송법은 취소소송의 대상인 처분에 대하여, 이를 '구체적 사실에 관한 법집행으로서의 공권력의 행사 또는 그 거부와 그 밖에 이에 준하는 행정작용'이라고 규정하고 있다(법 2①i). 행정지도는 전술한 바와 같이 국민의 임의적 협력에 의하여 행정목적을 달성하려는 비권력적·비구속적인 사실행위라는 점에서, 이를 동법상의 '처분'에 해당하는 것으로 볼 수는 없으므로, 행정지도에 대한 취소소송의 제기는 원칙적으로 인정되지 않는다고 할 것이다.

"구청장이 도시재개발구역 내의 건물소유자 갑에게 건물의 자진철거를 요청하는 내용의 공문을 보냈다고 하더라도 그 공문의 제목이 지장물철거촉구로 되어 있어서 철거명령이 아님이 분명하고, … 공문의 내용도 갑에게 재개발사업에의 협조를 요청함과 아울러 자발적으로 협조하지 아니하여 법에 따른 강제집행이 행하여짐으로써 갑이 입을지도 모를 불이익에 대한 안내로 되어 있고 구청장이 위 공문을 발송한 후 갑으로부터 취소요청을 받고 위 공문이 도시재개발법 제36조의 지장물이전요구나 동 제35조 제2항에 따른 행정대집행법상의 강제철거지시가 아니고 자진철거의 협조를 요청한 것이라고 회신한 바 있다면 이러한 회신내용과 법치행정의 현실 및 일반적인 법의식수준에 비추어 볼 때 외형상 행정처분으로 오인될 염려가 있는 행정청의 행위가 존재함으로써 상대방이 입게 될 불이익 내지 법적 불안도 존재하지 않는다고 볼 것이므로 이를 행정소송의 대상이 되는 처분이라고 볼 수 없다"(대판 1989. 9. 12, 88누8883).

그러나 규제적 행정지도는 실질적으로는 권력적 행위와 다르지 않은 경우도 적지 않다. 이러한 행정지도의 실질적 성격을 고려하여, 규제적·조정적 행정지도 및 행정행위 대체적인 행정지도에 대하여는 그 처분성을 인정해야 한다는 견해가 있다. 또한 위법한 계고·경고 등의 행정지도에 의하여 영업상의 이익 또는 명예·신용 등의 침해를 당한 자에게는 행정지도의 위법성을 공적으로 선언하고, 불리한 사실상의 효과를 제거하기 위하여 취소소송 등의 제기가 인정되어야 한다는 견해도 있다.

최근 대법원은 그 자체로서는 법적 효과를 발생하지 않는 위원회 등의 '권고'가 관련법 규정과 결합하여 그 상대방에 법적 의무가 부과되는 경우에는 그에 처분성을 인정하였다. 대법원은 2010. 1. 14. 선고 2000두23184 판결에서 공정거래위원회의 '표준약관 사용권장행위'는 그 통지를 받은 해당 사업자 등에게 표준약관과 다른 약관을 사용할 경우 표준약관과 다르게 정한 주요내용을 고객이 알기 쉽게 표시하여야 할 의무를 부과하고, 그 불이행에 대해서는 과태료에 처하도록 되어 있으므로, 이 권장행위는 행정처분으로서 항고소송의 대상이 된다고 판시하였다.[1]

2. 헌법소원

헌법재판소도 행정지도는 비구속적 작용이라는 점에서 원칙적으로 헌법소원의 대상이 되지 아니한다고 보고 있다. 그러나 특정 행정지도가 그 한계를 넘어 규제적·구속적 성격을 상당히 강하게 갖는 것이면 헌법소원의 대상이 되는 공권력의 행사로 인정될 수도 있다고 보고 있다. 즉 동 재판소는 교육인적자원부장관의 대학총장들에 대한 학칙시정요구는 고등교육법 제6조 제2항, 동법시행령 제4조 제3항에 따른 것으로서 그 법적 성격은 대학총장의 임의적인 협력을 통하여 사실상의 효과를 발생시키는 행정지도의 일종이지만, 그에 따르지 않을 경우 일정한 불이익조치를 예정하고 있어 사실상 상대방에 그에 따를 의무를 부과하는 것과 다를 바 없으므로 단순한 행정지도로서의 한계를 넘어 규제적·구속적 성격을 상당히 강하게 갖는 것으로서 헌법소원의 대상이 되는 공권력의 행사라고 볼 수 있다고 판시하였다(헌재결 2003. 6. 26, 2002헌마337, 2003헌마7·8(병합)).

3. 손해전보

(1) 손해배상

행정지도로 인하여 사인에게 손해가 발생한 경우에 그 손해는 구제되어야 할 것이다. 그러나 행정지도는 상대방의 임의적 협력을 전제로 하는 것이라는 점에서 국가 등에 배상책임을 인정하는 데에는 문제가 있다. 즉 상대방의 임의

---

[1] 대법원은 2005. 7. 8. 선고 2005두487 판결에서는 구남녀차별금지및구제에관한법률 제8조에 의하면 국가인권위원회의 성희롱결정과 이에 따른 시정조치의 권고는 불가분의 일체로 행하여지는 것인데, 이러한 국가인권위원회의 결정과 시정조치의 권고는 그 상대방의 인격권에 영향을 미침과 동시에 공공기관의 장 또는 사용자에게 일정한 법률상의 의무를 부담시키는 것이므로, 이러한 성희롱결정 및 시정조치권고는 행정소송의 대상이 되는 행정처분에 해당한다고 하였다.

적 협력으로 인하여 행정지도와 손해 사이의 인과관계가 단절된다고 보든가, 또는「동의는 불법행위의 성립을 조각한다」는 법언에 따라 국가의 배상책임은 부인되게 되는 것이다.

그러나 행정기관이 관련정보를 사실상 독점하고 있는 현실이나, 조정·규제적 행정지도는 실질적으로 권력적 규제작용과 다르지 않은 경우가 적지 않다는 점을 감안하면, 모든 사정에 비추어 보아 상대방이 행정지도에 따를 수밖에 없는 것으로 판단되는 경우, 행정지도와 손해 사이에는 인과관계가 인정되어 국가 등의 배상책임이 성립한다고 본다.[1] 상대방이 그에 따르지 아니할 것이라는 의사를 명시적으로 표명했음에도 불구하고 행정지도를 계속한 결과 손해가 발생한 경우에는(예컨대 행정지도를 이유로 하는 건축허가의 지연으로 인한 손해) 국가 등이 그 배상책임을 지는 것임은 물론이다.

조성적 행정지도의 내용이 잘못된 것이어서 그에 따른 자의 행위가 위법한 것으로 된 경우에는, 이러한 지도를 신뢰하여 그에 따른 자에 대하여 불이익을 과하는 것은 신뢰보호원칙과의 관련에서는 원칙적으로 허용되지 아니한다 할 것이다. 예컨대 정식세무상담에서 그 담당자의 잘못된 지도에 따라 납세를 하지 아니한 자에 대하여, 과거의 취급이 위법하다고 하여 과세하거나 가산세 등의 불이익을 과하는 것은 신뢰보호원칙에 반하는 것으로서 허용되지 아니한다 할 것이다.[2] 그러나 이 경우에도 장래에 향하여 적정한 과세처분을 할 수 있는 것임은 물론이다.

(2) 손실보상

이것은 적법한 행정지도로 인하여 손실이 발생한 경우에, 그 보상청구권이 인정되는가의 문제이다. 원칙적으로는, 그 피해자가 자유의사에 의한 응낙·협력에 의하여 그 불이익을 수인한 것으로 되어 그에 따른 손실보상청구권은 부인될 것으로 본다.

---

[1] 대법원은 2008. 9. 25. 선고 2006다18228 판결에서 행정지도는 강제성을 띠지 않은 비권력적 작용으로서 그 한계를 일탈하지 않았다면 불법행위를 구성하지 않지만, 행정지도를 따를 의사가 없는 자에게 이를 부당하게 강요하는 것으로서 행정지도의 한계를 일탈한 위법 행정지도의 경우에는 불법행위를 구성하므로 손해를 배상할 책임이 있다고 판시하였다.
[2] 原田尙彦, 行政法要論, p. 177.

제3항   비공식적 행정작용

비공식적 행정작용(informales Verwaltungshandeln)은 독일행정법상 사실행위의 한 유형으로서 논의되고 있는 것으로서, 전통적인 공식적 행정작용에 속하지 않는 것으로서의 일단의 행정의 행위유형을 말한다. 이러한 비공식적 행정작용은 국가 등이 공식적 작용에 의하지 않고, 사실적 측면에서 국민과의 관계에서 협의·합의 등에 의하여 행정목적을 달성하려는 것이라는 점에서는 행정지도와 공통성이 있으나, 양자는 그 구체적 내용에 있어서는 실질적인 차이가 있다.

Ⅰ. 비공식적 행정작용의 의의

비공식적 행정작용은 공식적인 행정작용에 앞서 그 준비행위로서 또는 그 대체적인 것으로서 행해지는, 행정청과 국민간의 협의·합의 등을 말한다. 이러한 행정작용은 행정행위, 공법상계약 등의 공식적 행정작용의 형식이 아니라, 행정청과 관계인간의 관련 문제에 대한 사실상의 양해를 그 내용으로 하는 것으로서 공식적 행정작용의 준비행위로서 또는 그 대체적인 것으로 행해진다는 점에서 비공식적인 것이며, 그러한 점에서 이들 행위는 법적 구속력이 없는 사실행위에 속한다.

독일행정법에서는 최근에 들어서야 비로소 비공식적 행정작용의 관념에 대한 본격적 검토가 이루어지기 시작하였다. 그러나 비공식적 행정작용은 새로운 현상은 아닌 것으로, 행정실무상으로는 이들 행위유형은 이미 오래 전부터 존재하고 있었다. 그러나 이러한 행위유형이 오늘날의 행정에 있어 그 의미나 중요성이 특히 부각되고 있는 것은 사실인바, 그것은 기본적으로 다음의 두 가지 이유에 기인한다. 먼저 오늘날에는 국민의 경제활동에 대한 국가의 관여현상이 증대하고 있는 것으로, 이 영역에 있어서는 기술의 급속한 발전과 그에 따른 환경에의 위해문제로 인한 관련상황의 복잡성으로 인하여 공식적 행정작용만으로 대처하기 어려운 경우가 적지 않다는 것이다. 다음에 오늘날에는 국민은 단순한 행정의 객체가 아니라 대등한 권리주체로서 취급되어야 한다는 점이다.

비공식적 행정작용의 관념은 아직 학설상 확립되어 있지 않다. 따라서 그 내용이나 범위에 대하여 학자간에 견해의 차이를 보이고 있다. 예컨대 「오센빌」은 전통적 행정작용 형식이 아닌 모든 행위유형이 이 관념에 포함된다고 보

아, 국가와 국민간에 협력관계에서 형성되는 합의 기타 이에 준하는 작용 외에
도, 일방적 행위로서의 경고·권고·통고 등의 행위도 이에 포함되며, 더 나아가
서는 헌법적 절차에 의하지 않는 행정권에 의한 규범정립행위도 이 행위 유형
에 속한다고 보고 있다.[1]

비공식적 행정작용을 이처럼 광의로 파악하는 경우에는 지나치게 다양한
행위 유형들이 그에 포함되게 되어, 이들 작용 상호간에 동질성을 인정하기 어
렵다는 문제점이 있다고 보고 있다.[2] 이와 관련하여서는 헌법적 절차에 의하지
않는 행정권에 의한 규범정립행위는 종전부터 행정규칙의 문제로 다루어지고
있다는 점은 특히 지적할 만한 것이라고 본다.

따라서 여기서는 비공식적 행정작용은 공식적 행정작용(행정행위·공법상계
약·행정입법 등)의 예비행위로서 또는 그 대체적 행위로서 행해지는 것으로서 그
자체에 대하여는 법적 구속력이 인정되지 않는 사실행위에 한정되는 것으로 파
악하여 둔다.

II. 비공식적 행정작용의 허용성·효과 및 한계

1. 허 용 성

이에 대하여는 행정작용의 형식에는 정원개념(numerus clausus)은 없다는
점에서, 비공식적 행정작용이라는 행위유형의 허용성에 대하여는 특별한 문제
는 없으며, 특히 다음의 몇 가지 점은 그 적극적 인정을 위한 법적 근거가 될
수 있다고 보고 있다. 먼저 행정은 행정작용을 함에 있어서는 헌법상의 원리로
서 청문의무를 지고 있으므로, 이러한 청문의무는 단순한 의견청취로 이행되는
것은 아니고, 중요한 논점에 대한 상대방과의 논의를 그 내용으로 하는 것으로
보아야 한다는 점이다. 다음에 행정은 조사의무에 따라 사실관계를 명확히 하
여야 하는바, 이러한 의무는 관계인과의 협력관계에서만 적정하게 이행될 수
있다는 점이다. 끝으로 행정은 공익과 사익을 정당하게 형량하여 적정한 결정
을 할 의무가 있다는 점이다. 그러나 이들 논거가 행정청이 비공식적 행정작용
에 대한 의무가 있다는 의미는 아니다.[3]

---

1) F. Ossenbühl, Jahrbuch des Umwelt-und Technikrechts, 1987, p. 29 f.
2) H. Maurer, Allgemeines Verwaltungsrecht, p. 380.
3) Ibid., p. 381.

2. 법적 효과

비공식적 작용으로서의 협의·합의 등은 법적 구속력이 없는 것으로, 이것이 이 행위유형의 기본적 특성이다. 따라서 관계 당사자가 협의의 결과에 대하여 법적 구속력을 부여하려고 한다면 공법상계약, 사전결정, 확약 등의 행위형식에 의하여야 하는 것이다. 이러한 비공식적 행정작용에 대하여는 신뢰보호의 원칙·신의성실의 원칙·행정의 자기구속원칙 등을 매개로 하여서도 그 법적 구속력을 인정할 수 없다고 보고 있다. 따라서 행정청은 사실 또는 법적 여건이 변경된 경우뿐만 아니라, 당해 문제에 대한 견해의 변경에 의하여도 합의 내용과 다른 결정을 할 수도 있다. 마찬가지로 사인도 합의 내용을 준수할 법적 의무는 없다.

합의 내용에 대한 이행청구권은 인정되지 않으며, 그 불이행으로 인한 손해배상청구도 인정되지 않는다. 그러나 계약체결상의 과실의 법리(culpa in contrahendo)에 따라 행정권의 책임이 인정될 소지는 있다 할 것이다.[1]

3. 한 계

전술한 바와 같이 비공식적 행정작용이 허용된다는 점에는 문제가 없으나, 그에는 일정한 법적 한계가 있는 것으로서, 그 법적 비구속성을 이유로 이들 행위 유형이 제한 없이 인정된다고 볼 수는 없다. 그 한계는 실체법적·절차법적 측면에서 모두 인정된다. 먼저 실체법적으로는 행정청은 관계인에게 그것이 위법한 허가 또는 위법한 사실상태로 귀결될 성질의 것을 양해사항(예컨대 필요한 법적 규제조치의 불행사)으로 하여서는 안된다. 다음에 절차법적 측면에서는, 행정권은 비공식적 행정작용을 포괄적 사실해명을 그 내용으로 하는 조사의무나 제3자의 청문권·참가권 등을 회피 또는 배제하기 위한 수단으로 사용하여서는 안된다. 이와 관련하여 독일에서는 연방행정절차법 내지는 개별법상의 행정절차를 비공식적 행정작용에도 준용하여야 한다는 견해도 제시되고 있으나, 그것은 타당한 것이라고는 할 수 없다. 왜냐하면 이처럼 비공식적 행정작용을 정식화하는 경우에는, 이미 비공식적 행정작용은 존재하지 않는 결과로 되고, 그에 따라 이러한 정식화된 행정작용에 앞서 다시 다른 형태의 비공식적 행정작용인 합의나 협상 등이 개재할 수 있기 때문이다.

---

1) Ibid., p. 382.

Ⅲ. 비공식적 행정작용의 종류

전술한 바와 같이 비공식적 행정작용의 관념이나 그 내용에 대하여는 독일 행정법상 학자들간에 견해 차이를 보이고 있는 결과 현재 그 종류에 대하여도 확립된 분류방법은 없는 것으로 보이나, 그 주요 유형을 들어 보면 대체로 다음과 같다.[1]

1. 사전절충

(1) 인·허가 신청시의 사전절충

이것은 인·허가권을 가진 행정기관과 신청자간에서 사전에 행해지는 인·허가의 전망, 그 요건 등에 관한 논의를 말한다. 연방임미시온법에 의한 공장 등의 건설·조업허가의 신청에 앞서 관계행정기관과 사인간에 행해지는 논의가 이에 속한다.

사전절충의 장점으로는 이 과정을 거침으로써 사인은 허가 전망이 없는 신청을 처음부터 단념하게 되고, 이 절차 이후의 신청에 대한 처리가 원만하게 진행되고, 사후에 분쟁이 방지되는 점 등을 들 수 있다. 기업자는 기업이미지가 저하되는 것을 우려하므로 사전절충을 중시하는 것이 일반적 경향이다.

사전절충의 내용은 제출서류나 그 기입방법의 교시라는 형식·절차면에 한정되지 않고, 관련 인·허가에 있어 중요한 모든 문제가 그에 포함된다. 사전절충의 결과는 행정행위의 부관이라는 형태로 구체화되고 문서화되는 것이 보통이다.

사전절충의 결과 행정청과 사인간에 합의가 형성되어도 그것은 사실상의 효과를 가지는 데 그친다. 그러나 행정청이 예컨대 절충 외의 사항을 당해 처분의 부관으로 부가하는 경우에는 상대방의 반대가 예상되므로, 행정청이 합의 내용을 준수하는 것이 보통이다.

(2) 신고 전의 사전절충

이것은 카르텔법의 적용분야에서 볼 수 있다. 즉 이 법에 따라 기업합병을 희망하는 기업은 그 실행에 앞서 이를 독일연방카르텔청에 신고하도록 되어 있고, 이 경우 카르텔청은 신고접수 후 4개월 이내에 당해 합병조치를 불허할 수 있다. 이 경우 카르텔청은 매우 전문적인 사항에 대한 시장조사를 하여야 하는

---

[1] 大橋洋一, 現代行政の行爲形式論, 1993, pp. 109~122.

것이므로, 당해 신고 전에 이미 기업과의 비공식적인 협의를 통하여 필요한 정보를 수집할 필요가 있게 된다. 관련기업도 이 과정에서 행정청의 입장을 간파할 수 있고, 행정청에 제기되는 의문점을 해소할 수도 있게 된다. 또한 기업은 행정청을 설득할 수 없는 경우에는 신고를 하지 않음으로써 합병준비에 소요되는 비용을 절약할 수 있게 된다.

2. 처분안 및 부관안의 사전제시

처분안의 사전제시란 인·허가신청에 대한 행정실무상 널리 사용되고 있는 것으로서, 행정청이 처분에 앞서 신청인에게 처분안을 송부하는 것이다(이것은 사전절충이라는 측면이 있으나, 그 형식적 측면에 착안하여 이와는 별개의 것으로 검토되고 있다).

행정청은 이 과정에서 신청인에 대하여 처분안에 대한 태도를 명확히 표명하도록 요청하게 되는바, 이 경우 행정청은 상대방이 당해 처분안에 찬성하는 경우에는 사후의 소송포기를 요청하는 것이 보통이다. 상대방이 이 처분안에 반대하는 경우에는 행정청은 다른 처분안을 제시하는 것이 보통이다. 행정청은 상대방에 대하여 부담·조건 등의 당해 허가 등에 부가될 부관을 미리 제시하여, 상대방의 의향을 타진하기도 한다.[1]

이러한 수법은 선취형의 이의신청절차의 성격을 가진다고 보고 있다. 이 과정에서 양자의 의견이 일치하지 않는 경우, 행정청은 상대방의 불만의 소재와 사후의 소송제기 가능성을 예측할 수 있고, 타면 사인은 행정청에 대한 불복신청이 인용될 가능성이 없는 것임을 간파하고 직접 행정소송을 제기할 것인지를 고려하게 된다. 그에 따라 처분청에 대한 불복신청절차는 생략되게 되는 것이다.

3. 응답유보

이것은 행정청이 허가 등의 신청에 대하여, 그 결정을 유보하고 신청인을 적극적으로 지도하여 행정이 허가의 장애사유로 제기되는 문제점들을 사전에 해소하도록 노력하는 것이다. 독일의 수법 영역에서 구체적 사례를 들어 보면

---

1) 판례
　　"수익적 행정처분에 있어서는 법령에 특별한 근거규정이 없다고 하더라도 그 부관으로서 부담을 붙일 수 있고, 그와 같은 부담은 행정청이 행정처분을 하면서 일방적으로 부가할 수도 있지만 부담을 부가하기 이전에 상대방과 협의하여 부담의 내용을 협약의 형식으로 미리 정한 다음 행정처분을 하면서 이를 부가할 수도 있다"(대판 2009. 2. 12, 2005다65500).

다음과 같다. 화공제품의 생산자는 종전에는 공장폐수를 하천에 배출할 수 있었으나, 1957년에 수관리법이 제정되어 그 배출에는 허가가 필요하게 되었다. 이 경우 사업자의 허가신청에 대하여 행정청은 이를 유보하고 사업자에 대하여 지도를 하여 배수처리시설을 개선하거나 오수처리시설의 건설 등을 약속하게 하는 경우가 있다. 이 경우 사업자가 당해 지도에 부응하는 것은, 자신의 당해 허가신청이 그 요건을 결하고 있다는 사정에 기인하는 경우가 많다. 이러한 점에서는 응답유보는 불허처분의 의도적 회피라는 성격을 가진다. 이러한 경우 행정청이 단적인 불허처분 대신에 상대방에 대한 지도라는 수법을 택하는 것은, 당해 사업소에 다수인이 고용되어 있어 거부처분으로 인한 실업사태를 방지하려는 고려에 기한 경우가 많다.

4. 규범집행형의 합의

이것은 법정조치의 수정 또는 그 대체적 조치 등을 교섭내용으로 하여 행정청과 사인간에 합의가 이루어지는 경우이다. 예컨대 새로운 기술수준에 부응하지 못하는 노후시설의 개선에 대한 법정조치로서는, 당해 시설의 가동금지처분, 그 휴지처분, 그 제거처분, 당해 시설 운영에 관련된 허가의 철회, 변경허가 등이 있다. 그러나 실제 이러한 법정조치가 취해지는 경우는 드물고, 그에 대신하여 실무상 사용되는 것이 다음과 같은 내용의 규범집행형식의 합의이다.

규범집행형의 합의는 그 내용상 다음의 3가지 유형으로 구분된다.

(1) 먼저 화해형합의가 있는바, 이것은 법정조치의 실시 자체에 대하여는 다툼이 없는 경우로서, 이 경우는 그 방법·기간에 대하여만 행정청과 사인간에 협의가 행해진다.

(2) 이에 대하여 법률상·사실상의 요건에 관한 당사자간의 다툼이 있는 경우로서, 이에 관한 합의에는 개별형합의와 교환형합의가 있다. 전자는 단일조치에 관한 것이고, 후자는 복수당사자 사이의 다수 행위를 합의의 대상으로 하는 것이다. 즉 교환형합의에서는 ① 일정 시설을 개선하면 당해 사업자의 다른 노후시설의 개선을 요구하지 않는다. ② 개선조치를 조건으로 벌금을 부과하지 않는다. ③ 개선조치의 이행시에는 신규시설의 허가신청에 대한 지연행위를 하지 않는다. ④ 개선조치와의 교환으로 임미시온규제치를 초과한 시설의 건설을 허가한다. ⑤ 다른 사업자의 개선조치를 이유로 일정인에 대한 신규허가를 한다라는 사항 등이 그 협의내용으로 다루어진다.

이러한 규범집행형의 합의는 행정권과 사업자 사이의 동의에 입각한 것임에도, 그에는 공법상계약과 같은 법적 구속력은 인정되지 않고, 그 구속력은 사실적 차원의 것에 그친다. 그러나 바로 이러한 법적 비구속성이 합의형식이 널리 사용되는 원인이 되고 있다. 그것은 행정청은 사후의 사정변경에 따라 법정규제권한을 발동할 수 있는 것이며, 또한 사인도 경제상황에 따라서는 합의를 준수하지 않을 수 있기 때문이다.

5. 규범대체형의 합의

위의 규범집행형의 합의가 기본적으로 법정조치에 대체적인 것으로 법정되어 있지 않은 행정조치에 대한 것인 데 대하여, 이것은 법률·법규명령·조례 등의 규범제정행위의 회피(정확히는 보류)를 그 내용으로 하는 것이다. 이러한 합의는 환경보호분야에서 쉽게 접할 수 있는 것으로서, 예컨대 사업자단체가 자유의사에 따라 환경보호조치를 약속하고, 이에 따라 행정도 잠정적으로 규범정립(정확히는 그 준비)을 보류하는 것이다. 이러한 규범대체형의 합의도 법적 비구속성을 그 특징으로 하는 것이며, 또한 이 점에 그 나름의 장점이 있는 것으로 보고 있다. 즉 이러한 합의에도 불구하고, 사업자는 경제상황의 악화 등의 경우에는 약속을 파기할 수 있고, 또한 행정도 사후적으로 법규명령 등을 제정할 수 있다.

Ⅳ. 비공식적 행정작용의 존재이유

전술한 내용의 비공식적 행정작용의 존재이유로서는 다음의 몇 가지를 들 수 있다.[1]

(1) 당사자의 양해에 의하여 당해 처분 등의 신청에 대한 처리가 원만히 진행되고, 사후 집행상의 문제를 발생시키지 않는다는 것이다. 즉 이 방법에 의하여 실질적으로 시간·노력을 절약할 수 있고, 법적 분쟁을 방지할 수 있다는 점에서 이 방법의 존재의의가 인정되는 것이다.

(2) 당사자가 비공식적인 수단에 의하여 정규기준을 변경할 수 있다는 점이다. 이것은 환경보호분야에서 볼 수 있는 바와 같이, 법정기준 이상의 엄격한 기준을 설정한다고 하는 플러스 방향으로 행해질 수도 있으나, 이와는 반대로 법정기준을 완화하는 마이너스의 결과를 가져올 수도 있다. 일정 논자는 이러한

---

1) 大橋洋一, 전게서, pp. 125~126.

법정기준의 하향화의 이점을 전제로 하는 경우에 비로소 비공식적 활동은 성립한다는 전제하에서, 그러한 점에서 이 수법은 탈법행위라고 비판하기도 한다.

(3) 결정상황의 복합성이다. 경제·과학기술상의 여러 문제가 복합적으로 관련되어 있는 분야에서는, 당해 문제의 해결에는 고도의 전문지식이 필요한 것임은 물론이다. 그러나 관련문제에 관하여 행정권이 자신이 없는 경우에는 사업자와의 상호협력하에서 사안의 처리가 도모되게 된다. 관련 프로젝트의 규모가 클수록 문제의 복잡성도 증대되므로, 그에 따라 비공식적 방법이 사용되는 가능성도 증대되는 것이다. 예컨대 독일건설법 제175조 이하에 규정되고 있는 건설명령·근대화명령이라는 법정수단이 종래 거의 사용되지 않은 것은, 법률의 불확정성에서 야기되는 사후의 소송에서의 관련 처분의 취소가능성을 관련공무원들이 우려한 데에 기인하는 것으로 보고 있다.

(4) 법원의 개입을 회피할 수 있다는 점이다. 비공식적 행정작용에서 종종 소송포기가 결정되는 것은 이 행정수법의 이러한 의도를 여실히 보여 주는 것이다.

(5) 조기단계에서의 분쟁해결의 필요성이다. 노후시설의 개선조치와 같이 고용범위의 감소를 야기하는 행정조치의 경우에는, 이해관계는 사업자 외에도 종업원 및 노동조합에도 미치게 된다. 이러한 분쟁을 해결하려고 하면 그 조정활동을 사전에 하는 것이 바람직한 것임은 물론이다.

(6) 행정조직간의 대립현상을 완화할 수 있다는 점이다. 예컨대 영업활동의 확대 요청과 환경보호의 필요성 사이의 대립은 사업자와 시민간의 대립으로 나타나는 것이 보통이나, 같은 문제상황은 행정조직간에도 제기될 수 있다. 즉 환경보호를 추진하는 행정청과 경제활동을 옹호하는 행정청간에 심각한 대립현상이 발생할 수 있는 것으로, 그 조정을 위하여 비공식적 수법이 사용될 수 있는 것이다. 또한 계획법의 분야에서는 행정주체간의 조정이 불가결한 것으로, 그 수단으로서 종종 비공식적 수법이 사용되고 있다.

(7) 법정의 감독수단이나 제재조치의 실시에 있어 곤란한 입증문제(예컨대 과실의 입증)가 제기되는 경우에도 비공식적 수법이 사용되게 된다.

(8) 법정 제재조치의 영향이 그 상대방에 대하여 과도한 경우가 있다는 것이다. 예컨대 벌금 그 자체는 높지 않은데도, 그에 의하여 업자가 받는 신용상의 불이익은 결코 적지 않은 경우가 있다. 따라서 이러한 경우에도 당해 제재를 배경으로 하여 비공식적 활동이 행정목적의 달성수단으로 활용될 수 있는 것이다.

제 4 장 행정계약

I. 행정계약의 의의

행정계약은 행정주체 상호간 또는 행정주체와 국민 사이에 행정목적을 수행하기 위하여 체결되는 계약을 말한다. 이러한 의미의 행정계약에는 내용상 공법적 효과의 발생을 목적으로 하는 공법상계약과 사법적 효과의 발생을 목적으로 하는 사법상계약이 포함되어 있다.

II. 공법상계약 또는 행정계약

행정주체가 체결하는 계약에는 전술한 바와 같이 공법상계약과 사법상계약이 있는바, 이와 관련하여서는 행정법에서의 고찰대상을 공법상계약에 한정할 것인지, 아니면 사법상계약을 포함하는 행정계약 일반을 그 대상으로 할 것인지의 문제가 있다.

이 문제에 대하여는, ① 우리나라에서는 실정법이 공법·사법의 이원적 구조를 취하고 있고, ② 공법상 계약에 관한 공법상 당사자소송은 민사소송과는 구별되는 것이고, ③ 공법상 계약은 실정법상 또는 기본법리상 차이가 있는 것이므로, 행정법의 고찰대상은 공법상계약에 한정되어야 한다는 견해가 있다.

그러나, ① 우리나라에서는 아직 공법상계약과 사법상계약의 구별기준이 확립되어 있지 않고, ② 공법상계약의 법리도 제도적으로나 이론적으로나 아직 제대로 정착되어 있지 않고, ③ 현재 학설·판례상 공법상계약은 매우 제한적 범위에서만 인정되어 있으나, 사법상계약으로 되고 있는 계약유형에 대하여도 실정법상 특수한 규율이 행해지는 경우가 많고, 또한 계약의 내용·대상 등에 따라서는 그 공익성으로 인하여 계약에 관한 사법상의 원리가 수정·제한될 수 있는 소지가 배제되지 아니한다.

이러한 점 등을 고려하면, 행정법의 고찰대상은 원칙적으로 공법상계약에 한정되어야 할 것이나, 그에 있어서는 일정 한도에서의 사법상계약에 관한 실정법적 규제나 관련 판례 등에 대한 검토도 아울러 행해져야 할 것으로 본다.

Ⅲ. 공법상계약

1. 의 의

공법상계약은 학문상의 관념으로서, 공법적 효과의 발생을 목적으로 하여 복수당사자 사이에서 반대방향의 의사표시의 합치로써 성립되는 공법행위이다. 이러한 의미의 공법상계약에 관한 법리는, 공법·사법의 이원적 구조를 가지고 행정재판소가 설치되어 있는 유럽의 일정 국가, 특히 「프랑스」에서 주로 판례에 의하여 정립·발전된 것이다.

행정주체가 당사자로 되어 있는 계약 중에서 공법상계약이 인정되는 범위는 국가에 따라 다르다. 즉, 「프랑스」의 경우 이 관념은 상당히 광범하게 인정되고 있으나, 독일에서는 권력관계가 행정법관계의 중심을 이루고 있는 결과, 그 인정범위는 제한되어 있다.

2. 성 질

공법상계약은 사법상계약·행정행위·공법상합동행위 등과는 그 성질을 달리 한다.

(1) 사법상계약과의 구별

공법상계약도 복수당사자 사이의 의사합치에 의하여 일정한 법적 효과를 발생하는 것이라는 점에서는 사법상계약과 공통성이 있다. 그러나 사법상계약에서는 쌍방당사자의 의사는 대등한 가치를 가지고 있고, 사법상의 법률효과를 발생하는데 대하여, 공법상계약은 쌍방당사자의 의사가 대등가치를 가지지 아니하는 경우도 있고, 그것은 행정법상의 법률관계를 발생·변경·소멸시키는 것으로서 공법적 효과를 발생시키는 것이다.

국가 등의 행정주체가 당사자로 되어 있는 경우에도 그 계약은 사법상계약인 경우도 적지 아니한 것으로, 이것은 (협의의) 국고행정 영역과 행정이 당해 공행정작용의 이행에 있어서의 법적 형식에 관한 선택권이 인정되어 있는 경우 당해 작용을 사법적 규율하에서 행하는 경우(이른바 행정사법의 문제)에 나타난다. 행정주체가 사인과 체결하는 물품납품계약이나 공공토목공사의 도급계약 등은 전자의 예이다. 후자에 속하는 것으로서 전기·가스공급, 전화이용이나 공적 수송수단의 이용관계가 사법상계약의 형식으로 설정되는 경우가 적지 아니하다.

(2) 행정행위와의 구별

공법상계약도 행정목적의 실현수단이며 또한 공법적 효과를 발생하는 행위라는 점에서는 행정행위와 공통성이 있다. 그러나 공법상계약에 있어서는 그 법률효과가 복수당사자 사이의 의사합치에 의하여 발생하는 데 대하여, 행정행위의 경우는 행정주체의 일방적 의사(결정)에 의하여 발생한다는 점에서 양자는 구별된다.

이와 관련하여서는 공무원임명·공기업특허 또는 공물사용특허를 행정행위로 볼 것인지 아니면 공법상계약으로 볼 것인지의 문제가 있다. 특히 공기업특허나 공물사용특허는 「프랑스」의 경우 공법상계약으로 보고 있는 데 반하여, 독일에서는 행정행위로 파악하고 있다. 이 문제에 대하여는 재량통제의 관점에서 이들 행위를 행정행위로 보아야 한다는 견해가 있다. 생각건대, 이 문제는 당해 행위의 성립에 있어 실정법상 의사합치적 요소가 그 성립요건으로 되어 있는지 여부에 따라 판단되어야 할 것으로 본다. 이러한 관점에서 보면 우리나라의 경우 이들 행위는 상대방의 신청에 대하여 행정청이 일방적으로 결정하는 것이며, 그 법률관계의 내용도 법령에 의하여 일률적으로 규정되어 있다는 점에서, 행정행위라고 하여야 할 것이다.

(3) 공법상합동행위와의 구별

공법상계약은 당사자간의 반대방향의 의사의 합치에 의하여 법률효과가 발생하고, 그 효과는 당사자 쌍방에 대하여 반대적 의미를 가진다. 이에 대하여 공법상합동행위는 같은 방향의 의사의 합치에 의하여 법률효과가 발생하고, 그 효과도 당사자에 대하여 같은 의미를 가지는 것이라는 점에서 양자는 구별된다.

Ⅳ. 공법상계약의 성립가능성과 자유성

공법상계약과 관련하여서는 종래 행정법관계에도 계약의 성립이 가능한가의 문제와 그것이 가능하다고 하는 경우에도 그에는 법률의 근거가 있어야 하는 것이 아닌가(자유성)의 문제가 주로 논의되었다.

1. 성립가능성

전통적으로는 국가와 사인간에는 계약상의 의사의 대등성이 인정될 여지는 없으므로, 행정법에 있어서는 계약 관념은 인정될 수 없다고 보았다. 그러나 이것은 기본적으로 권력관계를 바탕으로 하고 있던 전통적 행정상황에 바탕을 둔 이론으로서, 행정기능의 질적·양적 변화에 따라 급부행정 등 비권력행정의 범위가 획기적으로 발달된 오늘날의 행정에서는 더 이상 거론될 만한 의미는 없다고 본다.

2. 자 유 성

이에 대하여 공법상 계약의 자유성의 문제, 즉 법률의 근거가 없는 경우에도 행정은 계약형식에 의하여 행정목적을 수행할 수 있는가의 문제는 법률의 유보원칙과의 관련에서 여전히 중요한 의미를 가지는 것이다. 이에 대하여는 부정설과 긍정설 및 절충설로 견해가 갈리고 있다.

(1) 부 정 설

이 설은 공법상계약도 행정목적의 실현을 위한 수단으로서, 그것은 법률의 근거가 있는 경우에만 성립될 수 있다고 본다.

(2) 긍 정 설

이 설은 공법상계약은 비권력적 행정작용으로서 권력적 행위인 행정행위 등과는 달리 당사자 사이의 의사합치에 의하여 성립하는 것이므로, 법률의 명시적 근거가 없어도 성립할 수 있다고 본다.

(3) 절 충 설

이 설은 공법상계약에 법률적 근거가 필요한가에 대하여는 계약의 종류별로 그 현실적 기능을 고려하여 구체적으로 결정되어야 한다고 본다.

(4) 결 어

공법상계약은 비권력작용으로서 그 법적 효력은 의사합치 그 자체에 의거하는 것('합의는 준수되어야 한다'(Pacta sunt servanda)는 법리)이라는 점에서 볼 때, 공법상계약의 자유성은 원칙적으로 인정된다고 본다.

그러나 공법상계약의 형식에 의하여 행정목적을 실현하는 경우에도 그것이 법에 위반되는 것이어서는 아니된다. 그러한 점에서는 공법상계약의 자유성의 문제는 법률의 유보가 아니라 법률의 우위원칙과의 관련에서 검토되어야 하는 문제로 된다. 이러한 관점에서는 행정은 법률의 규정·의미 및 목적에 반하지 아니하는 한, 공법상계약의 형식에 의하여 행정책무를 수행할 수 있다고 할 것이다.

독일 연방행정절차법 제54조는 "공법영역에 있어서의 법률관계는 법령에 반하지 아니하는 한 (공법상) 계약에 의하여 형성, 변경 또는 폐기될 수 있다"고 규정하고 있다. 이 규정상 법령에 반하는 경우는 법규정에서 공법상계약이 명시적으로 금지되고 있는 경우뿐만 아니라 해당 법령 규정의 의의, 목적상 공법상계약에 의한 규율이 배제되는 경우도 포함되는 것으로 보고 있다.[1]

행정기본법은 제4조에서 "행정청은 법령등을 위반하지 아니하는 범위에서 행정목적을 달성하기 위하여 필요한 경우에는 공법상 법률관계에 관한 계약(공법상 계약)을 체결할 수 있다. 이 경우 계약의 목적 및 내용을 명확하게 적은 계약서를 작성하여야 한다"라고 하여, 공법상계약의 허용성 및 서면주의를 규정하고 있다.

V. 공법상계약의 종류

1. 주체에 따른 구분

이것은 계약의 당사자를 기준으로 한 구분이다.

(1) 행정주체 상호간의 공법상계약

국가와 공공단체 또는 공공단체 상호간에 체결되는 공법상계약이다. 교육사무의 위임·위탁(지방교육자치에관한법률 26), 지방자치단체 상호간의 도로의 경비분담에 관한 협의나 하천의 관리에 관한 협의(도로법 85②, 하천법 9①) 등이 이에 해당한다.

(2) 행정주체와 사인간의 공법상계약

사인에 대한 행정사무의 위임·위탁(사인에 대한 교정업무위탁(민영교도소설치·운영에관한법률 4), 사회복지업무의 위탁(사회복지사업법 52)), 임의적 공용부담계약(사유지를 공원·학교 등의 부지로 제공하는 계약), 환경보전협정(지방자치단체와 사기업 사이에 체결되는 것으로 공장 등에서 발생하는 공해의 방지 및 환경보전에 관한 계약) 등이 이에 해당한다.

(3) 사인 사이의 공법상계약

공익사업을 위한 토지 등의 취득 및 보상에 관한 법률 제26조에 따라 공익사업의 시행자와 토지소유자 등과 행해지는 협의는 토지수용의 한 단계로 보아 학설은 이를 공법상계약으로 본다. 이 경우 공익사업시행자인 사인은 순수한 사인이 아니라 공무수탁사인의 지위를 가진다.

---

1) Maurer/Waldhoff, Allgemeines Verwaltungsrecht, 19. Auflage §14 Rn. 36.

2. 성질에 따른 분류

공법상계약은 양 당사자의 대등성 여부에 따라 대등계약과 종속계약으로 구분된다.

대등계약은 기본적으로 대등한 계약당사자 특히 공공단체 사이에 체결되는 것으로, 이것은 행정행위에 의하여서는 규율될 수 없는 법률관계를 대상으로 한다. 예컨대 지방자치단체 사이를 관류하는 하천의 관리에 관한 관계 지방자치단체 사이의 협약이 그에 해당한다.

종속계약은 다른 형식의 규율방식에서는 상하관계에 있는 당사자로서 행정주체와 국민 사이 또는 상급행정단체와 하급행정단체 당사자간에 체결되는 계약이다. 이러한 종속계약은 행정행위 준비적 또는 행정행위 대체적 계약이 주종을 이루나, 행정행위와 무관한 것도 있다.

전술한 것은 독일에서의 공법상 계약의 분류방법의 하나로서 우리나라에서는 아직 판례나 실정법상 채택되고 있지 아니한 것이다. 그러나 이러한 분류는 앞으로 공법상계약에 관한 이론체계의 정립에는 유용할 것으로 보여서 간단히 소개한 것이다.

Ⅵ. 행정계약의 특수성

여기서는 기본적으로 공법상계약의 특수성에 대하여 검토할 것이나, 그에 앞서 행정주체가 당사자가 되는 사법상계약의 특수성에 대하여도 간단히 언급하여 두기로 한다.

1. 사법상계약의 특수성

행정주체가 사인과 체결하는 사법상계약은 국가나 지방자치단체 등이 사경제의 주체로서 상대방과 대등한 지위에서 체결하는 것으로서, 그것은 원칙적으로 민법에 의하여 규율된다. 그러나 그 공정성이나 계약상 의무의 이행확보 등의 견지에서 개별법에서 특별한 규정을 두고 있는 경우가 있다. 예컨대 국가를 당사자로 하는 계약에 관한 법률은 계약의 방법, 적격심사제, 부정당업자의 입찰참가제한 등을 규정하고 있다(법 7·10②·19·27 등).[1]

---

1) 판례는 이들 근거법의 특별규정은 내부적 성격의 규정으로 보고 있다(대판 2001. 12. 11, 2001다33604): 국가계약법(국가를당사자로하는계약에관한법률)은 국가가 계

이러한 명시적 규정이 없는 경우에도 이들 계약에 공법적 원리가 적용될 것인가에 대하여는 개별적 계약의 구체적 검토에 의하여 결정될 문제로 보나, 행정사법적 법률관계를 내용으로 하는 계약의 경우에는 헌법적 원리인 평등원칙·비례원칙 등은 당연히 적용된다고 본다. 더 나아가 순수한 국고행정 영역에서의 계약의 경우에도 그것은 2차적 또는 간접적으로 공익실현작용인 행정활동이라는 점에서는 그에도 위의 헌법적 원리는 적용된다고 볼 수도 있을 것이다.[1]

2. 공법상계약의 특수성

(1) 부합계약성 및 계약의 강제성

공법상계약은 어느 경우에나 공익실현을 그 내용으로 하는 행정의 하나의 수단이라는 점에서 그 공정성 등의 담보의 견지에서 다수의 경우 그 계약의 내용은 영조물규칙·공급규칙 등의 형식으로 사전에 정형화되어 있는 결과, 공법상계약은 부합계약의 형식을 취하는 경우가 많다.

공법상계약의 주된 적용영역은 급부행정인바, 계약에 의한 급부의 대상이 국민의 일상생활에 필수적인 역무의 제공을 내용을 하는 경우에는 행정주체에 의한 계약의 체결이 강제되는 경우가 적지 않다(수도법 39, 전기사업법 14).

(2) 공법상계약은 공법적 효과의 발생을 목적으로 하는 법률행위이고, 그것은 어느 경우에나 공익실현을 그 내용으로 하여야 하는 행정의 작용형식의 하나라는 점에서는, 그 실체법 체계에서도 사인간의 사법상계약과는 다른 특징이 인정될 수 있는 소지가 있다고 본다. 그러나 이에 관하여도 일반적 규정은 없고, 소수의 개별법에서 부분적으로 규정하고 있는 데 그치고 있다. 그러나 이러한 특별규정이 없는 경우에도 공법상계약의 목적·기능 등과의 관련에서 공

약을 체결하는 경우 원칙적으로 경쟁입찰에 의하여야 하고(제7조), 국고의 부담이 되는 경쟁입찰에 있어서 입찰공고 또는 입찰설명서에 명기된 평가기준에 따라 국가에 가장 유리하게 입찰한 자를 낙찰자로 정하도록(제10조 제2항 제2호) 규정하고 있고, 같은법 시행령에서 당해 입찰참가자의 이행실적, 기술능력, 재무상태 … 등을 종합적으로 고려하여 재정경제부장관이 정하는 심사기준에 따라 세부심사기준을 정하여 결정하도록 규정하고 있으나, 이러한 규정은 국가가 사인과의 사이의 계약관계를 공정하고 합리적·효율적으로 처리할 수 있도록 관계공무원이 지켜야 할 계약사무처리에 관한 필요한 사항을 규정한 것으로 국가의 내부규정에 불과하다 할 것이다.

1) 박정훈, 행정조달계약의 법적 성격, 민사판례연구, 제25권(2003. 2), p. 575.
    이처럼 사법상계약에도 헌법적 원리는 적용된다고 볼 수 있다고 한다면 그러한 한도에서는 사법상계약에는 법령에 특별한 규정이 있는 경우 외에는 사적 자치와 계약자유의 원칙 등 사법의 원리가 그대로 적용된다고 한 전기 대판 2001. 12. 11, 2001다33604의 타당성에 대하여는 의문이 제기될 수도 있을 것이다.

법상계약에는 해석론상 일정한 독자성 또는 특수성이 인정될 수 있을 것으로
본다.

공법상계약과 사법상계약의 실체법상의 차이는 계약해제와 관련하여 특히
부각되고 있는 것으로 보인다. 즉 공법상계약에는 민법상의 계약해제에 관한
규정은 적용되지 아니하는 것으로서, 계약당사자인 행정주체는 공익상 사유가
있는 경우에는 일방적으로 계약을 해제 또는 변경할 수 있고, 그 경우 그 상대
방에는 단지 손실보상청구권만이 인정된다고 본다. 타면에 사인에 의한 계약의
해제는 원칙적으로 인정되지 아니한다고 본다.1)

(3) 공법상계약에 관한 쟁송은 공법상의 권리관계에 관한 쟁송인 당사자소
송의 절차에 의하여야 할 것이다. 판례도 "서울특별시립무용단원의 공연 등 활
동은 지방문화 등 예술을 진흥시키고자 서울특별시의 공공적 업무수행의 일환
으로 이뤄진다고 해석될 뿐 아니라 … 무용단원이 가지는 지위가 공무원과 유
사한 것이라면 시립무용단 단원의 위촉은 공법상의 계약이라 할 것이고, 따라
서 그 단원의 해촉에 대하여는 공법상의 당사자소송으로 무효확인을 구할 수
있다"(대판 1995. 12. 22, 95누4636)고 하였다. 판례는 또한 "관계 법령의 규정내
용에 비추어 보면 현행 실정법이 전문직공무원인 공중보건의사의 채용계약해지
의 의사표시는 일반직 공무원에 대한 징계처분과는 달라서 항고소송의 대상이
되는 처분 등의 성격을 가진 것으로 인정되지 아니하고, 일정한 사유가 있을 때
에 관할 도지사가 채용계약관계의 한쪽 당사자로서 대등한 지위에서 행하는 의
사표시로 취급하고 있는 것으로 이해되므로, 공중보건의사 채용계약해지의 의
사표시에 대하여는 대등한 당사자간의 소송형식인 공법상의 당사자소송으로 그
의사표시의 무효확인을 구할 수 있는 것이지, 이를 항고소송의 대상이 되는 행
정처분이라는 전제하에서 그 취소를 구하는 항고소송을 제기할 수는 없다"(대판

---

1) 행정주체에 의한 계약내용의 일방적 변경권은 프랑스에서는 판례에 의하여 오래 전
부터 인정되어 왔다(C.E., Gaz de Delville-les-Rouens; C.E, 2 février 1983,
Unions des transports urbains). 이것은 공익의 우위성에 기초하고 있는 것으로서,
공익적 요청은 시기에 따라 변화할 수도 있는 것으로서, 그러한 경우에도 계약의 불가
변성의 원칙으로 인하여 공익의 실현이 좌절되어서는 아니된다고 보는 것이다.
　일본의 학설에서도 공법상계약에는 민법의 계약해제에 관한 규정은 적용되지 아니한
다고 보는 것이 일반적 견해이다. 그러나 이에 대하여는 행정주체에 의한 계약의 일방
적 변경 내지 해제권을 인정하고, 사인에는 원칙적으로 그러한 권한이 인정되지 아니
하고, 단지 일정 범위의 손실보상청구권만이 인정되는 데 그치는 것과 같은 내용의 공
법상계약의 법리는 계약으로서의 실체를 가지지 아니하는 것이라 할 것이므로, 이러한
내용의 공법상계약을 인정하는 실익이 있는지에 대하여 의문을 제기하는 입장도 있다.
宮田三朗, 行政法總論, pp. 294~295.

1996. 5. 31, 95누10617)고 하였다. 다만, 계약의 취소나 해지가 실질적으로 행정청이 우월적 지위에서 일정한 법률상 효과를 발생시키는 것일 때에는 처분에 해당한다.[1]

---

1) 대법원은 '산업집적활성화 및 공장설립에 관한 법률'에 따른 입주계약 해지 통보와 변경계약의 취소(대판 2011. 6. 30, 2010두23859, 대판 2017. 6. 15, 2014두46843), 과학기술기본법령에 따른 BK21 사업 협약 해지 통보(대판 2014. 12. 11, 2012두28704)의 처분성을 인정하였다.

제 5 장 행정법상의 확약

I. 의 의

행정법상 확약이라 함은 일정한 행정작용을 하거나 하지 않을 것을 내용으로 하는 행정청의 구속력 있는 약속을 말한다. 이 경우 결정적 요소는 행정청의 (자기)구속적 의사이다.[1] 독일 연방행정법원도 확약을 '장래의 작위·부작위에 관한 행정청의 자기구속적인 의사행위'라고 정의하고 있다.

이러한 확약은 본래 독일에서 학설·판례상 정립·발전된 법리이나, 우리 학계에서도 이에 관해 상당히 활발한 검토가 행해져 행정절차법에 명문으로 규정되기에 이르렀다. 법령등에서 당사자가 신청할 수 있는 처분을 규정하고 있는 경우 행정청은 당사자의 신청에 따라 장래에 어떤 처분을 하거나 하지 아니할 것을 내용으로 하는 의사표시, 즉 확약을 할 수 있다(제40조의2①).

행정의 실제에 있어서 확약은 매우 중요한 의미를 가지고 있다. 예컨대 각종 인·허가의 발급약속(내허가·내인가라고도 한다), 공무원에 대한 장래 일정 시기에 있어서의 승진약속, 주민에 대한 개발사업의 약속 등은 그 대표적 실례이다.

---

1) 독일연방행정절차법 제38조 제1항은 Zusage와 Zusicherung을 구분하여 Zusicherung은 Zusage의 하위범주로서「행정행위를 발하거나 하지 아니할 것을 내용으로 하는 구속력 있는 행정청의 약속」으로 정의하고 있다. 우리나라에서 확약은 광의로 행정행위를 포함하는 일정한 행정작용을 하거나 하지 아니할 것을 내용으로 하는 구속력있는 약속」으로 정의되고 있으므로, 상위개념으로서의 Zusage는 확약으로, 그리고 그 하위범주인 Zusicherung은 이를 확언으로 번역해야 할 것으로 보인다. 그러나 우리나라의 경우는 전기한 독일의 행정절차법과 같은 규정은 없으므로, 굳이 확약과 확언을 구별할 필요는 없고, 행정작용 일반에 관한 행정청의 구속력 있는 의사표시를 총칭하는 개념으로서 확약이라는 개념만을 사용하면 충분할 것으로 보인다.

II. 법적 성격

1. 행정행위성 여부

확약의 법적 성격, 특히 이 행위가 행정행위에 해당하는가에 대하여는 견해가 갈리고 있다. 이 문제에 대하여 긍정설은 확약은 행정청을 구속하는 것이라는 점에서, 확약도 행정행위의 기본적 요소인 규율성을 갖추고 있다고 보아 행정행위의 성격을 가진다고 보고 있다. 이에 대하여 부정설은 확약은 장래 일정 방향으로의 규율을 그 내용으로 하고 있기는 하나, 확약 단계에서는 아직 종국적 규율성은 결여되어 있다는 점에서, 확약은 행정행위는 아니라고 하고 있다. 판례도 같은 입장인 것으로 보인다.[1]

생각건대 확약은 행정청의 자기구속적 의사표명에 의하여 일정한 행위(작위·부작위)의무를 부담하는 것이라는 점에서는 그 자체 법적 규율성이 있는 것으로 그 한도에서 확약은 행정행위의 성질을 가지고 있다고 볼 수도 있다. 그러나 이러한 법적 규율은 장래에 있어서의 작위·부작위에 대한 법적 의무라는 점에서 그 완결성·종국성에 있어 일반행정행위와는 차이가 있다고 할 것이다. 확약의 한 범주로서의 행정행위의 발급 또는 불발급에 관한 확언(Zusicherung)에 대하여 독일 연방행정절차법 제38조 제2항은 행정행위에 관한 일정 규정을 단지 준용하도록 규정함에 그치고, 또한 동 제3항은 "확언의 전제가 되었던 사실 및 법적 여건이 변경되어 행정청이 사후에 발생한 사실을 알았더라면 확언을 하지 않았으리라고 인정될 경우 또는 법적 이유로 확언을 할 수 없었을 것으로 인정될 경우에는 행정청은 더 이상 확언에 구속되지 아니한다"로 규정하고 있는 것은, 확약의 이러한 특징을 표현한 것이라고 본다. 우리 판례도 같은 입장이다.[2]

---

1) 판례

"어업권면허에 선행하는 우선순위결정은 행정청이 우선권자로 결정된 자의 신청이 있으면 어업권면허처분을 하겠다는 것을 약속하는 행위로서 강학상의 확약에 불과하고 행정처분은 아니므로, 우선순위결정에 공정력이나 불가쟁력과 같은 효력은 인정되지 아니한다"(대판 1995. 1. 20, 94누6529).

2) 판례

"행정청이 상대방에게 장차 어떤 처분을 하겠다고 확약 또는 공적인 의사표명을 하였다고 하더라도, … 확약 또는 공적인 의사표명이 있은 후에 사실적·법적 상태가 변경되었다면, 그와 같은 확약 또는 공적인 의사표명은 행정청의 별다른 의사표시를 기다리지 않고 실효된다"(대판 1996. 8. 20, 95누10877).

2. 확약과 다른 행위유형과의 구별

(1) 고 지

확약은 행정청이 상대방에게 일정한 사실 또는 법률관계에 관한 정보를 제공하는 사실행위로서의 고지와는 구별된다. 고지(Auskunft)는 확약과는 달리 행정청의 자기구속적 의사가 결여되어 있는 것이므로, 그 상대방에는 고지내용에 따른 이행청구권이 인정되지 않으며, 다만 그 고지내용이 위법한 것인 때에는 손해배상의 문제만이 제기될 수 있을 따름이다.

(2) 공법상계약

확약은 단독적 자기구속적 행위라는 점에서 공법상계약과도 구별된다. 그러나 확약에 의한 급부약속과 공법상계약에 의한 그것과는 상당 부분에 있어 공통성이 있는 것이 사실이다.

(3) 예비결정(사전결정)

예비결정은 독일의 건축허가나 원자력발전소설치허가 절차 등에서 채택되고 있는 것으로서, 건축허가의 경우 그 (최종적) 허가에는 다수의 요건이 충족되어야 하는 경우(건축예정토지상의 건축가능성, 건축방식·내용 등)에 그 개개의 요건에 대한 사전적이지만 확정적 결정을 말한다. 확약은 장래의 종국적 행정행위 등에 대한 구속력 있는 약속인 데 대하여, 예비결정은 그 자체로서 하나의 완결적 행정행위이다.

우리나라의 경우는 건축법 제10조에서 정하고 있는 건축 관련 입지와 그 규모의 사전결정제도가 이에 해당한다고 할 수 있다. 동조 제1항은 "제11조에 따른 건축허가 대상 건축물을 건축하려는 자는 건축허가를 신청하기 전에 허가권자에게 그 건축물을 해당 대지에 건축하는 것이 이 법이나 다른 법령에서 허용되는지에 대한 사전결정을 신청할 수 있다"고 규정하고 있다. 폐기물관리법이 정하고 있는 폐기물처리업 허가 전의 사업계획에 대한 적합통보제도(법 25①②)도 예비결정의 다른 예로 들 수 있을 것이다.[1]

(4) 가(잠정적)행정행위(vorläufiger Verwaltungsakt)

가행정행위란 확정적 결정 이전에 잠정적으로 행하여지는 규율을 말한다.

---

[1] 판례
"폐기물처리업 허가 전의 사업계획에 대한 부적정통보는 허가신청 자체를 제한하는 등 개인의 권리 내지 법률상 이익을 개별적이고 구체적으로 규제하고 있어 행정처분에 해당하며, 사업계획허가 전에 행해지는 사업계획에 대한 적정통보가 있게 되면 나중에 허가단계에서는 나머지 허가요건만을 심사한다"(대판 1998. 4. 28, 97누21086).

예컨대 소득액 등이 확정되지 아니한 경우에 과세관청이 상대방의 신고액에 따라 잠정적으로 세액을 결정하는 것(소득세법 105·107)이 그에 해당한다. 이러한 가행정행위는 독일에서는 다수의 실정법(조세법·사회보장법전 등)에 규정되어 있는 것이기는 하나, 연방헌법재판소는 법률상의 근거가 없는 행정처분에 대하여도 이 관념을 인정하였다.[1] 그에 따라 독일에서는 가행정행위는 행정의 일반적 행위유형으로 인정되고 있다고 할 수 있다.

이러한 가행정행위는 관계사실 등의 확정 이전에도 그에 의하여 관계법이 정하는 급부가 행하여질 수 있다는 점에서, 급부행정의 영역에서 특히 중요한 의미를 가지는 것이다. 이 경우 상대방은 가급부결정에 의하여 확정결정시까지 당해 급부를 수급하는 것은 물론이거니와, 가급부결정과 다른 확정결정은 가급부결정시에 유보된 조건(예컨대 영업실적의 확정)의 한도 내에서만 인정되고 있는 결과, 이미 가급부결정에 따라 당해 급부에 대한 일정한 법적 지위가 보장되고 있다고 할 수 있다.

가행정행위는 확정적 결정이 발하여질 때까지만 적용되는 것임은 물론이거니와, 이 경우 가행정행위는 확정결정에 의하여 대체되어 효력을 상실하는 것이지 취소되는 것은 아닌 것으로 보고 있다.

가행정행위도 잠정적이기는 하나 규율성을 갖추고 있다는 점에서는 그 행정행위성을 부인할 수 없다. 다만 행정행위는 원칙적으로 구체적 법적 상태에 대한 완결적 규율을 내용으로 하는 것이라는 점에서 보면, 가행정행위에 대한 행정행위성의 인정에 전혀 문제가 없는 것은 아니다.

(5) 부분허가

위에서 검토한 예비결정은 예컨대 일정 건물의 건축허가에 있어 당해 허가 그 자체가 아니고, 그와 관련되어서 충족 또는 해결되어야 하는 법적 문제들에 대한 결정임에 반하여, 부분허가는 당해 건축물의 건축허가 그 자체의 일부에 관한 허가를 말한다. 예컨대, 다세대건축허가신청에 있어서 그 전체에 대한 허가에 대하여는 보다 구체적인 검토가 필요한 것으로 판단되는 경우에 일단 그 가분적 일부에 대한 허가를 하는 것이 이에 해당한다.[2]

---

1) 독일 연방헌법재판소는 1983년 4월 14일의 결정(BVerfGE 67, 99)에서 법률상의 근거가 없이 행하여진 보조금지급결정에 대하여, 당해 결정은 관계기업의 영업상태에 대한 최종적 심사의 유보하에 행하여진 가행정행위라고 판시하였다.

2) 판례

"원자력법 제1조 제3항 소정의 부지사전승인제도는 원자로 및 관계 시설의 부지로 적합한지 여부 및 굴착공사 등 일정한 범위의 공사(이하 '사전공사'라 한다)를 할 수

Ⅲ. 확약의 근거 및 자유성

1. 근 거

확약의 법리는 독일에서는 연방행정절차법·조세통칙법 등에 의하여 성문화되어 있다. 그러나 이 법리는 본래 학설·판례에 의하여 정립된 것으로, 판례는 그 근거를 신의성실의 원칙 또는 신뢰보호원칙에서 구하고 있으나, 학설은 당해 행위의 처분권한 속에 확약을 발할 권한도 포함되어 있는 것으로 보고 있다. 즉 학설에 의하면, 행정청에 일정한 행정처분권이 부여되어 있는 경우, 앞으로의 당해 처분에 대한 자기구속적 약속으로서의 확약은 그 처분권에 수반되는 예비적 권한행사로서, 그 권한은 본처분권에 당연히 포함되어 있다고 보는 것이다.

행정청의 행위는 원칙적으로 특정 형식에 제한되는 것은 아닌바, 일정한 사항에 대한 처분권이 인정되는 경우, 행정청은 그것이 적절하다고 판단되면 그 사전적 처리로서의 확약도 할 수 있다고 할 것이므로, 그러한 점에서 처분권한내재설이 타당하다고 본다.

구 학교설립인가사무처리규칙(교육부령)이 정하고 있던 설립내인가제도는 구 교육법 제85조의 교육부장관의 학교설립허가권규정에 내포되어 있는 것임을 전제로 한 것이었다고 할 것이다.[1]

2. 확약의 한계

이것은 다음의 두 가지 사항과의 관련에서 특히 문제로 되고 있다.

(1) 기속행위와 확약

기속행위의 경우 행정청에게는 당해 처분을 하여야 할 법적 의무가 있으므로, 확약은 의미가 없는 것이라는 견해가 있다. 그러나 기속행위의 경우에도 상대방은 확약에 따른 예지이익 및 대처이익은 있는 것이므로, 긍정적으로 해석

있는지 여부에 대하여 건설허가 전에 미리 승인을 받는 제도로서, … 건설허가 전에 미리 그 부지의 적법성 및 사전공사의 허용 여부에 대한 승인을 받을 수 있게 함으로써 그 경제적·시간적 부담을 덜어 주고 유효·적절한 건설공사를 행할 수 있도록 배려하려는 데 그 취지가 있다고 할 것이므로, 원자로 및 관계 시설의 부지사전승인처분은 그 자체로서 건설부지를 확정하고, 사전공사를 허용하는 법률효과를 지닌 독립한 행정처분이기는 하지만, 건설허가 전에 신청자의 편의를 위하여 미리 그 건설허가의 일부 요건을 심사하여 행하는 사전적 부분 건설허가처분의 성격을 갖고 있는 것이다"(대판 1998. 9. 4, 97누19588(부지사전승인처분취소)).

1) 박윤흔, 행정법(상), p. 414. 이 규칙은 현재는 폐지되었다.

하여야 할 것이다.

(2) 요건사실 완성 후의 확약

요건사실이 완성된 후에도 확약이 가능한지에 대하여, 이 경우에는 본처분을 하여야 한다는 견해도 있다.[1] 그러나 이때에도 당해 처분이 재량행위인 경우에는, 그 재량권의 행사를 일정 방향으로 스스로 구속하는 의미의 확약이 의미가 있음은 물론이다. 기속행위의 경우에도, 행정청은 행정처분의 시기에 대하여는 일정한 재량권을 갖게 되는 것이라는 점에서 보면, 확약은 허용되고 또한 의미가 있다고 할 것이다.[2]

Ⅳ. 요 건

1. 권 한

확약은 그 대상인 본행정행위를 할 수 있는 권한을 가지고 있는 행정청이 그 권한의 범위 내에서 행하여야 한다.

2. 내 용

확약의 내용은 법령에 적합하여야 하고, 또한 이행가능한 것이어야 한다. 이것은 행정행위의 적법성의 요건에 상응하는 요건이다. 확약이 위법하면 행정청은 확약에 기속되지 아니한다(행정절차법 제40조의2④ii).

3. 절 차

확약은 문서로서 하여야 한다(동조 ②). 다른 행정청과의 협의 등의 절차를 거쳐야 하는 처분에 대하여 확약을 하려는 경우에는 확약을 하기 전에 그 절차를 거쳐야 한다(동조 ③).

Ⅴ. 효 과

확약의 효력은 행정청이 상대방에게 확약의 내용인 행위를 하여야 할 법적

---

1) 박윤흔, 행정법(상), p. 414.
2) 행정처분에 있어서의 재량권은 결정재량, 선택재량 및 시기재량으로 구성된다. 이 중에서 당해 처분시기의 선택에 대한 일정한도에서의 판단권을 의미하는 시기재량은 기속행위에도 인정된다는 것이 프랑스, 일본 등의 판례의 입장이다.

의무를 지는 데 있다. 다만 확약을 한 후에 확약의 내용을 이행할 수 없을 정도로 법령등이나 사정이 변경된 경우, 확약이 위법한 경우에는 행정청은 확약에 기속되지 아니한다(동조 ④).

상대방에게는 행정청에 대한 확약 내용의 이행청구권이 인정되며, 행정청이 확약의 내용인 행위를 하지 않는 경우, 상대방은 의무이행심판 내지는 부작위위법확인소송에 의하여 그 이행을 청구할 수 있을 것이다. 또한 그 불이행으로 손해가 발생한 경우에는 손해배상청구소송을 제기하여 그 배상을 청구할 수 있을 것이다.

제6장 행정행위

제1절 행정행위의 개념

I. 개 설

1. 학문적 관념

행정행위는 본래 실정법상의 용어는 아니고, 학문상의 관념으로서 정립된 것이다. 그러나 이 관념은 실정법과 유리된 추상적 사고의 소산은 아니다. 이 관념은 다양한 행정작용 중에서 다른 작용과는 구별되는 일정한 개념적 징표를 가지고, 특유한 법적 규율을 받는 행위형식이 존재한다는 사실에 입각하여, 이를 행정행위라는 개념으로 정립한 경험적·목적적 개념인 것이다. 이러한 행정행위는 대륙법계 특히 독일행정법에서는 그 핵심적 요소를 이루고 있다.

이하에서 구체적으로 검토하겠으나, 우리나라에서 강학상의 행정행위에 해당하는 행정기관의 행위는, 실정법상으로는 인가·허가·면허·특허·결정·재결 등의 여러 가지 명칭으로 불리고 있다.

우리나라의 학설은 행정행위를 최협의로 파악하고 있다. 이러한 최협의의 행정행위는 현행의 행정소송법이나 행정절차법에서 사용되고 있는 '처분'의 관념과 대체적으로 일치하는 것으로 보이나, 후자에는 권력적 사실행위도 포함된다고 보는 한에서는 후자가 보다 넓은 것임은 물론이다.

2. 행정행위관념 정립의 실익

행정행위는 다른 행정작용(공법상계약·사실행위 등)이나 사법행위와는 달리, 행정청이 일방적으로 국민의 권리·의무에 구체적 변동을 가져오거나 이를 확정하는 권력적 작용이라는 점에서, 그에는 공정력·강제력·확정력과 같은 우월한 힘이 인정되고, 또한 그에 대한 구제제도(행정쟁송·손해전보)에도 사법상의 그것에 비하여 특수성이 인정되고 있다.

Ⅱ. 행정행위의 관념

위에서 행정행위라는 관념은 여러 행정작용 중에서 다른 작용과는 구별되는 일정한 행정작용을 추출하여 학설상 정립한 것이라고 하였거니와, 이처럼 이 관념은 학문상의 관념이라는 점에서, 그 내용에 관하여 견해가 나누어질 수 있다.

1. 최 광 의

행정행위는 최광의로는 「행정청이 행하는 모든 행위」라는 의미로 쓰이고 있다. 이러한 의미의 행정행위에는 사실행위·법적 행위(행정입법·행정처분·사법행위) 및 통치행위가 모두 포함된다.

이러한 최광의의 행정행위에는 이질적 성격의 모든 행정작용이 포함되는 결과, 그에는 법적 공통성이나 동질성이 결여되어, 이러한 의미의 행정행위관념에 대해서는 이론적 또는 실질적 어느 관점에서도 그 타당성을 인정할 수 없다.

2. 광 의

광의의 행정행위는 「행정청에 의한 공법행위」를 말한다. 이러한 의미의 행정행위에는 최광의의 관념에서 사실행위·사법행위가 제외되나, 입법행위·권력적 행위·비권력적 행위·통치행위가 그에 포함된다.

이러한 의미의 행정행위관념도 그에 포함되는 여러 행위가 동질적인 것이라고는 볼 수 없으므로 타당하다고 할 수 없다.

3. 협 의

협의의 행정행위는 「행정청이 법 아래서 구체적 사실에 관한 법집행으로서 행하는 공법행위」를 말한다. 이러한 의미의 행정행위관념에 있어서는 광의의 행정행위관념에서 다시 행정입법과 통치행위가 제외되나, 그에는 권력행위와 비권력행위로서의 공법상계약·공법상합동행위가 포함된다.

그러나 권력적 단독행위인 행정처분과 비권력적인 공법상계약은 그 법적 성질을 달리하는 결과 실정법상 취급을 달리하고 있는 데도 불구하고 이들을 같은 범주 속에 포함시키는 것은 타당하지 않다.

4. 최 협 의

최협의의 행정행위는「행정청이 법 아래서 구체적 사실에 관한 법집행으로
서 행하는 권력적 단독행위인 공법행위」를 말한다. 이러한 의미의 행정행위는,
협의의 관념에서 다시 공법상계약·공법상합동행위가 제외되어 공권력 발동행
위로서의 단독행위만을 지칭하게 된다. 이것이 현재의 통설적 견해이다.

대법원은 1985년 행정소송법의 시행 전까지 구 행정소송법상의 '처분'관념
을 원칙적으로 위의 최협의의 행정행위와 같은 의미로 보고 있었다. 그러나 현
행 행정심판법 및 행정소송법에는 '처분'의 관념을 넓게 정의하고 있어서, 이를
종전과 같이 행정행위와 동의어로 해석할 수는 없다고 본다.

Ⅲ. 행정행위관념의 징표

위와 같은 통설적 의미의 행정행위의 특징 또는 징표로서는 다음의 몇 가
지 점을 들 수 있다.

1. 행정청의 행위

행정행위는 행정청의 행위이다. 그러나 여기서 행정청은 조직법상의 행정
청인 국가나 지방자치단체의 행정기관에 한정되지 않고, 공사 기타 공법인은
물론 사인도 국가로부터 공권력을 부여받은 한도에서는 여기에서의 행정청에
포함된다. 그러나 행정행위는 행정청의 행위이므로, 행정기관이라도 보조기관
(차관·국장 등)의 행위는 물론이고, 국회나 사법부의 행위도 원칙적으로 이에 해
당하지 않는다.

2. 구체적 사실에 대한 규율행위

행정행위는 구체적 사실을 규율하는 행위이다. 따라서 일반적·추상적인 행
정입법이나 조례·규칙 등은 그것이 특정범위의 사람을 대상으로 하는 경우라
할지라도 행정행위는 아니다. 이에 반하여 구체적 사실을 규율하는 행위인 한,
불특정다수인을 대상으로 하는 일반처분(예컨대, 도로통행금지)도 행정행위에 속한
다. 이와 관련하여서는 구속적 행정계획을 행정행위로 볼 것인가의 문제가 있
다(관련 부분 참조).

3. 외부에 대하여 직접적인 법적 효과를 발생하는 행위(Regelung)

1) 행정행위는 일반국민에 대한 행위로서, 행정기관 상호간에 있어서의 내부적 행위(상급관청의 하급관청에 대한 명령·승인·동의 등)는 행정행위가 아니다. 그러나 이른바 특별행정법관계(특별권력관계)에 있어서의 그 구성원에 대한 처분에 대해서는 원칙적으로 행정행위의 성격을 인정하는 것이 현재 학설·판례의 입장이다.

2) 행정행위는 국민에 대하여 직접적인 법적 효과를 발생하는 것이어야 한다. 즉 행정행위는 국민의 권리·의무를 형성(창설·변경·박탈)하거나 그 범위를 확정하는 등, 기존의 권리상태를 변동시키거나 일반적인 법적 상태를 구체화하는 것이어야 한다. 따라서 종국적 행정행위의 발급에 있어서의 그 준비행위나 행정기관 상호간의 행위 또는 조사·보고 등은 사실행위일 뿐 행정행위는 아니다.

한편, 행정청의 행위로서 본질적으로는 행정행위에 해당한다고 보아야 하나, 고도의 국가적 이익이나 정치적 성격으로 인하여 일반적으로 학설·판례가 재판통제에서 제외되는 것으로 인정하고 있는 것을 통치행위라 한다.

4. 권력적 단독행위

행정행위는 공권력의 행사로서, 행정청이 일방적으로 국민에 권리를 부여하거나 의무를 명하고, 또는 권리·의무관계를 규율·확정하는 행위이다. 따라서 이처럼 일방적·권력적 성격을 가지지 않는 사법행위(국유재산의 대부·일반재산의 매각)나 공법상계약 또는 공법상 합동행위는 행정행위가 아니다.

당해 법률관계의 내용이 일방적으로 결정되는 것인 한에 있어서는 그 성립에 있어 상대방의 협력(신청·동의 등)이 필요한 것이라도 그것은 행정행위에 속한다.

Ⅳ. 이른바 형식적 행정행위(행정처분)의 문제

전통적 이론에 의하면 취소소송은 공정력을 배제하기 위한 소송이라고 보아, 그 대상은 이러한 공정력을 가지는 권력적 단독행위인 실체법상의 행정행위에 한정하고 있었다. 그러나 오늘날에는 행정작용형식이 다양화되어 일정한 행정작용은 그것이 실체법상의 행정행위에는 해당하지 아니할지라도 이를 항고쟁송의 형식에 의하여 다투는 외에는 적절한 구제수단이 없는 경우가 있다는 문제의식에 입각하여, 이들 행정작용을 행정쟁송법(행정심판법·행정소송법)상의 '처분'으로 파악하여, 그에 대한 항고쟁송을 인정하려는 움직임이 있다. 이처럼 행정쟁송적 측면에서만 특별히 그 처분성이 인정되는 행위를 형식적 행정행위(행정처분)라 한다. 즉 형식적 행정행위는「행정기관 내지는 그에 준하는 자의 행위가 공권력행사로서의 실체는 가지고 있지 않으나, 그것이 행정목적 실현을 위하여 국민의 권리·이익에 계속적으로 사실상의 지배력을 미치는 경우에, 국민의 실효적인 권익구제라는 관점에서 쟁송법상 '처분'으로 파악함으로써 그에 대한 항고쟁송의 제기를 가능하게 하기 위한 형식적·기술적 의미의 행정행위」를 말한다.

이러한 형식적 행정행위의 관념은 일본에서는 학설상 상당히 유력하게 주장되고 있고,1) 또한 일부 하급법원의 판례 중에는 이를 지지하고 있는 것도 있다. 이러한 형식적 행정행위의 범주에 속하는 것으로서는 사회보장 부문에서 급부결정·보조금의 지급결정·행정지도·공공시설(육교·쓰레기소각장 등)의 설치행위 등이 주로 검토되고 있고, 이외에도 행정규칙·일반처분 또는 행정계획 등에 대한 처분성의 인정문제도 같은 각도에서 검토되고 있다.

형식적 행정행위(행정처분)의 관념은 실효적인 권익구제라는 적극적 시각에서 제시된 것이고, 또한 우리나라 행정소송법도 '처분'의 관념을 '구체적 사실에 관한 법집행으로서의 공권력의 행사 … 와 그 밖에 이에 준하는 행정작용'이라고 정의하고 있다는 점에서 보면, 그것은 일단 긍정적으로 평가할 만한 것임은 부인할 수 없다. 그러나 이 관념은 당해 행위에 대한 공정력·불가쟁력의 인정 여부, 민사소송과의 관계 등에 있어 여러 가지 어려운 문제를 제기하는 것으로, 그 인정 여부에 있어서는 매우 신중한 검토를 요한다고 본다.

제2절 행정행위의 특수성

행정행위는 공권력의 발동으로서의 행정청의 권력적 단독행위인 까닭에, 민법상의 법률행위와는 구별되는 여러 가지 특질을 가지고 있다.

---

1) 兼子仁, 行政爭訟法, p. 279 이하; 原田尙彦, 行政法要論, p. 307 이하; 同, 訴えの利益, p. 136 이하; 室井力, 形式的行政處分について, 田中二郎古稀記念(公法の理論).

Ⅰ. 법적합성

행정행위는 위에서 본 바와 같이 행정청이 일방적으로 권리를 부여하거나 의무를 부과하는 등의 권력적 단독행위이므로, 그 발동에 있어서는 원칙적으로 법적 근거가 있어야 하고, 또한 그에 적합하여야 한다. 행정행위의 발동근거로서의 법은 원칙적으로 입법부가 제정한 법률이어야 하는바, 이런 점에서 행정행위에는 법률적합성(Gesetzmäßigkeit)이 요청되는 것이다.

Ⅱ. 공 정 성

행정행위는 그 성립에 있어 하자가 있어도 그것이 중대·명백하여 무효로 인정되는 경우 외에는 잠정적인 통용력이 인정되어, 권한 있는 기관이 취소하기 전까지는 그 상대방은 물론이고 다른 국가기관(다른 행정청·법원)이나 제3자를 구속하는 힘을 가진다. 행정행위가 이러한 힘을 가지는 것을 공정성이라 한다.

Ⅲ. 실 효 성

행정행위에 의하여 부과된 의무를 그 상대방이 이행하지 않는 때에는, ① 행정청은 법률이 정하는 바에 의하여 스스로 그 이행을 강제적으로 실현시킬 수 있다. ② 또한 행정청은 그 의무위반에 대하여는 일정한 제재(행정벌)를 가하여 그 의무이행을 확보할 수 있다.

행정청이 이러한 자력강제나 제재력에 의하여 행정행위의 내용실현을 담보할 수 있는 것을 행정행위의 실효성이라고 한다.

Ⅳ. 확정성(불가쟁력·불가변력)

행정행위는 위법한 것이라도, 그 하자가 중대·명백하여 무효가 되는 경우를 제외하고는, 일정한 기간이 지나면(행정심판법 27①③, 행정소송법 20①② 참조) 그 효력을 더 이상 다툴 수 없게 되는바, 이를 불가쟁력이라 한다.

또한 행정행위는 당해 행위의 성질 또는 법적 안정성 등의 견지에서 처분청 자신도 취소·변경할 수 없는 경우가 있는바, 이를 불가변력이라 한다. 불가변력이 인정되는 전형적인 예로서는 준사법적 행위로서의 행정심판이나 기타 행정쟁송에 있어서의 재결을 들 수 있다.

행정행위가 이러한 불가쟁력과 불가변력을 가지는 것을 행정행위의 확정성이라 한다.

Ⅴ. 행정행위에 대한 구제제도의 특수성

행정행위로 인한 국민의 권리·이익의 침해에 대한 구제제도는 민사상의 그것에 비하여 일정한 특수성이 인정되고 있다.

1. 행정쟁송제도의 특수성

우리나라는 영미식의 사법국가주의를 취하여 행정사건도 일반법원이 관할하게 되어 있다. 그러나 위법·부당한 행정행위의 효력을 다투는 쟁송에 있어서는 상대방의 권익구제의 문제뿐만 아니라, 공익실현작용으로서의 그 적정성의 확보문제도 또한 고려되어야 한다는 점에서, 민사소송에 비하여 여러 가지 특수성이 인정되고 있다(행정소송법 8 참조).

2. 행정상 손해전보제도의 특수성

우리나라 헌법 아래에서는 위법한 행정행위로 인한 국가 등의 손해배상책임(헌법 29, 국가배상법 2)과 적법한 행정행위로 인한 손실보상책임(헌법 23 및 각 단행법)이 인정되고 있다. 이러한 국가 등의 손해배상책임 및 손실보상책임에 대하여는 민사상의 배상책임과는 다른 특수성이 인정되고 있다.

제3절 행정행위의 종류와 내용

제1항 행정행위의 종류

행정행위는 그 주체, 구성요소, 성질, 형식 등의 여러 관점에서 분류할 수 있다.

Ⅰ. 국가의 행정행위와 지방자치단체 등의 행정행위

행정행위는 그 주체를 기준으로 하여 ① 국가의 행정행위, ② 공공단체(지방자치단체·공공조합 등)의 행정행위, ③ 공권력이 부여된 사인의 행정행위 등으로 분류할 수 있다.

Ⅱ. 법률행위적 행정행위와 준법률행위적 행정행위

행정행위는 의사표시를 구성요소로 하는가, 의사표시 이외의 정신작용(인식·판단 등)의 표현을 구성요소로 하는가에 따라 법률행위적 행정행위와 준법률행위적 행정행위로 구분하는 것이 보통이다. 법률행위적 행정행위는 그 법적 효과가 행정청의 효과의사의 내용에 따라 발생하는 데 대하여, 준법률행위적 행정행위는 행정청의 단순한 정신작용의 표현에 의하여 그 효과는 법령이 정하는 바에 따라 부여되는 행위이다.

준법률행위적 행정행위는 행정청의 의사에 따라 법률효과가 발생하는 것은 아니므로, 그 내용에 관하여 행정청에 판단의 여지(재량권)가 인정될 여지가 없고, 또한 그에는 부관을 붙일 수 없다는 점에서 양자를 구별할 실익이 있다.

행정행위의 이러한 분류는 민법상의 법률행위의 분류를 유추한 것이라고 할 수 있으나, 이에 대하여는 다음과 같은 기본적 비판이 있다. 즉 행정청의 의사는 공무원의 개인적·심리적 의사는 아니고, 법의 적용·집행의사로서 법규 속에 구체화된 객관적 내용의 실현에 불과한 것이므로, 사법상 법률행위에 있어서의 의사요소를 행정행위에 도입하는 것은 타당하지 않다는 것이다.

행정행위는 법의 집행행위로서, 행정청의 의사라고 하여도 그것은 법규내용의 실현일 뿐이라는 비판설의 지적은 타당하다. 그러나 법규의 내용에 따라서는 행정청에 일정한 판단권이 부여되어 있는 경우가 있고, 때로는 행정청의 판단 등의 정신작용에 일률적으로 법적 효과를 결부시키는 경우도 있음은 부인할 수 없다. 전자의 경우 행정청의 판단권의 한계 내에서는 그 의사 내용에 따라 법적 효과가 발생된다는 점은 부인할 수 없다. 이러한 한도 내에서는 법률행위적 행정행위와 준법률행위적 행정행위간의 구분에 기본적인 문제점은 없다고 보아, 여기서는 일단 통설적 견해에 따라 양자를 구분하여 둔다.

그러나 양자를 구분하는 실익이 재량성의 인정 또는 부관의 허용성의 여부에 있는 정도라면, 그것은 구체적 근거법규의 해석의 문제일 뿐, 구태여 행정행

위를 위의 2대 범주로 구분할 필요성까지는 없는 것인지 모른다.[1]

Ⅲ. 기속행위와 재량행위

행정행위는 법률에 근거가 있어야 하고, 또한 그에 적합하여야 한다. 그러나 행정행위가 법에 기속되는 정도는 근거법의 규정내용에 따라 차이가 있는 것이다. 근거법이 행위의 요건·내용을 엄격하게 규정하고 있는 경우에는, 행정청은 이를 적용할 따름이고 독자적 판단의 여지는 없는바, 이러한 행위를 기속행위라고 한다. 그러나 당해 행위의 요건·내용에 관한 근거법의 규정방식에 따라서는, 행정청에 일정한 한도의 재량권, 즉 독자적 판단이 인정되는 경우가 있는바, 이러한 행위를 재량행위라 한다.

이 문제는 다음에 항을 달리하여 구체적으로 검토한다.

Ⅳ. 수익적 행위·침익적 행위·복효적 행위

수익적 행정행위는 상대방에게 권리·이익을 부여하는 행정행위이며, 침익적 행정행위는 의무를 부과하거나 권리·이익을 침해·제한하는 등의 불이익처분을 말한다.

이것은 상대방에 대한 법적 효과를 기준으로 한 분류이나, 상대방에 대하여는 수익적이나 제3자에 대하여는 침익적으로 작용하거나, 또는 상대방에는 침익적이나 제3자에 대하여는 수익적으로 작용하는 행정행위도 있는바, 이를 복효적 행정행위라고 한다.

---

1) 일본행정법에서는 이 준법률행위적 행정행위라는 관념의 의의를 부인하는 것이 현재 유력한 견해인 것으로 보인다. 예컨대 「시오노」교수는 이에 대하여 다음과 같이 논술하고 있다. "행정행위의 내용적 구분은 전적으로 법률행위적 행정행위에 관한 것으로서, 준법률행위적 행정행위의 범주는 이와는 별개의 것이다. (이 문제는 차치하고라도) 이 분류를 그대로 유지하는 데에는 의문이 있다. 확인에 관하여 보면, 그 확정된 바에 공정력이 생긴다고 하면, 그것은 법률관계의 확정이라는 내용을 가진 행정행위, 즉 행정행위의 내용적 분류로서 의미를 가지는 것으로 해석된다. 또한 공증의 경우에는 공적 증거력만으로는 행정행위의 성격을 인정하지 아니하는 것이 판례의 입장이다. 이에 대하여 통지의 경우는, 판례상은 명령행위와 동일하게 취급하고 있는 것이 있으나, 준법률행위로서 독자적 성격을 인정하고 있지는 않다. 또한 수리는 그것이 구체적으로 법적 효과를 발생하는 경우에도 과연 명령적 행위·형성적 행위와는 별개의 독립적인 행정행위의 종류로 취급하여야 할 것인가는 의문이다." 鹽野 宏, 行政法 Ⅰ, pp. 97~98.

1. 수익적 행정행위

(1) 법적 성질

1) **행정행위성**   종래 행정행위는 침익적 행정행위의 효력을 다투는 항고소송을 중심으로 구성된 것이라는 점에서, 수익적 행정행위의 행정행위성이 문제될 수도 있다. 그러나 이 행위도 행정청이 일방적으로 상대방에 대하여 권리·이익을 부여하거나 행정법관계를 확정하는 것이므로 이 행위도 당연히 행정행위에 포함된다.

2) **쌍방적 행정행위**   수익적 행정행위는 상대방의 신청을 요하는 행위, 즉 쌍방적 행정행위인 것이 보통이다.

3) **재량행위성**   효과재량설에 의하면 모든 수익적 행정행위는 재량행위로 보게 된다. 그러나 당해 행위가 재량행위인지 여부의 문제는 기본적으로는 근거법에 따라 판단되어야 할 문제라고 본다. 또한 형식적으로는 수익적 행위이나(예컨대, 건축허가·영업허가 등), 헌법상 기본권과의 관련에서 볼 때, 관계법상의 요건을 충족하면 당연히 당해 행위를 하여야 하는 것으로 인정되는 경우도 있다. 요컨대 수익적 행정행위 일반을 재량행위라고 보는 것은 타당하지 않다.

4) **부 관**   수익적 행정행위가 재량행위인 경우에는, 그 효과를 일부 제한한다는 의미에서 부관을 붙일 수 있다.

(2) 수익적 행정행위와 법률유보

수익적 행정행위에도 법적 근거가 필요한지의 문제가 있다. 전통적인 침해유보설의 견지에서는, 수익적 법률행위가 반드시 법적 근거를 요하는 것은 아니라고 할 수 있다. 그러나 오늘날 국민생활의 행정에 대한 밀접한 의존성을 고려하면, 수익처분의 거부는 침익적 처분에 못지않게 침익적 성격을 가진다. 따라서 당해 행위에 대한 국민의 권리의 내용·범위의 구체화, 당해 처분에 있어서의 평등성의 보장 등의 견지에서, 수익적 행위에 있어서도 원칙적으로 법률의 근거를 요한다고 본다.

(3) 수익적 행정행위의 거부 또는 부작위에 대한 구제

수익적 행정행위의 발급신청에 대한 거부 또는 부작위가 위법한 때에는, 취소심판·취소소송을 제기하여 그 취소를 구하거나, 의무이행심판 내지는 부작위위법확인소송을 제기하여 당해 행위의 발급을 구하거나, 부작위의 위법확인을 청구할 수 있다.

(4) 수익적 행정행위의 무효 · 취소 · 철회

1) **무 효**   상대방에 대한 신뢰보호의 견지에서는 무효의 요건을 엄격하게 해석하는 동시에, 흠의 치유 · 전환의 법리를 확대 적용할 필요가 있을 것이다.[1]

2) **취소 · 철회**   수익적 행정행위의 직권취소 · 철회에 있어서는 신뢰보호의 원칙과 관련해서 일정한 제한이 있다.

2. 침익적 행정행위

(1) 의 의

침익적 행정행위는 상대방에게 의무를 과하거나 그 권리 · 이익을 제한 · 박탈하는 것과 같이 국민에게 불이익을 주는 행정행위로서, 예컨대 수익적 행정행위의 취소 · 철회나 경찰하명(위법한 건물의 철거명령) · 재정하명(과세처분) 등이 이에 해당한다.

(2) 일방적 행위

침익적 행정행위는 직권에 의하여 일방적으로 발하여지는 것이 원칙이다 (예컨대 경찰하명 · 조세부과).

(3) 기속행위성

침익적 행정행위는 기속행위인 것이 보통이다. 그러나 이 문제도 법령의 규정방식과 관련해서 구체적으로 판단되어야 할 것으로, 관계법령에서 행정청에 선택의 여지를 주고 있는 경우에는(징계처분, 행정제재로서의 영업정지 또는 취소 등), 그 한도에서 행정청에 재량권이 인정된다.

(4) 법률유보

침익적 행정행위는 의무를 부과하거나 그 권리 · 이익을 제한 · 침해하는 행위라는 점에서, 그 발동에는 법률의 근거가 있어야 한다.

(5) 절차적 통제

침익적 행정행위는 일방적으로 상대방의 권리 · 이익을 제한 · 침해하는 행위라는 점에서, 그로 인한 위법 · 부당한 권리침해를 방지하기 위하여, 그 처분에 있어서는 사전에 일정한 절차를 거칠 것이 요청된다. 침익적 행정행위로서의 인 · 허가 등의 취소에 대하여는 개별법에서 원칙적으로 청문절차를 두고 있다. 행정처분 등의 일반법인 행정절차법은 침익적 처분에 대한 상대방의 권익보호

---

1) 김도창, 행정법(상), p. 368.

를 위한 절차로서 기본적으로 청문과 의견제출절차에 관하여 규정하고 있다. 청문은 근거법에서 이를 규정하고 있는 경우와, 일정한 침익적 처분(인허가등의 취소·신분·자격의 박탈, 법인이나 조합 등의 설립허가의 취소)시에 당사자 등의 신청이 있는 경우에 이를 거쳐야 하고(법 22①), 이에 해당하지 아니하는 침익적 처분의 경우에는 당사자 등에게 의견제출의 기회를 주어야 한다(동조 ③). 이러한 청문 또는 의견제출절차에 있어서는 사전에 침익적 처분의 원인사실·내용 등을 당사자에게 통지하여야 한다(동법 21 ①②). 행정절차법은 또한 침익적 처분에 대하여는 그 처분이유를 제시하도록 하고 있다(동법 23).

(6) 의무이행확보

이 행위에 의하여 부과된 의무를 상대방이 이행하지 않는 경우에는 행정청은 행정상 강제집행이나 강제징수 등의 자력강제수단에 의하여 그 이행을 확보할 수 있다.

(7) 구제수단

위법·부당한 침익적 행정행위에 의하여 그 권리·이익의 침해를 받은 국민은 취소심판·취소소송에 의하여 당해 처분의 취소를 구하거나, 또는 국가 등에 대하여 그로 인한 손해의 배상을 구할 수 있다.

3. 복효적 행정행위

(1) 개 념

복효적 행정행위는 광의·협의로 파악될 수 있다.

1) 협 의   복효적 행정행위는, 협의로는 ① 그 상대방에게는 이익을 그리고 제3자에게는 불이익을 주는 행위와, ② 그 반대로 그 상대방에게는 불이익을 그리고 제3자에게는 이익을 주는 행정행위를 말한다. 즉 제3자효적 행정행위를 말한다.

2) 광 의   복효적 행정행위는, 광의로는 ① 위의 제3자효적 행정행위와, ② 그 상대방에 대하여도 수익적·침익적 효과를 동시에 발생하는 행위, 즉 이중효적 행정행위(Verwaltungsakt mit Doppelwirkung)(예컨대, 부관부행정행위 등)를 포함한다. 이중효적 행정행위에 있어서는 그것이 침익적인 한도 내에서, 그 상대방은 취소소송 등에 의하여 그 취소를 구할 수 있다. 이 경우의 취소소송은 내용적으로는 당해 처분의 침익적 부분의 취소, 즉 그 일부취소의 의미에서의 '처분의 변경'을 구하는 소송이 될 것이다(행정소송법 4 i).

다음에서는 협의의 복효적 행정행위, 즉 제3자효적 행정행위에 한정하여

기술한다.

이러한 복효적 행정행위는, 예컨대, 상대방에게 건축허가·주유소허가 등을 한 결과 제3자(인근주민·기존업자)에게 불이익이 생기거나 또는 공해공장의 설치허가로 그 인근주민에게 재산 또는 건강상의 피해가 발생한 경우 등에 특히 문제가 된다. 따라서 복효적 행정행위에 있어서는 제3자에 대한 보호조치가 강구되어야 한다.

(2) 행정절차

행정절차법은 침익적 처분에 대하여는 그 상대방에 대한 사전통지와 그에 따른 청문 등에 관하여 규정하고 있다(법 21·22). 이러한 행정절차법의 규정이 제3자에 대하여 침익적 성질을 가지는 복효적 행정행위에도 적용되는지의 문제가 있다.

1) 의견청취   제3자에 대한 침익적 성질을 가지는 행정행위의 경우에는 관계인에게는 청문 또는 의견제출의 기회를 주어야 할 것으로 보인다. 그러나 이러한 규정을 두고 있는 개별법은 거의 없다. 행정절차법은 당사자에게 의무를 부과하거나 권익을 제한하는 처분을 함에 있어서는 당사자 등에게 의견제출의 기회를 주어야 한다고 규정하고 있다(법 22③). 그런데 동법상의 '당사자 등'은 처분의 상대방과 행정청이 직권 또는 신청에 의하여 행정절차에 참여하게 한 이해관계인으로 되어 있으므로, 복효적 행정행위에 의하여 자신의 권리가 침해되는 제3자는 이러한 절차에 따른 행정청의 결정이 있는 경우에만 당해 처분절차에 참가할 수 있을 따름이다. 그러나 제3자가 복효적 행정처분을 사전에 미리 알고 그 발령절차에의 참가를 신청한다는 것은 실제 상정되기 어려운 것이므로, 복효적 행정행위에 있어 제3자에의 의견제출의 기회의 부여 여부는 결국 소관 행정청의 재량적 판단에 따라 결정될 것으로 본다.

2) 고 지   행정절차법 제26조는 당사자에게 행정심판 및 행정소송을 제기할 수 있는지 여부, 불복청구절차·방법 등을 고지하도록 규정하고 있다. 이러한 내용의 고지는 이해관계인인 제3자도 요구할 수 있고, 그 경우 행정청은 이를 알려 주어야 한다(행정심판법 58②).

(3) 복효적 행정행위의 취소·철회

독일의 행정절차법은 수익적 행정행위의 직권취소·철회에 관하여는 상대방의 신뢰보호라는 관점에서 그 취소·철회의 제한원칙을 규정하고 있다. 그러나 복효적 행정행위의 취소·철회에 있어서는 공익 및 상대방의 신뢰보호뿐만 아니라, 제3자의 이익도 구체적으로 비교·형량하여야 할 것이다. 따라서 수익적 행정행위에 있어 신뢰보호원칙에 따른 취소제한의 필요성보다 그 취소에 따르는 제3자의 이익이 더 큰 것일 때에는, 당해 행위의 존속에 대한 상대방의 신뢰가 보호할 만한 것임에도 불구하고 당해 행위를 취소하여야 하는 경우도 상정될 수 있을 것이다. 또한 반대로 당해 행위에서 받는 제3자의 이익과의 관련에서 침익적 행정행위의 취소·철회가 제한되는 경우도 있을 수 있다.

(4) 복효적 행정행위와 행정쟁송

1) 취소심판·취소소송

(가) 청구인적격·원고적격　　　위법한 복효적 행정행위에 대하여 제3자가 취소심판 또는 취소소송을 제기하기 위하여는 그 행위의 취소를 구할 '법률상 이익'이 있어야 한다(행정심판법 13, 행정소송법 12). 여기에서 법률상 이익이라 함은 '법적으로 보호된 이익'을 의미한다고 보는 것이 통설·판례의 입장이다. 따라서, 제3자는 그의 피침해이익이 법적으로 보호된 이익인 경우에 한해 취소소송을 제기할 수 있는바, 피침해이익이 법적으로 보호된 이익인지의 여부는, 행정청에 당해 처분의무를 부과한 관계법의 취지가 공익뿐만 아니라 관계 제3자의 이익까지도 보호하고자 하는 취지인지의 여부를 기준으로 하여 판단하여야 한다.

(나) 쟁송제기기간　　　취소심판은 처분이 있음을 알게 된 날부터 90일 이내에 청구하여야 하며, 정당한 사유가 있는 경우 이외에는 처분이 있었던 날부터 180일을 경과하면 청구하지 못한다(행정심판법 27①③). 또한 취소소송은 처분이 있음을 안 날로부터 90일 이내에 제기하여야 하며, 정당한 사유가 없는 한 처분등이 있은 날로부터 1년을 경과하면 제기할 수 없다(행정소송법 20①②).

우리 실정법상으로는 제3자의 권리를 침해하는 복효적 행정처분의 경우에도 당해 처분의 제3자에 대한 통지제도는 채택되고 있지 아니하여, 제3자는 이러한 처분이 있은 것을 바로 알 수 있는 처지에 있지 아니한 것이 보통이다. 따라서 행정심판법·행정소송법상의 취소심판·취소소송의 제기기간인 180일 또는 1년이 경과한 때에도 그 단서 소정의 정당한 사유가 있는 것으로 되어 취소심판 또는 취소소송의 제기가 적법한 것으로 인정되는 경우가 적지 아니할 것으로 보이는바, 이를 인정한 판례도 상당수 있다(대판 1996. 9. 6, 95누16233; 대판 1997. 9. 12, 96누14661; 대판 2002. 5. 24, 2000두3641). 그러나 관계인이 행정처분이 있음을 알았거나 이를 쉽게 알 수 있는 등의 사정이 있는 경우에는 그 때로부터 90일 이내에 심판청구 또는 취소소송을 제기하여야 할 것이다.[1]

(다) 제3자의 소송참가　　　취소소송에 있어서 그 결과에 이해관계가 있는

제3자는 소송에 참가할 수 있는바(행정소송법 16①), 복효적 행정행위에 대해 제3자가 제기한 취소소송에 있어서의 소송참가인은 처분의 상대방이 되는 것이 보통이다.

㈑ 제3자의 재심청구   처분의 취소판결에 의하여 권리 또는 이익의 침해를 받은 제3자는, 자기에게 책임 없는 사유로 소송에 참가하지 못함으로써 판결의 결과에 영향을 미칠 공격 또는 방어방법을 제출하지 못한 경우, 이를 이유로 확정된 종국판결에 대하여 재심을 청구할 수 있다(행정소송법 31).

2) 의무이행심판·부작위위법확인소송   행정청의 처분이 제3자에게 수익적인 것인 경우에, 당해 처분의무를 규정한 관계법의 취지가 제3자의 이익도 보호하고자 하는 것인 때에는, 제3자는 행정청에 대하여 당해 처분을 구할 수 있는 청구권을 가진다. 따라서 그러한 신청에도 불구하고 행정청이 이를 방치하는 경우에는, 관계인은 의무이행심판 내지 부작위위법확인소송을 제기하여 그 권리를 관철할 수 있을 것이다.

예컨대, 공해공장의 인근주민에게 관계법상 행정청에 대하여 당해 공장에 대한 규제권발동을 요구할 수 있는 청구권이 인정되어 있는 경우에 있어, 인근주민의 규제권발동 신청에도 불구하고 행정청이 이를 방치하고 있는 경우에는, 관계인은 의무이행심판 내지는 부작위위법확인소송을 제기하여 그 규제권의 발동을 청구할 수 있을 것이다. 이 경우 의무이행심판에 있어서는, 행정청의 처분의무의 내용이 재량행위인지 아니면 기속행위인지 여하에 따라 재결내용이 달라질 것이나, 부작위위법확인소송에 있어서는 어느 경우에나 법원은 단지 행정청이 어떠한 처분도 하지 않은 상태가 위법한 것임을 확인할 수 있음에 그친다고 본다(상세한 내용은 뒤의 의무이행심판 및 부작위위법확인소송 부분 참조).

---

1) 판례

"행정처분의 상대방이 아닌 제3자는 일반적으로 처분이 있는 것을 바로 알 수 있는 처지에 있지 아니하므로 처분이 있은 날로부터 180일이 경과하더라도 특별한 사유가 없는 한 구행정심판법(1995. 12. 6. 법률 제5000호로 개정되기 전의 것) 제18조 제3항 단서 소정의 정당한 사유가 있는 것으로 보아 심판청구가 가능하다고 할 것이나, 그 제3자가 어떤 경위로든 행정처분이 있음을 알았거나 쉽게 알 수 있는 등 행정심판법 제18조 제1항 소정의 심판청구기간 내에 심판청구가 가능하였다는 사정이 있는 경우에는 그 때로부터 60일 이내에 행정심판을 청구하여야 한다"(대판 1997. 9. 12, 96누14661).

Ⅴ. 쌍방적 행정행위와 단독적 행정행위

행정행위는 상대방의 협력을 요건(유효요건 또는 적법요건)으로 하는지의 여부에 따라, 그것을 요건으로 하는 행위를 쌍방적 행정행위 또는 협력을 요하는 행정행위라 하고, 그를 요하지 않고 행정청이 직권으로 발하는 행위를 단독적 행정행위 또는 독립적 행정행위라 한다.

쌍방적 행정행위에는 허가·인가·특허와 같이 상대방의 신청을 요하는 행정행위와 공무원임명 등과 같이 동의를 요하는 행정행위가 있다.

쌍방적 행정행위는 공법상계약과는 구별되어야 한다. 쌍방적 행정행위에 있어서도 상대방의 신청 또는 동의라는 의사표시가 있기는 하나, 그 법률관계의 내용은 법규에 기한 행정청의 결정에 의하여 일방적으로 결정된다는 점에서, 그것은 공법상계약과는 구별되는 것이다. 환언하면 쌍방적 행정행위에 있어서의 상대방의 의사는 그것이 적법하게 행하여지기 위한 요건이기는 하나, 당해 행위가 행정청과 상대방의 의사의 합치에 의하여 성립하는 것은 아니다. 쌍방적 행정행위에서 상대방의 협력행위(신청 또는 동의)가 결여되어도 당해 행위 자체는 성립되나, 그것은 법정요건이 결여된 행위로서 취소 또는 무효사유가 된다. 이에 대하여 공법상 계약에서 상대방의 의사표시(청약 또는 승낙)가 없으면 당해 행위는 그 구성요소가 결여된 것으로서 성립될 수 없으며, 따라서 당연히 무효로 된다.

Ⅵ. 대인적 행정행위·대물적 행정행위·혼합적 행정행위

행정행위 중에는 ① 순전히 사람의 학식·기술·경험과 같은 주관적 사정에 착안하여 행하여지는 경우(예컨대, 의사면허·자동차운전면허·인간문화재지정 등)가 있는바, 이러한 행위를 대인적 행정행위라 하고, ② 오직 물건의 객관적 사정에 착안하여 행하여지는 경우(예컨대, 자동차검사증교부·건물준공검사 등)가 있는바, 이러한 행위를 대물적 행정행위라 하며, ③ 인적·주관적 사정과 물적·객관적 사정을 모두 고려하여 행하여는 경우(예컨대, 도시가스사업허가 등)가 있는바, 이러한 행위를 혼합적 행정행위라 한다.

(광의의) 대물적 행정행위 중에는 다 같이 물건의 객관적 상태에 착안하여 행하여지는 것이나, ① 건축물준공검사와 같이 그 행위의 효과가 미치는 사람의 범위가 특정인이거나 특정할 수 있는 범위의 사람이기 때문에 그러한 사람

을 직접 대상으로 하여 행하여지는 경우도 있고, ② 주차금지구역의 지정과 같이 그 행위의 효과가 미치는 사람이 불특정다수인이어서 그 인적 범위를 특정할 수 없기 때문에 물건 자체를 대상으로 행하여지는 처분도 있다. 후자를 (협의의) 대물적 행정행위와 구별하여 물적 행정행위라 한다.[1] 이에 대하여는 다음의 일반처분에 관한 부분에서 검토한다.

이러한 구별의 실익은 당해 허가·특허 등의 법률효과의 이전성의 인정 여부에 있다. 즉 대인적 행정행위의 효과는 원칙적으로 일신전속적이기 때문에 이전될 수 없으나, 대물적 행정행위의 효과는 이전 또는 상속이 인정된다. 다만 이 경우에는 그 이전에 행정기관의 승인을 받거나 신고를 하도록 하고 있는 것이 보통이다.

이상의 논의는 수익적·대물적 행정행위에 관한 것이다. 이에 대하여 당해 행위가 침익적인 경우(위법한 건물의 철거명령)에는 문제가 있다. 예컨대, 철거명령이 발하여진 위법건물을 그 사실을 알지 못하고 승계한 자에게 이 명령의 불이행을 이유로 그 강제집행수단으로서의 대집행을 하는 것은 일단 부당하다는 문제점이 있는 것이다. 그러나 철거명령은 당해 건물이 위법한 것임을 이유로 한 것이지, 인적 사정을 고려한 것은 아니고 보면, 대물적 처분으로서의 철거명령의 효과는 당해 건물의 승계인에도 미친다고 할 수밖에 없을 것이다.[2]

혼합적 허가는 이를 이전하려면 관계법규상 다시 양수자의 주관적 및 객관적 사정에 대한 행정청의 승인·허가 등을 받도록 하고 있는 것이 보통이다.

---

1) 박윤흔, 행정법(상), p. 306.
2) 판례
　"석유사업법 제9조 제3항 및 그 시행령이 규정하는 석유판매업의 적극적 등록요건과 제9조 제4항, 제5조가 규정하는 소극적 결격사유 및 제9조 제4항, 제7조가 석유판매업자의 영업양도, 사망, 합병의 경우뿐만 아니라 경매 등의 절차에 따라 단순히 석유판매시설만의 인수가 이루어진 경우에도 석유판매업자의 지위승계를 인정하고 있는 점을 종합하여 보면, 석유판매업 등록은 원칙적으로 대물적 허가의 성격을 갖고, 또 석유판매업자가 같은 법 제26조의 유사석유제품 판매금지를 위반함으로써 같은 법 제13조 제3항 제6호, 제1항 제11호에 따라 받게 되는 사업정지 등의 제재처분은 사업자 개인의 자격에 대한 제재가 아니라 사업의 전부나 일부에 대한 것으로서 대물적 처분의 성격을 갖고 있으므로, 위와 같은 지위승계에는 종전 석유판매업자가 유사석유제품을 판매함으로써 받게 되는 사업정지 등 제재처분의 승계가 포함되어 그 지위를 승계한 자에 대하여 사업정지 등의 제재처분을 취할 수 있다고 보아야 한다"(대판 2003. 10. 23, 2003두8005).

Ⅶ. 일반처분

1. 의 의

일반처분이란 구체적 사실과 관련하여 일응 불특정 다수인을 대상으로 하여 발하여지는 행정청의 단독적·권력적 규율행위를 말한다. 이 행위는 그 규율의 수범자가 불특정 다수인이라는 점에서는 일반적이나 그 규율대상이 시간, 공간 등의 관점에서 특정된다는 점에서는 구체적인 성격을 가진다.

이러한 일반처분은 일반추상성을 띠고 있다고 보아 집행행위와 입법행위의 중간영역에 속하는 것으로 보는 견해도 있으나,[1] 이것도 행정행위의 한 유형으로 보는 것이 다수설이고 판례도 같은 입장이다.[2]

독일 행정절차법은 일반처분을 행정행위에 포함시키면서, "일반처분(Allgemeinverfügung)은 일반적 기준에 의하여 획정되거나 획정될 수 있는 범위의 사람을 대상으로 하는 것이거나 또는 물건의 공법적 성질이나 공중에 의한 그 이용에 관한 행정행위를 말한다"고 정의하고 있다(법 35 2문).

2. 종 류

위의 독일 행정절차법 제35조의 규정에 의하면, 일반처분에는 다음의 세 가지 종류가 있다.

(1) 대인적 일반처분

이것은 구체적 사안과 관련하여 일반적 기준에 따라 결정되거나 결정될 수 있는 자를 대상으로 하여 발하여지는 행정행위를 말한다. 이러한 일반처분은 다음의 두 가지 점에서 법규명령과 구별된다. 먼저 그 상대방이 특정되어 있지 않다는 점에서는 이러한 처분은 일반적이나, 그 범위는 일반적 기준에 따라 획정될 수 있는 것이고, 다음에 보다 본질적인 것으로, 이러한 일반처분은 법규명령과는 달리 구체적 상황 또는 사건을 그 규율대상으로 하고 있는 것이다. 특정일, 특정시간 및 특정장소에서의 집회행위의 금지조치가 그 적절한 예가 될 것이며, 일정 지역에서의 일정시간 이후의 통행금지도 일반처분에 해당한다 할 것이다.

---

1) 김도창, 행정법(상), p. 225.
2) 김남진, 행정법(상), p. 225; 석종현, 행정법(상), p. 205; 홍정선, 행정법(상), p. 277.

(2) 물적 행정행위로서의 일반처분

이것은 물건에 대한 규율을 내용으로 하는 처분이다. 이러한 물적 행정행위는 사람의 권리·의무가 아니라 물건의 법적 성질 또는 지위를 그 규율내용으로 하는 것이므로, 그 한도에서는 그 대상은 사람이 아니라 물건이라고 할 수 있을 것이나, 당해 물건의 이용에 관한 법적 규율의 내용에 따라 그 이용자의 권리·의무가 설정되는 것이라는 점에서는 이러한 물적 행정행위도 간접적으로는 사람에 대하여 적용되는 것이다. 이러한 물적 행정행위는 물건의 객관적 상태와 관련하여 물건의 소유자나 관리자에게 직접 권리를 부여하거나 의무를 부과하는 것을 내용으로 하는 대물적 행정행위와는 구별된다. 공물로서의 도로의 공용개시행위가 그 전형적 예가 될 것이나, 도로의 일정 구역에 설치되는 속도제한 또는 일방통행 표지판도 이에 해당하는 것으로 보고 있다.

(3) 물건의 이용관계에 관한 규율행위로서의 일반처분

이것은 공중에 의한 물건의 이용관계에 관한 규율을 그 내용으로 하는 행정행위이다. 이러한 행위는 내용적으로는 당해 물건의 이용자의 권리·의무를 규율하는 것이라는 점에서 이 행위는 일반처분의 독자적 유형이 아니라, 대인적 일반처분의 한 유형에 불과하다고 보는 견해도 있다.[1]

이러한 물건의 이용관계를 규율하는 일반처분으로서 독일에서는 영조물 기타 공공시설의 이용에 관한 규율을 들고 있으나, 이러한 규율은 우리나라에서는 행정규칙으로 파악되고 있으므로, 우리 실정법상으로는 위의 두 가지 유형 외에 이 행위를 일반처분의 제3의 유형으로 인정하기는 어려울 것으로 본다.

Ⅷ. 수령을 요하는 행정행위와 요하지 않는 행정행위

일반적으로 행정행위는 송달되어 상대방에 수령(도달)되어야 효력을 발생한다(행정절차법 15①). 여기서 도달은 송달받을 자가 처분의 내용을 알 수 있는 상태에 두는 것을 말하며 현실적으로 그 내용을 알 것을 필요로 하지 아니한다(대판 1989. 1. 31, 88누940). 다만 이 경우에도 상대편이 그 행정행위를 현실적으로 알고 있을 필요는 없고, 다만 알 수 있는 상태에 있는 것으로 충분하다.

그러나 송달받을 자의 주소 등을 확인할 수 없거나, 송달이 불가능한 경우에는 관보·공보·게시판·일간신문 및 인터넷에 공고함으로써 공시송달한다(동

---

1) H. Maurer, Allgemeines Verwaltungsrecht, 1994, p. 183.

법 14④). 이 경우 당해 행정행위는 공고일부터 14일이 경과한 때에 그 효력이 발생한다(동법 15③).[1]

Ⅸ. 요식행위와 불요식행위

행정행위는 반드시 일정한 형식에 의하여 행하여져야 하는 것은 아니다. 그러나 그 내용을 명백·확실하게 하기 위하여 관계법령에서 일정한 서식 또는 서명(기명)·날인 기타 일정한 형식에 의할 것을 규정하고 있는 경우가 많은바, 이러한 행위를 요식행위라 한다. 행정처분에 관한 일반법인 행정절차법은 요식행위(문서주의)원칙을 정하고 있고(법 24), 기타 개별법이 정하고 있는 요식행위의 예로서는 행정심판의 재결(행정심판법 46), 납세의 고지(국세징수법 9) 등이 있다.

Ⅹ. 적극적 행정행위와 소극적 행정행위

적극적 행정행위는 현재의 법률상태의 변동을 가져오는 행위(명령·허가·특허 등)이고, 소극적 행정행위는 현재의 법률상태를 변동시키지 않으려는 의도의 표현으로서 거부처분이 여기에 해당한다. 거부처분은 반드시 명시적인 경우에 한정되는 것은 아니고, 당해 사안에 비추어 보아 행정청의 거부의사가 확실한 것으로 판정되는 경우(예컨대, 법규상의 요건을 충족하는 허가신청의 반려)도 포함한다. 그러나 상대방의 신청에 대하여 이를 방치하는 것은 '부작위'에 그치고 거부처분이 되는 것은 아니다.

ⅩⅠ. 자동화된 행정결정

(1) 이것은 동일 또는 동종의 행정작용이 자동화된 기계장치에 의하여 행해지는 것을 말한다. 자동기계에 의한 교통신호, 주차요금계산, 조세부과처분 등이 그 전형적 예이다. 오늘날에는 특히 컴퓨터기술의 발달로 인하여 자동화

---

1) 판례
"통상 고시 또는 공고에 의하여 행정처분을 하는 경우에는 그 처분의 상대방이 불특정 다수인이고 그 처분의 효력이 불특정 다수인에게 일률적으로 적용되는 것이므로, 그 행정처분에 이해관계를 갖는 자가 고시 또는 공고가 있었다는 사실을 현실적으로 알았는지 여부에 관계없이 고시가 효력을 발생하는 날 행정처분이 있음을 알았다고 보아야 한다"(대판 2007. 6. 14, 2004두619).

된 행정결정의 예는 현저히 증가하고 있다.

(2) 이러한 자동화된 행정결정에 있어서는 특히 그 법적 성질이 문제된다. 그런데 자동기계에 의한 행정결정도 내용적으로는 공무원이 작성하여 입력한 프로그램에 따라 행해지는 것이다. 즉 이들 결정은 본질적으로 공무원이 기계를 사용하여 행하는 결정으로서, 그러한 점에서 이들도 공무원이 직접 행하는 행정결정과 본질적인 차이는 없는 것이다. 기본적으로는 이러한 관점에서, 그것이 행정행위의 일반적 징표를 갖추는 한에서는, 자동화된 행정결정도 행정행위라고 보는 것이 일반적 견해이다.

(3) 전술한 바와 같이 자동화된 행정결정도 행정행위의 성질을 가질 수 있는 것이나, 이와 관련하여서는 컴퓨터 등의 사용에 의한 재량처분이 허용되는지 여부가 중요한 문제로 제기된다. 관계법에 의한 재량처분도 그 처분기준(재량준칙)을 프로그램화하여 당해 처분을 할 수 있는 것임은 물론이다. 그러나 이처럼 프로그램화된 기준에 따라 일률적인 처분을 하는 것은 개별적 사안의 구체적 사정을 고려하지 아니한 것으로서 재량권의 불행사에 해당하여 당해 처분은 위법한 처분이 되게 된다. 그러나 재량처분기준인 프로그램의 설정에 있어 변수·파라미터의 조작을 통해서 개별사안의 특수성을 고려할 수 있는 여지를 부여하거나, 당해 행정영역의 특수성에 따라 결정구조를 유연하게 하는 조치 등이 강구되는 경우에는 자동화된 재량처분의 가능성도 시인될 수 있다 할 것이다. 그러나 프로그램의 설정에 의하여 재량처분의 결정과정의 모든 단계를 자동화한다든지, 재량처분에 수반되는 모든 인간적 요소에 대한 고려나 판단을 자동화로 대체하는 것은 허용되지 아니한다 할 것이다. 따라서 자동화된 재량처분이 가능하다고 하여도 그것은 제한된 범위에서만 인정될 수 있을 것이다.

행정기본법은 행정청은 법률이 정하는 바에 따라 완전히 자동화된 시스템(인공지능 기술을 적용한 시스템을 포함)으로 처분을 할 수 있으나, 재량이 있는 경우에는 그러하지 아니하다고 규정하고 있다(동법 20).

(4) 이처럼 자동화된 행정결정도 행정행위라고 한다면, 이 행위도 다른 일반적 행정행위와 같이 그 성립·발효요건을 갖추어야 하는 것임은 물론이다. 그러나 이러한 결정은 자동기계에 의하여 반복적으로 또는 대량적으로 행해지는 것이라는 점에서 특정인을 상대로 하여 발령되는 보통의 행정행위와는 다른 특수성이 있으므로, 이러한 특수성을 고려하면, 자동화된 행정결정에 대하여는 일반적 행정행위에 비하여 일정한 특례가 인정되어야 할 것으로 본다.

따라서 독일의 연방행정절차법은 자동화된 행정결정에 대하여는, 일반적 행정행위에 비하여 몇 가지 특례를 정하고 있는바, 그 발령행정청의 서명의 생략(법 37④ 1문), 일정한 부호사용의 허용(법 37④ 2문), 이유부기의 생략(법 39 ② iii), 청문의 생략(법 28②iv) 등이 그것이다. 이러한 특별규정들은 법치국가적 관점에서 학설상 비판을 받고 있는바, 서명의 생략, 이유부기의 생략 등의 문제점이 특히 지적되고 있다. 그러나 그것이 ① 객관적 기술적으로 부득이하고, ② 국민의 권리가 과도하게 침해되지 않는 한 이들 특별규정의 정당성은 인정될 수 있다고 본다. 다른 한편 이들 특별규정에 의할 것인지는 행정의 재량적 판단사항에 속하는 것으로서, 행정청은 그 적용이 사실적 또는 기술적으로 필요한 것인지 여부를 신중히 검토하여야 할 것으로 보고 있다.[1]

이에 비하여, 우리 행정절차법은 자동화된 행정결정에 관하여 특별한 규정을 두고 있지 않고, 대통령령인 행정 효율과 협업 촉진에 관한 규정이 전자문서의 결재방식으로서의 전자이미지서명·전자서명, 전자문서의 송달 등에 관하여 규정하고 있을 따름이다.

(5) 자동화된 행정결정도 행정행위라고 한다면, 그에 하자가 있는 경우에는 행정행위의 하자의 효과에 관한 일반론에 따라, 그것은 무효 또는 취소할 수 있는 결정이 될 것이다.

또한 위법한 자동화된 결정으로 인하여 그 권리·이익이 침해된 자는 국가배상법이 정하는 바에 따라 그 손해의 배상을 받을 수 있음은 물론이다. 자동신호기의 고장으로 손해가 발생한 경우에도, 그 피해자는 그 국가배상법 제5조에 따라 손해배상을 받을 수 있는 것이나, 이 경우 국가 등의 배상책임은 고장난 신호기에 의한 신호의 위법성이 아니라, 영조물인 자동신호기 작동의 하자에 따르는 것이라는 점에서, 이 경우는 자동화결정에 대한 권리구제의 문제는 아니라 할 것이다.

제2항 재량행위

I. 재량행위의 개념

1. 법률에 의한 행정의 원리와 재량행위

오늘날의 법치국가에 있어서 행정은 원칙적으로 법률(내지 법규)에 의거하고

---

1) H. Maurer, Allgemeines Verwaltungsrecht, 18 Auflage, S. 478~479.

또한 그에 적합하게 행하여져야 한다.

행정법규는 일반적으로 행위의 요건을 규정하는 요건규정과 행위의 여부 또는 그 종류를 정하는 효과(행위)규정으로 구성되어 있는바, 행정청에 의한 행정법규의 적용은, ① 먼저 사실을 확정하고, ② 법률요건의 내용을 해석·확정한 후에, ③ 그 인정사실이 법률요건에 해당하는지를 판단하여(이를 포섭(Subsumption)이라 한다), ④ 그에 따르는 법률효과(즉 행위를 할 것인가의 여부 내지는 어떠한 행위를 할 것인가)를 결정하는 일련의 조작과정이라 할 수 있다.

법치주의 또는 법률에 의한 행정의 원리를 엄격히 해석하는 경우에는 법률이 행정청에 의한 해석의 여지가 없을 정도로 그 행정요건을 일의적이고 명확하게 규정하고, 또한 그에 해당하는 사실이 있을 때에는 반드시 당해 행위를 하여야 할 획일적 의무를 규정하는 것이 이상적이라 할 수 있다. 그러나 오늘날의 행정은 질적·양적으로 확대·다양화되어 있어서, 모든 경우에 법률이 행위요건을 구체적·일의적으로 규정하는 것은 실제로는 불가능한 것이다. 또한 행정은 공익의 구체적 실현작용이라는 점에서 보면, 경우에 따라서 구체적 사정과 관련하여 그에 가장 합당한 처분을 할 수 있도록, 행위 여부 또는 행위의 내용에 관하여 행정청에 일정 독자적 판단권을 인정하는 것이 공익의 적정한 실현을 위하여 요청되는 것이다. 그에 따라 법률은 행정행위의 요건을 규정함에 있어 추상적·불확정적 관념을 사용하거나, 행정청에 행위 여부 내지는 다수행위 중에서의 선택의 여지를 부여하고 있는 경우가 적지 않다.

2. 재량행위의 관념

법률이 어떠한 요건하에서 어떠한 행위를 할 것인가에 대하여 의문의 여지 없이 일의적으로 규정하고 있어서, 행정청은 다만 그 법률을 기계적으로 적용함에 그치는 경우, 당해 행위를 기속행위라 한다. 이에 대하여, 법률이 행정청에 그 요건의 판단 또는 효과(행위)의 결정에 있어 일정한 독자적 판단권을 인정하고 있는 경우에는, 당해 행위를 재량행위라 한다. 환언하면 재량행위는 근거법률상 행정청에 당해 행위를 할 것인가의 여부(결정재량) 내지는 법적으로 허용되는 다수의 행위 중에서 어떠한 행위를 할 것인가(선택재량)에 대하여 재량권, 즉 독자적 판단권이 부여되어 있는 행위를 말한다.

3. 이른바 기속재량의 문제

(1) 전통적 학설: 기속재량·공익재량의 이분론

전통적 학설은 재량행위를 기속(법규)재량행위와 공익(자유)재량행위로 나누어 엄격한 의미에서의 재량행위는 후자에 한정하고 있었다.

이 문제에 대하여 김도창 박사는 다음과 같이 기술하고 계신다. 여기서 "기속재량이라 함은 '무엇이 법인가'의 재량(즉 법문상으로는 행정청의 자유로운 재량을 허용하는 것 같지만, 처분의 요건과 처분을 할 것인가 여부 등에 관하여 법의 취지는 이미 일의적으로 확정되어서 조리법으로서 내재하고 있는 까닭에, 행정청의 재량은 다만 구체적인 경우에 그 취지·법칙이 무엇인가를 해석·판단하여 행위함을 내용으로 할 뿐이다)으로서, 그 재량을 그르친 행위는 기속행위에 있어서의 기속위반과 마찬가지로 위법행위가 되고, 따라서 법률문제로서 법원의 심사대상이 된다."

이에 대하여 "공익(자유)재량이라 함은 '무엇이 행정상 편의성이 있는가, 합목적성이 있는가의 재량(그 자체는 기속재량의 경우와 달라서 일정한 한계 안에서는 원칙적으로 조리법에 의한 기속이 없는 재량이다)으로서, 그 재량을 그르친 행위는 원칙적으로 부당행위가 되는 데 그친다."[1]

이상의 기술 내용에 비추어 보면 김도창 박사는 기속재량행위를 기속행위와 같은 성질의 것으로 파악하고 있다고 할 수 있다. 이 문제에 대하여는 이상규 변호사도 기본적으로는 같은 입장으로서, 이 변호사는 기속재량행위는 내용적으로는 기속행위와 같은 성질의 것이므로, 기속재량행위라는 관념을 별도로 설정할 실익은 없고, 관련 문제는 기속행위와 재량행위로 구분하여 검토하면 충분하다고 하고 있다.[2]

(2) 이분론의 지양

전통적 견해에서 재량행위를 기속재량과 공익재량으로 구분하고 있었던 것은 재량행위의 발전과정과의 관련에서는 의미가 있는 것이었다. 왜냐하면 이러한 이분론은 재량행위는 전적으로 재량통제에서 제외되는 것으로 인정되고 있었던 재량행위론의 초기적 단계에서 그에 대한 재판통제의 범위를 확대하기 위하여 광의의 재량행위 중에서 재판통제가 배제되는 것은 자유재량행위에 한정하고, 기속재량행위는 기속행위와 마찬가지로 재판통제의 대상으로 하려는 목

1) 김도창, 행정법(상), pp. 380~381.
2) 이상규, 행정법(상), pp. 337~338.

적에서 주장되었던 것이기 때문이다.[1]

그러나 오늘날에는 이 관념은 기본적으로 다음의 2가지 이유에 따라 그 타당성이 인정될 수 없다고 본다. 먼저 주지하는 바와 같이 오늘날에는 재량행위도 그 일탈·남용의 경우에는 재판통제의 대상이 되고 있으므로, 재량행위에 대한 재판통제를 가능하게 하기 위한 것으로서의 기속재량행위의 관념은 이미 그 의의를 상실하였다고 할 것이다. 다음에 기속재량행위의 성격의 문제가 있다. 이 관념을 위에서 본 바와 같이 법령상으로는 행정청에 재량이 인정되어 있는 것으로 보이나, 그 요건이나 효과는 이미 일의적으로 확정되어 있어서 행정청에 판단의 여지가 없는 것으로 본다면, 그러한 의미에서의 기속재량행위는 기속행위와 구별할 이유도 실익도 없는 것이다. 이에 대하여 기속재량행위에 있어서도 제한적이나마 행정청에 판단여지가 인정된다고 한다면,[2] 그러한 의미에서의 기속재량행위는 재량행위에 해당하는 것으로서, 양자를 다시 구분할 실익은 없는 것이다.

그 표현에 있어서는 약간의 차이는 있으나, 현재 학설상으로는 기속재량행위는 이를 기속행위와 같은 성질의 것으로 파악하고 그러한 의미에서의 기속재량행위와 기속행위의 구별의 필요성이나 실익을 부정하는 것이 현재 우리 학설의 지배적 견해라고 할 수 있다.[3]

(3) 판 례

위에서 본 바와 같이 초기의 학설에서는 재량행위를 기속재량행위와 자유재량행위로 구분하여 기속재량행위는 이를 내용적으로는 기속행위와 같은 성질의 것으로 파악하고 있었다. 그에 따라서 현재의 다수설은 기속재량행위와 기속행위를 구분할 실익은 없는 것으로 보고 있다. 이에 대하여 판례상으로는 명시적으로 기속재량행위라는 관념이 사용되거나 내용적으로 같은 이념에 입각한 일정 판결례가 있는바, 이러한 판례와 관련하여서는 기속재량행위의 법적 성격의 문제가 제기된다.

1) 南博方·原田尙彦·田村悅一, 行政法, 1988, p. 166; 藤田宙靖, 行政法, 1993, p. 105; 宮田三朗, 行政裁量, 現代行政法大系 2, p. 37.
2) 이것은 일본의 판례의 입장인 것으로 보인다. 최고재판소는 소화 28. 4. 28. 판결에서 "기속재량행위라고 하여도 행정청에 전혀 재량의 여지가 인정되지 아니하는 것은 아닌 것으로서, 원심판결이 보호기준설정행위를 기속재량행위로 해석하면서도 그에 후생대신의 전문기술재량의 여지를 인정한 것 자체는 이유착오의 위법은 없다"고 판시하였다.
3) 김남진, 행정법(Ⅰ), 제7판, p. 199; 김성수, 행정법 Ⅰ, p. 180; 김철용, 행정법(Ⅰ), 제6판, p. 189; 박균성, 행정법론(상), 제2판, p. 245; 정하중, 행정법총론, p. 183; 홍준형, 행정법총론, 제4판, p. 203.

1) 대표적 판례

① 대법원 1993. 5. 27. 선고 92누19477 판결

"광업권의 행사를 보장하면서도 광산개발에 따른 자연경관의 훼손, 상수원의 수질오염 등 공익침해를 방지하기 위한 목적에서 광물채굴에 앞서 채광계획인가를 받도록 한 제도의 취지와 공익을 실현하여야 하는 행정의 합목적성에 비추어 볼 때, 당해 채광계획이 중대한 공익에 배치된다고 할 때에는 그 인가를 거부할 수 있다고 보아야 하고, 채광계획을 불인가하는 경우에는 정당한 사유가 제시되어야 하며 자의적으로 불인가를 하여서는 아니 될 것이므로 채광계획의 인가는 기속재량행위로 보아야 할 것이다."

② 대법원 1998. 9. 25. 선고 98두7503 판결

"주유소등록신청을 받은 행정청은 주유소등록신청이 석유사업법, 같은법시행령, 혹은 위 시행령의 위임을 받은 시·도지사의 고시 등 관계 법규에 정하는 제한에 배치되지 않고, 그 신청이 법정등록 요건에 합치되는 경우에는 특별한 사정이 없는 한 이를 수리하여야 하고, 관계 법령에서 정하는 제한사유 이외의 사유를 들어 등록을 거부할 수는 없는 것이나, 심사결과 관계 법령상의 제한 이외의 중대한 공익상 필요가 있는 경우에는 그 수리를 거부할 수 있다."

2) 판례의 검토　　위에서 기속재량행위에 관한 2개의 판례를 예로 들었다. ②의 판례에서는 이 용어가 명시적으로 사용되고 있지는 아니하나, 그 내용에 비추어 보면 이것도 ①의 판결례와 같은 논거에 따르고 있는 것으로서 ①의 판례와 마찬가지로 기속재량행위에 관한 것이라는 점에는 의문이 없다 할 것이다. 다음에서는 ②의 판례를 중심으로 판례상의 기속재량행위의 내용에 대하여 살펴보기로 한다.

이 판례에서 대법원은 일면에 있어서는 주유소등록신청은 그것이 관계법상의 제한사유에 해당하지 아니하는 경우에는 행정청은 당연히 이를 수리하여야 하는 것이라고 하여 일단 이를 기속행위로 파악하고 있다. 그러나 타면으로 대법원은 기속행위인 주유소등록에 있어서도 행정청은 중대한 공익상 사유에 기하여서는 행정청은 당해 등록을 거부할 수 있다고 하고 있다. 즉 판례는 기속행위인 주유소등록행위에 있어 관계인의 등록신청이 관계법상의 요건을 충족하는 경우에도 공익상 중대한 필요가 있는 경우에는 이를 거부할 수 있다고 하고 있

다. 이처럼 판례는 기속행위인 등록, 허가 등에 있어서 "공익상 중대한 필요"에
따라 그 등록, 허가를 거부할 수 있다고 하고 있으나, 여기서의 공익상 중대한
필요가 관계법에 규정되어 있지는 아니하다. 따라서 이 경우 상대방의 신청대
상인 등록, 허가 등을 관계법상의 근거도 없이 중대한 공익상 필요에 따라 이를
거부할 수 있는 정당한 근거, 논거의 문제가 당연히 제기되는 것이나, 판례는
이 문제에 대하여는 전혀 언급하고 있지 아니하다. 아마도 그 근거로서는 다음
의 사유를 제시할 수도 있지 않을까 생각해 본다. 즉 공익의 보장·실현자로서
의 행정은 관계법이 정하는 인·허가 등이 기속행위인 경우에도 이를 인용하는
것이 공익에 중대한 위해를 야기하는 것으로 판단되는 예외적인 경우에는 이를
거부할 수 있는 권한이 당해 인·허가제에 함축되어 있다고 볼 수도 있을 것이
다. 이와 관련하여서는 중대한 공익상의 필요에 기한 적법한 행정행위의 철회
의 법리는 매우 시사적인 면이 있는 것으로 보인다. 그 논거는 어떠한 것이든지
간에 여기서의 '중대한 공익상 필요'라는 관념은 매우 제한적으로 또한 엄격하
게 해석하여야 할 것으로 본다.

　　기속행위에 있어 중대한 공익상 필요에 따라 이를 거부할 수 있는 것은 특
정 유형의 허가나 등록행위에 한정되는 것은 아닌 것으로 보인다. 실제 대법원
은 기속행위의 전형적인 예로 되고 있는 건축허가의 경우에도 공익상 필요에
따른 그 거부가능성을 인정하고 있다(대판 2002. 10. 25, 2002두6651).

　　기속재량행위에 관한 판례와 관련하여서는 당해 행위는 원칙적으로는 기속
행위이나 공익상의 중대한 사유에 따라 행정청이 그 인·허가를 거부할 수 있는
한도에서는 이를 재량행위로 파악할 수 있을지도 모른다. 그러나 중대한 공익
상 필요에 따른 인·허가 등의 거부는 기속행위 일반에 인정될 수 있는 것으로
서, 그것은 상대방의 신청을 인용할 수 없는 예외적으로 중대한 공익상 필요에
따라서만 인정되는 것이라고 한다면, 그것은 기속행위의 법제의 일부를 이루는
것으로 이해해야 할 것으로 본다.

　　이것은 판례의 입장이라고도 할 수 있다. 대법원은 기속재량행위에 대한
재판통제의 범위에 대하여는 2001. 2. 9. 선고 98두17593 판결에서,

　　"행정행위가 그 재량성의 유무 및 범위와 관련하여 이른바 기속행위 내지 기속재
　량행위와 재량행위 내지 자유재량행위로 구분된다고 할 때, … 이렇게 구분되는
　양자에 대한 사법심사는, 전자의 경우 그 법규에 대한 원칙적인 기속성으로 인하
　여 법원이 사실인정과 관련법규의 해석·적용을 통하여 일정한 결론을 도출한 후

그 결론에 비추어 행정청이 한 판단의 적법 여부를 독자의 입장에서 판정하는 방
식에 의하게 된다"

라고 판시하였다.

다른 한편 대법원은 기속재량행위에는 기속행위의 경우와 마찬가지로 부관
을 붙일 수 없고 붙였다 하더라고 무효가 된다고 하고 있다(대판 1997. 6. 13, 96
누12269). 기속행위에 있어서는 상대방의 신청이 법정요건을 충족하는 경우에는
법령이 정한대로의 처분을 하여야 하고 이를 제한하는 내용의 부관은 붙일 수
없는 것이다. 따라서 판례는 기속행위뿐만 아니라 기속재량행위에도 부관을 붙
일 수 없다고 하여 이 행위도 본질적으로는 기속행위에 해당하는 것임을 밝히
고 있다고 할 것이다.

Ⅱ. 기속행위와 재량행위의 구별의 실익

양자를 구별하는 실익은 재판통제의 범위 및 부관의 가부의 문제에 있다.

1. 재판통제의 범위와 방식

재량행위는 기술한 바와 같이 행정청에 당해 행위를 할 것인지의 여부 내
지는 법적으로 허용되는 수개의 행위 중에서 어느 행위를 할 것인지에 대하여
재량권 즉 독자적 판단권이 부여되어 있는 행위이다. 따라서 이러한 재량권의
한계 내에서는 행정청이 일응 판단을 그르쳐도 위법의 문제는 생기지 않고 부
당의 문제만이 생길 따름이다. 따라서 이러한 행위는 행정감독 내지 행정심판
에 의한 통제의 대상은 되나, 위법한 행정작용의 통제에 한정되는 재판통제의
대상은 되지 않는다.

그러나 재량행위에 있어서의 재량권도 일정한 법적 한계 내에서만 인정되
는 것이므로, 그 행사가 재량권을 한계지우는 실정법 내지는 불문법원리에 저
촉되는 것인 때에는, 그것은 위법한 처분이 된다. 이것이 재량권의 일탈·남용
의 문제이다. 이러한 의미에서 독일에서도 완전한 의미의 자유재량행위란 있을
수 없다고 보고 있다. 따라서 자유재량행위(freies Ermessen)란 표현이 사용된
경우에도, 그것은 내용적으로는 의무에 합당한 재량 또는 법에 기속된 재량을
의미하는 것이다.[1]

---

1) H. Maurer, Allgemeines Verwaltungsrecht, 2009, p. 140.

위에서 본 바와 같이, 재량행위는 그 일탈·남용의 경우에만 재판통제의 대상이 된다는 점에서, 그에 대한 재판통제의 범위는 기속행위에 대한 것보다 제한되어 있다. 재량행위의 경우는 그에 대한 재판통제의 범위가 제한되고 있는 결과, 기속행위와 재량행위에 대한 재판통제의 방식도 그 내용을 달리 하고 있다. 즉, 기속행위 내지 기속재량행위에 있어서는 그 법규에 대한 기속성으로 인하여 법원이 사실인정과 관련법규의 해석·적용을 통하여 일정한 결론을 도출한 후 그 결론에 비추어 행정청이 한 판단의 적법 여부를 독자적 입장에서 판정하는 방식에 의하나(판단대치방식), 재량행위의 경우는 행정청의 재량에 기한 공익판단의 여지를 감안하여 법원은 독자의 결론을 도출함이 없이 당해 행위에 재량권의 일탈·남용이 있는지 여부만을 심사하게 되는바, 이러한 재량권의 일탈·남용 여부에 대한 심사는 사실오인, 비례·평등원칙 위배, 당해 행위의 목적 위반이나 동기의 부정 유무 등을 판단대상으로 한다(대판 2001. 2. 9, 98두17593).

2. 부관의 가부

처분을 할 것인지 여부 내지는 어떤 처분을 할 것인지에 대하여 재량권이 인정되어 있는 경우에는, 행정청은 당해 법률효과의 일부를 제한하는 의미에서 부관을 붙일 수 있다. 그러나 기속행위에 있어서는 관계법의 요건이 충족되면 행정청은 당해 행위를 하여야 할 법적 기속을 받는 것이므로, 기속행위에 부관을 붙일 수 없는 것은 당연하다. 다만 독일의 연방행정절차법은 기속행위에 있어서도, 관계법의 일부 요건의 충족을 위한 부관은 허용된다고 규정하고 있다(법 36①. 상세한 내용은 부관 부분 참조).

한편 기속행위·재량행위의 구별 실익으로서의 위의 두 가지 사항 외에도 공권성립의 가부를 들면서 재량행위에 대하여는 청구권이 성립될 수 없다고 보는 견해가 있다.[1] 그러나 이른바 무하자재량행사청구권은 재량행위에 대한 청구권이고 보면, 이 견해는 타당하다고 볼 수 없다.

Ⅲ. 기속행위·재량행위의 구별기준

1. 전통적 학설의 검토

이에 관하여, 종래 우리나라에서는 요건재량설과 효과재량설이 검토되고

---

1) 박윤흔, 행정법(상), p. 356.

있었다.

(1) 요건재량설

행정법규는 요건규정과 효과규정으로 구분되는 것임을 전제로 하여, 행정행위에 관한 요건이 일의적이고 구체적으로 규정되어 있는 경우, 당해 행정행위를 기속행위로 보는 입장이다. 그러나 ① 법령이 처분요건은 규정하지 않고 처분권한만을 부여하고 있는 경우나, 처분요건을 규정하고 있어도 다만 일반적 공익관념으로써 규정하고 있는 경우, 그리고 ② 비록 처분요건이 보다 한정적으로 규정되어 있을지라도, 불확정개념으로써 규정되어 있는 경우에는, 행정청이 인정한 사실의 법률요건에의 포섭(Subsumption)에 있어 선택 또는 판단의 여지가 인정된다고 본다.[1]

이러한 요건재량설에 대해서는 상당한 정도로 타당성이 인정될 수 있다고 보는바, 이에 대해 부연하면 다음과 같다.

1) 관계법규상 처분요건에 관하여 다만 일반적 공익목적만이 규정되어 있는 경우에는, 그것은 처분요건이 규정되어 있지 않은 것과 같은 것이다. 왜냐하면 행정은 어느 경우에나 공익목적을 위하여서만 활동할 수 있는 것이기 때문이다. 따라서 이 경우에는, 행정청에게 처분 여부 또는 처분의 내용에 관한 독자적 판단권이 인정되는 것이다.

2) 처분요건이 불확정개념에 의하여 규정되어 있는 경우에도 이 설은 행정청에 판단의 여지가 인정된다고 보고 있다. 그러나 뒤에서 보는 바와 같이, 불확정개념이 사용되고 있다고 하여도 일반적으로 행정청에 판단의 여지가 인정된다고 볼 것은 아니라는 점에서 보면, 이 부분에 관한 한 이 설은 문제가 있는 것이다.

(2) 효과재량설

요건재량설이 법규상의 행위요건의 규정방식에 따라 재량행위 여부를 판단하려는 것인 데 대하여, 효과재량설은 당해 행위의 성질, 즉 그것이 국민의 권리·의무에 어떻게 작용하는가에 따라 재량행위 여부를 결정하려는 것이다.

그에 따라, ① 개인의 자유·권리를 제한·침해하거나 의무를 부과하는 행위는, 법령상 재량을 인정하는 것으로 보이는 경우에도 그것은 기속행위이고, ② 개인에 새로운 권리를 설정하거나 기타 이익을 부여하는 행위는, 특히 법률

---

[1] 위의 요건재량설에 관한 설명은 종래의 그것과는 어느 정도 내용을 달리하고 있는 것이다. 原野翹, 要件裁量と效果裁量, 行政法の爭點, ジュリスト, pp. 86~87; 윤세창, 행정법(상), p. 183.

이 개인에게 그 권리·이익을 요구할 수 있는 지위를 부여한 경우를 제외하고는 원칙적으로 자유재량행위이며, ③ 직접 개인의 권리·의무에 영향을 미치지 아니하는 행위는 법률이 특히 제한을 두고 있는 경우를 제외하고는 원칙적으로 자유재량행위로 본다.

이러한 효과재량설은 연혁적 관점에서는 재판통제에서 전적으로 제외되는 자유재량행위의 범위를 축소할 수 있는 이론적 기초를 제공하였다는 점에서 긍정적으로 평가할 만한 것이었다. 그러나 이 설은 실정법에 부합하는 것이라고 보기는 어렵다는 점에 그 기본적 문제점이 있다. 왜냐하면, 오늘날 침해행정 영역에서도 법률의 규정방식과 관련하여 당해 행위가 재량행위로 되는 경우는 적지 않고, 수익적 행정에 있어서도 관계법률상 당해 행위가 획일적으로 기속되어 있는 경우도 또한 적지 않기 때문이다.

이 설은 재량을 법률효과의 선택(행위 여부 또는 복수행위간의 선택)에 있다고 보고, 기속행위와 재량행위의 구별은 법률효과의 선택의 여지가 인정되는가에 따라 결정되는 것으로 보고 있다. 재량의 본질에 관한 한 위의 견해는 타당하다. 그러나 행위의 선택은 요건규정 또는 효과규정의 규정방식에 따라 결정되는 문제이고, 당해 행위의 성질에 따라 결정되는 문제는 아니라 할 것이다.

2. 구별의 구체적 기준

재량행위는 행위 여부 내지는 복수행위간의 선택에 관하여 행정청에 재량권이 부여되어 있는 행위라는 점에서 보면, 재량의 속성이 법률효과에 관한 것이라는 점에는 의문이 없다고 본다. 그러나 행정청의 처분은 근거법률에 의거한 것이라는 점을 고려할 때, 당해 처분에 있어 행정청에 재량권이 인정되는지의 여부는 당해 법률의 내용에 따라 판단되어야 하는 것이다. 즉 재량행위 여부의 판단기준은 그 근거법과의 관련에서 찾아야 하는 것이다. 그러나 법률의 규정이 당해 처분에 대하여 재량권을 부여하고 있는지 여부는 명확하지 않은 경우가 적지 않은바, 이러한 경우에는 당해 행위의 성질(침익적·수익적), 헌법상의 기본권과의 관련성 등도 동시에 고려하여야 한다.

위에 적은 바와 같이, 행정법규는 일반적으로 요건규정과 효과규정으로 구성되어 있는바, 법률이 처분요건에 관하여 일의적·구체적으로 규정하면서 또한 그에 따른 처분내용에 관하여도 판단의 여지없이 획일적으로 규정하고 있는 경우도 있다.[1] 이 경우 당해 행위가 기속행위임은 물론이다. 그러나 법률은 또한 요건규정에 있어 불확정개념으로 규정하거나, 효과규정에 있어 '필요한 처분을 할 수 있다'든가, '처분을 할 권한을 가진다'는 식으로 규정하고 있는 경우도 또한 적지 않다. 이러한 경우, 행정청에 재량권 즉 일정한 독자적 판단권이 인정된다고 볼 것인가의 문제가 제기되는 것이다.

다음에서는 요건규정과 효과규정의 내용을 기준으로 하여, 당해 행위의 재량행위성 여부의 문제를 검토한다.

(1) 효과규정

1) 재량행위가 법적으로 허용되는 다수의 행위 중에서 행정청에 그 선택권이 부여되어 있는 행위라는 점에서, 법률이 그 효과규정에서 '(필요한) 처분을 할 수 있다'고 규정하고 있는 경우에는, 일단 행정청에 행위 여부에 대하여 독자적 판단권이 부여되어 있는 것으로 판단될 수 있다. 이 원칙은 요건규정이 공백규정 또는 불확정개념으로 되어 있는 경우뿐만 아니라, 처분요건 자체는 구체적으로 규정되어 있는 경우에도 적용된다.

그러나 당해 처분의 성질, 특히 헌법상의 기본권과의 관련에서는 근거법상 '처분을 할 수 있다'고 규정되어 있는 경우에도, 그것은 다만 처분권한의 소재를 규정하고 있는 데 그치고 당해 처분 자체는 기속행위로 보아야 할 경우도 있다. 영업허가(주점·숙박업 등)는 그 예가 될 수 있을 것이다. 즉 관계법률이 영업허가에 관한 일정 요건을 규정하면서, 주무부장관은 이상의 요건을 구비한 신청에 대하여는 '허가할 수 있다'고 규정하고 있더라도, 이 경우 허가요건이 구비된 때에는 주무부장관은 허가를 하여야 할 기속을 받는다고 본다. 예컨대 주점영업 등은 헌법상의 영업의 자유에 따라 자유로이 영위할 수 있는 것이나, 경찰·보건 등의 견지에서 그 행사에 일정한 제한을 두고 있는 것에 불과하므로, 관계법상의 허가요건이 충족되어 있는 경우에는 이미 그러한 제한규정에 저촉되지 않는다는 것을 의미한다. 그럼에도 불구하고 영업허가를 하지 않는다

---

1) 판례
"국토의 계획 및 이용에 관한 법률 제124조의2는 위 법 제125조 제1항에 따른 토지이용의무이행명령이 기간내에 이행되지 아니한 경우 '토지 취득가액의 100분의 10의 범위에서 대통령령으로 정하는 금액의 이행강제금을 부과한다(제2항)'고 규정하고 있으며, 위 법 시행령 제124조의3 제3항은 토지이용의무 위반을 4가지 유형으로 구분하여 각 유형별로 이행강제금액을 '토지 취득가액의 100분의 10, 100분의 7, 100분의 5에 상당하는 금액'으로 차별하여 규정하고 있다. 위와 같이 국토계획법 및 시행령 관련 규정이 토지이용에 관한 이행명령의 불이행에 대하여 법령 자체에서 토지이용의무 위반을 유형별로 구분하여 이행강제금을 차별하여 규정하고 있는 등 그 규정의 체계, 형식 및 내용에 비추어 보면, 국토계획법 및 시행령이 정한 그 이행강제금의 부과기준은 단지 상한을 정한 것에 불과할 것이 아니라, 위반행위 유형별로 계상된 특정 금액을 규정한 것이므로 행정청에 이와 다른 이행강제금액을 결정할 재량권이 없다고 보아야 한다"(대판 2014. 11. 27, 2013두8653).

면, 그것은 부당하게 헌법상의 기본권인 영업의 자유(권)를 침해하는 것으로서 허용되지 않는다고 보아야 한다.

2) 법률이 명시적으로 행정청에게 복수행위 중에서의 선택권을 부여하고 있는 경우에는, 당해 행위가 재량행위임은 물론이다. 여객자동차 운수사업법 제85조가 그에 해당하는 것으로, 동조는 동법에 위반한 업체에 대하여 국토교통부장관은 6월 이하의 영업정지에 처하거나, 면허의 일부 또는 전부를 취소할 수 있다고 규정하고 있는바, 이 경우 영업정지를 할 것인가 또는 면허를 취소할 것인가는 원칙적으로 국토교통부장관의 재량적 판단에 속하는 것으로, 국토교통부장관은 구체적 사안에 따라 영업정지 또는 취소처분을 할 수 있는 것이다.

(2) 요건규정

1) 공백규정   법률상 처분의 요건에 관하여는 전혀 규정하지 않고, 단지 처분권한만을 규정하고 있는 경우에는, 당해 행위는 원칙적으로 재량행위이다. 그것은 공익목적만이 규정되어 있는 경우에도 마찬가지인 것으로, 공익목적은 행정의 내재적 목적이기 때문이다.

2) 불확정개념 — 판단여지설의 문제   법률은 요건규정에 있어 불확정개념을 사용하는 경우가 많다. 예컨대, '중대한 사유', '공공의 안녕과 질서', '경관의 침해 우려', '교통의 안전과 원활성', '신뢰성', '적성' 등이 이에 해당한다. 이러한 개념들은 그 자체로서는 일의적이거나 명확하지 않은 것으로서, 이 경우 행정청에 의한 이들 요건의 해석 또는 적용에 있어 판단의 여지가 인정되는가의 문제가 제기된다. 이 문제는 독일에서 판단여지설로서 검토되고 있는 것으로, 우리나라에서도 같은 주제하에서 검토되고 있다.

㈎ 독일에서는 불확정개념 자체도 법개념으로 보아, 처분요건이 불확정개념으로 규정되어 있는 경우에도, 법률상으로는 행정청에 여러 행위 중에서의 선택의 가능성이 인정되는 것은 아니고, 다만 하나의 결정만이 적법한 것으로 인정된다고 본다.

그러나 불확정개념을 구체적 사실관계에 적용함에 있어서는, 가치판단이나 장래예측적 판단이 필요한 경우가 있는바, 그에 있어서는 여러 관점이나 이익이 검토되고 형량되어야 하는 까닭에 법적으로는 오직 하나의 결정만이 적법한 것으로서 허용되는 것이기는 하나, 그것이 항상 의문의 여지 없이 확정될 수 있는 것은 아니다. 즉 실제에 있어서는 동일한 불확정개념을 동일한 사실에 적용하는 경우에 있어서 각기 다른 결론(결정)에 도달하게 될 수도 있는바, 이들 결정이 일정한 한계 내에서 이루어진 경우 어느 것이 가장 적정한(적법한) 결정인가는 판정하기 어려운 경우도 있다. 불확정개념은 그 내용에 따라 경험개념과 가치개념으로 구분되는바, 앞의 문제 상황은 원칙적으로 가치개념과 관련하여 제기되는 것이다.

(내) 이러한 불확정개념의 구체적 적용에 따르는 문제점과 관련하여, 「바호프」는 사실의 불확정개념에의 포섭(Subsumption)에 있어서 일정한 경우 및 일정한 한도에 있어서는 법원의 재판통제에서 배제되는 독자적 판단의 여지가 행정청에게 인정된다고 주장하고 있다.[1] 「울레」의 대체가능성설도 기본적으로 같은 논리에 입각하고 있다. 그는 사실의 관계법상의 불확정개념으로서의 가치개념에의 포섭에 있어서는 반드시 일의적 결론에 도달하는 것은 아닌 것이므로, 한계사례(Grenzfälle)에 있어서는 가능한 결정이 모두 대체가능한 적법한 결정으로 보아야 한다고 한다.[2]

(다) 전술한 바호프의 판단여지설이나 울레의 대체가능성설에서는 제한적 영역에 있어서이기는 하나, 불확정개념의 구체적 사실에의 적용에 있어 행정청에 비교적 폭넓은 판단여지를 인정하고 있다.

이에 대하여 현재의 학설의 다수설과 판례는 불확정개념에 있어 판단여지의 문제는 원칙적으로 그 포섭단계에서만 제기되는 것인데, 불확정개념은 법문제로서 행정에 의한 그 포섭에 있어서도 오직 하나의 올바른 결정만이 인정될 수 있는 것이므로 그것은 당연히 재판통제의 대상이 되는 것이나, 제한적인 경우에는 행정의 판단여지가 인정된다고 보고 있다. 그러나 이 경우 행정의 판단여지는 불확정개념의 속성 등에서 도출되는 것이 아니라, 그것은 입법자에 의한 수권에 따라 인정되는 것이라고 하고 있는바, 이러한 입장을 보통 판단수권설이라고 한다. 이러한 판단수권설은 행정의 판단여지가 일반적 법이론, 규범논리 또는 실질적 고려에 따라 인정되는 것이 아니라, 입법자에 의하여 결정되고, 법률 자체에서 도출되는 것이라는 점에서 그 근거나 범위가 구체적으로 획정될

---

1) Wolff/Bachof, Verwaltungsrecht Ⅰ, 1974, p. 92.
2) C. H. Ule, Zur Anwendung unbestimmter Rechtsbegriffe im Verwaltungsrecht, Gedächtnisschrift für Walter Jellinek, 1955, p. 309 f.
　　이러한 내용의 대체가능성설과 관련하여 특히 주의하여야 하는 것은, 이 설에서 복수의 대체가능한 적법한 결정이라고 하는 경우에도 그것이 평가적 판단을 요하는 가치개념의 존재 자체에서 복수의 적법한 해석이 도출될 수 있다는 것을 의미하는 것은 아니라는 점이다. 즉 이 경우에도 행정청에는 복수의 대체가능한 결정 중에서 어느 하나의 선택권이 인정되는 것은 아니고, 다만 행정청이 행한 결정이 이른바 한계사례의 범위 내에 있는 것인 때에는 그에 대하여는 법원의 통제는 미치지 아니한다고 보는 데 그치는 것이다.

수 있다는 장점이 있다고 볼 수도 있다. 그러나 학설 또는 판례상 판단여지가 인정되는 사례에 있어 그 근거법에서 이에 관한 명시적 규정을 두고 있는 경우는 드문 것으로서, 이러한 경우 행정의 판단여지는 결국 근거법의 합리적 해석에 따라 결정되게 되는 것으로서, 그 경우 행정의 판단여지의 인정을 위한 일반적 이론이나 그 인정을 위한 여러 실질적 고려 등이 다시 결정적 요소로서 등장하는 것이다.[1]

이와 관련하여 「마우러」는 법원은 그 심사가 불가능하거나 완전한 심사가 어려운 특별한 결정상황 또는 특별한 대상에 봉착하는 경우가 있는바, 이러한 경우 법원은 불확정개념의 완전심리원칙에 대한 예외로서 해당 불확정개념의 적용에 행정의 판단여지를 인정하게 되는 것이라고 하고 있다.[2] 이러한 「마우러」의 소론은 불확정개념에 대한 판단여지의 인정에 관한 정연한 이론을 제시하고 있다고는 할 수 없으나, 그것은 판단여지의 인정에 관한 실질적 근거를 적절하게 제시하고 있는 것으로 보인다.

㈑ 판단여지가 인정된 사례

(i) 비대체적 결정   이에 속하는 것으로서는 국가시험·학생의 성적평가, 공무원의 근무평정 등이 있다. 이들 결정은 사후 소송에서 그 상황을 재현할 수 없거나, 재현할 수 있다 하더라도 다른 평가대상자와의 관계에서 특혜를 부여하는 결과로 될 수 있다는 점 등에 따라 이에 대한 전면적 사법심사는 불가능한 것으로 보고 있다.

(ii) 구속적 가치평가   문화재지정·청소년유해도서판정 등과 같이 전문가로 구성된 독립된 합의제행정기관이 내리는 평가결정이 이에 속하는 것으로서, 이들 결정의 경우는 그 전문성·중립성에 따라 이들 기관의 결정에는 마지막 인식에 대한 권한이 주어진다고 보고 있다.

(iii) 예측결정 및 정책결정   환경법 및 경제행정법 등의 분야에서의 위해의 평가나 예측결정이 이에 속한다. 예측결정에 있어서는 그에 대한 행정의 책임, 행정의 형성적 임무 및 전문적 지식 등에 기하여 상당한 정도에 있어 행정청의 평가의 특권이 인정되고 있다고 보나, 이에 대하여는 반론도 적지 않다.

경제·사회·문화 등을 일정한 방향으로 유도하고 형성하여 가기 위하여 행해지는 정책적 또는 형성적 결정은 행정의 일차적 책무이고 역할이라는 점에서,

---

1) F. Ossenbühl, Festschrift für Menger, p. 735; H. Maurer, Allgemeines Verwaltungsrecht, 18. Auflage, p. 154~155; 정하중, 행정법(상), p. 192.
2) Maurer/Waldorf, Allgemeinses Verwaltungsrecht, 19 Aufl., S. 160, 172.

그에 대한 전면적 사법심사는 적절하지 않다는 점에서 판단여지가 인정된다.[1]

㈐ 우리나라의 경우　　우리나라에서도 판단여지의 문제는 학설상 검토되고 있거니와, 이 설 자체가 논리적 필연성의 소산이라기보다는 실질적 고려의 소산이라고 한다면, 행정청의 판단여지가 인정된다고 하는 경우에도 그것은 제한된 영역에서 또한 한정적 범위에서만 인정되어야 할 것으로 본다.

불확정개념도 법개념이므로 근거 법령에 이 관념이 사용되었다고 하여 그것이 행정청에 엄격한 의미에서의 재량권을 부여하는 것이 아닌 것임은 물론이다. 그러나 제한적으로나마 행정청의 판단여지가 인정되는 경우에는 그 한도에서의 행정결정에는 재판통제가 미치지 아니하는 것이므로, 실질적으로 당해 행위는 재량행위와 같은 의미를 가진다. 환언하면 불확정개념을 사용한 경우에 있어서의 행정청의 판단여지와 재량행위에 있어서의 재량권은 이를 구별할 실익이 없는 것이다. 이것은 판례의 입장이기도 하다.[2]

Ⅳ. 재량행위의 통제

재량행위의 통제방식으로서는 입법적 통제, 행정적 통제 및 사법적 통제가 있다. 여기서는 먼저 입법적·행정적 통제의 문제를 개관하고, 사법적 통제는 그것이 재량행위의 통제에 있어 가장 실질적인 의미를 가지는 것이라는 점에서, 항을 달리하여 보다 구체적으로 검토하기로 한다.

---

1) 박정훈, 불확정개념과 판단여지, 행정작용법(중범 김동희교수 정년기념논문집), 2005, pp. 256~257; 정하중, 행정법(상), pp. 197~198.
2) 판례
　　대법원은 엄격한 의미에서는 판단여지로 인정되는 것으로 보아야 하는 행정결정도 이를 재량행위로 다루고 있다. 예컨대 중고등학교용 도서의 검정기준에의 적합성 여부에 대한 결정에 대하여, 대법원은 "교과서검정이 고도의 학술상, 교육상의 전문적인 판단을 요한다는 특성에 비추어 보면, 피고(교육부장관)가 교과용 도서를 검정함에 있어서 법령과 심사기준에 따라서 심사위원회의 심사를 거치고, 또 검정상 판단이 사실적 기초가 없다거나 사회통념상 현저히 부당하다는 등, 현저히 재량권의 범위를 일탈한 것이 아닌 이상 그 검정을 위법하다고 판단할 수 없다"고 판시하였다(대판 1992. 4. 24, 91누6634).
　　대법원은 또한 한약조제사시험에서의 평가방법 및 채점기준의 설정은 그 심사기관인 국립보건원장이 시험의 목적 및 내용 등을 고려하여 "관계 법령이 정하는 범위 내에서 자유로이 정할 수 있는 재량행위라 할 수 있고, 그러한 기준 등에 의한 합격·불합격 처분은 그것이 재량을 남용 내지 일탈하여 현저하게 불리한 것이 아니라면 이를 위법하다고 할 수 없다"고 하였다(대판 1998. 7. 10, 97누13771). 이외에도 대법원은 시험의 출제나 채점행위를 재량행위로 보고 있다: 대판 2007. 2. 8, 2006두13886; 대판 2007. 12. 13, 2005다66770.

1. 입법적 통제

(1) 법률의 규율방식

재량행위에 대한 입법적 통제로서는 먼저 재량행위에 대한 법률의 규율방식에 의한 통제를 상정할 수 있다. 즉 의회는 관계법의 제정에 있어 불확정개념이나 기타 모호한 표현을 피하고 가능한 한 그 내용을 구체적이고 명확하게 규정함으로써, 그 의도에 반하여 행정청에 재량권을 부여하게 되는 부정적 결과를 방지하거나 또는 행정청에 대한 재량권의 인정에 있어서도 그 내용·한계를 상당히 구체적으로 획정할 수도 있을 것이다.

그러나 행정은 매우 다양한 것으로서, 법률에서 장래 발생 가능한 모든 경우를 상정하여 구체적으로 규율하는 것은 불가능한 것이므로, 그 규율대상인 행정작용의 내용에 따라서는 불확정개념의 사용이 불가피하거나 또는 요망되는 경우도 있는 것임을 간과하지 말아야 할 것이다. 또한 행정에 대한 재량권의 인정은 구체적 사안에 관하여 가장 공익에 합당한 결정을 행정청이 할 수 있게 하려는 데에 그 기본적 취지가 있는 것이라는 점에서는, 재량처분에 대한 법적 규제에는 이에 따른 내재적 한계가 있다고 할 것이다.

(2) 정치적 통제

정치적 통제는 의회가 국민의 대표기관으로 행정부에 대하여 가지는 국정감사권 기타 국정의 통제에 관한 권한의 발동으로 재량권 행사를 통제하는 경우이다. 우리나라에서는 국정감사(헌법 61), 질문(헌법 62), 국무위원의 해임건의(헌법 63) 등이 이러한 재량행위의 정치적 통제의 수단으로 사용될 수 있을 것이나, 재량행위에 있어 재량권은 대부분의 경우 매우 구체적인 사안에 대한 행정권의 독자적 판단권을 본질적 요소로 한다는 점에서는 재량행위에 대한 정치적 통제는 그 실질적 의미가 그다지 크지 않다고 본다.

2. 행정적 통제

(1) 직무감독

감사원의 감사 또는 상급행정청에 의한 직무감독에 의한 통제는 재량권의 적정한 행사를 담보하는 기능을 수행할 수 있다. 상급행정청은 하급행정청에 의한 재량권의 행사에 대하여 그 일반적 방향을 설정하는 재량준칙을 제정함으로써 재량권의 자의적 행사에 대한 예방적 기능을, 위법·부당한 재량행위를 취소·변경함으로써 교정적 기능을 수행한다.

(2) 행정절차

　　재량행위는 일정한 한도에 있어 행정청에 독자적 판단권 즉 재량권이 부여되어 있는 행위라는 점에서, 그에 대한 재판통제는 기속행위에 비하여 제한되며(재량처분이 일응 재량권을 그르친 것이라도 그것이 재량권의 한계 내의 것인 때에는 단순한 부당처분으로서 사법심사의 대상이 되지 않는다), 또한 재량처분은 구체적 공익판단을 그 내용으로 하는 것이라는 점에서, 이에 대한 사법통제에 있어서는 사실상의 한계에 부딪히거나 사법소극주의로 흐를 위험성도 적지 않다. 그러한 점에서 재량처분의 형성과정에 있어서의 적정성을 담보하여 줄 수 있는 행정절차적 규제는 매우 실질적인 재량행위의 통제수단이 된다고 하겠다. 재량행위는 행정청으로 하여금 구체적 사안에 따라 가장 공익에 적합한 처분을 하게 하려는 데에 그 기본적 목적이 있는 것이라는 점에서는, 관계자에 대해 의견진술의 기회를 부여하는 의견청취절차나 공청회, 또는 행정에 있어 구체적 사안의 고려를 담보하기 위한 이유제시 등의 행정절차는 특히 중요한 의미를 가진다고 하겠다. 이와 관련하여 우리 행정절차법은 동법이 정하는 청문절차나 공청회는 원칙적으로 관계법에서 이들 절차를 거치도록 정하고 있는 경우에만 거치도록 하고 있다. 그러나 이 법은 약식의견청취절차인 의견제출절차는 개별법의 규정에 따라 청문절차 등을 거치지 아니하는 경우에는, 불이익처분의 경우 당연히 이를 거쳐야 하는 것으로 규정하고 있다(법 22③). 동법은 또한 불이익처분에 있어서의 행정청의 일반적 이유제시의무를 규정하고 있다(법 23).

　　행정절차법은 "행정청은 필요한 처분기준을 해당 처분의 성질에 비추어 되도록 구체적으로 정하여 공표하여야 한다"고 규정하고 있다(법 20①). 이러한 행정청의 처분기준의 설정·공표에 관한 규정은 기속행위뿐만 아니라 재량행위에도 적용된다. 처분기준의 설정 및 공표는 행정처분의 관계인에게 예측가능성 내지는 예지가능성을 부여하여 준다는 의미에서 특히 재량행위에 있어서는 중요한 의미를 가진다고 할 것이다. 그러나 이 규정에 의하여 설정·공표된 행정처분의 기준은 내용적으로는 행정규칙의 성질을 가지는 것이며, 그러한 점에서는 특정처분이 이 처분기준에 위반하였다고 하여도 그것만으로 곧바로 당해 처분이 위법하게 되는 아니한다 할 것이다.

(3) 행정심판

　　위법·부당한 행정처분으로 인하여 그 권익의 침해를 당한 자가 행정기관에 대하여 그 시정을 구하는 쟁송절차를 행정심판이라 한다. 이러한 행정심판은 본질적으로 행정의 자율적 통제수단으로서, 재량처분이 위법한 경우뿐만 아니라 부당한 경우에 대하여서도 통제할 수 있다는 점에서는, 재판통제에 비하여 국민의 권리구제의 범위가 넓은 것이며, 행정심판은 행정의 실정에 보다 정통한 행정기관 자신에 의한 통제라는 점에서, 그것은 재량행위에 대한 매우 실효적인 통제수단으로 기능할 수도 있을 것이다. 그러나 행정심판의 현실은 이러한 기대에 부응하지 못하고 있는 것으로 보인다.

V. 재량행위의 재판통제 — 재량권의 한계

1. 개 설

재량행위는 관계법상의 행위를 할 것인지의 여부(결정재량) 내지는 법적으로 허용되는 행위 중에서 어떠한 행위를 할 것인가에 대하여(선택재량), 행정청에 일정한 재량권, 즉 독자적 판단권이 부여되어 있는 행위를 의미하는 것임은 기술한 바와 같다. 그러나 행정청에 부여되어 있는 재량권은 법적 한계 내의 것이다. 환언하면, 행정청의 재량권은 근거법규나 여러 실정법원리에 의하여 한계지워지고 있는 것으로, 재량처분에 있어 이러한 법적 한계를 넘어서는 때에는 그것은 단순한 부당에 그치지 않고 위법한 처분으로서 당연히 재판통제의 대상이 된다.

일반적으로 재량행위도 재량권의 일탈·남용의 경우에는 위법한 처분이 된다고 하고, 재량권의 일탈은 그 외적 한계를, 그리고 남용은 그 내적 한계를 벗어나는 경우라고 하고 있다. 이것은 또한 판례상의 용례이기도 하다.1) 행정소송법도 또한 "행정청의 재량에 속하는 처분이라도 그 재량권의 한계를 넘거나 그 남용이 있는 때에는 법원은 이를 취소할 수 있다"라고 규정하여(법 27), 일단 학설·판례의 입장을 반영하고 있다. 재량권의 일탈·남용은 실제로는 재량처분이 위법한 처분으로 되는 경우를 포괄적으로 표현하는 용어라고 할 것인바, 그러한 점에서 이 용례는 나름대로의 의의가 있다. 그러나 그 이상으로 외적 한계의 위반으로서의 일탈과 내적 한계의 위반으로서의 남용을 엄격히 구분하는 것은 매우 어려우며, 또한 그 실익도 없다. 따라서 다음에는 내적·외적 한계의 위반을 구분하지 않고, 재량처분이 위법한 처분으로 되는 경우를 일반적으로

---

1) 판례

"재량권을 부여한 내재적 목적에 반하여 다른 목적을 위하여 행정처분을 하는 것과 같은 재량권의 남용이나, 재량권의 행사가 그 법적 한계를 벗어나는 것과 같은 재량권의 일탈은 사법심사의 대상이 된다"(대판 1984. 1. 31, 83누451).

검토한다.

2. 재량처분의 위법사유

다음에서는 원칙적으로 재량처분에 특유한 위법사유, 즉 행정청에 의한 재량권행사가 그 법적 한계를 넘어서 위법한 것으로 되는 경우에 한정하여 기술한다.

(1) 재량권의 일탈(Ermessensüberschreitung)

이것은 관계법상의 재량권의 한계를 유월한 것으로, 예컨대 관계법에서 동법상의 의무위반에 대하여 3개월에서 6개월간의 영업정지처분을 할 수 있다고 규정하고 있음에도, 행정청이 그를 넘어서 1년간의 정지처분을 한 경우가 이에 해당한다.[1] 이 경우 3~6개월간의 기간 내에 있어서는 행정청은 구체적 사안에 따라 가장 합당한 기간의 선택을 할 수 있는 것임은 물론이다.

(2) 목적위반

행정처분에 의하여 추구되는 목적은 다음의 두 가지 내용을 가진다. 그 하나는 일반적인 공익목적이고, 다른 하나는 관계 법규상의 구체적인 공익목적이다. 이것은 재량행위에 있어서도 마찬가지이다. 따라서 공무원이 개인감정·편견·정치적 고려 등에 기하여 상대방에 불리한 처분을 한 경우에는, 그것은 위법한 처분이 된다. 또한 당해 처분이 일반적인 공익목적에는 부합하나, 그것이 관계법상의 구체적 공익목적에는 배치되는 때에도 위법한 처분이 되는 것이다. 예컨대 소방기본법에 기한 가택출입검사는 화재의 예방·진압을 목적으로 하는 것으로서, 동법에 기하여 범죄의 예방목적으로 가택출입을 하는 것은 위법한 것이다.[2]

(3) 사실의 정확성

일정 사실이 재량처분의 요건으로 규정되어 있는 경우, 그 사실의 존재 여부 및 당해 사실의 법정요건에의 해당 여부에 대한 판단은 원칙적으로 재량의 문제와는 무관한 것으로, 이에 대하여는 당해 행위가 재량행위인 경우에도 재판통제가 미친다.

한편 재량처분에 있어 특정사실의 존재가 처분요건으로 규정되어 있지 않

---

[1] 위의 예는 독일의 행정법서에서 일반적으로 들고 있는 것이다. 그러나 이 예는 엄격한 의미에서는 재량권의 일탈이 아니라, 직접적인 법규위반의 사례라 할 것이다. Mayer/Kopp, Allgemeines Verwaltungsrecht, 1985, p. 159.
[2] 박윤흔, 행정법(상), p. 370.

음에도, 행정청이 그 처분이유로서 그 사실의 존재를 명시한 경우에 있어, 실제 그러한 사실이 존재하지 않는 경우에는 당해 재량처분은 위법한 처분으로 된다는 것이 「프랑스」판례의 입장이다.[1] 그 논거는 동기설에서 구하고 있는바, 이에 의하면 모든 법률행위에는 동기(이유, motif)가 있으며, 처분사유는 그 주관적 동기와 일치하는 것으로 추정되는데, 이러한 처분사유가 실제 사실과 부합하지 않는 경우에는 당해 처분에 동기결여의 위법사유가 있다고 보는 것이다.

(4) 재량권의 불행사(Ermessensnichtgebrauch)

재량행위에 있어 행정청에 법률상 재량권을 부여한 취지는 구체적 사정과 관계 제이익을 형량하여 가장 공익에 적합한 결정을 하게끔 하려는 것이다. 따라서 행정청이 구체적 사정을 고려하지 않고 결정을 한다면 위법한 처분이 된다.

이러한 재량권의 불행사로 인한 위법사유는 다음의 두 가지 유형으로 구분할 수 있다. ① 먼저, 행정청이 관계법을 잘못 해석하여 당해 행위를 기속행위로 판단하여 거부처분을 한 경우이다. 이 경우 행정청이 당해 행위를 재량행위로 보고, 구체적 사안과의 관련에서 거부처분을 하였다면 그것은 위법한 처분이 되지는 않는 것이나, 이를 기속행위로 판단함으로써 거부처분을 하여야 할 기속을 받는다고 잘못 인식하였다면 재량권 불행사의 위법이 있게 된다.[2] ② 다음에, 행정청이 구체적 사정을 고려하지 않고, 일반적 기준에 따라 처분을 하는 경우에도 그것은 위법한 처분이 된다. 이것은 재량준칙과의 관련에서 특히 문제되는 것이다. 행정청이 구체적 사정을 검토한 후에 재량준칙에 따른 처분을 하는 경우는 문제가 없으나, 그러한 과정을 거치지 않고 이 준칙에 따라 처분을 하는 것은 재량권 불행사로서 위법사유로 되는 것이다.

(5) 비례원칙에 기한 통제

비례원칙이란 행정이 추구하는 목적과 이를 위한 수단과는 적절한 비례관계가 형성되어야 한다는 원칙을 말한다(자세한 내용은 비례원칙 부분 참조).

이러한 비례원칙은 모든 행정영역에 있어서의 재량처분에 적용될 수 있는 것이나, 우리나라의 판례상 주로 문제가 되는 것은 침익적 행위로서의 경찰처

---

1) Trépont 판결(Conseil d'Etat, 20 janvier 1922).
2) 판례
　　"제재적 처분에 관한 법령에서 감경 여부를 행정청의 재량에 맡기고 있을 때 감경사유가 존재하더라도 이를 고려하고도 감경하지 않았다면 위법하다고 할 수 없으나 감경사유가 있음에도 이를 전혀 고려하지 않았거나 감경사유에 해당하지 않는다고 오인한 나머지 감경하지 않았다면 이는 재량권을 일탈·남용한 위법한 처분이 된다"(대판 2010. 7. 15, 2010두7031).

분 및 징계처분이다.[1]

비례원칙에 의한 재량행위의 재판통제는 매우 단순한 것으로 보일 수도 있다. 왜냐하면 이 원칙은 재량권의 행사에 있어 그 수단(처분)과 목적 사이에는 일정한 비례가 이루어져야 한다는 것으로, 수단으로서의 처분이 그 추구목적에 비하여 과도하게 상대방이나 일반국민의 권리·이익을 침해하는 것인 때에는 당해 재량처분은 위법한 처분으로 된다고 하고 있기 때문이다. 그러나 내용적으로 보면, 이러한 비례원칙에 의한 통제는 행정청의 재량권행사 그 자체에 대하여 행정청의 판단을 법원의 판단으로 대체한다는 의미를 가진다. 그러한 점에서 이 원칙에 의한 통제에 있어서는, 법원은 행정청과 동일한 입장에 서서 침익적 처분을 했어야 했는지 또는 어떠한 처분을 했어야 했는지에 대하여 판단하여 그 결과와 관련 처분을 비교하여 당해 처분의 위법성 여부를 논할 것은 아니고, 당해 재량처분이 현저하게 타당성을 결여한 경우에만 비례원칙에 반하는 위법한 처분으로 인정하여야 할 것으로 본다.

(6) 평등원칙에 기한 통제

재량행위에 있어서 행정청은 구체적 사정과 관련하여 공익에 가장 적합한 것으로 판단되는 처분을 할 수 있음은 물론이다. 그러나 헌법적 원리의 성질을 가지는 평등원칙과의 관련에서는 행정청은 기본적으로 동일한 사안에 있어서 특정인에 대하여만 불리한 처분을 하는 경우에는 그것은 위법한 처분이 된다.

이러한 평등원칙에 의한 재량행위의 통제의 적용으로서는 기본적으로 다음의 두 가지 경우가 있다. 먼저 동일한 내용의 행정상 위반행위를 한 자가 다수인인 경우에는, 이러한 위반행위에 대한 제재처분이 재량행위인 경우에도 그를 정당화할 만한 특별한 사유가 없음에도 특정인에 대하여만 보다 불리한 처분을 하면, 그것은 평등원칙에 반하는 것으로 위법한 처분이 되는 것이다. 그러나 실제 이러한 사례는 매우 드문 것임은 물론이다. 평등원칙에 의한 재량행위의 제2의 통제유형은 재량처분에 관한 관행이 형성되어 있는 경우이다. 즉 재량행위에 있어 그 재량권을 일정한 방향으로 행사한 결과 그에 관한 관행이 형성되어 있는 경우에는, 평등원칙에 따라 행정청은 종전의 관행에 따른 처분을 하여야 할 법적 구속을 받게 된다. 그것은 그를 정당화할 만한 구체적 사유가 없음에도

---

[1] 판례

"유흥장에 미성년자를 단 1회 출입시켜 술을 제공하여 식품위생법을 위반한 데 대한 제재로서 가장 중한 영업취소로 응징한 것은 책임에 대한 응보의 균형을 잃은 것으로서 행정행위의 재량을 심히 넘은 처분이다"(대판 1977. 9. 13, 92누19149).

불구하고 종전의 관행과 다른 처분을 하는 것은 평등원칙에 반하는 것이기 때문
이다. 이처럼 헌법상의 평등원칙으로 인하여 행정청이 스스로의 관행에 구속되
는 것을 행정의 자기구속원리(Theorie der Selbstbindung der Verwaltung)라 한다.

이러한 행정의 자기구속원리는 재량준칙의 준법규성 인정에 있어 중요한
의미를 가지는 것임은 기술한 바 있다.

(7) 부당결부금지원칙에 의한 통제

재량처분이 부당결부금지원칙에 위반된 경우에는 그것은 위법한 처분이 된
다. 예컨대 종전의 자연공원보호지역에 있어서의 건축허가신청에 대하여 관계
법이 추구하는 목적과는 실체적 관련이 없는 상대방의 급부를 조건으로 하여
이를 허가하는 것은 위법한 것으로서 허용되지 않는다(대판 1997. 3. 11, 96다
49650).

(8) 정당한 형량의 원리

행정청이 재량권행사에 있어 중시하여야 할 제요소·제가치를 안이하게 경
시하여 당연히 고려하여야 할 사항을 충분히 고려하지 않거나, 그 반대로 본래
고려하지 않아야 할 사항을 고려하거나 특정 사항을 과대하게 평가한 경우에
는, 당해 재량처분은 위법한 것으로 된다. 이 원리는 원래 독일에서 계획재량의
통제를 위한 법리로서 판례상 정립된 것이다. 우리 판례는 행정계획으로서 용
도지역·지구의 결정·변경이나 도로 구역의 결정·변경 등에 있어서는 행정주
체에 광범위한 재량이 인정된다고 하면서도, 이러한 행정계획도 일반적 재량행
위에 포함시키면서, 그에 있어서의 재량통제는 주로 위의 적정형량의 법리에
의거하여 이를 행하고 있다(대판 1997. 9. 26, 96누10096; 대판 2005. 3. 10, 2002두
5474).

(9) 재량권의 영으로의 수축(Ermessensreduzierung auf Null)

재량행위는 행위 여부 내지는 복수행위 사이에 선택의 여지가 인정되는 행
위이다. 그러나 학설·판례는 예외적 상황하에서는 오직 하나의 결정(처분)만이
의무에 합당한 재량권행사로 인정된다고 보고 있는바, 이것을 재량권의 0(또는 1)
으로의 수축이론이라 한다. 예컨대 경찰권의 행사 여부는 원칙으로 재량처분으
로 인정되고 있으나, 목전의 상황이 매우 중대하고 긴박한 것이거나(and/or), 그
로 인하여 국민의 중대한 법익이 침해될 우려가 있는 경우에는, 경찰개입결정만
이 의무에 합당한 재량행사, 즉 적법한 재량행사로 인정된다고 보고 있다.[1] 독

---

1) 이러한 재량권의 영으로서의 수축이론에 대하여 일본에서는 그 요건으로서, ① 생명,
신체, 재산에 중대한 손해를 야기할 위험이 있을 것, ② 이러한 위험이 행정조치에 의

일의 행정판례에 있어 그 초기에는 재량권이 영으로 수축되는 것으로 인정되기 위하여는 개인의 법익침해위험의 절박성 또는(and/or) 피침해법익의 중대성이 요건으로 되는 것으로 보고 있었다. 그러나 이러한 요건은 점차 완화되어 현재는 이러한 요건은 더 이상 요구되지 않는 것으로 보인다. 피침해법익에 관하여 판례는 비둘기 사육으로 인한 생활상의 불편, 과도한 교통소음, 수인하기 어려운 교회의 종소리, 교통방해(개인 차고 앞의 불법주차) 등의 경우에 재량권의 수축 법리를 적용한 바 있다.

이처럼 재량권이 영으로 수축되는 경우 당해 재량행위는 내용적으로는 기속행위로 전화되는 것이다.

이러한 경우, 관계자는 행정청의 거부처분에 대하여는 의무이행심판 및 취소소송에 의하여, 그리고 부작위에 대하여는 의무이행심판 및 부작위법확인소송에 의하여 이를 다툴 수 있다(행정심판법 5iii, 행정소송법 4iii). 또한 그로 인하여 손해가 발생한 경우는, 손해배상소송을 제기하여 그 구제를 받을 수 있다.[1]

(10) 행정기본법상의 재량행사의 기준

행정기본법 제21조는 행정청은 재량처분시에는 관련 이익을 정당하게 형량하여야 하고, 재량권의 범위를 넘어서는 아니된다고 규정하고 있다. 동조는 이처럼 재량처분에 있어서의 관계 제이익의 형량원칙을 일반적으로 규정하고, 이어서 재량처분의 기준으로서 재량권의 유월금지원칙을 정하고 있다. 그러나 이러한 간단한 규정만으로 재량처분의 통제기준을 충분히 포괄적으로 정하고 있는 것으로 보기는 어렵다 할 것이다.

하여 쉽게 방지될 수 있을 것, ③ 민사재판에 의한 구제 기타 피해자에 의한 위험회피의 수단이나 가능성이 없을 것의 세 가지를 드는 것이 보통이다. 우리나라에서도 이러한 3개 요건을 들고 있는 학자도 있다.

1) 판례
  "경찰은 범죄의 예방, 진압 및 수사와 함께 국민의 생명, 신체 및 재산의 보호 등과 기타 공공의 안녕과 질서유지를 직무로 하고 있고 그 직무와 원활한 수행을 위하여 법령에 의하여 여러 가지 권한이 부여되어 있으므로(경찰관직무집행법 1·2) 구체적인 직무를 수행하는 경찰관으로서는 범죄수사뿐만 아니라 범죄의 예방 및 공공의 안녕과 질서유지를 위하여 제반 상황에 대응하여 자신에게 부여된 여러 권한을 적절하게 행사하여 필요한 조치를 취할 수 있는바, 이러한 경찰관의 조치권한은 일반적으로 경찰관의 전문적인 판단에 기한 합리적인 재량에 위임되어 있기는 하나, 그렇다고 하더라도 경찰관에게 이러한 조치권한을 부여한 취지나 목적에 비추어 볼 때 구체적인 상황하에서 그 불행사가 현저하게 불합리하다고 인정되는 경우에는 이러한 권한의 불행사는 법령에 위반하는 행위에 해당하게 되어 국가는 이로 인하여 피해를 입은 자에 대하여 배상책임을 지게 된다고 할 것이다"(서울지법 96가합40313). 동지의 판례: 대판 1996. 10. 25, 95다45927.

제3항 행정행위의 내용

행정행위는 그 법률효과의 발생원인을 기준으로 하여 법률행위적 행정행위와 준법률행위적 행정행위로 나눌 수 있음은 전술한 바와 같다. 법률행위적 행정행위는 다시 상대방에 대한 법률효과의 내용에 따라 명령적 행위와 형성적 행위로 나누어지며, 이들은 각각 다시 여러 행위로 세분된다. 또한 준법률행위적 행정행위도 그 법률효과의 내용에 따라 확인행위·공증행위·통지행위 및 수리행위로 나누어진다.

제1목 법률행위적 행정행위

제 1. 명령적 행정행위

명령적 행정행위(befehlende Verwaltungsakte)는 통설적 견해에 의하면, 상대방에 대하여 일정한 의무(작위·부작위)를 과하거나 이미 과하여진 의무를 해제함을 내용으로 하는 행정행위를 말한다.[1] 이 점에서 국민에 대하여 새로운 권리 또는 능력의 형성(발생·변경·소멸)을 목적으로 하는 형성적 행정행위와 구별된다.

명령적 행정행위는 ① 의무를 명하는 행위, 즉 하명과, ② 금지 또는 의무를 해제 또는 면제하는 행위, 즉 허가·면제의 2종으로 나누어진다.

---

1) 법규상 일반적으로 부과되어 있는 의무를 해제하는 행위를 명령적 행정행위에 포함시키는 것은, 내용적으로 다음의 두 가지 점에서 문제가 있는 것이다. ① 먼저, 이것은 명령의 통상적 관념에 맞지 않는다는 점이다. ② 보다 기본적인 것은, 이에 해당하는 허가·면제는 단순한 자연적 자유의 회복에 그치는 것이 아니라, 그에 따라 당해 행위를 적법하게 행할 수 있게 된다는 점에서, 그것은 본질적으로 형성적 행위에 속한다고 보아야 할 것이라는 점이다. 독일행정법에 있어서는 명령적 행위는 일정한 행위(작위·부작위)의무를 부과하는 행위라고 정의하고, 허가는 형성적 행위로 파악하고 있다(H. Maurer, Allgemeines Verwaltungsrecht, 1994, pp. 197~198; Erichsen/Martens, Allgemeines Verwaltungsrecht, 1986, p. 189).

이러한 관점에서는 형성적 행정행위를 「사인에게 일정한 배타적·독점적 권리를 부여하거나, 포괄적 법률관계 기타 법적 지위를 설정하여 주는 행위」라고 광의로 정의하고, 허가는 이러한 의미의 형성적 행위에 포함시켜 고찰하는 것이 보다 합리적인 것으로 보인다. 그럼에도 불구하고, 여기서는 일단 통설적 견해에 따라 기술하기로 한다. 왜냐하면 이 문제는 준법률행위적 행정행위의 문제 등과 함께 이른바 행정행위의 전통적인 체계적 분류의 일부를 이루는 것이라는 점에서 볼 때, 그것은 부분적인 수정에 그치지 아니하고, 보다 종합적·전반적 검토를 요하는 문제로 보이기 때문이다. 다만 허가에 관하여는 관련 부분에서 통설적 견해상의 문제점을 다시 구체적으로 적시하여 보기로 한다.

Ⅰ. 하명(Befehl)

1. 하명의 개념

하명이라 함은 작위(위법건축물의 철거 등)·부작위(도로통행금지 등)·급부(납세고지 등)·수인(수진명령 등)을 명하는 행정행위를 말한다. 이 중에서 부작위의 의무를 과하는 것을 금지라고 하고, 작위·급부·수인의 의무를 과하는 것을 명령이라고 하는 경우가 많다.

하명은 법령에 의거한 행정행위에 의하여 행하여지는 것이 보통이나, 행정행위에 의한 구체화를 필요로 하지 않고, 법령 자체에 의하여 직접 하명의 효과가 발생하는 경우(처분법규)도 있다.[1]

이하에서 말하는 하명은 행정행위에 의한 하명만을 의미하는 것이다.

2. 하명의 종류

하명은 그 내용·목적·대상 등에 따라 여러 가지로 분류할 수 있다.

1) 그 내용에 따라서는 작위하명·부작위하명·급부하명·수인하명으로 나누어진다.

2) 그 기초가 되는 행정분야에 따라서는, ① 경찰하명, ② 급부행정상의 하명, ③ 재정하명, ④ 군정하명 등으로 나누어진다.

3. 하명의 대상

하명의 대상인 행위는 ① 사실행위(예컨대, 도로청소·교통방해물제거)인 경우도 있고, ② 법률행위(예컨대, 무기매매)인 경우도 있다.

4. 하명의 상대방

하명의 상대방은 ① 특정인인 경우와, ② 불특정 다수인인 경우(예컨대, 예방접종고시·야간통행금지 등의 일반처분)가 있다.

5. 하명의 효과

하명의 효과는 그 내용에 따라 일정한 행위를 사실상으로 하거나 하지 아니하여야 할 의무를 지는 것이다. 즉 작위하명의 효과로서는 일정한 행위를 하

---

1) 이러한 처분법규는 행정소송법상의 '처분'에 해당하는 것으로 보아 취소소송 등의 대상으로 할 수 있다.

여야 할 의무, 금지의 효과로서는 일정한 행위를 하여서는 안될 의무, 급부하명의 효과로서는 금전·물품 등을 제공할 의무, 수인하명의 효과로서는 행정권에 의한 실력행사를 감수하고 이에 저항하지 않아야 할 의무가 발생하는 것이다.

하명의 효과는 원칙적으로 그 수명자에 대한 관계에서만 발생하지만, 대물적 하명에 있어서는 그 대상인 물건을 승계한 자에게도 그 효과가 승계된다.

6. 하명위반의 효과

수명자가 하명에 의하여 과하여진 의무를 이행하지 않는 경우에는, 행정상 강제집행에 의하여 그 의무내용이 강제되거나, 행정벌 기타 제재가 과하여지는 것이 보통이다.

이처럼 하명의 위반은 행정강제 또는 행정벌 등의 원인이 되기는 하나, 그 행위의 법률상의 효과에는 직접 영향을 미치지 않는 것이 원칙이다. 왜냐하면 명령·금지는 법률행위를 대상으로 하고 있는 경우에도 사실로서의 어떠한 행위를 하거나 하지 않아야 할 것을 명하는 데 그치는 것이기 때문이다.[1]

그러나 처벌만으로 그 목적을 달성할 수 없는 때에는, 법률이 행위 자체를 무효로 규정하고 있는 경우도 있다.

7. 하자 있는 하명에 대한 구제

위법한 하명에 의하여 그 권리·이익의 침해를 받은 자는 행정쟁송(행정심판·행정소송)을 제기하여 그 취소 등을 구하거나, 손해배상소송을 제기하여 그로 인한 손해의 배상을 구할 수 있다.

Ⅱ. 허가(Erlaubnis)

1. 허가의 개념

허가는 법규에 의한 일반적인 상대적 금지를 특정한 경우에 해제하여 적법하게 일정한 사실행위 또는 법률행위를 할 수 있게 하여 주는 행위를 말한다. 다만 법령상으로는 허가·면허·인가·특허·승인 등의 여러 가지 용어가 사용

---

1) 판례
　"투표권의 이동을 금지한 법의가 단지 경마로 인한 사행심을 단속하는 데 있고, 동 이동으로 인한 사법상의 법률적 효과의 발생까지 방해하기 위한 규정이 아니라고 봄이 타당할 것이다"(대판 1954. 3. 30, 4282민상80).

되고 있는바, 당해 행위가 학문상의 허가에 해당하는지의 여부는 관계법령의 구체적 규정이나 취지 등에 비추어 구체적으로 판단되어야 하는 것이다.

　　허가는 상대적 금지의 경우에만 가능하고, 절대적 금지에 있어서는 허용되지 않는다.

2. 허가의 특질

(1) 명령적 행위 또는 형성적 행위 여부

　　전통적 견해에 의하면, 허가는 인간의 자연적 자유를 대상으로 하여 이를 회복시켜 주는 행위로서, 권리 기타의 법률상 능력을 좌우하는 행위는 아니라는 점에서 명령적 행위이며, 이 점에서 형성적 행위와는 구별된다고 하고 있다.[1] 그러나 허가는 이념적으로는 이처럼 인간의 자연적 자유를 대상으로 하는 것으로 파악될 수 있으나, 실정법과의 관련에서는 헌법상의 기본권으로서의 자유권이 그 대상이 되는 것이다. 따라서 허가는 단순히 자연적 자유의 회복에 그치는 것이 아니라, 헌법상의 자유권을 적법하게 행사할 수 있게 하여 주는 행위인 것이다.[2] 이를 보다 부연하면 다음과 같다.

　　허가의 대상인 행위를 할 수 있는 권리는 자유권으로서 헌법에 의해 이미 부여되어 있는 것이다. 그러나 자유권은 그 대부분의 경우 절대적인 것이 아니고, 구체적인 공익목적(경찰·보건 등)과의 관련에서 개별법상 그 행사에는 일정한 제한이 가해지고 있다. 이에 허가절차는 헌법상의 자유권의 행사가 공익목적상 부과되어 있는 관계법상의 제한규정에 배치되는지의 여부를 행정청으로 하여금 사전에 심사할 수 있도록 하여 주는 의미를 가진다.

　　따라서 허가는 그와 같은 관계법상의 제한규정에 배치되지 않는다고 판단되는 경우에, 헌법상의 자유권을 적법하게 행사할 수 있게 하여 주는 행위인 것이다.

　　이처럼 허가도 단순한 자연적 자유의 회복이 아니라, 헌법상의 기본권을 적법하게 행사할 수 있게 하여 주는 행위, 즉 법적 지위의 설정행위라는 점에서는 오히려 형성적 행위로서의 성질을 가진다고 할 것이다.

　　그러나 허가는 헌법상의 자유권을 적법하게 행사할 수 있게 하여 주는 행위에 그치고, 국민에게 새로운 권리를 부여하거나 그 권리를 확대하여 주는 것은 아니다. 이러한 점에서 형성적 행위를 새로운 권리·능력 등의 설정행위로

[1] 김도창, 행정법(상), pp. 401~402; 이상규, 행정법(상), pp. 363~364.
[2] 졸고, 허가와 특허관념의 재검토, 월간고시, 1987. 11.

정의하는 경우, 허가가 그에 포함되지 않을 것임은 물론이다.

이러한 관점에서 여기서도 허가를 형성적 행위에 포함시키지는 않았으나, 허가를 단순히 명령적 행위로 분류하는 것 또한 자연스럽지 못한 점이 있다. 이 문제는 앞으로 우리 학계의 중요한 연구과제라 본다.

(2) 재량행위 또는 기속행위 여부

허가는 형식적으로는 금지해제행위이고 이익부여행위라는 점에서, 효과재량설의 입장에서 보면 일단 재량행위라고 볼 수 있다. 그러나 허가는 내용적으로는 헌법상의 직업선택의 자유 등의 자유권의 행사에 관한 것이지만, 공익적 관점에서 개별법상 그 행사에 일정한 제한이 가하여지고 있는 행위를 그 대상으로 하는 것이므로, 관계법상의 허가요건이 충족되는 경우, 그것은 당해 자유권의 행사에 공익상의 장해요인이 없다는 것을 의미하게 되므로, 관계법상의 요건이 충족된 경우에는 행정청은 허가를 하여야 할 기속을 받는다고 할 것이다.1) 그것은 이러한 경우의 허가거부는 부당하게 헌법상의 자유권을 계속 제한하는 것으로서 허용되지 않는다고 보아야 할 것이기 때문이다.

3. 허가와 신청

허가는 상대방의 출원에 따라 행하여지는 것이 보통이다. 그러나 예외적으로 출원에 의하지 않는 허가도 있다(예컨대, 통행금지해제·보도관제해제 등).

신청에 의하여 허가를 하는 경우에는 허가는 신청시가 아니라 허가시의 사실 및 법상태에 따라 행하여지는 것이 원칙이다. 판례는 신청을 할 때와 허가를 할 때 사이에 법의 변경이 있는 경우 "소관 행정청이 허가신청을 수리하고도 정당한 이유 없이 처리를 늦추어 그 사이에 법령 및 허가기준이 변경된 것이 아닌 한, 새로운 법령 및 허가기준에 따라서 한 불허처분이 위법하다고 할 수 없다"(대판 2005. 7. 29, 2003두3550)고 하였다.

---

1) 판례
　　건축허가 — "건축허가신청이 법정요건에 합치하는 경우에는 특별한 사정이 없는 한 이를 허가하여야 하며, 공익상 필요가 없음에도 불구하고 요건을 갖춘 자에 대한 허가를 건축법·구도시계획법 등 관계법규에서 정한 제한사유 이외의 사유를 들어 거부할 수는 없다"(대판 1992. 12. 11, 92누3038).
　　대중음식점 영업허가 — "식품위생법상의 대중음식점 영업허가는 그 성질상 일반적 금지에 대한 해제에 불과하므로 허가권자는 허가신청이 법에서 정한 요건을 구비한때에는 반드시 허가하여야 하며, 관계법규에 정하는 사유 이외의 사유를 들어 허가신청을 거부할 수는 없다"(대판 1993. 5. 27, 93누2216).

4. 허가의 종류

허가는 심사대상에 따라 대인적 허가·대물적 허가·혼합적 허가로 분류할 수 있는바, ① 대인적 허가는 사람의 능력·지식 등 주관적 요소를 심사대상으로 하는 허가를 말하고(운전면허·의사면허 등), ② 대물적 허가는 물건의 객관적 사정에 착안하여 행하는 허가이며(차량검사·건축허가 등), ③ 혼합적 허가는 사람과 물건의 양자 모두를 심사대상으로 하는 허가를 말한다(총포·화약류제조허가 등).

대인적 허가의 효과는 일신전속적인 것이므로 이전성이 인정되지 아니하나, 대물적 허가의 효과는 이전성이 인정되며, 혼합적 허가의 효과는 원칙적으로는 이전성이 제한된다 할 것이다.

5. 허가의 효과

1) 허가는 일반적 금지를 해제하여 본래의 자유를 회복하여 주는 행위라고 보는 것이 통설적 견해이다. 그러나 허가는 단순히 자연적 자유의 회복이 아니라, 헌법상의 자유권을 적법하게 행사할 수 있는 법적 지위를 설정하여 주는 행위라는 것은 상술한 바 있다. 그러나 허가는 또한 이미 부여되어 있는 헌법상의 자유권을 적법하게 행사할 수 있게 하여 주는 데에 그치고, 새로운 권리·능력 등을 설정하여 주는 것은 아니다.

2) 종래의 통설에 의하면, 허가는 자연적 자유의 회복에 그치고 권리나 능력의 설정행위는 아닌 것이기 때문에, 허가의 결과 일정한 독점적 이익을 받더라도 그것은 반사적 이익에 그치는 것으로 파악하게 될 것이다. 그러나 이 경우의 독점적 이익의 성질은 다음의 두 가지 경우를 나누어서 검토하여야 할 것이다. 먼저, 관계법에 거리제한 규정이 없는 경우이다. 이러한 경우에도, 예컨대 주점영업 등은 허가를 받도록 되어 있는 결과 허가를 받은 자는 그 주변에 다른 허가업소가 없는 경우에는 당해 지역에서 영업상의 독점적 이익을 향수하는 것임은 물론이다. 그러나 이 경우는 관계법이 당해 영업활동을 공익상 이유에서 일정한 조건을 갖춘 자에 대하여만 허용하고 있는 법제의 반사적 효과, 즉 공익적 견지에서 당해 영업활동에 대한 일반적 금지의 반사적 효과로서 받는 이익에 그치고, 법적으로 적극적으로 주장하고 향수할 수 있는 이익은 아니다. 즉 이 경우에 기존업자가 누리고 있는 영업상의 독점적 이익은 반사적 또는 사실상 이익에 불과한 것이다.[1]

---

1) 판례

이에 대하여 당해 영업허가의 요건으로서 관계법상 거리제한규정이 있는 경우에 당해 구역 내에서 향수하는 영업상의 독점적 이익의 성질에 대하여는 보다 구체적인 검토를 요하는 것으로서, 이 경우 당해 이익의 성질은 거리제한을 두고 있는 관계규정 내지는 관계 법규 전체의 목적·취지에 비추어 판단되어야 한다. 관계규정의 목적·취지가 공익뿐만 아니라 관계업자 개개인의 이익도 보호하는 것으로 해석되는 때에는, 후자와의 관계에서는 당해 이익은 단순한 반사적 이익이 아니라 법적으로 보호되는 이익이 된다. 이러한 경우 허가와 특허를 엄격히 구분하는 관점에서는 당해 허가는 협의의 허가와 특허의 성질을 공유하는 합성행위의 성질을 가지는 것이라고 볼 수도 있다.

3) 허가의 효과로서는 관계법상의 금지가 해제될 뿐이고, 타법상의 제한까지 해제되는 것은 아니다.[1] 예컨대 공무원이 관계법에 의해 영업허가를 받은 경우에도, 공무원법상의 제한은 여전히 남게 된다.

일정 사업을 영위하기 위하여는 그 주된 허가 외에도 다수의 행정기관으로부터 복수의 인·허가를 받아야 하는 경우가 적지 아니한 것으로서, 그것이 관계인에게 매우 번거로운 절차가 되는 것임은 물론이다. 따라서 이러한 번잡성을 방지하기 위하여 최근에는 근거법상 주된 허가를 받은 경우에는 다른 법령상의 부수적인 인·허가 등을 받은 것으로 의제하는 규정을 두는 사례가 늘고 있다(건축법 11⑤, 주택법 17①). 주된 허가에 이러한 인·허가의 의제가 인정되는 경우에는, 주된 허가관청의 장은 다른 부수적 인·허가관청의 장과 미리 협의하여야 한다(건축법 11⑥, 주택법 17③).

"양곡가공업허가는 금지를 해제하는 명령적 행위에 불과하여 그 허가의 효과도 영업 자유의 회복을 가져올 뿐이므로, 이 영업의 자유는 법률이 직접 양곡가공업의 피허가자에게 독점적 재산권을 취득하게 하는 것이 아니라 법률이 국민식량의 확보와 국민경제의 안정이라는 공공의 복리를 목적으로 영업의 자유를 일반적으로 제한함으로 인하여 그 영업자유의 제한이 해제된 피허가자에게 간접적으로 사실상의 이익을 부여하게 됨에 불과하다 할 것이니, 그 허가처분으로 인하여 이미 같은 허가를 받고 있는 원고의 양곡가공업의 이익이 사실상 감소된다고 하더라도 이 불이익은 이 사건 양곡가공업허가처분으로 인한 단순한 사실상의 반사적 결과에 지나지 아니하고, 이로 말미암아 법률상 원고의 권리가 침해당한 것이라고 할 수는 없는 것이므로 원고는 피고보조참가인에 대한 이 사건 양곡가공법허가처분에 대하여 그 취소를 소구할 수 있는 법률상 이익이 없다"(대판 1990. 11. 13, 88누756).

1) 판례

"도로법상의 허가와 건축법에서 규정하고 있는 건축허가는 그 허가권자의 허가를 받도록 한 목적, 허가의 기준, 허가 후의 감독에 있어서 같지 아니하므로 도로법에 의한 이 사건 허가가 있었다고 하더라도 건축법에 의한 허가를 다시 받아야 할 것이다"(대판 1991. 4. 12, 91도218).

6. 요허가행위를 허가 없이 행한 경우

이 경우 당해 행위는 행정상 강제집행이나 처벌의 대상은 되지만, 행위 자체의 법률적 효력은 영향을 받지 않는 것이 원칙이다. 그러나 예외적으로 법률(특히 규제법)이 무허가행위의 처벌 외에도 그 행위의 무효를 규정하고 있는 경우도 있다.

Ⅲ. 면제(Erlassung)

면제라 함은 법령에 의하여 일반적으로 부과되어 있는 작위의무·급부의무 등을 특정한 경우에 해제하는 행정행위를 말한다. 면제도 의무해제라는 점에서는 허가와 같으나, 허가는 부작위의무의 해제인 데 대하여, 면제는 작위, 급부 또는 수인의무의 해제라는 점에서 다르다. 면제도 행정분야에 따라 경찰면제·공용부담면제·재정면제·군정면제 등으로 나눌 수 있다.

면제는 허가와 성질이 같은 행위이므로, 허가에 관하여 논한 것은 대체로 면제에도 타당하게 된다.[1)

제 2. 형성적 행정행위

형성적 행위는 국민에게 권리·능력(권리능력·행위능력), 포괄적 법률관계 등을 발생·변경·소멸시키는 행위이다. 형성적 행위는 ① 직접 상대방을 위하여 권리·능력, 기타 법적 지위를 발생·변경·소멸시키는 행위와, ② 타인을 위하여 그 행위의 효력을 보충·완성하거나(인가) 또는 타인을 대신하여 행하는 행위로 나누어진다.

Ⅰ. 특허(광의)

1. 개 념

특정 상대방을 위하여 새로이 권리를 설정하는 행위(공기업특허·공물사용권의 특허·광업허가·어업면허 등), 능력을 설정하는 행위(공법인의 설립행위 등) 및 법적

---

1) 김도창, 행정법(상), p. 405.

지위를 설정하는 행위(공무원임명·귀화허가 등)를 말한다. 이 중에서 권리를 설정하는 행위를 협의의 특허라 한다.

권리·능력·법적 지위를 설정하는 행위로서의 특허를 설권행위, 기존의 권리·능력·법적 지위를 변경시키는 행위를 변경행위라 하고, 이들을 소멸시키는 행위를 탈권행위라 한다.

2. 특허와 신청

특허는 신청을 요건으로 하며, 신청이 없거나 그 취지에 반하는 특허는 완전한 효력을 발생할 수 없다. 다만 공법인의 설립이 행정행위의 형식으로 행하여지는 경우에는, 그 한도에서 신청원칙에 대한 예외가 인정될 수 있으나, 우리나라에서는 공법인의 설립은 법규에 의하여서만 행하여지고 있다.

3. 효 과

특허는 상대방에게 권리·능력 등 법률상의 힘을 발생시킨다. 권리는 공권인 것이 보통이나, 사권(예컨대, 광업허가에 의한 광업권)인 경우도 있다.

특허의 효과는 그것이 일신전속적인 것(예컨대, 귀화허가)인 경우에는 이전성이 없으나, 대물적인 것인 경우에는 자유로이 또는 일정한 제한(예컨대, 행정청에의 신고 또는 그 승인)하에 이전될 수 있다.

4. 특허와 허가의 차이

1) 허가는 신청 없이 행하여지는 경우도 있으나, 특허는 항상 신청을 요하는 쌍방적 행정행위이다.

2) 허가는 통설적 견해에 의하면 단지 자연적 자유를 회복하여 주는 명령적 행위인 데 대하여, 특허는 권리·능력의 설정행위로서 형성적 행위라고 한다. 그러나 위에서 본 바와 같이, 허가도 단순한 자연적 자유의 회복이 아니라 헌법상의 자유권을 적법하게 행사할 수 있게 하여 주는 행위이므로, 본질적으로는 형성적 행위로서의 성질을 가진다고 할 수 있다. 다만 허가는 이미 헌법상 인정되어 있는 자유권을 현실적으로 적법하게 행사할 수 있게 하여 주는 데에 그치는 것인 데 대하여, 특허는 새로운 법률상의 권리·능력 기타 법적 지위를 설정하여 주는 행위라는 점에서, 상대적이나마 양자는 차이가 있다.

위에서 밝힌 바와 같이, 본서에서는 형성적 행위를 국민에게 새로운 권리·능력 등을 설정하여 주는 행위라는 의미의 협의로 정의하여, 허가를 그에 포함시키지 않고 있다.

3) 헌법상의 자유권의 행사가 공익적 관점(경찰·보건 등)에서 개별법에 의하여 잠정적으로 금지되고 일정한 조건하에서만 허용되고 있는 경우, 허가는 그러한 상대적 금지를 해제하여 그 자유권을 적법하게 행사할 수 있게 하여 주는 것이다. 따라서 그에 관한 관계법상의 요건이 충족되는 경우에는 행정청은 허가를 하여야 할 기속을 받는다고 보아야 하는 것이다.

그러나 특허의 경우는 국민에게 새로이 권리·능력 등을 설정하여 주는 행위라는 점에서, 공익적 관점에서 특허 여부에 관한 행정청의 판단의 여지가 인정될 소지는 많다(개인택시운송사업면허: 대판 1996. 10. 11, 96누6172).[1] 그러나 이것이 곧 특허가 어느 경우에나 재량행위라는 것을 의미하는 것은 아니고, 관계법의 규정방식에 따라서는 기속행위인 경우도 있을 수 있음은 물론이다(예컨대 광업법 21·22·24, 수산업법 9·10·11·13).

5. 예외적 허가(Ausnahmebewilligung)

이상의 허가와 특허의 구별과 관련하여서는, 독일행정법상의 예외적 허가의 우리 행정법상의 위치가 문제되는바, 여기서는 일단 이 관념에 대하여 약술하여 둔다.

예외적 허가란 일정 행위가 유해하거나 사회적으로 바람직하지 않은 것으로서 법령상 원칙적으로 금지되고 있으나, 예외적인 경우에는 이러한 금지를 해제하여 당해 행위를 적법하게 할 수 있게 하여 주는 행위를 말한다. 보통의 허가의 대상인 행위는 원칙적으로 허용되는 것으로서, 허가는 단지 당해 행위가 실정법에 반하는 것인지 여부를 행정청으로 하여금 사전에 심사할 수 있게

---

1) 판례

"국적은 국민의 자격을 결정짓는 것이고, 이를 취득한 사람은 국가의 주권자가 되는 동시에 국가의 속인적 통치권의 대상이 되므로, 귀화허가는 외국인에게 대한민국 국적을 부여함으로써 국민으로서의 법적 지위를 포괄적으로 설정하는 행위에 해당한다. 한편 국적법 등 관계 법령 어디에도 외국인에게 대한민국의 국적을 취득할 권리를 부여하였다고 볼 만한 규정은 없다. 이와 같은 귀화허가의 규정의 형식과 문언, 귀화허가의 내용과 특성 등을 고려하여 보면, 법무부장관은 귀화신청인이 법률이 정하는 귀화요건을 갖추었다고 하더라도 귀화를 허가할 것인지 여부에 관하여 재량권을 가진다고 봄이 상당하다"(대판 2010. 7. 15, 2009두19069).

"체류자격 변경허가는 신청인에게 당초의 체류자격과 다른 체류자격에 해당하는 활동을 할 수 있는 권한을 부여하는 일종의 설권적 처분의 성격을 가지므로, 허가권자는 신청인이 관계 법령에서 정한 요건을 충족하였더라도, 신청인의 적격성, 체류 목적, 공익상의 영향 등을 참작하여 허가 여부를 결정할 수 있는 재량을 가진다"(대판 2016. 7. 14, 2015두48846).

하여 주는 의미를 가진다. 보통의 허가에 있어서도 법령상 당해 행위는 일단 금
지되고 허가를 받아야만 이를 적법하게 행할 수 있는 것이나, 이 경우의 금지는
허가유보부의 예방적 금지의 성질을 가진다. 이에 대하여, 예외적 허가에 있어
서는 그 대상인 행위의 금지는 해제유보부의 제재적 금지인 점에서 전자와 다
르다.1)

　이러한 예외적 허가는 법률에 의한 일반적·추상적 규율의 결과 야기될 수
있는 예외적인 곤란한 사태에 적절하게 대처할 수 있게 하는 데에 그 유용성이
있다.2)

　보통의 허가는 행정청의 사전적 통제를 위하여 잠정적으로 제한되었던 (기
존의) 영업의 자유(권) 등을 회복시켜 주는 것인 데 대하여, 예외적 허가는 법령
상 금지되어 있는 행위를 예외적인 경우에 허용하는 것이라는 점에서, 그것은
사인의 권리를 확대하여 주는 것으로서, 형식적·실질적으로 모두 수익적 행정
행위의 성질을 가진다.

Ⅱ. 인가(Genehmigung)

1. 개　념

　인가는 제3자의 법률행위를 보충하여 그 법률적 효력을 완성시켜 주는 행
정행위를 말한다. 국민 기타 법인격주체간의 법률행위는 국가 등 행정주체의
관여 없이도 완전히 효력을 발생하는 것이 원칙이다. 그러나 공익적 관점에서
일정한 법률행위는 법령상 그 효력발생에 행정청의 동의가 요건으로 규정되어
있는 경우가 있다. 이러한 경우 행정청이 제3자들간의 법률행위에 동의함으로

---

1) 판례
　"구도시계획법(2000. 1. 18. 법률 제6243호로 전문 개정되기 전의 것) 제21조와 같
은법시행령(1998. 5. 19. 대통령령 제15799호로 개정되기 전의 것) 제20조 제1항·
제2항 및 같은법시행규칙(1998. 5. 19. 건설교통부령 제133호로 개정되기 전의 것)
제7조 제1항 제6호 (다)목 등의 규정을 살펴보면, 도시의 무질서한 확산을 방지하고
도시주변의 자연환경을 보전하여 도시민의 건전한 생활환경을 확보하기 위하여 지정되
는 개발제한구역 내에서는 구역 지정의 목적상 건축물의 건축이나 그 용도변경은 원칙
적으로 금지되고, 다만 구체적인 경우에 위와 같은 구역 지정의 목적에 위배되지 아니
할 경우 예외적으로 허가에 의하여 그러한 행위를 할 수 있게 되어 있음이 위와 같은
관련규정의 체제와 문언상 분명한 한편, 이러한 건축물의 용도변경에 대한 예외적인
허가는 그 상대방에게 수익적인 것에 틀림이 없으므로, 이는 그 법률적 성질이 재량행
위 내지 자유재량행위에 속하는 것이라고 할 것이고, 따라서 그 위법 여부에 대한 심사
는 재량권 일탈·남용 유무를 그 대상으로 한다"(대판 2001. 2. 9, 98두17593).
2) H. Maurer, Allgemeines Verwaltungsrecht, 1994, p. 200.

써 그 효력을 완성시켜 주는 행위를 인가라고 하는 것이다. 예컨대, 비영리법인 설립허가(민법 32), 재단법인의 정관변경허가(동법 45·46), 공공조합의 설립인가,1) 지방자치단체조합의 설립인가, 사업자단체의 설립인가(대판 2015. 5. 29, 2013두635) 등이 이에 해당한다. 인가행위를 그 근거법령의 규정 방식 등에 따라 재량행위로 본 판례도 있다.2)

2. 인가의 성질

인가는 법률행위의 효력요건이므로, 무인가행위는 원칙적으로 무효이다. 이 점에서 허가가 적법요건으로서 무허가행위는 처벌의 대상은 되나, 원칙적으로 무효로는 되지 않는 것과 다르다.

3. 인가의 대상

인가는 당해 행위의 유효요건이므로, 그 대상은 법률행위에 한정되는 것이나, 그에는 공법적 행위(예컨대, 공공조합의 정관변경)와 사법적 행위(예컨대, 비영리법인설립·지방채기채)가 있다.

---

1) 학설상 인가의 대표적 예의 하나로서 공공조합의 설립인가를 드는 것이 보통이다(박윤흔, 행정법(상), p. 324; 김철용, 행정법 (Ⅰ), p. 205; 홍정선, 행정법(상), p. 338). 아마도 그 대표적 예로서는 도시개발법 제13조에 따른 조합의 설립인가나 주택법 제32조에 따른 주택조합의 설립인가를 들 수 있을 것으로 보인다. 판례는 구주택건설촉진법에 따른 재건축조합의 설립인가를 강학상의 인가라고 하였다(대판 2000. 9. 5, 99두1854). 이에 대하여 최근 대법원은 도시 및 주거환경정비법에 따른 주택재건축정비사업조합설립에 대한 행정청의 인가는 조합설립행위에 대한 보충행위에 그치지 않고, 도시 및 주거환경정비법상 주택재건축사업을 시행할 수 있는 권한을 갖는 행정주체(공법인)로서의 지위를 부여하는 일종의 설권적 처분의 성격을 갖는다고 하였다(대판 2009. 9. 24, 2008다60568).

2) 판례

  "자동차관리법상 조합 등의 설립인가처분은 시·도지사 등이 자동차관리사업자들의 단체결성행위를 보충하여 그 효력을 완성시키는 처분에 해당한다. … 자동차관리법상 조합 등 설립인가 제도의 입법 취지, 조합 등에 대하여 인가권자가 가지는 지도·감독·권한의 범위 등과 아울러 자동차관리법상 조합 등 설립인가에 관하여 구체적인 기준이 정하여져 있지 않은 점에 비추어 보면, 인가권자인 시·도지사 등은 조합 등의 설립인가 신청에 대하여 자동차관리법 제67조 제3항에 정한 설립요건의 충족 여부는 물론, 나아가 조합 등의 사업내용이나 운영계획 등이 자동차관리사업의 건전한 발전과 질서 확립이라는 사업자단체 설립의 공익적 목적에 부합하는지 여부 등을 함께 검토하여 설립인가 여부를 결정할 재량을 가진다고 보아야 한다"(대판 2015. 5. 29, 2013두635).

4. 신청 및 수정인가의 문제

인가는 항상 신청에 의하여 행하여진다. 인가는 제3자의 법률행위에 동의
함으로써 그 법률적 효력을 완성하는 행위라는 점에서, 행정청은 그 인가 여부
만을 소극적으로 결정하는 데 그친다. 따라서 행정주체가 그 법률행위의 내용
을 수정하여 인가하려고 하는 경우에는 법률의 명시적 근거가 있어야 한다.

5. 인가와 기본적 법률행위의 효력관계

인가는 제3자의 법률행위에 동의함으로써 그 효력을 완성시키는 보충적 행
위임에 그치고, 그 법률행위의 하자를 치유하는 효력을 갖는 것은 아니다. 따라
서 기본적 법률행위가 불성립 또는 무효인 경우는 인가가 있다 하여 그 법률행
위가 유효로 되는 것은 아니다.[1] 또한 적법·유효하게 성립된 기본적 법률행위
가 사후에 실효되면, 인가도 당연히 효력을 상실한다. 인가행위 자체는 적법한
것이나 기본적 법률행위에 하자가 있는 경우에는 그 하자를 이유로 기본행위의
효력을 다툴 수는 있으나, 인가행위의 무효확인 또는 취소를 청구할 수는 없다
할 것이다.[2]

6. 요인가행위를 인가받지 않고 행한 경우

인가를 받아야 할 행위를 인가없이 행한 경우에는, 인가는 유효요건이므로,
당해 행위는 무효로 되나, 법률에 근거규정이 없는 한 상대방에 대하여 행정강
제나 행정제재를 과할 수는 없다. 이것이 인가가 허가와 다른 점이다.

---

1) 판례
"사립학교법 제20조 제2항에 의한 학교법인의 임원에 대한 감독청의 취임승인은 학
교법인의 임원선임행위를 보충하여 그 법률상의 효력을 완성케 하는 보충적 행정행위
로서, 성질상 기본행위를 떠나 승인처분 그 자체만으로는 법률상 아무런 효력도 발생
할 수 없으므로, 기본행위인 학교법인의 임원선임행위가 불성립 또는 무효인 경우에는
비록 그에 대한 감독청의 취임승인이 있었다 하여도 이로써 무효인 그 선임행위가 유
효한 것으로 될 수는 없다"(대판 1987. 8. 18, 86누152).

2) 판례
"주택개량사업관리처분계획이 적법·유효하고 보충행위인 인가처분 자체에만 하자가
있다면 그 인가처분의 무효나 취소를 주장할 수 있지만, 인가처분에는 하자가 없고 기
본행위에만 하자가 있는 경우에는 그 기본행위의 하자를 다투는 것은 별론으로 하고,
기본행위의 무효를 내세워 바로 그에 대한 행정청의 인가처분의 취소 또는 무효확인을
구할 법률상의 이익은 없다"(대판 1994. 10. 14, 93누22753).

Ⅲ. 공법상대리

공법상대리는 타자가 하여야 할 행위를 행정주체가 대신하여 행하고, 그 행위가 본인이 행한 것과 같은 법적 효과를 발생하는 행정행위를 말한다. 이러한 공법상대리는 원래 본인이 행하여야 할 행위를 행정목적의 달성을 위하여 행정청이 대신 행하는 것이므로, 본인의 의사에 의한 대리행위가 아니라, 법률의 규정에 의한 법정대리이다.

공법상대리에는, ① 행정주체가 공익적·감독적 견지에서 공공단체·특허기업자 등을 대신하여 행하는 행위(감독청에 의한 공법인의 정관작성·임원임명), ② 당사자 사이의 협의불성립의 경우에 국가가 대신하여 행하는 재정(토지수용재결), ③ 행정주체가 행정작용의 실효성을 확보하기 위하여 행하는 행위(조세체납처분으로서의 공매행위) 등이 있다.

제2목 준법률행위적 행정행위

Ⅰ. 확인(Feststellung)

1. 의 의

확인은 특정한 사실 또는 법률관계에 관하여 의문이 있는 경우에 공적 권위로써 그 존부 또는 정부를 판단(인정·확정·선언)하는 행위를 말한다(실정법상으로는 재결·결정·특허 등의 용어가 사용되는 경우가 많다).

이것은 형성적 행위로서의 특허와 같이 새로운 법률관계를 설정하는 것이 아니고, 기존의 사실 또는 법률관계를 유권적으로 확정하는 행위이다.[1]

2. 성 질

확인은 어떤 사실 또는 법률관계의 존부 또는 정부를 판단·확정하는 행위

---

1) 판례

"친일반민족행위자 재산의 국가귀속에 관한 특별법 제3조 제1항 본문, 제9조 규정들의 취지와 내용에 비추어 보면, 같은법 제2조 제2호에 정한 친일재산은 친일반민족행위자재산조사위원회가 국가귀속결정을 하여야 비로소 국가의 소유로 되는 것이 아니라 특별법의 시행에 따라 그 취득·증여 등 원인행위시에 소급하여 당연히 국가의 소유로 되고, 위 위원회의 국가귀속결정은 당해 재산이 친일재산에 해당한다는 사실을 확인하는 이른바 준법률행위적 행정행위의 성격을 가진다"(대판 2008. 11. 13, 2008두13491).

이므로 법선언적 행위이고 광의의 사법행위로서의 성질을 가진다. 확인은 단순한 판단작용이므로, 일정한 사실 또는 법률관계의 존부 또는 정당성이 객관적으로 확정되는 경우, 행정청은 확인을 하여야 할 기속을 받는 기속행위이다.[1) 또한 확인은 행정청의 판단에 법률상 일정한 법적 효과가 결부되는 것이라는 점에서, 그에는 부관을 붙일 수 없다.

3. 종 류

확인은 행정분야에 따라, ① 조직법상 확인(당선인의 결정·국가시험합격자 결정 등), ② 급부행정법상 확인(도로구역결정·발명권특허·교과서검인정 등), ③ 재정법상 확인(소득금액결정 등), ④ 쟁송법상 확인(행정심판재결 등) 등으로 나눌 수 있다.

4. 법적 효과

확인의 공통적 효과는 유권적으로 확정한 것을 임의로 변경할 수 없는 불가변력이 발생한다는 것이다. 이러한 공통적 효과 외에, 구체적 효과는 각개의 법률이 정하는 바에 따라 다르다(이것은 확인의 효과가 행정청의 의사가 아니라 법률의 규정에 따라 발생하는 것이라는 점에 기인하는 것이다).

Ⅱ. 공증(Beurkundung)

1. 의 의

공증은 특정 사실 또는 법률관계의 존부를 공적으로 증명하는 행정행위이다. 즉 이는 의문 또는 다툼이 없는 사항에 관하여 공적 권위로써 이를 증명하는 행위이다.

2. 성 질

공증은 성질상 요식행위인 것이 원칙이며, 그것은 또한 단순한 인식작용으로서 특정 사실 또는 법률관계가 객관적으로 존재하는 한 공증을 하여야 할 기

---

1) 판례
  "준공검사처분은 건축허가를 받아 건축한 건물이 건축허가사항대로 건축행정목적에 적합한가의 여부를 확인하고, 준공검사필증을 교부하여 줌으로써 허가받은 자로 하여금 건축한 물건을 사용·수익할 수 있게 하는 법률효과를 발생시키는 것이므로 허가관청은 특단의 사정이 없는 한 건축허가내용대로 완공된 건축물의 준공을 거부할 수 없다"(대판 1992. 4. 10, 91누5358).

속을 받는다 할 것이다.

3. 종 류

공증에는 ① 부동산등기부·외국인등록부와 같은 등기부·등록부에의 등기·등록 또는 선거인명부·토지대장·건축물관리대장·광업원부와 같은 각종의 명부·장부 등에의 등재,1) ② 회의록 등에의 기재, ③ 당선증서·합격증서와 같은 각종의 증명서발급, ④ 영수증 교부, ⑤ 여권 등의 발급, ⑥ 검인·증인의 날인 등이 있다.

위의 행위들은 본래는 사실행위에 그치는 것이나, 법률이 그에 일정한 법률효과, 즉 공적 증거력을 부여하는 경우에 한하여 준법률행위적 행정행위로서의 공증행위의 법적 성격을 가지는 것이다.

4. 법적 효과

공증의 공통적 효과는 공적 증거력이 발생하는 데 있다. 그러나 이러한 공증의 증거력은 그 증명된 것에 대한 반증이 있을 때까지만 일응 진실한 것으로

---

1) 대법원은 행정청이 법규에 의하여 행하는 공증행위라도 국민의 권리의무에 직접적인 효과를 미치는 것이 아니고 행정사무집행상의 편의나 사실증명의 자료를 얻기 위한 것인 때에는 취소소송의 대상인 처분성을 부정하여 왔다. 그러한 입장에서 대법원은 ① 임야대장에 일정한 사항을 등재하는 행위(대판 1970. 12. 22, 70누135), 임야대장의 정정행위(대판 1981. 7. 7, 80누456), ② 가옥대장에의 등재행위(대판 1982. 10. 26, 82누411), 가옥대장에 기재된 용도란의 기재사항을 변경등재한 행위, ③ 하천대장에의 등재행위(대판 1982. 7. 13, 81누129), ④ 자동차운전면허대장에의 일정 사항의 등재행위(대판 1991. 9. 24, 91누1400) 등에 대하여 처분성을 부인하였다.
　대법원은 토지대장에의 일정 사항의 등재 또는 변경행위에 대하여도 그 처분성을 부인하고 있었다. 예컨대 대법원은 1980. 7. 8. 선고 79누309 판결에서 "토지대장에 일정한 사항을 등재하는 행위는 행정사무집행의 편의와 사실증명의 자료로 삼기 위한 것이고, 그 등재로 인하여 어떠한 권리가 부여되거나 변동 또는 상실의 효과가 생기는 것은 아니므로, 거기에 실제와 다른 기재가 되어 있어도 그 등재행위를 행정소송의 대상으로 할 수 없다"고 판시하였다.
　그러나 대법원은 최근에 토지대장의 등재사항 중 지목에 한해서는 종래의 판례를 변경하여 소관청의 지목변경신청반려행위에 관한 2004. 4. 22. 선고 2003두9015 전원합의체판결에서 "지목은 토지소유권을 제대로 행사하기 위한 전제요건으로서 토지소유자의 실체적 권리관계에 밀접하게 관련되어 있으므로 지적공부 소관청의 지목변경신청 반려행위는 국민의 권리관계에 영향을 미치는 것으로서 항고소송의 대상이 되는 행정처분에 해당한다"고 판시하였다.
　대법원은 또한 건축물대장상의 건축물 표시 변경 신청에 대한 거부처분에 대하여도 건축물대장의 용도는 건축물의 소유권을 제대로 행사하기 위한 전제요건으로서 건축물소유자의 실체적 권리관계에 밀접하게 관련되어 있으므로, 건축물대장 소관청의 용도변경신청 거부행위는 국민의 권리관계에 영향을 미치는 것으로서 항고소송의 대상이 되는 행정처분에 해당한다고 판시하였다(대판 2009. 1. 30, 2007두7277).

추정되는 데 그친다. 따라서 그에 대한 반증이 있는 때에는 행정청의 취소를 기다리지 않고서도, 그 증거력을 다투고 이를 번복할 수 있다.1)

이러한 공적 증거력 외에 어떠한 효과가 발생하는가는 개별 법률이 정하는 바에 따라 다르다. 즉 공증은 권리행사요건(선거인명부에의 등록), 권리성립요건(부동산등기부에의 등기), 효력요건(광업원부에의 등록)이 되기도 한다.

Ⅲ. 통지(Mitteilung)

통지란 특정인 또는 불특정 다수인에게 특정사실을 알리는 행위이다. 여기서 말하는 통지는 그 자체가 독립한 행정행위인 것으로서, 그것은 특정한 법규명령 또는 행정행위의 효력발생요건인 공포·교부 또는 송달과는 구별되는 것이다.

통지는 어떤 사실에 관한 관념의 통지일 때도 있고(특허출원공고·귀화고시), 의사의 통지일 때도 있다(사업인정의 고시·대집행의 계고·납세독촉). 어느 경우나 통지의 효과는 행위자의 의사의 내용에 따라 발생하는 것은 아니고, 통지라는 행정청의 작용에 법률이 일정한 법적 효과를 결부시킨 것에 불과하다. 법률상 행정청의 통지행위에 어떠한 법률효과도 결부되지 아니하는 경우가 있는바, 그것은 사실행위일 뿐 여기서 말하는 통지에는 해당하지 않음은 물론이다. 판례는 민원사무처리에 관한 법률에서 정한 거부처분에 대한 이의신청을 받아들이지 않는 취지의 기각결정 또는 그 취지의 통지가 항고소송의 대상이 되지 않는 데 반하여,2) 부당한 공동행위 자진신고자 등에 대한 시정조치 또는 과징금 감면제도에 따른 시정조치 등 감면신청에 대한 그 불인정 통지는 항고소송의 대상이

---

1) 이상규, 행정법(상), p. 377.
2) 판례
　"민원사무처리에 관한 법률 제18조 제1항에서 정한 거부처분에 대한 이의신청(이하 '민원 이의신청'이라 한다)은 민원사무처리법에 의하여 민원사무처리를 거부한 처분청이 민원인의 신청 사항을 다시 심사하여 잘못이 있는 경우 스스로 시정하도록 한 절차이다. 이에 따라 민원 이의신청을 받아들이는 경우에는 이의신청 대상인 거부처분을 취소하지 않고 바로 최초의 신청을 받아들이는 새로운 처분을 하여야 하지만, 이의신청을 받아들이지 않는 경우에는 다시 거부처분을 하지 않고 그 결과를 통지함에 그칠 뿐이다. 따라서 이의신청을 받아들이지 않는 취지의 기각결정 내지는 그 취지의 통지는, 종전의 거부처분을 유지함을 전제로 한 것에 불과하고 또한 거부처분에 대한 행정심판이나 행정소송의 제기에도 영향을 주지 못하므로, 결국 민원 이의신청인의 권리·의무에 새로운 변동을 가져오는 공권력의 행사나 이에 준하는 행정작용이라고 할 수 없어, 독자적인 항고소송의 대상이 된다고 볼 수 없다"(대판 2012. 11. 15, 2010두8676).

되는 행정처분에 해당한다고 하였다.[1]

Ⅳ. 수리(Annahme)

수리는 타인의 행위를 유효한 행위로 받아들이는 행위를 말한다.

수리는 단순한 사실인 도달 또는 접수와는 달리, 행정청이 타인의 행위를 유효한 행위로 판단하여 수령하는 수동적 의사행위이다. 각종 신청서·신고서나 행정심판청구서의 수리 등이 이에 해당한다. 신청서 등이 형식적 요건을 결한 경우에는 행정청은 보정명령을 내릴 수 있고, 일정기간 내에 보정되지 아니하면 그 수리가 거부된다. 수리거부행위, 즉 각하는 불수리의 의사표시로서 소극적 행정행위에 해당하고 따라서 그것은 행정쟁송의 대상이 된다.

수리는 사인의 행위를 유효한 행위로 받아들이는 행위이므로, 그 수리대상인 행위(예컨대 사업의 양도·양수)가 존재하지 아니하거나 무효인 때에는 수리를 하였다 하여도 그것은 유효한 대상이 없는 것으로서, 당연히 무효가 된다. 이 경우 양도·양수행위가 무효라고 주장하는 자는 당해 행위의 무효를 구함이 없이 그 신고수리처분의 무효확인을 소구할 수 있다(대판 2005. 12. 23, 2005두3554).

수리에 어떠한 법률효과가 발생하는가는 개별법이 정하는 바에 따라 다르다. 사법상 효과를 발생할 때도 있고(혼인신고의 수리), 행정청의 처리의무(행정심판의 수리)나 사인의 부작위의무의 해제(수산업법 47, 외국환거래법 18) 등과 같이 공법적 효과를 발생하는 때도 있다. 외국환거래법 제18조에 따른 자본거래의 신고에 대한 기획재정부장관의 수리와 같이 신고에 따른 수리에 의하여 당해 행위를 적법하게 할 수 있게 되는 경우에는, 이러한 신고의 수리는 허가와 유사한 의미를 가진다.

---

[1] 판례

"부당한 공동행위 자진신고자 등에 대한 시정조치 또는 과징금 감면 신청에 대한 시정조치 또는 과징금 감면 신청인이 고시 제11조 제1항에 따라 자진신고자 등 지위확인을 받는 경우에는 시정조치 및 과징금 감경 또는 면제, 형사고발 면제 등의 법률상 이익을 누리게 되지만, 그 지위확인을 받지 못하고 고시 제14조 제1항에 따른 감면불인정 통지를 받는 경우에는 위와 같은 법률상 이익을 누릴 수 없게 되므로, 감면불인정 통지가 이루어진 단계에서 신청인이 그 적법성을 다투어 법적 불안을 해소한 다음 조사협조행위에 나아가도록 함으로써 장차 있을지도 모르는 위험에서 벗어날 수 있도록 하는 것이 법치행정의 원리에도 부합한다. 따라서 부당한 공동행위 자진신고자 등의 시정조치 또는 과징금 감면신청에 대한 감면불인정 통지는 항고소송의 대상이 되는 행정처분에 해당한다"(대판 2012. 9. 27, 2010두3541).

수리신청의 접수 일자는 부작위의 성립 여부 또는 행정쟁송의 제기기간 등과 관련하여 중요한 의미를 가진다.

제4절   행정행위의 부관

Ⅰ. 부관의 개념

행정행위의 부관이라 함은, 행정행위의 효과를 제한하거나 부가적 의무를 부과하기 위하여 행정행위의 주된 내용에 부가하는 부대적 규율을 말한다.[1] 행정행위의 효과의 제한 내지는 의무의 부과가 직접 법규에 의하여 규정되어 있는 경우, 즉 법정부관도 있으나(예컨대, 광업허가의 효과발생이 등록을 조건으로 하는 것 또는 어업면허에 법정기한이 규정되어 있는 경우), 그것은 여기서 말하는 부관에는 해당되지 않는다.

행정행위의 부관은 또한 행정행위의 내용 그 자체를 이루는 것으로서의 행정행위의 내용적 제한과도 구별되어야 한다고 보는 견해가 있다. 이 견해는 예컨대 영업구역의 설정은 행정행위의 지역적 한계를 설정하는 것으로서, 행정행위의 내용 그 자체에 대한 것으로서, 구역 외에서의 영업행위는 무면허행위가 된다고 본다. 이 견해는 영업시간의 제한도 허가의 내용 자체의 제한으로 본다. 아마도 이러한 관점에서는 법률효과의 일부배제라는 부관형태는 인정하기 어려운 것인지도 모른다.[2]

부관은 법적 또는 사실적 이유로 말미암아 무조건적인 인허가 등이 어려운 것으로 판단되는 경우에, 그 인허가에 행정청이 일정한 조건을 부가하여 이러한 법적·사실적 장해요인을 제거함으로써, 허가를 할 수 있도록 하여 주는 기

---

1) 저자는 종래 부관을 행정행위의 효과를 제한하기 위한 부대적 규율로 정의하고 있었다. 그러나 이 판에서는 이 관념을 위와 같이 행정행위의 효과를 제한하거나 부가적 의무를 부과하기 위한 부대적 규율로 정의하기로 하였던바, 이러한 새로운 정의에 있어서는 부담의 특성을 고려한 것이다. 저자는 부관은 어느 것이나 당해 행정행위의 수익적 효과를 제한하는 내용을 가지는 것으로서, 그러한 점에서는 부담을 행정행위의 효과를 제한하는 부대적 규율로 정의하여도 그에는 부담도 당연히 포함된다고 보고 있다. 그럼에도 이 판에서 부담과의 관련에서 부가적 의무의 부과라는 부분을 추가한 것은, 부담은 그 자체로서는 일단 의무의 부과라는 측면이 부각된다는 점을 고려하여, 독자들의 부관에 대한 이해를 보다 쉽게 하기 위한 배려에 따른 것이다.

2) 鹽野 宏, 行政法 Ⅰ, 1994, p. 151; 박윤흔, 행정법(상), 1994, p. 397.

능을 수행한다. 환언하면 부관에 의하여 단적인 거부 대신에 상대방의 신청에 비하여 내용적으로 제한된 허가를 할 수 있게 하여 주는 것이다. 이러한 점에서 부관은 국민에게도 유리할 뿐만 아니라, 행정청으로 하여금 이를 통해 상황에 적합한 탄력적인 행정을 할 수 있도록 하는 장점이 있다. 이러한 부관은 특히 건축허가·버스사업면허·전기사업면허 등에 있어서 중요한 의미를 가진다.

Ⅱ. 부관의 종류

부관은 그 내용에 따라 조건·기한·부담·철회권의 유보 및 법률효과의 일부배제로 나누는 것이 보통이다.

1. 조 건

조건은 행정행위의 효력을 그 발생이 불확실한 장래의 사실에 의존하게 하는 행정청의 의사표시(Willenserklärung)를 말한다. 행정행위는 통지(또는 공지)에 의하여 완전한 효력을 발생하는 것이 원칙이나, 조건이 부가되면 그 효과는 조건이 성취되기 전까지는 불안정한 상태에 놓이게 된다.

조건에는 그 성취에 의하여 행정행위의 효과가 비로소 발생하는 경우(정지조건)와, 행정행위의 효력이 상실되는 경우(해제조건)가 있다. 주차시설의 완비를 조건으로 하는 호텔영업허가는 전자에, 그리고 일정기간 내에 공사에 착수할 것을 조건으로 하는 공유수면매립면허는 후자의 예에 해당한다.

조건은 행정행위의 효력을 불안정한 상태에 두는 것이므로, 실제로 조건이 붙여지는 경우는 드물고, 조건이라는 용어가 사용되고 있어도 그 내용에 있어서는 부담에 해당하는 경우가 많다. 또한 그 내용상 조건인가 부담인가의 판정이 어려운 경우에는, 원칙적으로 상대방에 대한 침익성이 적은 부담으로 해석하여야 할 것이다.

2. 기 한

기한이란 행정행위의 효과의 발생 또는 소멸을 도래확실한 장래의 사실에 의존하게 하는 행정청의 의사표시를 말한다. 기한은 당해 사실의 도래가 확실하다는 점에서 조건과 구별된다. 이러한 기한에는 당해 사실의 도래시기가 확정되어 있는 경우와 확정되어 있지 않은 경우가 있는바, 전자를 확정기한, 후자를 불확정기한이라 한다.

기한에는 사실의 도래에 의하여 ① 행정행위의 효력이 비로소 발생하게 되는 시기와, ② 행정행위의 효력을 상실하게 하는 종기가 있다. "몇 년 몇 월 며칠부터 허가한다"는 것은 전자의 예이고, "몇 년 몇 월 며칠까지 허가한다"는 것은 후자의 예이며, 시기와 종기가 결합되는 경우도 적지 않다.

그 내용상 장기계속성이 예정되는 행정행위에 부당하게 짧은 기한이 붙여진 경우에는(예컨대, 댐건설을 위한 하천점용허가기간을 3년으로 한 경우), 그것은 행정행위의 효력의 존속기간이 아니라, 점용료 등을 포함하는 허가조건의 개정기간으로 보아야 할 것이다(대판 1995. 11. 10, 94누11866). 그러나 허가에 붙은 당초의 기한이 허가조건의 존속기간으로 판단되는 경우에도 그 기한이 상당 기간 연장되어 허가된 사업의 성질상 부당하게 짧은 경우에 해당하지 아니하게 된 경우에는, 소관행정청은 그 기간연장을 불허할 수도 있다(대판 2004. 3. 25, 2003두12837).

3. 부 담

(1) 의 의

부담은 행정행위의 주된 내용에 부가하여 그 상대방에게 작위·부작위·급부·수인을 명하는 행정청의 의사표시이다. 특허·허가 등 상대방에 권리·이익을 주는 수익적 행정행위에 붙여지고, 부관 중에서 그 예가 가장 많다.

부담은 법령 또는 실무상 조건이라고 불려지는 경우가 많으나, 양자는 그 성질상 구별되어야 한다. ① 부담은 정지조건과 구별된다. 정지조건부 행정행위는 조건이 성취되기 전까지는 그 효력이 정지되고 있는 것이나, 부담부 행정행위는 처음부터 완전히 효력을 발생하고, 다만 그와 관련하여 상대방에 일정한 의무가 부과되고 있음에 불과하다. ② 부담은 또한 해제조건과 구별된다. 해제조건부 행정행위는 조건성취에 의하여 당연히 그 효력을 상실하는 데 대하여, 부담부 행정행위는 상대방이 그 의무를 이행하지 않는 경우에도 당연히 그 효력이 상실되는 것은 아니고, 행정청이 그 의무불이행을 이유로 당해 행정행위를 철회하거나, 행정상 강제집행 또는 일정한 제재를 과할 수 있을 따름이다.

(2) 부담권유보(Auflagenvorbehalt) 및 수정부담(modifizierende Auflage)

부담권유보는 행정청이 행정행위를 발하면서 사후에 행정행위에 부담을 부가하거나 이미 부과된 부관의 내용을 변경·보충할 수 있는 권한을 유보하는 의사표시를 말한다. 이러한 부담권유보는 행정행위 당시에는 그 행위의 효과(예컨대, 인근주민에 대한 소음공해)가 불확실한 경우에 있어 특히 그 효용성이 인정되는 것이다.

이러한 부담권유보의 성질에 관하여는 이를 일반적 부담과 같이 그 자체 행정행위로 보는 견해, 그 효과는 반대적이나 성격상 확약과 같은 가행정행위 (Vorverwaltungsakt)로 보는 견해, 원행정행위의 일부취소에 해당하는 것으로 파악하여, 이를 철회권 유보의 일종으로 보는 견해 등이 있다.

수정부담은 일반적 부담과 같이 행정행위의 주된 내용에 부가되어 일정한 의무를 부과하는 것이 아니라, 행정행위의 내용 자체를 수정·변경하는 것을 내용으로 하는 것이다. 2층 주택의 건축허가 신청에 대하여 3층 주택의 허가를 하는 것이 그 예이다. 수정부담은 이처럼 신청된 허가는 거부하고, 그러한 내용의 신청이 있을 것을 전제로 하여 신청과는 다른 내용의 새로운 허가를 하는 것이다(Nein, aber의 구조). 이러한 내용의 수정부담은 실제로는 부관(Ja, aber의 구조)이 아니라, 수정허가에 해당하는 것으로서, 독일에서는 이를 부담으로 보지 아니하는 것이 일반적 견해이다.

이러한 수정부담에 대한 쟁송수단으로서는 취소소송은 의미가 없는 것이고, 의무이행쟁송(의무이행심판·의무이행소송)이 실효적인 구제수단이 될 수 있을 것이다.

4. 철회권의 유보

철회권의 유보는 행정행위의 주된 내용에 부가하여 일정한 경우에 당해 행위를 철회할 수 있는 권한을 유보하는 행정청의 의사표시이다.

이것은 특정 처분의 신청에 대하여 이를 거부하거나 또는 조건·기한부의 처분을 하여야 할 정도는 아니나, 당해 행위를 장래 계속적으로 유지하는 것이 공익상 문제가 있는 것으로 판단되는 경우에 하게 되는 것으로서, 아울러 무상으로 원상회복을 명할 수 있는 권리를 동시에 유보하는 경우도 적지 않다.

철회권이 유보되어 있는 경우에도 그 자체만으로 직접 철회를 정당화 하는 사유가 되는 것은 아니고, 행정행위의 철회에 관한 일반적 요건이 충족되는 경우에 비로소 철회가 허용되는 것이다.

다만 철회권이 유보되어 있는 경우, 그 상대방은 장래 당해 행위가 철회될 수 있음을 예기할 수 있으므로, 원칙적으로 신뢰보호원칙에 기하여 철회의 제한을 주장하거나 또는 철회로 인한 손실의 보상을 청구할 수는 없게 될 것인바, 철회권의 유보는 이러한 한도에서 그 존재의의가 있다.

5. 법률효과의 일부배제

행정행위의 주된 내용에 부가하여 그 법적 효과 발생의 일부를 배제하는 행정청의 의사표시이다. 예컨대 격일제운행을 조건으로 하는 택시사업면허나 영업구역을 설정한 영업허가가 이에 해당한다. 이것은 법령상 규정되어 있는 효과를 일부 배제하는 것이라는 점에서, 관계법령에 명시적 근거가 있는 경우에만 허용된다. 이러한 법률효과의 일부배제는 독일의 학설상 부관으로 거론되고 있지 않고, 독일 연방행정절차법도 이를 부관으로 열거하고 있지 않다. 일본의 경우에도 법률효과의 일부배제는 부관으로 다루고 있지 않는 것이 보통이다.

Ⅲ. 부관의 한계

1. 부관을 붙일 수 있는 행정행위

(1) 준법률행위적 행정행위에 대한 부관의 가능성

통설에 의하면 부관은 법률행위적 행정행위에만 붙일 수 있다고 본다. 즉, 부관이 주된 행정행위의 내용을 제한하기 위한 것이고 보면, 행정청의 판단·인식 등의 정신 작용에 법률이 일정한 법적 효과를 결부시키는 준법률행위적 행정행위의 경우에는 그 법적 효과를 제한하는 의미의 부관은 관계법상 수권규정이 없는 한 붙일 수 없다고 보는 것이다.

이에 대하여 준법률행위적 행정행위에도 확인·공증의 경우에는 부관으로서 기한은 붙일 수 있다는 견해가 있다.1) 그러나 준법률행위적 행정행위의 개념 그 자체를 달리 정의하지 않는 한, 이러한 행정행위에 있어서는 그 법률효과의 내용에 관한 행정청의 판단의 여지가 배제되는 것이라는 점에서, 기한을 붙이는 것도 불가하다고 보아야 할 것이다. 다만 후술하는 의미의 법률요건충족적 부관은 준법률행위적 행정행위에도 붙일 수 있다고 할 것이다.

(2) 기속행위에 대한 부관의 가능성

통설에 의하면 부관은 법률행위적 행정행위 중에서도 재량행위에만 붙일 수 있다고 본다. 왜냐하면 기속행위에 있어서는 행정청은 법규에 엄격히 기속되므로, 그 효과를 제한하는 의미로서의 부관은 붙일 수 없기 때문이라는 것이다.

이러한 통설적 견해 및 그 논거는 타당하다고 본다. 통설의 타당성은 또한

---

1) 김남진·김연태, 행정법(Ⅰ), p. 236; 홍정선, 행정법(상), p. 396.

처분의 상대방의 관점에서도 찾을 수 있을 것이다. 즉 기속행위에 있어서 그 상대방은 법률에 규정된 내용대로의 행위의 발급을 청구할 수 있기 때문에, 관계법상 명시적 규정이 없는 한, 행정청이 부관으로써 이러한 청구권을 제한할 수 없기 때문이다. 대법원도 "기속행위에나 기속재량행위에는 부관을 붙일 수 없고, 붙였다 하더라도 이는 무효"라고 판시하여 같은 입장을 취하고 있다.[1]

이러한 통설 및 판례에 대하여는 ① 법률에 부관을 붙일 수 있는 근거가 있는 경우, ② 법률요건충족적 부관의 경우에는 기속행위에도 부관을 붙일 수 있다는 점에서 통설에는 문제가 있다고 하는 비판적 견해가 있다.

그러나 다음의 논거에 따라 이러한 견해는 타당하지 않다고 본다. 먼저, 기속행위에의 부관의 가능성의 문제는 이를 허용하는 명문의 규정이 없는 경우에도 그것이 허용되는지의 문제인 것으로서, 법률에 그에 관한 명문의 규정이 있는 경우에는 그러한 부관이 허용되는 것임은 물론이다. 통설에서 기속행위에 부관을 붙일 수 없다고 보는 것은 이러한 명문의 근거가 없는 경우에 관한 것이다. 다음에, 이른바 법률요건충족적 부관이란 허가 등의 신청시에는 관계법상의 요건이 일부 충족되지 못한 경우에 장차 일정기간 내에 당해 요건을 충족할 것을 조건으로 하여 허가하는 경우에, 당해 조건(내용적으로는 정지조건 또는 부담 등)을 말한다. 이러한 부관은 요컨대 그를 부과함으로써 관계법상의 허가 등의 요건을 충족시키게 되는 것이다. 그런데 통설에서 기속행위에 부관을 붙일 수 없다고 하는 경우의 부관은 상대방의 허가 등의 신청이 근거법상의 요건을 충족하고 있음에도 행정청이 당해 허가 등의 효과 또는 내용을 제한하는 것으로서의 협의의 부관을 지칭하는 것으로서, 기속행위에는 이러한 협의의 부관은 허용되지 아니한다고 보는 것이다.

새로운 견해가 기속행위에도 법률이 명문으로 허용하고 있는 경우 및 법률요건충족적 부관은 허용된다고 하는 한에서는, 그것은 통설과 내용적으로 다름이 없다.

독일 행정절차법 제36조는 기속행위에 대하여도, 법규에 의하여 허용되어 있거나 그에 의하여 관계법상의 처분요건이 충족되는 경우에는 부관을 붙일 수 있다고 규정하고 있다. 이와 관련하여 「마우러」는 그 예로서, 건축허가신청이 관계법상의 허가요건상 본질적인 것이 아닌 어느 요건을 충족하지 못한 경우에 있어서, 부담·조건 등의 부관에 의하여 당해 신청의 흠결성이 충족되는 경우를

---

1) 대판 1988. 4. 27, 87누1106.

들고 있다.

이러한 의미의 기속행위에 대한 부관이 국민에게 유리한 것임은 물론이다.
그러나 이 경우 관계법상의 요건은 조건·부담 등의 성취 또는 이행에 의하여
비로소 충족되는 것이라는 점에서 보면, 행정의 합법률성원칙의 측면에서는 전
혀 문제가 없는 것은 아니다. 행정기본법은 기속행위에는 법률에 근거가 있는
경우에 부관을 붙일 수 있다고 규정하고 있다(법 17②).

재량행위에 있어서 행정청은 그 법률효과에 대한 일정 한도의 재량권, 즉
독자적 판단권을 가지고 있으므로, 그에 대한 부관이 허용되는 것임은 물론이
다.[1] 그러나 당해 행위가 재량행위인 경우에도, 그 행위를 할 것인가 여부에
대한 판단권은 인정되나 성질상 부관은 허용되지 않는 행위도 상정될 수 있는
바, 귀화허가는 그 대표적 예가 될 것이다.

2. 사후부관의 문제

일단 행정행위를 발한 후에, 그에 다시 부관을 붙일 수 있는가에 대하여는
견해가 갈리고 있다.

(1) 부 정 설

부관은 주된 행정행위의 내용에 부가하는 부대적 규율이므로, 그 존재의
독자성을 인정할 수는 없는 것이고, 따라서 사후에 부관만을 따로 붙일 수는 없
다고 보는 견해이다.

(2) 제한적 긍정설

이 설은 사후에 부관을 붙이는 것은 당해 행위를 철회하고 새로운 부관부
행정행위를 하는 것과 같으므로 원칙적으로는 인정되지 않지만, 법령에 그 근
거가 있거나, 상대방의 동의가 있거나, 또는 부담이 유보되어 있는 경우에는 가
능하다고 본다.

판례는 원칙적으로 위의 사유에 의한 사후부관이 허용된다고 보며, 그 외
에도 사정변경으로 인하여 당초에 부관을 부가한 목적을 달성할 수 없게 된 경
우에도 그 목적달성에 필요한 범위에서는 사후부관이 예외적으로 허용된다고

---

1) 판례
   "주택재건축사업시행의 인가는 상대방에게 권리나 이익을 부여하는 효과를 가진 이
   른바 수익적 행정처분으로서 법령에 행정처분의 요건에 관하여 일의적으로 규정되어
   있지 아니한 이상 행정청의 재량행위에 속하므로, 처분청으로서는 법령상의 제한에 근
   거한 것이 아니라 하더라도 공익상 필요 등에 의하여 필요한 범위 내에서 여러 조건
   (부담)을 부과할 수 있다"(대판 2007. 7. 12, 2007두6663).

보고 있다(대판 1997. 5. 30, 97누2627).

　행정기본법은, ① 법률에 근거가 있는 경우, ② 당사자의 동의가 있는 경우 및 ③ 사정이 변경되어 부관을 새로 붙이거나 종전의 부관을 변경하지 아니하면 해당 처분의 목적을 달성할 수 없다고 인정되는 경우에는 사후부관이 허용된다고 규정하고 있다(법 17③).

3. 부관의 한계

(1) 법률의 규정에 의한 한계

　법률이 부관의 내용에 대하여 일정한 한계를 규정하고 있는 경우, 그 한계를 넘을 수 없음은 물론이다.

(2) 목적에 의한 한계

　부관도 관계법상의 목적을 실현하기 위한 것이어야 하므로, 당해 목적과 무관한 다른 목적을 위한 부관은 위법한 것이다(부당결부금지원칙). 또한 이러한 제한을 회피하기 위하여 상대방과의 사이에 사법상 계약의 형식에 의하여 이러한 위법한 부관의 내용에 상응하는 의무를 부과하는 것도 위법하다.[1]

(3) 비례원칙에 의한 한계

　부관의 내용도 비례원칙에 부합되어야 하는바, 구체적으로 부관은 당해 행위의 목적을 실현하기 위한 최소한도의 것이어야 한다.

(4) 평등원칙에 의한 한계

　부관은 평등원칙에 부합되어야 하는 것인바, 그 내용상 다른 자에 비하여 특정인에게만 불리한 부관은 위법한 것이다.

(5) 기타 한계

　이상에 열거한 항목 외에도 판례는 부관의 이행가능성이나 부관이 행정행위의 본질을 해치지 아니하는 것이어야 하는 것임을 그 한계로 들고 있다(대판 1997. 3. 14, 96누16698). 앞의 한계사유는 법의 내재적 논리에 따른 한계이고, 뒤의 것은 부관의 본질에 따른 한계라고 할 수 있을 것이다.

---

1) 판례

　　"공무원이 인·허가 등 수익적 행정처분을 하면서 상대방에게 그 처분과 관련하여 이른바 부관으로서 부담을 붙일 수 있다 하더라도, 그러한 부담은 법치주의와 사유재산 존중, 조세법률주의 등 헌법의 기본원리에 비추어 비례의 원칙이나 부당결부의 원칙에 위반되지 않아야만 적법한 것인바, 행정처분과 부관 사이에 실제적 관련성이 있다고 볼 수 없는 경우 공무원이 이와 같은 공법상의 제한을 회피할 목적으로 행정처분의 상대방과 사이에 사법상 계약을 체결하는 형식을 취하였다면 이는 법치행정의 원리에 반하는 것으로서 위법하다"(대판 2009. 12. 10, 2007다63996).

(6) 부관의 한계에 관한 행정기본법의 규정

행정기본법은 부관의 내용적 한계로서, ① 해당 처분의 목적에 위배되지 아니할 것, ② 해당 처분과 실질적인 관련이 있을 것, ③ 해당 처분의 목적을 달성하기 위하여 필요한 최소한의 범위일 것을 들고 있다(법 17④).

IV. 부관의 무효와 행정행위의 효력

부관이 무효인 경우에 그 본체인 행정행위에 어떠한 영향을 미치는가에 대하여는 견해가 갈리고 있다. 즉 이에 대하여는, ① 부관의 무효는 본체인 행정행위에는 영향이 없는 것으로, 당해 행위는 부관 없는 단순행정행위로 된다는 설, ② 부관의 무효는 행정행위 자체를 무효로 한다는 설 및 ③ 원칙적으로 부관 없는 단순행정행위가 되는 것이나, 부관이 그 행위에 있어 없어서는 안 될 본질적인 요소를 이루는 것인 때에는, 부관의 무효는 본체인 행위 그 자체를 무효로 한다는 설이 있다.

현재는 제3설이 통설인바, 내용적으로도 이 설이 가장 타당하다고 본다. 왜냐하면 부관은 그 내용상 본체인 행정행위와 분리될 수 있는 성질의 것이 있는가 하면, 그와는 반대로 그것이 본체인 행정행위의 중요한 요소를 이루고 있어서, 부관이 없이는 행정청이 행정행위를 하였을 것으로 상정될 수 없는 경우도 있기 때문이다. 후자의 경우, 부관의 중요성의 판단에 있어서는 행정청의 의사가 중요한 의미를 가지는 것이나, 관계 법규의 취지나 당해 행위의 성격·내용 등도 동시에 고려되어야 할 것이다.

V. 위법한 부관에 대한 쟁송문제

부관이 위법한 것인 때에 부관 그 자체만을 쟁송의 대상으로 할 수 있는지 여부(독립가쟁성) 및 당해 쟁송에서 부관만의 취소(독립취소가능성) 또는 무효확인이 가능한지의 문제가 있다. 다음에서는 취소소송을 중심으로 하여 이 문제를 검토한다.

1. 부관의 독립가쟁성

1) 부관은 행정행위의 주된 내용에 부가된 부수적 규율이라는 점에서 일반적으로 부관 그 자체를 행정쟁송의 대상으로 할 수는 없다고 할 것이다. 그러므

로 위법한 부관을 쟁송으로 다투기 위하여는, 부관부 행정행위를 쟁송의 대상으로 할 수밖에 없다고 본다.

이 경우는 형식적으로 부관부 행정행위 자체가 취소소송의 대상이 되나 내용적으로는 행정행위의 일부취소로서의 부관만의 취소를 구하는 소송이 될 것이다(부진정일부취소소송). 행정소송법은 취소소송을 '행정청의 위법한 처분 등을 취소 또는 변경하는 소송'으로 정의하고 있는바(법 4i), 여기서의 변경은 당해 처분의 일부취소의 의미로 보는 것이 일반적 견해이므로, 취소소송으로서는 형식적으로는 당해 처분을 취소소송의 대상으로 하면서도 내용적으로 부관만의 취소를 구하는 부진정일부취소소송도 허용된다고 본다.1)

2) 상술한 바와 같이 일반적으로 부관은 그 자체로서는 쟁송의 대상이 되지 않는 것이나, 부담의 경우는 형식적으로는 본체인 행정행위에 부가되어 있으나, 그 자체 독자적 규율성·처분성이 인정되어 그 자체로 행정쟁송의 대상이 될 수 있다고 보는 것이 학설·판례의 입장이다.2)

"행정행위의 부관은 행정행위의 일반적인 효력이나 그 효과를 제한하기 위하여 의사표시의 주된 내용에 부가되는 종된 의사표시이지 그 자체로서 직접 법적 효과를 발생하는 독립된 처분이 아니므로 현행 행정쟁송제도 아래서는 부관 그 자체만을 독립된 쟁송의 대상으로 할 수 없는 것이 원칙이나(대판 1985. 6. 25, 84누579), 행정행위의 부관 중에서도 행정행위에 부수하여 그 행정행위의 상대방에게 일정한 의무를 부과하는 행정청의 의사표시인 부담의 경우에는 다른 부관과는 달리 행정행위의 불가분적 요소가 아니고 그 존속이 본체인 행정행위의 존재를 전제로 하는 것일 뿐이므로 부담 그 자체로서 행정쟁송의 대상이 될 수 있다고 할 것이다"(대판 1992. 1. 21, 91누1264).

---

1) 동지: 박윤흔, 행정법(상), pp. 395~396; 석호철, 행정행위의 부관, 재판자료 제68집, p. 254. 그러나 판례상으로는 부담 이외의 부관에 대한 취소소송은 부적법한 것으로 각하하고 있었고 보면, 판례는 부관의 부진정일부취소소송은 이를 인정하고 있지 아니하다고 할 것이다. 예컨대 대법원 1986. 8. 19. 선고 86누202 판결에서 어업면허처분 중 그 유효기간 만의 취소를 구한 것을 부적법하다 하여 각하하였고, 1993. 10. 8. 선고 93누2032 판결 등에서 공유수면매립지준공인가 중 매립지 일부에 대해 국가로 귀속하는 처분(이것은 내용적으로 법률효과의 일부배제에 해당한다고 할 것이다)의 취소를 구한 것을 부적법하다 하여 각하하였고, 또한 2001. 6. 15. 선고 99두509 판결에서는 행정재산의 사용·수익 허가기간의 취소를 구한 사건에서 대법원은 "행정행위의 부관은 부담인 경우를 제외하고는 독립하여 행정소송의 대상이 될 수 없"다고 하면서, 사용·수익허가의 기간은 그 허가의 효력을 제한하기 위한 것으로서 그에 대하여는 독립하여 행정소송을 제기할 수 없다고 하여 이 소를 각하하였다.

2) 김도창, 행정법(상), p. 427; 이상규, 행정법(상), p. 391; 박윤흔, 행정법(상), p. 401.

부담은 이처럼 그 자체를 독자적인 취소소송의 대상으로 할 수 있다는 점에서, 다른 부관에 대한 취소소송을 부진정일부취소소송이라고 하는 데 대하여, 부담에 대한 취소소송은 진정일부취소소송이라고 한다.

전술한 견해와는 달리 모든 부관에 대한 독립가쟁성을 인정하려는 견해가 있다. 그러나 이 견해는 부담 이외의 다른 부관에 대하여는 행정소송으로서의 처분성이 인정되지 아니한다는 점을 간과하고 있다는 문제점이 있다. 다른 한편 본체인 행정행위와 분리가능한 부관에 대하여만 취소소송이 인정된다는 견해가 있으나, 이 견해에 의하면 당해 부관에 처분성이 인정됨에도(부담의 경우) 그에 대한 소제기가 부인될 수 있다는 점 및 소의 허용성 판단단계에서 이미 본안판단이 선취되게 된다는 문제점이 있어, 그 타당성은 인정하기 어렵다.

2. 독립취소가능성

위에서는 부관의 독립가쟁성의 문제를 검토하였다. 이에 대하여 당해 소송에서 부관만을 취소할 수 있는지의 문제가 별개의 문제로 제기된다. 이러한 부관의 독립취소가능성의 문제의 검토에 있어서는 당해 부관이 부담인가 또는 그 이외의 다른 부관인가는 결정적 의미를 가지는 것은 아니다. 왜냐하면 현안의 문제는 어느 경우에 있어서나 부관만에 대한 취소소송은 일단 적법한 것으로 인정된 후 본안에서의 이유유무의 문제이기 때문이다. 이 문제는 기본적으로는 당해 부관과 본체인 행정행위와의 관련성에 따라 결정되는 것으로서, 본체인 행정행위가 기속행위인가 재량행위인가에 따라 그 내용을 달리한다.

(1) 기속행위에 대한 부관

기속행위에 있어 상대방의 신청이 당해 처분의 발급요건을 충족하고 있는 것인 때에는, 신청인은 그 수익적 효과에 있어 제한이 가하여지지 않은 관계법이 정하는 대로의 행위의 발급청구권이 있는 것이므로, 법령상 명시적 규정이 없는 한 이러한 청구권의 내용을 제한하는 것으로서의 부관은 허용되지 않는다. 따라서 기속행위에 부가된 부관은 위법한 것으로서 당연히 취소될 수 있는 것이다. 이것은 재량행위에 있어 예외적으로 재량권이 영으로 수축되는 경우에 있어서도 마찬가지라 할 것으로, 이 경우 당해 재량행위는 내용적으로는 기속행위로 전환된 것과 같은 의미를 가지는 것이기 때문이다.

이에 대하여 법률요건충족적 부관의 경우에는, 그것이 위법한 것이라도 그 독립적 취소가능성에 대하여 의문이 제기될 수 있다. 그것은 이 경우 당해 위법한 부관만을 취소하면, 법원은 행정청에게 위법한 처분을 부과하는 결과로 되기 때문이다. 그러나 당해 부관이 취소되는 경우, 행정청은 법률에 의한 행정원리에 따라 원칙적으로는 본체인 행정행위를 취소 또는 변경할 수 있고, 예외적으로는 신뢰보호원칙에 따라 본체인 행정행위의 존속을 인정하여야 하는 경우가 있는 것이므로, 부관만의 취소는 나름대로의 합리성이 있다고 본다.

(2) 재량행위에 대한 부관

재량행위에 부관이 부가되어 있는 경우, 그 부관만의 취소를 인정하는 데에는 문제가 있다고 본다. 왜냐하면 재량행위에 있어 부관만을 취소하고 본체인 행정행위를 존속시키는 것은, 행정청이 부관 없이는 하지 않았을 것으로 보이는 행위를 행정청에게 강제로 부과하는 결과로 되기 때문이다.

따라서 재량행위에 있어서는 부관을 부가하지 않고는 행정청이 당해 행위를 하지 않았을 것으로 판단되는 경우에는, 부관만의 독립적 취소는 인정되지 않는다고 보는 것이 독일 학설의 일반적 견해인 것으로 보인다. 이와 관련하여 「마우러」는 그 자체 독자적 행정행위성이 인정되는 부담에 있어서도 그 독립적 취소는 허용되지 않는다고 보고 있는바, 그것은 재량행위에 있어서는 부담과 주된 규율인 본체인 행정행위는 상호 부종적인 관계에 있기 때문이라고 하고 있다.[1] 다만 재량행위에 있어 행정청이 (위법한) 부관 없이는 당해 행위를 하지 않았을 것인지 여부의 판단에 있어서는 행정청의 추정적 의사가 배타적 기준이 되어서는 안되고, 당해 부관과 본체인 행정행위의 실질적 내용적 관련성도 아울러 고려하여 합리적으로 판단되어야 할 것이다. 이처럼 부담의 경우도 그 독립취소가능성의 점에서는 제한이 있다고 보는 입장에서는, 부담에 대하여 독립가쟁성을 인정하는 실익은 이 경우에는 원고가 부담의 집행정지신청을 할 수 있다는 점에 있다고 할 것이다.

전술한 바와 같이 저자는 기속행위와는 달리 재량행위의 경우에는 부관만의 취소는 제한적으로 허용된다고 보고 있다. 이에 대하여는 독일의 일부 유력설의 입장에 따라[2] 부관이 위법한 때에는 부관만의 일부취소는 제한 없이 허용된다고 보는 견해도 있다.[3] 이 견해에서는 행정행위의 분리가능성의 문제를 그 일부취소 후의 잔여 행정행위가 독자적으로 존속할 수 있는가 여부의 문제로 보아서 부관은 주된 행정행위에 대한 부대적 규율이므로, 그 분리가능성 및 그

---

1) H. Maurer, Allgemeines Verwaltungsrecht, 1994, pp. 314~315.
2) Laubinger, VerwArch 73(1982), S. 362; Hufen, Verwaltungsprozeßrecht, 2000, S. 263.
3) 정하중, 행정법총론, 제2판, pp. 247~248.

취소는 허용된다고 하고 있다. 따라서 이 견해는 부관의 종류나 당해 행정행위가 재량행위인지 여부, 부관의 취소 후에 있어서의 잔여행정행위가 위법한 것으로 되는지 여부는 결정적 의미를 가지지는 아니하는 것으로서, 법원은 당해 부관이 위법하면 이를 취소하여야 한다고 보고 있다. 그 경우 당해 행정행위의 상대방은 부관의 취소의 결과 위법하거나 행정청이 발하기를 원치 않는 행정행위의 효과를 부당하게 누리게 된다는 문제점이 있으나, 그러한 경우에는 처분청은 당해 행정행위를 취소 또는 철회하거나 새로운 부관을 붙여 적법한 행위를 할 수도 있는 것이므로, 이것이 부관만의 취소를 불가하게 하는 결정적 이유는 되지 아니한다고 보고 있다.

이 견해는 국민의 권익보호라는 점에서는 일단 긍정적인 평가를 받을 만한 것으로 보인다. 그러나 재량처분의 경우 주된 처분과 부관이 하나의 일체적 재량권행사로 파악되는 경우에는 법원은 그 부관만을 취소할 수 없다고 보아야 한다는 관점에서는 이 견해는 문제가 있는 것이다. 이 견해의 주된 논거는 부관만이 취소된 경우 남은 행정행위가 위법한 것이거나 행정청의 의도와 배치되는 것인 때에는 행정청은 이를 취소 또는 철회할 수 있다는 점에 있는 것으로 보인다. 그러나 행정행위의 취소 또는 철회의 제한의 법리에 따라 이러한 경우에도 처분청은 당해 잔여행위를 취소 또는 철회할 수 없는 경우도 있다는 점에서는 이 견해는 또한 문제가 있다고 할 것이다.

Ⅵ. 위법한 부관의 이행으로 행해진 법률행위의 효력 및 그에 대한 구제방법

행정행위의 부관에 따라 그 상대방에 작위의무가 부과되는 경우 상대방은 이를 이행하는 것이 보통인데, 이 경우 그 부관이 위법한 경우 그 이행행위인 법률행위의 효력의 문제가 있다. 이 문제는 학설·판례상 위법한 기부채납부담의 이행으로 행해진 기부채납의 효력의 문제로서 제기되고 검토되고 있었던 것으로, 여기서도 이에 한정하여 검토한다.

이 문제는 기부채납행위를 공법상 행위로 보는가 아니면 사법상 행위로 보는가에 따라 그 내용을 달리 한다.

1. 기부채납을 공법상 법률행위로 파악하는 경우

기부채납은 이를 행정행위에 부가된 기부채납부담에 의하여 부과된 의무의 단순한 이행행위로 파악될 수 있다. 그러한 관점에서는 그 부담에 무효원인인 하자가 있는 경우는 기부채납은 법률상 원인 없이 이루어진 것으로 부당이득이 되게 된다. 이에 대하여 부담에 단순 위법사유만이 있는 경우에는 취소소송에서 부담이 취소되지 않는 한 행정행위의 공정력으로 인하여 여전히 효력이 유지되어 부당이득은 성립하지 아니한다. 따라서 불가쟁력이 발생한 부담부 행정행위의 이행행위로서 기부채납이 행해진 경우는 그 부담의 위법성에도 불구하고 이 부관은 여전히 유효한 것으로 남게 된다.

2. 기부채납을 사법상 법률행위로 파악하는 경우

위의 견해와는 달리, 판례는 부관은 행정행위의 일부인 데 대하여 기부채납은 사법상의 법률행위(증여계약)로서(대판 1996. 11. 8, 96다20581) 양자는 서로 성질을 달리 하는 것이라고 하고 있다. 따라서 기부채납의 효력은 순전히 민사적 관점에서 결정되어야 한다고 본다. 다음에서는 이러한 판례를 포함하여 그와 관련하여 제시된 세 가지 견해를 살펴보기로 한다.

1) 제1견해   이 견해는 기부채납의 부담에 하자가 있으면 원칙적으로 표시된 동기의 착오로서 '중요부분의 착오'를 구성하지만, 그 부관이 당연무효이거나 취소(직권취소·쟁송취소)되지 아니한 이상 민사법원에서 그것이 위법하고 또한 그것이 위법한 것임을 몰랐다는 것이 "내용의 중요부분의 착오"에 해당한다고 판단하여 착오에 의한 취소를 인정하는 것은 결과적으로 부관의 효력을 부인하는 것과 다를 바 없어 행정행위의 공정력에 반하므로 허용될 수 없다고 본다.[1]

2) 제2견해   이 견해는 부관의 하자를 무효인 경우와 취소할 수 있는 경우로 구분하여 무효원인인 하자의 경우와는 달리 단순위법(취소사유)인 경우는 이에 관한 착오도 동기의 착오로서 그 동기가 표시되어 법률행위의 내용이 되었으나 착오와 의사표시 사이의 인과관계 판단에 있어 '객관적 현저성'이 인정될 수 없어 '중요부분의 착오'에 해당하지 않는다고 하고 있다.[2]

3) 판 례   대법원은 최근의 판례에서 이 문제에 관하여 다음과 같이 판시하였다.

---

1) 송영천, 기부채납과 토지형질변경행위허가, 인권과 정의, 295호(1998), p. 90.
2) 박정훈, 기부채납부담과 의사표시의 착오 —대법원 1995. 6. 13. 선고 94다56883 판결—, 행정법의 체계와 방법론, p. 318.

"행정처분에 부담인 부관을 붙인 경우 부관의 무효화에 의하여 본체인 행정처분
자체의 효력에도 영향이 있게 될 수는 있지만, 그 처분을 받은 사람이 부담의 이
행으로 사법상 매매 등의 법률행위를 한 경우에는 그 부관은 특별한 사정이 없는
한 법률행위를 하게 된 동기 내지 연유로 작용하였을 뿐이므로, 이는 법률행위의
취소사유가 될 수 있음은 별론으로 하고 그 법률행위 자체를 당연히 무효화하는
것은 아니다. 부관이 제소기간의 도과로 확정되어 이미 불가쟁력이 생겼다면 그
하자가 중대하고 명백하여 당연무효로 보아야 할 경우 외에는 누구나 그 효력을
부인할 수 없을 것이지만, 부담의 이행으로서 하게 된 사법상 매매 등의 법률행위
는 부담을 붙인 행정처분과는 어디까지나 별개의 법률행위이므로 그 부담의 불가
쟁력의 문제와는 별도로 법률행위가 사회질서 위반이나 강행규정에 위반되는지
여부 등을 따져 보아 그 법률행위의 유효여부를 판단하여야 한다"(대판 2009. 6.
25, 2006다18174).

제5절   행정행위의 성립과 효력

제1항   행정행위의 성립요건과 효력발생요건

행정행위는 적법·유효하게 성립된 경우에만 완전한 효력을 발생한다. 행정
처분의 근거법은 당해 처분의 요건(권한·형식·내용 등)을 규정하기는 하나, 이들
규정이 당해 처분의 적법·효력요건의 전부를 규정하고 있는 것은 아니다.

일반적으로 행정행위는 법과 공익에 적합하여야 하고, 또한 합리적 이성
또는 법의 내재적 논리(immanente Logik des Rechts)에 배치되지 않아야 한다.[1]
여기서 말하는 법에는 성문법뿐만 아니라 불문법(관습법·조리법)도 포함됨은 물
론이다.

행정행위의 성립요건에 관하여는 실정법상 일반적인 규정은 없다.[2] 따라서

---

1) E. Forsthoff, Lehrbuch des Verwaltungsrechts, Band Ⅰ, Allgemeiner Teil,
   1973, p. 221.
2) 행정행위의 성문·발효요건에 관하여 실정법상의 규정을 둔 예로서는 미국, 독일, 스
   페인의 입법례를 들 수 있다.
   미국행정절차법(Administrative Procedure Act)은 제706조에서 행정행위의 취소사
   유를 규정함으로써 행정행위의 성립요건을 간접적으로 규정하고 있다.
   독일행정절차법(Bundesverwaltungsverfahrensgesetz)은 제37조에서 행정행위의
   명확성 및 형식에 관하여만 규정하고 있다.
   스페인행정절차법(Ley de Procedimento administrativo de España)은 제40조, 제
   41조에서 행정행위의 요건에 관하여 다음과 같이 규정하고 있다.

행정행위의 성립·효력요건은 주로 판례에 의하여 구체화되고, 학설에 의하여 일반화된 것이다.

행정행위는 일반적으로 다음과 같은 성립요건과 효력요건을 갖추는 경우에 적법·유효한 행위로서 완전한 효력을 발생한다.

제 1. 성립요건

이것은 다시 내부적 성립요건과 외부적 성립요건으로 나누는 것이 보통이다.

Ⅰ. 내부적 성립요건

행정행위는 주체·내용·형식·절차에 있어 법정요건에 적합하여야 하고, 또한 공익에 적합하여야 한다.

1. 주체에 관한 요건

행정행위는 정당한 권한을 가진 자가, 권한 내의 사항에 관하여, 정상적인 의사에 기하여 행한 것이어야 한다.

(1) 정당한 권한을 가진 자의 행위

공무원이 아닌 자 또는 적법하게 구성되지 않은 행정위원회의 행위는 위법한 것이다.

(2) 권한 내의 행위

권한에는 사항적 권한·지역적 권한·대인적 권한 등이 있다.

(3) 정상적인 의사에 기한 행위

원칙적으로 의사능력이 있는 자의 행위이어야 하고, 또한 사기·강박 등에 의한 것이어서는 안 된다.

제40조 (1) 행정행위는 권한 있는 기관에 의하여 확립된 절차에 따라 행하여져야 한다.
    (2) 행정행위의 내용은 법규에 적합하고, 행위의 목적에 부합하여야 한다.
제41조 (1) 행정행위는 문서에 의하여 기술되거나 표시되어야 한다. 그러나, 그 성질 또는 사정이 기술 또는 보존상 다른 적절한 형식을 요구하거나 허용하는 경우에는 그 형식에 의한다.
이상의 규정은 행정행위의 성립요건에 관한 가장 일반적인 규정이라 할 것이나, 이것이 그 요건 전부를 규정한 것은 아님은 물론이다.

2. 내용에 관한 요건

행정행위는 그 내용에 있어 실현가능하고 명확한 것이어야 하며,[1] 법과 공익에 적합한 것이어야 한다.

3. 절차에 관한 요건

행정행위를 함에 있어서는 관계법상 또는 불문법상 일정한 절차를 거쳐야 하는 경우가 있다. 이러한 절차에는 ① 쌍방적 행정행위에 있어서의 상대방의 협력(신청·동의), ② 당사자간의 이해조정 또는 이해관계인의 권익보호를 위한 절차(의견제출·청문 등), ③ 행정의 신중·공정을 도모하기 위한 행정조직 내부에서의 협의·심의·자문·동의 등, ④ 기타 절차가 있다.

이러한 절차들은 그 성질·중요도 등에 따라, 행정행위의 효력에 미치는 영향에 있어 차이가 있다.

4. 형식에 관한 요건

1) 행정행위는 문서 외에도 구두 기타의 형식으로(예컨대 표지판) 행하여질 수도 있다.

2) 행정절차법은 행정청이 처분을 하는 때에는 다른 법령등에 특별한 규정이 있는 경우 외에는 문서로 하여야 하고, 전자문서로 하는 경우에는 당사자등의 동의가 있어야 하며, 그 문서에는 처분 행정청과 담당자의 소속·성명 및 연락처(전화번호, 팩스번호, 전자우편주소 등)를 적어야 한다고 규정하고 있다(법 24 ① ②). 종래 학설상으로는 처분이유는 법령상 그에 관한 명시적 규정이 없는 한, 이를 반드시 기재하여야 하는 것은 아니라고 보았다. 그러나 오늘날 판례는 행정청의 처분의 이유제시의무를 불문법적 원리로 파악하고 있는 것으로 보인다(대판 1984. 7. 10, 82누551; 대판 1990. 9. 11, 90누1786). 행정절차에 관한 일반법인 행정절차법은 불이익처분에 대하여는 행정청의 이유제시의무를 규정하고 있다(법 23).

---

[1] 이것은 상술한 합리적 이성 또는 법의 내재적 논리에의 부합요청에서 도출되는 요건이다.

Ⅱ. 외부적 성립요건

행정행위는 행정결정의 외부에 대한 표시행위이므로, 행정 내부에서의 결정(기관장의 결재)이 있는 것만으로는 아직 행정행위가 성립하였다고 할 수 없고, 외부에 표시되어야 비로소 성립한다. 행정행위는 일단 성립하면 그것이 상대방에 도달되지 않은 경우에도 행정청은 이유 없이 이를 취소·변경할 수 없게 되는 구속을 받는다.

제 2. 효력발생요건

행정행위는 법규 또는 부관(정지조건·시기)에 의한 제한이 있는 경우를 제외하고는, 성립과 동시에 효력을 발생하는 것이 원칙이나, 상대방에 대한 통지를 요하는 행정행위에 있어서는 통지에 의하여 비로소 효력을 발생한다. 통지는 행정청이 행정행위의 당사자에게 행정행위의 존재와 그 내용을 인식할 수 있도록 알리는 행위이다.

1) 행정절차법은 제14조 내지 제16조에서 송달 즉 통지에 관하여 규정하고 있다.

송달은 우편·교부 또는 정보통신망 이용 등의 방법에 의하되, 송달받을 자(대표자 또는 대리인을 포함)의 주소·거소·영업소·사무소 또는 전자우편주소로 한다. 다만, 송달받을 자가 동의하는 경우에는 그를 만나는 장소에서 송달할 수 있다(법 14①).

교부에 의한 송달은 송달받을 자로부터 수령확인서를 받고 문서를 교부함으로써 행하며, 송달하는 장소에서 송달받을 자를 만나지 못한 때에는 그 사무원·피용자 또는 동거인으로서 사리를 분별할 지능이 있는 자에게 이를 교부할 수 있다(동조 ②). 정보통신망을 이용한 송달은 송달받을 자가 동의하는 경우에 한한다(동조 ③).

송달받을 자의 주소 등을 통상의 방법으로 확인할 수 없는 경우 또는 송달이 불가능한 경우에는 송달받을 자가 알기 쉽도록 관보·공보·게시판·일간신문 중 하나 이상에 공고하고 인터넷에도 공고하여야 한다(동조 ④). 이 경우에는 다른 법령 등에 특별한 규정이 있는 경우를 제외하고는 공고일부터 14일이 경과한 때에 그 효력이 발생한다. 다만, 긴급히 시행하여야 할 특별한 사유가 있어 효력발생시기를 달리 정하여 공고한 경우에는 그에 의한다(동법 15③).

2) 송달은 다른 법령 등에 특별한 규정이 있는 경우를 제외하고는 송달받을 자에게 도달함으로써 그 효력이 발생한다(동조 ①). 이 경우 도달은 상대방이 요지할 수 있는 상태에 두는 것을 말하며 현실적으로 그 내용을 요지할 것을 요하지 아니한다(대판 1989. 1. 31, 88누940). 우편에 의한 송달은 상대방에의 도달의 입증을 위하여 등기 등의 우편에 의할 필요가 있다(대판 1992. 3. 27, 91누3819). 정보통신망을 이용하여 전자문서로 송달하는 경우에는 송달받을 자가 지정한 컴퓨터에 입력된 때에 도달한 것으로 본다(동조 ②).

제 3. 행정행위의 요건불비의 효과

행정행위는 이상의 성립·효력요건을 갖추는 때에 완전한 효력을 발생한다. 이러한 요건에 흠결이 있는 경우에는 하자 있는 행정행위, 즉 위법 또는 부당한 행정행위로서, 그 하자의 정도에 따라 취소(직권취소·쟁송취소)의 대상이 되거나, 무효 또는 부존재인 행위가 된다.

행정행위의 부존재는 외관상으로도 행정행위라고 할 만한 행위가 존재하지 않는 경우를 말한다고 보는 것이 보통이다.[1] 그러나 부존재도 하자의 효과의 한 유형으로서, 내용적으로는 그 하자의 정도가 무효에 해당하는 것보다 더 심한 예외적인 경우를 지칭하는 것으로 보는 것이 타당할 것으로 본다(이에 대하여는 뒤에서 상론한다).

제2항 행정행위의 효력

행정행위가 적법하게 성립하면, 그 내용에 따라 명령적 효과·형성적 효과 등이 발생하게 된다. 그러나 행정행위에는 이러한 행위의 내용에 따른 효과 외에, 일반 사인의 법률행위에는 인정되지 않는 일정한 효과가 인정되고 있는바, 다음에 검토하는 행정행위의 효력은 이러한 공권력 행사로서의 행정행위의 특수한 효력에 관한 것이다.

---

1) 김도창, 행정법(상), p. 452.

제 1. 구 속 력

구속력은 행정행위가 그 내용에 따라 일정한 법적 효과를 발생하고, 그에 따라 관계 행정청 및 상대방과 관계인을 구속하는 힘(쌍면적 구속력)을 말한다.

행정행위에 구속력이 있다고 함은 내용적으로는 행정행위가 법적으로 효력이 있다고 하는 것을 의미하며, 그러한 점에서 보면 구속력은 행정행위에 고유한 효력이라고는 할 수 없다.

그러나 구속력이라는 관념은 그것이 다음에 검토하는 공정력과의 차이를 명확히 한다는 점에서 그 검토의 기본적 의의를 찾을 수 있다.

제 2. 공 정 력

Ⅰ. 개 념

공정력이라 함은, 행정행위의 성립에 하자가 있는 경우에도 그것이 중대·명백하여 무효로 인정되는 경우를 제외하고는, 권한 있는 기관에 의하여 취소되기까지 유효한 것으로 통용되는 힘을 말한다.

사법상의 법률행위에 있어서는, 그것이 일방적 행위(예컨대, 계약해제)인 때에도, 그 효력에 관한 다툼이 있는 경우에는 법원의 판결에 의하여 그 유효성이 확정되기 전까지는 관계인은 그 효력을 부인할 수 있다. 그러나 행정행위의 경우에는 그것이 일응 위법한 것이라도 그 위법성이 무효사유에 해당하지 않는한 누구도 그 효력을 부인할 수는 없는 것으로 인정되고 있는바, 당해 행위는 직권 또는 쟁송절차에 의하여 취소됨으로써 비로소 효력을 상실하는 것이다.

행정행위의 구속력은 행정행위의 내용에 따라 또는 직접 법률의 규정에 따라 일정한 효력을 발생하는 실체법상 효력인 데 대하여, 공정력은 그러한 구속력이 있는 것을 승인시키는 절차적·잠정적 효력이다.

Ⅱ. 인정근거

1. 실정법적 근거

행정기본법 제15조는 "처분은 권한이 있는 기관이 취소 또는 철회하거나 기간의 경과 등으로 소멸되기 전까지는 유효한 것으로 통용된다"고 규정하고 있다. 이러한 행정기본법상의 행정행위의 공정력에 관한 규정은 형식적으로는 종전에 학설·판례상 인정되고 있던 공정력의 관념을 확인하는 데 그치는 것이다. 그러나 이 규정은 학설 또는 판례상으로 인정되고 있던 공정력의 법제를 성문법에 명시함으로써 그 확고한 근거를 제공하고 있다는 점에서 그 기본적 의미가 있다 할 것이다.

2. 이론적 근거

행정기본법은 행정행위의 공정력을 명문으로 규정하고 있다. 그러나 일반적으로 행정행위의 공정력은 학설과 판례에 근거하여 인정되고 있는 것이다. 이러한 공정력의 이론적 근거는 행정기본법 제15조에 의한 공정력의 명시적 인정 근거의 파악에도 도움이 된다고 본다.

(1) 자기확인설 및 국가권위설

자기확인설은 「오토 마이어」가 주장한 것인바, 이에 의하면 행정행위를 판결과 같은 성질의 것으로 파악하여, 행정행위는 행정청이 적법한 것으로 확인하여 행하는 것으로서 그 자체로서 권위를 가지는 것이므로, 명백히 무효가 아닌 경우에는 적법성의 추정을 받는다는 것이다. 그러나 판결은 법원이 독립한 제3의 기관의 지위에서 공정·신중한 절차에 따라 일정한 심급을 거쳐 확정되는 행위라는 점을 고려할 때, 행정행위를 판결과 유사한 행위로 보아 판결상의 확정력과 유사한 효력을 인정하려는 것은 타당하다고 볼 수 없다.

한편 「포르스트호프」에 의하면, 행정행위는 행정청이 우월적인 지위에서 행하는 국가행위이므로 그 적법성이 추정된다고 본다. 그러나 국가기관의 행위로서의 행정행위도 적법한 것인 때에만 완전한 효력을 발생할 수 있는 것이고 보면, 위법한 행위임에도 불구하고 그것이 국가기관의 행위라는 이유만으로 적법한 것으로 추정되어 통용력을 가진다는 견해는 지나친 국가권위사상의 표현으로서 타당한 것이라고 할 수 없다.

(2) 취소소송의 배타적 관할의 반사적 효과설

현행 제도상 행정행위를 계기로 하여 발생한 분쟁에서는, 민사관계와 같이 권리관계의 존부를 다투는 것이 아니라, 원인행위인 행정행위를 다투게 하고 그 취소는 취소소송에 의하여만 할 수 있도록 되어 있는바, 이를 취소소송의 배타적 관할이라 한다. 이러한 실정제도와 관련하여, 이 설은 공정력을 취소소송의 배타적 관할제도에 따르는 반사적 효과로 보는 것이다.

이 견해는 현재 상당히 유력한 설로 등장하고 있는바, 공정력이 행정행위의 내재적 효력이 아님을 밝히고 있다는 점에서는 일단 긍정적으로 평가할 만하다.

그러나 취소소송은 기본적으로 행정행위에 인정되고 있는 공정력을 배제하기 위한 쟁송제도라고 하는 것이 논리적이라고 보는 관점에서는, 이 설은 역전된 논리로서 찬동할 수가 없다.

(3) 행정의 실효성보장 및 법적 안정성·신뢰보호의 원칙

1) 행정은 질서유지·급부제공 등을 내용으로 하는 공익실현작용인바, 이러한 행정의 수단인 행정행위에 일응 하자가 있다 하여 누구나 그 효력을 부인할 수 있다고 하면, 행정의 실효성은 확보될 수 없게 될 뿐 아니라, 또한 감당할 수 없는 혼란사태도 야기될 수 있다. 따라서 권한 있는 기관이 유권적으로 행정행위의 위법성을 판정하여 그 효력을 배제하기 전까지는, 당해 행위는 유효한 것으로 인정할 필요가 있는 것이다.

2) 행정행위는 또한 법적 행위로서, 그 권위는 법 자체에서 유래한다. 따라서 수익적 행위에 의하여 직접 이익을 받는 상대방은 물론이고, 침익적 행위에 의하여 간접적 이익을 받는 일반국민에게 있어서도, 당해 행정행위에 대한 신뢰는 보호되어야 하는 것이다.

상술한 바를 종합하면, 행정행위의 공정력은 행정의 실효성보장 및 법적 안정성 또는 신뢰보호원칙에서 그 실질적 근거를 찾을 수 있다고 본다.

Ⅲ. 공정력의 한계

1. 무효인 행정행위

전술한 바와 같이 공정력은 행정행위의 성립에 일응 하자가 있는 경우에도 행정의 실효성보장요청 및 법적 안정성·신뢰보호의 원칙에 따라 그 잠정적 통용력이 인정되는 힘이다. 그러나 그 하자가 중대한 법규의 위반이고 또한 그것이 객관적으로 명백한 경우, 환언하면 무효원인인 하자가 있는 행정행위에 대하여도 그 잠정적 통용력을 인정하는 것은 지나치게 행정목적을 중시하는 것으로서, 신뢰보호의 관점에서 조차도 무효인 행정행위에 통용력을 인정하여야 한다는 결론은 도출되지 않는다. 따라서 행정행위의 공정력은 중대·명백한 법규위반이 아닌 단순한 하자 있는 행정행위에 대하여만 인정될 수 있다.

324 제2편 일반 행정작용법

2. 공정력과 입증책임

행정행위의 공정력이 취소소송에 있어 입증책임의 소재에 영향을 미치는가의 문제이다.

자기확인설의 입장에서는 공정력의 본질을 행정행위의 「적법성의 법률상 추정」으로 파악하는 결과, 그 위법성을 주장하는 자, 즉 원고에게 입증책임이 있다고 본다. 그러나 공정력은 행정행위가 위법한 것인 때에도 행정의 실효성 확보 및 신뢰보호원칙과의 관련에서 그 잠정적·절차적 통용력을 인정하는 힘에 불과한 것이며, 그것을 실체법적인 적법성의 추정으로 볼 수는 없다. 따라서 공정력이 취소소송에 있어서의 입증책임의 소재에까지 영향을 미치는 것으로 볼 수는 없는 것이다.

입증책임에 관하여는 민사소송상의 입증책임의 분배원칙에 따라 결정하여야 한다는 것이 현재의 통설인바, 이 설에 의하면 권한발생의 요건사실에 관하여는 행정청이, 권한장애의 요건사실에 관하여는 원고측이 입증책임을 지게 된다.

Ⅳ. 공정력의 객관적 범위

행정행위의 유효 여부를 항고소송의 관할법원 이외의 법원이 스스로 심리·판단할 수 있는가의 문제로서, (광의의) 선결문제와 공정력의 관계에 관한 것이다. 이 문제는 민사법원에서와 형사법원에서의 경우를 나누어 고찰하여야 할 것이다.

1. 민사법원과 공정력

(1) 행정상 손해배상소송

행정상 손해배상소송은 성질상으로는 행정소송(당사자소송)에 의하여야 할 것이나(다툼 있음), 우리나라에서는 실무상 민사소송으로 다루어지고 있다. 이러한 행정상 손해배상소송에 있어서, 수소법원이 배상책임의 요건인 행정행위의 위법 여부를 스스로 심리할 수 있는가의 문제가 제기된다.

이 문제에 관하여 소극설은, ① 법원을 포함한 모든 국가기관은 행정행위의 공정력에 의한 기속을 받으며, ② 취소소송의 배타적 관할원칙에 따라 민사법원은 행정행위의 취소권이 없으므로, 그 위법성 여부를 스스로 심리할 수 없다고 본다. 그러나 행정상 손해배상소송에서는 행정행위의 효력의 부인에까지 이르는 것은 아니고, 다만 당해 행위의 위법성만이 문제되는 것이므로 수소법원인 민사법원이 직접 그 위법성 여부를 심리·판단할 수 있다고 할 것이다.

대법원도,

"계고처분이 위법임을 이유로 배상을 청구하는 취지로 인정될 수 있는 사건에 있어, 미리 그 행정처분이 취소판결이 있어야만 그 위법임을 이유로 피고에게 배상을 청구할 수 있는 것은 아니다"(대판 1972. 4. 28, 72다337)

라고 함으로써, 적극설을 따르고 있다.

종래 다수설적 견해는 손해배상소송과 취소소송에서의 위법성은 각각 다른 것으로서, 전자에서의 위법성은 후자의 경우보다 넓다고 보았다. 따라서 취소소송에서 위법성이 인정되지 않아 그 청구가 기각된 경우에도 이후의 손해배상소송에서 민사법원은 해당 행위의 위법성을 독자적으로 판단하고 인정하여 배상청구를 인용할 수 있다고 보았다. 그러나 최근 대법원은 2000. 5. 12. 선고 99다70600 판결에서 위법성 상대설의 입장을 취하면서도 손해배상소송에서의 위법성은 취소소송에서의 그것보다 좁은 것이라고 선언하였다(자세한 내용은 뒤의 국가배상법 제2조상의 국가배상책임 요건으로서의 위법성에 관한 검토 부분 참조).

(2) 행정행위의 무효를 전제로 하는 법률관계에 관한 소송

이 경우에는 행정행위의 효력 그 자체가 부인되어야 하는 것이므로, 공정력의 내용 및 취소소송의 배타적 관할원칙에 따라서, 당해 행위의 하자가 중대·명백하여 절대무효가 아닌 한, 민사법원은 스스로 그것이 무효임을 판정할 수는 없다 할 것이다.

"행정처분이 아무리 위법하다고 하여도 그 하자가 중대하고 명백하여 무효라고 보아야 할 사유가 있는 경우를 제외하고는 아무도 그 하자를 이유로 무단히 그 효과를 부정하지 못하는 것으로, 이러한 행정행위의 공정력은 판결의 기판력과 같은 효력은 아니지만 그 공정력의 객관적 범위에 속하는 행정행위의 하자가 취소사유에 불과한 때에는 그 처분이 취소되지 않는 한 처분의 효력을 부정하여 그로 인한 이득을 법률상 원인 없는 이득이라고 말할 수 없는 것이다"(대판 1994. 11. 11, 94다28000).

2. 형사법원과 공정력

형사사건에 있어 행정행위 위반이 범죄구성요건으로 되어 있는 경우에 형사법원이 당해 행위의 위법을 이유로 그 효력을 부인할 수 있는지의 문제에 대하여는 견해가 갈리고 있다.

(1) 소 극 설

행정행위는 그 하자가 중대·명백하여 절대무효가 아닌 한, 일단 유효한 행위로서의 통용력이 인정되고 있고, 실정제도상 취소소송의 배타적 관할원칙이 채택되고 있으므로, 형사법원은 스스로 당해 행위의 효력을 부인할 수는 없다는 것이다.[1]

(2) 적 극 설

형사사건에서는 법원이 범죄구성요건인 행정행위의 유효 여부를 스스로 판단할 수 있다는 것이다.[2]

(3) 결 어

이 문제는 범죄구성요건의 해석에 관한 것으로, 그러한 점에서 당해 처벌규정의 내용이 문제로 된다. 당해 규정이 관련 행정행위의 유효성만을 처벌요건으로 정하고 있는지, 또는 그 적법성도 또한 그 요건으로 정하고 있는지가 문제의 초점이 된다. 앞의 경우에는 형사법원은 스스로 당해 행정행위의 효력을 부인할 수는 없다고 할 것이다. 그러나 뒤의 경우에는, 법원은 당해 행위의 위법성 여부를 판단하고 그에 따라 그 위반행위의 범죄구성요건에의 해당 여부를 심사할 수 있다. 이 경우 관계규정의 내용의 해석은 일률적 기준이 아니라, 당해 행정행위의 의의·목적, 당해 행위를 다툴 수 있는 다른 수단의 존재 여부 등을 구체적으로 고려하여 행하여야 할 것이다. 다음의 대법원의 판례는 이러한 관점에 입각한 것으로 본다.

"사위의 방법으로 연령을 속여 발급받은 운전면허는 비록 위법하다 하더라도… 취소되지 않는 한 그 효력이 있는 것이라 할 것이므로, 그러한 운전면허에 의한 운전행위는 무면허운전행위라 할 수 없다"(대판 1982. 6. 8, 80도2646).

"구도시계획법(1991. 12. 14. 법률 제4427호로 개정되기 전의 것) 제78조 제1항에

---

1) 이상규, 행정법(상), p. 409.
2) 김남진, 위법한 행정행위의 복종의무와 가벌성 여부, 월간고시, 1982. 6; 서원우, 행정처분의 공정력과 형사재판의 관계, 월간고시, 1979. 10.

정한 처분이나 조치명령을 받은 자가 이에 위반한 경우 이로 인하여 같은 법 제 92조에 정한 처벌을 받기 위하여는 그 처분이나 조치명령이 적법한 것이라야 하고, 그 처분이 당연무효가 아니라 하더라도 그것이 위법한 처분으로 인정되는 한 같은 법 제92조 위반죄가 성립될 수 없다"(대결 1992. 8. 18, 90도1709).

위에 제시한 기준에 의하면, 첫째 판결은 관계규정이 행위의 적법성을 그 처벌요건으로 하고 있지 않은 것으로 판단한 것이며, 둘째 판결은 행위의 적법 성도 또한 처벌요건으로 하고 있는 판결례에 해당한다.

V. 구성요건적 효력(Tatbestandswirkung)의 문제

위와 같은 종래의 공정력론에 대하여, 최근에는 공정력은 상대방에 대한 구속력을 지칭하는 관념으로 한정하고, 처분청 이외의 다른 국가기관에 대한 효력은 이를 구성요건적 효력의 문제로 검토하여야 한다는 견해가 제시되고 있는바, 다음에 그 내용을 살펴본다.

1. 예비적 고찰

위에서 검토한 통설상의 공정력 이론은, ① 행정행위는 그 성립에 당연무효사유인 중대·명백한 하자가 아닌 하자가 있는 경우에는, 잠정적으로 유효한 것으로 통용되는 힘이 있고, ② 이러한 공정력에 따라 권한 있는 기관이 당해 처분을 취소하기 전까지는 그 상대방과 기타 이해관계인은 물론이고 다른 국가기관(제3의 행정기관·법원)도 그 효력을 부인하지 못하고 그에 구속된다고 하는 것이다.

독일에서도 행정행위는 그 성립에 중대·명백한 하자가 있어 당연무효로 되는 경우 외에는, 그 성립상의 하자에도 불구하고 권한 있는 기관이 취소하기 까지는 일단 유효한 것으로 된다(fehlerunabhängige Rechtswirksamkeit)고 하여 위법한 행정행위에 우리나라의 공정력과 같은 효력을 인정하고 있다.[1] 그러나 이러한 위법한 행정행위의 잠정적 유효성 또는 통용력의 내용에 관하여는, 이를 상대방 기타 이해관계인에 대한 것과 다른 국가기관에 대한 것으로 나누어, 후 자는 보통 이를 구성요건적 효력(Tatbestandswirkung)으로서 검토하고 있다.[2]

---

1) H. Maurer, Allgemeines Verwaltungsrecht, 1994, p. 191. 위의 괄호 속의 내용은 인용자가 첨가한 것이다.

2) Ibid., pp. 254~255; Erichsen/Martens, Allgemeines Verwaltungsrecht, 1995,

이와 관련하여 「마우러」는 존속력은 위법한 행정행위가 처분청과 상대방을 구속하는 효력인 데 대하여, 구성요건적 효력은 다른 국가기관에 대한 것으로서, "(잠정적으로나마) 유효한 행정행위는 모든 국가기관에 의하여 존중되어야 하며, 이미 주어진 전제로서 그 결정의 기초가 되어야 한다"는 것을 내용으로 하는 것이라고 기술하고 있다.[1]

법무부장관이 외국인에 대하여 귀화허가를 한 경우에는, 그것이 무효가 아닌 한, 당해 처분이 위법한 것으로 판단되어도 다른 모든 국가기관은 그 자를 한국 국민으로 인정하여 관련 처분의 기초로 하여야 하는 경우가 그 전형적 예일 것이다.

2. 우리 학설상의 구성요건적 효력론

전술한 독일의 이론을 배경으로 하여 국내에서도 통설상의 공정력의 문제를 하자 있는 행정행위의 상대방에 대한 구속력으로서의 공정력과 다른 국가기관에 대한 효력으로서의 구성요건적 효력으로 나누어 검토하려는 견해가 제시되고 있다.

(1) 새 학설의 개요

1) **공정력의 의미**　　이 견해는 공정력을 행정행위가 당연무효사유에 해당하는 것이 아닌 한, 하자 있는 행정행위라도 권한 있는 기관에 의하여 취소되기까지는 행정의 상대방이나 이해관계자를 구속하는 힘이라고 정의한다. 요컨대 이 견해는 공정력의 주관적 범위는 상대방 또는 이해관계인에 한정된다고 하는 점에서 통설과 차이가 있다.

이 견해는 이러한 의미의 위법한 행정행위의 공정력의 근거를 취소소송의 배타적 관할성에서 구하고 있다.

2) **구성요건적 효력**　　이 견해는 구성요건적 효력을 유효한 행정행위가 존재하는 한 그것이 취소할 수 있는 행위인지를 불문하고 모든 국가기관(행정기관·법원)은 그 존재를 존중하여 그와 관련된 결정에 있어서는 그 기초 내지는 구성요건으로 하여야 하는 것을 내용으로 하는 다른 국가기관에 대한 구속력으로 정의하고 있다.

이러한 구성요건적 효력은 국가기관 상호간에 있어서의 권한존중의 원칙에

---

pp. 272~273, 490~493.
1) H. Maurer, op. cit., p. 255.

그 근거가 있는 것이므로, 공정력과는 구별되어야 한다고 한다.[1]

(2) 새 학설의 평가

위에서 본 바와 같이, 새로운 견해는 통설상의 공정력이 미치는 주관적 범위를 나누어, 상대방에 미치는 효력은 이를 공정력이라 하고, 다른 국가기관에 대한 효력은 이를 구성요건적 효력으로 하여 검토하고 있는 것이다. 방법론상으로 공정력을 이러한 두 가지 요소로 구분하는 것도 가능하다고 할 것이나, 그것이 논리필연적인 것인지는 의문이다.[2]

그러한 관점에서는 통설상의 공정력의 일부를 구성요건적 효력의 문제로 검토하는 이론의 의의는 그 실익 여하의 문제로 귀결될 것으로 본다. 공정력론에서나 구성요건적 효력론에서나 제3의 행정기관이 일응 위법한 행정행위의 효력을 부인할 수 없다고 보는 점에 대하여는 논란이 없다. 이에 대하여 취소소송의 관할법원 이외의 법원에 대한 (위법한) 행정행위의 효력 문제에 대하여는 논란이 적지 않은 것이 사실이다. 이 문제에 대하여 구성요건적 효력이 합리적인 해결책을 제시할 수 있다고 하면, 그 점에서 이 견해는 실질적인 의미를 가지게 될 것임은 물론이나, 현재로는 이 문제를 공정력의 문제로 보든 구성요건적 효력의 문제로 보든 그 결론에 있어 차이가 없는 것으로 보인다.[3]

요컨대 공정력의 관념은 학설상으로 뿐만 아니라 판례상으로도 채택되고 있는 것이고,[4] 이를 (협의의) 공정력 및 구성요건적 효력이라는 관념으로 대체하

---

1) 김남진, 행정법(Ⅰ), p. 294; 석종현, 행정법(상), p. 314; 홍정선, 행정법(상), pp. 325~326; 류지태, 행정법, p. 140.

2) 독일행정법에서도 위법한 행정행위의 잠정적 효력을 그 상대방에 대한 효력과 다른 국가기관에 대한 것으로 나누지 않고, 이를 통합하여 다루고 있는 견해도 있다. 예컨대 「슈토버」교수는 행정행위는 원칙적으로 그 적법성과는 무관하게 효력을 발생한다고 하여, 우리나라의 공정력과 같은 관념을 인정하고 있다. 이어서 동 교수는 행정행위의 결정적 기준은 그 규율성에 있는 것이라는 점에서는 이러한 행정행위의 유효성은 구속력을 의미한다고 하면서, 이 경우의 구속력은 당해 행정행위가 명령·금지를 내용으로 하는 것인 때에는 관계인은 이를 준수하여야 하고, 행정행위의 형성적 효과는 모든 자, 모든 행정청 및 법원(취소소송의 관할법원이 아닌 법원)이 이를 승인하여 그 관련행위나 결정의 기초로 하여야 하는 것을 의미한다고 하고 있다. 동 교수는 이어서 이러한 하자 있는 행정행위의 효력은 구성요건적 효력이라고 할 수도 있다고 하고 있다. 이러한 의미의 하자 있는 행정행위의 효력 또는 구속력의 근거로서 동 교수는 행정행위는 법의 해석·적용에 관한 유권적 결정으로서, 그것이 형식적으로 존재하는 한 법적 안정성의 관점에서 각자는 이를 신뢰할 수 있는 것이어야 하는 점을 들고 있다. Wolff/Bachof/Stober, Verwaltungsrecht Ⅰ, 1994, pp. 677~679.

3) 홍준형, 행정법총론, pp. 235~237

4) 판례
"행정행위는 공정력 … 의 효력이 있어 설혹 행정행위에 하자가 있는 경우에도 그 하자가 중대하고 명백하여 당연무효로 보아야 할 사유가 있는 경우 이외에는 그 행정

여야 할 논리적 필연성이나 그러한 실익도 없는 것으로 보이므로, 본서에서는 행정행위의 효력으로서 구성요건적 효력이라는 관념은 채택하지 않기로 한다.

제 3. 불가쟁력·불가변력

행정행위는 일단 유효하게 성립하면 일정한 기간의 경과나 기타 사유로 그 상대방 등이 더 이상 그 효력을 다툴 수 없게 되고, 또한 일정한 행정행위에 있어서는 행정청 자신도 임의로 이를 취소·철회할 수 없는 제한을 받게 된다. 앞의 것을 불가쟁력, 뒤의 것을 불가변력이라 하며, 양자를 합하여 행정행위의 존속력 또는 확정력이라 한다.

Ⅰ. 불가쟁력

행정행위의 상대방 기타 관계인이 더 이상 그 효력을 다툴 수 없게 되는 힘을 불가쟁력 또는 형식적 존속력(확정력)이라 한다. 불가쟁력은 쟁송절차의 제소기간이 경과한 때 또는 심급이 종료된 때 발생한다.

Ⅱ. 불가변력

행정행위가 위법하거나 공익에 적합하지 않은 때에는 행정청은 이를 취소 또는 철회할 수 있는 것이 원칙이다. 그러나 일정한 행정행위에 있어서는 그 성질상 행정청도 이를 취소 또는 철회할 수 없는 경우가 있는바, 이처럼 특정 행정행위에 있어 그 취소·철회가 허용되지 않는 힘을 불가변력 또는 실질적 존속력이라고 한다.

이러한 행정행위의 불가변력은 판결의 기판력과는 다른 성질의 것으로 보는 것이 다수설적 견해인바, 그 논거로서는 행정행위는 그 발급에 있어 법원의 판결과 같은 엄격한 절차가 전제되어 있지 않고, 그 발령기관도 법원과 같이 독립된 제3의 기관이 아니고 법률관계의 당사자인 행정기관이라는 점 등이 제시되고 있다.

행위가 행정소송이나 다른 행정행위에 의하여 적절히 취소될 때까지는 단순히 취소할 수 있는 사유가 있는 것만으로는 누구나가 그 효력을 부인할 수는 없다"(대판 1991. 4. 23, 90누8756).

불가변력은 이처럼 일정 행정행위에 있어 그 취소·철회가 허용되지 아니하는 힘이라는 의미로 파악되는 것이 원칙이나, 수익적 행정행위에 있어 그 취소·철회가 제한되는 경우도 포함하여 이를 광의로 파악하는 입장도 있다.

1. 협의의 불가변력

협의 또는 엄격한 의미의 불가변력이란 특정 행정행위에 있어 행정청 자신도 취소 또는 철회할 수 없는 힘을 말한다.

이러한 협의의 불가변력이 인정되는 행위로서는, ① 행정심판의 재결과 같이 일정한 쟁송절차를 거쳐 행하여지는 분쟁재단작용은 준사법적 작용의 성질을 가지는 것으로, 그에는 소송법적인 확정력에 준하는 불가변력이 있으며,[1] ② 확인행위는 사실 또는 법률관계의 정부 또는 존부에 관하여 공적으로 선언하는 행위이므로, 이를 재결유사적 행위로 보아 그에도 불가변력을 인정하려는 견해가 유력하다.

불가변력이 인정되는 행정행위는 처분청도 이를 취소·변경할 수 없는 것인데, 그럼에도 불구하고 재결청이 일단 행한 재결을 취소하고 새로운 재결을 한 경우에는 새로운 재결은 불가변력에 위반하여 위법한 것으로 된다. 그러나 행정행위는 위법하더라도 공정력이 인정되는바, 이러한 경우 불가변력과 공정력 중 어느 것이 우선하는가가 문제된다. 이에 대하여는 공정력을 우선시키는 것이 타당하다고 하여 새로운 재결은 위법하나 유효하다는 견해[2]와 불가변력에 반하는 새로운 재결은 무효라는 견해가 있다.

2. 광의의 불가변력

일정한 행정행위는 그 성질상 행정청이 취소 또는 철회를 함에 있어 일정한 제한이 따르는 경우가 있는바(예컨대 신뢰보호원칙에 의한 제한), 이러한 제한도 불가변력의 관념에 포함하여 이해하는 입장도 있다. 이것은 위의 경우와 비교할 때, 취소·철회는 원칙적으로는 허용된다는 의미에서, 불가변력의 관념을 광의로 파악한 것이다.

이러한 의미의 불가변력은 주로 수익적 행정행위의 취소·철회와 관련하여

---

1) 판례

"재결은 행정처분이나 본질상 쟁송절차를 통한 준재판이라 할 수 있으므로 재결은 일반행정처분과는 달리 재심 기타 특별한 규정이 없는 한 재결청이 스스로 취소·변경할 수 없다"(대판 1965. 4. 22, 63누200).

2) 박윤흔, 행정법(상), p. 139.

제기되는 것인바, 환언하면 수익적 행정행위의 취소·철회의 제한문제인 것으로, 이에 관한 검토는 행정행위의 취소·철회 부분으로 미룬다.

제 4. 강 제 력

행정행위에 의하여 부과된 의무를 상대방이 이행하지 않으면, 사법행위와는 달리 행정청은 법원의 힘을 빌리지 않고 자력으로 그 이행을 강제할 수 있는바, 이를 자력집행력이라 한다.

이러한 자력집행력은 행정행위에 내재하는 효력은 아니고, 그에 관한 법률상의 근거가 있어야 한다. 그러나 행정행위에 의하여 부과된 의무의 불이행에 대하여는 그 강제집행수단이 법률상 규정되어 있는 것이 일반적이므로, 이러한 한도에서 사법행위에 대한 특성으로서 행정행위의 자력집행력을 드는 것은 무리가 아니라고 본다.

행정행위상의 의무위반행위에 대하여는 법률상 일정한 제재(행정벌·질서벌)가 규정되어 있는 경우가 적지 않다. 이 경우 제재는 의무위반에 대한 궁극적 처벌이라는 심리적 강제에 의하여 행정의무의 이행을 확보하여 주는 기능이 있는 것임은 물론이다. 강제력은 넓은 의미에서는 이처럼 의무위반에 대한 제재력도 포함하는 의미로 파악된다.

제6절 행정행위의 하자

제 1. 개 설

Ⅰ. 하자의 의의

행정행위의 하자라 함은 행정행위가 적법·타당하고 유효하게 성립하기 위한 요건을 갖추지 못한 것을 말하며, 이처럼 행정행위의 성립·발효요건이 결여된 행정행위를 하자 있는 행정행위라 한다.

행정행위는 법에 적합하여야 하고(적법), 또한 공익에 가장 합당한 것이어야 한다(타당). 실제 행정에 있어서는 인가·허가·명령·확인 등의 다양한 형식으로 무수한 행정처분이 행하여지고 있는바, 대부분의 경우 이들 처분은 적법·

타당하게 행하여지고 있음은 물론이다. 그러나 행정처분도 자연인인 공무원이 행하는 것이므로, 때로는 적법·타당요건을 완전히 갖추지 못한 처분이 행하여 질 수도 있다. 여기에서 법 즉 성문법령 및 불문법원리에 반하여 행해지는 위법행위와, (재량처분상) 공익에 가장 합당한 것으로는 볼 수 없는 처분, 즉 부당한 처분을 일컬어 하자 있는 행정행위라고 하는 것이다.

이러한 행정행위의 하자가 그 행위의 효력에 어떠한 영향을 미치는가의 문제가 행정행위의 하자론인바, 이에 관하여는 일반적 규정은 없으므로, 그 일반적·체계적 이론구성은 결국 학설·판례의 점진적인 정립·발전에 의할 수밖에 없다고 본다. 이러한 행정행위의 하자론은 말하자면 행정의 병리학으로서, 행정법학에 있어서 중요한 연구과제가 되고 있다.

Ⅱ. 하자의 형태

행정행위의 하자에는 여러 가지 형태가 있으나, 이들을 내용적으로는 위법과 부당으로, 그리고 그 효과의 면에서는 무효원인인 하자와 취소원인인 하자로 나누는 것이 보통이다. 그러나 하자 중에는, 형식적으로는 위법사유에 해당하나, 무효·취소의 어느 원인으로도 되지 않는 것도 있다.

1) 무효원인인 하자 있는 행정행위는 위법한 행정행위에 있어서도 일정한 경우에 한하여 인정된다. 이러한 행정행위는 처음부터 전혀 법적 효과를 발생하지 않으므로, 국민은 취소심판·취소소송을 제기하여 그 효력을 다툴 필요도 없이 언제나 그 효력을 부인할 수 있다.

2) 취소원인인 하자는 당해 행위가 위법한 경우와 부당한 경우로 나누어진다. 위법한 행정행위는 직권취소·행정심판 및 행정소송의 대상이 되나, 부당한 행정행위는 본질적으로 적법한 행위라는 점에서, 그것은 행정소송에 의하여 통제될 수는 없고, 다만 직권취소 및 행정심판의 대상이 될 수 있을 뿐이다.[1]

---

1) 부당한 행정행위의 관념은 일반적으로 공익위반행위로 정의되고 있다. 이 정의가 틀린 것은 아니나, 그것만으로는 지나치게 넓게 정의된 것이다. 행정은 공익실현작용이고 보면, 행정행위도 어느 경우에나 공익목적을 위한 것이어야 하는 것이다. 이 경우 공익목적은 내용상으로는 다음의 두 가지가 있다. ① 먼저 일반적 공익이 있다. 이와 관련하여서는, 사익이나 사감 또는 정파적 고려에 기한 행정처분은 위법한 처분이 되는 것이다. ② 다음에 관계법상의 구체적 공익이 있다. 이와 관련하여서는, 행정처분이 공익목적을 위한 것이라도 그것이 관계법상의 공익목적이 아닌 다른 공익목적을 위한 것인 때에는 당해 처분은 위법한 처분이 되는 것이다. 이처럼 공익위반은 원칙적으로는 단순한 부당이 아니라 위법사유가 되는 것이다.

부당의 관념은 재량행위에 있어서만 인정되는 관념이고, 기속행위에 있어서 부당관

3) 무효원인도 취소원인도 되지 않는 하자는, 예컨대 명백한 오기·오산 기타 이에 유사한 행정행위의 표현상의 오류로서, 이러한 하자는 법령상 명시적 규정이 없어도 행정청은 언제나 정정할 수 있고, 또한 그 상대방도 특별한 형식·절차에 의하지 않고 정정을 요구할 수 있는 것으로 인정되고 있다. 우리 행정절차법 제25조도 같은 취지의 규정을 두고 있다.

4) 무효원인인 하자는 내용적으로는 당해 행위의 위법성을 구성하는 하자에 한정된다고 할 것이다. 왜냐하면 재량처분에 있어 당해 처분이 일단 구체적 공익실현을 위한 가장 적정한 처분은 아닐지라도, 그러한 부당한 행위도 재량권의 한계 내의 처분, 즉 적법한 처분인 까닭에 부당한 행위의 무효성이 거론될 여지는 없기 때문이다.

Ⅲ. 이른바 행정행위의 부존재

행정행위의 하자의 효과로서는 무효와 취소 외에도 종래 부존재를 더 들고 있었던바, 이러한 입장은 현재도 다수의 견해에 의하여 견지되고 있다.[1] 다음에 이러한 전통적 견해에 따른 부존재 관념의 내용을 개관하고, 그 실질적 의의 내지는 타당성의 문제를 검토한다.

1. 다수설의 개관

(1) 의의 및 형태

무효인 행정행위는 행정행위가 외관상으로는 존재하고 있으나 다만 법률효과가 발생되지 못하는 경우인 데 대하여, 행정행위의 부존재는 행정행위가 그

념이 적용될 여지는 없다. 부당은 재량행위에 있어서의 처분청의 결정이 일단 재량권의 한계 내의 것이기는 하나, 그것이 공익실현에 가장 적합한 것으로는 판단되지 않는 경우에 인정되는 관념이다. 예컨대 처분청에게 A, B, C, D의 결정 사이에 선택재량이 인정되어 처분청은 A라는 처분을 하였으나, 그 상급청은 D라는 처분이 공익실현상 보다 적절한 처분이라고 판단하는 경우, A라는 처분은 부당한 처분으로 인정되는 것이다. 이 경우 A처분은 재량권의 한계 내의 것이기 때문에 위법한 것은 아니나, 그것은 공익실현상 가장 적절한 처분은 아니라고 판단된다는 점에서 부당한 처분인 것이다. 부당 여부의 판정에 있어서는 그 구체적인 판단기준이 없다는 것이 기본적인 문제점이라 할 것이다.

부당관념의 상세한 내용에 관하여는 졸고, 우리나라 행정법상의 부당개념에 관한 고찰, 고시연구, 1987. 3 참조.

1) 김도창, 행정법(상), p. 452; 윤세창, 행정법(상), p. 246; 박윤흔, 행정법(상), p. 426; 변재옥, 행정법(Ⅰ), p. 341.

성립요건의 어떤 중요한 요소를 완전히 결여함으로써 행정행위로서 성립조차 하지 못한 경우, 즉 행정행위라고 볼 수 있는 외형상의 존재조차 없는 경우로 정의되고 있다.[1]

이러한 부존재에 해당하는 것으로는, ① 행정기관이 아닌 것이 명백한 사인의 행위, ② 행정기관의 행위일지라도 행정권발동으로 볼 수 없는 행위(권유·주의·희망표시 등), ③ 행정기관 내부의 의사결정이 있었을 뿐이고, 행정행위로서 외부에 표시되지 않은 경우 및 ④ 행정행위가 해제조건의 성취·기한의 도래·취소·철회 등에 의하여 실효된 경우 등을 들고 있다.[2]

이러한 부존재의 여러 형태와 관련하여, 이를 협의의 부존재와 비행정행위로 나누어 위의 ①·②의 경우는 비행정행위에, 그리고 ③·④는 협의의 부존재에 해당하는 것으로 보고, 보통 부존재는 협의의 부존재만을 의미하는 것이라고 보는 경우도 있다.[3]

(2) 무효와 부존재의 구별실익

1) 전통적으로 양자의 구별실익은, 행정쟁송에 있어 부존재의 경우는 그 목적물이 없는 것이므로 각하되어야 한다는 점에 있는 것으로 보았다. 즉 무효인 경우는 행정행위로서의 외관은 존재하고, 행정청은 이를 유효한 것으로 인정하여 집행할 우려가 있는 것이므로, 재판에 의하여 그 무효임을 확인받을 이익이 있는 것이나, 부존재의 경우는 행정쟁송의 대상인 행위 자체가 존재하지 않는 경우이므로, 쟁송을 제기하여도 각하될 수밖에 없다고 보았던 것이다.

2) 그러나 현행 행정소송법이 무효확인소송과 함께 부존재확인소송도 명시함으로써 부존재인 행정행위도 항고소송의 대상으로 할 수 있게 되었으므로, 이제는 이미 양자의 구별실익은 없다고 보고 있다.

2. 다수설의 비판적 검토

이상이 행정행위의 부존재에 관한 다수설의 개괄적 내용이나, 그에는 다음과 같은 문제점이 있다고 본다.

1) 먼저, 이론적 측면에서는 부존재 관념의 정의 자체에 문제가 있는 것으로 보인다. 즉 행정행위의 무효는 하자의 효과의 문제인 데 대하여, 부존재, 특

---

[1] 김도창, 행정법(상), p. 452; 박윤흔, 행정법(상), p. 426; 이상규, 행정법(상), p. 420.
[2] 김도창, 행정법(상), pp. 453~454.
[3] 박윤흔, 행정법(상), p. 426.

히 이른바 비행정행위의 경우는 처음부터 전혀 행정행위에 해당하지 아니하는 경우로서, 이것은 하자의 효과 이전의 문제로 되는 것이다.

2) 다음에, 보다 실질적인 문제는 부존재(비행정행위의 경우)와 행정쟁송법과의 관련에서 제기되는 문제이다. 위에서 본 바와 같이, 다수설에 속하는 대부분의 견해는 행정심판법·행정소송법이 부존재확인심판·부존재확인소송을 명시적으로 인정하고 있으므로 현재는 무효와 부존재를 구별할 실익은 없다고 보고 있다.

그러나 행정소송법상의 무효등확인소송은 '행정청의 처분등의 효력의 유무 또는 존재 여부'를 확인하는 소송으로 규정되어 있으므로(동 법 4 ii) 부존재확인소송의 제기에 있어서도, 당해 행위가 동법상의 '처분등'에 해당하는 것이어야 하는 것이다. 동법상의 처분등의 관념에 관하여는 견해가 갈리고 있기는 하나, 권고·알선이나 행정청이 아닌 것이 명백한 사인의 행위 등 이른바 비행정행위가 처분등의 관념에 속하지 않는다는 점에 대하여는 의문이 없다고 본다. 따라서 이러한 비행정행위를 대상으로 하여 부존재확인소송을 제기하여도, 그것은 부적법한 소로서 각하될 수밖에 없을 것이다.

이러한 관점에서는 부존재를 협의의 부존재의 경우에 한정되는 것으로 파악하는 견해는 일단 타당하다고 할 것이다. 그러나 부존재를 이처럼 협의로 파악한다고 하여도 그에는 내용적으로 취소·철회 또는 해제조건의 성취 등에 의한 행정행위의 효력소멸과 같이 행정행위의 효과가 상실되는 경우가 포함되어 있는바, 이들 경우는 실효의 일반법리에 따라 해결될 것이지, 그것을 부존재로 구성할 필요는 없다고 본다. 또한 쟁송상으로도 무효등확인소송에는 실효확인소송도 포함되는 것으로 보고 있으므로, 이들 경우를 부존재로 구성할 실익도 없는 것이다.

3) 전술한 바를 요약하면, 행정행위의 부존재는 ① 현행 행정심판법·행정소송법과의 관련에서는 '처분' 또는 행정행위의 외관이 있는 경우에만 인정되는 것이고, ② 그것은 또한 행정행위의 실효와는 구별되어야 한다.

이러한 관점에서는, 행정행위의 부존재도 행정행위의 하자의 한 유형으로서, 내용적으로는 그 위법성의 정도가 무효인 경우보다도 더 중대한 예외적인 경우에 인정될 수 있는 관념이 아닐까 한다. 행정행위의 부존재를 이렇게 파악하면, 당해 행위는 행정행위로서의 외관은 존재하나 그 하자의 중대성으로 인하여 법률적 효력은 발생하지 않는 것으로 보아야 할 것이며, 그 점에서는 무효와 부존재를 구별할 실익은 없다고 본다. 실제 다수설도 양자가 모두 법률효과를 처음부터 발생하지 않는 것이라는 점에서 이들을 구별할 이유는 없다고 보고 있다.[1] 또한 쟁송법상으로도 부존재확인소송과 무효확인소송에 대한 적용법조는 동일한 것이다.

제 2. 행정행위의 무효와 취소

I. 개 설

하자 있는 행정행위는 통설·판례에 의하면 무효인 행위와 취소할 수 있는 행위로 나누어지고 있다.

무효인 행정행위는, 외관상으로는 행정행위로서 존재하나 처음부터 전혀 법적 효과를 발생하지 아니하는 행위로서, 다른 행정청이나 법원은 물론이고 사인도 그 독자적 판단과 책임하에서 그 무효임을 단정할 수 있는 행위를 말한다.

취소할 수 있는 행정행위는 그 성립에 흠이 있음에도 불구하고 일단 유효한 행위로 통용되는 것으로서, 다른 국가기관 또는 국민은 그에 기속되고, 행정쟁송 또는 직권에 의하여 취소됨으로써 비로소 그 효력을 상실하는 행위를 말한다.

엄격한 이론적 관점에서는, 행정행위에 그 성립에 관한 법정요건이 결여되어 있는 경우 그것은 이미 행정행위가 아니므로, 법적 효력을 발생할 수 없는, 즉 무효인 행위라고 보아야 할 것이다. 이것은 또한 법치주의의 내용인 행정의 합법률성원칙에도 부합하는 것이라 할 것이다. 그러나 이러한 엄격한 이론구성은 행정의 실효성확보 요청이나 법적 안정성 내지 신뢰보호원칙과는 부합되지 않는 것이다. 따라서 행정행위는 그것이 일응 위법한 것인 경우에도, 그것이 중대·명백하여 누구나 그 무효임을 판정할 수 있는 경우 외에는, 쟁송절차 또는 직권으로 취소되기 전까지는 일단 그 유효성이 인정되고 있는 것이다.

II. 무효·취소의 구별기준

행정행위의 하자의 효과로서 무효와 취소를 인정하는 경우, 그 구별기준에 관하여는 여러 가지 견해가 있을 수 있으나, 행정행위의 무효는 그 위법성의 정

---

1) 김도창, 행정법(상), p. 453; 이상규, 행정법(상), p. 421.

도가 예외적으로 중대한 때에 인정되는 것이라는 점에서, 그 기준으로 중대설과 중대·명백설이 제시될 수 있을 것이다.

1. 중 대 설

이 설은 행정행위에 중대한 하자가 있으면 그 행위는 무효인 행위로 보는 것으로서, 그 경우 하자의 중대성의 판단기준은 행정법규의 성질에서 구하여, ① 명령규정에 위반한 행정행위는 취소할 수 있는 행정행위이고, 능력규정에 위반한 행정행위는 무효라고 보거나, 혹은 ② 강행규정에 위반한 행위는 무효이고, 비강행규정에 위반한 행위는 취소할 수 있음에 불과하다고 보고 있다.

이러한 중대설은 무효사유를 넓게 인정하여 국민의 권리구제에 이바지하는 면이 있다. 그러나 이것은 단순한 불이익처분의 경우에 한하여 타당한 것이다. 수익적 행정행위 또는 복효적 행정행위의 경우에 이 설은 그 상대방 또는 이해관계인에게 오히려 불리한 결과를 야기한다는 문제점이 있다.

2. 중대·명백설(외관상 일견명백설)

이 설은 행정행위의 하자가 중대한 법규의 위반이고 또한 그것이 외관상 명백한 것인 때에는 무효이고, 그에 이르지 않는 것인 때에는 취소할 수 있음에 불과하다고 본다. 이것이 통설·판례의 입장인바,[1] 다음의 이유에 따라 이 견해가 타당하다고 본다.

하자의 효과로서 행정행위의 무효·취소의 구별에 대한 기준문제는 그 구별을 인정하여야 하는 논거와의 관련에서 검토되어야 할 것으로 본다. 기술한 바와 같이, 행정행위의 성립에 일응 위법·부당의 하자가 있어도 일단 그 유효성을 인정하여야 하는 논거는 행정의 실효성확보요청과 신뢰보호원칙에 있는

---

1) 판례
　"하자 있는 행정처분이 당연무효로 되려면 그 하자가 법규의 중요한 부분을 위반한 중대한 것이어야 할 뿐만 아니라 객관적으로 명백한 것이어야 하고, 행정청이 위헌이거나 위법하여 무효인 시행령을 적용하여 한 행정처분이 당연무효로 되려면 그 규정이 행정처분의 중요한 부분에 관한 것이어서 결과적으로 그에 따른 행정처분의 중요한 부분에 하자가 있는 것으로 귀착되고, 또한 그 규정의 위헌성 또는 위법성이 객관적으로 명백한 것으로 귀착되어야 하는바, 일반적으로 시행령이 헌법이나 법률에 위반된다는 사정은 그 시행령의 규정을 위헌 또는 위법하여 무효라고 선언한 대법원의 판결이 선고되지 아니한 상태에서는 그 시행령 규정의 위헌 내지 위법 여부가 해석상 다툼의 여지가 없을 정도로 명백하였다고 인정되지 아니하는 이상 객관적으로 명백한 것이라 할 수 없으므로, 이러한 시행령에 근거한 행정처분의 하자는 취소사유에 해당할 뿐 무효사유가 되지 아니한다"(대판 2007. 6. 14, 2004두619).

것이다. 그러나 이러한 행정의 실효성확보요청이나 (국민의) 신뢰보호원칙이 모든 위법한 행정행위에 그 잠정적 유효성을 인정할 수 있는 근거가 될 수는 없다. 행정행위에 내재하는 위법성이 중대한 법규의 위반이고 그것이 외관상으로도 명백한 경우에도 취소되기 전까지는 국민이 그에 구속된다고 하는 것은, 지나치게 행정의 편익만을 고려한 것이고 또한 행정의 합법률성원칙에도 전적으로 반하는 것이므로, 그 타당성이 인정될 수 없다. 이러한 경우에는 또한 그 위법성이 외관상으로도 명백하다는 점에서, 그를 무효로 한다 하여 그 상대방 내지 일반국민의 신뢰를 해치는 것도 아니다.

행정행위의 하자(위법)의 중대성의 판단에 있어서는, 행정법규의 규정 자체의 성질뿐만 아니라, 그 위반의 정도도 고려되어야 할 것이다. 또한 하자의 명백성은 법률전문가의 관점에서가 아니라, 일반인의 정상적인 인식능력을 기준으로 하여 객관적으로 판단되어야 할 것이다.

행정행위에 이러한 중대·명백한 하자가 있는 경우에는 원칙적으로 무효인 행정행위가 된다. 그러나 그 무효 여부의 판단에 있어서는 행정의 실효성확보 및 법적 안정성의 요청과 그 무효를 주장하는 관계인의 이익보호의 요청 사이의 비교형량의 문제가 개재되어 있는 것임은 부인할 수 없다. 따라서 하자의 중대·명백성에 관하여는 행정행위를 둘러싸고 있는 이익상황, 관계법령의 취지·목적 등을 종합적으로 고찰하여 구체적으로 판단하여야 할 것이다.

우리 대법원도,

"행정처분이 당연무효라고 하기 위하여서는 그 처분에 위법사유가 있다는 것만으로는 부족하고, 그 하자가 중요한 법규에 위반한 것이고 객관적으로 명백한 것이어야 하며, 하자가 중대하고도 명백한 것인가의 여부를 판별함에 있어서는 그 법규의 목적·의미·기능 등을 목적론적으로 고찰함과 동시에 구체적 사안 자체의 특수성에 관하여도 합리적으로 고찰함을 요한다"(대판 1985. 7. 23, 84누419)

라고 판시하여, 대체로 같은 견해에 입각하고 있다.

3. 조사의무설 및 명백성보충설

이들 견해도 행정행위가 무효로 되는 것은 원칙적으로 그 하자가 중대하고 명백한 경우에 한정된다고 보고 있으나, 그 내용상으로는 명백성의 정도 또는 비중이 어느 정도 완화되고 있다.

(1) 조사의무설

이 설은 무효기준으로서의 명백성의 요건을 완화하여, 하자가 외견상 일견하여 인정될 수 있는 경우뿐만 아니라, 공무원이 직무의 성실한 수행상 당연히 요구되는 조사에 의하여 판명되는 사실관계에 비추어 보면, 당해 처분의 위법성이 명백하게 인정될 수 있는 경우에도, 하자의 명백성의 요건이 충족된다고 본다. 그러나 우리 판례는 무효의 판단에 있어 이러한 기준을 채택하고 있지 않다.[1]

(2) 명백성보충설

이 설은 행정행위의 무효원인인 하자를 논하는 의의를 고려하면, 하자의 중대성은 그 필수적 요건이 되나, 기타 가중요건을 부과할 것인지는 일률적으로 판단될 것은 아니라는 전제에 입각하고 있다. 이러한 관점에서 이 설은 무효원인으로서의 하자의 명백성은 구체적 이익상황 및 그에 대한 구체적 형량에 따라 그 부가 여부가 판단되어야 하는 것으로서의 보충적 가중요건에 불과하다고 보고 있다. 이 견해는 예컨대 당해 처분에 대하여 이해관계를 가지는 제3자가 있는 경우에는 명백성이 요구된다고 할 것이나, 당해 처분이 직접 상대방의 이해에만 관련된 것인 때에는 명백성의 요건은 필요하지 않다고 보고 있다.[2] 대법원의 판례상 이러한 기준에 입각하여 행정처분을 무효로 인정한 판

---

1) 판례
  "행정처분에 사실관계를 오인한 하자가 있는 경우 그 하자가 중대하다고 하더라도 객관적으로 명백하지 않다면 그 처분을 당연무효라고 할 수 없는바, 하자가 명백하다고 하기 위하여는 그 사실관계 오인의 근거가 된 자료가 외형상 상태성을 결여하거나 또는 객관적으로 그 성립이나 내용의 진정을 인정할 수 없는 것임이 명백한 경우라야 할 것이고 사실관계의 자료를 정확히 조사하여야 비로소 그 하자 유무가 밝혀질 수 있는 경우라면 이러한 하자는 외관상 명백하다고 할 수 없다"(대판 1992. 4. 28, 91누6863).
2) 조사의무설이나 명백성보충설은 모두 일본에서 학설상 주장되고 있는 것으로서, 명백성보충설은 다음과 같은 내용의 일본 최고재판소의 판결례를 계기로 하여 제시된 것이다. 당해 사건은 자신의 토지를 무단으로 처의 자(姉)부부에게 양도하고, 다시 이를 제3자에 양도한 데 대하여, 관할세무서장이 자부부에 양도소득세를 부과한 것을 내용으로 한 것이었다. 이 사건에서 최고재판소는 "과세처분이 과세청과 피과세자간에만 존재하는 것으로서, 당해 처분에 있어 내용상의 과오가 과세요건의 근간에 대한 것이고, 과세행정의 안정과 그 원활한 운영의 요청을 참작하여도 여전히 불복신청기간의 도과에 의한 불가쟁적 효과의 발생을 이유로 하여 피과세자에 위처분에 의한 불이익을 감수시키는 것이 현저히 부당하다고 인정될 수 있는 예외적인 사정이 있는 경우에는 …(관련)하자는 당해 처분을 당연무효로 하는 것으로 보는 것이 상당하다"(최고재 소화 40. 8. 17)고 판시하였다. 이 판결에서 최고재판소는 당해 과세처분에는 중대한 하자가 있는 것은 인정하였으나, 명백성에 대하여는 달리 검토하지 않고, 본건에서는 납세자가 전혀 관계사실을 부지하고 있었던 점, 징세행정상 특별한 지장이 생기는 것은 아니라는 점, 본건에서는 진실한 양도소득자에 대한 과세도 가능한 점 등을 고려하여, 당해 처분을 무효라고 판단하였던 것이다.
  이 판결의 의의에 대하여는, 이것은 특별한 사정과 관련된 것으로서, 그것이 최고재

결례는 없었으나,[1] 대법원은 최근에 신고납부방식의 취득세 납세의무자의 신고행위에 대하여 이 기준에 따라 이 행위를 무효라고 판시한 바 있다.[2] 한정적이기는 하나 헌법재판소도 이 기준에 따라 관련 처분을 무효로 인정한 경우가 있다.[3]

Ⅲ. 무효와 취소의 구별실익

무효인 행정행위는 처음부터 효력을 발생하지 않는 것이므로, 누구도 그에 구속되지 않으며, 또한 누구나 어느 때나 그 무효임을 주장할 수 있다. 이처럼 무효는 실체법적 관념이지만, 그 의의는 주로 절차법적인 측면에서 부각되고 있다.

판소가 일반적으로 명백성요건의 필요성을 부정한 것이라고 할 수는 없다고 보고 있다. 鹽野 宏, 行政法 Ⅰ, p. 133.

1) 대법원의 판례 중에도 명백성보충설에 입각하여 반대의견이 개진된 예는 있었다. 예컨대 대법원 1995. 7. 11. 선고 94누4615 판결에서 다수의견은 중대·명백설에 입각하고 있으나, 이에 대하여 명백성보충설에 입각한 다음의 반대의견이 개진된 바 있다. "행정행위의 무효사유를 판단하는 기준으로서의 명백성은 행정처분의 법적 안정성 확보를 통하여 행정의 원활한 수행을 도모하는 한편 그 행정처분을 유효한 것으로 믿은 제3자나 공공의 신뢰를 보호하여야 할 필요가 있는 경우에 보충적으로 요구되는 것으로서, 그와 같은 필요가 없거나 하자가 워낙 중대하여 그와 같은 필요에 의하여 처분 상대방의 권익을 구제하고 위법한 결과를 시정할 필요가 훨씬 더 큰 경우라면 그 하자가 명백하지 않더라도 그와 같이 중대한 하자를 가진 행정처분은 당연무효라고 보아야 한다."

2) 판례
"취득세 신고행위는 납세의무자와 과세관청 사이에 이루어지는 것으로서 취득세 신고행위의 존재를 신뢰하는 제3자의 보호가 특별히 문제되지 않아 그 신고행위를 당연무효로 보더라도 법적 안정성이 크게 저해되지 않는 반면, 과세요건 등에 관한 중대한 하자가 있고 그 법적 구제수단이 국세에 비하여 상대적으로 미비함에도 위법한 결과를 시정하지 않고 납세의무자에게 그 신고행위로 인한 불이익을 감수시키는 것이 과세행정의 안정과 그 원활한 운영의 요청을 참작하더라도 납세의무자의 권익구제 등의 측면에서 현저하게 부당하다고 볼 만한 특별한 사정이 있는 때에는 예외적으로 이와 같은 하자 있는 신고행위가 당연무효라고 함이 타당하다"(대판 2009. 2. 12, 2008두11716).

3) 헌법재판소는 위헌법률에 근거한 행정처분의 효력에 대하여 원칙적으로 중대·명백설에 따라 처분의 근거법규가 위헌이었다는 하자는 중대하기는 하나 명백한 것이라고는 할 수 없다는 의미에서 그 행정처분은 당연무효가 되지 않는다고 하면서도, 다만 그 행정처분을 무효로 하더라도 법적 안정성을 크게 해치지 않는 반면에 당해 법률의 위헌의 정도가 심각하여 그 하자가 중대하여 그 구제가 필요한 경우에는 예외를 인정하여 이를 당연무효사유로 보아야 할 것이라고 선언한 바 있다(헌재결 1994. 6. 30, 92헌바23). 즉 법적 안정성의 요구에 비하여 하자의 중대성 및 권리구제의 필요성이 큰 경우에는 중대·명백설의 예외를 인정하고 있는 것이다.

1. 행정소송형태

무효인 행정행위에 대하여는 무효확인소송을 제기하여 그 무효인 것의 확인을 구할 수 있다. 이러한 무효확인소송에 있어서는 취소소송과는 달리 (예외적) 행정심판전치주의가 적용되지 않고, 또한 소제기기간상의 제한도 받지 않는다(행정소송법 38 참조).

한편 무효인 행정행위에 대하여 취소소송을 제기할 수도 있다. 그러나 이 경우의 취소는 엄격한 의미가 아니라, 무효선언의 의미에서의 취소이다. 이러한 무효선언을 구하는 의미의 취소소송에 있어서도 엄격한 의미의 취소소송과 같이 (예외적) 행정심판전치주의나 소제기기간상의 제한에 관한 규정의 적용이 있는가가 문제된다. 이에 대하여 대법원은 종래의 판례를 번복하여, 이 경우도 형식적으로는 취소소송이므로 그 내용에 불구하고 취소소송에 관한 규정이 적용된다고 보고 있다.

2. 불가쟁력의 인정 여부

무효인 행정행위는 처음부터 그 효력이 인정되지 아니하므로, 이를 다툼에 있어서는 쟁송기간상의 제한을 받지 아니한다. 이에 비하여 취소할 수 있는 행정행위의 경우는 그 쟁송기간 내에 다투지 아니하면, 더 이상 이를 다툴 수 없는 힘, 즉 불가쟁력이 발생한다(행정심판법 27⑦, 행정소송법 20·38).

3. 선결문제

민사소송 또는 공법상 당사자소송에서 당연무효인 행정행위의 무효 여부가 그 선결문제로 되는 때에는, 그 수소법원은 스스로 당해 행위가 무효임을 판단할 수 있다. 이것은 형사사건에서도 마찬가지이다.

"민사소송에 있어서 어느 행정처분의 당연무효 여부가 선결문제로 되는 때에는 이를 판단하여 당연무효임을 전제로 판단할 수 있고 반드시 행정소송 등의 절차에 의하여 그 취소나 무효확인을 받아야 하는 것은 아니다"(대판 1973. 7. 10, 70다 1439).

4. 사정재결·사정판결

행정소송법 제28조 제1항 전단은, "원고의 청구가 이유 있다고 인정하는 경우에도 그 처분이나 재결을 취소하는 것이 현저히 공공복리에 적합하지 아니하다고 인정하는 때에는 법원은 원고의 청구를 기각할 수 있다"고 규정하고 있는바, 이러한 경우의 기각판결을 사정판결이라 한다. 이러한 사정판결제도는 위법한 처분에 의하여 조성된 사태가 공공복리와 관련을 가지는 경우에, 이를 취소하는 것이 현저히 공공복리에 반한다고 인정되는 경우에 예외적으로 당해 위법처분을 유지하려는 제도이다.

그러나 행정행위가 무효인 경우에는 그 위법성에도 불구하고 사정판결에 의하여 유지시킬 유효한 행정행위가 처음부터 존재하지 않기 때문에 이 제도는 적용되지 않는다.

5. 하자(위법성)의 승계

법률관계의 조속한 확정 및 안정성의 요청에 따라, 선행행위의 하자는 후행행위에 승계되지 않음이 원칙이다. 이에 대하여 선행행위가 무효인 경우에는 그 하자는 후행행위에 승계된다고 보는 것이 일반적 견해이다. 그러나 선행처분이 당연무효인 경우에는, 이를 전제로 하여 행하여지는 후속처분은 그 근거사유가 없는 것으로서 하자 있는 처분이 될 수밖에 없어, 이 경우는 위법성의 승계를 논할 필요도 없이 관계인은 원칙적으로 후속처분의 무효를 주장할 수 있을 것이다. 판례는 도시계획시설사업에 관한 실시계획의 인가처분이 당연무효인 경우에는 인가처분에 기초한 토지수용재결도 무효가 된다고 판시하였다 (대판 2015. 3. 20, 2011두3746).

6. 하자의 치유·전환

하자의 치유는 다만 취소할 수 있는 행정행위에만 인정되는 것이다. 한편, 하자 있는 행정행위의 전환은 무효인 행정행위에 인정된다고 보는 것이 종래의 통설적 견해이었다. 그러나 그 하자의 내용이 보다 가벼운 취소할 수 있는 행정행위에 이를 부인할 이유는 없다고 본다.

제 3. 하자(위법성)의 승계

1. 의 의

일정한 행정목적을 위하여 두 개 이상의 행정행위가 단계적으로 연속하여 행하여지는 경우에, 선행행위의 하자를 후행행위의 위법사유로서 주장할 수 있는가 하는 문제가 있는바, 이것이 하자의 승계문제이다.

이러한 하자의 승계는 선행행위에 불가쟁력이 발생하여 그 효력을 더 이상 다툴 수 없게 된 경우에도, 하자의 승계가 인정되는 경우에는 그 행위의 위법을 이유로 후행행위의 효력을 다툴 수 있게 된다는 점에서 이 이론의 실익이 있는 것이다.

2. 승계 여부

일반적으로 말하면, 행정상의 법률관계는 가능한 한 조속히 확정되고 안정되어야 하는 것이므로, 행정행위의 하자는 원칙적으로 각각 독립적으로 검토되어야 할 것이다. 그러므로 행정행위 상호간에 있어서의 하자의 승계는 인정되지 않음이 원칙이다.

1) 그러나 선행처분과 후행처분이 서로 결합하여 하나의 법적 효과를 완성하는 것인 때에는(예컨대, 조세체납처분에 있어 독촉·압류·매각·충당의 각 행위 사이 또는 행정대집행에 있어 계고·대집행영장의 통지·대집행·대집행비용의 납부명령의 각 행위 사이) 위법성의 승계가 인정되어, 선행처분이 위법하면 후속처분도 위법한 것으로 된다.1)

2) 이에 대하여 양자가 서로 독립하여 별개의 효과를 목적으로 하는 것인 때에는, 선행처분이 무효가 아닌 한 그 위법성은 후행처분에 승계되지 않는다. 그 대표적인 예로서 위법한 건물의 철거명령과 대집행의 계고처분 사이에는 위법성의 승계가 인정되지 아니한다고 보고 있다. 왜냐하면, 철거명령은 그 상대방에 철거의무를 부과하여 자주적으로 이를 이행시키는 것을 목적으로 하는 데

---

1) 판례
"동일한 행정목적을 달성하기 위하여 단계적인 일련의 절차로 연속하여 행하여지는 선행처분과 후행처분이 서로 결합하여 하나의 법률효과를 발생시키는 경우, 선행처분이 하자가 있는 위법한 처분이라면 비록 하자가 중대하고도 명백한 것이 아니어서 선행처분을 당연무효의 처분이라고 볼 수 없고 행정쟁송으로 효력이 다투어지지도 아니하여 이미 불가쟁력이 생겼으며 후행처분 자체에는 아무런 하자가 없다고 하더라도, 선행처분을 전제로 하여 행하여진 후행처분도 선행처분과 같은 하자가 있는 위법한 처분으로 보아 항고소송으로 취소를 청구할 수 있다"(대판 1993. 2. 9, 92누4567). 동지 대판 1993. 11. 9, 93누14271 : 대집행에서 선행처분인 계고처분의 위법을 이유로 후행처분인 대집행납부명령을 다툴 수 있다고 한 판례.
이외에 판례상 하자의 승계가 인정된 사례로서는, ① 한지의사시험자격인정과 한지의사면허처분(대판 1975. 12. 9, 75누123), ② 기준지가고시처분과 토지수용처분(대판 1979. 4. 24, 78누227), ③ 독촉과 가산금·중가산금징수처분(대판 1986. 10. 28, 86누147) 등이 있다.

대하여, 대집행은 행정청이 의무자에 대신하여 그 의무의 내용을 강제적으로 실현하는 것을 그 목적으로 하는 것으로서, 양자는 행정목적을 달리하기 때문이다. 또한 과세처분과 체납처분의 경우 전자는 납세의무를 구체적으로 확정하는 것인 데 대하여, 후자는 이미 확정된 조세채무에 기한 강제집행절차로서 각각 다른 효과를 목적으로 하는 것이기 때문에, 위법성의 승계는 인정되지 않는다고 본다.[1]

3) 그러나 선행처분이 당연무효인 경우는, 전술한 바와 같이, 이를 전제로 하여 행하여지는 후행처분은 정당한 처분사유가 없는 처분으로서 위법한 처분이 되는 것이므로, 이 경우는 하자의 승계를 논할 필요도 없이 원칙적으로 그 무효를 주장할 수 있을 것이다.

4) 전술한 것이 통설이며 또한 판례의 원칙적 입장이나, 대법원은 수인한도의 법리에서 이에 대한 예외를 인정한 바 있다. 즉 쟁송기간이 도과한 개별공시지가결정의 위법을 이유로 하여 그에 기초하여 부과된 양도소득세 부과처분의 취소를 구한 사건에서, 대법원은 당해 결정은 이해관계인에게 개별적으로 고지되는 것도 아니고, 또한 관계인으로서는 이러한 개별공시지가가 자신에게 유리 또는 불리하게 적용될 것인지도 알기 어려운 것으로서, 이러한 사정하에서 관계인이 그 쟁송기간 내에 당해 처분을 다투지 않았다고 하여 이를 기초로 한 과세처분 등 후행처분에서 그 위법을 주장할 수 없도록 하는 것은 관계인에 수인한도를 넘는 불이익을 강요하는 것이므로, 이러한 경우에는 관계인은 개별공시지가결정과 과세처분은 서로 독립하여 별개의 법률효과를 목적으로 하는 것임에도 불구하고, 관계인은 후행처분인 과세처분의 위법사유로서 선행처분인 개별공시지가결정의 위법을 주장할 수 있다고 선언하였다.[2]

---

1) 판례상 하자의 승계가 부정되고 있는 사례로서는 이외에도, ① 직위해제처분과 면직처분(대판 1984. 9. 11, 84누191), ② 사업인정과 토지수용재결처분(대판 1987. 9. 8, 87누395), ③ 액화석유가스판매사업허가와 사업개시신고반려처분(대판 1991. 4. 23, 90누8756), ④ 수강거부처분과 수료처분(대판 1994. 12. 23, 94누477), ⑤ 택지개발계획의 승인과 수용재결처분(대판 1996. 4. 26, 95누13241), ⑥ 도시·군계획시설결정과 실시계획인가(대판 2001. 4. 13, 2016두49938) 등이 있다.

2) 판례
"개별공시지가결정은 이를 기초로 한 과세처분 등과는 개별의 독립된 처분으로서 서로 독립하여 별개의 법률효과를 목적으로 하는 것이나, 개별공시지가는 이를 토지소유자나 이해관계인에게 개별적으로 고지하도록 되어 있는 것이 아니어서 토지소유자 등이 개별공시지가결정 내용을 알고 있었다고 전제하기도 곤란할 뿐만 아니라 결정된 개별공시지가가 자신에게 유리하게 적용될 것인지 또는 불이익하게 적용될 것인지 여부를 쉽사리 예견할 수 있는 것도 아니며, 더욱이 장차 어떠한 과세처분 등 구체적인 불이익이 현실적으로 나타나게 되었을 경우에 비로소 권리구제의 길을 찾는 것이 우리 대법원의 판례에 의한 전기한 예외의 인정에 있어서는, 행정법의 일반원리의 하나인 수인한도의 법리가 결정적 기준이 되고 있는 것으로 보인다. 그러나 수인한도라는 기준은 구체적 척도를 제시하는 것은 아니고 보면, 이러한 기준에 따른 예외의 범위의 획정문제가 하나의 중요한 문제로 제기된다고 하겠다. 이에 대하여 판례는 표준지공시지가의 경우는 개별공시지가와는 달리 하자의 승계를 인정하지 아니하였다(대판 1995. 11. 10, 93누16468; 대판 1997. 9. 26, 96누7649). 그러나 대법원은 이후의 판결에서는 표준지공시지가의 경우에도 그 자체를 행정소송의 대상이 되는 행정처분으로서 그 위법 여부를 다툴 수 있을 뿐만 아니라, 수용보상금의 증액을 구하는 소송에서 그 선행처분으로서 수용대상 토지 가격 사정의 기초가 된 비교표준지공시지가결정의 위법을 독립된 사유로 주장할 수 있다고 하였다(대판 2008. 8. 21, 2007두13845). 나아가 최근에는 공시지가결정 이외의 처분에 대해서도 수인한도를 기준으로 하자의 승계를 인정한 판례가 등장하였다. 대법원은 '일제강점하 반민족행위 진상규명에 관한 특별법'에 따른 친일반민족행위자 결정(선행처분)의 하자는 '독립유공자 예우에 관한 법률'에 의한 법적용 배제결정(후행처분)에 승계된다고 하였다(대판 2013. 3. 14, 2012두6964). 위 판결에서 대법원은 ① 원고가 선행처분을 알지 못하였던 점, ② 선행처분은 후행처분의 이유를 구성하는 확인적 처분에 불과하고 원고의 입장에서는 후행처분이 직접적으로 중요하고 본질적인 처분인 점, ③ 이러한 상황에서 선행처분에 대하여 이의신청절차를 밟거나 후행처분과 별개로 행정심판 내지 행정소송을 제기하기 매우 어려운 점을 근거로 선행처분의 하자를 이유로 후행처분의 효력을 다툴 수 없게 하는 것은 원고에게 수인한도를 넘는 불이익을 주고 그 결과가 원고에게 예측가능한 것이라고 할 수 없다고 판단하였다.

국민의 권리의식임을 감안하여 볼 때 토지소유자 등으로 하여금 결정된 개별공시지가를 기초로 하여 장차 과세처분 등이 이루어질 것에 대비하여 항상 토지의 가격을 주시하고 개별공시지가결정이 잘못된 경우 정해진 시정절차를 통하여 이를 시정하도록 요구하는 것은 부당하게 높은 주의의무를 지우는 것이라고 아니할 수 없고, 위법한 개별공시지가를 기초로 한 과세처분 등 후행 행정처분에서 개별공시지가결정의 위법을 주장할 수 없도록 하는 것은 수인한도를 넘는 불이익을 강요하는 것으로서 국민의 재판을 받을 권리를 보장한 헌법의 이념에도 부합하는 것이 아니라고 할 것이므로, 개별공시지가결정에 위법이 있는 경우에는 그 자체를 행정소송의 대상이 되는 행정처분으로 보아 그 위법 여부를 다툴 수 있음은 물론 이를 기초로 한 과세처분 등 행정처분의 취소를 구하는 행정소송에서도 선행처분인 개별공시지가결정의 위법을 독립된 위법사유로 주장할 수 있다고 해석함이 타당하다"(대판 1994. 1. 25, 93누8542).

3. 하자의 승계에 관한 새로운 논의 ─ 구속력론

(1) 이 설의 내용

행정행위의 하자의 승계에 관한 이상의 전통적·일반적 견해와는 달리, 이 문제를 불가쟁력이 발생한 행정행위의 후행행위에 대한 구속력의 문제로서 파악하려는 견해가 제시되고 있다.[1] 이 설은 2개 이상의 행정행위가 동일한 법적 효과를 추구하고 있는 경우에는, 선행행위는 일정한 조건하에서 후행행위에 대하여 구속력을 가지게 되는 것으로서, 이러한 구속력이 미치는 한도에서는 후행행위에서 선행행위의 효과를 다툴 수 없게 된다고 한다.

이 설은 이러한 구속력이 인정되기 위한 조건으로서, ① 양 행정행위가 동일한 목적을 추구하고, 그 법적 효과가 일치할 것(사물적 한계), ② 양 행위의 수범자가 일치할 것(대인적 한계), ③ 선행행위의 사실상태 및 법상태가 동일성을 유지할 것(시간적 한계)이라는 기본적 조건 외에, 추가적 조건으로서 ④ 구속력의 결과에 대한 예측가능성과 수인가능성이 있을 것을 들고 있다.

이 설은 전기한 제한적 조건하에서는 행정행위는 판결의 기판력에 준하는 구속력을 가지는 것으로서, 이러한 구속력이 미치는 한 선행행위의 후행행위에의 하자의 승계는 부정된다고 하고 있다.

(2) 이 설의 비판적 검토

이 설은 하자의 승계에 관한 일반적 견해에 비하여 보다 구체적인 기준을 제시하고 있다는 점에서는 일단 긍정적인 측면이 있다. 그러나 이 설에는 기본적으로 다음의 몇 가지 문제점이 있는 것으로 보인다. 첫째, 이 설은 충분한 논거도 제시하지 아니한 채, 판결의 기판력이 발생하는 한계에 관한 이론을 선행행위의 후행행위에 대한 구속력의 한계에 관한 논의에 차용하고 있다. 그런데 판결은 중립적 제3자인 법원이 엄격한 절차를 거쳐 내린 것임을 전제로, 분쟁의 해결이라는 재판작용의 목적상 법적 평화의 유지를 위해 기판력이 인정되는 것인데 대하여, 판결과 같은 수준의 판단자의 중립성이나 절차의 엄격성이 보장되지 않는 행정행위에 대해 기판력의 한계에 관한 논의를 그대로 차용하여 구속력의 범위를 결정할 수 없다고 할 것이다. 둘째, 이 설에서는 선행행위와 후행행위가 동일한 법적 효과를 추구하는 경우에는 선행행위에는 구속력이 인정되어 후행행위에서 그 효력을 다툴 수 없다고 하고 있다. 그런데 이 설에서

---

1) 김남진, 행정법(Ⅰ), pp. 343~347.

들고 있는 예(과세처분과 체납처분, 위법한 건물의 철거명령과 대집행)는 양 행위가 동일한 법적 효과를 발생하는 경우라고는 볼 수 없는 것이라는 점이다. 끝으로, 이 설에서 추가적 조건으로 들고 있는 예측가능성과 수인가능성은 실질적 법치주의하에서 국민의 권리보호를 위한 일반적 법원리로 인정되는 것으로서, 그것이 구속력론의 특유한 논거나 조건이 되는 것은 아니라는 점이다.

제 4. 행정행위의 하자의 치유와 전환

행정행위의 성립에 하자가 있는 경우에는 그 하자의 정도에 따라, 무효로 되거나 취소할 수 있음이 원칙이다. 그러나 이러한 행정행위의 하자론의 예외로서, 그 성립에 하자가 있는 위법한 행정행위라 할지라도 적법한 행정행위로서 그 효력을 유지시키는 법리가 있는바, 이것이 하자의 치유와 전환의 이론이다. 그러나 이러한 이론의 논거는 명백하지 않은데, 일반적으로는 공공복지의 실현, 무익한 행정행위의 반복의 방지, 당사자의 법적 안정성의 보장 등이 제시되고 있다.

그러나 실제 하자의 치유나 전환은 행정청이 그 처분의 효력을 유지하기 위하여 주장하는 것이 대부분의 경우이다. 따라서 하자의 치유·전환의 요건을 명확히 하고, 또한 그 해석도 엄격하게 할 필요가 있다고 본다.[1]

Ⅰ. 하자의 치유

1. 의 의

하자의 치유란 행정행위가 행해진 후에 일정한 사유로 그 처분시에는 흠결되었던 요건이 추완된 경우에, 당해 행위를 하자 없는, 즉 적법한 행위로 취급하는 것을 말한다. 무효인 행정행위는 처음부터 법적 효력을 발생하지 아니하는 것이므로, 그것이 예외적으로 다른 행위로 전환되는 것은 별론으로 하고, 본래의 행정행위로서는 그 효력을 발생할 수 없다 할 것이다. 따라서 행정행위의

---

1) 판례
   "하자 있는 행정행위의 치유나 전환은 행정행위의 성질이나 법치주의의 관점에서 볼 때 원칙적으로 허용될 수 없는 것이지만, 행정행위의 무용한 반복을 피하고 당사자의 법적 안정성을 위해 이를 허용하는 때에도 국민의 권리와 이익을 침해하지 않는 범위에서 구체적 사정에 따라 합목적적으로 인정해야 할 것이다"(대판 1983. 7. 26, 82누 420).

치유는 취소할 수 있는 행정행위에만 인정된다고 본다.

2. 사 유

치유가 인정될 수 있는 경우로서는, ① 요건의 사후보완(예컨대, 필요한 신청서의 사후제출 또는 보완, 무권한대리의 추인, 불특정 목적물의 사후특정, 타기관 또는 상대방의 협력이 결여된 경우의 추인, 처분의 형식·절차의 사후이행·보완 등), ② 이른바 사실상 공무원의 이론,[1] ③ 장기간 방치에 따른 행정행위의 내용실현, ④ 취소할 수 없는 공공복리상의 필요를 드는 것이 보통이다.[2] 그러나 ③·④의 경우는 엄격한 의미에서 보면 치유사유가 아니라 취소(직권취소 또는 쟁송취소)의 제한사유라 할 것이다. 이 외에도 그 하자가 경미하여 취소할 만한 성질의 것은 아니라고 판단되는 경우도 이를 하자의 치유의 경우에 포함시키는 견해도 있다. 그러나 이 경우도 엄격한 의미에서는 취소의 제한사유로 보아야 할 것이다.

실제 하자의 치유가 문제되거나 인정되는 것은 주로 형식·절차상의 하자가 처분 후에 추완된 경우이다.

일반적으로 하자의 치유의 인정 여부는 위법성의 정도, 그 위반법규의 취지·목적 및 당해 행정행위(침익적·수익적 또는 복효적 행위)에 의하여 형성되는 이익상황 등을 구체적으로 검토한 후에, 법치주의원칙을 희생시킬 만한 다른 법적 가치의 존부 및 그 경우에 침해될 수 있는 공익이나 기타 이익의 내용을 비교형량하여 결정하여야 할 것이다. 이러한 관점에서 하자가 비교적 경미하고 또한 제3자의 기존의 이익이 존재하는 경우에는 치유를 인정할 여지가 있다 할 것이나, 그러하지 않은 경우에는 법률에 의한 행정의 원리상 그 치유를 안이하게 인정하여서는 안될 것이다.

3. 하자의 치유시한

하자의 치유가 인정된다고 하는 경우에도 그것이 언제까지 가능한가의 문제가 있다. 이에 대하여는 주로 절차상 하자의 치유의 문제와 관련하여 다음의 여러 견해가 제시되고 있다. 즉 ① 쟁송제기 이전에만 가능하다는 견해(다수설적 입장), ② 쟁송이 제기되어 계속중인 경우에도 가능하다는 견해, ③ 소송절차의

---

1) 이것은 공무원 또는 행정청의 자격이 없는 자의 처분등에 대하여 일정한 경우 행정질서의 안정과 계속성의 보장의 관점에서 이를 적법·유효한 행위로 취급하는 것을 말한다.
2) 김도창, 행정법(상), p. 484; 변재옥, 행정법(Ⅰ), p. 356.

종결시까지는 가능하다는 견해 등이 제시되고 있다. 판례는 늦어도 과세처분에 대한 불복여부의 결정 및 불복신청에 편의를 줄 수 있는 상당한 기간 내에만 가능하다고 하여 행정심판 제기 이전에만 가능하다는 입장을 취하고 있다(대판 1984. 4. 10, 83누393).

행정절차의 행정작용의 적정화나 국민의 권리·이익의 사전구제적 기능 등을 고려하면, 쟁송제기 이전설이 가장 타당하다고 본다.

II. 하자 있는 행정행위의 전환

1. 의 의

하자 있는 행정행위의 전환이라 함은 행정행위가 원래의 행정행위로서는 위법한 것으로서 취소할 수 있거나 무효인 행위이나, 이를 다른 행정행위로 보면 그 요건이 충족되는 경우에, 그러한 다른 행정행위로 보아 유효한 행위로 취급하는 것을 말한다. 치유는 흠있는 행정행위가 본래의 행정행위로서 적법한 행위로 취급되는 것인 데 대하여, 전환은 본래의 행정행위가 아니고 다른 행정행위로서 유효한 행위로 되는 점에서 양자는 다르다. 종래 행정행위의 전환은 무효인 행정행위에 대하여만 인정하였으나, 그 하자의 내용이 보다 가벼운 취소할 수 있는 행정행위에 이를 부인할 이유는 없다고 할 것이다.

전환이 인정될 수 있는 경우로서는 예컨대, 신청에 하자가 있는 부재지주의 농지를 직권조사에 의한 매수처분으로 인정하거나, 사자에 대한 허가를 그 상속인에 대한 것으로 보는 경우 등을 들 수 있다.

2. 요 건

하자 있는 행정행위가 유효한 행위로의 전환이 인정되기 위하여는, ① 양 행정행위 사이에 요건·목적·효과에 있어 실질적 공통성이 있고, ② 원처분이 전환되는 행위로서의 성립·발효요건을 갖추고 있어야 하며, ③ 하자 있는 행정행위를 한 행정청의 의도에 반하지 않아야 하고, ④ 당사자에게 원처분의 경우보다 불이익을 부과하는 것이 아니어야 하며, ⑤ 제3자의 이익을 침해하는 것이 아니어야 한다.

Ⅲ. 처분사유의 추가·변경

처분사유의 추가·변경이란, 행정소송 단계에서 당초의 처분사유에 새로운 사유를 추가하거나, 당초의 사유와는 다른 새로운 사유로 대체하는 것을 말한다. 그 허용성 내지 범위에 대하여는 견해가 갈리고 있으나, 판례는 처분사유의 추가·변경은 기본적 사실관계의 동일성이 인정되는 한도에서만 허용된다고 보고 있다.

이러한 처분사유의 추가·변경은 위에서 검토한 절차적 하자의 치유로서의 처분사유의 추완 및 하자 있는 행정행위의 전환과는 다르다. 먼저 처분사유의 추가·변경의 경우에 있어서는 형식적으로는 처분사유는 일단 적법하게 부기되어 있으나, 이들 사유가 해당 처분을 적법하게 지탱할 수 없는 것으로 보이는 경우에 부기된 사유를 다른 사유로 변경하거나 그에 다른 사유를 추가하는 것이다. 이에 대하여 처분 사유의 추완행위는 처분시에는 흠결되어 있던 처분사유를 사후에 제시하여 절차적 흠을 시정하여 그 처분을 적법하게 하는 행위이다. 처분시에는 흠결되었던 요건이 추완되는 것으로서의 하자의 치유(예컨대 처분이유의 사후제시)와 구별된다. 다음에 처분사유의 추가·변경의 경우에는 처분의 동일성의 유지가 전제된다는 점에서, 그것은 하자 있는 행정행위의 전환과는 다르다.

제7절 행정행위의 취소

Ⅰ. 개 설

광의의 행정행위의 취소에는 협의의 취소 외에 무효선언으로서의 취소와 철회가 포함된다. 그러나 무효선언으로서의 취소는 당해 행정행위가 그 하자의 중대·명백성으로 인하여 처음부터 효력을 발생하지 않았던 것으로서, 내용적으로는 공적으로 그 무효임을 선언하는 것이다. 또한 철회는 적법하게 성립한 행정행위의 효력을 더 이상 존속시킬 수 없는 사정에 기하여 그 효력을 소멸시키는 행위라는 점에서 협의의 취소와는 다르다.

강학상 행정행위의 취소라고 하는 경우에는 협의의 취소만을 지칭하는바, 이하에서 취소라는 개념은 협의의 관념으로 쓴다.

1. 의 의

행정행위의 취소라 함은, 그 성립에 흠이 있음에도 불구하고 일단 유효하게 성립한 행정행위를 그 성립상의 흠을 이유로 권한 있는 기관이 그 효력의 전부 또는 일부를 원칙적으로 그 행위시에 소급하여 상실시키는 행위를 말한다.

이러한 의미의 취소에는 직권취소와 쟁송취소가 있다. 직권취소는 권한 있는 행정기관이 직권으로 행정행위의 효력을 상실시키는 행위로서, 그 자체도 행정행위이다. 행정행위는 제소기간의 도과 등으로 불가쟁력이 발생한 경우에도, 그에 의하여 당해 행위의 하자가 치유되는 것은 아니므로 직권취소의 대상이 될 수 있다.

2. 직권취소와 쟁송취소

직권취소와 쟁송취소는 모두 행정행위의 성립상의 흠을 이유로 그 효력을 상실시키는 형성적 행위라는 점에서는 공통성이 있다. 그러나 양자 사이에는 그 취소권자·절차·내용·이익상황 등에 있어 여러 가지 차이가 있다.

(1) 취소권자

직권취소의 취소권자는 행정청(처분청·감독청)이고, 쟁송취소의 취소권자는 행정심판위원회 또는 법원이다.

(2) 취소의 목적

쟁송취소는 위법·부당한 행정행위로 인하여 그 권리·이익의 침해를 받은 자에 의한 쟁송(행정심판·행정소송)의 제기에 의하여 권한 있는 기관이 당해 행위의 효력을 소멸시키는 것이다. 쟁송취소는 위법한 행정행위의 효력을 소멸시킴으로써, 위법상태를 시정하여 행정의 적법상태를 확보하고, 위법한 행정행위에 의하여 침해된 국민의 권리·이익을 구제하는 데에 그 목적이 있다.

이에 대하여 직권취소는 행정행위를 그 성립상의 하자를 이유로 행정청이 스스로의 발의에 의하여 취소하는 것으로서, 그 목적은 행정의 적법상태를 회복시킴과 동시에 적극적·장래지향적으로 행정목적을 실현하는 데에 있다.

(3) 취소의 절차

쟁송취소는 행정심판법·행정소송법이나 개별법이 정하는 쟁송절차에 의하게 된다.

직권취소의 취소절차에 대하여는 뒤의 직권취소 부분에서 상론한다.

(4) 취소의 대상

직권취소는 주로 수익적 행정행위를 그 대상으로 하는 결과, 뒤에서 보는 바와 같이 취소권 제한의 문제가 제기된다. 이에 대하여 쟁송취소에 있어서는 침익적 행정행위가 그 대상이 된다. 상대방에 대하여는 수익적이나 제3자에 대하여는 침익적인 성격의 복효적 행정행위의 경우에는 제3자의 쟁송제기에 의하여도 취소할 수 있다.

(5) 취소의 내용

직권취소의 경우에는 그 권한 있는 기관은 행정행위를 취소 또는 변경할 수 있다고 보고 있고, 행정심판에 의한 취소에 있어서도 행정심판이 본질적으로 행정의 자율적 통제제도로서의 의미를 가진다는 점에서, 행정행위의 적극적 변경이 허용되는 것으로 해석되고 있다. 그러나 행정행위의 취소가 그 성립상의 흠을 이유로 그 효력을 상실시키는 행위라고 한다면, 행정행위의 내용의 적극적 변경은 엄격한 의미에서는 취소의 범위를 벗어나는 것이라 할 것이다. 즉, 행정행위의 변경은 내용적으로 보면 본래의 행정행위를 취소하고 새로운 행정행위로 대체하는 합성행위로서의 성격을 가지는 것이기 때문이다.

행정소송에 의한 취소의 경우에는, 그 성질상 적극적 변경은 허용되지 않는다고 본다.

(6) 취소기간

쟁송취소에 있어서는 쟁송제기기간상의 제한이 있으나(행정심판법 27, 행정소송법 20), 직권취소의 경우에는 원칙적으로 기간상의 제한이 없다. 그러나 직권취소의 경우에도 실권의 법리에 따르면 실질적인 기간의 제한을 받는다.

(7) 취소의 효과

쟁송취소는 행정행위의 위법상태를 시정하여 행정의 적법상태를 회복시키는 것을 그 목적으로 하는 것이므로, 취소의 효과는 당연히 기왕에 소급한다. 그러나 직권취소에 있어서는 상대방의 신뢰보호와의 관련에서 그 소급효가 제한되는 경우도 있다.

쟁송취소에는 불가변력(확정력)이 인정되나, 직권취소에는 관계법상 특별한 절차가 규정되어 있지 아니한 한, 원칙적으로 불가변력은 인정되지 않는다.

쟁송취소는 뒤의 행정구제법에서 검토되므로, 다음에서는 직권취소에 관하여만 살펴보기로 한다.

Ⅱ. 직권취소

1. 의 의

행정행위의 직권취소라 함은, 일단 유효하게 성립한 행정행위를 그 성립상
의 하자를 이유로 권한 있는 행정기관이 그 효력을 원칙적으로 기왕에 소급하
여 상실시키는 별개의 행정행위를 말한다.

2. 취 소 권

(1) 근 거

행정행위의 근거법이 당해 행위가 위법하게 되는 경우를 상정하여 그 직권
취소에 관한 명시적 규정을 두고 있는 경우는 거의 없다. 그런데 직권취소는 주
로 수익적 행정행위를 대상으로 한다는 점을 고려하면, 그 취소는 상대방의 권
익을 침해한다는 점에서 그에 관한 명시적인 법적 근거가 필요하다는 견해가
성립될 수 있다(침해유보설). 그러나 법치주의, 보다 구체적으로는 행정의 법률적
합성원칙의 관점에서 보면, 행정청에는 별도의 명시적 근거규정 없이도 위법한
행정작용을 스스로 시정할 수 있는 권한이 있다고 보아야 할 것이다.[1]

(2) 취소권자

처분청이 취소권을 가지는 점에 대하여는 의문이 없다. 이에 반하여 감독
청도 명문의 규정이 없는 경우 취소권을 가지는가에 대하여는 견해가 갈리고
있다.

1) 적극설에 의하면, 감독청에 의한 취소는 하급 행정청의 위법한 행정행
위를 시정하는 행정의 자율적 통제수단이므로, 취소권은 감독권에 당연히 포함
되어 있다고 본다. 다만 철회권이 감독청에 인정되지 않는 것은 철회의 경우 새
로운 후발적 사정과 관련하여 그 행위를 존속시킬 것인지 여부를 판단하는 것
은 성질상 새로운 행정행위를 하는 것과 같으므로, 그 판단권은 처분청만이 가
져야 하는 것이기 때문이라고 한다.

2) 이에 대하여 소극설에 의하면, 감독청은 법률에 명시적 규정이 없는 한
처분청에 대한 당해 행위의 취소명령권만을 가진다고 본다. 그것은 하급 행정
청의 처분을 감독청이 취소하는 것은 일종의 대집행적 성질을 가지는 것이고,

---

1) 판례
  "행정행위를 한 처분청은 그 행위에 하자가 있는 경우에는 별도의 법적 근거가 없더
  라도 스스로 이를 취소할 수 있다"(대판 1986. 2. 25, 85누664).

취소는 훈령과는 달리 대외적 효력이 있는 것이기 때문이라고 한다.

3) 생각건대 행정조직법상 상급 행정청이 감독권의 일환으로서 하급행정청의 위법한 행위를 시정할 수 있는 권한을 가지는 것이라면, 이러한 권한의 내용을 단순히 위법한 행위의 시정명령에 그치는 것이라고 보아야 할 이유는 없다고 본다.

3. 취소사유

취소사유에 관하여는 관계법에서 명문의 규정을 두고 있는 경우도 있으나, 그러한 규정이 없는 경우에도 무효원인에 이르지 않는 행정행위의 하자가 있으면 일반적 취소사유가 된다. 즉 내용적으로는 단순한 위법(실정법·불문법원리 위반) 또는 부당이 취소사유가 된다. 이와 관련하여 몇 가지 특별히 문제가 되는 경우를 살펴본다.

1) 행정청의 착오로 위법한 수익적 처분이 행하여진 경우는, 상대방의 신뢰보호의 견지에서 그 취소는 허용되지 않거나 제한된다 할 것이다.[1] 이에 대하여는 아래에서 상술한다.

2) 처분이 사기·강박·증수뢰 등에 기한 것인 때에는, 상대방의 신뢰보호의 문제는 제기되지 않는 것이므로, 행정청은 당해 처분을 취소할 수 있고, 또한 그 취소의 효과도 기왕에 소급한다. 이 경우 당해 처분이 객관적으로 위법하지 않은 경우에도, 그에는 동기상 위법이 있는 것이므로 역시 취소의 대상이 된다.

3) 행정행위의 부당도 광의의 하자로서 취소원인으로 인정되고 있다. 그러나 부당한 행정행위는 내용적으로는 적법한 행위라는 점에서, 수익적 행정행위에 대한 상대방의 신뢰보호가 인정되는 한에서는, 부당을 이유로 하는 취소는 허용되지 아니한다 할 것이다.

---

[1] 판례

"행정처분에 하자가 있음을 이유로 처분청이 이를 취소하는 경우에도 그 처분이 국민에게 권리나 이익을 부여하는 이른바 수익적 행정행위인 때에는 그 처분을 취소하여야 할 공익상필요가 그 취소로 인하여 당사자가 입게 될 기득권과 신뢰보호 및 법률생활안정의 침해 등 불이익을 정당화할 만큼 강한 경우에 한하여 취소할 수 있으나, 그 처분의 하자가 당사자의 사실은폐나 기타 사위의 방법에 의한 신청행위에 기인한 것이라면 당사자는 그 처분에 의한 이익이 위법하게 취득되었음을 알아 그 취소가능성도 예상하고 있었다고 할 것이므로 그 자신이 위 처분에 관한 신뢰의 이익을 원용할 수 없음은 물론 행정청이 이를 고려하지 아니하였다고 하여도 재량권의 남용이 되지 않는다"(대판 1991. 4. 12, 90누9520).

4. 취소권의 제한

행정행위의 직권취소에 있어서는 수익적 행정행위와 침익적 행정행위는 그 이익상황을 달리하는 것으로서, 직권취소의 제한의 문제는 기본적으로 수익적 행정행위의 취소의 경우에 제기되는 것이다.

(1) 수익적 행정행위의 취소

1) 기본적 제한사유 — 법적 안정성 및 신뢰보호원칙에 의한 제한　　취소 원인인 하자 있는 행정행위는 취소되기 전까지는 일단 유효한 행위로 존속하고, 그를 기초로 하여 법률관계가 형성된다. 이 경우 행정청이 당해 행정행위를 그 성립상의 흠을 이유로 자유로이 취소할 수 있다고 한다면, 그에 따라 법률생활의 안정과 국민의 신뢰를 해치는 결과를 가져오는 경우가 적지 않을 것이다.

전통적으로는 행정의 법률적합성의 원칙에 따라 하자 있는 행정행위는 행정청이 자유로이 취소할 수 있는 것으로 인정되고 있었다(취소자유원칙). 그러나 1950년대 후반부터 독일에서는 판례를 중심으로 하여 신뢰보호의 원칙에 기한 이익형량의 원리에 따라 종래의 취소자유의 원칙은 취소제한의 원칙으로 전환되었다. 다만 이에 대하여 「포르스트호프」는 신뢰보호의 원칙에 기한 취소권의 제한은 법치주의의 원리에 반한다고 보아, 판례의 태도를 정면으로 비판한 바 있다. 그러나 통설에 의하면 헌법상의 법치주의는 법률적합성 원리와 법적 안정성 원리를 동위적·동가치적인 구성요소로 하는 것으로서, 신뢰보호의 원칙은 후자에서 도출되는 것으로 보고 있다. 따라서 행정행위의 직권취소는 법률적합성 원칙에 따른 요청과 신뢰보호의 원칙에 따른 요청을 구체적으로 비교형량하여 결정되어야 하는 것으로 보고 있다. 이러한 양대원리의 구체적 비교형량에 있어서는, 행정행위의 성질이나 구체적 상황 등에 따라, ① 직권취소가 허용되지 않는 경우(신뢰보호원칙에 따른 당해 행정행위 존속요청이 공익상의 요청에 따른 직권취소의 필요보다 더 큰 경우), ② 취소 자체는 허용되나 그에 따르는 손실의 보상이 요청되는 경우, 또는 ③ 취소의 효과가 제한되어 단지 장래적 효과만이 인정되는 경우 등이 상정될 수 있다.

독일연방행정절차법은 신뢰보호원칙과 관련하여 위법한 행정행위의 취소가 제한되는 경우를 다음의 두 가지로 나누어 규정하고 있다. 먼저 동법 제48조 제2항은 금전급부와 가분적 현물급부를 내용으로 하는 수익적 행정행위에 대한 것으로서, 상대방이 그것이 존속할 것으로 믿었고 그러한 신뢰와 취소에 따르는 공공이익의 형량의 결과 그 신뢰가 보호가치 있는 것으로 인정되는 경우에는 행정청은 당해 행위를 취소할 수 없다고 규정하고 있다. 다음에 동조 제3항은 제2항에 정한 행정행위 이외의 수익적 행정행위는 상대방의 신뢰가 보호가치 있는 경우에도 취소될 수 있으나, 그것이 존속할 것이라는 신뢰에 반하는 취소처분으로 인하여 발생하는 재산상 손실은 이를 보상하여야 한다고 규정하고 있다.

우리나라에서도 국세기본법(법 15)이나 행정절차법(법 4②)은 신뢰보호원칙을 명문으로 규정하고 있다. 그러나 이에 관한 명문의 규정이 없는 경우에도 판례는 이 원칙을 행정법의 불문법원리로 보아 그에 따라 위법한 수익적 행정행위의 취소의 제한을 인정하고 있다.[1]

이러한 법적 안정성 및 신뢰보호원칙에 따른 수익적 행정행위의 취소권의 제한은 당해 행위가 제3자에게 침익적 효과를 발생하는 복효적 행정행위의 경우에는, 당해 행위에 불가쟁력이 발생하기 전에는 상대방은 이를 주장할 수 없다 할 것이다. 왜냐하면, 상대방은 제3자의 당해 행위에 대한 쟁송제기를 충분히 예견할 수 있기 때문이다.[2]

상술한 바와 같이 수익적 행정행위의 직권취소는 기본적으로 행정의 법적 안정성 및 신뢰보호원칙에 따른 제한을 받는 것이나, 그 제한사유는 반드시 이에 한정되지는 아니한다.

2) 기타 제한사유

㈎ 위법한 행정행위의 치유·전환이 인정되는 경우 및 형식·절차상의 하자가 경미하여 행정행위의 실체적인 내용에 영향이 없는 경우(후자는 하자의 치유의 내용으로 보는 견해도 있다).

㈏ 인가 등과 같이 사인의 법률행위를 완성시켜 주는 행위　이 경우는 그 인가의 대상인 행위를 기초로 하여 여러 법률관계가 형성되는 것이므로, 사적 거래의 안정 내지는 법률생활의 안정의 관점에서 당해 인가 등의 취소가 제

---

1) 판례
"행정처분에 하자가 있음을 이유로 처분청이 이를 취소하는 경우에도 그 처분이 국민에게 권리나 이익을 부여하는 이른바 수익적 행정행위인 때에는 그 처분을 취소하여야 할 공익상 필요와 그 취소로 인하여 당사자가 입게 될 기득권과 신뢰보호 및 법률생활의 안정의 침해 등 불이익을 정당화할 만큼 강한 경우에 한하여 취소할 수 있으나, 그 처분의 하자가 당사자의 사실은폐나 기타 사위의 방법에 의한 신청행위에 기인한 것이라면 당사자는 그 처분에 의한 이익이 위법하게 취득되었음을 알아 그 취소가능성도 예상하고 있었다고 할 것이므로 그 자신이 위 처분에 관한 신뢰의 이익을 원용할 수 없음은 물론 행정청이 이를 고려하지 아니하였다고 하여도 재량권의 남용이 되지 않는다"(대판 1991. 4. 12, 90누9520).
2) 정하중, 행정법총론, 2005, p. 309.

한된다.

㈐ 포괄적 신분설정행위(공무원임명·귀화허가 등)   법적 안정성의 견지에서 이들 행위의 취소도 제한을 받는다.

㈑ 실권의 법리   취소권자가 상당히 장기간에 걸쳐 그 권한을 행사하지 아니한 결과, 장차 당해 행위는 취소되지 않을 것이라는 신뢰가 형성된 경우에는, 그 취소권은 상실된다고 할 것이다. 독일행정절차법은 이러한 실권의 법리를 명문화하여, 행정청은 행정행위의 취소를 정당화하는 사실을 안 날로부터 1년이 경과한 뒤에는 취소할 수 없다고 규정하고 있다(법 48④). 이러한 실권의 법리는 신뢰보호원칙을 기초로 하고 있는 것이다.

㈒ 쟁송절차를 거쳐 행하여지는 준사법적 행위(행정심판의 재결 등)나 일정한 확인행위(예컨대, 당선인결정·국가시험합격자결정 등)에는 불가변력이 발생하므로, 그 한도에서는 취소가 허용되지 않거나 제한을 받는다.

(2) 침익적 행정행위의 취소

침익적 행정행위의 취소에 있어서는 전술한 수익적 행정행위의 경우와 같은 신뢰보호원칙에 의한 제한은 적용되지 아니한다. 따라서 침익적 행정행위의 경우는 그 취소 여부는 원칙적으로 취소권자의 재량에 따라 결정된다고 보고 있다. 그러나 침익적 행정행위의 취소에 있어서도 다음의 몇 가지 경우에는 그 취소자유의 원칙이 제한된다고 할 것이다.

침익적 처분의 경우에도 그것이 제3자에 대해 수익적인 것인 때에는 공공복리 및 제3자의 이익보호의 견지에서 그 취소가 제한될 수도 있을 것이다.

행정소송법 제28조는 원고의 청구가 이유 있는 경우에도 당해 처분을 취소하는 것이 현저히 공공의 복리에 적합하지 아니한 경우에는 법원은 원고의 청구를 기각할 수 있다고 규정하여 사정판결에 대하여 규정하고 있다(행정심판법 제44조도 같은 내용의 규정을 두고 있다). 이러한 사정판결 또는 사정재결을 정당화할 수 있는 문제상황은 침익적 처분의 직권취소의 경우에도 제기될 수 있는 것으로서, 그러한 경우에는 관련 법리의 유추적용에 따라 그 취소가 제한된다고 보아야 할 것이다.

한편 상대방의 권리·이익의 보호의 견지에서 행정청이 당해 처분을 취소하여야 하는 경우도 상정될 수 있을 것으로서, 예컨대 과세처분과 같이 제3자의 이익을 고려할 필요가 없는 경우에는 행정청의 취소의무를 인정할 수 있을 것으로 본다.

5. 취소의 절차

직권취소에 대하여는 근거법에서 그 청문절차를 규정하고 있는 경우가 많으나, 그러한 규정이 없는 경우에는 행정절차법이 정한 절차에 의한다(동법21·22). 수익적 행정행위의 취소는 침익적 처분의 성질을 가지므로, 행정청은 당사자에게 처분의 사전통지를 하고, 처분에 앞서 의견청취절차를 거쳐야 한다. 행정절차법상의 의견청취절차는 내용적으로는 정식절차인 청문절차와 약식절차인 의견제출절차로 구분되어 있는바, 의견제출절차는 일반적 절차로 되어 있는데 대하여(동법 22③), 청문절차는 ① 다른 법령등에서 청문을 하도록 규정하고 있는 경우, ② 행정청이 필요하다고 인정하는 경우 및 ③ 인허가등의 취소, 신분자격의 박탈, 법인이나 조합 등의 취소시 행정절차법 제21조 제1항 제6호에 따른 의견제출 기한 내에 당사자 등의 신청이 있는 경우에만 한정적으로 거치도록 되어 있다.

직권취소에 있어서는 그 근거와 이유가 제시되어야 한다(동법 23).

6. 취소의 효과

취소는 그 성립상의 흠을 이유로 그 효력을 소멸시키는 행위이므로, 그 효과는 기왕에 소급하는 것이 원칙이다. 그러나 하자의 발생에 대하여 상대방에게 귀책사유가 없고, 이미 완결된 법률관계나 법률사실을 제거하지 않으면 취소의 목적을 달성할 수 없는 경우가 아니라면, 법적 안정성 내지는 신뢰보호의 관점에서 그 효과는 장래에 향해서만 발생한다 할 것이다.

7. 취소의 취소

행정행위를 직권으로 취소한 후에, 그 취소행위에 하자가 있음을 이유로 하여 이를 다시 취소하여 원행정행위를 소생시킬 수 있겠는가의 문제가 있다.

(1) 취소에 무효사유인 하자가 있는 경우

이 경우 행정행위로서의 당해 취소행위는 처음부터 효력을 발생하지 아니하므로, 원행정행위는 그대로 존속한다. 그러나 이 경우도 무효선언의 의미로서의 취소가 가능함은 물론이다.

(2) 취소에 단순취소사유인 하자가 있는 경우

이에 대하여는 견해가 갈리고 있다. 소극설에 의하면, 행정행위는 취소에 의하여 그 효력이 확정적으로 소멸되는바, 법령상 명문의 규정이 없는 경우에는 재취소에 의하여 그 효력을 소생시킬 수는 없는 것이므로, 원행정행위를 소생시키기 위하여는 같은 내용의 행정행위를 다시 할 수밖에 없다고 본다. 이에 대하여 적극설은 취소도 행정행위이므로, 하자의 일반론에 따라 그에 하자가 있는 때에는 이를 취소하여 원행정행위를 다시 소생시킬 수 있다고 본다. 후자가 통설이다.

이에 대하여 대법원의 판례는 일단 적극설을 취하는 판례(대판 1967. 10. 23, 67누126; 대판 1992. 1. 21, 96누3401)와 소극설을 취하는 판례(대판 1979. 5. 8, 77누61; 대판 1995. 3. 10, 94누7027; 대판 2002. 5. 28, 2001두9653)로 갈리고 있다.[1]

8. 행정기본법상의 직권취소제도

(1) 의 의

법치행정의 원칙에 따르면 행정청은 별도의 명시적 근거 규정이 없는 경우에도 위법한 처분을 취소하여 그 위법성을 해소할 수 있는 권한이 있다고 보아야 할 것으로서, 이것이 학설·판례의 입장임은 물론이다. 그러나 행정실무에서는 직권취소에 관한 규정이 없는 경우에는 행정청은 직권취소에 소극적인 입장이었다. 행정기본법은 이러한 불합리한 현상을 해소하기 위하여 위법 또는 부당한 처분의 직권취소에 대한 일반적 규정을 두었다.[2]

(2) 직권취소의 내용

행정청은 위법 또는 부당한 처분의 전부 또는 일부를 소급하여 취소할 수 있다. 당사자의 신뢰를 보호할 가치가 있는 등 정당한 사유가 있는 경우에는 장래를 향하여 취소할 수 있다(동법 18①).

행정기본법은 처분의 취소사유를 널리 인정하여 위법한 경우뿐만 아니라 부당한 경우도 취소사유로 규정하고 있다. 그러나 부당이라는 관념은 재량행위에 있어 해당 재량처분이 가장 바람직(opportun) 또는 합목적적(zweckmäßig)인 것으로 판단되지 아니하는 경우에 인정되는 관념이다. 이 경우 해당 재량처분은 가장 바람직한 재량처분은 아닌 것이나, 그럼에도 불구하고 그것은 기본적으로 적법한 처분인 것이다. 이러한 의미의 부당을 처분의 일반적 취소사유로 정하는 것은 문제가 없지 아니하다고 본다.

---

1) 이 문제에 대하여 박해식 판사는 원행정처분이 수익적인 경우는 대법원은 적극설을 취하고, 침익적인 경우는 소극설을 취하고 있다고 보는 것이 관련 판례의 올바른 해석일 것이라고 하고 있다. 동인, 대법원 2002. 5. 28. 선고 2001두9653 판결 대법원판례해설 제41호(2002 상반기), p. 155.

2) 법제처, 행정기본법 조문별 해설, 2021, p. 72.

(3) 수익적 처분에 대한 취소의 한계

위법·부당한 처분의 취소는 그 처분이 수익적인 것일 때에는 취소로 인하여 상대방의 권익이 제한될 수 있어서, 수익적 처분의 취소에 있어서는 그 처분의 존속에 대한 상대방의 신뢰를 보호할 필요가 있다. 그에 따라 행정기본법은 수익적 처분을 취소하는 경우에는 취소로 인하여 당사자가 입게 될 불이익을 취소로 달성되는 공익과 비교·형량하여 공익상 필요가 당사자가 입을 불이익을 정당화할 만한 것인 경우에 취소할 수 있도록 하고 있다. 상대방에 보호가치가 있는 신뢰가 없는 경우에는 이러한 이익형량에 따른 취소의 한계는 적용되지 아니한다. 이러한 보호가치 있는 신뢰가 없는 유형으로서 동법은 제18조 제2항 각호에서 ① 거짓이나 그 밖의 부정한 방법으로 처분을 받은 경우, ② 당사자가 처분의 위법성을 알고 있었거나 중대한 과실로 알지 못한 경우를 들고 있다.

제8절 행정행위의 철회

Ⅰ. 의 의

행정행위의 철회라 함은, 하자 없이 즉 적법하게 성립한 행정행위를 행정청이 후발적 사유에 기하여 원칙적으로 장래에 향하여 그 효력을 상실시키는 별개의 행정행위를 말한다. 이러한 철회는 기본적으로 행정이 새로운 법이나 사실의 전개, 행정대상에 대한 새로운 인식이나 고려에 따라 신축성있게 대응할 수 있게 하면서, 타면으로는 상대방의 의무불이행에 대한 제재도구로서 기능한다.

법령상으로는 철회에 대하여도 취소라는 용어가 사용되는 경우가 많다. 그러나 취소는 행정행위의 원시적 하자를 이유로 하는 데 대하여, 철회는 후발적 사유에 기하여 그 효력을 소멸시키는 것이라는 점에서 양자는 근본적으로 다르다.[1] 그 밖에도 종래, 취소는 처분청·감독청이 할 수 있으나, 철회는 처분청만

---

1) 판례

"행정행위의 취소는 일단 유효하게 성립한 행정행위를 그 행위에 위법 또는 부당한 하자가 있음을 이유로 소급하여 그 효력을 소멸시키는 별도의 행정처분이고, 행정행위의 철회는 적법요건을 구비하여 완전히 효력을 발하고 있는 행정행위를 사후적으로 그 행위의 효력의 전부 또는 일부를 장래에 향해 소멸시키는 행정처분이므로, 행정행위의 취소사유는 행정행위의 성립당시에 존재하였던 하자를 말하고, 철회사유는 행정 행위가 성립된 이후에 효력을 존속시킬 수 없는 사유를 말한다"(대판 2006. 5. 11, 2003다

이 할 수 있다는 점, 그리고 취소의 효과는 원칙적으로 기왕에 소급하는 데 대하여, 철회의 효과는 장래에 향해서만 발생한다는 점 등에서 양자가 구별되고 있었다. 그러나 위에서 본 바와 같이, 취소의 경우에도 감독청에 취소권이 있는가에 대하여는 다툼이 있으며, 또한 효과의 면에서도 취소에 반드시 소급적 효과가 인정되는 것은 아니고, 또한 철회에도 예외적으로 소급적 효과가 인정될 수도 있다는 점에서, 이들은 그 어느 것도 양자를 구별하는 데 있어서의 결정적 기준은 아니라 할 것이다.

독일에서는 위법한 행정행위의 경우에도 그에 철회사유가 인정되는 경우에는, 처분청은 그 취소 대신에 철회를 할 수도 있다고 보고 있다.

한편 직권취소는 행정의 적법성보장과 국민의 권리구제를 그 기능으로 하는 것이기는 하나, 그에 있어서는 행정목적 달성의 수단이라는 측면이 부각되고 있다는 점과 관련하여서, 현재 취소·철회를 모두 행정개입 수단 또는 행정목적의 달성수단이라는 관점에서 파악하는 경향이 강하다.

Ⅱ. 철회권자

행정행위의 철회는 처분청만이 할 수 있다. 감독청이 처분청에 철회를 명할 수는 있으나, 법률에 특별한 규정이 없는 한 직접 당해 행위를 철회할 수는 없다. 왜냐하면 철회는 후발적 사유와 관련하여 원처분의 효력을 더 이상 존속시킬 수 없다고 판단되는 경우에, 원처분의 효력을 없게 하는 새로운 행정행위를 하는 것이라고 할 것이므로, 이것은 원처분청만이 할 수 있는 것이기 때문이다. 즉 감독청이 처분청에 대신하여 그 권한을 행사할 수는 없는 것이기 때문에, 감독청에는 내용적으로 대집행적 성질을 가지는 행정행위의 철회권이 인정되지 않는다고 보아야 하는 것이다.

Ⅲ. 철회권의 근거 및 철회사유

1. 철회권의 근거

침익적 행정행위의 철회는 그 관계인에 수익적으로 작용하므로 그 법적 근거의 문제는 특별히 제기되지 아니한다. 이에 대하여, 수익적 행정행위의 철회

37969).

는 기존의 권리·이익을 제한·박탈하는 침익적 행정행위로서 작용하므로, 그 철회권의 근거의 문제가 제기되는바, 이에 대하여는 학설상 견해가 갈리고 있다.

적극설은 철회에도 법률의 근거를 요한다고 본다. 그 논거로서는 ① 수익적 행정행위의 철회는 적법하게 성립한 상대방의 권리·이익을 침해하는 것으로서, 특히 허가·특허 등의 행정행위는 기본권의 구체화행위로서의 성질을 가지므로, 그 철회는 기본권침해를 결과하므로, 그에는 법률의 근거가 필요하고, ② 행정청은 독자적 공익판단에 따라 행정행위를 철회할 권한을 갖고 있다고는 볼 수 없다는 점을 들고 있다.[1]

그러나 행정행위의 철회는 그를 더 이상 존속시키기 어려운 (처분 후의) 새로운 사정과의 관련에서 고려되는 것이고 보면, 행정의 법률적합성이나 공익적합성, 새로운 사정에의 적응필요성 등을 고려할 때, 철회에도 반드시 법적 근거가 있어야 한다는 견해는 타당한 것으로 보기 어렵다. 소극설은 앞의 기본적 논거 외에도, 권한을 부여하는 규정은 동시에 그 철회의 권한도 내포하고 있다고 볼 수 있다는 점, 철회원인의 발생시에 원래의 행정행위를 하였더라면 그것은 위법한 행위가 되었을 것이라는 점, 철회에 대하여도 쟁송제기가 가능하다는 점 등을 들고 있다.

이 문제에 대하여 대법원은,

"처분시에 그 행정처분에 별다른 하자가 없었고, 또 그 처분 후에 취소할 별도의 법적 근거가 없다 하더라도 원래의 처분을 그대로 존속시킬 필요가 없게 된 사정변경이 생겼거나 또는 중대한 공익상의 필요가 발생한 경우에는 별개의 행정행위로 이를 철회하거나 변경할 수 있다고 보아야 할 것이다(대판 1992. 1. 17, 91누3130)"

라고 판시하여 소극설의 입장을 취하고 있다.

2. 철회사유와 철회권의 제한

행정행위의 철회에 있어서도 그 취소의 경우와 마찬가지로 수익적 행정행위와 침익적 행정행위의 철회는 각각 그 이익상황을 달리하고 있으므로, 다음에서는 양자를 구분하여 검토한다.

---

[1] 독일 행정절차법은 제49조 제2항 및 제3항에 수익적 행정행위의 철회사유로서 일정 사유를 열거하고 있다.

(1) 수익적 행정행위의 철회

1) 수익적 행정행위의 철회사유　학설·판례상 인정되고 있는 철회사유는 다음과 같다.

㈎ 법령에 철회사유에 관한 명시적 규정이 있는 경우　법령상 규정되어 있는 철회사유는 상대방의 법정의무위반, 일정 시기까지 권리행사나 사업착수를 하지 아니한 경우, 사업성공·목적달성이 불가능한 경우 등이다. 이러한 법정 철회사유가 발생한 경우에 행정청이 당해 처분을 취소할 수 있음은 물론이다. 이에 대하여, 특히 법정의무 위반의 경우에 그에 대한 철회규정이 없는 경우에도 철회가 가능한지 여부에 대하여는 다툼이 있을 수 있다. 제재적 철회의 대상인 행정행위는 수익적 행위라는 점, 제재적 철회에 대하여는 그 철회사유 등과 함께 근거법령이 이를 명시하고 있는 것이 일반적이라는 점 등을 고려하면, 제재적 철회는 근거법령의 명시적 규정이 없는 한 허용되지 아니한다는 견해도 제시될 수 있을 것이다. 그러나 제재적 철회사유인 상대방의 의무위반행위 등이 공익에 중대한 지장을 초래하고, 이를 다른 방법으로 시정할 수 없는 경우에는 명시적 규정이 없는 경우에도 철회는 허용된다고 할 것이다.

㈏ 철회권의 유보　부관에 의하여 철회권이 유보되어 있는 경우에는 행정청은 원칙적으로 당해 행위를 철회할 수 있는바, 부관에 철회사유가 구체적으로 규정되어 있는 경우에는 그에 따라 철회할 수 있음은 물론이나, 단순히 철회권만이 유보되어 있는 경우에는 행정청은 철회를 정당화하는 사유가 있는 때에만 철회를 할 수 있다. 그러나 후자의 경우에도 철회권 자체는 명시적으로 유보되어 있는 결과, 상대방은 당해 행위의 철회를 예측할 수 있으므로, 손실보상의 문제는 제기되지 않는다.

이러한 철회권의 유보에 의한 철회에 있어서는 유보부담 그 자체가 적법한 경우에만 철회가 허용된다고 할 것이다.[1]

㈐ 부담의 불이행　행정행위에 부관으로서 부담이 부과되어 있는 경우에, 그 상대방이 이를 이행하지 않는 때에는 행정청은 원칙적으로 당해 행위를 철회할 수 있다. 다만 이 경우에도 비례원칙과의 관련에서 침익성이 적은 다른 수단에 의하여 부담상의 의무를 확보할 수 있는 때에는, 철회가 허용되지 않는다.

㈑ 근거법령의 변경　처분의 근거법령이 개정되어 처분이 새 법령의 요건을 갖추지 못하게 되는 경우에, 당해 처분의 존속 여부가 문제된다. 법령에는

---

1) H. Maurer, Allgemeines Verwaltungsrecht, 2006, p. 309.

원칙적으로 소급효가 없으므로, 기존처분은 당시의 법령과의 관계에서 판단하여 적법한 것으로 볼 것이며, 또한 상대방의 신뢰보호의 관점에서 볼 때도 당해 처분은 원칙적으로는 존속되어야 할 것이다. 그러나 당해 처분은 새 법령과의 관련에서는 위법한 것이므로, 공익상의 정당한 사유가 있는 때에는 그에 대한 철회가 허용된다 할 것이다. 그러나 이 경우에도 그 행위가 존속할 것으로 믿고 있던 상대방의 신뢰는 보호되어야 할 것이므로, 그로 인한 손실은 보상되어야 할 것이다.

㈐ 사정변경　처분 후에 사정이 변경되어, 새로운 사정과 관련해서는 당해 행위가 적법·타당성이 결여되어 있고, 그를 존속시키는 것이 공익을 해하는 결과로 되는 경우, 당해 행위는 철회할 수 있다 할 것이다.

사정변경의 예로서는 도시계획, 교육관계법령 등의 개정으로 인하여 기존의 허가·인가 등이 그에 부합하지 않게 된 경우 등을 들 수 있다. 또한 생활보호법상의 수혜자가 생활여건의 개선으로 피보호사유를 충족하지 못하게 되는 경우도 그 예에 해당한다. 전자에 있어서는 그 철회가 상대방의 귀책사유에 기인한 것은 아니므로 보상을 요하나, 후자의 경우는 보상을 요하지 않는다고 본다.

공무원의 임명·귀화허가 등의 포괄적 신분설정행위에 대해서는 그 성질상 사정변경에 따른 철회는 허용되지 않는다.

㈑ 중대한 공익상 필요　법령 또는 사정의 변경이 있는 것도 아니고, 또는 상대방의 귀책사유가 있는 것도 아니나, 공익적 관점에서 당해 행정행위에 대한 철회가 불가피한 것으로 인정되는 경우가 있다. 이 경우는 오직 공익상의 요청으로 인하여 기존 행정행위의 효력을 소멸시키는 것이므로, 당해 공익상의 요청은 예외적으로 중대한 것에 한정되어야 할 것이다. 이 경우 그 철회는 상대방의 귀책사유와는 무관한 것이므로, 그로 인한 손실은 당연히 보상되어야 할 것이다.

2) 철회권의 제한

㈎ 신뢰보호원칙에 의한 제한　하자 있는 행정행위의 그 존속에 대한 상대방의 신뢰가 보호가치 있는 것인 때에는 당해 행위는 그 하자에도 불구하고 그 취소는 제한되는 것임은 기술한 바와 같다.

행정행위의 철회의 경우에는 이러한 신뢰보호원칙에 의한 철회의 제한의 법리가 보다 강하게 작용하게 된다. 왜냐하면, 이 경우에는 하자 있는 행정행위의 취소에 있어서와 같이 신뢰보호원칙과 행정의 적법성원칙이 충돌되는 것이 아니라, 양자는 결합하여 행정행위의 존속의 방향으로 작용하는 것이기 때문이다. 그러나 이것은 당해 처분의 기초인 법적·사실적 관계가 동일한 것임을 전제로 하는 경우에 타당한 것으로서, 이들 법적·사실적 관계의 변경에 따라 당해 처분이 관계법에 반하는 것으로 되어 이를 철회하여야 하는 경우에는 여전히 신뢰보호의 원칙과 적법성원칙의 충돌 및 그 이익의 형량의 문제가 제기된다. 그러나 이 경우에도 당해 철회의 대상인 처분은 원래는 적법한 것이었다는 점에서, 하자 있는 행정행위의 취소에 비하여 신뢰보호원칙에 따라 철회권이 제한될 수 있는 여지는 보다 크다고 할 것이다.

(나) 비례원칙에 의한 제한   비례원칙은 행정법의 일반원칙이므로, 이 원칙은 철회의 경우에도 적용된다. 그에 따라서 상대방의 근거법령상의 의무위반 등의 경우에 철회 이외의 다른 보다 가벼운 조치로 이를 시정할 수 있는 경우에는 철회는 허용되지 아니한다. 이 원칙은 또한 철회에 따른 공익과 신뢰보호원칙에 의하여 보호되는 상대방의 권리의 구체적 형량의 경우에도 적용되는 것임은 물론이다.

(다) 기타 철회권의 제한   위에서 수익적 행정행위의 철회사유와 그 제한사유를 검토하였거니와, 이외에도 철회의 제한사유로서는 불가변력과 실권의 법리를 드는 것이 보통이다.

(i) 불가변력   확인행위 등과 같이 불가변력을 발생하는 행위에 대해서는 철회가 제한된다는 것이 일반적 견해이다. 그러나 철회는 행정행위를 한 후에 발생한 새로운 사유와 관련하여 행해지고, 내용적으로는 새로운 행정행위를 하는 것과 같은 의미를 가지는 것이라는 점에서, 불가변력을 철회의 일반적 제한사유로 들 수 있는가에 대하여는 의문이 제기될 수 있다.

(ii) 실권의 법리   철회사유가 발생한 경우에도 행정청이 일정기간 철회권을 행사하지 않은 경우, 신뢰보호의 견지에서 행정청은 그 행위를 철회할 수 없다 할 것이다. 독일행정절차법은 이를 법제화하여 그 기간을 1년으로 규정하고 있다(법 49②).[1]

(2) 침익적 행정행위의 철회

침익적 행정행위는 철회사유가 있는 때에는 원칙적으로 이를 철회할 수 있다. 왜냐하면 이 경우의 철회는 상대방의 불이익을 제거하는 것으로서, 신뢰보호원칙에 따르는 제한을 받지 않기 때문이다.

---

1) 판례
  "운전면허정지기간중에 운전을 하여 면허취소(철회)사유에 해당하더라도 3년이나 지난 후에 면허를 취소한 것은 원고가 별다른 행정조치가 없을 것이라고 믿는 신뢰의 이익과 법적 안정성을 빼앗는 것이 되어 가혹하다 할 것이고, 취소하여야 할 공익상의 목적만으로는 원고가 입게 될 불이익에 견줄 바 못된다"(대판 1987. 9. 8, 87누373).

그러나 이 경우에도 다음과 같은 몇 가지 경우에는 철회가 제한된다고 할 것이다.

1) 당해 행위가 복효적 행정행위로서 그로 인하여 제3자가 '법률상의 이익'을 받고 있는 경우, 그에 대한 철회 여부는 철회에 의하여 달성하려고 하는 공익과 그로 인하여 침해되는 제3자의 이익을 구체적으로 비교형량하여 결정되어야 할 것이다.

2) 당해 행위를 철회하여도 결국 동일한 행위를 반복하여야 할 경우, 즉 기속행위의 경우는 철회할 수 없다. 또한 법률의 명시적 규정 내지 그 해석에 따라, 철회가 허용되지 않는 경우도 있다.

Ⅳ. 철회의 절차

행정행위의 철회에 대하여는 종래에는 일반적인 규정은 없었다. 그러나 1996년 12월에 제정된 행정절차에 관한 일반법으로서의 행정절차법은 이와 관련하여 청문절차와 의견제출절차를 내용으로 하는 의견청취절차를 규정하고 있다. 그리고 이 법의 후속조치로서 제정된 행정절차법의 시행에 따른 공인회계사법 등의 정비에 관한 법률은 개별법을 일괄적으로 개정하여 인·허가의 취소(철회)나 법인·조합 등의 해산조치 등을 정하는 관계법에는 청문절차를 일괄적으로 도입하였다. 이처럼 근거법에서 수익적 행정행위의 철회와 관련하여 청문절차를 규정하고 있는 경우 또는 인허가 등의 취소, 신분자격의 박탈 및 법인이나 조합 등의 취소시에 행정절차법 제21조 제1항 제6호에 따른 의견제출기한 내에 당사자 등의 신청이 있는 경우에는, 행정청은 청문절차의 개시 10일 전까지 철회의 원인, 그 법적 근거 등을 당사자에게 통지하여야 한다(행정절차법 21②). 근거법에서 청문절차를 규정하고 있지 아니한 경우에도 상대방에는 의견제출의 기회가 부여되어야 하는바, 이러한 의견제출절차에 있어서도 처분청은 당사자에게 철회의 원인, 법적 근거 등을 사전에 통지하여야 한다(동조 ①③).

수익적 행정행위의 철회는 침익적 처분이므로, 그에는 처분이유가 제시되어야 한다(동법 23).

Ⅴ. 철회의 효과

철회의 효과는 장래에 향해서만 발생함이 원칙이다. 그러나 그 소급효를 인정하지 않으면 철회의 의의가 없게 되는 경우에는, 예외적으로 그 소급효를 인정하여야 하는 경우도 있다. 예컨대 행정행위에 의하여 보조금이 지급된 경우에, 그 상대방의 부담 또는 법령상의 의무위반으로 인하여 그 지급결정을 철회하는 경우가 그에 해당한다.[1]

다만, 철회가 소급효를 갖도록 하기 위해서는 별도의 법률상의 근거가 필요하다.[2]

법령상으로는 철회와 함께 원상회복·시설개수의무 등이 규정되어 있는 경우가 많다.

상대방의 귀책사유에 기인하는 것이 아닌 공익적 사유 등으로 수익적 행정행위가 취소되는 경우는 그로 인한 특별한 손실은 마땅히 보상되어야 할 것이다. 이에 대하여는 실정법상 보상규정을 두고 있는 예도 있으나(도로법 99, 하천법 77, 광업법 69), 그러한 명문의 규정이 없는 경우에도 공익목적 등을 위한 철회로 인하여 그 상대방에 발생한 특별한 손실은 헌법 제23조 제3항에 기하여 직접 그 보상을 청구할 수 있다고 본다(직접효력설).[3]

VI. 철회의 취소

이것은 철회행위 자체의 위법을 이유로 그를 취소하여 원행정행위를 소생시킬 수 있겠는가의 문제로서, 이 문제는 취소의 취소에 준하여 논할 수 있을 것이다.

VII. 행정기본법상의 적법한 처분의 철회

적법하게 성립된 처분이라도 그 효력을 유지할 수 없는 사정변경 등이 있다면 철회할 수 있다는 학설·판례의 입장을 반영하여 행정기본법은 이를 명문으로 규정하고 있다. 동조 제19조 제1항은 행정청은 ① 처분이 법률에서 정한 철회사유에 해당하게 된 경우, ② 법령 등의 변경 또는 사정변경으로 처분을 더 이상 존속시킬 필요가 없게 된 경우, ③ 중대한 공익을 위하여 필요한 경우에는 처분

---

1) 이러한 경우를 상정하여 독일행정절차법 제49조 제3항은 행정청은 소급효를 가지는 철회도 할 수 있는 것임을 명시적으로 규정하고 있다.

2) 대판 2018. 6. 28, 2015두58195.

3) 이에 관한 자세한 내용은 뒤의 손실보상의 법적 근거에 관한 검토 부분을 참조.

청은 해당 처분을 장래를 향하여 철회할 있다고 규정하고 있다. 이에 따라 철회에 법률상의 근거가 필요한지 여부에 대한 학설상의 대립은 해소된 셈이다.

동조 제2항에서는 처분을 철회하는 경우에는 철회로 인하여 당사자가 입게 될 불이익을 철회로 달성되는 공익과 비교·형량하여 공익상 필요가 당사자가 입을 불이익을 정당화할 만큼 큰 경우에 철회할 수 있는 것으로 규정하고 있다.

제9절 행정행위의 실효

I. 개 설

행정행위의 실효라 함은, 하자 없이 성립·발효한 행정행위가 이후 일정한 사정의 발생으로 인하여 그 효력이 소멸되는 것을 말한다.

1) 행정행위의 무효는 그 성립상의 중대·명백한 하자로 인하여 처음부터 효력이 발생하지 않는 것인 데 대하여, 실효는 적법·유효한 행정행위가 이후 일정 사유의 발생으로 인하여 그 효력이 소멸되는 것이라는 점에서 양자는 다르다.

2) 행정행위의 취소·철회는 별개의 행정행위에 의하여 원행정행위의 효력을 소멸시키는 것인 데 대하여, 실효는 일정 사유의 발생에 따라 당연히 기존의 행정행위의 효력이 소멸되는 것이라는 점에서 양자는 다르다.

II. 실효사유

실효사유로서는, 행정행위의 목적물의 소멸, 상대방의 사망, 행정행위의 목적의 달성, 행정행위의 부관으로서의 해제조건의 성취 또는 종기의 도래 등을 들 수 있다. 다만 인가 또는 허가기간이 단기인 때에는, 그것은 당해 행정행위의 유효기간이 아니라 그 갱신기간으로 보아야 하는 경우도 있다.

III. 실효의 효과

행정행위에 실효사유가 발생하면 행정청의 별도의 행위 없이도 그 때부터 장래에 향하여 당연히 당해 행위의 효력이 소멸한다.[1] 이처럼 행정행위의 실효는 취소나 철회와는 달리 실효사유의 발생에 의하여 당연히 당해 행정행위의 효력이 소멸하는 데에 그 특징이 있다.

Ⅳ. 실효의 주장

행정행위가 실효되었음은 누구나(행정청·사인) 이를 자유로이 주장할 수 있다. 그러나 실제에 있어서는 해제조건의 성취나 당해 행정행위의 목적달성 여부 등에 대하여 의문이 있어서 행정청과 사인 사이에 견해가 대립하는 경우가 있을 수 있다. 이러한 경우 관계인은 그로 인한 법적 불안상태의 제거를 위하여 실효확인소송 또는 유효확인소송을 제기하여(행정소송법 4ii), 당해 행정행위의 실효·유효의 확인을 받을 수 있을 것이다.

---

1) 판례

"청량음료 제조허가는 신청에 의한 처분이고, 이와 같이 신청에 의한 허가처분을 받은 원고가 그 영업을 폐업한 경우에는 그 영업허가는 당연 실효되고, 이런 경우 허가행정청의 허가취소처분은 허가의 실효됨을 확인하는 것에 불과하다"(대판 1981. 7. 14, 80누593).

제7장 행정절차

제1절 행정절차의 형성

행정절차는 주로 영국과 미국에서 발달한 제도이다.

영국의 행정절차는 커먼로의 기본원리를 이루는 자연적 정의에 입각하고 있었던바, 이러한 자연적 정의는 "누구도 자기에 관계되는 사건의 재판관이 될 수 없다"는 편견배제의 원칙과 "누구도 청문 없이는 불이익을 받지 아니한다" 또는 "쌍방 모두에 청문기회가 부여되어야 한다"는 쌍방청문의 원칙이라는 두 가지 원칙으로 구성되어 있었다. 이들 원칙은 본래 사법재판소에 의하여 적용되던 것이었으나, 제정법에 의하여 사회·경제분야에 관한 문제의 해결기능이 행정기관에도 부여됨에 따라, 그에 관한 처분이나 심판절차에도 확대 적용되게 되었다.

미국의 행정절차법은 "누구도 법의 적정한 절차에 의하지 아니하고는 자유 또는 재산을 박탈당하지 아니한다"고 규정하고 있는 연방수정헌법 제5조에 의거하여 형성·발전되었다. 미국에서는 1946년에 행정절차에 관한 일반법으로서 행정절차법이 제정되었던바, 이 법은 이후의 다른 국가의 행정절차의 형성·발전에 많은 영향을 미쳤다.

대륙법계의 국가들에 있어서는 전통적으로는 행정절차는 비교적 경시되고 있었다고 할 수 있다. 독일에서의 고전적 법치주의에서는 행정작용에 대한 실체법적 규제와 사후구제로서의 재판통제를 기본으로 하고 있었다. 그러나 이들 국가에서도 행정기능의 확대와 행정작용의 다양화에 따라 그에 대한 절차법적 규제의 중요성이 부각되게 되어, 1976년에는 연방행정절차법이 제정되었다. 프랑스에는 행정절차에 관한 일반법은 없다. 그러나 상당히 오래전부터 판례에 의하여 방어권의 법리 등 행정절차에 관한 일정 법리가 정립되어 있었고, 최근에는 1973년에 중재관에 관한 법률, 1978년에 정보처리·전산자료 및 인권에

관한 법률, 1979년에는 이유제시에 관한 법률 등이 제정되어 행정절차의 법제
는 상당히 실질적으로 정비되어 있다고 할 수 있다.

일본에서는 1993년에 행정절차법이 제정되었다.

제2절 행정절차의 의의 및 필요성(기능)

I. 행정절차의 의의

행정절차는 광의로는 행정권 발동인 행정작용을 행함에 있어 거치는 절차
를 말한다. 이러한 광의의 행정절차는 입법권의 작용에 있어서의 입법절차, 사
법권의 작용에 있어서의 사법절차에 대응하는 관념으로서, 그에는 사전절차인
제1차적 행정절차, 행정상 재결 등의 절차, 집행절차(행정강제·행정벌 등) 및 행
정심판에 관한 절차 등이 모두 포함된다.

이에 대하여 협의의 행정절차는 제1차적 행정절차, 즉 행정청이 공권력을
행사하여 행정에 관한 결정을 함에 있어 요구되는 외부와의 일련의 교섭과정을
말한다. 환언하면 종국적 행정처분의 형성과정상에 이루어지는 절차라고 할 수
있다.

통설은 행정절차를 협의로 파악하고 있다. 행정집행절차와 특히 행정심판
절차는 이미 상당히 완비되어 있는 데 대하여, 제1차적 행정절차는 아직도 이
들 상호간에 통일성이 없고 매우 불완전하여 국민의 권익보장의 측면에서 특히
문제가 된다. 이러한 관점에서 이하에서는 행정절차를 협의로 파악한다.

협의의 행정절차는 행정결정을 함에 있어 외부와의 관계에서 거쳐야 하는
일련의 과정이라는 점에서, 결정과정에 관한 것이기는 하되 행정조직 내부에서
수행되는 데 그치는 절차는 여기에 포함되지 않는다.

II. 행정절차의 필요성

행정권의 활동에 관하여 그 실체법적 측면에서 그 요건·효과 등이 구체적
으로 규율되어 있고, 그 적법성보장수단으로서 재판통제가 보장되어 있는 경우
라면 법치주의는 구현되고 있다고 할 수 있다. 이러한 관점에서 보면 행정작용
을 다시 절차적 측면에서 규제하는 것은 국민의 권익보장에 있어서도 실질적인

의미가 없을 뿐만 아니라, 행정작용의 신속성·능률성의 요청에도 반하는 것이라고 할 수 있다.

이것이 종래 독일·「프랑스」등의 대륙법계 국가에 있어서의 행정절차에 대한 입장이었다. 그러나 이들 국가에 있어서도 오늘날에는 행정절차에 관한 일반법이 제정되거나 그에 준하는 입법조치들이 취하여지고 있는바, 그것은 대체로 다음과 같은 행정절차의 필요성 또는 효용성에 기인하는 것이다.

1. 행정의 민주화

행정작용의 중심을 이루는 것은 아직도 권력작용인바, 전통적으로 국민(신민)은 단지 행정의 객체로서만 파악되고 있었던 것이다. 그러나 이러한 전통적 관념이 오늘날의 민주주의이념에 반하는 것임은 물론이다.

따라서 국민의 권리·의무에 지대한 영향을 미치는 행정계획·행정처분 등에 있어서는 공청회나 고지, 청문 등의 절차에 의하여 관계자를 그 형성과정에 참여시키는 것이 행정의 민주화라는 관점에서 바람직한 것이다.

2. 행정작용의 적정화

행정절차는 행정의 적정성을 보장하는 실효적 수단이 된다. 행정처분을 함에 있어 그 상대방에게 미리 이를 통지하여 그에 관한 의견 또는 참고자료 등을 제출하게 하는 것은 구체적인 사실관계의 정확한 파악이나 관계법령의 적정한 해석에 있어 유용한 것임은 물론이다. 또한 행정처분의 이유를 구체적으로 명시하게 하는 이유제시제도는 보다 신중한 행정을 유도하는 기능을 수행하게 된다.

3. 행정의 능률화

행정절차는 종국적 처분에 앞서 상대방에 대한 고지·청문·의견진술 등의 절차를 거쳐야 하는 것이라는 점에서는, 그것은 일응 행정의 능률성에 반하는 것으로 볼 수 있다. 그러나 적절한 행정절차에 따라 상대방의 능동적인 참여하에 적법·타당한 행정작용이 이루어지는 경우에는, 상대방의 신뢰감에 따른 협력을 기대할 수 있게 됨으로써 궁극적으로 행정의 능률화에 이바지할 수도 있다.

4. 사법기능의 보완

행정절차는 종국적 처분에 앞서 상대방에게 의견진술·자료제출 등의 기회를 부여하여 행정의 적법·타당성을 보장하는 기능을 수행하는바, 이것은 다른 측면에서는 국민의 권리·이익에 대한 사전구제적 기능을 수행하는 의미를 가지는 것이다.

행정절차의 이러한 사전구제적 기능은 행정작용이 전문·기술적 재량행사를 내용으로 하는 것인 때에 특히 의미가 크다. 왜냐하면, 이러한 행정영역에 대한 사법적 통제는 형식적 통제에 그치는 경우가 적지 않기 때문이다.

제3절 행정절차의 기본적 내용

행정절차는 국가에 따라 그 내용을 달리하는 것이기는 하나, 그 기본적인 것으로서 다음의 몇 가지를 들 수 있다.

1. 사전통지 및 청문

(1) 사전통지

이것은 행정결정을 하기 전에 그 상대방 또는 이해관계인에게 당해 결정의 내용·이유 및 그에 관한 청문의 일시·장소 등을 알리는 행위이다. 이것은 상대방 등에게 청문시의 의견진술·권리주장·자료제출 등을 미리 준비할 수 있도록 하기 위한 것이므로, 청문의 상당기간 전에 행해져야 한다. 통지는 법령에 특별한 규정이 있는 경우를 제외하고는 송달 또는 공고의 방법에 의한다.

(2) 청 문

청문이란 국민의 자유·권리를 제한·침해하는 행정처분을 발하기 전에 행정청이나 관계인의 주장·증거에 대하여, 처분의 상대방이나 대립하는 이해관계인으로 하여금 자기에게 유리한 주장·증거를 제출하여 반박할 수 있는 기회를 부여함을 목적으로 하는 절차를 말한다.

이러한 청문절차는 독일의 경우 헌법적 효력을 가지는 불문법인 행정법의 일반원리로 파악되고 있다.

우리 대법원은 행정규칙인 훈령에 규정된 청문절차에 관하여,

"관계행정청이 건축사 사무소의 등록취소처분을 함에 있어 당해 건축사들을 사전에 청문하도록 한 법제도의 취지는, 위 행정처분으로 인하여 건축사 사무소의 기존권리가 부당하게 침해받지 아니하도록 등록취소사유에 대하여 당해 건축사에게

변명과 유리한 자료를 제출할 기회를 부여하여 위법사유의 시정가능성을 감안하고 처분의 신중성과 적정성을 기하려 함에 있다 할 것이므로, 관계행정청이 위와 같은 처분을 하려면 반드시 사전에 청문절차를 거쳐야 한다"(대판 1984. 9. 11, 82 누166)

라고 판시한 바 있다. 그런데 이 판결 이후에도 대법원이 행정규칙의 법규성을 계속 부인하고 있는 것으로 보아, 이 판결이 행정규칙의 법규성을 인정한 것으로 볼 수는 없다. 그러한 점에서 이 판결은 청문절차가 불문법원리임을 전제로 한 것으로 해석할 소지가 충분히 있으며, 그것이 또한 합리적인 해석인 것으로 보인다. 그러나 그러한 해석은 이후의 대법원 판례에 의하여 정면으로 부인되고 있다.

대법원은,

"청문을 포함한 당사자의 의견청취절차 없이 어떤 행정처분을 한 경우에도 관계 법령에서 당사자의 의견청취절차를 시행하도록 규정하고 있지 않고 있는 경우에는 그 행정처분이 위법하게 되는 것은 아니라 할 것이다"(대판 1994. 8. 9, 94누 3414)

라고 하여, 청문절차의 불문법원리 내지는 헌법적 원리성을 부인하고 있는 것이다.

이러한 대법원의 판례는 헌법재판소의 입장과는 상치되는 것으로 보인다. 즉 헌법재판소는 변호사법 제15조에 대한 위헌법률심판에서 "공소가 제기된 변호사에 대해서 형사상의 소추만으로 법무부장관의 일방적 명령에 의하여 변호사업무를 정지시키는 것은 당해 변호사가 자기에게 유리한 사실을 진술하거나 필요한 증거를 제출할 수 있는 청문의 기회가 보장되지 아니하여 적법절차를 존중하지 아니하는 것이 (되어) … 변호사법 제15조는 위헌"이라고 선언한 바 있다(헌재결 1990. 11. 19, 90헌가48).

2. 기록열람

기록열람이란 청문절차와 관련하여 처분의 상대방 등이 당해 사안에 관하여 행정청이 보유하고 있는 문서 등의 기록을 열람하는 것을 말한다. 처분의 상대방 등은 사전통지에 의하여 처분이유를 알 수 있으나, 그것이 어떠한 증거에 의하여 뒷받침되고 있는가를 알아야 청문단계에서 보다 정확한 의견을 진술할 수 있기 때문에, 그러한 점에서 기록열람은 청문절차의 실질성을 확보해 주는 기능을 수행한다.

이러한 점에서 1946년의 미국행정절차법은 당사자에 대한 기록공개를 규정하고 있고(법 3), 독일연방행정절차법도 또한 관계인의 서류열람권을 규정하고 있다(법 29). 다음에서 보는 바와 같이 우리 행정절차법도 이에 관한 규정을 두고 있으나, 개별법에서 규정하고 있는 예는 없다.

3. 이유제시

이것은 행정처분 등을 함에 있어 그 근거가 되는 법적·사실적 이유를 구체적으로 명시하도록 하는 것을 말한다. 이러한 이유제시제도는 행정청으로 하여금 처분 등을 보다 신중하게 하여 자의적 처분을 방지하고, 또한 쟁송단계에서 그 상대방이 당해 처분에 대하여 다툴 수 있는 구체적 근거를 미리 제공하여 준다는 점에서 중요한 의미가 있다. 이유제시는 또한 상대방에게 그 처분의 내용을 납득시키는 설득기능도 아울러 가진다. 그러한 점에서 이유제시는 단순히 처분의 근거조문을 기재하는 것만으로는 충분하지 않고, 그에는 구체적인 사실과 당해 처분과의 관계가 적시되어야 할 것이다. 이러한 이유제시제도는 재량처분에 있어 그 처분의 동기·목적 등을 상대방이 알 수 있도록 하여 준다는 점에서 특히 그 의의가 부각된다.

우리나라의 공무원법은 징계처분에 있어 그 이유를 명시하도록 규정하고 있다(국가공무원법 75, 경찰공무원법 30, 지방공무원법 67).

대법원은,

"허가취소처분에는, 그 근거가 되는 법령과 처분을 받은 자가 어떠한 위반사실에 대하여 당해 처분이 있었는지를 알 수 있을 정도의 위 법령에 해당하는 사실의 적시를 요한다고 할 것이다"(대판 1984. 7. 10, 82누551)

라고 판시하여 이유제시를 불문법원으로서의 행정법의 일반원리의 하나로 인정하고 있다.1)

---

1) 대법원은 이후의 다른 판결에서 이유부기의 내용을 보다 구체적으로 밝히고 있다. 즉 대법원은 주류제조업취소처분의 취소소송에서, "무면허판매업자에게 주류를 판매하여"라는 단순한 사실기재만으로는 그 처분의 이유제시로서는 불충분한 것으로서, 무면허주류업자 누구에게 주류를 판매한 것이 취소사유에 해당하는 것인지를 구체적으로 기재하여야 한다고 하면서, "면허 등의 취소처분에 그 결정이유를 명시하도록 하는 취지는 행정청의 자의적 결정을 배제하고 이해관계인으로 하여금 행정구제절차에 적절히

4. 처분기준의 설정·공표

이것은 행정청이 처분(신청에 의한 수익적 처분과 침익적 처분을 모두 포함)을 함에 있어 따라야 할 기준을 정하여 이를 사전에 공표하여 두는 것을 말한다. 당해 기준은 해석기준인 것도 있고 재량기준인 것도 있으나, 어느 경우에나 이러한 기준의 설정·공표는 당사자에게 예측가능성을 부여하고, 행정결정의 자의·독단을 방지하는 점에 그 기본적 의의가 있는 것이다.

이러한 처분기준의 설정·공표에 관하여 우리 판례상 정립된 원리는 없다.

5. 국민·주민의 참가절차

오늘날의 행정에 있어서는 전통적인 행정청과 상대방인 국민의 이원적 구조로는 파악할 수 없는 활동이 증대하고 있는바, 토지이용계획 등의 각종 행정계획의 책정, 공공요금의 결정·변경, 원자력발전소·공항·도로 등 대규모 사업계획의 수립 등이 그 예이다. 이러한 행정활동에 있어서는 행정청에 부여된 계획재량을 포함한 광범한 재량권을 적정하게 행사하고, 이들 작용과 관련된 복잡한 이해관계를 적절히 조정하며, 공익과 사익의 조화를 도모하기 위하여 이해관계자, 일반국민 또는 주민의 의견을 수렴하기 위한 참가절차가 필요하게 된다.

이러한 참가절차가 요청되는 것은, 일면으로는 오늘날의 행정이 국민이나 주민의 생활에 광범하고 다양하게 관여하고 있는 데에 기인하는 것이나, 타면에 있어서는 이들 행정활동에 대한 법률에 의한 구체적 통제가 어렵고, 또한 사법적 구제도 반드시 실효적으로 작용하는 것은 아니라는 점에 이유가 있다.

사전통지와 청문을 내용으로 하는 사전청문절차가 주로 처분의 상대방의 권리·이익을 보호하기 위한 것이라면, 행정정책형성과정 또는 행정계획과정에의 참가절차는 그 결정내용의 합리성을 제고하여 행정에 대한 국민의 신뢰를 확보하고 행정의 민주화를 도모함을 그 목적으로 하는 것이라 할 것이다.

대처할 수 있게 하기 위한 것이다"라고 천명하였던 것이다(대판 1990. 9. 11, 90누 1786).

제4절　우리나라의 행정절차법제

우리나라가 기본적으로 독일·프랑스 등과 같은 대륙법계의 행정법체계에 속하고 있는 데에 기인한 것인지 모르지만, 종래 행정작용에 대한 절차적 규제는 비교적 등한시되고 있었다. 그러나 1970년대 이후부터는 행정절차법의 제정 논의와 관련하여 행정절차에 대하여는 학설상으로도 활발한 논의가 있었고, 또한 이에 관한 몇 가지 중요한 판례도 축적된 바 있다.

이러한 학설상의 논의 및 관련 판례 등을 바탕으로 하여 1987년에 최초로 행정절차법안이 입법예고되었으나 입법조치에까지는 이르지 못하였다. 그러나 이후 1994년에 마련되고 1996년 8월에 입법예고된 행정절차법안이 동년 11월에 국회에서 통과됨으로써 우리나라도 행정절차에 관한 일반법으로서 행정절차법을 갖추게 되었다.

행정절차에 관하여는 위의 행정절차법 외에도 상당히 포괄적인 내용을 담고 있는 민원사무 처리에 관한 법률 및 행정규제기본법이 1997년에 각각 제정되어 시행중에 있는바, 일반적인 행정절차의 관점에서는 전자가 보다 실질적인 의미를 가지고 있다.

다음에서는 행정절차의 헌법적 근거 문제를 검토하고, 이어서 행정절차법과 민원사무 처리에 관한 법률에 대하여 살펴보기로 한다.

제1항　행정절차의 헌법적 근거

우리 헌법은 미국수정헌법 제5조와 같은 규정은 두고 있지 않다. 그러나 헌법 제12조 제1항은 "누구든지 … 법률과 적법한 절차에 의하지 아니 하고는 처벌·보안처분 또는 강제노역을 받지 아니한다"고 규정하고 있는바, 동조의 적법절차조항이 형사사법절차에만 적용되는가, 또는 질서벌·집행벌 등 신체의 자유를 제한하는 행정벌에도 적용되는가, 또는 더 나아가 널리 국민의 자유·권리를 제한하는 행정처분에도 적용되는가라는 문제가 제기된다.

이 문제에 대하여 현재 대부분의 헌법학자들은 현대 행정국가에서는 행정권에 의한 기본권의 침해가능성이 증대되고 있으므로 행정절차에 대해서도 헌법 제12조의 적법절차원리가 적용되어야 한다고 보고 있다.[1]

---

1) 김철수, 헌법학개론, 1995, pp. 376~377; 권영성, 헌법학원론, 1995, p. 383; 허영,

행정법학자들도 그 다수는 헌법 제12조의 규정이 직접적으로는 형사사법권의 발동에 관한 조항이라 하더라도, 그 취지는 행정절차에도 유추적용될 수 있다고 보고, 이러한 해석은 헌법 제10조(기본적 인권의 불가침)와 제37조(기본권의 포괄성·법률유보의 한계)에 의하여 뒷받침되고 있다고 보고 있다.[1]

헌법재판소는,

"헌법 제12조 제3항 본문은 동조 제1항과 함께 적법절차원리의 일반조항에 해당하는 것으로서, 형사절차상의 영역에 한정되지 않고 입법·행정 등 국가의 모든 공권력의 작용에는 절차상의 적법성뿐만 아니라 법률의 실제적 내용도 합리성과 정당성을 갖춘 실체적인 적법성이 있어야 한다는 적법절차의 원칙을 헌법의 기본원리로 명시한 것이다"(헌재결 1992. 12. 24, 92헌마78)

라고 하여, 헌법 제12조상의 적법절차원리가 행정절차에도 적용되는 헌법적 원리임을 천명하였다.

이 문제를 일반적으로 다룬 대법원의 판례는 없다. 그러나 행정절차의 내용에 관한 부분에서 보는 바와 같이, 대법원은 청문절차에 관하여 관계법상 그에 관한 명문의 규정이 없는 경우에는 청문절차를 거치지 아니하였다고 하여 당해 처분이 위법하게 되는 것은 아니라고 판단하고 있는 것으로 보아, 헌법 제12조상의 적법절차원리가 행정절차에도 적용되는 것은 아니라는 입장을 취하고 있는 것으로 보인다.

제2항 행정절차법

1996년의 행정절차법 제정 이전까지는 행정절차는 다수의 개별법에서 부분적·산발적으로 규율되고 있었다. 그러나 행정절차법의 제정에 따라 우리나라의 행정절차법제도 나름대로의 체계를 갖추게 되었다.

Ⅰ. 행정절차법의 구조 및 특징

행정절차의 내용은 각국의 역사적 발전과정, 사회적 여건, 행정법의 발전형

한국헌법론, 1995, p. 340.

1) 김도창, 행정법(상), 1993, p. 537; 이상규, 행정법(상), 1993, p. 274; 홍정선, 행정법(상), 1995, pp. 390~391.

태 등에 따라 각각 다른 내용과 특색을 가지는 것임은 물론이다. 1996년 11월
에 제정된 행정절차법의 구조 및 특색으로는 대체로 다음과 같은 몇 가지를 들
수 있을 것이다.

(1) 행정절차법은 우리나라에서의 행정절차에 관한 일반법으로서, 총칙 외
에 처분절차·신고절차·행정상 입법예고절차·행정예고절차·행정지도절차·국
민참여의 확대 및 보칙의 총 8장 56개조로 구성되어 있다.

(2) 행정절차법에는 행정법의 총칙에 해당하는 규정도 없고, 또한 행정행
위 등에 관한 실체법적 규정도 없다. 즉 우리 행정절차법은 행정행위나 공법상
계약에 관한 실체법적 규정을 포함하고 있는 독일의 행정절차법과는 달리 원칙
적으로 절차규정만으로 구성되어 있다(다만 처분의 정정, 행정지도에 관한 일부 규정은
그 예외를 이루고 있다).

(3) 행정절차는 내용적으로는 사전절차와 사후절차를 포함하는 것이나, 행
정절차법의 규율범위는 사전절차에 한정되어 있다.

(4) 행정처분에 있어 기본을 이루는 것은 침익적 처분에 대한 정식절차로
서의 청문절차와 약식절차인 의견제출절차이나, 행정절차법은 의견제출절차를
일반절차로 규정하고 있다.

(5) 전술한 바와 같이 행정절차법은 처분절차·신고절차·행정상 입법예고
절차·행정예고절차 및 행정지도절차에 한정하여 규정하고 있다. 이와 관련하여
서는 오늘날 행정계획의 행정작용에서의 비중이 점증하고 있다는 점 및 이러한
행정계획의 경우는 그 절차적 규제가 특히 중요하다는 점 등을 고려하면, 이 작
용형식이 규율대상에서 제외되고 있다는 점은 행정절차법의 중요한 흠결부분이
라 할 것이다. 다만, 행정계획이 '처분'에 해당하는 때에는 이 작용에는 동법상
의 처분절차가 적용되고, 또한 행정계획이 국민생활에 주는 영향이 큰 것인 때
등에는 이 작용이 동법상의 행정예고절차에 의하여 규율된다는 점에서, 그 문
제점은 어느 정도 완화되고 있다.

Ⅱ. 총 칙

행정절차법의 총칙에는 목적·정의규정 외에, 동법의 적용범위·적용제외사
항, 행정절차의 일반원칙, 행정청간의 협조·조정·응원 등에 관한 규정을 두고
있다.

1. 목 적

행정절차법은 행정운영에 있어서의 공정성, 투명성 및 신뢰성을 확보하고 국민의 권익을 보호함을 그 목적으로 한다(법 1). 여기서의 '국민'에는 외국인도 포함된다.

행정절차법은 공정성의 관념에 대하여는 특별히 정의하지 않고 있는데, 동법은 이 관념은 사회통념으로 존재하고 있는 것으로 전제하고 있다고 할 수 있다. 행정운영이 공정하다는 것은 행정결정이 행정기관의 자의나 독단에 의하지 않고, 정확한 정보·자료에 기하여 행하여지는 것을 의미한다고 할 것이다.

행정절차법은 투명성의 확보도 그 목적의 하나로 규정함으로써 이 관념을 법적 관념으로 사용하고 있으나, 그 의의에 관하여는 특별한 정의규정을 두고 있지 않다. 다만 부분적이기는 하나 동법 제5조에 의하여 그 내용이 어느 정도 구체화되고 있고, 또한 그 확보수단도 규정되어 있다. 즉 동조는 "행정청이 행하는 행정작용은 그 내용이 구체적이고 명확하여야 하며, 행정작용의 근거가 되는 법령 등의 내용이 명확하지 아니한 경우 상대방은 해당 행정청에 그 해석을 요청할 수 있다. 이 경우 해당 행정청은 특별한 사유가 없으면 그 요청에 따라야 한다"고 규정하고 있다.

여기서 행정청이 관련처분 등의 근거법령에 대한 해석을 행하고 그 상대방이 이를 받아들인 경우, 행정청이 그 해석에 기속되어 다른 해석을 할 수 없는가 하는 문제에 대하여는, 우리 판례상 불문법원리로 인정되고 있고 또한 동법 제4조에서 명시적으로 규정하고 있는 신뢰보호의 원칙과 관련하여 적지 않은 문제가 제기될 것으로 보인다.

행정절차법은 그 목적의 하나인 행정에 대한 신뢰성의 확보와 관련하여 동법 제4조 제2항에서 "법령 등의 해석 또는 행정청의 관행이 일반적으로 국민들에게 받아들여졌을 때에는 공익 또는 제3자의 정당한 이익을 현저히 해칠 우려가 있는 경우를 제외하고는 새로운 해석 또는 관행에 따라 소급하여 불리하게 처리하여서는 아니 된다"고 규정하고 있다. 이 규정은 국세기본법 제18조에 상응하는 것이다.

이러한 행정절차법 제4조는 신뢰보호원칙을 명문으로 규정한 것이라 할 수 있으나, 다만 새로운 해석 또는 관행에 의하여 소급하여 불리하게 처리되지 않는다고 하여 이 원칙의 적용범위를 한정하고 있다. 그러나 신뢰보호원칙은 우리 판례상 불문법원리로 인정되고 있는 것으로서, 행정절차법 제4조의 규정에도 불구하고 그 적용범위는 새로운 불리한 해석 또는 관행의 소급적용금지에한 정되지는 않는다고 할 것이다.

2. 적용범위 및 적용제외사항

(1) 적용범위

행정절차법은 동법이 규율하는 처분, 신고, 확약, 위반사실 등의 공표, 행정 계획, 행정상 입법예고, 행정예고 및 행정지도에 관한 일반법으로서 다른 법률 에 특별한 규정이 있는 경우 외에는 이 법이 적용된다(법 3①). 동법은 조례에 관하여 특별한 규정을 두고 있지 않으므로, 국법으로서의 행정절차법은 지방자 치단체의 사무에도 적용된다. 그러나 지방자치단체는 그 사무의 집행과 관련하 여 필요한 때에는 일반법으로서의 행정절차법과는 다른 내용의 행정절차에 관 한 조례를 제정할 수도 있다고 할 것이다.

행정절차법은 행정절차에 관한 일반법이므로, 이에 관한 특별법이 있는 경 우는 그 법이 우선하여 적용될 것임은 물론이다. 그 경우 특별법의 규정내용은 원칙적으로 입법자의 재량에 속하는 문제라 할 것이나, 그에 있어서는 일반법으 로서의 행정절차법과는 다른 규정을 두어야 하는 합리적 이유가 있어야 할 것이 고, 또한 행정절차는 헌법적 근거에 따른 것이라는 견지에서는 행정절차에 관한 헌법적 원칙 내지는 이념에 반하는 특별법은 허용되지 아니한다 할 것이다.

(2) 적용제외사항

행정절차법은 동법의 적용이 제외되는 것으로서 9개 사항을 규정하고 있다 (법 3②). 이들은 ① 국회 또는 지방의회의 의결을 거치거나 동의 또는 승인을 받아 행하는 사항, ② 법원 또는 군사법원의 재판에 의하거나 그 집행으로 행하 는 사항, ③ 헌법재판소의 심판을 거쳐 행하는 사항, ④ 각급 선거관리위원회의 의결을 거쳐 행하는 사항, ⑤ 감사원이 감사위원회의 결정을 거쳐 행하는 사항, ⑥ 형사·행형 및 보안처분 관계 법령에 따라 행하는 사항, ⑦ 국가안전보장· 국방·외교 또는 통일에 관한 사항 중 행정절차를 거칠 경우 국가의 중대한 이 익을 현저히 해칠 우려가 있는 사항, ⑧ 심사청구·해양안전심판·조세심판·특 허심판·행정심판 그 밖의 불복절차에 따른 사항 및 ⑨ 해당 행정작용의 성질상 행정절차를 거치기 곤란하거나 거칠 필요가 없다고 인정되는 사항과 행정절차 에 준하는 절차를 거친 사항으로서 대통령령으로 정하는 사항이다. 그에 따라 행정절차법시행령은 ① 병역법·향토예비군설치법 등에 의한 징집·소집 등에 관한 사항, ② 외국인의 출입국·난민인정·귀화·국적회복에 관한 사항, ③ 공

무원 인사관계법령에 의한 징계 기타 처분에 관한 사항 등 11개 항목의 제외사항을 규정하고 있다.[1]

3. 행정청의 관할 및 행정청간의 협조·응원

(1) 행정청의 관할

행정절차법 제6조는 행정청의 관할에 관하여 규정하고 있는바, 동조 제1항은 행정청의 관할에 속하지 아니하는 사안의 접수 또는 이송시에 있어서의 관할 행정청에의 이송과 그 사실의 신청인에의 통지의무(동조 ①)를 정하고 있다. 동조 제2항은 행정청의 관할이 분명하지 아니한 경우에는 해당 행정청을 공통으로 감독하는 상급 행정청이 이를 결정하고, 공통으로 감독하는 상급 행정청이 없는 경우에는 각 상급 행정청의 협의에 의하도록 하고 있다.

(2) 행정청간의 협조·응원

1) **행정청간의 협조** 행정절차법 제7조는 이에 관한 일반원칙으로서 행정청은 행정의 원활한 수행을 위하여 서로 협조하여야 한다고 규정하고 있다.

2) **행정청간의 응원** 행정절차법 제8조는 행정청간의 행정응원에 관하여 규정하고 있다. 즉 행정청은 ① 법령 등의 이유로 독자적인 직무수행이 어려운 경우, ② 인원·장비의 부족 등 사실상의 이유로 독자적인 직무수행이 어려운 경우 등 5개 사항에 해당하는 경우에는 다른 행정청에 행정응원을 요청할 수 있도록 하고 있다(동조 ①). 행정응원을 요청받은 행정청은 ① 다른 행정청이 보다 능률적 또는 경제적으로 응원할 수 있는 명백한 이유가 있는 경우 및 ② 행정응원으로 인하여 고유의 직무수행상 현저한 지장이 야기될 것으로 인정되

---

1) 판례
"행정절차법령 규정들의 내용을 행정의 공정성, 투명성 및 신뢰성을 확보하고 국민의 권익을 보호함을 목적으로 하는 행정절차법의 입법 목적에 비추어 보면, 공무원 인사관계 법령에 의한 처분에 관한 사항이라 하더라도, 그 전부에 대하여 행정절차법의 적용이 배제되는 것이 아니라, 성질상 행정절차를 거치기 곤란하거나 불필요하다고 인정되는 처분이나 행정절차에 준하는 절차를 거치도록 하고 있는 처분의 경우에만 행정절차법 적용이 배제되는 것으로 보아야 한다"(대판 2007. 9. 21, 2006두20631; 대판 2013. 1. 16, 2011두30687 등). 대법원은 위 법리를 적용하여 별정직 공무원에 대한 직권면직처분은 행정절차법의 적용이 배제되지 않지만(대판 2013. 1. 16, 2011두30687), 직위해제처분은 행정절차법의 적용이 배제된다고 판단하였다(대판 2014. 6. 26, 2012두26180).
또한 육군3사관학교 생도에 대한 퇴학처분에 대해서도 행정절차법의 적용이 배제되지 아니하므로, 징계대상자는 변호사를 대리인으로 선임하여 방어권을 행사할 수 있고(행정절차법 제12조 제1항 제3호, 제2항, 제11조 제4항 본문), 행정청은 특별한 사정이 없는 한 이를 거부할 수 없다(대판 2018. 3. 13, 2016두33339).

는 명백한 이유가 있는 경우 외에는 요청받은 행정응원을 거부할 수 없다(동조 ②). 행정응원을 요청받은 행정청이 그 응원을 거부하는 경우에는 그 사유를 응원요청한 행정청에 통지하여야 한다(동조 ④).

4. 송 달

행정송달에 관한 현행법의 규정은 상당히 미흡한 편이다. 따라서 행정절차법은 제14조 내지 제16조에서 송달에 관하여 규정하고 있다.

(1) 송달의 방법

송달의 방법은 우편·교부 또는 정보통신망 이용 등의 방법으로 하되 송달받을 자의 주소·거소·영업소·사무소 또는 전자우편주소(이하 "주소 등"이라 한다)로 한다. 다만, 송달받을 자가 동의하는 경우에는 그를 만나는 장소에서 송달할 수 있다(법 14①). 교부에 의한 송달은 수령확인서를 받고 문서를 교부함으로써 하며, 송달하는 장소에서 송달받을 자를 만나지 못한 경우에는 그 사무원·피용자 또는 동거인으로서 사리를 분별할 지능이 있는 사람에게 이를 교부할 수 있다. 다만, 문서를 송달받을 자 또는 그 사무원 등의 정당한 사유 없이 송달받기를 거부하는 때에는 그 사실을 수령확인서에 적고, 문서를 송달할 장소에 놓아둘 수 있다(동조 ②). 정보통신망을 이용한 송달은 송달받을 자가 동의하는 경우에만 한다(동조 ③).

송달받을 자의 주소 등을 통상적인 방법으로 확인할 수 없는 경우 또는 송달이 불가능한 경우에는 관보·공보·게시판·일간신문 중 하나 이상에 공고하고 인터넷에도 공고하여야 한다(동조 ④).

(2) 송달의 효력발생

송달은 다른 법령 등에 특별한 규정이 있는 경우를 제외하고는 송달받을 자에 도달됨으로써 그 효력이 발생한다(동법 15①). 정보통신망을 이용하여 전자문서로 송달하는 경우에는 송달받을 자가 지정한 컴퓨터 등에 입력된 때에 도달된 것으로 본다(동조 ②).

공고에 의하는 경우에는 다른 법령 등에 특별한 규정이 있는 경우를 제외하고는 공고일로부터 14일이 지난 때에 그 효력이 발생한다(동조 ③).

(3) 기간 및 기한의 특례

천재지변이나 그 밖에 당사자등에게 책임이 없는 사유로 기간 및 기한을 지킬 수 없는 경우에는 그 사유가 끝나는 날까지 기간의 진행이 정지된다(법16①). 그리고 외국에 거주 또는 체류하는 자에 대한 기간 및 기한은 행정청이 그

우편이나 통신에 걸리는 일수를 고려하여 정하여야 한다(동조 ②).

Ⅲ. 처분절차

처분절차는 행정절차의 중심을 이루는 것으로서, 행정절차법은 통칙, 의견제출 및 청문, 공청회의 3개절 29개조에 걸쳐 이에 관하여 규정하고 있다. 행정절차법은 이러한 처분절차를 신청에 의한 처분절차, 즉 수익적 처분절차와 침익적 처분절차로 구분하여, 먼저 이들 처분에 있어서의 공통원칙·공통사항을 규정하고, 이어서 수익적 처분과 침익적 처분에 고유한 처분절차에 관하여 규정하고 있다.

1. 처분절차의 공통원칙·공통사항

(1) 직권주의

직권주의란 당사자주의에 대한 관념으로, 본래는 쟁송절차에서의 심리방식에 관한 것이다. 그러나 이 관념을 결정기관이 주도권을 가지는 원칙으로 일반화하여 이해하는 경우에는, 행정절차법은 이러한 의미의 직권주의원칙을 취하고 있다고 할 수 있다. 즉 절차의 진행은 행정청에 맡겨져 있고(직권진행주의), 결정상 필요한 사실을 행정청 스스로가 이를 조사·수집할 수 있다(직권탐지주의). 다만, 신청에 의한 처분에 있어서는 절차의 개시를 신청인의 발의에 의하고, 처분내용도 신청의 범위에 한정되도록 하고 있다.

(2) 서면심리주의

쟁송절차에 있어서는 구두심리주의와 서면심리주의 사이의 우열 문제의 논란이 있으나, 행정절차법은 불이익처분에 있어서의 청문절차에 대하여만 구두심리주의를 채택하고 있다. 이것은 기본적으로 절차의 신속성을 고려한 것이라 할 것이나, 그것이 행정청이 개별사안에 있어 구두심리주의의 이점을 활용하는 것을 금지하는 것은 아니라고 본다.[1]

(3) 처분의 방식 — 문서주의

행정법 이론상으로는 문서에 의한 처분과 구두에 의한 처분이 모두 인정되고 있다. 그러나 행정절차법은 문서주의원칙을 취하여 개별법에 특별한 규정이 있는 경우를 제외하고는 처분은 문서로써 하도록 하고 있다(동법 24①). 행정절

---

[1] 鹽野 宏, 行政法 Ⅰ, pp. 242~243.

차법이 처분의 방식으로서 문서주의원칙을 취하고 있는 것은 처분내용의 명확성의 확보나 그 존부에 관한 다툼의 방지 등에 그 주된 동기가 있는 것으로 본다.

행정절차법은 이와 관련하여 처분을 행하는 문서에는 그 처분 행정청과 담당자의 소속·성명 및 연락처를 적어야 한다고 규정하여(동조 ③), 처분에 있어서의 행정실명제를 도입하고 있다.

(4) 처분기준의 설정·공표

① 행정절차법은 행정청의 자의적인 권한 행사를 방지하고 관련 처분에 대한 상대방의 예측가능성을 부여하기 위한 관점에서 동법 제20조에서 행정청의 처분기준의 설정·공표의무를 규정하고 있다. 동조에 따라 행정청은 처분의 심사에 필요한 기준을 가능한 한 구체적으로 정하여 이를 공표하여야 한다. 다만, 해당 처분의 성질상 그것이 현저히 곤란하거나 공공의 안전 또는 복리를 현저히 해하는 것으로 인정될만한 상당한 이유가 있는 경우에는 행정청은 이를 하지 않을 수 있다(동조 ①②). 당사자 등은 공표한 처분기준이 불명확한 경우에는 행정청에 대하여 그 해석 또는 설명을 요구할 수 있으며, 이 경우 행정청은 특별한 사정이 없는 한 이에 응하여야 한다(동조 ③).

② 이러한 처분기준의 설정·공표는 행정청의 법적 의무로 되어 있으나, 당해 처분의 근거법에서 그 기준이 이미 구체화되어 있는 경우에까지 이러한 의무를 지는 것은 아니라고 할 것이다. 처분기준의 설정의무는 재량행위와 기속행위에 모두 적용되는 것임은 물론이다. 그러나, 재량행위에 있어 법령상 행정청에 재량권을 부여한 취지는 행정청으로 하여금 구체적 사안에 따른 가장 적정한 처분을 할 수 있도록 하려는 데에 있는 것이므로, 재량행위에 있어서는 그 처분기준의 구체적 설정에는 내재적인 한계가 따른다고 본다.

③ 이러한 처분기준은 해석규칙 또는 재량준칙 등의 행정규칙이 될 것이며, 그러한 점에서 이 기준 자체에는 법적 구속력이 인정되지 않는다고 할 것이다. 그러나 행정절차법이 이러한 처분기준을 명문으로 규정하고 있다는 점을 고려하면, 공표된 것과 다른 기준에 의하여 처분을 하는 경우에는, 행정청은 그 합리적 근거를 제시하여야 할 일반적 의무가 있다고 할 것이며, 특히 재량준칙의 경우에는 평등원칙과 관련하여 일정한 경우 그 법적 구속력을 인정할 수 있을 것으로 본다. 한편 사전공표 의무를 위반하여 처분기준을 미리 공표하지 않고 적용하여 처분을 하였다 하더라도 그러한 사정만으로 해당 처분이 위법하다고 볼 수는 없다(대판 2020. 12. 24, 2018두45633).

(5) 처분의 이유제시

1) 의 의   처분의 이유제시란 행정청이 처분시에 그 근거와 이유를 제시하는 것을 말한다. 이러한 이유제시는 처분의 적정성, 그에 대한 쟁송절차상의 편의제공 등 처분의 적법성이나 상대방의 권리구제 등에서 결정적으로 중요한 기능을 수행하는 것으로서 이 제도는 행정절차법의 핵심적 구성요소가 된다고 할 것이다.

2) 기 능   이유제시의 기능 또는 필요성으로서는 대체로 다음의 몇 가지를 들 수 있다.[1]

① 처분의 공정성 또는 신중성 보장   행정처분시에 그 구체적 이유를 제시하게 한다면 그에 따라 행정청은 처분을 보다 신중하게 하게 되고 또한 상당한 정도에서 그 공정성이 보장될 수 있다.

② 설득기능   처분이유가 구체적으로 제시되는 경우에는 상대방은 그 처분의 적정성이나 적법성을 인정하여 그 처분을 보다 납득할 수 있게 된다. 그에 따라 궁극적으로는 법원의 부담이 경감될 수 있다.

③ 처분에 대한 궁극적 쟁송에 있어서의 편의기능   상대방은 처분이유에 근거하여 행정쟁송을 제기할 것인지 여부를 보다 적절하게 판단할 수 있고, 궁극적으로 쟁송시에는 그 불복논거를 보다 구체적으로 제시할 수 있게 된다.

④ 결정과정 공개기능   구체적 이유제시에 의하여 상당한 정도에서 결정과정이 공개되게 되는바, 그것은 투명한 행정 내지는 행정의 민주화에 기여하게 된다.

이러한 점에서 행정절차법도 행정청의 이유제시의무를 규정하고 있다. 즉 동법 제23조는 행정청은 처분시 그 근거와 이유를 제시하여야 한다고 하여 이유제시원칙을 규정하고, 그 예외로서 ① 신청내용을 모두 그대로 인정하는 처분, ② 단순·반복적인 처분 또는 경미한 처분으로서 당사자가 그 이유를 명백히 알 수 있는 경우, ③ 긴급히 처분을 할 필요가 있는 경우를 들고 있다(동조 ①). 이러한 예외가 인정되는 경우에도 ② 및 ③의 경우에는 처분 후 당사자가 이유제시를 요청할 경우에는 그 근거와 이유를 제시하여야 한다(동조 ②).

이러한 행정절차법 제23조의 규정에 따라 신청에 대한 거부처분(일부거부·전부거부) 및 불이익처분의 경우에는 행정청은 원칙적으로 그 처분이유를 제시하여야 할 것이다. 그러나 이유제시는 우리 판례상 이미 불문법원리로 인정되

---

1) 박윤흔, 행정법(상), 제30판, pp. 432~433.

고 있으므로, 동조는 그 내용을 구체화하였다는 점에서 그 의의가 있다고 할 것이다.

　3) 이유제시의 내용과 정도　　　행정절차법 제23조 제1항은 행정청은 처분시에 처분의 근거와 이유를 제시하도록 하고 있는바, 여기서 처분의 근거와 이유가 어떠한 것인지가 문제된다.

　전술한 바와 같이 이유제시의무는 행정절차법 제정 이전에 이미 판례상 인정되고 있었던 것으로서, 대법원은 일반주류도매업면허취소처분취소에 관한 대법원 1990. 9. 11. 선고 90누1786 판결에서, "면허의 취소처분에는 그 근거가 되는 법령이나 취소권 유보의 부관 등을 명시하여야 함은 물론 처분을 받은 자가 어떠한 위반사실에 대하여 당해 처분이 있었는지를 알 수 있을 정도로 사실을 적시할 것을 요"한다고 판시하였다.1) 이 판결은 처분의 법적·사실적 이유의 구체성의 정도에 있어서는 상당히 엄격한 기준에 입각하고 있는 것으로 보인다.

　행정절차법 시행 이후의 최초의 판결인 대법원 2002. 5. 17. 선고 2000두8912 판결은 구체성의 정도에 있어 다소 신축적 또는 완화된 입장을 취하고 있는 것으로 보인다. 대법원은 이 판결에서 "일반적으로 당사자가 근거규정 등을 명시하여 신청하는 인·허가 등을 거부하는 처분을 함에 있어 당사자가 그 근거를 알 수 있을 정도로 상당한 이유를 제시한 경우에는 당해 처분의 근거 및 이유를 구체적 조항 및 내용까지 명시하지 않았더라도 그로 말미암아 위의 그 처분이 위법한 것이 될 수 없다"2)고 판시하였다. 이러한 대법원의 2000두8912 판결에서는 이유제시의 의의나 중요성이 다소 경시되고 있는 것이 아닌가라는 의문도 제시될 수 있을 것으로 보인다. 그러나 이 판결이 반드시 이전의 판례에 비하여 퇴보적인 것이라고 볼 것은 아니고, 이들 판례는 특히 이유제시제도의 상대방의 권리구제기능과의 관련에서는 그 구체적 사안에 따른 합목적

---

　1) 이러한 기준에 따라 대법원은 일반주류도매업면허취소통지에서 "상기 주류도매장은 무면허주류판매업자에게 주류를 판매하여 주세법 제11조 및 국세범사무처리규정 제26조에 의거 지정조건위반으로 주류판매업면허를 취소합니다"라고만 되어 있어서, 기록에 의해 나타난 원고의 영업기간과 거래상대방 등에 비추어 그 정도의 사실적시만으로는 원고가 어떠한 거래행위로 인하여 이 사건 처분을 받았는지를 알 수 없다 할 것이어서 당해 처분은 위법하다고 판시하였다.

　2) 대법원은 위 판결에서 이러한 기준에 따라 행정청이 토지형질변경허가신청을 불허하는 근거규정으로 도시계획법시행령 제20조를 명시하지 아니하고 '도시계획법'이라고만 기재하였으나, 신청인이 자신의 신청이 개발제한구역의 지정목적에 현저히 지장을 초래하는 것이라는 이유로 구 도시계획법시행령 제20조 제1항 제2호에 따라 불허된 것임을 알 수 있었던 경우 그 불허처분이 위법하지 아니하다고 판시하였다.

적인 판결이라고 해석할 수 있는 소지도 있는 것으로 보인다. 즉 앞의 90누1786 판결 등의 사안에서는 그 법적 및 사실적 근거가 구체적으로 적시되어야 이유부기의 권리구제기능에 부합될 수 있는 것인 데 대하여, 2000두8912 판결에서는 불완전하기는 하나 처분의 법적 근거만 제시되고 처분의 구체적 근거나 근거조문이 구체적으로 명시되지 않아도 당해 사안에서 그 상대방은 이러한 사실적·법적 근거를 용이하게 알 수 있는 것이어서, 이러한 경우에는 처분의 구체적 법적 근거나 내용이 명시되지 않아도 그로 인하여 당해 처분이 위법한 것이 되는 것은 아니라고 판시한 것으로 볼 수도 있다.

4) 이유제시의 결여와 행정행위의 효력 행정처분에 실체법상의 흠이 있으면 그 흠의 정도에 따라 당해 처분은 무효 또는 취소할 수 있는 처분이 된다는 것이 학설·판례의 입장이다. 이에 대하여 행정처분에 형식 또는 절차상의 흠이 있는 경우에 그것이 당해 처분의 독자적 취소 또는 무효사유가 되는지의 문제가 있다(이 문제는 다음의 Ⅷ. 형식·절차상의 하자 있는 행정행위의 효력 부분을 참조하시오).

5) 이유제시의 하자의 치유 이유제시의 하자가 있는 경우에 그 사후보완에 의하여 그것이 치유될 수 있는지의 문제가 있다. 이에 대하여 학설의 다수설과 판례는 긍정적 입장을 취하고 있다. 긍정설은 일반적으로 이유제시의 흠의 치유도 일반적인 흠의 치유의 일환으로서 그것은 제한적으로만 인정되어야 한다고 하고 있다.[1] 이에 대하여 이유제시는 처분을 정당화하는 중요한 사항으로서 그 흠의 치유는 다른 절차의 흠의 치유와는 달리 보다 엄격할 필요가 있다고 하여, 그 치유를 원칙적으로 인정하지 않는 입장도 있다(이 문제는 다음의 Ⅸ. 형식·절차상 하자의 치유 부분을 참조하시오).[2]

(6) 처분내용의 정정

행정청은 처분에 오기·오산 또는 그 밖에 이에 준하는 명백한 잘못이 있을 때에는 직권으로 또는 신청에 따라 지체없이 정정하고 그 사실을 당사자에게 통지하여야 한다(동법 25). 처분내용상 이러한 오기·오산 등이 있는 경우에는, 해당 행위는 형식적으로는 하자 있는 처분인 것임은 물론이다. 그러나 그것이 행정청이나 당사자 양자에게 모두 단순한 기재 또는 계산상의 오류임이 명백하고, 그 실질적 내용에 대하여는 다툼이 없는 경우라면 이러한 의미의 형식적 하자를 이유로 해당 처분을 취소하는 것은 불합리하거나 또는 불필요하다고 할

---

1) 박윤흔, 행정법(상), 제30판, p. 435; 박균성, 행정법(상), 2011, p. 590.
2) 김철용, 행정법 Ⅰ, 2011, pp. 395~396.

것이다. 따라서 행정절차법은 이러한 의미의 오기·오산 등의 명백한 잘못이 있는 경우에는, 상대방의 신청이 있는 경우는 물론이고, 그러하지 아니한 경우에도 행정청이 직권으로 이를 시정할 수 있도록 규정하고 있다.

(7) 고 지

행정청이 처분을 할 때에는 당사자에게 그 처분에 대하여 행정심판 및 행정소송을 제기할 수 있는지 여부, 그 밖에 불복을 할 수 있는지 여부, 청구절차 및 청구기간, 그 밖에 필요한 사항을 알려야 한다(법 26). 이러한 고지에 관한 규정은 행정심판법 제58조의 규정과 거의 동일한 것이다. 고지는 원래 행정절차법에서 규정할 사항이나, 행정절차법이 제정되지 아니한 상태에서 행정심판법에서 이에 관한 규정을 둔 것이다.

2. 신청에 의한 처분(수익적 처분)의 절차

행정절차법상 신청에 의한 처분절차는 신청 – 신청의 심사 – 처분의 결정의 구조를 취하고 있다.

(1) 적용대상

행정절차법은 신청에 의한 처분절차의 적용범위와 관련하여, 이러한 처분절차는 행정청이 상대방의 신청에 대하여 처분의무(신청에 따른 처분 및 신청에 대한 처분)가 있는 경우, 환언하면 신청인이 해당 처분에 대하여 신청권이 있는 경우에 한정되는 것인지 여부에 대하여 명시적으로 규정하고 있지 않다. 그러나 동법상 행정청의 해당 신청에 대한 접수보류·접수거부의 금지, 당해 신청에 대한 행정청의 처리기간의 설정·공표의무, 거부처분에 대한 이유제시의무 등을 고려하면, 신청에 의한 처분절차가 적용되는 것은 해당 처분에 대하여 사인에게 신청권이 있는 경우에 한정된다고 보는 것이 올바른 해석으로 본다.

(2) 신 청

사인의 허가·인가 등의 신청은 원칙적으로 문서로 하여야 한다. 처분의 신청을 전자문서로 하는 경우에는 행정청의 컴퓨터 등에 입력된 때에 신청한 것으로 본다(동법 17①②).

행정청은 신청에 필요한 구비서류·접수기관·처리기간 그 밖에 필요한 사항을 게시하거나 이에 대한 편람을 갖추어 두고 누구나 열람할 수 있도록 하여야 한다(동조 ③).

개별법에 특별한 규정이 있거나 해당 처분의 성질상 그것이 허용되지 않는 경우 외에는, 신청인은 처분 전까지는 신청의 내용을 보완하거나 수정변경 또는 취하할 수 있다.

(3) 행정청의 절차상의 의무

행정절차법은 신청인의 편의나 그 권리·이익의 보호 또는 처분의 공정성·투명성 및 신뢰성 보장의 견지에서, 행정청에 일정한 행위의무를 부과하고 있는 데 그것은 다음과 같다.

1) 처분기준의 설정·공표　　사인의 허가·인가 등의 신청과 관련하여서 행정청은 그 처분에 필요한 기준을 설정·공표하여야 하는바, 그 내용은 기술한 바 있다.

2) 처리기간의 설정·공표　　① 행정절차법은 신청인의 편의를 도모하고 신청에 대한 처분의 처리지연으로 인한 신청인의 불이익을 방지하기 위하여 행정청의 처리기간의 설정·공표의무를 규정하고 있다.

행정청은 처분의 처리에 소요되는 기간을 종류별로 미리 정하고 공표하여야 한다(동법 19①). 상대방의 신청에 대하여 부득이한 사유로 처리기간 내에 처리하기 곤란하다고 인정되는 때에는, 행정청은 해당 기간의 범위 내에서 1회에 한하여 그 기간을 연장할 수 있는바, 이 경우 행정청은 지체없이 이를 신청인에게 통지하여야 한다(동조 ②③). 행정청이 위의 처리기간 내에 처리하지 아니한 때에는, 신청인은 해당 행정청 또는 그 감독행정청에 신속한 처리를 요청할 수 있다(동조 ④).

② 전술한 내용의 처분의 처리기간의 설정·공표는 일본의 행정절차법에서는 이를 단순한 노력의무로 규정하고 있는 데 대하여 우리 행정절차법은 이를 법적 의무로 규정하고 있다. 따라서 행정청은 이 규정에 의하여 처분의 처리기간을 설정하여 공표하여야만 한다. 이 경우 처리기간의 설정·공표는 행정규칙의 형식으로 행해질 것으로 보이는바, 그 법적 성격이 문제된다.

해당 기간은 행정심판법 또는 행정소송법상의 부작위의 인정에 있어 일단 그 합리적 판단기준으로 기능할 수는 있을 것으로 본다. 또한 행정청에 의한 이 기간의 불준수는 행정감독상의 통제사유로도 될 수 있을 것이다. 그러나 그 이상으로, 이 기간을 초과하여 거부처분이 행하여진 경우 그 기간초과를 독자적 위법사유로 주장할 수는 없다고 본다.

3) 신청의 접수 및 처리의무　　① 행정청은 신청이 있는 때에는 다른 법령등에 특별한 규정이 있는 경우를 제외하고는 그 접수를 보류 또는 거부하거나 부당하게 되돌려 보내서는 아니 되며, 신청을 접수한 경우에는 원칙적으로 신청인에게 접수증을 주어야 한다(동법 17④).

행정청은 신청에 구비서류의 미비 등 흠이 있는 경우에는 보완에 필요한 상당한 기간을 정하여 지체 없이 신청인에게 보완을 요구하여야 하는바, 이 경우 신청인이 해당 기간 내에 신청서류의 보완을 하지 아니할 때에는 행정청은 그 이유를 구체적으로 밝혀 접수된 신청을 되돌려 보낼 수 있다(동법 17 ⑤⑥). 여기서의 신청을 되돌려 보내는 것이란 내용적으로는 형식상의 흠결을 이유로 하는 신청의 접수의 거부를 의미하는 것이다.

② 신청에 의한 처분절차는 상대방에게 해당 처분에 대한 신청권이 있는 경우에 한정되는 것임은 기술한 바와 같다. 따라서 행정청에 접수된 상대방의 신청(서)에 대하여 행정청은 해당 신청이 실체법상의 요건을 충족하고 있는지 여부를 심사하여 그 인정 여부에 대한 결정을 하여야 할 것이다.

4) 공동관할사무 등의 신속처리   신청이 복수행정청의 공동관할사무로 되어 있거나, 동일 신청인의 다수의 신청이 상호 관련성을 가지는 것이고 또한 그에 관여하는 행정청도 복수인 경우가 있다. 이러한 경우 행정의 실제에 있어서는 책임회피의 목적으로 서로 다른 행정청의 태도를 살피는 등으로 인해 신청에 대한 처리가 부당하게 지연되는 경우도 없지 않다. 행정절차법 제18조는 이러한 부당한 사태를 방지하기 위하여, "행정청이 다수의 행정청이 관여하는 처분을 구하는 신청을 접수한 경우에는 관계 행정청과의 신속한 협조를 통하여 그 처분이 지연되지 아니하도록 하여야 한다"고 규정하고 있다.

5) 청문 또는 공청회 개최   청문은 원칙적으로 침익적 처분시에 상대방의 권익보호를 위한 절차이다. 그러나 행정절차법은 일정한 경우에는 수익적 처분에 대하여서도 청문을 실시하거나 공청회를 개최하도록 규정하고 있다. 즉 동법은 행정청은 다른 법령 등에서 청문을 하도록 규정하고 있는 경우 및 행정청이 필요하다고 인정하는 경우에는 청문을 실시하도록 규정하고 있다(동법 22 ①i·ii).

행정청은 또한 다른 법령 등에서 공청회를 개최하도록 규정하고 있는 경우 및 당해 처분의 영향이 광범위하여 널리 의견을 수렴할 필요가 있다고 행정청이 인정하는 경우에 관하여는 공청회를 개최한다(동조 ②). 행정절차법은 기본적으로 행정청과 상대방과의 이면적 관계에 입각하고 있는 데 대하여, 동조는 제3자의 이익도 배려하고 있다는 점에서 이 규정은 특히 유의할 만한 것으로 보인다. 그러나 동조는 제3자로부터 정보를 널리 수집하여 처분의 적정성을 확보하려는 것을 그 기본적 내용으로 하는 것이고, 주민참가를 정면으로 인정한 것은 아니라고 본다. 행정절차법은 이외에도 행정상 입법예고 및 행정예고절차와 관련하여 행정청은 공청회를 개최할 수 있다고 규정하고 있는바(동법 45·47), 이러한 경우의 공청회는 기본적으로 주민참가나 행정의 민주화의 이념에 입각한 것으로 볼 수 있다.

6) 거부처분의 이유제시   상대방의 신청을 거부(일부거부·전부거부)하는 경우에는, 행정청은 그 근거 및 이유를 제시하여야 하는바, 그 내용에 대하여는 위에서 검토한 바 있다.

3. 침익적 처분의 절차

(1) 개 설

행정절차에 있어서의 적정절차는 침익적 처분에 대한 국민의 권리·이익의 절차적 보호를 그 출발점으로 하고 있다. 따라서 처분의 사전통지 및 청문을 비롯한 행정절차의 여러 원칙은 바로 침익적 처분에 전형적으로 적용되게 되는 것이다.

행정절차법상의 침익적 처분은 '당사자'에게 의무를 부과하거나 '당사자'의 권익을 제한하는 처분을 말한다(법 21①). 따라서 그 상대방이 불특정적인 경우(일반처분)는 여기서의 침익적 처분에 해당하지 않는다. 또한 예컨대 영업허가의 신청 등 강학상의 허가신청에 대한 거부처분도 실질적으로는 침익적 처분의 성질을 가진다 할 수 있으나, 이것도 동법상의 침익적 처분에는 해당하지 않는다고 보는 것이 다수설이다.[1] 다른 한편 대법원은 영업자지위를 승계한 자가 관계 행정청에 이를 신고하도록 하고 있는 경우 위 신고의 수리를 영업허가자 변경이라는 법률효과를 발생시키는 행위로 보아 당해 신고를 수리하는 처분은 종전의 영업자의 권익을 제한하는 처분이라 할 것이고, 따라서 종전의 영업자는

---

1) 박균성, 행정법론(상), p. 475; 홍정선, 행정법(상), p. 476. 거부처분이 행정절차법상 사전통지의 대상이 되지 아니하는 것으로 보는 기본적 이유는 거부처분의 경우에는 그 신청 및 결정과정에서 이미 당사자의 의견이 반영되고 있다는 점을 들 수 있을 것으로 본다. 그러나 판례는 거부처분은 직접 당사자의 권익을 제한하는 것은 아니라는 점을 그 논거로 들고 있다(대판 2003. 11. 28, 2003두674).
　　이러한 통설·판례의 부정적 입장에 대하여는, 신청인의 예측가능성을 기준으로 하여, ① 신청서에 기재하지 않은 사실을 근거로 거부하고자 하는 경우, ② 신청서에 기재한 사실을 인정할 수 없다는 이유로 거부하고자 하는 경우, ③ 신청인이 자료를 제출하지 아니하였다는 이유로 거부하고자 하는 경우, ④ 신청인이 제출한 자료가 위조, 변조되었거나 허위라는 이유로 거부하고자 하는 경우, ⑤ 법령과 처분기준이 추상적이고 불명확한데 이를 신청인에게 불리하게 해석하여 거부하고자 하는 경우에는 사전통지절차가 필요하다는 견해가 제시된 바 있는데, 이것은 내용상 상당히 설득력이 있는 것으로 보인다. 최계영, 거부처분의 사전통지 ─법치 행정과 행정의 효율성의 조화─, 행정법연구 18호(2007. 8), pp. 289~293.

그 처분에 대하여 직접 그 상대가 되는 자에 해당한다고 판시하였다.[1]

행정절차법은 침익적 처분의 절차로서 처분의 사전통지절차, 의견제출·청문절차 및 공청회에 관하여 규정하고 있다. 처분기준의 설정·공표, 처분의 이유제시, 처분방식, 처분의 정정 및 고지에 관한 규정은 행정처분에 관한 공통절차이므로 침익적 처분에도 적용되는 것임은 물론이다.

(2) 처분의 사전통지

1) **원 칙**   처분의 사전통지란 당사자 등에 대한 청문 또는 의견제출절차에 앞서 반드시 거쳐야 하는 절차이다. 이것은 행정청이 조사한 사실 등 정보를 미리 당사자 등에게 알려줌으로써 당사자 등이 의견청취절차에서 관련 자료에 기한 의견 등의 진술에 의하여 자신의 권익을 보호할 수 있도록 하기 위한 것이다.

행절절차법은 이러한 사전통지를 의견제출절차와의 관련에서 규정하고 청문절차에 대하여는 그 내용을 어느 정도 수정하고 있다.

(가) 사전통지의 내용 — 의견제출절차상의 사전통지   행정청이 침익적 처분을 하는 경우에는 원칙적으로 ① 처분의 제목, ② 당사자의 성명 또는 명칭과 주소, ③ 처분하려는 원인이 되는 사실과 처분의 내용 및 법적 근거, ④ 이에 대하여 의견을 제출할 수 있다는 뜻과 의견을 제출하지 아니하는 경우의 처리방법, ⑤ 의견제출기관의 명칭과 주소, ⑥ 의견제출기한 등을 미리 당사자 등에게 통지하여야 한다(동법 21①). 여기서의 의견제출기한은 의견제출에 필요한 기간을 10일 이상으로 고려하여 정하여야 하며(동조 ③), 여기서 당사자 등이라 함은 처분의 직접 상대방 및 행정청이 직권 또는 신청에 의하여 행정절차에 참여하게 한 이해관계인을 말한다(동법 2iv).

(나) 청문의 경우   행정청이 청문을 실시하고자 하는 경우에는 청문이 시

---

[1] 판례
　"행정절차법 제1항, 제22조 제3항 및 제2조 제4호의 각 규정에 의하면, 행정청이 당사자에게 의무를 과하거나 권익을 제한하는 처분을 함에 있어서는 당사자 등에게 처분의 사전통지를 하고 의견제출의 기회를 주어야 하며, 여기서 당사자라 함은 행정청의 처분에 대하여 직접 그 상대가 되는 자를 의미한다. 한편 구 관광진흥법 제8조 제2항, 제4항, 체육시설법 제27조 제2항, 제20조의 각 규정에 의하면, 공매 등의 절차에 따라 문화체육부령으로 정하는 주요한 유원시설의 전부 또는 체육시설업의 지위를 승계한 자가 관계 행정청에 이를 신고하여 행정청이 이를 수리하는 경우에는 종전의 유원시설업자 또는 체육시설업자의 권익을 처분이라 할 것이고, 종전의 유원시설업자 또는 체육시설업자는 그 처분에 대하여 직접 그 상대가 되는 자에 해당한다고 봄이 상당하므로, 행정청으로서는 그 신고를 수리하는 처분을 함에 있어서 행정절차법 소정의 당사자에 해당하는 종전의 유원시설업자 또는 체육시설업자에 대하여 위 규정 소정의 행정절차를 실시하고 처분을 하여야 한다"(대판 2012. 12. 13, 2011두29144).

작되는 날부터 10일 전까지 위의 사항을 당사자 등에게 통지하여야 한다. 이 경우 ④ 내지 ⑥의 사항은 청문주재자의 소속·직위 및 성명, 청문의 일시 및 장소, 청문에 응하지 아니하는 경우의 처리방법 등 청문에 필요한 사항으로 갈음한다(동법 21②).

2) 예 외　　위의 원칙에 대한 예외로서, ① 급박한 위해의 방지 및 제거 등 공공의 안전 또는 복리를 위하여 긴급한 처분이 필요한 경우, ② 법원의 재판 또는 준사법적 절차를 거치는 행정기관의 결정 등에 따라 처분의 전제가 되는 사실이 객관적으로 증명되어 처분에 따른 의견청취가 불필요하다고 인정되는 경우, ③ 의견청취의 기회를 줌으로써 처분의 내용이 미리 알려져 현저히 공익을 해치는 행위를 유발할 우려가 예상되는 등 해당 처분의 성질상 의견청취가 현저하게 곤란한 경우, ④ 법령 또는 자치법규("법령등")에서 준수하여야 할 기술적 기준이 명확하게 규정되고, 그 기준에 현저히 미치지 못하는 사실을 이유로 처분을 하려는 경우로서 그 사실이 실험, 계측, 그 밖에 객관적인 방법에 의하여 명확히 입증된 경우, ⑤ 법령등에서 일정한 요건에 해당하는 자에 대하여 점용료·사용료 등 금전급부를 명하는 경우 법령등에서 규정하는 요건이 해당함이 명백하고, 행정청의 금액산정에 재량의 여지가 없거나 요율이 명확하게 정하여져 있는 경우 등 해당 처분의 성질상 의견청취가 명백히 불필요하다고 인정될 만한 상당한 이유가 있는 경우에는 행정청은 사전통지를 아니할 수 있다(동법 21④, 영 13).

이러한 경우 행정청은 처분을 할 때 당사자 등에게 사전통지를 하지 아니한 사유를 알려야 한다. 신속한 처분이 필요한 경우에는 처분 후 그 사유를 알릴 수 있다(동법 21④⑥).

위의 ③의 예외사유에 대하여 대법원은 "의견청취가 현저히 곤란하거나 명백히 불필요하다고 인정될 만한 상당한 이유가 있는지 여부는 당해 행정처분의 성질에 비추어 판단하여야 하는 것이지, 청문통지서의 반송 여부, 청문통지의 방법 등에 의하여 판단할 것은 아니며, 또한 행정처분의 상대방이 통지된 청문일시에 불출석하였다는 이유만으로 행정청이 관계법령상 그 실시가 요구되는 청문을 실시하지 아니한 채 침해적 행정처분을 할 수는 없을 것이므로, 행정처분의 상대방에 대한 청문통지서가 반송되었다거나, 행정처분의 상대방이 청문일시에 불출석하였다는 이유로 청문을 실시하지 아니하고 한 침해적 행정처분은 위법하다"고 판시하였다. 그에 따라 2회에 걸쳐 발송한 청문통지서가 모두 반송되어 온 경우, 행정절차법 제21조 제4항 제3호에 정한 청문을 실시하지 않아도 되는 예외사유에 해당한다고 보고 당사자가 청문일시에 불출석하였다는 이유로 청문을 거치지 않고 행한 유기장영업허가취소처분은 위법하다고 하여 이를 취소하였다(대판 2001. 4. 13, 2000두3337).

대법원은 또한 처분상대방이 이미 행정청에 위반사실을 시인하였다거나 처분의 사전통지 이전에 의견을 진술할 기회가 있었다고 하더라도 예외사유에 해당하지 않는다고 하였다(대판 2016. 10. 27, 2016두41811).

(3) 의견제출

1) 개 설 의견제출이란 행정청이 어떠한 행정작용을 하기 전에 당사자등이 의견을 제시하는 절차로서, 청문이나 공청회에 해당하지 아니하는 절차를 말한다(동법 2vii). 여기서 '당사자 등'이라 함은 처분의 직접 상대방 및 행정청이 직권 또는 신청에 따라 행정절차에 참여하게 한 이해관계인을 말한다(동법 2iv). 자연인, 법인 또는 법인 아닌 사단이나 재단 및 그 밖에 다른 법령에 따라 권리·의무의 주체가 될 수 있는 자는 이러한 당사자 등이 될 수 있다(동법 9).

행정절차법은 청문 및 공청회는 동법이 규정하고 있는 경우에만 이를 실시하도록 하고 있는 데 대하여, 의견제출은 청문 또는 공청회를 거치지 않는 경우에 일반적으로 행하는 것으로 규정하고 있다(법 22③). 따라서 의견제출은 불이익처분에 있어 상대방이 의견을 제시할 수 있는 일반절차로서의 성격을 가진다. 의견제출은 서면 또는 구술에 의하나 그 심리에는 청문에 있어서의 청문주재관 등의 적용이 없고, 당사자에는 문서열람신청권이 인정되지 아니하는 등의 점에서 그것은 청문에 비하여 불완전한 약식절차로서의 성격을 가진다.

2) 의견제출절차

⑺ 사전통지 의견제출절차는 위에서 검토한 사전통지에 의하여 개시된다.

⑷ 의견제출 전기한 내용의 통지를 받은 당사자 등은 서면이나 말로 또는 정보통신망을 이용하여 의견을 제출할 수 있다. 이 경우 당사자 등은 그 주장을 입증하기 위한 증거자료를 첨부할 수 있다(동법 27①②).

당사자 등이 정당한 이유 없이 의견제출기한까지 의견을 제출하지 아니한 경우에는, 행정청은 의견이 없는 것으로 보고 처분할 수 있다(동조 ④).

㈐ 의견제출절차에 있어서의 문서열람의 문제 구법에서는 청문절차에만 문서열람·복사청구권을 인정하고 의견제출절차에는 규정이 없었다. 문서열람권은 침익적 처분에 앞서 관련 처분에 관한 정보를 당사자 등에 알림으로써 관계인의 방어권을 실질적으로 확보하는 것을 기본취지로 하는 것이므로, 의견제출절차에서 문서열람권을 인정하지 않는 것이 타당한지 논란이 있었다. 그러

나 법 개정으로 의견제출절차에서도 처분의 사전통지가 있는 날부터 의견제출 기한까지 해당 사안의 조서결과에 관한 문서와 그 밖에 해당 처분과 관련되는 문서의 열람 또는 복사를 요청할 수 있게 되어 이 문제는 입법적으로 해결되었다(동법 37①).

3) 제출의견의 반영　　행정청은 처분을 함에 있어 당사자 등이 제출한 의견이 상당한 이유가 있다고 인정하는 경우에는 이를 반영하여야 한다. 행정청은 당사자등이 제출한 의견을 반영하지 아니하고 처분을 한 경우 당사자등이 처분이 있음을 안 날부터 90일 이내에 그 이유의 설명을 요청하면 서면으로 그 이유를 알려야 한다. 다만, 당사자등이 동의하면 말, 정보통신망 또는 그 밖의 방법으로 알릴 수 있다(동법 27의2).

(4) 공 청 회

1) 개　설　　공청회는 행정청이 공개적인 토론을 통하여 일정 행정작용에 대하여 당사자 등, 전문지식과 경험을 가진 사람, 그 밖의 일반인으로부터 의견을 널리 수렴하는 절차를 말한다(동법 2vi). 행정절차법은 ① 법령 등에서 공청회의 개최를 규정하고 있는 경우, ② 해당 처분의 영향이 광범위하여 널리 의견을 수렴할 필요가 있다고 행정청이 인정하는 경우 및 ③ 국민생활에 큰 영향을 미치는 처분으로서 대통령령으로 정하는 처분에 대하여 대통령령으로 정하는 수 이상의 당사자등이 공청회 개최를 요구하는 경우에 공청회를 실시하는 것으로 규정하고 있다(동법 22②). 행정절차법은 청문 또는 그 약식절차로서 의견제출 외에 공청회도 침익적 처분에 있어서의 당사자의 권익보호절차로서 규정하고 있다. 그런데 동법상의 침익적 처분은 "당사자에게 의무를 부과하거나 권익을 제한하는 처분"(동조 ③)으로 되어 있는바, 동법상 당사자는 "행정청의 처분에 대하여 직접 그 상대가 되는 자"(동법 2iv)로 정의되어 있다. 이러한 행정절차법상의 침익적 처분의 정의규정에 따르면, 그 상대방이 불특정다수(일반처분)인 경우는 여기서의 침익적 처분에는 해당하지 아니하고, 또한 제3자의 권리를 침해하는 복효적 행정행위도 여기서의 침익적 처분에는 해당하지 아니한다고 할 것이다.[1] 그러하다면 여기서의 공청회는 침익적 처분의 직접적 상대방의 권익보호를 위한 절차로서보다는 오히려 해당 처분의 객관적 공정성을 확보하여 주는 절차로서보다 실질적 기능을 수행할 것으로 보인다.

2) 공청회의 통지·공고　　행정청은 공청회를 개최하고자 하는 경우에는

---

1) 박윤흔, 행정법(상), p. 490.

14일 전까지 ① 그 제목, ② 일시 및 장소, ③ 주요 내용, ④ 발표자에 관한 사항, ⑤ 발표신청 방법 및 신청기한, ⑥ 정보통신망을 통한 의견제출, ⑦ 그 밖에 공청회 개최에 필요한 사항 등을 당사자 등에게 통지하고, 관보·공보, 인터넷 홈페이지 또는 일간신문에 공고하는 등의 방법으로 이를 널리 알려야 한다(동법 38).

　　3) 공청회의 진행　　공청회의 주재자는 해당 공청회의 사안과 관련된 분야에 전문적 지식이 있거나 그 분야에 종사한 경험이 있는 사람 중에서 행정청이 지명 또는 위촉하는 사람으로 한다(동법 38의3①). 공청회에서의 발표자의 발표는 공청회의 내용과 직접 관련된 사항에 한정된다(동조 39②). 공청회의 주재자는 발표내용을 제한할 수 있고, 질서유지를 위하여 필요한 조치를 취할 수 있다(동조 ①).

　　주재자는 발표자의 발표 후에 발표자 상호간에 질의·답변을 할 수 있도록 하여야 하고, 방청인에게도 의견을 제시할 기회를 주어야 한다(동조 ③).

　　4) 온라인공청회　　행정청은 위의 공청회와 병행하여 정보통신망을 이용한 공청회("온라인공청회")를 실시할 수 있다. 온라인공청회를 실시하는 경우에는 누구든지 정보통신망을 이용하여 의견을 제출하거나 제출된 의견 등에 대한 토론에 참여할 수 있다(동법 38의2①④).

　　5) 공청회 및 온라인공청회 결과의 처분에의 반영　　행정청은 공청회, 온라인공청회 및 정보통신망 등을 통하여 제시된 사실 및 의견이 상당한 이유가 있다고 인정하는 경우에는 이를 처분에 반영하여야 한다(동법 39의2). 행정청은 공청회를 마친 후 처분을 할 때까지 새로운 사정이 발견되어 공청회를 다시 개최할 필요가 있다고 인정할 때에는 공청회를 다시 개최할 수 있다(동법 39의3).

　　(5) 청　문

　　청문이란 행정청이 결정을 하기에 앞서 그 결정의 당사자 또는 이해관계인으로 하여금 자기에게 유리한 증거를 제출하고 의견을 진술하게 함으로써 사실조사를 하는 절차를 말한다(동법 2v). 이러한 청문은 침익적 처분에 관한 절차 중에서도 가장 공식적인 절차로서, 행정절차법은 12개 조항을 이에 할애하고 있다.

　　1) 적용범위　　청문은 ① 법령 등에서 청문의 실시를 규정하고 있는 경우, ② 행정청이 필요하다고 인정하는 경우 및 ③ 인허가 등의 취소, 신분자격의 박탈 및 법인이나 조합 등의 설립허가 취소시에 이를 실시한다(동법 22①). 이처럼 행정절차법상의 청문절차는 법문상으로는 그 실시범위가 상당히 제한되

어 있는 것으로 보이기도 하나, 실제로는 다음의 이유에 따라 그 적용범위는 상당히 널리 인정되고 있다 할 것이다. 먼저, 행정절차법의 시행에 즈음하여 제정된 행정절차법 시행에 따른 공인회계사법 등의 정비에 관한 법률은 기존의 248개의 법률을 일괄 개정하여 관계법상의 처분에 대한 청문절차를 정한 결과 대부분의 침익적 처분에는 청문절차가 규정되어 있다는 사실이다. 다음에 행정절차법은 청문절차가 근거법에 규정되어 있지 아니한 경우에도 행정청이 필요하다고 인정하는 경우에는 이 절차를 거치도록 하고 있어, 이러한 경우 청문절차를 거칠 것인지에 대하여는 일단 행정청에 재량적 판단권이 인정되고 있기는 하나, 관련 처분이 기본권에 중대한 침해를 야기하는 경우 등에는 그 재량권은 영으로 수축되어 당해 처분에서는 청문절차를 거쳐야 할 것으로 보아야 한다는 점이다.

2) 청문절차의 구조·내용   행정절차법이 정하고 있는 청문절차는 대체로 다음과 같다.

㉮ 청문절차의 개시   청문절차는 처분의 사전통지절차에 의하여 개시된다.

㉯ 청문주재자   청문은 행정청이 소속직원 또는 대통령령으로 정하는 자격을 가진 사람 중에서 선정하는 자가 주재한다. 청문주재자는 독립하여 공정하게 직무를 수행하고, 그 직무수행을 이유로 본인의 의사에 반하여 신분상의 불이익을 받지 않는다(동법 28①④). 이러한 청문주재자에 대하여 행정절차법은 일정한 제척사유를 정하고, 또한 기피 및 회피에 관하여도 규정하고 있다(동법 29).

㉰ 문서의 열람   당사자 등은 청문의 통지가 있는 날부터 청문이 끝날 때까지 행정청에 대하여 해당 사안의 조사결과에 관한 문서와 그 밖에 해당 처분과 관련되는 문서의 열람 또는 복사를 요청할 수 있다. 이 경우 행정청은 다른 법령에 따라 공개가 제한되는 경우를 제외하고는 이를 거부할 수 없으며, 거부시에는 그 이유를 소명하여야 한다(동법 37① 내지 ③).

㉱ 청문의 진행   청문은 당사자의 공개신청이 있거나 청문주재자가 필요하다고 인정하는 경우에는 이를 공개할 수 있다. 그러나 공익 또는 제3자의 정당한 이익을 현저히 해칠 우려가 있는 경우에는 공개할 수 없다(동법 30).

청문기일에 청문주재자는 예정된 처분의 내용, 그 원인이 되는 사실 및 법적 근거를 설명한다.[1] 이에 대하여 당사자 등은 의견을 진술하고, 증거를 제출

---

1) 판례

"청문주재자가 법적 근거를 잘못 알고 재량행위임에도 기속행위라고 설명하였다면 재량행위임을 전제로 한 변명 및 유리한 자료를 제출할 기회를 상실하게 한 것이므로 위법하다"(대판 2003. 1. 24, 2002두7395).

할 수 있으며, 참고인·감정인 등에게 질문할 수 있다(동법 31②). 당사자 등이 의견서를 제출한 경우에는 그 내용을 출석하여 진술한 것으로 본다(동조 ③).

㈐ 증거조사 — 직권조사주의   청문주재자는 당사자의 신청이 있는 경우뿐만 아니라 직권에 의하여도 필요한 조사를 할 수 있으며, 또한 당사자 등이 주장하지 아니한 사실에 대하여도 조사할 수 있다(동법 33①).

청문주재자는 필요하다고 인정하는 때에는 관계행정청에 대하여 필요한 문서의 제출 또는 의견의 진술을 요구할 수 있다. 이 경우 관계행정청은 직무 수행에 특별한 지장이 없으면 그 요구에 따라야 한다(동조 ③).

㈑ 청문의 종결   청문주재자는 해당 사안에 대하여 당사자 등의 의견진술·증거조사가 충분히 이루어졌다고 인정하는 경우에는 청문을 종결한다(동법 35①). 청문주재자는 당사자 등의 전부 또는 일부가 정당한 사유 없이 청문기일에 출석하지 아니하거나 의견서를 제출하지 아니한 경우에는 이들에게 다시 의견진술 및 증거제출의 기회를 주지 아니하고 청문을 마칠 수 있다(동조 ②).

청문을 마친 때에는 청문주재자는 지체없이 청문조서, 청문주재자의 의견서 그 밖의 관계서류를 행정청에 지체 없이 제출하여야 한다(동조 ④).

㈒ 청문의 재개   행정청은 청문을 마친 후 처분을 하기까지 새로운 사정이 발견되어 청문을 재개할 필요가 있다고 인정할 때에는 청문조서 등을 되돌려 보내고 청문의 재개를 명할 수 있다(동법 36).

㈓ 청문조서   청문주재자는 청문조서를 작성하여야 하는바, 그에는 ① 제목, ② 청문주재자의 소속·성명 등 인적사항, ③ 당사자 등의 주소·성명 또는 명칭 및 출석여부, ④ 청문의 일시 및 장소, ⑤ 당사자 등의 진술의 요지 및 제출된 증거, ⑥ 청문의 공개여부 및 공개하거나 제30조 단서의 규정에 의하여 비공개한 이유, ⑦ 증거조사를 한 경우에는 그 요지 및 첨부된 증거, ⑧ 그 밖에 필요한 사항 등이 기재되어야 한다(동법 34①).

당사자 등은 이러한 청문조서의 내용을 열람·확인할 수 있으며, 이의가 있을 때에는 그 정정을 요구할 수 있다(동조 ②).

㈔ 청문주재자의 의견서   청문주재자는 ① 청문의 제목, ② 처분의 내용·주요사실 또는 증거, ③ 종합의견, ④ 그 밖에 필요한 사항이 기재된 의견서를 작성하여야 한다(동법 34의2).

㈕ 청문결과의 처분에의 반영   행정청은 처분을 함에 있어 제출받은 청문조서, 청문주재자의 의견서 그 밖의 관계서류 등을 충분히 검토하고 상당한 이유가 있다고 인정하는 경우에는 청문결과를 반영하여야 한다(동법 35의2).

Ⅳ. 신 고

(1) 개 설

신고란 행정청에 대하여 일정한 사항을 통지하는 행위로서 법령 등이 정하는 바에 따라 당해 통지가 의무로 되어 있는 작용을 말한다.

행정절차법은 이러한 신고가 ① 신고서의 기재사항에 흠이 없고, ② 필요한 구비서류가 첨부되어 있으며, ③ 그 밖에 법령 등에 규정된 형식상의 요건에 적합한 때에는, 신고서가 접수기관에 도달된 때에 신고를 하여야 할 의무가 이행된 것으로 본다고 규정하고 있다(법 40②). 통상적 의미의 신고는 일정한 사실을 행정청에 통지하는 사인의 일방적인 행위로 파악되므로, 이러한 의미에서의 신고는 그것이 법령상의 형식적 요건을 갖춘 때에는 제출기관에 도달한 때에 법령상의 신고의무가 이행된 것으로 보는 것이 당연하므로(대판 1998. 4. 24, 97도3121), 그러한 점에서 행정절차법 제40조는 불필요한 것이라고도 볼 수 있다. 그러나 행정실무상으로는 부적정한 신고의 수리 거부 또는 그 반려 등의 사례가 적지 않기 때문에, 행정절차법은 이러한 위법한 행정관행을 시정하려는 관점에서, 신고가 그 형식적 요건을 갖춘 때에는 신고청에 도달한 때에 법령상의 신고의무가 이행된 것으로 본다는 명시적 규정을 둔 것이다.

(2) 적용대상

행정절차법 제40조상의 신고절차의 적용범위는 사인의 신고에 대하여 행정청에 내용적 또는 구체적 요건에 대한 심사권한이 없는 경우에 한정된다(고압가스안전관리법 4②). 이와 관련하여서는 국적이탈신고, 혼인신고 등이 이 규정의 적용대상에서 제외된다는 점에 의문이 없다 할 것이다. 그러나 이외에도 관계법상 신고라는 용어가 사용되고 있음에도 불구하고, 관련규정의 내용상 그 수리 여부에 대하여 행정청에 실질적 심사권이 인정되고 있는 경우가 적지 않다(여객자동차 운수사업법 14④, 식품위생법 39③, 외국환거래법 18③ 내지 ⑤, 수산업법 44②). 이처럼 사인의 신고에 대하여 행정청의 수리를 요하고 그 수리 여부에 있어서는 행정청의 실질적 심사권이 인정되는 경우에는, 해당 수리행위는 내용적으로는 허가 내지 특허의 성격을 가지는 경우도 있다.[1] 행정절차법은 실정법상

---

1) 판례

　"식품위생법 제25조 제3항에 의한 영업양도에 따른 지위승계신고를 수리하는 허가 관청의 행위는 단순히 양도·양수인 사이에 이미 발생한 사법상의 사업양도의 법률효과에 의하여 양수인이 그 영업을 승계하였다는 사실의 신고를 접수하는 행위에 그치는 것이 아니라, 영업허가자의 변경이라는 법률효과를 발생시키는 행위라고 할 것이다"

의 이러한 현상을 감안하여 동법상의 신고절차가 적용되는 신고는 "법령 등에서 행정청에 일정한 사항을 통지함으로써 의무가 끝나는 신고"로 한정하고 있다. 행정기본법 제34조에서는 수리가 필요하다고 법률에 명시된 경우 그 신고의 성질이 수리를 요하는 신고라는 기준을 제시한다. 따라서 수리의 필요성이 법률에 명시되지 않았다면 원칙적으로 자기완결적 신고로서 행정절차법 제40조의 규율을 받는다.

(3) 행정청의 형식상의 흠의 보완요구 및 반려결정

행정청은 상대방의 신고서에 형식상의 흠이 있는 때에는 지체없이 상당한 기간을 정하여 그 보완을 요구하여야 하고, 신고인이 이 기간 내에 보완을 하지 아니하는 경우에는, 그 이유를 구체적으로 밝혀 해당 신고서를 되돌려 보내야 한다(법 40③④). 이 경우 행정청의 반려행위는 거부처분의 성질을 가진다 할 것이다.[1]

(4) 신고의 효과

행정절차법 제40조 제2항에 의하여 신고는 형식상의 요건이 충족되어 있는 한 그 신고서가 행정청에 도달한 때에 사인에 부과되어 있는 신고의무는 이행된 것으로 된다. 따라서 이러한 신고에 있어 수리행위가 개입할 여지는 없는 것이다.

(5) 신고의 수리거부에 대한 구제

자기완결적 신고제하에서도 형식·절차 등의 요건을 갖춘 적법한 신고에 대하여 행정청이 그 수리를 거부하거나 그 신고서를 반려하는 등의 사태가 발생할 수 있는바, 이 경우 신고인이 이러한 신고의 수리거부 또는 그 반려행위 등에 대하여 행정소송을 제기하여 이를 다툴 수 있는지의 문제가 있다.

(대판 1995. 2. 24, 94누9146).

1) 판례

　　"건축허가는 대물적 성질을 갖는 것으로서 허가대상 건축물에 대한 권리변동에 수반하여 자유로이 양도할 수 있고, 그에 따라 건축허가의 효과는 허가대상 건축물에 대한 권리변동에 수반하여 이전된다. 이에 비추어, 건축 또는 대수선 중인 건축물을 양수한 양수인이 건축관계자 변경신고서를 제출하도록 한 건축법 시행규칙 제11조의 규정은 단순히 행정관청의 사무집행의 편의를 위한 것에 지나지 아니한 것이 아니라, 허가대상 건축물의 양수인에게 건축주의 명의변경을 신고할 수 있는 공법상의 권리를 인정함과 아울러 행정관청에는 그 신고를 수리할 의무를 지게 한 것으로 봄이 타당하므로, 허가대상 건축물의 양수인이 구 건축법 시행규칙에 규정되어 있는 형식적 요건을 갖추어 행정관청에 적법하게 건축주의 명의변경을 신고한 때에는 행정관청은 그 신고를 수리하여야지 실체적인 이유를 내세워 그 신고의 수리를 거부할 수는 없다"(대판 2015. 10. 29, 2013두11475).

전술한 바와 같이 행정절차법 제40조상의 신고는 자기완결적 행위로서 사인의 행정청에 대한 일방적 통고로서 그것이 행정청에 접수된 때에 근거법이 정하는 법률효과가 발생하고 신고에 대한 행정기관의 수리행위 등이 필요한 것은 아니다.

이러한 자기완결적 신고의 법리에 따라 종래 대법원은 구 건축법 제9조 제1항에 의하여 신고를 함으로써 건축허가를 받은 것으로 간주되는 경우에는 적법한 요건을 갖춘 신고만 하면 행정청의 수리행위 등의 조치를 기다릴 필요 없이 건축을 할 수 있는 것이므로, 행정청이 위 신고를 수리한 행위가 건축주, 인근 토지소유자나 주민들의 구체적인 권리의무에 직접 변동을 초래하는 행정처분이라고 할 수 없다고 하였다(대판 1999. 10. 22, 98두18435).

그러나 대법원은 2010. 11. 18. 선고 2008두167 판결에서 건축법상의 신고제하에서도 건축신고가 반려될 경우 당해 건축물의 건축을 개시하면 시정명령, 이행강제금, 벌금의 대상이 되거나 당해 건축물을 사용하여 행할 행위의 허가가 거부될 우려가 있어 불안정한 지위에 놓이게 되므로, 건축신고 반려행위가 이루어진 단계에서 당사자로 하여금 반려행위의 적법성을 다투어 그 법적 불안을 해소한 다음 건축행위에 나아가도록 함으로써 장차 있을지도 모르는 위험에서 미리 벗어날 수 있도록 길을 열어주고, 위법한 건축물의 양산과 그 철거를 둘러싼 분쟁을 조기에 근본적으로 해결할 수 있게 하는 것이 법치행정의 원리에 부합한다 할 것이므로, 건축신고 반려행위는 항고소송의 대상이 된다고 하였다. 대법원은 이 판결에서 신고의 수리 또는 그 거부는 행정소송의 대상이 되지 않는다고 한 1995. 3. 14. 선고 94누9962 판결과 2000. 9. 5. 선고 99두8800 판결 등을 변경하였다.

V. 행정상 입법예고

(1) 개 설

행정절차법은 국민의 권리·의무 또는 그 일상생활과 밀접한 관련이 있는 법령의 의미·중요성 등을 고려하여 이러한 법령의 제정 또는 개정에 있어서는 행정청으로 하여금 미리 이를 예고하여 그에 국민의 의견을 반영하도록 하고 있다.

행정입법예고절차는 행정절차법이 시행되기 전에 대통령령인 법령안 입법예고에 관한 규정(1983. 8. 1. 제정)에 의하여 채택·시행되었고, 이후 같은 대통령령인 법제업무운영규정(1995. 8. 10)에 의하여 승계되었다.

행정절차법은 행정입법예고의 기준·절차 등을 대통령령으로 정하도록 하고 있는바, 행정절차법시행령은 행정상 입법예고·행정예고는 법제업무운영규정이 정하는 바에 따르도록 하고 있다(영 23).

(2) 예고대상

법령 등을 제정·개정 또는 폐지하려는 경우에는 해당 입법안을 마련한 행정청은 이를 예고하여야 한다(법 41① 본문). 여기서 '법령 등'에는 법률과 국가행정권에 의한 입법과 자치법규가 그에 포함되는 점에는 다툼이 없으나, 대법원규칙·헌법재판소규칙·중앙선거관리위원회규칙 등도 포함되는가에 대하여는 견해가 갈리고 있다.[1]

그러나 ① 신속한 국민의 권리 보호 또는 예측 곤란한 특별한 사정의 발생 등으로 입법이 긴급을 요하는 경우, ② 상위 법령 등의 단순한 집행을 위한 경우, ③ 입법내용이 국민의 권리·의무 또는 일상생활과 관련이 없는 경우, ④ 단순한 표현·자구를 변경하는 경우 등 입법내용의 성질상 예고의 필요가 없거나 곤란하다고 판단되는 경우, ⑤ 예고함이 공공의 안전 또는 복리를 현저히 해칠 우려가 있는 경우에는 입법예고를 하지 아니할 수 있다(동항 단서).

(3) 예고방법

소관 행정청은 입법안의 취지·주요내용 또는 전문을 관보·공보나 인터넷·신문·방송 등의 방법으로 공고하여야 한다(동법 42①). 이 경우 대통령령은 이를 국회 소관 상임위원회에 제출하여야 한다(동조 ②).

행정청은 입법예고를 하는 때에는 입법안과 관련이 있다고 인정되는 중앙행정기관, 지방자치단체 그 밖의 단체 등이 예고사항을 알 수 있도록 예고사항을 통지하거나 그 밖의 방법으로 알려야 한다(동조 ③).

행정청은 예고된 입법안의 전문에 대한 열람 또는 복사의 요청이 있는 때에는 특별한 사유가 없으면 그 요청에 따라야 한다(동조 ⑤).

(4) 예고기간

입법예고기간은 예고할 때 정하되, 특별한 사정이 없으면 40일(자치법규는 20일) 이상으로 한다(동법 43).

(5) 의견제출 및 처리

예고된 입법안에 대하여는 누구든지 의견을 제출할 수 있다. 이와 관련하

---

1) 소극설: 심현정, 입법예고제도에 대한 국민의견조사결과, 법제, 2001. 4, p. 107; 적극설: 김철용, 행정법(Ⅰ), 2008, p. 405; 오준근, 행정절차법, pp. 217~218.

여 행정청은 입법안을 예고할 때 의견접수기관·의견제출기간 그 밖에 필요한 사항을 공고한다(동법 44①②).

행정청은 해당 입법안에 대하여 제출된 의견에 대하여는 특별한 사정이 없는 한 이를 존중하여 처리하여야 하며, 제출자에게 그 처리결과를 통지하여야 한다(동조 ③④).

(6) 공 청 회

행정청은 입법안에 대하여 공청회를 개최할 수 있다(동법 45).

Ⅵ. 행정예고

(1) 개 설

행정절차법은 행정에 대한 예측가능성의 확보 및 국민의 행정에의 참여와 행정시책에 대한 이해를 도모하기 위하여 국민생활에 매우 중요한 의미를 가지는 일정한 행정시책에 대하여는 이를 미리 예고하도록 하고 있다.

이러한 행정예고의 대상에는 구속적 행정계획도 당연히 포함된다고 본다. 기술한 바와 같이 행정절차법은 행정계획에 대하여는 규율하지 않고 있는데, 이것은 동법의 가장 중요한 결함의 하나로 지적되고 있다. 그러나 행정예고제에 의하여 제한적이기는 하나 행정계획의 확정절차에 국민의 의견을 반영할 수 있는 근거가 마련되었다고 할 수 있다.

(2) 행정예고의 대상

행정청은 정책, 제도 및 계획('정책등')을 수립·시행하거나 변경하려는 경우에는 이를 예고하여야 한다. 다만, ① 신속하게 국민의 권리를 보호하여야 하거나 예측이 어려운 특별한 사정이 발생하는 등 긴급한 사유로 예고가 현저히 곤란한 경우, ② 법령등의 단순한 집행을 위한 경우, ③ 정책등의 내용이 국민의 권리·의무 또는 일상생활과 관련이 없는 경우 및 ④ 정책등의 예고가 공공의 안전 또는 복리를 현저히 해칠 우려가 상당한 경우에는 예고를 하지 아니할 수 있다(동법 46①). 행정예고기간은 예고 내용의 성격 등을 고려하여 정하되, 20일 이상으로 한다(동조 ③).

(3) 예고의 방법, 의견제출 및 처리, 공청회 등

행정청은 정책등 안(案)의 취지, 주요 내용 등을 관보·공보나 인터넷·신문·방송 등을 통하여 공고하여야 한다(동법 47①). 행정예고의 방법, 그에 대한 의견제출 및 그 제출의견의 처리, 공청회 및 온라인공청회에 관하여는 앞에서 살펴본 행정상 입법예고에 관한 규정이 준용된다(동조 ②). 따라서 행정예고된 사항에 대하여는 누구나 의견을 제출할 수 있다. 행정청은 제출된 의견을 검토하여 정책·제도 및 계획에의 반영여부를 결정하고, 그 처리결과 및 처리이유 등을 지체없이 의견제출자에 통지하거나 공표하여야 하며, 특별한 사정이 없는 한 인터넷에 게시하는 등의 방법으로 널리 알려야 한다(동법시행령 24의4①②).

행정예고에 관하여도 공청회를 개최할 수 있다(동법 47).

Ⅶ. 행정지도

(1) 개 설

행정지도는 오늘날 매우 다양한 행정분야에서 널리 실시되고 있는 것으로서, 다양한 행정수요에 신속하게 대응하고 행정운영의 탄력성을 확보하며, 국민과의 협조에 의하여 행정목적을 달성할 수 있는 등 여러 가지의 장점을 가진 행정수단의 하나이다.

그러나 행정지도는 타면에 있어서는 실질적으로 규제적 작용을 하거나 그 내용이나 책임소재 등이 명확하지 않은 경우가 적지 않다는 등의 문제점이 있는 것도 사실이다. 행정지도의 이러한 문제점을 감안하여, 행정절차법은 행정지도에 관한 기본원칙을 규정함과 아울러 행정지도의 명확성·투명성 또는 평등성 확보 등의 관점에서 4개 조항에 걸쳐 이에 관하여 규정하고 있다.

(2) 행정지도의 원칙

1) 과잉금지원칙 및 임의성의 원칙 행정지도는 그 목적달성에 필요한 최소한도에 그쳐야 하고, 또한 그 상대방의 의사에 반하여 부당하게 강요되어서는 아니된다(동법 48①).

2) 불이익조치금지원칙 행정기관은 상대방이 행정지도에 따르지 아니하였다는 것을 이유로 불이익한 조치를 하여서는 아니된다(동조 ②).

(3) 행정지도의 방식

행정지도에 있어서는 전술한 바와 같이 그 책임소재나 내용의 불명확성이 그 하나의 기본적 문제점으로 지적되고 있다. 행정절차법은 이 점을 고려하여, 행정지도를 행하는 자는 그 상대방에게 행정지도의 취지·내용 및 신분을 밝히도록 하여 행정지도에 있어서의 명확성의 원칙을 규정함과 동시에 행정지도실명제를 도입하고 있다(동법 49①). 같은 시각에서 동법은 말로 행정지도가 행해진 경우 상대방이 전기한 사항을 적은 서면의 교부를 요구하면 행정지도를 행하는 자는 직무수행에 특별한 지장이 없으면 이를 교부하도록 하고 있다(동조 ②).

(4) 의견제출

행정절차법 제50조는 행정지도의 상대방은 해당 행정지도의 방식·내용 등에 관하여 행정기관에 의견제출을 할 수 있다고 규정하고 있다. 행정지도는 상대방의 임의적 협력을 기대하여 행하는 비권력적 사실행위임에도 불구하고, 그것이 실질적으로는 일방적 규제적 수단으로 변질되어 사용되는 경우도 없지 않다. 동조는 이러한 잘못된 행정지도의 부당성을 밝히고 이를 시정하려는 데에 그 기본적 목적이 있는 것으로 보인다.

(5) 다수인을 대상으로 하는 행정지도

행정절차법은 동일한 행정목적을 실현하기 위하여 많은 상대방에게 행정지도를 하고자 하는 경우에는, 행정지도의 명확성과 공평성 확보의 관점에서 이들 행정지도에 공통적인 내용이 되는 사항을 공표하도록 하고 있다(동법 51).

Ⅷ. 형식·절차상의 하자 있는 행정행위의 효력

행정행위에 실체법상의 위법사유가 있는 경우에는 그 위법성은 해당 행위의 취소 또는 무효원인이 되는 것으로, 이것은 법률에 의한 행정의 원리의 당연한 귀결이라 할 것이다.

행정행위의 성립에 있어 형식·절차에 관한 법령상의 규정 또는 불문법원리를 위반한 경우에 해당 행위가 위법한 행정행위가 되는 것임은 물론이다. 이 경우 그 형식·절차상의 흠결의 정도가 중대·명백한 것인 때에는 행정행위의 하자의 일반론에 따라 해당 행정행위는 무효인 행위가 된다고 할 것이다. 그러나 해당 하자가 그 정도에 이르지 아니하여 단지 취소할 수 있는 것에 그치는 경우에, 해당 절차상의 하자가 독자적 취소사유가 되는가의 문제가 제기되고 있다.[1] 이것은 절차상의 하자의 특성에 기인하는 것인바, 즉 해당 행정행위는 절차상 하자에도 불구하고 실체법적으로는 적법한 것일 수 있기 때문이다. 따라서 이 경우 행정행위의 실체법상의 적법성에도 불구하고 절차상의 하자만을 이유로 해당 행위를 취소하여야 하는가의 문제가 제기되는 것이다.

이 문제는 내용적으로는 기속행위에 한하여 제기되는 것이다. 재량행위에

---

[1] 절차상의 하자 있는 행정행위라고 하는 경우 그것은 형식상의 하자 있는 행위도 포함하는 의미로 사용하는 것이 보통이다. 여기서도 이하에서는 절차상의 하자 있는 행정행위는 형식·절차상의 하자 있는 행정행위라는 의미로 쓰기로 한다.

있어서는 행정청은 그 결정에 있어 독자적 판단권이 인정되므로, 적법한 형식·절차를 거쳐 보다 신중한 고려를 하거나, 상대방에 대한 청문 등에 의하여 사실관계를 보다 구체적으로 파악한 경우에는 기존처분과는 다른 처분을 할 수도 있는 것이므로, 행정행위의 하자의 일반론에 따라 절차상 하자 있는 재량처분에 있어서는 그 절차상의 위법사유가 독자적 취소사유가 되는 것이다.

이에 대하여 기속행위의 경우에는 행정청은 관계법상의 실체법적 요건이 충족된 경우에는 해당 처분을 하여야 하는 법적 기속을 받는 것이므로, 절차상의 하자를 시정하여 적법한 절차를 거쳐 다시 처분을 하여도 결국 동일한 처분을 하게 될 것이라는 점에서, 그 절차상의 하자가 독자적인 취소사유가 될 수 있는가의 문제가 제기되는 것이다. 이 문제에 대하여는 견해가 갈리고 있다.

소극설은 절차상의 하자만을 이유로 하여서는 해당 행정행위를 무효로 보거나 취소할 수는 없다고 보는바, 그 논거는 기본적으로 다음의 두 가지이다. 즉 ① 행정행위의 절차규정은 실체법적으로 적정한 행정결정을 확보하기 위한 수단인 점에 그 본질적 기능이 있고, ② 행정청이 적법한 절차를 거쳐 다시 처분을 하여도 여전히 전과 동일한 처분을 하여야 하는 경우(기속행위·재량행위에 있어 재량권이 영으로 수축된 경우)에는, 단지 절차상의 하자만을 이유로 해당 행위를 취소하는 것은 행정경제 또는 소송경제에 반한다는 것이다.

이것은 독일 연방행정절차법이 취하는 입장으로서, 종래 동법 제46조는 "다른 실체적 결정을 할 수 없었던 때에는" 절차상 하자만을 이유로 하여서는 해당 행정행위의 취소를 청구할 수 없다고 규정하고 있었다. 이 규정은 1996년의 허가촉진법에 의하여 개정되어, 현재 동조는 행정행위의 절차상 하자가 "그 실체적 결정에 영향을 미치지 아니한 것이 명백한 때에는" 절차상의 하자만을 이유로 그 취소를 청구할 수는 없다고 규정하고 있다.[1] 한편, 우리 행정소송법

---

1) 개정 이전의 독일행정절차법 제46조는 대체불가능성(Alternativlosigkeit)의 관점에 서 규정하고 있었던 것으로서, 학설은 이 규정은 기속행위 및 재량행위의 경우는 재량 권이 영으로 수축된 경우에만 적용되는 것으로 보고 있었다. 그것은 기속행위의 경우 에는 절차상의 하자를 시정하여 흠결된 절차를 다시 거치는 경우에도 당해 결정이 실 체법적으로 근거법의 요건을 충족하고 있는 것이어서 적법한 것인 때에는, 행정청은 동일한 처분을 반복하여야 하는 기속을 받는 것이라는 이유에 기한 것이었다. 이에 대 하여 재량행위의 경우에는 행정청은 종국적 결정에 대한 독자적 판단권 즉 재량권이 부여되어 있어서, 행정청은 청문절차 등을 거쳐 사실관계를 보다 구체적으로 파악한 경우 등에는 다른 결정을 할 수도 있는 것이므로, 이 규정은 재량행위에는 적용되지 아 니한다고 본 것이었다.

이에 대하여 개정된 행정절차법 제46조는 인과관계의 관점에서 규정하고 있다. 재량 행위의 경우에도 절차상의 하자가 경미한 것이어서 그것이 실체적 결정에 어떠한 영향 도 미치지 아니한 것이 명백한 것으로 판단되는 경우도 있을 수 있다. 따라서 개정 행

제30조 제3항은 취소판결의 기속력과 관련하여, "신청에 따른 처분이 절차의 위법을 이유로 취소되는 경우"를 규정하고 있어, 실정법상으로는 일단 적극설의 입장을 취하고 있다고 할 수 있다.

적극설은 절차상의 하자 있는 행정행위는 그 자체만으로 무효로 보거나 취소할 수 있다고 보고 있다. 이 설은 그 논거로서, ① 절차규정 내지 절차에 관한 불문법원리는 실체적 결정의 적정성을 확보하기 위한 것이고 보면, 적정한 결정은 적법한 절차에 따라서만 행해질 수 있다는 것이 기본전제로 되어야 하고, ② 적법한 절차를 거쳐 다시 처분을 하는 경우 반드시 동일한 결정에 도달하게 되는 것은 아니며,[1] ③ 소극설을 취하는 경우 기속행위에 대하여는, 절차적 규제의 담보수단이 없어지게 된다는 것을 들고 있다.[2]

우리 판례는 적극설을 취하고 있다. 대법원은 "구식품위생법 제64조, 같은 법 시행령 제37조 제1항 소정의 청문절차를 전혀 거치지 아니하거나 거쳤다고 하여도 그 절차적 요건을 제대로 준수하지 아니한 경우에는 가사 영업정지사유

정절차법 제46조는 관계인의 취소청구권을 보다 제한하였다고 할 수 있다. 다만 이 경우 절차하자가 실체적 결정에 영향을 미치지 아니한 것이 '명백한' 것이어야 하므로, 어떠한 영향도 미치지 아니한 것으로 추정되는 정도로는 충분하지 아니한 것임은 물론이다. H. Maurer, Allgemeines Verwaltungsrecht, 1997, p. 255.

1) 적법한 절차를 거쳐도 동일한 결정에 도달하게 된다는 의미는, 내용적으로는 이러한 절차에 따라 행하여지는 사실확정과 그에 따른 포섭(subsumption)을 법원이 행정청에 대신하여 행한다는 것을 의미한다. 이러한 과정과 관련하여, 그 비판적 견해는 기속행위에 있어서도 행정청의 독창적 과정(schöpferischer Vorgang)으로서의 성격이 있는 것으로서, 처분청이 해당 절차를 거치는 경우에는 사실의 확정·판단과 그에 따른 관계법의 적용에 있어 기존처분과 다른 결론에 도달할 수도 있다고 보고 있다. 이러한 관점에서 법원이 행정청에 대신하여 적법한 절차에 따른 경우에 있어서의 사실확정과 그에 따른 처분내용을 확인·판단하여 결국 적법한 절차를 거쳐도 동일한 결정에 도달할 것이라고 결정하는 것은 타당하지 않다고 보고 있다. 이 견해는 또한 법원은, 상급감독청과는 달리, 권력분립의 원칙상 적법절차를 거치지 않은 결과 결여되어 있는 사실의 확정이나 그에 따른 처분내용의 판단을 처분청을 대신하여 행할 수는 없다고 보고 있다. F. Kopp, Verwaltungsverfahrensgesetz, Kommentar, 1983, §46, Rn. 22.
전술한 바에 따라, 코프는 사실의 확정에 영향을 미치지 않는 상대적으로 경미한 형식·절차상의 하자만이 해당 행정행위의 취소사유가 되지 않는다고 보고 있다. Kopp, ibid., §46, Rn. 20.
같은 관점에서 「마이어」는 관계법상의 처분요건이 그 내용상 행정청에 의한 사실관계의 신중한 고려와 판단을 요하는 것이고, 법원은 행정기능을 대신하지 않고는(그것은 권력분립원칙상 허용되지 않는다), 소송단계에서 이러한 처분상의 흠결된 과정을 추완할 수는 없는 경우에는, 해당 사실관계의 조사·확정에 관련된 절차규정의 위반은 다른 결정가능성을 배제하지 않는 것으로 취소사유가 된다고 하고 있다. Mayer/Borg, Verwaltungsverfahrensgesetz, 1982, §46, Rn. 31.
이 문제의 보다 구체적인 내용에 대하여는 참조: 졸고, 절차상 하자 있는 행정행위의 효력 —독일연방행정절차법 제46조를 중심으로 하여—, 서울대학교 법학, 1996. 9.
2) 鹽野 宏, 行政法 Ⅰ, 1991, p. 224.

등 위 법 제58조 등 소정사유가 인정된다고 하더라도 그 처분은 위법하여 취소를 면할 수 없다"고 판시하였다(대판 1991. 7. 9, 91누971). 이 결정은 내용적으로는 재량행위에 관한 것이나, 대법원은 기속행위인 과세처분에 있어서도 그 이유부기상의 하자를 이유로 이를 취소한 바 있다(대판 1984. 5. 9, 84누116).[1]

Ⅸ. 형식·절차상 하자의 치유

일반적으로 행정행위의 하자의 치유란, 행정행위의 성립 당시에는 하자, 즉 요건불비가 있어 위법하지만, 사후에 그 요건이 추완되는 경우 등에는 해당 행위를 적법한 행위로 취급하는 것을 말한다. 이러한 행정행위의 하자의 치유의 법리가 절차상 하자 있는 행정행위의 경우에도 적용되는가의 문제가 있다. 이와 관련하여서 유의하여야 할 것은, 행정행위의 하자의 치유는 그 하자가 취소사유인 경우에만 인정되고, 무효사유인 경우에는 인정되지 않는 것으로, 이것은 절차상의 하자의 경우에도 다르지 않다는 점이다.

이 문제에 대하여는 하자의 치유를 부인하는 견해도 없지 않다.[2] 행정행위의 하자의 치유는 무용한 행정행위의 반복의 방지, 법적 안정성의 보장, 공공복리의 도모 등에서 그 인정근거를 찾는 것이 보통이다. 그러하다면 절차상 하자의 경우에 특히 그 치유가능성을 배제할 이유는 없다고 본다. 다만 다른 하자 있는 행정행위의 경우도 그러하거니와, 절차상 하자 있는 행정행위의 치유도 행정청이 해당 행위의 효력을 유지하기 위하여 주장하는 것이 보통이므로, 그 치유는 해당 형식 또는 절차의 본질적 의의를 손상하지 않는 범위에서 한정적으로만 인정되어야 할 것으로 본다.

대법원은 청문절차에 있어서의 하자의 치유에 대하여,

"행정청이 식품위생법상의 청문절차를 이행함에 있어 소정의 청문서 도달기간을 지키지 아니하였다면 이는 청문의 절차적 요건을 준수하지 아니한 것이므로 이를 바탕으로 한 행정처분은 일단 위법하다고 보아야 할 것이지만 이러한 청문제도의 취지는 처분으로 말미암아 불이익을 받게 될 영업자에게 미리 변명과 유리한 자료를 제출할 기회를 부여함으로써 부당한 권리침해를 예방하려는 데에 있는 것임을

---

1) 다만, 예외적으로 "의견진술권이나 방어권 행사에 실질적으로 지장이 초래되었다고 볼 수 없는 특별한 사정이 있는 경우"에는 해당 처분을 취소할 것이 아니라고 한다(대판 2021. 1. 28, 2019두55392).

2) 서원우, 행정상의 절차적 하자의 법적 효과, 서울대학교 법학, 1986. 9, p. 50.

고려하여 볼 때, 가령 행정청이 청문서 도달기간을 다소 어겼다 하더라도 영업자가 이에 대하여 이의하지 아니한 채 스스로 청문일에 출석하여 그 의견을 진술하고 변명하는 등 방어의 기회를 충분히 가졌다면 청문서 도달기간을 준수하지 아니한 하자는 치유되었다고 봄이 상당하다"(대판 1992. 10. 23, 92누2844).

라고 판시하였다.

다른 한편 대법원은 이유제시의 하자의 치유에 대하여는,

"행정행위가 이루어진 당초에 그 행정행위의 위법사유가 되는 하자가 사후의 추완행위 또는 어떤 사정에 의하여 보완되었을 경우에는 행정행위의 무용한 반복을 피하고 당사자의 법적 생활안정을 기한다는 입장에서는 이 하자는 치유되고 당초의 위법한 행정행위가 적법·유효한 행정행위로 전환될 수 있다고 할 것이나, 행정행위의 성질이나 법치주의의 관점에서 볼 때 하자 있는 행정행위의 치유는 원칙적으로 허용될 수 없는 것일 뿐만 아니라 이를 허용하는 경우에도 국민의 권리와 이익을 침해하지 않는 범위에서 구체적 사정에 따라 합목적적으로 가려야 한다고 할 것이다. (중략) 법인세법 등이 과세처분에 과세표준과 세액의 계산명세서 등을 첨부하여 고지하도록 한 것은 납세의무자에게 부과처분의 내용을 상세히 알려서 불복여부의 결정 및 그 불복신청에 편의를 주려는 데에도 그 취지가 있으므로 이 치유를 허용하려면 적어도 처분에 대한 불복 여부의 결정 및 불복신청에 편의를 줄 수 있는 상당한 기간 내에 하여야 할 것이다"(대판 1983. 7. 26, 82누420)

라고 하여, 하자의 치유가능성은 인정하면서도 그 범위를 한정하여, 행정심판이 제기된 후에 있어서의 이유제시의 하자의 치유를 부정하였다.

대법원은 조세행정 분야의 처분에 있어서는 그 이유제시의 하자의 치유를 상당히 폭넓게 인정하고 있으나, 일반행정 분야에서의 처분의 이유제시의 하자의 치유에 있어서는 상당히 엄격한 자세를 취하고 있다. 대법원은 1984. 7. 10. 선고 82누551 판결에서 "허가의 취소처분에는 그 근거가 되는 법령과 처분을 받은 자가 어떠한 위반사실에 대하여 해당 처분이 있었는지를 알 수 있을 정도의 위 법령에 해당하는 사실의 적시를 요한다고 할 것이고 이러한 사실의 적시를 흠결한 하자는 그 처분 후 제시되어도 이에 의하여 치유될 수는 없다"고 판시하였다(동지 대판 1990. 9. 11, 90누1786). 이것은 이유제시의 추완에 의한 그 하자의 치유기능을 안이하게 인정하는 경우에는 이유제시에 따른 궁극적 쟁송 여부의 판단 내지는 쟁송의 구체적 논거제시 기능을 저해할 수 있다는 배려

에 따른 것으로 보인다.[1]

그 범위의 광협은 어떠한 것이든, 절차상의 하자가 치유되면 해당 행정행위는 적법한 행위로 되어 취소의 문제는 이미 제기되지 않는다. 위에서 검토한 행정행위의 절차상 하자의 독자적 취소사유성 여부의 문제는 해당 행정행위의 하자가 치유되지 않아 여전히 절차상 하자 있는 즉 위법한 행정행위로 남아 있는 경우에 제기되는 문제라는 점에 특히 유의하여야 할 것이다.

제3항 민원 처리에 관한 법률

기술한 바와 같이 행정절차에 관한 일반법인 행정절차법에 대한 특별법으로서 중요한 것으로서는 행정규제기본법과 민원 처리에 관한 법률을 들 수 있으나, 다음에서는 후자만을 검토하기로 한다.

1. 의 의

일반민원 처리는 민원 처리에 관한 법률에 따라 처분등 특정한 행위를 요구하는 사항, 즉 민원사항에 관한 사무를 처리하는 절차이다. 이 절차는 행정절차법상의 신청에 의한 처분절차에 대한 특칙으로서 작용한다.

2. 민원 처리의 원칙

1) 행정기관의 장은 관계법령 등에서 정한 처리기간이 남아 있음을 이유로 하거나 그 민원과 관련 없는 공과금 등의 미납을 이유로 민원 처리를 지연시켜서는 아니 된다(동법 6①).

2) 행정기관의 장은 법령의 규정 또는 위임이 있는 경우를 제외하고는 민원 처리의 절차 등을 강화하여서는 아니 된다(동조 ②).

3. 민원의 신청 등

1) 민원의 신청은 문서(전자정부법 제2조 제7호에 따른 전자문서를 포함)로 하여야 한다. 다만 기타 민원은 구술 또는 전화로 할 수 있다(동법 8).

2) 행정기관의 장은 민원실에 민원의 신청에 필요한 사항을 게시(인터넷 등을 통한 게시를 포함)하거나 편람을 비치하는 등 민원인에게 민원신청의 편의를

---

[1] 하명호, 이유제시의무와 이유제시의 정도—대법원 판례를 중심으로—, 안암법학 25호 상(2007. 11), 360면.

제공하여야 한다(동법 13).

3) 민원인은 ① 법정 민원 중 정식으로 신청하는 경우 토지매입 등이 필요하여 민원인에게 경제적으로 많은 비용이 수반되는 민원과, ② 행정기관의 장이 거부처분을 할 경우 민원인에게 상당한 손실이 발생하는 민원에 대하여는 정식으로 민원을 신청하기 전에 미리 약식의 사전심사를 청구할 수 있다(동법 30①, 영 33①).

4. 민원서류의 접수·이송 등

1) 행정기관의 장은 민원사항의 신청을 받았을 때에는 다른 법령에 특별한 규정이 있는 경우를 제외하고는 그 접수를 보류하거나 거부할 수 없으며, 접수된 민원서류를 부당하게 되돌려 보내서는 아니 된다(동법 9①). 행정기관의 장은 민원을 접수하였을 때에는 해당 민원인에게 접수증을 내주어야 한다(동조 ②).

2) 행정기관의 장은 민원서류를 접수함에 있어서 민원인에게 정하여진 구비서류 외의 서류를 추가로 요구하여서는 아니 된다(동법 10①).

3) 행정기관의 장은 동일한 민원서류 또는 구비서류를 복수로 받는 경우에는 특별한 사유가 없는 한 원본과 함께 그 사본의 제출을 허용하여야 한다(동조 ②).

4) 행정기관의 장은 민원을 접수·처리함에 있어, ① 민원인이 소지한 주민등록증·여권·자동차운전면허증 등 행정기관이 발급한 증명서로 그 민원의 처리에 필요한 내용의 확인이 가능한 경우, ② 해당 행정기관의 공부 또는 행정정보로 그 민원의 처리에 필요한 내용의 확인이 가능한 경우, ③ 전자정부법 제36조 제1항에 따른 행정정보의 공동이용을 통하여 그 민원의 처리에 필요한 내용의 확인이 가능한 경우에는 민원인에게 관련 증명서류 또는 구비서류의 제출을 요구할 수 없으며, 그 민원을 처리하는 공무원이 직접 이를 확인·처리하여야 한다(동조 ③).

5) 행정기관의 장은 당초의 민원사항의 내용 변경 또는 갱신을 신청받은 경우에는 특별한 사유가 없는 한 이미 제출되어 있는 관련 증명서류 또는 구비서류를 다시 요구하여서는 아니된다(동조 ④).

6) 행정기관의 장은 민원인의 편의를 위하여 그 행정기관이 접수·교부하여야 할 민원사항을 다른 행정기관 또는 농업협동조합법에 의하여 설립된 조합과 농업협동조합중앙회, 새마을금고법에 의하여 설립된 새마을금고 및 새마을금고중앙회로 하여금 접수·교부하게 할 수 있다(동법 14①, 영 12①).

행정기관의 장은 정보통신망을 이용하여 다른 행정기관 소관의 민원사무를 접수·교부할 수 있는 경우에는 이를 직접 접수·교부할 수 있다(동법 15①).

　　7) 행정기관의 장은 접수한 민원서류가 다른 행정기관의 소관인 경우에는 지체없이 소관기관에 이송하여야 한다(동법 16①).

5. 민원서류의 보완·취하 등

　　1) 행정기관의 장은 접수한 민원서류에 흠이 있는 경우에는 보완에 필요한 상당기간을 정하여 지체없이 민원인에게 보완을 요구하여야 한다(동법 22①).

　　2) 민원인은 해당 민원사무의 처리가 종결되기 전에는 그 신청의 내용을 보완하거나 변경 또는 취하할 수 있다(동조 ②).

6. 처리기간 및 그 적용

　　1) 행정기관은 법정민원을 신속히 처리하기 위하여 행정기관에 법정민원이 접수된 때부터 처리가 완료될 때까지에 소요되는 처리기간을 법정민원의 종류별로 미리 정하여 공표하여야 하는바, 그 처리기간의 설정은 접수기관·경유기관·협의기관 및 처분기관 등 각 처리단계별로 이를 구분하여야 한다(동법 17①②).

　　행정기관의 장은 위의 처리기간을 민원편람에 수록하여야 한다(동조 ③).

　　2) 행정기관의 장은 부득이한 사유로 처리기간 내에 민원사무를 처리하기 곤란하다고 인정되는 경우에는 그 기간의 범위 내에서 1회에 한하여 그 처리기간을 연장할 수 있다. 다만, 연장된 처리기간 내에 처리가 곤란한 경우에는 민원인의 동의를 얻어 처리기간의 범위 내에서 처리기간을 한 차례만 다시 연장할 수 있다(동법시행령 21①).

　　3) 민원의 처리기간을 5일 이하로 정한 경우에는 민원사항의 접수시각부터 "시간" 단위로 계산하되, 공휴일 및 토요일은 산입하지 아니한다. 이 경우 1일은 8시간의 근무시간을 기준으로 한다(동법 19①).

　　민원의 처리기간을 6일 이상으로 정한 경우에는 "일" 단위로 계산하고 첫날을 산입하되, 공휴일은 산입하지 아니한다(동조 ②).

　　민원의 처리기간을 주·월·연으로 정한 경우에는 첫날을 산입하되, 민법 제159조부터 제161조까지의 규정을 준용한다(동조 ③).

7. 민원처리기준표의 고시·조정 등

　　1) 행정안전부장관은 관계법령 등에 규정되어 있는 민원사항의 처리기관·처리기간·구비서류·처리절차·신청방법 등에 관한 사항을 종합한 민원처리기

준표를 작성하여 관보에 고시하고 전자정부법 제9조 제3항에 따른 통합전자민원창구(이하 "통합민원창구"라 한다)에 게시하여야 한다(동법 36①).

2) 행정안전부장관은 위의 민원사무 처리기준표를 작성·고시함에 있어서 민원사무간소화를 위하여 필요하다고 인정되는 경우에는 관계 행정기관의 장과의 협의를 거쳐 관계법령 등이 개정될 때까지 잠정적으로 관계법령 등에 규정되어 있는 처리기간·구비서류의 단축·감축조정 및 처리절차·신청방법의 변경을 할 수 있다. 행정기관의 장은 위의 절차에 따라 민원사무처리기준표가 조정·고시된 경우에는 이에 따라 민원사무를 처리하여야 하며, 중앙행정기관의 장은 민원처리기준표의 조정 또는 변경된 내용에 따라 관계법령 등을 지체없이 개정·정비하여야 한다(동법 37 ①②).

8. 민원의 처리

(1) 복합민원의 처리

행정기관의 장은 복합민원을 처리할 주무부서를 지정하고 그 부서로 하여금 관계기관 또는 부서간 협조를 통하여 민원사무를 한꺼번에 처리하게 할 수 있다(동법 31①). 여기서 복합민원이라 함은 하나의 민원목적을 실현하기 위하여 법령·훈령·예규·고시 등("관계법령 등")에 의하여 다수의 관계기관 또는 관계부서의 허가·인가·승인·추천·협의 또는 확인 등을 거쳐 처리되는 민원 사무를 말한다(동법 2v).

(2) 민원일회방문 처리제의 시행

행정기관의 장은 복합민원을 처리할 때에 그 행정기관의 내부에서 할 수 있는 자료의 확인, 관계기관·부서와의 협조 등에 따른 모든 절차를 담당공무원이 직접 진행하도록 하는 민원 1회방문 처리제를 확립함으로써 불필요한 사유로 민원인이 행정기관을 다시 방문하지 아니하도록 하여야 한다(동법 32①).[1]

9. 민원 처리의 예외

행정기관의 장은 접수된 민원(법정민원을 제외)이 다음 각 호의 어느 하나에

---

[1] 판례

　　대법원은 "민원사무를 처리하는 행정기관이 민원 1회방문 처리제를 시행하는 절차의 일환으로 민원사항의 심의조정 등을 위한 민원조정위원회를 개최하면서 민원인에게 회의일정 등을 사전에 통지하지 아니하였다 하더라도, 이러한 사정만으로 곧바로 민원사항에 대한 행정기관의 장의 거부처분에 취소사유에 이를 정도의 흠이 존재한다고 보기는 어렵다"고 판시하였다(대판 2015. 8. 27, 2013두1560).

해당하는 경우에는 그 민원을 처리하지 아니할 수 있다. 이 경우 그 사유를 해당 민원인에게 통지하여야 한다(동법 21). ① 고도의 정치적 판단을 요하거나 국가기밀 또는 공무상 비밀에 관한 사항, ② 수사, 재판 및 형집행에 관한 사항 또는 감사원의 감사가 착수된 사항, ③ 행정심판, 행정소송, 헌법재판소의 심판, 감사원의 심사청구, 그 밖에 다른 법률에 따라 불복구제절차가 진행 중인 사항, ④ 법령에 따라 화해·알선·조정·중재 등에 따라 확정된 권리관계에 관한 사항, ⑤ 판결·결정·재결·화해·조정·중재 등에 따라 확정된 권리관계에 관한 사항, ⑥ 감사원이 감사위원회의 결정을 거쳐 행하는 사항, ⑦ 각급 선거관리위원회의 의결을 거쳐 행하는 사항, ⑧ 사인 간의 권리관계 또는 개인의 사생활에 관한 사항, ⑨ 행정기관의 소속 직원에 대한 인사행정상의 행위에 관한 사항.

10. 민원 처리결과의 통지

(1) 문서에 의한 통지

행정기관의 장은 접수된 민원에 대한 처리를 완료한 때에는 그 결과를 문서로 통지하여야 한다. 다만 기타 민원의 경우와 통지에 신속을 요하거나 민원인이 요청하는 등 대통령령으로 정하는 경우에는 구술 또는 전화로 통지할 수 있다(동법 27①). 행정기관의 장은 민원의 처리결과를 통지할 때에 그 내용을 거부하는 경우에는 그 거부 이유와 구제절차를 함께 통지하여야 한다(동조 ②).

(2) 무인민원발급창구를 통한 민원사항의 처리

행정기관의 장은 무인민원발급창구를 이용하여 민원사항을 처리한 결과(다른 행정기관 소관의 민원사항을 포함)를 발급할 수 있다(동법 28①).

(3) 사전심사청구의 처리결과의 통지

행정기관의 장은 사전심사 결과를 민원인에게 문서로 통지하여야 하며, 가능한 것으로 통지된 민원의 내용에 대하여는 민원인이 나중에 정식으로 민원을 신청한 경우에도 동일하게 결정을 내릴 수 있도록 노력하여야 한다. 다만, 민원인의 귀책사유 또는 불가항력이나 그 밖의 정당한 사유로 이를 이행할 수 없는 경우에는 그러하지 아니하다(동법 30③).

11. 거부처분에 대한 이의신청

법정민원에 대한 행정기관의 장의 거부처분에 대하여 불복하는 민원인은 그 거부처분을 받은 날부터 60일 이내에 그 행정기관의 장에게 문서로 이의신청을 할 수 있다. 이 경우 행정기관의 장은 이의신청을 받은 날부터 10일 이내에 그 이의신청에 대하여 결정하고 그 결과를 민원인에게 지체없이 문서로 통지하여야 한다(동법 35 ①②).

　민원인은 위의 이의신청 여부와 관계없이 행정심판법에 따른 행정심판 또는 행정소송법에 따른 행정소송을 제기할 수 있다(동조 ③). 대법원은 이 경우 이의신청은 민원사항을 재심사하여 처분청이 민원인의 신청사항을 재심사하여 잘못을 스스로 시정하도록 한 절차일 뿐이고 행정심판절차에 해당하지 않는다. 따라서, 민원사무 처리에 관한 법률에 특별한 규정이 없는 이상 행정심판청구기간 또는 취소소송을 제기하기 위한 제소기간은 이의신청에 대한 결과를 통지받은 날이 아니라 최초의 처분이 있음은 안 날부터 기산된다고 판시하였다(대판 2012. 11. 15, 2010두8676).

제 8 장 행정정보공개·개인정보보호제도

Ⅰ. 개 설

오늘날의 사회는 정보화사회라고 하거니와, 그것은 컴퓨터를 위시한 각종의 첨단기술산업의 획기적 발달에 따른 대량적이고 신속한 정보처리와 정보유통에 의하여 특정지워지고 있다. 그에 따라 행정기관은 과거에는 상상할 수 없었던 정도의 광범하고 방대한 정보를 보유하고 처리할 수 있게 되었다.

이러한 행정기관의 각종 자료나 정보는 행정정책이나 행정조치의 기초가 되는 것임은 물론이거니와, 정보화사회에서의 정보는 곧 힘이라는 점을 감안하면, 행정권이 정보를 독점하는 경우 국민은 수동적으로 행정권의 결정·시책을 수용할 수밖에 없게 될 것이며 그것은 궁극적으로는 민주주의 그 자체의 변질을 야기할 수도 있는 것이다. 그에 따라 행정정보에 대한 국민의 공개청구권을 인정할 필요성이 제기되는 것이다.

또한 개인의 사생활에 대하여 행정기관이 제한 없이 관련 정보를 수집·관리하게 되면 개인의 사생활은 완전히 노출되게 될 것이다. 따라서 개인에게는 행정기관이 보유하고 있는 자신의 정보에 대한 일정한 통제권이 인정되어야 할 것인바, 이것이 개인정보보호제도의 문제이다.

정보공개제도나 개인정보보호제도는 행정절차법의 일부로서 규정될 수도 있는 것이나, 그 내용상의 중요성으로 인하여 독자적 법제로 규율하고 있는 것이 일반적 추세이다.

Ⅱ. 정보공개제도

정보공개제도는 행정권이 보유하는 다양한 정보에 대한 국민의 자유로운 접근을 인정하여 국민의 '알 권리'를 보장함으로써 '열린 정부'(open government)에 의한 행정의 공정화·민주화를 실현하려는 데에 그 기본이념이 있는 것이라 하겠다.

다음에서는 이에 관한 외국의 입법례를 개관하고, 우리나라의 법제를 살펴보기로 한다.

1. 외국의 입법례

(1) 개 설

행정정보의 공개에 대해서는 스웨덴이 1949년 출판자유법에서 언론·출판의 자유와 공문서공개의 원칙을 규정한 이래 현재까지 전세계 약 70개 국가가 정보공개법을 제정·운영하고 있으며, 우리나라는 세계에서 13번째로 그리고 아시아에서는 최초로 정보공개제도를 입법하였다.

(2) 미국 정보자유법(The Freedom of Information Act, 1966)

정보공개제도의 대표적 입법례로 평가되는 미국의 1966년 정보자유법은 1946년 연방행정절차법상의 정보공개 조항을 분리·개정한 것으로, 기존 연방행정절차법이 정보공개청구권자를 '정당하고 직접적인 이해관계가 있는 자'(persons properly and directly concerned)로 한정하고 있던 것을 '누구나'(any persons)로 개정하여 청구인적격의 제한을 철폐하였다. 이 법은 연방행정기관 보유정보의 원칙적 공개, 개인의 정보에 대한 평등접근권, 정보공개 거부에 대한 사법적 구제 등에 관하여 규정하고 있다. 정보자유법은 국가안전보장정보, 행정기관의 내부문서, 범죄수사 등의 기록, 기업관계 정보, 프라이버시에 관한 정보 등 9개 항의 비공개사유를 규정하고 있다.

2. 정보공개제도의 법적 근거

우리나라에서의 정보공개는 1996년 일반법으로서 「공공기관의 정보공개에 관한 법률」(이하 "정보공개법"이라 한다)이 제정되어 시행되고 있다.

(1) 법적 근거로서의 '알 권리'

행정정보공개청구권은 국민의 '알 권리'에 그 본질적 내포로서 포함되어 있다고 보는 것이 헌법학자들의 일반적 견해인 것으로 보인다. 여기서 '알 권리'란 일반적으로 접근할 수 있는 정보원으로부터 방해받지 않고 보고, 듣고, 읽을 수 있는 소극적 측면으로서의 권리와 정보의 공개를 청구할 수 있는 적극적 측면으로서의 권리를 모두 포함한다고 보는 것이 일반적 견해이다. 그러나 이러한 '알 권리'의 헌법적 근거에 대하여는 견해가 갈리고 있다. 즉 ① 알 권리를 헌법상의 표현의 자유에서 도출하는 입장,1) ② 알 권리의 헌법적 근거는 헌법 제21조 제1항의 표현의 자유를 비롯하여 국민주권의 원리(법 1), 인간의 존엄·행복추구권(동법 10) 및 인간다운 생활을 할 권리(동법 34①) 등에서 찾을 수 있다고 보는 견해,2) ③ 헌법 제10조의 인간으로서의 존엄과 가치에서 찾는 견해3) 등이 그것이다.

헌법재판소는 제1설적 입장을 취하고 있는 것으로 보인다. 즉 동 재판소는 임야조서 등의 열람거부에 대한 헌법소원 사건에서,

「알 권리」는 헌법 제21조의 언론의 자유에 당연히 포함되는바, 이는 국민의 정부에 대한 일반적 정보공개를 구할 권리라고 할 것이며, 서류에 대한 열람·복사 민원의 처리는 법률의 제정이 없더라도 불가능한 것은 아니라고 할 것"(헌재결 1989. 9. 4, 88헌마22)

이라고 선언하였던바, 이러한 결정 내용은 이후에도 확인되고 있다.4)

(2) 정부공문서규정

대법원은 정부공문서규정(대통령령)도 일반적 정보공개청구권의 법적 근거가 될 수 있다고 보았다. 즉 대법원은,

"일반적으로 국민은 국가기관에 대하여 기밀에 관한 사항 등 특별한 경우 이외에는 보관하고 있는 문서의 열람 및 복사를 청구할 수 있으며 정부공문서규정 제36조 제2항의 규정도 행정기관으로 하여금 일반국민의 문서열람 및 복사 신청에 대하여 기밀 등의 특별한 사유가 없는 한 이에 응하도록 하고 있으므로 그 신청을 거부한 것이 위법하다고 한 원심은 정당하다"(대판 1989. 10. 24, 88누9312)

라고 선언하였던 것이다.

헌법재판소도 또한 같은 입장이라고 할 수 있는바, 동 재판소는 위에 인용한 결정의 추가적 이유 부분에서 "또 비록 공문서공개의 원칙보다는 공문서의 관리·통제에 중점을 두고 만들어진 규정이기는 하지만 위 규정(정부공문서규정) 제36조 제2항을 근거로 국민의「알 권리」를 곧바로 실현시키는 것은 가능하다"고 판시한 바 있다.

---

1) 허영, 한국헌법론, p. 516.
2) 권영성, 헌법학원론, p. 444.
3) 김철수, 헌법학개론, pp. 470~471.
4) 헌재결 1991. 5. 13, 90헌마133.

위의 헌법재판소 및 대법원의 판례에 따라, 우리나라에서도 정보공개에 관한 일반법이 없었음에도 불구하고, 헌법 제21조에 기한 알 권리 또는 구 정부공문서규정 제36조 제2항에 기하여, 행정기관에 대하여 그 보유문서에 대한 개인의 공개청구권이 일단 인정되고 있었다.[1] 그러나 이러한 헌법재판소와 대법원의 판례에 기하여 개인에게 인정되는 정보공개청구권은 매우 불확실하고 불명확한 것이어서, 그 요건·내용·범위 등을 구체적으로 규율하는 법률의 조속한 제정이 요망되고 있었다.

(3) 행정정보공개운영지침

이것은 행정정보공개법이 제정되기 전까지 '행정정보공개제도의 운영에 관한 일반적인 기준과 절차를 정립·운영함으로써 정보공개에 관한 운영경험을 축적'하기 위한 목적으로 국무총리 훈령(제288호, 1994. 3. 2)으로 발하여진 것으로, 1996년 11월에 제정된 공공기관의 정보공개에 관한 법률의 시행(공포 뒤 1년 후 시행) 이전까지는 행정기관에 의한 정보공개는 기본적으로 이 지침에 따라 행해지고 있었다.

이 지침은 특별한 사유가 없는 한 행정정보의 공개를 기본원칙으로 하고, 그 예외로서 ① 국가안전이나 국방 또는 외교관계를 해한다고 인정되는 정보, ② 범죄의 예방·수사·소추·형의 집행·교정·보안처분에 관한 정보, ③ 인격·신분·종교·재산·경력 등 개인에 관한 사항, ④ 법인이나 사업자 등의 영업 또는 과학기술이나 금융에 관한 정보 등 10개 사항을 규정하고 있었다.

3. 공공기관의 정보공개에 관한 법률

(1) 목적 및 적용범위

1) **목 적** 이 법은 공공기관이 보유·관리하는 정보의 공개의무를 부과하고, 그에 따른 국민의 정보공개청구에 관하여 필요한 사항을 정함으로써, 국민의 알 권리를 보장하고 국정에 대한 국민의 감시 등을 통한 국정운영의 투명성을 확보함을 그 목적으로 하고 있다(법 1).

정보의 공개라 함은 공공기관이 정보를 열람하게 하거나 그 사본 또는 복제물을 교부하는 것 또는「전자정부법」제2조 제10호의 규정에 의한 정보통신망을 통하여 정보를 제공하는 것 등을 말한다(동법 2ii).

2) **적용범위** 이에 관하여 정보공개법은 "정보의 공개에 관하여는 다른

---

1) 구 정부공문서규정은 이후 사무관리규정에 의하여 대체되었고, 구정부공문서규정 제36조 제2항은 사무관리규정 제87조 제4항으로 되었으나, 이 규정은 이후 삭제되었다.

법률에 특별한 규정이 있는 경우를 제외하고는 이 법에서 정하는 바에 따른다"
고 규정함으로써(동법 4①), 이 법이 공공기관이 보유·관리하는 정보의 공개에
관한 일반법임을 명시하고 있다.[1] 그러나 국가안전보장에 관련되는 정보 및 보
안업무를 관장하는 기관에서 국가안전보장과 관련된 정보분석을 목적으로 수집
되거나 작성된 정보에 대하여는 이 법이 적용되지 않는다. 다만 정보목록의 작
성·비치 및 공개의 경우에는 동법이 적용된다(동조 ③).

이 법은 지방자치단체에 의한 정보공개에도 적용되는 것이나, 지방자치단
체는 그 소관사무에 관하여는 법령의 범위 안에서 정보공개에 관하여 독자적으
로 조례를 제정할 수 있다(동조 ②).

(2) 공개대상정보 및 그 적용예외사항

1) 공개대상정보   정보공개법의 적용대상으로서의 정보는 공공기관이
보유·관리하는 정보로서, 동법은 이러한 정보에 대하여 그 공개를 원칙으로 하
고 있다(동법 3).

여기서 공공기관이라 함은 국가기관, 지방자치단체, 공공기관의 운영에 관
한 법률 제2조에 따른 공공기관, 유아교육법, 초·중등교육법 및 고등교육법에
따른 각급학교 또는 그 밖의 다른 법률에 따라 설치된 학교, 특별법에 의하여
설립된 특수법인 등을 말한다(동법 2iii, 영 2).[2] 따라서 행정부뿐만 아니라 국회,
법원, 헌법재판소, 중앙선거관리위원회 등도 공공기관에 포함된다.

---

1) 형사재판확정기록의 공개에 관한 형사소송법 조항은 "정보공개법 제4조 제1항에서
정한 '정보의 공개에 관하여 다른 법률에 특별한 규정이 있는 경우'에 해당"하므로 "형
사재판확정기록의 공개에 관하여는 정보공개법에 의한 공개청구가 허용되지 아니한
다"(대판 2016. 12. 15, 2013두20882).

2) 판례
"어느 법인이 공공기관의 정보공개에 관한 법률 제2조 제3호 등에 따라 정보를 공개
할 의무가 있는 '특별법에 의하여 설립된 특수법인'에 해당하는가는, 국민의 알권리를
보장하고 국정에 대한 국민의 참여와 국정운영의 투명성을 확보하고자 하는 위 법의
입법 목적을 염두에 두고, 당해 법인에게 부여된 업무가 국가행정업무이거나, 이에 해
당하지 않더라도 그 업무수행으로써 추구하는 이익이 당해 법인 내부의 이익에 그치지
않고 공동체 전체의 이익에 해당하는 공익적 성격을 갖는지 여부를 중심으로 개별적으
로 판단하되, 당해 법인의 설립근거가 되는 법률이 법인의 조직구성과 활동에 대한 행
정적 관리·감독 등에서 민법이나 상법 등에 의하여 설립된 일반 법인과 달리 규율한
취지, 국가나 지방자치단체의 당해 법인에 대한 재정적 지원·보조의 유무와 그 정도,
당해 법인의 공공적 업무와 관련하여 국가기관·지방자치단체 등 다른 공공기관에 대
한 정보공개청구와는 별도로 당해 법인에 대하여 직접 정보공개청구를 구할 필요성이
있는지 여부 등을 종합적으로 고려하여야 한다. 이러한 점에서 한국증권협회는 '특수법
인'에 해당한다고 보기 어렵다"(대판 2010. 4. 29, 2008두5643). 반면 "방송법이라는
특별법에 의하여 설립 운영되는 한국방송공사(KBS)는 여기에 해당한다"(대판 2010.
12. 23, 2008두13101).

정보라 함은 공공기관이 직무상 작성 또는 취득하여 관리하고 있는 문서(전자문서를 포함한다)·도면·사진·필름·테이프·슬라이드 및 그 밖에 이에 준하는 매체 등에 기록된 사항을 말한다(동조 i).[1]

2) 비공개대상정보   전기한 바와 같이 정보공개법은 공공기관이 보유하는 정보에 대하여는 그 공개를 원칙으로 하고 있다. 그러나 이러한 공개원칙에 대하여, ① 다른 법률 또는 법률이 위임한 명령(국회규칙·대법원규칙·헌법재판소규칙·중앙선거관리위원회규칙·대통령령 및 조례에 한정)에 따라 비밀이나 비공개사항으로 규정된 정보, ② 국가안전보장·국방·통일·외교관계 등에 관한 사항으로서 공개될 경우 국가의 중대한 이익을 현저히 해칠 우려가 있다고 인정되는 정보, ③ 공개될 경우 국민의 생명·신체 및 재산의 보호에 현저한 지장을 초래할 우려가 있다고 인정되는 정보, ④ 진행중인 재판에 관련된 정보[2]와 범죄의 예방, 수사, 공소의 제기 및 유지, 형의 집행, 교정, 보안처분에 관한 사항으로서 공개될 경우 그 직무수행을 현저히 곤란하게 하거나 형사피고인의 공정한 재판을 받을 권리를 침해한다고 인정할 만한 상당한 이유가 있는 정보, ⑤ 감사·감독·검사·시험·규제·입찰계약·기술개발·인사관리·의사결정과정 또는 내부검토과정에 있는 사항 등으로서 공개될 경우 업무의 공정한 수행이나 연구·개발에 현저한 지장을 초래한다고 인정할 만한 상당한 이유가 있는 정보,[3] ⑥ 해

---

1) 판례
"공공기관의 정보공개에 관한 법률에 의한 정보공개제도는 공공기관이 보유·관리하는 정보를 그 상태대로 공개하는 제도이지만, 전자적 형태로 보유·관리되는 정보의 경우에는, 그 정보가 청구인이 구하는 대로는 되어 있지 않다고 하더라도, 공개청구를 받은 공공기관이 공개청구대상정보의 기초자료를 전자적 형태로 보유·관리하고 있고, 당해 기관에서 통상 사용되는 컴퓨터 하드웨어 및 소프트웨어와 기술적 전문지식을 사용하여 그 기초자료를 검색하여 청구인이 구하는 대로 편집할 수 있으며, 그러한 작업이 당해 기관의 컴퓨터 시스템 운용에 별다른 지장을 초래하지 아니한다면, 그 공공기관이 공개청구대상정보를 보유·관리하고 있는 것으로 볼 수 있고, 이러한 경우에 기초자료를 검색·편집하는 것은 새로운 정보의 생산 또는 가공에 해당한다고 볼 수 없다"(대판 2010. 2. 11, 2009두6001).

2) 판례
"공공기관의 정보공개에 관한 법률(이하 '정보공개법'이라 한다)의 입법 목적, 정보공개의 원칙, 비공개대상정보의 규정 형식과 취지 등을 고려하면, 법원 이외의 공공기관이 정보공개법 제9조 제1항 제4호에서 정한 '진행 중인 재판에 관련된 정보'에 해당한다는 사유로 정보공개를 거부하기 위하여는 반드시 그 정보가 진행 중인 재판의 소송기록 자체에 포함된 내용일 필요는 없다. 그러나 재판에 관련된 일체의 정보가 그에 해당하는 것은 아니고 진행 중인 재판의 심리 또는 재판결과에 구체적으로 영향을 미칠 위험이 있는 정보에 한정된다고 보는 것이 타당하다"(대판 2011. 11. 24, 2009두19021).

3) 판례
"공공기관의 정보공개에 관한 법률 제9조 제1항 제5호 소정의 시험정보로서 공개될

당 정보에 포함되어 있는 성명·주민등록번호 등 개인에 관한 사항으로서 공개될 경우 사생활의 비밀 또는 자유를 침해할 우려가 있다고 인정되는 정보[1](예외: ㉮ 법령이 정하는 바에 따라 열람할 수 있는 정보, ㉯ 공공기관이 공표를 목적으로 작성하거나 취득한 정보로서 사생활의 비밀과 자유를 부당하게 침해하지 아니하는 정보, ㉰ 공공기관이 작성하거나 취득한 정보로서 공개하는 것이 공익이나 개인의 권리구제를 위하여 필요하다

경우 업무의 공정한 수행에 현저한 지장을 초래하는지 여부는 그 법 및 시험정보를 공개하지 아니할 수 있도록 하고 있는 입법 취지, 당해 시험 및 그에 대한 평가행위의 성격과 내용, 공개의 내용과 공개로 인한 업무의 증가, 공개로 인한 파급효과 등을 종합하여 개별적으로 판단되어야 할 것이다. 사법시험 2차 답안지는 응시자의 시험문제에 대한 답안이 기재되어 있을 뿐 평가자의 평가기준이나 평가결과가 반영되어 있는 것은 아니므로 응시자가 자신의 답안지를 열람한다고 하더라도 시험문항에 대한 채점위원별 채점결과가 열람되는 경우와 달리 평가자가 시험에 대한 평가업무를 수행함에 있어서 지장을 초래할 가능성이 적은 점, 답안지에 대한 열람이 허용된다고 하더라도 답안지를 상호 비교함으로써 생기는 부작용이 생길 가능성이 희박하고, 열람업무의 폭증이 예상된다고 볼만한 자료도 없는 점 등을 종합적으로 고려하면, 답안지의 열람으로 인하여 시험업무의 수행에 현저한 지장을 초래한다고 볼 수 없다"(대판 2003. 3. 14, 2000두6114).

　"치과의사 국가시험에서 채택하고 있는 문제은행 출제방식이 출제의 시간·비용을 줄이면서도 양질의 문항을 확보할 수 있는 등 많은 장점을 가지고 있는 점, 그 시험문제를 공개할 경우 발생하게 될 결과와 시험업무에 초래될 부작용 등을 감안하면, 위 시험의 문제지와 그 정답지를 공개하는 것은 시험업무의 공정한 수행이나 연구·개발에 현저한 지장을 초래한다고 인정할 만한 상당한 이유가 있는 경우에 해당한다"(대판 2007. 6. 15, 2006두15936).

　"공공기관의 정보공개에 관한 법률(이하 '정보공개법'이라 한다) 제9조 제1항 제5호에서 비공개대상정보로 규정하고 있는 '공개될 경우 업무의 공정한 수행에 현저한 지장을 초래한다고 인정할 만한 상당한 이유가 있는 정보'란 정보공개법 제1조의 정보공개제도의 목적 및 정보공개법 제9조 제1항 제5호에 따른 비공개대상정보의 입법 취지에 비추어 볼 때 공개될 경우 업무의 공정한 수행이 객관적으로 현저하게 지장을 받을 것이라는 고도의 개연성이 존재하는 경우를 말하고, 이러한 경우에 해당하는지는 비공개함으로써 보호되는 업무수행의 공정성 등 이익과 공개로 보호되는 국민의 알권리 보장과 국정에 대한 국민의 참여 및 국정운영의 투명성 확보 등 이익을 비교·교량하여 구체적인 사안에 따라 신중하게 판단되어야 한다"(대판 2011. 11. 24, 2009두19021).

1) 판례

　"공공기관의 정보공개에 관한 법률(이하 '정보공개법'이라 한다)의 개정 연혁, 내용 및 취지 등에 헌법상 보장되는 사생활의 비밀 및 자유의 내용을 보태어 보면, 정보공개법 제9조 제1항 제6호 본문의 규정에 따라 비공개대상이 되는 정보에는 구 공공기관의 정보공개에 관한 법률(2004. 1. 29. 법률 제7127호로 전부 개정되기 전의 것, 이하 같다)의 이름·주민등록번호 등 정보 형식이나 유형을 기준으로 비공개대상정보에 해당하는지를 판단하는 '개인식별정보'뿐만 아니라 그 외에 정보의 내용을 구체적으로 살펴 '개인에 관한 사항의 공개로 개인이 내밀한 내용의 비밀 등이 알려지게 되고, 그 결과 인격적·정신적 내면생활에 지장을 초래하거나 자유로운 사생활을 영위할 수 없게 될 위험성이 있는 정보'도 포함된다고 새겨야 한다. 따라서 불기소처분 기록 중 피의자신문조서 등에 기재된 피의자 등의 인적 사항 이외의 진술내용 역시 개인의 사생활의 비밀 또는 자유를 침해할 우려가 인정되는 경우 정보공개법 제9조 제1항 제6호 본문 소정의 비공개대상에 해당한다"(대법원 2012. 6. 18. 선고 2011두2361 전원합의체 판결 중 다수의견).

고 인정되는 정보,1) ㉑ 직무를 수행한 공무원의 성명·직위, ㉲ 공개하는 것이 공익을 위하여 필요한 경우로서 법령에 따라 국가 또는 지방자치단체가 업무의 일부를 위탁 또는 위촉한 개인의 성명·직업), ⑦ 법인·단체 또는 개인(이하 "법인등"이라 한다)의 경영·영업상 비밀에 관한 사항으로서 공개될 경우 법인 등의 정당한 이익을 현저히 해칠 우려가 있다고 인정되는 정보2)(예외: ㉮ 사업활동에 의하여 발생하는 위해로부터 사람의 생명·신체 또는 건강을 보호하기 위하여 공개할 필요가 있는 정보, ㉯ 위법·부당한 사업활동으로부터 국민의 재산 또는 생활을 보호하기 위하여 공개할 필요가 있는 정보), ⑧ 공개될 경우 부동산의 투기·매점매석 등으로 특정인에게 이익 또는 불이익을 줄 우려가 있다고 인정되는 정보 등 8개항에 걸친 광범위한 비공개대상정보를 열거하여, 공공기관은 이들 정보는 공개하지 아니할 수 있다고 규정하고 있다(동법 9①).

　　따라서 공공기관은 이들 정보의 공개에 대하여는 재량권을 가진다. 그러나 공공기관은 당해 정보의 공개청구에 대하여는 단지 그것이 비공개대상정보에 해당한다는 이유로 무조건 그 공개를 거부하여서는 아니 되며, 그에 있어서는 공개청구의 근거법령의 목적, 그 전체 구조, 정보공개법 제9조의 취지 등을 종합적으로 고려하여 당해 정보의 공개 여부에 대하여 판단하여야 할 것이다.3)

---

1) 판례

　　"공직자윤리법상의 등록의무자가 정부공직자윤리위원회에 제출한 고지거부자의 인적사항(고지거부자의 성명, 서명(날인))은 개인식별정보에 해당하는데, 이 정보는 구 공직자윤리법에 의한 등록사항이 아니고 공직자윤리위원회가 고지거부자에게 같은 법 제12조 제4항에서 정한 고지거부사유가 존재하는지를 심사하기 위하여 취득한 정보에 불과한 점, 고지거부자의 인적사항의 공개와 공직자윤리법의 입법목적인 공직자의 청렴성과 직무수행의 공정성 확보는 서로 관련성이 없거나 있다 하더라도 간접적인 것에 불과한 반면, 고지거부자의 인적사항을 공개할 경우 그 고지거부자의 인격권 내지 사생활 등이 심각하게 침해될 우려가 있는 점 및 고지거부자의 지위, 고지거부제도의 취지 등에 비추어, 고지거부자의 인적사항의 비공개에 의하여 보호되는 이익보다 공개에 의하여 보호되는 이익이 우월하다고 단정할 수 없으므로, 고지거부자의 인적사항을 공개하는 것이 공익을 위하여 필요하다고 인정되는 정보에 해당하지 않는다"(대판 2007. 12. 13, 2005두13117).

2) 판례

　　"공공기관의 정보공개에 관한 법률(이하 '정보공개법'이라 한다) 제9조 제1항 제7호에서 정한 '법인 등의 경영·영업상 비밀'은 타인에게 알려지지 아니함이 유리한 사업활동에 관한 일체의 '정보' 또는 '사업활동에 관한 일체의 비밀사항'을 의미하는 것이고 공개 여부는 공개를 거부할 만한 정당한 이익이 있는지에 따라 결정되어야 하는데, 그러한 이익이 있는지는 정보공개법의 입법 취지에 비추어 엄격하게 판단해야 한다"(대판 2011. 11. 24, 2009두19021).

3) 판례

　　"수사기록에 대한 열람·등사신청에 대하여 형사소송법이 소송서류비공개의 원칙을 취하고 있다는 이유로 이를 전면 거부한다면 피고인의 방어권 행사에 중대한 제한을 가하는 것이며, 피고인의 신속하고 공정한 재판을 받을 권리 및 변호인의 조력을 받을 권리를 침해하는 것이다. …변호인의 수사기록에 대한 열람·등사권은 기본권제한의 일 그러나 이러한 정보의 경우에도 기간의 경과 등으로 비공개의 필요성이 없어진 경우에는 공공기관은 당해 정보를 공개하여야 한다(동조 ②).

(3) 정보공개청구권자

모든 국민은 이 법에서 정하고 있는 공개대상정보의 공개를 청구할 수 있는 권리를 가진다(동법 5①).[1] 여기서의 국민의 범위에는 자연인과 법인 및 법인격 없는 사단이나 재단, 기타 법령에 의하여 권리의무의 주체가 될 수 있는 단체가 포함된다고 할 것이다. 공공기관은 이러한 국민의 권리가 존중될 수 있도록 이 법을 운영하고 소관 관련법령을 정비하여야 하며, 정보의 적절한 보존과 신속한 검색이 이루어지도록 정보관리체계를 정비하여야 한다(동법 6 ①②).

이처럼 정보공개법은 모든 국민에게 정보공개청구권을 인정하고 있으나, 외국인의 경우는 국내 거주자와 학술·연구를 위한 일시적 체류자 및 국내에 사무소를 두고 있는 법인 또는 단체에 한정하고 있다.[2]

(4) 정보공개절차

1) **정보공개의 청구**   정보의 공개를 청구하는 자('청구인')는 당해 정보를 보유·관리하는 공공기관에 대하여 ① 청구인의 성명·주민등록번호·주소 및 연락처, ② 공개를 청구하는 정보의 내용 및 공개목적을 기재한 정보공개청구서를 제출하거나 말로써 정보의 공개를 청구할 수 있다(동법 10①).

2) **공공기관의 결정**   ① 정보공개청구가 있는 때에는 공공기관은 그 청

반적 법률유보조항인 국가안전보장·질서유지 또는 공공복리를 위하여 제한되는 경우가 있을 수 있으며, 검사가 보관중인 수사기록에 대한 열람·등사는 당해 사건의 성질과 상황, 열람·등사를 구하는 증거의 종류 및 내용 등 제반 사정을 감안하여 그 열람·등사가 피고인의 방어를 위하여 특히 중요하고 또 이를 위하여 국가기밀의 누설이나 증거인멸, 증인협박, 사생활침해, 관련사건 수사의 현저한 지장 등과 같은 폐해를 초래할 우려가 없는 때에 한하여 허용된다고 할 것이다"(헌재결 1997. 11. 27, 94헌마60).

1) 정보공개법은 "정보공개 청구권자가 공개를 청구하는 정보와 어떤 관련성을 가질 것을 요구하거나 정보공개청구의 목적에 특별한 제한을 두고 있지 아니하므로 정보공개청구권자의 권리구제 가능성 등은 정보의 공개 여부 결정에 아무런 영향을 미치지 못한다"(대판 2017. 9. 7, 2017두44558).

2) 판례
"일반적인 정보공개청구권의 의미와 성질, 정보공개법의 규정 내용과 입법 목적, 정보공개법이 정보공개청구권의 행사와 관련하여 정보의 사용 목적이나 정보에 접근하려는 이유에 관한 어떠한 제한을 두고 있지 아니한 점 등을 고려하면 국민의 정보공개청구는 정보공개법 제9조에 정한 비공개 대상 정보에 해당하지 아니하는 한 원칙적으로 폭넓게 허용되어야 하지만, 실제로는 해당 정보를 취득 또는 활용할 의사가 전혀 없이 정보공개 제도를 이용하여 사회통념상 용인될 수 없는 부당한 이득을 얻으려 하거나, 오로지 공공기관의 담당공무원을 괴롭힐 목적으로 정보공개청구를 하는 경우처럼 권리의 남용에 해당하는 것이 명백한 경우에는 정보공개청구권의 행사가 허용되지 아니한다"(대판 2014. 12. 24, 2014두9349).

구일로부터 10일 이내에 공개 여부를 결정하여야 한다. 그러나 부득이한 사유로 앞의 기간 내에 결정할 수 없는 때에는, 그 기간이 끝나는 날의 다음날부터 기산하여 10일의 범위 내에서 공개 여부의 결정기간을 연장할 수 있다. 이 경우 공공기관은 청구인에게 연장된 사실과 연장이유를 지체없이 통지하여야 한다(동법 11②). 여기서의 부득이한 사유란, ㉠ 일시에 많은 정보공개가 청구되거나 공개 청구된 정보의 내용이 복잡하여 정하여진 기간 내에 공개 여부의 결정이 곤란한 경우, ㉡ 정보를 생산한 공공기관 또는 공개 청구된 정보와 관련있는 제3자의 의견청취, 정보공개심의회 개최 등의 사유로 정하여진 기간 내에 공개 여부의 결정이 곤란한 경우 등이다(동법시행령 7).

② 공개대상정보의 전부 또는 일부가 제3자와 관련이 있다고 인정되는 때에는, 공공기관은 그 사실을 지체없이 관련 제3자에게 통지하여야 하며, 필요한 경우에는 그에 대한 의견을 청취할 수 있다(동조 ③).

③ 공공기관은 청구된 정보공개 여부를 심의하기 위하여 정보공개심의회를 설치·운영한다(동법 12). 그러나 정보공개 여부의 결정권은 공공기관의 장에 있고, 정보공개심의회는 단지 공공기관의 장이 공개 여부를 결정하기 곤란하다고 보아 자문을 요청한 경우에 이를 심의하는 데 그친다(대판 2002. 3. 15, 2001추95).

④ 공공기관이 정보공개를 결정한 때에는 공개일시·공개장소 등을 명시하여 청구인에게 통지하여야 한다(동법 13①).

⑤ 공공기관은 청구된 정보의 비공개를 결정한 때에는 그 내용을 청구인에게 지체없이 문서로 통지하여야 한다. 이 경우 비공개이유·불복방법 및 불복절차를 구체적으로 밝혀야 한다(동법 13④).[1]

(5) 정보공개의 방법

1) **사본·복제물의 교부 등**   공공기관은 공개대상정보의 양이 과다하여 정상적인 업무수행에 현저한 지장을 초래할 우려가 있는 경우에는, 정보의 사본·복제물을 일정 기간별로 나누어 교부하거나 열람과 병행하여 교부할 수 있다(동법 13②).

---

1) 판례

"국민으로부터 보유·관리하는 정보에 대한 공개를 요구받은 공공기관으로서는 공공기관의정보공개에관한법률 제7조(현행법 제9조) 제1항 각호에서 정하고 있는 비공개사유에 해당하지 않는 한 이를 공개하여야 할 것이고, 만일 이를 거부하는 경우라 할지라도 대상이 된 정보의 내용을 구체적으로 확인·검토하여 어느 부분이 어떠한 법익 또는 기본권과 충돌되어 같은 법 제7조 제1항 몇 호에서 정하고 있는 비공개사유에 해당하는지를 주장·입증하여야 할 것이며, 그에 이르지 아니한 채 개괄적인 사유만을 들어 공개를 거부하는 것은 허용되지 아니한다"(대판 2003. 12. 11, 2001두8827).

공공기관은 또한 정보의 공개로 원본이 오손 또는 파손될 우려가 있거나 그 밖에 상당한 이유가 있다고 인정될 때에는 그 사본 등을 공개할 수 있다(동조 ③).

2) 정보의 전자적 공개　　공공기관은 전자적 형태로 보유·관리하는 정보에 대하여 청구인이 전자적 형태로 공개하여 줄 것을 요청하는 경우에는 당해 정보의 성질상 현저히 곤란한 경우를 제외하고는 청구인의 요청에 따라야 한다(동법 15①).

공공기관은 또한 전자적 형태로 보유·관리하지 아니하는 정보에 대하여도 청구인이 전자적 형태로 공개하여 줄 것을 요청한 경우에는 정상적인 업무수행에 현저한 지장을 초래하거나 당해 정보의 성질이 훼손될 우려가 없는 한 전자적 형태로 변환하여 공개할 수 있다(동조 ②).[1)]

3) 부분공개　　공공기관은, 공개청구한 정보가 비공개정보에 해당하는 부분과 공개가 가능한 부분이 혼합되어 있는 경우에, 공개청구의 취지에 어긋나지 아니하는 범위에서 두 부분을 분리할 수 있는 경우에는, 비공개부분을 제외하고 여타 부분을 공개한다(동법 14).[2)]

4) 즉시공개 등　　정보의 공개는 청구서의 제출과 그에 따른 결정이라는 공식적 절차에 따라 행하는 것이 원칙이나, 청구된 정보가 일반에게 주지시키는 것을 목적으로 작성된 간행물, 팜플렛, 작성한 통계서, 보고서, 안내서 등일 경우에는 청구절차의 간소화를 도모하여 즉시 또는 구술에 의한 공개가 오히려 바람직하다고 할 것이다. 그에 따라 정보공개법은 이러한 방법에 의한 정보공

---

1) 정보공개법에 따르면 "청구인에게는 특정한 공개방법을 지정하여 정보공개를 청구할 수 있는 법령상 신청권"이 있으므로, "공공기관이 공개청구의 대상이 된 정보를 공개는 하되, 청구인이 신청한 공개방법 이외의 방법으로 공개하기로 하는 결정을 하였다면, 이는 정보공개청구 중 정보공개방법에 관한 부분에 대하여 일부 거부처분을 한 것이고, 청구인은 그에 대하여 항고소송으로 다툴 수 있다"(대판 2016. 11. 10, 2016두44674).

2) 판례
"법원이 행정기관의 정보공개거부처분의 위법 여부를 심리한 결과 공개를 거부한 정보에 비공개대상 정보에 해당하는 부분과 공개가 가능한 부분이 혼합되어 있고 공개청구의 취지에 어긋나지 아니하는 범위 안에서 두 부분을 분리할 수 있음을 인정할 수 있을 때에는 청구취지의 변경이 없더라도 공개가 가능한 정보에 관한 부분만의 일부취소를 명할 수 있다 할 것이고, 공개청구의 취지에 어긋나지 아니하는 범위 안에서 비공개대상 정보에 해당하는 부분과 공개가 가능한 부분을 분리할 수 있다고 함은, 이 두 부분이 물리적으로 분리가능한 경우를 의미하는 것이 아니고 당해 정보의 공개방법 및 절차에 비추어 당해 정보에서 비공개대상 정보에 관련된 기술 등을 제외 내지 삭제하고 그 나머지 정보만을 공개하는 것이 가능하고 나머지 부분의 정보만으로도 공개의 가치가 있는 경우를 의미한다고 해석하여야 한다"(대판 2004. 12. 9, 2003두12707).

개를 인정하고, 그 대상인 정보로서 법령 등에 의하여 공개를 목적으로 작성된 정보 등을 열거하고 있다(동법 16).

(6) 비용부담

정보의 공개 및 우송 등에 드는 비용은 실비의 범위에서 청구인의 부담으로 한다(동법 17①). 정보공개는 기본적으로 청구인의 이익을 위한 것이라는 점에서, 이를 무료로 함으로써 국민일반의 부담으로 하는 것은 타당하지 않다고 할 것이다. 이러한 관점에서 정보공개법은 정보공개에 소요되는 비용은 실비의 범위 안에서 청구인의 부담으로 하고 있다.

(7) 불복구제절차

정보공개청구에 대한 공공기관의 결정과 관련하여 제기되는 쟁송형태로서는 공공기관의 비공개결정에 불복하여 청구인이 제기하는 것과, 그 반대로 공공기관의 공개결정으로 인하여 제3자가 자신의 권리·이익이 침해되었다고 하여 제기하는 것으로 구분될 수 있다. 그에 따라서 정보공개법도 이러한 두 가지 경우의 불복절차를 구분하여 규정하고 있다.

1) **공공기관의 비공개결정에 대한 청구인의 불복절차**   정보공개법은 이에 관하여 이의신청, 행정심판 및 행정소송의 3가지 불복절차를 규정하고 있다.

⑺ **이의신청**   ① 청구인은 공공기관으로부터 청구된 정보의 비공개결정 통지를 받은 날 또는 정보공개청구 후 20일이 경과한 날부터 30일 이내에 당해 공공기관에 이의신청을 할 수 있다(동법 18①).

② 공공기관은 이의신청을 받은 날부터 7일 이내에 그에 대한 결정을 하여 그 결과를 지체없이 청구인에게 문서로 통지하여야 한다(동법 18③). 공공기관이 이의신청을 각하 또는 기각하는 결정을 한 때에는 청구인에게 행정심판 또는 행정소송을 제기할 수 있다는 취지를 결과통지와 함께 통지하여야 한다(동조 ④).

⑷ **행정심판**   공공기관의 비공개결정에 대하여는 청구인은 행정심판을 제기할 수 있다. 이 경우 국가 또는 지방자치단체 외의 공공기관의 결정에 대한 감독행정기관은 관계 중앙행정기관의 장 또는 지방자치단체의 장으로 한다(동법 19①). 청구인은 또한 이의신청을 거치지 않고 직접 행정심판을 제기할 수도 있다(동조 ②). 이 경우의 행정심판은 공개거부결정의 취소심판 또는 의무이행심판이 될 것이다.

⑸ **행정소송**   ① 공공기관의 청구된 정보에 대한 비공개결정에 대하여 청구인은 행정소송을 제기할 수 있다(동법 20①). 이 경우의 행정소송은 공개거부처분의 취소소송이 될 것이다.

② 정보공개법은 재판장이 필요하다고 인정하는 때에는 당사자를 참여시키지 아니하고 제출된 공개청구 정보를 비공개로 열람·심사할 수 있다고 규정하고 있다(동조 ②). 이 규정은 소송이라는 형식에 의하여 비공개정보가 사실상 공개되는 결과로 되는 부당한 결과를 방지하려는 데에 그 기본적 취지가 있는 것으로 보인다.[1]

③ 재판의 대상인 비공개결정처분의 대상이 된 정보가 정보공개법상의 비공개대상정보로서 국가안전보장·국방 또는 외교에 관한 것인 때에는, 재판장은 공공기관이 이를 비밀로 취급하게 된 실질적인 이유 및 공개를 하지 아니하는 사유 등을 입증하는 때에는 해당 정보를 제출하지 않게 할 수 있다(동조 ③).

2) 공공기관의 정보공개결정에 대한 제3자의 불복절차　① 자신과 관련된 정보의 공개청구에 대하여 공공기관에 의하여 그 사실을 통지받은 제3자는 통지받은 날부터 3일 이내에 해당 정보를 공개하지 아니할 것을 요청할 수 있다(동법 21①).

② 위의 제3자의 의사에 반하여 공공기관이 당해 정보를 공개하고자 하는 경우에는 그 공개사유를 명시하여 서면으로 제3자에 통지하여야 한다. 이러한 통지를 받은 제3자는 해당 공공기관에 대하여 서면으로 이의신청을 하거나 행정심판 또는 행정소송을 제기할 수 있다. 이 경우 이의신청은 통지 받은 날부터 7일 이내에 하여야 한다(동조 ②).

③ 제3자가 자신과 관련된 정보의 공개에 대하여 행정심판 또는 행정소송을 제기하여 궁극적으로 그것이 인용될 수 있기 위하여는 당해 공개결정이 위법한 것이고, 그러한 위법한 결정으로 인하여 자신의 법률상 이익이 침해되고 있는 것임을 입증하여야 할 것이다. 이와 관련하여서는 비공개대상정보에 관하여 규정하고 있는 정보공개법 제9조 제1항 중 제3호(국민의 생명·신체 및 재산의 보호 등 공익관련정보)·제4호(진행중인 재판관련정보, 범죄의 예방·수사, 형의 집행, 보안처분에 관한 사항 등)·제5호(감사·입찰계약·기술개발 등에 관한 사항)·제6호(개인의 사생활관련정보) 및 제7호(기업의 영업비밀 등)에 관한 규정이 결정적 의미를 가질 것으로 본다.

---

1) 그러나 공공기관이 청구정보를 증거 등으로 법원에 제출하여 법원을 통하여 그 사본을 청구인에게 교부 또는 송달되게 하여 결과적으로 청구인에게 정보를 공개하게 되는 경우도 생길 수 있다. 그렇다고 하더라도, "이러한 우회적인 방법은 정보공개법이 예정하고 있지 아니한 방법으로서 정보공개법에 의한 공개라고 볼 수는 없으므로, 당해 정보의 비공개결정의 취소를 구할 소의 이익은 소멸되지 않는다"(대판 2016. 12. 15, 2012두11409).

정보공개법은 제3자가 제기하는 행정쟁송에 관하여도 집행정지에 관한 특별한 규정을 두고 있지 아니하므로, 이 경우에도 행정심판법·행정소송법상의 집행부정지원칙이 적용될 것임은 물론이다. 그러나 관련사안에 있어서는 행정기관에 의한 정보공개는 시간적으로 촉박한 것으로서, 일단 관련정보가 공개되고 나면, 관계인이 궁극적으로 승소하여도 그 실질적 의미는 없게 된다. 그러한 점에서는 제3자 관련정보에 대한 행정기관의 공개결정에 대하여 관계인이 행정쟁송을 제기하여 이를 다투는 경우에는, 행정쟁송법상의 집행부정지원칙에 대한 예외로서, 동법에 집행정지에 관한 명시적 규정을 두는 것이 바람직하다고 본다. 그러나 동법은 집행정지제도를 규정하는 대신에, 제3자의 비공개요청에도 불구하고 관련 정보를 공개하기로 결정한 때에는, 그 공개결정일과 공개실시일의 사이에는 최소한 30일의 간격을 두어야 한다고 규정하는 데 그치고 있다(동법 21③).

아마도 이 경우 제3자의 권리보호를 위한 가장 실효적인 소송형식은 예방적 금지소송이 될 것인데, 이 소송은 현행 행정소송법의 해석에 의해서도 인정될 수도 있을 것으로 보이나, 판례는 이를 인정하지 아니하고 있다.

(8) 기타 보완제도

정보공개법은 위에서 검토한 기본제도 외에도 이를 보완하여 정보공개제도의 효율적 시행과 운영을 담보하기 위한 다음 몇 가지 조치를 규정하고 있다.

1) 행정정보의 공표의무   공공기관은 국민생활에 큰 영향을 미치는 정책에 관한 정보, 국가시책으로 시행되는 공사 등 대규모의 예산이 투입되는 사업에 관한 정보 등에 대하여 공개의 청구가 없더라도 공개의 범위·주기·시기·방법 등을 미리 정하여 공표하고 이에 따라 정기적으로 공개하도록 하여야 한다(동법 7).

2) 정보목록의 작성·비치 등   공공기관은 당해 기관이 보유·관리하는 정보의 목록을 작성·비치하고, 그 목록을 정보통신망을 활용한 정보공개시스템을 통하여 제공하도록 하여 국민이 정보공개청구에 필요한 정보의 소재를 쉽게 알 수 있도록 하고 있다(동법 8①). 공공기관은 또한 정보공개업무의 신속·원활한 수행을 위하여 정보공개장소를 확보하고 공개에 필요한 시설을 갖추어야 한다(동조 ②).

3) 자료의 제출요구 등   행정안전부장관·국회사무총장·법원행정처장 등은 관계 공공기관에 대하여 정보공개에 관한 자료의 제출 등의 협조를 요청할 수 있다. 또한 행정안전부장관은 정보공개제도의 효율적 운영을 위하여 필

요하다고 인정하는 경우에는 공공기관(국회·법원·헌법재판소 및 중앙선거관리위원회를 제외)에 대하여 정보공개제도의 운영실태를 평가할 수 있다(동법 24②·25).

　　4) 정보공개위원회의 설치　　행정안전부장관 소속으로 정보공개위원회를 두어 정보공개에 관한 정책의 수립과 제도개선, 정보공개기준의 수립 및 정보공개제도의 운영실태의 평가 등에 관한 사항을 심의·조정하도록 하고 있다(동법 22).

Ⅲ. 개인정보보호제도

1. 개　설

우리 사회가 산업사회에서 정보사회로 이행하면서 개인정보의 효용과 함께 그 침해의 가능성도 커지고 있다. 데이터경제 시대를 맞이해 민간 및 공공의 모든 영역에서 부가가치를 창출하는 원천으로서의 개인정보의 가치가 높아지고 있는 한편, 개인정보가 악의적으로 이용되거나 유출될 경우 개인의 사생활을 포함해 안전과 재산에 미칠 피해에 대한 우려도 커지고 있다. 한 번 유출된 개인정보는 회수하는 것이 사실상 불가능하기 때문에 개인정보의 침해로 인해 정보주체에게 미칠 정신적·물질적 피해는 측정하기 어려울 정도로 커지게 된다.

개인정보보호의 기초가 되는 프라이버시(권)도 종래 산업사회에서는 남에게 방해받지 않을 소극적 권리(Right to be free from physical infringement)로 인식되었지만, 현대 정보(화)사회에서는 내 정보가 침해로부터 자유로울 권리(Right to be free from information infringement)로, 그리고 사물인터넷(IoT), 빅데이터, 인공지능(AI) 등과 같은 ICT 신기술을 기반으로 모든 산업, 사물, 사람이 인터넷으로 연결 및 융·복합되고 있는 이른바 4차 산업혁명 시대에서는 내 정보의 가치를 보호받을 권리(Right to protect the value of information)로 이해할 수 있다.

2. 외국의 개인정보보호법제

개인정보보호의 법적 근거와 관련해서는 독일 연방헌법재판소의 인구조사법 중 일부 규정에 대한 위헌판결의 의미가 크다. 이 판결은 기본법 제2조 제1항의 인격의 자유로운 발현에는 개인정보자기결정권(Recht auf informationelle Selbstbestimmung)이 포함되어 있다고 함으로써, 자기정보의 공개 여부와 타목적 사용 여부에 대한 개인의 결정권을 법적으로 인정하였다.

개인정보보호를 위한 국제적 규범으로는 OECD의 1980년 「프라이버시 보호 및 개인정보의 국외 이전에 관한 가이드라인」(Guidelines on the Protection of Privacy and Transborder Flows of Personal Data), UN의 1990년 「전산처리된 개인정보 파일의 규제지침」(Guideline for the Regulation of Computerized Personal Data Files) 등이 우리 법제에 많은 시사를 주었다.

근래의 국제적 규범으로는 EU의 2018년 「General Data Protection Regulation(GDPR)」을 주목할 필요가 있다. GDPR은 EU 집행위원회가 제3국이나 국제조직 등에 대하여 적합한 보호수준을 보장한다고 판정한 경우, 즉 EU 개인정보보호수준 적정성 평가를 통과한 경우 또는 별도의 개인정보보호 표준조항에 의한 계약이나 EU가 인정하는 인증을 획득하는 경우에만 예외적으로 EU 역외국가에 개인정보의 국외이전을 허용하고 있어, EU 역외국가에 대해서도 상당한 정도로 규범적 의미를 지닌다. EU 시민의 개인정보의 실질적 보호와 EU 역내 개인정보의 자유로운 이동 보장을 입법목적으로 하는 GDPR의 제정에 따라 EU 시장에 참여하는 모든 기업은 개인정보 국외이전 기준을 엄격하게 적용받는 한편, 정보주체는 더욱 강화된 개인정보자기결정권을 부여받게 되었다. GDPR의 시행과 함께 잊힐 권리, 개인정보 이동권, 프로파일링 거부권 등 정보주체의 권리가 강화되었고, GDPR 위반에 대해 고액의 과징금으로 대응하는 등 개인정보처리자의 책임도 대폭 강화되었다.

3. 개인정보보호의 헌법적 근거

헌법 제17조는 "모든 국민은 사생활의 비밀과 자유를 침해받지 아니한다."고 규정하여 사생활보호에 관한 명문의 규정을 두고 있다. 대법원은 프라이버시(권)의 헌법적 근거로 헌법 제17조뿐만 아니라 제10조의 인간의 존엄과 가치, 행복추구권을 들고 있다.[1] 프라이버시(권)는 이들 규정뿐만 아니라 제16조 주거의 자유, 제18조 통신의 비밀 등의 규정에 기하여 보장되는 포괄적 권리라고 볼 수 있다.

---

[1] 이들 헌법규정은 사생활의 자유·비밀은 물론 개인정보자기결정권까지도 보장하는 것이다. "이들 헌법 규정은 개인의 사생활 활동이 타인으로부터 침해되거나 사생활이 함부로 공개되지 아니할 소극적인 권리는 물론, 오늘날 고도로 정보화된 현대사회에서 자신에 대한 정보를 자율적으로 통제할 수 있는 적극적인 권리까지도 보장하려는 데에 그 취지가 있는 것으로 해석된다"(대판 1998. 7. 24, 96다42789).

4. 개인정보보호법

공공부문에서의 개인정보보호와 민간부문에서의 개인정보보호를 구분하여 규율하던 것을 통일적으로 규율하기 위해 2011년 개인정보보호법이 제정·시행되었고, 이에 따라 종전의「공공기관의 개인정보보호에 관한 법률」은 폐지되었다. 개인정보보호법은 개인정보보호에 관한 일반법으로, 개인정보의 유출, 오용·남용으로부터 사생활의 비밀 등을 보호함으로써 국민의 권리와 이익을 증진하고 개인의 존엄과 가치를 구현하는 것을 목적으로 하고 있다. 정보통신망에서 처리되는 개인정보에 대해서는「정보통신망 이용촉진 및 정보보호 등에 관한 법률」이, 금융분야에서의 개인정보보호에 대해서는「신용정보의 이용 및 보호에 관한 법률」이 특별법으로 먼저 적용되며, 그 밖에도「위치정보의 보호 및 이용 등에 관한 법률」,「생명윤리 및 안전에 관한 법률」등이 있다.

(1) 보호대상으로서의 개인정보

1) 개인정보의 정의   개인정보보호법 제2조 제1호의 '개인정보'[1]는 '살아 있는 개인에 관한 정보'[2]로서 ① '성명, 주민등록번호 및 영상 등을 통하여 개인을 알아볼 수 있는 정보' 또는 ② '해당 정보만으로는 특정 개인을 알아볼 수 없더라도 다른 정보와 쉽게 결합하여 알아볼 수 있는 정보'를 말하는데, 이 경우 쉽게 결합할 수 있는지 여부는 다른 정보의 입수가능성 등 개인을 알아보는 데 소요되는 시간, 비용, 기술 등을 합리적으로 고려하여 판단한다. 그리고 ③ '가명정보' 즉 '가명처리함으로써 원래의 상태로 복원하기 위한 추가정보의 사용·결합 없이는 특정 개인을 알아볼 수 없는 정보'도 개인정보에 해당하는데, 가명처리란 '개인정보의 일부를 삭제하거나 일부 또는 전부를 대체하는 등의 방법으로 추가정보가 없이는 특정 개인을 알아볼 수 없도록 처리하는 것'을

---

1) "인간의 존엄과 가치, 행복추구권을 규정한 헌법 제10조 제1문에서 도출되는 일반적 인격권 및 헌법 제17조의 사생활의 비밀과 자유에 의하여 보장되는 개인정보자기결정권은 자신에 관한 정보가 언제 누구에게 어느 범위까지 알려지고 또 이용되도록 할 것인지를 정보주체가 스스로 결정할 수 있는 권리이다. 개인정보자기결정권의 보호대상이 되는 개인정보는 개인의 신체, 신념, 사회적 지위, 신분 등과 같이 개인의 인격주체성을 특징짓는 사항으로서 개인의 동일성을 식별할 수 있게 하는 일체의 정보이고, 반드시 개인의 내밀한 영역에 속하는 정보에 국한되지 아니하며 공적 생활에서 형성되었거나 이미 공개된 개인정보까지 포함한다. 또한 개인정보를 대상으로 한 조사·수집·보관·처리·이용 등의 행위는 모두 원칙적으로 개인정보자기결정권에 대한 제한에 해당한다"(대판 2016. 8. 17, 2014다235080).

2) 사자의 개인정보도 사망 후 일정한 기간은 보호하도록 입법개선이 필요하다는 의견이 있다. 박균성, 행정법강의, 박영사, 2018, 480면.

말한다.

2) 개인정보의 다양성   개인정보는 그 내용에 따라 ① 인적사항 정보(고유식별정보 및 가족관계), ② 신체적 정보(생체정보 및 의료·건강정보), ③ 정신적 정보(기호·성향, 습관·취미 및 사상·종교 등 내면비밀), ④ 사회적 정보(교육, 병역, 근로, 공적제재), ⑤ 경제적 정보(소득, 수익, 자산, 신용), ⑥ 그 밖에 통신정보·위치정보 등으로 크게 나눌 수 있다. 개인정보보호법은 개인정보 가운데 민감정보(법 23), 고유식별정보(법 24) 및 주민등록번호(법 24의2)에 대해서는 별도의 규정을 두고 있다.

(2) 법의 적용대상 및 보호범위

현행 개인정보보호법은 종래 분야별 개별법에 따라 시행되던 개인정보 보호의무 적용대상을 공공·민간 부문의 모든 개인정보처리자로 확대 적용하고 있다. 지역주민센터 민원신청서류 등 종이문서에 기록된 개인정보 외에 컴퓨터 등에 의해 처리되는 정보, 가명처리된 개인정보도 모두 보호대상에 포함한다.

(3) 개인정보보호위원회

개인정보 처리 및 보호 정책을 심의·의결하는 등 개인정보보호에 관한 사무를 독립적으로 수행하는 국무총리 소속 중앙행정기관이다. 종래 행정안전부, 방송통신위원회, 금융위원회 등이 분산하여 수행하던 공공·민간분야의 개인정보보호 기능을 2020년 8월부터 개인정보보호위원회가 통합하여 수행하게 되었다.

개인정보보호위원회의 기본 기능은 심의·의결이지만(법 7의9①), 심의·의결을 위해 필요한 경우 의견청취, 자료제출 및 사실조회 요구 등의 조치를 할 수 있다(동법 7의9②③). 위원회는 개인정보 침해요인 평가(동법 8의2②③), 개인정보보호 기본계획 수립(동법 9 ①②·11①④⑤), 정책·제도·법령 개선 권고 등(동법 8의8i·ii), 중앙행정기관에 대한 자료제출 요구 등(동법 63④), 시정조치 권고(동법 64④), 국회 연차보고(동법 67①②) 등의 기능을 한다.

(4) 개인정보 수집·이용·제공의 기준

개인정보를 수집할 때는 정보주체의 동의를 받아야 하며, 수집·이용 목적, 수집항목, 보유 및 이용 기간, 동의거부권 등을 알려야 하며, 개인정보를 제3자에게 제공할 때도 정보주체의 동의를 받아야 한다.[1] 개인정보를 수집할 때는

---

1) "정보주체가 직접 또는 제3자를 통하여 이미 공개한 개인정보는 공개 당시 정보주체가 자신의 개인정보에 대한 수집이나 제3자 제공 등의 처리에 대하여 일정한 범위 내에서 동의를 하였다고 할 것이다. … 정보주체의 동의가 있었다고 인정되는 범위 내인지는 공개된 개인정보의 성격, 공개의 형태와 대상 범위, 그로부터 추단되는 정보주체의 공개 의도 내지 목적뿐만 아니라, 정보처리자의 정보제공 등 처리의 형태와 정보제

필요 최소한으로 수집해야 하며, 개인정보는 수집한 목적 범위를 초과하여 이용하거나 제3자에게 제공해서는 아니된다.

(5) 개인정보의 처리 제한

사상·신념, 노동조합, 정당의 가입·탈퇴, 정치적 견해, 건강, 성생활 등 정보주체의 사생활을 침해할 우려가 있는 민감정보의 처리는 금지되며, 고유식별정보는 법령에서 구체적으로 처리를 요구한 경우를 제외하고 원칙적으로 처리가 금지된다.

(6) 영상정보 처리기기에 대한 규제

공개된 장소에서 설치·운영하는 영상정보 처리기기 규제를 민간영역까지 확대하고 있다. CCTV는 범죄예방, 시설안전, 화재예방 목적으로만 설치하고, 설치목적, 촬영장소·범위, 관리책임자 연락처 등이 기재된 안내판을 설치하여야 한다. 녹음은 할 수 없으며, 설치 목적과 다르게 함부로 조작하거나 다른 곳을 비추어서는 아니된다. CCTV 영상정보는 잠금장치를 마련하여 보관하여야 한다. CCTV 운영관리 방침을 수립하여 공개하여야 하는데, CCTV 운영관리 방침은 개인정보처리방침에 포함시킬 수 있다.

(7) 개인정보 유출 통지 및 신고제

개인정보가 유출되었을 경우 정보주체에게 그 사실을 통지하여야 하며, 대규모 유출 시에는 개인정보보호위원회 또는 전문기관(한국인터넷진흥원)에 신고하여야 한다.

(8) 정보주체의 권리

정보주체는 개인정보처리자에게 자신의 개인정보에 대한 열람, 정정·삭제, 처리정지 등을 요구할 수 있으며, 개인정보처리자의 고의 또는 중대한 과실로 인해 자신의 개인정보가 분실, 도난, 유출, 위조, 변조 또는 훼손된 경우 손해에 대한 배상을 요청할 수 있다.

(9) 개인정보처리자의 안전조치 의무

개인정보처리자는 개인정보가 분실, 도난, 유출, 위조, 변조 또는 훼손되지 않도록 내부관리계획 수립, 접속기록 보관 등 안전성 확보에 필요한 기술적·관리적 및 물리적 조치를 하여야 한다.

공으로 공개의 대상 범위가 원래의 것과 달라졌는지, 정보제공이 정보주체의 원래의 공개 목적과 상당한 관련성이 있는지 등을 검토하여 객관적으로 판단하여야 한다"(대법원 2016. 8. 17, 2014다235080).

(10) 가명정보의 처리에 관한 특례

통계작성, 과학적 연구, 공익적 기록보존 등을 위한 경우에는 정보주체의 동의 없이도 가명정보 처리가 허용된다. 통계작성 등을 위한 서로 다른 개인정보처리자 간의 가명정보의 결합은 개인정보보호위원회 또는 관계 중앙행정기관의 장이 지정하는 전문기관에서 수행해야 한다(법 28의3). 통계작성 등의 목적 외로 이용하거나 제3자에게 제공, 영리 또는 부정한 목적으로 이용하는 것은 금지된다.

(11) 정보통신서비스 제공자등의 개인정보 처리에 관한 특례

2020년 8월 개정 개인정보보호법이 시행됨에 따라 정보통신서비스 제공자와 이용자간의 관계에 적용되는 정보통신망법의 개인정보보호 관련 규정이 개인정보보호법으로 통합되었다. 그에 따라 기존 정보통신망법의 개인정보보호 관련 규정이 삭제되었으며, 국외이전시 보호조치, 국내대리인, 손해배상보험 등 기존 개인정보보호법과 상이하거나 정보통신망법에만 있던 규정이 개인정보보호법상 특례로 신설되었다.

1) 개인정보 손해배상책임 보장제도의 도입

㈎ 도입의 배경　　개인정보 유출로 인한 피해 사례가 증가하고 있으나 기업의 배상능력이 부족한 경우 피해자가 손해배상을 청구해도 실질적인 피해구제가 어려워 피해구제 제도의 실효성을 제고하고자 도입한 제도이다. 기업으로 하여금 손해배상책임의 이행을 보장하도록 보험 또는 공제에 가입하거나 준비금을 적립하도록 의무화하였으며(법 39의9), 법률에서 위임한 보험 등 가입대상 사업자의 범위 및 보험 등에 가입할 때 최저가입금액의 기준 등을 마련하였다.

㈏ 적용대상　　① 직전 사업연도의 매출액이 5천만원 이상이며, ② 전년도 말 기준 직전 3개월간 그 개인정보가 저장·관리되고 있는 이용자 수가 일일평균 1천명 이상일 것의 요건을 모두 갖춘 정보통신서비스 제공자등이 대상이 된다.

2) 국내대리인 지정제도의 도입

㈎ 도입의 배경　　글로벌 온라인 서비스 이용이 보편화되면서, 국외(해외)사업자가 우리 국민의 개인정보를 처리하는 경우가 많아지고 있다. 이에, 국내에 주소 또는 영업소를 두지 않고 정보통신서비스를 제공하는 국외(해외)사업자에 대하여 우리 국민이 개인정보 관련 고충처리를 위해 언어 등의 어려움 없이 편리하게 연락하고, 개인정보 침해사고 발생시 규제집행력을 강화할 필요성이 제기되어 왔다. 이를 위해 일정 기준을 충족하는 국외(해외)사업자에게 국내대

리인 지정을 의무화하여 개인정보보호책임자의 업무, 자료제출 등을 대리하도록 하였다.

(나) 적용대상   국내에 주소 또는 영업소가 없는 정보통신서비스 제공자 등으로 ① 전년도(법인인 경우에는 전사업연도) 매출액이 1조원 이상인 자, ② 정보통신서비스 부문 전년도(법인인 경우에는 전사업연도) 매출액이 100억 원 이상인 자, ③ 전년도 말 기준 직전 3개월간 그 개인정보가 저장·관리되고 있는 이용자 수가 일일평균 100만명 이상인 자 중 어느 하나에 해당하는 자가 대상이 되며, ④ 개인정보 침해 사건·사고가 발생하였거나 발생할 가능성이 있는 경우로서 방송통신위원회로부터 관계 물품·서류 등을 제출하도록 요구받은 자도 대상이 된다.

(다) 국내대리인의 역할   지정된 국내대리인은 법 제31조에 따른 개인정보보호책임자의 업무, 법 제39조의4에 따른 개인정보 유출 등의 통지·신고, 법 제63조 제1항에 따른 관련 물품·서류 등의 제출 등의 역할을 수행하게 된다. 국내대리인이 업무수행과 관련하여 개인정보보호법을 위반한 경우 정보통신서비스 제공자등이 그 행위를 한 것으로 간주되어 책임을 지게 된다.

5. 개인정보의 침해와 구제

(1) 개인정보의 침해

'개인정보 침해'란 개인정보 처리의 전과정에서 이루어진, 법적 근거 없는 개인정보의 수집·이용·제공은 물론 개인정보의 부실관리, 방치, 유출, 불법유통, 오·남용, 불법유통 등을 모두 포괄한다.

(2) 정보주체의 권리보장 방법

1) 개인정보의 열람, 정정·삭제, 처리정지 청구   정보주체는 개인정보처리자가 처리하는 자신의 개인정보에 대한 열람을 해당 개인정보처리자에게 요구할 수 있으며(법 35), 자신의 개인정보를 열람한 정보주체는 개인정보처리자에게 그 개인정보의 정정·삭제 및 개인정보 처리의 정지를 요구할 수 있다(법 36·37).

2) 개인정보 분쟁조정 신청   개인정보 유출이나 오용으로 인한 피해는 파급속도가 매우 빠르며 다수의 피해자가 발생할 수 있다는 점, 원상회복이 어렵다는 점에서 다른 피해와는 차이가 있다. 그런데 소송을 통한 분쟁해결은 그 처리기간이 비교적 오래 걸리며, 비용도 많이 든다는 단점이 있다. 이를 보다 신속하고 간편하게 구제할 수 있도록 한 제도가 개인정보분쟁조정인데, 분쟁이

발생한 경우 제3자가 관여하거나 또는 관여 없이 당사자 쌍방의 자율적 의사 및 합의에 의하여 분쟁을 해결하는 방식이다.

개인정보분쟁조정위원회의 조정결정에 대해 신청인과 상대방이 이를 수락하여 조정이 성립된 경우에는 조정서를 작성하게 되며, 조정서의 내용은 '재판상 화해'와 동일한 효력을 갖게 되므로(법 47⑤), 조정성립 후 당사자가 결정내용을 이행하지 않을 경우에는 법원으로부터 집행문을 부여받아 강제집행을 할 수 있다. 당사자 중 일방이 조정안을 수락하지 않을 경우에는 민사소송을 제기할 수 있다.

3) 개인정보 집단분쟁조정 절차　　국가, 지방자치단체, 한국소비자원 또는 소비자단체, 사업자가 개인정보분쟁조정위원회에 서면으로 집단분쟁조정을 의뢰 또는 신청하기 위해서는 피해 또는 권리침해를 입은 정보주체의 수(다만, 개인정보처리자와 분쟁해결이나 피해보상에 관한 합의가 이루어진 정보주체, 같은 사안으로 다른 법령에 따라 설치된 분쟁조정기구에서 분쟁조정 절차가 진행 중인 정보주체, 해당 개인정보 침해로 인한 피해에 대하여 법원에 소를 제기한 정보주체는 제외한다)가 50명 이상이고, 사건의 중요한 쟁점(피해의 원인이나 결과)이 사실상 또는 법률상 공통된 경우 일괄적인 분쟁조정('집단분쟁조정')을 의뢰·신청할 수 있다.

집단분쟁조정을 의뢰 또는 신청 받은 개인정보분쟁조정위원회는 위원회의 의결로 집단분쟁조정의 절차를 개시할 수 있고 이 경우 개인정보분쟁조정위원회는 14일 이상 그 절차의 개시를 공고하여야 하며, 집단분쟁조정의 당사자가 아닌 정보주체 또는 개인정보처리자로부터 추가 참가신청을 접수할 수 있다. 개인정보분쟁조정위원회는 집단분쟁조정의 당사자 중에서 공동의 이익을 대표하기에 적합한 1인 또는 수인을 대표당사자로 선임할 수 있다.

개인정보분쟁조정위원회는 조정에 들어가기 앞서 당사자간의 자율적인 노력에 의해 원만히 분쟁이 해결될 수 있도록 합의를 권고할 수 있으며, 합의권고에 의해 당사자간의 합의가 성립하면 사건이 종결된다.

개인정보분쟁조정위원회는 집단분쟁조정절차 개시 공고가 종료한 날로부터 60일 이내에 그 분쟁조정을 마쳐야 하며, 부득이한 사정이 있는 경우에는 조정기한을 연장할 수 있다. 조정결정된 내용은 즉시 당사자에게 통보되며 당사자가 통보를 받은 날로부터 15일 이내에 분쟁조정의 내용에 대한 수락 여부를 개인정보 분쟁조정위원회에 통보하여야 한다. 이 경우 15일 이내에 의사표시가 없는 때에는 불수락한 것으로 본다. 조정이 성립된 경우 그 조정내용은 일반 분쟁조정에서와 마찬가지로 '재판상 화해'와 동일한 효력이 있다.

개인정보분쟁조정위원회는 개인정보처리자가 개인정보분쟁조정위원회의 집단분쟁조정의 내용을 수락한 경우 집단분쟁조정의 당사자가 아닌 자로서 피해를 입은 정보주체에 대한 보상계획서를 작성하여 개인정보분쟁조정위원회에 제출하도록 권고할 수 있다. 보상계획서 제출을 권고받은 개인정보처리자는 그 권고를 받은 날부터 15일 이내에 권고의 수락 여부를 통지하여야 한다. 개인정보분쟁조정위원회 위원장은 사업자가 제출한 보상계획서를 일정한 기간 동안 개인정보분쟁조정위원회 인터넷 홈페이지에 공고하고, 집단분쟁조정 절차에 참가하지 못한 정보주체는 보상계획서에 따라 피해보상을 받을 수 있다.

(3) 손해배상책임

개인정보 유출이나 오·남용은 언제, 어느 단계에서 누구의 잘못으로 발생했는지 알기 어렵고, 따라서 정보주체는 손해배상을 받기가 매우 어려웠다. 이러한 문제점에 대응하기 위해 개인정보보호법은 2016년 7월부터 징벌적 손해배상제도 및 법정손해배상제도를 시행하고 있다.

1) **징벌적 손해배상제도**　　2016년 개정법은 개인정보처리자의 고의 또는 중과실로 인한 개인정보의 유출 등에 대해 징벌적 손해배상제를 도입하였다(법 39③④). 징벌적 손해배상이란 일정한 가해행위로 피해를 입은 당사자가 실제로 입은 손해의 전보를 넘어서는 금전적 불이익을 가해자에게 부담시키는 제도로서, 단순한 손해전보를 넘어 위법행위에 대한 제재적 성격을 갖는다. 개정법은 개인정보를 유출한 개인정보처리자에게 피해액의 3배의 범위에서 가중된 배상액을 부과하도록 규정하였다. 징벌적 손해배상액을 정할 때에는 개인정보처리자의 고의 또는 중대한 과실 여부, 해당 위법행위로 인해 개인정보처리자에게 발생한 경제적 이익 등을 고려한다.

2) **법정손해배상제도**　　2016년 개정법은 대량의 개인정보 침해 사고가 발생했음에도 불구하고 이로 인한 정보주체의 피해 입증 등이 사실상 불가능하여 손해배상이 어려운 점을 해소하기 위해 법정손해배상제를 도입하였다(법 39의2). 법정손해배상제란 피해자가 합리적으로 입증하기 어려운 경우를 대비하여 사전에 법률에 미리 정해 놓은 일정 금액의 범위에서 법원이 손해배상액을 정하는 방식이다. 개정법은 개인정보 유출 피해액에 대한 입증이 없더라도 300만 원의 범위에서 보상받을 수 있도록 하고 있다. 이 경우 개인정보처리자가 고의 또는 과실이 없음을 입증하지 못하면 면책되지 않도록 하여 입증책임을 가해자 측에 전환하고 있다.

(4) 개인정보 단체소송

개인정보처리자가 집단분쟁조정을 거부하거나 집단분쟁조정의 결과를 수락하지 아니한 경우 소비자기본법에 따라 공정거래위원회에 등록한 소비자단체로서 법정요건을 갖춘 단체와 「비영리민간단체 지원법」에 따른 비영리민간단체로서 법정요건을 갖춘 단체는 법원에 권리침해행위의 금지 · 중지를 구하는 소송을 제기할 수 있다(법 51). 단체소송의 관할은 피고의 주된 사무소 · 영업소 등 소재지 지방법원 본원 합의부에 전속하며, 단체소송의 원고는 변호사를 소송대리인으로 선임하여야 한다. 원고의 청구를 기각하는 판결이 확정된 경우에는 동일한 사안에 관하여 다른 단체는 단체소송을 제기할 수 없다.

6. 개인정보보호와 관련한 주요 사법적 판단

주로 공공영역에서 벌어진 개인정보 침해 문제와 관련하여 헌법재판소와 대법원이 내린 주요한 판단으로는 다음과 같은 것이 있다.

(1) 헌법재판소 결정례

1) 형제자매에 의한 가족관계증명서 등 발급(헌재결 2016. 6. 30. 2015헌마924)   헌법재판소는 본인 또는 배우자, 직계혈족, 형제자매가 가족관계증명서 등의 기록사항에 관하여 증명서의 교부를 청구할 수 있도록 하고 있는 「가족관계의 등록 등에 관한 법률」 제14조 제1항(2007. 5. 17. 제정)이 과잉금지원칙을 위반하여 개인정보자기결정권을 침해한다고 판단하였다.

위 조항은 본인이 스스로 가족관계등록법상 각종 증명서를 발급받기 어려운 경우, 형제자매를 통해 증명서를 간편하게 발급받게 하는 것인데, 가족관계등록법상 각종 증명서에 기재되는 개인정보에는 민감정보도 포함되므로 개인정보가 유출되거나 오 · 남용될 경우 정보주체에게 가해지는 타격이 크다고 보았다. 또한, 위 조항을 통해 달성하려는 본인과 형제자매의 편익 증진이 그다지 크지 않고, 형제자매가 각종 증명서를 발급받을 수 있도록 함으로써 초래되는 기본권 침해가 중대하다고 볼 수 있으므로 법익의 균형성을 인정하기 어렵다고 판단하였다.

2) 어린이집 CCTV 설치 및 열람(헌재결 2017. 12. 28. 2015헌마994) 2015년 개정 영유아보육법은 어린이집에서의 아동학대행위를 근절하기 위한 대책으로 어린이집에 폐쇄회로 텔레비전(CCTV)의 설치를 의무화하고, 보호자로 하여금 그 영상정보를 열람할 수 있도록 하는 제도를 도입하였다.

헌법재판소는 CCTV 설치조항(법 15의4)에 대하여, 어린이집의 CCTV 설치는 ① 어린이집에서 발생하는 안전사고와 보육교사 등에 의한 아동학대를 방지하기 위한 것으로 목적의 정당성과 수단의 적합성이 인정되며, ② 입법목적의 효과적인 달성을 위하여 달리 덜 제약적인 수단이 있다고 보기 어렵고, 필요한 범위 내에서 기본권을 제한하고 있다고 할 수 있으므로 침해의 최소성도 인정되며, ③ CCTV의 설치가 어린이집 설치·운영자나 부모의 기본권, 보육교사 및 영유아의 사생활의 비밀과 자유 등이 제한하는 것은 사실이지만, 침해되는 사익이 앞서 본 공익보다 크다고 보기는 어렵기 때문에 법익의 균형성 역시 인정된다고 판단하였다.

또한, CCTV 열람조항(법 15의5)에 대해서는, ① CCTV 영상녹화 자료를 확인할 수 있으면 그 발생 여부 및 책임 소재를 분명히 할 수 있고, 보호자가 이를 열람할 수 있다는 사실 자체로 어린이집 운영자나 보육교사 등으로 하여금 사전에 영유아 안전사고 방지에 만전을 기하고 아동학대행위를 저지르지 못하도록 하는 효과가 있으므로 목적의 정당성과 수단의 적합성을 가진다고 판단하였으며, ② 어린이집 내에서 발생하였다고 의심되는 안전사고 내지 아동학대 여부를 확인하기 위한 목적으로만 CCTV 열람 제도가 활용되도록 정하고 있고, 어린이집 원장은 정당한 이유가 없는 경우 열람요청을 거부할 수 있으며 열람시간 지정 등을 통해 열람요청에 대해 적절히 대응할 수 있으므로, 이 조항으로 인해 보육교사와 영유아, 어린이집 원장의 기본권이 필요 이상으로 과도하게 제한된다고 보기 어렵다고 판단한 다음, ③ 아동학대 근절 등 이 조항으로 달성되는 공익이 중대한 반면 다른 정보주체들이 입게 되는 개인정보자기결정권의 제한이나 어린이집 원장의 직업수행의 자유 제한의 정도는 크지 아니하므로 법익의 균형성도 인정되며, 따라서 CCTV 열람조항은 과잉금지원칙을 위반하여 청구인들의 기본권을 침해하지 아니한다고 판단하였다.

3) 건강보험 요양급여내역 제공(헌재결 2018. 8. 30, 2014헌마368) 기소된 피의자의 소재 확인을 위해 경찰서장이 요청한 급여일자, 요양기관명, 요양급여내역 등의 정보를 국민건강보험공단이 제공한 행위의 위헌확인을 구한 사안에서, 헌법재판소는 민감정보의 처리에 관한 개인정보보호법 제23조와 개인정보의 목적 외 이용 및 제3자 제공에 관한 법 제18조의 관계에 대해, 제23조 제1항 제2호는 '처리'에 관하여 특별한 제한을 가하고 있지 않으므로, 범죄수사 등을 위한 민감정보의 수집, 보유, 이용, 제공 등의 처리(제2조 제2호) 모두를 허용하는 취지라고 볼 수 있고, 따라서 범죄수사 등의 업무를 수행하기 위하여 불가피한 경우라면 각 처리방식의 고유한 요건을 구비하여 민감정보를 처리하는 것

이 허용되므로, 이에 해당하는 경우 공공기관은 제18조 제2항 제7호에 따라 정보주체 또는 제3자의 이익을 부당하게 침해할 우려가 있을 때를 제외하고 민감정보를 경찰관에게 제공할 수 있다고 판단하였다.

다만, 사안의 경우 전기통신사업자로부터 위치추적자료를 제공받는 등으로 피의자의 위치를 확인하였거나 확인할 수 있는 상태였기 때문에 범죄수사를 위한 불가피성이 인정되지 않고, 이 사건 정보제공행위로 얻을 수 있는 수사상의 이익은 없었거나 미약한 반면 이 사건 정보제공행위로 인한 청구인들의 개인정보자기결정권에 대한 침해는 매우 중대하다고 판단하였다.

(2) 대법원 판결례

1) 국회의원의 전교조 명단 공개(대판 2015. 10. 15, 2014다77970)   국회의원인 피고들이 각자의 홈페이지에 전국교직원노동조합의 조합원 명단을 공개한 것에 대하여 정보주체인 조합원의 동의 없이 개인정보를 공개함으로써 인격적 법익이 침해되었다고 하여 전국교직원노동조합 등이 손해배상을 청구한 사건이다.

정보주체의 동의 없이 개인정보를 공개함으로써 침해되는 인격적 법익과 정보주체의 동의 없이 자유롭게 개인정보를 공개하는 표현행위로써 보호받을 수 있는 법적 이익이 하나의 법률관계를 둘러싸고 충돌하는 경우에는, 개인이 공적인 존재인지 여부, 개인정보의 공공성과 공익성, 개인정보 수집의 목적·절차·이용형태의 상당성, 개인정보 이용의 필요성, 개인정보 이용으로 인해 침해되는 이익의 성질과 내용 등 여러 사정을 종합적으로 고려하여, 개인정보에 관한 인격권 보호에 의하여 얻을 수 있는 이익(비공개 이익)과 표현행위 때문에 얻을 수 있는 이익(공개 이익)을 구체적으로 비교·형량하여, 어느 쪽 이익이 더 우월한 것으로 평가할 수 있는지에 따라 그 행위의 최종적인 위법성 여부를 판단하여야 한다. 따라서 피고들이 이 사건 정보를 공개한 표현행위로 인하여 얻을 수 있는 법적 이익이 이를 공개하지 않음으로써 보호받을 수 있는 원고들의 법적 이익에 비하여 우월하다고 할 수 없어 피고들의 이 사건 정보 공개행위는 위법하다고 판단한 원심판결을 유지하였다.

또한, 인간의 존엄과 가치, 행복추구권을 규정한 헌법 제10조 제1문에서 도출되는 일반적 인격권 및 헌법 제17조의 사생활의 비밀과 자유에 의하여 보장되는 개인정보자기결정권은 자신에 관한 정보가 언제 누구에게 어느 범위까지 알려지고 또 이용되도록 할 것인지를 그 정보주체가 스스로 결정할 수 있는 권리이다. 개인정보자기결정권의 보호대상이 되는 개인정보는 개인의 신체, 신념, 사회적 지위, 신분 등과 같이 개인의 인격 주체성을 특징짓는 사항으로써 그 개인의 동일성을 식별할 수 있게 하는 일체의 정보라고 할 수 있고, 반드시 개인의 내밀한 영역에 속하는 정보에 국한되지 않고 공적 생활에서 형성되었거나 이미 공개된 개인정보까지 포함한다. 또한, 그러한 개인정보를 대상으로 한 조사·수집·보관·처리·이용 등의 행위는 모두 원칙적으로 개인정보자기결정권에 대한 제한에 해당한다. 따라서 공적 생활에서 형성되었거나, 이미 공개된 개인정보도 개인정보자기결정권의 보호대상인 이상, 교원에 관한 정보라거나 정보주체가 과거 스스로 해당 정보를 공개한 적이 있었다거나 타인에 의하여 정보주체의 의사에 반하는 정보공개행위가 이미 존재하였다는 이유로 피고들의 행위가 개인정보자기결정권의 침해에 해당하지 않는다고 볼 수 없고, 설령 정보주체가 일정한 경우 스스로의 자유로운 의사에 기하여 이를 공개할 의사가 있다고 하더라도 정보주체가 스스로 결정하지 않은 시기와 방법으로 타인이 이를 공개하는 것은 개인정보자기결정권의 침해에 해당한다고 본 원심의 판결 역시 정당하다고 판결하였다.

2) 공개된 개인정보의 이용(대판 2016. 8. 17, 2014다235080)　　'공개되어 있는 개인정보'를 개인정보 주체의 동의를 받지 않고 수집하여 이를 불특정 다수의 제3자에게 제공하는 행위가 개인정보자기결정권을 부당하게 침해하였는지가 쟁점이 된 사건이다. 원고는 공립대학교 법학과 교수로 재직하는 자이고, 피고는 종합법률정보를 제공하는 사이트 운영자로서 법조인 데이터베이스에 포함되어 있던 원고에 관한 정보를 제3자에게 제공하였다.

　　원고는 교육공무원으로서 공적인 존재에 해당하고 그 직무수행은 국민들의 광범위한 감시와 비판의 대상이 된다는 것, 이 사건 개인정보가 일반인이 접근할 수 있는 원고 소속 법학과 홈페이지, 교원명부, 교수요람에 이미 공개된 개인정보이고, 민감정보나 고유식별정보에 해당하지 않으며, 공적인 존재인 교수로서의 직업적 정보에 해당하는 것으로서 공공성 있는 개인정보라는 것, 개인정보처리자나 개인정보처리자로부터 정보를 제공받는 정보수용자는 누구든지 접근할 수 있는 공개된 개인정보에 대하여 알 권리가 인정되고 표현의 자유를 가진다는 것, 영리추구를 위하여 개인정보를 활용하는 것도 영업의 자유에 의해 보장되는 것이고, 피고가 정보를 제공받는 것에 대한 수요를 충족한다면 사회 전체의 경제적 효율성도 증가한다는 것 등을 근거로 대법원은 피고가 영리목적으로 이 사건 개인정보를 수집하여 제3자에게 제공하였더라도 그에 의해 얻을 수 있는 법적 이익이 그와 같은 정보처리를 막음으로써 얻을 수 있는 정보주체의 인격적 법익에 비하여 우월하다고 할 것이므로, 위법한 행위가 되지 않는다고 판시하였다.

또한, 대법원은 피고가 이 사건 개인정보를 수집하여 제3자에게 제공한 행위는 원고의 동의가 있었다고 객관적으로 인정되는 범위 안에 있다고 보는 것이 타당하고, 피고가 영리 목적을 가지고 있었다고 하여 달리 판단할 필요가 없다고 판시하였다. 이에 따라 대법원은 피고가 원고에게 별도의 동의를 받지 않았다고 해서 개인정보보호법 제15조나 제17조를 위반했다고 볼 수 없다는 결론을 내렸다.

3) **개인정보의 상업적 판매**(대판 2017. 4. 7, 2016도13263) 한 대형할인점이 총 12회에 걸쳐 경품행사를 실시하면서, 그를 통해 수집된 고객들의 성명, 주민등록번호, 전화번호 및 주소 등의 개인정보를 7개 보험사에 유상으로 제공하여 총 231억원의 수입을 얻었다.

대법원은 개인정보자기결정권의 법적 성질, 개인정보보호법의 입법목적, 개인정보보호법상 개인정보 보호원칙 및 개인정보처리자가 개인정보를 처리함에 있어서 준수하여야 할 의무의 내용 등을 고려하여 볼 때, 개인정보보호법 제72조 제2호에 규정된 '거짓이나 그 밖의 부정한 수단이나 방법'이라 함은 개인정보를 취득하거나 또는 그 처리에 관한 동의를 받기 위하여 사용하는 위계 기타 사회통념상 부정한 방법이라고 인정되는 것으로서, 개인정보 취득 또는 그 처리에 동의할지 여부에 관한 정보주체의 의사결정에 영향을 미칠 수 있는 적극적 또는 소극적 행위를 뜻한다고 봄이 타당하다고 판단하였다. 거짓이나 그 밖의 부정한 수단이나 방법으로 개인정보를 취득하거나 그 처리에 관한 동의를 받았는지 여부를 판단함에 있어서는 개인정보처리자가 그에 관한 동의를 받는 행위 그 자체만을 분리하여 개별적으로 판단하여서는 안 되고, 개인정보처리자가 개인정보를 취득하거나 처리에 관한 동의를 받게 된 전과정을 살펴보아 거기에 드러난 개인정보 수집 등의 동기와 목적, 수집목적과 수집대상인 개인정보의 관련성, 수집 등을 위하여 사용한 구체적인 방법, 개인정보보호법 등 관련 법령을 준수하였는지 여부 및 취득한 개인정보의 내용과 규모, 특히 민감정보·고유식별정보 등의 포함 여부 등을 종합적으로 고려하여 사회통념에 따라 판단하여야 한다고 하였다.

따라서 이 사건은 개인정보처리자가 정당한 목적으로 개인정보를 수집하는 경우라 하더라도 그 목적에 필요한 최소한의 개인정보 수집에 그쳐야 하고 이에 동의하지 아니한다는 이유로 정보주체에게 재화 또는 서비스의 제공을 거부하여서는 안 된다는 개인정보 보호원칙(개인정보보호법 3①)과 개인정보보호법 규정에 위반되는 것이며, 더욱이 이 사건 경품행사를 위하여 사용된 응모권에 기재된 동의 관련 사항은 약 1mm 크기의 글씨로 기재되어 있어 소비자의 입장에서 보아 그 내용을 읽기가 쉽지 않아 개인정보처리자가 정보주체의 동의를 받을 때에는 각각의 동의사항을 구분하여 정보주체가 이를 명확하게 인지할 수 있도록 하여야 한다는 개인정보보호법의 의무를 위반한 것으로 판단하였다.

7. 기 타

(1) 주민등록번호의 처리

1) 주민등록번호 처리의 제한　　1968년부터 대한민국에 거주하는 모든 국민에게는 고유식별정보인 주민등록번호가 부여되고 있다. 주민등록번호가 갖는 고유한 특성상 지속적으로 개인정보 침해 가능성이 제기되어 왔으며, 개인정보보호법에서는 2014년부터 주민등록번호 유출에 대한 과징금 제도를 신설(법 34의2)하여 안전성 확보조치를 하지 않은 경우 최대 5억원 이하의 과징금을 부과·징수할 수 있게 하였으며, '주민등록번호 수집 법정주의' 신설 및 처리기준 강화(법 24의2)를 통해 주민등록번호 처리를 원칙적으로 금지하고 예외적인 경우에만 허용하도록 하였다. 또한, 2017년부터는 주민등록번호 처리기준을 법률, 대통령령 등으로 강화함으로써 주민등록번호 처리 근거를 일괄 상향조정토록 하였다.

2) 주민등록번호 변경제도　　주민등록번호는 표준식별번호로 기능함으로써 개인정보를 통합하는 연결자로 사용되고 있어, 불법 유출 또는 오·남용될 경우 개인의 사생활뿐만 아니라 생명·신체·재산까지 침해될 소지가 크므로 이를 관리하는 국가는 이러한 일이 발생하지 않도록 철저히 관리하여야 하고, 이러한 문제가 발생한 경우 그로 인한 피해가 최소화되도록 제도를 정비하고 보완하여야 할 의무가 있다. 그런데도 주민등록번호 유출 또는 오·남용으로 인하여 발생할 수 있는 피해 등에 대한 아무런 고려 없이 주민등록번호 변경을 일절 허용하지 않는 것은 그 자체로 개인정보자기결정권에 대한 과도한 침해가 될 수 있다.

　　정부는 2015년부터 지속적으로 주민등록번호 수집 근거법령 등에 대한 일제정비를 진행해 왔으며, 또한, 주민등록번호 변경 규정을 두지 않은 주민등록법에 대한 헌법재판소의 헌법불합치 결정(헌재결 2015. 12. 23, 2013헌바68, 2014헌마449(병합))에 따라 주민등록번호 유출로 생명, 신체, 재산 등의 피해를 입거나 입을 우려가 있다고 인정되는 경우 주민등록번호를 변경해 주는 제도를 2017

년 5월 30일부터 도입하여 운영하고 있다.

(2) 개인정보자기결정권의 확장

1) 잊힐 권리 　잊힐 권리란 자신과 관계있는 정보가 더는 보존·이용되는 것이 필요하지 않은 경우 타인이 이를 이용할 수 없도록 삭제 또는 블라인드 등의 조치를 함으로써 해당 정보로부터 자유로울 권리를 말한다. 인터넷이 지니는 접근성, 지속성, 전파성 등의 특징으로 인해 온라인에 자신과 관련하여 부정확하거나 밝혀지길 꺼리는 정보가 계속 존재하고 무한정 전파되어 피해를 보는 경우가 나타남에 따라 잊힐 권리의 필요성이 제기되고 있다.

2) 프로파일링 대응권 　프로파일링은 개인정보의 기계화·자동화된 처리를 통해 개인의 취향, 행태 등을 분석·예측하는 행위로 금융분야에서는 통계모형·알고리즘에 의한 개인신용평가 외에도 온라인 대출, 자동화된 보험료 산정 등으로 확산되는 추세이다. 프로파일링이 무분별하게 이루어질 경우 정보주체의 권리가 침해될 소지가 있어 적절한 보완장치가 필요하다. 구체적으로는 정보주체에게 개인신용평가 관련 신용등급·점수에 관한 설명요구·이의제기권을 폭넓게 인정하고, 자동화된 개인평가를 기초로 하는 금융거래에 대해서도 설명요구·이의제기권을 확대하는 조치가 요구된다.

3) 개인신용정보 이동권 　개인신용정보 이동권은 정보주체가 본인의 개인신용정보를 보유한 기관으로 하여금 본인정보를 제3자에게 이동시키도록 할 수 있는 권리를 말한다. 정보주체는 본인의 긍정적 정보를 신용조회사(Credit Bureau) 및 금융회사에 전달하여 개인신용평가 및 여신심사 등에 유리하게 활용할 수 있고, 다양한 기관에 분산되어 있는 본인 신용정보를 본인정보관리업자에게 제공하여 자산관리서비스 안내나 맞춤형 금융상품 추천 등을 받을 수 있다.

제 3 편

행정의 실효성확보수단

제 1 장　개　설

　　행정은 공익적 견지에서 국민에 대하여 일정한 의무를 부과하거나 일정한 행위를 금지하는 경우가 적지 않다. 이러한 명령·금지 등에 대한 위반행위에 대하여는, 그것이 공익목적을 위한 것이라는 점에서, 국가 등의 행정주체에 법률상 그 이행의 확보 또는 위반상태의 시정을 위한 여러 가지 수단이 인정되고 있다. 또한 상대방에 대한 구체적 의무부과 및 그 불이행이 전제되지 않은 행정위반상태(Verwaltungswidrigkeit)가 있는 경우에도 이를 제거하여 적절한 행정상태를 확보할 필요가 있는 것으로, 그를 위한 수단도 마련되어 있다.

　　종래 이러한 행정작용의 실효성확보수단으로는, 직접적 의무이행확보수단으로서의 행정강제와 간접적 수단으로서의 행정벌이 검토되고 있었다. 그러나 최근에는 법령상 과징금·가산금이나 전기·수도 등의 공급거부 등의 수단이 새로운 의무이행확보수단으로 행해지고 있으며, 또한 그에 관한 일반법적 근거는 없으나 행정의무위반자 명단의 공표도 그 의무이행확보를 위한 목적으로 행하여지는 경우가 적지 않다. 행정행위의 취소·철회는 종래 하자론의 일부로서 또는 그와 관련되는 문제로서만 검토되었으나, 이들 법제도 행정상 의무이행확보수단으로서의 의미를 가지는 것이며, 또한 수익적 행정행위의 거부도 같은 의미를 가진다. 전술한 내용의 행정의 실효성확보수단은 내용적으로는 직접적 강제수단과 간접적 강제수단으로, 후자는 다시 행정벌과 기타 수단으로 나누어 볼 수 있다.

1. 직접적 강제수단

행정상 강제집행과 행정상 즉시강제가 이에 해당한다.

2. 간접적 강제수단

(1) 행 정 벌

이에는 행정형벌과 행정질서벌이 있다.

(2) 기타 수단

이에는 내용적으로 여러 수단이 있다. 예컨대 ① 과징금(여객자동차운수사업법 88, 물환경보전법 47, 대기환경보전법 37)·가산금(국세징수법 21), ② 전기·수도 등의 설치거부·공급거부 등(구건축법 69②), ③ 명단 또는 사실의 공표(예컨대, 고액국세 체납자·부동산투기자의 명단공표), ④ 수익적 처분의 거부(예컨대, 허가의 거부 또는 공 직·임원의 선임거부), 취소·철회(국세징수법 7, 지방세기본법 65에 의한 체납자에 대한 허 가의 취소·정지, 약사법 76, 마약류관리에관한법률 44 등).

제 2 장   행정상 강제집행

제 1.   행정상 강제집행의 의의

행정상 강제집행이란 법령 또는 그에 기한 처분에 의하여 과하여진 행정법상의 의무의 불이행에 대하여, 행정기관이 장래에 향하여 그 의무자에게 심리적 압박을 가하거나 또는 그 신체·재산에 실력을 가하여 그 의무를 이행시키거나 또는 이행된 것과 같은 상태를 실현하는 작용을 말한다.

1. 행정상 즉시강제와의 차이

행정상 강제집행은 의무의 존재 및 그 불이행을 전제로 하는 점에서, 이를 전제로 하지 않고 급박한 경우에 행하여지는 행정상 즉시강제와는 구별된다.

2. 민사상 의무불이행에 대한 강제와의 차이

사인간의 민사법관계에서는 상대방의 의무불이행이 있는 경우, 민사소송을 제기하여 집행할 권리의 확인을 구하고, 그 집행명의에 기하여 국가의 집행기관에 의한 강제집행을 구하여야 한다. 그러나 행정상 강제집행은 행정권 스스로의 판단과 수단에 의하여 당해 의무를 강제로 실현시킨다는 점에서 양자는 기본적으로 차이가 있다.

3. 행정벌과의 차이

양자는 모두 행정법상의 의무불이행에 대하여 그 이행을 확보하는 수단이라는 점에서 일단 공통성이 있다. 그러나 행정상 강제집행은 장래에 대한 의무이행의 강제수단인 데 대하여, 행정벌은 과거의 의무불이행에 대한 제재로서 과하여지는 것이고, 의무위반·불이행에 대한 궁극적인 제재라는 심리적 강제에 의하여 간접적으로 의무이행을 담보하여 주는 기능을 한다는 점에서, 양자는 구별된다.

제 2. 행정상 강제집행의 근거

법률이 행정권으로 하여금 국민에 대하여 의무를 과할 수 있는 명령권을 부여하고 있는 경우에, 그러한 명령권의 부여가 의무불이행시에 있어 행정권이 스스로 강제적으로 그 명령의 내용을 실현시킬 수 있는 권한도 포함하는 것으로 보아야 할 것인가에 대하여는 견해가 갈리고 있다.

과거 독일·일본 등에 있어서는 명령권은 동시에 강제권도 포함한다고 보고, 그 강제가 새로운 의무를 부과하는 것인 경우에 한해 별도의 법적 근거가 필요하다고 보았다. 그러나 오늘날 행정상의 강제집행에는 별도의 법적 근거가 필요하다고 보는 것이 통설이다.

생각건대 행정상 강제집행은 국민의 신체·재산에 실력을 가하여 행정상 의무이행을 확보하는 수단으로서, 그에 의하여 국민의 자유와 권리가 침해되는 것이라는 점에서, 그에는 별도의 법적 근거가 필요하다 할 것이다.

우리나라에 있어서, 행정상 강제집행에 관한 근거법으로서는 ① 일반법으로서 행정대집행법과 국세징수법이 있으며, ② 그 밖에 단행법으로서 토지보상법·출입국관리법 등이 있다. 행정기본법 제30조 이하에서는 행정상 강제에 관한 규정을 두고 있다. 개별법에 산재한 행정상 강제를 통일적으로 규율하기 위한 것이다.[1] 다만, 행정상 강제를 위해서는 여전히 개별법의 근거가 필요하고, 행정기본법의 조항은 개별법에서 정하지 않은 사항에 보충적으로 적용된다(동법 30①③).

제 3. 행정상 강제집행의 수단

행정상 강제집행의 수단으로는 일반적으로 대집행·이행강제금(집행벌)·직접강제 및 행정상 강제징수가 있으나, 우리나라에서는 대집행과 행정상 강제징수만이 일반적 수단으로 되어 있고, 이행강제금(집행벌)이나 직접강제는 소수의 단행법에만 규정되어 있을 뿐이다.

---

1) 법제처, 행정기본법 조문별 해설, 2021, p. 139.

Ⅰ. 대 집 행

대집행은 대체적 작위의무의 불이행에 대한 강제수단으로서, 현재 금전급부의무를 제외한 행정상 의무에 대한 일반적 강제수단으로서는 대집행만이 인정되고 있으며, 그 근거법은 행정대집행법이다.

1. 대집행의 의의

대집행은 대체적 작위의무를 그 의무자가 이행하지 않는 경우에, 당해 행정청이 그 의무를 스스로 행하거나 제3자로 하여금 이를 행하게 하고, 그 비용을 의무자로부터 징수하는 행위를 말한다.

2. 대집행의 주체

대집행을 행할 수 있는 권한은 의무를 부과하는 처분을 한 행정청 또는 관할행정청에 있다.

3. 대집행의 요건

행정대집행법 제2조는, "법률에 의하여 직접 명령되었거나 또는 법률에 의거한 행정청의 명령에 의한 행위로서, 타인이 대신하여 행할 수 있는 행위를 의무자가 이행하지 아니하는 경우, 다른 수단으로써 그 이행을 확보하기 곤란하고 또한 그 불이행을 방치함이 심히 공익을 해할 것으로 인정될 때에는, 당해 행정청은 스스로 의무자가 하여야 할 행위를 하거나 또는 제3자로 하여금 이를 하게 하여 그 비용을 의무자로부터 징수할 수 있다"고 규정하고 있다.

이러한 행정대집행법 제2조상의 대집행의 요건을 살펴보면 다음과 같다.

(1) 대체적 작위의무의 불이행

1) 의 무　　의무는 법령에 의하여 직접 부과된 것과 법령에 기한 행정청의 처분에 의하여 부과된 것을 모두 포함한다. 다만 법령에 의하여 직접적으로 대집행의 대상이 될 수 있는 정도로 구체적인 의무가 부과되는 경우는 매우 드문 것이므로, 실제에 있어서는 행정처분에 의하여 부과된 의무가 그 대상이 되는 경우가 대부분이다.

2) 대체적 작위의무　　대집행의 대상인 의무는 대체적 작위의무에 한정된다. 따라서 부작위의무·수인의무는 물론이고, 작위의무라도 타인이 대신하여 행할 수 없는 것은 대집행의 대상이 되지 않는다.

이와 관련하여 다음의 두 가지 문제는 특히 유의할 만한 것이다.

먼저 도로·공원부지를 불법점거하여 그 위에 공작물을 설치하고 있는 경우에, 대집행에 의하여 그 공작물을 철거할 수 있는가의 문제이다. 이 경우에 있어 도로·공원부지 등의 불법점거 및 불법공작물의 설치행위는 부작위의무의 위반인 것이므로, 그에 대하여 직접 대집행을 할 수는 없다. 따라서 먼저 당해 불법공작물의 철거를 명함으로써 부작위의무를 작위의무로 전환한 연후에만 그 작위의무 위반을 이유로 대집행을 할 수 있게 되는 것이다.[1]

다음에는 토지·건물 등의 인도의무가 대집행의 대상이 되는가의 문제이다. 이 경우, 존치물의 반출은 대집행의 대상이 될 수 있는 것이나, 존치물의 반출은 건물 등의 인도에 따르는 부수적 행위에 불과하고 토지·건물을 점유하고 있는 사람의 퇴거에 의한 점유이전은 대체적 작위의무로 볼 수 없으므로, 결국 당해 의무의 불이행에 대하여는 대집행에 의하여 강제할 수 없다 할 것이다.[2]

(2) 다른 수단으로는 그 이행확보가 곤란할 것

대체적 작위의무의 불이행이 있는 경우에도 그 의무이행확보를 위한 침익성이 적은 다른 수단이 있는 경우에는 그에 의하여야 할 것인바, 대집행은 그러한 수단이 없는 경우 부득이한 수단으로써만 발동되어야 한다(비례원칙).

그러나 행정벌은 의무이행확보를 위하여는 간접적 효과밖에 없고, 또한 행정상 의무의 확보수단으로서 민사상 강제집행은 행정상 강제집행수단이 마련되어 있는 경우에는 허용되지 아니한다고 보는 것이 통설이고 판례의 입장(대판 2000. 5. 12, 99다18909)이고 보면, 이 규정은 실질적으로 의미가 없는 것이라 할 것이다.

---

1) 이러한 부작위의무의 작위의무에로의 전환조치에 관하여 정하고 있는 개별법으로서는 건축법(79), 하천법(69), 도시공원 및 녹지 등에 관한 법률(45), 옥외광고물 등 관리법(10)을 들 수 있다. 예컨대 건축법 제79조는 동법 또는 동법에 의하여 발하여진 명령 또는 그에 의한 처분에 위반한 자에 대하여 공사의 중지, 그 건축물의 철거·개축·증축·수선·용도변경·사용금지·사용제한, 그 밖에 필요한 조치를 명할 수 있다고 규정하고 있다.

2) 판례

"매점의 관리청이 그 공동점유자 중의 1인에 대하여 소정의 기간 내에 위 매점으로부터 퇴거하고 이에 부수하여 그 판매 시설물 및 상품도 반출하지 아니할 때에는 이를 대집행하겠다는 내용의 계고처분은 그 주된 목적이 매점의 원형을 보존하기 위하여 점유자가 설치한 불법 시설물을 철거하고자 하는 것이 아니라 매점에 대한 점유자의 점유를 배제하고 그 점유이전을 받는 데 있다고 할 것인데, 이러한 의무는 그것을 강제적으로 실현함에 있어 직접적인 실력행사가 필요한 것이지 대체적 작위의무에 해당하는 것은 아니어서 직접강제의 방법에 의하는 것은 별론으로 하고 행정대집행법에 의한 대집행의 대상이 되는 것은 아니라 할 것이다"(대판 1998. 10. 23, 97누157).

(3) 그 불이행을 방치함이 심히 공익을 해하는 것일 것

이것은 비례원칙의 구체적인 적용에 따르는 요건이라고 할 수 있는바, 이에 따라 경미한 의무위반에 대하여 대집행을 하는 것은 위법한 것이 된다.

이 요건에의 해당 여부는 사안에 따라 구체적으로 판단되어야 한다.

"대수선 및 구조변경허가의 내용과 다르게 건물을 증·개축하여 그 위반결과가 현존하고 있다고 할지라도, 그 공사결과 건물모양이 산뜻하게 되었고, 건물의 안정감이 더하여진 반면 그 증평 부분을 철거함에는 많은 비용이 소요되고 이를 철거하여도 건물의 외관만을 손상시키고 쓰임새가 줄 뿐이라면 건축주의 철거의무불이행을 방치함이 심히 공익을 해하는 것으로 볼 수 없다"(대판 1987. 3. 10, 86누860).

"무허가로 불법건축되어 철거할 의무가 있는 건축물을 도시미관, 주거환경, 교통소통에 지장이 없다는 등의 사유만을 들어 그대로 방치한다면 불법건축물을 단속하는 당국의 기능을 무력화하여 건축행정의 원활한 수행을 위태롭게 하고 건축허가 및 준공검사시에 소방시설, 주차시설, 기타 건축법 소정의 제한규정을 회피하는 것을 사전예방한다는 더 큰 공익을 해칠 우려가 있다"(대판 1989. 3. 28, 87누930).

4. 대집행에 있어서의 재량문제

대집행은 재량처분으로 인정되고 있는바, 행정대집행법도 행정청은 대집행을 '할 수 있다'고 규정하고 있다. 따라서 대집행의 요건이 충족된 경우에도 행정청은 대집행을 할 것인지의 여부에 대한 재량적 판단을 할 수 있는 것이며, 대집행을 하지 않는 경우, 그로 인하여 권리·이익이 침해되어도 관계자는 원칙적으로는 그 부작위의 위법을 이유로 의무이행쟁송을 제기하거나 또는 손해배상을 구할 수는 없다 할 것이다.

그러나 의무의 불이행을 방치하는 것이 생명·신체에 대한 중대한 침해를 야기하는 것과 같은 예외적인 경우에는, 그 구체적 사정과의 관련에서 대집행 여부에 대한 재량권은 오직 대집행을 하여야 하는 의무로 수축되어 버리는 경우도 상정될 수 있을 것이다.

한편 대집행에 있어서의 일종의 선택재량의 문제로서 건축법과 같이 행정상 강제집행수단으로서 대집행과 이행강제금을 모두 규정하고 있는 경우에 대집행 대신에 이행강제금을 부과할 수 있는지의 문제가 (구)개발제한구역의지정

및 관리에 관한 특별조치법 제11조 제1항에 대한 위헌소원사건에서 제기되었
다. 이에 대하여 헌법재판소의 다수의견은 양 제도는 각각 장·단점이 있으므로
행정청이 개별사건에서 위반내용, 위반자의 시정의지 등을 감안하여 합리적인
재량으로 대집행과 이행강제금을 선택적으로 활용할 수 있는 것으로서, 이는
중첩적인 제재에 해당하지 않는다고 하였다.[1]

5. 대집행절차

대집행은 계고·대집행영장의 통지·대집행의 실행 및 비용징수의 네 단계
로 이루어진다. 이러한 네 단계의 행위는 각각 독립된 것이 아니고 상호 결합하
여 대집행이라는 효과를 완성하는 것이기 때문에 선행행위의 흠은 후행행위에
승계된다.

(1) 계 고

행정청은 대집행을 하려면, 그에 앞서 "상당한 이행기한을 정하여 그 기한
까지 이행되지 아니할 때에는 대집행을 한다는 뜻을 미리 문서로써 계고하여야
한다"(행정대집행법 3①).

계고는 대집행의 실시를 예고하는 통지이나, 그에서 정한 이행기일의 경과
후에는 대집행의 수인의무를 발생시킨다는 점에서, 그것은 행정처분으로서의
준법률행위적 행정행위에 해당한다고 보는 것이 통설·판례의 입장이다.[2] 따라
서 위법한 계고에 대하여는 취소소송 등을 제기할 수 있다.

무엇이 '상당한 기간'인가는 결국 사회적 통념에 따라 결정되어야 할 문제
이나, 적어도 상대방의 의무이행이 객관적으로 가능한 기간이어야 할 것이다.

계고절차는 '비상시 또는 위험이 절박한 경우에 대집행의 급속한 실시를

---

1) 판례

"전통적으로 행정대집행은 대체적 작위의무에 대한 강제집행수단으로, 이행강제금은
부작위의무나 비대체적 작위의무에 대한 강제집행수단으로 이해되어 왔으나, 이는 이
행강제금 제도의 본질에서 오는 제약은 아니며, 이행강제금은 대체적 작위의무의 위반
에 대하여도 부과될 수 있다. 현행 건축법상 위법건축물에 대한 이행강제수단으로 대
집행과 이행강제금(제83조 제1항)이 인정되고 있는데, 양 제도는 각각의 장·단점이
있으므로 행정청은 개별사건에 있어서 위반내용, 위반자의 시정의지 등을 감안하여 대
집행과 이행강제금을 선택적으로 활용할 수 있으며, 이처럼 그 합리적인 재량에 의해
활용하는 이상 중첩적인 제재에 해당한다고 볼 수 없다"(헌재결 2004. 2. 26, 2001헌
바80·84·102·103, 2002헌바26(병합)).

2) 판례

"계고처분은 그 처분 자체만으로써는 행정적 법률효과를 발생하는 것은 아니나, 대
집행영장을 발부하고 대집행을 하는 데 전제가 되는 것이므로 행정처분이라 할 수 있
다"(대판 1962. 10. 18, 62누117).

요하여 그 절차를 거칠 여유가 없을 때에는' 이를 생략할 수 있다(동법 3③). 건축법도 행정대집행법에 따른 절차에 의하면 그 목적을 달성하기 곤란한 때에는 계고절차를 거치지 아니하고 무허가건축물 철거의 대집행을 할 수 있다고 규정하고 있다(법 85).

대집행의 요건은 계고를 할 때에 충족되어 있어야 한다. 따라서 원칙적으로 계고는 의무를 명하는 행정행위와 결합될 수 없다. 그러나 의무를 부과하는 처분을 할 때에 이미 대집행요건이 충족될 것이 확실하고, 또한 그 급속한 실시를 위한 긴급한 필요가 있는 경우에는, 양자의 결합이 예외적으로 허용될 수도 있다(대판 1992. 6. 12, 91누13564).

행정청이 대집행의 계고를 함에 있어서는 의무자가 이행하여야 할 행위와 그 의무불이행시 대집행할 행위의 내용과 범위가 특정되어야 한다. 그러나 그것은 반드시 대집행계고서에 의하여서만 특정되어야 하는 것은 아니고, 그 처분 전후에 송달된 문서나 기타 사정을 종합하여 이를 특정할 수 있으면 족하다 (대판 1990. 1. 25, 89누4543; 대판 1992. 6. 12, 91누13564).

(2) 대집행영장에 의한 통지

의무자가 계고를 받고도 지정기한까지 그 의무를 이행하지 아니하는 경우에는, 당해 행정청은 "대집행영장으로써 대집행을 할 시기, 대집행을 시키기 위하여 파견하는 집행책임자의 성명과 대집행에 요하는 비용의 개산에 의한 견적액을 의무자에게 통지하여야 한다"(행정대집행법 3②). 대집행영장의 통지는 대집행을 하겠다는 의사를 구체적으로 통지하는 행위로서, 그에 따라 의무자에게는 대집행의 수인의무가 발생하고, 행정청은 대집행 실행권을 가지게 되는 효과를 발생시키므로, 그것은 준법률행위적 행정행위로서, 행정소송의 대상이 되는 처분의 성질을 가진다.

대집행영장의 통지도 계고와 같이 '비상시 또는 위험이 절박한 경우에 있어서 당해 행위의 급속한 실시를 요하여' 이 절차를 거칠 여유가 없는 때에는 이를 생략할 수 있다(동법 3③).[1]

---

1) 판례

"도로법 제65조 제1항은 '관리청은 반복적, 상습적으로 도로를 불법 점용하는 경우나 신속하게 실시할 필요가 있어서 행정대집행법 제3조 제1항과 제2항에 따른 절차에 의하면 그 목적을 달성하기 곤란한 경우에는 그 절차를 거치지 아니하고 적치물을 제거하는 등 필요한 조치를 취할 수 있다'고 규정하고 있는바, 위 규정의 취지는 교통사고의 예방과 도로교통의 원활한 소통을 목적으로 도로 관리청으로 하여금 반복·상습적인 도로의 불법점용과 같은 행위에 대하여 보다 적극적이고 신속하게 대처할 수 있도록 하기 위하여, 행정대집행법 제3조 제1항 및 제2항에서 정한 대집행 계고나 대집

(3) 대집행의 실행

물리적인 실력을 가하여 의무가 이행된 것과 같은 상태를 실현하는 것을 대집행의 실행이라고 하는바, 이것은 앞의 계고·대집행영장의 통지와는 달리 사실행위에 해당한다. 이러한 대집행의 실행은 의무자에 대신하여 행하는 것이므로, 집행책임자는 자기의 재산에 대한 것과 동일한 주의의무로써 이를 하여야 한다.

대집행은 행정청 또는 제3자에 의하여 집행되며, "대집행을 하기 위하여 현장에 파견되는 집행책임자는 그가 집행책임자라는 것을 표시한 증표를 휴대하여 대집행시에 이해관계인에게 제시하여야 한다"(동법 4).

대집행의 실행은 법률에 기한 행정상 의무의 강제수단이기 때문에 의무자는 이를 수인하여야 하지만, 실제로는 그에 저항하는 경우도 적지 않다. 독일의 행정집행법은 이 경우 실력에 의한 배제를 명문으로 규정하고 있으나, 우리의 행정대집행법에는 그러한 규정이 없다. 일반적으로 말하면, 폭력에 이르지 않는 최소한의 실력행사는 대집행에 수반된 기능으로서 허용된다고 보아야 할 것이다. 대법원도 건물철거 대집행과정에서 부수적으로 건물의 점유자에 대한 퇴거조치를 할 수 있다고 보고 있다.[1]

그러나 실제 그러한 정도만으로는 대집행의 실시가 불가능하여, 그에 대한 저항이 형법상의 공무집행방해죄에 해당하는 것으로 보아 경찰력을 동원하고, 당해 범죄의 예방·제지를 위한 경찰관직무집행법상의 권한을 발동함으로써 관계자들의 저항을 배제하는 경우가 적지 않으나, 그것은 이미 대집행의 수단으로서의 범위를 벗어난 것이라 할 것이다.

(4) 비용징수

대집행에 소요된 일체의 비용은 의무자로부터 이를 징수한다. 비용징수를 위하여 행정청은 먼저 "실제로 요한 비용액과 그 납기일을 정하여 의무자에게 문서로써 그 납부를 명하여야 한다"(동법 5).

행영장의 통지절차를 생략할 수 있도록 하는 행정대집행의 특례를 인정하는 데에 있다. 따라서 위 규정은 일반인의 교통을 위하여 제공되는 도로로서 도로법 제8조에 열거된 도로를 불법 점용하는 경우 등에 적용될 뿐 도로법상 도로가 아닌 장소의 경우에까지 적용된다고 할 수 없다"(대판 2010. 11. 11, 2009도11523).

1) 판례
　"행정청이 행정대집행의 방법으로 건물철거의무의 이행을 실현할 수 있는 경우에는 건물철거 대집행 과정에서 부수적으로 건물의 점유자들에 대한 퇴거 조치를 할 수 있고, 점유자들이 적법한 행정대집행을 위력을 행사하여 방해하는 경우 형법상 공무집행방해죄가 성립한다"(대판 2017. 4. 28, 2016다213916).

의무자가 납부명령서를 받고도 임의로 납부하지 아니하는 때에는 국세징수법상의 예에 의하여 강제징수한다(동법 6①). 대집행비용에 대하여 "행정청은 사무비의 소속에 따라 국세에 다음가는 순위의 선취득권을 가진다"(동조 ②). "그 징수금은 사무비의 소속에 따라 국고 또는 지방자치단체의 수입으로 한다"(동조 ③).

6. 대집행에 대한 구제

1) 행정대집행법 제7조는 "대집행에 대하여는 행정심판을 제기할 수 있다" 고 하고 동법 제8조는 "전조의 규정은 법원에 대한 출소의 권리를 방해하지 아니한다"고 규정하고 있다.

이러한 행정대집행법 제7조와 제8조에 기하여 대집행에 대하여는 행정심판과 행정소송을 제기할 수 있는 것이나, 제8조의 해석에 있어서는 견해가 갈리고 있다. 즉 관계인은 이 규정에 의하여 행정심판을 거치지 않고도 행정소송을 제기할 수 있는 것으로 보는 견해가 있는가 하면,[1] 다른 견해에서는 이 규정은 다만 법원에 대한 출소권을 강조한 것으로 보고 있다.[2]

제8조의 내용상 이 규정이 행정심판전치주의에 대한 예외를 규정한 것으로 보기는 어려운 것이므로, 동조는 단지 법원에 출소할 수 있는 권리가 있음을 명시한 것으로 볼 것이다.

> "행정대집행법 제8조는 대집행에 대한 행정심판의 제기가 법원에 민사나 행정소송을 제기할 권리를 방해하지 아니한다는 것을 규정한 취지일 뿐 행정심판을 제기하지 아니하고 취소소송을 제기할 수 있음을 규정한 것은 아니다"(대판 1993. 6. 8, 93누6164).

이상의 논의는 행정소송법에서 행정심판전치주의가 채택되고 있던 시기에는 중요한 의미를 가지는 것이었다. 그러나 1994년의 행정소송법의 개정에 의하여, 관계법에서 달리 규정하지 아니하는 한 취소소송의 제기에 있어 행정심판은 원칙적으로 임의적 절차로 되었는데, 행정대집행법에서는 이러한 원칙에 대하여 특별한 규정은 두고 있지 않은 결과, 위의 논의는 현행법 아래에서는 더 이상 실질적 의미는 없다.

2) 대집행은 계고 · 대집행영장의 통지 및 대집행의 실행의 단계를 거쳐 실

---

1) 김도창, 행정법(상), p. 561.
2) 박윤흔, 행정법(상), p. 585.

시되는바, 이들 행위가 모두 행정쟁송의 대상이 되는가의 문제가 있다.

(개) 계고나 대집행영장의 통지는 준법률행위적 행정행위로 인정되는 결과,[1] 이들 행위에 대하여는 취소소송 등을 제기할 수 있다.

대법원도,

"계고는 준법률행위적 행정행위이며 대집행의 일련의 절차의 불가결의 일부이므로 계고의 상대방은 계고절차의 단계에서 그 취소를 구할 법률상 이익이 있다고 할 것이고, 계고는 행정소송법 소정의 처분에 포함된다"(대판 1967. 10. 31, 66누 25)

라고 판시하였다.

그러나 계고나 대집행영장의 통지에 대한 소송도 대집행이 완료된 경우에는 그 취소를 구할 실익(협의의 소익)이 없는 것이므로, 취소소송의 제기는 허용되지 않고, 손해배상소송을 제기하여 위법한 대집행으로 인한 손해의 배상을 구할 수밖에 없을 것이다. 따라서 계고나 대집행영장의 통지에 대한 취소소송을 제기함에 있어서는 그와 함께 대집행절차의 집행정지신청을 동시에 하는 것이 바람직하다.

"대집행 계고처분이 취소소송의 변론종결 전에 대집행영장에 의한 통지절차를 거쳐 사실행위로서 대집행의 실행이 완료된 경우에는 그 행위가 위법한 것이라는 이유로 손해배상이나 원상회복 등을 청구하는 것은 별론으로 하고 처분의 취소를 구할 법률상 이익은 없다"(대판 1993. 6. 8, 93누6164).

(내) 대집행의 실행행위가 항고소송의 대상이 되는가에 대하여는 논란이 있을 수 있다고 본다.

구 행정소송법은 다만 '처분의 취소에 관한 소송'이라고만 규정하고 처분의 의의는 정의하지 않고 있었다. 그러나 대법원은 동법상의 '처분'은 실체법상의 행정행위와 원칙적으로 일치하는 것으로, 사실행위는 그에 포함되지 않는 것으

---

1) 계고의 경우 그 서면에 기재되어 있는 상대방의 의무는 철거명령에 의하여 이미 부과되어 있는 것이다. 그러나 계고서에 의하여 어떠한 법률효과도 발생하지 아니하는 것은 아니다. 그것은 계고서에 의하여 계고의 내용과는 직접 관계가 없는, 행정대집행법이 정하는 것으로서의 행정청의 대집행권이 발생하기 때문이다. 이것은 대집행영장의 통지의 경우에도 마찬가지이다. 그러한 점에서 행정대집행법에 의한 계고나 대집행영장의 통지는 준법률행위적 행정행위의 성질을 가진다고 할 수 있다.

로 보고 있었다(단, 이견 있음). 따라서 구 행정소송법하에서는 대집행의 실행행위에 대한 취소소송 등의 제기는 허용되지 않았다.

그러나 현행 행정소송법은 항고소송의 대상으로서의 '처분'에 관하여 이를 '행정청이 행하는 구체적 사실에 관한 법집행으로서의 공권력의 행사 또는 그 거부와 그 밖에 이에 준하는 작용'이라고 하여, 그 관념을 상당히 넓게 정의하고 있다. 이러한 현행 행정소송법의 처분관념과 관련하여서는 대집행의 실행도 '처분'에 해당하는 것으로 볼 수 있는 소지는 있다.[1] 즉, 적어도 동법상의 '처분'의 정의방식과의 관련에서는 '처분'을 행정행위에 한정되는 것으로 해석할 것은 아닌 것으로, 그것은 대집행의 실행도 행정청의 법집행으로서의 공권력의 행사에 해당하는 것이기 때문이다. 또한 현행 행정소송법상의 '처분'에는 권력적 사실행위도 포함된다고 보는 것이 통설적 견해이기도 하다.

상술한 바에 따라 현행 행정소송법 아래에서는 사실행위인 대집행의 실행도 취소소송의 대상이 될 수 있다고 본다. 대집행의 각 행위 사이에는 위법성의 승계가 인정되고 있으므로, 계고나 대집행영장의 통지가 위법한 것임을 이유로 하여, 대집행의 실행행위의 취소를 구할 수도 있을 것이다. 그러나 대집행의 실행행위는 성질상 단기간에 완료되는 것이고 보면, 대부분의 경우 소익이 인정되기는 어려울 것으로 보인다. 따라서 대집행의 실행이 이미 완료된 경우에는, 대집행의 위법을 이유로 손해배상청구를 하거나, 대집행비용청구의 취소를 구하는 데 그칠 수밖에 없다고 본다.

II. 이행강제금(집행벌)

1. 의 의

이행강제금(집행벌)은 부작위의무 또는 대체적 · 비대체적 작위의무를 이행하지 않는 경우 그 이행을 강제하기 위한 수단으로서 부과하는 금전부담이다. 대집행 · 직접강제가 직접적 · 물리적 강제수단인 데 대하여 이것은 간접적 · 심리적 강제이다. 일정한 기간 내에 의무를 이행하지 않으면 과태료에 처할 것을 미리 경고하여, 그에 따른 심리적 압박에 의하여 그 의무이행을 간접적으로 강제

---

[1] 대법원은 대집행 계고처분의 취소소송에서 "철거대집행이 단순한 사실행위로서 행정소송의 대상이 되지 않는다고 한 원심의 판단이 잘못인지 여부는 판결결과에 영향이 없다고 할 것이다"(대판 1995. 7. 28, 95누2623)라고 판시한 바 있는데, 이러한 판시부분은 대법원이 이 행위유형에 처분성의 인정가능성을 배제하지는 아니한 것으로 해석될 수 있을 것으로 본다.

함을 목적으로 하는 것이다. 그러나 이행강제금(집행벌)은 장래의 의무이행을 확
보하기 위하여 과하여지는 행정상 강제집행의 수단으로서, 그것은 과거의 의무
위반에 대한 제재로서 과하여지는 행정벌과는 구별된다. 이처럼 이행강제금(집
행벌)과 행정벌은 그 성질·목적을 달리하므로 병과될 수 있다.

이행강제금(집행벌)은 일정한 금액의 부과라는 심리적 압박에 의하여 장래
에 향하여 행정상 의무이행을 확보하려는 것이므로, 그 의무의 이행이 있기까
지는 반복적으로 부과할 수 있는 것이기는 하나, 그것은 원칙적으로 법정최고
액의 한도 내에서만 허용된다 할 것이다(대결 2002. 8. 16, 2002마1022).[1] 또한 이
행강제금을 부과한 다음 다시 의무의 이행에 필요한 기한을 정하여 그 기한까
지 의무를 이행할 수 있는 기회를 준 후 비로소 다음 이행강제금을 부과할 수
있다(대판 2016. 7. 14, 2015두46598).

2. 법적 근거

이행강제금(집행벌)에 관한 일반법은 없고, 건축법(법 80), 부동산 실권리자
명의 등기에 관한 법률(법 6), 장애인·노인·임산부 등의 편의증진보장에 관한
법률(법 24) 등 일정 개별법에서 이를 규정하고 있다. 그 대표적인 것으로서는
건축법 제80조상의 이행강제금을 들 수 있는바, 동조에 따라 건축허가권자(특별
시장·광역시장·시장·군수·구청장)은 동법에 위반한 건축물에 대하여 그 시정명령
을 받은 후 시정기간 내에 이를 이행하지 아니한 건축주 등에 대하여 그 이행
에 필요한 상당기간을 정하고 그 기간까지 이행하지 아니하는 경우에는 그 위
반내용에 따라 산정되는 일정액의 이행강제금을 부과하도록 되어 있다. 이행강
제금은 예컨대 위반건축물이 개정 건축법 시행 이전에 건축된 것일지라도 행정
청이 2008. 3. 21. 법률 제8941호로 전부 개정된 건축법(이하 '현행 건축법'이라
한다) 시행 이후에 시정명령을 하고, 건축물의 소유자 등이 시정명령에 응하지
않은 경우에는 행정청은 현행 건축법에 따라 이행강제금을 부과할 수 있다(대판
2012. 3. 29, 2011두27919).

3. 이행강제금의 부과

이행강제금의 부과에 있어서는 그에 앞서 그 대상자에게 일정한 기한을 정

---

1) 현행법은 그 반복횟수를 제한하고 있다. 예컨대 건축법 제80조 제4항은 최초의 시정
   명령이 있은 날을 기준으로 1년에 2회의 범위 안에서, 그리고 농지법 제62조 제4항은
   최초의 시정명령이 있은 날을 기준으로 매년 1회로 제한하고 있다.

하여 행정상 의무를 이행할 것과 기한 내에 의무를 이행하지 않을 경우 이행강
제금이 부과된다는 것을 문서로 알려야 한다(행정기본법 31③; 건축법 80②).

시정명령을 받은 자가 행정상 의무를 이행하지 않는 경우 행정청은 의무
이행시까지 반복하여 이행강제금을 부과할 수 있다(행정기본법 31⑤). 의무자가
의무를 이행하면 새로운 이행강제금의 부과를 즉시 중지하되, 이미 부과된 이
행강제금은 징수하여야 한다(동조 ⑥).

4. 이행강제금에 대한 불복

이행강제금부과처분에 대한 불복은 행정심판 또는 행정소송에 의하며, 부
과된 이행강제금은 행정청이 강제징수한다(건축법 80⑦, 부동산 실권리자명의 등기에
관한 법률 6 등). 다만, 농지법에서는 특이하게도 이행강제금부과에 대한 불복이
있으면 행정청에 이의를 제기하도록 하고, 이의를 받은 행정청은 이를 법원에
통보하도록 하고 있다. 법원은 비송사건절차법에 따른 과태료재판에 준하여 재
판을 한다. 만일 이의를 제기하지 않은 채 이행강제금을 납부하지 않으면 행정
청이 이행강제금을 강제징수한다(동법 62⑥⑦⑧).

Ⅲ. 직접강제

1. 의 의

직접강제라 함은, 행정법상의 의무위반 또는 불이행에 대하여 직접 의무자
의 신체 또는 재산에 실력을 가하여 행정상 필요한 상태를 실현하는 작용을 말
한다. 예컨대, 실력으로 예방접종을 실시하고, 무허가영업소를 강제로 폐쇄하
고, 촬영금지지역에서 촬영한 필름을 즉각적으로 압수하는 행위 등이 이에 해
당한다. 직접강제는 의무를 전제로 한다는 점에서 행정상 즉시강제와 구별된다.

직접강제의 대상인 의무에는, 작위의무(대체적·비대체적 작위의무)·부작위의
무 및 수인의무, 즉 모든 의무가 포함된다.

2. 직접강제의 실제 및 그 확대도입의 문제

직접강제는 개인의 신체 또는 재산에 직접 실력을 가하여 행정상 의무를
실현시키는 것이라는 점에서 매우 실효적인 것이기는 하나, 동시에 개인의 자
유나 권리의 침해적 성격이 매우 강한 것이다. 그에 따라 실정제도상 직접강제
는 강제집행의 일반적 수단으로는 인정되지 않고 출입국관리법(법 46)·방어해

면법(법 7) · 군사기지 및 군사시설 보호법(법 11) 등의 소수의 단행법에서 이를
규정하고 있을 따름이었다. 행정기본법에서는 행정대집행이나 이행강제금 부과
의 방법으로는 행정상 의무 이행을 확보할 수 없거나 그 실현이 불가능한 경우
에 실시하여야 한다고 규정하고 있다(법 32①).

현행법상으로는 부작위의무와 같이 대집행수단이 사용될 수 없는 경우에도
관계법상 직접강제수단이 규정되어 있지 않은 것이 일반이다. 즉 현행법상으로
는 무허가영업행위 또는 영업정지기간에 있어서의 영업금지 위반 등의 부작위
의무 위반행위에 대하여는 벌칙에 의한 간접적 의무이행확보수단을 규정하는
데 그치고 있는 것이 보통이다. 그러나 이러한 벌칙은 의무이행확보수단으로서
는 여러 문제점이 있는바, ① 벌칙은 그 자체는 과거의 위반행위에 대한 제재로
서 부과되는 것으로서 의무위반에 대하여는 벌칙이 부과된다는 심리적 압박에
의한 간접적 효과밖에 기대할 수 없는 것이고, 그것은 또한 행정상 강제집행의
수단으로서의 집행벌은 아니므로, 동일 사안에 대하여 목적을 달성할 때까지
계속하여 과하는 것은 허용되지 않으며, ② 벌칙으로 널리 채택되고 있는 금전
벌은 위반행위로 인한 경제적 이익이 보다 클 때에는 실효성이 거의 없는 것이
고, ③ 무허가영업자를 모두 처벌한다는 것은 사실상 불가능하다는 점 등이 그
것이다.[1]

그에 따라 일정한 행정작용 또는 행정영역에 있어서 직접강제를 선별적으
로 도입할 필요성이 문제로 제기되는 것이다. 식품위생법이 무허가영업소를 폐
쇄하기 위한 직접강제수단을 도입한 것은 이러한 요청에 부응한 것이라 할 것
이다. 즉 동법 제79조는 식품의약품안전처장, 시 · 도지사 또는 시장 · 군수 · 구
청장은 무허가 · 무신고영업소 또는 그 허가가 취소되거나 영업소의 폐쇄명령을
받은 자가 영업을 (계속)하는 때에는, ① 해당 영업소의 간판 등 영업표지물의
제거 · 삭제, ② 해당 영업소가 적법한 영업소가 아님을 알리는 게시문 등의 부
착, ③ 시설물과 영업에 사용하는 기구 등을 사용할 수 없게 하는 봉인을 할 수
있다고 규정하고 있는 것이다. 이외에 공중위생관리법(법 11③)이나 학원의 설
립 · 운영 및 과외교습에 관한 법률(법 19)도 유사한 규정을 두고 있다.

3. 직접강제의 절차

직접강제에 관하여 근거법률에서 특별한 절차를 두고 있는 경우에는 이러

---

1) 박윤흔, 행정법(상), pp. 588~589.

한 절차를 따라야 하는 것임은 물론이다. 예컨대 식품위생법에서는 시장·군수 등이 폐쇄조치를 하고자 하는 경우에는 사전에 영업자 또는 그 대리인에게 서면으로 통지하도록 하고, 폐쇄조치를 행하는 관계공무원은 그 권한을 표시하는 증표를 제시하도록 규정하고 있다(법 79③⑤).

4. 직접강제에 대한 구제수단

직접강제는 권력적 사실행위로서의 성격을 가지는 것으로서, 이러한 직접강제도 행정심판법 또는 행정소송법상의 '처분'에 해당한다 할 것이므로, 위법한 직접강제에 대하여는 취소심판, 취소소송 등을 제기하여 이를 다툴 수 있다고 할 것이다. 또한 위법한 직접강제로 인한 손해에 대하여는 국가배상법이 정하는 바에 따라 손해배상을 청구할 수 있을 것이다.

Ⅳ. 행정상 강제징수

1. 행정상 강제징수의 의의

행정상 강제징수란 공법상의 금전급부의무를 이행하지 않는 경우에 행정청이 의무자의 재산에 실력을 가하여 그 의무가 이행된 것과 같은 상태를 실현하는 작용을 말한다. 행정상 강제징수는 국세징수법에 의한 국세징수와 그 밖에 각 법률이 정하는 바에 의한다. 그러나 실제 관계법이 금전급부의무의 강제징수에 관하여는 국세징수법의 예에 의한다고 규정하고 있는 것이 통례이므로, 동법은 강제징수에 관한 일반법적 성질을 가지고 있다.

2. 행정상 강제징수의 절차

국세징수법이 정하는 강제징수의 절차는 독촉 및 체납처분으로 이루어진다.
(1) 독 촉
국세를 납기까지 완납하지 않는 경우, 세무서장·시장 등은 그 이행기간의 경과 후 15일 내에 납세의무자에게는 독촉장을, 그리고 원의무자와 연대하여 의무를 지는 제2차 납세의무자(국세기본법 38 내지 41)에게는 납부최고서를 발부하여야 한다(국세징수법 23②). 이 경우 납부기한은 그 발급일부터 20일 이내이다(동법 23③).

독촉은 의무자에게 금전납부의무의 이행을 최고하고 그 불이행시에는 체납처분을 할 것을 예고하는 통지행위로서, 준법률행위적 행정행위에 해당한다.

이러한 독촉은 이후 체납처분의 전제요건을 충족시키고, 또한 채권의 소멸시효의 진행을 중단시키는 법적 효과가 있다.

(2) 체납처분

체납처분은 재산압류·매각·청산의 3단계로 행하여진다.

1) 재산압류　　체납자가 재산을 사실상·법률상으로 처분하는 것을 금함으로써, 체납액의 징수를 확보하는 강제행위이다.

㈎ 압류요건　　압류는 원칙적으로는 납세의무자가 독촉장(납부최고서)을 받고 지정기한까지 국세와 가산금을 완납하지 않은 때에 하게 된다(동법 24①i). 그러나 예외적으로 납기전징수의 경우에는 납부고지서를 받고 지정기한까지 완납하지 않은 때에도 압류가 허용되며(동항 ii), 또한 납기전징수의 사유가 있고 국세의 확정 후에는 당해 국세를 징수할 수 없을 것으로 인정될 때에는, 국세로 확정되리라고 추정되는 금액의 한도 내에서 납세자의 재산을 압류할 수 있다(동법 24②).

㈏ 압류금지재산　　체납자의 최저생활의 보장·수학의 계속·생업유지 등의 관점에서, 생활상 불가결한 의복·가구·식품 등에 대해서는 압류가 금지되고(동법 31), 농어구·급료 등에 대해서는 그 압류가 제한된다(동법 32·33).

㈐ 압류의 효력　　그 기본적 효력은 압류된 재산의 사실상·법률상의 처분을 금지시키는 데 있다. 질권이 설정된 재산이 압류되면 질권자에게는 질물인도의무가 발생한다(동법 34). 압류의 효력은 압류재산의 천연과실·법정과실에도 미친다(동법 36). 압류의 효력은 재판상의 가압류·가처분 또는 체납자의 사망이나 법인합병 등의 영향을 받지 아니한다(동법 35·37).

㈑ 압류해제　　조세납부·부과취소·공매중지 등의 사유가 있으면 압류를 해제하여야 한다(동법 53·54).

㈒ 참가압류　　세무서장은 압류하려는 재산이 이미 다른 기관의 체납처분으로 압류된 때에는 그 압류에 참가할 수 있는바, 이 경우는 소급하여 압류의 효력이 생긴다(동법 57 내지 59).

2) 압류재산의 매각　　압류재산은 통화를 제외하고는 매각하여 금전으로 환가하여야 한다. 매각은 공정성을 기하기 위하여 입찰 또는 경매 등 공매에 의하는 것이 원칙이나(동법 61), 예외적으로 수의계약에 의하는 경우도 있다(동법 62).

매각은 세무서장이 하나, 한국자산관리공사에 대행시킬 수도 있다(동법 61⑤). 판례는 세무서장 또는 한국자산관리공사(구성업공사)가 체납처분으로서 행하

는 공매는 공권력의 행사로서 행정소송의 대상이 되는 처분으로 보고 있다.[1]

　　3) 청　산　　세무서장은 압류재산의 매각대금과 기타 금전을 국세와 그 가산금·체납처분비·기타의 채권 등에 배분한다(동법 80·81①). 배분 후 잔여금이 있으면 체납자에게 지급하고 부족하면 법령에 따라 배분순위와 금액을 정한다(동법 81③④). 배분에 있어서는 국세관계채권은 다른 공과금 기타 채권에 우선하고(국세기본법 35), 국세관계채권 속에서도 체납처분비·국세·가산금의 순위로 배분된다(국세징수법 4).

(3) 체납처분의 중지

체납처분의 목적물인 총재산의 추산가액이 체납처분비에 충당하고 남을 여지가 없을 때에는 체납처분을 중지하여야 한다(동법 85).

(4) 교부청구

납세의무자가 체납처분·강제집행·어음교환소에서 거래정지처분을 받거나, 경매가 개시되거나, 법인이 해산한 때에는, 세무서장은 징수할 국세·가산금·체납처분비의 교부를 관계기관에 청구하여야 한다(동법 56·60).

3. 행정상 강제징수에 대한 불복

독촉·체납처분 등 행정상 강제징수에 대하여 불복이 있는 자는 행정쟁송(행정심판·행정소송)을 제기하여 그 취소 등을 구할 수 있다. 다만, 행정심판에 대하여는 국세기본법이 특별규정을 두어, 심사청구와 심판청구절차를 정하고 있으므로(동법 55 이하) 그 한도에서 일반법인 행정심판법의 적용은 배제되고 있다. 국세기본법은 또한 이른바 행정심판전치주의를 취하여 행정소송은 이들 절차 중 어느 하나를 거치지 않으면 제기할 수 없도록 하고 있다(동법 56②).

한편 조세부과처분과 그 강제징수절차인 독촉처분·압류처분·공매처분·청산처분은 각각 그 목적을 달리하는 것이어서 이들 사이에는 흠의 승계가 부인되는 데 대하여, 독촉처분·압류처분·공매처분·청산처분은 조세채권의 강제적 실현이라는 동일 목적을 위한 일련의 행정처분이어서, 흠의 승계가 인정된다고 본다. 따라서 압류처분의 위법을 이유로 청산처분의 취소를 청구할 수 있다.

---

[1] 판례

"과세관청이 체납처분으로서 행하는 공매는 우월한 공권력의 행사로서 행정소송의 대상이 되는 행정처분이다"(대판 1984. 9. 25, 84누201).

"성업공사가 체납압류된 재산을 공매하는 것은 세무서장의 공매권의 위임에 의한 것으로 보아야 할 것이므로, 성업공사가 한 그 공매처분에 대한 취소등의 항고소송을 제기함에 있어서는 수임청으로서 실제로 공매를 행한 성업공사를 피고로 하여야 한다"(대판 1997. 2. 28, 96누1757).

제 4. 민사상 강제집행에 의한 행정의무의 확보

행정법상의 의무불이행의 경우에 민사상의 강제집행수단에 의하여 그 이행을 확보할 수 있을 것인가의 문제가 제기된다. 현행 제도상으로는 행정행위 등에 의하여 부과된 의무의 확보를 위한 행정상 강제수단이 일반적으로 규정되고 있지는 아니하다는 점에서 이 문제의 의미가 특히 부각된다 할 것이다. 다음에서는 이 문제를 행정상 강제집행수단이 법정되어 있는 경우와 그러하지 아니한 경우를 나누어 검토하기로 한다.

1. 행정상 강제집행수단이 법정되어 있는 경우

행정상의 의무불이행에 대하여 행정상 강제집행수단이 법정되어 있는 경우에 민사상 강제집행수단에 의하여 의무이행을 확보하는 것이 허용되는지에 대하여는 이를 부정하는 것이 통설·판례의 입장이다(대판 2000. 5. 12, 99다18909: 행정대집행의 절차가 인정되는 경우는 민사소송의 방법으로서 공작물의 철거·수거등을 구할 수는 없다). 그 이유로서는 일반적으로 행정상 강제집행수단은 당해 의무의 공공성 등의 특성을 고려하여 그 신속하고 실효적인 이행확보를 위한 수단을 내용으로 하고 있는 것으로서, 이러한 행정상 강제집행수단이 마련되어 있음에도 민사상의 강제집행수단에 의하여 그 의무를 확보하려고 하는 것은 이러한 관계법의 취지에 반하는 것이라는 점을 들고 있다. 다른 한편 대법원은 대집행의 비용징수에 관하여도 행정대집행법이 민사소송절차에 의한 소송이 아닌 간이하고 경제적인 특별구제절차를 규정하고 있으나(동법 12) 민법 제750조에 기한 손해배상으로 대집행비용의 상환을 구하는 것은 소의 이익이 없어 부적법하다고 판시하였다(대판 2011. 9. 8, 2010다48240).

2. 행정상 강제집행수단이 법정되어 있지 않은 경우

이 경우에 민사상의 강제집행수단에 의하여 행정상 의무이행을 확보할 수 있는가에 대하여는 견해가 갈리고 있다.

(1) 부 정 설

이 설은 행정상 강제집행과 민사상 강제집행은 그 성질과 차원을 달리 하는 별개의 제도로 보아서, 민사상의 강제집행수단에 의하여 행정상 의무이행을 확보할 수는 없다고 보고 있다.

(2) 긍 정 설

이 설은 민사상의 강제집행수단에 의하여 행정상 의무이행을 확보할 수 있다고 보고 있다. 그 이유는, ① 민사상 강제집행은 양 당사자의 대등성을 바탕으로 하는 것으로서 상대방에 불이익한 것은 아니므로, 그것은 일반적으로 인정될 수 있다는 점, ② 현행 제도상 행정법상 의무에 관하여 그 이행확보의 수단이 마련되어 있지 못한 경우도 있는데, 이러한 경우 행정권이 의무는 부과할 수 있으나 궁극적으로 그 이행을 확보할 수는 없다고 하는 것은 불합리하다는 점, ③ 행정주체의 지위를 사인보다 더 불리하게 할 합리적 이유는 없다는 점[1] 등을 들고 있다.

(3) 판 례

판례는 일단 긍정설적 입장에 서 있는 것으로 보인다. 대법원은 권원 없이 국유재산에 설치한 시설물에 대하여 행정청이 행정대집행을 실시하지 아니한 경우, 그 국유재산의 사용권을 가지고 있는 자가 국가를 대위하여 민사소송으로 그 시설물의 철거를 구한 사건에서, "국가에 대하여 이 사건 토지사용권을 가지는 원고로서는 위 청구권을 보전하기 위하여 국가를 대위하여 피고들을 상대로 민사소송의 방법으로 이 사건 시설물을 철거할 수 있다"고 판시하였다(대판 2009. 6. 11, 2009다1122).

---

1) 김철용, 행정법(Ⅰ), 제7판, pp. 382~383.

제 3 장   새로운 의무이행확보수단

I. 개 설

　　대집행·직접강제 및 집행벌과 같은 전통적인 행정상 의무이행확보수단은 주로 경찰행정분야에서 사용되어 온 것이다. 그러나 질적·양적으로 증대·변화하고 있는 현대행정에 있어서는 이러한 전통적 강제수단이 적절한 수단으로 되지 못하는 경우가 적지 않다. 그에 따라 전통적인 수단의 보완적 성격을 갖는, 과징금·공표제도 및 공급거부 등이 새로운 수단으로 등장했으며, 허가와 인가의 거부 또는 취소·정지 등도 의무이행확보의 수단이라는 관점에서 검토되고 있다.

II. 과징금·가산금 등

1. 과 징 금

(1) 의의 및 종류

　　행정법상의 의무위반에 대하여 행정청이 그 의무자에게 부과·징수하는 금전적 제재를 말한다. 과징금제를 제일 먼저 도입한 것은 독점규제 및 공정거래에 관한 법률로서, 원래 이 제도는 주로 경제법상의 의무위반행위로 인한 불법적인 이익을 박탈하기 위하여 그 이익액에 따라 과하여지는 일종의 행정제재금의 성격을 가진 것이었다.

　　이후 이러한 원래의 과징금제에 비하여 내용적으로 변형된 형태의 과징금제가 대기환경보전법이나 구 자동차운수사업법 등에서 채택되게 되었던바, 이러한 변형과징금제는 현재 다수의 법률에서 채택되어 있다.

　　원래의 과징금이 경제법상의 의무위반행위로 인하여 얻은 불법적 이익을 박탈하는 행정제재금인 데 대하여, 변형과징금은 인·허가사업에 있어서 그 사업정지를 명할 일정한 위법사유가 있음에도 불구하고 공익의 보호 등을 이유로 그 사업 자체는 계속하게 하고 다만 그에 따른 이익을 박탈하는 내용의 행정제재금을 말한다. 다음에서 이러한 과징금의 구체적 실례를 살펴보기로 한다.

1) 독점규제 및 공정거래에 관한 법률상의 과징금　　동법은 시장지배적 사업자에 대하여 '남용행위', 즉 ① 상품의 가격이나 용역의 대가를 부당하게 결정·유지 또는 변경하는 행위, ② 상품의 판매 또는 용역의 제공을 부당하게 조절하는 행위, ③ 다른 사업자의 사업활동을 부당하게 방해하는 행위, ④ 새로운 경쟁사업자의 참가를 부당하게 방해하는 행위, ⑤ 부당하게 경쟁사업자를 배제하기 위하여 거래하거나 소비자의 이익을 현저히 저해할 우려가 있는 행위를 금지하고 있다(법 3의2①).

공정거래위원회는 시장지배적 사업자가 이러한 남용행위 금지규정에 위반하는 때에는, 당해 사업자에 대하여 가격의 인하, 당해 행위의 중지 등 그 시정을 위하여 필요한 조치를 명할 수 있다(동법 5).

공정거래위원회는 시장지배적 사업자가 남용행위를 한 때에는, 당해 사업자에 대하여 대통령령이 정하는 매출액·영업수익의 100분의 3을 초과하지 아니하는 범위 안에서 과징금을 부과할 수 있다(동법 6).

2) 대기환경보전법상의 과징금　　대기환경보전법에 따라 시·도지사는 공장 등의 배출시설에서 배출되는 오염물질의 정도가 배출허용기준을 초과할 때에는 사업자에 대하여 개선명령을 발할 수 있다(법 33). 이 경우 사업자가 당해 개선명령을 이행하지 않거나 이행했음에도 당해 배출시설에서 배출되는 오염물질의 정도가 배출허용기준을 계속 초과할 때에는 당해 사업자에 대하여 조업정지를 명할 수 있다(동법 34①). 그러나, 시·도지사는 ① 당해 배출시설이 의료법에 의한 의료기관의 배출시설, 사회복지시설, 공동주택의 난방시설, 발전소의 발전설비 등에 해당하고, ② 그 조업정지가 주민의 생활 기타 공익에 현저한 지장을 초래할 우려가 있는 경우에는, 조업정지처분에 갈음하여 2억원 이하의 과징금을 부과할 수 있다(동법 37①). 이 경우 징수된 과징금은 환경개선특별회계의 세입이 되며(동조 ⑤), 사업자가 이를 납부하지 않을 때에는 지방세외수입금의 징수 등에 관한 법률에 따라 징수한다(동조 ④). 물환경보전법에서도 위와 유사한 내용의 과징금제도를 두고 있다.

이러한 과징금제도는 경제·사회정책적 고려에 기하여 배출허용기준을 초과하는 오염물질배출업체의 조업 자체는 허용하면서, 그러한 위법적인 조업행위로 인하여 생긴 이득을 박탈함으로써 궁극적으로 사업자가 개선명령에 따르게 하고, 그 과징금은 바로 환경오염방지사업의 재원에 충당하려는 것이다.

3) 여객자동차 운수사업법상의 과징금   국토교통부장관 또는 시·도지사는 여객자동차 운수사업자가 동법 또는 동법에 의거한 명령이나 처분에 위반하여 사업정지처분을 할 사유가 발생한 경우에, 그 사업정지처분이 당해 여객자동차 운수사업의 이용자에게 심한 불편을 주거나 기타 공익을 해칠 우려가 있는 때에는, 사업정지처분을 갈음하여 5천만원 이하의 과징금을 부과·징수할 수 있다(법 88①).

이러한 과징금은, 상대적으로 경미한 의무위반행위에 대하여 공익적 고려에서 일정기간 사업 자체는 계속시키면서도 위법한 사업활동으로 인한 수익을 환수함으로써, 궁극적으로는 사업자로 하여금 당해 의무를 이행하게 하려는 것이다.

징수된 과징금은 당해 행정분야의 목적을 위해서만 사용될 수 있는 것으로, 내용적으로는 벽지노선운행에 따르는 결손보전이나 운수종사자의 양성·교육훈련 기타 자질향상을 위한 시설, 여객운수사업의 경영개선 등에만 사용될 수 있다(동법 88④).

과징금은 형식적으로는 단순한 금전부담이며, 벌금이나 과태료와 같은 행정벌과는 다른 것으로서, 그 부과행위는 행정행위인 납부하명의 성질을 가진다. 따라서 이론상으로는 동일한 위반행위에 대하여 벌금과 과징금을 병과할 수도 있겠으나, 그것은 실질적으로는 이중처벌의 성질을 가지는 까닭에, 관계법령에서 원칙적으로 과징금 또는 벌금을 선택적으로 과하도록 규정하는 것이 바람직하다고 본다.

(2) 법적 근거

과징금은 강제적 금전부담이라는 점에서 그에는 당연히 법률상의 근거가 있어야 한다. 관계법으로서는 위의 여객자동차 운수사업법이나 대기환경보전법 외에도, 물환경보전법(법 43)·석유 및 석유대체연료 사업법(법 14) 등이 있다. 행정기본법은 과징금 부과의 법률유보원칙과 근거법률 조항에서 규정되어야 할 사항을 구체적으로 제시하고 있다(법 28①②).

(3) 구제수단

과징금의 부과행위는 행정행위이므로, 그것이 위법한 경우에는 행정쟁송을 제기하여 그 취소 등을 구할 수 있을 것이다.

2. 가산금·가산세

가산금은 행정법상의 급부의무의 불이행에 대한 제재로서 과하는 금전부담이다. 가산금은 급부의무의 궁극적 이행을 확보하기 위한 간접적 강제수단이며, 그 성질은 명령적 행정행위이다.

가산금의 예로서는, 국세징수법이 정하는 것으로 체납세액에 일정액을 가하는 가산금(법 21)이 있었으나 현행법은 폐지하였다. 가산금은 연체금에 해당하고, 중가산금은 집행벌(이행강제금)의 성격을 가진다고 할 수 있다.

가산세는 세법상의 의무의 성실한 이행을 확보하기 위하여 그 세법에 의하여 산출된 세액에 가산하여 징수하는 금액(국세기본법 2iv)으로서, 납부불성실행위 또는 신고불성실행위 등에 대하여 과하는 가산세가 그 예이다(법인세법 76, 소득세법 115).

가산세는 세금의 형태로 과하여지는 행정벌의 성질을 가지는 제재이다(대판 1992. 4. 28, 91누9848). 그러나 가산세는 조세법상의 의무이행확보를 위한 제재인 데 대하여, 행정벌(벌금)은 반사회적 행위에 대한 제재이기 때문에 양자는 병과가 가능하다.

Ⅲ. 공급거부

1. 의 의

공급거부는 행정법상의 의무를 위반한 자에 대하여 행정상의 역무나 재화의 공급을 거부하는 행위를 말한다. 행정에 의하여 공급되는 각종의 역무·재화는 오늘날 국민생활에는 필수적이라는 점에서, 그 거부는 행정상 의무이행확보수단으로서 매우 실효적으로 작용하고 있다.

공급거부에 관한 실정법상의 예로, 구 건축법은 동법 또는 동법에 의한 명령·처분에 위반하여 허가 또는 승인이 취소된 건축물 등에 대하여는 시장·구청장 등이 전기·전화·수도의 공급자, 도시가스사업자 등에게 그 시설의 설치 또는 공급의 중지를 요청할 수 있으며, 그 요청을 받은 자는 특별한 이유가 없는 한 이에 응하도록 규정하고 있었다(구법 69②③).

2. 법적 근거

공급거부는 침익적 행위이므로 그에는 법률상의 근거가 필요하다. 그 실정법적 근거로서는 위의 구 건축법의 규정을 들 수 있었으나, 그 구체적 내용을 검토하는 경우, 이들 규정이 정당한 공급거부의 법적 근거가 될 수 있는가에 대하여는 의문이 제기될 수 있다.

전기·수도 등의 공급작용은 그 고도의 공익성을 고려할 때 본질적으로 공역무(public service) 내지 공행정작용으로서의 성질을 가지는 것이다. 따라서 그 구체적인 경영 또는 이용관계(공법관계 또는 사법관계)의 내용 여하를 막론하고, 그에 있어서는 적어도 공역무(공행정작용)의 계속성원칙 및 공역무에 대한 평등원칙이 당연히 적용되어야 하는 것이다. 따라서 이들 급부는 모든 국민에게 균등한 조건하에서 제공되어야 하고, 정당한 이유 없이 그 급부를 거부하거나 중단할 수는 없는 것이다. 전기사업법이나 수도법이 급부주체는 '정당한 사유' 없이 공급을 거절하거나 공급계약의 청약을 거절할 수 없다고 규정하고 있는 것은 이러한 점에서 당연한 것이다. 이 경우에 있어 '정당한 사유'가 어떠한 것인지의 문제가 제기되는바, 그것은 당해 작용과 사물적 관련이 있어야 함을 의미하는 것으로 본다. 즉 수도·전기 등의 공급거부 또는 공급중단은 당해 급부를 수급하기 위한 요건을 충족하지 못하거나 당해 급부행정상의 의무위반이 있는 경우에만 허용된다고 할 것이다. 이러한 사유를 넘어서서, 다른 법령에 의하여 부과된 의무의 위반·불이행에 대하여 그 의무이행확보수단으로 당해 급부의 공급을 거부 또는 중단하는 것은, 당해 행정작용이 추구하는 목적과는 무관한 다른 행정목적을 위한 것이라는 점에서, 그 위법성 여부가 문제되는 것이다. 전술한 바에 따라, 위법한 건축물에 대한 전기·수도·전화 등의 설치거부 또는 공급중단을 규정하고 있는 건축법은 법적으로 문제가 있다 할 것이다.

3. 구제수단

수도·전기 등의 위법한 공급거부에 대하여는, 당해 급부가 공법적 형식으로 행하여지는가, 또는 사법적 형식으로 행하여지는가에 따라 행정상 또는 민사상의 구제수단에 의하여 구제를 받을 수 있을 것이다.

대법원은 단수처분을 행정처분으로 보고 있으므로[1] 위법한 단수처분에 대하여는 행정쟁송을 제기하여 그 취소 등을 구할 수 있을 것이다.

Ⅳ. 위반사실의 공표

1. 의 의

위반사실의 공표란, 행정법상의 의무위반·불이행에 대하여 행정청이 그 사

---

1) 대판 1979. 12. 28, 79누218.

실을 일반에게 공표함으로써 그에 따르는 사회적 비난이라는 간접적·심리적 강제에 의하여 그 의무이행을 확보하려는 제도이다. 고액조세체납자의 명단·사업명의 공시 또는 공해배출업소의 명단공개 등은 그 예이다.

이러한 행정의무 위반사실 등의 공표는 그 초기에는 구체적 법적 근거가 없이 행해지는 경우가 적지 않았다. 그러나 최근에는 이를 정하는 입법례가 다수 나타나고 있는바, 고액체납자의 명단 공개 제도(국세기본법 85의5)가 대표적이다.

위반사실의 공표는 그 위반행위 및 행위자에 대한 사회적 비난과 그에 따르는 불명예 또는 영업상의 불이익이라는 간접적·심리적 강제에 의하여 행정상 의무이행을 확보하려는 것이나, 그 자체는 어떠한 법적 효과도 발생하지 않는 사실행위에 불과한 것이다. 따라서 이러한 공표제도는 일반적으로 그다지 실효적인 제도라고는 할 수 없을 것이다. 그러나 위반사실에 의하여 대다수 국민이 생활상의 불편·불이익을 받고 있는 경우에는 그 사실의 공표는 상당히 적절한 의무이행확보수단이 될 수 있을 것이다.

2. 법적 근거

공표는 위에 적은 바와 같이 그 자체로서는 어떠한 법적 효과도 발생하지 않고, 관계자의 권리·이익에 변동을 가져오는 것도 아니라는 점에서 그것은 법률상의 근거가 없이도 허용된다고 볼 수도 있다.[1] 그러나 공표는 실제로는 관계자의 명예·신용 또는 프라이버시를 침해하거나 사실상 심각한 불이익을 초래할 수 있다는 점에서, 특히 관계자에 대한 청문 또는 변명기회의 부여 등 사전절차와 관련하여, 법적 근거의 필요성의 문제가 제기될 수 있다.

행정절차법은 행정청은 법령에 따른 의무를 위반한 자의 성명·법인명, 위반사실, 의무 위반을 이유로 한 처분사실 등을 법률로 정하는 바에 따라 일반에

---

1) 판례

"국가기관이 행정목적 달성을 위하여 언론에 보도자료를 제공하는 등 이른바 행정상 공표의 방법으로 실명을 공개함으로써 타인의 명예를 훼손한 경우, 그 공표된 사실의 내용이 진실이라는 증명이 없더라도 국가기관이 공표 당시 이를 진실이라고 믿었고 또 그렇게 믿을 만한 상당한 이유가 있다면 위법성이 없는 것이고, 이 점은 언론을 포함한 사인에 의한 명예훼손의 경우에서와 마찬가지라 할 것인바, 한편 이러한 상당한 이유의 존부의 판단에 있어서는, 실명공표 자체가 매우 신중하게 이루어져야 한다는 요청에서 비롯되는 무거운 주의의무와 공권력의 광범한 사실조사능력, 공표된 사실이 진실하리라는 점에 대한 국민의 강한 기대와 신뢰, 공무원의 비밀준수의무와 법령준수의무 등에 비추어, 사인의 행위에 의한 경우보다는 훨씬 더 엄격한 기준이 요구된다 할 것이므로, 그 사실이 의심의 여지없이 확실히 진실이라고 믿을 만한 객관적이고도 타당한 확증과 근거가 있는 경우가 아니라면 그러한 상당한 이유가 있다고 할 수 없을 것이다"(대판 1993. 11. 26, 93다18389).

게 공표할 수 있다고 규정하고 있다. 행정청은 위반사실등의 공표를 하기 전에 사실과 다른 공표로 인하여 당사자의 명예·신용 등이 훼손되지 아니하도록 객관적이고 타당한 증거와 근거가 있는지를 확인하여야 하고, 미리 당사자에게 그 사실을 통지하고 의견제출의 기회를 주어야 한다(이상 40의3 ①②③).

3. 공표에 대한 구제

위법한 공표행위로 인하여 관계자의 권리·이익이 침해된 경우 그에 대한 구제수단 여하가 문제된다.

먼저 위법한 공표행위에 대해 항고쟁송에 의하여 그 취소를 구할 수 있는가의 문제가 있는바, 그 해결은 행정소송법(행정심판법)상 '처분등'의 관념에 대한 해석 여하에 따라 달라지는 것이다. 행정소송법은 '처분등이라 함은 행정청이 행하는 구체적인 사실에 관한 법집행으로서의 공권력의 행사 … 또는 이에 준하는 행정작용'이라고 규정하고 있다(법 2①). 이러한 '처분등'에는 실체법상의 행정행위뿐만 아니라, 권력적 사실행위도 포함되는 것으로 보는 것이 현재의 통설적 견해이다. 그러나 공표는 비권력적 사실행위라는 점에서, 원칙적으로는 '처분등'에 해당하지 않는다고 보아야 할 것이다. 그러나 행정권에 의한 위법한 공표행위에 대하여 다른 적절한 구제수단이 없는 경우에는, 공표행위도 공권력의 행사에 준하는 작용으로 보아 그 처분성을 인정할 수도 있을 것이다(형식적 행정행위관념). 판례 역시 병역의무 기피자의 인적사항 공개 제도에 관하여, 기피 사실을 "일반 대중에게 공표함으로써 그의 명예를 훼손하고 그에게 수치심을 느끼게 하여 병역의무 이행을 간접적으로 강제하려는 조치"이므로 처분이라는 입장이다(대판 2019. 6. 27, 2018두49130).

행정상 공표행위는 공행정작용의 성질을 가지는 것이고 보면, 위법한 공표행위에 의하여 명예·신용 등이 침해된 자는 국가배상법에 따라 그로 인한 손해의 구제를 받을 수 있을 것으로 본다. 그러나 우리 판례는 위법한 공표행위로 인한 손해에 대하여는 국가배상법이 아니라 민법 규정(민법 750 이하)에 의하여 그 손해배상 등의 구제를 받을 수 있다고 하고 있다.[1]

---

1) 대판 1999. 1. 26, 97다10215; 대판 2001. 11. 30, 2000다68474.

V. 관허사업의 제한

행정법상의 의무이행을 확보하기 위하여 개별적 행정법상의 의무위반행위에 대하여는 각종의 인·허가발급의 거부 등을 내용으로 하는 관허사업의 제한을 규정하고 있는 경우가 있다. 그 전형적인 예가 건축법이 정하는 위법한 건축물을 영업장으로 하는 허가의 금지와 국세징수법이 정하는 국세체납자에 대한 허가 등의 금지제도이다. 다음에 그 내용을 개관한다.

1. 위법건축물을 사업장으로 하는 관허사업의 제한

건축법은, 동법 또는 동법에 의하여 발한 명령·처분에 위반하여 그 허가나 승인이 취소된 건축물 또는 그 시정명령을 받고도 이행하지 아니한 건축물을 사용하는 다른 법령에 의한 영업 등의 허가신청에 대하여는 시장·군수 등은 당해 허가를 하지 아니하도록 요청할 수 있고, 이러한 요청을 받은 자는 특별한 사유가 없는 한 이에 응하여야 한다고 규정하고 있다(법 79②③).

이것은 대형위법건축물의 경우 당해 건물을 대집행절차에 의하여 철거하는 것은 막대한 경제적 손실을 야기하는 것이어서 사실상 어려운 것이라는 점을 감안하여 그 대체적 수단으로 채택된 것이라고 하고 있다. 그러나 대형건축물의 경우는 이러한 관허사업의 제한도 같은 정도의 경제적 손실을 가져오는 것이라는 점에서 이 제도의 실용성에 대하여는 의문이 제기되고 있다.[1]

2. 국세체납자에 대한 관허사업의 제한

국세징수법에 의하면 세무서장은 납세자가 허가·인가·면허 및 등록('허가')을 받은 사업과 관련된 소득세, 법인세 및 부가가치세를 대통령령으로 정하는 사유 없이 체납하였을 때에는 해당 사업의 주무관서에 그 납세자에 대하여 허가등의 갱신과 그 허가등의 근거 법률에 따른 신규 허가등을 하지 아니할 것을 요구할 수 있고(법 7①), 세무서장은 이미 허가등을 받아 사업을 경영하는 자가 해당 사업과 관련된 소득세, 법인세 및 부가가치세를 3회 이상 체납한 경우로서 그 체납액이 500만원 이상일 때에는 대통령령으로 정하는 경우를 제외하고 그 주무관서에 사업의 정지 또는 허가등의 취소를 요구할 수 있다(동조 ②). 이러한 세무서장의 요구에 대하여 주무관서는 정당한 사유가 없는 한 이에 응

---

1) 박윤흔, 행정법(상), p. 658.

하여야 한다(동조 ④). 그러나 세무서장이 당해 국세를 징수하였을 때에는 지체 없이 그 요구를 철회하여야 한다(동조 ③).

이러한 국세징수법상의 관허사업의 제한제도는 체납처분제도에 대한 보완적 또는 대체적 수단으로서의 의미를 가지는 것으로서 그 실효성은 매우 높은 것이라 하겠다. 그러나 이 제도는 당해 영업활동과 무관한 조세체납행위에 대하여 생활상의 영업·사업을 위한 신규허가의 발급 또는 기존 허가의 취소·정지를 규정하고 있다는 점에서 그 사물적 관련성이 결여되어 있는 것이고(부당결부금지원칙), 또한 국민의 생업 자체를 위협한다는 점에서 비례원칙과의 관련에서도 문제가 있다고 하겠다.

제4장 즉시강제 및 행정조사

제1절 즉시강제

I. 즉시강제의 의의

즉시강제란 목전에 급박한 행정상 장해를 제거하여야 할 필요가 있으나 미리 의무를 명할 시간적 여유가 없을 때에 또는 그 성질상 행정상 의무의 이행을 명하는 것만으로는 행정목적 달성이 곤란한 경우에, 상대방의 의무불이행을 전제로 하지 않고 직접 그 신체 또는 재산에 실력을 가하여 행정상 필요한 상태를 실현하는 작용을 말한다(행정기본법 30①v).

이러한 즉시강제는 행정처분에 의하여 미리 의무가 부과되어 있지 아니하다는 점에서 행정상 강제집행과 구별된다. 실제 즉시강제의 내용을 보면, 사전의 의무를 전제로 하지 아니하고 강제조치가 행해지는 경우도 있다. 예컨대 소방기본법상의 화재건물 인근의 연소위험건물에 대한 강제처분(법 25)이나 감염병의 예방 및 관리에 관한 법률상의 감염병환자의 강제처분(동법 42)이 그에 해당한다. 그러나 법령에 의하여 당해 의무가 일반적으로 부과되어 있는 경우도 있다(예컨대, 도로교통법 제68조 제2항은 "누구든지 교통에 방해가 될 만한 물건을 도로에 함부로 내버려두어서는 아니된다"고 규정하고 있다). 그러나 후자의 경우에도 관계법령상의 의무는 일반적·추상적으로 부과되어 있음에 그치는 것으로서, 그것이 행정상 강제집행의 근거로 될 수 있는 구체성을 갖추고 있지는 못하다고 보아, 이러한 경우에도 당해 강제조치는 즉시강제로 파악되고 있다.

즉시강제는 권력적 사실행위이다. 그 점에서 그것은 행정행위 등의 법률적 행위와 구별되며, 또한 행정지도 등의 비권력적 사실행위와도 구별된다.

Ⅱ. 즉시강제의 근거

1. 이론적 근거

즉시강제는, 독일에서는 경찰행정분야에 있어서 국가긴급방위권의 이론에 의하여 법률상의 근거 없이도 그 행사가 가능한 것으로 인정되고 있었으나, 1930년대부터는 자연법적인 행정의 일반적 긴급권론이 그 근거로 제시되고 있었다.

2. 법적 근거

즉시강제는 의무를 전제로 하지 않고 국민의 신체·재산에 실력을 가하여 행정상 필요한 상태를 실현하는 작용이라는 점에서, 오늘날의 법치국가에서는 위와 같은 자연법적 논거만으로는 정당화되지 않고 엄격한 실정법적 근거가 있어야 하는 것으로 보고 있다. 우리나라에는 그 근거법으로서 ① 일반법적 성격을 가지는 경찰관직무집행법이 있고, ② 그 외에 소방기본법·감염병의 예방 및 관리에 관한 법률·식품위생법 등 다수의 개별법이 있다.

Ⅲ. 즉시강제의 한계

즉시강제의 발동에는 법적 근거를 요한다. 그러나 실제 그 근거법은 불확정개념을 사용하거나, 포괄적인 실력행사권한을 인정하고 있는 경우가 많다. 그 결과 즉시강제의 요건의 판단이나 실력행사의 정도·양태·방법 등에 관하여는 행정청에 일응 광범위한 재량권이 부여되고 있다고 볼 수 있다.

그러나 이러한 즉시강제의 발동 또는 행사에는, 그 성질·목적 등과의 관련에서 다음과 같은 한계가 있다. 즉, ① 행정상 장해가 목전에 급박하고(급박성), ② 다른 수단으로서는 그 목적달성이 곤란하며(보충성), ③ 이상의 요건이 충족되는 경우에도 그 행사는 필요 최소한도에 그쳐야 한다(비례원칙)는 것이다.

Ⅳ. 즉시강제와 영장주의

헌법 제12조 제3항은 "체포·구금·압수 또는 수색을 할 때에는 적법한 절차에 따라 검사의 신청에 의하여 법관이 발부한 영장을 제시하여야 한다"고 하고, 동법 제16조는 "주거에 대한 압수나 수색을 할 때에는 검사의 신청에 의하여 법관이 발부한 영장을 제시하여야 한다"고 규정하고 있는바, 이러한 영장주의가 즉시강제에도 적용되는가의 문제에 대하여는 견해가 갈리고 있다.

1. 영장불요설

이 설은 헌법상의 영장주의는 본래 범죄수사절차에서 형사사법권의 남용을 방지하기 위하여 채택된 것이므로 행정상의 즉시강제에는 적용되지 않는다고 할 것이며, 또 즉시강제는 그 본질상 급박성을 요건으로 하고 있어 법관의 영장을 기다려서는 그 목적을 달성할 수 없다고 할 것이므로, 원칙적으로 영장주의가 적용되지 않는다고 보고 있다.

2. 영장필요설

이 설은, 헌법상의 영장주의를 형사사법권의 발동에만 한정하여 적용되는 것으로 해석하는 경우 헌법규정을 부당하게 축소해석하여 기본권을 침해하는 결과가 될 것이므로, 형사작용에만 적용된다는 명문의 제한이 없는 한 그것은 즉시강제에도 일반적으로 적용된다고 본다.

3. 절 충 설

종래에는 즉시강제가 형사소송절차의 일환 또는 그 전제로서 행하여지는 경우에는 영장이 필요하다는 것이 통설적 견해였다.

그러나 현재는 보다 적극적 입장에서, 우리 헌법상의 영장제도는 형사사법권뿐만 아니라 즉시강제에도 적용되어야 하나, 다만 즉시강제 중에서 행정목적의 달성을 위하여 불가피하다고 인정할 만한 합리적인 이유가 있는 특별한 경우에는 영장주의가 적용되지 않는다고 보는 견해가 통설적 견해이다.

4. 결 어

즉시강제에 의한 국민의 신체·재산에 대한 침해는 형사사법권의 발동에 의한 침해에 비견할 만한 경우가 적지 않다는 점을 감안하면, 원칙적으로는 통설인 절충설이 타당한 것으로 보인다.

그러나 이 문제는 기본적으로 즉시강제가 적용되는 상황에 따라 구체적으로 판단되어야 할 것으로 본다. 이러한 관점에서는 예컨대 국민의 생명·신체에 대한 절박한 위해를 방지하기 위한 조치(경찰관직무집행법 5①)에 있어서는 영장

주의는 적용되지 아니한다 할 것이다.[1]

V. 즉시강제의 수단

즉시강제의 수단은 경찰상의 즉시강제에 관한 일반법인 경찰관직무집행법을 비롯하여 여러 개별법에 규정되어 있다.

1. 대인적 강제

사람의 신체에 실력을 가하여 행정상 필요한 상태를 실현하는 강제작용이다.

(1) 경찰관직무집행법상의 대인적 강제

동법이 규정하는 대인적 강제조치로서는, 보호조치(법 4), 위험발생방지조치로서의 억류·피난(동법 5), 범행의 예방·제지와 무기사용(동법 6·10의4) 등이 있다.

(2) 개별법상의 대인적 강제

이에는 강제격리·강제건강진단(감염병의예방및관리에관한법률 42·46), 강제수용(마약류관리에관한법률 40), 원조강제(소방기본법 24①) 등이 있다.

2. 대물적 강제

물건에 실력을 가하여 행정상 필요한 상태를 실현하는 작용을 말한다.

(1) 경찰관직무집행법상의 대물적 강제

이에는 무기·흉기·위험물의 임치영치(법 4③) 등이 있다.

(2) 개별법상의 대물적 강제

물건의 폐기(식품위생법 72, 청소년보호법 44), 물건의 영치·압수(관세법 206·303·304), 장해물의 제거(도로교통법 71·72) 등이 있다.

(3) 대가택강제

점유자·소유자의 의사와 무관하게 가택·창고·영업소 등에 출입하여 행정상 필요한 상태를 실현하는 작용을 말한다. 종래에는 가택출입·조사행위를 즉

---

1) 헌법재판소도 등급분류를 받지 않은 게임물 등에 대한 수거·폐기 조치를 규정하고 있는 관련 법률조항의 합헌성에 대하여 "행정상 즉시강제는 상대방의 임의이행을 기다릴 시간적 여유가 없을 때 하명 없이 바로 실력을 행사하는 것으로서, 그 본질상 급박성을 요건으로 하고 있어 법관의 영장을 기다려서는 그 목적을 달성할 수 없다고 할 것이므로, 원칙적으로 영장주의가 적용되지 않는다"고 판시하였다(헌재결 2002. 10. 31, 2000헌가12).

시강제의 한 형태로 보았으나, 현재는 이들 작용을 행정조사라는 독자적 작용으로 고찰하므로, 즉시강제에 속하는 대가택강제의 예는 매우 드물다. 경찰관직무집행법에 의한 위험방지를 위한 가택출입(동법 7)은 그 한 예이다.

위의 즉시강제조치는 그 목적의 관점에서는 ① 긴급한 위험상태에서 상대방을 보호하기 위한 것과, ② 일반 국민에 대한 위험의 방지를 목적으로 하는 것으로 나눌 수 있다.

Ⅵ. 즉시강제에 대한 구제

즉시강제는 국민의 신체·재산에 실력을 가하여 행정상 필요한 상태를 실현하는 작용이라는 점에서, 그로 인하여 국민의 권익이 침해될 소지는 매우 크다. 따라서 그에 대한 적절한 구제제도가 마련되어야 할 것인바, 현행법상의 구제수단으로서는 다음의 여러 가지를 상정할 수 있다.

1. 적법한 즉시강제에 대한 구제

즉시강제가 적법한 경우에도 그로 인하여 특정인에게 그 귀책사유 없이 특별한 손실이 발생한 때에는, 그에 대한 보전이 이루어져야 함은 물론이다. 이에 관하여는 개별법에서 규정하고 있는 경우도 있으나(자연재해대책법 11①·68), 그러한 명문의 규정이 없는 경우에도, 헌법 제23조 제3항에 의하여 보상을 청구할 수 있을 것으로 본다(직접효력설의 입장).

2. 위법한 즉시강제에 대한 구제

(1) 정당방위

위법한 즉시강제에 대하여는 형법상의 정당방위의 법리에 따라 그에 저항할 수 있을 것인바, 이 경우의 저항행위는 공무집행방해죄를 구성하지 않는다.

(2) 행정쟁송

위법한 즉시강제에 대하여 행정쟁송(취소심판·취소소송)을 제기하여 그 취소를 구할 수 있는가의 문제가 있다. 즉시강제는 사실행위이므로, 이러한 사실행위로서의 즉시강제가 행정쟁송의 대상이 되는가에 대하여는 의문이 제기될 수 있다.

그러나 행정심판법과 행정소송법 모두 취소쟁송의 대상으로서의 '처분등'을 '행정청이 행하는 구체적 사실에 관한 법집행으로서의 공권력의 행사 … 그 밖에 이에 준하는 작용'이라고 하여 광의로 정의하고 있는 점에 비추어 볼 때, 즉시강제도 구체적 사실에 관한 법집행으로서의 권력적 작용이라는 점에서 처분성을 인정함에 무리는 없을 것으로 본다.

그러나 즉시강제는 보통 단시간에 종료되는 것이므로, (협의의) 소익이 부인되는 경우가 적지 않을 것이다. 이러한 경우에는 손해배상 또는 원상회복을 청구할 수밖에 없을 것이다.

(3) 행정상 손해배상

위법한 즉시강제로 인하여 신체 또는 재산상의 손해를 받았을 때에는 국가배상법에 기하여 국가 또는 지방자치단체에 대하여 손해배상을 청구할 수 있다.

(4) 인신보호법상의 구제청구

신체의 자유를 제한하는 즉시강제에 대해서는 인신보호법에 근거하여 법원에 구제를 청구할 수 있다. 자유로운 의사에 반하여 국가, 지방자치단체, 공법인 등이 운영하는 수용시설 등에 수용·보호 또는 감금되어 있는 자는 수용이 위법하게 개시되거나 적법하게 수용된 후 그 사유가 소멸되었음에도 계속 수용되어 있는 때에는 법원에 구제를 청구할 수 있고, 법원은 그 청구가 이유가 있다고 인정한 때에는 수용을 즉시 해제할 것을 명하여야 한다(법 2①·3·13).

(5) 헌법소원

위법한 즉시강제로 기본권을 침해받은 자는 헌법재판소에 헌법소원심판을 청구할 수 있을 것이다.

제2절 행정조사

제1항 일반적 고찰

Ⅰ. 행정조사의 개념

1. 의 의

행정기관은 행정작용을 적정하고 효율적으로 처리하기 위하여 관련자료나 정보를 수집하고 처리할 필요가 있는바, 이러한 자료·정보의 수집은 상대방의 임의적 협력에 기하여 행하여지는 경우도 있으나, 상대방이 그에 응하지 아니하는 경우에는 강제적 방법(직접강제로서의 실력행사 또는 간접강제로서의 행정벌)에 의하는 경우도 있다.

종래에는 강제적인 자료수집활동인 질문·검사 등의 행정작용을 즉시강제에 포함하여 고찰하였다. 그러나 최근에는 이러한 자료·정보의 수집활동을 즉시강제와는 분리하여 별도로 행정조사라는 항목하에서 고찰하는 것이 일반적 경향인바, 여기서도 이에 따르기로 한다.

종래 행정조사는 인구, 주택, 특정 산업분야 등의 비교적 제한적 범위에서 실시되었고, 그것은 기본적으로 임의적 방법에 의한 것이었다. 따라서 행정조사는 행정법상 별다른 관심의 대상이 되지 못하였다. 그러나 전술한 바와 같이 종래 즉시강제에 포함되어 있던 검사·질문 등의 권력적 행정작용이 행정조사라는 항목하에서 다루어지게 됨에 따라 행정조사도 행정법의 중요한 관심대상이 되었던 것이다.

전술한 바와 같이 행정조사가 행정법학의 독자적 검토대상이 된 것은 비교적 최근의 현상이기 때문에, 그 관념이나 범위 등에 대하여는 아직 학설이 정착되지 못하고 있는 형편이나, 여기서는 이 관념을 「행정기관이 정책의 수립이나 행정작용의 적정한 실행을 위하여 필요한 자료·정보 등을 수집하기 위하여 행하는 행정활동」으로 정의하여 둔다. 이러한 행정조사에는 권력적인 것과 임의적 협력에 기한 것이 모두 포함된다. 다음에 그 내용을 어느 정도 부연하여 둔다.

1) 행정조사는 행정기관에 의한 자료·정보 등의 취득을 위한 조사활동이다. 행정기관이 그 정책수립이나 적정한 업무수행에 필요한 자료·정보의 수집 방법에는 상대방의 임의적 협력에 의한 것과 강제적 수단에 의한 것이 있다. 그러나 양자는 모두 행정정책의 수립이나 적정한 행정작용의 수행에 필요한 자료·정보의 수집활동이라는 점에서는 차이가 없으므로, 여기서도 행정조사는 권력적인 것과 임의적 협력에 기한 것을 모두 포함하는 것으로 하였다.

그러나 행정조사는 연혁적으로는 즉시강제의 일부를 이루고 있던 것이었다는 점과 실제 행정조사에서 특히 국민의 권리·이익의 보호 등과 관련하여 문제가 되는 것은 권력적 조사활동이라는 점 등을 고려하여 이하에서 행정조사와 관련하여 검토되는 것은 주로 권력적 조사에 관한 것이라는 점을 미리 밝혀 둔다.

2) 행정조사는 궁극적 행정작용의 적정한 수행을 위하여 필요한 자료·정보 등을 수집하기 위한 활동이다. 행정조사의 중심을 이루는 권력적 조사는 그것이 행정목적 수행을 위하여 권력적으로 행하여지는 것이라는 점에서 즉시강제와 공통성이 있다. 그러나 즉시강제는 그 자체가 행정목적의 완결적 수행작용인 데 대하여, 행정조사는 궁극적인 행정작용의 적정한 실현을 위한 예비적·

보조적 활동이라는 점에서 양자는 다르다.

행정조사기본법은 행정조사를 "행정기관이 정책을 결정하거나 직무를 수행하는데 필요한 정보나 자료를 수집하기 위하여 현장조사·문서열람·시료채취 등을 하거나 조사대상자에게 보고요구·자료제출요구 및 출석·진술요구를 행하는 활동"으로 정의하고 있다. 이러한 행정조사기본법상의 행정조사의 관념은 동법의 내용과 관련하여 매우 구체적으로 규정되어 있는 것이기는 하나, 그 기본내용에 있어서는 위의 정의와 다르지 아니하다고 본다.[1]

2. 법적 근거

행정조사 중에서 권력적 조사는 국민의 자유·재산에 대하여 제한적·침익적으로 작용하므로, 그에는 반드시 법적 근거가 필요하다.

우리나라에서는 행정조사에 관한 일반법으로서 행정조사기본법이 제정되어 (2007. 5. 17.) 현재 시행되고 있다. 이 법률에 대하여는 다음에 항을 달리하여 살펴보기로 한다. 이 법률 외에도 다수의 개별법이 행정조사에 관한 규정을 두고 있는바, 경찰관직무집행법(법 3) 풍속영업의 규제에 관한 법률(법 9), 국세징수법(법 26·27), 토지보상법(법 9 내지 13), 식품위생법(법 86)이 그 예이다.

Ⅱ. 행정조사의 종류

1. 권력적 조사와 비권력적 조사

이것은 조사 방법에 따른 분류로서, 권력적 조사는 행정청의 일방적인 명령·강제에 의한 조사를 말하고, 비권력적 조사는 이러한 강제수단을 수반하지 않고, 상대방의 임의적 협력에 따른 조사를 말한다.

2. 조사의 실효성 확보수단에 의한 분류

(1) 실력행사를 수반하는 조사

이것은 직접적으로 개인의 신체 또는 재산에 실력을 가하여 필요한 정보·자료 등을 수집하는 조사방법이다. 실제 행정조사와 관련하여 실력행사를 인정하는 실정법의 예는 매우 드물다(조세범처벌법 8).

---

[1] 저자는 이전에는 행정조사를 권력적 조사에 한정하고 있었다. 그러나 위의 행정조사기본법은 행정조사에 권력적 조사와 비권력적 조사 양자를 포함하고 있으므로, 여기서도 이러한 실정법에 맞추어 행정조사는 양자를 모두 포함하는 것으로 하였다.

(2) 실력행사 이외의 수단에 의한 조사

행정조사의 실효성이 직접적 강제가 아니라 간접적인 제재에 의하여 담보되는 것으로서, ① 벌칙(검사거부죄)에 의하여 담보되는 경우와, ② 기타 제재수단에 의하여 담보되는 경우가 있다(국민기초생활 보장법상의 급여중지).

3. 조사대상에 의한 분류

(1) 대인적 조사

조사대상이 사람인 경우로서, 불심검문·질문·신체수색 등의 방법에 의한다.

(2) 대물적 조사

조상대상이 물건인 경우로서, 장부·서류의 열람, 시설검사, 물품검사·수거 등이 이에 속한다.

(3) 대가택조사

개인의 주거·창고·영업소 등에의 출입·검사 등을 말하며, 대물적 조사가 병행되는 경우가 많다.

4. 개별조사·일반조사

이것은 조사의 범위·목적에 따른 분류이다. 개별조사는 특정의 구체적 사안과 관련하여 행하여지는 것인데 대하여 일반조사는 행정정책수립의 목적을 위한 국민 또는 주민 전체에 대한 조사를 말한다. 경찰관직무집행법(법 3), 국세징수법(법 26·27), 토지보상법(법 9 내지 13) 등의 법률에 기한 조사는 전자에 속하고, 통계법에 의한 통계조사는 후자에 속한다.

Ⅲ. 행정조사의 법적 한계

여기서는 행정조사의 실체법적 한계, 절차문제 및 실력행사 가능성의 문제를 검토한다.

1. 행정조사의 실체법적 한계

행정조사는 법령 및 행정법의 일반원리상의 한계 내에서만 허용된다.

(1) 합법률성원칙

행정조사 중에서 실력행사가 수반되는 경우는 즉시강제와 마찬가지로 법적 근거를 요한다. 그 거부에 대하여 형벌·질서벌이 부과되는 경우에는 그에 관한 법률상의 근거가 있어야 하는 것임은 물론이나, 그 이외의 제재가 과하여지는 경우에 있어서도 법적 근거가 필요한 것인지 여부는 개별적·실질적으로 판단하여야 할 것으로 본다.

행정조사는 수권법의 규정에 위반하지 않아야 하고, 그 한계 내에서만 허용되는 것임은 물론이다.

(2) 목적부합성원칙

행정조사는 수권법상의 구체적 조사목적 이외의 목적을 위하여 행하여서는 안된다. 따라서 범죄수사의 목적으로 행하여지는 행정조사는 위법한 것이다. 또한 특정 피조사자의 선정이 악의 기타 정당하지 않은 동기에 기한 경우에도 위법한 것이 된다. 또한 조사 결과 취득된 개인정보는 당해 행정조사를 위한 목적 이외의 다른 목적으로 사용되어서는 아니 된다 할 것이다.

(3) 비례원칙

비례원칙은 행정작용 전반에 적용되는 행정법상의 원리이다. 이러한 비례원칙에 따라, 행정조사는 행정목적 달성을 위해 적절한 것으로서 합리적이고 필요한 최소한도에 그쳐야 한다.

2. 행정조사의 절차

(1) 행정조사와 영장주의

헌법 제12조 제3항은 "체포·구금·압수·수색에는 … 법관이 발부한 영장을 제시하여야 한다"라고 하고, 동 제16조 후단은 "주거에 대한 압수나 수색에는 … 영장을 제시하여야 한다"라고 규정하고 있다. 이러한 헌법상의 영장주의가 행정조사에도 적용되는가의 문제가 있다.

영장주의는 연혁적으로는 형사사법권의 남용을 억제·방지하려는 데에 그 본래의 취지가 있었던 것이기는 하나, 행정조사로 인한 국민의 권익의 침해가능성도 형사사법권의 행사로 인한 경우에 못지않다는 점을 고려하면, 행정조사가 형사소추절차가 아니라는 이유만으로 영장주의를 배제할 수는 없다 할 것이다.

그러한 점에서 행정조사가 형사소추절차로 이행되는 경우(예컨대, 국세범칙사건의 조사)에는 당연히 영장이 필요하다고 보며, 기타 권력적 행정조사에 있어서도 원칙적으로 영장을 필요로 하나, 영장을 기다려서는 적시에 적정한 조사가 행해질 수 없는 경우에는 그 예외가 인정된다고 할 것이다.[1]

---

1) 대법원은 음주운전 여부에 대한 조사 과정에서 운전자 본인의 동의를 받지 아니하고 또한 법원의 영장도 없이 채혈조사를 한 결과를 근거로 한 운전면허 정지·취소 처분은

(2) 행정조사의 일반적 절차

1) 행정조사에 대하여 규정하고 있는 법률은 일반적으로 관계 공무원이 그 권한을 표시하는 증표를 휴대·제시해야 할 의무를 규정하고 있는 것이 보통인 바, 그러한 규정이 없는 경우에도 증표제시의무는 있다 할 것이다. 왜냐하면 증표의 제시에 의하여 당해 공무원은 행정조사를 할 수 있는 정당한 권한이 있음을 입증하게 되며, 그에 따라 상대방에게는 행정조사에 대한 구체적 수인의무가 발생하게 되기 때문이다.

2) 행정조사의 근거법은 또한 조사의 목적·일시·장소·범위 등에 관한 사전통지와 조사이유의 고지에 관하여 규정하고 있는 것이 보통이나, 이들 요건이 규정되어 있지 않은 경우에도 그러한 절차가 요구되는가의 문제가 있다. 이 문제는 행정조사가 추구하는 공익의 내용, 조사대상인 정보의 성질·종류나 불의조사의 필요성 등에 비추어 개별적으로 검토하여야 할 것으로 본다.

3) 행정조사는 합리적 시간대, 즉 원칙적으로 일출시부터 일몰시까지 또한 영업시간 내에 실시되어야 한다.

3. 실력행사의 가능성

적법한 행정조사를 위한 출입·검사·질문 등에 대하여 상대방은 수인의무가 있어 그에 따라야 하나, 상대방이 이를 거부하는 경우에 실력행사에 의하여 필요한 행정조사를 할 수 있는가가 문제된다. 질문의 경우에는 그 성질상 실력행사가 허용되지 않는다. 그 밖의 경우에도 현행법은 출입이나 검사거부에 대하여는 대체로 벌칙(대부분은 과태료)을 두거나 기타 불이익처분을 정하고 있는 바, 이는 조사의 실효성을 확보하려는 데에 그 취지가 있다고 보아야 할 것이다. 따라서 관계법에 명시적 규정이 없는 경우에는, 행정청은 실력으로 상대방의 저항을 배제하고 필요한 조사를 할 수는 없다고 본다.[1]

위법한 처분이라고 판단하였다. 음주운전 중 교통사고를 야기한 후 운전자가 의식불명 상태에 빠져 있는 등으로 호흡조사에 의한 음주측정이 불가능하고 채혈에 대한 동의를 받을 수도 없으며 법원으로부터 감정처분허가장이나 사전 압수영장을 발부받을 시간적 여유도 없는 긴급한 상황이 발생한 경우에는 사전 영장 없이 혈액을 채취하여 압수할 수 있으나 이 경우에도 형사소송법에 따라 사후에 지체 없이 법원으로부터 압수영장을 받아야 한다(대판 2016. 12. 27, 2014두46850).

1) 동지: 김남진, 행정법(Ⅰ), p. 425; 류지태, 행정법, p. 279. 반대견해: 홍정선, 행정법(상), p. 457.

Ⅳ. 행정조사에 대한 구제

1. 적법한 행정조사에 대한 구제

행정조사로 인하여 귀책사유 없이 특별한 손해를 받은 국민은, 그것이 적법한 경우에도 그로 인한 손실의 전보를 청구할 수 있다. 예컨대, 토지수용을 위한 출입조사에 따르는 손실의 보상(토지보상법 27③)이 그것이다.

2. 위법한 행정조사에 대한 구제

이 문제는 내용적으로 다음의 3단계로 나누어 고찰할 수 있다.

(1) 위법한 행정조사가 행하여지려고 하는 경우

이 경우 이해관계인은 예방적 금지소송을 제기하여 이를 저지할 수 있을 것이다. 다만, 이 소송은 우리나라에서는 무명항고소송으로 학설상 거론되고 있기는 하나, 아직 판례상으로는 인정되고 있지 않다.

(2) 관계인의 거부로 조사가 실시되지 못한 경우

거부에 대한 제재로서 관계인에게 형벌이 부과되는 경우에는, 관계인은 형사소송에서 조사의 위법성항변을 할 수 있을 것이다.

형벌 이외의 제재처분이 과하여진 경우에는, 관계인은 행정조사의 위법성을 이유로 그 처분의 취소를 청구할 수 있을 것이다.

(3) 조사실시단계

1) 조사가 진행되고 있는 경우   이 경우 관계인은 그 위법성을 이유로 당해 조사의 취소소송을 제기할 수 있을 것이다. 다만 이 경우 행정조사는 사실행위라는 점에서 행정소송법상의 처분성이 인정되는가의 문제가 있으나, 행정소송법은 '처분등'의 관념을 광의로 '구체적 사실에 관한 법집행으로서의 공권력의 행사 또는 거부와 그 밖에 이에 준하는 행정작용'이라고 정의하고 있으므로, 그 처분성 인정에는 일단 문제가 없다고 본다.[1]

---

1) 세무조사결정의 처분성을 인정한 판례
　　"부과처분을 위한 과세관청이 질문조사권이 행해지는 세무조사결정이 있는 경우 납세의무자는 세무공무원의 과세자료 수집을 위한 질문에 대답하고 검사를 수인하여야 할 법적 의무를 부담하게 되는 점, 세무조사는 기본적으로 적정하고 공평한 과세의 실현을 위하여 필요한 최소한의 범위 안에서 행하여져야 하고, 더욱이 동일한 세목 및 과세기간에 대한 재조사는 납세자의 영업의 자유 등 권익을 심각하게 침해할 뿐만 아니라 과세관청에 의한 자의적인 세무조사의 위협마저 있으므로 조세공평의 원칙에 현저히 반하는 예외적인 경우를 제외하고는 금지될 필요가 있는 점, 납세의무자로 하여금 개개의 과태료 처분에 대하여 불복하거나 조사 종료 후의 과세처분에 대하여만 다툴 수 있도록 하는 것보다는 그에 앞선 세무조사결정에 대하여 다툼으로써 분쟁을 조기에

2) 조사가 종료된 경우   이 경우 그로 인하여 신체·재산상의 손해를 받은 국민은 손해의 배상을 청구할 수 있다.

위법한 행정조사에 이어 그를 기초로 하여 제재적 처분이 행해진 경우에, 행정조사의 위법성을 이유로 당해 처분의 취소를 구할 수 있을 것인지 여부의 문제는, 이를 단적으로 긍정 또는 부정하기는 어려운 것으로 보인다.

Ⅴ. 위법한 행정조사와 행정행위의 효력

행정조사는 일반적으로는 행정에 의한 정보수집의 수단으로 행해지는 것으로서, 그 결과 행정처분이 행해지는 경우도 있고, 그 자체로 종결되는 경우도 있다. 그러한 한도에서는 행정조사는 상대적이기는 하나 독자적 제도로서의 성질을 가지는 것으로서, 행정조사의 위법사유가 당연히 행정행위의 위법사유를 구성하는 것은 아니라 할 것이다. 그러나 행정조사와 행정처분은 하나의 과정을 구성하는 것이므로, 적정절차의 관점에서 행정조사에 중대한 위법사유가 있는 때에는 이를 기초로 한 행정행위도 위법한 행위로 된다고 할 것이다.[1] 대법원은 최근 세무조사과정의 위법이 과세처분의 위법성에 영향을 끼치는지에 관하여 "세무조사대상 선정사유가 없음에도 세무조사대상으로 선정하여 과세자료를 수집하고 그에 기하여 과세처분을 하는 것은 적법절차의 원칙을 어기고 구 국세기본법 제81조의5와 제81조의3 제1항을 위반한 것으로서 특별한 사정이 없는 한 과세처분은 위법하다(대판 2014. 6. 26, 2012두911)"고 판시한 바 있다.

근본적으로 해결할 수 있는 점 등을 종합하면 세무조사결정은 납세의무자의 권리·의무에 직접 영향을 미치는 공권력의 행사에 따른 행정작용으로 항고소송의 대상이 된다고 할 것이다"(대판 2011. 3. 11, 2009두23617).

진실규명결정의 처분성을 인정한 판례

"진실·화해를 위한 과거사정리 기본법에 따른 진실규명결정은 피해자 등에게 명문으로 진실규명 신청권, 진실규명결정 통지 수령권 및 진실규명결정에 대한 이의신청권 등이 부여된 점, 진실규명규정이 이루어지면 그 결정에서 규명된 진실에 따라 국가가 피해자 등에 대하여 피해 및 명예회복 조치를 취할 법률상 의무를 부담하게 되는 점, 과거사정리위원회가 위와 같은 법률상 의무를 부담하는 국가에 대하여 피해자 등의 피해 및 명예 회복을 위한 조치로 권고한 사항에 대한 이행의 실효성이 법적·제도적으로 확보되고 있는 점 등 여러 사정을 종합하여 보면, 국민의 권리의무에 직접적으로 영향을 미치는 행위로서 항고소송의 대상이 되는 행정처분이라고 봄이 상당하다"(대판 2013. 1. 16, 2010두22856).

1) 鹽野 宏, 行政法 Ⅰ, 1994, p. 219.

제2항 행정조사기본법

이 법률은 2007. 5. 17에 제정되어 같은 해 8. 18부터 실시되고 있는 것으로 전문 29개조의 비교적 간단한 법률이다. 이 법률은 그 목적과 정의 규정 외에 그 적용범위, 행정조사의 기본원칙, 조사계획의 수립·조사대상자의 선정, 조사방법, 조사실시 및 자율관리체제에 관하여 규정하고 있다. 다음에서 이들 내용을 간단히 살펴보기로 한다.

I. 목적 및 적용범위

1. 목적 및 성격

이 법은 행정조사에 관한 기본원칙·행정조사의 방법 및 절차 등에 관한 공통적인 사항을 규정함으로써 행정의 공정성·투명성 및 효율성을 높이고 국민의 권익을 보장함을 목적으로 하고 있다(법 1).

이 법은 "행정조사에 관하여 다른 법률에 특별한 규정이 있는 경우를 제외하고는 이 법으로 정하는 바에 따른다"고 규정하여(동법 3①) 동법이 행정조사에 관한 일반법임을 밝히고 있다. 다른 한편 동법은 조사대상자의 자발적인 협조에 따라 실시되는 행정조사 외에는 "행정기관은 행정조사를 규정하고 있는 경우에 한하여 행정조사를 실시할 수 있다"(동법 5)고 하여 동법이 권력적 행정조사의 작용법적 근거가 되지는 아니하는 것임을 또한 밝히고 있다.

전술한 바를 종합하면 행정조사에 관한 일반법으로서 행정조사기본법은 권력적 행정조사의 작용법적 근거가 되는 것은 아닌 것으로서, 행정조사에 관한 몇 가지 기본원칙을 제외하면, 동법은 기본적으로 행정조사의 절차·방법에 관하여 규정하는 데 그치고 있는 것이다.

2. 적용범위

전술한 바와 같이 행정조사기본법은 행정조사의 절차·방법에 관한 일반적 사항을 규정하고 있는 것으로서, 이러한 내용의 행정조사기본법은 다른 법에 특별한 규정이 없는 한, 권력적 또는 비권력적 행정조사에 적용되게 된다. 그러나 동법은 다음의 사항에는 적용되지 아니하는바, 그것은 ① 행정조사를 한다는 사실이나 조사내용이 공개될 경우 국가의 존립을 위태롭게 하거나 국가의 중대한 이익을 현저히 해칠 우려가 있는 국가안전보장·통일 및 외교에 관한 사항, ② 국방 및 안전에 관한 다음의 사항, 즉 ⓐ 군사시설·군사기밀보호 또는 방위사업에 관한 사항, ⓑ 병역법·향토예비군설치법·민방위기본법·비상대비자원 관리법에 따른 징집·소집·동원 및 훈련에 관한 사항, ③ 공공기관의 정보공개에 관한 법률 제4조 제3항의 정보에 관한 사항, ④ 근로기준법 제101조에 따른 근로감독관의 직무에 관한 사항, ⑤ 조세·형사·행형 및 보안처분에 관한 사항, ⑥ 금융감독기관의 감독·검사·조사 및 감리에 관한 사항, ⑦ 독점규제 및 공정거래에 관한 법률, 표시·광고의 공정화에 관한 법률, 하도급거래 공정화에 관한 법률, 가맹사업거래의 공정화에 관한 법률, 방문판매 등에 관한 법률, 전자상거래 등에서의 소비자보호에 관한 법률, 약관의 규제에 관한 법률 및 할부거래에 관한 법률에 따른 공정거래위원회의 법률위반행위 조사에 관한 사항이다.

Ⅱ. 행정조사의 의의 및 기본원칙

1. 의 의

행정조사란 행정기관이 정책을 결정하거나 직무를 수행하는 데 필요한 정보나 자료를 수집하기 위하여 현장조사·문서열람·시료채취 등을 하거나 조사대상자에게 보고요구·자료제출요구 및 출석·진술요구를 행하는 활동을 말한다(동법 2i).

2. 행정조사의 기본원칙

행정조사기본법은 제4조에서 다음의 6개 항목의 행정조사의 기본원칙을 규정하고 있다.

1) 동조 제1항은 행정조사는 조사목적을 달성하는 데 필요한 최소한도의 범위 안에서 실시하여야 하며, 다른 목적 등을 위하여 조사권을 남용하여서는 아니된다고 규정하고 있다. 이것은 앞에서 검토한 불문법원칙으로서의 비례원칙 및 목적부합성원칙이 명문으로 규정된 것이다.

2) 동조 제2항은 행정기관은 조사목적에 적합하도록 조사대상자를 선정하여 행정조사를 실시하여야 한다고 규정하고 있는바, 이것도 내용적으로는 목적부합성원칙이 규정된 것으로 본다.

3) 동조 제3항은 행정기관은 유사하거나 동일한 사안에 대하여는 공동조사를 실시함으로써 행정조사가 중복되지 아니하도록 하여야 한다고 규정하고 있

는바, 이것은 행정이 효율성의 제고 및 국민의 권익의 보호와의 관련에서 그 기본적 의미를 찾을 수 있다고 본다. 이 원칙은 동법 제14조에 구체화되어 있다.

　　4) 동조 제4항은 행정조사는 법령 등의 위반에 대한 처벌보다는 법령 등을 준수하도록 유도하는데 중점을 두어야 한다고 규정하고 있는바, 이것은 궁극적 제재를 수반하는 행정조사도 행정의무준수를 위한 간접적 강제수단으로서 기능할 수 있는 것임을 밝히고 있는 점에서 특히 의미가 있다고 할 것이다.

　　5) 동조 제5항은 다른 법률에 따르지 아니하고는 행정조사의 대상자 또는 행정조사의 내용을 공표하거나 직무상 알게 된 비밀을 누설하여서는 아니된다고 규정하고 있다. 위법한 영업활동 등에 관한 행정조사의 결과를 공표할 수 있는 것인가에 대하여는 견해가 갈릴 소지도 있는 것으로 보이나, 행정조사기본법은 이를 명문으로 금지하고 있는 것이다.

　　6) 동조 제6항은 원래의 조사목적 이외의 용도를 위한 행정조사에 따른 정보의 이용을 금하고 있는바, 이것은 목적부합성의 원칙이 표명된 것이라 할 수 있다.

Ⅲ. 조사의 주기 및 조사대상의 선정

1. 조사의 주기

행정조사는 법령 등 또는 행정조사운영계획으로 정하는 바에 따라 정기적으로 실시함을 원칙으로 한다. 다만, 다음의 경우에는 수시조사를 할 수 있는바, 그것은 ① 법률에서 수시조사를 규정하고 있는 경우, ② 법령 등의 위반에 대하여 혐의가 있는 경우, ③ 다른 행정기관으로부터 법령 등의 위반에 관한 혐의를 통보 또는 이첩받은 경우, ④ 법령 등의 위반에 대한 신고를 받거나 민원이 접수된 경우와 ⑤ 그 밖에 행정조사의 필요성이 인정되는 사항으로서 대통령령으로 정하는 경우이다(법 7).

2. 조사대상의 선정

행정기관의 장은 행정조사의 목적, 법령준수의 실적, 자율적인 준수를 위한 노력, 규모와 업종 등을 고려하여 명백하고 객관적인 기준에 따라 행정조사의 대상을 선정하여야 한다(동법 8①). 조사대상자는 조사대상 선정기준에 대한 열람을 행정기관의 장에게 신청할 수 있다(동조 ②).

Ⅳ. 조사방법

행정조사기본법은 조사방법으로서 출석·진술요구, 보고요구·자료제출의 요구, 현장조사, 시료채취, 공동조사, 중복조사의 제한 등을 규정하고 있다.

1. 출석·진술요구

행정기관의 장이 조사대상자의 출석·진술을 요구하는 때에는, ① 일시와 장소, ② 출석요구의 취지, ③ 출석하여 진술하여야 하는 내용, ④ 제출자료, ⑤ 출석거부에 대한 제재(근거 법령 및 조항 포함), ⑥ 그 밖에 행정조사와 관련하여 필요한 사항이 기재된 출석요구서를 발송하여야 한다(동법 9①).

조사대상자는 출석일시에 출석하는 경우 업무 또는 생활에 지장이 있는 때에는 행정기관의 장에게 출석일시를 변경하여 줄 것을 신청할 수 있으며, 행정기관의 장은 행정조사의 목적을 달성할 수 있는 범위 안에서 출석일시를 변경할 수 있다(동조 ②). 조사원은 원칙적으로 조사대상자의 1회 출석으로 당해 조사를 종결하여야 한다(동조 ③).

2. 보고요구·자료제출요구

(1) 보고요구

행정기관의 장은 조사대상자에게 조사사항에 대하여 보고를 요구하는 때에는 ① 일시와 장소, ② 조사의 목적과 범위, ③ 보고하여야 하는 내용, ④ 보고거부에 대한 제재(근거법령 및 조항 포함), ⑤ 그 밖에 당해 행정조사와 관련하여 필요한 사항이 포함된 보고요구서를 발송하여야 한다(동법 10①).

(2) 자료제출요구

행정기관의 장은 조사대상자에게 장부·서류나 그 밖의 자료를 제출하도록 요구하는 때에는, ① 제출기한, ② 제출요청사유, ③ 제출서류, ④ 제출서류의 반환 여부, ⑤ 제출거부에 대한 제재(근거 법령 및 조항 포함), ⑥ 그 밖에 당해 행정조사와 관련하여 필요한 사항이 기재된 자료제출요구서를 발송하여야 한다(동조 ②).

행정기관의 장은 인터넷 등 정보통신망을 통하여 조사대상자로 하여금 자료의 제출 등을 하게 할 수 있다(동법 28①).

3. 현장조사

조사원이 가택·사무실 또는 사업장 등에 출입하여 현장조사를 실시하는 경우에는 행정기관의 장은 ① 조사목적, ② 조사기간과 장소, ③ 조사원의 성명과 직위, ④ 조사범위와 내용, ⑤ 제출자료, ⑥ 조사거부에 대한 제재(근거법령 및 조항 포함), ⑦ 그 밖에 당해 행정조사와 관련하여 필요한 사항이 기재된 현장출입조사서 또는 법령 등에서 현장조사시 제시하도록 규정하고 있는 문서를 조사대상자에게 발송하여야 한다(동법 11①).

위의 조사는 해가 뜨기 전이나 해가 진 뒤에는 할 수 없다. 다만 다음의 경우, 즉 ① 조사대상자가 동의한 경우, ② 사무실 또는 사업장 등의 업무시간에 행정조사를 실시하는 경우, ③ 해가 뜬 후부터 해가 지기 전까지 행정조사를 실시하는 경우에는 조사목적의 달성이 불가능하거나 증거인멸로 인하여 조사대상자의 법령 등의 위반 여부를 확인할 수 없는 경우에는 그러하지 아니하다(동조 ②).

현장조사를 하는 조사원은 그 권한을 나타내는 증표를 지니고 이를 조사대상자에게 내보여야 한다(동조 ③).

4. 시료채취

조사원이 조사목적의 달성을 위하여 시료채취를 하는 경우에는 그 시료의 소유자 및 관리자의 정상적인 경제활동을 방해하지 아니하는 범위 안에서 최소한도로 하여야 한다(동법 12).

5. 공동조사

행정기관의 장은 다음 각호의 어느 하나에 해당하는 행정조사를 하는 경우에는 공동조사를 하여야 하는바, 그것은 ① 당해 행정기관 내의 2 이상의 부서가 동일하거나 유사한 업무분야에 대하여 동일한 조사대상자에게 행정조사를 실시하는 경우, ② 서로 다른 행정기관이 대통령령으로 정하는 분야에 대하여 동일한 조사대상자에게 행정조사를 실시하는 경우이다(동법 14①).

6. 중복조사의 제한

법 제7조에 따라 정기조사 또는 수시조사를 실시한 행정기관의 장은 동일한 사안에 대하여 동일한 조사대상자를 재조사하여서는 아니된다. 다만, 당해 행정기관이 이미 조사를 받은 조사대상자에 대하여 위법행위가 의심되는 새로운 증거를 확보한 경우에는 그러하지 아니하다(동법 15①).

V. 조사실시

1. 개별조사계획의 수립

행정조사를 실시하고자 하는 행정기관의 장은 제17조에 따른 사전통지를 하기 전에 개별조사계획을 수립하여야 한다. 다만, 행정조사의 시급성으로 행정조사계획을 수립할 수 없는 경우에는 행정조사에 대한 결과보고서로 개별조사계획을 갈음할 수 있다(동법 16①).

개별조사계획에는 조사의 목적·종류·대상·방법 및 기간, 그 밖에 대통령령으로 정하는 사항이 포함되어야 한다.

2. 조사의 사전통지

행정조사를 실시하고자 하는 행정기관의 장은 행정조사기본법 제9조에 따른 출석요구서, 제10조에 따른 보고요구서·자료제출요구서 및 제11조에 따른 현장출입조사서("출석요구서등")를 조사개시 7일 전까지 조사대상자에게 서면으로 통지하여야 한다. 다만, ① 행정조사를 실시하기 전에 관련 사항을 미리 통지하는 때에는 증거인멸 등으로 행정조사의 목적을 달성할 수 없다고 판단되는 경우, ② 통계법 제3조 제2호에 따른 지정통계의 작성을 위하여 조사하는 경우 및 ③ 조사대상자의 자발적인 협조를 얻어 실시하는 행정조사의 경우에는 행정조사의 개시와 동시에 출석요구서등을 조사대상자에게 제시하거나 행정조사의 목적 등을 조사대상자에게 구두로 통지할 수 있다(동법 17①).

3. 조사의 연기신청

출석요구서등을 통지받은 자가 천재지변이나 그 밖에 대통령령으로 정하는 사유로 인하여 행정조사를 받을 수 없는 때에는 당해 행정조사를 연기하여 줄 것을 행정기관의 장에게 요청할 수 있다. 이 경우 조사대상자는 연기기간과 사유가 포함된 연기신청서를 행정기관의 장에게 제출하여야 한다(동법 18①②).

연기요청을 받은 행정기관의 장은 그 요청을 받은 날부터 7일 이내에 조사의 연기 여부를 결정하여 조사대상자에게 통지하여야 한다(동조 ③).

4. 제3자에 대한 보충조사

행정기관의 장은 조사대상자에 대한 조사만으로는 당해 행정조사의 목적을 달성할 수 없거나 조사대상이 되는 행위에 대한 사실 여부 등을 입증하는 데 과도한 비용 등이 소요되는 경우로서 다른 법률에서 제3자에 대한 조사를 허용하고 있는 경우 또는 제3자의 동의가 있는 경우에는 제3자에 대하여 보충조사를 할 수 있다(동법 19①).

5. 자발적인 협조에 의한 행정조사

행정기관의 장이 조사대상자의 자발적인 협조를 얻어 행정조사를 실시하고자 하는 경우 조사대상자는 문서·전화·구두 등의 방법으로 당해 행정조사를 거부할 수 있다. 조사대상자가 조사에 응할 것인지에 대한 응답을 하지 아니하는 경우에는 원칙적으로 그 조사를 거부한 것으로 본다(동법 20①②).

6. 조사원의 교체신청

조사대상자는 조사원에게 공정한 행정조사를 기대하기 어려운 사정이 있다고 판단되는 경우에는, 그 이유를 명시한 서면으로 행정기관의 장에게 조사원의 교체를 신청할 수 있다(동법 22①②).

행정기관의 장은 위의 신청이 타당하다고 인정되는 경우에는 다른 조사원으로 하여금 행정조사를 하게 하여야 한다(동조 ④).

7. 조사권 행사의 제한

(1) 추가조사

조사원은 행정조사기본법 제9조부터 제11조에 따라 사전에 발송된 사항에 한하여 조사대상자를 조사하되, 사전통지한 사항과 관련된 추가적인 행정조사가 필요할 경우에는 조사대상자에게 추가조사의 필요성과 조사내용 등에 관한 사항을 서면이나 구두로 통보한 후 추가조사를 실시할 수 있다(동법 23①).

(2) 전문가의 입회 등

조사대상자는 법률·회계 등에 대하여 전문지식이 있는 관계 전문가로 하여금 행정조사를 받는 과정에 입회하게 하거나 의견을 진술하게 할 수 있다(동조 ②).

(3) 행정조사과정의 녹음 등

조사대상자와 조사원은 조사과정을 방해하지 아니하는 범위 안에서 행정조사의 과정을 녹음하거나 녹화할 수 있다(동조 ③).

8. 조사결과의 통지

행정기관의 장은 행정조사의 결과를 확정한 날부터 7일 이내에 그 결과를 조사대상자에게 통지하여야 한다(동법 24).

Ⅵ. 자율신고 및 자율관리체제

1. 자율신고제도

1) 행정기관의 장은 법령 등에서 규정하고 있는 조사사항을 조사대상자로 하여금 스스로 신고하도록 하는 제도를 운영할 수 있다(동법 25①).

2) 행정기관의 장은 조사대상자가 신고한 내용이 거짓의 신고라고 인정할 만한 근거가 있거나 신고내용을 신뢰할 수 없는 경우를 제외하고는 신고내용을 행정조사에 갈음할 수 있다(동조 ②).

2. 자율관리체제의 구축

1) 행정기관의 장은 조사대상자가 자율적으로 행정조사사항을 신고·관리하고, 스스로 법령준수사항을 통제하도록 하는 체제("자율관리체제")의 기준을 마련하여 고시할 수 있다(동법 26①).

2) 조사대상자 또는 조사대상자가 법령 등에 따라 설립하거나 자율적으로 설립한 단체 또는 협회는 위의 기준에 따라 자율관리체제를 구축하여 행정기관의 장에게 신고할 수 있다(동조 ②).

3. 자율신고·관리의 혜택

행정기관의 장은 자율신고를 하는 자와 자율관리체제를 구축하고 그 기준을 준수한 자에 대하여 법령 등으로 규정한 바에 따라 행정조사의 감면 또는 행정·세제상의 지원을 하는 등 필요한 혜택을 부여할 수 있다(동법 27).

제5장 행정벌

제1절 개 설

Ⅰ. 의 의

행정벌이란 행정법상의 의무위반에 대하여 일반통치권에 의거하여 과하는 제재로서의 벌을 말한다. 행정벌이 과하여지는 의무위반행위를 행정범이라 한다. 행정법규는 행정목적을 달성하기 위하여 국민에게 각종의 행정의무를 과하고, 그 실효성을 확보하기 위하여 그 위반에 대한 제재를 규정하고 있다.

행정벌은 형식적으로는 과거의 의무위반에 대한 제재로서 과하여지는 것이라는 점에서, 장래에 향하여 행정상의 의무이행을 확보하기 위하여 행해지는 행정상 강제집행과는 구별된다. 그러나 행정벌은, 의무를 위반하면 그에 대하여 궁극적으로 제재가 가하여질 것이라는 심리적 압박에 의하여 그 의무이행을 간접적으로 강제하고 확보하려는 것이라는 점에서, 행정상 강제집행의 보완 내지는 대체수단으로서의 의미를 가진다.

우리나라의 경우 행정상 강제집행의 일반적 수단으로서는 대집행만이 인정되고 있으므로, 비대체적 작위의무나 부작위의무의 불이행에 대하여 개별법상에 특별한 규정이 없는 경우, 행정벌은 그 이행확보를 위한 수단으로서 중요한 의미를 가지고 있다. 그러나 행정벌의 강제효과는 간접적인 것에 그치는 것이고 집행벌(이행강제금)과는 달리, 그 이중처벌금지원칙에 따라 동일 사실에 대하여 반복하여 부과될 수는 없다는 제한이 있으며, 특히 벌금형에 있어서는 행정의무를 위반함으로써 얻는 경제적 이익이 현저히 큰 때에는 그 위하효과·강제효과는 매우 제한된다는 등의 요인들이 행정상 의무확보수단으로서의 행정벌의 실효성을 제약하고 있다.

Ⅱ. 성 질

행정벌은 징계벌·집행벌·형사벌과 구별된다.

1. 행정벌과 징계벌

징계벌은 특별행정법관계에서 그 내부질서를 유지하기 위하여 질서문란자에 대해 과하는 제재이다. 따라서 그것은 행정벌과는 처벌의 목적, 권력의 기초 등에서 차이가 있다. 따라서 특별행정법관계에서의 질서문란행위가 동시에 반사회성을 띠는 경우에는 징계벌과 행정벌을 병과할 수 있다.

2. 행정벌과 집행벌(이행강제금)

행정벌은 형식적으로 과거의 의무위반에 대하여 그 제재로서 과하는 벌이나, 집행벌은 행정의무 불이행에 대하여 장래에 향하여 그 이행을 확보하기 위하여 과하는 금전부담으로서 행정상 강제집행의 한 수단이다. 그러나 양자는 모두 궁극적 제재라는 심리적 압박에 의하여 행정상 의무이행을 확보하는 것이라는 점에서는 공통성이 있다.

3. 행정벌과 형사벌

행정벌에는, 형법상의 형벌을 그 제재로서 과하는 행정형벌과 형법상의 형벌이 아닌 제재가 과하여지는 행정질서벌이 있다.

행정형벌이나 형사벌은 양자 모두 형벌을 그 제재로서 과하는 것이라는 점에서 공통적인바, 그럼에도 불구하고 양자를 구별하여야 할 것인지 여부 내지는 그 구별기준에 관하여 여러 가지로 견해가 갈리고 있다.

(1) 부 정 설

형사벌이나 행정벌이나 모두 제재로서 형벌이 과하여진다는 점에서 양자는 차이가 없다고 보는 견해로서, 일부 형법학자들의 견해이다. 예컨대「트롭스」는 행정범과 형사범의 질적 차이를 부정하고, 양자간에는 오직 경미사범과 중대사범이라는 양적 차이밖에 없다고 한다.[1] 이러한 부정설의 입장에서는 실정법상 행정벌에 대한 특별규정은 다만 입법정책적 표현에 불과한 것으로 보게 된다.

[1)]「트롭스」는 법익관념이 불확실하고 일의적이 아닌 것이어서, 이를 기초로 하여 실질적 위법관념을 논하는 것은 무의미하다고 본다. 따라서 범죄에 있어 중요한 것은 법규위반인 형식적 위법만이며, 이것은 행정범과 형사범에 공통된다고 한다.

(2) 긍 정 설

양자의 구별을 인정하는 것이 일반적 견해이나, 구체적으로 그 구별기준에 관하여는 피침해이익의 성질을 기준으로 하는 견해와 피침해규범의 성질을 기준으로 하는 견해가 있는바, 후자가 통설이다.

1) 피침해이익의 성질을 기준으로 하는 견해   「골트슈미트」는 행정범의 실질적 요소로서 공공복리의 침해를 들면서, 그것은 다만 하나의 이상인 공공복리를 목적으로 하는 행정에 대하여 협조를 태만히 한 것일 뿐, 형사범에 있어서의 법익침해와는 다른 것으로 보고 있다. 행정범의 구성요건에 있어 문제가 되는 것은 전적으로 행정의사에 반하는 위반행위라는 형식적 요소일 따름이라는 점에서 형사벌과 행정벌은 구별된다는 것이다.

그러나 이 설은, 공공복리도 국가와 국민의 이익으로서 법적으로 보호된 이익, 즉 법익이라는 점을 간과하고 있다.

2) 피침해규범의 성질을 기준으로 하는 견해   이 견해에 의하면, 형사범은 그 반도덕성 · 반사회성이 국가의 명령 · 금지를 기다릴 필요도 없이 명백한 행위, 즉 자연범인 데 대하여, 행정범은 그 자체는 반도덕성 · 반사회성을 띠지 아니하고, 특정한 행정목적 실현을 위한 국가의 명령 · 금지에 위반함으로써 비로소 범죄로서 처벌되는 행위, 즉 법정범이라는 것이다.[1]

3) 결 어   국가적 · 사회적 생활에 있어서 생활질서는 기본적 생활질서 (현대 시민사회의 기본적 생활구조를 규제하는 질서)와, 그와 관련이 있으나 직접 결합되지는 않는 파생적 생활질서로 일단 구분할 수 있을 것이다. 그에 따라 기본적 생활질서에 위반하는 행위가 형사범이고, 파생적 생활질서에 위반하는 행위가 행정범이라 할 수 있다.

기본적 생활질서는 시민사회의 기본적 생활을 규제하는 것이므로, 그러한 질서에 위반하는 행위는 사회윤리적으로도 비난받는 것이다. 이에 대하여 파생적 생활질서는 특정 행정 · 정책적 목적에 따라 형성되고, 기본적 생활질서를 외곽에서 보호 · 조장하는 것으로, 그에 위반하는 행위의 반도덕성 · 반사회성은 법률의 제정에 의하여 비로소 승인되는 것이 원칙이다.

다만 행정범도 시간의 경과에 따라 그 반사회성 · 반도덕성의 인식이 국민

---

1) 도로교통법은 차량의 도로의 중앙 우측통행의무를 규정하고(법 13③), 그 위반에 대하여는 벌칙을 두고 있다. 이것은 교통의 안전확보라는 행정목적을 달성하기 위한 기술적 규정의 실효성을 확보하기 위한 제재인 것이고, 차량의 좌측통행이 반도덕적이라는 이유에 기한 제재는 아닌 것이다. 예컨대 일본이나 영국은 도로에서의 차량의 좌측통행의무를 정하고 있다.

일반에 형성되는 경우에는 형사범으로 전화될 수 있다는 점에서, 양자의 구별
은 상대적·유동적인 것이다. 그러나 비록 상대적이기는 하지만 형사범에 있어
서는 그 반사회성·반윤리성이 법규 이전에 존재하는 데 대하여, 행정범은 법률
의 제정에 의하여 비로소 그러한 성격이 승인된다는 점에서 양자사이에는 성질
상의 차이가 인정된다고 하겠다.

Ⅲ. 행정벌의 근거

1. 법 률

행정벌도 처벌이라는 점에서는 형사벌과 다르지 않다. 따라서 죄형법정주
의에 따라 행정벌에도 반드시 법률의 근거가 있어야 한다.

실제 다수의 행정법규가 행정벌에 관하여 규정하고 있으나, 행정벌 일반에
관한 총칙적 규정은 없고, 각 단행법이 당해 행정벌의 특수성을 고려하여 형사
벌에 대한 특칙을 두고 있을 뿐이다.[1]

2. 명 령

법률은 행정벌의 벌칙을 명령에 위임할 수 있으나, 일반적 위임은 허용되
지 않고 '구체적으로 범위를 정하여' 위임하여야 한다(헌법 75). 즉, 범죄구성요
건 해당행위의 기준 및 행정벌의 최고한도는 반드시 법률에서 규정하여야 한다.

3. 조 례

지방자치단체는 조례로써, 일반적으로 조례위반행위에 대하여 천만원 이하
의 과태료의 벌칙을 정할 수 있고(지방자치법 27①), 또한 사기 기타 부정수단으
로 사용료·수수료·분담금의 징수를 면한 자 및 공공시설을 부정사용한 자에
대하여 일정액의 과태료의 벌칙을 정할 수 있다(동법 139②).

Ⅳ. 행정벌의 종류

행정벌은 행정분야에 따라 경찰벌·재정벌·군정벌·공기업벌 등으로 나눌
수 있다. 행정벌은 또한 그 성질에 따라 행정형벌과 행정질서벌로 나누어진다.

---

1) 현재 1,000개 이상의 개별법이 행정벌·행정질서벌을 규정하고 정도의 차이는 있으
나 형사벌에 대한 특칙을 규정하고 있다.

1. 행정형벌

형법에 형명이 있는 형벌(사형·징역·금고·자격상실·자격정지·벌금·구류·과료·몰수)이 과하여지는 행정벌이며, 행정벌의 대부분은 이에 속한다. 이러한 행정형벌에는 특별한 규정이 있는 경우를 제외하고는 형법총칙이 적용된다(형법 8).

2. 행정질서벌

행정질서벌은 형법에 형명이 없는 과태료가 과하여지는 행정벌이다. 이것은 국가의 법령에 근거한 것과 지방자치단체의 조례에 근거한 것으로 나눌 수 있다.

제2절 행 정 벌

I. 행정형벌과 형법총칙의 적용

행정범은 상대적이기는 하나 형사범과는 그 성질상 차이가 있음은 전술한 바와 같다.

행정벌에 관하여는 총칙적 규정이 없다는 점과 관련하여 형법상 형명이 있는 벌이 과하여지는 행정벌, 즉 행정형벌에 있어 형법총칙이 어느 범위까지 적용되는가의 문제가 제기된다.

형법 제8조는 "본법 총칙은 타법령에 정한 죄에 적용한다. 단, 그 법령에 특별한 규정이 있는 때에는 예외로 한다"고 규정하고 있으므로, 행정범에 대하여도 원칙적으로는 형법총칙이 적용되는 것이나, 그 특성을 고려하여 관계 행정법규에 '특별한 규정'이 있는 경우에는 그 한도에서 형법총칙의 적용이 배제된다.

이 경우 '특별한 규정'의 의미가 문제되는바, 이에 관하여는 견해가 갈리고 있다.

1) 먼저 '특별한 규정'은 명문의 규정에 한정된다고 보는 견해가 있다.

2) 다음에 '특별한 규정'은 반드시 명문규정을 의미하는 것은 아니고, 법령의 취지·목적이나 행위의 성질을 고려하여 조리상 형법총칙의 적용이 배제되는 것으로 인정하여야 할 경우도 있다고 보는 입장이 있다.

3) 다른 견해는, 단순히 법령의 취지·목적 등에 기하여 형벌의 범위를 확대하거나 형벌을 가중하는 것은 죄형법정주의의 유추적용금지원칙에 반하는 것이므로 허용되지 않으나, 형벌 범위의 축소·경감은 죄형법정주의에 반하지 아니하므로 그 한도에서는 당해 규정 자체의 해석상(어구의 가능한 의미 내에서의 목적론적 해석) 형법총칙의 적용이 배제되는 경우도 있는바, 이 경우도 '특별한 규정'에 포함되는 것으로 보고 있다. 이 견해는 죄형법정주의에 배치되지 않으면서 행정범의 특수성도 반영시키고 있다는 점에서 타당한 것으로 보이며, 현재의 통설이기도 하다.

Ⅱ. 행정형벌의 특수성

1. 범 의

형법은 원칙적으로 범의의 존재를 처벌의 요건으로 하고 있으며(법 13), 과실에 의한 행위는 법률에 특별한 규정이 있는 경우에 한하여 처벌한다고 규정하고 있다(동법 14). 이처럼 형법에 있어서는 그 기본원칙인 책임주의의 당연한 귀결로서 범죄의 성립에 고의를 요구하고 있는바, 이 원리는 원칙적으로 행정벌에도 적용된다(동법 8).

그러나 행정범의 특수성의 문제가 고의 성립 및 과실에 관한 '특별규정'의 해석에 있어 어떻게 반영될 것인가에 대하여는 견해가 갈릴 수 있다.

(1) 고의의 성립

여기서 문제되는 것은 사실인식과 위법인식이다.

1) 사실인식　　고의의 성립요소로서의 사실인식은 구성요건에 해당하는 객관적 사실의 인식을 의미하는 것이나, '사실'은 각기 의미적 요소를 내포하는 것이므로, 사실인식은 단순히 사실의 표면적인 표상에 대한 인식만은 아니고, 그 사실의 의미·내용에 대한 인식까지도 포함하는 것이다.

이러한 의미의 사실인식은 형사벌뿐만 아니라 행정형벌에 있어서도 필요함은 물론이다.

2) 위법인식　　행정범에 있어서 고의의 성립에 사실인식 외에 위법성의 인식이 필요한가의 문제가 제기된다.

형법 제16조는 "자기의 행위가 법령에 의하여 죄가 되지 아니하는 것으로 오인한 행위는 그 인식에 정당한 사유가 있는 때에 한하여 벌하지 아니한다"고 규정하여, 법률의 착오는 원칙적으로 범죄의 성립을 방해하지 않음을 명시하고 있다. 그러나 범의의 성립에 위법성인식의 가능성은 있어야 하는 것으로, 그러한 가능성조차 없는 경우에는 범죄는 성립하지 않는 것으로 본다. 형법 제16조는 이러한 취지를 명문화한 것이라 할 것이다.

행정범은 행정목적을 달성하기 위하여 제정된 법규에 위반함으로써 비로소 범죄가 되는 법정범이므로, 법규의 내용을 모르는 자는 자기의 행위가 범죄가 되는 것인지를 알 수 없는 것이다. 따라서 법정범으로서의 행정범에 있어서는 형사범의 경우와는 달리 그 범의의 성립에 위법성인식을 요한다고 볼 수도 있다. 그러나 행정범과 형사범의 구분은 상대적·유동적인 것이고 보면, 행정범에 있어서도 행정법규가 오랜 기간 시행된 경우에는, 구체적인 법규 자체는 모르더라도 당해 행위가 위법한 것이라는 인식은 생길 수 있다는 점에서, 위의 견해는 지나치게 도식적이라 할 것이다.

따라서 위법성인식의 필요성 여부에 대하여는 형사범과 행정범을 도식적으로 구분하여 논할 것이 아니라, 위법성인식가능성설에 따라서 행정범의 경우도 위법성인식의 가능성이 없는 경우에는 범의가 성립되지 않는다고 보아야 할 것이다.[1]

(2) 과실행위의 처벌문제

형법 제14조는 과실 있는 행위는 법률에 '특별한 규정'이 있는 경우에 한하여 처벌한다고 규정하고 있는바, 행정형벌의 경우에 '특별한 규정'의 의미 여하가 문제된다.

1) **명문규정이 있는 경우**   행정법규가 단순히 과실 있는 행위도 처벌한다는 명문의 규정을 두고 있는 경우도 적지 않다(부정수표단속법 2③, 도로교통법 151 등).

2) **명문규정이 없는 경우**   형법 제14조의 '특별한 규정'을 명문규정에 한정되는 것으로 보는 견지에서는, 단순히 과실 있는 행위는 처벌되지 않는 것으로 보게 됨은 물론이다. 이에 대하여는, 여기에서의 '특별한 규정'은 명문규정에 한정되지 않고, 과실행위도 처벌하여야 할 것으로 해석되는 경우도 포함

---

1) 판례

"국민학교 교장이 도교육위원회의 지시에 따라 교과내용으로 되어 있는 꽃양귀비를 교과식물로 비치하기 위하여 양귀비 종자를 사서 교무실 앞 화단에 심은 것이라면 이는 죄가 되지 아니하는 것으로 오인한 행위로서 그 오인에 정당한 이유가 있는 경우에 해당한다 할 것이다.

10년 이상을 소채 및 종묘상 등을 경영하여 식물의 종자에 대하여 지식경험을 가진 자는 특별한 사정이 없는 이상 양귀비종자에 마약성분이 함유되어 있는 사실을 쉽게 알고 있었다고 봄이 경험법칙상 당연하다"(대판 1972. 3. 31, 72도64).

하는 것으로 보아야 한다는 견해가 상당히 유력하게 주장되고 있다. 그러나 이설도 어떤 경우에 가벌성을 인정할 것인가에 대하여는 다시 견해가 갈리고 있다.

(가) 행정형벌은 행정목적의 달성을 위하여 행정법규 위반이라는 객관적 사실에 착안하여 위반자를 처벌하는 것이므로, 행정범의 성립에는 반드시 범의를 요건으로 하지 않고, 과실이 있는 것만으로도 족하다고 보는 견해가 있다.

(나) 이에 대하여 다른 견해는, 행정형벌에 있어서도 과실행위가 처벌되는 것은 관계 행정법규의 규정 자체의 해석에 의하여 과실범의 가벌성이 인정되는 경우에 한정된다고 본다. 이것이 우리 판례의 입장인 것으로 보이나,[1] 이 견해도 엄격한 죄형법정주의의 관점에서는 문제가 없지 아니하다.

2. 법인의 책임

형법상 법인은 범죄능력을 가지지 않으므로, 형사법규가 법인에 대하여 형벌을 과하는 경우는 없다.

그러나 행정법규는, 법인의 대표자 또는 대리인·사용인 기타 종업원이 법인의 사무에 관하여 행정상 의무에 위반하는 행위를 한 때에는, 그 행위자를 처벌하는 외에 법인에 대해 재산벌을 과할 것(다만 법인이 그 위반행위를 방지하기 위해 해당 업무에 관하여 상당한 주의와 감독을 게을리 하지 않는 경우를 제외함)을 규정하고 있는 경우가 많다(소방기본법 55, 건설산업기본법 98, 문화재보호법 102). 왜냐하면 행정형벌은 형사벌과는 달리 정책적 견지에서 과하는 측면이 강하므로 일반예방적 요소나 위하형적 요소가 많은 것으로서, 행정상 의무위반이라는 객관적 위법상태의 발생에 대한 사회적 비난의 귀속이라고 보아야 하기 때문이다.

지방자치단체도 그 고유의 자치사무를 처리하는 경우에는 양벌규정에 따라 처벌대상이 되는 법인에 해당한다.[2]

이러한 양벌규정에 의하여 법인이 책임을 지는 것은, ① 법인의 대표자의 행위에 대한 책임이 법인의 자기책임임은 물론이고, ② 법인의 대리인 기타 종업원의 행위에 대한 책임도 대위책임이 아니라, 기관인 종업원 등이 법인의 업

---

1) 판례

"위 법(대기환경보전법)의 입법목적이나 제반 관계규정의 취지 등을 고려하면 위 제36조에 위반하는 행위를 처벌하고자 하는 위 법 제57조 제6항의 규정의 고의범, 즉 자동차의 운행자가 그 자동차에서 배출되는 배출가스가 소정의 운행자동차 배출허용기준을 초과한다는 점을 실제로 인식하면서 운행한 경우는 물론이고, 과실범, 즉 운행자 과실로 인하여 그러한 내용을 인식하지 못한 경우도 함께 처벌하는 규정이라고 해석함이 상당하다고 할 것이다"(대판 1993. 9. 10, 92도1136).

2) 대판 2005. 11. 10, 2004도2657.

무에 관하여 법령에 위반하지 않도록 법인 스스로가 주의·감독할 의무를 태만
히 한 데 대한 법인의 과실책임인 것이다.

이와 관련하여서는 법인의 처벌에 관한 명문규정이 없는 경우에도 법인이
책임을 지는가의 문제가 제기된다. 이 문제는 다음의 두 가지 경우로 나누어 검
토하여야 한다.

(1) 종업원이 그 업무상 위반행위를 한 경우

이 경우는 법인의 책임이 부인된다 할 것이다. 법인의 감독의무불이행책임
은 종업원의 행정의무위반에 대한 개인적 책임과는 별개의 것으로서, 법인의
처벌규정에 의하여 비로소 창설되는 것이므로, 그러한 명문의 규정이 없는 경
우에도 법인의 책임을 인정하는 것은 죄형법정주의에 반하는 것이다.

(2) 법인의 대표자가 기관의 지위에서 위반행위를 한 경우

이 경우는 기관으로서의 자연인의 행위가 법인에 귀속된다는 점에서는, 명
문의 규정이 없어도 법인의 책임이 인정될 소지가 있다. 다른 한편 명문규정이
없는 데도 법인의 책임을 인정하는 것은 죄형법정주의에 반한다는 문제가 있는
것이다. 따라서 이 경우에는 관계행정법규의 규정 자체의 해석상 법인의 처벌
도 인정되는 것으로 볼 수 있는 경우에 한해서만, 법인의 책임을 인정하여야 할
것이다.

3. 타인의 비행에 대한 책임

형사벌에서는 범죄를 행한 자만을 벌하고 행위자 이외의 자를 벌하는 경우
는 없으나, 행정형벌에 있어서는 행위자 이외의 자를 벌하는 경우도 적지 않다.
관계법규에 양벌규정을 두어 행위자 외에 법인 또는 사업주를 처벌하는 경우
나, 미성년자·금치산자의 위반행위에 대하여 법정대리인을 처벌하는 경우 등이
그것이다. 이 경우 사업주 또는 법정대리인의 책임은 대위책임 또는 무과실책
임은 아니고, 자기의 '생활범위 내'에 있는 자가 법령에 위반하지 않도록 주의·
감독할 의무를 태만히 한 데 대한 과실책임으로 보는 것이 통설이다.

이와 관련하여서는 관계법규에 사업주 등의 처벌규정이 없는 경우에도 사
업주를 처벌할 수 있는가의 문제가 제기된다. 이 문제도 위의 법인의 책임과 같
은 관점에서, 명문규정이 없는 경우에도 사업주 등을 처벌하는 것은 죄형법정
주의에 반하는 것으로서 허용되지 않는다고 본다.

대법원은 양벌규정에 의한 영업주의 책임을 묻는 것은 종업원 등에 대한
영업주의 선임감독상의 과실책임을 근거로 하는 것으로서(대판 2006. 2. 24, 2005

도7673), 종업원 등의 위반행위가 있는 경우에 그 영업주에게 그 행위자의 선임, 감독 기타 위반행위를 방지하기 위하여 필요한 주의를 다하지 아니한 과실이 있다고 추정하고 이를 처벌하는 것으로 볼 것으로서, 영업주가 이러한 주의를 다하였음을 입증하지 아니하는 한 그 형사책임을 면할 수 없다고 판시하고 있다(대판 1982. 6. 22, 82도777).

한편 헌법재판소는 "법인의 대표자 또는 법인이나 개인의 대리인·사용인 기타 종업원이 그 법인 또는 개인의 업무에 관하여 제2조 내지 제5조의 위반행위를 한 때에는 행위자를 처벌하는 외에 법인 또는 개인에 대하여도 각 본조의 예에 따라 처벌한다"는 규정에 대하여, "이 사건 법률조항이 종업원의 업무관련 무면허의료행위가 있으면 영업주가 비난받을 만한 행위가 있었는지 여부와는 관계없이 자동적으로 영업주도 처벌하고 있고, 그 문언상 명백한 의미와 달리 '종업원의 범죄행위에 대해 영업주의 선임·감독상의 과실(기타 영업주의 귀책사유)이 인정되는 경우'라는 요건을 추가하여 해석하는 것은 문리해석의 범위를 넘어서는 것으로서 허용될 수 없으므로, 결국 위 법률조항은 다른 사람의 범죄에 대해서 그 책임유무를 묻지 않고 형벌을 부과함으로써 … 형사법의 기본원리인 '책임없는 자에게 형벌을 부과할 수 없다'는 책임주의에 반한다(헌재결 2007. 11. 29, 2005헌가10 전원재판부)"라고 판시하여 위 조항은 법치국가의 원리와 헌법 제10조에 반하는 것으로서 위헌이라고 판시하였다(동지 헌재결 2009. 7. 30, 2008헌가14).

위의 헌법재판소의 결정에 따라 다수의 법률에서 양벌규정이 개정되었다(예컨대, 개발제한구역의 지정 및 관리에 관한 특별조치법 제33조: "법인 또는 개인의 업무에 관하여 제31조 또는 제32조의 위반행위를 하면 그 행위자를 벌하는 외에 그 법인 또는 개인에게도 해당 조문의 벌금형을 과한다. 다만 법인 또는 개인이 그 위반행위를 방지하기 위하여 해당 업무에 관하여 상당한 주의와 감독을 게을리 하지 아니한 경우에는 그러하지 아니하다").

4. 책임능력

형사범의 경우는 심신장애자에 대하여는 형을 감경하거나 벌하지 않고(형법 10), 농아자에 대해서는 형을 감경하며(동법 11), 14세 미만의 자의 행위에 대해서는 벌하지 않으나(동법 9), 행정범에 대하여는 이들 규정의 적용을 배제 또는 제한하는 규정을 두는 경우가 있다(예컨대, 담배사업법 31).

5. 공 범

(1) 행정범에 있어서는 형법의 공범에 관한 규정 중 공동정범(법 30)·교사범(동법 31)·종범(동법 32) 등에 관한 규정의 적용을 배제하는 경우도 있고(선박법 39), 교사범을 정범으로 처벌하도록 하고 있는 경우도 있다(근로기준법 115).

(2) 행정법규에 공범에 관한 특별규정이 없는 경우에 형법상의 공범규정이 그대로 적용되는가의 문제가 있는바, 이 문제는 당해 법규상의 의무의 성질에 따라 다음의 두 가지 경우로 나누어 검토하여야 할 것이다.

1) 당해 의무가 일반인에 대한 것인 때   이 경우에는 형법상의 공동정범·교사범·방조범 등에 관한 규정이 행정범에도 적용된다.

2) 당해 의무가 특정인에 한정된 것인 때   이 경우 문제가 되는 것은 행정법규상 의무자가 아닌 자가 당해 법규의 위반행위에 참가한 때이다. 적극설은 의무 없는 자라 할지라도 행정의무위반행위를 교사·방조하는 행위는 사회적 비난을 받아 마땅한 것이며, 또한 단속목적을 위하여도 그 자를 처벌하는 것이 합리적이라는 견지에서, 그 자는 처벌되어야 한다고 보고 있다.[1] 그러나 소극설은, 행정범은 행정법상의 의무에 위반하는 죄이므로, 그 의무자가 아닌 자가 이를 교사·방조하여도 공범으로서의 책임은 지지 않는다고 본다. 후설이 타당하다고 본다.

6. 누범·경합범

행정범에 대하여는 경합범에 관한 형법총칙의 적용을 배제하고 있는 경우가 있다(담배사업법 31). 그러한 특별규정이 없는 경우에도 행정범의 특수성과의 관련에서 형법상의 누범·경합범에 관한 규정의 적용이 제한 내지는 배제되는가에 대하여는, 여러 가지 견해가 성립할 수 있을 것이다.

Ⅲ. 행정형벌의 과벌절차

1. 일반절차

행정형벌은 형사소송법이 정하는 바에 따라 법원이 과하는 것이 원칙이다. 그러나 이에 대하여는 통고처분이라는 예외적인 과벌절차도 있다.

---

1) 서원우, 행정법(상), p. 616.

2. 통고처분

통고처분은 현행법상 조세범·관세범·전매범·출입국사범·교통사범 등에 대하여 적용된다. 이러한 통고처분은 정식재판에 갈음하여 행정청이 벌금·과료에 상당하는 금액의 납부를 명하는 것이다.

조세범의 경우 세무서장 등이 범칙의 심증을 얻은 때에 그 이유를 명시하여 벌금 또는 과료에 상당하는 금액 등의 납부를 통고하거나(조세범 처벌절차법 15, 관세법 311), 출입국사범의 경우 출장소장 등이 출입국관리법 위반행위에 관한 범증이 충분한 때에, 그 이유를 명시하여 서면으로 벌금에 상당하는 금액의 납부를 통고하는 것 등이 그 예이다(출입국관리법 102).

통고처분을 받은 범칙자가 통고된 내용을 이행한 때에는 동일 사건에 대하여 소추를 받지 아니하며, 처벌절차는 종료된다(조세범처벌절차법15③, 관세법 317). 그러나 통고처분을 받은 자가 15일 이내(관세법의 경우도 15일 이내)에 통고된 내용을 이행하지 아니하면, 통고처분은 당연히 효력을 상실하고, 세무서장 또는 세관장의 고발에 의하여 통상의 형사소송절차로 이행된다(조세범 처벌절차법 17, 관세법 316).

통고처분에 불복하는 경우에는 통고처분 자체는 당연히 그 효력이 소멸되므로, 통고처분은 행정쟁송의 대상이 되지 않는다.

3. 즉결심판

20만원 이하의 벌금, 구류 또는 과료에 해당하는 행정형벌은 즉결심판에 관한 절차법이 정하는 바에 따라 즉결심판에 의하여 과하여지며, 그 형은 경찰서장에 의하여 집행된다. 즉결심판에 불복하는 자는 정식재판을 청구할 수 있다.

즉결심판은 20만원 이하의 벌금 또는 구류나 과료에 처할 범죄사건을 심판하는 절차이므로(법원조직법 34), 형사범도 이 절차에 의한다. 따라서 이 심판절차는 일반과형절차에 대한 특별절차이기는 하나, 행정형벌에 특수한 과형절차는 아니다. 2009년의 즉결심판에 관한 절차법개정에 의해 경찰서장이 즉결심판을 청구할 때에도 피고인에게 즉결심판의 절차를 이해하는데 필요한 사항을 설명하도록 규정하고 있다.

제3절 행정질서벌

I. 개 설

행정질서벌은 경미한 행정법상의 의무위반에 대하여 형법에 형명이 없는
과태료가 과하여지는 행정벌이다. 이러한 행정질서벌은 행정법규 위반행위가
직접 행정목적을 침해하는 것이 아니라 단지 행정목적 달성에 장해가 되는 정
도의 비행인 경우에 과하여지는 것이다.[1]

예컨대 신고·보고·장부비치 등의 행정의무 이행의 태만행위에 대하여 과
태료를 과하는 경우가 그에 해당한다.

과태료와 형사벌은 그 성질이나 목적을 달리하는 것이므로, 양자는 병과될
수 있다는 것이 대법원 판례의 입장이다(대판 2000. 10. 27, 2000도3874).

과태료는 형법에 형명이 있는 형벌이 아니므로, 형법총칙과 형사소송법이
적용되지 않는다. 과태료에 대하여는 종래 일반법이 없이 다수의 개별법률에서
이를 단편적으로 규정하고 있었다. 그러나 최근에 과태료에 관한 기본법인 질
서위반행위규제법이 2007. 12. 21.에 제정되어 2008. 6. 22.부터 시행되고 있
다. 이 법은 과태료 부과대상인 질서위반행위의 성립요건과 과태료의 부과·징
수 및 재판 등에 관한 사항을 규정하고 있는바, 동법은 과태료의 부과·징수 및
재판 및 징수절차에 관하여 다른 법률의 관련 규정이 이 법에 저촉되는 때에는
이 법이 정하는 바에 따른다고 규정하고 있어서 과태료의 과벌 및 집행 절차에
관하여는 이 법이 일반법의 지위를 가지고 있다. 다음에서 이 법의 내용을 개관
하기로 한다.

---

1) 판례
　"행정질서벌과 행정형벌은 다 같이 행정법령에 위반하는 데 대한 제재라는 점에서는
　같다 하더라도 행정형벌은 그 행정법규 위반이 직접적으로 행정목적과 사회공익을 침
　해하는 경우에 과하여지는 것인 데 대하여, 행정질서벌인 과태료는 간접적으로 행정상
　의 질서에 장해를 줄 위험성이 있는 정도의 단순한 의무태만에 대한 제재로서 과하여
　지는 데 불과하므로 다른 특별한 규정이 없는 한 원칙적으로 고의·과실을 필요로 하지
　아니한다"(대결 1969. 7. 29, 69마40).

Ⅱ. 질서위반행위규제법

1. 총칙부분

(1) 법적용의 시간적 범위

질서위반행위의 성립과 과태료 처분은 원칙적으로 행위시의 법률에 따른다 (법 3①). 다만, 질서위반행위 후 법률이 변경되어 그 행위가 질서위반행위에 해당하지 않게 되거나 과태료가 변경되기 전의 법률보다 가볍게 된 때에는 법률에 특별한 규정이 없는 한 변경된 법률을 적용한다(동조 ②). 행정청의 과태료 처분이나 법원의 과태료 재판이 확정된 후 법률이 변경되어 그 행위가 질서위반행위에 해당하지 아니하게 된 때에는 변경된 법률에 특별한 규정이 없는 한 과태료의 징수 또는 집행을 면제한다(동조 ③).

(2) 다른 법률과의 관계

동법 제5조는 과태료의 부과·징수·재판·집행 등의 절차에 관한 다른 법률의 규정 중 이 법의 규정에 저촉되는 것은 이 법이 정하는 바에 따른다고 규정하여 과태료의 과벌 및 집행절차에 관하여는 다른 법률의 적용을 배제하고 있다.

2. 질서위반행위의 성립 등

(1) 질서위반행위법정주의

법률에 따르지 아니하고는 어떤 행위도 질서위반행위로 과태료를 부과하지 아니한다(동법 6).

(2) 고의·과실

종전에 대법원의 판례는 과태료의 부과에는 원칙적으로 고의·과실을 요하지 아니한다고 하고 있었다(대결 1969. 7. 29, 69마400).[1] 부과하지 아니한다(법 7)고 규정하여, 과태료의 법리에 대한 중요한 입법적 개혁이 이루어졌다.

(3) 위법성의 착오

자신의 행위가 위법하지 아니한 것으로 오인하고 행한 질서위반행위는 그 요인에 정당한 이유가 있으면 과태료를 부과하지 아니한다(동법 8).

---

[1] 판례

"과태료와 같은 행정질서벌은 행정질서유지를 위하여 행정법규위반이라는 객관적 그러나 질서위반행위규제법은 고의 또는 과실이 없는 질서위반행위는 과태료를 사실에 대하여 과하는 제재이므로 반드시 현실적인 행위자가 아니더라도 법령상 책임자로 규정된 자에게 부과되고 또한 특별한 규정이 없는 한 원칙적으로 위반자의 고의·과실을 요하지 아니한다"(대판 1984. 8. 26, 94누6949).

(4) 책임연령 · 심신장애

14세가 되지 않은 자의 질서위반행위는 원칙적으로 과태료를 부과하지 아니하며(동법 9), 심신장애로 인하여 행위의 옳고 그름을 판단할 능력이 없거나 그 판단에 따른 행위를 할 능력이 없는 자의 질서위반행위도 과태료를 부과하지 아니한다(동법 10①). 심신장애로 인하여 행위의 옳고 그름을 판단할 능력 및 그 판단에 따른 행위를 할 능력이 미약한 자의 질서위반행위는 과태료를 감경한다(동조 ②).

(5) 법인의 처리 등

법인의 대표자, 법인 또는 개인의 대리인 · 사용인 및 그 밖의 종업원이 업무에 관하여 법인 또는 그 개인에게 부과된 법률상의 의무를 위반한 때에는 법인에게 과태료를 부과한다(동법 11). 즉 동법은 사업주단독제재주의를 취하고 있다.

(6) 다수인의 질서위반행위 가담

2인 이상이 질서위반행위에 가담한 때에는 각자가 질서위반행위를 한 것으로 본다(동법 12①). 신분에 의하여 성립하는 질서위반행위에 신분이 없는 자가 가담한 때에는 신분이 없는 자에 대하여도 질서위반행위가 성립한다(동조 ②). 신분에 의하여 과태료를 감경 또는 가중하거나 과태료를 부과하지 아니하는 때에는 그 신분의 효과는 신분이 없는 자에게는 미치지 아니한다(동조 ③).

(7) 수개의 질서위반행위의 처리

하나의 행위가 2 이상의 질서위반행위에 해당하는 경우에는 각 질서위반행위에 대하여 정한 과태료 중 가장 중한 과태료를 부과한다(동법 13①). 제1항의 경우를 제외하고 2 이상의 질서위반행위가 경합하는 경우에는 각 질서위반행위에 대하여 정한 과태료를 각각 부과한다. 다만, 다른 법령(지방자치단체의 조례를 포함)에 특별한 규정이 있는 경우에는 그 법령으로 정하는 바에 따른다(동조 ②).

(8) 과태료의 산정

행정청 및 법원은 과태료를 정함에 있어, 질서위반행위의 동기 · 목적 · 방법 · 결과, 질서위반행위 이후의 당사자의 태도와 정황, 질서위반행위자의 재산상태 · 환경 등을 고려하여야 한다(동법 14).

(9) 과태료의 시효

과태료는 행정청의 과태료 부과처분이나 법원의 과태료 재판이 확정된 후 5년간 징수하지 아니하거나 집행하지 아니하면 시효로 인하여 소멸한다(동법 15①). 제1항에 따른 소멸시효의 중단 · 정지 등에 관하여는 국세기본법 제28조를 준용한다(동조 ②).

3. 행정청의 과태료 부과 및 징수

(1) 사전통지 및 의견제출

행정청이 질서위반행위에 대하여 과태료를 부과하고자 하는 때에는 미리 당사자(제11조 제2항에 따른 고용주 등을 포함)에게 대통령령이 정하는 사항을 통지하고, 10일 이상의 기간을 정하여 의견을 제출할 기회를 주어야 한다. 이 경우 지정된 기일까지 의견 제출이 없는 경우에는 의견이 없는 것으로 본다(동법 16 ①). 당사자는 의견 제출 기한 이내에 대통령령으로 정하는 방법에 따라 행정청에 의견을 진술하거나 필요한 자료를 제출할 수 있다(동조 ②). 행정청은 제2항에 따라 당사자가 제출한 의견에 상당한 이유가 있는 경우에는 과태료를 부과하지 아니하거나 통지한 내용을 변경할 수 있다(동조 ③).

(2) 과태료의 부과 및 제척기간

행정청은 제16조의 의견 제출 절차를 마친 후에 서면으로 과태료를 부과하여야 한다(동법 17①). 이 서면에는 질서위반행위, 과태료 금액, 그 밖에 대통령령으로 정하는 사항을 명시하여야 한다(동조 ②).

행정청은 질서위반행위가 종료된 날(다수인이 질서위반행위에 가담한 경우에는 최종행위가 종료된 날)부터 5년이 경과한 경우에는 해당 질서위반행위에 대하여 과태료를 부과할 수 없다(동법 19①).

(3) 이의제기 및 과태료 부과처분의 효력 상실

행정청의 과태료 부과에 불복하는 당사자는 과태료 부과 통지를 받은 날부터 60일 이내에 해당 행정청에 서면으로 이의제기를 할 수 있다(동법 20①). 이의제기가 있으면 행정청의 과태료 부과처분은 그 효력을 상실한다(동조 ②).

(4) 법원에의 통보

이의제기를 받은 행정청은 이의제기를 받은 날부터 14일 이내에 이에 대한 의견 등을 첨부하여 관련법원에 통보하여야 한다. 다만, 당사자의 이의제기에 이유가 있어 과태료를 부과할 필요가 없는 것으로 인정되는 경우에는 그러하지 아니하다(동법 21①). 행정청은 법원에 통보하거나 통보하지 않은 사실을 즉시 당사자에게 통지하여야 한다(동조 ③).

(5) 가산금 징수 및 체납처분 등

행정청은 당사자가 납부기한까지 과태료를 납부하지 아니한 때에는 납부기한을 경과한 날부터 체납된 과태료에 대한 가산금·중과산금을 징수한다. 행정청은 당사자가 위 기한 이내에 이의를 제기하지 않고 가산금을 납부하지 않으면, 국세 또는 지방세 체납처분의 예에 따라 징수한다(동법 24①③).

4. 질서위반행위의 재판 및 집행

(1) 관할법원

과태료 사건은 다른 법령에 특별한 규정이 있는 경우를 제외하고는 당사자의 주소지의 지방법원 또는 그 지원의 관할로 한다(동법 25).

(2) 행정청 통보사실의 통지

법원은 행정청의 통보가 있는 경우, 이를 즉시 검사에게 통지하여야 한다(동법 30).

(3) 심문 등

법원은 심문기일을 열어 당사자의 진술을 들어야 한다(동법 31①).

법원은 검사의 의견을 구하여야 하고, 검사는 심문에 참여하여 의견을 진술하거나 서면으로 의견을 제출하여야 한다(동조 ②).

(4) 행정청에 대한 출석 요구 등

법원은 행정청의 참여가 필요하다고 인정하는 때에는 행정청으로 하여금 심문기일에 출석하여 의견을 진술하게 할 수 있다(동법 32).

(5) 직권에 의한 사실탐지 · 증거조사

법원은 직권으로 사실의 탐지에 필요하다고 인정하는 증거의 조사를 하여야 한다(동법 33①).

(6) 재 판

과태료 재판은 이유를 붙인 결정으로써 한다(동법 36). 결정은 당사자와 검사에게 고지함으로써 효력이 생긴다(동법 37).

(7) 과태료 재판의 집행

과태료 재판은 검사의 명령으로써 집행한다. 이 경우 그 명령은 집행력 있는 집행권원과 동일한 효력이 있다. 과태료 재판의 집행절차는 민사집행법에 따르거나 국세 또는 지방세 체납처분의 예에 따른다(동법 42①②).

5. 과태료납부 확보조치

행정청은 허가 · 인가 · 면허 · 등록 및 갱신을 요하는 사업을 경영하는 자로서 과태료를 체납한 경우는 사업의 정지 또는 허가 등의 취소를 할 수 있다(동법 52①). 다른 한편 법원은 검사의 청구에 따라 30일의 범위 이내에서 과태료의 납부가 있을 때까지 체납자를 감치에 처할 수 있다(동법 54①).

제 4 편

행정구제법

제 1 장 개   설

Ⅰ. 행정구제의 의의

　　행정구제라 함은 행정작용으로 자기의 권리·이익이 침해되었거나 침해될
것으로 주장하는 자가 행정기관이나 법원에 손해전보·원상회복 또는 당해 행
정작용의 취소·변경을 청구하거나, 기타 피해구제 또는 예방을 청구하고, 이에
대하여 행정기관 또는 법원이 심리하여 권리·이익 보호에 관한 판정을 내리는
것을 말한다.

　　오늘날의 행정은 과거에 비하여 질적·양적으로 확대·발전되어 국민생활의
거의 전 분야를 그 작용범위로 하기에 이르렀고, 이에 따라 행정작용으로 인한
국민의 권익침해의 가능성도 마찬가지로 증대되고 있다. 위법한 행정작용에 의
한 재산권의 침해 또는 위법한 영업의 정지나 취소로 인한 재산상의 침해 등은
그 전형적 예이다.

　　그러나 국민의 권리·이익을 침해하는 행정작용은 반드시 위법 또는 부당
한 행위에 한정되는 것은 아니다. 즉 그 자체로서는 법률에 의거한 적법한 행정
작용일지라도 그로 인하여 특정인에게 특별한 손실이 발생할 수 있는바, 당사
자에게 귀책사유가 없는 한 그러한 특별한 손실도 전보되어야 할 것임은 물론
이다.

　　이와 같이 행정작용으로 인한 침해로부터 국민의 권리·이익을 보호하기
위한 행정구제제도는, 헌법상 국민의 기본권 보장과 실질적 법치주의의 관점에
서는 필요불가결한 것이다.

　　행정구제는 내용적으로 이를 사후구제와 사전구제로 나눌 수 있다.

　　사후구제란 행정작용 등으로 인하여 국민의 권리 또는 이익의 침해가 발생
한 경우에 당해 작용을 시정하거나 그로 인한 손해를 전보하여 주는 제도를 말
한다. 행정구제는 보통 이러한 사후구제제도의 의미로 쓰이며, 행정쟁송제도(행
정심판·행정소송)와 행정상 손해전보제도(손해배상·손실보상)가 이에 해당한다.

사전구제란 위법·부당한 행정작용 등으로 인하여 권익침해가 발생하기 전에 이를 예방하는 제도적 장치를 말한다. 행정구제로서는 이러한 사전구제가 이상적이기는 하나, 현실적으로는 순수한 의미의 사전구제제도에 해당하는 것은 찾기 어렵다. 그러나 행정절차는 사전구제적 기능도 수행하는 것이며, 또한 현재 외국의「옴부즈만」제도나 우리나라의 청원제도·민원처리제도는 사전구제적 제도로서의 의미도 가지고 있다고 할 것이다.

「옴부즈만」제도는 현재 다수의 국가에서 채택되고 있는 것이고, 민원처리제도는 최근에 들어 점차 그 실질적 의미가 증대되고 있다는 점에서, 다음에 이들 법제를 간단히 살펴보기로 한다.

Ⅱ.「옴부즈만」제도

이 제도는「스웨덴」에서 최초로 채택된 이래 주로 1960년대 이후 다수의 국가에서 채택되고 있는 것으로, 국가에 따라 그 명칭은 다양하나(「옴부즈만」, 민정관, 의회「커미셔너」, 중재관 등), 여기서는「옴부즈만」으로 통칭하기로 한다.

1. 개 설

「옴부즈만」이란 대리인 또는 대표자를 지칭하는 것으로 북구 제국에서는 일반적으로 사용되고 있는 용례이다. 그러나 여기서의「옴부즈만」이란 보다 한정적인 관념으로서,「공공기관(행정기관·검찰·법원 등)이 법령상의 책무를 적정하게 수행하고 있는지 여부를 국민을 대신하여 감시하기 위하여 의회에 의하여 그 대리인으로 선출된 자」를 말한다.

「옴부즈만」은 그 구체적 권한이나 기능에 있어서는 국가에 따라 차이가 있으나, 그 일반적 유형에 있어서는 행정기능의 확대나 그 작용형식의 다양화 등으로 인한 전통적인 행정구제제도의 결점을 보완하여, '부적정한 행정'(maladministration)에 대하여 국민의 권익을 보다 실효적으로 보호하려는 데에 그 기본적인 존재의의가 있는 것이라 할 수 있다.

「옴부즈만」은「스웨덴」의 1809년 헌법에서 최초로 창설되었던바, 이후 이 제도는 수차의 기구개혁이 있었으나 제도 자체는 그대로 존속하여 오늘에 이르고 있다. 초기의「옴부즈만」은 1인이었으나, 이후「옴부즈만」의 관할이 지방자치단체에 확대됨에 따라 1976년의 개혁에 의하여 그 수가 4인으로 증원되었고, 그 중 1인은 행정장관의 직무를 수행하는 것으로 되었다.

이러한 「스웨덴」의 「옴부즈만」제도는 「핀란드」가 1919년의 헌법에서 이를 채택하였으나, 이 제도가 외국에서 본격적으로 채택되기에 이른 것은 대체로 1950년 후반기 이후로서, 「덴마크」에서는 1953년의 헌법에서 채택되었고, 「노르웨이」는 1962년에 일반행정「옴부즈만」을 설치하였다.

「뉴질랜드」는 1962년의 법률로, 그리고 영국은 1967년의 법률로, 「프랑스」는 1973년의 법률로, 「오스트리아」는 1976년의 법률로, 「오스트레일리아」는 1977년의 법률로 이 제도를 창설하였으며, 「스페인」에서는 1978년의 헌법에 이 제도가 규정되었다.

2. 「옴부즈만」제도의 유형

(1) 개   설

「옴부즈만」은 행정일반을 그 관할범위로 하는 일반행정「옴부즈만」을 지칭하는 것이 보통이나, 특정 행정분야만을 그 관할사항으로 하는 것도 있다. 「스웨덴」에서는 1915년에 설치되었던 군사「옴부즈만」(1967년에 일반행정「옴부즈만」에 통합) 이외에도, 1954년에 공정거래「옴부즈만」, 1971년에 소비자「옴부즈만」 등이 설치된 바 있다. 이러한 특수「옴부즈만」은 이후 각국에 다수 전파되었던바, 그 대표적인 것으로는 독일의 국방담당의회위원(Wehrbeauftragter des Bundestages)을 들 수 있을 것이나, 이 문제는 더 이상 검토하지 않기로 한다.

각국의 일반행정「옴부즈만」은 연혁적으로는 「스웨덴」의 제도를 모델로 한 것이나, 그 채택에 있어서는 각국의 구체적 여건에 따라 여러 점에서 수정이 가하여진 결과, 실제 제도에 있어서는 상당히 실질적인 차이를 보이고 있다. 다음에서는 그 원형으로서의 「스웨덴」의 법제와 현재 일반화하고 있는 유형으로서의 영국의 법제를 간단히 살펴본다.

(2) 「스웨덴」의 제도

스웨덴의 「옴부즈만」제도는 1809년의 헌법에서 창설되었으며, 현행 제도는 1974년의 헌법에 의거하고 있다.

1) 「옴부즈만」의 지위   「옴부즈만」은 국회에서 선출되며, 그 자격에 대하여는 명시적 규정이 없으나, 전통적으로 법률적 소양이 있는 자가 선임되고 있다. 임기는 4년이고 재선될 수 있으나, 국회는 임기중에도 해임할 수 있다. 실제 「옴부즈만」의 직무를 감시하고 필요한 입법조치를 강구하며, 「옴부즈만」의 연례보고서를 심사하고 그 인선의 책임을 지는 것은 국회의 헌법위원회이다.

2) 관 할 권   「옴부즈만」의 관할은 국가·지방자치단체의 기관, 법원, 사

법행정, 경찰, 군대, 공법인에 미치나, 각의(閣議)의 행위는 그에 속하지 않는다.

3) 고충민원　　신청인의 자격에는 제한이 없고, 「옴부즈만」은 직권에 의하여도 조사할 수 있다. 다만 민원의 제기에 대하여 「옴부즈만」이 이를 수리하여 조사할 것인지 여부에 대하여는 절대적인 재량권이 인정되는 것으로 보고 있다.

4) 권　한　　「옴부즈만」의 권한은 조사권, 징계권 및 형사소추권이다. 「옴부즈만」은 당해 작용의 위법성뿐만 아니라 부당성에 기하여도 조치를 취할 수 있는바, 그 조치는 권고·훈계·징계 및 형사소추 등이다. 「옴부즈만」의 비위 공무원에 대한 징계 및 형사소추권은 「스웨덴」의 독특한 정치·행정제도에 기인한 것이나,1) 이러한 예외적 권한을 제외하면, 위법·부당한 행정작용에 대하여 「옴부즈만」이 취할 수 있는 것은 그 시정권고에 그치고, 당해 조치를 직접 취소하거나 변경할 수 있는 권한은 없다. 관계행정기관이 권고에 따르지 않는 경우, 「옴부즈만」은 의회에 이 사실을 보고하거나 언론기관에 그 사실을 공표할 수 있을 따름이다.

(3) 영국의 제도

영국에서도 행정구제제도의 결점을 보완하기 위하여 1967년의 의회 「커미셔너」법에 의하여 「옴부즈만」제도로서의 행정담당 의회 「커미셔너」(Parliamentary Commissioner for Administration)제도가 채택되었다.

1) 지　위　　「커미셔너」는 국왕에 의하여 임명되며, 회계감사원장과 같은 높은 권위를 가지고 있다. 그 임기는 퇴직연령인 65세까지 그 직을 보유할 수 있으나, 양원의 의결에 따라 해임될 수 있다.

하원에는 「커미셔너」의 업무집행을 감시하고 그 연례보고서 또는 중간보고서를 심사하는 기관으로 의회 「커미셔너」에 관한 특별위원회가 설치되어 있다.

2) 관　할　　「커미셔너」가 조사할 수 있는 행정기관은 의회 「커미셔너」법에 열거되어 있는 중앙행정기관이다. 그 관할제외사항은, ① 외국, 영사 및 식민지에 관한 사항, ② 도망범죄인의 인도, 범죄수사, 국가의 안전보장 등 사법행정 및 사법절차의 개시 및 수행, ③ 은사 및 영전의 수여, ④ 국민의료, ⑤

---

1) 「스웨덴」에서는 공무원도 법관과 마찬가지로 법에 의하여만 기속되고, 상관의 자의적 명령에 따라서는 안되는 것으로 되어 있었던바, 이것은 과거 법관과 공무원을 모두 귀족이 독점하고 있었다는 사실에 기인한다. 이후 의회에서 그 지위가 점차 강화된 상인이나 농민들은 그들의 중개적 역할을 하는 하급관리를 보호하기 위하여 상관의 지휘명령권을 제한하였던 것이다. 이러한 법관이나 공무원은 또한 의회에 대하여는 높은 독립적 지위가 보장되고 있는 결과, 그 지위의 남용을 방지하기 위하여 이들의 형법상의 책임을 강화하였으며, 그 실효성을 확보하기 위하여 「옴부즈만」을 설치한 것이었다.

상업거래 및 ⑥ 공무원의 인사 등이다.

  3) **고충민원**   개인의 민원은 하원의원을 통하여서만 제기될 수 있다. 이러한 민원제기에 있어 제한을 둔 것은, 국회의원의 전통적인 유권자 보호기능을 「커미셔너」가 박탈할 것이라는 우려에 대한 배려와 의원이 보다 적절히 처리할 수 있는 사항에 대한 민원 제기로 인하여 「커미셔너」의 적정한 기능수행이 저해되는 현상을 방지하기 위한 것이었다.

  4) **권 한**   「커미셔너」의 권한은 민원 제기에 따른 조사권에 한정되고, 직권에 의한 조사권은 없다. 「커미셔너」는 또한 「스웨덴」의 「옴부즈만」과는 달리, 부당한 결정에 대한 조사권은 없다.

  「커미셔너」는 조사 결과 구제조치 또는 시정조치가 필요하다고 인정할 때에는 그러한 조치를 취할 것을 최고할 수 있을 따름이다. 당해 권고조치가 이행되지 않는 경우에는 「커미셔너」는 하원에 대한 보고에서 민원 제기자가 위법한 행정작용에 의하여 피해를 받고 있고 그러한 피해가 구제되지 않고 있음을 지적할 수 있다.

3. 「옴부즈만」제도의 특징 및 평가

  위의 두 나라의 「옴부즈만」제도의 검토에서도 나타나고 있으나, 각국의 실정제도의 내용은 상당한 차이를 보이고 있다. 그러나 연혁적으로 이 제도는 원래 「스웨덴」의 제도를 모델로 하고 있다는 점에서, 각국의 제도 사이에는 어느 정도 공통성이 있는바, 다음에서는 이 제도의 공통적 특징을 적시하고 아울러 이 제도에 대한 간단한 평가를 하여 보기로 한다.

  (1) 「옴부즈만」은 원칙적으로 의회에 의하여 선출되는 임기제 공무원이다. 이러한 「옴부즈만」의 임명방식은 행정기관에 대한 「옴부즈만」의 독립성이나 권위를 확보하여 주는 요인이 되는 것임은 물론이나, 그것은 또한 선거민의 민원을 의원에 대신하여 처리함으로써 행정통제에 있어서의 의회의 역할을 확대하는 데에 그 주된 의미가 있는 것으로 보인다. 영국·프랑스·독일·오스트리아 등의 「옴부즈만」제도는 이러한 이념에 입각한 것이라고 할 수 있다.

  (2) 「옴부즈만」제도는 다른 구제방법에 비하여, 그 처리에 있어 고정된 절차가 없으므로, 그에 대한 시민의 접근이 용이하고 또한 그 민원을 저렴한 비용으로 매우 신속하고 신축적으로 처리할 수 있는 것이다.[1] 이 점에서 종래의 행

---

1) 김도창, 행정법(상), p. 601.

정구제제도와의 관계에서「옴부즈만」제도는 이를 대체하는 것이 아니라 그를 보완하여 주는 데에 그 기본적 의의가 있는 것이다. 전통적인 행정구제는 그 절차가 상당히 경직적이고 번잡하며, 그에 의한 구제에 있어서는 대부분 많은 비용과 오랜 시일이 소요되는 것이 보통이다. 따라서 다수의 사회적 약자에 있어서는 이러한 공식적 행정구제제도 보다는「옴부즈만」과 같은 신축적인 제도가 보다 현실적이고 실질적인 의미를 가질 수 있는 것이다. 또한「옴부즈만」제도에 있어서는「옴부즈만」이 민원 제기자와 직접 만나 그 불만이나 고충을 성실하게 경청하고 처리함으로써, 행정에 대한 불필요한 불만을 배제 또는 방지할 수도 있는 것이다. 다만「옴부즈만」이 이러한 기능을 적정하게 수행할 수 있기 위하여는 그 업무량이 과다하지 아니하여야 할 것임은 물론이다.

(3)「옴부즈만」은 특정 행정작용이 위법 또는 부당한 것으로 판단되는 경우에도 이를 직접 취소·변경하여 시정할 수 있는 것은 아니고, 관계기관에 대하여 그 시정을 권고할 수 있을 뿐이다. 이 경우 당해 행정기관이 그 권고에 따르지 않는 경우에는 의회에 대한 보고서에서 그 사실을 지적하거나, 또는 그 사실을 언론에 공표할 수 있을 따름이다. 이러한「옴부즈만」의 한정적 권한을 이 제도의 단점이라고 할 수는 없을 것이다. 왜냐하면,「옴부즈만」에 실질적 시정권을 부여하는 것은 상급행정청의 권한이나 법원의 권한 등과의 중복현상을 야기할 것이기 때문이다.

「옴부즈만」은 그 실질적 권한보다는 그 객관적 지위나 사회적 신망에 의거한 설득력이나 영향력에 의하여 그 실효성이 담보되는 제도라고 할 것이다.

(4) 위에 적은 대로「옴부즈만」은 전통적인 행정구제제도의 결점을 보완하여 주는 점에서 그 기본적 의의가 있는 것이나, 이 제도는 기존의 다른 민원처리제도와 기능중복의 문제를 야기할 수 있으므로, 이 제도의 채택에 있어 특히 유의하여야 할 것이다.

Ⅲ. 우리나라의 고충민원처리제도

1. 개 설

감사원·대통령실·국무총리비서실이나 기타 행정기관도 그에 제출된 민원사항을 처리하고 있는바, 이들 기관에 의한 민원사무의 처리도 국민의 권익구제제도로서 일정 한도의 기능을 수행하는 것은 사실이다. 그러나 민원사무처리와 그에 따른 국민의 권익구제에 있어 가장 중요한 기능을 수행하는 것은, 국민권익위원회라 할 것이다. 이 위원회는 부패방지 및 국민권익위원회의 설치와 운영에 관한 법률(이하 "국민권익위원회의 설치에 관한 법률"이라 한다)에 의하여 외국의 「옴부즈만」제도에 상응하는 제도로서 설치된 것이다.[1] 다음에서는 이 제도에 대하여 살펴본다.

2. 국민권익위원회

(1) 설   치

국민권익위원회(이하 "위원회"라 한다)는 고충민원의 처리와 이에 관련된 불합리한 행정제도를 개선하고, 부패의 발생을 예방하며 부패행위를 효율적으로 규제하도록 하기 위하여 국무총리 소속하에 설치된다(국민권익위원회의 설치에 관한 법률 11).[2]

여기서 고충민원이란 행정기관등의 위법·부당하거나 소극적인 처분(사실행위 및 부작위를 포함) 및 불합리한 행정제도로 인하여 국민의 권리를 침해하거나 국민에게 불편 또는 부담을 주는 사항에 관한 민원을 말한다(동법 2v).

(2) 구성 및 운영

1) 위원회는 위원장 1명을 포함한 15명의 위원(부위원장과 상임위원 3명을 포함)으로 구성되며, 부위원장은 각각 고충민원, 부패방지 업무 및 중앙행정심판위원회의 운영업무로 분장하여 위원장을 보좌한다.

위원장, 부위원장과 위원은, ① 대학이나 공인된 연구기관에서 부교수 이상 또는 이에 상당하는 직에 8년 이상 있거나 있었던 자, ② 판사·검사 또는 변호사의 직에 10년 이상 있거나 있었던 자, ③ 3급 이상 공무원 또는 고위공무원단에 속하는 공무원의 직에 있거나 있었던 자, ④ 건축사·세무사·공인회계사·기술사·변리사의 자격을 소지하고 해당 직종에서 10년 이상 있거나 있었던 자, ⑤ 시민고충처리위원회 위원으로 위촉되어 그 직에 4년 이상 있었던 자, ⑥ 그 밖에 사회적 신망이 높고 행정에 관한 식견과 경험이 있는 자로서 시민사회단체로부터 추천을 받은 자 중에서 임명 또는 위촉한다(동법 13①②).

2) 위원회는 재적위원 과반수의 출석으로 개의하고 과반수의 찬성으로 의결한다. 다만, 종전의 의결례를 변경할 필요가 있는 사항은 재적의원 과반수의

---

1) 국민고충처리위원회와는 별도로 지방자치단체에 시민고충처리위원회를 둘 수 있는데, 이를 둘 것인지 여부는 지방자치단체가 결정한다.

2) 국민권익위원회와는 별도로 지방자치단체 및 그 소속기관에 관한 고충민원의 처리와 행정제도의 개선 등을 위하여 각 지방자치단체에 시민고충처리위원회를 둘 수 있다(법 32).

찬성으로 의결한다(동법 19①).

위원회는 고충민원의 처리와 관련하여 ① 고충민원의 결과 행정기관등의 장에게 시정을 권고하는 사항 중 다수인의 이해와 관련된 사항 등, ② 행정기관의 장에 대한 법령 그 밖의 제도개선을 권고하는 사항, ③ 감사원에 대한 감사의뢰결정에 관한 사항, ④ 위원회의 종전 의결례를 변경할 필요가 있는 사항, ⑤ 소위원회가 위원회에서 직접 처리하도록 의결한 사항, ⑥ 그 밖에 위원회에서 처리하는 것이 필요하다고 위원장이 인정하는 사항 이외의 사항은 위원 3인으로 구성되는 소위원회에서 심의·의결하게 할 수 있다(동법 20①).

(3) 기 능

국민권익위원회에 관한 법률은 21개 호에 걸쳐 위원회의 업무를 규정하고 있는바, 이 중에서 고충민원처리와 관련된 것으로서는, ① 국민의 권리보호·권익구제 및 부패방지를 위한 정책의 수립 및 시행, ② 고충민원의 조사와 처리 및 이와 관련된 시정권고 또는 의견표명, ③ 고충민원을 유발하는 관련 행정제도 및 그 제도의 운영에 개선이 필요하다고 판단되는 경우 이에 대한 권고 또는 의견표명, ④ 위원회가 처리한 고충민원의 결과 및 행정제도의 개선에 관한 실태조사와 평가, ⑤ 민원사항에 관한 안내·상담 및 민원사항 처리실태·확인·지도, ⑥ 온라인 국민참여포털의 통합운영과 정부민원안내콜센터의 설치·운영, ⑦ 시민고충처리위원회의 활동과 관련한 협력·지원 및 교육 등을 들 수 있다(동법 12).

(4) 고충민원의 신청

누구든지(국내에 거주하는 외국인을 포함) 위원회 또는 시민고충처리위원회에 고충민원을 신청할 수 있다(동법 39①). 위원회에 고충민원을 신청하고자 하는 자는, ① 신청인의 이름과 주소, ② 신청의 취지·이유와 고충민원신청의 원인이 된 사실내용, ③ 그 밖에 관계 행정기관의 명칭 등 대통령령으로 정하는 사항을 기재하여 문서(전자문서를 포함)로 이를 신청하여야 한다. 다만 문서에 의할 수 없는 특별한 사정이 있는 경우에는 구술로도 할 수 있다(동조 ②).

접수된 민원이, ① 고도의 정치적 판단을 요하거나 국가기밀 또는 공무상 비밀에 관한 사항, ② 국회·법원·헌법재판소·선거관리위원회·감사원·지방의회에 관한 사항, ③ 수사 및 형집행에 관한 사항으로서 그 관장기관에서 처리하는 것이 적당하다고 판단되는 사항 또는 감사원의 감사가 착수된 사항, ④ 행정심판, 행정소송, 헌법재판소의 심판이나 감사원의 심사청구 그 밖에 다른 법률에 따른 불복구제절차가 진행중인 사항, ⑤ 법령에 따라 화해·알선·조정·중

재 등 당사자간의 이해조정을 목적으로 행하는 절차가 진행중인 사항, ⑥ 판
결·결정·재결·화해·조정·중재 등에 따라 확정된 권리관계에 관한 사항 또는
감사원이 처분을 요구한 사항, ⑦ 사인간의 권리관계 또는 개인의 사생활에 관
한 사항, ⑧ 행정기관등의 직원에 관한 인사행정상의 행위에 관한 사항, ⑨ 그
밖에 관계 행정기관등에서 직접 처리하는 것이 타당하다고 판단되는 사항 중의
어느 하나에 해당하는 경우에는 그 고충민원을 관계 행정기관등에 이송할 수
있다. 다만, 관계 행정기관등에 이송하는 것이 적절하지 아니하다고 인정하는
경우에는 그 고충민원을 각하할 수 있다(동법 43①).

(5) 고충민원의 조사

위원회는 고충민원을 접수한 경우에는 지체없이 그 내용에 관하여 필요한
조사를 하여야 한다. 다만, 그것이 각하사유에 해당하는 사항, 고충민원의 내용
이 거짓이거나 정당한 사유가 없다고 인정되는 사항, 그 밖에 고충민원에 해당
하지 아니하는 경우 등 위원회가 조사하는 것이 적절하지 아니하다고 인정하는
사항에 대하여는 조사를 아니할 수 있다(동법 41①).

위원회는 조사를 함에 있어 필요하다고 인정하는 경우에는, ① 관계 행정
기관등에 대한 설명요구 또는 관련 자료·서류 등의 제출요구, ② 관계 행정기
관등의 직원·신청인·이해관계인이나 참고인의 출석 및 의견진술 등의 요구,
③ 조사사항과 관계있다고 인정되는 장소·시설 등에 대한 실지조사, ④ 감정의
의뢰 등의 조치를 할 수 있다(동법 42①).

(6) 합의의 권고 및 조정

위원회는 조사중이거나 조사가 끝난 고충민원에 대한 공정한 해결을 위하
여 필요한 조치를 당사자에게 제시하고 합의를 권고할 수 있다(동법 44).

위원회는 다수인이 관련되거나 사회적 파급효과가 크다고 인정되는 고충민
원의 신속하고 공정한 해결을 위하여 필요하다고 인정하는 경우에는 당사자의
신청 또는 직권에 의하여 조정을 할 수 있다(동법 45①).

(7) 시정권고 및 의견표명

1) 위원회는 고충민원에 대한 조사결과 처분등이 위법·부당하다고 인정할
만한 상당한 이유가 있는 경우에는 관계 행정기관 등의 장에게 적절한 시정을
권고할 수 있다(동법 46①).

2) 위원회는 고충민원을 조사·처리하는 과정에서 법령 그 밖의 제도나 정
책 등의 개선이 필요하다고 인정되는 경우에는 관계 행정기관등의 장에게 이에
대한 합리적인 개선을 권고하거나 의견을 표명할 수 있다(동법 47).

3) 위원회는 위의 관계기관의 장에 대한 시정권고 또는 제도개선의 권고를 하기 전에 그 행정기관등과 신청인 또는 이해관계인에게 미리 의견을 제출할 기회를 주어야 한다(동법 48①).

(8) 처리결과의 통보 등

1) 위의 시정 또는 개선권고를 받은 관계 행정기관의 장은 이를 존중하여야 하며, 그 권고 또는 의견을 받은 날부터 30일 이내에 그 처리결과를 위원회에 통보하여야 한다(동법 50①).

2) 시정권고를 받은 관계 행정기관의 장이 그 권고내용을 이행하지 아니하는 경우에는 그 이유를 위원회에 문서로 통보하여야 한다(동조 ②).

(9) 공 표

위원회는 ① 전기한 시정권고 또는 제도개선에 관한 의견표명의 내용, ② 이러한 시정권고·개선권고에 대한 행정기관의 장의 처리결과 및 ③ 시정권고의 불이행시의 그 불이행사유를 공표할 수 있다(동법 53).

3. 고충민원처리제도의 평가

위에서 국민권익위원회에 의한 고충민원처리제도에 관하여 개관하여 보았다. 여기서는 그 검토내용을 종합하면서 이 제도에 관한 개략적인 평가를 하여 보기로 한다.

고충민원처리제도의 가장 긍정적인 측면은 그 적용대상이 매우 광범하고 또한 일단 그 신청자격상의 제한이 없다는 점이라 할 것이다. 즉 이 법률에 의한 고충민원은 위법·부당한 처분뿐만 아니라 사실행위 및 부작위를 포함하는 것으로서의 소극적인 처분 및 불합리한 행정제도로 인하여 국민의 권리가 침해되거나 국민에게 불편 또는 부담을 주는 사항에 관한 민원이 그 대상이 되기 때문이다. 다른 한편 이 법률에 의한 고충민원은 국내에 거주하는 외국인을 포함하여 누구든지 이를 신청할 수 있도록 되어 있는 것으로서, 이것은 국민의 권익보호제도로서는 매우 긍정적인 측면인 것임은 물론이다.

그러나 이 제도는 정식적 구제제도로서의 행정심판이나 행정소송 등에 대하여 비공식적 또는 그 보완적 제도라는 점에서 그 기본적 한계가 있는 것이다. 그에 따라서 국민권익위원회에 의한 고충민원의 조사결과 처분등이 위법·부당하다고 인정할만한 상당한 이유가 있다고 인정되는 경우에도 국민권익위원회는 관계 행정기관의 장에게 적절한 시정을 권고할 수 있음에 그친다.

이러한 위원회의 시정권고는 관계 행정기관의 장에 대한 법적 구속력은 없는 것으로서, 시정권고를 받은 행정기관의 장이 그 권고내용을 이행하지 아니하는 경우에는 단지 그 이유를 위원회에 통보하여야 하는 데 그친다.

이 경우 위원회는 시정권고와 관계 행정기관의 장이 이를 불이행하는 경우 그 불이행사유를 공표할 수 있음에 그친다. 즉 위원회의 시정권고의 실효성의 보장수단은 시정권고 및 그 불이행사실 및 사유의 공표에 의한 궁극적인 여론에 의한 비판과 감시라 할 수 있다.

제 2 장   행정상 손해전보

제1절   개   설

I. 행정상 손해배상과 손실보상

행정상 손해전보라 함은, 국가 또는 공공단체의 작용에 의하여 개인에게 발생한 손해 또는 손실을 전보하여 주는 제도를 말한다. 우리나라의 행정상 손해전보제도로는 행정상 손해배상과 행정상 손실보상이 있다. 양자의 구별은 손해 또는 손실의 발생원인행위의 성질에 따른 것으로, 전자는 위법한 행위에 의하여 발생한 손해를 전보하여 주는 것이고, 후자는 적법한 행위에 의하여 발생한 특별한 손실을 전보하여 주는 것이다.

국가나 공공단체의 활동에 의하여 개인에게 손해가 발생하였고, 피해자에게 그 손해를 감수하여야 할 책임이 없는 경우에는, 그 손해를 전보하여 주는 것이 정의·공평의 원칙에 합치되는 것임은 물론이다.

「프랑스」에 있어서는 행정상 손해전보의 근거를 현행 헌법 전문의 일부를 이루고 있는 1789년의 인권선언 제13조상의 「공적 부담 앞의 평등원칙」에서 찾고 있다. 이러한 관점에서는 무과실책임 또는 위험책임이 일반적으로 인정될 가능성도 있는 것이나, 아직도 무과실책임은 제한적으로만 인정되고 있다. 우리나라에서는 「공적 부담 앞의 평등원칙」은 헌법 제11조의 평등원칙의 일부를 이루는 것으로 볼 수 있다. 따라서 우리나라에서도 행정상 손해배상과 손실보상을 구분하지 않고, 양자를 통일적으로 파악할 수도 있을 것이다.

그러나 이들 양 제도는 종래 성질이 다른 것으로 이해되어 왔다. 즉, 손해배상은 개인주의적·보상적 정의에 입각하여 행위자의 주관적 책임과 행위의 객관적 위법성을 그 성립요건으로 함에 반하여, 손실보상은 단체주의적·배분적 정의에 입각하여 그 성립에 있어 행위자의 주관적 책임은 문제삼지 않고 다만 개인에게 부과된 불평등한 부담을 전보하여 주는 제도라는 점에서 양자는 구별되어 온 것이다.

II. 행정상 손해배상·손실보상의 구별의 상대화

상기한 바와 같이 행정상 손해배상과 손실보상은 종래 원인행위의 성격 및 인정근거의 측면에서 구별되어 왔으나, 오늘날에는 이 두 제도가 상호 접근하는 경향이 나타나고 있으며, 특히 손해배상의 손실보상화 경향이 두드러지고 있다.

오늘날 기업의 대형화와 그 생산활동의 고도화, 행정활동의 증대 및 내용의 다양화에 따라, 과실책임주의를 엄격히 적용하는 경우 피해자가 구제받지 못하게 되는 불공평한 경우가 자주 등장하고 있으므로, 「위험 있는 곳에 책임 있다」고 하는 위험책임의 법리에 의하여 피해자구제를 도모할 필요성이 증가하고 있다. 따라서 손해배상에 있어서도 주관적·도의적 책임의 문제보다는, 「객관적으로 누구에게 전보책임을 부담시키는 것이 공평할 것인가」라는 손해부담의 배분적 정의를 주된 기준으로 함으로써, 과실의 객관화나 입증책임전환의 법리 등을 통하여 점차 과실책임이 무과실책임에로 접근하는 경향을 보이고 있다.

조직체의 활동으로서의 행정은 어느 경우에나 공익실현을 그 내용으로 하는 것이므로, 행정작용으로 인한 손해는 궁극적으로 조세에 의하여 전보되어야 할 것이고, 특히 손해배상의 일반화를 통하여 위험의 사회화 효과도 기대할 수 있다는 점을 고려하면, 행정상 손해배상·손실보상제도의 위와 같은 접근현상은 바람직한 것이라 할 것이다.

다만 우리나라의 실정법상 행정상 손해전보제도는 손해배상제도와 손실보상제도로 구분되어 있으므로, 여기서도 양자를 구분하여 검토하기로 한다. 그렇지만 양 제도는 모두 기본적으로 「공적 부담 앞의 평등원칙」에 의거하여 인정되는 것으로 이해할 수 있으므로, 관계법을 적용함에 있어서는 가능한 한 이러한 기본원리에 부합하도록 해석하여야 할 것이다.

제2절 행정상 손해배상

제1항 개 설

I. 서 설

행정상 손해배상제도는, 국가 또는 지방자치단체 등의 위법한 활동에 의하여 개인에게 가하여진 손해를 전보하여 주는 제도이다. 행정상 손해배상도 행위의 위법성과 그에 대한 과실을 성립요건으로 하고 있다는 점에서는 민사상 불법행위책임과 공통성이 있다. 그러나 행정상 손해배상에 있어서의 배상책임은 공행정작용 · 기타의 공권력행사에 기인하는 것이고 배상주체는 국가 또는 공공단체라는 점에서, 국가에 따라 정도의 차이는 있으나 민사책임과는 달리 취급되고 있다.

근대 초기까지도 주권면책사상(Sovereign Immunity) 또는 주권무오류사상(The King can do no wrong)에 기하여, 공무원의 불법행위로 인하여 개인에게 손해가 발생한 경우에도 국가의 배상책임은 인정되지 않았고, 공무원의 개인적 책임만이 제한적으로 인정됨에 그쳤다. 이러한 국가책임의 일반적 배제는 정의 · 공평관념에 배치되며, 오늘날 국민의 법감정과도 부합하지 않는 것임은 물론이다. 따라서 19세기 후반 이후에 「프랑스」에서 판례에 의하여 확립된 국가배상책임제도를 필두로 하여, 독일이나 영미 등의 국가에서도 법률 또는 판례법으로 국가책임이 점차 인정되기에 이르렀다.

II. 각국의 손해배상제도

1.「프랑스」

「프랑스」에서 손해배상제도는 기본적으로 「꽁세유데따(Conseil d'Etat)」의 판례에 의하여 정립 · 발전되어 왔다. 「프랑스」의 손해배상제도는 내용적으로 과실책임(Responsabilité pour faute)과 무과실책임(Responsabilité sans faute) 또는 위험책임(Responsabilité pour risque)의 이원적 구조로 되어 있다.

무과실책임 또는 위험책임은, 국가 등의 공권력작용이 적법함에도 불구하고 그로 인하여 개인에게 발생한 특별한 손해를 전보하여 주는 것이고, 과실책임은 행정작용 등에 과실이 있는 경우에만 그로 인한 손해를 전보하여 주는 제

도이다. 그러나 어느 경우에나 배상책임의 궁극적 인정근거는「공적 부담 앞의
평등원칙」에 있는 것으로 보고 있다. 따라서 공적 부담 앞의 평등원칙의 관점
에서는 무과실책임을 일반적으로 인정하는 것도 가능할 것이나, 실제로는 공공
시설로 인한 항구적 손해의 경우를 제외하고는 무과실책임 또는 위험책임은 매
우 제한적으로만 인정되고 있다. 따라서「프랑스」의 행정상 손해배상제도도 원
칙적으로는 과실책임주의에 입각하고 있다 하겠다.

그런데 과실책임에 있어서의 과실은 객관적 관념으로서, 행정작용이 당해
작용에 요구되는 정상수준에 미달하는 상태를 의미하는 것으로 파악되고 있다.
따라서「프랑스」의 행정상 손해배상제도에 있어서는 이른바 ‘위법·무과실’의
경우는 발생할 수 없다고 하겠다. 한편 과실은 개인과실(faute personnelle)과 역
무과실(faute de service)로 구분되고 있는바, 개인과실은 공무원의 불법행위가
성격상 그 공무원이 속하는 기관의 행위로 인정될 수 없는 경우에 인정되는 것
이다. 따라서 국가 등의 배상책임은 역무과실의 경우에만 발생한다.

그러나 판례의 발달에 따라 정립된 책임의 경합이론(Cumul de la repons-
abilité)에 의하면, 공무원의 행위가 개인과실로 인정되는 경우에도 그것이 직무
행위와 전혀 무관하지 않는 한, 이에 대해 공무원 개인의 민사상 책임과 국가
등의 배상책임이 중첩적으로 발생한다고 보고 있으며, 이 경우 피해자인 개인
에게는 공무원 개인 또는 국가에 대한 선택적 배상청구권이 인정되는 것으로
보고 있다.

상술한 바와 같이,「프랑스」의 행정상 손해배상제도는 과실책임주의를 원
칙으로 하고 있으나, 과실관념의 객관화와 책임의 경합이론 등의 법리에 의하
여 국민의 권익침해에 대한 상당히 폭넓고 두터운 구제제도를 마련하고 있다고
할 수 있다.

2. 독 일

독일에서는, 국가가 국고의 지위에서 행하는 사경제적 작용에 대하여는 19
세기 초에 국가책임이 인정되었으나, 공행정작용에 대하여는 20세기 초에 이르
러 비로소 국가책임이 인정되게 되었다.

국가의 국고행위로 인한 손해에 대하여는 19세기 초부터 민법상의 손해배
상책임이 인정되고 있었다. 그러나 공행정작용에 대해서는 1896년의 민법 제
839조가 공무원의 개인책임만을 규정하고 있었다. 그러나 1910년 독일의「국
가공무원책임법(Reichsbeamtenhaftungsgesetz)」은 민법상의 공무원 책임에 대한

국가의 대위책임을 인정한 바 있고, 이어서 「바이마르」헌법은 이러한 국가의 대위책임원칙을 헌법상의 원칙으로 격상시켰으며, 1949년의 「본」기본법 제34조는 「바이마르」헌법의 국가책임원칙을 계승하여, "(공무원이) 자기에게 위탁된 공적 직무의 집행에 당하여 제3자에게 부담하는 직무상 의무를 위반한 때에는, 그 공무원을 사용하는 국가나 단체가 원칙적으로 책임을 진다"고 규정하기에 이르렀다. 한편 최근들어 행정상 손해전보에 관한 일반법으로서 「국가책임법(Staatshaftungsgesetz)」이 제정되어 1982년 1월 1일부터 시행될 예정이었으나, 동법이 연방제하에서 주입법권의 일부를 침해하였다는 이유로 1982년 10월 19일의 연방헌법재판소 판결에 의하여 무효로 선언됨으로써, 독일의 손해배상제도는 종전의 법제로 회귀하게 되었다.

결국, 현재 독일에서의 국가 등의 배상책임은 민법 제839조와 기본법 제34조의 결합에 의하여 이루어지고 있다. 따라서 배상책임의 요건으로서의 과실은 주관적 관념으로 파악되고 있으며, 그 결과 '위법·무과실'의 경우에는 국가책임이 부인되는 부정적 현상이 나타나게 되었다. 이러한 흠결을 보완하기 위하여 판례상 정립된 법리가 이른바 수용유사침해이론으로서, 이는 적법·무책의 행위에 대하여 국가의 보상책임이 인정된다면 위법·무과실의 행위에 대하여는 '당연히'(erst recht) 국가의 배상책임이 인정되어야 함을 그 주된 논거로 하고 있다.

한편 위험책임에 대하여는 독일에서도 학설상으로 이를 긍정하는 입장이 없지 않으나, 판례상으로는 아직 인정되고 있지 않다. 그러한 점에서 독일의 손해배상제도는 「프랑스」에 비하여 한정적 성격을 띤다고 할 수 있을 것이다.

3. 영·미

과거의 영국과 미국에 있어서는, 공무원 개인의 민사상 책임만이 인정되고 있었을 뿐, 영국의 경우는 「국왕은 악을 행할 수 없다(The King can do no wrong)」, 미국의 경우는 「주권자는 그 승낙 없이 소추되지 않는다」는 법리에 기하여, 각각 국가에 대하여는 국가무책임원칙이 지배하고 있었다.

그러나 제2차대전 후, 영국에서는 국왕소추법(The Crown Proceedings Act, 1947), 그리고 미국에서는 연방불법행위청구권법(The Federal Tort Claims Act, 1946)이 각각 제정되어, 국가의 배상책임이 인정되게 되었다. 그러나 이들 법은 여전히 광범한 적용배제조항을 두고 있는 것이 특색이다.

Ⅲ. 우리나라의 행정상 손해배상제도

1. 국가배상책임의 헌법적 근거

현행 헌법 제29조 제1항(제헌헌법 27)은 "공무원의 직무상 불법행위로 손해를 받은 국민은 법률이 정하는 바에 의하여 국가 또는 공공단체에 정당한 배상을 청구할 수 있다. 이 경우 공무원 자신의 책임은 면제되지 아니한다"고 규정하여, 국가 또는 공공단체의 불법행위책임을 일반적으로 인정하였다. 동조는 국가의 배상책임의 요건 등에 관하여는 법률에 위임하고 있으나, 그렇다 할지라도 합리적 근거 없이 국가책임을 극단적으로 제한하거나 이를 부인하는 법률은 위헌이라 할 것이다.

2. 국가배상법

위의 헌법 규정에 의거하여 1951년 9월 8일에 제정된 법이 국가배상법이다.

(1) 국가배상법의 지위

1) 국가배상법은 국가 또는 지방자치단체의 불법행위책임에 관한 일반법으로서, 종래 국가의 배상책임이 부인되고 있던 공권력작용과 영조물의 설치·관리작용으로 인한 손해에 대하여 국가 또는 지방자치단체의 배상책임을 명시적으로 인정하고, 그 요건을 규정하고 있다는 점에 기본적 의의가 있다.[1]

국가배상법 제8조는 "국가나 지방자치단체의 손해배상책임에 관하여는 이 법에 규정된 사항 외에는 민법에 따른다. 다만 민법 외의 법률에 다른 규정이 있을 때에는 그 규정에 따른다"고 규정하여, 이 법이 행정상 손해배상에 관한 일반법임을 명시하고 있다. 따라서, ① 특별법이 있으면 그 규정에 의하고(예컨대 자동차손해배상보장법 3, 원자력손해배상법 3, 우편법 제5장 등), ② 그러한 특별법이 없으면 국가배상법이 적용되며, ③ 국가배상법에 특별한 규정이 없는 사항은 민법의 규정에 의한다.

그러나 국가배상법은 배상책임의 요건이나 구상문제 또는 면책사유의 부인

---

1) 김도창, 행정법(상), p. 613. 다만 헌법은 배상주체를 '국가 또는 공공단체'로 규정하고 있는 데 대하여, 국가배상법은 '국가 또는 지방자치단체'로 규정하여, 지방자치단체 이외의 공공단체(공공조합·영조물법인 등)의 배상책임은 민법에 맡기고 있으나, 이는 헌법 제29조에 어긋나는 것이 아닌가 하는 문제가 있다. 이에 관하여 박윤흔 교수는, 헌법의 취지는 소속직원의 불법행위에 대하여는 당해 공공단체 스스로 배상하여야 한다는 데에 있는 것이지, 모든 공공단체의 배상책임을 동일한 법률에 의하여 규율해야 한다는 데 있는 것은 아니라고 보아, 헌법상 문제는 없다고 하고 있다(박윤흔, 행정법(상), p. 676).

등에 있어 민법과는 다르게 규정하고 있는 점을 보면, 헌법의 명시적 규정에도 불구하고 배상주체를 국가와 지방자치단체로 한정하고 있는 국가배상법은 일단 헌법상 문제가 있다고 할 것이다.

2) 국가배상법은, 외국인이 피해자인 경우는 상호의 보증이 있는 때에 한하여 적용된다(법 7). 이러한 상호주의의 채택은 공평의 원칙에 비추어 볼 때 타당한 것이라 생각된다.

(2) 국가배상법의 성격

국가배상법의 성격에 관하여는 사법설과 공법설이 있다.

1) **사 법 설**　이 견해는, 국가배상법을 손해배상에 관한 민법의 특별법으로 본다. 그 논거로서는, ① 우리 헌법은 국가가 공권력의 주체로서 종래 누리고 있던 주권면책특권을 부인하고, 국가를 사인과 동일한 지위에 두어 그 배상책임을 인정하고 있으므로, 국가배상책임은 불법행위책임의 한 유형에 불과한 것이고, ② 행정소송법 제10조 제1항은 '당해 처분등과 관련되는 손해배상 … 등 청구소송'을 행정소송에 병합할 수 있도록 규정하고 있는바, 이것은 위법한 행정작용으로 인한 손해배상의 청구는 원칙적으로 민사소송절차에 의하는 것임을 전제로 하여, 그와 같은 민사상의 청구를 이질적인 행정소송에 병합할 수 있도록 한 것이라 볼 것이며, ③ 국가배상법 제8조가 "… 이 법의 규정된 사항 외에는 민법에 따른다"고 규정하고 있는 것은, 동법의 민법에 대한 특별법적 성격을 나타낸 것으로 볼 수 있다는 것이다.

2) **공 법 설**　이 견해는, ① 우리나라 실정법상 공법과 사법의 이원적 체계를 인정하고 있는 이상, 공법적 원인에 의하여 발생한 손해에 대한 국가책임에 민법이 그대로 적용될 수는 없는 것이므로, 이러한 공법상 책임에 관한 법인 국가배상법은 공법으로 보아야 하고, ② 국가배상법 제9조가 국가 등에 대한 손해배상신청사건에 대한 배상심의회의 (임의적) 결정절차를 규정하고 있는 것은 동법이 공법임을 나타내는 것이며, ③ 행정소송법 제3조 제2호의 '행정청의 처분등을 원인으로 하는 법률관계에 관한 소송'에는 당연히 행정상 손해배상청구소송이 포함된다고 보아야 하므로, 국가배상법은 공법이라는 것이다.[1]

3) **결 론**　위에서 본 바와 같이, 사법설은 먼저 헌법이 국가의 주권면책특권을 부인하고 사인과 동일한 지위에서 그 배상책임을 인정하고 있으므로, 국가배상책임은 민사상의 불법행위책임의 한 유형에 지나지 않는다고 한다. 그

---

1) 김도창, 행정법(상), pp. 616~617; 서원우, 행정법(상), p. 679; 윤세창, 행정법
(상), 1981, pp. 359~360; 박윤흔, 행정법(상), pp. 681~682.

러나 국가의 주권면책특권을 부인하고 그 배상책임을 인정하였다고 하여, 곧바로 그 성질이 민사상의 불법행위책임의 한 유형에 불과한 것이라고 보아야 할 필연적 이유는 없다고 본다. 다음에 행정소송법 제10조 제1항은 취소소송에 대한 관련청구소송의 병합제기에 관한 것으로, 관련청구소송에는 민사소송뿐 아니라 행정소송도 포함되는 것이므로, 동조가 손해배상청구소송을 민사소송으로 상정하여 규정한 것이라고 보아야 할 논리적 필연성은 또한 없다고 본다.

국가배상법은 공법적 원인에 의하여 발생한 손해에 대한 국가 등의 배상책임을 규정한 법으로서, 공법으로 보아야 할 것이다. 물론 이 법에 기한 국가배상책임도 행위의 위법성과 행위자의 과실을 요건으로 하고 있다는 점에서는, 민사상의 불법행위책임과 공통적인 것이 사실이다. 그러나 배상책임 발생원인인 행정작용 기타의 공권력행사는 공익목적을 실현하기 위한 조직체의 활동이라는 점을 감안하면, 행정상 손해배상에 있어서 국가 등의 배상책임에 대하여는 상대적이기는 하나, 민사상의 불법행위책임과는 다른 평가를 요하고, 그 결과 그 성립요건으로서의 위법성이나 과실의 관념도 달리 파악할 소지가 있을 것이다.

이와 같이 국가배상법은 논리적으로나 실질적으로나 공법으로 보아야 할 것이지만, 종래 우리의 소송실무에 있어서는 이 소송을 민사소송으로 다루고 있다. 그러나 정부가 2007. 11. 19에 국회에 제출한 행정소송법개정안에서는 행정상 손해배상에 관한 소송을 당사자소송의 한 유형으로 들고 있다.

3. 손해배상의 청구절차

(1) 임의적 결정전치주의

구 국가배상법 제9조는 "이 법에 의한 손해배상의 소송은 배상심의회의 배상지급 또는 기각의 결정을 거친 후에 한하여 제기할 수 있다. 다만, 배상금지급신청이 있은 날로부터 3월을 경과한 때에는 그러하지 아니하다"고 하여, 배상소송의 제기에 앞서 배상심의회의 결정을 필요적 절차로 하는 결정전치주의를 취하고 있었다.

구 국가배상법이 이러한 강제적인 행정절차를 두고 있었던 것은 번잡한 소송절차를 피하고, 시간과 경비를 절약하여 신속한 피해자 구제를 도모하려는 데 그 목적이 있었다고 할 것이나, 여기에는 오히려 소송에 의한 궁극적 구제를 지연시키는 역기능적 측면도 있었다. 이러한 문제점을 고려하여 2000년 12월 29일에 공포된 국가배상법중개정법률은 동조를 개정하여 배상결정절차를 임의

절차로 하였다.

개정된 국가배상법 제9조는 "이 법에 의한 손해배상의 소송은 배상심의회(이하 "심의회"라 한다)에 배상신청을 하지 아니하고도 이를 제기할 수 있다"고 규정하고 있다. 그에 따라서 국가 등의 행정작용으로 인하여 손해를 받은 국민은 그 선택에 따라 배상심의회에 대한 배상신청을 거쳐 손해배상소송을 제기할 수도 있으나, 이를 거치지 않고 직접 소송을 제기할 수도 있게 되었다.

(2) 배상심의회

심의회는 국가 또는 지방자치단체에 대한 배상신청사건을 심의한다(동법 10). 심의회는 피해자의 배상신청에 대하여 심의·결정하고 이를 신청인에게 알리는 권한을 가지고 있으므로, 합의체행정기관으로서의 성격을 가진다.

이러한 심의회로서 법무부에 본부심의회를, 그리고 군인·군무원이 가한 손해의 배상결정을 위하여 국방부에 특별심의회를 설치하고, 이들 밑에 각각 지구심의회를 둔다(동법 10①②). 각 심의회에는 위원장을 두며, 위원장은 심의회의 업무를 총괄하고 심의회를 대표한다(동조 ④).

(3) 배상지급신청 및 그 심의·결정절차

배상금의 지급신청은 지급받고자 하는 자의 주거지·소재지 또는 배상원인 발생지를 관할하는 지구심의회에 하여야 한다(동법 12①).

심의회의 위원장은 배상신청이 부적법하나 보정할 수 있다고 인정하는 경우에는 상당한 기간을 정하여 보정을 요구하여야 한다. 이 경우의 보정기간은 배상결정기간에 이를 산입하지 아니한다(법12③⑤).

배상신청을 받은 지구심의회는 증인신문·감정·검증 등의 증거조사를 한 후, 4주일 이내에 배상금지급·기각 또는 각하의 결정을 하여야 한다(동법 13①).

심의회는, ① 신청인이 이전에 동일한 신청원인으로 배상신청을 하여 배상금지급 또는 기각의 결정을 받은 경우, ② 신청인이 이전에 동일한 청구원인으로 이 법에 의한 손해배상의 소송을 제기하여 배상금지급 또는 기각의 확정판결을 받은 경우, ③ 기타 배상신청이 부적법하고 그 흠결을 보정할 수 없거나 심의회 위원장의 보정요구에 응하지 아니한 경우에는 배상신청을 각하한다(동조 ⑧).

일정한 주요 사건은 지구심의회의 송부에 따라 본부심의회 또는 특별심의회가 직접 결정한다(동법 13⑥⑦).

심의회가 배상결정을 한 때에는, 결정이 있은 날부터 1주일 이내에 신청인에게 결정정본을 송달하여야 한다(동법 14).

지구심의회에서 배상신청이 기각 또는 각하된 때에는, 신청인은 그 결정의 송달을 받은 날부터 2주일 이내에 본부 또는 특별심의회에 재심을 신청할 수 있다(동법 15의2①). 이 경우 본부 또는 특별심의회는 4주일 이내에 배상결정을 하여야 한다(동조 ③).

(4) 배상결정

심의회의 배상결정은 신청인이 동의함으로써 그 효력이 발생한다. 심의회의 결정에 동의하는 신청인은 지체없이 그 결정에 동의서를 붙여 국가 또는 지방자치단체에 배상금지급을 청구하여야 한다(동법 15①).

이와 관련하여 구 국가배상법 제16조는 "심의회의 배상결정은 신청인이 동의하거나 지방자치단체가 배상금을 지급한 때에는 민사소송법의 규정에 의한 재판상의 화해가 성립된 것으로 본다"고 규정하고 있었다. 그러나 헌법재판소는 당해 규정은 "배상결정절차에 있어서 심의회의 제3자성·독립성이 희박한 점, 심의절차의 공정성·신중성도 결여되어 있다는 점, 심의회에서 결정되는 배상액이 법원의 그것보다 하회하는 점, 신청인의 배상결정에 대한 동의에 재판청구권을 포기할 의사까지 포함되는 것으로 볼 수도 없다는 점"을 종합하여 볼 때, 동의된 배상결정에 확정판결과 같은 최종적인 효력을 지니는 재판상 화해가 성립된 것으로 간주하는 것은 헌법과 법률이 정한 법관에 의한 재판을 받을 권리의 과도한 제한으로서, 위헌이라고 결정하였고(헌재결 1995. 5. 25, 91헌가7), 그에 따라 국가배상법의 당해 규정은 삭제되었다.

따라서 신청인은 배상결정에 동의하여 배상금을 수령한 후에도 손해배상소송을 제기하여 배상금청구(증액청구)를 할 수 있다고 할 것이다.[1]

국가배상법은 공무원의 위법한 직무집행행위로 인한 손해 및 영조물의 설치·관리로 인한 손해에 대한 국가와 지방자치단체의 배상책임에 관하여 규정하고 있는바, 다음에 각각 항을 달리하여 이들 문제를 검토한다.

제2항 공무원의 위법한 직무행위로 인한 손해배상

국가배상법은 "국가나 지방자치단체는 공무원 또는 공무를 위탁받은 사인이 그 직무를 집행하면서 고의 또는 과실로 법령을 위반하여 타인에게 손해를 입히거나, 자동차손해배상 보장법에 따라 손해배상의 책임이 있을 때에는 그 손해를 배상하여야 한다"(법 2①본문)고 하고, 이어서 "제1항 본문의 경우에 공

---

1) 박윤흔, 행정법(상), pp. 658~659.

무원에게 고의 또는 중대한 과실이 있으면 국가나 지방자치단체는 그 공무원에게 구상할 수 있다"(동조 ②)고 규정하여, 공무원의 위법한 직무행위로 인한 국가의 배상책임을 명시하고 있다.

I. 배상책임의 요건

동조의 규정에 따라 국가의 배상책임이 성립하기 위해서는, ① 가해행위가 공무원의 행위일 것, ② 그 행위가 직무행위일 것, ③ 그 행위가 직무를 집행하면서 행해졌을 것, ④ 행위가 위법할 것, ⑤ 그 행위가 고의 또는 과실에 기한 것일 것, ⑥ 타인에게 손해가 발생하였을 것이라는 여섯 가지 요건이 충족되어야 한다.

1. 공 무 원

국가가 배상책임을 지게 되는 손해는, 공무원이 그 직무를 집행함에 당하여 타인에게 가한 것이어야 한다. 여기서 공무원은 광의로 파악하여, 국가공무원법·지방공무원법상의 공무원뿐만 아니라, 널리 공무를 위탁받아 그에 종사하는 모든 자를 포함한다고 보는 것이 통설이다.

대법원도,

"국가배상법 제2조 소정의 '공무원'이라 함은 국가공무원법이나 지방공무원법에 의하여 공무원으로서의 신분을 가진 자에 국한하지 않고, 널리 공무를 위탁받아 실질적으로 공무에 종사하고 있는 일체의 자를 가리키는 것으로서, 공무의 위탁이 일시적이고 한정적인 사항에 관한 활동을 위한 것이어도 달리 볼 것은 아니라고 할 것이다"(대판 2001. 1. 5, 98다39060)

라고 하여 광의설에 따르고 있다. 이러한 기준에 따라 판례는 동원 중인 향토예비군(대판 1970. 5. 26, 70다471), 시청소차운전수(대판 1971. 4. 6, 70다2955), 통장(대판 1991. 7. 9, 91다5570), 국가나 지방자치단체에 근무하는 청원경찰(대판 1993. 7. 13, 92다47564), 교통할아버지(대판 2001. 1. 5, 98다39060) 등을 공무를 위탁받은 사인으로서 공무원에 포함시키고 있다.

2009년의 일부 개정에 따라 국가배상법 제2조 제1항에 국가 등의 손해배상책임의 요건으로서 종래의 '공무원'에 '공무를 위탁받은 사인'을 추가한 것은 일면에 있어서는 이러한 학설·판례를 반영한 것으로 보이기도 한다. 그러나 여기서 특히 유의할 것은 이들 판례에 있어서의 공무를 위탁받은 사인은 행정사무의 보조적 수탁자 즉 당해 공무를 위탁한 행정주체의 보조적 기관으로서의 지위를 가지는 경우에 관한 것이라는 점이다. 그런데 학설상 협의의 공무수탁사인은 자신의 명의로 위탁된 공법상의 권한을 행사하는 것으로서 그러한 한도에서 공무수탁사인은 행정주체의 지위에 서게 된다고 보고 있는바, 이러한 협의의 공무수탁사인이 국가배상법 제2조 제1항상의 '공무를 위탁받은 사인'에 포함되는가의 문제가 제기된다. 이 문제에 대하여는 그 문구적 해석에 따라 모든 공무수탁사인이 공무원에 포함된다는 견해도 제시될 수 있을 것이나, 당해 공무수탁사인의 당해 공적 임무를 위탁한 행정주체와는 독자적 지위에서 당해 공무를 수행하는 경우에는 당해 공무수탁사인은 독자적 행정주체의 지위에서 있는 것이지 단지 국가나 지방자치단체 등의 기관으로서의 공무원에 그치는 것은 아니라고 할 것이다. 이것은 판례의 입장이기도 하다.[1]

공무원이 특정되어야 하는가의 문제가 있는바, 이에 대하여는 반드시 특정될 필요는 없다고 보는 것이 일반적 견해이다. 또한 판례는 시위대에 대한 전투경찰들의 과도한 최루탄 사용 기타 과도한 시위진압으로 인하여 시위자가 사망 또는 상해를 입은 사건에서 관계 공무원을 특정하지 아니한 채 국가의 배상책임을 인정한 바 있다.[2] 광범위한 다수 공무원이 관여한 일련의 국가작용에 의

---

1) 판례
　　"한국토지공사는 구 한국토지공사법 제2조, 제4조에 의하여 정부가 자본금의 전액을 출자하여 설립한 법인이고, 같은 법 제9조 제14호에 규정된 한국토지공사의 사업에 관하여는 공익사업을 위한 토지 등의 취득 및 보상에 관한 법률 제89조 제1항의 위 한국토지공사법 제22조 제6호 및 같은 법 시행령 제40조의3 제1항의 규정에 의하여 본래 시·도지사나 시장·군수 또는 구청장의 업무에 속하는 대집행권한을 한국토지공사에게 위탁하도록 되어 있는바, 한국토지공사는 이러한 법령의 위탁에 의하여 대집행을 수권받은 자로서 공무인 대집행을 실시함에 따르는 권리·의무 및 책임이 귀속되는 행정주체의 지위에 있다고 볼 것이지, 지방자치단체 등의 기관으로서 국가배상법 제2조 소정의 공무원에 해당한다고 볼 것은 아니다"(대판 2010. 1. 2, 2007다82950·82967).
　　"공법인이 국가로부터 위탁받은 공행정사무를 집행하는 과정에서 공법인의 임직원이나 피용인이 고의 또는 과실로 법령을 위반하여 타인에게 손해를 입힌 경우에는, 공법인은 위탁받은 공행정사무에 관한 행정주체의 지위에서 배상책임을 부담하여야 하지만, 공법인의 임직원이나 피용인은 실질적인 의미에서 공무를 수행한 사람으로서 국가배상법 제2조에서 정한 공무원에 해당하므로 고의 또는 중과실이 있는 경우에만 배상책임을 부담하고 경과실이 있는 경우에는 배상책임을 면한다"(대판 2021. 1. 28, 2019다260197).
2) 대법원은 1995. 11. 10. 선고 95다23897 판결에서 국가 소속 전투경찰들이 시위진압을 함에 있어서 합리적이고 상당하다고 인정되는 정도를 넘어 지나치게 과도하게 최루탄을 사용하거나 기타 과도한 방법으로 시위진압을 한 잘못으로 시위참가자를 사망

한 기본권 침해에 대해서도, 전체적으로 보아 객관적 주의의무 위반이 인정되면 충분하고, 개별 공무원의 구체적인 직무집행행위를 특정하고 그에 대한 고의 또는 과실을 개별적·구체적으로 증명할 필요는 없다고 판단하였다(대판 2022. 8. 30, 2018다212610).

2. 직무행위

(1) 직무행위의 범위

이에 관하여는 세 가지 견해가 대립하고 있다.

1) **협 의 설**   국가배상법 제2조 제1항의 '직무'는 권력작용만을 의미하는 것으로 본다.[1] 이 견해는 국가배상책임의 연혁적인 전개과정에 초점을 두어, 종래 권력적 작용에 대해서는 국가책임이 부인되었던 까닭에 국가배상법 제2조는 특별히 권력작용으로 인한 손해에 대한 국가의 배상책임을 명시한 것으로 보는 것이다.

2) **광 의 설**   본조의 직무에는 권력작용 외에 단순공행정작용(혹은 관리작용)도 포함된다고 본다. 즉 본조의 직무는 널리 행정작용 중에서 영조물의 설치·관리작용과 사경제적 작용을 제외한 모든 공행정작용을 의미한다고 보는 것이다.

3) **최광의설**   본조의 직무에는 공행정작용인 권력작용과 관리작용뿐만 아니라, 사경제적 작용도 포함된다고 본다. 그 근거로서는, ① 헌법 제29조는 행정작용을 구체적으로 구별하지 않고 국가의 배상책임을 일반적으로 규정하고 있고, ② 국가배상법은 민법과는 달리 사용자의 면책규정(민법 756①단서)을 두고 있지 않아 국가배상법을 적용하는 것이 피해자에게 유리하며, ③ 국가배상법은 사법이므로 사경제적 작용에도 당연히 적용된다는 점을 들고 있다.

생각건대, ① 사경제적 행정작용으로 인한 손해에 대해서는 종래부터 민사상의 책임이 인정되어 왔으나, 공행정작용, 특히 권력작용에 대해서는 국가책임이 부인되어 왔던바, 헌법 제29조 및 국가배상법은 이러한 공행정작용으로 인한 손해에 대한 국가책임을 인정한 점에 그 의의가 있는 것이고, ② 사경제적 행정작용에 대하여 민법 제756조를 적용하게 되면 국가가 면책될 우려가 있다는 주장은 일응 타당한 것이기는 하나, 동조의 사용자책임은 피해자보호를 위한 무과실책임·위험책임·보상책임의 성질을 가진 것이므로 면책사유가 적용될

에 이르게 하였다는 이유로 국가의 손해배상책임을 인정하였다.

1) 이종극, 행정법(상), 1961, p. 516.

여지는 거의 없으며, ③ 같은 법률관계는 같은 법에 의하여 규율되어야 하는 것이므로 사법에 의하여 규율되는 사경제적 행정작용의 경우 그로 인한 손해도 사법인 민법규정에 의하여 규율되어야 한다고 본다. 따라서 광의설이 가장 타당하다고 본다.

(2) 직무행위의 내용

국가배상법 제2조상의 '직무행위'에는 상술한 바와 같이 권력작용과 단순공행정작용이 포함되나,[1] 권력작용이 그 중심을 이루는 것으로, 이에는 행정행위(법률행위적 행정행위·준법률행위적 행정행위)나 권력적 사실행위 등의 행사·불행사(부작위)를 내용으로 하는 권력적 행정작용은 물론이고,[2] 입법작용과 사법작용도 국가의 공권력 행사로서 여기에 포함된다고 본다. 그러나 권한의 불행사 및 입법작용과 사법작용으로 인한 손해에 대하여 국가의 배상책임을 인정하는 데에는 문제점이 적지 않으므로 다음에서 살펴보기로 한다.

1) 권한의 불행사(권한행사의 해태·부작위)로 인한 손해　　이것은 행정권한의 불행사뿐만 아니라 입법권의 불행사와 관련하여서도 제기될 수 있는 것이나, 현실적으로는 행정청의 권한의 불행사로 인한 손해배상의 문제로 제기되는 것이 일반적이므로, 여기서도 이러한 측면에 초점을 맞추어 문제를 검토한다.

권한의 불행사도 직무행위의 내용을 이루는 점에 대하여는 다툼이 없으므로, 이 문제도 기본적으로는, 위에서 검토한 손해배상책임에 관한 일반이론에 따라 판단될 문제이다. 그러나 권한의 불행사로 인한 손해와 관련하여서는 다음의 몇 가지 문제는 특별한 검토를 요한다.

⑺ 이른바 법적 보호이익설의 적용의 문제　　국가배상법에 의한 국가 등의 배상책임의 인정에 있어서도 법적으로 보호되는 이익과 반사적 이익의 구별이 적용되는지의 문제가 있다. 국가배상법 제2조는 단순히 '법령을 위반하여'라고만 규정하고 있으므로, 행정기관에 의한 위법한 공권력행사(또는 불행사)가 있고, 그에 의하여 개인의 권익이 침해된 경우에는 국가 등의 배상책임이 인정되는 것이고, 행정청이 피해자와의 관계에서 그러한 손해를 방지하여야 할 직접

---

1) 판례
　"국가배상법이 정한 배상청구의 요건인 공무원의 직무에는 권력적 작용만이 아니라 행정지도와 같은 비권력적 작용도 포함되며 단지 행정주체가 사경제주체로서 하는 활동만이 제외된다"(대판 1998. 7. 10, 96다38971).
2) 권력적 국가행위로서 이른바 통치행위도 그 속성상으로는 여기서의 직무행위에 포함된다고 할 것이다. 그러나 전혀 이견이 없는 것은 아니나, 통치행위는 이를 일체의 재판통제에서 배제되는 국가행위로 보는 것이 일반적 견해이고 보면, 그러한 점에서는 통치행위는 손해배상소송의 대상에서도 제외된다고 할 것이다.

적 의무를 부담하는지의 여부는 배상책임의 인정과는 무관한 문제라고 보는 것이 동조의 자연스러운 해석인 것으로 보인다.

그러나 우리 판례는 국가배상법에 있어서도 보호이익과 반사적 이익의 구별은 적용된다고 보고 있다.

즉 대법원은,

"공무원에게 부과된 직무상 의무의 내용이 단순히 공공일반의 이익을 위한 것이거나 행정기관 내부의 질서를 규율하기 위한 것이 아니고 전적으로 또는 부수적으로 사회구성원 개인의 안전과 이익을 보호하기 위하여 설정된 것이라면, 공무원이 그와 같은 직무상 의무를 위반함으로 인하여 피해자가 입은 손해에 대하여는 상당인과관계가 인정되는 범위 내에서 국가가 배상책임을 지는 것"(대판 1993. 2. 12, 91다43466)

이라고 판시한 바 있다.[1]

그에 따라 공무원에 부과된 의무가 공익일반을 위한 것인 때에는 그러한 의무를 위반하여 개인에게 손해가 발생한 경우에도 그 손해배상책임의 문제는 제기되지 않게 된다.

그러나 불이익처분의 상대방의 경우에는, 당해 처분에 관한 권한행사에 있어 법령상 부과되어 있는 권한행사 제약의 준수의무는 상대방에 대하여 공무원이 부담하는 의무이기도 한 것이므로, 이 경우에는 위의 구별이 적용될 여지는 없다 할 것이다.

이에 대하여 행정청의 권한의 불행사로 인하여 침해되는 이익의 경우에 있어서는, 당해 이익은 권한행사에 의하여 보호되는 이익이 될 것이므로, 이 경우는 법적 보호이익과 반사적 이익의 구별이 적용되게 되는 것이다. 예컨대 법령상 공공기관에 대해 신제품 인증을 받은 제품을 우선적으로 구매할 의무가 부

---

1) 이 사건은 선박사고로 인한 인명피해에 따른 손해배상청구에 관한 것이었다. 이 사건에서 대법원은 행정기관에 의한 당해 선박에 대한 중간검사에 있어 이 선박에는 그 안전운행상 여러 가지 결정적 결함이 있었음에도, 적정한 검사를 하지 아니하고 선박안전법 제5조의 규정에 반하여 검사증을 교부한 점과 유선및도선업법 제5조에 의하면 이러한 결함 있는 선박에 대하여는 그 수선을 명하거나 그 운행을 정지시켜야 함에도 이러한 조치를 취하지 아니하고 당해 선박의 경영신고필증을 교부한 직무상 의무의 위반행위가 있음을 지적하고 있다. 이어서 대법원은 이들 규정은 공공일반의 이익뿐만 아니라, 국민 개개인의 안전과 이익도 보호하는 것이므로, 이러한 직무상 의무의 위반으로 인하여 발생한 손해에 대하여는 배상책임이 인정된다고 하였다(동지의 판례 대판 2008. 4. 10, 2005다48994).

과된 경우 이는 공공 일반의 이익을 도모하기 위한 것에 불과하므로 구매의무
를 위반하였다고 하더라도 국가배상책임이 성립하지 않는다(대판 2015. 5. 28,
2013다41431).

㈏ 권한행사의 재량성의 문제　　법령상 행정청에 관계권한의 행사에 있
어 재량권이 부여되어 있는 경우에는, 행정청은 그 권한의 행사 여부에 대한 독
자적 판단권을 가지므로, 이를 행사하지 않아도 그것은 위법한 것으로 되지 않
는다. 그러나 이 경우에도 구체적 사안과 관련하여 재량권이 영으로 수축되어
당해 권한의 행사만이 의무에 합당한 행사로 판단되는 경우, 그 불행사는 위법
한 것이 되어 그로 인하여 손해를 받은 자는 국가 등에 대하여 배상을 청구할
수 있을 것이다.1)2)

---

1) 판례
　"구도시계획법(2000. 1. 28. 법률 제6243호로 전문 개정되기 전의 것), 구도시계획
법시행령(2000. 7. 1. 대통령령 제16891호로 전문 개정되기 전의 것), 토지의형질변경
등행위허가기준등에관한규칙 등의 관련 규정의 취지를 종합하여 보면, 시장 등은 토지
형질변경허가를 함에 있어 허가지의 인근지역에 토사붕괴나 낙석 등으로 인한 피해가
발생하지 않도록 허가를 받은 자에게 옹벽이나 방책을 설치하게 하거나 그가 이를 이
행하지 아니할 때에는 스스로 필요한 조치를 취할 직무상 의무를 진다고 해석되고, 이
러한 의무의 내용은 단순히 공공 일반의 이익을 위한 것이 아니라 전적으로 또는 부수
적으로 사회구성원 개인의 안전과 이익을 보호하기 위하여 설정된 것이라 할 것이고,
허가를 받은 자가 위 규칙에 기하여 부가된 허가조건을 위배한 경우 시장 등이 공사중
지를 명하거나 허가를 취소할 수 있는 등 형식상 허가권자에게 재량에 의한 직무수행
권한을 부여한 것처럼 되어 있더라도 시장 등에게 그러한 권한을 부여한 취지와 목적
에 비추어 볼 때 구체적인 사정에 따라 시장 등이 그 권한을 행사하여 필요한 조치를
취하지 아니하는 것이 현저하게 불합리하다고 인정되는 경우에는 그러한 권한의 불행
사는 직무상의 의무를 위반하는 것이 되어 위법하게 된다"(대판 2001. 3. 9, 99다
64278).
2) 대법원은 최근의 판결에서 위법한 종교교육을 막지 못한 것에 대해 교육감의 시정명
령 권한의 불행사를 이유로 국가배상을 청구한 사건에서, 교육감의 장학지도나 시정·
변경명령 권한의 행사 등이 교육감의 재량에 맡겨져 있는 초·중등학교법의 규정형식
과 교육감에게 그러한 권한을 부여한 취지와 목적에 비추어 볼 때 구체적인 상황 아래
에서 교육감이 그 권한을 행사하지 않은 것이 현저하게 합리성을 잃어 사회적 타당성
이 없는 경우에 해당하여야만 교육감의 직무상 의무를 위반한 것으로 위법하게 된다.
이 사건에서 교육감 등이 취한 일부 시정조치들만으로서는 종립학교에서의 퇴학처분을
막기에는 부족한 것이라고 하여도 더 이상 이 시정·변경명령 권한 등을 행사하지 아니
한 것이 객관적 정당성을 상실하였거나 현저히 합리성을 잃어 사회적 타당성이 없다고
볼 수 있는 정도에까지 이르렀다고는 하기 어렵다고 하였다.
　이에 대해서는 종교의 자유라는 침해법익의 중대성·절박성 및 고도의 예견가능성이
인정되고 충분한 회피가능성이 보인다는 점을 고려한다면, 비록 위 법이 교육감에게
시정·변경명령 권한행사에 재량을 부여하였다고 하더라도 이와 같은 사정 아래에서는
서울특별시 교육감의 시정·변경명령 권한의 행사에는 재량의 여지가 거의 없어지고
특별한 사정이 없는 한 이를 행사할 의무만이 남게 된다고 할 것임에도 교육감이 이를
행사하지 않은 것은 고의 또는 과실로 법령을 위반한 것이라고 하지 않을 수 없다는

㈐ 개괄적 위험배제의무의 인정   판례는 예외적 사태에 있어서는 법령 상의 근거가 없는 경우에도 국가의 위해방지의무를 인정하고 있다. 즉, "국민의 생명·신체·재산 등에 대하여 절박하고 중대한 위험상태가 발생하였거나 발생할 우려가 있어서 국민의 생명·신체·재산 등을 보호하는 것을 본래적 사명으로 하는 국가가 초법규적·일차적으로 그 위험배제에 나서지 아니하면 국민의 생명·신체·재산 등을 보호할 수 없는 경우에는 형식적 의미의 법령에 근거가 없더라도 국가나 관련 공무원에 대하여 그러한 위험을 배제할 작위의무를 인정할 수 있다"고 하였다(대판 1998. 10. 13, 98다18520; 동지: 대판 2005. 6. 10, 2002다53995; 대판 2010. 1. 28, 2008다75768).

2) 입법작용으로 인한 손해   이 문제는 (적극적) 입법작용으로 인한 손해와 입법부작위로 인한 손해의 배상의 문제로 나누어진다.

㈎ 입법작용으로 인한 손해   이는 구체적으로는 위헌으로 판정된 법률에 의하여 개인의 권리·이익이 침해된 경우에, 그 피해자가 국가배상법에 기하여 배상을 청구할 수 있겠는가의 문제로서, 문제된 법률의 성격에 따라 다음의 두 가지 경우로 나누어진다.

(i) 법률에 의거한 행정청의 구체적 처분에 의하여 개인의 권익이 침해된 경우   법률은 원칙적으로 일반·추상성을 그 속성으로 하는 것이므로, 이 경우는 당해 처분을 중심으로 하여 배상책임 발생요건의 충족 여부가 판단되어야 할 것이다. 이것이 통상적인 경우일 것이다. 먼저 행위의 위법요건을 보면 처분의 근거법이 위헌·무효로 판정되었다면, 당해 처분은 법률상 근거가 없는 것으로 되기 때문에, 그 위법성을 인정하는 데는 문제가 없을 것이다. 그러나 행위자의 과실요건에 관하여는 과실을 주관적 관념으로 파악하는 한, 이 요건은 충족되지 않는다고 본다. 왜냐하면 공무원에게는 법률의 위헌 여부를 심사할 권한은 없는 까닭에, 당해 처분이 결과적으로는 위법한 처분이 될지라도, 그에 이르는 과정에 있어서는 공무원의 과실은 없다고 보아야 하기 때문이다.

(ii) 법률에 의하여 직접적으로 개인의 권익이 침해된 경우   이는 이른바 처분법규(Massnahmegesetz)에 의한 침해의 경우이다. 이 경우에 있어서도, 당해 처분법규는 위헌이므로 그 위법성의 인정에는 문제가 없으나, 이러한 처분법규의 입법과정상에 과실을 인정하는 데는 여러 가지 난점이 있다고 본다.

이 문제에 대하여 대법원은 "우리 헌법이 채택하고 있는 의회민주주의하에

반대의견이 있었다(대판 2010. 4. 22, 2008다38288).

서 국회는 다원적 의견이나 갖가지 이익을 반영시킨 토론과정을 거쳐 다수결의
원리에 따라 통일적인 국가의사를 형성하는 역할을 담당하는 국가기관으로서
그 과정에 참여한 국회의원은 입법에 관하여 원칙적으로 국민 전체에 대한 관
계에서 정치적 책임을 질 뿐 국민 개개인의 권리에 대응하여 법적 의무를 지는
것은 아니므로 국회의원의 입법행위는 그 입법내용이 헌법의 문언에 명백히 위
반됨에도 불구하고 국회가 굳이 당해 입법을 한 것과 같은 특수한 경우가 아닌
한 국가배상법 제2조 제1항 소정의 위법행위에 해당된다고 볼 수 없다"고 판시
하였다(대판 1997. 6. 13, 96다56115).

위의 대법원의 판결은 국가배상법상의 위법성에 관하여도 전술한 보호이익
설에 입각하고 있다. 다른 한편 대법원은 이 판결에서 입법행위의 위법성의 인
정에 있어 입법작용의 위법성과 고의·과실의 문제를 복합적으로 판단하고 있
는바(이른바 위법요건가중설), 그러한 점에서는 입법작용으로 인한 국가배상책임에
있어서는 그 위법성의 인정은 매우 어려울 것으로 보인다.

(ㄴ) 입법부작위로 인한 손해   입법부작위로 인한 손해는 법률제정의 결
여(협의의 입법부작위)에 기인한 손해와 행정입법의 부작위로 인한 경우로 나누어
진다.

협의의 입법부작위의 문제에 있어서는 국민의 국가에 대한 일반적 법률제
정청구권은 인정되지 아니하므로, 이 문제는 예외적인 경우에만 제기된다 할
것이다.

대법원은 이 문제에 대하여 "국가가 일정한 사항에 관하여 헌법에 의하여
부과되는 구체적인 입법의무를 부담하고 있음에도 불구하고 그 입법에 필요한
상당한 기간이 경과하도록 고의 또는 과실로 이러한 입법의무를 이행하지 아니
하는 등 예외적인 사안에 한정하여 국가배상법 소정의 배상책임이 인정될 수
있다"고 판시하였다(대판 2008. 5. 29, 2004다33469).

입법부가 행정부에 특정한 사항을 행정입법으로 규율하도록 위임한 경우에
는, 정당한 사유가 없는 한 행정부가 이를 이행하지 않는다면, 그것은 법치국가
내지 법치행정의 원칙에 위배되는 것으로서 위법 내지 위헌적인 것이 되는 것
이다. 따라서, 예컨대 군법무관임용 등에 관한 법률 제6조 등이 군법무관의 보
수를 법관 및 검사의 예에 준하면서 그 구체적 내용을 시행령에 위임하고 있는
경우에는, 이 법률의 규정에 따라 상당한 수준의 보수청구권이 인정되는 것이
므로, 행정부가 정당한 이유 없이 시행령을 제정하지 않은 것은 위 보수청구권
을 침해하는 불법행위에 해당하는 것이다(대판 2007. 11. 29, 2006다3561).

3) **사법작용으로 인한 손해**   사법작용도 공권력행사에 해당하는 것이므로 이를 제외하는 명문의 규정이 없는 한, 국가배상법 제2조상의 직무행위에 포함됨은 물론이다. 따라서 위법한 재판작용으로 인한 손해에 대하여는, 원칙적으로 국가에 대하여 배상을 청구할 수 있을 것이다.

그러나 판결이 상소 또는 재심에 의하여 번복된 경우에, 관계법관의 행위가 당연히 위법한 것이라고 할 수 있는가에 대하여는 의문이 제기될 수 있다. 법관의 행위가 위법한 것으로 되는 경우는, 사실인정에 있어 경험칙·채증법칙을 현저히 일탈하거나, 그 양식이 의심스러운 정도의 과오를 범한 경우로 한정된다고 보는 것이 합리적일 것으로 본다.[1]

한편 영미에 있어서는, 법관의 직무활동에 대하여는 그 독립성을 이유로 하여 면책이 인정되고 있으며, 독일에서는 고의 또는 중과실이 있는 경우에만 국가책임을 인정하고 있다.[2]

3. 직무를 집행하면서

'직무를 집행하면서'란 민법 제35조 및 제756조의 '그 직무에 관하여'와 같은 관념으로서, ① 직무행위 자체는 물론이고, ② 객관적으로 보아 직무행위의 외형을 갖추고 있는 행위를 말한다. 이처럼 직무행위인지의 여부는 당해 행위가 현실적으로 정당한 권한 내의 행위인지, 또는 행위자인 공무원이 직무집행의 의사를 가지고 있었는지의 여부와는 관계 없이, 객관적으로 직무행위의 외형을 갖추고 있는지 여부에 따라 판단되어야 한다고 보는 것(외형설)이 통설이고 판례이다.

---

1) 遠藤博也·阿部泰隆, 行政法 Ⅱ, 1987, pp. 86~87.
  판례
    "법관이 행하는 재판사무의 특수성과 그 재판과정의 잘못에 대하여는 따로 불복절차에 의하여 시정될 수 있는 제도적 장치가 마련되어 있는 점 등에 비추어 보면, 법관의 재판에 법령의 규정을 따르지 아니한 잘못이 있다 하더라도 이로써 바로 그 재판상 직무행위가 국가배상법 제2조 제1항에서 말하는 위법한 행위로 되어 국가의 손해배상책임이 발생하는 것은 아니고, 국가배상책임이 인정되려면 당해 법관이 위법 또는 부당한 목적을 가지고 재판을 하는 등 법관이 그에게 부여된 권한의 취지에 명백히 어긋나게 이를 행사하였다고 인정할 만한 특별한 사정이 있어야 한다고 해석함이 상당하다"(대판 2001. 10. 12, 2001다47290).
    이러한 기준에 따라 대법원은 헌법재판소 재판관이 청구기간 내에 제기된 헌법소원심판청구에 대하여 청구기간을 오인하여 각하결정을 한 사건에서 이에 대한 불복절차 내지 시정절차가 없음을 이유로 국가배상책임을 인정하였다(대판 2003. 7. 11, 99다24218).
2) A. de Laubadère, Traité de droit administratif Ⅰ, 1980, pp. 743~745; 박윤흔, 행정법(상), p. 689.

4. 위 법 성

(1) 협의설과 광의설

공무원의 가해행위는 '법령에 위반'한 것이어야 한다. 법령위반의 의미에 관하여는, 이를 엄격한 의미의 법률·명령의 위반으로 보는 견해(협의설)도 있으나,[1] 엄격한 의미의 법령위반뿐만 아니라 인권존중·권력남용금지·신의성실·공서양속 등의 위반도 포함하여, 널리 그 행위가 객관적인 정당성을 결여하고 있음을 의미한다고 보는 것(광의설)이 종래의 통설이었다. 그러나 광의설에 대하여는 이 설에서의 '행위의 객관적인 정당성의 결여'라는 관념에는 구체성이 결여되어 있다는 점이 그 기본적 문제점으로 제기되고 있다. 그에 따라 최근에는 위법성의 판단과 관련하여서는 기본적으로 다음의 두 가지 설이 검토되고 있다.

(2) 결과불법설과 행위위법설

1) 결과불법설   이 설은 국가배상법상의 위법을 가해행위의 결과인 손해의 불법성을 의미한다고 보아서, 가해행위의 위법성 여부는 고려할 필요가 없다고 하고 있다. 이 설은 취소소송에서는 행정처분의 행위규범에의 위반 여부가 문제되는 데 대하여, 국가배상법상의 위법성은 국민이 받은 손해가 결과적으로 시민법상의 원리상 수인되어야 할 것인지 여부가 그 판단기준이 된다고 보고 있다.

2) 행위위법설   이 설은 국가배상소송에서의 위법성 판단에 있어서는 행위규범에의 합치 여부가 그 기준이 된다고 보는바, 이 설은 다시 다음의 두 가지로 갈린다.

제1설은 국가배상법상의 위법을 취소소송의 그것과 같은 차원의 것으로서의 공권력 행사 그 자체의 행위규범에의 위반으로 본다(협의의 행위위법설). 이에 대하여 제2설은 국가배상법상의 위법은 행위 자체의 위법뿐만 아니라, 공무원의 직무상의 일반적 손해방지의무와의 관련에서 행위의 양태(공권력행사의 방법·수단)도 위법성 판단의 대상이 된다고 보고 있다(광의의 행위위법설).[2]

결과위법설은 국가배상법상의 위법성과 민사불법행위상의 위법성을 동일시하고 있다는 점에서 그 기본적 문제점이 있다. 사인간에 있어서는 타인의 권리침해는 원칙적으로 허용되지 않으므로, 권리침해는 위법이라는 도식이 성립될

---

1) 윤세창, 행정법(상), 1982, p. 369; 김남진, 행정법(Ⅰ), p. 507.
2) 박균성, 행정법론(상), 2005, p. 531.

수 있다. 그러나 공법관계에 있어서는 근거 법규가 국민의 권리 침해를 예정하고 있는 경우도 적지 아니하므로, 여기서의 위법성의 판단에는 당해 작용이 법규에 따라 행해졌는지 여부가 결정적 기준이 된다고 할 것이다. 그러나 행정상 손해배상제도에 있어서의 위법 여부는 타인에 손해를 가하는 것이 법이 허용하는 것인지 여부의 관점에서 결정되는 것으로서, 여기서의 행위규범은 행위의 근거규범만은 아니고 권력행사를 제한하는 각종의 제약규범이나 조리상 제약도 포함된다고 할 것이다.[1] 우리 대법원도 같은 입장에서 "국가배상책임에 있어 공무원의 가해행위는 법령을 위반한 것이어야 하고, 법령을 위반하였다 함은 엄격한 의미의 법령 위반뿐 아니라 인권존중, 권력남용금지, 신의성실과 같이 공무원으로서 마땅히 지켜야 할 준칙이나 규범을 지키지 아니하고 위반한 경우를 포함하여 널리 그 행위가 객관적인 정당성을 결여하고 있음을 뜻하는 것이므로, 경찰관이 범죄수사를 함에 있어 경찰관으로서 의당 지켜야 할 법규상 또는 조리상의 한계를 위반하였다면 이는 법령을 위반한 경우에 해당한다"고 하였다(대판 2008. 6. 12, 2007다64365).[2] 이러한 기준에 따라 성폭력범죄의 담당 경찰관이 경찰서에 설치되어 있는 범인 식별실을 사용하지 않고 공개된 장소인 형사과 사무실에서 나이 어린 학생인 피의자에게 범인을 지목하도록 한 행위는 국가배상법상의 '법령 위반' 행위에 해당한다고 하였다.

(3) 상대적 위법성설

이 설은 일본의 학설이나 판례에서 제시되고 있는 것으로서, 국가배상소송에서의 위법성과 항고소송에서의 위법성은 다르다는 입장에서 주장되고 있는 것이다. 초기의 상대적 위법성설은 피해자구제의 확대적 견지에서, 국가배상에서의 위법성은 취소소송에서 그것보다 넓다고 하고 있었다. 따라서 취소소송의 청구인용 판결은 소송에도 미치나, 그 기각판결은 국가배상소송에 미치지 않는다고 하였다.

그러나 상대적 위법성설은 항고소송에서의 위법성과 국가배상소송에서 위법성이 다르다는 전제에 서고 있는 것이므로, 이 설은 위의 피해자구제의 확대와는 반대방향, 즉 국가배상법상의 위법성을 항고소송에서의 위법성보다 엄격하게 해석하는 방향으로 작용할 수도 있다. 이 입장에서는 취소소송에서의 청구기각의 경우뿐만 아니라, 청구인용판결의 경우에도 그 기판력이 당연히 국가배상소송에 미치지는 않는 것으로 보게 된다. 일본에서는 후자에 해당하는 상

---

1) 遠藤博也, 國家補償法(上), 1981, p. 166; 原田尙彦, 行政法要論, 2000, p. 273.
2) 동지의 판례: 대판 2002. 5. 17, 2000다22607; 대판 2009. 12. 24, 2009다70180.

대설은 대체로 1980년 후반부터 유력설로 등장하고 있는 것으로 보인다.[1]

국가배상법상의 '법령 위반'의 관념과 관련하여 우리 대법원은 2000. 5. 12. 선고 99다70600 판결에서 다음과 같은 일반론을 개진한 이래 이후 다수의 판결에서 그러한 기준에 따라 국가배상책임을 부인하고 있다.

> "어떠한 행정처분이 후에 항고소송에서 취소되었다고 할지라도 그 기판력에 의하여 당해 행정처분이 곧바로 공무원의 고의 또는 과실로 인한 것으로 불법행위를 구성한다고 단정할 수는 없는 것이고, 행정처분의 담당공무원이 보통 일반의 공무원을 표준으로 하여 볼 때 객관적 주의의무를 결하여 그 행정처분이 객관적 정당성을 상실하였다고 인정될 정도에 이른 경우에 국가배상법 제2조 소정의 국가배상책임의 요건을 충족하였다고 봄이 상당할 것이며, 이때에 객관적 정당성을 상실하였는지 여부는 피침해이익의 종류 및 성질, 침해행위가 되는 행정처분의 태양 및 그 원인, 행정처분의 발동에 대한 피해자 측의 관여의 유보, 정도 및 손해의 정도 등 제반 사정을 종합하여 손해의 전보책임을 국가 또는 지방자치단체에게 부담시켜야 할 실질적인 이유가 있는지 여부에 의하여 판단하여야 할 것이다."

위의 대법원의 일반론적 판시에 대하여는 그것은 취소판결의 기판력에서 곧바로 고의·과실에 의한 불법행위구성이라는 결론이 나오는 것은 아니라는 점을 강조하였을 뿐, 취소소송 판결의 기판력에 대한 명시적 판단을 한 것은 아니라고 보는 견해도 있다. 이에 대하여 다수설적 입장은 여기서 대법원은 상대적 위법성설의 입장에서 항고소송에서 위법성과 국가배상소송에서 위법성은 다른 것으로서, 그에 따라 취소판결의 기판력이 국가배상소송에서의 위법성 판단에 미치지 아니하며, 국가배상소송에서의 위법성이 취소소송에서 위법성보다 좁은 것으로 파악하고 있는 것으로 해석될 수 있다고 보고 있다.[2]

(4) 행정규칙위반

행정규칙의 위반이 본조의 법령위반에 해당하는가의 문제가 있다. 행정규칙의 법규성을 인정하는 경우에는, 그 위반이 본조의 법령위반에 해당될 것임은 물론이다. 그러나 행정규칙의 법규성을 인정하지 않더라도 법령위반을 통설(광의설)적 개념으로 이해한다면, 행정작용의 객관적 기준을 설정하고 있는 행정

---

1) 宇賀克也, 行政法概論 Ⅱ, 제2판, p. 392~393.
2) 박정훈, "국가배상법의개혁, 사법적 대위책임에서 공법적 자기책임으로: 위법한 처분에 관한 공무원의 과실 문제를 중심으로," 2010. 6. 25, 한국공법학회 한국법제연구원 공동학술대회 발표문 p. 390; 최계영, "처분의 취소판결과 국가배상책임," 행정판례연구, 제18권 제1호, p. 290; 박현정, "프랑스 행정법상 '역무과실'(la faute de service)에 관한 연구," 법학박사학위논문, 2014, p. 231.

규칙을 합리적 사유 없이 위반하여 특정인에게 불리한 처분을 한 행위는 본조의 법령위반에 해당하는 것으로 보아야 할 것이다.1)

(5) 부당한 재량처분

재량처분이 그 재량권의 한계 내의 것이기는 하나 그 재량을 그르친 행위를 부당행위라고 하거니와, 이러한 부당행위가 본조의 위법행위에 해당하는가의 문제가 있다. 통설은 본조의 위법성을 광의로 파악하고 있으므로, 이 문제는 적극적으로 판단되어야 한다고 볼 수도 있다. 그러나 부당행위도 재량권의 한계 내의 행위이고 그 부당 여부의 판단에 있어서 객관적 기준을 발견하기도 어렵다는 점을 감안한다면, 원칙적으로는 부당성을 이유로 당해 재량처분을 본조상의 위법한 처분이라고 할 수는 없다고 본다. 그러나 구체적 사정과 관련해서는 예외적으로 부당한 처분이 위법한 처분으로 인정되는 경우도 있을 것이다.

(6) 선결문제로서의 위법성 판단

국가배상사건이 우리나라에서 실무상 민사사건으로 취급되고 있음은 기술한 바와 같다. 이와 관련하여 위법한 행정행위로 인하여 손해를 입은 개인이 국가배상소송을 제기한 경우, 수소법원인 민사법원이 당해 행정행위의 위법 여부를 판단할 수 있는지의 문제가 행정행위의 공정력과 관련하여 제기된다.

이에 대하여 소극설은 행정행위가 무효가 아닌 한, 민사법원은 그 위법성을 스스로 판단할 수 없다고 보고 있다. 그러나, 행정상 손해배상에 있어서의 위법성은 행정쟁송상의 위법성과는 일응 차원을 달리하는 보다 넓은 관념이고, 또한 손해배상에서의 위법성 판단이 당해 행정행위의 효력을 부인하는 것은 아

---

1) 저자는 위에서 법령의 위반의 관념을 광의로 파악하는 경우에는 일정한 한도에서는 행정규칙의 위반도 법령위반으로 파악될 수 있을 것이라는 견해를 피력하고 있다. 이와 관련하여 각주에서는 독일에서는 판례상 행정규칙의 위반도 국가배상책임의 위법사유로 인정되고 있다고 하고, 그 근거로서 Erichsen/Martens, Allgemeines Verwaltungsrecht Ⅰ(1986), p. 86을 들고 있었다. 그런데 이러한 각주 부분과 관련하여서는 저자의 의도가 어느 정도 잘못 전달되고 있는 것으로 보여서, 여기서 이에 대하여 약간 부연하기로 한다. 여기서 인용된 것은 행정규칙의 법적 성질 또는 구속력에 대하여 피력된 오센뷜 교수의 견해의 일부로서, 여기서 동 교수는 독일에서는 이미 제국재판소 시대부터 공무원에 대한 훈령의 위반은 국민에 대한 국가의 배상책임의 발생요건으로서의 제3자인 국민에 대하여 부담하는 직무상 의무의 위반으로 인정되고 있었다고 하면서, 그러한 한도에서는 행정상 손해배상책임에 있어서는 훈령 등의 행정규칙은 내부관계와 외부관계를 연결하여 주는 역할을 수행하고 있다고 하고 있다. 저자가 인용하고 있는 것은 구체적으로는 이러한 내용의 것으로서, 이는 행정상 손해배상제도에 있어서의 위법성은 독일에서도 행정상 쟁송제도의 그것에 비하여 넓게 파악되고 있다는 점을 적시하기 위한 것이었다.

저자는 지금도 광의설의 입장에서는 행정규칙의 위반도 경우에 따라서는 국가배상법 제2조상의 위법에 해당하는 경우도 있을 수 있다고 보고 있다.

니라는 점에서, 민사법원이 스스로 당해 행위의 위법 여부를 심리·판단할 수 있다고 본다.

5. 고의·과실

국가배상법은 과실책임주의에 입각하여, 동법상의 배상책임의 성립에는 공무원의 위법한 가해행위가 고의 또는 과실에 의한 것임을 요한다.

(1) 대위책임설의 입장

대위책임설에 의하면 고의·과실을 당해 공무원의 주관적 책임요건으로 이해한다. 따라서 고의는 일정한 결과가 발생하리라는 것을 알고 있는 경우이고, 과실은 통상적으로 갖추어야 할 주의의무를 게을리한 경우를 의미한다고 본다.

(2) 과실의 객관화경향

국가배상법이 과실책임주의를 취하고 있기는 하나, 국가의 배상책임이 공무원의 책임능력 등의 주관적 요소에 의하여 좌우되는 것은 피해자구제의 관점에서 보면 결코 바람직한 것은 아니다.[1] 이 점을 고려하여 최근에는 과실관념

---

1) 공무원의 위법·무과실의 행위에 대하여 배상책임을 부인한 판례 — "법령에 대한 해석이 복잡·미묘하여 워낙 어렵고 이에 대한 학설·판례조차 귀일하지 못하여 의의(疑義)가 있는 경우에는 공무원이 그 나름대로 신중을 다하여 어느 한 설을 취한 결과가 대법원의 입장과 달라 결과적으로 위법한 처분이 된 경우에 그 이상의 것을 성실한 평균공무원에게 기대하기란 어려운 일이고, 이런 경우 결과책임을 지우는 법적 근거가 없는 오늘날 그 학설을 취한 처리가 공무원의 과실에 의한 것이라 할 수 없다"(대판 1973. 10. 10, 72다2583).

이 판례의 사안은 특허청장이 원고에게 특허를 한 시점에서 기산하여 3년간 영업적 규모로 특허를 실시하지 않았다고 하여 특허를 취소하였던바, 대법원은 당해 기간은 특허취소사유를 추가한 특허법개정이 있었던 시점부터 기산하여야 하며, 그에 따라 위의 취소처분은 3년이 되기 전에 행해진 것으로서 위법하다고 하여 당해 취소처분을 취소하였다. 이 사건에서는 원고는 이러한 위법한 특허처분의 취소처분으로 인하여 발생한 손해의 배상을 청구한 것이었다.

공무원의 위법·무과실의 경우 국가 등의 배상책임을 부인하는 위의 판례는 이후에도 대법원에 의하여 계속 견지되고 있다(대판 1994. 5. 27, 94다6741; 대판 1994. 11. 8, 94다26141; 대판 1995. 10. 13, 95다32747; 대판 1997. 7. 11, 97다7608; 대판 2004. 6. 11, 2002다31018 등).

대법원은 최근 피의자 신문시 변호인의 참여를 불허한 수사검사의 처분이 위법하다고 하여 손해배상을 청구한 사건에서, 형사소송법 및 관계 법령이 그에 대한 명문의 규정을 두고 있지 아니하고, 판례 등 선례가 없고 학설도 귀일된 바 없는 상태에서 검사가 피의자에게 그러한 권리가 존재하지 아니한 것으로 해석하였으나, 사후에 대법원이 헌법적 해석이나 피의자에 대한 다른 권리에 관한 형사소송법의 규정 등을 유추적용하여 그러한 권리를 인정한 결과 검사의 처분은 위법한 것으로 되었으나, 그 검사의 조치 당시 그 판단 이상의 것을 합리적인 평균적 검사에게 기대하기 어렵다고 보아, 해당 검사에게는 국가배상법 제2조상의 과실이 없다고 판시하였다(대판 2010. 6. 24, 2006다58738).

을 객관화하려는 시도가 여러 가지로 행해지고 있다.

1) 과실을 주관적 심리상태로 보지 않고 고도화된 객관적 주의의무 위반으로 파악하는 입장이 있는바, 이것이 오늘날 학설·판례의 일반적 경향이라고 할 수 있을 것이다. 이러한 의미의 과실 판단에 있어서는, 당해 공무원의 주의력이 아닌 동일 직종의 평균적 공무원의 주의력이 그 표준이 된다.

2) 주관적 책임요소로서의 과실을 엄격히 해석하지 않고, 「공무원의 위법행위로 인한 국가작용의 흠」이라는 정도로 완화시키려는 견해가 있다.[1]

3) 과실의 객관화의 견지에서, 가해공무원을 특정할 필요는 없다고 보는 견해가 있다. 이 입장에서는 어느 공무원의 행위인지가 판명되지 않은 경우에도, 그것이 공무원의 행위인 한 국가는 배상책임을 진다고 본다. 독일행정법상의 조직과실(Organisationsverschulden)은 이러한 관점에서 정립된 것으로서, 부분적으로 「프랑스」행정법상의 역무과실(faute de service)에 접근하고 있는 과실 관념이다.

4) 위법성과 과실을 통합하여 일원적 관념으로 보려는 견해가 있다. 이것은 민법의 불법행위론에서 먼저 주창된 것으로서, 이 이론에 의하면 위법성과 과실 중의 어느 하나가 입증되면, 다른 요건은 당연히 인정된다고 보는 것이다.[2]

(3) 결 어

과실관념을 가능한 한 객관적으로 파악하려는 위의 여러 시도는 긍정적으로 평가되어야 할 것이다. 그러나 위의 여러 견해 중, 제4의 견해를 제외하면, 이들 이론은 국가배상법상의 과실관념도 민법의 그것과 같이 주관적 관념임을 전제로 하고 있다는 점에서 공통적이다.

이러한 판례는 "행정입법에 관여한 공무원이 입법 당시의 상황에서 다양한 요소를 고려하여 나름대로 합리적인 근거를 찾아 어느 하나의 견해에 따라 경과규정을 두는 등의 조치 없이 새 법령을 그대로 시행하거나 적용하였다면, 그와 같은 공무원의 판단이 나중에 대법원이 내린 판단과 같지 아니하여 결과적으로 시행령 등의 신뢰보호의 원칙에 위배되는 결과가 되었다고 하더라도" 공무원이 과실이 있다고 할 수 없다는 판례로 이어지고 있다(대판 2013. 4. 26, 2011다14428).

1) 김도창, 행정법(상), p. 628.

2) 민법상의 불법행위법에 있어서는 위법성과 과실을 대치시키는 이원설이 현재의 통설이나, 이것은 독일의 불법행위법의 전통적 학설에 입각한 것이다. 그러나 불법이나 영미법에 있어서는 이러한 이원적 구조를 취하고 있지 않은바, 불법에서의 faute나 영미법상의 negligence는 위법성에 대치되는 개념으로서의 과실을 지칭하는 것은 아니고, 위법성과 과실을 공히 포함하는 개념이다. 위와 같은 위법성·과실의 통합설은 이러한 비교법적 고찰을 배경으로 한 것이다. 遠藤博也·阿部泰隆, 전게서, pp. 92~93.

그러나 국가배상법의 과실관념을 민법상의 과실과 같은 관념으로 파악하여야 할 필연적 이유는 없다고 본다. 국가배상책임은 조직체로서의 국가기관의 작용으로 인하여 사인에게 발생한 손해에 대한 책임인바, 이 경우는 기관의 작용이 문제된다는 점에서 보면, 그 책임이 과실책임이라고 하더라도 그 과실관념은 자연인의 행위에 있어서와 같이 주관적·도의적 책임요건으로 파악할 것은 아니고, 오히려 객관적 관념으로 파악하는 것이 합리적이라고 본다.

이러한 관점에서 본조의 과실은 「국가 등의 행정주체의 작용이 정상적 수준에 미달한 상태」라고 해석하여야 할 것으로 본다. 보다 간단히 표현하면, 본조의 과실은 객관적 관념으로서의 「국가작용의 흠」을 지칭하는 것으로 본다.[1]

6. 타 인

여기서의 타인이란 가해자인 공무원 및 그의 불법행위에 가담한 자 외의 모든 자를 말한다. 피해자가 가해자인 공무원과 동일 또는 동종의 기관에 근무하는지의 여부는 관계가 없다(대판 1998. 11. 19, 97다36873). 다만, 군인·군무원·경찰공무원 또는 향토예비군대원은 "전투·훈련 등 직무집행과 관련하여 전사·순직 또는 공상을 입은 경우에 본인 또는 그 유족이 다른 법령의 규정에 의하여 재해보상금·유족연금·상이연금 등의 보상을 지급받을 수 있을 때에는" 국가배상법에 의한 손해배상을 청구할 수 있는 '타인'의 범위에서 제외되고 있다(헌법 29②, 국가배상법 2① 단서).

7. 손해의 발생

손해란 법익침해의 결과로서 나타난 불이익을 의미하는 것으로, 적극적 손해·소극적 손해(정당한 예기이익의 상실), 재산적 손해, 생명·신체적 손해 또는 정신적 손해 등을 모두 포함한다. 또한 가해행위와 손해와의 사이에는 인과관계가 인정될 수 있어야 한다.

Ⅱ. 배상책임

상술한 요건이 갖추어지면 국가 또는 지방자치단체는 배상책임을 진다.

---

1) 일본의 학설 중에도, 국가책임의 성질에 관하여 위험책임설을 취하면서 고의·과실은 공무원 개인의 책임과는 무관하게 객관적으로 파악되는 '공무운영상의 하자'로 보는 견해가 있다. 今村成和, 國家補償法, p. 96.

1. 배상책임자

(1) 국가 또는 지방자치단체

배상책임자는 위법한 직무행위를 한 공무원이 소속된 국가 또는 지방자치
단체이다(국가배상법 2①). 헌법은 '국가 또는 공공단체'로 규정하고 있으나, 국가
배상법은 국가 또는 지방자치단체로 한정하고, 지방자치단체 이외의 공공단체
(공공조합·영조물법인)의 배상책임은 민법에 맡기고 있다.

(2) 공무원의 선임·감독자와 비용부담자가 다른 경우

가해행위를 한 공무원의 선임·감독자와 비용부담자가 다른 때에는, 그 비
용을 부담하는 자도 배상책임을 진다(동법 6①). 국영공비사업[1] 또는 지방공무
원이 국가사무를 처리하는 경우 등이 그것이다. 이러한 경우 배상책임자가 누
구인가에 대하여는 종래 견해가 갈리고 있었던바, 국가배상법은 피해자 구제라
는 관점에서, 피해자가 양자 중 택일하여 배상청구를 할 수 있도록 규정한 것이
다. 이 경우 손해를 배상한 자는 내부관계에서 그 손해를 배상할 책임이 있는
자에게 구상할 수 있다(동법 6②). 이때 내부적으로 손해를 배상할 책임이 있는
자는 공무원의 선임·감독자라고 보는 것이 일반적 견해이다.[2]

2. 손해배상액

(1) 배상기준

배상액은 민법상의 불법행위로 인한 손해배상의 경우와 같이, 가해행위와
상당인과관계에 있는 모든 손해를 정당한 가격으로 환산한 가액이어야 한다.

국가배상법은, 종래 생명·신체에 대한 침해의 경우에는 배상액의 산정이
매우 어려운 까닭에 사안에 따라 균형을 잃을 우려가 있으므로, 그 배상기준을
정하고 있었다. 이어서 1980년의 법개정에서는 다시 물건의 멸실·훼손으로 인
한 손해의 배상기준과 그 밖의 손해에 대한 배상기준을 규정함으로써, 현재는
모든 손해에 대하여 배상기준이 규정되어 있다(동법 3). 그리고 생명·신체에 대
한 침해로 인한 유족배상, 장해배상 및 장래에 필요한 요양비 등을 일시에 청구
하는 경우에는 복할인법(「라이프니츠」식)에 의하여 중간이자를 공제하도록 하고

---

1) 국영공비사업(國營公費事業)이란 지방자치단체의 비용부담하에 관리, 경영되는 국가
   의 사업을 말한다.
2) 김도창, 행정법(상), p. 635; 변재옥, 행정법(Ⅰ), p. 507. 이 문제에 대하여는 뒤의
   국가배상법 제5조상의 배상책임자에 관한 검토 부분에서 상론한다.

있었다(구국가배상법 3의2①).

이에 대하여 민법상의 불법행위로 인한 배상액 산정의 경우, 법원은 단할인법(「호프만」식)에 의하여 중간이자를 공제하고 있다.

복할인법에 의하여 중간이자를 공제하는 경우에는 단할인법에 의하는 경우에 비하여 그 중간이자액이 높아지는 결과, 이 방법이 피해자에 불리한 것임은 물론이다. 본질적으로는 불법행위로 인한 손해배상액의 결정에 있어 행정상의 불법행위로 인한 경우에는 민사상의 불법행위로 인한 경우에 비하여 그 피해자에 대하여 불리하게 이를 산정하여야 할 합리적인 이유는 없다 할 것이다. 그러한 점에서는 복할인법을 규정하고 있던 종래의 국가배상법의 관계규정에는 문제점이 있는 것이었다. 그에 따라서 국가배상법과 그 시행령을 개정하여 국가배상법에 의한 중간이자의 공제의 경우에도 단할인법으로 하도록 하였다(동법 3의2②③, 동법시행령 6③).

(2) 배상기준의 성격

위의 '배상기준'이 단지 하나의 기준만을 정한 것인지, 아니면 그 기준을 초과할 수 없는 배상액의 상한을 설정한 것인지에 대하여는 견해가 갈리고 있다.

1) 기준액설 이 견해에 의하면 국가배상법 제3조상의 배상기준은 단순한 기준에 불과하며, 구체적 사안에 따라서는 배상액을 증감할 수도 있다고 본다. 이것이 다수설이다.[1]

대법원도,

"손해배상기준은 배상심의회의 배상금지급기준을 정함에 있어서 하나의 기준이 되는 것에 지나지 아니하는 것이고, 이로써 손해배상액의 상한을 제한한 것으로는 볼 수 없다"(대판 1970. 1. 29, 69다1203)

라고 하고 있다.

2) 한정액설 이 견해는, 국가배상법 제3조상의 배상기준규정은 배상액의 상한을 규정한 제한규정이라고 본다. 그 논거로서는, ① 동조의 배상기준은 배상의 범위를 객관적으로 명백히 하여 당사자 사이에 분쟁의 소지를 없애기 위한 것이고, ② 배상의 범위를 법정화한 것은 곧 그에 기한 배상액의 산정을 요구한 것이라고 보아야 하기 때문이라고 하고 있다.[2]

---

1) 박윤흔, 행정법(상), p. 699; 석종현, 행정법(상), p. 655.
2) 이상규, 행정법(상), pp. 608~609.

3) **결 어**   국가배상법이 배상기준을 정하고 있는 것은, 배상액을 한정하여 국고지출을 줄이려는 데에 의도가 있었던 것인지도 모른다. 그러나 이 기준을 한정적인 것으로 보는 경우에는, 민법상의 불법행위책임에 따른 배상에 비하여 피해자에게 불리한 결과로 되어 형평을 잃게 되며, 그것은 또한 '정당한 배상'을 규정한 헌법 제29조에도 반하는 것이라 할 것이다. 따라서 기준액설이 타당하다고 할 것이다.

3. 군인 등에 대한 특례

공무원은 국가배상법상 가해자의 지위에 설 수도 있으나, 또한 공무집행과 관련된 피해자가 될 수도 있는 것으로서, 이 경우는 국가배상법에 따라 배상을 받는 것이 원칙이라 할 것이다. 그러나 헌법(법 29②)과 국가배상법(법 2① 단서)은 공무원 중에서 군인·군무원·경찰공무원·향토예비군대원에 대하여는 특례를 인정하여, 이들이 전투·훈련 등 직무집행과 관련하여 전사·순직 또는 공상을 입은 경우에 본인 또는 그 유족이 다른 법령의 규정에 의한 재해보상금·유족연금·상이연금 등을 받을 수 있는 때에는 국가배상법과 민법에 의한 손해배상을 청구할 수 없도록 하고 있다. 그러나 먼저 국가배상법에 따라 손해배상금을 지급받은 다음 국가유공자법이 정한 보상금 등 다른 법령에 따른 보상의 지급을 청구하는 경우에는 국가배상법에 따라 손해배상을 받았다는 사정을 들어 보상금 등의 지급을 거부할 수 없다(대판 2017. 2. 3, 2014두40012).

이러한 특례는 위험성이 높은 직무종사자에는 사회보장적 보상제도를 별도로 마련하고, 그와 경합되는 이중배상청구를 배제하려는 것이 그 취지라고 보고 있다.[1] 그러나 사회보장적 보상과 불법행위로 인한 배상은 그 성질을 달리하는 것이라는 점에서는 이론적으로는 이중배상의 문제가 반드시 제기되는 것은 아니라 할 것이다.[2]

위의 규정에 따라 대법원은 군인, 군무원 등이 그 직무집행과 관련된 행위로 인하여 받은 피해에 대하여 다른 법령의 규정에 의하여 재해보상금 등을 받을 수 있을 때에는 직접 국가에 대하여 손해배상청구권을 행사할 수 없음은 물론, 공동불법행위자인 사인이 피해자에 배상한 경우에는 국가에 대한 구상권 행사도 허용되지 않는다는 입장을 취하고 있었다. 즉 대법원은 "국가배상법 제2조 제1항 단서에 의하면 군무원 등이 직무집행과 관련된 행위 등으로 인하여

---

1) 김도창, 행정법(상), p. 634.
2) 홍준형, 행정구제법, p. 112.

전사·순직 또는 공상을 입은 경우에 다른 법령의 규정에 의하여 재해보상금, 유족연금, 상이연금 등의 보상을 지급받을 수 있을 때에는 국가배상법 또는 민법의 규정에 의한 손해배상청구를 할 수 없도록 규정하고 있으므로, 이들이 직접 국가에 대하여 손해배상청구권을 행사할 수 없음은 물론 국가와 공동불법행위의 책임이 있는 자가 그 배상채무를 이행하였음을 이유로 국가에 대하여 구상권을 행사하는 것도 허용되지 않는다"(대판 1993. 10. 8, 93다14691)고 하였다.

그러나 헌법재판소는 위 규정과 관련하여 국가에 대한 구상권의 행사에 대하여는 대법원과 다른 입장을 취하였다. 즉 헌법재판소는 1994. 12. 29. 선고 93헌바21 결정에서, "국가배상법 제2조 제1항 단서 중 군인에 관계되는 부분을, 일반국민이 직무집행중인 군인과의 공동불법행위로 인한 손해를 배상한 다음 공동불법행위자인 군인의 부담부분에 관하여 국가에 대하여 구상권을 행사하는 것을 허용하지 않는다고 해석한다면, 이는 위 단서 규정의 헌법상 근거규정인 헌법 제29조가 구상권의 행사를 배제하지 아니하는데도 이를 배제하는 것으로 해석하는 것으로서 합리적인 이유 없이 일반국민을 국가에 대하여 지나치게 차별하는 경우에 해당하므로 헌법 제11조, 제29조에 위반되는 것일 뿐만 아니라, 국민의 국가에 대한 구상권은 헌법 제23조 제1항에 의하여 보장되는 재산권의 하나인데 위와 같이 구상권을 행사할 수 없다 함은 위 재산권의 제한으로서 비례의 원칙에 위배하여 일반국민의 재산권을 과잉 제한하는 경우에 해당하므로 헌법 제23조 제1항 및 제37조 제2항에 위반된다"고 하였다.

위의 헌법재판소의 결정에 이어 대법원은 2001. 2. 15. 선고 96다42420 전원합의체판결에서 공동불법행위자인 민간인은 피해군인 등에 대하여 부진정연대채무를 진다고 한 종래의 판례를 변경하였다.

이 판결에서 대법원은 헌법 제29조 제2항, 국가배상법 제2조 제1항 단서의 입법취지를 관철하기 위하여는 공무원의 직무상 불법행위로 인하여 직무집행과 관련하여 피해를 입은 군인 등에 대하여 위 불법행위에 관련된 일반국민이 공동불법행위책임에 의하여 그 손해를 자신의 귀책부분을 넘어서 배상한 경우에도 국가 등은 피해군인 등에 대한 국가책임을 면할 뿐만 아니라 국가의 귀책비율에 따른 구상의무도 부담하지 않는다고 보아야 한다고 하고 있다. 그러나 대법원은 이어서 이와 같은 경우에는 민간인이 원래 국가 등이 부담하여야 할 손해까지 부담하는 부당한 결과로 되는바, 헌법과 국가배상법의 관련 규정에 의하여도 이와 같은 민간인의 권리가 부당하게 침해되는 것까지 정당하게 되는 것은 아니라고 하고 있다.

위의 기본적 고려에 따라 대법원은 위와 같은 부당한 결과를 방지하면서 헌법 및 국가배상법 규정의 입법취지를 관철하기 위하여는 "위와 같은 경우에는 공동불법행위자 등이 부진정연대채무자로서 각자 피해자의 손해 전부를 배상할 의무를 부담하는 공동불법행위의 일반적인 경우와 달리 예외적으로 민간인은 피해군인 등에 대하여 그 손해 중 국가 등이 민간인에 대한 구상의무를 부담한다면 그 내부적인 관계에서 부담하여야 할 부분을 제외한 나머지 자신의 부담부분에 한하여 손해배상의무를 부담하고, 한편 국가 등에 대하여는 그 귀책부분의 구상을 청구할 수 없다고 해석함이 상당하다"고 판시하였다.

4. 배상청구권의 양도·압류금지

생명·신체의 침해에 대한 배상청구권은 이를 양도하거나 압류하지 못한다(법 4). 이것은 배상금청구권자를 보호하기 위한 것이다.

5. 배상청구권의 소멸시효

이에 대하여는 국가배상법에는 특별한 규정이 없으므로, 국가배상법 제8조의 규정에 의하여 민법 제766조의 규정이 적용되어, 피해자나 그 법정대리인이 손해 및 그 가해자를 안 날로부터 3년이 지나면 배상청구권은 시효로 인하여 소멸한다. 다만, 국가배상법상 손해배상청구소송을 제기하기 전에 배상심의회의 결정을 먼저 거치는 경우에는, 이 심의회에 대한 손해배상지급신청은 시효 중단사유로 볼 수 있고, 이 심의회의 결정이 있은 때로부터 다시 시효기간이 진행된다 할 것이다.[1] 한편, 국가가 소멸시효 완성을 주장하는 것이 신의성실 원칙에 반하여 권리남용으로서 허용되지 않는 경우도 있다. "전쟁이나 내란 등에 의하여 조성된 위난의 시기에 개인에 대하여 국가기관이 조직을 통하여 집단적으로 자행한 또는 국가권력의 비호나 묵인하에 조직적으로 자행된 기본권 침해"에 대하여는 과거사정리위원회 등의 진상규명이 있기 전까지는 "객관적으로 유족들이 권리를 행사할 수 없었다고 보아야 하고," "본질적으로 국가는 그 성립 요소인 국민을 보호할 의무를 부담하고 어떠한 경우에도 적법한 절차 없이 국민의 생명을 박탈할 수는 없"으므로 국가의 소멸시효 항변은 허용되지 않는다(대판 2011. 6. 30, 2009다72599 등).

---

1) 이상규, 행정법(상), p. 614; 박윤흔, 행정법(상), p. 663.

Ⅲ. 배상책임의 성질

국가배상법 제2조에 의한 국가 또는 지방자치단체의 배상책임의 성질에 관하여는 견해가 갈리고 있다.

1. 대위책임설

이 설에서는 동조의 책임은 국가 자신의 책임은 아니고, 원래 공무원의 책임을 국가가 대신하여 지는 대위책임이라고 본다.[1)]

이 설에 의하면, 국가는 자신의 책임이 아닌데도 공무원을 대신하여 피해자에게 배상하였으므로, 국가가 공무원에게 구상할 수 있게 됨은 물론이다. 그러나, 국가배상법 제2조는 공무원에게 고의·중과실이 있는 경우에만 구상할 수 있다고 규정하고 있는바, 그것은 공무원의 근무의욕의 저하와 사무정체를 방지하기 위한 입법정책적 고려에 기한 것이라고 한다.[2)]

피해자가 국가와 공무원의 양자에 대하여 선택적으로 배상을 청구할 수 있는가의 문제에 대하여는, 대위책임설의 당연한 귀결로서 이를 부인하고, 피해자는 다만 국가에 대해서만 배상을 청구할 수 있다고 본다.

대위책임설에 의하면, 원래 공무원 개인의 책임을 국가가 대신하여 진다는 논리의 당연한 귀결로서, 국가배상법 제2조의 '과실'은 공무원 개인에 관해서 판단되어야 하는 주관적 관념으로 해석할 수밖에 없다고 본다. 따라서 이른바 '위법·무과실'의 경우에 배상책임이 부인된다는 부정적 현상의 발생이 불가피하게 된다는 문제가 있다.

2. 자기책임설

이 설은 다시 전통적 견해와 위험책임설적 견해로 갈리고 있다.

(1) 전통적 견해

이 견해는, 국가배상법 제2조상의 국가의 배상책임은 공무원의 책임을 대신하여 지는 것이 아니라, 기관(공무원)의 행위라는 형식을 통하여 국가가 직접 부담하는 자기책임으로서, 민법상의 불법행위책임에 해당한다고 본다.

이러한 자기책임설에서 보면, 국가의 배상책임과 공무원 개인의 책임은 상호 무관한 것으로서 양립될 수 있으므로, 피해자는 선택적 청구권을 가지는 것

1) 김도창, 행정법(상), p. 638; 박윤흔, 행정법(상), p. 685.
2) 김도창, 행정법(상), p. 638.

으로 본다.

이 경우 공무원은 경과실의 경우에도 민사상의 책임을 진다는 견해가 있다 (전부긍정설). 그러나 경과실의 경우에는 공무원의 면책을 규정한 국가배상법 제 2조 제2항의 입법취지를 고려하여, 공무원 개인에 대한 배상청구는 고의·중과 실의 경우에만 가능한 것으로 해석하여야 한다는 견해도 있다(부분긍정설).[1] 즉, 전설에 의하면 피해자가 공무원 개인을 상대로 배상을 청구하는 경우에는 민법 규정에 따라 경과실의 경우에도 책임을 지게 되나, 이러한 결과는 공무원의 경 과실에 대해서는 면책을 규정하고 있는 국가배상법 제2조와 균형이 맞지 않게 되는 까닭에, 후설은 이러한 문제점을 감안하여, 공무원의 민사상 배상책임도 고의·중과실의 경우에만 인정되어야 한다고 한다. 그러나 국가배상법상 경과실 의 경우에 공무원의 책임이 면제된다고 하여, 민법상 공무원의 책임에 있어서 도 명문의 규정에 불구하고 경과실의 경우는 면책된다고 해석할 수 있는 구체 적 근거는 없는 것이 아닌가 한다.

(2) 위험책임설적 견해

이 설은 공무원의 직무집행행위는 국민에게 손해를 야기할 위험성을 내포 하고 있고, 또한 그것은 행정기관의 지위에서 행해지는 것이므로, 그로 인한 손 해에 대한 책임은 국가의 자기책임으로 보아야 한다는 것이다. 이러한 위험책 임설적 견해는 국가배상법의 장래의 발전방향을 제시하고 있다는 점에서 그 의 의가 크다고 본다. 그러나 이 설에 의하면, 공무원의 행위가 적법·무과실인 경 우에도 국가책임은 인정될 수 있다고 할 것인바, 이는 위법·과실을 그 성립요 건으로 하고 있는 행정상 손해배상에 관한 이론으로서는 문제가 있다.

3. 중 간 설

이 설은 국가의 배상책임을 공무원의 위법행위가 경과실에 기한 것인 때에 는 자기책임으로, 고의·중과실에 기한 것인 때에는 대위책임으로 본다. 이러한 중간설에서는 피해자의 선택적 청구권은 인정되지 않는 것으로 본다. 이에 대 하여 후술하는 절충설에서는 고의·중과실로 인하여 손해가 발생한 경우에도 피해자에게는 원칙적으로 선택적 청구권이 인정된다는 점에서 중간설과 절충설 의 기본적 차이가 있다.[2]

---

1) 김철용, 국가배상법 제2조에 관한 연구, 박사학위논문, 1975, p. 129.
2) 중간설은 프랑스의 행정상 손해배상제도상 대체로 1940년대까지의 이론 또는 법리 를 기초로 한 이론이다.

구상권에 관하여서는, 경과실의 경우 배상책임이 국가의 자기책임이므로 공무원에 대한 국가의 구상권은 인정되지 않는 것으로 보나, 고의·중과실의 경우 국가는 공무원을 대신하여 책임을 지는 것이므로 공무원에 대하여 당연히 구상할 수 있다고 본다. 따라서 중간설에 의하면, 경과실의 경우에 공무원의 면책에 대한 논리적 근거가 제시될 수 있다. 그러나 현대에 이르러 국가가 주권면책특권을 포기한 소산이 곧 국가배상책임인 이상, 적어도 원칙론으로서는 공무원의 고의·중과실에 기한 국가의 책임도 자기책임으로 파악하여야 할 것으로 본다.

4. 결어 — 절충설[1]

공무원은 국가기관의 지위에서 행위하는 것이므로, 그 효과는 국가에 귀속된다. 그러므로 공무원의 직무수행행위에 통상 예기할 수 있는 흠결이 있고, 그러한 행위에 의하여 개인에게 손해가 발생한 경우에도, 그것은 기관의 행위로서 그 행위의 효과는 국가에 귀속되어 국가가 배상책임을 지는 것이다.

그러나 그 흠결의 정도가 중대한 것이거나 또는 순전히 사적 이익의 추구 등에 기인한 것인 때에는, 당해 행위는 이미 기관행위로서의 지위를 상실한 것이라 할 것이다. 따라서 공무원의 위법행위가 고의·중과실[2]에 기인한 것인 때에는 공무원 개인의 책임만이 문제되는 것이다.

그러나 공무원의 고의·중과실에 기한 불법행위도 그것이 직무와 전혀 무

이 시기까지는 가해행위가 공무원의 고의 또는 중과실에 기인한 것인 때에는 당해 행위는 개인과실의 행위로서 공무원의 개인책임만이 문제된다고 보았던 것이다. 그러나 이후에는 이러한 행위도 그것이 직무행위와 무관하지 아니한 한에서는 피해자와의 관계에서는 직무행위로 인정된다고 보아서 이른바 책임의 경합이론이 정립되었던 것이다. 저자는 이러한 프랑스의 행정상 손해배상제도의 최근의 이론에 따라 '절충설'을 제시하였고, 이것이 대법원의 판례에서 채택되었던 것이다. 그러한 점에서 대법원의 판례가 입각하고 있는 이론을 절충설이라고 한다면 그것은 우리 학설상 종래 주창되고 있었던 중간설과는 다른 것이라는 점에 유의하여야 할 것이다.

1) 이 결어 부분의 내용은 오래 전부터 필자가 나름대로의 견해로 제시하고 주장하여 오던 것이었으나, 그에 특별한 명칭을 붙이지는 않고 있었다. 그러나 기본적으로는 같은 내용의 대법원의 판결(전원합의체판결 1996. 2. 15, 95다38677)에 대하여 이를 보통 절충설이라고 하고 있는 점을 감안하여, 그 명칭이 반드시 적절한지는 의문이지만 저자의 견해도 일단 절충설로 부르기로 하였다.

2) 판례
"공무원이 직무상 불법행위를 한 경우에 국가 또는 지방자치단체가 배상책임을 부담하는 외에 공무원 개인도 고의·중과실이 있는 경우에는 불법행위로 인한 손해배상책임을 진다. 그 경우 공무원의 중과실이라 함은 공무원에게 통상 요구되는 정도의 상당한 주의를 하지 않더라도 약간의 주의를 한다면 손쉽게 위법, 유해한 결과를 예견할 수 있는 경우인데도 만연히 이를 간과함과 같은 거의 고의에 가까운 현저한 주의를 결여한 상태를 의미한다"(대판 1996. 8. 23, 96다19833).

관하지 않은 한 직무행위로서의 외형을 갖추게 되므로, 피해자와의 관계에서는 당해 행위도 국가기관행위로 인정하여 국가책임을 인정할 수 있을 것이다. 이는 피해자 구제에 만전을 기한다는 측면에서도 바람직한 것이다. 이러한 두 가지 논거에 기하여 고의·중과실에 기한 공무원의 불법행위에 있어서도 국가는 피해자에 대하여 일종의 자기책임을 지는 것이다. 따라서 이 경우 피해자는 국가 또는 공무원에 대하여 선택적으로 배상청구를 할 수 있는 것이다.

그러나 이것이 당해 행위의 성질 자체를 변질시키는 것은 아닌 것으로서, 당해 행위는 본질적으로는 공무원 개인의 불법행위인 것이다. 따라서 국가는 피해자와의 관계에서는 일종의 자기책임을 지는 것이나 내용적으로는 공무원 개인의 불법행위책임에 대한 배상을 하는 것으로서, 그 결과 피해자가 국가에 대하여 배상을 청구한 때에는 국가는 당연히 당해 공무원에게 구상할 수 있게 되는 것이다.

상술한 바를 요약하면 다음과 같다. 경과실의 경우는 국가의 배상책임은 자기책임이다. 고의·중과실의 경우의 배상책임은 원칙적으로는 공무원 개인의 책임이나, 당해 행위가 직무행위로서 외형을 갖추고 있는 한, 피해자의 구제를 위하여 피해자와의 관계에서는 국가가 일종의 자기책임을 지는 것이다. 따라서 이 경우 피해자는 선택적 청구권을 가지며, 국가가 손해를 배상한 경우에 국가는 공무원에 대하여 구상할 수 있게 되는 것이다. 이 문제는 판례상으로는 공무원 개인의 배상책임의 인정 여부의 문제로 제기되고 있었다. 이에 관한 대법원의 판례에는 공무원의 직무상 불법행위로 국민에게 손해를 가한 경우에는 그 귀책사유의 정도에 관계없이 공무원 개인도 손해배상책임을 진다고 하는 판결례(대판 1972. 10. 10, 69다701)와 그 반대로 공무원 개인은 손해배상책임을 지지 않는다는 판결례(대판 1994. 4. 12, 93다11807)가 병존하고 있었던바, 이러한 현상이 합리적이 아닌 것임은 물론이다. 따라서 대법원은 1996. 2. 15. 선고 95다38677 전원합의체판결에 의하여, 종래의 상치적 판례를 정리하여, 공무원이 직무수행중 불법행위로 타인에게 손해를 입힌 경우에 있어, 공무원에 경과실만이 인정되는 경우에는 국가 또는 지방자치단체가 그 손해배상책임을 부담하나, 고의·중과실이 있는 경우에는 국가 등이 손해배상책임을 부담하는 외에, 공무원 개인도 또한 배상책임을 진다고 선언하였다. 다음에 이 판결의 주요 부분을 인용하여 둔다.

"국가배상법의 입법취지는 국가 등에게 선임·감독상의 과실 여부에 불구하고 손해배상책임을 부담시켜 국민의 재산권을 보장하되, 공무원이 직무를 수행함에 있어 경과실로 타인에게 손해를 입힌 경우에는 그 직무수행상 통상 예기할 수 있는 흠이 있는 것에 불과하므로 이러한 공무원의 행위는 여전히 국가 등의 행위로 보아 그로 인하여 발생한 손해에 대한 배상책임도 전적으로 국가 등에만 귀속시키고 공무원 개인에게 그로 인한 책임을 부담시키지 아니하고, 반면에 공무원의 위법행위가 고의·중과실에 기한 경우에는 비록 그 행위가 그의 직무와 관련된 것이라고 하더라도 위와 같은 행위는 그 본질에 있어 기관행위로서의 품격을 상실하여 국가 등에게 그 책임을 귀속시킬 수 없으므로 공무원 개인에게 불법행위로 인한 손해배상책임을 부담시키되, 다만 이러한 경우에도 그 행위의 외관을 객관적으로 관찰하여 공무원의 직무수행으로 보여질 때에는 피해자인 국민을 두텁게 보호하기 위하여 국가 등이 공무원 개인과 중첩적으로 배상책임을 부담하되, 국가 등이 배상책임을 지는 경우에는 공무원 개인에게 구상할 수 있도록 함으로써 궁극적으로 그 책임이 공무원에게 귀속되도록 하려는 것이라고 봄이 합당할 것"이다.

Ⅳ. 공무원의 국가에 대한 구상책임

국가배상법 제2조 제1항에 따라 국가 또는 지방자치단체가 개인에 발생한 손해를 배상한 경우에, 공무원이 고의 또는 중대한 과실이 있는 때에는 국가 또는 지방자치단체는 그 공무원에 구상할 수 있는바(동조 ②), 이러한 국가의 공무원에 대한 구상청구권의 법적 성격은 국가의 배상책임의 성질에 따라 그 내용을 달리 한다.

대위책임설에 의하면 국가는 자신의 책임이 아님에도 공무원을 대신하여 피해자에 배상하는 것이므로, 국가가 공무원에 대하여 구상할 수 있음은 물론이며, 이 경우 국가의 구상권은 일종의 부당이득반환청구권의 성격을 가진다고 볼 수 있을 것이다. 논리상으로는 대위책임설에서는 경과실의 경우에도 국가의 구상권이 인정되어야 하는 것이나, 국가배상법 제2조 제2항은 고의·중과실의 경우에만 구상책임을 정하고 있는 것은 공무원의 근무의욕의 저하와 사무정체를 방지하기 위한 입법정책적 고려에 따른 것으로 본다.

중간설에 의하면 경과실의 경우에는 공무원의 위법행위는 국가의 기관행위로 되어 그 불법행위의 효과도 국가에 귀속되는 것이므로, 이 경우의 국가의 책임은 자기책임으로 된다. 이에 대하여 고의·중과실의 경우는 공무원의 행위는 기관행위로서의 품격을 상실하고 전적으로 공무원 개인의 불법행위로 남게 된다. 이 경우 국가가 피해자에 대하여 배상책임을 지는 것은 그것은 피해자 구제의 만전을 기하기 위하여 국가가 공무원에 대신하여 책임을 지는 것이다. 따라서 고의·중과실의 경우에 국가가 피해자에 대하여 배상한 경우 국가는 당연히 공무원에 대하여 구상할 수 있게 되며, 이 경우의 국가의 구상권은 위의 대위책임설의 경우와 마찬가지로 부당이득반환청구권의 성격을 띤다.

절충설의 경우에도 국가의 배상책임은 기본적으로는 위의 중간설과 같은 이론적 구조를 취하고 있다. 즉 경과실의 경우에는 공무원의 불법행위는 국가의 기관행위로 되어 국가만이 배상책임을 지게 된다. 이에 대하여 고의·중과실의 경우에는 공무원의 위법행위는 기관행위로써의 품격을 상실하고 공무원 개인의 불법행위로 되는 것이다. 그러나 공무원의 고의·중과실에 기한 불법행위도 그것이 직무와 전혀 무관하지 아니한 한 그것은 직무행위로서의 외형을 갖추게 되므로, 피해자와 관계에서는 이러한 불법행위도 기관행위로 파악되어 국가는 피해자와의 관계에서는 일종의 자기책임을 지는 것으로 볼 수 있다. 그러나 이 경우도 국가는 공무원 개인의 불법행위책임에 대신하여 피해자에 대하여 배상하는 것이므로, 이 경우 국가는 공무원에 대하여 구상권을 가지며, 그것은 위의 중간설과 마찬가지로 부당이득반환청구권의 성격을 가진다.

제3항 영조물의 설치·관리상의 하자로 인한 손해배상

국가배상법은 "도로·하천 그 밖의 공공의 영조물의 설치나 관리에 하자가 있기 때문에 타인에게 손해를 발생하게 하였을 때에는 국가나 지방자치단체는 그 손해를 배상하여야 한다"(법 5① 1문)고 하고, "제1항을 적용할 때 손해의 원인에 대하여 책임을 질 자가 따로 있으면 국가나 지방자치단체는 그 자에게 구상할 수 있다"(동조 ②)고 규정하고 있다.

본조는 민법 제758조에 상응하는 것이나, 점유자의 면책규정을 두고 있지 않고, 그 대상이 공작물에 한정되지 않는다는 점에서 차이가 있다.

본조는 제2조와는 달리, 과실을 배상책임의 요건으로 하고 있지 않는다는 점에서, 통설은 이를 무과실책임으로 보고 있다. 그러나 설치·관리상의 하자를 요한다는 점에서, 본조의 책임을 엄격한 의미의 또는 절대적인 무과실책임으로 볼 수는 없을 것이다.

I. 배상책임의 요건

1. 공공의 영조물

본조의 영조물은 인적·물적 종합시설이라는 본래적 의미의 영조물이 아니라, 국가나 공공단체 등의 행정주체에 의하여 공공목적에 제공된 유체물, 즉 공물을 가리킨다고 보는 것이 통설이다. 판례도 공공의 영조물이란 국가 또는 지방자치단체에 의하여 특정 공공의 목적에 공여된 유체물 내지 물적 설비를 지칭하며, 특정 공공목적에 공여된 물이라 함은 일반공중의 자유로운 사용에 직접적으로 제공되는 공공용물에 한하지 아니하고, 행정주체 자신의 사용에 제공되는 공용물도 포함하며 국가 또는 지방자치단체가 소유권, 임차권 그 밖의 권한에 기하여 관리하고 있는 경우뿐만 아니라 사실상의 관리를 하고 있는 경우도 포함한다(대판 1995. 1. 24, 94다45302)라고 하여 같은 입장을 취하고 있다. 따라서 인공공물(도로·수도·하수도·제방·관공청사·병원 등)과 자연공물(하천·호수·해변 등) 및 동산(자동차·항공기·총기 등)과 동물(경찰견 등) 등이 이에 포함된다. 따라서 본조는 그 대상이 공작물에 한정되지 않는다는 점에서 민법 제758조에 비하여 적용범위가 넓다.

그러나 국공유재산이라도 행정목적에 직접 제공되지 않은 일반재산으로 인한 손해에는 본조가 아니라 민법 제758조가 적용된다.

자연공물이 본조의 영조물에 포함되는가에 대하여는, 특히 설치·관리의 관념과 관련하여 의문이 제기될 수 있을 것이다.[1]

---

1) 본조의 영조물의 설치·관리의 의미에 대하여는, 일반적으로 설치는 일정 시설물의 설계·건조를, 그리고 관리는 그 후의 유지·수선·보관을 의미하는 것으로 보고 있는 바, 이러한 의미에서는 인공시설이 부가되지 아니한 하천 등에 대하여는 그 설치·관리 상의 하자를 논할 수 없다고 본다. 이러한 문제점에도 불구하고, 본조의 영조물에는 자연공물도 포함되는 것으로 이해해야 한다고 보는바, 그것은 다음의 몇 가지 이유에 기한 것이다. 먼저 본조 자체에서 인공공물로서의 도로와 함께 자연공물인 하천을 명시하고 있다는 점이다. 본조는 또한 '영조물의 설치 및 관리'가 아니라, '영조물의 설치 또는 관리'라고 규정하고 있어서, 본조상의 배상책임은 관리상의 하자에 기인한 경우에도 발생할 수 있는데, 이러한 점에서는 '관리'의 관념은 건조된 시설물의 유지·수선 등의 의미보다는 넓게, 당해 공물을 그 목적에 적합하게 유지·적용하는 행위로 해석할 수도 있을 것이다. 끝으로, 형평관념에 비추어 보아도, 하천 등의 자연공물을 본조의 영조물에 포함시키지 않는 경우에는, 예컨대 특정 하천에 제방·호안 등의 시설물이 설비되어 있으나 그 불완전성으로 인하여 수해가 발생하면 국가가 배상책임을 져야 하나, 당해 하천을 자연상태로 방치한 결과 수해가 발생하면 국가에 배상책임이 없다는 불합리한 결과로 되기 때문이다.

따라서 본조의 영조물에는 자연공물도 포함되는 것으로 해석하여야 한다고 본다. 그러한 자연공물에 있어, 어떤 경우에 설치·관리상의 하자가 있는 것으로 볼 것인가라는

2. 설치 또는 관리의 하자

(1) 의 의

본조에서 '영조물의 설치 또는 관리의 하자'라 함은 영조물이 통상 갖추어야 할 안전성을 결여한 것을 말하는 것으로, 이러한 안전성의 결여가 설치단계의 것이든, 관리단계의 것이든지를 불문한다. 이러한 하자의 유무는 당해 영조물의 구조·용법·장소적 환경·이용상황 등의 여러 사정을 종합적으로 참작하여 개별적·구체적으로 판단하여야 할 것이다.

그러나 안전성의 결여상태 여부의 결정에 있어 관리자의 귀책사유도 고려되어야 하는가에 대하여는 견해가 갈리고 있다.

1) **객 관 설**　　이 설에 의하면, 영조물의 하자의 유무는 객관적으로 판단되어야 할 것으로, 하자 발생에 있어 관리자의 과실의 유무는 문제되지 아니한다고 본다. 이것이 종래의 통설이었다.

객관설에 의하면, 영조물에 일단 흠결이 있어 손해가 발생한 경우, 국가는 그 과실이나 재정력 등과는 무관하게 배상책임을 지게 되므로, 피해자구제라는 관점에서는 이 설이 바람직한 견해라 할 수 있다.

2) **의무위반설**　　이 설은, 영조물의 설치·관리의 하자를 관리자의 영조물에 대한 안전확보의무위반 내지는 사고방지의무위반에 기인한 물적 위험상태로 본다. 이 설은 국가배상법 제5조에 기한 국가 등의 배상책임은 순수한 결과책임 또는 절대적 무과실책임이 아니고, 적어도 하자의 존재를 그 요건으로 하고 있다는 점에서, 하자 발생에 있어 어떠한 의미에서든지 관리자의 주관적 귀책사유가 있어야 한다는 인식을 그 배경으로 하고 있다.

의무위반설은 (객관설적 입장으로부터) 위와 같이 하자의 판단에 주관적 요소를 도입하는 것은 피해자 구제의 관점에서 바람직하지 않다는 비판을 받고 있다. 그러나 의무위반설에 서면서도 관리자의 안전확보의무를 고도화·객관화된 의무로 파악할 경우, 위의 문제점은 실질적으로 해소될 수 있다고 본다.[1]

3) **절 충 설**　　객관설은 무과실책임적 관점에서 국가배상법 제5조상의 하자의 관념을 물건에 객관적으로 안전성이 결여되어 있는 상태로 파악함으로

문제는 남는다. 다만, 순수한 자연공물이라도 최소한의 인공적 관리는 행해지고 있는 바, 예컨대 하천의 경우 준설공사의 불충분성은 본조의 설치·관리상의 하자로 볼 수 있을 것이다.

1) 原田尙彦, 行政法要論, 1997, p. 259.

써 국민의 권리구제를 두텁게 하는 측면이 있는 것이 사실이다. 그러나 이 설에 의하여도 물(物) 자체에 결함이 없는 경우에는 동조에 따라 국가 등의 배상책임을 인정할 수는 없는 것이다. 예컨대 농무라든가 낙뢰 등의 자연현상으로 인하여 도로상에서 사고가 발생한 경우에 있어서, 당해 도로가 통상 갖추어야 할 안전성을 갖추고 있었던 경우에는, 그 관리자가 기상상태에 관한 정보 등을 통보하는 등의 방법으로 적절한 사고의 예방조치를 취하지 아니하였다고 하여도, 국가배상법 제5조에 따라 국가의 배상책임을 인정할 수는 없게 되는 것이다. 이러한 경우에 대하여는 일본에서는 물적 결함상태와는 별도로 공물관리자의 관리행위의 과오를(여기서의 과오는 국가배상법 제5조와 관련된 것이라는 점에서 그에서는 과실 유무는 문제되지 아니한다고 본다) 영조물의 관리상의 하자로 파악함으로써 권리구제의 범위를 확대한 몇 가지 판례가 있다. 예컨대 수문관리자가 수문을 적시에 폐문하지 아니한 결과 물이 넘쳐 인근주민에 피해가 발생한 경우나, 도로관리자가 우기에 산사태 등 도로통행에의 위험사태를 적정하게 예측하지 못하여 마땅히 하여야 할 도로통행금지조치 등을 태만히 한 경우에는, 수문이나 도로 등의 공물 자체의 하자 외에도 그 관리자의 행위책임의 위반도 국가배상법 제5조상의 영조물의 관리상의 하자로 보아 그에 따른 손해에 대하여는 국가 등의 배상책임을 인정하였던 것이다.

이처럼 국가배상법 제5조상의 하자를 그 물적 결함상태뿐만 아니라, 그 관리자의 관리행위의 과오도 그에 포함시켜 이해하는 입장을 절충설이라고 하고 있다.[1] 이러한 절충설에 의하면, 공물과 관련하여 손해가 발생한 경우에는 그것이 당해 공물의 물적 결함에 기인한 것인지, 관리자의 관리행위의 과오에 기인한 것인지를 불문하고 국가배상법 제5조에 의하여 해결될 수 있을 것이다. 또한 자연재해에 대하여도 관리자의 안전관리에의 대응이 불충분한 것이었다면 동조에 의한 구제가 가능하게 된다고 할 것이다.

4) 판례와의 관련에서의 학설의 검토   이상에서 국가배상법 제5조상의 하자관념에 대한 3개 학설을 살펴보았거니와, 우리 학설상 절충설을 적극적으로 주장하는 입장은 없으므로, 다음에서는 판례와의 관련에서 객관설과 의무위반설에 대하여 검토하기로 한다.

판례는 그 내용에 따라 객관설에 입각하고 있는 것과 의무위반설에 입각하고 있는 것으로 일단 구분될 수 있다.

---

1) 原田尙彦, 전게서, p. 257.

⑷ 객관설적 판례   그 대표적인 것으로서는 대법원 1967. 2. 21. 선고 66다1723 판결을 드는 것이 보통이다. 이 판결에서 대법원은,

> "영조물 설치의 하자라 함은 영조물의 축조에 불완전한 점이 있어 이 때문에 영조물 자체가 통상 갖추어야 할 안전성을 갖추지 못한 상태에 있음을 말한다고 할 것인바 그 하자 유무는 객관적 견지에서 본 안전성의 문제이고 그 설치자의 재정사정이나 영조물의 사용목적에 의한 사정은 안전성을 요구하는데 대한 정도 문제로서 참작사유에는 해당할지언정 안전성을 결정지을 절대적 요건에는 해당하지 아니한다고 할 것"

이라고 판시하였다.

위의 요지에 따르면 이 판결은 일단 객관설에 입각하고 있는 것으로 보인다. 그러나 이 판결에서 대법원은 "본건 병사는 일시적 잠정적인 것이 아니고, 수년 동안이나 병사로 사용한 것이고, 본건 병사가 본건 사고의 중요한 원인인 산사태로 인한 피해가 발생할 가능성이 있는 위치 즉 산으로부터 8미터밖에 떨어져 있지 아니한 지점에 설치되었다는 사정 등에 비추어 볼 때에, … 본건 병사의 설치에 하자가 없다"고 할 수는 없다고 설시하고 있는 점을 고려하면, 이 판결이 전적으로 객관설에 입각하고 있는 것인지에 대하여는 의문이 제기될 수도 있을 것이다.

아마도 보다 객관설적인 판례로서는 대법원의 1994. 11. 22. 선고 94다32924 판결을 들 수 있을 것으로 보인다. 이 판결에서 대법원은,

> "국가배상법 제5조 소정의 영조물의 설치·관리상의 하자로 인한 책임은 무과실책임이고 나아가 민법 제758조 소정의 공작물의 점유자의 책임과는 달리 면책사유도 규정되어 있지 않으므로, 국가 또는 지방자치단체는 영조물의 설치·관리상의 하자로 인하여 타인에게 손해를 가한 경우에 그 손해의 방지에 필요한 주의를 해태하지 아니하였다 하여 면책을 주장할 수 없다"

고 판시하였다.

종래의 통설인 객관설에서는 판례도 객관설적 입장이라고 하고 있다. 그러나 전기한 2개 판례 외에 객관설에 입각하고 있는 판례는 거의 찾아보기 어렵다.

⑸ 의무위반설적 판례   객관설의 주장과는 달리 최근의 판례는 국가배상법 제5조상의 하자는 이를 의무위반설적 관점에서 파악하고 있는 것이 그 일

반적인 추세인 것으로 보인다.[1] 다음에 그 대표적 판례를 두 가지 소개하기로 한다.

대법원은 국도에서 발생한 사고에 따른 손해배상청구사건에서 의무위반설에 입각한 판시를 하고 있다. 즉 대법원은,

"도로의 설치 또는 관리의 하자는 도로의 위치 등 장소적인 조건, 도로의 구조, 교통량, 사고시에 있어서의 교통사정 등 도로의 이용상황, 그 본래의 이용목적 등 제반 사정과 물적 결함의 위치, 형상 등을 종합적으로 고려하여 사회통념에 따라 구체적으로 판단하여야 할 것인바, 도로의 설치 후 제3자의 행위에 의하여 그 본래의 목적인 통행상의 안전에 결함이 발생한 경우에는 도로에 그와 같은 결함이 있다는 것만으로는 성급하게 도로의 보존상 하자를 인정하여서는 안 되고, 당해 도로의 구조, 장소적 환경과 이용상황 등 제반 사정을 종합하여 그와 같은 결함을 제거하여 원상으로 복구할 수 있는데도 이를 방치한 것인지 여부를 개별적·구체적으로 심리하여 판단하여야 한다"(대판 1997. 4. 22, 97다3194)

라고 판시하였다.

이 사건은 국도에서 운행하던 차량에 도로에 방치되어 있던 쇠파이프가 튕겨 그 반대편 차선에서 운행하던 차량의 운전수에 인명사고가 발생한 것이었던바, 대법원은 이 사건의 발생 30분 전쯤에 행한 당해 도로의 순찰시에는 쇠파이프가 없었다는 점을 적시하면서, 넓은 국도에서 더 짧은 간격으로 도로를 순찰하여 낙하물을 제거하는 것은 현실적으로 불가능하다고 하여, 이 사건에서의 도로의 설치·관리상의 하자의 존재를 부인하였다.

다음의 대법원의 2000. 2. 25. 선고 99다54004 판결에서는 의무위반설적 관점이 보다 구체적으로 설시되고 있다.

"국가배상법 제5조 제1항 소정의 영조물의 설치 또는 관리의 하자라 함은 영조물이 그 용도에 따라 통상 갖추어야 할 안전성을 갖추지 못한 상태에 있음을 말하는 것으로서, 영조물이 완전무결한 상태에 있지 아니하고 그 기능상 어떠한 결함이 있다는 것만으로 영조물의 설치 또는 관리에 하자가 있다고 할 수 없는 것이고, 위와 같은 안전성의 구비 여부를 판단함에 있어서는 당해 영조물의 용도, 그 설치장소의 현황 및 이용상황 등 제반 사정을 종합적으로 고려하여 설치관리자가 그 영조물의 위험성에 비례하여 <u>사회통념상 일반적으로 요구되는 정도의 방호조치의</u>

---

1) 관련 판례로서는 다음에 인용되는 것 외에도 대판 1998. 2. 10, 97다32536; 대판 1998. 2. 13, 97다49800; 대판 2000. 4. 25, 99다54998 등이 있다.

무를 다하였는지 여부를 그 기준으로 삼아야 할 것이며, 객관적으로 보아 시간적·장소적으로 영조물의 기능상 결함으로 인한 손해발생의 예견가능성과 회피가능성이 없는 경우 즉 그 영조물의 결함이 영조물의 설치관리자의 관리행위가 미칠 수 없는 상황 아래에 있는 경우에는 영조물의 설치관리상의 하자를 인정할 수 없다.”(밑줄 저자)

이 판결에서 대법원은 영조물의 하자란 영조물이 통상 갖추어야 할 안전성을 결여한 상태라고 하고, 그 통상적 안전성이란 영조물의 설치 또는 관리에 있어 항상 완전무결한 상태에 있어야 하는 것은 아니라고 하고 있다. 다음에 이러한 의미의 하자의 판단에 있어서는 “당해 영조물의 용도, 그 설치장소와 현황 및 이용 상황 등 제반 사정을 종합적으로 고려하여 설치 관리자가 그 영조물의 위험성에 비례하여 사회통념상 일반적으로 요구되는 정도의 방호조치의무를 다하였는지 여부를 기준으로 하여야 할 것으로서, 객관적으로 보아 시간적·장소적으로 영조물의 기능상 결함으로 인한 손해발생의 예견가능성과 회피가능성이 없는 경우에는 영조물의 하자를 인정할 수 없다”고 하고 있다.[1]

이러한 내용의 이 판결에 대하여 객관설의 입장에서는 이 판결에서는 불가항력적 사유에 따라 국가의 면책을 인정한 것이라고 주장할지도 모른다. 실제 이 판결에서는 예측가능성과 회피가능성이 없다고 보아 피고인 서울특별시의 배상책임을 부인한 것으로서, 이들은 불가항력의 판단요소이기도 한 것이기 때문이다. 그럼에도 그러한 주장은 다음의 두 가지 이유에 따라 타당하지 아니하다고 본다. 먼저, 일반적인 문제로서 불가항력은 매우 예외적으로만 인정되는 것이고 보면, 이 판결이 불가항력사유에 따른 서울특별시의 면책을 인정한 것으로 보는 것은 적절하지 아니한 것으로 보인다는 점이다. 다음에 보다 구체적

---

1) 동지의 판례: 대판 2007. 9. 21, 2005다65678. 이것은 하천 관리상의 하자로 인한 손해배상청구사건에 관한 것이다. 이 사건에서 대법원은 영조물의 하자의 관념이나 그 판단기준에 대하여 위의 판례와 같은 내용의 일반론적 설시를 하고 나서, 하천관리의 하자 유무는, “과거에 발생한 수해의 규모·발생의 빈도·발생원인·피해의 성질·강우 상황·유역의 지형 기타 자연적 조건, 토지의 이용상황 기타 사회적 조건, 개수를 요하는 긴급성의 유무 및 그 정도 등 제반 사정을 종합적으로 고려하고, 하천관리에 있어서의 … 재정적·시간적·기술적 제약하에서 같은 종류, 같은 규모 하천에 대한 하천관리의 일반수준 및 사회통념에 비추어 시인될 수 있는 안정성을 구비하고 있다고 인정할 수 있는지 여부를 기준으로 하여 판단해야” 하는 것으로서, “관리청이 하천법 등 관련 규정에 의해 책정한 하천정비계획 등에 따라 개수를 완료한 하천 또는 아직 개수 중이라 하더라도 개수를 완료한 부분에 있어서는, 위 하천정비계획 등에서 정한 계획홍수량 및 계획홍수위를 충족하여 하천이 관리되고 있다면, … 그 하천은 용도에 따라 통상 갖추어야 할 안정성을 갖추고 있다고 봄이 상당하다”고 판시하고 있다.

인 측면으로서, 이 판결은 관리자에 예측가능성·회피가능성이 없었음을 이유로 하자를 부인하고 있는 것이지, 불가항력적 사유에 따라 서울특별시의 배상책임을 부인하고 있지는 않다는 점이다.

이 판결에서는 영조물에 어떠한 결함이 있다는 것만으로 영조물의 설치 관리상의 하자를 인정할 수는 없고, 그 판단에 있어서는 관리자가 방호조치의무를 다하였는지 여부를 기준으로 하여야 한다고 하고 있다. 또한 방호조치의무는 당해 영조물의 위험성과 비례하여 사회통념상 일반적으로 요구되는 정도의 것이라고 하고 있다. 이러한 판례상의 방호조치의무는 객관적으로 설정되는 것으로서, 그 위반 여부도 관리자의 과실 유무와는 무관하게 객관적으로 판단되는 문제인 것이다.

국가배상법 제5조상의 국가 등의 배상책임이 결과책임 또는 절대적 무과실책임이 아니고 보면, 그 배상책임의 요건으로서의 하자의 판단에 있어서는 관리자의 의무위반을 그 내용으로 하는 의무위반설적 이론구성이 동조상의 배상책임의 성격에 보다 부합하는 것으로 보인다.

의무위반설적 관점에서 하자의 관념을 안전확보의무 또는 방호조치의무 위반으로 인한 안전성의 결여라고 해석하는 경우, 그것은 이 관념을 객관적으로 판단되는 안전성의 결여라고 보는 객관설에 비하여는 피해자구제의 측면에서는 불리하게 작용할 것이라는 비판이 제기될 수도 있을 것인바, 이러한 비판은 일단 타당하다고 할 수 있다. 그러나 객관설에 입각하는 경우에도 현실적 여건과의 관련에서는 통상적 안전성의 기준을 완화하여야 하는 경우도 있을 수 있는 것이며, 다른 한편 학설·판례는 모두 의무위반설에 있어서의 안전확보의무 또는 방호조치의무는 객관화·고도화된 의무로 파악하고 있고 보면,[1] 이러한 문제점은 실질적으로 대폭 완화 내지 해소되고 있다고 본다. 다만, 대법원은 도로 등의 인공공물과 자연공물로서의 하천의 경우를 구분하여, 하천의 경우는 그

---

1) 판례

"가변차로에 설치된 신호등의 용도와 오작동시에 발생하는 사고의 위험성과 심각성을 감안할 때, 만일 가변차로에 설치된 두 개의 신호기에서 서로 모순되는 신호가 들어오는 고장을 예방할 방법이 없음에도 그와 같은 신호기를 설치하여 그와 같은 고장을 발생하게 한 것이라면, 그 고장이 자연재해 등 외부요인에 의한 불가항력에 기인한 것이 아닌 한 그 자체로 설치·관리자의 방호조치의무를 다하지 못한 것으로서 신호등이 그 용도에 따라 통상 갖추어야 할 안전성을 갖추지 못한 상태에 있었다고 할 것이고, 따라서 설령 적정전압보다 낮은 저전압이 원인이 되어 위와 같은 오작동이 발생하였고 그 고장은 현재의 기술수준상 부득이한 것이라고 가정하더라도 그와 같은 사정만으로 손해발생의 예견가능성이나 회피가능성이 없어 영조물의 하자를 인정할 수 없는 경우라고 단정할 수 없다"(대판 2001. 7. 27, 2000다56822).

자체 위험을 내포한 상태에서 자연적으로 존재하는 것이고, 그 관리상 안전성의 확보에 있어서는 여러 가지 재정적·시간적·기술적 제약조건이 따른다는 점 등을 고려하여 하천관리상의 하자의 판단에 있어서는 그 안전성의 기준을 도로 등의 인공공물에 비하여 크게 완화하고 있다(대판 2007. 9. 21, 2005다65678).

(2) 영조물의 기능적 하자의 문제

1) 의 의 위에서 국가배상법 영조물의 설치·관리상의 하자에 관하여 학설·판례를 비교적 자세히 살펴보았거니와, 그것은 내용적으로는 종래의 학설·판례의 상황에 따라 영조물의 물적 하자에 한정된 것이다. 즉 종래 학설·판례상 영조물의 설치·관리의 하자란 영조물이 통상 갖추어야 할 안전성을 결여한 상태를 지칭하는 것으로 보고 있었으나, 이러한 영조물의 안전성의 결여 상태는 다만 당해 영조물을 구성하는 물적 시설 자체에 존재하는 물리적·외형적 결함 또는 불비에 의하여 타인에게 위해를 발생시킬 위험이 있는 상태라고 하여 이를 한정적으로 파악하고 있었던 것이다.

그러나 최근의 판례에서는 영조물이 물적 하자가 있는 경우뿐만 아니라, 영조물이 그 목적에 따라 공용되어 이용됨에 따라 위해를 발생시킬 수 있는 위험성이 있는 경우도 본조상의 영조물의 설치·관리의 하자로 파악하게 된 것으로서, 이러한 위해에는 영조물의 인근거주자 등 그 이용자 이외의 제3자에 대한 것도 포함되는 것으로 되어 있다. 국가 등은 영조물의 이용자에 대하여 뿐만 아니라 그 인근거주자 등에 대하여도 손해를 미치는 방법으로 영조물을 설치 또는 관리하여서는 아니 될 것이므로, 영조물의 통상적인 운영에 의하여 인근 거주자에 손해를 발생시킨 경우(공항에 이착륙하는 비행기의 소음에 의한 인근주민의 생활상 피해)에는 당해 영조물은 안전성을 결하여 기능적 하자가 있는 것으로 보아야 할 것이다. 예컨대 공항의 경우 그 입지조건의 열악, 면적의 협소 등 영조물 그 자체의 물리적·외형적 결함에 비길 수 있는 사회적·기능적 하자도 설치·관리상의 하자에 포함된다고 보아야 하는 것이다.[1]

2) 판 례 전술한 바와 같이 영조물의 기능적 하자의 관념이나 그로 인한 국가 등의 손해배상책임이 인정된 것은 최근의 일로서, 대법원은 매향리에 설치된 사격장에서 발생하는 소음 등으로 인하여 지역주민이 받은 피해의 배상을 청구한 사건과 김포공항에서 발생하는 소음으로 인한 인근주민의 피해의 배상을 청구한 사건에 대한 판결(대판 2004. 3. 12, 2002다14242;대판 2005. 1.

---

1) 박윤흔, 행정법(상), p. 794.

27, 2003다49566)에서 기능적 하자 관념에 입각하여 국가의 배상책임을 인정하였다. 다음에서는 후자와 관련하여 기능적 하자의 관념 및 그 판단기준의 두 가지 문제에 대하여 어느 정도 보다 구체적으로 살펴보기로 한다.

㈎ 기능적 하자의 관념　　이에 관하여 대법원은, 국가배상법 제5조 제1항에 정하여진 '영조물의 설치 또는 관리의 하자'라 함은 공공의 목적에 공여된 영조물이 그 용도에 따라 갖추어야 할 안전성을 갖추지 못한 상태에 있음을 말하고, 안전성을 갖추지 못한 상태, 즉 타인에게 위해를 끼칠 위험성이 있는 상태라 함은 영조물을 구성하는 물적 시설 그 자체에 있는 물리적 · 외형적 흠결이나 불비로 인하여 그 이용자에게 위해를 끼칠 위험성이 있는 경우뿐만 아니라, 그 영조물이 공공의 목적에 이용됨에 있어 그 이용 상태 및 정도가 일정한 한도를 초과하여 제3자에게 사회통념상 수인할 것이 기대되는 한도를 넘는 피해를 입히는 경우까지 포함된다고 보아야 한다고 판시하고 있다.

㈏ 기능적 하자의 구체적 판단기준　　위에서 본 바와 같이 기능적 하자는 영조물 자체에는 물적 하자가 없는 경우에도 그것이 공용목적에 이용됨에 따라 제3자가 받는 피해가 사회통념상의 수인한도를 넘는 경우로 파악되고 있다. 대법원은 이러한 수인한도의 기준은, 일반적으로 침해되는 권리나 이익의 성질과 침해의 정도뿐만 아니라 침해행위가 갖는 공공성의 내용과 정도, 그 지역환경의 특수성, 공법적인 규제에 의하여 회복하려는 환경기준, 침해를 방지 또는 경감시키거나 손해를 회피할 방안의 유무 및 그 난이 정도 등 여러 사정을 종합적으로 고려하여 구체적 사건에 따라 개별적으로 결정하여야 한다고 하고 있다(대판 2005. 1. 27, 2003다49566).

기능적 하자에 따른 국가의 배상책임의 법리는 프랑스의 공토목공사로 인하여 제3자가 받는 피해에 대한 무과실책임의 법리와 공통성이 있는 것으로 보인다. 그 이론적 근거나 정당성은 어떠한 것이든, 국가배상법 제5조와의 관련에서 기능적 하자에 기인한 국가 등의 배상책임은 공항의 소음이나 사격장의 소음뿐만 아니라 도로의 교통소음 · 배기가스, 혐오시설에서 발생하는 악취 등 공공시설에서 발생하는 공해에 대하여는 널리 적용될 소지가 있는 것으로 보인다.[1]

3. 손해의 발생

영조물의 설치 · 관리상의 하자로 인하여 손해가 발생하여야 하는바, 이 경

---

1) 藤田宙靖, 行政法 Ⅰ, 제3판, pp. 492~493.

우 영조물의 하자와 손해 사이에는 상당인과관계가 인정되어야 함은 물론이다.

4. 면책사유

(1) 불가항력

국가배상법 제5조상의 하자는 영조물이 통상 갖추어야 할 안전성을 결여한 상태를 의미하는 것이므로, 이러한 통상의 안전성이 구비되어 있는 한, 손해가 발생하여도 그것은 불가항력으로서 국가 등의 배상책임은 발생하지 않는다. 예컨대, 태풍으로 인하여 하천수해가 발생한 경우에, 하천의 계획고수량의 산정이 당시의 과학기술수준에 비추어 적정한 것이었고 그것에 기준하여 제방 등이 축조되어 있었다면, 손해발생은 불가항력에 의한 것으로 되어, 국가는 배상책임을 지지 않는다. 그러나 제방 등의 시설 자체에도 흠결이 있었던 경우에는 그 한도에서 국가는 배상책임을 져야 할 것이다.

(2) 예산부족

예산부족이 면책사유가 되는지에 대하여 대법원은 영조물의 설치의 하자의 유무는 객관적 견지에서 본 안전성의 문제이므로, 재정사정은 영조물의 안전성의 정도에 관하여 참작사유는 될 수 있을지언정 안전성을 결정지을 절대적 요건은 되지 못한다고 판시하였다(대판 1967. 2. 21, 66다1723). 그러나 도로나 교량 등의 경우와는 달리 하천 등 자연공물의 안전한 유지·관리에 있어 사회통념상 기대가능성이 없는 정도의 막대한 예산이 소요되는 경우에도 이 원칙이 그대로 적용될 것인지는 의문이다. 이러한 경우는 기대가능성의 기준에 따른 개별적·구체적 판단에 의하여 당해 하천의 관리에는 하자가 없는 것으로 판단될 수도 있으나 오히려 실질적 고려에 따라 국가 등의 배상책임이 부인되는 경우라고 보는 것이 실제에 부합하는 견해인지도 모른다.

(3) 피해자의 과실

피해자가 위험의 존재를 인식하고 위험지역으로 접근하는 등 피해자의 과실이 있었던 경우에는 국가 등의 배상책임이 감면된다고 보아야 할 것이다.[1]

---

1) 판례
    "소음 등을 포함한 공해 등의 위험지역으로 이주하여 들어가서 거주하는 경우와 같이 위험의 존재를 인식하면서 그로 인한 피해를 용인하며 접근한 것으로 볼 수 있는 경우에, 그 피해가 직접 생명이나 신체에 관련된 것이 아니라 정신적 고통이나 생활방해의 정도에 그치고 그 침해행위에 고도의 공공성이 인정되는 때에는, 위험에 접근한 후 실제로 입은 피해 정도가 위험에 접근할 당시에 인식하고 있었던 위험의 정도를 초과하는 것이거나 위험에 접근한 후에 그 위험이 특별히 증대하였다는 등의 특별한 사정이 없는 한 가해자의 면책을 인정하여야 하는 경우도 있다. 특히 소음 등의 공해로

Ⅱ. 배상액 및 배상책임자

1. 배 상 액

배상액은 영조물의 설치·관리의 하자와 상당인과관계가 있는 모든 손해액이다. 이 경우 그 산정에 있어서는 공무원의 직무행위로 인한 손해배상에 관하여 '배상기준'을 정하고 있는 국가배상법 제3조의 규정이 준용된다(동법 5① 후단).

2. 배상책임자

(1) 국가배상법 제6조 제1항상의 비용부담자

1) 개 설   국가배상법은 국가와 지방자치단체의 손해배상책임에 대한 일반법으로서, 공무원이 그 직무집행상 법령에 위반하여 고의 또는 과실로 타인에게 손해를 가한 때에는 동법 제2조에 따라, 도로 또는 하천 등의 설치·관리상에 하자가 있어 타인에게 손해를 발생하게 하였을 때에는 동법 제5조에 따라 국가 또는 지방자치단체는 그 손해를 배상할 책임을 지게 된다. 국가 또는 지방자치단체가 자신의 사무를 그 고유한 기관에 의하여 완결적으로 행하는 경우에는, 그와 관련하여 발생한 손해에 대하여는 국가 또는 지방자치단체가 그로 인한 배상책임을 지는 것은 당연한 것으로서, 이에 대하여는 국가배상법은 특별한 규정을 두고 있지 않다.

이에 대하여 공무원의 선임·감독자와 그 비용부담자 또는 영조물의 설치·관리자와 그 비용부담자가 다른 경우에는, 당해 행정작용과 관련하여 발생한 손해의 배상책임자가 누가 될 것인지는 분명하지 않다. 그 전형적인 예로서는 전자에 해당하는 것으로서 시장·도지사 등이 기관위임사무를 집행하는 경우를 들 수 있고, 후자의 예로서는 지방자치단체가 기관위임사무로서 국도의 관리비용을 부담하는 경우(이른바 국영공비사업)를 들 수 있다. 이러한 경우 피해자에는 국가를 피고로 할 것인지 또는 지방자치단체를 피고로 할 것인지의 어려운 문

인한 법적 쟁송이 제기되거나 그 피해에 대한 보상이 실시되는 등 피해지역임이 구체적으로 드러나고 또한 이러한 사실이 그 지역에 널리 알려진 이후에 이주하여 오는 경우에는 위와 같은 위험에의 접근에 따른 가해자의 면책 여부를 보다 적극적으로 인정할 여지가 있다. 다만 일반인이 공해 등의 위험지역으로 이주하여 거주하는 경우라고 하더라도 위험에 접근할 당시에 그러한 위험이 존재하는 사실을 정확하게 알 수 없는 경우가 많고, 그 밖에 위험에 접근하게 된 경위와 동기 등의 여러 가지 사정을 종합하여 그와 같은 위험의 존재를 인식하면서도 위험으로 인한 피해를 용인하면서 접근하였다고 볼 수 없는 경우에는 손해배상액의 산정에 있어 형평의 원칙상 과실상계에 준하여 감액사유로 고려하여야 한다"(대판 2010. 11. 25, 2007다74560).

제가 제기되며, 그 경우 피고를 잘못 지정하였다고 하여 피해자에게 불리한 취급을 하는 것은 바람직하지 아니한 것임은 물론이다.

국가배상법은 일단 명문규정을 두어 이 문제를 규율하고 있다. 즉 동법 제6조 제1항은 "제2조 … 및 제5조에 따라 국가나 지방자치단체가 손해를 배상할 책임이 있는 경우에 공무원의 선임·감독 또는 영조물의 설치·관리를 맡은 자와 공무원의 봉급·급여 그 밖의 비용 또는 영조물의 설치·관리의 비용을 부담하는 자가 동일하지 아니하면 그 비용을 부담하는 자도 손해를 배상하여야 한다"고 규정하고 있다.

이 규정에 따라 피해자는 그 선택에 의하여 당해 사무의 귀속주체인 국가 또는 그 비용부담자인 지방자치단체 중 어느 자에 대하여도 손해배상청구를 할 수 있다.

2) 비용부담자의 의미   전기한 국가배상법 제6조 제1항상의 비용부담자의 의미에 대하여는 다음의 두 가지 견해가 대립되고 있다.

㈎ 형식적 비용부담자설   이 설은 동조상의 비용부담자는 실질적인 비용의 부담관계를 고려함이 없이 대외적으로 비용을 지출하는 자를 의미한다고 본다. 전술한 바와 같이 기관위임사무의 경우 사무의 귀속주체와 그 형식적 비용부담자, 즉 대외적 경비지출자가 다른 경우가 있는 것이나, 피해자로서는 비용부담자를 사무의 귀속주체로 오해하기 쉽다는 점을 고려하여, 피해자 구제의 관점에서 국가배상법 제6조 제1항은 형식적 비용부담자도 일단 배상책임자로 규정한 것으로 보는 것이다.

㈏ 병 존 설   이 설은 피해자구제의 관점에서 비용부담자에는 실질적 부담자도 포함된다고 본다. 원칙적으로 실질적 비용부담자는 사무의 귀속주체가 되는 것이고 보면, 형식적 비용부담자설에 의하더라도 피해자는 사무의 귀속주체인 국가 등에 대하여도 배상을 청구할 수 있는 것으로서, 그러한 점에서는 병존설은 특별한 의미가 없는 것으로 보이기도 한다. 그러나 예컨대, 지방자치사무의 단체위임사무의 경우에는 사무의 귀속주체와 형식적 비용부담자가 모두 지방자치단체이므로, 실질적 비용부담자를 비용부담자에 포함시켜야만 국가에 대하여 배상을 청구할 수 있는 경우가 있다(부담금·교부금). 그러한 경우에는 병존설이 실익이 있다.

3) 최종적 배상책임자   국가배상법 제6조 제2항은 이에 대하여 "제1항의 경우에 손해를 배상한 자는 내부관계에서 그 손해를 배상할 책임이 있는 자에게 구상할 수 있다"고 규정함에 그치고, 누가 최종적 배상책임자인지에 대하

여는 명시하고 있지 않다. 따라서 이 문제는 학설·판례에 의하여 해결되어야 하는 것이다.

  ㈎ 학 설   이 문제에 대하여 학설상으로는 아직 확정된 견해는 없다. 그러나 일본에서는 우리 국가배상법 제6조와 같은 내용의 국가배상법 제3조의 규정의 해석과 관련하여 학설상 기본적으로 관리자설과 비용부담자설이 제시되고 있다.

  관리사설은 당해 사무의 관리책임자가 발생한 손해의 최종적 배상책임자가 된다고 보고 있다. 이 설은 손해를 방지할 위치에 있는 관리주체의 잘못으로 손해가 발생한 것이므로, 관리주체가 최종책임자가 되어야 한다는 점, 비용부담자의 비용에는 손해배상금이라는 이상시의 비용은 포함되어 있지 아니하다고 보아야 할 것이라는 점 등을 그 논거로 하고 있다. 또한 본래의 배상책임자와 특별한 배상책임자를 구별하여, 비용부담자는 국가배상법 제6조에 의하여 비로소 배상책임자로 된 것이므로, 본래의 책임자인 관리자가 최종적 책임을 부담한다고 보는 견해도 있다. 그러나 이러한 관리자설은 현재 소수설에 그치고 있다.

  비용부담자설은 현재의 다수설로서, 이 설은 비용부담자가 부담하는 비용에는 손해배상금도 포함되어 있다는 점을 그 기본적 논거로 하고 있다. 이 설과 관련하여서는 이 경우 비용부담자가 법률상 당해 사무의 관리권이 없음에도 배상비용을 부담하여야 하는 것은, 국영공비사업은 실질적으로는 국가와 지방자치단체의 이해가 밀접히 관련되어 있는 것으로서, 그에는 본래 공동적으로 관리되어야 할 실체성이 있기 때문이라는 견해를 피력하는 논자도 있다. 이 견해는 관련문제의 실질적 이해에 유용한 시사점을 제시하고 있는 것으로 보인다.

  우리 학설상으로는 관리자책임설이 다수설로 되어 있으나, 그 구체적 논거는 제시되지 않고 있다.

  ㈏ 판 례   국가배상법 제6조 제1항의 규정방식상으로는 최종적 배상책임자는 사무귀속주체로 보는 것이 그 자연스러운 해석인 것으로 보인다. 그러나 판례는 기관위임사무의 경우에도 법령의 규정에 따라 당해 사무의 수임인인 지방자치단체가 그 관리비용을 실질적으로 부담하는 한도에서는 지방자치단체도 최종책임자에 포함되는 것으로 파악하고 있는 것으로 보인다.

  즉 대법원은 1993. 1. 26. 선고 92다2684 판결에서, "도로법 제22조 제2항에 의하여 지방자치단체의 장인 시장이 국도의 관리청이 되었다 하더라도 이는 시장이 국가로부터 관리업무를 위임받아 국가행정기관의 지위에서 집행하는 것이므로, 국가는 도로관리상 하자로 인한 손해배상책임은 면할 수 없다"고 하여, 국도의 사무귀속주체로서의 국가의 배상책임을 인정하는 한편, "시가 국도의 관리상 비용부담자로서 책임을 지는 것은 국가배상법이 정한 자신의 고유한 책임이(며), … 국가배상법 제6조 제2항의 규정은 이 사건 도로의 관리주체인 대한민국과 그 비용을 부담하는 서귀포시의 상호 간에 내부적으로 구상의 범위를 정하는 데 적용될 뿐"이라고 하였다.

이 판례에 따르면 국가는 영조물의 설치·관리자로서의 책임을 지며, 기관위임사무로서 당해 영조물의 관리책임을 지지만 법령에 따라 그 관리비용을 실질적으로 부담하는 지방자치단체는 국가배상법 제6조 제1항에 따라 국가의 배상책임과는 별도의 배상책임을 지는 것으로서, 이 경우 국가와 지방자치단체의 배상책임은 부진정연대채무관계에 있다.

전술한 내용을 요약하면 다음과 같다. 사무귀속주체 또는 관리자와 그 비용부담자가 다른 경우에 있어, 국가배상법 제6조 제1항상의 비용부담자에는 형식적 비용부담자와 실질적 비용부담자가 모두 포함되나, 최종적 비용부담자는 실질적 비용부담자로 보아야 하는데, 이 경우 실질적 비용부담자는 사무귀속주체뿐만 아니라, 법령의 규정에 따라서는 당해 사무의 관리비용을 부담하는 자도 이에 포함되는 것으로 보아야 하는 경우도 있다.

(2) 원인책임자에 대한 구상권

국가 또는 지방자치단체가 손해를 배상한 경우 손해의 원인에 대하여 책임을 질 자(예컨대, 불완전한 건축공사를 한 수급인, 영조물의 불법적 이용으로 그 하자를 야기한 자, 고의·과실로 하자를 발생시킨 공무원 등)가 따로 있을 때에는, 국가 또는 지방자치단체는 그 자에 대하여 구상할 수 있다(동법 5②). 이 경우, 공무원에 대한 구상권 행사는 제2조와의 균형을 고려하여, 영조물의 하자발생에 있어 공무원에게 고의·중과실이 있는 경우에 한정되는 것으로 해석하는 것이 타당할 것이다.

제3절 행정상 손실보상제도

제 1. 행정상 손실보상의 의의

행정상 손실보상이란, 공공필요에 의한 적법한 공권력행사에 의하여 개인의 재산에 가하여진 특별한 손해에 대하여, 전체적인 평등부담의 견지에서 행하여지는 재산적 보상을 말한다.

국가 등의 행정주체는 그 책무를 수행함에 있어, 공공사업(도로·공원 건설 등) 기타 공익적 견지에서 개인의 특정 재산을 취득 또는 사용하거나 그 이용방법을 제한하여야 할 필요가 있게 된다. 이러한 경우 공행정목적의 원활한 수행·달성을 위하여 개인의 재산을 강제로 취득, 사용하거나 그 이용방법을 제한할 수 있는 권한을 법률로써 인정하는 경우가 적지 않다. 그러나 이 경우 개인의 재산권의 박탈 또는 제한은 당사자의 귀책사유 없이 공익적 견지에서 부과된 것이므로, 그로 인한 손실은 평등부담의 견지에서 당연히 전보되어야 하는바, 이것이 손실보상이다. 다음에서 이를 분설한다.

1. 적법행위로 인한 재산권 침해에 대한 보상

(1) 적법행위

손실보상은 공익적 견지에서 법률이 개인의 재산권에 대한 침해(수용·사용·제한)를 허용하고 있는 경우에, 그로 인한 특별한 손실을 전보하여 주는 제도이다. 따라서 손실보상은 불법행위로 인한 손해배상과는 구별된다. 그러나 오늘날에는 양 제도가 점차 접근하는 추세에 있음은 기술한 바와 같다.

법률에 의한 국민의 재산권의 침해(수용·사용·제한)는 공공필요가 있는 경우에만 허용된다(헌법 23③). 따라서 법률에 기하여 행해지는 행정청의 재산권 침해적인 구체적 행위도 공공필요성이 인정되는 경우에만 적법한 행위가 된다. 여기서 '공공필요'는 명확한 개념은 아닌바, 그것은 '공익상 필요'와 본질적으로 같은 개념이라고 본다. 이러한 의미의 공공필요는 내용상으로 불확정개념이기는 하나, 그에 기한 재산권의 수용·사용·제한은 재산권보장원칙에 대한 예외를 이루는 것인 만큼, 구체적인 경우에 있어 공공필요의 내용은 엄격히 해석하여야 할 것이다.[1]

(2) 재산권 침해

손실보상은 공공필요에 의한 국민의 재산권에 대한 공권적 침해 즉 공용수

---

[1] 판례

　최근 대법원은 "행정청이 골프장에 대하여 한 도시계획시설결정은 특별한 사정이 없는 한 일반인의 이용에 제공하기 위하여 설치하는 체육시설인 경우에 한하여 적법한 것으로 인정될 수 있고," "회원제 골프장은 형식상 누구나 입회비만 내고 회원자격을 얻으면 그 시설을 이용할 수 있지만, 우리 사회의 일반적인 경제적 수준에 비추어 상당한 정도로 고액인 입회비를 내고 회원이 된 사람 이외의 사람에게는 이용이 제한되므로, 그 운영방식에 관하여 달리 볼 특별한 사정이 없는 한 이를 '일반인의 이용에 제공하기 위하여 설치하는 체육시설'이라고 보기는 어렵다. 따라서 회원제 골프장을 도시계획시설사업으로 하는 이 사건 도지계획시설결정은 적법성이 인정되는 범주를 벗어나는 것이므로, 이는 위법하다"고 하였다(대판 2013. 9. 12, 2012두12884).

용(Enteignung, eminent domain)시에 생기는 문제이다. 여기서 공용수용은 우리 헌법 제23조 제3항의 '수용·사용·제한'에 해당하는바, 수용은 재산권의 박탈을, 사용은 재산권의 박탈에 이르지 않는 일시적인 사용을, 그리고 제한은 수용에는 이르지 않되 소유자 등에 의한 사용·수익을 제한하는 것을 말한다.

침해대상인 재산권에는 널리 모든 재산적 가치 있는 권리가 포함되는 것으로 이해되고 있다.

2. 공권력 행사로 인한 재산권 침해에 대한 보상

따라서 손실보상은 공법적 성질을 가지며, 사법상의 손해배상이나 반대급부와는 다르다.

3. 특별한 희생에 대한 조절적 보상

손실보상은 공공필요에 기하여 특정인에게 부과된 특별한 희생을 공평부담의 견지에서 조절하기 위하여 행해지는 보상이다. 따라서 피해자에게 손해를 감수하여야 할 원인이 있는 경우나, 재산권에 대한 제한이 재산권의 내재적 한계 내의 것인 때에는 손실보상의 문제는 생기지 않는다.

전술한 것은 기본적으로 손실보상에 관한 독일의 전통적 이론인 경계론 (Schwellentheorie)에 따른 것으로서, 이것은 그 사회적 한계를 넘어서는 재산권에 대한 제약 또는 침해를 보상을 요하는 공용침해행위(광의의 수용)로 파악하는 입장이다. 이에 대하여 독일의 헌법재판소는 자갈채취판결에서 분리론을 제시하였던바, 이것은 현재 독일의 학설·판례에 의하여 일반적으로 받아들여지고 있다. 이 이론은 독일 기본법 제14조상의 재산권의 내용규정(법 14①)과 수용규정(법 14③)은 별개의 범주로 분리된다고 보고 있다. 그에 따르면 근거법이 특정 재산권에 대하여 그 사회적 제약을 넘어서는 침해를 정하고 있는 때에는 손실보상의 문제가 생기는 것이 아니라, 당해 법률규정은 기본법 제14조 제1항에 반하는 위헌인 법률로 된다고 본다. 따라서 법률상의 이러한 재산권의 내용규정의 위헌성을 방지하기 위하여는 당해 법률에 보상규정을 두어야 한다고 하고 있는바, 이것이 보상을 요하는 재산권의 내용규율의 문제인 것이다.[1]

이에 대하여 수용은 공행정책무의 수행을 위한 고권적 법률행위에 기한 사인의 재산적 가치 있는 권리의 일부 또는 전부의 박탈행위로 정의되고 있다. 이

---

1) H. Maurer, Allgemeines Verwaltungsrecht, 1999, pp. 710~712.

러한 공용수용관념에서는 재산권에 대한 침해의 강도나 성질이 아니라 그 형식 및 목적이 결정적 의미를 가지는 것이다.[1]

제 2. 행정상 손실보상의 근거

Ⅰ. 개 설

오늘날의 자유주의적 법치국가에서는 개인의 재산권은 헌법상 보장되고 있으며, 이러한 재산권은 혹은 자본재로서, 혹은 생활재로서의 의미를 가지는 것이다. 그러나 이러한 사적 재산권이 절대적인 것은 아니며, 그 내용이나 행사에는 일정한 제한이 따르는 것으로 보고 있다. 우리 헌법 제23조 제1항이 "모든 국민의 재산권은 보장된다. 그 내용과 한계는 법률로 정한다"고 하고, 다시 제2항에서 "재산권의 행사는 공공복리에 적합하도록 하여야 한다"고 규정하고 있는 것은 이러한 기본원리를 표명한 것이다.

재산권에 대한 내용 또는 행사상의 제한이 그 사회적 구속성에 따르는 내재적 제약의 한계 내에서 이루어진 때에는 손실보상의 문제는 발생하지 않는다. 즉 손실보상은 재산권의 내재적 제약을 넘어서, '특별한 희생'이 부과되는 경우에만 문제되는 것이다.

이러한 손실보상의 근거에 관해서는, 이를 이론적 또는 합리적 근거와 법적 근거로 구분하여 고찰하는 것이 일반적이므로 여기서도 그에 따른다.

Ⅱ. 손실보상의 이론적 근거

손실보상의 이론적 근거의 문제는, ① 이를 인정해야 하는 합리적 이유 또는 그 인정의 타당성의 문제와, ② 어느 경우에 보상을 요하는 침해행위가 있다

---

[1] 이처럼 현재 독일에서는 수용은 법률에 기한 재산권의 일부 또는 전부의 박탈행위만을 지칭하고, 그에 이르지 아니하는 재산권에 대한 제약은 그것이 내재적 한계를 넘어서는 것이라도 그것은 보상의무를 수반하는 재산권의 내용규정으로서 이 경우 근거법률에 보상규정이 없으면 그것은 위헌인 법률로 된다고 본다. 요컨대 현재 독일에서는 수용은 협의로 파악되고 있는 것이다. 이에 대하여 우리 헌법 제23조 제3항은 재산권의 수용·사용 또는 제한은 법률로 하고 그 경우에는 보상을 지급하도록 규정하고 있는 결과, 우리 헌법상의 수용 또는 공용침해는 독일의 전통적 이론에서와 마찬가지로 이것은 재산권의 박탈행위뿐만 아니라 사용 또는 제한행위도 포함하는 것으로서 광의로 파악되고 있는 것이다. 따라서 이하 우리나라의 손실보상제도의 검토에 있어서는 독일의 이론이나 판례의 입장과는 달리 수용관념은 이를 광의로 사용하기로 한다.

고 볼 것인가라는 두 가지 문제를 내포하고 있다. 후자는 보통 보상원인의 문제로서 검토되고 있다. 이러한 두 가지 문제는 내용적으로 밀접히 연관되어 있으므로 양자를 총괄하여 이론적 근거로서 검토하는 입장도 있으나,[1] 여기서는 양자를 구분하여 전자를 협의의 이론적 근거, 후자를 보상원인의 문제로 검토하기로 한다.

1. (협의의) 이론적 근거

손해배상과는 달리, 손실보상은 공행정작용에 의한 재산권의 침해 그 자체는 적법한 것임에도 불구하고 그로 인한 손실을 전보하여 주는 것이므로, 그러한 보상의 합리적 이유 내지 근거가 특히 문제된다.

이에 관해서는, 현재의 통설인 특별희생설 외에도 기득권설이나 은혜설의 입장이 있다. 뒤의 견해들은 오늘날에는 다만 연혁적 관점에서만 의미가 있는 것으로 보이나, 이들 견해도 일응 손실보상의 근거로서 제시되어 왔으므로 다음에서 같이 검토하기로 한다.

(1) 기득권설

이 설은 손실보상의 이론적 근거에 관한 가장 오래된 학설로서, 자연법적인 기득권불가침원칙에 입각하여, 기득권은 원칙적으로 침해할 수 없는 것이나 예외적으로 긴급권(ius eminens)에 의한 침해는 허용되는 것으로 보고, 이 경우에도 그 경제적 가치에 대해서는 보상을 하여야 한다고 한다.

기득권설은 내용상 기득권의 범위 자체가 불확실하고, 또한 기득권 이외의 것에 대한 침해의 보상근거는 제시하지 못한다는 데 문제가 있다. 보다 본질적 문제로서는, 근대적 주권관념의 형성에 따라 이 설의 기초를 이루는 기득권불가침원칙 자체가 부인되기에 이르렀다는 점을 들 수 있다. 따라서 이 견해는 오늘날에는 그 타당성을 인정할 수 없다.

(2) 은 혜 설

이 설은 근대적 주권관념의 형성에 따라 대두된 견해로, 극단적인 공익우선 및 국가권력 절대의 사상에서 출발하여, 법률의 만능을 인정하고 국민이 그에 대항할 근거는 없다는 사고를 전제로 하고 있다. 따라서 국가가 공익을 위하여 적법한 공권력행사에 의하여 국민의 재산을 침해한 경우, 그에 대하여 당연히 보상이 주어져야 하는 것은 아니라고 본다. 그러나 개별법에 손실보상규정

---

1) 윤세창, 행정법(상), 1983, pp. 386~387; 이상규, 행정법(상), pp. 639~641.

을 두는 경우도 있는바, 그것은 국가가 단지 은혜로서 보상하는 것에 불과하다고 본다.

은혜설이 입각하고 있는 극단적 공익우선 및 국가권력의 절대사상은 오늘날에는 용인될 수 없는 것이므로, 이 견해는 이미 그 타당성을 상실했다고 할 것이다.

(3) 특별희생설

현재의 통설이다. 이 설은 정의·공평원칙에 입각하여, 공익을 위하여 개인에게 부과된 특별한 희생은 이를 전체의 부담으로 하여 보상하는 것이 정의·공평의 요구에 합치되는 것이라고 본다.

「프랑스」에서는 무과실책임원칙의 근거를 공적 부담 앞의 평등원칙에서 찾고 있다. 우리 헌법은 제11조에서 평등원칙에 관하여 규정하고 있거니와, 동조의 평등원칙에는 공적 부담 앞의 평등원칙도 포함되어 있다고 본다. 따라서 우리나라에서의 손실보상의 이론적 또는 합리적 근거는 재산권 보장의 원칙 및 공적 부담 앞의 평등원칙에서 찾을 수 있다고 보는바, 다음에서 이를 부연하여 살펴본다.

개인의 재산권은 원칙적으로 보장되는 것이나, 공공필요에 따라 그 내재적 제약을 넘어서 이를 수용하거나 그 내용 또는 행사를 제한하여야 하는 경우가 있다. 이러한 개인의 재산권에 대한 침해행위는 그것이 공공필요, 즉 국민 전체의 이익을 실현하기 위한 것이라는 점에 그 적법성의 궁극적인 근거가 있는 것이다. 따라서 손실보상은 손해배상과는 달리 침해행위 그 자체에 불법행위적인 귀책사유가 있는 것은 아니다. 그러나 이 경우에도, 자신의 귀책사유 없이 개인의 재산권에 가하여진 특별한 손해를 관계 개인의 부담으로만 하는 것은 정의·공평의 견지에서 타당하지 않거니와, 보다 구체적으로는 재산권 보장 및 공적 부담 앞의 평등원칙에도 반하는 것이다. 따라서 이러한 개인의 손실은 전체의 부담으로 전가하여 보상하여야 하는 것이다. 손실보상은 이처럼 불평등한 부담을 평등한 부담으로 전화하여 개인의 재산권을 보장하고 법률생활의 안정을 확보하여 주는 데에, 그 존재이유 또는 합리적 근거가 있다고 할 것이다.

손실보상의 이론적 근거를 이처럼 재산권 보장 및 공적 부담 앞의 평등원칙에서 구하는 경우, 한 가지 주의할 점이 있다. 즉, 이들 원칙이 단순한 이론적 차원을 넘어선 헌법적 원칙이고 보면, 이들 원칙에 기한 손실보상의 근거는 이론적 근거에 그치지 않고, 그 자체가 법적 근거로 될 수 있는 소지도 있다는 것이다. 이 점은 손실보상의 이론적 근거에서뿐만 아니라, 뒤에 검토하는 수용유사침해·수용적 침해이론의 근거 내지는 손해배상과 손실보상의 통일적 파악의 궁극적 근거와도 관련을 가지는 것이나, 여기서는 일단 문제를 제기하여 두는 데에 그치기로 한다.

2. 보상원인

(1) 개 설

손실보상은 개인의 재산권에 가하여진 '특별한 손해'를 전보하여 주는 것이므로, 개인의 재산권에 부과되는 제한이 어떤 경우에 그 내재적 제약을 넘어서는 특별한 손해에 해당되는가 하는 문제가 제기되는바, 이것이 보상원인의 문제이다.

보상원인의 문제는 일반적으로 형식설과 실질설로 구분되어 검토되고 있으므로, 여기서도 이에 따르기로 한다.

그러나 관련기준의 구체적 검토에 앞서 그 기본적 전제로서 미리 밝혀 둘 것은, 당사자에게 당해 침해를 수인하여야 할 사유가 있지 않는 한, (협의의) 수용행위에는 당연히 보상이 지급되어야 한다는 점이다. 환언하면 개인의 재산권의 박탈행위까지도 재산권의 사회적 구속의 표현으로 볼 여지는 없다는 것이다. 또한 재산권의 박탈에까지는 이르지 않더라도 재산권의 내용·행사에 대한 제한의 결과 그 사적 효용성이 완전히 상실되는 경우에도 당연히 보상을 요한다고 본다. 따라서 재산권에 대한 사회적 구속으로서 보상을 요하지 않는 제한과, 그를 넘어서는 '특별한 희생'으로서 보상을 요하는 제한의 구분은, 극단적인 재산권의 박탈이나 그 사적 효용성을 완전히 상실시키는 침해행위 이외의 경우에만 문제된다고 본다.

(2) 형 식 설

이 견해는 평등원칙을 형식적으로 해석하여, 재산권의 침해를 받는 자가 특정되어 있는가의 여부에 따라 재산권의 내재적 제약과 보상을 요하는 제한행위를 구별하려는 입장이다. 이는 다시 내용상 '개별행위설'과 '특별희생설'로 구분된다.

1) **개별행위설**(Einzelaktstheorie)　「바이마르」헌법하에서 판례상 정립된 견해로, 공권력 주체가 공익을 위하여 개별행위에 의하여 특정인에게 특별한 손실을 가한 경우는 보상을 요하는 재산권의 제한으로 보는 것이다.

2) **특별희생설**(Sonderopfertheorie)　연방사법재판소(BGH)가 위의 개별행위설을 계승·발전시켜 정립한 견해이다. 이 설은 '공익을 위하여 특정인 또

는 특정 다수인에 대하여 다른 자에게는 요구되지 않는 희생을 불평등하게 부과하게 되는 경우, 그러한 재산권의 침해·제한행위'를 보상을 요하는 공용수용행위로 본다. 이 설은 법규에 기한 침해행위일지라도, 비교적 소수인의 재산권을 침해하는 경우에는 이를 불평등한 침해로 볼 수 있다고 하는 점에서, 위의 개별행위설에 비하여 보상을 요하는 침해행위의 범위를 확대하고 있는 것이다.

이상과 같은 형식설은, 어떤 재산권의 제한행위가 일반적인 것인 때에는 사회적 구속으로 볼 수 있는 경우에도, 그것이 특정인에게만 부과된 때에는 보상을 요하는 침해행위로 파악될 수 있음을 밝히고 있다는 점에 기본적 장점이 있다. 그러나 이 설에 의할 경우, 침해행위의 평등성 여부를 다른 개인 또는 집단과의 대비에서 결정하여야 하나, 그 비교대상의 선정이 쉽지 않다는 문제점이 있다. 또한 형식설은, 일반적으로 부과된 재산권 제한행위라도 경우에 따라 보상을 요하는 침해행위로 파악될 수 있다는 점을 간과하고 있는 것이다.

따라서 재산권의 제한행위가 보상을 요하는 '특별한 희생'에 해당하는지의 여부를 판단함에 있어서는 형식적 기준만으로는 불충분하고, 정도의 차이는 있으나 그 제한행위의 내용 또는 성질에 대하여도 검토하여야 하는 것이다.

(3) 실질설(Schweretheorie)

실질설은 재산권의 내재적 제약과 그 제약을 넘어서서 보상을 요하는 제한의 구별을 당해 제한의 성질·정도를 기준으로 하여 결정하여야 한다는 입장이다. 독일 연방행정재판소의 판례는, 공용수용과 개인이 당연히 수인하여야 할 내재적 제약에 해당하는 재산권의 제한은 '침해행위의 내용 및 정도(Schwere und Tragweite des Eingriffs)를 감안하여' 구별하여야 한다고 하고 있다.

이러한 실질설에 속하는 대표적 학설로서는 다음의 몇 가지를 들 수 있다.

1) 보호가치성설(Schutzwürdigkeitstheorie)　　이 설은 「옐리네크」가 주장한 것으로, 개인의 재산권 중 보호가치 있는 부분에 대한 제한은 보상되어야 한다는 내용이다.

2) 수인기대가능성설(Zumutbarkeitstheorie)　　이 설은 「슈퇴터」·「마운츠」 등이 주장한 것으로, 재산권의 제한이 보상을 요하는가의 문제는 그 침해행위의 내용·정도에 따라 그 침해가 보상 없이도 수인될 것으로 기대할 수 있는 것인지 여부에 의해 결정되어야 한다고 본다.

3) 사적 효용설(Privatnützigkeitstheorie)　　이 설은 「라인하르트」 등의 견해로서, 재산권의 박탈 또는 당해 재산권의 경제적 형성권의 제한과 같이 당해 재산권의 본래의 효용이 본질적으로 침해되는 경우에는, 보상을 요하는 특별한

희생으로 본다.

4) 목적위배설(Zweckentfremdungstheorie) 이 설은, 공익적 관점에서 개인의 재산권에 종래와는 다른 목적을 부여하기 위하여 그 본래적 기능을 박탈하는 경우(예컨대, 도로건설을 위한 농지수용)에는, 당사자 개인으로서는 귀책사유 없이 당해 재산권의 본래적 기능이 침해되고 있는 것이므로, 그로 인한 손실이 보상되어야 한다고 보는 것이다. 즉 이 견해는, 공권력에 의한 재산권의 제한이 그 재산권의 기존의 목적과 동일한 목적을 위한 것으로서, 당해 재산권의 본래의 기능을 발휘시키기 위한 것이라면 보상을 요하지 않으나, 그 본래적 기능과는 무관하게 이를 제한 또는 침해하는 것인 때에는 보상을 요한다고 보는 것이다.

이상의 실질설적 견해들은 그 구체적 내용에 있어서는 상호보완적 성격을 가지고 있는 것으로서, 어느 설에 의하거나 그 실질적 결과에 있어서는 거의 차이가 없는 것으로 보인다.[1] 실질설로서는 이상의 학설 외에도, 사회적 구속성설과 상황구속성설을 들고 있는 학자도 있다.[2] 그러나 이들 이론이 보상원인 내지 기준에 관한 독자적 학설로서의 의미를 가지는 것인가는 의문이다. 먼저 사회적 구속성설(Sozialbindungstheorie)은 일정한 재산권의 제한행위가 보상을 요하는가를 판단함에 있어, 당해 재산권의 사회적 구속성 여하에서 출발하는 견해이다. 그러나 위의 다른 견해들도 재산권의 사회적 구속성을 전제로 하고 있는 것이고 보면, 이 설은 그 자체로서 보상원인에 관한 독자적 학설은 아니라고 본다.[3] 상황구속성설은, 동종의 재산권이라 하더라도 그것이 처하여 있는 구체적 위치나 상황에 따라 그에 대한 사회적 제약에는 차이가 있는 것이므로, 보상 여부의 결정에 있어서도 이러한 구체적 상황이 고려되어야 한다고 본다. 이 설은 보상 여부의 결정에 있어 구체적 기초를 제시하고 있다는 점에서는 확실히 의의가 있는 것이다. 그러나 특히 재산권에 대한 제한과의 관련에서, 그 보상 여부를 결정함에 있어서는 필연적으로 당해 재산권이 처해 있는 구체적 상황에 따른 사회적 제약의 정도를 전제로 하여 판단할 수밖에 없다고 한다면, 이 설도 그 자체로서는 보상원인에 대한 독자적 학설이라고는 할 수 없다고 볼 것이다.[4]

이상에서 실질설에 해당하는 대표적 학설들을 살펴보았거니와, 이들 학설

---

1) H. Maurer, Allgemeines Verwaltungsrecht, 1988, p. 579.
2) 김남진, 행정법(Ⅰ), p. 536.
3) Mayer/Kopp, Allgemeines Verwaltungsrecht, 1985, p. 450.
4) Ibid., p. 450.

에 있어 공통적 문제점은 그 내용이 불확정적이라는 것이다. 그러한 점에서 볼 때, 재산권에 대한 제한에 있어 그에 대한 보상 여부를 판단함에 있어서는, 실질적 기준만으로는 불충분하고 보충적이나마 형식적 기준도 동시에 고려되어야 할 것이다. 따라서 보상 여부의 결정에 있어서는 형식적 기준과 실질적 기준을 상호 보완적으로 적용하여 구체적으로 판단하여야 할 것으로 본다.

Ⅲ. 손실보상의 법적 근거

개인의 재산권에 귀책사유 없이 특별한 희생이 가하여진 경우, 이론적 또는 이념적으로는 당연히 보상이 지급되어야 하는 것이나, 구체적으로 보상청구권이 발생하기 위해서는 그에 대한 실정법상의 근거가 있어야 한다.

우리 헌법 제23조 제3항은 "공공필요에 의한 재산권의 수용·사용 또는 제한 및 그에 대한 보상은 법률로써 하되, 정당한 보상을 지급하여야 한다"고 규정하고 있다. 이러한 헌법규정에 따라, 다수의 개별법이 공용수용, 즉 '공공필요에 의한 재산권의 수용·사용 또는 제한'에 관한 법률적 근거와 그 일반적 요건을 규정함과 동시에, 그에 따르는 손실에 대한 보상규정을 두고 있다(토지취득보상법 61). 따라서 이러한 경우 재산권의 침해를 받은 자는 관계규정에 의거하여 보상을 청구할 수 있다.

그러나 법률이 공익목적을 위하여 재산권의 수용·사용 또는 제한은 규정하고 있으면서도 그에 따른 보상규정은 두고 있지 않은 경우, 재산권의 침해를 받은 개인이 보상을 청구할 수 있는지 여부가 정당한 보상원칙을 규정하고 있는 헌법 제23조 제3항과 관련하여 문제된다. 이 문제에 관하여는 방침규정설, 직접효력설, 위헌무효설, 유추적용설 및 보상입법부작위위헌설이 주장되고 있는바, 다음에 그 내용을 살펴본다.

1. 방침규정설

이 설은, 손실보상에 관한 헌법규정은 입법에 대한 방침규정(Programmvorschrift)으로서, 행정권이 법률에 기하여 개인의 재산권을 침해한 경우에도, 당해 법률에 보상규정이 없는 경우에는 개인은 그로 인한 손실을 수인할 수밖에 없다고 본다. 이 설은 헌법상의 손실보상규정에 관한 규정은 다만 사유재산보호의 이상을 천명한 것에 불과하다는 논리에 입각하고 있는 것이다.

그러나 오늘날 재산권이 가지는 자본재와 생활재로서의 기능을 감안할 때,

이와 같이 사유재산의 보호를 기본원칙으로 하면서 공공필요에 따른 부득이한 침해에 대한 보상을 규정하고 있는 헌법 제23조 제3항을 단순한「프로그램」적 규정으로만 보는 것은, 적어도 오늘날과 같은 자유주의적 법치국가에서는 용인될 수 없다고 본다.

2. 직접효력설

이 설은, 손실보상에 관한 헌법규정을 국민에 대하여 직접적 효력을 가지는 실효적 규범으로 보아, 관계법률에 보상규정이 없는 경우에는 직접 헌법 제23조 제3항에 의거하여 보상을 청구할 수 있다고 본다.

그러나 다수설은, 헌법 제23조 제3항은 "공공필요에 의한 재산권의 수용·사용 또는 제한 및 그 보상은 법률로써 하되"라고 규정하고 있어서 법률에 보상규정이 없는 경우 헌법 제23조 제3항에 기하여 직접 보상을 청구할 수는 없다고 보고 있다.

3. 위헌무효설

이 설은, 헌법 제23조 제3항이 입법에 대한 방침규정에 그치지 않고 법규로서의 성격을 가지고 있다는 점은 인정하면서도, 그 규정방식으로 인하여 국민과의 관계에서 직접 그 효력을 인정할 수는 없고, 다만 보상규정을 두지 않은 법률은 위헌으로 무효라고 한다.[1] 따라서 당해 법률에 기하여 이루어지는 재산권에 대한 침해는 법률상의 근거가 없는 것이 되므로, 피해자는 국가 등에 대하여 손해배상을 청구할 수 있을 것이라고 한다.[2]

4. 유추적용설

이 설은, 공용침해에 따르는 보상규정이 없는 경우에도 헌법 제23조 제1항 (재산권보장조항) 및 제11조(평등원칙)에 근거하여, 헌법 제23조 제3항 및 관계규정의 유추적용을 통하여 보상을 청구할 수 있다고 보는바, 이러한 내용의 유추적용설은 수용유사침해의 법리에 기하여 문제를 해결하려는 견해라고 한다.[3]

이러한 유추적용설은 내용적으로는 보상규정의 유추적용과 수용유사침해이

---

1) 김도창, 행정법(상), p. 657; 이상규, 행정법(상), pp. 643~644; 박윤흔, 행정법 (상), p. 730; 류지태, 행정법, p. 355.
2) 이상규, 행정법(상), p. 644.
3) 김남진, 행정법(Ⅰ), p. 529; 석종현, 행정법(상), p. 663.

론이라는 이질적인 두 개의 법리를 그 구성요소로 하고 있다.

먼저 이 설에서는 관계규정의 유추적용을 그 하나의 근거로 들고 있다. 이것은 내용적으로는 특정 재산권의 침해와 관련하여 근거법에서 보상규정을 두고 있지 아니한 때에, 유사한 재산권의 침해에 관한 다른 법률이 보상규정을 두고 있는 경우, 그 보상규정을 유추적용하여 관계인의 재산권에 대한 침해에 대한 보상을 하는 것을 말한다. 이러한 내용의 관계법규의 보상규정의 유추적용에 의한 보상은 우리 판례도 제외지에 대한 구 하천법, 하천편입토지 보상 등에 관한 특별조치법상의 보상규정을 유추적용한 바 있고(대판 1987. 7. 21, 84누126; 대판 2011. 8. 25, 2011두2743), 또한 공공사업의 시행으로 인하여 발생한 간접손실에 대하여 공공용지의 취득 및 손실보상에 관한 특례법과 법시행규칙의 관련 규정을 유추적용하였다(대판 1999. 10. 8, 99다27231).

이들 판례가 인정하는 유추적용은 일반적인 법의 해석원리에 따른 것으로서, 재산권 침해를 규정하면서 보상에 관한 규정을 두지 아니한 경우에 개별적으로 검토하여 유사한 재산권 침해에 대하여 보상규정을 두고 있는 관계법률의 규정을 유추적용한다는 것이다. 이에 대하여 손실보상의 법적 근거와의 관련에서 보상규정이 없는 경우란 관련법규의 보상규정의 유추적용 자체가 불가능한 경우에 제기되는 문제인 것이다. 이와 관련하여서는 유추적용설에서는 헌법 제23조 제1항 및 제11조에 근거하며 헌법 제23조 제3항의 유추적용을 통하여 보상을 청구할 수 있다고 하면서, 이것은 수용유사침해의 법리에 따라 문제를 해결하려는 견해라고 하고 있다.

이러한 내용의 유추적용설은 그 내용이 명확하지는 않으나 대체로 다음과 같은 내용의 것이 아닐까 생각한다. 이 설이 수용유사침해의 법리에 입각한 것이고 보면, 보상규정이 없는 관계법에 기한 개인의 재산권 침해는 위법한 것이라는 전제하에서, 이러한 위법한 재산권 침해에 대하여는 재산권 보장을 정하고 있는 우리 헌법 제23조 제1항 및 평등원칙을 정하고 있는 동법 제11조를 그 이념적 배경으로 하고 동법 제23조 제3항의 유추적용에 의한 수용유사침해의 법리에 따라 재산권 침해는 구제될 수 있다고 보는 것이다. 이 추론이 타당한 것이라고 한다면, 이러한 내용의 유추적용설은 기본적으로는 위헌무효설과 다르지 않은 것으로 보인다. 왜냐하면, 이 설은 보상규정을 두고 있지 아니한 근거법에 기한 개인의 재산권 침해가 위법하게 된다고 보는 것은, 내용적으로는 당해 규정은 헌법 제23조 제3항에 반하여 위헌·무효인 것이 되고, 따라서 그에 기한 개인의 재산권 침해행위는 법적 근거가 없는 것이어서 위법한 행위

가 된다는 것을 그 내용으로 할 것이기 때문이다. 그러나 위헌무효설에 대하여
앞서 지적한 바와 같이, 이러한 경우에는 당해 재산권 침해행위는 위법한 것이
기는 하나, 관계공무원의 과실을 인정하기는 어려울 것이므로, 당해 침해행위는
위법·무과실의 행위로서 국가배상법에 의한 구제를 받을 수 없게 될 것이다.

아마도 이러한 문제점으로 인하여 이 설에서는 수용유사침해의 법리에 의
하여 관계인의 권리를 구제하려고 하는 것으로 보이나, 이 법리는 독일에서는
학설·판례상으로 인정되고 있지만, 우리 판례상으로는 아직 채택되고 있지 않
다. 대법원은 국가에 의한 문화방송주식의 강제적 취득에 따른 손해배상청구사
건에서 수용유사침해의 법리에 관하여 일단 언급하고 있으나, 그 채택 여부에
대하여는 입장을 보류한 바 있다. 그러나 대법원은 이후의 판례에서 여전히 위
법·무과실의 경우에는 국가의 배상책임을 부인하고 있으므로, 수용유사적 침해
이론은 우리 판례상으로는 채택되고 있지 않다고 할 것이다.[1]

전술한 바를 요약하면, 유추적용설은 그 기본적 내용에 있어 위헌무효설과
다르지 않은 것이나, 이 설은 수용유사침해의 법리를 적용하여 위법한 개인의
재산권 침해에 대한 구제를 도모하려는 점에서 전자와는 다른 측면이 있다. 그
러나 이 법리는 우리나라에서는 아직 실정법적 법리로서는 인정되고 있지 않은
것이므로, 그러한 점에서 결국 하나의 입법론적 견해에 그치는 것이라고 할 것
이다.

---

1) 문화방송주식의 강제취득으로 인한 손해배상청구 등 사건에서, 고등법원은 수용유사
침해의 법리를 적극적으로 적용하여 국가의 손실보상책임을 인정한 바 있다(서울고법
1992. 12. 24, 92나20073). 그러나 대법원은 이 사건에서 국가에 의한 문화방송주식
의 강제취득은 공법상의 법률관계가 아니라 민법에 의하여 규율되는 증여계약에 의한
것이었다고 하여 그 공법행위적 성격을 부인하고 있다. 다만 대법원은 고등법원이 당
해 행위를 수용유사적 침해행위라고 판단하고 있는 점에서, 이 법리에 관하여 "수용유
사적 침해의 이론은 국가 기타 공권력의 주체가 위법하게 공권력을 행사하여 국민의
재산권을 침해하였고 그 효과가 실제에 있어서 수용과 다름없을 때에는 적법한 수용이
있는 것과 마찬가지로 국민이 그로 인한 손실의 보상을 청구할 수 있다"것으로 정
의하고 나서, 이어서 "과연 우리 법제하에서 그와 같은 이론을 채택할 수 있는 것인가
는 별론이다"라고 하여, 그 채택 여부에 대하여는 명시적 판단을 일단 유보하였다.
그러나 이후의 판례에서는 위법·무과실의 경우에는 종전과 마찬가지로 국가의 배상
책임이 부인되고 있으므로(대판 1994. 11. 8, 94다26141; 대판 1994. 5. 27, 94다
6741; 서울고법 1995. 2. 15, 94나33639), 수용유사침해의 이론은 우리 판례상으로는
채택되고 있지 않다고 보는 것이 타당할 것이다. 예컨대 대법원은 94다26141 판결에
서 "영업허가취소처분이 나중에 행정심판에 의하여 재량권을 일탈한 위법한 처분임이
판명되어 취소되었다고 하더라도 그 처분이 당시 시행되던 공중위생법시행규칙에 정하
여진 행정처분의 기준에 따른 것인 이상 그 영업허가취소처분을 한 행정청 공무원에게
그와 같은 위법한 처분을 한 데 있어 어떤 직무집행상의 과실이 있다고 할 수는 없다"
라고 하여, 이 사건에서 국가의 배상책임을 부정하였다.

5. 보상입법부작위위헌설

이 설은 법률에 공공필요에 따라 공용제한을 규정하면서도 그에 따른 보상규정을 두지 않은 경우에도 공용제한을 정하고 있는 당해 법률규정이 위헌으로 되는 것이 아니라, 손실보상을 규정하지 않은 입법부작위가 위헌이라 하고 있는바, 그 논거는 다음과 같다. ① 헌법 제23조 제3항은 손실보상은 입법자가 이를 정하도록 하고 있다. ② 동조는 독일 기본법 제14조 제3항과는 그 문언을 달리 하고 있는 것으로서, 이를 결합조항으로 볼 수는 없다. 따라서 합헌적인 재산권제한을 정하고 있는 법률규정은 그에 보상규정이 없는 경우에도 그 자체로서는 합헌적이며 이 경우 보상규정을 두지 아니한 입법부작위가 위헌인 것이다. 따라서 이러한 법률에 따라 재산권이 침해된 자는 입법부작위에 대한 헌법소원에 의하여 구제를 받을 수 있는 것이다.[1]

이러한 내용의 보상입법부작위위헌설에 의하면 보상규정을 두지 아니한 법률의 집행에 따른 재산권 침해에 대하여는 보상입법부작위에 대한 헌법소원에 따른 헌법재판소의 위헌결정과 그에 따른 입법조치에 의하여 비로소 구제를 받을 수 있다는 점에서, 그것은 피해자의 구제의 측면에서는 우회적이고 또한 불완전한 것이라는 점이 그 기본적 문제점으로 지적될 수 있을 것이다.[2]

6. 헌법재판소의 구도시계획법 제21조에 대한 헌법불합치결정 및 경계이론 · 분리이론

(1) 헌법재판소의 결정

헌법재판소는 구도시계획법 제21조 제1항에 대한 헌법소원에서 "개발제한구역으로 지정된 토지를 종래의 지목과 토지현황에 의한 이용방법에 따른 토지의 사용도 할 수 없거나 실질적으로 사용 · 수익을 전혀 할 수 없는 예외적인 경우에도 아무런 보상 없이 이를 감수하도록 하고 있는 한, 비례의 원칙에 위반되어 당해 토지소유자의 재산권을 과도하게 침해하는 것으로서 헌법에 위반된다. 이러한 경우에는 이를 완화하는 보상규정을 두어야 하는 것으로서, 이러한 보

---

1) 김문현, 보상규정없는 법률에 기한 수용적 재산권제한에 대한 권리구제방법, 고시연구, 2000. 8, p. 24.
2) 이러한 문제점은 김교수 자신도 시인하고 있다. 그러나 김교수는 이러한 구제상의 문제점은 헌법 제23조가 재산권의 형성과 손실보상의 범위, 방법, 내용에 관하여 입법자가 이를 정하도록 하고 있는 데 기인하는 것으로서 불가피한 것으로 보고 있다. 김문현, 앞의 논문, p. 24.

상규정은 입법자가 헌법 제23조 제1항 및 제2항에 의하여 재산권의 내용을 구
체적으로 형성하고 공공의 이익을 위하여 재산권을 제한하는 과정에서 이를 합
헌적으로 규율하기 위하여 두어야 하는 규정"이라고 판시하였다(헌재결 1998.
12. 24, 89헌마214 등). 이러한 논리에 따라 헌법재판소는 보상규정을 두고 있지
않던 구도시계획법 제21조 제1항의 위헌성을 인정하였으나 그에 따른 법질서
의 혼란 등을 피하기 위하여 변형결정으로 동조의 헌법불합치결정을 내렸다.

　　이러한 헌법재판소의 결정은 기본적으로 독일 연방헌법재판소가 취하고 있
는 협의의 수용관념 및 분리이론 내지는 보상을 요하는 재산권결정의 법리에
입각하고 있는 것인바, 이들 이론 또는 법리는 우리나라의 손실보상이론에 있
어서도 상당한 영향을 미치고 있는 것으로 보이므로, 다음에 그 내용을 간단히
살펴보기로 한다.

　　(2) 독일연방헌법재판소의 결정에 있어서의 수용관념, 분리이론 및 보상
　　　을 요하는 재산권결정의 법리

　　1) (협의의) 공용수용의 관념　　　연방헌법재판소는 1981. 7. 15.의 자갈재
취결정(BVerfGE 58, 300)에서 연방사법재판소의 전통적 입장과는 달리 수용의
관념을 엄격하게 파악하여, 이를 「공행정책무의 수행을 위하여 권력적 행위에
의하여 개인의 재산권의 일부 또는 전부를 박탈하는 작용」으로 정의하였다. 이
러한 수용관념에 있어서는 재산권의 침해행위의 강도·정도가 아니라 당해 침
해행위의 형식과 그 목적이 결정적 의미를 가지는 것이다.

　　이러한 내용의 연방헌법재판소의 수용관념은 종래의 연방사법재판소의 수
용관념에 비하여 그 내용이 매우 제한되어 있는 것이다. 왜냐하면, 연방사법재
판소는 그 사회적 구속성의 범위를 넘어서는 재산권의 제한은 이를 모두 공용
수용으로 파악하고 있었기 때문이다.

　　2) 경계이론과 분리이론　　　경계이론은 종래 연방사법재판소가 취하던 입
장으로서, 그에 따르면 사회적 구속으로서 그를 넘어서서 특별한 희생을 부과
하는 제한행위는 계속적인 과정을 이루는 것으로서, 개인의 재산권에 대한 제
한이 사회적 구속의 정도를 넘어서는 것일 때에는 이는 보상을 요하는 수용행
위로 파악되는 것이다.

　　이에 대하여 분리이론은 수용관념을 엄격하게 파악하고 있는 연방헌법재판
소가 취하고 있는 입장이다. 전술한 바와 같이 연방헌법재판소는 수용을 공적
책무의 수행을 위한 개인의 재산권의 의도적 박탈행위로 이해하고 있는 결과,
개인의 재산권의 내용결정은 수용과는 독립된 제도로 이해한다. 즉 동 재판소

는 기본법 제14조 제1항에 따른 재산권의 결정은 동조 제3항이 정하고 있는 수용과는 별개의 제도로서, 양자는 엄격히 구별된다고 보고 있는 것이다. 따라서 특정 법률에 기한 재산권의 내용규율이 기본법상의 재산권의 한계를 넘어서는 제한을 내용으로 하는 것일 때에도, 그에 기한 재산권 침해적인 행위는 보상을 요하는 수용행위로 되지는 아니하고, 그것은 위헌·무효의 법률에 근거한 조치로서 위법한 행위로 된다. 따라서 연방헌법재판소는 이러한 경우에는 관계인은 취소소송 등을 제기하여 권리구제를 받을 수 있으나, 종전과 같이 제2차적 구제수단으로서 배상을 청구할 수는 없다고 보고 있다.

3) 보상을 요하는 재산권규율행위의 이론   이것도 연방헌법재판소의 협의의 수용개념과 관련하여 정립된 법리이다. 연방헌법재판소는 기본법 제14조 제1항에 기한 재산권결정행위와 동 제3조에 따른 수용행위는 각각 독립된 행위로서, 재산권의 내용적 규율행위가 그 사회적 구속성을 넘어서는 것인 때에도 당해 법률이 위헌·무효임을 이유로 취소소송 등을 제기하여 구제받을 수밖에 없다고 보고 있다. 그러나 재산권의 결정 또는 규율행위가 비례원칙, 평등원칙 등의 위반으로서 헌법상의 재산권의 보장규정에 반하는 것인 때에도, 연방헌법재판소는 근거법률에 보상규정이나 기타 적절한 조치를 규정하는 경우에는 그 위헌성의 문제가 배제된다고 보고 있다.

이것이 보상을 요하는 재산권결정의 이론이나, 이 이론 또는 법리는 그에 기하여 예외적으로 공익적 관점에서 정당화되는 경우에는 근거법에 보상규정 등을 둠으로써 개인의 재산권에 대하여 그 사회적 구속성의 한계를 넘는 규율행위도 가능해지고 또한 이 경우 관계인은 당해 제한행위로 인한 손실의 보상을 받을 수 있게 되는 것이다. 그러나 이 이론의 적용에 있어서는 재산권의 사회적 구속성의 표현으로서 개인이 그 제한을 수인해야 하는 경우와 그를 넘어서서 보상 등이 행해짐으로써 비로소 합헌적인 규율이 되게 되는 한계점 또는 양자의 구분기준이 문제된다. 이와 관련하여서는 종전에 그에 따라 수용행위로 되게 되는 특별희생의 구별기준으로서의 형식설과 실질설의 여러 기준에 따라 이를 판단할 수밖에 없다고 보고 있는바, 그러한 점에서는 종래의 광의의 수용관념과 관련하여 제기되던 수용과 보상없이 관계인이 이를 수인해야 하는 재산권의 제한의 구별문제는 상존하고 있는 셈이다.

이 이론은 공공시설에서 배출되는 과도한 임미시온으로 인한 재산권의 침해나 고적 등의 기념물이나 자연보호와 관련되어 재산권에 부과되는 과도한 제한조치로 인한 보상과 관련하여 주로 적용되고 있다.

(3) 헌법재판소 결정에 대한 비판

위에서 본 바와 같이 헌법재판소는 개발제한구역의 설치에 관한 구도시계획법 제21조는 그것이 토지소유자가 토지를 종래의 목적대로 사용할 수 없거나 또는 더 이상 법적으로 허용된 이용방법이 없기 때문에 실질적으로 토지의 사용·수익의 길이 없는 때에는 아무런 보상 없이 이를 수인하도록 하는 것은 당해 토지소유자의 재산권을 과도하게 침해하는 것으로서 헌법에 위반된다고 함으로써 국민의 재산권 보호에 있어 매우 획기적인 판례라는 점에는 의문이 없다. 그러나 이 결정에서는 당해 조항의 위헌성의 문제를 헌법 제23조 제3항이 아니라 동조 제1항과 제2항에 따라 판단하고 있다는 점에 그 문제점이 있는 것으로 보인다. 독일 기본법 제14조 제3항은 공용수용에 대하여만 규정하고 있는 결과, 재산권의 사회적 구속성의 범위를 넘어서는 다른 재산권의 제한 또는 침해적 조치는 이를 동 제14조 제1항이 정하고 있는 재산권의 내용결정의 문제로 파악할 수도 있다 할 것이다. 이에 대하여 우리 헌법 제23조 제3항은 보상을 요하는 재산권의 침해·제한행위를 널리 "재산권의 수용·사용 또는 제한"으로 규정하고 있는 결과, 협의의 수용뿐만 아니라 그 밖에 재산권의 내재적 한계를 넘어서는 것으로서 보상을 요하는 재산권의 제한, 침해 등의 행위는 모두 제23조 제3항과의 관련에서 판단되어야 하고, 동 제1항과의 관련에서 판단될 것은 아니라고 본다.

7. 결　어

위에서 본 바와 같이 헌법 제23조 제3항은 "공공필요에 의한 재산권의 수용·사용 또는 제한 및 그 보상은 법률로써 하되"라고 규정하고 있는바, 동조의 문리적 해석에 의하면 공용수용에 관하여는 법률의 근거가 있어야 하는 것은 물론이고, 그 보상도 또한 법률상 근거가 있어야 한다는 결론에 이르게 된다. 따라서 동조의 규정방식과 관련해서는 직접효력설을 주장하는 것은 무리가 있고, 결국 위헌무효설이 가장 타당한 견해로 보인다.

그러나 위헌무효설에는 기본적으로 다음과 같은 문제점이 있다고 본다. 즉, 이 설에 의하면 피해자는 손해배상을 청구할 수 있다고 보는데, 그렇다면 그 배상은 국가배상법에 기하여 청구하여야 할 것이다. 그런데 동법은 가해행위의 위법성과 그에 있어서의 공무원의 과실을 배상책임의 2대 요건으로 하고 있다. 위헌무효설을 이러한 국가배상법상의 배상책임의 성립요건과 관련하여 검토할 때, 먼저 가해행위의 위법성에 관하여 보면, 보상규정을 두고 있지 않은 관계법률은 위헌이므로 그에 기한 재산권의 침해행위는 법률상 근거 없는 것이 되어 위법성을 인정함에는 문제가 없으나, 과실요건이 충족되는지의 문제에 관하여는, 현재 우리나라에서 통설·판례가 과실을 주관적 관념으로 파악하고 있다는 점을 감안하면, 과실요건은 충족되지 않는다고 본다. 왜냐하면, 행정은 법의 집행이므로, 공무원이 법률을 성실하게 적용하여 개인의 재산권에 대한 침해적 처분을 한 경우에 있어, 당해 법률이 궁극적으로 위헌으로 판정되어 무효로 됨에 따라 당해 처분도 위법한 처분으로 되더라도, 그러한 위법한 처분에 이르는 과정에 있어 공무원 자신에게 과실이 있었다고는 볼 수 없기 때문이다. 따라서 위헌무효설을 취하는 경우, 당해 침해행위는 위법·무과실의 행위로 되어 피해자에 대한 배상은 부정될 수밖에 없는 것이다.[1]

위헌무효설은 일단 헌법재판소의 판례에 의하여 지지되고 있는 것으로 보인다. 위에서 본 바와 같이 헌법재판소는 개발제한구역의 설치를 규정하고 있던 구도시계획법 제21조 제1항은 그것이 사회적 구속성의 범위를 넘어 개인의 재산권을 과도하게 침해하는 한도에서는 보상규정을 두지 않는 한 위헌성이 인정된다고 하고 있기 때문이다(헌재결 1998. 12. 24, 89헌마214 등). 그러나 이 사건에서는 손실의 보상이 아니라 당해 규정의 위헌성 여부가 쟁점으로 되고 있었다는 점과 헌법재판소는 이 문제의 결정에 있어 헌법 제23조 제3항이 아니라 동 제1항과 제2항을 기준으로 하여 판단하고 있다는 점에서, 이 결정은 현안문제에 대하여 결정적 의미를 가진다고는 할 수 없다고 본다.

이상과 같은 이유로, 위헌무효설에 대해서 그 타당성을 인정할 수 없다고 보게 되면, 헌법 제23조 제3항의 규정방식과의 관련에서는 어느 정도 무리가 있지만, 결국 직접효력설에 의한 구제를 인정할 수밖에 없다고 본다. 또한 이설은 헌법 제23조 제3항의 문리적 해석에 의할 경우에는 무리가 있으나, 동조를 목적론적으로 해석할 경우에는 그 논리적 타당성이 인정될 수도 있다고 보는바, 그 이론구성은 다음과 같다.

사유재산권보장은 우리 헌법상의 기본원칙이라고 할 때, 공공필요에 의한 재산권의 수용·사용 또는 제한에 따른 특별한 손실에 대하여 보상을 하는 것은

---

1) 이에 대하여 위헌무효설의 일부 견해는 과실관념 또는 과실요건의 입증을 완화하여 이 문제를 해결하려고 하고 있다. 그러나 과실관념을 본질적으로 주관적 관념으로 파악하는 한, 결과적으로 위헌으로 판정된 법률을 적용한 공무원에게 과실이 있다고 보기는 어려울 것이다. 다른 견해는 과실의 객관화 내지 위법성과 과실의 융합이론에 의하여 이 문제를 해결하려고 하고 있다(이상규, 행정법(상), p. 644). 이 견해는 바람직한 방향을 제시한 것이기는 하나, 우리 판례가 이러한 이론을 채택할 것인지는 의문이다.

그러한 사유재산권보장원칙의 당연한 귀결이라 할 것이다. 따라서 헌법 제23조 제3항은 사유재산권에 대한 제한·침해에 대하여는 보상이 지급되어야 함을 당연한 전제로 하고, 그 보상의 내용은 '정당한 보상'이어야 함을 천명하고 있다고 볼 것이다. 동조가 "공공필요에 의한 재산권의 수용·사용 또는 제한 … 은 … 정당한 보상을 지급하여야 한다"고 규정한 것은 기본적으로 이러한 관점에 입각한 것으로 볼 수 있을 것이며, 그에 따라 보상청구권 자체는 동조에서 직접 발생한다고 볼 수 있을 것이다. 이 경우 동조의 '보상은 법률로써 하되'라는 부분은 '정당한 보상원칙'에 부합되는 한도 내에서 보상의 구체적 내용이나 방법은 법률로 규정한다는 의미로 보면 될 것이다.

제 3. 행정상 손실보상의 내용

I. 손실보상의 기준

헌법 제23조 제3항은 재산권의 수용·사용 또는 제한에 따라 재산권에 부과된 특별한 손실에 대하여는 '정당한 보상'을 지급하여야 한다고 규정하고 있으나, '정당한 보상'이라는 관념은 그 자체로서는 손실보상의 구체적 판단기준이라고 보기 어렵다. 따라서 정당한 보상의 내용에 관하여는 완전보상설과 상당보상설이 대립하고 있다.

1. 완전보상설

이 설에서는 재산권의 침해에 대한 보상은 완전한 보상이어야 한다고 본다. 이에는 다시 ① 손실보상은 재산권의 보장에 대한 것이므로, 피침해재산의 시가·거래가격에 의한 객관적 가치를 보상하는 것으로 충분하다고 보는 견해와, ② 손실보상의 목적은 공적 부담 앞의 평등원칙을 실현하는 데 있으므로, 발생한 손실 전부를 보상하는 것이어야 한다는 견해가 있다. 후자에 의하면 이전료·영업상 손실 등 부대적 손실의 보상도 필요로 한다는 점에서 전자와 구별된다.

2. 상당보상설

이 견해는 다시 ① 당시의 사회통념에 비추어 객관적으로 공정·타당한 것이면 된다는 견해와, ② 완전보상이 원칙이나, 예외적으로는 그를 하회하는 보상도 허용된다고 보는 견해로 갈리고 있다.

이러한 상당보상의 관념은 재산권의 의무성을 선언한 「바이마르」헌법 제153조에서 그 대표적 예를 볼 수 있으며, 「본」기본법 제14조도 '공익과 관계제이익의 정당한 형량'이라는 규정을 두어 이를 계승하고 있다.

상당보상설에 있어 어느 경우에 완전보상을 하회하는 보상이 허용되는가에 대하여는 여러 기준이 제시된 바 있으나, 여기서는 대표적 견해 두 가지만 보기로 한다. 그 하나는, '작은 재산'의 침해에 대하여는 완전보상이 행해져야 하나, '큰 재산'의 침해에는 그를 하회하는 보상도 허용된다고 보는 것이다.[1] 그러나 이 견해는, 재산권의 규모에 따라 보상의 내용을 달리할 수 있는 법적 근거는 없는 것이고, 또한 '작은 재산'과 '큰 재산'의 구별을 위한 구체적 기준도 없다는 점에 문제가 있다. 다른 하나의 견해는, 일정 재산권에 대한 사회적 평가가 변화되어, 그 권리관계의 변혁을 목적으로 하는 재산권의 침해에 대하여는 상당보상으로 충분하다고 보면서, 그 예로서 농지개혁을 위한 농지매수조치를 들고 있다.[2] 그러나 농지개혁과 같은 권리관계의 변혁을 위한 조치는 이미 정상적인 손실보상의 테두리를 벗어나는 것이라고 보아야 할 것이다.

3. 결 어

손실보상은 재산권의 보장을 원칙으로 하면서도, 공익실현을 위하여 그 귀책사유 없이 특정인의 재산권에 가하여진 특별한 손실을 전보하여 주는 것이라는 점을 감안하면, 그 보상은 완전한 보상이어야 한다고 본다. 또한 완전보상의 내용도 피침해재산의 객관적 가치에 한정되지 않고, 부대적 손실까지 포함하는 것이어야 한다고 본다. 부대적 손실도 포함되어야 하는 것은, 토지수용 등에 따르는 이전료·영업상 손실 등도 본인의 의사에 반한 토지의 강제취득에 따르는 불이익이기 때문이다.

II. 우리나라의 헌법·법률상의 보상기준 및 내용

1. 개 설

손실보상기준에 관하여 제1·2공화국 헌법은 '상당한 보상'을, 그리고 제3공화국 헌법은 '정당한 보상'을 규정하고 있었다. 이에 대하여 제4공화국 헌법은

---

1) 高原賢治, 財産權と損失補償, 1978, p. 20.
2) 今村成和, 國家補償法, 1957, p. 78.

"보상의 기준과 방법은 법률로 정한다"고 하고, 제5공화국 헌법도 "보상은 공익
및 관계자의 이익을 정당하게 형량하여 법률로 정한다"고 규정하고 있었다.

현행 헌법은 "보상은 법률로써 하되, 정당한 보상을 지급하여야 한다"고 규
정하고 있다. 이러한 헌법상의 보상기준과 관련하여, 여러 개별법들이 보상의
기준과 방법에 관하여 정하고 있는바(하천법 76, 도로법 92, 공유수면 관리 및 매립에
관한 법률 32 등), 이하에서는 손실보상에 관한 일반법적 성격을 가지는 토지보상
법을 중심으로 하여 살펴본다. 이들 법은 재산권에 대한 보상뿐만 아니라 수용
에 따른 부대손실에 대한 보상도 규정하고 있어, 완전보상을 그 내용으로 하고
있다고 할 수 있다.

2. 재산권 보상

재산권 보상은 재산적 손실에 대한 보상을 말하며, 토지보상과 토지 이외
의 재산권에 대한 보상을 그 내용으로 한다.

(1) 토지취득에 대한 보상

1) 일반적 보상기준 — 공시지가에 의한 평가—   토지의 수용에 대한 보
상액은 재결 당시의 가격을 기준으로 한다(토지보상법 67①). 그러나 재결 당시의
현실적인 토지가격이 아니라, 당해 공공사업의 시행으로 인한 지가상승분 즉
'개발이익'을 배제하기 위하여 ① 사업인정고시일 현재의 공시지가(표준지공시지
가)를 기준으로 하되, ② 해당 공시지가의 공시기준일부터 재결시까지의 관계
법령에 따른 그 토지의 이용계획, 해당 공익사업으로 인한 지가의 영향을 받지
아니하는 지역의 대통령령으로 정하는 지가변동률, 생산자물가상승률과 그 밖
에 토지의 위치·형상·환경·이용상황 등을 고려하여 평가한 적정가격으로 한
다(동법 70①).

여기서 공시지가(표준지공시지가)란 부동산 가격공시에 관한 법률에 의하여
매년 국토교통부장관이 전국의 표준지에 대하여 공시하는 단위면적당의 가격을
말한다(법 27).[1] 이러한 공시지가는 종래 공공사업으로 인하여 지가가 급등할

---

1) 일반적으로 공시지가는 전국의 일정 수의 표준지에 대하여 공시되는 표준지공시지가
를 의미한다. 이에 대하여 개별공시지가(개별토지가격)란, 국가, 지방자치단체, 정부투
자기관이나 기타 공공단체가 특정 목적을 위하여 산정한 개별필지의 가격으로서, 이것
은 당해 토지와 유사한 이용가치를 지니는 것으로 인정되는 하나 또는 둘 이상의 표준
지의 공시지가를 기준으로 하여 토지가격비준표에 따라 결정된다(부동산 가격공시에
관한 법률 10).

이러한 개별공시지가는 표준지공시지가와는 달리, 그 타당성을 담보할 수 있는 적정
한 절차도 없이 대체로 공무원이 표준지공시지가에 비준표를 적용하여 산정하고 있는

우려가 있는 지역에 대하여 부분적으로 고시되어 보상기준으로 적용되던 '기준지가'(71년 개정 토지수용법)를 대체한 것이다.

전술한 바와 같이 수용대상 토지가격을 사업인정고시일 현재의 공시지가를 기준으로 하여 평가하도록 한 것은 개발이익을 배제하기 위한 것이다. 그러나 당해 공공사업시행의 발표로 인하여 지가가 이미 상승하였거나 반대로 하락한 경우(폐기물처리장의 건립 등)도 있을 수 있다. 이러한 경우에는 당해 토지가격의 평가에 있어서는, 공시지가에서 그 상승분을 공제하거나 공시지가에 당해 토지가격의 자연적인 상승분을 포함시켜야 할 것이다.[1] 또한 "해당 공익사업과는 관계없는 다른 사업의 시행으로 인한 개발이익은 이를 포함한 가격으로 평가하여야 하고, 개발이익이 해당 공익사업의 인정고시일 후에 발생한 경우에도 마찬가지이다"(대판 2014. 2. 27, 2013두21182).

2) 개발이익의 환수 토지를 수용당하는 토지소유자의 경우에는 전술한 지가공시제에 의하여 당해 공공사업의 시행에 따르는 개발이익이 배제되나, 그 인근지역의 토지소유자의 경우에는 당해 공공사업으로 인한 지가상승에 따른 부당한 이익을 누리게 되어 전자와의 형평의 문제가 제기될 뿐 아니라 부동산투기의 요인이 될 수 있다.

따라서 이러한 문제점을 시정하기 위하여, ① 토지의 양도차액에 대해 양도소득세를 부과하고, ② 개발사업자가 당해 개발사업으로 인하여 얻게 되는 지가상승분에 대해서는 개발부담금을 부과하도록 하고 있다.[2]

(2) 토지사용에 대한 보상

토지의 사용에 대하여는 그 토지 및 인근유사토지의 지료·임대료·사용방법·사용기간 및 그 토지의 가격 등을 참작하여 평가한 적정가격으로 보상한다. 그러나 ① 토지를 사용하는 기간이 3년 이상인 때, ② 토지의 사용으로 인하여 토지의 형질이 변경되는 때, ③ 사용하고자 하는 토지에 그 토지소유자의 건축

것이 현실이다. 그럼에도 이러한 개별공시지가는 당해 토지의 수용시의 기준가로서는 되지 않으나, 개발부담금 등의 산정에 있어 가감조정 없이 그대로 적용되고 있어 종종 분쟁의 요인이 되고 있다.

1) 판례
  "공시지가에 이미 당해 사업의 시행으로 인한 개발이익이 포함되어 있을 경우에는 그 공시지가에서 개발이익을 배제하여 손실보상액을 평가하고, 반대로 그 공시지가가 당해 사업의 시행으로 지가가 동결되어 개발이익을 배제한 자연적인 지가상승분조차 반영하지 못한 경우에는 그 자연적인 지가상승률을 포함하여 손실보상액을 평가하는 것이 정당보상의 원리에 합당하다고 할 것이다"(대판 1993. 7. 27, 92누11084).
2) 유상현, 행정법(상), p. 501.

물이 있는 때에는 당해 토지소유자는 그 토지의 매수 또는 수용을 청구할 수 있다(동법 71·72).

(3) 토지 이외의 재산권 보상

1) 지상물건에 대한 보상 건축물·입목·공작물 기타 토지에 정착한 물건("건축물 등")은 그 이전에 필요한 비용("이전비")으로 보상한다. 다만 그 이전이 어렵거나 그 이전으로 인하여 건축물 등을 종래의 목적대로 사용할 수 없게 된 경우 등에는 당해 물건의 가격으로 보상하는바(동법 75①), 600만원 미만의 영세건물은 600만원으로 보상한다(동법시행규칙 58①).

2) 농업에 관한 보상 일반농업·축산업·잠업별로 보상한다(동법시행규칙 48 내지 50). 일반농업의 손실은 통계청의 농가경제조사통계에 의하여 산정한 도별 평균 농작물총수입을 기준으로 보상하나, 국토교통부장관이 고시하는 방법에 따라 실제소득을 입증하는 경우에는 실제소득을 기준으로 보상한다. 보상기간은 재배작물의 구별 없이 2년이다(동법시행규칙 48).

3) 권리에 대한 보상 지상권 등 토지에 대한 소유권 이외의 권리, 어업권, 광업권별로 평가하여 보상하는바, 광업권, 어업권에 대하여는 광업법 시행규칙과 수산업법 시행령에 따라 보상한다(동법시행규칙 43·44).

4) 잔여지에 대한 수용청구권 토지의 일부가 수용되어 그 나머지 부분만으로는 종래의 목적에 사용할 수 없게 된 때에는, 나머지 토지의 수용을 청구할 수 있다(동법 74①).

(4) 실비변제적 보상

재산권의 상실·이전 등에 따라 비용이 지출되는 경우 그 비용을 보상하는 것으로서, ① 지상물건의 이전료 보상(동법 75①), ② 과수 등의 이식료(동법시행규칙 37②), 가축의 운반비(동법시행규칙 49④), ③ 잔여지 공사비 보상(잔여지에 통로·도랑·담장 등의 신설 등이 필요한 때: 동법 73) 등이 있다.

(5) 일실손실의 보상

토지 등의 재산권의 수용에 부수하여 사업을 폐지 또는 휴업하게 되는 경우에 입게 되는 손실을 보상하는 것을 말한다.

1) 영업의 폐지·휴업에 따르는 보상 영업의 폐지·휴업에 따르는 영업손실은 영업이익과 시설의 이전비용 등을 참작하여 보상한다(동법 77①). 영업의 폐지에 따르는 영업손실은 2년간의 영업이익에 고정자산·원재료·제품 및 상품 등의 매각손실액을 더한 금액으로 한다(동법시행규칙 46①). 영업의 휴업에 따르는 영업손실은 휴업기간에 해당하는 영업이익과 영업장소 이전 후 발생하는

영업이익감소액에 동 기간중의 영업용 자산에 대한 감가상각비·유지관리비와 인건비 등 고정적 비용, 영업시설·원재료·제품의 이전에 소요되는 비용 및 그 이전에 따른 감손상당액 및 이전광고비·개업비 등 영업장소를 이전함으로 소요되는 부대비용을 합한 금액이다. 휴업기간은 원칙적으로 4월 이내로 한다(동법시행규칙 47①②).

　　2) **농업의 폐지·이전에 따르는 보상**　　농업의 폐지·이전에 따르는 전업기간 또는 휴업기간중의 일실손실을 일반농업·축산업·잠업별로 보상한다(동법시행규칙 48 내지 50).

　　3) **근로자에 대한 보상**　　영업의 폐업시에는 실직근로자에 대하여 120일분의 평균임금을 실직보상으로, 휴업시에는 휴직기간(최장 120일) 동안 평균임금의 100분의 70을 휴직보상으로 지급한다(동법시행규칙 51).

Ⅲ. 생활보상·정신보상 및 사업손실보상 ― 손실보상의 새로운 문제

1. 개　설

　　종래의 손실보상은 토지소유권을 중심으로 하여 그 상실 및 그에 부수하여 발생하는 경제적 손실에 대한 보상을 그 기본적 내용으로 하고 있었다. 공공사업은 종래에는 주로 점·선적 개발사업(도로·국립운동장 등)이어서, 수용되는 토지도 상대적으로 소규모의 것이었다. 그에 따라 토지를 수용당한 자는 인근지역에서 그에 상당한 토지를 다시 구입하여 종래대로의 생활이나 영업활동을 계속할 수 있었다.

　　그 결과, 토지수용에 있어서는 그 시장가격 및 토지상실 등에 따르는 부대손실에 대한 보상을 하면 그것이 정당한 보상이라는 이론이 성립할 수 있었던 것이다.

　　그러나 오늘날에는 댐·공업단지·대규모 주택단지의 건설 등과 같이 공공사업이 대규모화하여, 수용도 점·선적 수용으로부터 한 마을 내지는 수 개 마을이 그 대상으로 되는 면적 수용으로 전화됨에 따라, 종래와는 다른 여러 가지 새로운 문제가 야기되고 있는바, 이와 관련하여 검토되는 것이 생활보상·정신보상이나 사업손실보상 등 손실보상의 새로운 문제들이다.

2. 생활(권)보상

(1) 협의의 생활보상

1) 의 의   종래의 보상은 개개의 재산권에 대한 보상을 그 내용으로 하는 것이었다. 그러나 댐의 건설에 따른 수몰보상과 같은 경우에는, 다수주민의 동시이주가 불가피하게 되는바, 이들 이주자들은 모든 재산권을 박탈당하고 종래의 생활기반을 상실하게 되는 까닭에, 이들에게 있어서의 보상은 전혀 새로운 환경하에서의 생활을 시작하기 위한 총체금액으로서의 의미를 가지게 된다. 따라서 피보상자의 관심은 새로운 생활을 시작함에 있어서의 보상총액이며, 개개의 재산권에 대한 대가는 아니다.

이것은 개인이 생활재건을 위하여 사용할 수 있는 총체금액으로서의 보상을 문제로 한다는 의미에서는 대인주의(속인주의)적 보상이라고 할 수 있으며, 종래의 대물주의(속물주의)적 보상과는 대립적 의미를 가진다.

공공사업에 의하여 생활의 기초를 박탈당한 사람들에 있어서의 손실은 일반적으로 개개의 재산권의 상실에 따른 손실총액보다는 크다고 할 것인바, 그 격차는 실비변제적 보상이나 일실이익에 대한 한정적 보상만으로는 메워지지 않는 측면이 있다는 것은 부인할 수 없다. 손실보상은 공익적 관점에서 개인에 부과된 특별한 손실에 대한 보상을 그 기본이념으로 하는 것이라는 점에서 볼 때, 재산권 보상만으로는 전보되지 않는 생활기초의 박탈에 대하여도 이를 전보하여 주어야 할 것으로 보이는바, 이것이 생활보상의 문제이다.

2) 법적 근거   학설상 생활보상의 필요성 또는 정당성 자체는 일반적으로 인정되고 있다. 그러나 그 법적 근거를 어디에서 찾을 것인지의 문제 또는 이러한 생활보상을 손실보상제도에서의 위상을 어떻게 설정할 것인지의 문제에 대하여는 아직 정설이 없는 편이다. 다음에서는 이 법리의 법적 근거를 헌법적 근거와 법률적 근거로 나누어 살펴본다.

⑺ 헌법적 근거   생활보상의 헌법적 근거는 명확하지 아니하다. 이 문제에 대하여 학설은 생활보상은 헌법 제23조 제3항이 정하고 있는 "정당한 보상"의 범위를 넘어서는 것이라고 보아 그 근거를 헌법 제34조에서 구하는 입장과 생활보상도 "정당한 보상"에 속하는 것으로 보아 그 근거를 헌법 제34조와 제23조에서 구하는 입장이 있다.

（ⅰ）헌법 제34조설   수용 등에 의한 사인의 생활기초의 박탈은 그것이 공익사업을 위한 것이라는 점에서 그 적법성은 인정되나, 그것이 수용 등의

공권력 행사에 의하여 야기된 것이고 보면, 국가 등은 마땅히 그에 따른 피해를 전보하여 관계인의 생활이 수용 등의 조치 이전으로 회복될 수 있도록 하여야 할 것이다. 그러한 점에서는 헌법 제34조의 인간다운 생활을 할 권리는 수용 등의 공권력행사와의 관련에서는 그로 인하여 파괴된 생활질서를 복구하여 종전대로의 생활을 영위할 권리를 그 내용으로 한다고 볼 수 있으며, 그러한 점에서 헌법 제34조는 생활보상의 헌법적 근거가 될 수 있다고 본다.

(ⅱ) 헌법 제34조·제23조 결합설   이 설은 헌법 제34조가 헌법의 기본권체계의 중심을 이루고 있다고 보고, 그러한 관점에서 헌법 제23조상의 재산권도 고전적 의미의 재산권이 아니라, 제34조상의 생활권을 기초로 한 재산권으로 이해되어야 한다고 보고 있다.[1] 그러나 본래적 의미의 손실보상은 공공필요에 따른 개인의 재산권의 강제적 취득과 그에 수반되는 부대적 손실의 보상을 그 내용으로 하는 것으로서, 헌법 제23조는 바로 이러한 내용의 손실보상을 규정하고 있다고 보는 것이 이 규정의 자연스러운 해석으로 보인다. 그러한 점에서는 이 견해는 이념적 측면에서의 타당성의 인정문제는 별론, 현행 헌법의 엄격한 해석의 관점에서는 무리가 있다고 본다.

㈏ 법률적 근거   현행법상 생활보상에 대한 일반적 또는 직접적인 규정을 두고 있는 예는 없는 것으로 보인다. 그러나 토지보상법 제79조 제4항은 그 일반법적 근거로 파악될 수 있는 소지가 있다. 왜냐하면, 동조는 "그 밖에 공익사업의 시행으로 인하여 발생하는 손실의 보상 등에 대하여는 국토교통부령이 정하는 기준에 의한다"고 규정하고 있는바, 생활보상도 "공익사업의 시행으로 인하여 발생하는 실제 손실"로 파악될 수 있는 것이기 때문이다.[2] 실제 토지보상법의 시행령 및 시행규칙에는 생활보상적 규정이 다수 산재하고 있다. 이 중에서 토지소유자 등에 대한 것으로서는 ① 이주정착금(동법시행령 41, 동법시행규칙 53), ② 주거이전비(동법시행규칙 54), ③ 동산의 이전비(동법시행규칙 55), ④ 이농비·이어비(동법시행규칙 56: 가구원수에 따른 1년분의 평균생계비), ⑤ 주거용 건축물의 최저보상액(동법시행규칙 58) 등을 들 수 있으며, 토지 등 소유자 이외의 자에 대한 것으로서, ① 이농비(동법시행규칙 56: 가구원수에 따른 1년분의 평균생계비), ② 세입자에 대한 주거대책비(동법시행규칙 54②: 가구원수에 따른 4개월분의 주거이전비), ③ 무허가 또는 무신고어업자에 대한 주거대책비(동법시행 규칙 44⑤) 등을 들 수 있다.

---

1) 박윤흔, 행정법(상), 2002, p. 783.
2) 박윤흔, 행정법(상), p. 783.

(2) 생활재건조치(광의의 생활보상)

1) 의 의   생활재건조치는 공공사업자로서의 사업시행자가 피수용자에게 지급하는 보상금은 아니고, 보상금이 피수용자의 생활재건에 가장 유효하게 사용될 수 있도록 하기 위한 각종 조치를 말한다. 이러한 생활재건조치는, 그 자체로서는 생활보상과 직접적인 연관성은 없다. 그러나 이 제도는 현재 생활보상이 일반적으로 인정되고 있지 않은 데 따르는 손실보상의 흠결상태를 어느 정도 보완하여 주는 측면이 있는 것은 사실이다.[1]

생활재건조치로서는 이주대책의 수립·시행(토지보상법 78), 주택도시기금의 지원(동조 ③), 직업훈련, 고용 또는 고용알선(산업입지 및 개발에 관한 법률 36②, 댐건설 및 주변지역지원 등에 관한 법률 40), 각종 상담 등이 있으며, 보상금에 대한 조세감면조치(조세특례제한법 77①i·iii)도 일종의 생활재건조치라고 할 수 있을 것이다.

전통적 손실보상이론은 토지·노동 등의 시장기능이 정상적으로 작용하는 것임을 전제로 하는 것이다. 즉 토지 등의 재산권을 수용당한 자는 그 보상금으로 그에 상당한 토지 등을 구입하여 종래대로 농업·어업 또는 상업활동에 종사할 수 있고, 영업폐지 등으로 실직하게 된 근로자도 타지역에서 자유로이 다시 취직할 수 있는 것으로 상정되고 있었다. 그러나 실제 공공사업으로 인한 대규모의 농지수용에 있어서는, 농지면적의 제한 또는 공공사업에 따르는 농지가격의 상승 등으로 인하여, 피수용자가 종전의 것에 상당하는 농지나 토지를 구입하는 것은 거의 불가능한 것이 현실이다. 마찬가지로 재취직이나 전업도 현실적으로는 매우 어려운 것이다.

위의 여러 문제를 감안하면, 효율적인 생활재건조치의 실시는 보상액의 다과에 못지않은 중요성을 가지고 있다 할 것이다. 그것은 또한 특히 영세이전자를 중심으로 하는 불합리한 보상액 인상투쟁을 방지하는 기능도 수행하는 것이다.

생활보상은 원칙적으로는 이를 협의로 이해하여야 할 것이나, 이를 광의로 파악하는 것이 학설상 다수설이며 또한 판례의 입장이다.[2] 생활보상의 문제는

---

1) 생활재건조치는 위에서 밝히고 있듯이 개개의 재산권에 대한 보상액과 이전 상태대로의 생활의 재건에 소요되는 총체금액과의 격차를 메워 주기 위하여 지급되는 금액은 아니라는 점에서는 협의의 생활보상은 아니다. 그러나 생활재건조치도 종전 상태의 생활을 재건할 수 있도록 하기 위한 조치의 일부를 이루는 것이라는 점에서 이것도 당연히 생활보상의 일부로 된다고 보는 것이 일반적 견해로 보인다.

2) 판례
　"공공용지의취득및손실보상에관한특례법상의 이주대책은 공공사업의 시행에 필요한 토지 등을 제공함으로 인하여 생활의 근거를 상실하게 되는 이주자들을 위하여 사업시행자가 기본적인 생활시설이 포함된 택지를 조성하거나 그 지상에 주택을 건설하여 이

수용으로 인하여 파괴된 생활질서의 종전의 상태에로의 회복 또는 재건과 관련하여 제기되는 것이고 보면, 전술한 생활재건조치들을 생활보상에 포함시켜도 별다른 문제는 없다고 본다.

  2) 이주대책   위에서 본 바와 같이, 현행법상으로는 여러 가지 생활재건조치가 규정되어 있으나, 사업시행자가 행정당국과의 협력하에 도로·급수시설·배수시설 등의 생활기본시설을 갖춘 택지를 조성하거나, 그에 주택을 건설하여 이주자에 분양하는 내용의 이주대책이 가장 중요한 것이라 할 것이다. 이러한 이주대책에 관하여는 우리 법도 이주자 중 이주정착지에 이주를 희망하는 자가 10호 이상인 경우에는 원칙적으로 이를 수립·시행하여야 하는 것으로 규정하고 있다(토지보상법 78, 동법시행령 40②). 이주대책을 수립·실시하지 아니하는 경우 또는 이주대책대상자가 이주 정착지가 아닌 다른 지역으로 이주하는 경우에는 600만원 이상 1천 2백만원 이하의 이주정착금을 지급하여야 한다(동법시행령 41, 동법시행규칙 53②).

3. 정신적 보상

  토지보상법 등의 현행법은 보상대상을 재산권적 청구권에 한정하는 대물주의를 취하고 있는 까닭에, 우리나라의 공동사회에 전통적으로 존재하는 일종의 무형재산을 무시하는 결과가 되고 있다.

  수몰이주자들이 주장하는 '조상 전래의 토지'라는 구호는 다만 근대적 의미에서의 소유권의 대상으로서의 토지만을 의미하는 것은 아니라 할 것이다. 농촌·어촌에 있어서 전통·관습에 의하여 뒷받침되고 있는 상호부조기구는 이들 촌락공동체의 기본적 속성을 이루는 것이며, 그것은 자생적인 사회보장제도로서의 의미도 가지는 것이다. 댐의 건설 등 대규모 공공사업의 시행은 이러한 공동사회를 파괴하는 결과를 가져오는 경우가 많으나, 대물주의에 입각한 종래의 보상이론은 이처럼 파괴되어 소멸되는 공동체의 무형적 기능에 대하여는 어떠한 보상도 하고 있지 않다.

  토지 등의 점·선적 수용의 경우에도 정신적 고통의 문제가 제기되지 않는 것은 아니다. 그러나 그것은 사회생활상 수인하여야 하는 것으로 볼 수도 있는

주자들에게 이를 그 투입비용 원가만의 부담하에 개별 공급하는 것으로서, 그 본래의 취지에 있어 이주자들에게 대하여 종전의 생활상태를 원상으로 회복시키면서 동시에 인간다운 생활을 보장하여 주기 위한 이른바 생활보상의 일환으로 국가의 적극적이고 정책적인 배려에 의하여 마련된 제도이다"(대판 1994. 5. 24, 92다35783).
  동지의 판례: 대판 2003. 7. 25, 2001다57778; 헌재결 2006. 2. 23, 2004헌마19.

것이다. 이에 반하여 댐 등의 건설에 의하여 1개 이상의 촌락공동체가 파괴되는 경우에는, 당해 토지 등에 대한 주관적 가치관이나 감정 등에 대한 침해의 범위를 넘어서, 당해 공동체의 상호부조기구 자체가 파괴되는 것이고 보면, 적어도 이 경우에는 그에 상응하는 적절한 보상방안이 강구되어야 할 것으로 본다.

4. 사업손실(간접손실)보상

(1) 의 의

1) 사업손실은 공익사업의 실시 또는 완성 후의 시설이 간접적으로 사업지 밖의 재산권 등에 미치는 손실을 말한다. 전통적으로는 간접손실에 대하여는 공익사업의 실시 등으로 인하여 인접한 잔여토지의 가격이 감소하거나 잔여지 등에 일정한 공사를 하여야 하는 경우에 한하여 이를 보상하는데 그치고 있었다(구토지수용법 47). 그러나 실제 발생하는 손실은 반드시 인접 토지에 한정되는 것도 아니고, 또한 물권적 청구권에 부합하는 것에만 그치는 것도 아니다.

2) 사업시행지 주변에 미치는 손실은 물리적 내지 기술적 손실과, 경제적 내지 사회적 손실로 구분할 수 있다.

물리적·기술적 손실은 공사중의 소음·진동이나 공사에 따르는 교통의 불편으로 인한 손실, 완성된 시설물로 인한 일조의 감소, 대기·기온의 변화, 전파방해 등을 들 수 있다. 이러한 물리적·기술적 손실은 현행법상 보상의 대상으로 되고 있지 아니한바, 이들 손실이 수인한도를 넘어서는 것인 때에는 불법행위로 인한 손해배상의 법리에 따라 구제될 수 있을 것이다.[1]

사회적·경제적 손실은, 예컨대 댐건설에 따르는 다수인의 이주로 인한 지역경제에의 영향이나, 어업활동의 쇠퇴로 인한 지역활동에의 영향 등 지역 사회의 변동으로 인하여 개인에게 미치는 간접적 영향 또는 피해이다. 사회적 손실 중 소수잔존자나 잔여지의 소유자에 대하여는, 예컨대 토지매수청구권을 인정할 수 있을 것으로 본다. 이러한 피해는 그 발생이 상당히 확실하게 예측될 수 있는 것이고, 또한 그 범위도 비교적 구체적으로 확정할 수 있을 것이다. 그러나 지역경제활동의 변화라는 불확정요소가 개인에게 미치는 영향의 문제는 기본적으로 손실보상의 문제라기보다는 오히려 사회·경제정책적 문제이며, 또한 이러한 관점에서 해결방안을 강구하는 것이 보다 현실적일 것으로 본다.

---

1) 대판 2010. 7. 15, 2006다84126; 하종대, 간접손실의 보상에 관한 법리, 특별법연구, 제8권, pp. 257~259.

(2) 토지보상법상의 사업손실의 보상

토지보상법은 사업손실에 관하여 사업지에 인접한 잔여지에 대한 보상을 규정하는 외에 동법 제79조는 내용적으로 상당히 광범한 간접손실에 대한 보상의 여지를 마련하고 있다.

1) 잔여지에 대한 보상   이에 대하여는 토지보상법도 이전의 토지수용법과 같은 규정을 두고 있다. 즉 동법 제73조는 "사업시행자는 동일한 소유자에게 속하는 일단의 토지의 일부가 취득되거나 사용됨으로 인하여 잔여 지의 가격이 감소하거나 그 밖의 손실이 있을 때 또는 잔여지에 통로·도랑·담장 등의 신설이나 그 밖의 공사가 필요한 때에는 국토교통부령으로 정하는 바에 따라 그 손실이나 공사의 비용을 보상하여야 한다"고 규정하고 있다.

2) 기타 토지에 대한 보상

㈎ 잔여지 외의 토지에 필요한 공사비의 보상   사업시행자는 공익사업의 시행으로 인하여 취득 또는 사용하는 토지(잔여지를 포함) 외의 토지에 통로·도랑·담장 등의 신설 그 밖의 공사가 필요한 때에는 그 비용의 전부 또는 일부를 보상하여야 한다(동법 79①).

㈏ 기타 손실의 보상   그 밖에 공익사업의 시행으로 인하여 발생하는 손실의 보상 등에 대하여는 국토교통부령이 정하는 기준에 의한다(동조 ④). 이 규정에 따라 국토교통부령인 시행규칙은 공익사업시행지구밖의 토지 등의 보상에 관한 제7절에서 다음과 같은 사업손실의 보상을 규정하고 있다.

(ⅰ) 대지 등에 대한 보상   공익사업시행지구 밖의 대지·건축물·분묘 또는 농지가 공익사업의 시행으로 인하여 산지나 하천 등에 둘러싸여 교통이 두절되거나 경작이 불가능하게 된 경우에는 이를 사업지구에 편입되는 것으로 보아 보상한다(동법시행규칙 59).

(ⅱ) 건축물에 대한 보상   소유농지의 대부분이 공익사업시행지구에 편입됨으로써 건축물만이 시행지구 밖에 남게 되는 경우로서 그 건축물의 매매가 불가능하고 이주가 부득이한 경우에는 사업지구에 편입되는 것으로 보아 보상한다(동법시행규칙 60).

(ⅲ) 소수잔존자에 대한 보상   공익사업의 시행으로 1개 마을의 주거용 건축물이 대부분 시행지구에 편입됨으로써 잔여 주거용 건축물 거주자의 생활환경이 현저히 불편하게 되어 이주가 부득이한 경우에는 그 소유자의 토지 등을 사업시행지구에 편입되는 것으로 보아 보상한다(동법시행규칙 61).

(ⅳ) 공작물에 대한 보상   사업시행지구 밖에 있는 공작물 등이 공익

사업의 시행으로 인하여 그 본래의 기능을 다 할 수 없게 되는 경우에는 이를 공익사업시행지구에 편입되는 것으로 보아 보상한다(동법시행규칙 62).

(ⅴ) 어업의 피해에 대한 보상　　공익사업의 시행으로 당해 사업시행지구 인근에 있는 어업에 피해가 발생한 경우 사업시행자는 실제 피해액을 확인할 수 있는 때에 이를 보상한다(동법시행규칙 63).

(ⅵ) 영업손실에 대한 보상　　사업시행지구 밖에서 영업손실의 보상대상이 되는 영업을 하고 있는 자가 공익사업의 시행으로 배후지의 3분의 2 이상이 상실되어 당해 장소에서 영업을 계속할 수 없는 경우에는 당해 영업을 공익사업시행지구에 편입되는 것으로 보아 보상한다(동법시행규칙 64).

(ⅶ) 농업의 손실에 대한 보상　　경작하고 있는 농지의 3분의 2 이상에 해당하는 면적이 공익사업시행지구에 편입되어 당해 지역에서 영농을 계속할 수 없게 된 농민에게는 사업시행지구 밖에서 경작하고 있는 농지에 대하여도 그 영농손실을 보상한다(동법시행규칙 65).

Ⅳ. 보상의 방법과 지급

헌법은 보상의 방법과 내용을 전적으로 법률에 유보하고 있다.

1) **현금보상원칙**　　손실보상은 다른 법률에 특별한 규정이 있는 경우를 제외하고는 현금으로 지급하여야 한다(토지보상법 63)

2) **현물보상**　　도시 및 주거환경정비법상의 재개발사업에 의한 주택 기타 시설물 분양(법 48·50 등), 농어촌정비법(법 25·26 등)이나 도시개발법(법 40·42 등)상의 환지처분 등이 그 예이다.

3) **채권보상**　　토지보상법은 금전보상을 원칙으로 하면서도, 예외적으로 사업시행자가 국가·지방자치단체·그 밖에 대통령령으로 정하는 공공기관의 운영에 관한 법률에 따라 지정·고시된 공공기관 및 공공단체인 경우로서 ① 토지소유자 또는 관계인이 원하거나, ② 당해 지역에 부재하는 토지소유자의 토지에 대한 보상금이 1억원을 초과하는 경우에는 이를 채권으로 보상할 수 있도록 하고, 이 경우 정당한 보상이 될 수 있도록 5년 이내의 상환기간을 정하고, 3년 만기 정기예금의 금리의 이자를 지급하도록 하고 있다(법 63⑦⑨).

이러한 채권보상제에 대하여는 장기간에 걸쳐 일정 수준 이하의 금리만을 지급하는 것은 정당한 보상을 정하고 있는 헌법 제23조 제3항과의 관계에서 문제가 있고, 부재지주라는 이유로 채권보상을 하는 것은 헌법 제11조상의 평등원칙에 반하여 위헌의 소지가 있다는 견해가 있다.[1] 이에 대하여 부재부동산소유자 등은 당해 토지를 직접 자기 생활에 공여하고 있는 거주자와는 달리 토지를 자산증식수단으로 소유하고 있는 것이므로, 그 목적인 통상적인 수익이 보장된다면 양자를 달리 취급할 합리적인 이유가 있는 것이므로, 채권보상제의 위헌성의 문제는 없다고 보는 반대견해도 제시되고 있다.[2]

4) 보상의 지급방법　　금전보상에 있어서는 ① 선불과 후불, ② 개별불과 일괄불, ③ 일시불과 분할불 등의 여러 방법이 있으나, 선불·개별불·일시불을 원칙으로 한다.

Ⅴ. 보상액의 결정방법 및 불복절차

1. 보상액의 결정방법

이에 관하여는 통칙적 규정이 없고, 개별법에서 여러 가지로 규정하고 있으나, 대체로 다음의 세 가지로 대별할 수 있다.

(1) 당사자 사이의 협의에 의하는 경우

이러한 협의는 행정청의 결정의 전단계로 규정되어 있다(토지취득보상법 16·26). 당사자 사이에 협의가 이루어지지 않으면, 토지수용위원회 등의 행정청은 보상액을 일방적으로 결정하게 된다.

(2) 행정청의 재결·결정에 의하는 경우

이 경우도 다시 ① 토지수용위원회의 수용재결과 같이, 토지 등의 재산권의 수용결정 및 그에 따른 보상액의 결정이 동시에 행하여지는 경우와, ② 수용·징발 등의 침해행위는 선행되어 있고 보상액만을 결정하는 경우(도로법 92·93, 산림보호법 10③, 징발법 22②·24③)가 있다.

(3) 소송에 의하는 경우

그 예가 많지 않으나, 당해 법률이 보상액 결정에 대하여 규정하고 있지 않은 경우에는 당사자는 보상금청구소송을 제기할 수 있다. 이 경우의 소송은 공법상 당사자소송에 의할 것이나, 판례는 민사소송에 의할 것으로 보고 있다(대판 1996. 7. 26, 94누13848;대판 1997. 9. 5, 96누1597). 그러나 하천법 부칙에 따른 손실보상청구권에 대하여는 공법상 당사자소송에 의하여 할 것으로 판례가 변경되었다(대판 2006. 5. 18, 2004다6207 전원합의체).

---

1) 이상규, 행정법(하), p. 659; 유상현, 행정법(하), p. 506.
2) 박윤흔, 행정법(상), p. 746.

2. 보상액결정에 대한 불복절차

여기서는 가장 일반적인 것으로서, 토지보상법에 의한 토지수용위원회의 재결에 대한 불복절차만을 살펴보기로 하는바, 이 재결에 불복이 있으면, ① 행정심판으로서의 이의신청을 제기하고, 이에 대한 재결에 불복이 있는 경우에 행정소송을 제기하거나, ② 곧바로 행정소송을 제기할 수 있다. 종래에는 이의신청전치주의가 채택되고 있었으나, 토지보상법은 이를 임의적 절차로 하였다.

1) 이의신청   토지수용위원회의 재결(원재결)은 내용적으로는 권리취득재결과 보상금재결로 구분될 수 있는바, 이의신청의 단계에서는 양자를 분리함이 없이 어느 부분에 불복하더라도 동일한 이의신청을 제기하도록 되어 있다. 지방토지수용위원회의 재결에 불복이 있는 자는 중앙토지수용위원회에, 중앙토지수용위원회의 재결에 불복이 있는 자는 중앙토지수용위원회에 일정기간 내(재결서정본 송달일부터 30일 이내)에 이의신청을 할 수 있다(토지취득보상법 83). 이 경우 중앙토지수용위원회는 원재결이 위법 또는 부당한 때에는 그 전부 또는 일부를 취소하거나 보상액을 변경할 수 있다(동법 84). 즉 중앙토지수용위원회는 원재결을 취소할 수 있을 뿐만 아니라, 그 보상액을 증액 또는 감액할 수 있다.

2) 행정소송   행정소송단계에서는 지방토지수용위원회 또는 중앙토지수용위원회의 재결에 대하여 이를 권리취득재결과 보상금재결로 구분하여, ① 수용재결에 불복하는 경우에는 그 취소소송을 제기하고, ② 보상금액에 불복하는 경우에는 재결 또는 이의재결상의 보상금의 증액 또는 감액청구소송을 제기할 수 있다(동법 85). ③ 원재결이 무효인 경우에는 그 무효확인소송을 제기할 수 있다(대판 1993. 1. 19, 91누8050).

행정소송이 보상금의 증감에 관한 소송인 경우에는 당해 소송을 제기하는 자가 토지소유자 또는 관계인인 때에는 사업시행자를, 사업시행자인 때에는 토지소유자 또는 관계인을 피고로 하여 제기하여야 한다. 종전의 토지수용법에서는 보상금의 증감에 관한 소송에 있어서도 원고인 토지소유자는 사업시행자와 토지수용위원회를 각각 피고로 하여 제기하도록 되어 있었던 결과, 이 소송의 법적 성격에 대하여는 많은 논란이 있었다. 그러나 현행의 토지보상법은 보상금의 증감에 관한 소송은 토지소유자와 사업시행자가 각각 원·피고로 되도록 되어 있는 결과, 이 소송이 이른바 형식적 당사자소송에 해당하는 점에는 별다른 의문이 없는 것으로 보인다. 판례는 또한 수용청구를 받아들이지 않은 토지수용위원회의 재결에 대하여 토지소유자가 제기하는 소송도 보상금의 증감에 관한 소송에 해당하므로 사업시행자를 피고로 하여 제기하여야 한다고 하고 있다(대판 2010. 8. 19, 2008두822).

제4절 수용유사침해·수용적 침해 및 결과제거청구권

수용유사침해·수용적 침해, 희생보상청구권 및 결과제거청구권의 이론은 독일에서 학설·판례에 의하여 정립되고 발달된 법리이나, 최근 우리 학계에서도 다수의 논문과 행정법서에서 이들 법리가 검토되고 있으므로 여기서도 이들 문제를 살펴보기로 한다. 이들 법리의 일부(예컨대 수용유사침해이론)는 우리나라에도 적용될 수 있다고 보는 견해가 있기는 하나, 이들 법리가 실정법적 법원리로서 적용될 수 있는지에 대하여는 아직도 보다 많은 검토와 논의가 필요한 것으로 본다.[1] 따라서 여기서는 일단 이들 법리를 독일의 이론에 충실하게 기술하기로 한다.

---

[1] 1980년 6월의 비상계엄하에서 언론통폐합조치의 일환으로 행해진 MBC주식의 국가 귀속조치에 대하여 서울고등법원은 수용유사침해의 법리에 의하여 그 손실은 전보되어야 한다고 판시한 바 있다. 즉 동 법원은 "(헌법은) 국가가 개인의 재산권을 수용할 때에는 법률에 의하되 무상이나 헐값으로 수용할 수 없고 반드시 보상을 하여야 할 의무가 있음을 밝히고 있는바, 이것은 설사 법률에 의한 적법한 수용의 경우라고 하여도 … 반드시 보상을 하여야 한다는 뜻이므로 법률에 의하지 아니한 위법한 수용 즉 수용유사적 침해의 경우에는 더욱더 보상의무를 면할 수 없다는 것을 당연한 것으로 전제하고 있음이 명백하다. 그렇다면 국가가 법률의 근거 없이 위법하게 행한 주식의 수용으로 말미암아 특별한 희생 즉 손실을 당한 원고는 구헌법 제22조 제3항의 효력으로 국가에 그 보상을 청구할 권리가 있다고 할 것이다"라고 판시한 바 있다(92나20073 판결).
　이러한 원심판결에 대하여, 대법원은 "수용유사적 침해의 이론은 국가 기타 공권력의 주체가 위법하게 공권력을 행사하여 국민의 재산권을 침해하였고 그 효과가 실제에 있어서는 수용과 다름없을 때에는 적법한 수용이 있는 것과 마찬가지로 국민이 그로 인한 손실의 보상을 청구할 수 있다는 것"(대판 1993. 10. 26, 93다6409)이라고 하여 일단 이 법리에 관하여 언급하고 있다. 그러나 대법원은 이어서 "1980년 6월 말경의 비상계엄 당시 국군보안사령부 정보처장이 언론통폐합조치의 일환으로 사인소유의 방송사 주식을 강압적으로 국가에 증여하게 한 것이 위 수용유사침해행위에 해당되지 않는다"라고 판단하였다. 이러한 판결례만으로써는 이 법리의 인정 여부에 대한 대법원의 입장을 판단하기는 어렵다고 본다.

제 1. 수용유사침해·수용적 침해이론 및 희생보상청구권이론

Ⅰ. 수용유사침해이론

1. 초기의 수용유사침해이론

독일의 국가보상제도는 우리나라의 경우와 같이 손실보상제도와 손해배상제도의 이원적 구조를 취하고 있다. 손실보상은 적법한 개인의 재산권 등에 대한 침해행위에 대한 보상을 그 내용으로 한다. 이에 대하여 손해배상제도는 공무원의 위법하고 과실 있는 직무행위로 인하여 발생한 손해의 배상을 그 내용으로 한다.

이러한 손실보상제도와 손해배상제도의 이원적 구조를 취하는 법제하에서는, 위법·무과실(rechtswidrig-schuldlos)의 행위로 인한 손해의 전보의 문제가 제기된다. 이 경우에는 당해 행위는 위법한 것이라는 점에서 손실보상제도에 의하여서는 보상되지 아니하며, 또한 당해 행위에는 과실이 인정되지 아니한다는 점에서 손해배상제도에 의하여서도 전보되지 아니하는 것이 원칙이다. 이러한 결과가 부당한 것은 물론인바, 수용유사침해이론은 독일의 국가보상제도의 이러한 흠결상태를 보완하기 위하여 독일 연방사법재판소의 판례에 의하여 정립된 것이다.

이 법리는 위법한 재산권의 침해행위와 관련하여 정립된 것이다. 연방사법재판소는 그 초기단계에서는 수용유사침해행위를 「그것이 위법한 행위이기는 하나, 적법한 것이라면 그 내용 및 효과에 있어 수용에 해당하는 것으로서 관계인에 특별한 희생을 부과하는 행위」로 정의하고 있었다. 동 법원은 이러한 재산권의 침해행위는 그 위법성에도 불구하고 수용행위로서 파악되고, 따라서 그로 인한 손실은 기본법 제14조 제3항의 유추적용에 의하여 보상되어야 하는 것이라고 선언하였던 것이다(BGHZ 6, 270, 296).

이러한 연방사법재판소의 판례는 적법한 재산권의 침해가 보상된다면, 위법한 침해로 인한 손해는 "당연히(erst recht)" 구제되어야 한다는 형평적 논리를 기초로 한 것이었다.

2. 수용유사침해이론의 확대

전술한 바와 같이, 초기의 수용유사침해이론은 재산권의 위법한 침해행위에 있어 그것이 특별한 희생을 포함하는 수용행위의 모든 요건을 충족하는 경우에만, 그 위법성에도 불구하고 당해 행위는 일종의 수용행위로 보아 그로 인한 손실은 보상되어야 한다는 것을 그 내용으로 하는 것이었다. 그러나 이후 판례는 위법한 행위는 그 자체가 특별한 희생을 부과하는 침해행위로 되는 것으로 보게 되었다. 이러한 판례는 누구도 위법한 재산권의 침해를 수인하여야 할 의무는 없는 것이므로, 침해행위가 위법하다는 것은 곧 타인에게는 부과되지 아니하는 수인한도를 넘는 특별한 희생이 부과되는 것으로 보아야 한다는 논리에 입각한 것이었다. 그에 따라 특별한 희생을 부과하는 것으로서의 위법한 침해행위는 그 자체로서 보상청구권의 구성요소로 인정되게 되었으며, 그 결과 위법한 침해행위로 인한 수용유사침해의 법리는 일종의 무과실책임의 법리로 발전되게 되었던 것이다.[1]

다만 이러한 확대된 수용유사침해이론도 재산권 내지는 재산적 가치 있는 권리의 침해에 대하여만 적용된다는 제한은 여전히 있는 것이다. 그러나 독일에 있어서 비재산적 권리에 대한 위법한 침해에 대하여는 이른바 희생유사침해이론에 의하여 구제되고 있으므로, 행정권의 위법·무과실의 행위에 의한 권리침해는 완전히 전보되고 있는 셈이다.

Ⅱ. 수용적 침해이론

이 법리도 독일의 연방사법재판소에 의하여 정립된 것으로서, 적법한 공행정작용의 '비전형적이고 비의도적인 부수적 효과로써 발생한 개인의 재산권에 대한 침해를 전보하는 것을 그 내용으로 한다. 이러한 수용적 침해는 주로 사실행위에 기하여 발생하는 것으로, 사회기초시설의 설치공사와 관련되는 경우가 많다. 그 전형적인 예로는 보통 장기간의 지하철공사로 인해 인근상가나 백화점 고객이 현저히 감소함에 따라 손해가 발생한 경우를 들 수 있는바, 연방사법재판소는 기본적으로 이러한 사태와 관련하여 이 법리를 정립한 것이다.

공공공사로 인하여 재산권에 대해 가해지는 제한은 재산권에 대한 사회적 제약으로서, 국민은 원칙적으로 이를 감수하여야 한다. 그러나 예외적으로 그 손해의 내용이나 범위가 매우 심각한 경우에는, 타인에게는 부과되지 않은, 수인한도를 넘는 특별한 손해로서 보상을 요하는 것으로 인정될 수도 있는 것이다. 그런데 공행정작용의 예외적이고 비의도적인 부수적 효과로서 개인의 재산

---

1) H. Maurer, Allgemeines Verwaltungsrecht, 1999, pp. 675~676.

권에 부과되는 특별한 희생은 통상적으로 예측될 수 없는 것이므로, 관계법에는 보상규정이 없는 것이 보통이다. 독일 연방사법재판소는 이러한 경우의 침해행위를 수용적 침해행위로 정의하고, 법률상 보상규정의 결여에도 불구하고 개인의 재산권에 부과된 특별한 희생은 보상되어야 한다는 법리를 정립한 것이다.

연방사법재판소는 위와 같은 재산권의 침해행위는 원칙적으로 사실행위에 의한 것이고 또한 그것이 의도적인 것이 아니라는 점에서, 기본법 제14조 제3항상의 수용행위에는 해당하지 않는 것이므로, 동조상의 연결조항(Junktimklausel)의 적용은 없고, 따라서 근거법에 보상규정이 없는 경우에도 당해 행정작용의 위법성의 문제는 제기되지 아니한다고 보았다. 수용적 침해이론은 이처럼 관계법에 보상규정이 없는 경우에도 당해 행위의 위법성의 문제를 제기하지 않으면서, 그로 인한 특별한 손해를 전보하여 주려는 데에 그 특질 또는 존재의의가 있는 것이었다.

위의 수용적 침해이론에 대하여 최근의 유력한 학설은 이 법리의 존립가능성 그 자체에 대하여도 의문을 제기하면서, 이 법리가 존속할 수 있다고 하여도 그것은 매우 제한된 범위에 한정될 수밖에 없는 것으로 보고 있다.

이러한 수용적 침해이론의 위상에 대한 부정적 평가는 연방헌법재판소의 자갈채취판결에 직접 기인하는 것은 아니라고 보고 있다. 왜냐하면 이 판결에서의 수용은 그러한 목적을 위한 법적 행위에 의한 재산권의 일부 또는 전부의 박탈행위로 되고 있는 데 대하여, 수용적 침해이론의 경우는 사실행위에 의한 비의도적이고 비전형적인 재산권의 침해행위가 문제되는 것이기 때문이다. 그러나 이 판결 이후에는 기본법 제14조 제3항상의 수용은 협의로 개인의 재산권의 일부 또는 전부의 박탈을 그 내용으로 하는 법적 행위로 파악되고 있는 결과, 현재는 이 이론은 특별희생보상의 법리에 따라 인정되는 것으로 보고 있다.

이처럼 수용적 침해이론은 희생보상의 법리에 기하여 존속하는 것으로 되고 있음에도 불구하고, 일부 학설은 이 이론이 헌법재판소의 판결로 정립된 보상을 요하는 재산권의 내용결정의 법리에 따라 그 인정범위는 매우 제한되고 있다고 보고 있다.

Ⅲ. 보상을 요하는 재산권의 내용결정의 법리

1. 의　의

보상을 요하는 재산권의 내용결정의 법리는 독일의 연방헌법재판소의 판례로 정립된 것으로 그 내용은 대체로 다음과 같다.

기본법 제14조에 따라 법률에 의한 재산권의 내용·한계의 설정은 원칙적으로 보상 없이 수인되어야 하는 것이다. 그러나 예외적인 경우에는 재산권의 내용을 헌법합치적으로 규율하는 법률에 의하여서도 특정인에 특별한 희생이 부과되는 경우가 있는바, 이러한 경우 그것은 비례원칙에 반하는 것으로 위헌적인 것으로 된다. 이러한 경우에 있어서의 특별한 희생은 당해 법률에 보상규정을 둠으로써 이를 완화 내지는 제거할 수 있고 그에 따라 당해 법률의 위헌성도 배제될 수 있다고 보는 것이다.

전술한 보상을 요하는 재산권의 한계결정의 법리에 따라 수용적 침해이론의 적용 범위는 극히 제한되고 있다고 보는 것이 현재 학설의 일반적 견해인바, 그 논거는 대체로 다음과 같다.

먼저 수용적 침해이론과 보상을 요하는 재산권의 내용규율의 법리의 경우에 있어서의 재산권의 침해행위는 원칙적으로는 재산권의 내재적 한계로서 보상 없이 수인되어야 하는 것이나, 그 예외로서 수인한계를 넘는 침해로서 보상을 요하는 것으로 되고 있다는 점이다. 다음에 앞의 두 가지 법리가 적용되는 사례도 대체로 일치하고 있다는 점이다. 예컨대 수용적 침해이론이 정립되게 된 전형적인 사례로서 도로공사 또는 공공시설에서 발생하는 임미시온으로 인한 인접자의 재산권에 대한 침해행위의 보상문제는 바로 보상을 요하는 재산권의 내용규율의 문제가 제기되는 사례이기도 한 것이다.

수용적 침해이론의 정립에 있어서는 당해 재산권의 침해는 예견할 수 없는 것이어서 근거법상 그에 관한 보상규정이 흠결되어 있어도 그것은 정당화되는 것이라고 보았던 것이나, 이러한 견해는 더 이상 타당성이 인정될 수 없는 것으로 보고 있다. 왜냐하면, 실제 종래 수용적 침해이론이 적용되는 것으로 되었던 경우에도 근거법상 보상규정을 두고 있는 사례가 점증한 결과, 이러한 침해행위에 대하여도 근거법상 보상적 규율을 두는 것은 가능하다는 인식이 점차 일반화하고 있기 때문이다. 그러한 관점에서는 당해 침해행위는 재산권의 내용규정의 규율대상이 되어야 하는 것으로 보게 된다.

전술한 바에 따라 보상을 요하는 재산권의 내용결정의 법리에 포섭되지 아니하는 수용적 침해이론의 적용 대상이 인정될 수 있는지에 대하여 의문을 제기하는 학자도 적지 않다. 그럼에도 보상을 요하는 재산권 결정의 법리는 유형화될 수 있고 예측가능한 사태에 적용되는 것인데 대하여 수용적 침해이론은 비전형적이고 예측불가능한 사태에 한정적으로 적용될 수 있는 것이라는 점에서 양자는 차이가 있다고 보는 것이 일반적 견해이다.

이러한 수용적 침해행위에 있어서는 그것이 법령에 적합하게 행해졌다는 점에서는 당해 행정작용 자체는 적법한 것이다. 그러나 그것은 우발적이고 부수적인 것이기는 하나, 당해 행정작용으로 인하여 개인의 재산권이 침해되고 있다는 결과적 측면에서는 위법한 것으로서, 그러한 점에서 수용적 침해행위는 수용유사침해행위와는 구별된다. 즉 수용유사침해행위의 경우는 당해 작용 및 그 결과에 있어 공히 위법한 것이나, 수용적 침해행위의 경우는 침해행위 자체는 적법하지만, 그 결과는 위법한 것이다.

2. 성립요건

이 이론이 적용되기 위하여는 다음의 요건이 충족되어야 한다.

(1) 공행정작용으로 인한 개인의 재산권 또는 재산적 가치 있는 권리의 침해

이 경우 당해 침해는 적법한 공행정작용의 부수적 효과로서 비의도적이고 비유형적인 것이어야 한다.

(2) 재산권에 대한 직접적 침해

공행정작용으로 인한 개인의 재산권 침해는 비의도적인 것이기는 하나, 재산권 침해와 공행정작용과는 직접적 관련성이 있어야 한다.

(3) 특별한 손해의 발생

공행정작용의 부수적 효과로서 개인의 재산권에 가하여진 손해는 그 사회적 수인의 한계를 넘어서는 것이어야 한다.

Ⅳ. 연방헌법재판소의 자갈채취판결 이후의 수용유사침해이론의 위상

위에서 검토한 수용유사침해 및 수용적 침해이론은 독일의 연방사법재판소가 기본법 제14조에 기초하여 정립한 보상법리이다. 이에 대하여 연방헌법재판소는 1981년 7월 15일의 이른바「자갈채취사건의 판결(Naßauskiesungsbeschluß BVerfGE 58, 300)」에서 기본법 제14조 제3항상의 수용관념을 엄격하게 해석한 결과, 위의 두 가지 법리의 존속 여부가 문제로 제기되었던 것이다. 이 중에서 수용적 침해이론의 문제는 앞에서 검토하였으므로, 다음에서는 수용유사침해이론에 대하여만 살펴본다.

1. 사건의 개요

이 사건은 구법에 의하여 골재채취업을 하던 자가 새 수자원법의 규정에 따라 동 사업의 계속적 수행을 위한 허가를 신청하였는데, 이를 행정청이 거부한 것이 그 발단이 되었다. 이에 대하여 원고는 주(Land)에 대하여 손실보상을 청구하였다. 연방사법재판소는 이 사건은 수자원법의 관계조항의 합헌성 여부에 따라 결정되어야 할 것으로 판단하여, 당해 조항의 위헌 여부의 심사를 연방헌법재판소에 제청하였던 것이다.

2. 판결의 개요

이 사건에서 연방헌법재판소는 위헌제청의 허용성 여부와 수자원법의 관련규정의 위헌성 여부에 대하여 판단하였던바, 후자와 관련하여 동 재판소는 수용관념 및 수용유사침해이론의 문제에 대하여 연방사법재판소와는 다른 견해를 표명하고 있는데[1] 여기서는 이에 관하여서만 살펴본다.

연방헌법재판소는 먼저 기본법 제14조 제3항상의 수용관념을 협의로 파악하여 동조상의 수용은 그에 따른 보상의 종류와 범위를 정하고 있는 법률에 기한 재산권의 일부 또는 전부의 박탈행위로 보고 있다. 그러한 점에서 그 사회적 구속의 범위를 넘는 재산권의 침탈은 이를 수용으로 보아 온 연방사법재판소의 입장과는 기본적인 차이를 보이고 있다.

수용관계법에 보상규정이 없는 경우에는 당해 법률은 위헌으로서, 그에 기한 수용처분은 위법한 처분이 된다. 이러한 경우에 있어서 연방헌법재판소는 종래의 연방사법재판소의 입장과는 달리 관계법에 보상규정이 없는 결과 관계인은 보상을 청구할 수는 없고 단지 당해 처분의 취소를 청구할 수 있음에 그친다고 보고 있다. 즉 종전과는 달리 관계인에는 취소소송과 손실보상청구 사이의 선택권이 인정되지 않는 것이다.

---

1) 시민이 자신에 대하여 행해진 처분을 수용과 같은 효과를 지닌 것으로 본다면, 그는 이에 대한 법률상의 근거가 있을 때에 그로 인한 보상을 청구할 수 있다. 그러나 그는 그 처분을 취소함이 없이 법률에 의하여 인정되지 않는 보상을 청구할 수는 없다. 법률상의 근거의 결여로 법원 또한 어떠한 보상도 부여할 수 없다. 따라서 피해자는 보상규정의 결여로 위법하게 된 '수용'에 대항하거나 직접 그로 인한 보상을 청구하든가의 선택권을 가질 수 없다. 그 침해행위가 불가쟁력을 발생하면 그 보상소송은 기각을 면치 못한다(BVerfGE 58, 300(324)).

3. 수용유사침해이론의 위상

이상과 같은 연방헌법재판소의 결정에 따라, 수용유사침해이론의 존속 여부의 문제가 제기되었다.

이 문제에 대하여는 그 존속성에 의문을 제기하는 견해도 없지 않다.[1] 그러나 특히 수용유사침해이론은 손실보상과 손해배상의 어느 법제에 의하여도 구제되지 않는 사각지대에 있어서의 개인의 권리침해에 대한 구제제도인 점에 그 기본적 의의가 있다는 인식을 배경으로 하면서, 이 법리는 헌법재판소의 결정에도 불구하고 계속 존속한다고 보는 것이 일반적이다.

그 논거에 있어서는 어느 정도 차이가 있으나, 오늘날에는 관습법으로서 존속하고 있는 「프로이센」일반「란트」법 제74조 및 제75조에 표현되어 있는 희생보상의 원리가 그 근거로 된다는 것이 일반적인 견해로 보인다.[2] 이러한 관점에서 수용유사적 침해 및 수용적 침해이론은 기본법 제14조 제3항과는 독립적으로 존재하는 보상법리가 되는 것이다.

이것은 또한 연방사법재판소 판례의 기본적 입장인 것으로 보인다.[3]

이러한 수용유사침해이론에 대하여는, 재산권의 침해행위에 대하여는 원칙적으로 취소소송에 의하여 이를 다투어야 한다고 보고 있다. 그러나 취소소송의 제기가 불가능하거나 또는 그에 의하여 다투는 것이 수인가능성의 범위를 넘어서는 것인 때에는, 수용유사침해이론에 의하여 구제를 받을 수 있다고 하고 있다.[4]

V. 희생보상청구권

1. 의   의

공용수용으로 인한 보상 또는 위에서 검토한 수용유사침해 및 수용적 침해이론에 의한 보상은 모두 재산적 가치 있는 권리에 대한 침해에 한정되는 것이

---

1) Rupert Scholz, Identitätsprobleme der verfassungsrechtlichen Eigentums-garantie, NVwZ, 1982, 337(346); Hermann Weber, JuS 1982, 852(853).
2) Papier, JuS 1989, 630(636); K. Boujong, in: Nüßgens/Boujong, Eigentum, Sozialbindung, Enteignung, 1987, p. 192; F. Ossenbühl, Staatshaftungsrecht, 1991, p. 183.
3) BGHZ 90, 17(31); BGHZ 91, 20(27-28).
4) H. Maurer, Allgemeines Verwaltungrecht, 1999, p. 722.

고, 생명·신체·자유 등의 법익에 대한 침해에는 적용되지 않는 것으로 되어 있다. 그에 따라 이러한 비재산적 법익의 구제제도로서 판례·학설에 의하여 정립·발전된 것이 희생보상청구권 내지는 희생유사침해에 대한 보상청구권의 법리이다.

희생보상청구권의 근거는 오늘날에도 관습법으로서 헌법적 효력을 가지는 것으로 인정되는 「프로이센」일반「란트」법(ALR) 제74조 및 제75조에 표현되어 있는 법원리, 즉 공익을 위하여 특별한 희생을 당한 자는 보상을 받아야 한다는 원칙에 있는 것으로 보고 있다.

2. 성립요건

(1) 비재산적 권리의 침해

희생보상청구권의 근거가 되는 비재산적 권리의 범위는 확정되어 있지는 않으나, 기본법 제2조 제2항에 규정되어 있는 생명, 건강, 신체의 자유가 그에 해당한다고 보는 것이 일반적 견해이다.

(2) 고권적 침해

피해자는 고권적 작용에 따른 강제상태에 처해 있어야 한다. 강제상태는 반드시 법적·사실적 강제뿐만 아니라, 행정조치에 따른 심리적 효과로서도 야기될 수 있다(예컨대, 적극적 예방주사 권고). 이에 대하여 관계인의 자유의사(자의에 의한 경찰원조)나 과실로 위험상태가 야기된 경우에는 희생보상청구권의 근거가 되는 고권적 침해작용으로는 인정되지 아니한다. 침해작용은 의도적 또는 목적적일 필요는 없고, 그 행위의 피침해권리와의 직접적 관련성이 인정되면 충분하다.

침해작용은 적법, 위법한 경우에 모두 희생보상청구권이 인정된다. 후자의 경우는 수용유사침해법리와 마찬가지로 희생유사침해의 법리에 의하여 구제를 받게 된다.

(3) 특별희생

고권적 행위에 의한 침해는 특별한 희생을 야기하는 것이어야 한다. 관계인이 받는 피해가 타인에는 요구되지 아니하는 일반적 희생 한계를 넘어서는 것인 때에 그 특별성이 인정된다. 위법한 침해행위의 경우에는 원칙적으로 그 위법성 자체가 특별손해의 충분한 징표가 된다. 적법한 고권적 침해행위의 경우에는 특별손해의 판단에는 여러 가지 복합적 요소가 그 판단요소가 되는 것으로서, 그에 있어서는 침해행위 그 자체뿐만 아니라 그 결과도 고려되어야 하는 것임은 물론이다. 특별손해의 판단에는 그것이 법의 허용범위 내의 것인지 여부가 결정적 기준의 하나가 된다. 사회생활상의 일반적 위험이 실현되어 손해가 발생하여도 그것은 특별손해로는 인정되지 아니한다.

3. 보 상

비재산적 권리가 침해된 자는 그에 따른 보상을 청구할 수 있으나, 그것은 당해 침해행위로 인한 재산적 손해(개호비, 진료비 등)만을 그 내용으로 하고, 정신적 손해는 그에 포함되지 않는다고 보는 것이 독일 판례의 태도이다(BGH 20, 61, 68).

4. 희생보상청구권 법리의 우리나라에서의 인정 여부

위에서 생명, 건강 등의 비재산적 권리 침해에 대한 독일에서의 구제제도로서의 희생보상청구권의 법리를 살펴보았던바, 이러한 법리가 우리나라에서도 인정될 수 있는지 여부의 문제가 제기된다.

일반적으로 희생보상청구권의 법적 근거는 「프로이센일반란트법」 제74조 및 제75조에 규정되어 있었고 오늘날에는 관습법적 효력을 가지고 존속하고 있는 희생보상의 원리(Aufopferungsgedanke)에 구할 수 있다고 보고 있다. 이처럼 희생보상청구권의 근거인 희생보상의 원리를 단지 관습법으로서만 파악하는 경우에는, 우리나라의 경우에는 이러한 의미의 관습법은 없고 보면, 그에 근거한 희생보상청구권의 법리의 성립가능성도 부인될 수밖에 없을지 모른다.

이에 대하여 이 희생보상청구권의 법리의 근거를 헌법 원리에서 구하는 경우에는 이론적 차원에서는 다음의 몇 가지 논거에 따라 우리나라에서도 이 법리의 성립가능성은 충분히 인정될 수 있다고 본다. 독일의 경우 희생보상청구권의 근거인 희생보상원리는 관습법으로 파악되고 있으나, 이 원리는 기본적으로는 기본법 제3조 제1항 상의 법 앞의 평등원칙에서 파생되는 균등급부원칙에 해당하는 것으로 이해되고 있다.[1] 프랑스 행정법상 이 원칙에 상응하는 것이 공공부담 앞의 원칙으로서, 이 원칙은 행정상 손해배상제도에서 부과실책임 또는 위험책임의 근거로 되고 있다.[2] 이 원칙은 이른바 행정법의 일반원리의 하나로서 불문법원리를 이루나 그에는 헌법적 효력이 인정되고 있다. 우리 헌법 제11조 제1항은 법 앞의 평등원칙을 규정하고 있거니와, 균등부담의 원칙 또는 공공부담 앞의 평등원칙은 그 파생원칙으로서 헌법원리적 성질을 가진다고 할

---

1) Maurer/waldorf, Qllgemeines Verwalgunsrecht, 19. Auflage, S. 817.
2) René Chapus, Droit administratif général, t.1, 9e édition, p. 1192~1193.

것이며, 이들 원칙은 프랑스 또는 독일의 경우와 같이 비재산적 권리의 침해에 대한 구제제도의 법적 근거가 될 수 있을 것이다.

전술한 바에 따라 우리나라의 경우 비재산적 권리에 때한 침해는 헌법적 원리인 균등부담의 원칙 또는 공공부담 앞의 원칙에 따라 구제될 수 있다고 할 것이나, 권리침해에 대한 구제는 명문의 규정이 있는 경우에만 인정된다고 보는 것이 통설·판례의 입장이고 보면, 이러한 내용의 법리가 현실적 구제제도로서 기능하기는 어려울 것으로 보인다.

제 2. 결과제거청구권

1. 의 의

결과제거청구권은, 위법한 공행정작용으로 인하여 야기된 사실상의 결과로 인하여 자신의 권리·이익을 침해받고 있는 자가 국가 등에 대하여 그 위법한 결과를 제거하여 침해 이전의 상태(status quo ante) 또는 그와 대등한 상태로 회복시켜 줄 것을 구하는 공권이다.

위법한 공행정작용으로 인하여 권리를 침해받고 있는 자는 그로 인한 손해의 금전적 배상뿐만 아니라, 그 침해행위 이전의 상태로의 원상회복을 원하는 경우가 적지 않은데, 이를 위한 것이 결과제거청구권의 법리인 것이다. 즉 이 청구권은 금전에 의한 배상을 내용으로 하는 손해배상청구권과는 달리, 공행정작용으로 인하여 야기된 위법한 결과의 제거, 즉 당해 작용에 의하여 변경된 상태를 제거하여 그 이전 상태에로의 원상회복을 그 목적으로 하는 것이다.

이러한 결과제거청구권의 법리도 독일행정법에서 정립·발전된 것으로서, 이 법리는 먼저 학설에 의하여 정립되었고 이후 판례상으로 수용된 것이다.

이 법리는 초기에는 일단 집행된 행정행위가 이후 그 위법성으로 인하여 취소되었음에도 불구하고, 그 결과로 잔존하는 위법한 사실상의 결과를 제거함을 그 내용으로 한 것이었으나(집행결과제거청구권), 이후 기타 위법한 공행정작용(공무원의 위법한 명예훼손적 발언)이나 사실행위(권원 없이 행한 사인의 토지의 도로에의 편입조치)에도 확대 적용되게 되었다.

2. 성 질

결과제거청구권은 공법상의 권리이나, 그 내용에 있어서는 민법상의 물권

적 청구권으로서의 소유권반환·방해배제청구권(법 213· 214)에 상응하는 경우
가 대부분이다. 그러나 이 권리에는 예컨대 공무원의 위법한 명예훼손적인 발
언의 취소를 구하는 권리도 포함되어 있다는 점에서 물권적 청구권과는 성질을
달리한다 할 것이다.

결과제거청구권은 본질적으로는 손해배상청구권의 성질을 가지는 것으로
독일의 행정상 손해배상제도의 결함을 보완하는 법리로서 학설과 판례에 의하
여 정립된 것이다. 독일에서 행정상 손해배상제도는 공무원이 위법·유책
(rechtswidrig-schuldhaft)의 직무상의 행위로 인하여 타인에게 손해를 가한 때에
는 공무원 개인이 그 배상책임을 지는 것이나, 이 경우 피해자에 대하여는 국가
등이 공무원에 대신하여 책임을 지는 구조로 되어 있다(대위책임구조). 이러한 행
정상 손해배상제도에는 다음과 같은 기본적 결함이 있다. 먼저, 공무원의 직무
상의 행위가 위법한 경우에도 그에 있어 과실이 인정되지 않는 경우에는 국가
등의 배상책임은 인정되지 않는다는 것이다. 이 문제는 이후 판례상으로 정립
된 수용유사침해의 법리 또는 희생유사침해의 법리에 의하여 시정되고 있는 것
임은 기술한 바 있다. 다음에 독일의 행정상 손해배상제도는 공무원 개인의 배
상책임을 국가가 대신하여 지는 대위책임제도로 되어 있는 결과, 배상의 내용
은 금전보상에 한정될 수밖에 없다는 것이다. 즉 공무원의 개인의 지위에서는
공행정작용을 할 수는 없으므로, 공무원의 위법한 직무행위로 인하여 위법한
결과가 조성된 경우에도 그 결과를 제거하여 이전 상태에로의 회복을 청구할
수는 없게 되는 것이다.[1]

이러한 행정상 손해배상제도의 흠결을 보완하여 사인에게 위법한 공행정작
용으로 인하여 조성된 위법한 결과의 배제를 구하는 청구권을 인정한 것이 결
과제거청구권의 법리인 것이다.

3. 근 거

(1) 독 일

결과제거청구권은 실체적(materiell-rechtlich) 청구권이다. 그 근거로는 학
설·판례상 여러 가지 견해가 제시되고 있는바, 정의원칙, 법치국가원리, 행정
의 합법성원칙, 법률유보원칙, 자유권적 기본권, 민법규정(법 1004(소유물방해제거
청구권)·862(점유물방해제거청구권)·12(성명권))의 유추적용 등이 그것이다.

---

1) Tobias Schneider, Folgenbeseitigung im Verwaltungsrecht, 1994, pp. 19~21;
   Wolff/Bachof/Stober, Verwaltungsrecht Ⅰ, 1994, p. 768.

이러한 여러 근거 중에서 기본이 되는 것은, 행정의 합법성원칙과 자유권적 기본권(불법적 강제를 수인하지 아니할 권리)이라고 본다. 즉, 행정의 합법성원칙 및 자유권적 기본권으로부터 위법상태의 존속은 허용될 수 없고 당연히 시정되어야 한다는 결론이 도출된다고 보는 것이다.

그러나 그 구체적 근거가 어떠한 것이든 간에, 이 법리는 현재 독일의 학설·판례상 일반적으로 승인되고 있어서, 행정법의 일반원리적 성격이 인정되고 있다.

(2) 우리 학설

우리 학설상으로는 결과제거청구권의 법적 근거를 ① 독일의 경우와 같이, 헌법상의 법치행정원리(법 107 등), 기본권규정(동법 10·11·34①·37①② 등), 민법상의 관계규정(법 213(소유물반환청구권)·214(소유물방해제거·방해예방청구권))의 유추적용에서 찾으면서도, 그 외에 취소판결의 기속력도 그 근거의 하나로 보거나,[1] ② 헌법 제10조·제23조 제1항 전단·제29조 및 민법 제213조·제214조에서 찾으며,[2] ③ 일부 견해는 민법 제213조 및 제214조에서 찾기도 한다.[3]

생각건대, 결과제거청구권을 공법상의 원상회복청구권으로 이해하는 한에서는 위 제3의 견해는 일단 문제가 있는 것으로 본다. 그러나 이 청구권은 독일의 실정법과 관련하여 정립된 것으로서, 이 법리를 우리나라에서도 인정할 수 있다고 하는 경우에도, 우리 실정법과의 관련에서 그 의미나 인정범위 등에 관한 구체적인 검토가 선행되어야 한다고 본다. 그러한 점에서 여기서는 이 문제에 대한 구체적 검토는 일단 보류하여 두기로 한다.

4. 요 건

결과제거청구권이 인정되기 위해서는, ① 공행정작용에 의하여, ② 재산권 등의 권리에 대하여, ③ 위법한 침해상태가 조성되어, ④ 침해상태가 지속되고 있어야 한다.

(1) 침해행위

침해는 공행정작용에 의하여 야기된 것이어야 한다. 그 침해행위가 사법적 행위인 때에는 결과제거청구권이 아니라, 사법상의 원상회복·방해제거청구권(민법 213·214 등)에 의하게 된다.

---

1) 김남진, 행정법(Ⅰ), p. 556; 박윤흔, 행정법(상), p. 721.
2) 김도창, 행정법(상), pp. 646~647.
3) 이상규, 행정법(상), p. 627.

(2) 위법행위

재산권 등의 침해는 적극적 작용에 의한 것이어야 한다. 부작위에 의한 권리침해의 경우는 원상으로 회복되어야 할 위법상태가 원칙적으로 조성되지 않기 때문에, 원상회복청구권의 문제는 제기되지 않는 것이다. 그러나 당초에는 적법한 행정작용이 이후 사정변경(기간의 경과·해제조건의 성취·처분요건의 소멸 등)에 의하여 위법하게 된 경우, 행정청으로서는 당해 행정작용으로 인한 위법한 상태를 제거하여야 하는 것임은 물론이다. 따라서 행정청이 사정변경으로 인하여 위법하게 된 당해 작용으로 인하여 야기된 위법상태를 시정하지 않고 방치(부작위)하고 있는 경우, 이해관계인에게는 그 위법상태의 제거를 구하는 청구권이 인정되는 것이다. 예컨대 적법하게 행정청에 의하여 압류된 물건에 대하여 행정청이 그 압류결정을 해제하고도 당해 물건을 반환하지 않고 있는 경우(부작위)에는, 그 물건의 소유자는 그 반환을 청구할 수 있는 것이다.

집행결과제거청구권이 인정되기 위하여는 당해 행정행위가 처음부터 무효이거나, 이후 권한 있는 기관에 의하여 취소되어야 한다. 당해 행정행위가 일응 위법한 것이라도 취소되기 전에는 이른바 공정력에 의하여 유효한 행위로 통용되어, 상대방의 재산권 등의 권리침해의 근거가 되는 것이므로, 이 경우에는 위법한 침해상태라는 요건이 인정되지 않는다.

5. 내 용

결과제거청구권은 행정작용으로 인하여 야기된 위법한 결과를 제거하여 원래 상태로 회복함을 목적으로 하는 것이다. 그러나 이 경우의 원상회복청구권은 사물의 가정적 전개에 따른 상태의 완전한 회복을 내용으로 하는 것이 아니라, 행정행위 기타 사실행위에 의한 침해가 있기 전의 상태로의 회복을 그 내용으로 한다는 점에서 독일민법 제249조상의 원상회복청구권에 비하여는 어느 정도 축소된 청구권의 성질을 가진다고 보는 것이 일반적 견해이다.[1] 이 청구

---

1) H. Maurer, Allgemeines Verwaltungsrecht, p. 737; Ossenbühl, Staatshaftungs-recht, 1991, p. 198.

이 문제를 구체적 사례를 들어 설명하면 다음과 같다. 시장 을은 갑의 부재중에 그 소유인 묘원을 권원 없이 도로의 일부로 편입하면서, 당해 묘원의 담을 철거하고 그 지상에 있던 묘목과 3년생의 소나무를 제거하였다. 갑은 당해 행위가 위법한 것임을 이유로 법원에 소를 제기하여 원상회복을 청구하였고, 이 청구는 1년 후에 인용되었다. 이 경우 시장 을은 당해 토지 부분의 도로를 철폐하여 토지를 원상으로 회복시키고, 철거된 담과 대등한 가치를 가지는 담을 복원하고, 다시 제거된 당시의 묘목에 상응하는 묘목을 파종하고 또한 3년생의 소나무를 식재하여야 한다. 이 경우 주의하여야 할 것은 행정청이 다시 파종 또는 식재하여야 하는 것은 위법행위 당시의 상태와 같은 묘목

권은 행정청의 침해에 대한 소극적 제거를 내용으로 하는 방어권(Abwehrrecht)
과는 달리, 예컨대 위법하게 설치된 시설의 철거나 공무원의 명예훼손적인 발
언의 취소 등과 같이, 행정청의 적극적인 행위를 구하는 권리이다.

이 청구권은 위법한 공행정작용의 직접적 결과의 제거만을 그 대상으로 한
다. 따라서, 예컨대 행정청에 의한 특정 주택에의 무주택자의 위법한 입주결정
의 경우에 있어 그 입주자가 주택을 손상한 경우에도, 주택의 소유자는 당해 입
주자의 축출을 요구할 수 있음에 그치고, 손상된 주택의 원상회복을 청구할 수
는 없는 것이다.

6. 한 계

결과제거청구권에는 그 속성과 관련하여 일정한 한계가 따른다.

1) 결과제거청구권은 원상회복이 사실상 가능하고, 법적으로 허용되며, 또
한 행정청의 수인한계 내의 것인 때에만 인정된다. 예컨대 원상회복조치에 과
다한 비용이 소요되는 경우에는 수인한도를 넘어서는 것으로서 결과제거청구권
은 인정되지 않는 것이다.[1]

다만 일정 시기에 있어서는 원상회복이 사실상 가능하고, 법적으로 허용되

및 소나무이지, 1년간의 성장 후의 것은 아니라는 점이다. 또한 이 청구권에 기하여는
당해 위법행위로 인한 일실이익의 전부를 청구할 수는 없다고 보고 있다. T. Schneider,
Folgenbeseitigung im Verwaltungsrecht, op. cit., p. 128.

1) 국가·지방자치단체가 권원 없이 개인의 토지 위에 공물을 설치한 경우에 있어, 판례
상으로는 토지소유권자의 손해배상청구권이 일반적으로 인정되고 있으나, 원상회복청
구권은 제한적으로만 인정되고 있다.

〈부인한 판례〉"원심은 … 피고는 사전에 토지수용절차 등 토지에 관한 적법한 이용
권을 취득함이 없이 본건 대지를 도로부지로 편입하여 도로로 사용하고 있으므로, 달
리 피고가 본건 대지 사용에 관한 정당한 권원을 취득하였다는 주장과 입증이 없는 한,
피고는 원고에게 본건 대지를 인도할 의무가 있다고 판시하였다.

그러나 도로법 제5조에 의하면 도로를 구성하는 부지에 대하여는 사권을 행사할 수
없으므로, 원고는 원판시 도로를 구성하는 부지가 되는 토지에 관하여는 그 소유권을
행사하여 피고에게 그 인도를 청구할 수 없는 것(원고가 피고의 불법행위를 원인으로
하여 손해배상청구를 함을 별론으로 한다)임에도 불구하고, 원심은 이 점을 간과하고
만연히 원고의 이 점에 관한 청구를 인용한 것은 도로법 제5조를 적용하지 아니한 잘
못이 있다"(대판 1968. 10. 22, 68다1317).

〈인정한 판례〉"이 사건 … 대지 42평은 원고의 소유인데, 피고는 1981년 4월 1일
경부터 이 사건 대지 중 약 10평을 점유하면서 지하에 상수도관을 매설하여 현재까지
인근주민들의 식수공급시설로 사용하고 있는데 … 피고가 공익사업으로서 공중의 편의
를 위하여 매설한 상수도관을 철거할 수 없다거나, 이를 이설(이설)할 만한 마땅한 다
른 장소가 없다는 사유만으로는 원고가 그 소유권에 기하여 불법점유를 하고 있는 피
고에 대하여 그 철거를 구하는 것을 권리남용이라고 할 수 없다"(대판 1987. 7. 7, 85
다카1383).

고, 또한 행정청의 수인한도 내의 것이었으나, 시간의 경과로 이들 요건이 충족
되지 않게 되는 경우도 있을 수 있다.

　2) 위법한 것으로 취소된 행정행위가 다른 적법한 행정행위에 의하여 대체
되는 경우와 같이, 위법한 침해상태가 이후 합법화되는 경우에는 결과제거청구
권은 인정되지 않는다.

　3) 위 1), 2)의 경우 피해자는 그로 인한 손해의 전보만을 구할 수 있다.
그러나 이 경우의 손해전보청구권은 독자적 법제나 결과제거청구권에서 도출되
는 것이 아니라, 손해배상 또는 손실보상의 일반법리에 따라 인정되는 것이다.

7. 쟁송수단

　결과제거청구권을 공법상의 권리로 보는 한 이에 관한 소송은 행정소송으
로서의 당사자소송이 될 것이다. 이러한 당사자소송은 이를 독자적으로 제기할
수도 있고, 처분등에 대한 취소소송의 관련청구소송으로서 병합하여 제기할 수
도 있을 것이다(행정소송법 10①②).

제 3 장   행정쟁송

제1절   개   설

Ⅰ. 행정쟁송의 의의

1. 광의의 행정쟁송과 협의의 행정쟁송

행정쟁송이란 행정법상(공법상) 법률관계에 있어서의 분쟁을 당사자의 청구 (발의)에 의하여 일정한 국가기관(행정기관 또는 법원)이 이를 심리·판단하여 분쟁을 해결하는 절차를 말한다. 이러한 의미의 행정쟁송은 현대 법치국가에서는 일반적으로 인정되고 있는 제도이다. 오늘날과 같은 법치국가에서는 모든 행정 작용은 법에 적합하여야 하고, 또한 공익에 합치되어야 하는바, 이러한 행정의 적법성과 타당성은 행정감독 등의 방법에 의하여도 어느 정도 보장될 수 있다. 그러나 국민의 권리·이익의 보장이라는 관점에서 볼 때 보다 실효적인 방법은, 위법·부당한 행정작용으로 인하여 그 권익의 침해를 받은 자로 하여금 직접 그 효력을 다툴 수 있게 하고, 일정한 판정기관이 그에 대한 유권적 판정을 내리도록 하는 제도를 마련하는 것일 것이다. 이러한 쟁송절차의 보장은 국민의 권익 보호를 그 기본으로 하는 실질적 법치주의에도 부합하는 것이다.

행정쟁송은 광의와 협의로 나누는 것이 보통이다. 광의의 행정쟁송은 행정 상의 분쟁에 대한 유권적 판정절차를 총칭하는 것으로, 그 심판기관(행정기관 또는 법원)이나 심판절차(정식절차 또는 약식절차)를 가리지 않는다. 이에 대하여 협의의 행정쟁송은 행정기관(일반 행정청 또는 행정부소속 특별행정재판소)이 행정상의 분쟁을 판정하는 절차를 말한다. 이러한 의미의 행정쟁송은 모든 국가에 의하여 채택되고 있는 것이 아니고, 종래 독일·「프랑스」등의 대륙법계 국가에 특유한 것이었다. 즉, 영미법계 국가에서는 협의의 행정쟁송은 인정되지 않고, 행정사 건도 민사·형사사건과 마찬가지로 일반법원의 관할하에 두고 있었던 것이다.

그러나 일면에 있어, 영미법계의 국가에서도 19세기 말 이래 행정상 분쟁에 대하여 행정위원회·행정심판소 등에 의한 심판기능이 인정되기에 이르렀고, 타면에 있어 독일에서는 제2차대전 이후 행정재판도 사법권의 일부로 되었으며, 한편 「프랑스」에서는 19세기 말 이래 행정재판소가 일반법원에 못지않은 실질적 독립성을 가지고 적어도 그에 비견할 만한 국민의 권리구제기능을 수행하고 있다. 따라서 광의·협의의 행정쟁송을 구분하는 것은 그 연혁적 의의는 인정할 수 있다 하여도, 오늘날에는 그 구별의 실익이 거의 없다 할 것이다.

2. 행정쟁송과 행정소송

행정상 분쟁의 판정기관이 독립한 재판소의 구조를 가지고 정식 소송절차를 거쳐 판정하는 것을 행정소송이라 한다. 행정소송은 행정쟁송 중에서 가장 완비된 형태이다. 물론 그 구체적 법제는 국가에 따라 다르다. 그러나 이를 대별하면, 영미법계 국가와 같이 일반사법재판소가 그 재판기관이 되는 경우와, 「프랑스」 등과 같이 별도의 행정재판소가 그 재판기관이 되는 경우로 나눌 수 있다. 일반적으로 전자를 사법국가, 후자를 행정국가라고 한다.

3. 우리나라의 행정쟁송제도

우리 헌법은 행정쟁송의 심판기관으로서 독립한 행정재판소를 두지 않고, 영미법계 국가에서와 같이 행정사건도 일반법원의 관할로 하였다(헌법 107②). 그러나 일반사건에 대한 행정사건의 특수성을 감안하여, 종래 행정소송법을 제정하여 행정소송에 있어서는 민사소송에 대한 여러 가지 특례를 인정하고 있었던바, 행정소송(항고소송)의 제기에 있어서는 그 전심절차로서 행정심판을 거치게 하는 행정심판전치주의 등이 그 대표적 예이다. 그러나 여러 가지 문제점으로 인하여 1998년 3월 1일부터 시행된 1994년 7월 14일의 행정소송법중개정법률은 행정심판에 대하여는 이를 필요적 전치절차로 하던(행정심판전치주의) 종래 행정소송법의 관계규정을 개정하여, 이를 임의적 절차로 하였다(동법 18①).

Ⅱ. 행정쟁송의 종류

행정쟁송은 그 내용·절차·판정기관 등에 따라 여러 가지로 분류할 수 있다.

1. 정식쟁송과 약식쟁송

분쟁의 공정한 해결을 위한 절차상의 요건은 기본적으로, ① 판단기관이 독립한 지위를 가지는 제3자일 것과, ② 당사자에 구술변론의 기회가 보장될 것이라는 두 가지 요건으로 요약된다. 따라서 이 양자를 갖춘 것을 정식쟁송이라 하며 행정소송이 이에 해당한다. 그리고 이 중 어느 하나가 결여된 것을 약식쟁송이라 하며 행정심판은 이에 해당한다.

2. 시심적 쟁송과 복심적 쟁송

시심적 쟁송은 행정법관계의 형성 또는 존부를 결정하는 행위가 쟁송의 형식으로 행하여지는 경우의 쟁송을 말하며, 복심적 쟁송은 이미 행하여진 행정작용의 위법·부당성을 심판하는 절차를 말한다. 당사자쟁송은 전자에, 그리고 항고쟁송은 후자에 해당한다.

3. 항고쟁송과 당사자쟁송

항고쟁송은 이미 행하여진 행정청의 처분의 위법 또는 부당을 이유로 그 취소·변경을 구하는 쟁송이다. 실정법상으로는 이의신청(국세기본법 66)·심판청구(동법 67)·행정심판(행정심판법 1) 및 항고소송(행정소송법 3i) 등으로 불린다.

당사자쟁송은 행정법상 대등한 두 당사자 사이에서의 법률관계의 형성·존부에 관한 다툼에 대하여 그 심판을 구하는 절차를 말한다. 실정법상으로는 재결(토지취득보상법 84)·당사자소송(행정소송법 3ii) 등으로 불린다.

4. 주관적 쟁송과 객관적 쟁송

주관적 쟁송은 행정청의 처분으로 인하여 개인의 권리·이익이 침해된 경우에 그 구제를 구하는 쟁송을 말한다. 일반적으로 쟁송제도는 개인의 권리·이익을 보호하기 위하여 인정되는 것이므로, 쟁송은 권리 또는 법률상 이익의 침해를 받은 자만이 제기할 수 있다.

이에 대하여, 객관적 쟁송은 행정작용의 적법·타당성 확보의 견지에서 인정되는 쟁송이다. 따라서 이러한 객관적 쟁송에서는 개인의 권익침해는 그 요건으로 되지 않는다. 다음의 민중쟁송과 기관쟁송은 이에 해당한다. 이러한 객관적 쟁송은 법률적 쟁송은 아니므로, 법률의 명시적 규정이 있는 경우에만 인정된다.

5. 민중쟁송과 기관쟁송

민중쟁송은 적정한 행정법규의 적용을 확보하기 위하여 선거인 등의 일반

민중에 의하여 제기되는 쟁송이며, 예컨대 선거에 관하여 선거인이 제기하는 선거소송(공직선거법 222) 등이 이에 해당한다.

기관쟁송은 국가 또는 공공단체의 기관 상호간의 관계에 있어 인정되는 쟁송으로서, 예컨대 지방자치단체의 장이 지방의회의 의결의 위법을 이유로 대법원에 제소하는 것(지방자치법 107) 등이 이에 해당한다.

6. 행정심판과 행정소송

행정심판은 행정기관이 행정법상의 분쟁에 대하여 심리·판정하는 절차를 말하며, 행정소송은 법원이 행정법상 분쟁에 대하여 심리·판정하는 절차를 말한다.

우리나라에서는 행정사건도 일반법원의 관할로 하여 행정에 대한 사법적 통제제도를 확립하고 있다. 이처럼 우리나라에서는 행정작용에 대한 종국적 사법통제의 원칙을 취하면서도, 동시에 행정의 자율적 통제기회의 보장, 또는 그 구제수단으로서의 간이성·신속성 등 제도적 장점을 이유로 행정심판제도가 병행적으로 채택되고 있다. 이 경우, 양자의 관계에 대하여 행정소송법은 행정심판전치주의를 취하여, 행정소송(항고소송)은 원칙적으로 행정심판을 거쳐 제기하도록 하고 있었으나(구법 18), 1994년 7월 14일의 행정소송법중개정법률에 의하여 동조가 개정되어, 현재는 행정심판은 원칙적으로 임의절차로 되어 있다(법 18). 그러나 이러한 행정소송법상의 행정심판의 임의절차원칙에 대한 예외로서, 공무원관계법(국가공무원법 16①, 교육공무원법 53①, 지방공무원법 20의2)과 도로교통법(법 142), 조세관계법(국세기본법 56②, 관세법 120②)은 행정심판전치주의를 규정하고 있다.

제2절 행정심판

제 1. 개 설

I. 행정심판의 의의

1. 개념 및 성질

행정심판은 널리 행정기관이 행하는 행정법상의 분쟁에 대한 심리·판정절차를 말한다. 실정법상으로는 이의신청(광업법 90, 국세기본법 66), 심사청구, 심판청구(국세기본법 55), 행정심판 등의 여러 가지 명칭으로 불리고 있다.

행정심판은 일반적으로 분쟁에 대한 심판작용이면서, 동시에 그 자체가 행정행위라는 이중적 성격을 가지고 있다. 행정심판은 행정상의 분쟁에 관하여 사실을 인정하고 법을 적용하여 그 분쟁을 심리·판단한다는 점에서는, 재판에 준하는 성질을 가진다. 행정심판은 또한 행정청의 의사의 표현으로서, 다툼 있는 행정법관계를 규율하고 행정법질서를 유지 또는 형성(발생·변경·소멸)하여 행정목적을 실현한다는 점에서는, 행정행위의 성질을 가지는 것이다. 행정소송법이 취소소송 등의 대상을 '처분'과 행정심판에 대한 재결을 합쳐 '처분등'으로 하고 있는 것은, 행정심판의 행정행위로서의 성격을 전제한 것이다.

이러한 행정심판의 두 가지 성격 중에서 어느 편이 더 큰 비중을 가지는가는 결국 각국의 입법정책적 문제라 하겠다. 행정심판의 심판작용이라는 측면에서는, 그 심판기관의 독립성이나 구두변론절차 등의 요청이 특히 강조될 것이다. 우리 헌법은 "행정심판의 절차는 법률로 정하되 사법절차가 준용되어야 한다"고 규정하고 있어 심판작용으로서의 성격이 강조되고 있다.

2. 청원·진정 등과의 구별

(1) 청원·진정과의 구별

1) **청원과 행정심판** 국가기관에 대한 국민의 청원은 헌법상 하나의 기본권으로 보장되고 있다. 이러한 청원에 대하여, 헌법은 국가의 심사의무만을 규정하고 있으나(헌법 26②), 청원법은 행정기관의 심사처리의무와 통지의무까지 규정하고 있으므로(동법 9), 그 한도에서는 청원과 행정심판은 차이가 없다. 그러나 행정심판이 침해된 권리·이익의 구제를 위한 쟁송제도인 데 대하여, 청원은 엄격한 의미에서 권리구제제도라기보다는 널리 국정에 대한 국민의 의사표시를 보장하기 위한 제도이므로, 양자는 다음과 같은 차이가 있다.

㈎ 행정심판은 권리·이익이 침해된 경우에만 제기할 수 있으나, 청원은 그에 한하지 않고 법령의 제정 또는 개정이나 공공의 제도의 개선 등에 대한 희망을 개진하기 위하여도 할 수 있다(청원법 4).

㈏ 청원은 어느 기관(입법·사법·행정기관, 처분·감독기관 등)에 대해서나, 또한 어느 때나 제기할 수 있으나, 행정심판에 있어서는 그 제기기관 및 기간상 엄격한 제한이 있다.

㈐ 청원에 있어서는, 심사절차·재정형식·통지형식 또는 판정내용에 관하

여 법적 기속이 없는 데 대하여, 행정심판에 있어서는 판정의 형식·절차에 있어 법적 제한이 있고, 그 판정내용에 대하여는 기속력이 인정된다.

  2) 진정과 행정심판 진정은 법정의 형식·절차에 의하지 않고, 행정청에 대하여 일정한 희망을 진술하는 행위로서, 그것은 사실상 행하여지는 것에 불과하고 권리행사는 아니다. 그러나 그에 대한 행정청의 답변의 내용이나 이후의 진정인의 태도 등으로 말미암아, 행정상 확약의 요건이 충족되는 경우가 있을 수 있다.

(2) 행정심판과 고충민원처리제도

고충민원처리제도는 부패방지 및 국민권익위원회의 설치와 운영에 관한 법률에서 정하고 있는 것으로서, 관계인의 고충민원의 신청에 따라 국민권익위원회가 이를 조사하고 처리하는 제도를 말한다.

  여기서 고충민원이란 행정기관등의 위법·부당하거나 소극적인 처분 및 불합리한 행정제도로 인하여 국민의 권리를 침해하거나 국민에게 불편이나 부담을 주는 사항에 관한 민원을 말하므로(법 2v), 행정심판에 비하여 그 적용대상이 매우 넓다. 고충민원은 행정심판과는 달리 국민은 누구든지 이를 제기할 수 있다. 그러나 이 제도에서는 관계인의 고충민원이 이유 있다고 인정되는 경우에도 국민권익위원회는 단지 행정기관에 대하여 시정조치를 취하도록 권고할 수 있음에 그치는 것으로서, 그러한 점에서 행정심판의 재결이 당사자를 법적으로 기속하는 것과는 기본적인 차이가 있다.

(3) 직권재심사와의 구별

직권재심사나 행정심판은 모두 행정작용의 적법·타당성을 보장하기 위한 행정권의 자율적 통제수단이라는 점에서 공통적이다. 그러나 행정심판은 처분으로 인하여 그 권익의 침해를 받은 상대방의 심판청구제기에 의한 행정의 자기통제수단이라는 점에서, 행정청 스스로의 발의에 의한 통제수단인 직권재심사와는 구별된다. 행정심판에 있어서는 또한 법률관계의 안정이라는 견지에서 심판청구기간상의 제한이 있다.

Ⅱ. 행정심판의 존재이유

행정심판은 약식쟁송으로서, 국민의 권익구제제도로서는 불완전한 것이다. 또한 위법·부당한 행정처분의 효력을 다투는 항고심판에 있어서 그 심판기관은 일반적으로 행정기관으로 되어 있는바, 그것은 곧 심판받아야 할 자가 심판자의 지위에 서는 것을 뜻하는 것이 된다. 이러한 불완전성·불합리성에도 불구하고 행정심판제도가 채택되는 이유는 대체로 다음과 같다.

1. 자율적 행정통제

행정심판은 행정권에 의한 행정작용의 자율적 통제를 통한 국민의 권익구제제도로서의 의미를 가지고 있다. 연혁적으로 행정심판제도는 사법권으로부터 행정권의 독립성을 확보하기 위하여 설치된 것이었다. 「프랑스」에서는 혁명 전 사법재판소(parlement)의 행정에 대한 지나친 간섭으로 인해 조성된 행정권의 사법재판소에 대한 불신으로 인하여, 혁명기에 법률로써 행정사건에 대한 사법재판소의 관할권을 배제한 결과, 행정사건은 행정권 스스로가 이를 심판하게 되었던 것이다. 이러한 「프랑스」적 행정심판제도는 이후 독일·「오스트리아」등에서도 채택되기에 이르렀다.

이상과 같은 초기의 행정심판제도는 그 심판기관의 중립성 내지는 독립성이 보장되어 있지 않고, 또한 심판절차도 불비된 것이어서, 국민의 권리구제제도로서는 매우 불완전한 것이었다.

그러나 오늘날에는 행정심판전치주의를 취하는 경우에도, 종국적으로는 행정소송에 의한 통제가 유보되어 있으므로, 사법권에 대한 행정권의 독립성 보장제도로서의 행정심판의 제도적 의의는 거의 없다 할 것이다. 다만, 행정심판제도가 행정권에 의한 자율적 통제기회를 보장한다는 의미는 여전히 가지고 있다.

"행정소송을 제기함에 있어서 행정심판을 먼저 거치도록 한 것은 행정관청으로 하여금 그 행정처분을 다시 검토케 하여 시정할 수 있는 기회를 줌으로써 행정권의 자주성을 존중하고 아울러 소송사건의 폭주를 피함으로써 법원의 부담을 줄이고자 하는 데 그 취지가 있다"(대판 1988. 2. 23, 87누704).

2. 사법기능의 보완

행정심판은 행정상의 분쟁을 행정기관이 상대적으로 간이한 절차에 따라 심리·판정하게 함으로써, 행정에 관한 전문지식을 활용하고 사법절차에 따르는 시간·경비의 낭비를 피하며, 소송경제를 실현하여 사법기능을 보완하는 역할을 한다.

오늘날 행정은 양적으로 확대되었을 뿐만 아니라, 내용적으로도 매우 전문화되어, 그에 관한 전문적 지식이 없이는 그에 대한 신속·타당한 판정을 기대하기 어렵게 되었다. 또한 일반법원으로서는 고도의 전문적·기술적 행정분야에 관하여 사법소극주의로 흐를 위험성도 있다. 이러한 점을 감안하면, 행정에 관한 전문적 지식을 적절히 활용할 수 있는 행정심판제도는 나름대로의 효용성이나 타당성이 인정되는 것이다.

3. 법원의 부담경감

행정심판도 당사자의 심판청구제기에 의하여 사실을 확인하고, 법을 해석·적용하여 분쟁을 해결한다는 점에서, 준사법적 기능을 수행한다고 할 수 있다. 따라서 행정심판제도가 적절하게 운영되는 경우에는, 행정상 분쟁의 1차적 여과기능을 수행하여 법원의 부담을 경감시키고, 국민에게도 불필요한 시간의 낭비 또는 경비 지출을 방지하여 줄 수 있다.

그러나 행정심판이 이러한 기능을 적절하게 수행할 수 있기 위하여는 이 제도가 객관적이고 공정하게 운영됨으로써, 이에 대한 국민의 높은 신뢰가 형성되어야 할 것이다.

행정심판의 존재 이유로서 이외에 규제대상의 확대를 드는 학자도 있다.[1]

Ⅲ. 행정심판의 종류

1. 개괄적 검토

행정심판도 행정쟁송이므로, 이를 주관적 심판과 객관적 심판으로, 주관적 심판은 당사자심판과 항고심판으로 나눌 수 있다. 행정심판법은 항고심판에 대하여만 규율하고 있으며, 당사자심판은 개별법에서 단편적으로 규정되고 있다.

행정심판은, 그 심판기관을 기준으로 하여 종래 처분청 자신이 심판기관인 경우를 보통 이의신청이라 하고, 원칙적으로 상급 감독청이 심판기관인 경우를 소원이라고 하였으나, 현행 행정심판법은 후자를 행정심판이라고 하고 있다.

행정심판법은 행정심판의 절차에 관하여 일반적으로 정하고 있다. 이에 대하여 조세관계, 특허관계, 토지행정 등 다양한 행정분야에서 개별법이 다양한 특례규정을 두고 있는바, 이들을 특별심판절차라고 할 수 있을 것이다.

행정심판법상의 일반행정심판과 기타 관계법상의 특별행정심판절차에 대하여는 뒤에서 구체적으로 검토하므로, 다음에서는 이의신청과 당사자쟁송에 한

---

1) 김철용, 행정법, 2011, p. 540.

하여 약술한다.

2. 이의신청

행정청의 위법·부당한 처분으로 인하여 그 권리·이익이 침해된 자의 청구에 의하여 처분청 자신이 이를 재심사하는 절차를 말한다. 이러한 이의신청은, 행정심판과 같이 일반법인 행정심판법에 의하여 위법·부당한 처분에 대하여 개괄적으로 인정되는 것이 아니고, 각 단행법에 의하여 개별적으로 인정되고 있으나 그 예는 많지 않다.[1]

강학상으로는 이의신청이라는 용어가 일반적으로 사용되나, 실정법상으로는 불복신청·재심사청구 등의 여러 가지 명칭으로 불리고 있다. 이의신청의 대표적인 것으로는, 국세기본법상의 이의신청을 들 수 있다(법 55③).[2]

3. 당사자심판

(1) 의 의

행정상 법률관계의 형성 또는 존부에 관하여 다툼이 있는 경우에, 당사자의 신청에 의하여 권한 있는 행정기관이 이를 유권적으로 판정하는 절차를 말한다. 이에 관한 일반법은 없고 각 개별법이 정하는 바에 의하나, 그 예는 많지 않다.

당사자심판은 행정청의 처분이 있은 후에 그에 불복하여 제기하는 것이 아니고, 처음부터 쟁송절차에 의하여 법률관계의 형성 또는 존부에 관한 행정청의 판단을 구하는 것이므로 시심적 쟁송이다. 강학상으로는 신청절차를 재결신청이라 하고 그에 대한 판정을 재결이라 하나, 실정법상으로는 여러 가지 용어(재결·재정·결정·판정 등)가 쓰이고 있다.

---

1) 대법원은 지방자치법 제140조 제3항에서 정한 이의신청과 행정심판은 모두 본질에 있어 행정처분으로 인하여 권리나 이익을 침해당한 상대방의 권리구제에 목적이 있고, 행정소송에 앞서 먼저 행정기관의 판단을 받는 데에 목적을 둔 엄격한 형식을 요하지 않는 서면행위이므로, 이의신청을 제기해야 할 사람이 처분청에 표제를 '행정심판청구'로 한 서류를 제출한 경우라 할지라도 서류의 내용에 이의신청 요건에 맞는 불복취지와 사유가 충분히 기재되어 있다면 표제에도 불구하고 이를 처분에 대한 이의신청으로 볼 수 있다고 하였다(대판 2012. 3. 29, 2011두26886).
2) 그 밖에 판례상 이의신청으로 인정되는 예로서는, 민원사무처리에 관한 법률 제18조에 따른 이의신청(대판 2012. 11. 15, 2010두8676), 부동산 가격공시 및 감정평가에 관한 법률 제12조에 따른 이의신청(대판 2010. 1. 28, 2008두19987) 등을 들 수 있다.
   동일한 처분에 대하여 이의신청과 행정심판이 함께 인정되어 있는 경우(예컨대, 국세기본법 55③)에는, 양자가 선후심의 관계에 있는 것이 보통이다.

(2) 재결의 신청·절차 및 기관

누가 재결의 신청권을 가지는가는 각 법령이 정하는 바에 의할 것이나, 보통은 당해 법률관계의 형성에 관하여 상대편에게 협의를 구한 자가 될 것이다(예컨대, 토지수용에 있어서의 사업시행자: 토지보상법 30).

재결절차도 각 법령이 정하는 바에 따라 다르지만, 상대편 기타 이해관계인에게 의견진술의 기회를 부여하는 것이 보통이다(토지보상법 31·32).

재결기관은 법령에 의하여 그 권한이 부여된 일반행정청이 되는 것이 보통이지만, 재결의 신중을 기하기 위하여 특별한 행정위원회가 설치되는 경우도 적지 않다(토지수용위원회 등).

(3) 재 결

재결의 기간에 관하여는 법령상 일정한 제한이 있는 것이 보통이지만, 그러한 명문규정이 없는 경우에도 일정한 조리상의 제한이 인정된다고 본다.

재결에는 확인재결과 형성재결이 있다. 확인재결은 법률관계의 존부 또는 정부를 확인하는 재결이다. 지방자치단체 사이에서 과세권의 귀속 등에 관하여 의견이 갈리고 있는 경우, 그 한편의 신청에 의한 도지사 또는 행정안전부장관의 결정(지방세기본법 12) 등이 이에 해당한다. 형성재결은, 예컨대 토지수용에 있어 사업시행자와 토지소유자 사이에 협의가 이루어지지 않은 경우에, 사업시행자의 신청에 의하여 토지수용위원회가 당사자에 갈음하여 재결로써 그 법률관계를 형성하여 주는 경우 등이 이에 해당한다.

(4) 재결에 대한 불복

법령상 관련절차가 규정되어 있는 경우에는 그에 따라야 하지만, 그러한 규정이 없는 경우에는 재결도 행정행위이므로 항고쟁송(취소심판·취소소송)을 제기하여 그 취소·변경을 구할 수 있을 것이다.

제 2. 행정심판법상의 행정심판의 종류·대상

(광의의) 행정심판의 일반적 종별에 관하여는 위에서 개관하였거니와, 행정심판에 관한 일반법인 행정심판법은 행정심판으로서 취소심판·무효등확인심판 및 의무이행심판의 세 가지를 규정하고 있다(법 5). 이 중에서, 의무이행심판은 행정청의 부작위로 인한 개인의 권익침해에 대한 획기적인 구제수단으로서, 종전에는 없던 것이나 행정심판법에 새로 도입된 것이다. 이러한 의무이행심판은 행정소송법이 규정하고 있는 부작위위법확인소송에 비하여 보다 실효적인 권리

구제제도로서, 이러한 의무이행심판의 실제 적용사례는 장래 행정소송에서의 의무이행소송의 적정한 운영에 있어 매우 유용한 자료를 제공하여 줄 것으로 본다.

Ⅰ. 행정심판의 종류

1. 취소심판

(1) 의 의

행정청의 위법 또는 부당한 공권력 행사나 그 거부 또는 그 밖에 이에 준하는 행정작용('처분')으로 인하여 권익을 침해당한 자가 그 취소 또는 변경을 구하는 행정심판을 말한다(행정심판법 5ⅰ·2ⅰ). 취소심판은 공정력 있는 처분의 취소·변경을 구하는 항고쟁송으로서 행정심판의 중심을 이룬다.

(2) 성 질

취소심판의 성질에 관하여는, 취소소송의 경우와 마찬가지로 이를 형식적 쟁송으로 보는 견해와 확인적 쟁송으로 보는 견해가 있다. 형식적 쟁송설은 취소심판이 법률관계를 성립시킨 처분의 효력을 다투어 그 취소·변경에 의하여 당해 법률관계를 소멸 또는 변경시키는 성질의 심판, 즉 형성적 성질의 것이라고 본다. 이에 대하여 확인적 쟁송설은 취소심판이 처분의 위법성·부당성을 확인하는 성질의 것이라고 본다. 형성적 쟁송설이 통설이다.

(3) 재 결

취소심판의 청구가 이유가 있다고 인정하면 위원회는 처분을 취소 또는 다른 처분으로 변경하거나, 처분을 다른 처분으로 변경할 것을 피청구인에게 명한다(행정심판법 43③).

2. 무효등확인심판

(1) 의 의

행정청의 처분의 효력 유무 또는 존재 여부를 확인하는 행정심판을 말한다(행정심판법 5ⅱ).

무효 또는 부존재인 행정처분은 이른바 공정력이 인정되지 않으므로 처음부터 효력이 없는 것으로서, 누구도 그 구속을 받지 않는다. 그러나 이 경우에도 처분의 외관은 있으므로 행정청이 이를 유효한 것으로 판단하여 집행할 우려가 있다. 또한 반대로 유효한 처분을 행정청이 무효 또는 부존재라 하여 그 효력을 부인하는 경우도 있을 수 있기 때문에, 처분의 유·무효 또는 그 존재여부에 대한 유권적 확정의 필요가 있는 것이다. 이러한 무효등확인심판은 그확인대상에 따라 ① 유효확인심판, ② 무효확인심판, ③ 실효확인심판, ④ 존재확인심판 및 ⑤ 부존재확인심판으로 구분되나, 실무상 유효 또는 존재·부존재확인심판청구 사건의 예는 거의 없다.[1]

무효등확인심판에는 취소심판과는 달리, 청구기간이나 사정재결에 관한 규정이 적용되지 아니한다(동법 27⑦·44③).

(2) 성 질

무효등확인심판의 성질에 관하여는, 확인적 쟁송설·형성적 쟁송설 및 준형성적 쟁송설 등의 견해가 있다.

확인적 쟁송설에 의하면, 이 심판은 적극적으로 처분의 효력을 소멸시키는것이 아니라, 다만 당해 처분이 무효임을 확인하는 데 그치는 것이라고 한다.이에 대하여 형성적 쟁송설은 무효사유인 하자와 취소사유인 하자의 상대성을전제로 하여, 무효등확인심판도 결국 행정작용의 효력관계를 다투는 것으로서본질적으로는 형성적 쟁송으로서의 성질을 가진다고 한다. 준형성적 쟁송설에의하면, 무효등확인심판은 실질적으로는 확인쟁송이나, 형식적으로는 처분의효력 유무 등을 직접 소송의 대상으로 한다는 점에서 형성적 쟁송으로서의 성질을 아울러 가지는 것으로 본다. 이것이 현재의 통설이다.

(3) 재 결

위원회는 무효등확인심판의 청구가 이유가 있다고 인정하면, 처분무효확인재결·처분유효확인재결·처분부존재확인재결·처분존재확인재결 또는 처분실효확인재결을 하게 된다(동법 43④).

3. 의무이행심판

(1) 의 의

당사자의 신청에 대한 행정청의 위법 또는 부당한 거부처분이나 부작위로인하여 권익의 침해를 당한 자의 청구에 의하여 일정한 처분을 하도록 하는 행정심판이다(동법 5iii).

취소심판이나 무효등확인심판은 적극적인 공권력 발동으로 인하여 권익이침해된 경우에 있어서의 구제제도이다. 그러나 행정이 질적·양적으로 확대되고

---

1) 국무총리행정심판위원회, 행정심판업무편람, p. 14.

행정에 대한 국민생활의 의존도가 매우 높은 오늘날에는, 적극적 행정작용뿐만 아니라 행정권의 소극적 자세 즉 거부처분이나 부작위로 인하여 국민의 권익이 침해되는 경우도 적지 않다. 따라서 이러한 소극적 행정작용으로 인한 국민의 권익침해에 대한 쟁송수단이 필요한바, 의무이행심판·의무이행소송이 그에 해당한다. 행정심판법은 의무이행심판을 규정하고 있으나, 행정소송법은 일단 부작위위법확인소송을 도입하는 데 그쳤다.

(2) 성 질

의무이행심판은 행정청에게 일정한 처분을 할 것을 명하는 심판이므로 이행쟁송의 성질을 가진다. 의무이행심판은 현재 행정청의 법률상 의무가 이행되고 있지 아니한 경우에 그 이행을 구하는 경우에만 가능하고 장래의 이행쟁송과 같은 것은 허용되지 않는다.

(3) 특 수 성

거부처분에 대한 의무이행심판에는 기간상 제한이 있으나, 부작위의 경우에는 부작위가 존재하는 한 언제든지 심판을 제기할 수 있는 것이므로, 심판제기기간상의 제한을 받지 않는다(행정심판법 27⑦). 의무이행심판에는 집행정지에 관한 규정이 적용되지 않는다 할 것이다. 왜냐하면, 집행정지는 침익적 처분의 집행정지라는 소극적 형성을 내용으로 하고, 처분이 행해진 것과 같은 상태를 적극적으로 창출하는 것은 아니기 때문이다.[1]

(4) 재 결

위원회는 의무이행심판의 청구가 이유가 있다고 인정하면, 지체 없이 신청에 따른 처분을 하거나(형성적 재결), 처분을 할 것을 피청구인에게 명한다(이행적 재결)(동법 43⑤). 기속행위의 경우에는 처분청은 신청대로의 처분을 하여야 할 것이나, 재량행위의 경우에는 처분청은 처분을 할 의무는 있으나(인용 또는 거부), 원칙적으로 신청대로의 처분을 할 의무는 없다. 왜냐하면, 재량행위에 있어서는 행정청에 행위 여부 또는 다수의 행위 중에서 어느 행위를 할 것인가에 대하여 재량권 즉 독자적 판단권이 부여되어 있기 때문이다. 따라서 재량행위에 있어서는 위법사유에 기하여서는 위원회는 행정청(처분청·부작위청)에 대하여 단지(일정한) 처분을 할 것을 명할 수 있음에 그치고, 신청에 따른 처분을 할 것을 명할 수는 없다. 그러나 부당사유에 기하여서는 위원회는 신청에 따른 처분을 할 것을 명할 수도 있을 것이다(재결의 종류 중 의무이행재결에 관한 부분 참조).

---

1) 박윤흔, 행정법(상), pp. 702~703.

Ⅱ. 행정심판의 대상

1. 개 설

행정심판의 대상이라 함은 행정심판사항 즉 심판청구의 대상으로 될 수 있는 사항을 말한다.

일반적으로 법률이 행정심판사항을 정하는 방법에는 개괄주의와 열기주의가 있다. 개괄주의는 행정심판대상을 개별화하여 제한하지 않고, 위법·부당한 처분 또는 부작위를 일반적으로 행정심판사항으로 하는 제도이다. 이러한 개괄주의는 국민의 권리구제의 면에서 바람직한 것임은 물론이나, 청구의 남용이나 운영상의 혼란을 야기할 우려가 있다. 열기주의는 법률이 특정한 사항에 대해서만 행정심판청구를 허용하는 제도를 말한다. 이것은 위의 개괄주의의 문제점은 방지할 수 있으나, 국민의 권리구제의 측면에서는 취약성이 있다.

행정심판법은 개괄주의를 취하여, 위법·부당한 '행정청의 처분 또는 부작위'에 대하여 일반적으로 행정심판을 제기할 수 있도록 하였다(법 1·3①). 다만 대통령의 처분 또는 부작위는 대통령이 행정부의 수반이라는 점을 감안하여, 다른 법률에서 행정심판을 청구할 수 있도록 정한 경우 외에는 행정심판의 실익이 없다고 보아 그 대상에서 제외하여, 그에 대하여는 직접 행정소송을 제기하도록 하였다(동법 3②).

행정심판의 대상에는 위법한 처분·부작위뿐만 아니라 부당한 처분·부작위까지도 포함된다는 점에서는, 그 대상이 위법한 처분·부작위에 한정되고 있는 행정소송에 비하여 그 범위가 넓은바, 이것은 행정심판이 행정의 자율적 통제수단으로의 성격을 가지는 점에 기인하는 것이다. 그러나 행정심판에 있어 처분등의 부당을 이유로 하는 청구의 인용사례는 거의 없는 것이 그 운영의 실제이다.

다음에 심판대상에 관하여 분설한다.

2. 행 정 청

행정심판의 대상은 행정청의 처분 또는 부작위이다.

1) 행정청은 처분 또는 부작위를 할 수 있는 권한을 가진 행정기관, 즉 국가 또는 지방자치단체의 행정에 관한 의사를 결정·표시할 수 있는 권한을 가진 행정기관을 말하는바, 조직법적 의미의 행정관청이 이에 포함됨은 물론이다.

2) 행정청이란 행정에 관한 의사를 결정하여 표시하는 국가 또는 지방자치

단체의 기관, 그 밖에 법령 또는 자치법규에 따라 행정권한을 가지고 있거나 위탁을 받은 공공단체나 그 기관 또는 사인을 말한다(행정심판법 2iv). 권한이 위임 또는 위탁된 때에는 그 권한이 수임·수탁기관으로 이양되는 것이므로, 이들 기관은 위임 또는 위탁된 범위 안에서 행정청이 되는 것이다. 일반적으로 위임행정청이 그 권한을 하급 행정청 또는 보조기관에 위임하는 경우를 권한의 위임이라 하고, 그 직접적 지휘·감독하에 있지 않은 행정기관·공공단체 또는 사인에게 하는 경우를 권한의 위탁이라 한다.

3) 처분이나 부작위가 있은 뒤에 그 권한이 다른 행정청에 승계된 경우에는 그 권한을 승계한 행정청이 피청구인이 된다(동법 17① 단서).

3. 처 분

행정심판법은 행정심판의 대상으로서의 '처분'을 "행정청이 행하는 구체적 사실에 관한 법집행으로서의 공권력의 행사 또는 그 거부, 그 밖에 이에 준하는 작용"이라고 정의하고 있다(동법 2i).

(1) 공권력의 행사 또는 그 거부

1) 공권력의 행사   구체적 사실에 관한 법집행으로서의 공권력의 행사라 함은, 행정청이 행하는 권력적 행정작용을 의미한다. 이러한 의미의 공권력행사의 중심을 이루는 것은 학문상의 행정행위라고 하겠다. 그러나 행정청의 권력적 작용은 행정행위에 한정되는 것은 아니므로, 권력적 사실행위(예컨대, 감염병환자의 격리조치, 물건의 압류)도 행정심판법상의 '처분'에 해당한다고 본다.

2) 거부처분   거부처분은 상대방의 처분의 발령 신청에 대하여 이를 거부하는 처분을 말한다. 인·허가 또는 행정규제권발동의 신청에 대하여 이를 거부하는 경우가 이에 해당한다. 거부처분은 신청에 대한 명시적 기각결정은 물론이고, 신청에 대하여 일정 기간 내에 처분을 하지 않으면 이를 거부처분으로 본다고 규정하고 있는 경우, 즉 간주거부도 이에 포함된다.

(2) 공권력 행사에 준하는 행정작용

행정심판법 제2조는 위에서 본 바와 같이, 처분을 '공권력의 행사와 … 이에 준하는 작용'으로 정의하고 있거니와, 동조의 공권력 행사에 준하는 작용의 내용은 명확하지 않다. 다만, 이 관념이 행정심판대상을 확대하기 위한 포괄적 관념이라는 점에는 의문이 없다고 본다. 따라서, 이러한 관점에서는 일정한 행정작용이 엄격한 의미에서 공권력 행사로서의 실체를 갖추지 않은 것이라고 하더라도, 그에 대한 다른 실효적 구제수단이 없는 경우에는, 해당 행정작용을 공권력 행사에 준하는 작용으로 보아, 그에 대하여는 행정심판의 대상성을 인정할 수 있다고 본다. 이와 관련하여 주로 문제되는 것이 이른바 형식적 행정행위이다(처분관념의 보다 구체적 내용은 행정소송의 관련 부분 참조).

4. 부 작 위

행정심판법 제2조는 부작위를 "행정청이 당사자의 신청에 대하여 상당한 기간 내에 일정한 처분을 하여야 할 법률상 의무가 있는데도 처분을 하지 아니하는 것"이라고 정의하고 있다. 따라서 동법상의 부작위에 해당하기 위하여는 다음의 요건이 충족되어야 한다.

(1) 당사자의 신청

신청은 법령에 명시된 경우뿐만 아니라, 헌법의 기본권과 관련하여 또는 법해석상 신청권이 있는 것으로 인정되는 경우를 포함한다.

(2) 상당한 기간

부작위가 성립하기 위하여는 당사자의 신청이 있은 후 '상당한 기간'이 지나도 행정청이 어떠한 처분(인용·거부)도 하지 않은 상태가 존재하여야 하는바, 여기서 상당한 기간이라 함은 합리적으로 볼 때 사회통념상 당해 신청을 처리하는 데 소요될 것으로 판단되는 기간을 의미한다.

(3) 처분을 할 법률상 의무

처분을 할 법률상 의무는 기속행위와 재량행위에 따라 그 내용을 달리한다. 기속행위에 있어서 처분요건이 충족되는 경우에는 행정청은 당해 법령이 규정하고 있는 특정처분을 할 의무가 있다. 그러나 재량행위에 있어서는, 상대방의 신청권에 대응하여 처분을 할 의무는 있으나, 종국처분에 대하여는 행정청에 재량권, 즉 독자적 판단권이 부여되어 있으므로, 행정청으로서는 상대방의 신청대로의 특정 처분을 할 의무는 없는 것이다.

(4) 처분을 하지 아니하였을 것

부작위는 행정청이 어떠한 처분(인용 또는 거부처분)도 하지 않은 상태를 말한다. 무효인 행정행위는 그 하자의 중대·명백성으로 인하여 처음부터 효력을 발생하지 않지만, 일단 처분이 행하여졌고 또한 외형적으로는 존재하고 있는 것이기 때문에, 부작위에는 해당하지 않는다. (협의의) 행정행위의 부존재의 경우도 마찬가지로 해석하여야 할 것이다(반대설 있음).

제 3. 행정심판기관

1. 개 설

행정심판기관은 심판청구를 수리하여 이를 심리·판정하는 권한을 가진 기관을 말한다. 행정심판기관의 설치·구성이나 권한 등은 그 심판의 신속성·객관성·공정성 등의 여러 요소를 종합적으로 판단하여 결정되게 된다.

행정심판법은 2008년의 개정 이전까지는 기본적으로 행정심판의 객관성의 확보의 견지에서 그 심리·의결기능과 재결기능을 분리하여 행정심판위원회에서 심판청구사건을 심리·의결하면 재결청이 그에 따라 재결을 하는 이원적 구조로 되어 있었다. 그러나 현행 행정심판법은 행정심판에 있어 재결청을 폐지하고 행정심판위원회가 직접 재결을 하는 구조로 변경되었다. 따라서 행정심판위원회는 국세심판원·소청심사위원회·토지수용위원회와 같이 의결기능과 재결기능이 통합된 심판기관이 된 것이다. 이러한 행정심판위원회는 합의제 행정청으로서의 법적 성격을 가진다.

2. 행정심판위원회의 설치

행정심판법이 심판청구의 심리·재결기관으로서 설치하도록 규정하고 있는 행정심판위원회에는 다음과 같은 것이 있다.

(1) 해당 행정청 소속의 행정심판위원회

① 대통령령으로 정하는 대통령 소속기관의 장, ② 국회사무총장·법원행정처장·헌법재판소사무처장 및 중앙선거관리위원회사무총장, ③ 국가인권위원회, 진실·화해를 위한 과거사정리위원회, 그 밖에 지위·성격의 독립성과 특수성이 인정되어 대통령령으로 정하는 행정청의 처분 또는 부작위에 대하여는 해당 행정청에 두는 행정심판위원회에서 심리·재결한다(법 6①).

(2) 중앙행정심판위원회

① 위의 행정청 외의 국가행정기관의 장 또는 그 소속행정청(다만 특별지방행정기관의 장의 처분·부작위에 대한 심판청구에 대하여는 그 감독기관에 설치되는 행정심판위원회에서 심리·재결한다), ② 특별시장·광역시장·도지사·특별자치도지사(특별시·광역시·도 또는 특별자치도의 교육감을 포함한다. 이하 "시·도지사"라 한다) 또는 시·도의 의회(의장·위원회의 위원장·사무처장 등을 포함), ③ 지방자치법에 따른 지방자치단체조합 등 관계 법률에 따라 국가·지방자치단체·공공법인 등이 공동으로 설

립한 행정청(다만 제3항 제3호에 해당하는 행정청은 제외)의 처분 또는 부작위에 대하여는 중앙행정심판위원회에서 심리·재결한다(동법 6②).

(3) 시·도지사 소속 행정심판위원회

① 시·도 소속 행정청, ② 시·도의 관할구역에 있는 시·군·자치구의 장, 소속 행정청 또는 의회(의장·위원회의 위원장, 사무국장 등 의회소속 모든 행정청을 포함), ③ 시·도의 관할구역에 있는 둘 이상의 지방자치단체·공공법인 등이 공동으로 설립한 행정청의 처분·부작위에 대한 심판청구에 대하여는 시·도지사 소속으로 두는 행정심판위원회에서 심리·재결한다(동조 ③).

3. 행정심판위원회의 구성·회의 등

(1) 중앙행정심판위원회

1) 구 성   중앙행정심판위원회는 위원장 1명을 포함한 50명 이내의 위원으로 구성하되, 위원 중 상임위원은 4명 이내로 한다(동법 8①). 중앙행정심판위원회의 위원장은 국민권익위원회의 부위원장 중 1명이 된다(동조 ②).

중앙행정심판위원회의 비상임위원은, ① 변호사의 자격을 취득한 후 5년 이상의 실무경험이 있는 사람, ② 고등교육법 제2조 제1호부터 제6호까지의 규정에 따른 학교에서 조교수 이상으로 재직하거나 재직하였던 사람, ③ 행정기관의 4급 이상 공무원이었거나 고위공무원단에 속하는 공무원이었던 사람, ④ 박사학위를 취득한 후 해당 분야에서 5년 이상 근무한 경험이 있는 사람, ⑤ 그 밖에 행정심판과 관련된 분야의 지식과 경험이 풍부한 사람 중에서 위촉한다(동법 7④·8④).

2) 회 의   중앙행정심판위원회의 회의는 위원장과 상임위원 및 위원장이 회의마다 지정하는 비상임위원을 포함하여 총 9명으로 구성하며, 위원회는 구성원 과반수의 출석과 출석위원 과반수의 찬성으로 의결한다(동법 8⑤⑦).

중앙행정심판위원회는 심판청구사건 중 도로교통법에 따른 자동차운전면허 행정처분에 관한 사건을 심리·의결하기 위하여 4명의 위원으로 구성되는 소위원회를 둘 수 있다(동조 ⑥). 그 밖에 위원장이 지정하는 사건을 미리 검토하도록 필요한 경우에는 전문위원회를 둘 수 있다(동조 ⑧).

(2) (일반)행정심판위원회

1) 구 성   행정심판위원회는 위원장 1명을 포함한 30명 이내의 위원으로 구성한다(동법 7①). 행정심판위원회의 위원장은 해당 행정심판위원회가 소속된 행정청이 되며 위원장이 없거나 부득이한 사유로 직무를 수행할 수 없거나

위원장이 필요하다고 인정하는 경우에는 위원장이 사전에 지정한 위원 또는 제
4항에 따라 지명된 공무원인 위원이 위원장의 직무를 대행한다(동조 ②).

행정심판위원회의 위원은 해당 행정심판위원회가 소속된 행정청이 중앙행
정심판위원회의 비상임위원으로 임명될 수 있는 것과 같은 자격을 가진 자 또
는 그 소속공무원 중에서 위촉하거나 지명하는 자로 한다(동조 ④).

2) 회 의   행정심판위원회의 회의는 위원장이 매 회의마다 지정하는 8
명의 위원으로 구성하되, 위의 자격이 있는 자 중에서 임명되는 자(민간위원)가
6명 이상 포함되어야 한다(동조 ⑤). 위원회는 구성원 과반수의 출석과 출석위원
과반수의 찬성으로 의결한다(동조 ⑥).

4. 위원의 제척·기피·회피

행정심판위원회 및 중앙행정심판위원회("위원회")에 의한 심판청구사건의 공
정한 심리·재결을 보장하기 위하여 행정심판법은 위원에 대한 제척·기피·회
피제도를 두고(동법 10① 내지 ③), 이들은 심리·재결에 관한 사무에 관하여는 위
원 아닌 직원에게도 준용하고 있다(동조 ⑦).

제척이란 법률이 정하는 사유가 있으면 당연히 직무를 집행할 수 없는 제
도이고, 기피는 당사자의 신청이 있을 때 위원장의 결정으로 직무집행을 못하
게 하는 제도이고, 회피는 제척 또는 기피사유가 있다고 생각하여 본인이 자발
적으로 심리·재결에 참가하지 않는 것을 말한다.

제 4. 당사자와 관계인

Ⅰ. 당 사 자

행정심판도 행정쟁송이므로 당사자가 대립되는 이해관계에 있다. 행정심판
법은 심판절차를 청구인과 피청구인 사이의 대심구조로 편성하고 구술심리의
기회도 보장하여, 행정심판의 준사법적 절차화를 규정한 헌법 제107조 제3항의
취지를 구체화하고 있다.

1. 청 구 인

(1) 의 의

청구인이란, 행정심판의 대상인 행정청의 처분 또는 부작위에 불복하여 그

취소·변경 등을 위해 행정심판을 제기하는 자를 말한다. 청구인은 원칙적으로
자연인 또는 법인이어야 하나, 법인이 아닌 사단 또는 재단으로서 대표자나 관
리인이 정하여져 있는 경우에는 그 사단이나 재단의 이름으로 청구인이 될 수
있다(행정심판법 14).

(2) 선정대표자의 선정

여러 명의 청구인들이 공동으로 심판청구를 할 때에는, 그 중 3명 이하의
선정대표자를 선정할 수 있고, 위원회도 그 선정을 권고할 수 있다(동법 15①②).
선정대표자는 다른 청구인들을 위하여 청구의 취하를 제외하고는 그 사건에 관
한 모든 행위를 할 수 있으며, 청구인들은 그 선정대표자를 통해서만 그 사건에
관한 행위를 할 수 있다(동조 ③④).

(3) 청구인적격

1) 취소심판의 청구인적격

⑺ 법률상 이익   행정심판법은 취소심판의 청구인적격에 관하여, 제13
조 제1항에서 "취소심판은 처분의 취소 또는 변경을 구할 법률상 이익이 있는
자가 청구할 수 있다"고 규정하고 있다. 여기에서 말하는 법률상 이익에는 협의
의 권리뿐만 아니라 관계법률에 의하여 보호되고 있는 이익도 포함된다고 보는
것이 통설·판례이다(상세한 내용은 행정소송의 원고적격 참조).

⑼ 처분의 효과가 소멸된 때   행정심판법 제13조 제1항 후단은 "처분의
효과가 기간의 경과, 처분의 집행 그 밖의 사유로 소멸된 뒤에도 그 처분의 취
소로 회복되는 법률상 이익이 있는 자의 경우에도 또한 같다"고 규정하고 있다.

전통적인 견해에서는 취소심판의 목적이 전적으로 계쟁처분의 효력을 배제
하는 데 있다고 보아, 처분의 실질적 존재 내지 효력이 상실된 경우에는 당해
심판청구는 목적이 없는 것으로서 각하되어야 한다고 보았다.

그러나 오늘날에는, 취소심판의 목적이 보다 널리 현실적으로 발생하고 있
는 권익침해를 구제하는 데 있는 것으로 파악하여, 처분이 소멸 또는 실효된 뒤
에도 그 취소를 구하지 않으면 회복될 수 없는 권리·이익이 잔존하는 경우에는
청구인적격을 인정하여야 하는 것으로 보게 되었다. 행정심판법 제13조 제1항
후단은 이를 명문으로 규정하고 있는 것이다. 그러나 동조항의 '법률상 이익'의
내용에 관하여는 견해가 갈리고 있다(상세한 것은 행정소송의 원고적격부분 참조).

2) 무효등확인심판의 청구인적격   무효등확인심판에 있어서는, 처분의
효력 유무 또는 존재 여부에 대한 확인을 구할 법률상 이익이 있는 자가 청구
인적격을 가진다(동법 13②). 여기서 확인을 구하는 '법률상 이익'의 관념에 대하

여는 이를 취소심판 내지는 취소소송상의 법률상 이익과 같은 관념으로 이해하
는 입장과 여기서의 확인의 이익을 민사소송의 확인의 소에 있어서와 같이 즉
시확정의 이익으로 좁게 해석하고 있는 입장이 있다. 전자가 종래의 판례의 입
장이었다.

3) **의무이행심판의 청구인적격**　　의무이행심판의 청구인적격은, 처분을
신청한 자로서 행정청의 거부처분 또는 부작위에 대하여 일정한 처분을 구할
법률상 이익이 있는 자가 가진다(동법 13③). 여기서 '처분을 구할 법률상 이익'
은 관계법률이 행정청에 처분의무를 부과한 취지가 적어도 특정 개인의 이익도
보호하고자 하는 것인 때에 인정되는 이익이다. 이러한 처분을 구할 법률상 이
익은 직접 헌법의 기본권규정에서도 도출될 수 있다고 본다.

다만 이 경우에도 개인은 행정청에 대하여 어느 경우에나 특정 처분을 구
할 수 있는 것은 아니다. 즉, 재량행위에 있어서는 행정청은 처분의무는 있으나
원칙적으로 특정 처분을 할 의무까지를 부담하고 있는 것은 아니므로, 개인은
다만 일정한(어떠한) 처분을 할 것을 청구할 수 있을 따름이다. 그러나 재량행위
에 있어서도 재량권이 영으로 수축되는 예외적인 경우에는, 개인은 행정청에
대하여 오직 의무에 합당한 재량처분으로서 하나의 특정 처분을 구할 수 있다.

(4) 청구인의 지위승계

1) **당연승계**　　청구인이 사망한 경우에는 상속인 등이, 법인인 청구인이
합병에 따라 소멸하였을 때에는 합병 후 존속하는 법인이나 합병에 따라 설립
된 법인이 청구인의 지위를 당연히 승계한다(동법 16①②).

2) **허가승계**　　심판청구의 대상인 처분에 관계되는 권리 또는 이익을 양
수받은 자는 위원회의 허가를 받아 청구인의 지위를 승계할 수 있다(동조 ⑤).
위원회가 신청된 지위 승계를 허가하지 아니하면 신청인은 결정서 정본을 받은
날부터 7일 이내에 위원회에 이의신청을 할 수 있다(동조 ⑧).

2. 피청구인

피청구인이란 심판청구인의 상대편 당사자를 말한다.

(1) 피청구인적격

심판청구는 행정청(의무이행심판의 경우에는 청구인의 신청을 받은 행정청)을 피청
구인으로 하여 제기하여야 한다(동법 17①). 행정청이란 국가, 지방자치단체 등
행정주체의 의사를 결정하여 외부에 표시할 수 있는 권한을 가진 행정기관을
말한다. 이러한 행정청에는 단독기관(대통령·국무총리·안전행정부장관 등)뿐만 아니

라 합의제기관(토지수용위원회·공정거래위원회 등)도 있다. 행정청은 국가나 지방자치단체 등의 기관에 불과하고 권리주체는 아니므로, 원래는 권리주체인 국가나 지방자치단체 등이 피청구인이 되어야 할 것이나, 행정소송의 경우와 마찬가지로 공격·방어의 용이성, 기타 절차진행상의 기술적인 편의를 위하여, 처분청이나 부작위청을 직접 피청구인으로 한 것이다.

법령에 의하여 행정권한이 다른 행정기관(장관의 위임에 의한 도지사, 도지사의 위임에 의한 시장 등), 공공단체(단체위임의 경우의 지방자치단체) 및 그 기관(기관위임의 경우 지방자치단체의 장) 또는 사인(토지수용권이 부여되어 있는 사업시행자로서의 사기업)에게 위임 또는 위탁된 경우에는, 그 위임 또는 위탁을 받은 자가 행정청이 된다.

(2) 피청구인 경정

청구인이 심판청구를 제기함에 있어 피청구인을 잘못 지정한 때에는, 행정심판위원회는 당사자의 신청 또는 직권에 의한 결정으로 피청구인을 경정할 수 있다(동법 17②). 피청구인의 경정이 있으면 종전의 피청구인에 대한 심판청구는 취하되고, 종전의 피청구인에 대한 행정심판이 청구된 때에 새로운 피청구인에 대한 행정심판이 청구된 것으로 본다(동조 ④). 피청구인의 경정시에 새로운 심판청구가 제기된 것으로 보면, 심판청구의 제기기간의 도과로 심판청구가 각하될 수 있는바, 위의 규정은 이러한 사태를 방지하기 위한 것이다. 그러나 행정심판법은 고지제도를 채택하고 있으므로, 피청구인을 잘못 지정하는 경우는 많지 않을 것으로 본다.

(3) 권한승계에 따른 경정

심판청구의 대상과 관계되는 권한이 다른 행정청에게 승계된 때에는, 이를 승계한 행정청을 피청구인으로 하여야 하는바(동조 ① 단서), 심판청구가 제기된 후에 권한승계가 이루어졌을 때에는, 위원회는 위의 경정절차에 준하여 피청구인을 경정한다(동조 ⑤).

당사자의 위원회에 대한 피청구인의 경정신청에 대한 위원회의 결정에 대하여는 결정서 정본을 받은 날부터 7일 이내에 위원회에 이의신청을 할 수 있다(동조 ⑥).

Ⅱ. 행정심판의 관계인

1. 참 가 인

행정심판의 결과에 이해관계가 있는 제3자나 행정청은, 해당 심판청구에 대한 제7조 제6항 또는 제8조 제7항에 따른 위원회나 소위원회의 의결이 있기 전까지 그 사건에 대하여 심판참가를 할 수 있고, 위원회도 필요하다고 인정하면 참가를 요구할 수 있다(동법 20①·21①).

이것은 계쟁처분에 이해관계를 가지는 제3자와 행정청을 심판절차에 참가시킴으로써 행정심판의 신중성·공정성을 보장하고, 또한 이해관계인의 권익을 보호하기 위한 것이다. 여기에서 제3자인 이해관계인이라 함은, 당해 심판청구의 재결 결과에 의하여 직접 자기의 권리·이익이 침해당할 자를 말한다. 따라서 이해관계인에는, 당해 처분 자체에 대하여 이해관계가 있는 자(예컨대, 공해공장에 대한 규제권의 발동을 구하는 의무이행심판에 있어서 관계 공장주, 복효적 행정행위를 제3자가 다투는 경우에 있어서의 처분의 상대방 등)는 물론이고, 재결의 내용 여하에 따라 불이익을 받게 될 자(예컨대, 공매처분의 취소심판에 있어서의 매수자)도 포함된다 할 것이다.

이해관계 있는 행정청이라 함은 법령상 당해 처분에 대한 협의권 또는 동의권이 부여되어 있는 행정청 등을 말한다.

2. 대 리 인

심판청구의 당사자, 즉 청구인과 피청구인은 대리인을 선임하여 당해 심판청구에 관한 행위를 하게 할 수 있다. 여기서 대리인이란 청구인 또는 피청구인을 위하여 대리권의 범위 안에서 자기의 의사결정과 명의로 심판청구에 관한 행위를 하는 자를 말하며, 이 때 그 행위의 효과는 직접 청구인 또는 피청구인에게 귀속되게 된다.

청구인은 법정대리인 외에, ① 청구인의 배우자, 청구인 또는 배우자의 4촌 이내의 혈족, ② 청구인이 법인이거나 제14조에 따른 청구인 능력이 있는 법인이 아닌 사단 또는 재단인 경우 그 소속 임직원, ③ 변호사, ④ 다른 법률에 따라 심판청구를 대리할 수 있는 자, ⑤ 그 밖에 위원회의 허가를 받은 자를 대리인으로 선임할 수 있다(동법 18①).

청구인이 경제적 능력으로 인해 대리인을 선임할 수 없는 경우에는 위원회에 국선대리인을 선임해 줄 것을 신청할 수 있다(동법 18의2①).

제 5. 심판의 청구

Ⅰ. 심판청구의 요건

행정심판은 청구인적격이 있는 자가, 심판청구사항인 처분 또는 부작위를 대상으로 하여, 심판청구기간 내에, 피청구인인 처분청이나 위원회에 심판청구서를 제출함으로써 제기하여야 한다.

1. 청 구 인

행정심판은, 처분의 취소·변경이나 무효 등의 확인 또는 일정한 처분을 구할 법률상 이익이 있는 자가 청구할 수 있다. 법률상 이익의 요건이 충족되는 한도 안에서는, 청구인은 처분의 직접 상대방이거나 제3자이거나를 불문하며, 또한 자연인·법인·법인격 없는 단체를 불문하고 행정심판을 청구할 수 있다.

이와 관련하여 행정심판의 청구인적격을 행정소송과 같이 '법률상 이익이 있는 자'로 규정하고 있는 행정심판법 제13조가 입법상의 과오라고 보는 견해가 있다.[1] 이 견해는 다음의 두 가지 논거에 입각하고 있다고 본다. 먼저, 법률상 이익은 내용적으로는 권리와 다르지 않다. 다음에, 행정심판에 있어서는 위법한 처분뿐만 아니라 부당한 처분도 통제대상이 되고 있는데, 부당한 처분에 의하여는 권리가 침해될 수 없는 것이므로, 청구인적격을 '법률상 이익이 있는 자'로 한정하게 되면 부당사유에 기한 통제는 사실상 배제되는 결과가 되는 것이다.

이 견해는 타당한 것으로 보기 어렵다 할 것인바, 다음에 구체적 사례와 관련하여 이 문제를 검토하기로 한다.

먼저 공무원에 대한 징계처분으로서의 감봉처분에 대한 취소심판의 경우를 검토한다. 공무원에 대한 징계처분은 재량처분이므로, 특정 공무원의 일정 비위행위에 기한 감봉처분이 위법하지는 않지만 부당한 처분으로 판단될 수 있는 경우가 있을 수 있다. 한편 이 경우 그 비위사실이 매우 경미한 것일 때에는 당해 처분은 비례원칙에 위반한 것으로서 위법한 처분으로 인정될 수도 있다. 이러한 경우 감봉처분이 단순히 부당한 처분이든 위법한 처분이든, 이 처분에 의하여 침해되고 있는 것은 공무원법에 규정되어 있는 봉급청구권인 것이다. 즉

---

1) 김남진, 행정법(Ⅰ), 1997, p. 668.

이 경우에는 감봉처분에 의하여 공권으로서의 공무원의 봉급청구권이 위법 또는 부당하게 침해되고 있는 것이다.

다음에 여객자동차 운수사업법에 기한 사업허가신청에 대한 행정청의 부작위에 대한 의무이행심판의 경우를 검토한다. 헌법상의 직업선택의 자유 및 그 귀결로서의 영업의 자유에 따라, 관계법상의 요건을 구비한 개인에게는 일단 당해 허가의 신청권이 인정된다고 할 것이다. 그에 따라 행정청은 상대방의 신청에 대하여 처분을 할 법적 의무가 있는 것이나, 당해 허가는 학설·판례상 재량처분으로 인정되고 있으므로, 행정청은 관계인의 신청에 대하여 반드시 허가를 하여야 할 기속을 받는 것은 아니다. 즉 이 경우 관계인의 신청권은 신청대로의 처분을 구하는 권리가 아니라, 그 신청에 대하여 인용 또는 거부의 명시적 결정을 구하는 제한적 권리인바, 이것이 바로 무하자재량행사청구권인 것이다.

이러한 사안에 있어 행정청이 어떠한 처분도 하지 않으면, 그것은 관계인의 신청권에 대한 위법한 침해가 되는 것이나, 행정청이 처분을 하여 상대방의 신청을 거부하여도 그것은 원칙적으로 상대방의 신청권에 대한 위법한 침해가 되지는 않는다. 그러나 상대방의 신청을 인용하는 것이 보다 합당(opportun)하다고 판단되는 경우에는 그 거부처분은 부당한 처분이 되는 것으로, 이 경우 상대방의 신청에 대한 거부처분에 의하여 상대방의 신청권은 위법한 것이 아니라 부당하게 침해되고 있는 것이다.

위에 적은 바와 같이 개인의 권리 또는 이익은 위법한 처분뿐만 아니라 부당한 처분에 의하여도 침해될 수 있는 것으로, 양자 사이에는 그 침해의 양태상에 차이가 있을 따름이다. 따라서 청구인적격에 관한 행정심판법 제13조가 입법과오라는 주장은 타당하지 않다고 본다.

2. 심판청구의 대상

행정청의 모든 위법·부당한 처분 또는 부작위가 심판청구대상이 된다(개괄주의).

1) 부당한 처분이나 부작위도 심판대상이 되는 점에서, 그 대상이 위법한 처분 또는 부작위에 한정되는 행정소송에 비하여 구제범위가 넓다. 이것은 행정심판이 행정의 자율적 통제수단으로서의 의미를 가지는 점에 기인하는 것이나, 국민의 권리구제의 면에서는 일단 긍정적으로 평가할 측면이다. 그러나 기술한 바와 같이, 종래 행정심판에서 부당을 이유로 청구인의 청구가 인용된 사례가 거의 없는 점에서 볼 때 그 실질적 의의에 대하여는 회의적이라 할 것이다.

2) '처분'은 행정청이 행하는 구체적 사실에 관한 법집행으로서의 공권력의 행사 또는 그 거부와, 그 밖에 이에 준하는 행정작용을 말한다.

3) 부작위는 행정청이 당사자의 신청에 대하여 상당한 기간 내에 일정한 처분을 하여야 할 법률상 의무가 있음에도 불구하고, 이를 하지 않는 것을 말한다.

3. 심판청구기간

다른 개별법에서도 그러하듯이 행정심판법은 심판청구기간에 제한을 두고 있는바, 그것은 행정법관계의 조속한 안정을 기하려는 데에 그 취지가 있다. 그러나 심판청구기간은 취소심판청구와 거부처분에 대한 의무이행심판청구에만 적용되고, 그 성질상 무효등확인심판과 부작위에 대한 의무이행심판청구에는 적용되지 아니한다(행정심판법 27⑦).

(1) 원칙적 심판청구기간

심판청구는 원칙적으로 처분이 있음을 알게 된 날부터 90일 이내, 처분이 있었던 날부터 180일 이내에 청구하여야 한다(동법 27①③). 이들 기간은 불변기간으로서 두 기간 중 어느 하나라도 도과하면 당해 행정심판청구는 부적법한 것으로서 각하된다.

'처분이 있음을 알게 된 날'이란, 통지·공고 기타의 방법으로 처분이 있었음을 현실적으로 알게 된 날을 의미하며(대판 1995. 11. 24, 95누11535), 격지자에게 서면으로 통지하는 경우에는 그 서면이 상대방에게 도달한 날, 공시송달의 경우는 서면이 상대방에게 도달한 것으로 간주되는 날을 말한다. 사실행위의 경우에는 상대방에 대한 고지절차가 없는 것이 보통이므로, 그 행위가 있었고 그것이 자기의 권익을 침해하고 있음을 인식하게 된 날이 곧 처분이 있음을 알게 된 날이라 할 것이다.[1]

'처분이 있었던 날'이란 처분이 통지에 의하여 외부에 표시되고 그 효력이 발생한 날을 말한다(대판 1977. 11. 22, 77누195). 처분은 원칙적으로 상대방에 도달됨으로써 효력이 발생한다(행정절차법 15①). 판례는 고시 또는 공고에 의하여 행정처분을 하는 경우에는 고시일 또는 공고일에 그 행정처분이 있었음을 알았던 것으로 보아 청구기간을 기산하여야 한다고 하고 있다. 여기서 고시일 또는 공고일이란 고시 또는 공고의 효력의 발생일을 말한다.[2] 이에 관하여 대법원은

---

1) 김도창, 행정법(상), p. 708.
2) 구사무관리규정은 처분이 고시 또는 공고에 의하여 통지되는 경우에는 법령에 특별한 규정이 없는 한 고시 또는 공고일부터 5일이 경과한 날부터 효력이 발생한다고 규

"통상 고시 또는 공고에 의하여 행정처분을 하는 경우에는 그 처분의 상대방이 불특정 다수인이고 그 처분의 효력이 불특정 다수인에게 일률적으로 적용되는 것이므로 그에 대한 행정심판 청구기간도 그 행정처분에 이해관계를 갖는 자가 고시 또는 공고가 있었다는 사실을 현실적으로 알았는지 여부에 관계없이 고시가 효력을 발생하는 날인 고시 또는 공고가 있은 후 5일이 경과한 날에 행정처분이 있음을 알았다고 보아야 한다고 판시하였다(대판 2000. 9. 8, 99두11257). 그러나 개별토지가격 결정의 효력은 각각의 토지 또는 각각의 소유자에 대하여 각별로 효력을 발생하는 것이므로 개별토지가격 결정의 공고는 공고일부터 그 효력을 발생하지만 처분 상대방인 토지소유자 및 이해관계인이 공고일에 개별토지가격결정처분이 있음을 알았다고까지 의제할 수는 없어 특별히 위 처분을 알았다고 볼 만한 사정이 없는 한 개별토지가격결정에 대한 행정심판청구는 행정심판법 제18조 제3항(현행 27③) 소정의 처분이 있은 날로부터 180일 이내에 행정심판을 제기할 수 있다고 하고 있다(대판 1993. 12. 24, 92누17204).

행정심판의 재결례에서는 고시 또는 공고에 의하여 행정처분을 하는 경우에도 개별통지 등에 의하여 당사자가 처분이 있은 것을 알지 않는 한 공고가 효력을 발생하는 날을 행정심판법상의 처분이 있은 날로 보아 그 때부터 180일 이내에 행정심판을 제기할 수 있다고 보고 있다.[1]

(2) 예외적 기간

1) 90일에 대한 예외　천재지변, 전쟁, 사변 그 밖의 불가항력으로 위 기간 내에 심판청구를 제기할 수 없었을 때에는 그 사유가 소멸한 날부터 14일(국외는 30일) 이내에 청구하면 된다(동법 27②). 이 기간은 불변기간이다(동조 ④).

2) 180일에 대한 예외　심판청구는 정당한 사유가 있으면 180일을 경과한 뒤에도 청구할 수 있다(동조 ③ 단서). 무엇이 '정당한 사유'에 해당하는가는 위원회에서 합리적으로 판단할 문제이나, 위의 불가항력보다는 넓은 개념이라 할 것이다.[2]

3) 복효적 행정행위와 심판청구기간　복효적 행정행위에 있어, 처분의 상대방이 아닌 제3자가 행정심판을 제기하는 경우에도 그 기간은 원칙적으로

정하고 있었다(동규정 8②단서). 다른 한편 행정절차법은 송달받을 자의 주소 등을 통상의 방법으로 확인할 수 없거나 송달이 불가능하여 관보·공보·게시판·일간신문 등에 공고한 경우에는 그 처분의 효력은 공고일부터 14일이 경과한 날에 발생한다고 규정하고 있다(법 15③).

1) 김계홍, 행정심판청구기간에 관한 판례의 비판적 고찰, 법제, 1999. 1, pp. 33~34.
2) 김도창, 행정법(상), p. 709; 박윤흔, 행정법(상), p. 816.

처분이 있음을 알게 된 날부터 90일 이내, 처분이 있었던 날부터 180일 이내라 할 것이다. 그런데, 행정행위는 원칙적으로 상대방에게 도달함으로써 효력을 발생하는 것이나, 현행법상으로 제3자에 대한 통지절차는 마련되어 있지 않기 때문에 처분의 제3자로서는 처분이 있음을 알지 못하는 경우가 많을 것이고, 그 결과 현실적으로 제3자에 의한 심판청구기간은 통상 '처분이 있었던 날부터 180일 이내'가 되는 경우가 많을 것이다. 그러나 180일이 경과된 뒤에도 그 기간 내에 심판청구가 가능하였다는 특별한 사정이 없는 한, 행정심판법 제27조(구행정심판법 18) 제3항 단서의 '정당한 사유'에 해당됨을 근거로 하여 심판청구를 할 수 있다 하겠다.

"행정심판법 제18조 제3항에 의하여 행정처분의 상대방이 아닌 제3자도 처분이 있은 날로부터 180일을 경과하면 행정심판청구를 제기하지 못하는 것이 원칙이지만, 다만 정당한 사유가 있는 경우에는 그러하지 아니하도록 규정되어 있는바, 행정처분의 직접 상대방이 아닌 제3자는 일반적으로 처분이 있는 것을 바로 알 수 없는 처지에 있으므로 위와 같은 심판청구기간 내에 심판청구를 제기하지 아니하였다고 하더라도 그 기간 내에 처분이 있은 것을 알았거나 쉽게 알 수 있었기 때문에 심판청구를 제기할 수 있었다고 볼 만한 특별한 사정이 없는 한 위 법조항 본문의 적용을 배제할 '정당한 사유'가 있는 경우에 해당한다고 보아 위와 같은 심판청구기간이 경과한 뒤에도 심판청구를 제기할 수 있다"(대판 1992. 7. 28, 91누12844).

4) 심판청구기간의 불고지 등의 경우 행정청은, 처분을 할 때에는 처분의 상대방에게 해당 처분에 대하여 행정심판을 청구할 수 있는지의 여부와, 청구하는 경우의 심판청구절차 및 심판청구 기간을 알려야 한다(동법 58①). 행정청이 이러한 고지의무에도 불구하고 심판청구기간을 고지하지 않거나, 착오로 소정의 기간보다 긴 기간으로 잘못 고지하는 경우가 있을 수 있는바, 행정심판법은 그에 따르는 책임을 행정청이 지도록 하였다. 즉 동법에 의하면, 착오로 소정의 기간보다 장기로 고지된 경우에는 그 고지된 기간 내에 청구하면 법정 청구기간을 경과한 때에도 적법한 것으로 되고, 청구기간을 고지하지 않은 경우에는, 180일 이내에 행정심판을 청구할 수 있도록 하였다(동법 27⑤⑥).
5) 심판청구기간의 계산 심판청구기간을 계산함에 있어서는 심판청구서를 처분청(부작위청을 포함) 또는 위원회에 제출한 때에는 그 때를 기준으로, 그리고 행정청이 고지를 하지 않거나 잘못 알려서 다른 행정기관에 심판청구가

제기된 때에는 그 행정기관에 제출된 때를 기준으로 한다(동법 23②④).

4. 심판청구의 방식

심판청구는 일정한 사항을 기재한 서면으로 하여야 한다(동법 28①②). 이처럼 서면주의를 취한 이유는, 청구의 취지·이유 등을 명확히 하고 구술로 하는 경우의 지체와 번잡을 피하기 위한 것이다. 심판청구서의 필요적 기재사항에 대하여는, 행정심판법 제28조 제2항 내지 제5항에서 규정하고 있다. 필요적 기재사항에 관하여 결함이 있는 경우, 심판위원회가 이를 보정할 수 있다고 인정하는 때에는, 상당한 기간을 정하여 그 보정을 요구하여야 한다(동법 32①).

5. 심판청구서의 제출

심판청구서는 피청구인이나 위원회에 제출하여야 한다(동법 23①). 종전에는 처분청을 거쳐 행정심판을 제기하도록 하는 처분청경유주의를 취하고 있었으나 1995년의 개정으로 심판청구서는 청구인의 선택에 따라 처분청 또는 위원회에 제출할 수 있도록 하였다. 종전에 처분청경유주의를 취하고 있었던 것은 재결청에 당해 사건을 보내기 전에 처분청에 당해 처분 또는 부작위를 시정할 기회를 부여하여 청구인의 보다 신속한 권리구제를 도모하기 위한 것이었다. 그러나 위법·부당한 처분 또는 부작위를 한 행정청 자체에 행정심판을 제기하도록 하는 것이 국민의 법감정에 맞지 않고, 청구인은 심판청구를 취하하라는 압력을 받거나 처분청이 심판청구서를 수리조차 하지 아니하는 경우도 없지 않았던 것이다.[1]

6. 전자정보처리조직을 통한 행정심판절차

위의 행정심판청구서와 그 밖의 서류는 이를 전자문서화하여 정보통신망을 이용하여 행정심판위원회에서 지정·운영하는 전자정보처리조직(행정심판 절차에 필요한 전자문서를 작성·제출·송달할 수 있도록 하는 하드웨어, 소프트웨어, 네트워크, 보안요소 등을 결합하여 구축한 전자처리능력을 갖춘 전자적 장치)을 통하여 제출할 수 있다. 이 방식으로 제출된 전자문서는 행정심판법에 따라 제출된 것으로 본다(동법 52①②).

위의 방식으로 제출된 전자문서를 그 문서를 제출한 사람이 정보통신망을

---

1) 박송규, 행정심판법론, p. 269.

통하여 전자정보처리조직에서 제공하는 접수번호를 확인하였을 때에 전자정보
처리조직에 기록된 내용으로 접수된 것으로 보며, 심판청구기간의 계산에 있어
서는 이러한 방식으로 심판청구가 접수된 때에 행정심판이 청구된 것으로 본다
(동조 ③④).

위원회는 전자정보처리조직을 통하여 행정심판절차를 밟으려는 자에게 본
인임을 확인할 수 있는 전자서명법 제2조 제3호에 따른 공인전자서명이나 그
밖의 인증("전자서명")을 요구할 수 있다. 이러한 전자서명을 한 자는 행정심판법
에 따른 서명 또는 날인을 한 것으로 본다(동법 53①②).

7. 처분청의 처리

처분청이나 부작위청에 행정심판이 제기된 때에는 당해 행정청은 다음의
조치를 하여야 한다.

(1) 청구내용의 인용

심판청구서를 받은 피청구인은 그 심판청구가 이유 있다고 인정하면 심판
청구의 취지에 따라 직권으로 처분을 취소·변경하거나 확인을 하거나 신청에
따른 처분을 할 수 있다. 이 경우 서면으로 청구인에게 알려야 한다(동법 25①).
이러한 피청구인에 의한 심판청구의 인용적 처분·확인은 더 이상의 심리나 재
결에 따르는 절차나 시간상의 경제를 실현하려는 것이다.

피청구인에 의한 심판청구의 인용처분은 형식적으로는 직권에 의한 시정이
라 할 것이나, 실질적으로는 행정심판절차에 단기의 이의신청제도를 도입한 것
과 같은 의미를 가지는 것이다.

(2) 위원회에의 송부

피청구인이, 청구인의 심판청구를 인용한 경우 외에는, 심판청구서를 그 접
수일로부터 10일 이내에 답변서를 첨부하여 위원회에 송부하여야 한다(동법 24
①). 답변서에는 당해 처분이나 부작위의 근거와 이유를 명시하고, 심판청구의
취지와 이유에 대응하는 답변을 기재하여야 한다(동조 ④).

Ⅱ. 심판청구의 변경

행정심판법은 청구인이 심판청구를 제기한 후 일정한 사유가 있는 경우에
는 새로운 심판청구를 제기할 필요 없이 청구의 변경을 할 수 있도록 하여, 청
구인의 편의와 심판절차의 촉진을 도모하고 있다(동법 29).

1. 청구의 변경

청구인은 청구의 기초에 변경이 없는 한도 안에서 청구취지(예컨대, 취소심판의 무효확인심판으로의 변경) 또는 청구이유(예컨대, 처분의 위법을 부당으로 변경)를 변경할 수 있다(동법 29①). 청구변경은 행정심판위원회의 의결이 있기 전까지 할 수 있다. 여기서 청구의 기초에 변경이 없어야 한다는 것은, 현재 제기되어 있는 심판청구에 의하여 구제받으려고 하는 청구인의 법률상 이익의 동일성이 유지되어야 한다는 것을 의미한다.

2. 처분변경으로 인한 청구변경

피청구인인 행정청이 행정심판이 청구된 후에 그 대상인 처분을 변경한 때에는(예컨대, 영업허가의 취소처분을 정지처분으로 변경), 청구인은 변경된 처분에 맞추어 청구취지 또는 청구이유를 변경할 수 있다(동조 ②).

3. 청구변경의 절차

청구변경 신청은 서면으로 하여야 하며, 피청구인과 참가인의 수만큼 청구변경신청서 부본을 함께 제출하여야 하는바, 위원회는 이 부본을 피청구인과 참가인에게 송달하여야 한다(동조 ③④).

위원회는 청구변경 신청에 대하여 허가할 것인지 여부를 결정하고, 지체없이 신청인에게는 결정서 정본을, 당사자 및 참가인에게는 결정서 등본을 송달하여야 한다(동조 ⑥). 청구변경 신청이 거부된 때에는 신청인은 결정서 송달을 받은 날부터 7일 이내에 위원회에 이의신청을 할 수 있다(동조 ⑦).

Ⅲ. 심판청구의 효과

효과는 행정심판기관에 대한 것과, 심판대상인 처분에 대한 것으로 나누어진다.

1. 행정심판위원회에 대한 효과

행정심판이 청구되면 행정심판위원회는 이를 심리·재결할 의무를 진다. 이는 심판청구요건상에 흠결이 있어 부적법한 심판청구인 경우에도 마찬가지이다.

2. 처분의 집행정지

(1) 집행부정지원칙

행정심판이 청구되어도, 그것은 원칙적으로 처분의 효력이나 집행 또는 절차의 속행을 정지시키지 아니한다(동법 30①). 이러한 집행부정지원칙의 근거는, 종래 행정처분의 공정력 내지는 자력집행력에 있다고 보았으나, 오늘날에는 집행부정지원칙을 취할 것인지의 여부는 입법정책상의 문제로 보는 것이 일반적 견해이다. 즉 집행부정지원칙은 행정심판의 남용을 막고, 행정목적의 원활한 수행을 저해하지 않으려는 입법정책적 고려에서 채택된 것으로 보는 것이다.

행정심판법상의 집행부정지원칙도 일응 이러한 고려에 기하여 채택되고 있는 것으로 보인다. 그러나 행정목적의 원활한 수행만을 강조하여, 위법 또는 부당한 처분으로 인하여 침해되는 개인의 권리구제를 경시하여서는 안될 것이다. 따라서 행정심판법은 일정한 요건하에서 처분의 집행정지를 인정하고 있다.

(2) 집행정지

행정심판이 청구되어도 원칙적으로 처분의 효력 등은 정지되지 아니하나, 예외적으로 행정심판위원회는 일정한 요건하에서 당사자의 신청 또는 직권으로 처분의 효력 등을 정지하는 결정을 할 수 있다(동법 30②). 행정심판법 제30조 제2항은 집행정지에 관하여 '결정할 수 있다'고 규정하고 있으나, 동조의 집행정지요건이 충족될 때에는, 위원회는 집행정지결정을 할 기속을 받는다 할 것이다. 즉 이 경우의 '할 수 있다'라는 규정은 권한의 소재에 관한 것이고, 그 성질이 재량적 결정임을 밝힌 것은 아니라 할 것이다.

1) **집행정지요건**　　처분의 집행정지결정의 요건은 적극적 요건과 소극적 요건으로 구분된다. 다음에 그 내용을 살펴본다.

㈎ 적극적 요건

(ⅰ) 집행정지 대상인 처분의 존재　　집행정지를 위하여는 먼저 그 대상인 처분이 존재하여야 한다. 따라서 처분의 집행이 이미 완료되었거나, 그 목적이 달성되었다는 사유 등으로 집행정지할 실체가 없게 된 때에는, 집행정지는 불가능하다.

(ⅱ) 심판청구의 계속　　행정심판에 있어서도 행정소송의 경우와 같이, 본심인 심판청구가 위원회에 계속되어 있음을 요한다.

(ⅲ) 중대한 손해발생의 예방 필요성　　여기서 중대한 손해란 회복하기 어려운 손해가 아니라도, 당해 손해가 그 성질이나 정도, 처분의 내용이나

성질, 손해회복의 곤란성 등을 종합적으로 고려하여 당사자에 이를 수인시키는 것이 사회통념상 가혹한 것으로 판단되는 경우에는 이 요건이 충족된다고 보고 있다.

(ⅳ) 긴급한 필요   집행정지는 본안에 관한 재결을 기다릴 만한 시간적 여유가 없는 '긴급한 필요가 있다고 인정될 때'에만 허용된다. '긴급한 필요'는 회복 곤란한 손해의 발생이 시간적으로 절박하거나 이미 시작되어서, 재결을 기다릴 만한 시간적 여유가 없는 경우를 말한다.

(ⅴ) 본안의 이유의 유무의 문제   위의 회복하기 어려운 손해 및 긴급한 필요의 요건이 완전히 충족되지 아니한 경우에도 다른 동종사건에 대한 재결이나 판결의 결과 등 제반사정에 비추어 볼 때 심판청구가 이유 있다고 인정될 때에는 집행정지를 할 수 있을 것이라는 견해가 있다.[1]

판례는 집행정지신청사건에서는 처분자체의 적법여부(본안이유의 유무)를 판단할 것이 아니고, 그 집행정지에 관한 요건의 존부만을 판단하여야 한다는 입장을 취하고 있다. 그러나 이에 대한 예외로서 본안청구가 이유 없는 것이 기록상 명백한 때에는 집행정지는 허용되지 아니한다고 하고 있다(대결 1994. 10. 11, 94두23).

㈏ 소극적 요건 ― 공공복리에 대한 중대한 영향   집행정지는 "공공복리에 중대한 영향을 미칠 우려가 있을 때"에는 허용되지 아니한다(동조 ③). 여기서 '공공복리에 중대한 영향'이란, 단순히 공익실현에 지장이 있다는 정도를 넘어서, 개인에게 회복될 수 없는 손해가 발생하더라도 이를 개인이 감수하여야 하는 정도의 것이어야 할 것이다.

2) 집행정지대상   집행정지의 대상은 처분의 효력, 처분의 집행 또는 절차의 속행이고, 정지범위는 그 전부 또는 일부이다(동조 ② 본문).

처분의 효력정지는 처분의 내용에 따르는 구속력·공정력·집행력 등을 잠정적으로 정지시킴으로써, 이후 처분 자체가 존재하지 않는 상태로 두는 것이다. 예컨대, 영업허가취소 또는 사업정지처분의 효력의 정지결정이 있으면, 잠정적으로 그 취소 또는 정지처분이 없었던 상태로 되어, 당사자는 적법하게 영업 또는 사업을 할 수 있게 된다.

처분의 효력의 정지에는 제한이 있다. 즉, 처분의 집행(예컨대, 강제퇴거조치) 또는 절차의 속행(예컨대, 공용수용에 있어서의 사업인정에 따른 토지수용절차)을 정지함

---

1) 김도창, 행정법(상) p. 798.

으로써 그 목적을 달성할 수 있는 때에는, 효력정지는 허용되지 않는다. 그것은 집행정지제도의 목적이 중대한 손해의 발생을 방지하려는 데에 있는 것이므로, 집행의 정지 또는 절차속행의 정지에 의하여 그 목적을 달성할 수 있는 때에는 당해 처분의 효력까지 정지시킬 필요가 없기 때문이다.

3) **집행정지절차**　　집행정지는 (행정심판)위원회가 당사자의 신청 또는 직권에 의하여 결정한다(동조 ②). 그러나 위원회의 결정을 기다려서는 중대한 손해가 발생할 우려가 있다고 인정될 때에는 위원회의 위원장이 직권으로 심리·결정에 갈음하는 결정을 할 수 있다. 이 경우 위원장은 위원회에 그 사실을 보고하고 추인을 받아야 하며, 그 추인을 받지 못한 때에는 위원장은 집행정지 또는 집행정지결정을 취소하여야 한다(동조 ⑥).

4) **집행정지의 취소**　　위원회는 집행정지의 결정을 한 후에 집행정지가 공공복리에 중대한 영향을 미치거나 그 정지사유가 없어진 때에는 당사자의 신청 또는 직권에 의하여 집행정지의 결정을 취소할 수 있다(동조 ④). 집행정지결정의 취소신청은 심판청구에 대한 재결이 있기 전까지 할 수 있다(동조 ⑤).

집행정지결정의 취소신청은 처분청이 이를 하게 될 것이다. 복효적 행정행위에 있어, 수익적 처분의 상대방(쟁송상으로는 제3자)이 집행정지결정의 취소신청을 할 수 있는가의 문제가 있으나, 적극적으로 해석하여야 할 것으로 본다.

3. 임시처분

(1) 의　의

가구제제도로서 집행정지제도는 소극적으로 침익적 처분의 효력 등을 정지시켜 현상유지적 기능을 하는 데 그친다. 이에 대하여 신청에 대하여 법령상의 처분 등을 하지 않거나 이를 위법 또는 부당하게 거부하는 경우에는 집행정지제도는 적절한 구제수단이 되지 못한다. 예컨대 건축허가에 대한 거부처분의 집행이 정지되어도 이전의 거부처분이 있기 전의 상태로 되돌아 가는데 그치고 처분청이 정지결정의 취지에 따라 다시 처분을 할 의무를 지는 것은 아니다. 더욱이 신청에 대한 처분청의 부작위에 대하여는 그 효력 등을 정지할 처분 자체가 없으므로, 집행정지제도는 적절한 구제수단이 되지 못하는 것임은 물론이다. 전술한 바와 같이 집행정지제도만으로는 가구제제도로서도 상대방의 권리구제제도로서는 미흡한 것이다.

따라서 현행 행정심판법은 집행정지제도 외에 가명령제도로서 임시처분제도를 도입하여, 동법은 제31조에서 "위원회는 처분 또는 부작위가 위법·부당하다고 상당히 의심되는 경우로서 처분 또는 부작위 때문에 당사자가 받을 우려가 있는 중대한 불이익이나 당사자에게 생길 급박한 위험을 막기 위하여 임시지위를 정하여야 할 필요가 있는 경우에는 직권 또는 당사자의 신청에 의하여 임시처분을 결정할 수 있다"고 규정하고 있다. 다음에 그 내용을 간단히 살펴보기로 한다.

(2) 요 건

1) 적극적 요건

㈎ 심판청구의 계속　행정심판법은 이에 대하여 명시적 규정을 두고 있지 않다. 그러나 가구제로서 집행정지는 심판청구의 계속을 요건으로 하고 있고 보면, 가구제로서 임시처분의 경우에는 이와 달리 심판청구의 계속을 요건으로 하지 아니한다고 해석할 합리적 이유는 없는 것으로 보인다. 따라서 임시처분의 경우에도 위원회에의 의무이행심판의 계속을 그 요건으로 한다고 본다.

㈏ 처분 또는 부작위가 위법·부당하다는 상당한 의심이 있을 것　행정심판법은 집행정지에 있어서는 본안의 이유의 유무에 관하여는 명시적 규정을 두고 있지 않다. 그러나 임시처분은 본안에 관한 판단에 앞서 처분이 있은 것과 같은 상태를 창출하는 것이므로, 행정심판법은 이에 관하여 처분 또는 부작위가 위법·부당할 것을 요건으로 규정하여 집행정지보다는 그 요건을 엄격히 하고 있다(동법 31①).

㈐ 처분 또는 부작위로 인하여 받을 우려가 있는 중대한 불이익이나 당사자에게 생길 급박한 위험을 방지할 필요　임시처분은 본안에 관한 판단이 있기 전에 당해 처분이 있은 것과 같은 상태를 창출하는 것이라는 점에서는 처분이나 부작위로 인하여 받을 불이익이나 위험에 관하여도 집행정지에 비하여 엄격히 규정할 필요성이 인정될 수도 있다. 그러나 행정심판법은 이 부분에 있어서는 집행정지에 비하여 특별히 엄격히 규정하고 있지는 않은 것으로 보인다(동항).

2) 소극적 요건　임시처분도 집행정지와 같이 공공복리에 대한 중대한 영향을 미칠 우려가 있을 때에는 허용되지 아니한다(동법 31②·30③).

(3) 임시처분의 보충성

임시처분은 집행정지로 목적을 달성할 수 있는 경우에는 허용되지 아니한다(동법 31③).

제 6. 취소심판의 심리

취소심판의 심리는 행정심판위원회가 담당한다.

Ⅰ. 심리의 내용과 범위

1. 심리의 내용

심판청구의 심리는 그 내용에 따라 요건심리와 본안심리로 나누어진다.

(1) 요건심리

요건심리는 당해 심판청구가 그 제기요건을 갖추고 있는지 여부를 심리하는 것을 말한다. 이것은 형식적 심리 또는 본안전심리라고도 한다. 요건심리의 결과, 심판청구가 제기요건을 갖추지 못한 부적법한 것인 때에는 이를 각하한다.[1] 그러나 그 요건불비가 보정될 수 있는 것인 때에는, 위원회는 상당한 기간을 정하여 그 보정을 명하거나, 경미한 것은 직권으로 보정할 수 있다(동법 32①).

(2) 본안심리

본안심리는 요건심리의 결과 심판청구를 적법한 것으로 받아들여, 당해 심판청구의 내용에 관하여 실질적으로 심사하는 것을 말하며, 실질적 심리라고도 한다. 본안심리는 당해 심판청구에 대하여 인용 또는 기각의 판정을 하기 위한 심리이다.

2. 심리의 범위

(1) 불고불리 및 불이익변경금지의 원칙

심리의 범위가 심판청구취지에 의하여 제한되는지의 여부, 즉 심판청구의 심리에 있어서 불고불리 및 불이익변경금지의 원칙이 적용되는가에 대하여는 견해가 갈릴 수 있다.

행정심판에 관하여, 행정의 적법·타당성의 확보를 위한 행정의 자기통제기능에 중점을 두는 입장에서는, 행정심판의 심리·재결에는 불고불리나 불이익변

---

[1] 심판청구가 부적법한 것으로 되는 것은, ① 심판청구를 할 수 없는 자가 한 것인 때, ② 심판청구의 대상이 행정심판법상의 '처분'에 해당하지 않을 때, ③ 심판청구기간이 경과한 후에 제기한 것인 때, ④ 심판청구서의 기재사항에 불비가 있는 때, ⑤ 심판청구서에 대표자·관리인 또는 대리인의 자격을 증명하는 서면이 첨부되어 있지 않은 때를 들 수 있다. 이 중에서 부적법하나 보정될 수 있는 것으로서는 ④·⑤의 경우를 들 수 있다. 박송규, 행정심판법론, p. 371.

경금지의 원칙의 적용은 없다고 보나, 이 제도의 권리구제적 기능에 중점을 두는 입장에서는 이들 원칙의 적용을 인정한다.

행정심판법은 행정심판의 권리구제적 기능을 중시하여, 행정심판의 심리·재결에 있어 이들 원칙의 적용을 명문으로 규정하였다(동법 47①②, 예외 44②).

(2) 법률문제와 사실문제

행정심판의 심리에 있어서는 심판청구의 대상인 처분이나 부작위에 관하여 법률문제로서의 적법·위법의 문제뿐만 아니라, 재량행위에 있어서의 당·부당의 문제, 그리고 사실문제까지도 심리할 수 있다.

Ⅱ. 심리절차

1. 심리절차의 기본원칙

(1) 대심주의

대심주의는 대립되는 분쟁당사자들의 공격·방어를 통하여 심리를 진행하는 제도를 말한다. 즉 심리에 있어, 당사자 쌍방에게 공격·방어방법을 제출할 수 있는 대등한 기회를 보장하는 제도를 말하는 것이다.

행정심판법은 심판청구의 당사자를 청구인과 피청구인으로 하여, 이들 당사자가 각각 공격·방어방법을 제출하게 하고, 원칙적으로 이와 같이 제출된 공격·방어방법을 기초로 하여 심리·재결하는 대심주의를 취하고 있다.

(2) 처분권주의

처분권주의란 쟁송의 개시, 그 대상과 범위 및 종료에 대하여 당사자가 주도권을 가지고 이들에 대하여 자유로이 결정할 수 있는 원칙을 말한다.

행정심판은 청구인의 심판청구에 의하여 개시되고, 심판대상과 범위를 당사자가 결정하며(청구취지의 특정, 불고불리의 원칙), 청구인은 심판청구를 취하함으로써 심판절차를 종료시킬 수 있다. 따라서 행정심판도 처분권주의에 입각하고 있다.

그러나 공익적 견지에서의 심판청구의 제기기간의 제한, 청구인낙의 부인 등에 따라 처분권주의는 많은 제한을 받고 있다.

(3) 직권심리주의

직권주의는 당사자주의에 대한 것으로서, 심리의 진행을 심리기관의 직권으로 함과 동시에, 필요한 자료를 당사자에만 의존하지 않고 직권으로 수집하는 제도를 말한다.

행정심판법은 위원회가 필요하다고 인정할 때에는 당사자가 주장하지 아니한 사실에 대하여도 심리할 수 있고(동법 39), 직권으로 당사자·관계인을 신문할 수 있으며, 전문가에게 감정·검증 등을 명할 수 있다고 규정함으로써(동법 36①), 직권심리주의를 취하고 있다.

이러한 행정심판법상의 직권심리는, 행정심판이 기본적으로 행정의 자율적 통제수단이라는 점과 관련하여서는 행정소송법상의 직권심리와는 달리 그것은 직권탐지를 그 내용으로 한다는 견해가 유력하게 제시되고 있다.[1] 그러나 이에 대하여는, 직권심리에 관한 행정심판법과 행정소송법의 규정내용이 동일함에도 이를 다르게 해석할 이유는 없다는 점, 행정심판도 행정소송과 마찬가지로 권익구제에 그 중점이 있다는 점 등을 이유로 하여, 행정심판법상의 직권심리도 변론주의가 원칙이고, 직권심리주의는 보충적으로 적용되어야 한다고 보는 견해도 제시되고 있다.[2]

행정심판법은 직권심리주의와 동시에 불고불리원칙을 채택하고 있으므로, 동법상의 직권심리가 직권탐지적인 것이라 하더라도 당사자의 청구범위 내에서, 진실한 사실 및 법률관계를 밝히는 데 필요한 한도 안에서만 직권에 의한 심리나 조사가 행하여질 수 있다고 본다.

(4) 심리의 방식 — 서면심리주의와 구술심리주의

행정심판의 심리방식으로는 서면심리주의와 구술심리주의가 있다.

서면심리주의란 재결에 필요한 자료를 서면의 형식으로 수집하여 심리함을 원칙으로 하는 것이다. 이러한 서면심리주의는 서면상의 진술만을 자료로 하여 재결의 기초로 하는 것으로, 그 장점으로서는 ① 진술된 내용이 일단 명료·확실하고, ② 심리를 간이·신속하게 행할 수 있으며, ③ 행정심판위원회가 원격지에 있는 경우 불복신청인에 소요되는 시간적·경제적 지출을 고려하면 국민에게 유리하다는 점 등을 들 수 있다. 이에 대하여 그 단점으로서는 ① 인상이 간접적이고, ② 석명으로 의문점을 명확하게 할 수 없으며, ③ 진실이 정확하게 서면에 기재되어 있는지 여부를 알기 어렵다는 점 등을 들 수 있다.[3]

이에 대하여 구술심리주의란 구술의 진술을 재결의 기초로 하는 것을 말하는 것으로, 위의 서면심리주의의 단점을 시정할 수 있는 외에도, ① 쟁점의 정리가 용이하고, ② 행정청과 당사자 사이의 토의를 중시해야 한다는 사실에 의

---

1) 박정훈, 행정심판법의 구조와 기능, 행정법연구 2, p. 259.
2) 김기표, 신행정심판법론, pp. 475~476.
3) 박송규, 행정심판법론, p. 361.

하여 후자의 지위가 강화된다는 점을 들 수 있다.[1]

이에 관하여 행정심판법 제40조 제1항은 "행정심판의 심리는 구술심리나 서면심리로 한다"고 규정하여 심판의 심리방식을 일단 행정심판위원회의 판단에 맡기고 있다. 동조는 이어서 "다만, 당사자가 구술심리를 신청한 경우에는 서면심리만으로 결정할 수 있다고 인정되는 경우 외에는 구술심리를 하여야 한다"고 규정하고 있다. 따라서 위원회는 심판청구서면만에 의하여 이미 당해 사건의 내용이 명확히 판명되는 경우 외에는, 그 신청에 따라 청구인에게 구술에 의한 진술의 기회를 부여하여야 할 것으로 본다.

(5) 비공개주의

행정심판법에는 이에 관한 명문의 규정은 없다. 그러나 직권심리주의 · 서면심리주의 등을 채택한 동법의 전체적인 구조로 보아, 비공개주의를 원칙으로 하는 것으로 해석된다. 그 경우에도 행정심판위원회가 필요하다고 인정할 때에는 공개를 결정할 수 있을 것이다.

2. 당사자의 절차적 권리

(1) 위원에 대한 기피신청권

당사자는 행정심판위원회의 위원에 심리 · 의결의 공정을 기대하기 어려운 사정이 있는 경우에는 기피신청을 할 수 있다. 이 경우 위원장은 제척신청이나 기피신청을 받으면 제척 또는 기피 여부에 대한 결정을 하고, 지체 없이 신청인에게 결정서 정본(正本)을 송달하여야 한다(동법 10②⑤).

(2) 구술심리신청권

심판청구의 심리방식은 원칙적으로 행정심판위원회가 판단할 것이나, 당사자는 위원회에 구술심리를 신청할 수 있다.

(3) 보충서면제출권

당사자는 심판청구서 · 보정서 · 답변서 또는 참가신청서 등에서 주장한 사실을 보충하고, 다른 당사자의 주장을 다시 반박하기 위하여 필요하면 위원회에 보충서면을 제출할 수 있다. 이 경우 다른 당사자의 수만큼 보충서면 부본을 함께 제출하여야 하고, 위원회는 필요하다고 인정하면 보충서면의 제출기한을 정할 수 있다. 위원회는 보충서면을 받으면 지체 없이 다른 당사자에게 그 부본을 송달하여야 한다(동법 33①②).

---

1) 박송규, 행정심판법론, p. 363.

(4) 물적증거제출권

당사자는 그 주장을 뒷받침하는 증거서류 또는 증거물을 제출할 수 있다(동법 34①). 증거서류는 서증의 일종으로서 일정한 서면의 내용이 증거로 되는 것을 말하고, 증거물은 증거서류 이외의 모든 서류·물품을 말하는 것으로, 이 두 가지를 합쳐 물적증거라 한다.

(5) 증거조사신청권

당사자는, 그의 주장을 뒷받침하기 위하여 필요하다고 인정할 때에는, 위원회에 본인·관계인 신문, 증거자료의 제출요구, 감정·검증 등 증거조사를 할 것을 신청할 수 있다(동법 36①).

그러나 행정심판법은 당사자인 국민에게 행정기관이 보유하는 관계자료의 열람·복사를 요구하는 권리를 인정하지 않고, 행정심판위원회만이 관계 행정기관에 대하여 필요한 서류의 제출 또는 의견의 진술을 요구할 수 있도록 하였다(동조 ②). 따라서 당사자인 국민은 행정심판위원회를 통하여 간접적으로만 관계자료에 접근할 수 있을 뿐이다.

3. 관련청구의 병합과 분리

수개의 청구사건이 같은, 또는 서로 관련되는 사안에 관하여 제기된 것이거나, 또는 동일한 행정청이 행한 유사한 내용의 처분에 관한 것인 때에는, 심리의 신속성·경제성의 관점에서 이들 사건을 병합하여 심리할 필요가 있다.

행정심판법은 위원회가 필요하다고 인정할 때에는 관련되는 청구사건을 병합하여 심리할 수 있다고 규정하고 있다(동법 37전단). 이 경우 관련청구의 병합은 심리의 병합에 그치는 것이므로, 재결은 병합된 각 심판청구별로 하여야 한다. 병합된 관련청구사건에는 위원회가 직권으로 병합하여 심리하기로 결정한 관련청구사건 및 당사자에 의하여 병합 제기된 심판청구사건이 모두 포함된다.

위원회는 또한 이미 병합된 관련청구사건을 필요에 따라 직권으로 분리하여 심리할 수도 있다(동조 후단).

4. 조 정

위원회는 당사자의 권리 및 권한의 범위에서 당사자의 동의를 받아 심판청구의 신속하고 공정한 해결을 위하여 조정을 할 수 있다. 다만, 그 조정이 공공복리에 적합하지 아니하거나 해당 처분의 성질에 반하는 경우에는 그러하지 아니하다(동법 43의2①).

위원회는 조정을 함에 있어서 심판청구된 사건의 법적·사실적 상태와 당사자 및 이해관계자의 이익 등 모든 사정을 참작하고, 조정의 이유와 취지를 설명하여야 한다(동법 43의2②).

조정은 당사자가 합의한 사항을 조정서에 기재한 후 당사자가 서명 또는 날인하고 위원회가 이를 확인함으로써 성립한다(동법 43의2③).

조정에 대하여는 행정심판법 제48조(재결의 송달과 효력 발생), 제49조(재결의 기속력 등), 제50조(위원회의 직접처분), 제50조의2(위원회의 간접강제), 제51조(행정심판 재청구의 금지)의 규정을 준용한다(동법 43의2③).

제 7. 행정심판의 재결

Ⅰ. 개 설

1. 의 의

재결은 심판청구사건에 대하여 행정심판위원회가 행하는 결정을 말한다. 재결은 행정법상의 법률관계의 존재 또는 정부에 관한 분쟁에 대하여, 심판청구를 전제로 하여 일정한 절차를 거쳐 행하는 판단작용이기 때문에, 준법률행위적 행정행위로서 '처분'에 해당하여(행정소송법 2①i), 재결 자체에 고유한 위법이 있는 경우에는 행정소송의 대상이 된다(동법 19단서).

2. 재결기간

재결은 피청구인인 행정청 또는 위원회가 심판청구서를 받은 날로부터 60일 이내에 하여야 하나, 부득이한 사정이 있는 때에는 행정심판위원회의 위원장이 직권으로 30일의 범위 내에서 그 기간을 연장할 수 있다(행정심판법 45① 단서). 위의 재결기간에는 심판청구에 흠결이 있어 그 보정을 명한 경우의 그 보정기간은 산입되지 아니한다(동법 32⑤).

3. 재결의 방식

재결은 서면(재결서)으로 하되, 재결서에는 주문, 청구의 취지·이유 등을 기재해야 한다(동법 46①②). 이유에는 주문 내용이 정당함을 인정할 수 있는 정도로 판단을 표시하여야 한다(동조 ③).

4. 재결의 범위(불고불리·불이익변경금지)

불고불리의 원칙은 원래 소송법상의 원칙으로서, 법원은 소의 제기가 없는 때 및 당사자의 청구범위를 넘어서 심리·판단하지 못한다는 것을 그 내용으로 하는 것이며, 불이익변경금지의 원칙은 원처분보다 불리하게 변경하는 내용의 재결은 금지된다는 원칙이다.

구소원법에는 이에 관한 규정이 없었으므로, 이들 원칙의 적용 여부에 대하여 다툼이 있었으나, 행정심판법은, 위원회는 "심판청구의 대상이 되는 처분 또는 부작위 외의 사항에 대하여는 재결하지 못하며," "심판청구의 대상이 되는 처분보다 청구인에게 불이익한 재결을 하지 못한다"고 하여(동법 47①②), 이들 원칙을 명문으로 규정하고 있다.

5. 재결의 송달·효력발생·공고 등

재결을 한 때에는 행정심판위원회는 지체없이 당사자에게 재결서의 정본을 송달하여야 하고, 재결은 청구인에게 송달된 때에 효력을 발생한다(동법 48①②). 심판청구 참가인에게는 재결서의 등본을 송달한다(동조 ③).

법령의 규정에 의하여 공고하거나 고시한 처분이 재결로써 취소·변경된 때에는, 처분을 한 행정청은 지체없이 그 처분의 취소·변경사실을 공고하거나 고시하여야 하고(동법 49④), 법령의 규정에 의하여 처분의 상대방 이외의 이해관계인에게 통지된 처분이 재결로써 취소·변경된 때에도, 처분을 한 행정청은 이해관계인에게 그 취소·변경사실을 통지하여야 한다(동조 ⑤).

Ⅱ. 재결의 종류

1. 각하재결

각하재결은 심판청구의 요건심리의 결과 그 심판청구요건상에 흠결이 있는 부적법한 것이라 하여 본안심리를 거부하는 재결을 말한다(동법 43①). 예컨대, 청구인적격이 없는 자의 심판청구, 심판청구기간이 경과된 후에 청구된 심판청구 등이 이에 해당한다.

2. 기각재결

기각재결은 본안심리의 결과 심판청구가 이유 없다고 하여 청구를 배척하고 원처분을 시인하는 재결이다(동법 43②). 이것은 원처분의 적법·타당성을 시인하는 데 그치고 그 효력을 확정하는 것은 아니므로, 기각재결이 있은 후에도 처분청은 당해 처분을 직권으로 취소·변경할 수 있다.

3. 사정재결

사정재결이란 심판청구가 이유 있는 것으로 인정되는 경우에도 이를 인용하는 것이 공공복리에 크게 위배된다고 판단되는 경우에 그 심판청구를 기각하는 재결을 말한다(동법 44①). 그 전형적인 예로서 댐건설을 위한 하천점용허가에 대하여 그 위법을 이유로 그 취소를 청구한 경우를 들 수 있다.

사정재결은 국민의 권리·이익의 보호와 행정의 적법성의 확보를 목적으로 하는 행정쟁송제도에서는 극히 예외적으로만 인정될 수 있는 것이라 할 것이다. 현재의 행정심판법에 대응하는 종전의 소원법에는 사정재결제도가 없었으나, 행정심판법은 이를 규정하고 있는 행정소송법과의 조화를 고려하여 이 제도를 신설한 것으로 보인다.

행정소송법에서 사정판결제도를 두는 것에 대하여도, 전술한 행정쟁송제도의 본래의 목적에서 보면 그 타당성에 문제점이 없는 것은 아니나, 법적 안정성의 확보나 공익의 관점에서 이를 인정하여야 할 현실적 필요성이 있는 것이고 보면, 법원이 제3자적 지위에 있고 절차적으로 그 판단의 공정성이 보장된다는 점에서, 예외적으로 이를 인정할 수도 있을 것으로 본다.

이에 대하여 행정심판은 본질적으로 자기통제적 제도로서, 그 심판기관의 판단의 공정성에 대한 신뢰가 아직 확보되지 않은 단계에서 이 법제를 인정하는 것에는 문제가 있다고 할 수도 있다. 그러나 법적 안정성의 확보나 공익보호의 필요성이라는 제도인정의 기본적 논리는 행정심판에도 원칙적으로 타당하게 적용되는 것이라는 점에서 행정심판에도 이 제도를 도입한 것으로 보인다.

4. 인용재결

인용재결은 본안심리의 결과 심판청구가 이유 있다고 인정하여 청구의 취지를 받아들이는 재결이다. 인용재결에 있어 행정심판위원회는 스스로 청구취지에 따른 처분을 할 수도 있고, 처분청에 그에 따른 처분을 하도록 명할 수도 있다.

인용재결은 청구의 취지를 받아들이는 재결이므로, 청구의 내용에 따라, 취소·변경재결, 무효등확인재결 및 이행재결로 나누어진다.

(1) 취소 · 변경재결

행정심판위원회는 심판청구가 이유가 있다고 인정하면 처분을 취소 또는 다른 처분으로 변경하거나 처분을 다른 처분으로 변경할 것을 피청구인에게 명한다(동법 43③). 따라서 취소 · 변경재결에는 처분취소재결 · 처분변경재결과 처분취소명령재결 · 처분변경명령재결이 있다. 전자는 형성재결의 성질을, 후자는 이행재결의 성질을 가진다.

처분을 취소하거나 그 취소를 명하는 재결에는 전부취소를 내용으로 하는 것과 일부취소를 내용으로 하는 것이 있을 수 있다.

처분의 변경재결에 있어 '변경'의 의미에 대하여는 다툼이 있을 수 있다. 종래에는 구행정소송법 제1조의 '처분의 취소 · 변경'에 있어서 '변경'의 의미에 관하여 견해가 나뉘어 있었다. 통설적 견해는, 권력분립원칙의 견지에서, 법원은 처분청의 상급기관은 아니므로 원처분에 갈음하여 새로운 처분은 할 수 없다고 할 것이고, 따라서 여기에서의 '변경'은 일부취소의 의미로 해석하여야 한다는 것이었다.

그러나 행정심판에 있어 재결기관은 원칙적으로 처분청의 직근 상급 행정청이므로, 행정심판법상의 '변경'은 소극적인 일부취소만을 의미하는 것이 아니라, 원처분에 갈음하여 새로운 처분으로 대체한다는 적극적 의미를 포함하는 것으로 해석할 수 있을 것이다.[1]

인용재결이 원처분의 일부를 취소하는 데 그치고 있어 처분의 상대방이 그 잔여처분에 대하여 여전히 불복하는 경우에는, 행정소송법은 원처분주의를 취하고 있으므로, 원처분에 대하여 취소소송을 제기하여 그 잔여처분의 취소를 구하여야 할 것이다. 이에 대하여 청구인이 변경재결에 대하여도 불복하는 경우에는 원처분과 변경재결 중 어느 것을 대상으로 하여 다투어야 하는지의 보다 복잡한 문제가 제기된다. 그러나 행정심판의 실제에 있어서는 변경재결은 내용적으로는 원처분의 일부취소의 성질을 가지는 것이고 보면(예컨대 운전면허취소처분의 6월 운전면허정지처분으로의 변경), 이러한 경우에는 6월의 운전면허정지처분은 이를 원처분의 잔여부분으로 보아서, 이러한 의미의 원처분을 대상으로 하여 취소소송을 제기하여 이를 다투어야 할 것으로 본다.

---

1) 피청구인(서울특별시장)이 1987년 2월 4일 청구인에 대하여 한 건설업면허 취소처분은 이를 4월간의 영업정지처분으로 변경한다(국행심 87-154, 건설업면허취소처분 취소청구에 대한 1988. 4. 27. 국무총리재결).

(2) 무효등확인재결

행정심판위원회는 무효등확인심판의 청구가 이유가 있다고 인정하면 처분의 효력 유무 또는 존재 여부를 확인한다(동조 ④). 따라서 무효등확인재결에는 처분무효확인재결 · 처분실효확인재결 · 처분유효확인재결 · 처분존재확인재결 및 처분부존재확인재결이 있다.

(3) 의무이행재결

행정심판위원회는 의무이행심판의 청구가 이유가 있다고 인정하면 지체없이 신청에 따른 처분을 하거나 처분을 할 것을 피청구인에게 명한다(동조 ⑤). 따라서 의무이행재결에는 처분재결과 처분명령재결이 있는바, 처분재결은 엄격한 의미에서는 형성재결의 성질을 가지는 것이다. 다음에서는 처분명령재결에 한하여 그 내용을 어느 정도 구체적으로 기술한다.

'신청에 따른 처분'은 반드시 청구인의 청구 내용대로의 처분을 의미하는 것으로 해석할 것은 아니다. 왜냐하면 기속행위와 재량행위에 따라 처분청의 작위의무의 내용은 다른 것이기 때문이다.

1) 기속행위   의무이행심판청구의 대상인 행정청의 행위가 기속행위인 경우, 행정청은 법적으로 당해 행위를 하여야 할 기속을 받고 있다. 따라서 행정심판위원회는 재결청은 재결로 청구인의 청구 내용대로의 처분을 하거나, 이를 할 것을 명하여야 한다.

2) 재량행위   심판청구의 대상이 재량행위인 경우, 행정청은 상대방의 신청에 대해 처분을 할 의무는 있으나, 그 종국적 처분의 내용에 대하여는 행정청에 재량권, 즉 고유한 판단권이 부여되어 있으므로, 반드시 상대방의 신청대로 처분할 법적 의무는 없는 것이다. 따라서 행정청의 거부처분 또는 부작위에 대하여 행정심판위원회는 위법을 이유로 하여서는 청구인의 청구 내용대로 처분을 하거나, 처분청에 이를 할 것을 명할 수는 없다.

그러나 부당을 이유로 하는 경우, 행정심판위원회는 청구 내용대로의 처분을 스스로 하거나, 이를 할 것을 행정청에 명할 수 있을 것이다.

그 내용을 부연하면 다음과 같다. 먼저 처분청의 거부처분에 대하여는, 재결청은 그 위법성이 아니라 부당을 이유로 하여 내용적으로 이를 취소하고, 처분청에 대하여 타당한 처분 즉 상대방의 신청에 따른 처분을 할 것을 명할 수 있는 것이다. 부작위에 대하여도 행정심판위원회는 상대방의 신청에 대한 궁극적인 거부처분이 부당한 처분으로 판단되는 경우에는, 행정청에 대하여 타당한 처분으로서의 상대방의 신청에 따른 처분을 할 것을 명할 수 있을 것이다.

Ⅲ. 재결의 효력

행정심판법은 재결의 효력에 관하여 기속력에 관한 규정만을 두고 있으나, 재결도 행정행위의 하나이므로(행정소송법 2①i), 그것이 당연무효인 경우 외에는 다른 행정행위와 마찬가지로 불가쟁력·공정력 등을 가지고, 또한 쟁송재단행위로서 형성력 등의 효력을 발생한다.

1. 기 속 력

재결의 기속력이란 심판청구의 당사자인 행정청과 관계행정청이 재결의 취지에 따르도록 기속하는 효력을 말한다. 심판청구가 인용되어도 행정청이 이 재결의 취지에 반하는 태도를 견지하면, 청구인의 권리구제는 실현될 수 없을 것이다. 따라서 행정심판법은 "심판청구를 인용하는 재결은 피청구인과 그 밖의 관계 행정청을 기속한다"(법 49①)라고 하여, 재결의 기속력을 명시적으로 규정하고 있다. 재결의 기속력으로서는 소극적 효력으로서 반복금지효와 적극적 효력으로서 행정청의 원상회복의무와 (재)처분의무가 있다.

(1) 소극적 효력: 동일처분의 반복금지효

행정청은 취소재결·변경재결 또는 무효등확인재결이 있으면 동일한 사정 아래에서는 다시 동일한 내용의 처분을 되풀이 하지 못한다. 즉 처분청은 같은 사정하에서 같은 이유로 동일인에 대하여 같은 내용의 처분을 반복하여서는 안되는 것이다.[1]

(2) 적극적 효력

1) 원상회복의무   행정심판에서 처분의 취소재결 또는 무효재결이 행해지면, 행정청은 당해 처분과 관련하여 행해진 후속처분이나 사실상의 조치 등에 기한 법률관계·사실관계는 위법한 것으로 되므로, 행정청은 이를 원상으로 회복할 의무를 진다. 예컨대, 건물의 철거명령이 취소되면 행정청은 이 처분을 전제로 한 계고처분을 취소하여야 하는 것이다.

2) 재처분의무

㈎ 의   의   행정심판법은 "당사자의 신청을 거부하거나 부작위로 방치한 처분의 이행을 명하는 재결이 있으면 행정청은 지체 없이 이전의 신청에 대

---

[1] 판례

"재결에 구속을 받는 피고로서는 동일한 사정 아래에서는 같은 내용의 처분을 되풀이함은 허용되지 않는다"(대판 1983. 8. 23, 82누302).

하여 재결의 취지에 따라 처분을 하여야 한다"고 하여 행정청의 재처분의무를 명시적으로 규정하고 있다(법 49②). 따라서 청구인의 처분의 발급신청이 위법·부당하게 거부되거나 방치된 경우에는 행정심판으로서 의무이행심판을 제기하여 궁극적으로 당해 처분의 발급을 받을 수 있을 것이다.

기속력의 객관적 범위는 재결의 주문 및 그 전제가 되는 요건사실의 인정과 판단에 한정되고, 재결의 결론과 직접 관련이 없는 방론이나 간접사실에 대한 판단에는 미치지 아니한다.

㈏ 절차적 위법으로 인한 처분의 취소　　행정심판의 기속력의 적극적 효력으로서 재처분의무는 원래 전술한 바와 같이 당사자의 신청에 대한 거부처분 또는 부작위에 대하여 제기되는 처분발급신청의 인용재결과 관련하여 인정되는 효력이다. 동법은 이러한 재처분의무를 "신청에 따른 처분이 절차의 위법 또는 부당을 이유로 재결로써 취소된 경우에도 이를 준용"하고 있다(동조 ④).

이것은 내용적으로는 제3자효적 행정행위에 의하여 그 권리·이익이 침해되고 있는 자가 제기한 취소심판에서 당해 처분이 절차상의 위법을 이유로 취소된 경우에 있어서의 행정청의 재처분의무에 관한 것이다.

제3자효적 행정행위가 절차상의 위법을 이유로 취소된 경우에도 당해 처분은 실체법상으로는 적법한 것으로서, 적법한 절차에 따라 다시 처분을 하는 경우에도 상대방의 원래의 신청이 인용될 수도 있는 것이다. 따라서 여기서의 재처분의무는 처분의 상대방의 권리보호를 위한 규정이라 할 것이다.

㈐ 거부처분의 인용재결과 재처분의무　　거부처분에 대하여는 취소심판을 제기하여 이를 다툴 수도 있는바, 이 경우의 취소심판의 궁극적 목적은 위법·부당하게 거부된 처분의 발급을 받는 것임은 물론이다. 그럼에도 그 인용재결의 효력에 관하여는 의무이행심판의 재결에 대한 것과 같은 처분청의 재처분의무에 대한 명시적인 규정이 없어서 논란이 있었으나, 2017년 행정심판법 제49조 제2항을 신설하여 재처분의무를 명시하였다. 즉 재결에 의하여 취소되거나 무효 또는 부존재로 확인되는 처분이 당사자의 신청을 거부하는 것을 내용으로 하는 경우에는 그 처분을 한 행정청은 재결의 취지에 따라 다시 이전의 신청에 대한 처분을 하여야 한다(법 14②). 대법원도 "당사자의 신청을 거부하는 처분을 취소하는 재결이 있는 경우에는 행정청은 그 재결의 취지에 따라 다시 이전의 신청에 대한 처분을 하여야 하는 것"(대판 1988. 12. 13, 88누7880)이라고 판시하여 동일한 입장을 취하고 있다.

㈑ 직접처분　　상대방의 신청에 대한 피청구인의 거부처분 또는 부작위

에 대하여 위와 같은 이행명령재결이 있는 경우에는 처분청 또는 부작위청은 상대방의 신청 내용에 따라 허가 등을 하여야 한다. 그러나 지방자치제도의 실시에 따라 시장 등이 주민에 의하여 직선되고 있는 현행 제도 아래에서는 당해 행정청이 재결에 따른 의무를 이행하지 아니하는 경우도 발생할 수 있는 것으로서 이 경우 관계인의 실효적인 권리보호는 실현되지 못하게 된다. 행정심판법은 이러한 부정적인 결과를 방지하기 위하여 직법처분에 관한 규정을 두고 있다. 즉 동법 제50조 제1항은 "위원회는 피청구인이 처분을 하지 아니하는 경우에는 당사자가 신청하면 기간을 정하여 서면으로 시정을 명하고 그 기간에 이행하지 아니하면 직접 처분을 할 수 있다. 다만, 그 처분의 성질이나 그 밖의 불가피한 사유로 위원회가 직접 처분을 할 수 없는 경우에는 그러하지 아니하다"라고 규정하고 있다. 여기서 '그 처분의 성질이나 그 밖의 불가피한 사유로 위원회가 직접 처분을 할 수 없는 경우'로서는, 해당 행정청만이 정보를 가지고 있거나(정보공개청구의 경우) 해당 행정청의 행정적·재정적 조치를 기다려야 실효를 거둘 수 있는 처분(이주대책이행청구의 경우) 등과 같이 당해 행정청만이 처분을 할 수 있는 경우를 들 수 있다.[1]

이러한 행정심판법 제50조 제1항상의 직접처분은 동법 제43조 제5항상의 처분재결과의 관계가 문제가 제기될 수 있다. 직접처분은 의무이행명령재결의 실효성을 확보하기 위한 조치로서의 처분인데 대하여, 처분재결은 재결이라는 점에서 형식적으로는 양자가 구별될 수 있는 것이나, 그것은 결국 허가 등의 발급을 확보하기 위한 것이고, 직접처분도 처분재결과 같이 위원회가 발하는 것이라는 점에서는 직접처분과 처분재결은 중복적인 측면이 있는 것임은 이를 부인하기 어려운 것으로 보인다.

2. 형 성 력

재결의 형성력이란 기존의 법률관계에 변동을 가져오는 효력을 말한다. 처분을 취소하는 재결이 있으면 당해 처분은 행정청이 이를 다시 취소하지 않아도 처분시에 소급하여 효력이 소멸되어 처음부터 존재하지 않은 것으로 되는데, 이것은 취소재결의 형성력의 효과인 것이다. 이러한 재결의 형성력에는 대세적 효력이 인정된다 할 것이다(행정소송법 29 참조).

---

1) 최정일, 행정법개론, 2010, pp. 366~367.

3. 집행력: 간접강제

침익적 처분의 무효등확인심판이나 취소심판의 재결에서 청구인의 청구가 인용된 경우에는 그 인용재결의 집행력의 문제는 제기되지 않는다. 이에 대하여 거부처분 또는 부작위에 대한 취소심판 또는 의무이행심판에 대한 인용재결이 있으면, 처분청은 재결의 취지에 따른 처분을 하여야 하는 의무가 있는 것이므로, 집행력의 문제가 제기될 수 있다.

위원회는 피청구인이 거부처분취소재결이나 거부처분 또는 부작위의 이행을 명하는 재결에 따른 처분을 하지 아니하면 청구인의 신청에 의하여 결정으로 상당한 기간을 정하고 피청구인이 그 기간 내에 이행하지 아니하는 경우에는 그 지연기간에 따라 일정한 배상을 하도록 명하거나 즉시 배상을 할 것을 명할 수 있다. 이 경우 위원회는 결정을 하기 전에 신청 상대방의 의견을 들어야 한다(동법 50의2①③).

청구인은 간접강제에 관한 결정에 불복하는 경우 그 결정에 대하여 행정소송을 제기할 수 있다(동법 50의2①④).

간접강제에 관한 결정의 효력은 피청구인인 행정청이 소속된 국가·지방자치단체 또는 공공단체에 미치며, 결정서 정본은 이에 관한 소송의 제기와 관계없이 민사집행법에 따른 강제집행에 관하여는 집행권원과 같은 효력을 가진다. 이 경우 집행문은 위원장의 명에 따라 위원회가 소속된 행정청 소속 공무원이 부여한다(동법 50의2⑤).

간접강제 결정에 기초한 강제집행에 관하여 이 법에 특별한 규정이 없는 사항에 대하여는 민사집행법의 규정을 준용한다. 다만, 민사집행법 제33조(집행문부여의 소), 제34조(집행문부여 등에 관한 이의신청), 제44조(청구에 관한 이의의 소) 및 제45조(집행문부여에 대한 이의의 소)에서 관할 법원은 피청구인의 소재지를 관할하는 행정법원으로 한다(동법 50의2⑥).

4. 불가쟁력과 불가변력

(1) 불가쟁력

재결은 그 자체에 고유한 위법이 있는 경우에 그에 대한 행정소송의 제기가 가능하나, 그 제소기간(동법 27①③)이 경과하면 더 이상 그 효력을 다툴 수 없게 된다.

(2) 불가변력

재결은 쟁송절차를 거쳐 행하여지는 판단행위이므로, 일단 재결이 행하여진 이상 설령 그것이 위법하다 하더라도 행정심판위원회 스스로도 이를 취소·변경할 수 없는 효력을 발생한다. 이것을 재결의 불가변력이라 한다.[1]

Ⅳ. 재결에 대한 불복

1. 재심청구의 금지

심판청구에 대한 재결이 있으면 그 재결 및 같은 처분 또는 부작위에 대하여 다시 행정심판을 청구할 수 없다(행정심판법 51).

2. 행정소송

행정심판에 대한 재결도 행정행위에 해당하므로, 그것이 위법한 경우에는 행정소송을 제기하여 그 취소 등을 구할 수 있을 것이다(행정소송법 2①i). 다만, 행정소송법은 원처분주의를 취하여 취소소송에서는 원칙적으로 원처분을 대상으로 하도록 하고, 재결은 그 자체에 고유한 위법이 있는 경우에만 이를 다툴 수 있도록 하였다(동법 19단서).

제 8. 심판청구의 고지제도

Ⅰ. 개 설

1. 고지제도의 의의

고지제도란 행정청이 처분을 함에 있어 그 상대방 또는 이해관계인에게 당해 처분에 대한 불복청구의 가능성 및 그를 위한 필요사항(심판청구절차·청구기간)을 알려 주는 제도를 말한다.

이러한 고지제도는 다수의 외국(독일·일본 등)에서 채택되고 있는 것으로, 우리나라의 행정심판법도 이전의 소원법을 개정·보완하면서 이 제도를 도입하

---

1) 판례

　　"재결은 행정처분이나 본질상 쟁송절차를 통한 준재판이라 할 수 있으므로 재결은 일반행정처분과는 달리 재심 기타 특별한 규정이 없는 한 재결청이 스스로 취소·변경할 수 없다"(대판 1965. 4. 22, 63누200).

였다. 행정심판법은 처분의 상대방 또는 이해관계인에 대한 처분청의 직권 또는 청구에 기한 고지의무를 규정하고, 그 불고지 또는 오고지에 대한 구제수단을 마련하고 있다(법 58·23·27).

2. 고지제도의 필요성

고지제도의 필요성은 다음의 두 가지로 요약될 수 있을 것이다.

(1) 행정심판청구의 기회보장

행정청의 처분에 대한 불복제도가 설치되어 있어도 일반국민은 이를 알지 못하거나, 당해 처분이 불복청구의 대상이 되는지 여부 내지는 그에 대한 불복청구절차를 정확히 알지 못하는 경우가 적지 않다. 그 경우 처분의 상대방 기타 이해관계인은 심판청구 기회를 일실하거나(단기의 심판청구기간), 심판청구가 제기되어도 부적법한 것으로서 각하될 수도 있다.

고지제도는 전술한 바와 같이 처분청이 그 상대방 또는 이해관계인에게 당해 처분에 대한 불복청구의 가능성 및 청구요건·절차 등을 알려 줌으로써 위와 같은 부당한 결과의 발생을 방지하고, 국민에 대한 행정구제의 기회를 보다 실질적으로 보장하여 주려는 데에 그 기본적 의의가 있는 것이다.

(2) 행정의 적정화

고지제도는 적정한 행정을 담보하여 주는 기능을 수행한다. 행정청에 고지의무가 부과되어 있는 경우는, 행정청은 처분을 함에 있어 당해 처분에 대한 쟁송제기의 가능성에 대한 인식이 보다 클 것임은 물론이다. 그에 따라 행정청은 처분을 함에 있어 보다 신중을 기하게 될 것인바, 이를 통해 행정의 적정화에 기여할 수 있는 것이다.[1]

3. 고지의 성질

고지는 위에 적은 바와 같이 행정청의 처분시에 당해 처분이 불복청구의 대상이 되는지 여부 및 그 불복청구절차를 그 상대방 또는 이해관계인에게 알려 주는 비권력적 사실행위이다. 따라서 고지는 그 자체로서는 아무런 법적 효과도 발생하지 않는다.

이러한 고지는 행정심판법의 규정에 기하여 행정처분의 통지에 따르는 법정절차이기는 하나, 행정처분 그 자체의 절차는 아니다. 따라서 고지를 하지 않

---

1) 이상규, 행정법(상), p. 754.

은 경우에도 그것이 당해 처분의 위법사유로는 되지 않는다.[1] 그러나 고지제도는 국민에 대한 행정구제를 보다 실질적으로 보장하기 위한 것이라는 점에서, 뒤에서 보는 바와 같이 행정청에 의한 불고지 또는 오고지에 대하여 행정심판법은 처분의 상대방 또는 이해관계인에 대한 일정한 구제적 규정을 두고 있다.

4. 고지의 종류

행정심판법은 두 가지 고지제도를 규정하고 있다.

(1) 직권에 의한 고지

행정청이 처분을 할 때에는 처분의 상대방에게 직권으로 알려야 한다(행정심판법 58①).

1) 고지의 대상   고지의 대상은 서면에 의한 처분이다. 여기서 처분은 행정심판법에 의한 심판청구의 대상인 처분뿐만 아니라, 널리 다른 법령에 의한 심판청구의 대상이 되는 처분을 포함된다고 할 것이다.[2] 다른 법령에 의한 심판청구 등에는 이의신청(국세기본법 66, 주민등록법 21, 토지보상법 83 내지 88 등), 심사청구(국세기본법 55, 공무원연금법 80), 심판청구(국세기본법 67) 등이 있다.

대법원은 토지수용법상의 수용재결에 대한 불복절차의 고지가 없었던 사안에서, "수용재결서의 정본에 불복신청기간에 대한 안내고지가 없다면 행정심판법 제18조 제3항(현행 27③)에 따라 180일 이내에 이의신청을 할 수 있다"[3]고 판시한 바 있다.

2) 고지의 내용   행정심판법이 규정하고 있는 고지의 내용은, 해당 처분에 대하여 행정심판을 청구할 수 있는지 여부, 청구하는 경우의 심판청구절차 및 청구기간에 관한 사항이다(58①).

---

1) 다만, 1996년 12월에 제정된 행정절차법은 그 제26조에서 행정심판법 제42조 제1항과 거의 동일한 내용의 '고지'를 규정하고 있어 이 법의 시행으로 인해 그러한 고지 결여의 하자가 행정절차법 제26조 위반의 위법사유로 될 가능성이 있다.

2) 박윤흔, 행정법(상), p. 844; 이상규, 행정법(상), p. 754.

3) 판례
   "토지수용위원회의 수용재결에 대한 이의절차는 실질적으로 행정심판의 성질을 갖는 것이므로 토지수용법에 특별한 규정이 있는 것을 제외하고는 행정심판법의 규정이 적용된다고 할 것이고, 행정심판법 제43조 제2항도 행정심판에 관하여 다른 법률에서 특례를 정한 경우에도 그 법률에서 규정하지 아니한 사항에 관하여는 이 법이 정하는 바에 의한다고 규정하고 있는바, 행정심판법 제42조 제1항은 행정청이 처분을 서면으로 하는 경우에는 … 청구기간을 알려야 한다고 규정하고 있으므로, … 심판청구기간을 알리지 아니한 경우에는 다른 법률에서 달리 규정한 바 없는 한 행정심판법 제180조 제6항의 규정에 의하여 같은 조 제3항의 기간 즉 처분이 있은 날로부터 180일 이내에 그 처분에 대한 이의 … 를 할 수 있다고 보아야 한다"(대판 1992. 6. 9, 92누565).

3) **고지의 상대방·방법 및 시기**   고지의 상대방은 해당 처분의 상대방이다(동항). 그러나 실제 행정처분에는 이른바 복효적 행정행위가 많은바, 이 경우 처분의 제3자는 당해 처분에 의하여 그 법적 이익이 침해되는 것이다. 행정심판법은 이러한 경우를 포함한 이해관계인에게 고지청구권을 인정하고 있다(동조 ②). 그러나 비교적 단기의 심판청구 제기기간을 감안하면, 복효적 행정행위에 의하여 그 법적 이익이 침해되는 제3자에 대하여는 직권으로 고지하도록 하는 것이 바람직하다 할 것이다.[1]

고지의 방법에 대하여는 명시적 규정이 없고, 행정심판법 제58조 제2항의 규정에 비추어 보아 구두에 의한 고지도 허용되는 것으로 보인다. 그러나 고지는 통상 서면에 의한 처분시에 하는 것으로서 그 처분서에 고지 내용도 함께 기재하는 것이 원칙이다. 또한 고지의 유무나 고지 내용에 대한 다툼을 배제하기 위하여서도 서면에 의한 고지가 바람직하다. 실무상으로는「귀하는 이 처분서를 받은 날로부터 90일 이내에 ○○도지사 또는 ○○장관에게 행정심판을 청구할 수 있습니다」라는 내용의 고무인을 만들어 처분서의 말미에 찍으면 충분할 것이다.

고지는 처분시에 하여야 할 것이나, 처분 후에도 합리적으로 판단되는 기간 내에 고지를 하면 불고지의 하자는 치유된다.

(2) **신청에 의한 고지**

처분의 이해관계인이 요구하면 행정청은 지체없이 알려 주어야 한다(동조 ②).

1) **신청권자**   고지를 신청할 수 있는 자는 당해 처분에 대한 이해관계인이다. 이해관계인은 보통은 해당 처분으로 인하여 자기의 권리·이익이 침해되었다고 주장하는 복효적 행정행위에 있어서의 제3자가 될 것이나, 처분시에 고지를 받지 못한 처분의 상대방도 그에 포함된다 할 것이다.

2) **고지의 대상 및 내용**   신청에 의한 고지의 대상은 직권에 의한 경우와 다를 바 없다. 고지의 내용은 직권에 의한 고지와 같이 해당 처분이 행정심판을 제기할 수 있는지 여부, 제기하는 경우의 심판청구절차 및 청구기간에 관한 사항이다.

고지의 방법에는 제한이 없으나, 고지를 신청한 자가 서면에 의한 고지를 요구한 때에는 반드시 서면으로 고지하여야 한다(동법 58② 후단).

---

1) 박윤흔, 행정법(상), p. 845.

Ⅱ. 불고지 및 오고지의 효과

위에서 적은 바와 같이, 행정청의 불고지 및 오고지에 대하여는 행정심판법은 당해 처분의 상대방 또는 이해관계인에 대한 일정한 구제조치를 규정하고 있다.

1. 불고지의 효과

(1) 경유절차

고지를 하지 않아 청구인이 심판청구서를 소정의 행정기관이 아닌 다른 행정기관에 제출한 경우에는 그 행정기관은 그 심판청구서를 지체 없이 정당한 권한이 있는 피청구인에게 보내고, 그 사실을 청구인에게 알려야 한다(동법 23②③). 이 경우 심판청구기간을 계산할 때에는 당초의 행정기관에 심판청구서가 제출되었을 때에 행정심판이 청구된 것으로 본다(동조 ④).

(2) 청구기간

심판청구기간을 알리지 아니한 때에는, 그 기간은 해당 처분이 있었던 날부터 180일이 된다(동법 27⑥).

2. 오고지의 효과

(1) 경유절차

행정청이 고지를 잘못하여 청구인이 정당한 행정청이 아닌 다른 행정청에 심판청구서를 제출한 경우에도, 그 구제수단은 위의 불고지의 경우와 같다(동법 23②).

(2) 청구기간

행정청이 소정의 심판청구기간보다 긴 기간으로 잘못 알린 경우 그 잘못 알린 기간에 심판청구가 있으면, 그것이 법정의 청구기간을 경과한 것인 때에도, 적법한 기간 내에 청구된 것으로 본다(동법 27⑤). 한편 행정소송법 제20조 제1항은 행정심판청구를 할 수 있다고 잘못 알린 경우에 그에 따라 청구된 행정심판 재결서를 송달받은 날부터 다시 취소소송이 제기되는지에 대하여는 부정적 입장을 취하고 있다. 즉 대법원은 이미 제소기간이 지남으로써 불가쟁력이 발생하여 불복청구를 할 수 없었던 경우라면, 그 이후에 행정청이 행정심판청구를 할 수 있다고 잘못 알렸다고 하더라도 그 때문에 처분 상대방이 적법한 제소기간 내에 취소소송을 제기할 수 있는 기회를 상실하게 된 것은 아니므로,

불가쟁력이 발생하여 더 이상 불복청구를 할 수 없는 처분에 대하여 행정청의 잘못된 안내가 있었다고 하여 처분 상대방의 권리가 새로이 생겨나거나 부활한다고 볼 수 없다고 하였다(대판 2012. 9. 27, 2011두27247).

위에서 본 바와 같이, 행정심판법은 고지의 내용으로서의 행정심판청구절차나 청구기간을 알리지 않았거나 잘못 알린 경우에 대하여는 그 구제조치를 규정하고 있다. 그러나 행정청이 해당 처분에 대하여 행정심판을 제기할 수 있음에도 불구하고 그것이 불가한 것으로 고지한 경우에 대한 구제조치는 규정하고 있지 아니한바, 이것은 입법의 흠결로서 앞으로 마땅히 시정되어야 할 것으로 본다.

제 9. 행정심판법에 대한 특례규정

일반적 심판절차로서의 행정심판법상의 행정심판에 대하여는, 조세관계, 인사행정, 특허관계, 토지행정, 경찰행정, 사회보장행정 등의 광범위한 행정분야에서 다양한 특별규정을 두고 있다. 이들 특례규정은 기본적으로 관련 사안의 전문성·기술성과 행정통제의 능률성 보장의 필요성에서 그 정당성의 근거를 찾을 수 있으나, 어느 경우에나 그 타당성이 인정되는 것으로는 보이지 않는다. 이러한 점을 고려하여 행정심판법은 제4조 제1항에서 "사안의 전문성과 특수성을 살리기 위하여 특히 필요한 경우 외에는 이 법에 따른 행정심판을 갈음하는 특별한 행정불복절차("특별행정심판")나 이 법에 따른 행정심판절차에 대한 특례를 다른 법률로 정할 수 없다"고 하고, 동조 제3항은 "관계 행정기관의 장이 특별행정심판 또는 이 법에 따른 행정심판절차에 대한 특례를 신설하거나 변경하는 법령을 제정·개정할 때에는 미리 중앙행정심판위원회와 협의하여야 한다"고 규정하고 있다.

현재 행정심판법에 대한 특례를 인정하고 있는 법률은 60여 개에 달하고 있는바, 이들을 형식적 관점에서 분류해 보면 다음과 같다.[1]

1. 특별행정심판절차

이에 해당하는 것으로서는, 공무원인사소청(국가공무원법 76, 지방공무원법 67, 교육공무원법 53, 소방공무원법 21, 전투경찰대설치법 6, 법원공무원규칙 112), 선거소청

---

1) 이하의 내용은 박송규, 행정심판법론, pp. 460~462의 내용을 요약한 것이다.

(공직선거법 219), 조세심판(국세기본법 제7장, 관세법 제5장), 심사청구(감사원법 제3장), 특허심판(특허법 제7장·제8장, 실용신안법 제7장, 디자인보호법 제7장·제8장, 상표법 제7장·제8장) 등이 있다.

2. 약식절차

토지거래불허가처분에 대한 이의신청(부동산 거래신고 등에 관한 법률 13), 지방자치단체의 사용료 등의 부과처분에 대한 이의신청(지방자치법 140) 등이 이에 해당한다.

3. 일부특례규정

도시계획사업시행자의 처분에 대한 행정심판(국토계획법 134), 택지개발사업시행자의 처분에 대한 행정심판(택지개발촉진법 27), 행정청 아닌 도시개발사업시행자의 처분에 대한 행정심판(도시개발법 75), 행정대집행에 대한 행정심판(행정대집행법 7), 금융감독원의 처분에 대한 행정심판(금융위원회의설치등에관한법률 70) 등이 이에 해당한다.

제3절 행정소송

제1항 개 설

행정소송이란 법원이 행정법상의 법률관계에 관한 분쟁을 당사자의 소의 제기에 의하여 심리·판단하는 재판절차를 말한다. 행정소송법에서 이에 관한 사항을 규율하고 있다.

Ⅰ. 행정소송법의 연혁

1. 주요 개정

행정소송법은 1951년 제정된 이후, 1984년과 1994년 크게 두 차례 개정되었다. 1984년 개정에서 현행법과 같이 소송유형, 대상적격, 원고적격이 규정되어, 현재의 행정소송의 틀이 마련되었다. 1994년 개정에서는 행정심판의 필수적 전치주의가 폐지되고 행정심판임의주의를 채택하였으며, 행정소송의 심급을 2심에서 3심으로 늘렸다.

2. 개정 논의

현행 행정소송법은 그 기본틀이 1984년에 만들어진 것이어서, 대상적격과 원고적격 등 소송요건이 협소하고, 실효적 권리구제를 위해 필요한 소송유형을 완비하지 못하였다는 문제가 지적되었다. 이에 2000년대 초반부터 대법원과 법무부의 주도로 수차례 개정안이 마련되었으나 아직 입법에는 이르지 못한 상태이다. 주요 논의사항은 ① 항고소송의 대상 확대, ② 항고소송의 원고적격 확대, ③ 의무이행소송의 도입, ③ 예방적 금지소송의 도입, ④ 집행정지제도의 보완 및 가처분 제도의 도입, ⑤ 당사자소송의 구체화 또는 활성화, ⑥ 기관소송법정주의의 폐지 등이다. 비록 아직 결실을 맺지 못하였지만, 10여년에 걸친 논의과정에서 광범위한 해외 입법례의 조사와 행정소송의 역할을 둘러싼 치열한 논쟁이 있었고, 이는 현행법의 해석에 관한 이론과 실무에 적지 않은 영향을 미쳤다.

Ⅱ. 행정소송의 종류

행정소송법은 행정소송을 항고소송, 당사자소송, 민중소송, 기관소송으로 나누고 있다(행정소송법 3).

1. 항고소송

항고소송은 "행정청의 처분등이나 부작위에 대하여 제기하는 소송"이다(동법 3i). 즉 행정청의 위법한 공권력의 행사 또는 불행사로 인하여 권리·이익이 침해된 경우에, 그 위법상태를 배제하고 권익구제를 받기 위하여 제기하는 소송이다.

행정소송법은 항고소송의 종류로서, 취소소송, 무효등 확인소송, 부작위위법확인소송의 세 가지 유형을 규정하고 있다. 취소소송은 행정청의 위법한 처분등의 취소 또는 변경하는 소송이고, 무효등 확인소송은 행정청의 처분등의 효력 유무 또는 존재여부를 확인하는 소송이며, 부작위위법확인소송은 행정청의 부작위가 위법하다는 것을 확인하는 소송이다(동법 4).

2. 당사자소송

당사자소송은 "행정청의 처분등을 원인으로 하는 법률관계에 관한 소송 그 밖에 공법상의 법률관계에 관한 소송으로서 그 법률관계의 한쪽 당사자를 피고로 하는 소송"을 말한다(동법 3ii). 처분이 개입될 경우 원칙적으로 항고소송으로 다투어야 하는 것으로 이해되므로(형식적 당사자소송 문제는 제4항에서 후술), 당사자소송은 주로 처분이 개재되지 않은 공법상 법률관계에 대한 분쟁해결수단으로 작동한다.

3. 민중소송과 기관소송

민중소송이란 "국가 또는 공공단체의 기관이 법률에 위반되는 행위를 한 때에 직접 자기의 법률상 이익과 관계없이 그 시정을 구하기 위하여 제기하는 소송"(동법 3iii)을, 기관소송은 "국가 또는 공공단체의 기관상호간에 있어서의 권한의 존부 또는 그 행사에 관한 다툼이 있을 때에 이에 대하여 제기하는 소송"(동법3iv)을 의미한다. 민중소송과 기관소송은 개별법에 별도의 규정이 있는 경우에만 예외적으로 허용된다(동법 45).

4. 소 결

민중소송과 기관소송은 개별법의 규정이 있어야 가능하므로, 행정소송법의 규정만으로 포괄적으로 허용되는 소송유형은 항고소송과 당사자소송이다. 그런데 현재의 행정소송은 항고소송, 그 중에서도 취소소송을 중심으로 운용되고 있다. 행정소송법도 취소소송에 관해 상세한 규정을 둔 후(제2장) 이를 다른 소송유형에 준용하는 방식으로 규정되어 있다. 이하에서는 취소소송에 관해 중점적으로 살펴본 후 이를 토대로 다른 소송유형을 검토하는 방식으로 서술할 것이다.

제2항 취소소송

제1목 취소소송의 소송요건

취소소송을 제기하여 법원의 본안판결을 받기 위해서는 소송요건을 갖추어야 한다. 소송요건이란 소가 적법한 것으로 취급되어 본안에 관해 심리·판결을 받기 위한 요건을 말한다.

취소소송의 소 제기가 적법하기 위해서는 ① 취소를 구하는 행정작용이 '처분'이어야 하고[대상적격](동법 2), ② 원고에게 처분의 취소를 구할 '법률상 이익'이 있어야 하며[원고적격](동법 12), ③ 본안판결을 구할 정당한 이익 또는 필요성이 있어야 한다[협의의 소의 이익]. 또한 ④ '처분을 행한 행정청'을 피고로 하여[피고적격](동법 13), ⑤ 제소기간 내에[제소기간](동법 20), ⑥ 관할 있는 법원에[관할](동법 9) 제기하여야 한다. ⑦ 원칙적으로 행정심판을 먼저 거칠 필요는 없으나, 예외적으로 개별법에서 행정심판 전치주의를 규정한 처분이라면 행정심판을 거쳐야 한다[예외적 행정심판 전치](동법 18).

민사소송과 마찬가지로 원·피고는 당사자능력이 있어야 한다. 원고의 당사자능력은 기본적으로 민사소송과 같으므로 여기에서 따로 다루지 아니한다. 피고의 당사자능력은 피고적격 부분에서 함께 설명한다.

소송요건을 갖추지 못하여 소 제기가 부적법하면 법원은 소를 각하한다. 다만, 피고적격과 관할은 이를 갖추지 못한 소가 제기되더라도 피고경정(동법 14)과 이송을 통해 소송요건을 갖출 수 있다.

제 1. 대상적격

취소소송은 처분과 행정심판 재결을 대상으로 한다(동법 19본 ·2①i). 예외적인 사안에서만 재결을 다투는 것이 적절하므로(동법 19단서), 취소소송의 대상적격에 관한 논의는 주로 '처분'에 관한 것이다. 행정소송법 제19조는 무효등 확인소송, 부작위위법확인소송 등 다른 항고소송에도 준용된다(동법 38).

이하에서는 처분 개념에 관한 일반론을 먼저 살펴본 후(Ⅰ), 행정작용의 유형별로 처분성을 검토한다(Ⅱ). 거부처분에 관해서는 판례가 신청권을 요구하여 일반적인 처분과 다른 기준으로 처분성을 판단하므로, 거부처분의 문제는 따로 살펴본다(Ⅲ). 마지막으로 행정심판 재결에 대해 설명할 것이다(Ⅳ).

Ⅰ. 처분의 개념

1. 행정소송법의 규정

제정 행정소송법에는 처분의 개념정의가 없었으나 1984년 개정시 정의조항이 신설되었다. 행정소송법에서는 처분을 "행정청이 행하는 구체적 사실에

관한 법집행으로서의 공권력의 행사 또는 그 거부와 그 밖에 이에 준하는 행정
작용"이라 정의한다(동법 2①i). ① 행정청의 행위, ② 구체적 사실에 관한 법집
행, ③ 공권력의 행사(또는 그 거부)라는 개념요소로 구성되지만, 이에 한정되지
않고 '그 밖에 이에 준하는 행정작용'까지 포함한다.

처분 개념에 관한 논의는 실체법상의 행정행위 개념과 같은 개념으로 볼
것인가, 아니면 그보다 넓은 개념으로 볼 것인가에서 출발한다. 실체법상의 행
정행위는 앞서 본 바와 같이 ㉠ 행정청의 행위, ㉡ 구체적 사실에 대한 규율행
위, ㉢ 외부에 대하여 직접적인 법적 효과를 발생하는 행위, ㉣ 권력적 단독행
위로 정의된다.

2. 학 설

① 실체법적 개념설(일원설)에서는 행정소송법상 처분 개념을 실체법상 행
정행위와 동일한 것으로 본다. 취소소송은 형성소송이므로 공정력을 갖는 행정
행위만이 취소소송의 대상이 될 수 있다고 한다. 또한 서로 다른 행정작용을 하
나의 처분 개념에 포함시키기보다는 행정작용 유형에 각각 상응하는 소송유형
을 마련하여야 한다고 한다.[1]

② 쟁송법적 개념설(이원설)에서는 행정소송법상 처분 개념은 실체법상 행
정행위와는 다른 개념이고, 쟁송법적 관점에서 행정행위 이외의 행정작용도 처
분에 포함될 수 있다고 본다. 현대 행정에서는 행정기능이 확대되고 행정작용
이 다양해지는데, 행정의 적법성 통제는 취소소송 중심으로 이루어지고 있으므
로, 권리구제의 기회를 보장하기 위해서는 처분 개념을 넓게 이해해야 한다고
한다.[2]

3. 판 례

판례의 입장은 처분성을 확대하는 방향으로 계속 변화하여 왔다. 대법원은
처분의 법률상 정의가 없었던 시절 강학상 행정행위 개념에 따라 처분성 유무
를 판단하였는데, 정의조항이 들어온 후에도 이러한 태도를 일정 기간 유지하
였다("행정청의 공법상의 행위로서 특정사항에 대하여 법규에 의한 권리의 설정 또는 의무의

---

1) 김남철, 행정법강론, p. 128; 김중권, 김중권의 행정법, pp. 196~198; 류지태 · 박종
   수, 행정법신론, pp. 186~188.
2) 김유환, 현대 행정법강의, p. 391; 김철용, 행정법입문, p. 552; 박균성, 행정법론
   (상), p. 1182; 박정훈, 행정소송의 구조와 기능, pp. 174~180; 홍준형, 행정쟁송법,
   pp. 182~188.

부담을 명하며 기타 법률상의 효과를 발생케 하는 등 국민의 구체적인 권리의무에 직접적 변동을 초래하는 행위").1) 그러나 시간이 흐르면서 권리의무에 '직접적 변동을 초래'하여야 한다는 개념징표는 '직접적으로 영향을 미치는 행위'로 완화되었다. 또한 이해관계인에게 미치는 불이익, 법치행정의 원리와 같은 쟁송법적 요소를 고려해서 처분성을 판단해야 한다고 하여, 권리의무의 변동과 같은 실체법적인 개념징표만으로 판단할 수 없는 문제임을 분명히 하고 있다.

> 행정청의 어떤 행위가 항고소송의 대상이 될 수 있는지의 문제는 추상적·일반적으로 결정할 수 없고, 구체적인 경우 행정처분은 행정청이 공권력의 주체로서 행하는 구체적 사실에 관한 법집행으로서 국민의 권리의무에 직접적으로 영향을 미치는 행위라는 점을 염두에 두고, 관련 법령의 내용과 취지, 그 행위의 주체·내용·형식·절차, 그 행위와 상대방 등 이해관계인이 입는 불이익과의 실질적 견련성, 그리고 법치행정의 원리와 당해 행위에 관련한 행정청 및 이해관계인의 태도 등을 참작하여 개별적으로 결정하여야 한다(대판 2010. 11. 18, 2008두167 전원합의체 등).

나아가 최근의 판결에서는 '권리의무에 직접적으로 영향을 미치는 행위'라는 개념요소도 쓰지 않고 법률상의 정의를 그대로 쓴다.2) 또한 어떠한 처분에 법령상 근거가 있는지는 본안에서 당해 처분이 적법한가를 판단하는 단계에서 고려할 요소이지, 소송요건 심사단계에서 고려할 요소가 아님을 분명히 하고 있다.3) 이러한 일련의 변화는 일반론의 표현 차이에만 그치는 것이 아니라 (Ⅱ. 이하에서 볼 바와 같이) 행정행위가 아닌 다양한 행정작용에 대해 처분성을 확장하는 경향으로 이어진다.

4. 검 토

아래와 같은 이유로 쟁송법적 개념설이 옳다고 본다. 우선 실체법적 개념설은 현행 행정소송법의 해석론으로 타당하지 않다. 실체법상의 행정행위 개념은 독일 행정법학의 영향을 받은 것인데, 독일에서는 실정법에서 취소소송의 대상을 행정행위로 정의한다. 반면 우리 행정소송법의 처분 개념은 행정행위

---

1) 개정 이전 판례로는 대판 1980. 10. 14, 78누379 등, 개정 이후 판례로는 대판 1993. 10. 26, 93누6331 등.
2) 대판 2016. 8. 30, 2015두60617 이후.
3) 대판 2016. 8. 30, 2015두60617 등 참조.

개념과 다르다. 구체적 사실에 관한 '법집행'이라고 하고 있을 뿐, 외부에 대하여 직접적인 법적 효과를 발생시켜야 한다거나 권리의무의 변동을 초래할 것을 요구하지 않는다. 뿐만 아니라 '그 밖에 이에 준하는 행정작용'이라는 부분을 두어 처분 개념을 넓게 해석할 가능성을 열어 두고 있다.

다음으로 취소소송을 중심으로 행정작용에 대한 사법적 통제가 이루어지고 있는 현실을 고려할 필요가 있다. 당사자소송의 활용범위가 과거에 비하면 넓어졌다고는 하나 여전히 제한적이다. 취소소송의 대상으로 포착되지 아니하면 행정소송을 통해 구제받기 어려운 행정작용이 적지 않고, 행정이 사용하는 수단이 다양해질수록 그러한 작용은 늘어날 것이다. '그 밖에 이에 준하는 행정작용'이라는 부분을 두어 처분 개념을 개방적으로 정의한 이유도 좁게 정의하였을 때 발생할 수 있는 문제점을 염두에 두었기 때문일 것이다.

이상의 이유로 쟁송법적 개념설이 타당하다고 생각되나, 쟁송법적 개념설은 처분을 행정행위에 한정할 필요가 없다는 입장일 뿐, 구체적으로 어떠한 행정작용을 처분으로 볼 것인가에 대해 바로 답을 주지는 않는다. 이하에서는 구체적인 사안 유형별로 처분성을 살펴본다.

Ⅱ. 유형별 검토

1. 행정입법

처분은 '구체적 사실에 관한 법집행'이어야 하지만, 모든 행정입법이 일반·추상적인 성격을 갖는 것은 아니므로, 처분성이 인정되는 행정입법도 있다. 이를 처분적 행정입법이라 한다. 어떠한 행정입법이 처분이 아니어서 항고소송으로 다툴 수 없다고 한다면, 그 행정입법의 위헌·위법성 통제는 후속 집행행위를 다투는 소송에서 선결문제 심리(헌법 107②)의 방식으로 이루어질 수 있음을 전제로 하는 것이다. 그러므로 후속 집행행위를 예정하고 있지 않거나, 집행행위가 예정되어 있더라도 집행행위 단계까지 나아간 뒤에 다투도록 하는 것이 효과적인 권리구제가 되지 못한다면, 행정입법의 처분성이 인정되어야 한다.

대법원은 특정한 초등학교 분교를 폐지하는 내용의 조례는 "집행행위의 개입 없이도 그 자체로서 직접 국민의 구체적인 권리의무나 법적 이익에 영향을 미치"므로 처분에 해당한다고 판단하였다. 위 조례만으로 취학아동은 영조물인 특정한 초등학교를 이용할 이익을 직접적으로 상실하게 되고 후속의 집행행위는 따로 예정되어 있지 않기 때문이다(대판 1996. 9. 20, 95누8003). 또한 국민건강보험의 요양급여 대상이 되는 약제의 처방기준과 상한금액을 정한 보건복지부장관의 고시[1]에 대해서도 처분성을 인정하였다. 불특정의 의약품 일반을 대상으로 한 것이 아니라 특정 제약회사의 특정 의약품을 대상으로 하고 있고, 다른 집행행위의 매개 없이 제약회사, 요양기관, 국민건강보험가입자 및 국민건강보험공단 사이의 법률관계를 직접 규율하기 때문이다.[2]

2. 행정계획

행정계획은 앞서 본 것처럼[3] 법적 성질이 다양하므로 처분성도 개별적으로 판단되어야 한다. 처분성이 인정되는 대표적인 행정계획으로「국토의 계획 및 이용에 관한 법률」의 도시·군관리계획이 있다. 도시·군관리계획이 고시되면 계획구역 안의 토지소유자는 계획에 어긋나는 건축물의 건축, 공작물의 설치, 토지의 형질 변경 등을 할 수 없게 되므로, 도시·군관리계획은 특정인의 권리행사를 개별·구체적으로 규제하는 효과를 갖기 때문이다.[4] 건축허가 등의 거부처분 취소소송에서 도시·군관리계획의 위법성을 다투도록 하는 것보다 도시·군관리계획 자체를 다툴 수 있도록 하는 것이 보다 직접적이고 효과적인 구제수단이라는 점에서도 이를 처분으로 보아야 한다. 반면 비구속적 성격의 행정계획은 처분성이 부정된다. 예를 들어 '4대강 살리기 마스터플랜'은 "행정기관 내부에서 사업의 기본방향을 제시하는 것일 뿐"이어서 처분에 해당하지 아니한다(대판 2015. 12. 10, 2011두32515).

3. 일반처분(물적 행정행위)

특정한 물건을 규율함으로써 관련된 자들의 권리·의무에 영향을 미치는 행정작용도 처분이 될 수 있다. 대표적인 예로는 공시지가결정과 청소년유해매

---

1) 상위법령의 위임에 따른 것이어서 법적 구속력이 있는 고시이다(법령보충적 행정규칙).
2) 대결 2003. 10. 9, 2003무23(처방기준); 대판 2006. 9. 22, 2005두2506(상한금액). 처방기준을 정한 고시의 경우 그에 따르지 않으면 요양기관은 약제비용을 국민건강보험공단에 청구하지 못한다. 상한금액을 정한 고시의 경우 상한금액의 한도에서만 국민건강보험가입자 또는 국민건강보험공단이 지급하여야 하거나 요양기관이 상환받을 수 있다.
3) 제2편 제2장 Ⅲ. 행정계획의 성질 참조.
4) 대판 1982. 3. 9, 80누105. 대판 2006. 12. 22, 2006두12883은 같은 법의 토지거래허가구역 지정에 대해서도 처분성을 인정하였다. 허가구역으로 지정되면, 허가구역 안에 있는 토지에 대하여 소유권이전 등을 목적으로 하는 거래계약을 체결하고자 하는 당사자는 공동으로 행정관청으로부터 허가를 받아야 하는 등 일정한 제한을 받게 되기 때문이다.

체물결정이 있다.

우선 「부동산 가격공시에 관한 법률」에 따른 공시지가결정은 처분이다. 표준지공시지가와 개별공시지가 모두 마찬가지이다.[1] 표준지공시지가는 개별공시지가, 토지 수용보상금 등의 산정기준이 되고, 개별공시지가는 토지 관련 조세, 개발부담금 등의 산정기준이 되기 때문이다. 또한 위 법에서 표준지공시지가결정과 개별공시지가결정에 대해 이의신청 제도를 두고 있다.[2]

다음으로 청소년유해매체물결정도 처분이다. 청소년유해매체물결정은 유해매체물의 소유자 등 특정인만을 대상으로 한 것은 아니고 일반 불특정 다수인을 상대방으로 하지만, 관련된 자들에게 표시의무, 포장의무, 청소년에 대한 판매·대여 등의 금지의무를 발생시키기 때문이다(대판 2007. 6. 14, 2004두619).

4. 장부기재행위

행정청은 사무집행을 위해 각종의 대장, 공부, 명부 등을 작성한다. 근거 법률에서 장부기재행위에 권리의무의 변동 효과를 부여하면 이는 행정행위이므로 당연히 처분에 해당하지만, 그렇지 않더라도 시민에게 불이익한 영향을 미치고 항고소송으로 구제할 필요성이 있다면 처분성이 인정될 수 있다.

토지대장, 건축물대장 등 지적공부 기재행위와 관련하여 판례는 예전에는 제한적으로만 처분성을 인정하였다. 행정사무집행상의 편의와 사실증명의 자료로 삼기 위한 것이고, 권리관계에 변동을 가져오는 것이 아니기 때문에 원칙적으로 처분이 아니라는 것이다(대판 1980. 2. 26, 79누439 등). 다만, 토지분할신청거부(대판 1992. 12. 8, 97누7542)와 건축주명의변경신고 거부(대판 1992. 3. 31, 91누4911) 대해서는 처분성을 인정하였다. 토지분할신청을 거부하면 1필지의 일부에 대하여 소유권이 있더라도 이를 등기부에 드러낼 수 없고, 건축주명의변경신고를 거부하면 신축 건축물에 대하여 소유권보존등기를 할 수 없게 된다. 각각의 거부행위는 소유권 자체에 변동을 가져오지는 않지만 소유권 행사에 지장을 초래하므로 처분성이 인정되었다.

---

1) 대판 1995. 3. 28, 94누12920(표준지공시지가); 대판 1993. 1. 15, 92누12407(개별공시지가).

2) 공시지가결정의 처분성이 인정된 결과 공시지가결정을 기초로 한 과세처분 등 취소소송이나 수용보상금증액청구소송에서 공시지가결정의 위법성을 주장할 수 있는지의 문제가 하자의 승계 문제로 다루어지게 된다. 판례는 이른바 '수인한도론'을 적용하여 하자의 승계를 인정한다(개별공시지가결정에 대하여 대판 1994. 1. 25, 93누8542; 표준지공시지가결정에 대하여 대판 2008. 8. 21, 2007두13845).

지적공부 기재사항 중 부동산 등기와 관련되는 사항에 대해서만 처분성을 인정하는 위와 같은 태도는 대법원 2004. 4. 22. 선고 2003두9015 전원합의체 판결을 기점으로 변화되었다. 대법원은 토지대장의 지목변경(정정)신청에 대한 거부행위의 처분성을 부정하였던 기존 판례를 폐기하였다. 지목이란 토지의 주된 용도에 따라 토지의 종류를 구분한 것인데 그 기재에 따라 권리의무가 변동하는 것은 아니다. 그렇지만 지목을 토대로 각종 토지행정이 이루어지기 때문에 토지소유자의 소유권에 적지 않은 영향을 미친다. 예를 들어 정당한 지목이 "대"이지만 "전"으로 잘못 기재된 토지에 건축허가를 신청하면, 관할 행정청은 토지대장의 기재에 따라 지목이 "전"이라는 이유로 건축허가를 거부할 가능성이 높다. 지목은 이처럼 건축허가와 같은 토지에 대한 공법상의 규제를 비롯하여 "개발부담금의 부과대상, 지방세의 과세대상, 공시지가의 산정, 손실보상가액의 산정 등 토지행정의 기초로서 공법상의 법률관계에 영향을 미치고, 토지소유자는 지목을 토대로 토지의 사용·수익·처분에 일정한 제한"을 받게 되므로 처분에 해당한다. 대법원이 제시한 위와 같은 논거 이외에 실효적 권리구제를 위해서도 처분성이 인정되어야 할 것이다. 지목변경거부의 처분성이 인정되지 않는다면, 소유자는 건축허가를 신청하여 불허가되는 단계에 이르러야 건축불허가 취소소송을 제기해서 정당한 지목이 "대"임을 주장할 수 있다. 지목변경을 "직접 다툴 수 없게 되면 다른 공법상 규제를 직접 받는 단계에 이르러 비로소 또 매번 그러한 규제를 받을 때마다" 정당한 지목을 주장할 수밖에 없게 되는 셈인데 이는 "우회적이고 불편한 권리구제방법을 강요"하는 것이다.[1]

현재 대법원은 이외에도 토지대장을 직권으로 말소하는 행위, 건축물대장의 작성을 거부하는 행위와 이를 직권으로 말소하는 행위, 건축물대장의 용도변경신청 거부행위에 대해서도 처분성을 인정하고 있다.[2] 반면 무허가건물을 무허가건물관리대장에서 삭제하는 행위, 부가가치세법상 사업자등록을 직권으로 말소하는 행위와 직권으로 명의를 정정하는 행위의 처분성은 부정하고 있다.[3]

---

[1] 헌재 1999. 6. 24, 97헌마315. 대법원에서 처분성을 인정하기 이전에 헌법재판소는 지목변경신청 거부행위가 헌법소원의 대상인 공권력의 행사라고 판단하였다. 대법원에서 처분성을 인정한 이후에는 보충성의 원칙상 헌법소원의 대상이 되지 않게 되었다.

[2] 대판 2013. 10. 24, 2011두13286; 대판 2009. 2. 12, 2007두17359; 대판 2010. 5. 27, 2008두22655; 대판 2009. 1. 30, 2007두7277.

[3] 대판 2009. 3. 12, 2008두11525; 대판 2000. 12. 22, 99두6903; 대판 2011. 1. 27, 2008두2200.

5. 신고의 수리거부행위

신고에는 자기완결적 신고와 수리를 요하는 신고가 있다. 수리를 요하는 신고라면, 수리가 있어야 비로소 해당 행위를 적법하게 할 수 있으므로 수리행위와 수리거부행위 모두 처분에 해당한다. 반면 자기완결적 신고의 경우에는, 요건을 갖추어 신고를 하였다면 수리가 거부되었더라도 해당 행위를 적법하게 할 수 있어, 수리거부행위가 권리를 직접 제한하지는 않기 때문에 처분성이 문제가 되었다. 대법원은 과거에는 자기완결적 신고[1]인 건축신고 수리거부행위의 처분성을 부정하였으나, 대법원 2010. 11. 18. 선고 2008두167 전원합의체 판결에서 기존의 판례를 폐기하고 처분성을 인정하였다.

> 건축주 등으로서는 신고제하에서도 건축신고가 반려될 경우 당해 건축물의 건축을 개시하면 시정명령, 이행강제금, 벌금의 대상이 되거나 당해 건축물을 사용하여 행할 행위의 허가가 거부될 우려가 있어 불안정한 지위에 놓이게 된다. 따라서 건축신고 반려행위가 이루어진 단계에서 당사자로 하여금 반려행위의 적법성을 다투어 그 <u>법적 불안을 해소</u>한 다음 건축행위에 나아가도록 함으로써 장차 있을지도 모르는 위험에서 미리 벗어날 수 있도록 길을 열어 주고, 위법한 건축물의 양산과 그 철거를 둘러싼 <u>분쟁을 조기에 근본적으로 해결</u>할 수 있게 하는 것이 법치행정의 원리에 부합한다.

행정청은 자기완결적 신고의 수리거부를 통해 사전에 해당 행위를 금지할 수는 없지만, 위 판결에서 언급되듯이 다양한 사후규제수단을 가지고 있다. 수리거부행위에는 해당 행위가 허용될 수 없다는 행정청의 판단이 내포되어 있어, 수리거부에도 불구하고 해당 행위를 개시하면 행정청은 사후규제권한을 발동할 것이다(예를 들어 건축신고라면 철거명령 등 시정명령). 사후규제의 단계에 이르러 다툴 수 있게 하는 것보다는 수리거부 단계에서 해당 행위의 허용성 여부에 대한 사법적 판단을 받을 수 있도록 하는 것이 실효적인 권리구제수단이므로, 자기완결적 신고의 경우에도 수리거부행위의 처분성을 인정하는 것이 타당하다.

6. 행정규칙에 근거한 불문경고

불문경고는 공무원에 대한 불이익 조치의 일종으로서, 가장 가벼운 징계인

---

1) 다만, 모든 건축신고가 자기완결적 신고인 것은 아니다. 대법원은 인허가의제 효과를 수반하는 건축신고는 수리를 요하는 신고라고 본다(대판 2011. 1. 20, 2010두14954).

견책에 해당하는 사유가 있지만 징계감경사유가 있을 때 징계처분 대신 하는 조치이다. 불문경고에 관한 사항은 보통 행정규칙에서 규율한다. 불문경고는 법률에서 정한 징계처분에 해당하지 않고 행정규칙에 그 근거와 효과가 규정되어 있으며, 앞으로 유사한 잘못을 되풀이하지 않도록 권고하거나 지도하는 내용을 담고 있어, 처분으로 볼 것인지 문제가 될 수 있다. 그러나 대법원은 행정규칙에 근거한 불문경고도 처분이 될 수 있다고 판단하였다(대판 2002. 7. 26, 2001두3532). 우선 행정규칙에 근거하고 있다는 점에 관하여는, "어떠한 처분의 근거나 법적인 효과가 행정규칙에 규정되어 있다고 하더라도, 그 처분이 행정규칙의 내부적 구속력에 의하여 상대방에게 권리의 설정 또는 의무의 부담을 명하거나 기타 법적인 효과를 발생하게"한다면 처분에 해당한다고 보았다. 나아가 해당 사안의 불문경고는 단순한 지도나 권고에 그치는 것이 아니라 구체적인 불이익을 예정하고 있었다. 행정규칙에서 불문경고에 다음과 같은 효과, 즉 불문경고를 "받지 아니하였다면 차후 다른 징계처분이나 경고를 받게 될 경우 징계감경사유로 사용될 수 있었던 표창공적의 사용가능성을 소멸시키는 효과와 1년 동안 인사기록카드에 등재됨으로써 그 동안은 장관표창이나 도지사표창 대상자에서 제외시키는 효과"를 부여하고 있었기 때문이다. 요컨대 행정규칙에 근거하고 있다고 할지라도 그 내부적 구속력에 의하여 권고·지도를 넘어서는 구체적인 불이익한 효과가 발생하면 처분에 해당한다.

7. 행정의 내부적 또는 중간적 행위

행정의 내부적·중간적 행위나 행정기관 상호간의 행위는 원칙적으로 처분이 아니다. 병역법상 신체등위판정, 공정거래위원회의 고발조치, 출입국관리법상의 입국금지결정[1] 등이 그러하다. 그러나 처분성을 인정하는 것이 최종적인 처분을 기다려 다투게 하는 것보다 분쟁을 조기에 실효적으로 해결하는 수단이 된다면 처분으로 볼 수 있다. 이러한 취지에서 국민건강보험법의 요양급여 적정성 평가결과 통보의 처분성이 인정되었다(대판 2013. 11. 14, 2013두13631). 위 제도에 의하면 평가결과에 따라 요양급여비용이 가산 또는 감액 조정된다. 최종적인 불이익은 개개의 요양급여비용 청구시 가산에서 배제되거나 감액되면

---

1) 대판 1993. 8. 27, 93누3356; 대판 1995. 5. 12, 93누13794; 대판 2019. 7. 11, 2017두38874. 입국금지결정은 외부에 표시하지 않고 내부전산망에 입력하여 관리하는 것이어서 처분에 해당하지 않는다고 판시하였고, 출입국관리법이 예정하고 있는 통상적인 업무처리방식도 그러하다. 다만, 특수한 사례에서 개별 통지되었다면 처분성이 인정될 수도 있다(위 2017두38874에 언급된 대판 2013. 2. 28, 2012두5992와 같은 경우).

나타나는 것이지만, 요양기관으로 하여금 개개의 요양급여비용 감액처분만 다툴 수 있도록 하는 것보다는 그에 앞서 평가결과 통보의 적법성을 직접 다툴 수 있도록 하는 것이 분쟁을 조기에 근본적으로 해결하는 방법이므로, 처분으로 보아야 한다는 것이다. 「독점규제 및 공정거래에 관한 법률」의 부당한 공동행위 자진신고자 감면신청에 대한 감면불인정 통지도 처분성이 인정되었다(대판 2012. 9. 27, 2010두3541). "자진신고자 등 지위확인을 받는 경우에는 시정조치 및 과징금 감경 또는 면제, 형사고발 면제 등의 법률상 이익을 누리게 되지만, 그 지위확인을 받지 못하고 … 감면불인정 통지를 받는 경우에는 위와 같은 법률상 이익을 누릴 수 없게 되므로, 감면불인정 통지가 이루어진 단계에서 신청인에게 그 적법성을 다투어 법적 불안을 해소한 다음 조사협조행위에 나아가도록 함으로써 장차 있을지도 모르는 위험에서 벗어날 수 있도록"하여야 한다는 것이다. 「고용보험 및 산업재해보상보험의 보험료징수 등에 관한 법률」의 사업종류 변경결정의 처분성도 인정된다(대판 2020. 4. 9, 2019두61137). 사업종류가 사업주에게 불리한 내용으로 변경되면 산재보험료가 증가하므로, 개개의 산재보험료 부과처분을 다투도록 하는 것보다는, 분쟁의 핵심쟁점인 사업종류 변경결정의 당부에 관해서 다투도록 하는 것이 분쟁을 조기에 근본적으로 해결하는 방법이기 때문이다.

8. 행정조사

행정조사를 거쳐 그 결과를 토대로 최종적 처분을 하는 경우에도 행정조사 관련 결정의 처분성이 인정될 수 있다. 예를 들어 친일반민족행위자 재산조사결정은 종국적인 국가귀속결정과 별개로 처분성이 인정된다(대판 2009. 10. 15, 2009두6513). "재산조사개시결정이 있는 경우 조사대상자는 피고의 보전처분 신청을 통하여 재산권행사에 실질적인 제한을 받게 되고, 피고의 자료제출요구나 출석요구 등의 조사행위에 응하여야 하는 법적 의무를 부담하게 되는 점, 법에서 인정된 재산조사결정에 대한 이의신청절차만으로는 조사대상자에 대한 권리구제 방법으로 충분치 아니한 점, 조사대상자로 하여금 개개의 과태료 처분에 대하여 불복하거나 조사종료 후의 국가귀속결정에 대하여만 다툴 수 있도록 하는 것보다는 그에 앞서 재산조사개시결정에 대하여 다툼으로써 분쟁을 조기에 근본적으로 해결할 수 있는 점"을 근거로 한다. 유사한 취지에서 세무조사결정도 과세처분과 별개로 처분성이 인정된다(대판 2011. 3. 10, 2009두23617 · 23624). "납세의무자는 세무공무원의 과세자료 수집을 위한 질문에 대답하고 검사를 수인하여야 할 법적 의무"가 있고, "납세의무자로 하여금 (조사거부 등에 대한) 개개의 과태료 처분에 대하여 불복하거나 조사 종료 후의 과세처분에 대하여만 다툴 수 있도록 하는 것보다는 그에 앞서 세무조사결정에 대하여 다툼으로써 분쟁을 조기에 근본적으로 해결"할 수 있기 때문이다.

9. 위반사실의 공표

위반사실의 공표는 특정인의 의무불이행 사실을 일반 대중에게 공표하여 의무이행을 간접적으로 강제하려는 조치이므로 공권력의 행사에 해당한다. 대법원은 병무청장의 병역의무 기피자 공개결정을 처분이라고 판단하였다(대판 2019. 6. 27, 2018두49130). "특정인을 병역의무 기피자로 판단하여 그 사실을 일반 대중에게 공표함으로써 그의 명예를 훼손하고 그에게 수치심을 느끼게 하여 병역의무 이행을 간접적으로 강제하려는 조치로서 병역법에 근거하여 이루어지는 공권력의 행사에 해당"하고, "병무청 인터넷 홈페이지에 공개 대상자의 인적사항 등이 게시되는 경우 그의 명예가 훼손되므로, 공개 대상자는 자신에 대한 공개결정이 병역법령에서 정한 요건과 절차를 준수한 것인지를 다툴 법률상 이익"이 있기 때문이다. 공개조치는 공개한다는 행정결정과 이를 집행하는 공개라는 사실행위로 구성되는데, 전자인 행정결정을 처분이라고 판단하였다. 또한 이미 공개되었더라도 공개결정에 대한 취소판결이 선고되면 그 "기속력에 따라 위법한 결과를 제거하는 조치를 할 의무"가 있어 실효적 권리구제를 위해 처분으로 인정할 필요성이 있다.

Ⅲ. 거부처분

1. 의 의

거부처분이란 행정청이 처분을 하여 줄 것을 신청받았으나 그 신청에 따른 행위를 하지 않겠다고 거부한 행위를 말한다. 거부처분은 신청을 받아들이지 아니했다는 점에서 부작위와 같으나 거부의 의사를 외부로 나타냈다는 점에서 그와 구별된다. 거부처분은 통상의 처분과 마찬가지로 취소소송의 대상이 되지만, 부작위는 부작위위법확인소송이 따로 마련되어 있어(행정소송법 4ⅲ) 취소소송의 대상이 되지 않는다.

2. 판례의 신청권 법리와 그 비판

(1) 신청권 법리

행정소송법에서는 처분을 "행정청이 행하는 구체적 사실에 관한 법집행으로서의 공권력의 행사 또는 <u>그 거부</u>"라고 정의하고 있다(행정소송법 2①i). 따라서 거부한 행위가 "행정청이 행하는 구체적 사실에 관한 법집행으로서의 공권력의 행사"라면, 다시 말해 처분을 거부하였다면, 그 거부 역시 처분인 것으로 해석할 수 있다. 그러나 대법원은 거부행위가 처분이 되기 위해서는 추가적으로 '국민에게 행위발동을 요구할 법규상 또는 조리상의 신청권'이 있어야 한다고 본다.

국민의 적극적 신청행위에 대하여 행정청이 그 신청에 따른 행위를 하지 않겠다고 거부한 행위가 항고소송의 대상이 되는 행정처분에 해당하기 위해서는, <u>신청한 행위가 공권력의 행사 또는 이에 준하는 행정작용이어야 하고(①), 거부행위가 신청인의 법률관계에 어떤 변동을 일으키는 것이어야 하며(②), 국민에게 행위발동을 요구할 법규상 또는 조리상의 신청권이 있어야 한다(③)</u>(대판 2009. 9. 10, 2007두20638 등).

위 판례에서 ① 부분이 신청한 행위, 즉 거부한 행위가 처분이어야 함을 나타내는 부분이고, ③ 부분이 신청권을 요구하는 부분이다. 판례는 신청권이 필요한 이유를, "거부행위는 현재의 법 상태에 직접적인 변동을 초래하는 것은 아니"므로 신청권이 없이 한 신청은 "그 거부로 인하여 신청인의 권리나 법적 이익에 어떤 영향을 주는 바가 없기 때문"이라고 설명한다.[1][2]

(2) 비 판

신청권을 추가적인 요건으로 요구하는 판례의 태도에 대해 다음과 같은 비판이 제기된다.[3] 첫째, 거부행위가 처분인지 여부는 소송요건의 문제인데 신청인에게 권리가 있을 것을 요구함으로써 본안판단을 선취한다는 것이다. 그러나

---

[1] 신청권 법리를 최초로 도입한 대판 1984. 10. 23, 84누227.

[2] ② 부분은 처음에는 이와 같이 신청권이 요구되는 근거에 관한 것이었으나, 어느 시점 이후부터의 판례에서는 신청권과 별개의 요건으로 열거되고 있다. 그러나 이 요소가 독자적으로 작동하는 사례, 즉 ①과 ③을 충족하는데 ②를 충족하지 못하여 처분이 아니라고 판단되는 사례는 실제로 찾아보기 어렵다.

[3] 신청권 법리에 비판적인 입장으로는 김유환, 현대 행정법강의, p. 413; 류지태·박종수, 행정법신론, p. 727; 박정훈, 행정소송의 구조와 기능, pp. 86~87; 홍정선, 행정법원론(상), p. 1051; 홍준형, 행정쟁송법, pp. 190~191.

판례는 신청권의 본질을 "신청에 따른 단순한 응답을 받을 권리이지, 신청의 인용이라는 만족적 결과를 얻을 권리가 아니"고 "구체적으로 그 신청이 인용될 수 있는가 하는 점은 본안에서 판단하여야 할 사항"(대판 2009. 9. 10, 2007두20638)이라고 하므로 본안판단이 선취되는 것은 아니다. 실제로 많은 판례에서 신청권이 인정되어 본안판단에 들어간 후에도 본안에서는 기각되었다.

둘째, 신청인에게 주관적인 권리가 있을 것을 요구하므로 이는 원고적격의 문제이지 대상적격의 문제가 아니라는 것이다. 이에 대해 판례는 "구체적 사건에서 신청인이 누구인가에 상관없이 일반 국민에게 신청권이 인정되는가에 따라 추상적으로 결정"(대판 2009. 9. 10, 2007두20638)된다고 하여 원고적격과는 구별되는 문제라고 한다. 위와 같은 판례의 설명을 그대로 받아들이면, A라는 사람에게는 신청권이 있고, B라는 사람에게는 신청권이 없는 상황, 즉 A에 대해서는 처분이고, B에 대해서는 처분이 아닌 상황은 생기지 않아야 할 것이다. 그러나 뒤에서 볼 바와 같이 판례가 조리상의 신청권 개념을 통해 거부처분의 범위를 확장하면서, 거부행위의 상대방 중 특정한 집단에 대해서만 신청권을 인정하는 사례들이 등장하게 되고, '일반 국민의 추상적 신청권' 논리는 무너지게 된다. 개별 원고의 주관적 사정에 따라 신청권 존부가 좌우되고 처분성이 달라지게 되기 때문이다.[1]

결국 법률에 명시되지 않은 요건인 신청권을 추가로 요구하여 거부행위에 대한 사법심사의 가능성을 좁히는 판례의 태도는 타당하지 않다. 신청권이 없다는 이유로 대상적격 단계에서 각하되는 사건 중 상당수는 본안판단이 필요하고, 사법심사가 불가능하거나 부적절한 사건이라면 다른 소송요건(원고적격, 협의의 소의 이익 등)을 충족하지 못하였음을 이유로 각하할 수 있을 것이다.

다만 대법원은 신청권의 인정범위를 점진적으로 넓혀왔고 이를 통해 신청권을 요구함으로써 생기는 문제를 어느 정도 완화시켰다. 명시적인 법규상의 근거가 없어도 이른바 '조리상의 신청권' 개념에 근거에 신청권을 인정할 수 있기 때문에 범위를 넓힐 수 있었던 것이다. 그러나 '조리'에 기초한 해결방식은 판단기준이 불명확하여 사법심사 대상을 법원이 자의적으로 선택하는 문제를 낳게 되는 근본적인 한계가 있다.

---

[1] 상세한 내용은 최계영, "용도폐지된 공공시설에 대한 무상양도신청거부의 처분성", 행정법연구 제14호(2005), pp. 436~437 참조. 대표적으로 공립대학 임용신청에 관한 대판 1997. 10. 10, 96누4046에서는 원고가 설립자로부터 임용약정을 받은 자이기 때문에, 국토이용계획변경신청에 관한 대판 2003. 9. 23, 2001두10936에서는 원고가 폐기물관리법의 사업계획 적정통보를 받았기 때문에 신청권이 있다고 한다.

3. 구체적 사례

(1) 공무원 임용 거부[1]

대법원은 검사임용거부의 처분성을 인정하였다(대판 1991. 2. 12, 90누5825). "검사의 임용여부는 … 자유재량에 속하는 사항으로서 원고로서도 자신의 임용을 요구할 권리가 있다고 할 수 없는 것"이지만, "임용권자가 동일한 검사신규임용의 기회에 … 다수의 검사지원자들로부터 임용신청을 받아 … 임용기준에 따라 이들 중 일부만을 선정하여 검사로 임용하는 경우에 있어서, 법령상 검사임용신청 및 그 처리의 제도에 관한 명문규정이 없다고 하여도 조리상 임용권자는 임용신청자들에게 전형의 결과에 대한 응답, 즉 임용여부의 응답을 해줄 의무가 있"고, "적어도 … 재량권의 한계일탈이나 남용이 없는 위법하지 않은 응답을 할 의무가 임용권자에게 있고 이에 대응하여 원고로서도 재량권의 한계일탈이나 남용이 없는 적법한 응답을 요구할 권리가 있"으므로 신청권이 인정된다는 것이다.

국·공립 대학교원의 임용 거부에 관하여 보면, 대법원은 원칙적으로는 임용에 관한 신청권이 없다고 하면서도(대판 2003. 10. 23, 2002두12489), 특정한 상황에서는 예외적으로 신청권을 인정한다. 대학교원의 신규채용에 있어서 유일한 면접심사 대상자로 선정된 임용지원자의 경우, 대학 설립자변경 과정에서 새로운 대학 설립자인 지방자치단체 장이 종전 대학 소속 교원을 임용결격사유가 없는 한 임용하겠다고 약정한 경우 등이 그러하다.[2] 또한 최초의 임용과 달리 재임용 거부에 대해서는 일반적으로 처분성을 인정한다.

기간제로 임용되어 임용기간이 만료된 국·공립대학의 조교수는 교원으로서의 능력과 자질에 관하여 합리적인 기준에 의한 공정한 심사를 받아 위 기준에 부합되면 특별한 사정이 없는 한 재임용되리라는 기대를 가지고 재임용 여부에 관하여 합리적인 기준에 의한 공정한 심사를 요구할 법규상 또는 조리상 신청권을 가진다고 할 것이니, 임용권자가 임용기간이 만료된 조교수에 대하여 재임용을 거부하는 취지로 한 임용기간만료의 통지는 위와 같은 대학교원의 법률관계에 영향을 주는 것으로서 행정소송의 대상이 되는 처분에 해당한다(대판 2004. 4. 22, 2000두

---

1) 최근의 대판 2018. 3. 27, 2015두47492에서는 승진후보자 명부에 포함된 후보자를 승진임용에서 제외하는 행위의 처분성 문제를 거부처분의 문제로 보지 않고(그러므로 신청권을 요구하지 않고) 그 자체가 불이익처분으로 처분에 해당한다고 판단하였다.
2) 대판 2004. 6. 11, 2001두7053; 대판 1997. 10. 10, 96누4046.

7735).

(2) 도시계획 변경 거부

신청권 법리를 선언한 리딩케이스는 도시계획변경 거부에 관한 것이었다. 여기에서 대법원은 "도시계획과 같이 장기성·종합성이 요구되는 행정계획에 있어서는 그 계획이 일단 확정된 후에 어떤 사정의 변동이 있다고 하여 지역주민에게 일일이 그 계획의 변경을 청구할 권리를 인정해 줄 수도 없"다고 하였다(대판 1984. 10. 23, 84누227). 그러나 다음과 같은 경우에는 예외적으로 신청권이 인정된다.

> 장래 일정한 기간 내에 관계 법령이 규정하는 시설 등을 갖추어 일정한 행정처분을 구하는 신청을 할 수 있는 법률상 지위에 있는 자의 국토이용계획변경신청을 거부하는 것이 실질적으로 당해 행정처분 자체를 거부하는 결과가 되는 경우에는 예외적으로 그 신청인에게 국토이용계획변경을 신청할 권리가 인정된다고 봄이 상당하므로, 이러한 신청에 대한 거부행위는 항고소송의 대상이 되는 행정처분에 해당한다.[1]

또한 도시계획시설결정의 계획구역에 토지를 소유한 주민에게도 도시계획시설결정의 변경을 구할 신청권이 인정된다.[2]

> 구 도시계획법…은 … 도시계획시설결정으로 인한 개인의 재산권행사의 제한을 줄이기 위하여, 도시계획시설부지의 매수청구권, 도시계획시설결정의 실효에 관한 규정과 아울러 도시계획 입안권자인 특별시장·광역시장·시장 또는 군수로 하여금 5년마다 관할 도시계획구역 안의 도시계획에 대하여 그 타당성 여부를 전반적으로 재검토하여 정비하여야 할 의무를 지우고, 도시계획입안제안과 관련하여서는 주민이 입안권자에게 '1. 도시계획시설의 설치·정비 또는 개량에 관한 사항 2. 지구단위계획구역의 지정 및 변경과 지구단위계획의 수립 및 변경에 관한 사항'에

---

1) 대판 2003. 9. 23, 2001두10936. 폐기물처리사업계획의 적정통보를 받은 원고가 폐기물처리업허가를 받기 위하여는 용도지역을 '농림지역 또는 준농림지역'에서 '준도시지역(시설용지지구)'으로 변경하는 국토이용계획변경이 선행되어야 하고, 원고의 위 계획변경신청을 피고가 거부한다면 이는 실질적으로 원고에 대한 폐기물처리업허가신청을 불허하는 결과가 되는 상황이어서 신청권이 인정되었다.

2) 이는 도시계획시설결정의 집행지연으로 인한 재산권 침해 문제를 해결하는 수단 중 하나이다. 본안에서는 계획재량을 행사하여 기존 계획을 변경하지 아니하기로 하는 결정을 하는 과정에서 형량의 하자가 있었는지 검토하게 된다(대판 2012. 1. 12, 2010두5806).

관하여 '도시계획도서와 계획설명서를 첨부'하여 도시계획의 입안을 제안할 수 있고, 위 입안제안을 받은 입안권자는 그 처리결과를 제안자에게 통보하도록 규정하고 있는 점 등과 헌법상 개인의 재산권 보장의 취지에 비추어 보면, 도시계획구역 내 토지 등을 소유하고 있는 주민으로서는 입안권자에게 도시계획입안을 요구할 수 있는 법규상 또는 조리상의 신청권이 있다고 할 것이고, 이러한 신청에 대한 거부행위는 항고소송의 대상이 되는 행정처분에 해당한다(대판 2004. 4. 28, 2003두1806).1)

(3) 불가쟁력이 발생한 처분의 변경 거부

제소기간이 지나서 불가쟁력이 생긴 처분에 대하여는 원칙적으로 직권취소나 철회·변경을 구할 신청권이 없다(대판 2007. 4. 26, 2005두11104). 이러한 신청권을 제한 없이 인정할 경우 제소기간을 둔 취지와 충돌하기 때문이다. 그러나 대법원은 '새만금 사건'에서 불가쟁력이 발생한 공유수면매립면허의 철회거부에 대해 처분성이 인정됨을 전제로 본안판단에 나아갔다(대판 2006. 3. 16, 2006두330). 이 사건에 주장된 철회사유는 예상하지 못한 사정변경이 있어 철회가 공익상 필요하다는 것이었다. 이는 매립면허 당시에 존재했던 사정이 아니어서 실질적으로 불가쟁력과 충돌하지 아니한다는 점을 고려한 것으로 보인다. 사정변경에 기초한 신청임을 이유로 명시적으로 신청권을 인정한 사례도 있다. "공사중지명령의 상대방은 그 명령 이후에 그 원인사유가 소멸하였음을 들어 행정청에게 공사중지명령의 철회를 요구할 수 있는 조리상의 신청권이 있고",2) "건축주가 토지 소유자로부터 토지사용승낙서를 받아 그 토지 위에 건축물을 건축하는 대물적 성질의 건축허가를 받았다가 그 착공에 앞서 건축주의 귀책사유로 해당 토지를 사용할 권리를 상실한 경우, 건축허가의 존재로 말미암아 토지에 대한 소유권 행사에 지장을 받을 수 있는 토지 소유자로서는 그 건축허가의 철회를 신청할 수 있다"(대판 2017. 3. 15, 2014두41190).

(4) 그 밖의 사례

이외에도 법령상 신청권이나 불복방법이 규정되어 있지는 않지만 거부행위

---

1) 산업단지 안의 토지 소유자로서 종전 산업단지개발계획을 일부 변경하여 산업단지개발계획에 적합한 시설을 설치하여 입주하려는 자가 종전 계획의 변경을 요청하거나(대판 2017. 8. 29, 2016두44186), 문화재보호구역 내 토지 소유자가 문화재보호구역의 지정해제를 신청한 경우(대판 2004. 4. 27, 2003두8821)에도 같은 취지에서 신청권이 인정된다.

2) 대판 2005. 4. 14, 2003두7590. 이는 부작위위법확인소송에 관한 판결이지만, 대법원은 부작위에 대해서도 거부처분과 마찬가지로 신청권을 요구한다.

를 다툴 실질적 필요성이 있어 조리상 신청권이 인정된 사례들이 있다. 대표적인 예를 보면, 첫째, 개발부담금환급거부처분이 있다(대판 2016. 1. 28, 2013두2938). "개발부담금 부과처분 후에 학교용지부담금을 납부한 개발사업시행자는 마땅히 공제받아야 할 개발비용을 전혀 공제받지 못하는 법률상 불이익을 입게 될 수 있는데도 개발이익 환수법령은 그 불복방법에 관하여 아무런 규정을 두지 않고 있"으므로 "개발사업시행자가 납부한 개발부담금 중 그 부과처분 후에 납부한 학교용지부담금에 해당하는 금액에 대하여는 조리상 개발부담금 부과처분의 취소나 변경 등 개발부담금의 환급에 필요한 처분을 할 것을 신청할 권리"가 인정된다. 둘째, 주민등록번호변경거부의 처분성이 인정되었다(대판 2017. 6. 15, 2013두2945). "피해자의 의사와는 무관하게 주민등록번호가 불법 유출된 경우 개인의 사생활뿐만 아니라 생명·신체에 대한 위해나 재산에 대한 피해를 입을 우려"가 있음에도 구 주민등록법은 주민등록번호 변경에 관한 아무런 규정을 두고 있지 않았다. 이러한 경우 개인정보자기결정권을 보장하는 취지 등에 비추어 조리상 주민등록번호의 변경을 요구할 신청권이 인정되어야 한다는 것이다.

Ⅳ. 행정심판 재결

1. 의　의

처분 외에 행정심판에 대한 재결도 항고소송의 대상이 된다(행정소송법 19본·2①i). 행정심판법에 근거한 일반행정심판에서의 재결뿐만 아니라, 개별법에 근거한 특별행정심판에서의 재결도 모두 포함한다.

이처럼 처분과 재결 모두 항고소송의 대상이 되는데 처분에 대해 행정심판을 청구하여 받은 결과가 재결이므로, 판결이 저촉되는 것을 막고 소송경제에 반하지 않도록 하기 위해서는, 어떠한 상황에서 무엇을 다투도록 할지 정할 필요가 있다. 이에 관해 원처분주의와 재결주의의 두 가지 입법례가 있다.

2. 원처분주의와 재결주의

원처분주의란 원처분과 재결에 대하여 모두 소를 제기할 수 있지만, 원처분의 위법은 원처분에 대한 항고소송에서만 주장할 수 있고, 재결에 대한 취소소송에서는 원처분에는 없는 재결에 고유한 위법만 주장할 수 있도록 하는 제도를 말한다. 이에 대하여 재결주의란 원처분에 대해서는 소를 제기할 수 없고 재결에 대해서만 소를 제기할 수 있도록 하되, 원처분의 위법과 재결의 위법을 모두 재결에 대한 항고소송에서 주장할 수 있도록 하는 제도이다.

3. 원칙: 원처분주의

(1) 행정소송법 제19조 단서

행정소송법 제19조 단서는 "다만, 재결취소소송의 경우에는 재결 자체에 고유한 위법이 있음을 이유로 하는 경우에 한한다"고 규정하고 있다. 이는 원처분주의를 채택한 것으로, 재결취소소송에서는 재결 자체에 고유한 위법만, 즉 원처분에는 없고 재결에만 있는 위법만 다툴 수 있도록 한다.

(2) 재결 자체에 고유한 위법

'재결 자체에 고유한 위법'이란 그 재결 자체에 주체, 절차, 형식 또는 내용상의 위법이 있는 경우를 의미한다. 예를 들어 결격사유 있는 자가 행정심판위원회 위원으로 포함되었다면 재결의 주체에 위법이 있는 것이고, 주장과 증거를 제출할 기회가 보장되지 않거나(행심 34) 서면에 의하지 않고 재결하였다면(행정심판법 46) 각각 재결의 절차 또는 형식에 위법이 있는 것이다. "행정심판청구가 부적법하지 않음에도 각하한 재결은 심판청구인의 실체심리를 받을 권리를 박탈한 것으로서" 내용상 위법이 있는 경우에 해당한다(대판 2001. 7. 27, 99두2970).[1] 그러나 원처분이 위법·부당하지 않다는 기각재결에 대해 원처분이 위법·부당하니 기각재결이 잘못 되었다는 취지로 취소소송을 제기한다면, 이는 결국 원처분의 하자를 다투는 것이어서, 재결 자체에 고유한 위법이라 할 수 없다.

복효적 행정행위에 대해 상대방이 아닌 제3자가 행정심판을 청구하여 원처분을 취소하는 인용재결(형성재결)이 내려진 경우, 상대방에게는 재결에 대한 항고소송을 제기하는 것 이외에 다른 구제수단이 없다. 예를 들어 이웃주민이 건축허가에 대해 행정심판을 청구하여 건축허가 취소재결이 이루어졌을 때, 건축주는 취소재결에 대한 항고소송을 제기하는 것 외에 달리 건축허가를 회복할 방법이 없다. 따라서 이러한 경우에는 당연히 재결에 대한 항고소송이 가능하다. "재결은 원처분과 내용을 달리 하는 것이어서 재결의 취소를 구하는 것은 원처분에 없는 재결 고유의 위법을 주장하는 것"(대판 1998. 4. 24, 97누17371)이

---

1) 각하·기각재결에 대해 취소판결을 받는 것보다 원처분에 대한 취소판결을 받는 것이 보통은 원고가 바라는 목적에 더 가깝고, 실제로도 재결취소소송을 제기하는 예는 많지 않다. 그러나 행정심판에서는 처분이 위법할 경우뿐만 아니라 부당한 경우에도 취소할 수 있으므로, 재결이 취소되어 다시 행정심판의 심리가 열리면 원처분이 부당하다는 이유로 인용재결을 받을 수 있는 가능성도 생기게 된다. 따라서 원처분취소소송이 가능하다는 이유로 재결취소소송을 제기할 소의 이익이 부정되지는 않는다.

기 때문이다.1)

(3) 행정소송법 제19조 단서 위반의 효과

재결의 위법성은 본안에서 판단될 사항이므로, 재결취소소송을 제기하였으나 재결 자체에 고유한 위법이 없는 경우에는 청구를 기각하여야 할 것이다. 과거 각하한 판례(대판 1989. 10. 24, 89누1865)도 발견되기는 하지만, 현재의 주류적인 판례는 기각하여야 한다는 것으로 보인다(대판 1994. 1. 25, 93누16901; 대판 1996. 2. 13, 95누8027 등).

4. 예외: 재결주의

재결주의는 소 제기 전 행정심판을 먼저 거칠 것이 전제되어 있어 신속한 권리구제에 장애가 될 수 있으므로, 개별법 차원에서 예외적으로 채택되고 있다. 대표적인 예로, 지방노동위원회 등의 처분에 대한 중앙노동위원회의 재심판정(노동위원회법 26·27), 감사원의 변상판정에 대한 재심의판정(감사원법 36·40)이 있다. 위의 경우 각각 재심판정, 재심의판정만 항고소송의 대상이 된다.

교원소청심사위원회의 결정이 재결주의에 해당하는지 문제가 된다. 교원이 징계처분 등 불이익처분을 당하면 교육부에 설치된 교원소청심사위원회에 소청심사를 청구할 수 있고, 교원소청심사위원회의 결정에 대해 행정소송을 제기할 수 있기 때문이다(교원지위법 9·10). ① 사립학교 교원의 경우, 불이익처분은 행정처분이 아니라 민사소송의 대상이므로, 소청심사결정이 원처분이 된다. 따라서 소청심사결정이 원처분으로서 항고소송의 대상이 되고, 원처분주의인가 재결주의인가의 문제는 발생하지 않는다. ② 국·공립학교 교원의 경우, 불이익처분이 행정처분으로서 원처분이고, 소청심사결정은 (특별)행정심판의 재결이다. 교원지위법 제10조 제3항에서 "심사위원회의 결정에 대하여 … 행정소송법으로 정하는 바에 따라 소송을 제기할 수 있다."고 정하고 있어 재결주의를 채택한 것으로 볼 여지가 없는 것은 아니다. 그러나 일반 공무원의 경우 유사한 형태의 소청심사청구 제도를 두면서도 원처분주의를 채택하고 있고, 교원인 공무원에 대한 절차적 보장을 일반 공무원보다 더 불리하게 할 이유가 없으므로, 원처분주의를 채택하고 있다고 보아야 할 것이다.2) 따라서 항고소송의 대상은 원

---

1) 다만 거부처분 취소재결이라면 재결에 따른 후속처분이 아니라 그 재결의 취소를 구하는 것은 분쟁해결의 유효적절한 수단이라 할 수 없어 소의 이익이 없다고 한다(대판 2017. 10. 31, 2015두45045).

2) 서울행정법원 실무연구회, "행정소송의 이론과 실무", 2013, p. 76 참조.

칙적으로 원처분인 불이익처분이고, 소청심사결정에 대한 항고소송은 소청심사 결정 자체에 고유한 위법이 있는 경우에 한한다(대판 1993. 8. 24, 93누5673 등).

제 2. 원고적격

Ⅰ. 의 의

행정소송법 제12조 전단은, "취소소송은 처분의 취소를 구할 법률상 이익이 있는 자가 제기할 수 있다"고 규정하고 있다. 따라서 현행법상의 원고적격 문제는 '법률상 이익이 있는 자'의 해석 문제로 돌아간다.

행정처분의 상대방은 원칙적으로 원고적격이 인정된다. 침익적 처분과 수익적 처분의 거부처분을 나누어 보면, 우선 침익적 처분인 경우에는 그 상대방에게는 당연히 원고적격이 인정된다(이른바 '직접상대방' 이론). 신청에 대한 거부처분인 경우에는, 앞서 본 바와 같이 신청권이 있어야만 처분성이 인정된다는 것이 판례의 입장이므로, 거부처분의 상대방은 특별한 사정이 없는 이상 원고적격이 인정된다.[1] 따라서 취소소송의 원고적격의 문제는 실제로는 대부분 처분의 상대방이 아닌 제3자가 취소소송을 제기한 경우의 문제이다.

원고적격은 특정한 유형의 처분에 대해 누가 다툴 수 있는가의 문제에 그치는 것이 아니라, 특정한 유형의 처분을 다툴 수 있는 가능성 자체를 좌우할 수도 있다. 상대방에게는 수익적이지만 제3자에게 불이익한 영향을 미치는 처분(예를 들어 오염물질을 배출하는 시설의 설치·운영허가)을 생각해 보자. 만약 원고적격의 기준을 높게 잡아 제3자 누구에게도 원고적격이 인정되지 않는다면, 해당 허가의 대상적격이 인정되더라도 실질적으로 사법심사의 대상이 될 수 없다.

Ⅱ. '법률상 이익'의 개념

1. 학 설

일반적으로 취소소송의 기능과 관련하여 원고적격의 판정기준으로 다음의 네 가지 견해가 제시되고 있다.

① 권리회복설   취소소송의 목적은 위법한 처분으로 인하여 침해된 개

---

1) 다만 사증발급 거부처분의 상대방인 외국인에게는 원고적격이 없다고 판단하였다(대판 2018. 5. 15, 2014두42506).

인의 권리회복에 있다고 보아, 권리(자유권·수익권 등의 공권과 재산권 등의 사권)가 침해된 자만이 취소소송을 제기할 수 있다고 본다.

② 법률상 보호되는 이익설   처분에 의하여 침해되고 있는 이익이 근거법규에 의하여 보호되고 있는 이익인 경우, 그러한 이익이 침해된 자에게 원고적격이 인정된다고 본다. 즉, 행정청에 일정한 처분의무 또는 처분을 할 때 일정한 제한이 부과되어 있는 경우에, 그러한 의무·제한을 부과하는 법규의 취지가 전적으로 공익만을 위한 것이 아니라 적어도(부수적으로라도) 관계인의 이익도 보호하고자 하는 것인 때 원고적격이 인정된다. 당해 이익이 불특정 다수인에 귀속되는 것이라도, 근거법규의 목적·취지가 이를 전적으로 일반적 공익에 흡수·해소시키지 않고, 그것이 귀속되는 개개인의 개별적 이익도 보호하고자 하는 때에는 원고적격이 인정된다고 보는 것이다.[1]

③ 보호가치 있는 이익구제설   행정소송법상의 '법률상의 이익'을 법률에 의하여 보호되는 실체법상의 이익이 아니라, 그와는 성질을 달리하는 일종의 소송법상의 이익으로 보는 견해이다. 이 설은 당해 이익이 근거법규에 의하여 보호되지 않더라도 재판에 의하여 보호할 만한 가치가 있는 것인 때에는 원고적격이 인정되어야 한다고 본다. 원고적격의 판단기준인 피침해이익의 성질을 근거법규에 의존시키지 않고 재판에 의한 보호 필요성이라는 관점에서 그 실질적 내용에 따라 판단하려는 것이므로, 법률상 보호되는 이익설에 비하여 인정되는 원고적격의 범위가 보다 넓다.[2]

④ 적법성보장설   취소소송의 목적이 행정의 적법성 보장에 있는 것으로 보아, 원고적격의 문제는 원고가 주장하는 이익의 성질을 기준으로 할 것이 아니라, 소송수행에 가장 적합한 이해관계를 가지는 자에게 원고적격을 인정하여야 한다고 본다.

2. 판 례

판례는 기본적으로는 법률상 보호받는 이익설의 입장에서 접근하고 있다.

---

1) 김남진·김연태, 행정법 1, pp. 822~823; 김남철, 행정법강론, p. 776; 김유환, 현대행정법강의, p. 422; 박균성, 행정법론(상), p. 1253; 류지태·박종수, 행정법신론, p. 702; 하명호, 행정쟁송법, pp. 85~85; 홍정선, 행정법원론(상), pp. 1089~1090; 홍준형, 행정쟁송법, p. 242.

2) 박정훈, 행정소송의 구조와 기능, pp. 282~283; 이원우, 경제규제법론, pp. 620~621.

행정처분의 직접 상대방이 아닌 제3자라도 당해 행정처분의 취소를 구할 법률상의 이익이 있는 경우에는 원고적격이 인정된다 할 것이나, 여기서 말하는 법률상의 이익은 당해 처분의 근거 법률에 의하여 보호되는 직접적이고 구체적인 이익이 있는 경우를 말하고, 다만 공익보호의 결과로 국민일반이 공통적으로 가지는 추상적, 평균적, 일반적인 이익과 같이 간접적이나 사실적, 경제적 이해관계를 가지는데 불과한 경우는 여기에 포함되지 않는다고 할 것이다(대판 1995. 9. 26, 94누14544 등).

위와 같은 판례의 일반론은 현행 행정소송법의 해석론으로 변함없이 유지되어 온 것이지만, 원고적격이 실제로 인정되는 사례는 점진적으로 확대되어 왔다. 확대의 원인으로는 우선 처분의 근거 법률을 만들 때 이해관계인들의 이익을 보호하기 위한 규정이 증가하였다는 입법상의 경향 변화를 들 수 있을 것이다. 그러나 판례는 법률상 이익 개념 자체의 해석·적용도 확대하였다. 이는 두 가지 방향이다. 하나는 과거라면 공익 보호의 취지만 있는 것으로 해석되었을 법규도 공익 보호 이외에 제3자의 이익을 보호하고자 하는 취지도 동시에 갖는 것으로 그 취지를 관대하게 해석하는 것이다(Ⅲ. 유형별 검토 참조). 다른 하나는 원고적격을 판단하는 기준이 되는 법규의 범위를 넓히는 것이다. 우선 실체법 규정 외에 절차법 규정도 근거법규에 포함시켰다.[1] 다음으로 아래에서 보는 바와 같이, 근거법규 외에 관련법규도 포함시키고 있고, 근거법규와 관련법규에 명시적인 규정이 없는 경우에도 법률상 이익을 인정할 여지를 열어 두고 있다.

당해 처분의 근거법규 및 관련법규에 의하여 보호되는 법률상 이익이라 함은 당해 처분의 근거법규(근거법규가 다른 법규를 인용함으로 인하여 근거법규가 된 경우까지를 아울러 포함한다)의 명문규정에 의하여 보호받는 법률상 이익, 당해 처분의 근거법규에 의하여 보호되지는 아니하나 당해 처분의 행정목적을 달성하기 위한 일련의 단계적인 관련처분들의 근거법규(이하 관련법규라 한다)에 의하여 명시적으로 보호받는 법률상 이익, 당해 처분의 근거법규 또는 관련법규에서 명시적으로 당해 이익을 보호하는 명문의 규정이 없더라도 근거법규 및 관련법규의 합리적 해석상 그 법규에서 행정청을 제약하는 이유가 순수한 공익의 보호만이 아닌 개별적·직접적·구체적 이익을 보호하는 취지가 포함되어 있다고 해석되는 경우까지를 말한다(대판 2004. 8. 16, 2003두2175).

---

[1] 환경영향평가절차에 관한 대판 1998. 4. 24, 97누3286 등. 구체적 내용은 뒤에서 살펴본다.

다만, 환경권과 같은 헌법상 기본권 규정만으로는 원고적격이 인정될 수 없다고 한다(대판 2006. 3. 16, 2006두330).

3. 검 토

과거에는 권리회복설이 법률상 보호되는 이익설보다 원고적격을 좁게 보는 견해로 이해되었으나, 개인적 공권의 확대와 함께 법률상 보호되는 이익설과 본질적 차이가 없게 되었다. 공익과 동시에 (부수적이나마) 개인의 이익을 보호하고자 하는 경우에도 공권이 성립한다고 보게 되었기 때문이다. 적법성보장설은 항고소송이 어떠한 기능을 수행하여야 하는가라는 근본적인 질문을 던지는 견해로서 의미가 있기는 하지만, 원고의 '이익'을 요구하는 현행 행정소송법의 해석론으로 채택하기에는 무리가 있다.

현재 시점에서 실질적으로 의미 있는 견해는 법률상 보호되는 이익설과 보호가치 있는 이익구제설이고, 그 중에서도 전자가 판례·통설의 입장이다. 양자의 차이는 처분의 취소를 통해 원고가 회복하고자 하는 이익이 처분의 근거법규에서 보호하는 이익이어야 하는가에 있다. 그러나 두 입장은 서로 접근하고 있다. 법률상 보호되는 이익설도, 앞서 판례에서 본 바와 같이, 원고적격 판단의 준거가 되는 법규의 범위를 넓히고 법규에 사익 보호의 취지가 있다는 점을 관대하게 해석하여, 원고적격 인정범위를 넓히고 있다. 반대로 보호가치 있는 이익구제설도 모든 이익이 아니라 보호할 만한 가치가 있는 이익, 정당한 이익일 것을 요구한다. 그간 이루어진 행정소송법 개정작업 과정을 살펴보면, 2006년 대법원 개정의견에서는 '법적으로 정당한 이익'으로, 2013년 정부 입법예고안에서는 '법적 이익'으로 개정할 것을 제안하였다. 처분의 직접적인 근거법규에만 기대어 원고적격을 판단하는 것은 실효적인 권리구제에 부합하지 않는다는 인식을 전제로 하는 것이다. 결국 판례·통설의 입장을 취하더라도 현 단계에서 실제로 중요한 문제는, 처분의 직접 근거법규로부터 사익보호성을 도출하기는 어렵지만 실질적인 권리구제를 위해 원고적격이 인정되어야 할 사안에서 '법률상 이익'을 적절히 입론하는 것일 것이다.

Ⅲ. 유형별 검토

1. 이웃소송과 환경소송

인·허가 등을 통하여 건축물의 건축이나 시설의 설치·운영 등을 규제하는 법규의 취지가, 건축물이나 시설로 인한 환경상의 불이익한 영향으로부터 주민을 보호하고자 하는 취지일 때에는, 주민에게 원고적격이 인정된다. 예를 들어, 건축법과 도시계획법에서 주거지역 안에 일정 면적 이상의 원동기를 사용하는 공장의 건축을 금지하고 있다면, 이는 오로지 공공복리의 증진이라는 공익 보호만을 위한 규정이 아니라 주거지역 내에 거주하는 사람의 "주거의 안녕과 생활환경을 보호"하고자 하는 목적도 함께 갖고 있는 것으로 해석된다. 따라서 주거지역 안에 거주하는 사람은 건축허가의 취소를 구할 원고적격을 갖는다.1) 환경상 이익에 기초한 원고적격은 환경영향평가와 같은 절차적 법규에 근거하여서도 인정될 수 있다. 그 선도적 판결은 '속리산국립공원 사건'이다.

> 환경영향평가에 관한 위 자연공원법령 및 환경영향평가법령의 규정들의 취지는 집단시설지구개발사업이 환경을 해치지 아니하는 방법으로 시행되도록 함으로써 집단시설지구개발사업과 관련된 환경공익을 보호하려는 데에 그치는 것이 아니라 그 사업으로 인하여 직접적이고 중대한 환경피해를 입으리라고 예상되는 <u>환경영향평가대상지역 안의 주민들이 개발 전과 비교하여 수인한도를 넘는 환경침해를 받지 아니하고 쾌적한 환경에서 생활할 수 있는 개별적 이익까지도 이를 보호하려</u>는 데에 있다(대판 1998. 4. 24, 97누3286).

여기에서 더 나아가 판례는 사전환경성검토협의 제도 등 환경상 침해가 예상되는 영향권의 범위를 정하고 있는 법규 일반에 대해 원고적격의 근거가 될 수 있다고 하였고, 영향권 내의 주민이 아니더라도 원고적격이 인정될 가능성을 열어 주었다.

> 행정처분의 근거 법규 또는 관련 법규에 그 처분으로써 이루어지는 행위 등 사업으로 인하여 <u>환경상 침해를 받으리라고 예상되는 영향권의 범위가 구체적으로 규정되어 있는 경우에는,</u> 그 <u>영향권 내의 주민들에 대하여는</u> 당해 처분으로 인하여 직접적이고 중대한 환경피해를 입으리라고 예상할 수 있고, 이와 같은 환경상의 이익은 주민 개개인에 대하여 개별적으로 보호되는 직접적 · 구체적 이익으로서 그들에 대하여는 특단의 사정이 없는 한 <u>환경상 이익에 대한 침해 또는 침해 우려가 있는 것으로 사실상 추정되어</u> 법률상 보호되는 이익으로 인정됨으로써 원고적격

---

1) 대판 1975. 5. 13, 73누96 · 97. 원고의 집으로부터 불과 70cm 떨어진 곳에 연탄공장 건축허가가 발급되었고, 원고의 집과 공장은 주거지역에 위치하고 있었으며, 공장의 면적은 법령에서 정한 기준을 초과하였다. 원고는 소음과 진동으로 인해 "일상 대화에 지장"이 있고 "통상적인 주거의 안녕을 영위하기가 곤란"하였다. 이 경우 원고에게 건축허가의 취소를 구할 법률상 이익이 있다고 판단되었다.

이 인정되며, 그 영향권 밖의 주민들은 당해 처분으로 인하여 그 처분 전과 비교하여 수인한도를 넘는 환경피해를 받거나 받을 우려가 있다는 자신의 환경상 이익에 대한 침해 또는 침해 우려가 있음을 증명하여야만 법률상 보호되는 이익으로 인정되어 원고적격이 인정된다(대판 2006. 12. 22, 2006두14001).

다만, 원고적격이 인정되려면, 현실적으로 환경상 이익을 향유하는 자여야 하고, "단지 그 영향권 내의 건물·토지를 소유하거나 환경상 이익을 일시적으로 향유하는 데 그치는 자는 포함되지 않는다"(대판 2009. 9. 24, 2009두2825). 그리고 거주지역이 절대적인 기준이 되는 것은 아니다. 예를 들어 공장 배출수로 인한 수돗물의 수질악화를 막아 안전하게 물을 마실 주민들의 이익을 보호하고자 하는 것이 근거법규의 취지라면, 수돗물을 공급받아 이를 마시거나 이용하는 주민들은, 공장으로부터 떨어진 곳에 살더라도 원고적격이 있다. 취수시설이 수질오염으로 인해 피해를 받으면, 그 피해는 거주지역과 상관없이 해당 시설로부터 수돗물을 공급받는 사람들에게 미치는 것이기 때문이다(대판 2010. 4. 15, 2007두16127).

반면 다음의 사례에서는 원고적격이 부정되었다. 절대보전지역으로 유지됨으로써 주민들이 가지는 "주거 및 생활환경상 이익은 그 지역의 경관 등이 보호됨으로써 반사적으로 누리는 것일 뿐"이어서, 주민들에게는 절대보전지역의 해제를 다툴 원고적격이 없다고 한다(대판 2012. 7. 5, 2011두13187·13194). 그리고 생태·자연도는 "자연환경을 체계적으로 보전·관리하기 위한 것일 뿐, 1등급 권역의 인근 주민들이 가지는 생활상 이익을 직접적이고 구체적으로 보호하기 위한 것이 아"니므로 인근 주민들은 생태·자연도 등급변경결정을 다툴 법률상 이익이 없다고 한다(대판 2014. 2. 21, 2011두29052).

2. 경쟁자소송

특정한 자에 대한 인·허가 등의 발급이 그와 경쟁관계에 있는 다른 자에게 불이익한 영향을 미칠 때, 경쟁자가 인·허가 등의 취소를 구하는 형태의 소송이다. 경업자(競業者)와 경원자(競願者)로 나누어 살펴보아야 한다.

(1) 경업자(競業者)

기존의 업체가 신규 진입한 업체에 대한 인·허가 등을 다투는 경우이다. 인·허가 등을 통해 진입을 규제하는 법규의 취지가 기존업자의 경영상의 이익도 보호하고자 하는 것이라면, 기존업자의 원고적격이 인정된다.

일반적으로 면허나 인·허가 등의 수익적 행정처분의 근거가 되는 법률이 해당 업자들 사이의 과당경쟁으로 인한 경영의 불합리를 방지하는 것도 그 목적으로 하고 있는 경우 다른 업자에 대한 면허나 인·허가 등의 수익적 행정처분에 대하여 미리 같은 종류의 면허나 인·허가 등의 수익적 행정처분을 받아 영업을 하고 있는 기존의 업자는 경업자에 대하여 이루어진 면허나 인·허가 등 행정처분의 상대방이 아니라 하더라도 당해 행정처분의 취소를 구할 당사자적격이 있다(대판 1999. 10. 12, 99두6026).

대표적으로 여객자동차운송사업 면허가 이에 해당한다. 법률에서 면허기준으로 "사업계획이 해당 노선이나 사업구역의 수송 수요와 수송력 공급에 적합할 것"(여객자동차운수사업법 5①1i)을 요구하고 있고, 이는 과잉 공급으로 인한 수익 감소로부터 기존업자의 경영상의 이익을 보호하는 취지로 해석되기 때문이다(대판 1992. 7. 10, 91누9107). 경업관계에 있는지는 운송사업의 종류에 상관없이 실질적으로 판단된다. 그러므로 새로이 면허가 발급된 시외버스 운송사업자의 노선과 운행계통이 기존의 시내버스 운송사업자의 그것과 일부 중복되어 기존업자의 수익감소가 예상된다면, 기존 시내버스 운송사업자는 신규로 발급된 시외버스 운송사업면허의 취소를 구할 법률상의 이익이 있다(대판 2002. 10. 25, 2001두4450).[1)]

또한 여객자동차운송사업 면허처럼 수요와 공급을 기준으로 삼는 명시적인 법규가 없더라도, 과잉 공급이 예상된다는 이유로 인·허가 등을 거부할 수 있다면, 기존업자의 원고적격이 인정될 수 있다. 분뇨등 수집·운반업 허가의 경우, 지방자치단체의 임무를 영업자에게 대행하게 하는 것이어서 공익성이 강하게 요청되는 사업이고, 기존 업체의 시설이 과다하여 "신규허가를 한다면 업체 간의 과당경쟁 및 무계획적인 수집·운반으로 인하여 분뇨등의 수집·운반에 관한 안정적이고 효율적인 책임행정의 이행이 불가능하게 될 것으로 예상"된다면 신규허가를 제한할 수 있으므로, 기존업자의 원고적격이 인정된다(대판 2006. 7. 28, 2004두6716).

거리제한규정도 기존업자의 경영상 이익을 보호하는 취지로 해석될 수 있다. 담배 일반소매인 사이에서는 영업소 간에 일정 거리를 유지하여야 한다(담배사업법 16②iii). 이는 "일반소매인 간의 과당경쟁으로 인한 불합리한 경영을 방

---

1) 기존 시내버스 운송사업자는 시외버스의 시내버스로의 전환을 허용하는 사업계획변경인가를 다툴 수 있고(대판 1987. 9. 22, 85누985), 기존 개별화물자동차 운송사업자는 동일한 사업구역 내의 동종의 사업용화물자동차면허대수를 늘이는 보충인가를 다툴 수 있다(대판 1992. 7. 10, 91누9107).

지함으로써 일반소매인의 경영상 이익을 보호하는 데에도 그 목적"이 있으므로 기존 일반소매인은 신규 일반소매인 지정에 대해 다툴 원고적격이 있다(대판 2008. 3. 27, 2007두23811).[1]

반면 공중목욕장 영업허가(대판 1963. 8. 31, 63누101), 양곡가공업 허가(대판 1981. 1. 27, 79누433)의 경우 기존업자의 이익은 법률상 보호되는 이익이 아니다. 또한 한의사들은 약사에게 한약조제권을 인정해 주는 한약조제시험 합격처분의 취소를 구할 법률상 이익이 없다(대판 1998. 3. 10, 97누4289). 공중목욕탕 영업허가, 양곡가공업 허가, 한의사 면허는 강학상 허가에 해당하여 기존업자들이 누리는 이익은 사실상 이익에 불과하기 때문이다.

(2) 경원자(競願者)

인·허가 등을 신청한 수인이 서로 경쟁관계에 있어 일방에 대한 허가 등의 처분이 타방에 대한 불허가 등으로 귀결될 수밖에 없는 경우이다. 타인에 대한 허가 등과 자신에 대한 불허가 등은 동전의 앞뒷면과 같은 관계이므로, 허가 등을 받지 못한 자는 자신에 대한 불허가 등을 다툴 수 있을 뿐만 아니라 타인에 대한 허가 등도 다툴 수 있다. 이와 같이 타인에 대한 허가 등은 자신에 대한 불허가 등과 실질적으로 같으므로, 인·허가 등의 근거법규가 경원자의 이익도 보호하고자 하는 취지인지는 원고적격 인정에 영향이 없다. 다만, 타인에 대한 허가 등이 취소된다고 하더라도 허가 등을 받지 못한 불이익이 회복될 수 없을 때(예컨대 명백한 법적 장애로 인하여 원고 자신의 신청이 인용될 가능성이 처음부터 배제되어 있는 경우)에는 소의 이익이 없어 부적법하다(대판 1992. 5. 8, 91누13274; 대판 2009. 12. 10, 2009두8359).

다음의 사례에서 경원관계가 인정되었다. 해당 군 내에 1개소에 한하여 엘피지충전사업 신규허가가 가능하였던 경우, 동일대상지역에 대한 공유수면매립면허나 도로점용허가, 일정지역에 있어서의 영업허가등에 관하여 거리제한 규정이나 업소개수제한규정 등이 있는 경우(이상 대판 1992. 5. 8, 91누13274), 법학전문대학원 총입학정원이 제한되어 있어 설치인가 신청을 한 대학들이 설치인가 여부 및 개별 입학정원의 배정에 관하여 서로 경쟁관계에 있는 경우(대판 2009. 12. 10, 2009두8359) 등이다.[2]

---

1) 반면 구내소매인과 일반소매인 사이에서는 거리제한규정이 없으므로 기존 일반소매인은 신규 구내소매인 지정의 취소를 구할 원고적격이 없다(대판 2008. 4. 10, 2008두402).

2) 경원관계에서는 자신에 대한 불허가 등에 대해서도 취소를 구할 원고적격과 소의 이익이 인정된다(대판 2015. 10. 29, 2013두27517). 그러므로 허가 등을 받지 못한 사

3. 단체 또는 그 구성원

원칙적으로 단체에 대한 처분에 대하여 그 구성원이, 반대로 구성원에 대한 처분에 대하여 소속 단체가 대신 소를 제기할 수는 없다. 그러므로 사단법인 대한의사협회는 회원을 대신하여 국민건강보험의 요양급여행위와 그 상대가치점수를 정하는 고시에 대해 다툴 원고적격이 없고(대판 2006. 5. 25, 2003두11988), 재단법인인 수녀원은 소속 수녀 등이 환경상 이익을 침해받는다고 하더라도 이를 수녀원의 법률상 이익이 침해된다고 볼 수도 없다(대판 2012. 6. 28, 2010두2005).

그러나 예외적으로 원고적격이 인정되는 경우도 있다. 원칙적으로 법인의 주주는 법인에 대한 처분에 관하여 취소를 구할 원고적격이 없지만, 법인의 존속 자체를 직접 좌우하는 처분(대판 1997. 12. 12, 96누4602)이거나 그 처분으로 인하여 궁극적으로 주식이 소각되거나 주주의 법인에 대한 권리가 소멸하는 등 주주의 지위에 중대한 영향을 초래하게 되는데도 그 처분의 성질상 당해 법인이 이를 다툴 것을 기대할 수 없고 달리 주주의 지위를 보전할 구제방법이 없는 경우(대판 2004. 12. 23, 2000두2648)에는 주주의 원고적격이 인정된다.

4. 행정기관

행정기관 사이의 분쟁은 공통된 상급관청의 결정으로 해결되거나 기관소송, 권한쟁의심판으로 다투어지는 것이 통상적이다. 그렇지만 기관소송 법정주의가 채택되어 있고 권한쟁의심판의 당사자도 제한되므로, 소송을 통한 해결이 필요함에도 적절한 소송유형이 마련되어 있지 않은 경우가 생기게 된다. 대법원은 국민권익위원회가 행정기관에 대해 공익신고자 신분보장조치를 요구한 사안에서, 행정기관에게 원고적격을 인정하였다. "법령이 특정한 행정기관 등으로 하여금 다른 행정기관을 상대로 제재적 조치를 취할 수 있도록 하면서, 그에 따르지 않으면 그 행정기관에 대하여 과태료를 부과하거나 형사처벌을 할 수 있도록 정하는 경우"에, 제재적 조치를 기관소송이나 권한쟁의심판을 통하여 다툴 수 없다면, "예외적으로 그 제재적 조치의 상대방인 행정기관 등에게 항고소송 원고로서의 당사자능력과 원고적격을 인정"하여야 한다는 것이다(대판 2018. 8. 1, 2014두35379).

는 자신에 대한 불허가 등 또는 타인에 대한 허가 등에 대해 취소소송을 제기할 수 있다. 또한 두 청구를 병합하여 제기하는 것도 가능하다.

제 3. 협의의 소의 이익

I. 의 의

취소소송의 소 제기가 적법하려면 본안판결을 구할 정당한 이익이 있어야 한다. 대상적격과 원고적격을 갖추었다면 보통은 소의 이익이 인정될 것이지만, 상황에 따라서는 소의 이익이 부정될 수도 있다. 협의의 소의 이익의 문제는 이처럼 대상적격과 원고적격을 갖추었음에도 소의 이익이 탈락하게 되는 예외적 상황의 문제이다. 이러한 관점에서 대상적격, 원고적격, 협의의 소의 이익을 아울러 광의의 소의 이익이라 한다. 소의 이익은 사실심 변론종결시는 물론 상고심에서도 존속해야 한다는 것이 판례의 입장이다(대판 1996. 2. 23, 95누2685). 협의의 소의 이익은 다양한 상황에서 문제될 수 있는데, 여기에서는 대표적인 유형을 살펴본다.

II. 유형별 검토

1. 원상회복이 불가능한 경우

처분이 취소되어도 원상회복이 불가능하다면 소의 이익은 인정되지 않는다. 건축허가에 따른 건축공사가 완료된 후에는 건축허가의 취소를 구할 이익이 없고(대판 1992. 4. 28, 91누13441), 건물철거대집행의 계고처분 취소소송 중 대집행의 실행이 완료되어 건물이 철거된 경우에도 소의 이익이 없다(대판 1993. 6. 8, 93누616). 도지사의 지방의료원 폐업결정 이후 지방의회가 지방의료원을 해산하는 조례안을 의결하여 그 조례가 제정·시행되었다면, 폐업결정을 취소하더라도 지방의료원을 재개원할 수 없으므로 소의 이익을 인정할 수 없다.[1]

그러나 원래의 상태로 완전히 돌아갈 수는 없다고 하더라도 취소판결을 통해 회복할 수 있는 이익이 남아 있다면 소의 이익이 인정된다. 공무원에 대한 파면·해임처분 또는 지방의회 의원에 대한 제명의결 이후에, 임기만료·정년·당연퇴직 등의 사유가 발생하면 원래의 지위를 회복할 수는 없다. 그러나 각 처분이 취소되면 처분일부터 임기만료 등의 사유가 발생한 날까지의 보수 지급을 구할 수 있으므로 소의 이익이 있다.[2] 또한 공장등록취소처분에 대하여 다투는

---

1) 대판 2016. 8. 30, 2015두60617. 지방의료원의 해산은 조례로 정하여야 할 사항이어서 도지사의 폐업결정은 권한 없는 자에 의한 위법한 처분이었다.
2) 대판 2009. 1. 30, 2007두13487; 대판 2012. 2. 23, 2011두5001.

중에 공장 시설물이 철거되어 공장을 다시 운영할 수 없는 상태라면 소의 이익이 없다고 할 것이지만, "유효한 공장등록으로 인하여 공장등록에 관한 당해 법률이나 다른 법률에 의하여 보호되는 직접적·구체적 이익이 있다면" 소의 이익이 있다.[1]

나아가 위법한 처분이 반복될 위험성이 있는 경우에도 소의 이익이 인정된다. 대법원 2007. 7. 19. 선고 2006두19297 전원합의체 판결(이른바 '경기학원임시이사사건')이 대표적인 사례이다. 위 사건에서는 취임승인이 취소된 학교법인 임원들이 그 취임승인 취소처분과 임시이사 선임처분에 대해 취소소송을 제기하였다. 취소소송 계속 중에 원고들의 임기와 임원결격기간이 모두 종료하고 임시이사가 새로이 교체되었다. 종전에는 이러한 상황에서 취임승인 취소처분과 당소의 임시이사 선임처분의 취소를 구할 소의 이익이 모두 부정되었다. 그러나 위 전원합의체 판결에서는 반복방지의 이익과 선결문제확정의 이익이 있음을 이유로 소의 이익을 긍정하였다.

> 제소 당시에는 권리보호의 이익을 모두 갖추었는데 제소 후 취소 대상 행정처분이 기간의 경과 등으로 그 효과가 소멸한 때, 즉 제재적 행정처분의 기간 경과, 행정처분 자체의 효력기간 경과, 특정기일의 경과 등으로 인하여 그 처분이 취소되어도 원상회복이 불가능하다고 보이는 경우라 하더라도, <u>동일한 소송 당사자 사이에서 그 행정처분과 동일한 사유로 위법한 처분이 반복될 위험성이 있어 행정처분의 위법성 확인 내지 불분명한 법률문제에 대한 해명이 필요하다고 판단되는 경우, 그리고 동일한 행정목적을 달성하거나 동일한 법률효과를 발생시키기 위하여 선행처분과 후행처분이 단계적인 일련의 절차로 연속하여 행하여져 후행처분이 선행처분의 적법함을 전제로 이루어짐에 따라 선행처분의 하자가 후행처분에 승계된다고 볼 수 있어 이미 소를 제기하여 다투고 있는 선행처분의 위법성을 확인하여 줄 필요가 있는 경우</u> 등에는 행정의 적법성 확보와 그에 대한 사법통제, 국민의 권리구제의 확대 등의 측면에서 여전히 그 처분의 취소를 구할 법률상 이익이 있다.

교도소장의 영치품 사용신청 불허처분에 대해 수용자가 소를 제기하였으나 다른 교도소로 이송된 사안에서도 위법한 처분이 반복될 위험성이 있음을 이유로 소의 이익이 인정되었다(대판 2008. 2. 14, 2007두13203). 반복의 위험성은 반드시 '해당 사건의 동일한 소송 당사자 사이에서' 반복될 위험이 있는 경우만을

---

[1] 대판 2016. 5. 12, 2014두12284. 과밀억제권역 안에서 공장 이전승인을 받기 위해서는 종전의 공장등록이 유지되어야 하는 사정이 있었다.

의미하는 것은 아니다(대판 2020. 12. 24, 2020두30450).

2. 처분 후의 사정에 의하여 이익침해가 해소된 경우

사법시험 1차 시험 불합격 처분 이후에 새로이 실시된 1차 시험에 합격하였거나(대판 1996. 2. 23, 95누2685), 공익근무요원 소집해제 거부처분에 대한 취소소송 계속 중 소집해제 되었다면(대판 2005. 5. 13, 2004두4369),[1] 이익침해가 해소되었으므로 소의 이익이 없다. 반면 고등학교 퇴학처분에 대해 취소를 구하였으나 고등학교졸업학력검정고시에 합격한 사안에서는 소의 이익이 인정되었다(대판 1992. 7. 14, 91누4737). 고등학교졸업이 대학입학자격 등의 의미만 있는 것은 아니고 검정고시에 합격했다고 해서 고등학교 학생으로서 신분이 회복되는 것은 아니기 때문이다.

3. 기간 도과로 처분의 효력이 소멸한 경우

행정소송법 제12조 후문에서는 처분의 효과가 기간의 경과로 인하여 소멸된 뒤에도 그 처분의 취소로 인하여 회복되는 법률상 이익이 있으면 소의 이익이 있다고 정하고 있다. 영업정지, 업무정지 등 기간이 정하여진 제재적 행정처분의 경우 소 제기 전이나 소송 계속 중에 정지기간이 도과하는 일이 생기고는 한다.[2] 정지기간이 지났다면 원칙적으로 소의 이익이 부정될 것이지만, 제재처분의 전력으로 인해 나중에 다른 제재사유가 발생하였을 때 제재의 정도가 가중될 위험이 있으면 법률상 이익이 있다. 예를 들어 의료인이 3회 이상의 자격정지처분을 받으면 면허를 취소할 수 있다고 법률로 정하고 있다면, 정지기간이 지났더라도 자격정지처분을 그대로 두면 장래 의사면허취소라는 가중된 제재처분을 받게 될 우려가 있으므로 소의 이익이 있다(대판 2005. 3. 25, 2004두14106).

이와 같이 가중적 제재처분의 근거가 법률이나 대외적 구속력 있는 법규명령에 기초하고 있다면 쉽게 법률상 이익이 인정될 수 있다. 문제는 제재처분의 전력이 있음을 이유로 가중된 제재를 하도록 하는 규정이 대부분 부령인 시행규칙에 규정되어 있고,[3] 판례는 제재적 행정처분의 기준을 정한 부령에 대해서

---

1) 처분이 위법함을 이유로 손해배상청구를 할 예정이라도 소의 이익이 없다고 한다.
2) 이러한 상황을 막기 위해서는 집행정지결정을 받아 두어야 한다.
3) 예를 들어 '1차 위반, 2차 위반, 3차 위반'에 대해 각각 '영업정지 1개월, 영업정지 3개월, 영업허가 취소'의 처분을 하도록 하는 식이다.

는 통상적인 부령과 달리 대외적 구속력을 인정하지 않는다(대판 2007. 9. 20, 2007두6946)는 점이다. 과거의 판례는 대외적 구속력이 없는 부령에 따라 장래에 가중된 처분을 받을 우려가 있다고 하더라도 이는 사실상의 불이익에 지나지 않는다고 하여 소의 이익을 부정하였다. 그러나 대법원 2006. 6. 22. 선고 2003두1684 전원합의체 판결에서 기존의 입장을 변경하였다.

제재적 행정처분의 가중사유나 전제요건에 관한 규정이 법령이 아니라 규칙의 형식으로 되어 있다고 하더라도, 그러한 규칙이 법령에 근거를 두고 있는 이상 그 법적 성질이 대외적·일반적 구속력을 갖는 법규명령인지 여부와는 상관없이,1) 관할 행정청이나 담당공무원은 이를 준수할 의무가 있으므로 이들이 그 규칙에 정해진 바에 따라 행정작용을 할 것이 당연히 예견되고, 그 결과 행정작용의 상대방인 국민으로서는 그 규칙의 영향을 받을 수밖에 없다. 따라서 그러한 규칙이 정한 바에 따라 선행처분을 받은 상대방이 그 처분의 존재로 인하여 장래에 받을 불이익, 즉 후행처분의 위험은 구체적이고 현실적인 것이므로, 상대방에게는 선행처분의 취소소송을 통하여 그 불이익을 제거할 필요가 있다고 할 것이다.

대외적 구속력이 없더라도 대내적 구속력은 있어서 관할 행정청이나 담당공무원에게 이를 준수할 의무가 있는 이상, 특별한 사정이 없는 한 가중된 제재처분을 할 것이 확실히 예견되기 때문이다. 그러므로 부령이 아니라 행정규칙인 징계양정 지침 등에 가중의 근거가 규정되어 있는 경우에도 마찬가지로 소의 이익이 인정된다(대판 2009. 5. 28, 2008추56).

한편 최근의 판례에서는 업무정지기간이 만료되었다고 하더라도 처분의 "위법성 확인 또는 불분명한 법률문제의 해명"이 필요하다면 소의 이익을 인정함이 타당하다고 하였다. 피고 금융위원회가 해당 "업무정지처분을 하면서 채택·적용한 법령해석에 관한 의견이나 처분의 기준을 앞으로도 그대로 반복·적용할 것이 예상된다"는 것을 근거로 한다.2)

---

1) 반면 별개의견에서는 부령인 제재적 처분기준의 법규성을 인정하는 이론적 기초 위에서 그 법률상 이익을 긍정하는 것이 타당하다는 입장을 전개하였다.
2) 대판 2020. 12. 24, 2020두30450. 앞서 본 경기학원임시이사 사건이나 수용자의 영치품 사용불허처분 사건에서는 "동일한 소송 당사자 사이에서" 위법한 처분이 반복될 위험성이 있다는 이유로 소의 이익이 인정되었는데, 이 판결에서는 이는 "불분명한 법률문제에 대한 해명이 필요한 상황에 대한 대표적인 예시일 뿐이며, 반드시 '해당 사건의 동일한 소송 당사자 사이에서' 반복될 위험이 있는 경우만을 의미하는 것은 아니"라고 하였다. 참고로 헌법재판소는 침해행위가 반복될 위험이 있고 헌법적으로 그 해명이 중대한 의미를 갖고 있으면, 동일한 청구인에게 침해행위가 반복될 위험이 있지 않더라도 헌법소원 심판청구의 이익을 인정한다(헌재 2005. 10. 27, 2005헌마126).

제 4. 피고적격

Ⅰ. 의 의

취소소송은 다른 법률에 특별한 규정이 없는 한 그 처분등을 행한 행정청을 피고로 한다(행정소송법 13①). 행정소송법은 법인격 있는 행정주체(예컨대 대한민국, 서울특별시)가 아니라 법인격 없는 행정기관인 행정청(예컨대 장관, 서울특별시장)에 피고적격을 부여한다. 또한 그 전제로 법인격 없는 행정기관에 당사자능력을 주고 있다. 행정주체가 아닌 행정청을 피고로 하도록 한 이유는 소송기술상의 편의를 위한 것으로 이해된다.

위 조항은 무효등 확인소송, 부작위위법확인소송과 같은 다른 항고소송에도 준용된다(동법 38). 취소소송과 무효확인소송은, 처분을 다툰다면 처분청이, 재결을 다툰다면 재결청이 피고가 된다. 부작위위법확인소송은 일정한 처분을 하여 달라는 신청을 받은 행정청이 피고가 된다. 당사자소송의 피고적격이 국가, 지방자치단체 등 권리주체에게 있는 것과 구별된다(동법 39).

피고적격이 없는 자를 상대로 제기된 소는 부적법하다. 그러나 원고의 신청에 의하여 피고를 경정할 수 있다(동법 14). 원고가 경정신청을 하지 않더라도, 법원은 소를 바로 각하할 것이 아니라, 석명권을 행사하여 원고로 하여금 피고를 경정하게 하여 소송을 진행하여야 한다(대판 1985. 11. 12, 85누621 등).

Ⅱ. 처분을 행한 행정청

1. 외부적 표시기관

행정청이란 행정주체의 의사를 결정하여 외부에 표시하는 행정기관을 말한다(행정절차법 2i가). 내부에서 실질적으로 의사를 결정하였다고 하더라도 외부에 그 이름으로 의사를 표시하지 않았다면 피고적격이 없다. 예를 들어 공무원 징계처분의 내용은 징계위원회의 의결에 따라 결정되지만 외부에는 징계권자의 이름으로 표시된다. 이 경우 징계처분 취소소송의 피고적격은 징계위원회가 아니라 징계권자에게 있다. 상급행정청이나 다른 행정청의 지시나 통보에 의하여 처분을 하게 되었더라도 외부에 그 이름으로 처분을 행한 행정청에게 피고적격이 있다(대판 1994. 6. 14, 94누1197 등).

2. 권한 유무와 피고적격의 판단

피고적격은 소송요건이므로 형식적으로 판단한다. 정당한 권한이 있는지 여부는 본안에서 판단할 문제이다. 정당한 권한이 있는지와 상관없이 실제로 처분을 한 행정청에게 피고적격이 있다. 처분은 원칙적으로 문서로 하여야 하므로(동법 24 참조), 대개의 경우 처분서에 명의자로 쓰여 있는 행정청(처분명의자)이 처분을 한 행정청이다. 만약 행정청이 권한 없이 처분을 하였다면, 정당한 권한이 있는 행정청이 아니라 실제 처분을 한 행정청을 피고로 삼아야 한다(대판 94. 8. 12, 94누2763 등). 이 경우 본안에서 처분이 위법함을 이유로 청구인용판결이 선고될 것이다.[1]

Ⅲ. 행정청의 종류와 피고적격

1. 합의제 행정기관

대부분의 행정기관은 자연인 1인으로 이루어진 독임제 행정기관이지만 이와 대비되는 합의제 행정기관도 있다. 합의제 행정기관이란 둘 이상의 자연인으로 구성되고 구성원의 합의에 따라 의사가 결정되는 행정기관을 말한다. '…위원회'라는 명칭을 쓰는 행정기관이 대체로 이에 해당한다. 합의제 행정기관은 근거 법령에서 ① 대외적으로 의사를 표시할 권한까지 줄 수도 있고, ② 행정 내부에서의 의결·심의·자문 권한만 줄 수도 있다.

① 방송통신위원회, 공정거래위원회, 토지수용위원회, 행정심판위원회 등이 전자의 대표적인 예이다. 이 경우에는 합의제 행정기관의 이름으로 외부에 의사를 표시하므로, 합의제 행정기관 자체(위원회)가 행정청이고 피고가 되어야 한다. 대표자(위원장)를 피고로 하여 제기한 소는 부적법하다.[2] 다만, 개별법에서 대표자를 피고로 하도록 달리 정하고 있다면 그에 따른다. 예를 들어 중앙노동위원회의 처분에 대한 소는 중앙노동위원회위원장을 피고로 삼도록 규정되어 있다(노동위원회법 27). ② 후자의 경우에는 합의제 행정기관이 아니라 대외적으로 의사를 표시한 행정기관이 피고가 된다. 앞서 본 바와 같이(Ⅱ. 1.) 공무원 징

---

1) 판례는 보통 무권한의 하자가 있으면 하자가 중대명백하여 당연무효라고 한다(대판 1995. 11. 28, 94누6745 등).
2) 예를 들어 '저작권심의조정위원회 위원장'을 피고로 저작권 등록처분의 무효확인을 구하는 소(대판 2009. 7. 9, 2007두16608).

계처분을 다툴 때에는 의결기관인 징계위원회가 아니라 징계권자를 피고로 하여야 한다. 마찬가지로 문화재 현상변경을 허가할 것인지는 문화재위원회의 심의를 거쳐 결정되지만 이를 다툴 때에는 문화재청장을 피고로 하여야 한다.

2. 지방의회

지방의회는 지방자치단체의 내부적 의결기관이고, 외부적으로 지방자치단체를 대표하여 의사를 표시하는 기관은 지방자치단체의 장이다(지방자치법 47·114). 예를 들어 조례의 제·개정은 지방의회에서 의결하지만 지방자치단체 장이 공포한다(동법 32). 따라서 조례를 항고소송으로 다툴 때에는 조례를 공포한 지방자치단체의 장(교육·학예에 관한 조례는 교육감)을 피고로 하여야 하고 지방의회에는 피고적격이 없다(대판 1996. 9. 20, 95누8003).

그러나 지방의회 내부의 자율권에 관한 사항은 지방자치단체 장의 관여 없이 지방의회 의결만으로 효력이 발생하므로 피고는 지방의회가 된다. 지방의회 의원에 대한 징계의결, 의장의 선임 또는 불신임의결 등이 그러하다.[1]

3. 공법인, 공권수탁사인

국가와 지방자치단체의 기관뿐만 아니라 공법인(또는 그 기관)과 공권수탁사인도 처분의 주체인 행정청이 될 수 있다. 공법인의 경우 법령에서 공법인 자체에 처분권한을 부여할 수도 있고 그 기관인 대표자에게 처분권한을 부여할 수도 있지만, 대부분 공법인 자체에 권한을 부여한다. 이 경우 적법한 방식으로 권한을 행사하여 공법인의 이름으로 처분을 하였다면, 피고적격도 공법인에 있다(예를 들어 '피고 한국토지주택공사'[2]).

Ⅳ. 권한의 위임·위탁과 피고적격

1. 권한의 위임·위탁

(광의의) 권한의 위임이란 행정청이 권한의 일부를 다른 행정기관에 이전하여 수임기관의 권한으로 행사하게 하는 것을 말한다. 법률상의 권한 귀속을 변경하는 것이므로 법률의 근거가 필요하다. 권한의 위임이 있으면 그 권한은 위

---

1) 대판 1993. 11. 26, 93누7341; 대판 1995. 1. 12, 94누2602; 대결 1994. 10. 11, 94두23.
2) 대판 1994. 5. 24, 92다35783 참조.

임의 범위 안에서 수임기관의 권한이 되고, 수임기관은 자기의 이름과 책임으로 권한을 행사한다.1)

적법한 방식으로 권한이 행사되어 수임기관의 이름으로 처분이 이루어졌다면, 수임기관에게 피고적격이 있다. 예를 들어 압류재산을 공매할 권한이 세무서장에게서 성업공사(현 한국자산관리공사)에 위임되고, 그 위임에 따라 성업공사가 자기의 이름으로 공매처분을 한 사안을 생각해 보자. 이 경우 피고적격은 성업공사에게 있고, 만약 세무서장을 피고로 공매처분의 취소를 구하는 소가 제기되었다면 법원은 석명권을 행사하여 피고를 경정하도록 하여야 한다(대판 1997. 2. 28, 96누1757).

2. 권한의 내부위임

권한의 위임과 구별되는 것으로 권한의 내부위임이 있다. 이는 행정청이 내부적으로 사무처리의 편의를 위해 보조기관 또는 하급행정기관으로 하여금 그 권한을 사실상 행사하게 하는 것을 말한다. 법률상의 권한 귀속을 변경시키지 않으므로 내부위임에는 법률의 근거가 필요하지 않다. 권한 귀속이 변경되지 않으므로, 수임기관은 자기의 이름으로 권한을 행사할 수 없고, 위임기관의 이름과 책임으로 권한을 행사하여야 한다.

적법한 방식으로 권한을 행사하여 위임기관의 이름으로 처분이 이루어졌다면, 피고적격은 위임기관에게 있다. 반대로 적법하지 않은 방식으로 권한을 행사하여 수임기관의 이름으로 처분이 이루어졌다고 하더라도, 피고적격은 수임기관에게 있다(대판 1994. 8. 12, 94누2673). 앞서 본 바와 같이(Ⅱ. 2.) 피고적격은 정당한 권한 유무에 상관없이 형식적으로 판단되어야 하기 때문이다. 이 경우 본안판단에 들어가면, 수임기관의 처분은 권한 없는 자에 의하여 이루어진 것이어서 위법하다는 판단을 받게 된다.2)

---

1) 이는 다시 '협의의 권한의 위임'과 '권한의 위탁'으로 나뉜다. 전자는 지휘·감독 하에 있는 행정기관(보조기관 또는 하급행정기관)에 대한 위임을, 후자는 지휘·감독 하에 있지 않은 행정기관, 공공단체, 사인 등에 대한 위임을 가리킨다.
2) 나아가 판례는 위법성의 정도가 당연무효에 이른다고 본다(대판 1995. 11. 28, 94누6475).

제 5. 제소기간

Ⅰ. 의 의

취소소송은 제소기간 내에 제기되어야 한다(행정소송법 20). 제소기간은 행정작용을 둘러싼 법률관계를 신속하게 확정하여 이해관계인들의 법적 안정성을 보장하고 행정이 원활하게 기능을 수행할 수 있도록 하기 위한 것이다. 제소기간이 지나면 처분이 위법하더라도 원칙적으로 이를 다툴 수 없다(불가쟁력). 다만 위법성이 당연무효에 이를 정도이면 무효확인소송을 통해 제소기간의 제한 없이 처분을 다툴 수 있다. 이러한 경우에는 법적 안정성과 행정의 효율성의 이익보다 행정의 적법성 확보와 당사자의 권리구제의 이익이 더 크기 때문이다. 그래서 무효확인소송에는 제소기간에 관한 규정이 준용되지 않는다(동법 38①).[1]

Ⅱ. 행정심판을 청구하지 않은 경우

1. 일 반

행정심판을 거치지 않았다면, 취소소송은 처분이 있음을 안 날부터 90일, 처분이 있은 날부터 1년 이내에 제기하여야 한다(동법 20①②). 두 기간은 중첩적으로 적용되는 것이어서, 어느 하나의 기간이라도 지나면 더 이상 취소소송을 제기할 수 없다.

'처분이 있음을 안 날'이란 통지, 공고 기타의 방법에 의하여 처분이 있었다는 사실을 현실적으로 안 날을 말한다. 처분의 효력이 발생하기 전이라면 정보공개 청구를 통해 처분이 내부적으로 결정된 사실을 알았더라도 이에 해당하지 아니한다(대판 2014. 9. 25, 2014두8254). '처분이 있은 날'이란 처분의 효력이 발생한 날을 말한다. 단순히 행정기관 내부에서 결정된 것만으로는 부족하고, 통지·공고 등을 통하여 외부에 표시되어야 한다.

90일의 기간은 불변기간이므로, 당사자가 책임질 수 없는 사유로 기간을 준수할 수 없었을 때에는 추후보완이 허용되어 사유가 소멸된 때부터 2주 내에 소를 제기하면 된다(동법 20③·8②, 민사소송법 173). 또한 1년의 기간이 지났더라

---

[1] 한편 무효확인소송과 달리 부작위위법확인소송에는 제소기간에 관한 조항이 준용되는 것으로 규정되어 있지만(행정소송법 38②), 부작위가 계속되는 상태에서는 제소기간이 진행할 여지가 없다.

도 정당한 이유가 있는 때에는 제소할 수 있다(행정소송법 20② 단서). 이하에서는 사건의 유형별로 제소기간의 적용양상을 살펴본다.

2. 유형별 검토

(1) 처분의 상대방이 제소하는 경우

처분의 상대방이 원고가 되어 취소소송을 제기하는 사건에서는, 처분이 상대방에게 고지되어 상대방이 처분이 있다는 사실을 현실적으로 알았을 때 90일의 제소기간이 진행한다. 그런데 처분서가 처분상대방의 주소지에 송달되는 등 사회통념상 처분이 있음을 처분상대방이 알 수 있는 상태에 놓인 때에는, 반증이 없는 한 상대방이 처분이 있음을 알았다고 추정할 수 있다(대판 2017. 3. 9, 2016두60577). 따라서 처분서를 송달을 받았음에도 처분이 있음을 알지 못한 특별한 사정에 대한 반증이 없는 한, 처분서를 송달받은 날부터 90일이 지나면 소를 제기할 수 없다.

(2) 제3자가 제소하는 경우

제3자에게는 처분이 송달되지 않고, 일반적으로 처분이 있는 것을 바로 알 수 있는 처지에 있지도 않다. 그러므로 처분이 있은 날부터 1년이 지났더라도 정당한 사유(동법 20①단서)가 있다고 인정되어 소를 제기할 수 있다. 다만, 어떠한 경위로든 처분이 있음을 알았거나 쉽게 알 수 있었다면, 그 때로부터 90일 이내에 소를 제기해야 한다(대판 2002. 5. 24, 2000두3641).

(3) 불특정 다수인에 대한 처분 — '고시·공고에 의한 처분'

도시·군관리계획과 같이 상대방이 불특정 다수인인 처분은, 개별적인 통지나 송달이 아니라, 고시나 공고를 통해 효력을 발생시키는 것이 보통이다. 대법원은 고시·공고에 의한 처분의 제소기간 기산점에 관하여 독특한 법리를 전개하고 있다. "고시 또는 공고가 있었다는 사실을 현실적으로 알았는지 여부에 관계없이 고시가 효력을 발생하는 날[1]에 처분이 있음을 알았다고 보아야 한다"는 것이다. 그 이유는 처분의 상대방이 불특정 다수인이어서 처분의 효력이 불특정 다수인에게 일률적으로 적용되어야 하기 때문이라고 설명한다(대판 2001. 7. 27, 99두9490 등).

---

1) 고시·공고일이 아니라 고시·공고의 효력이 발생한 날임에 주의하여야 한다. 고시·공고의 효력발생일은 통상 근거 법령에서 정한다. 예를 들어 법령에서 고시된 날부터 5일 후에 고시의 효력이 발생한다고 정하고 있다면, [고시된 날+5일+90일]인 날에 제소기간이 만료된다.

이러한 대법원의 입장은, 고시나 공고를 통해 처분이 있음을 현실적으로 알게 될 가능성이 매우 낮음에도 불구하고, 고시·공고의 효력발생일에 처분이 있음을 알았다고 간주하는 것이다. 간주이므로 추정과 달리 반증도 허용되지 않는다. 처분의 효력을 일률적으로 발생시킬 필요성이 있다고 하더라도, 별도의 입법 없이 법률의 명시적 문언에 반하여 해석으로 도출할 수 있는 결론인지는 의문이다.

고시·공고에 의한 처분이더라도 불특정 다수인을 상대로 한 처분이 아니라면, 대법원도 고시·공고의 효력발생일이 아니라 처분이 있음을 현실적으로 안 날을 90일의 기산점으로 본다. 예를 들어 처분상대방의 주소를 알 수 없어 공시송달로 처분을 송달한 경우(행정절차법 14④·15③)가 이에 해당한다(대판 2006. 4. 28, 2005두14851).

Ⅲ. 행정심판을 청구한 경우

1. 일 반

행정심판을 거친 경우에는 재결서의 정본을 송달받은 날부터 90일 이내에 소를 제기하여야 한다(행정소송법 20① 단서).[1] 처분이 있음을 안 날보다 뒤인 재결서 정본 송달일로 기산점이 미루어지게 되므로, 제소기간이 연장되는 것과 유사한 효과를 낳는다.

필수적 전치주의가 적용되는 처분뿐만 아니라, 임의적 전치주의가 적용되는 처분의 경우에도, 행정심판을 거쳤다면 위 규정이 적용된다. 원래 행정심판을 청구할 수 없는 처분이라고 하더라도, 행정청이 행정심판청구를 할 수 있다고 잘못 알려 행정심판청구를 하게 되었다면 마찬가지이다. 재결서 정본의 송달에 관하여는 민사소송법상 송달에 관한 규정이 준용된다(행정심판법 57).

2. 적법한 행정심판청구

재결서 정본 송달일을 기산점으로 삼기 위해서는 행정심판청구가 적법하여야 한다. 예를 들어 처분이 있음을 안 날부터 90일 내에 행정심판을 청구하지도 않고 취소소송을 제기하지도 않은 경우를 생각해 보자. 처분이 있음을 안 날

---

1) 재결이 있은 날부터 1년 이내에 소를 제기하여야 한다는 제한도 추가적으로 규정되어 있지만(행정소송법 20②), 재결서 정본이 송달되어야 재결의 효력이 발생하므로(행정심판법 48) 실질적인 의미는 없다.

부터 90일을 넘겨 행정심판을 청구하면 이는 부적법하다(동법 27①). 따라서 이에 대한 재결이 있은 후 재결서를 송달받은 날부터 90일 내에 원래의 처분에 대하여 취소소송을 제기하더라도 제소기간을 준수한 것이라 할 수 없다(대판 2011. 11. 24, 2011두18786).

행정심판청구의 적법 여부는 행정심판위원회의 판단에 구애받지 않고 법원이 독자적으로 판단한다. 그러므로 행정심판청구가 적법한데도 행정심판위원회가 각하재결을 하였다면, 법원은 재결서 정본 송달일을 기산점으로 삼아야 한다. 반대로 행정심판청구가 부적법한데도 행정심판위원회가 본안에 관한 재결을 하였다면, 법원은 처분이 있음을 안 날을 기산점으로 삼아야 한다.

3. 개별법상의 불복절차를 거친 경우

행정심판에는 행정심판법에 따른 일반행정심판 외에도, 일반행정심판에 갈음하여 개별법에서 규정한 특별행정심판이 있다(동법 4). 특별행정심판을 거친 경우에도 재결서 정본 송달일을 기산점으로 하게 된다. 그런데 개별법에서 이의신청과 같은 명칭으로 불복절차를 마련하고 있을 때, 행정소송법 제20조 제1항 단서에 따라 불복절차에서의 결정이 송달된 날부터 제소기간이 진행하는 것으로 볼 것인지 논란이 된다.

대법원은 개별법상의 불복절차가 행정심판법 제4조의 특별행정심판에 해당하여야만 그 결정시부터 제소기간이 진행한다는 입장이다. 예를 들어,「민원 처리에 관한 법률」에서는 거부처분에 대한 이의신청 제도를 두고 있다(법 35). 이의신청을 하더라도 일반행정심판을 청구할 수 있으므로(동조 ③), 이의신청은 행정심판에 갈음하는 특별행정심판이라 볼 수 없다. 이러한 경우에는 처분이 있음을 안 날부터 90일이 지나면, 이의신청 기각결정을 송달받은 날부터 90일 이내이더라도 취소소송을 제기할 수 없다는 것이다(대판 2012. 11. 15, 2010두8676).[1)]「공공감사에 관한 법률」에 따른 재심의신청에 대해서도 마찬가지의 취지이다(대판 2014. 4. 24, 2013두10809).

위와 같은 대법원의 해석은 법에서 부여한 불복기회를 활용하여 다투고 그 결과를 기다리는 동안에도 제소기간이 진행하여 사법심사를 받을 기회를 잃게

---

1) 한편 이의신청에 대한 기각결정을 원래의 처분과 별개의 처분으로 보아 취소소송을 제기할 수 있다면, 원래의 처분이 있음을 안 날부터 90일이 지난 후에도 취소소송을 제기할 수 있게 된다. 그러나 대법원은 이의신청 기각결정은 종전의 거부처분을 유지하는 것에 불과하므로 권리·의무에 새로운 변동을 가져오지 않아 독자적인 처분이 아니라고 한다(같은 판결).

만든다는 문제가 있었다. 이 문제를 해결하기 위해 행정기본법에서는 "이의신청에 대한 결과를 통지받은 후 행정심판 또는 행정소송을 제기하려는 자는 그 결과를 통지받은 날…부터 90일 이내에 행정심판 또는 행정소송을 제기할 수 있다"는 규정을 신설하였다(법 36④). 이의신청 절차 중에 행정심판·소송제기기간이 도과하여 국민의 권리구제가 제한되는 현실적인 문제를 해소하기 위해 이의신청 절차 중에 행정심판·소송의 제기기간이 정지된다는 것을 명확히 한 것이다.[1]

제 6. 행정심판 전치

I. 의 의

과거에는 취소소송 제기 전에 행정심판에 대한 재결을 거치는 것을 원칙으로 하였다(필요적 전치주의). 그러나 1994년 행정심판을 거치지 않고 바로 취소소송을 제기할 수 있도록 행정소송법이 개정되었다(임의적 전치주의). 행정심판을 임의절차로 한 것은, 행정심판이 실효적인 권리구제절차로 기능하지 못함에도 이를 반드시 거치도록 함으로써 행정소송에 의한 구제를 지연시키는 역기능이 보다 크다는 비판 때문이었다. 행정심판이 임의적 전치절차로 바뀐 대신, 행정소송의 심급은 2심제에서 3심제로 늘어났다.

그러므로 현재는 행정심판을 제기할 수 있는 경우에도 원칙적으로 이를 거치지 아니하고 취소소송을 제기할 수 있다. 예외적으로 개별법에서 "행정심판의 재결을 거치지 아니하면 취소소송을 제기할 수 없다는 규정"을 두고 있는 때에만 필수적 절차이다(행정소송법 18①). 그러므로 행정심판의 전치가 소송요건이 되는 것은, 개별법에서 필요적 전치주의를 채택한 경우에 한한다. 이러한 예외적 행정심판전치주의는 부작위위법확인소송에는 준용되지만, 무효확인소송에는 준용되지 않는다(동법 38). 아래에서는 필요적 전치주의가 적용되는 처분에는 무엇이 있는지, 그 경우 전치요건의 충족 여부는 어떻게 판단되는지 차례로 살핀다.

---

1) 법제처, 행정기본법 조문별 해설, 2021, p. 159.

Ⅱ. 필요적 전치사건

대표적으로 아래 세 종류의 처분이 있다.

1. 공무원에 대한 징계 기타 불이익처분

공무원에 대한 징계, 그 밖에 본인의 의사에 반한 불리한 처분이나 부작위에 대한 행정소송은 소청심사위원회의 심사·결정을 거치지 아니하면 제기할 수 없다(국가공무원법 16①, 지방공무원법 20의2). 개별법에서 특별행정심판절차로 소청심사위원회의 심사·결정절차를 마련하고 있다. 심사청구기간이 30일로 일반행정심판보다 짧다는 점에 주의하여야 한다(국가공무원법 76①, 지방공무원법 67③).

2. 국세·관세·지방세법상의 처분

국세·관세법상의 처분은 심사청구 또는 심판청구와 그에 대한 결정을, 지방세법상의 처분은 심판청구와 그에 대한 결정을 거치지 아니하면 제기할 수 없다(국세기본법 56②, 관세법 120②, 지방세기본법 98③).

3. 운전면허 취소·정지 등 도로교통법상의 처분

도로교통법에 따른 처분에 대한 행정소송은 행정심판의 재결을 거치지 아니하면 제기할 수 없다(법 142). 운전면허 취소·정지처분이 대부분을 차지한다. 공무원 징계처분이나 과세처분과 달리 일반행정심판의 대상이다. 도로교통법의 필요적 전치주의가 재판청구권을 침해하는지에 관해 헌법재판소는 합헌이라고 판단하였다. ① 통상의 소송절차에 비하여 간편한 절차를 통하여 시간과 비용을 절약하면서 신속하고 효율적인 권리구제를 꾀할 수 있다는 점, ② 불필요한 소송을 방지하는 동시에 쟁점, 증거 등을 정리하게 하여 법원의 부담을 경감하는 효과를 가져온다는 점, ③ 교통 관련 처분의 경우 전문성과 기술성이 요구되고, 운전면허취소처분은 대량적·반복적으로 행해지므로 행정심판에 의하여 행정의 통일성을 확보할 필요성이 있다는 점을 근거로 한다(헌재 2002. 10. 31, 2001헌바40).

Ⅲ. 전치요건의 충족

1. 적법한 행정심판청구

행정심판청구가 적법하여야만 전치요건을 갖춘 것이다. 행정심판청구의 적법 여부는 행정심판위원회의 판단에 구애되지 않고 법원이 독자적으로 판단한다. 그러므로 행정심판청구가 적법한데도 행정심판위원회가 각하재결을 하였다면, 법원은 전치요건을 충족한 것으로 보아야 한다. 반대로 행정심판청구가 부적법한데도 행정심판위원회가 본안에 관한 재결을 하였다면, 법원은 전치요건을 충족하지 못한 것으로 보아야 한다.

2. 행정심판 재결

필수적 전치 사건에서는 행정심판 재결이 있을 것이 소송요건이 된다. 행정심판을 청구한 것만으로는 부족하고 그에 대한 재결까지 내려져야 한다. 다만, 소송요건을 갖추었는지는 변론종결시를 기준으로 판단하므로, 소 제기시에는 재결 전이더라도 변론종결시까지 재결이 내려지면, 전치요건은 충족된 것이다. 행정심판을 청구하지 않은 상태에서 소를 제기하였더라도 마찬가지이다.

3. 필수적 전치의 완화

행정소송법에서는 필수적 전치주의에 대한 예외를 인정하고 있다. 무의미하거나 불필요한 행정심판을 거치지 않도록 하기 위한 것이다. 예외사유는 ① 행정심판을 제기한 뒤 그 재결을 기다리지 않고 제소할 수 있는 경우(법 18②)와 ② 행정심판을 제기하지 않고 바로 제소할 수 있는 경우(동법18③)로 나뉘어 열거되어 있다. 예를 들어, "행정심판청구가 있은 날로부터 60일이 지나도 재결이 없는 때"는 전자에, "동종사건에 관하여 이미 행정심판의 기각재결이 있은 때"는 후자에 해당한다.

제 7. 관 할

Ⅰ. 관할의 판단

취소소송의 관할법원은 아래와 같은 기준으로 정해진다. 이는 다른 유형의 행정소송에도 대부분 공통된다(동법 38·40·46 참조).

1. 심급관할

과거에는 제1심법원을 고등법원으로 하고 2심제를 택하였으나, 1994년 3심제로 변경되었다. 원칙적으로 지방법원급인 행정법원을 제1심법원으로 한다. 항소심은 고등법원, 상고심은 대법원이 담당한다.

2. 토지관할

(1) 보통재판적

취소소송의 제1심관할법원은 피고의 소재지를 관할[1]하는 행정법원이다(동법 9①). 다만, ① 중앙행정기관, 중앙행정기관의 부속기관과 합의제행정기관 또는 그 장, ② 국가의 사무를 위임 또는 위탁받은 공공단체 또는 그 장에 대한 취소소송은 대법원소재지를 관할하는 행정법원(=서울행정법원)에도 제기할 수 있다(동조 ②). 행정법원이 설치되지 않은 지역에서의 행정법원의 권한에 속하는 사건은 행정법원이 설치될 때까지 해당 지방법원본원 및 춘천지방법원 강릉지원이 관할한다.[2] 현재 서울에만 행정법원이 설치되어 있으므로, 피고 소재지가 서울인 경우에는 서울행정법원이, 피고 소재지가 서울 이외의 지역인 경우에는 피고 소재지를 관할하는 지방법원 본원(춘천지방법원 강릉지원의 관할구역은 위 지원)이 제1심관할법원이다. 예를 들어, 세종특별자치시에 위치한 행정기관을 피고로 한다면 대전지방법원(동법 9①)에 관할이 있다. 만약 위 기관이 중앙행정기관이라면 행정소송법 제9조 제2항에 따라 서울행정법원에도 소를 제기할 수 있다.

(2) 특별재판적

토지의 수용 기타 부동산 또는 특정의 장소에 관계되는 처분등에 대한 취소소송은 그 부동산 또는 장소의 소재지를 관할하는 행정법원에 이를 제기할 수 있다(동법 9③). 「공익사업을 위한 토지 등의 취득 및 보상에 관한 법률」에 따른 사업인정이나 수용재결, 건축물에 대한 철거명령, 도시계획이나 개발행위허가에 관한 처분 등이 여기에 해당한다.

3. 사물관할

행정사건은 원칙적으로 판사 3명으로 구성된 합의부에서 재판한다. 다만, 단독판사가 심판할 것으로 행정법원 합의부가 결정한 사건은 단독판사가 재판

---

1) 각급 법원의 관할구역은 「각급 법원의 설치와 관할구역에 관한 법률」 참조.
2) 법률 제4765호 법원조직법중개정법률 부칙 2.

한다(법원조직법 7③). 이를 재정단독사건이라고 한다. 현재 서울행정법원에서는 운전면허나 영업허가의 취소·정지 사건, 외국인의 출입국·난민인정에 관한 사건 등을 재정단독사건으로 처리하고 있다.

Ⅱ. 관할위반의 효과

1. 이 송

관할을 위반하였더라도 소를 각하하는 것보다는 관할권 있는 법원에 사건을 이송하는 것이 다시 소를 제기하는 데 들어갈 당사자의 시간·노력·비용을 줄여준다. 특히 취소소송은 제소기간이 제한되므로 소를 각하하면 다시 소를 제기하지 못하게 될 위험도 있다. 따라서 법원은 관할권이 없으면 소를 각하할 것이 아니라, 관할법원에 이송하여야 한다. 이 경우에는 관할위반으로 인한 이송에 관한 민사소송법 제34조 제1항이 준용된다(동법 8②).

2. 행정사건을 민사소송으로 제기한 경우

행정소송으로 제기하여야 할 사건을 민사소송으로 잘못 제기하였다면 어떠한가. 먼저 관할위반이 있는지 검토하여야 한다. 수소법원이 행정소송에 대한 관할도 갖고 있다면, 관할위반의 문제는 없고 사건을 행정소송으로 심리·판단하면 충분하다. 앞서본 것처럼(Ⅱ.2.(1)) 서울 이외의 지역에서는 지방법원에서 행정사건도 관할하기 때문에 이런 경우가 많다. 수소법원에 행정소송 관할이 없다면, 행정소송법 제7조를 유추적용하여 이송한다(대판 1997. 5. 30, 95다28960 등). 즉 원고의 고의 또는 중대한 과실 없이[1] 행정소송으로 제기하여야 할 사건을 민사소송으로 제기하였다면 각하할 것이 아니라 관할법원으로 이송하여야 한다. 다만, 행정소송으로 제기되었더라도 부적법하였을 것이라면(처분의 부존재,

---

1) 행정소송법 제7조는 "원고의 고의 또는 중대한 과실없이" 심급관할을 위반한 경우 관할법원으로 이송하도록 규정하고 있다. 민사소송법 제34조 제1항의 이송은 원고에게 귀책사유가 있는지를 가리지 않는데, 행정소송법 제7조는 원고의 고의 또는 중대한 과실이 없을 것을 요구하여 이송을 제약한다. 양자를 달리 취급할 뚜렷한 근거가 없으므로 행정소송법 제7조를 삭제하여 민사소송법의 이송 규정이 귀책사유에 상관없이 준용되도록 하는 것이 바람직하다(2013년 법무부 입법예고안도 같은 취지이다).

행정소송법 제7조가 행정사건이 민사소송으로 제기된 경우에도 유추적용되면서, 행정사건을 민사소송을 제기한 데 대해 '원고의 고의·중대한 과실이 없을 것'이 이송의 요건이 되었다. 그러나 행정소송법 제7조에는 앞서와 같은 문제점이 있으므로 귀책사유는 엄격하게 제한적으로만 인정되어야 할 것이다. 특히 행정사건과 민사사건의 구별은 계속 변화하고 있어 법률전문가도 정확히 판단하기 어렵다는 점을 감안하여야 한다.

제소기간 도과 등) 이송할 것이 아니라 각하하여야 한다.

행정소송으로도 부적법할지를 판단할 때에는 이송 후 소 변경의 가능성도 함께 고려한다. 예를 들어 「도시 및 주거환경정비법」상 재건축조합 설립을 다투기 위하여, 민사소송으로 조합설립결의의 무효확인을 구하는 소를 제기한 경우를 생각해 보자. 이 경우 제기되었어야 할 소송유형은 조합설립인가에 대한 취소소송이다. 조합설립결의의 무효확인을 구하는 소는 조합설립인가 후라면 행정소송으로도 부적법하다.[1] 그러나 이송 후 조합설립인가에 대한 취소소송으로 변경할 수 있으므로, 각하할 것이 아니라 이송하여야 한다(대판 2009. 9. 24, 2008다60568의 사안).

제2목 취소소송의 가구제

I. 의 의

행정소송의 가구제란 본안판결 확정 전에 다툼의 대상이 된 처분, 공법상 법률관계의 효력이나 절차의 속행으로 인하여 원상회복할 수 없는 결과에 이르는 것을 방지하기 위한 잠정적인 구제 제도를 말한다. 행정소송을 제기하여도 판결이 확정되려면 오랜 기간이 소요된다. 그에 따라 종국적으로 승소하여도 그 때에는 이미 회복할 수 없는 손해가 발생하여, 승소판결이 원고에게 실질적인 권리구제가 되지 못하는 경우도 생길 수 있는 것이다. 이러한 사태를 방지하고 승소판결의 실효성을 확보하기 위한 제도가 가구제 제도이다.

행정소송법에서는 취소소송에 관하여 집행정지 제도(동법 23 이하)를 규정하고 이를 무효등 확인소송에 준용한다(동법 38①). 집행정지 제도 이외에 다른 가구제 제도는 규정되어 있지 않기 때문에, 가구제의 공백을 어떻게 메울 것인가가 문제된다. 침익적 처분에 대해서는 집행정지가 효과적인 가구제 수단이 될 수 있지만, 수익적 처분 신청에 대한 거부·부작위에 대해서는 그렇지 않기 때문이다. 또한 당사자소송에 대해서는 가구제 수단이 규정되어 있지 않다. 이와 관련하여 민사집행법의 가처분 제도가 행정소송에도 준용될 수 있는지(동법 8②) 살펴보아야 한다. 이하에서는 집행정지, 가처분의 순으로 검토한다.

---

1) 설권적 처분인 조합설립인가의 요건에 불과하기 때문에 이를 따로 떼어 다투는 것은 확인의 이익이 없다.

Ⅱ. 집행정지

1. 집행부정지 원칙

행정소송의 제기가 처분의 효력 또는 집행에 어떠한 영향을 미칠 것인가에 대한 문제는 기본적으로는 입법정책적 문제이고 국가마다 다른 입장을 취하고 있다. 독일과 같이 집행정지 원칙을 채택한 나라도 있고, 프랑스와 같이 집행부정지 원칙을 채택한 나라도 있다. 전자는 국민의 권리구제에, 후자는 행정의 실효성 확보에, 중점을 두는 입법례이다. 그러나 두 입법례 모두 넓은 예외가 인정된다. 우리나라는 "취소소송의 제기는 처분등의 효력이나 그 집행 또는 절차의 속행에 영향을 주지 아니한다"고 하여 집행부정지 원칙을 취하고(동법 23①), 예외적으로 집행정지를 인정하고 있다.

2. 집행정지의 요건

집행부정지 원칙의 예외로 법원의 결정에 따라 처분의 집행이 정지된다. "취소소송이 제기된 경우에 처분등이나 그 집행 또는 절차의 속행으로 인하여 생길 회복하기 어려운 손해를 예방하기 위하여 긴급한 필요가 있다고 인정할 때" 법원은 집행정지결정을 할 수 있다(동법 23②). 하나씩 요건을 살펴본다.

(1) 처분이 존재할 것

집행정지의 대상은 처분등의 효력, 그 집행 또는 절차의 속행이다. 따라서 집행정지는 처분 전이나 부작위 또는 처분의 소멸 후에는 그 대상이 없으므로 허용되지 않는다.

거부처분도 처분이므로 집행정지의 대상은 될 수 있으나, 판례는 신청의 이익이 없어 집행정지 신청이 부적법하다고 한다. 거부처분은 효력을 정지하더라도 "거부처분이 없었던 것과 같은 상태, 즉 거부처분이 있기 전의 신청시의 상태로 되돌아가는 데에 불과하고 행정청에게 신청에 따른 처분을 하여야 할 의무가 생기는 것이 아니므로" 효력정지를 구할 이익이 없다는 것이다(대결 1995. 6. 21, 95두26). 기존 인·허가 등의 기간이 만료되어 갱신을 신청하였다가 거부된 경우도 마찬가지이다. 기간이 만료된 인·허가의 효력이 회복되거나 행정청에게 기간을 연장할 의무가 생기지 않기 때문이다(대결 1993. 2. 10, 92두72).[1] 뒤에서 볼 바와 같이 항고소송에는 민사집행법의 가처분도 준용되지 않는다고

[1] 그러므로 법령에서 갱신 거부시까지 종전 인·허가의 효력이 지속된다는 규정을 두고 있다면 신청의 이익이 인정될 수 있을 것이다.

하므로, 거부처분에 대해서는 적절한 가구제 수단이 없게 된다.

하급심에서는 2단계 입학시험 중 1단계 불합격처분(서울행결 2003. 1. 14, 2003아95)과 한약사 시험 응시원서접수거부처분(서울행결 2000. 2. 18, 2000아120)에 대해 신청의 이익을 인정하여 집행정지결정을 한 바 있다. 해당 연도에 시험을 치르지 못하면(전자의 경우 2단계 입학시험), 나중에 본안판결에서 1단계 불합격처분이 취소되거나 응시자격이 인정되더라도, 권리구제에 아무런 소용이 없음을 고려하여 구체적 타당성 있는 해결을 꾀하고자 한 것으로 보인다.

(2) 본안소송이 적법하게 계속 중일 것

본안소송이 계속 중이어야 한다. 민사집행법의 가처분이 본안소송 제기 전 신청될 수 있는 것과 다른 부분이다. 따라서 집행정지신청 전에 또는 그와 동시에 본안소송이 제기되어야 한다.[1] 또한 본안소송은 소송요건을 갖춘 적법한 것이어야 한다(대판 1995. 2. 28, 94두36).

본안소송의 대상과 집행정지신청의 대상은 원칙적으로 같아야 한다. 다만, 선행처분과 후행처분이 일련의 절차를 이루고 있는 경우, 후행처분이 선행처분의 집행으로서의 성질을 갖고 있는 경우에는 선행처분의 취소를 본안으로 하여 후행처분의 집행을 정지할 수 있다. 예를 들어, 압류처분의 취소를 본안으로 하여 공매처분 절차의 속행을 정지할 수 있고, 철거명령의 취소를 본안으로 하여 대집행 계고처분의 집행을 정지할 수 있다.

(3) 본안 승소가능성의 문제

피보전권리를 소명하여야 하는 민사집행법의 가처분과 달리, 행정소송법에서는 본안의 승소가능성, 즉 처분이 위법하다고 판단될 가능성이 있어야 하는지에 관해 규정을 두고 있지 않다. 대법원은 "본안 청구가 이유 없음이 명백하지 않아야 한다는 것"을 집행정지의 요건에 포함시키고 있다. 집행정지 제도의 취지가 승소판결의 실효성 확보에 있으므로 처분의 취소가능성이 없음에도 집행을 정지하는 것은 제도의 취지에 반한다는 것이다(대결 2004. 5. 17, 2004무6).[2] 다만, 집행정지절차에서 처분의 위법성 여부를 본격적으로 심리하면 본안소송화 되어 집행정지 제도의 취지가 몰각될 수 있다. 따라서 행정청의 소명으로 처분의 적법성이 명백해진 경우에 한해 집행정지의 소극적 요건으로 기능하여야

---

1) 다만, 집행정지결정이 있기 전 본안소송이 제기되면 하자는 치유된다.

2) 한편, 본안청구가 이유 없음이 명백하지 않은 경우에도, "본안청구의 승소가능성의 정도"는 '회복하기 어려운 손해를 예방하기 위하여 긴급한 필요'가 있는지 여부를 판단할 때 고려요소가 된다(대결 2004. 5. 17, 2004무6).

할 것이다.

(4) 회복하기 어려운 손해를 예방하기 위하여 긴급한 필요가 있을 것

'회복하기 어려운 손해'란 금전으로 보상할 수 없는 손해로서 금전보상이 불능인 경우뿐만 아니라, "금전보상으로는 사회관념상 행정처분을 받은 당사자가 참고 견딜 수 없거나 또는 참고 견디기가 현저히 곤란한 경우의 유형, 무형의 손해"를 말한다(대결 2003. 4. 25, 2003무2). 따라서 재산적 불이익을 가져오는 처분이더라도, 경제적 손실이나 신용훼손으로 인하여 사업 자체를 계속할 수 없거나 중대한 경영상 위기를 맞게 될 사정이 있으면 회복하기 어려운 손해라 평가할 수 있다.[1][2]

'긴급한 필요'는 손해발생 가능성이 절박하여 본안판결을 기다릴 만한 시간적 여유가 없는 경우를 말한다. '회복할 수 없는 손해'와 독립적으로 판단될 것이 아니라, 합일적·포괄적으로 판단되어야 한다. 그 과정에서 "처분의 성질과 태양 및 내용, 처분상대방이 입는 손해의 성질·내용 및 정도, 원상회복·금전배상의 방법 및 난이 등은 물론 본안 청구의 승소가능성의 정도 등을 종합적으로 고려"하여야 한다(대판 2004. 5. 17, 2004무6).

(5) 공공복리에 중대한 영향을 미칠 우려가 없을 것

집행정지는 위의 요건이 충족되어도 그것이 공공복리에 중대한 영향을 미칠 우려가 있을 때에는 허용되지 않는다. 여기서 '공공복리에 대한 중대한 영향을 미칠 우려'라 함은 일반적·추상적인 공익에 대한 침해의 가능성이 아니라 당해 처분의 집행과 관련된 구체적·개별적인 공익에 중대한 해를 입힐 개연성을 말한다(대결 2004. 5. 17, 2004무6). 그리고 공공복리에 미칠 영향이 중대한지 여부는 "절대적 기준에 의하여 판단할 것이 아니라, 신청인의 '회복하기 어려운 손해'와 '공공복리' 양자를 비교·교량"하여야 한다(대결 2010. 5. 14, 2010무48).

---

1) 예를 들어, 신용의 실추와 기업운용자금 수급계획의 차질 등에서 상당한 손해가 예상됨을 이유로 과징금납부명령의 집행을 정지할 수 있고(대결 1999. 4. 27, 98무57), 경업자의 운행이 장기화되면 신청인의 사업 자체가 심각한 경영상의 위기를 맞을 우려가 있음을 이유로 경업자에 대한 시내버스운송사업계획변경인가의 집행을 정지할 수 있다(대결 2004. 5. 17, 2004무6).
2) 2013년 입법예고된 행정소송법 개정안에서는 '회복할 수 없는 손해'를 '중대한 손해'로 변경하여 '금전상 손해라도 손해가 중대한 경우'에 집행정지가 가능하도록 요건을 완화하고자 하였다.

3. 집행정지의 절차, 결정과 그 효력

(1) 집행정지절차

집행정지는 본안이 계속되어 있는 법원이 당사자의 신청 또는 직권에 의하여 결정으로써 한다(동법 23②). 신청인은 신청의 이유를 소명하여야 한다(동법 23④). 다만, 소극적 요건(본안청구가 이유 없음이 명백할 것, 공공복리에 중대한 영향을 미칠 우려가 없을 것)은 행정청에게 소명할 책임이 있다(대결 2004. 5. 12, 2003무41).

(2) 집행정지결정

집행정지의 대상은 처분의 효력, 그 집행 또는 그 절차의 속행이다(동법 23①). 영업정지처분과 같이 별도의 집행행위 없이 의사표시만으로 완성되는 처분의 경우에는 '효력정지', 외국인의 강제퇴거명령처럼 처분의 내용을 실현시키는 집행행위가 필요한 처분의 경우에는 '집행정지', 체납처분처럼 여러 절차를 거쳐 실현되는 처분의 경우에는 '절차의 속행정지'가 적절하다. 효력정지는 집행 또는 절차의 속행 정지로 목적을 달성할 수 있는 경우에는 허용되지 않는다(동법 23② 단서).

집행정지결정에서는 집행정지의 종기를 정하여야 한다. 본안판결 선고시까지, 본안판결 선고일로부터 00일까지 또는 본안판결 확정시까지 등의 방식으로 정한다. 집행정지결정의 효력은 결정주문에서 정한 종기가 도래하면 당연히 소멸한다. 그러므로 영업정지처분에 대해 본안판결 선고시까지 효력을 정지하였다면, 본안판결의 선고로 영업정지처분의 효력이 당연히 부활하여 정지기간이 다시 진행한다(대판 1999. 2. 23, 98두14471).

(3) 집행정지결정의 효력

㈎ 형 성 력   집행정지결정에는 형성력이 있어 집행정지결정이 고지되면 별도 절차 없이 잠정적으로 처분이 없는 것과 같은 상태로 된다. 잠정적인 성격을 갖지만 그 효력은 종국적이다. 본안소송에서 원고가 패소확정판결을 받았더라도 집행정지결정의 효력은 소급하여 소멸하지 않는다(대판 2020. 9. 3, 2020두34070). 예를 들어, 영업허가취소처분에 대해 효력정지결정이 내려져 그 정지기간 동안 영업을 하였다가 나중에 본안에서 패소판결이 확정되었더라도, 효력정지기간 중 영업은 무허가 영업이 아니다.

㈏ 기 속 력   집행정지결정에도 기속력이 있다(동법 23⑥·30①). 따라서 행정청은 같은 내용으로 새로운 처분을 할 수 없고, 하였다면 이는 중대·명백한 하자가 있어 당연무효이다.

(4) 집행정지결정의 불복과 취소

⑺ 집행정지결정에 대한 불복   집행정지결정 또는 그 기각결정에 대하여는 즉시항고를 할 수 있다. 즉시항고에는 정지결정의 집행을 정지하는 효력은 없다(동법 23⑤).

⑻ 집행정지결정의 취소   집행정지의 결정이 확정된 후 집행정지가 공공복리에 중대한 영향을 미치거나 그 정지사유가 없어진 때에는, 법원은 당사자의 신청 또는 직권에 의하여 결정으로써 집행정지결정을 취소할 수 있다(동법 24①). 이에 대하여도 즉시항고를 할 수 있다(동법 24②).

Ⅲ. 가 처 분

1. 개 설

앞서 언급하였듯이 행정소송법에는 가구제 제도로 집행정지 제도만 규정되어 있다. 거부처분에 대해서는 판례가 집행정지의 이익을 부정하고, 부작위위법확인소송에 대해서는 가구제 제도가 마련되어 있지 않으며, 당사자소송과 관련해서도 아무런 규정이 없다. 그런데 행정소송법 제8조 제2항에서는 "행정소송에 관하여 이 법에 특별한 규정이 없는 사항에 대하여는 … 민사집행법을 준용한다"고 규정하고 있으므로, 민사집행법의 가처분, 특히 임시의 지위를 정하는 가처분(민집 300②)을 준용하여 가구제의 공백을 메울 수 있는지 논의가 있다.

2. 항고소송

수익적 처분 신청에 대한 거부나 부작위에 대해 민사집행법의 임시의 지위를 정하는 가처분 규정이 준용된다면, 잠정적으로 인·허가 등을 발급하도록 하는 것이 가능하고, 집행정지의 한계를 보완할 수 있을 것이다. 그러나 대법원은 "항고소송의 대상이 되는 행정처분의 효력이나 집행 혹은 절차속행 등의 정지를 구하는 신청은 행정소송법상 집행정지신청의 방법으로서만 가능할 뿐 민사소송법상 가처분의 방법으로는 허용될 수 없다"(대결 2009. 11. 2, 2009마596)고 하여 항고소송에 대한 가처분의 준용가능성을 부정한다. 집행정지도 가처분의 일종이므로 행정소송법 제23조, 제24조를 행정소송법 제8조 제2항의 '특별한 규정'에 해당하는 것으로 보는 입장이라 할 것이다.

3. 당사자소송

반면 당사자소송에 관해서는 별도의 가구제 절차가 규정되어 있지 않고 행정소송법 제23조, 제24조가 준용되지도 않는다(동법 44① 참조). 따라서 민사집행법의 가처분에 대한 '특별한 규정'이 없으므로, 민사집행법의 가처분에 관한 규정이 준용된다(대결 2015. 9. 21, 2015무26).

제3목 취소소송의 심리

제 1. 심리의 진행

Ⅰ. 개 설

사적 자치를 대원칙으로 하는 민사소송에서는 처분권주의와 변론주의를 기본으로 한다. 처분권주의란 소송의 개시·종료 또는 그 범위의 결정을 소송당사자 특히 원고의 의사에 맡기는 원칙이고, 변론주의란 재판의 기초가 되는 자료의 수집·제출을 당사자의 권능과 책임으로 하는 원칙이다. 반면 공익에 광범위한 영향을 미칠 가능성이 있는 행정소송에 있어서는 처분권주의가 일부 제한되고 직권탐지주의의 요소가 가미된다.

Ⅱ. 처분권주의와 그 제한

행정소송에서도 소송의 개시와 종료, 심판의 대상을 당사자가 결정하는 처분권주의가 원칙적으로 적용된다(동법 8②, 민사소송법 203). 따라서 원고의 소 제기 없이는 법원이 재판할 수 없을 뿐만 아니라, 원고가 소를 제기하였더라도 원고의 청구취지를 넘어 판결할 수 없다. 예를 들어 원고가 A처분에 대하여만 취소를 구하였을 때, 그와 관련되는 B처분에 대해 위법성을 심리하여 취소판결을 할 수는 없다(대판 1995. 4. 28, 95누627).

한편 소송의 종료에 관해서는 처분권주의가 일부 제한된다. 원고가 소 취하를 통해 소송계속을 소급적으로 소멸시키는 것은 가능하다. 청구의 포기·인낙은 견해의 대립이 있으나, 현실적으로 거의 문제가 되지 아니한다. 실제로 문제가 되는 것은 화해나 조정이다. 법리상으로 보면, 조정은 행정소송법 제8조

제2항에서 민사조정법을 준용하지 아니하기 때문에 가능하지 않고, 민사소송법상의 소송상 화해도 적어도 항고소송의 경우에는 준용되지 않는다고 보는 것이 통설적인 시각이다. 그러나 현실에서는 조정권고를 통해 소송을 종료시키는 관행이 법원실무의 일부로 자리잡고 있다.[1] 법원이 피고 행정청에 대하여 적절하다고 인정되는 처분으로 변경할 것을 권고하고, 원고에 대하여 피고가 그와 같이 변경처분을 하면 소를 취하할 것을 권고하는 것이다. 영업정지·취소 사건이나 운전면허정지·취소 사건에서 광범위하게 활용되고 있다. 이러한 유형의 사건에서, 원고가 법령을 위반한 사실은 인정되나 위반행위에 견주어 정지처분의 기간이 너무 길거나 취소처분이 과도하여 비례원칙에 반할 때, 판결로는 처분 전부를 취소할 수밖에 없고, 피고 행정청은 다시 적정한 수준의 재처분을 하여야 한다. 이 경우 원고가 재처분 역시 위법하다고 주장하여 다시 소를 제기하면 소송이 반복될 수 있다. 조정권고의 관행은 법원의 업무부담을 경감하고 이와 같은 소송의 반복을 피할 수 있다는 장점이 있어 실무상 정착된 것으로 보인다. 그러나 현재의 관행은 법적 근거가 불명확하고, 법원이 권고한 처분이 근거 법률상 허용된 범위를 벗어날 경우 법치주의에 반할 수 있으며, 유사한 위반행위를 한 자들 사이에 불공평한 결과를 초래할 수 있다는 문제점이 있다. 궁극적으로는 행정소송법에 명확한 근거를 마련하고, 한계를 설정할 필요가 있다.[2]

Ⅲ. 변론주의와 직권탐지주의

행정소송법 제26조는 "법원은 필요하다고 인정할 때에는 직권으로 증거조사를 할 수 있고, 당사자가 주장하지 아니한 사실에 대하여도 판단할 수 있다"고 규정하고 있다. 그 해석과 관련하여, 행정소송에서는 변론주의가 아니라 직권탐지주의를 채택한 것이라는 견해(직권탐지주의설)와 행정소송에서도 원칙적으로 변론주의가 적용되고 이를 일부 보완하는 취지의 규정이라는 견해(변론주의보충설)가 대립한다. 전자는 행정소송에서는 공익과 행정의 적법성을 보장해야 하고 판결의 효력을 받는 제3자를 보호해야 하므로 행정소송법에 위와 같은 규정을 둔 것이라고 설명한다. 반면 통설과 판례는 변론주의보충설의 입장이다. 변론주의는 사적 자치 원칙의 절차적 구현이기도 하지만 동시에 진실발견의 유용한 수단이라는 점, 행정의 전문성·복잡성에 비추어 당사자가 주장하지 아니한

---

1) 법원행정처, 법원실무제요 행정, 2016, pp. 370~371.
2) 법무부 행정소송법 개정 공청회 자료, 2012, p. 10 참조.

사실을 법원이 직권으로 탐지하는 데에는 현실적 한계가 있다는 점 등을 감안한 것이다. 이에 따르면 행정소송법 제26조는 "변론주의에 대한 일부 예외규정일 뿐, 법원이 아무런 제한 없이 당사자가 주장하지 아니한 사실을 판단할 수 있는 것은 아니고, 일건 기록상 현출되어 있는 사항에 관하여서만 직권으로 증거조사를 하고 이를 기초로 하여 판단할 수"있다(대판 1991. 11. 8, 91누2854).[1]

Ⅳ. 행정심판기록제출명령

행정사건에서는 정보와 증거가 행정 측에 편재되어 있을 가능성이 높다. 이를 해결하기 위해 독일은 행정청에게 포괄적인 자료제출의무를 부과하고 있고, 우리나라에서도 자료제출요구 제도를 도입하는 개정안이 제안되기도 하였다.[2]

그러나 현행법에서는 행정심판기록제출명령 제도를 채택하는 데 그치고 있다. 법원은 당사자의 신청이 있는 때에는, 결정으로써 그 재결을 행한 행정청에 대하여 행정심판에 관한 기록의 제출을 명할 수 있고, 이 경우 행정청은 지체없이 당해 행정심판에 관한 기록을 법원에 제출하여야 한다(행정소송법 25). 여기서 행정심판기록은 행정심판청구서와 답변서, 재결서뿐만 아니라, 행정심판위원회의 회의록, 그 밖에 행정심판의 심리를 위하여 원고와 행정청이 제출한 모든 증거와 기타 자료를 포함한다.[3]

Ⅴ. 증명책임

1. 증명책임의 개념과 배분

심리의 최종단계에 이르러서도 여전히 어떤 사실의 존부가 확정되지 않은 경우, 예컨대 처분요건을 충족하는 일정 사실의 존부가 불명확한 경우에, 어느 당사자에게 불리한 사실판단을 내릴 것인가를 미리 결정하여 두지 않으면 안된다. 증명책임은 이와 같이 진위불명(眞僞不明)일 때 그 사실이 존재하지 않는 것으로 취급되어 당사자 일방이 부담하는 불이익을 말한다.

과거에는 처분은 공정력이 있어 적법성이 추정되므로[4] 원고가 처분의 위

---

1) 자백의 구속력도 인정된다(대판 1992. 8. 14, 91누13229).
2) 법무부 행정소송법 개정 공청회 자료, 2012, p. 10 참조.
3) 법원행정처, 법원실무제요 행정, 2016, p. 352.
4) 공정력은 현재는 더 이상 적법성의 추정으로 이해되지 않고 행정의 효율성을 위한 절차적 통용 정도의 의미만 갖는다(제2편 제6장 제5절 제2항 제2. 참조).

법성을 증명해야 한다는 원고책임설이나 반대로 법치행정의 원칙상 행정청이 처분의 적법성을 담보하여야 하므로 피고가 처분의 적법성을 증명해야 한다는 피고책임설처럼, 어느 일방 당사자에게 증명책임을 전가하는 견해도 있었다. 그러나 현재는 민사소송과 마찬가지로 원칙적으로 실체법상의 규정의 형식에 따라 분배하여야 한다고 보는 것이 일반적이다(대판 2016. 10. 27, 2015두42817). 이에 따르면 행정청의 권한행사규정에 있어서는 권한행사를 주장하는 자가, 행정청의 권한불행사규정에 있어서는 권한의 불행사를 주장하는 자가 증명책임을 진다(법률요건분류설). 다만, 많은 경우 입법자가 증명책임까지 고려하여 법률의 규정형식을 정하였다고 보기 어렵고, 그 결과 권한행사규정인지 권한불행사규정인지 명확하지 않은 경우도 적지 않으며, 규정형식에 따른 해결이 정의·공평의 이념에 반하는 결과를 낳을 수도 있다. 그러므로 정의·공평의 이념, 증명의 난이도(누구의 지배영역 아래에서 일어난 일인지, 적극적 사실인지 소극적 사실인지), 개연성 등을 고려할 필요가 있다. 요컨대 법률요건분류설을 기본으로 하되 개별 사례에서는 이에 대한 수정·보완이 필요하다.

2. 구체적 사례

① 침익적 처분의 근거법률은 대체로「… 한 경우에는 … 한 처분을 할 수 있다」는 구조를 띠고 있다. 이 경우 처분의 요건 부분은 권한행사규정이므로 피고 행정청이 처분의 적법성에 대한 증명책임을 진다. 다만 행정청이 "처분의 적법성에 관하여 합리적으로 수긍할 수 있는 정도로 증명한 경우 그 처분은 정당하고, 이와 상반되는 예외적인 사정에 대한 주장과 증명은 상대방에게 책임이 돌아간다"(대판 2012. 6. 18, 2010두27639·27646).

② 사회보장급부 청구에 대한 거부처분 사건에서, 급부청구권의 발생 요건을 갖추지 못하였음을 이유로 거부하였다면 원고에게, 급부청구권 발생에 장애가 있거나 급부청구권이 소멸하였음을 이유로 거부하였다면 피고 행정청에게, 각각 거부사유에 관한 증명책임이 있다. 예를 들어 산업재해보상보험법상 요양불승인 처분의 취소를 구하는 소송에서, 업무와 질병 사이의 인과관계는 원칙적으로 원고에게 증명책임이 있다(대판 2017. 8. 29, 2015두3867). 다만, 현대 급부국가적 상황에서 원고에게 일률적으로 증명책임을 부과하는 것이 타당한지는 의문이다.[1]

---

1) 위 판결에서는 증명책임이 원고에게 있다고 하면서도, "산업재해의 발생원인에 관한 직접적인 증거가 없더라도 근로자의 취업 당시 건강상태, 질병의 원인, 작업장에 발병

③ 인·허가 등 수익적 처분 신청에 대한 거부처분에 관하여는, 개인택시운송사업면허의 발급요건을 구성하는 사실에 대해서는 원고가 증명책임을 부담한다(대판 2005. 7. 22, 2005두999)고 하면서도, 결혼이민 체류자격의 발급요건을 구성하는 사실에 대해서는 피고 행정정이 증명책임을 부담한다(대판 2019. 7. 4, 2018두66869)고 하여, 다소 일관되지 아니한 모습을 보여주고 있다. 후자의 사건에서는 '혼인파탄의 주된 귀책사유가 국민인 배우자에게 있다'는 것이 요건인데, "피고 행정청은 처분 전에 실태조사를 통해 혼인관계의 쌍방 당사자의 진술을 청취하는 방식으로 혼인파탄의 귀책사유에 관한 사정들을 파악할 수 있고, 원고의 경우에도 한국의 제도나 문화에 대한 이해나 한국어 능력이 부족하여 평소 혼인파탄의 귀책사유에 관하여 자신에게 유리한 사정들을 증명할 수 있는 증거를 제대로 수집·확보하지 못한 상황에서 별거나 이혼을 하게 되는 경우가 있을 수" 있음을, 즉 정의·공평의 이념과 증명의 난이도를 고려한 것으로 보인다.

④ 재량행위인 처분의 취소소송에서 재량권의 일탈·남용에 대한 증명책임은 원고에게 있다(대판 1987. 12. 8, 87누861). 재량처분은 행정청이 재량을 그르친 경우에도 원칙적으로 위법하지 않다. 예외적으로 위법하게 되는 경우는 처분의 근거규정에 위반하였기 때문이 아니라 비례원칙, 평등원칙 등에 위반되기 때문이다. 재량행위의 근거규정과 재량의 한계를 지우는 위의 행정법의 일반원칙은 일종의 「원칙 ─ 예외의 관계」에 있어, 후자는 권한행사의 장애규정이라고 할 수 있으므로, 원고가 증명책임을 지게 되는 것이다.

⑤ 한편 판례는 처분의 무효확인을 구하는 행정소송에서는 원고에게 무효인 사유를 증명할 책임이 있다고 한다(대판 2000. 3. 23, 99두11851). 그러나 하자 있는 처분을 놓고 이를 무효로 볼 것인지 아니면 단순히 취소할 수 있는 처분으로 볼 것인지는 "동일한 사실관계를 토대로 한 법률적 평가의 문제"이므로(대판 2005. 12. 23, 2005두3554) 취소소송과 증명책임의 소재를 달리하는 것은 의문이다. 증명책임은 사실의 증명에 적용되는 것이지 법적 평가에 적용되는 것이 아니기 때문이다.

원인이 될 만한 물질이 있었는지, 발병원인물질이 있는 작업장에서 근무한 기간 등의 여러 사정을 고려하여 경험칙과 사회통념에 따라 합리적인 추론을 통하여 인과관계를 인정할 수 있다"고 하여 증명의 정도를 완화하고 있다.

제 2. 심리의 기준과 범위

Ⅰ. 위법판단 기준시

위법판단 기준시의 문제는 처분의 위법을 어느 시점에서 판단하여야 할 것인가의 문제이다. 처분시와 당해 처분에 대한 판결시 사이에는 항상 시간적 간격이 있는 것이어서, 그 사이에 사실관계가 변경되거나 법령이 개폐될 수 있다. 이러한 경우 어느 시점을 기준으로 하여 처분의 위법성을 판단하여야 할 것인가의 문제가 바로 위법판단 기준시의 문제이다. 위법판단 기준시는 취소판결 기속력의 시간적 범위[1]와 일치한다. 취소판결의 효력은 법원이 처분의 위법성을 심리할 수 있었던 시점까지만 미칠 수 있기 때문이다.

이에 대해서는 판결시(정확히 말하면 변론종결시)를 기준으로 하여야 한다는 견해도 있으나, 처분시를 기준으로 하여야 한다는 견해가 통설·판례이다. "행정처분의 위법 여부는 행정처분이 행하여졌을 때의 법령과 사실 상태를 기준으로 하여 판단하여야 하고, 처분 후 법령의 개폐나 사실상태의 변동에 의하여 영향을 받지는 않"는다(대판 2007. 5. 11, 2007두1811). 판결시설에서 지적하듯이, 처분시를 기준으로 하면 분쟁의 일회적 해결이 어렵다는 문제가 있기는 하다. 법원이 처분시의 법령과 사실상태를 기준으로 처분의 위법성을 판단하면, 처분이 위법하다는 이유로 이를 취소하는 판결의 기속력 역시 처분시를 기준으로 발생하므로, 행정청은 처분 이후 변경된 법령이나 사실상태를 근거로 판결에 의해 취소된 처분과 동일한 처분을 할 수 있게 되기 때문이다. 그러나 법원은 행정의 1차적 판단권을 존중하여야 하는데, 만약 판결시를 기준으로 처분 이후의 법령의 개폐나 사정변경을 고려하여 그 취소 여부를 결정하게 되면 법원이 행정에 대한 사후감독 기능을 하게 된다. 판결시를 기준으로 하면 처분시에는 적법한 처분을 법원이 취소하는 경우가 생길 수 있고, 이는 법원이 행정청을 대신하여 행정을 행하는 셈이 되어, 권력분립의 원칙상 문제가 있다. 또한 재판의 지연에 따라 당사자간에 불균형이 생길 수도 있다. 따라서 처분시를 기준으로 판단하여야 할 것이다.

다만, 위법판단 기준시가 판결시가 아니라 처분시라는 의미는 "처분이 있은 뒤에 생긴 법령의 개폐나 사실상태의 변동에 영향을 받지 않는다는 뜻이지,

---

1) 제4목 Ⅱ. 3. 참조.

처분 당시 존재하였던 자료나 행정청에 제출되었던 자료만으로 위법 여부를 판
단한다는 의미는 아니다. 처분 당시의 사실상태 등에 대한 입증은 사실심 변론
종결 당시까지 얼마든지 할 수 있는 것이고, 법원은 행정처분 당시 행정청이 알
고 있었던 자료뿐만 아니라 사실심 변론종결 당시까지 제출된 모든 자료를 종
합하여 처분 당시 존재하였던 객관적 사실을 확정하고 그 사실에 기초하여 처
분의 위법 여부를 판단할 수 있"다(대판 1993. 5. 27, 92누19033).

Ⅱ. 처분사유의 추가·변경

1. 의 의

처분을 할 때 행정청은 이유를 제시하여야 한다(행정절차법 23). 그런데 행정
청이 소송계속 중 처분시에 제시한 이유로는 처분의 적법성을 인정받기 어렵다
고 생각하여, 적법성을 뒷받침할 수 있는 다른 사유를 주장하는 경우가 생긴다.
이러한 상황에서 법원이 처분시에는 제시되지 않았던 처분사유를 근거로 처분
을 적법하다고 판단할 수 있는가가 처분사유의 추가·변경의 문제이다. 예를 들
어 계약을 이행하지 않았다는 이유로 입찰참가자격제한처분을 한 상황을 가정
해 보자. 취소소송 심리과정에서 계약불이행 사실의 증명이 어려워지자 행정청
은 뇌물을 공여한 사실도 있어서 제한처분이 적법하다고 주장한다. 이러한 상
황에서 법원이 뇌물공여 사실도 심리하여 그 사실이 인정되면 청구기각판결을
할 수 있는가의 문제이다. 이는 취소소송의 심리범위의 문제이면서 동시에, 취
소판결 기속력의 객관적 범위[1]와 일치한다. 취소판결의 효력은 법원이 처분의
위법성을 심리할 수 있었던 사유에만 미칠 수 있기 때문이다.

2. 허용 여부

처분사유의 추가·변경을 허용하지 않으면 소송경제와 분쟁의 일회적 해결
을 저해하게 된다. 위의 예에서, 뇌물공여 사실을 처분사유로 추가하는 것이 허
용되지 않는다면, 이에 대해서는 취소판결의 기속력이 미치지 않아, 행정청은
뇌물공여를 이유로 다시 입찰참가자격제한처분을 할 수 있다. 그리고 원고가
이에 승복하지 않는다면 다시 취소소송을 제기하여 뇌물공여 사실의 존부를 다
투게 된다. 만약 처분사유의 추가가 허용되었다면, 한 번의 소송에서 계약불이

---

1) 제4목 Ⅱ. 3. 참조.

행 사실과 뇌물공여 사실을 모두 심리할 수 있었을 것이다.

반면 행정절차법은 행정청이 신중한 결정을 하게 하고 시민의 방어권을 보장하기 위해 이유제시의무를 규정하고 있는데, 처분시에 제시한 이유를 소송단계에서 제한 없이 바꿀 수 있다면, 이유제시의무를 규정한 취지가 몰각되는 문제가 있다. 위의 예에서 행정청이 충분한 조사 없이 계약불이행 사실을 이유로 제시하여 입찰참가자격제한처분을 하였고, 상대방은 계약불이행 사실은 다투어 볼 만하다고 판단하여 취소소송을 제기한 상황을 가정해 보자. 만약 처분사유의 추가·변경이 제한 없이 허용된다면, 불성실하게 이유를 제시한 행정이 승소하고 행정이 제시한 이유가 처분의 이유라고 믿고 대응한 시민이 패소하는 상황이 벌어질 수 있다.

현재의 통설·판례는 제한적으로만 처분사유의 추가·변경을 허용한다. 분쟁의 일회적 해결과 시민의 방어권이라는 대립하는 두 가치를 절충한 것인데, 방어권을 더 중시하는 입장이다. '기본적 사실관계의 동일성'이 있는 한도에서만 가능하기 때문이다.

> 행정처분의 취소를 구하는 항고소송에 있어서는 실질적 법치주의와 행정처분의 상대방인 국민에 대한 신뢰보호라는 견지에서 처분청은 당초처분의 근거로 삼은 사유와 기본적 사실관계가 동일성이 있다고 인정되는 한도 내에서만 다른 사유를 추가하거나 변경할 수 있을 뿐, 기본적 사실관계와 동일성이 인정되지 않는 별개의 사실을 들어 처분사유로 주장함은 허용되지 아니하고, 여기서 기본적 사실관계의 동일성 유무는 처분사유를 법률적으로 평가하기 이전의 구체적인 사실에 착안하여 그 기초가 되는 사회적 사실관계가 기본적인 점에서 동일한지 여부에 따라 결정된다(대판 1999. 3. 9, 98두18565).

3. 구체적 사례

대표적인 몇 가지 사례를 살펴보면 아래와 같다.

① 구체적인 사실을 변경하지 아니하고 근거법령만을 추가·변경하는 것은 새로운 처분사유의 추가가 아니므로 추가·변경한 법령을 적용하여 처분의 적법성을 판단하여도 무방하다. 예를 들어 교통사고로 운전면허가 취소되었음을 이유로 개인택시운송사업면허 취소처분을 한 사안에서, 처음에는 '자동차운수사업법 제31조 제1항 제3호'를 적용하였다가 나중에 구체적 사실의 변경 없이 적용법조만 '자동차운수사업법 제31조 제1항, 같은 법 시행규칙 제15조'로 변경하는 것도 가능하다(대판 1987. 12. 8, 87누632). 그러나 "처분의 근거 법령을

변경하는 것이 종전 처분과 동일성을 인정할 수 없는 별개의 처분을 하는 것과 다름 없는 경우에는 허용될 수 없다."따라서 도로법상 도로임을 전제로 변상금 부과처분을 하였다가, 도로가 아닐 경우에 대비하여 국유재산법으로 근거 법령을 변경하여 주장하는 것은 허용되지 않는다(대판 2011. 5. 26, 2010두28106).

② 침익적 처분, 특히 제재적 처분에 있어서는 원고의 방어권 보장이 중요하므로, 기본적 사실관계의 동일성은 엄격하게 판단되어야 한다. 앞서 본 입찰참가자격제한처분 사례에서 계약불이행 사실과 뇌물공여 사실 사이에는 기본적 사실관계의 동일성이 인정되지 않는다(대판 1999. 3. 9, 98두18565). 또한 징계처분을 하면서 처음에 제시한 사유는 '당구장이 학교환경위생정화구역 밖에 있는 것처럼 허위표시를 하여 학교환경위생정화위원회의 심의를 면제하여 허가처분을 하였다'는 것이고, 소송에서 변경된 사유는 '정부문서 규정에 위반하여 이미 결재된 서류의 도면에 상사의 결재를 받음이 없이 거리표시를 기입하였다'는 것일 때도 마찬가지로 추가·변경이 허용되지 않는다(대판 1983. 10. 25, 83누396).

③ 수익적 처분의 거부처분에 있어서도 기본적 사실관계의 동일성 기준이 적용된다. 석유판매업불허가 처분을 하면서 처음에 제시한 사유는 "군사보호시설구역 내에 위치하고 있는 관할 군부대장의 동의를 얻지 못하였다"는 것이고 소송에서 추가하는 사유는 "군사특수시설인 탄약창에 근접한 지점에 위치하고 있어 그곳에 인화성이 강한 유류저장시설을 할 경우와 유류수송을 하느라고 접지도로를 이용하는 과정에서 공공의 안전과 군사시설의 보호라는 공익에 미치는 영향이 지대하므로 피고가 이와 같은 공익적인 측면에서 보아 이 사건 허가신청을 불허한 것은 적법하다"는 것이라면, 기본적 사실관계의 동일성이 인정되지 않는다.

다만, 거부처분 취소소송에서 원고의 궁극적 목적은 수익적 처분을 발급받는 것이므로 상대적으로 분쟁의 일회적 해결의 요청이 보다 중시될 수 있다. 산림형질변경불허가처분을 하면서 행정청이 처음에 제시한 사유는 준농림지역에서의 행위제한에 해당한다는 것이고, 소송에서 추가로 주장한 사유는 "준농림지역의 경우 원칙적으로 일정 규모 이상의 토지이용행위를 제한하여 환경의 보전을 도모하는 지역으로서 부지면적 30,000㎡ 미만의 개발은 허용된다고 하더라도 환경오염의 우려가 있거나 자연환경의 보전 및 토지의 합리적인 이용이라는 법의 입법 취지에 부합하는 한도 내에서만 허용된다고 할 것인데, 원고들이 추진하고자 하는 사업은 비교적 대규모의 전원주택의 부지조성사업으로서 위와 같은 법의 취지에 반하여 이를 허용할 수 없다"는 것인 사안에서, "모두 이 사건 임야가 준농림지역에 위치하고 있다는 점을 공통으로 하고 있을 뿐 아니라 그 취지 또한 자연환경의 보전을 위하여 개발행위를 제한할 필요가 있어서 산림형질변경을 불허한다는 것"이어서 기본적 사실관계의 동일성이 인정된다고 판단하였다(대판 2004. 11. 26, 2004두4482). 나아가 대법원은 '품행 미단정'을 이유로 귀화불허가 처분이 내려진 사안에서, 처음에 제시된 사유는 기소유예를 받은 전력이고 추가된 사유는 불법체류한 전력임에도 불구하고, 처분의 적법성을 판단할 때 불법체류 전력을 근거로 할 수 있다고 하였다. '품행 미단정'이 처분사유이고, 기소유예 전력과 불법체류 전력은 "처분사유 자체가 아니라 그 근거가 되는 기초 사실 내지 평가요소"에 불과하다는 것이다(대판 2018. 12. 13, 2016두31616).

제 3. 관련청구소송의 병합과 이송

I. 의 의

위법한 처분으로 인하여 권익의 침해를 받은 자는, 그 처분의 취소를 구하는 취소소송을 제기하거나, 손해배상·부당이득반환·원상회복 등을 청구하는 소송을 제기할 수 있다. 이러한 경우 취소소송과 이에 관련된 청구를 병합하여 통일적으로 심판하게 되면 심리의 중복이나 재판의 모순·저촉을 피하고 당사자나 법원의 부담을 경감시킬 수 있을 것이다. 그런데 취소소송은 처분청을 피고로 하는 데 반하여, 손해배상 등 청구소송은 공법상 당사자소송 또는 민사소송으로서 국가 또는 공공단체를 피고로 하고, 관할법원도 다르다. 민사소송법상의 청구병합에 관한 규정도 행정소송에 준용되지만(행정소송법 8②, 민사소송법 253), 동종의 소송절차에 의할 것을 요건으로 하므로, 취소소송과 그에 관련된 청구를 병합하려면 별도의 규정이 필요하다. 이를 위해 행정소송법에 관련청구소송 병합 제도가 마련되었고, 병합심리를 위한 이송에 관하여도 규정을 두고 있다. 관련청구소송 병합·이송에 관한 규정은 무효 등 확인소송, 부작위위법확인소송, 당사자소송에도 준용된다(행정소송법 38·44②).

Ⅱ. 관련청구소송의 범위

관련청구소송이란 ① 당해 처분등과 관련되는 손해배상·부당이득반환·원상회복등 청구소송과 ② 당해 처분등과 관련되는 취소소송을 말한다(동법 10①).

① 당해 처분등과 관련되는 손해배상·부당이득·원상회복 등의 청구소송 처분의 취소소송과 위법한 당해 처분으로 인한 손해에 대한 국가배상청구소송, 과세처분 등 금전부과처분 취소소송과 당해 처분의 취소를 선결문제로 하는 부당이득반환청구소송 등이 전형적인 예다. 후자의 경우 원칙적으로는 처분의 취소판결이 확정되어야 공정력이 소멸하고 부당이득반환청구권이 성립할 것이다. 그러나 행정소송법 제10조를 둔 취지에 비추어 보면, "부당이득반환청구가 인용되기 위해서는 그 소송절차에서 판결에 의해 당해 처분이 취소되면 충분하고 그 처분의 취소가 확정되어야 하는 것은 아니라고 보아야 한다"(대판 2009. 4. 9, 2008두23153).

② 당해 처분등과 관련되는 취소소송   여기에 해당하는 예로는 경원자에 대한 인·허가 등의 취소소송과 원고에 대한 인·허가 등 거부처분의 취소소송, 원처분 취소소송과 재결 취소소송, 하나의 행정대집행절차를 이루는 계고처분 취소소송과 대집행영장통지 취소소송, 불특정 다수인을 상대방으로 하는 하나의 일반처분에 대하여 여러 명이 제기한 취소소송을 들 수 있다.

Ⅲ. 관련청구소송의 병합

취소소송에는 사실심의 변론종결시까지 관련청구소송을 병합하거나 피고 이외의 자를 상대로 한 관련청구소송을 취소소송이 계속된 법원에 병합하여 제기할 수 있다(동법 10②). 원시적 병합과 후발적 병합 모두 가능하고, 객관적 병합 외에 주관적 병합도 가능하다. 그러므로 취소소송의 원고는 취소소송의 상대방 이외의 자를 대상으로 한 관련청구소송을 취소소송과 병합하여 제소하거나, 취소소송이 계속된 법원에 추가로 병합하여 제기할 수 있다.

주관적·예비적 병합(예비적 공동소송)도 허용된다(민사소송법 70). 따라서 주위적 청구의 피고를 행정청으로 하고, 주위적 청구가 기각될 경우에 대비한 예비적 청구의 피고를 국가·공공단체와 같은 행정주체로 하는 것도 가능하다. 사정판결의 경우 주관적·예비적 병합에 관한 명문의 규정을 두고 있다. 주위적 청구인 행정청을 피고로 한 취소청구가 사정판결로 기각될 것에 대비하여, 예비적으로 행정청이 속하는 국가 또는 공공단체를 상대로 손해배상, 제해시설의 설치 그 밖에 적당한 구제방법의 청구를 당해 취소소송이 계속된 법원에 병합하여 제기할 수 있다(행정소송법 28③).

관련청구소송으로 병합하기 위해서는 ① 관련청구일 것, ② 취소소송에 관련청구를 병합할 것, ③ 취소소송과 병합제기된 청구가 각각 적법할 것, ④ 취소소송이 사실심 변론종결 전일 것이 요구된다.

Ⅳ. 관련청구소송의 이송

취소소송과 관련청구소송이 각각 다른 법원에 계속되어 있는 경우에, 관련청구소송이 계속되어 있는 법원이 상당하다고 인정할 때에는 당사자의 신청 또는 직권으로 관련청구소송을 취소소송이 계속된 법원에 이송할 수 있다(동법10①).

관련청구의 관념은 취소소송을 중심으로 한 관념으로서, 이송도 취소소송이 계속되어 있는 법원에 관련청구소송을 이송할 수 있는 것이지, 관련청구소송이 계속되어 있는 법원에 취소소송을 이송할 수 있는 것은 아니다. 관련청구소송의 이송은 그 소송이 계속되어 있는 법원이 당해 소송을 취소소송이 계속되어 있는 법원에 이송하여 병합심리를 하는 것이 상당하다고 인정하는 때에 한하여 이를 할 수 있는 것이고, 관련청구소송이라고 하여 당연히 이송되는 것은 아니다.

제 4. 소송참가

Ⅰ. 의 의

원·피고 당사자 이외의 제3자도 소송에 대하여 이해관계를 가질 수 있다. 그러한 제3자에게 소송에서 자신의 이해관계를 보호받을 기회를 제공하는 제도가 소송참가 제도이다. 행정소송법은 취소소송에 대한 참가 제도로서 소송의 결과에 의하여 그 권리가 침해되는 제3자가 계속 중인 소송절차에 참가하는 '제3자의 소송참가'(동법 16)와 피고 이외의 행정청이 소송절차에 참가하는 '행정청의 소송참가'(동법 17)의 두 가지를 규정하고 있다. 이외에 민사소송법상의 보조참가도 가능하다(동법 8②, 민사소송법 71 이하)(대결 2013. 7. 12, 2012무84). 소송참가에 관한 규정은 무효 등 확인소송, 부작위위법확인소송, 당사자소송에 준용된다(행정소송법 38·44①).

Ⅱ. 제3자의 소송참가

1. 의 의

제3자의 소송참가란 취소소송의 결과에 의하여 권리 또는 이익이 침해되는 제3자가 있는 경우에 그 자를 소송에 참가시키는 것을 말한다. 이것은 제3자에 대하여 어떠한 절차적 권리도 부여하지 않고, 소송의 결과만을 감수하도록 하는 것은 부당하다는 고려에 기하여 규정된 것이다.

2. 요 건

제3자가 소송참가를 하기 위해서는 ① 타인간의 소송이 계속 중이고, ② 소송의 결과에 따라 권리 또는 이익의 침해를 받을 자가 참가인이 되어야 한다(동법 16①).

"소송의 결과에 따라"권리 또는 이익을 침해받는다는 것은, 취소판결의 형성력 그 자체에 의해 권리·이익을 침해받는 경우뿐만 아니라, 취소판결의 기속력(재처분의무)에 의해 권리·이익을 침해받는 경우도 포함한다. 전자의 예로 건축허가에 대해 이웃주민이 또는 인·허가 등에 대하여 경원자가 취소소송을 제기하여 승소한 경우를 생각해 보자. 확정된 취소판결의 형성력에 의해 건축허가 또는 인·허가 등의 효력은 상대방에 대한 관계에서도 소멸한다. 형성력은 제3자에게도 미치기 때문이다(동법 29). 이 경우 건축허가 또는 인·허가 등의 상대방은 제3자로 소송에 참가할 수 있다. 후자의 예로 건축허가 거부처분에 대해 건축주가 취소소송을 제기하여 승소한 경우를 생각해 보자. 확정된 거부처분 취소판결에는 기속력(재처분의무)(동법 30)이 있어, 행정청은 종전의 거부사유와 동일한 사유를 들어서 다시 거부처분을 할 수 없으므로, 새로운 거부사유가 없는 한 건축허가를 발급해야 한다. 이 경우 건축허가로 인하여 주거환경상의 이익을 침해받을 우려가 있는 이웃주민은 제3자로 소송에 참가할 수 있다.

"권리 또는 이익"에서의 '이익'이란 법률상 이익을 말하며 단순한 사실상 이익이나 경제상의 이익은 포함되지 않는다(대판 2008. 5. 29, 2007두23873).

3. 참가절차와 참가인의 지위

참가는 직권에 의하는 경우도 있으나, 당사자 또는 제3자에게도 신청권이 있다(동법 16①). 참가인은 원고 또는 피고 어느 쪽으로도 참가할 수 있다. 이 점에서 피고 쪽으로만 참가할 수 있는 행정청의 소송참가와 다르다.

민사소송법 제67조의 규정이 준용되므로(동법 16④) 참가인은 공동소송인에 준하는 지위에 서게 되나, 당사자는 아니므로 공동소송적 보조참가인의 지위에 있게 된다.

4. 제3자의 재심청구

행정소송법은 제3자 보호를 위해 소송참가 외에 제3자의 재심청구 제도도 마련해 두고 있다. 권리 또는 이익의 침해를 받은 제3자는 자기에게 책임없는 사유로 소송에 참가하지 못함으로써 판결의 결과에 영향을 미칠 공격 또는 방어방법을 제출하지 못한 때에는 이를 이유로 확정된 종국판결에 대하여 재심의 청구를 할 수 있다(동법 31①).

Ⅲ. 행정청의 소송참가

1. 의 의

외부에 처분을 표시한 행정청이 피고가 되지만, 그 외에도 여러 행정청이 처분의 형성에 관여할 수 있다. 처분청에 대하여 감독권을 가지는 상급 감독청, 내부적으로 동의나 협의절차를 거친 경우의 그 행정청 등이 이에 해당한다. 이 경우 처분에 관여한 행정청을 참가시켜 공격방어방법을 제출하게 하는 것은 소송의 적정한 해결에 도움이 된다. 이를 위해 행정소송법에서는 행정청의 소송참가 제도를 두고 있다.

2. 요 건

행정청이 소송참가를 하기 위해서는 ① 타인 간의 소송이 계속 중이어야 하고, ② 참가의 필요성이 있어야 한다(동법 17①). 여기에서 참가의 필요성은 "관계되는 다른 행정청을 소송에 참가시킴으로써 소송자료 및 증거자료가 풍부하게 되어 그 결과 사건의 적정한 심리와 재판을 하기 위하여 필요한 경우"를 가리킨다(대판 2002. 9. 24, 99두1519).

3. 참가절차와 참가행정청의 지위

참가는 직권에 의하는 경우도 있으나, 당사자 또는 당해 행정청에게도 신
청권이 있다(동법 17①). 제3자의 소송참가와는 달리 행정청은 피고 행정청을 위
해서만 참가할 수 있다. 민사소송법 제76조가 준용되므로(동법 17③), 참가행정
청은 보조참가인에 준하는 지위에 선다.

제 5. 소의 변경

I. 의 의

소의 변경은 청구취지 또는 청구원인의 변경, 즉 소송물의 변경을 말한다.
민사소송법에서는 소송물의 변경만을 말하지만, 행정소송법에 규정된 소 변경
에서는 뒤에서 볼 바와 같이 피고의 변경도 함께 이루어질 수 있다. 소 변경 제
도는, 처음에 한 청구가 실제 분쟁상황과 맞지 않게 되었을 때 종래의 심리 결
과를 그대로 이용하면서 새로운 청구를 할 수 있게 함으로써, 소송경제에 기여
한다. 행정소송법은 소 변경에 관하여, '소의 종류의 변경'(행정소송법 21)과 '처
분변경으로 인한 소의 변경'(동법 22) 제도를 마련하고 있다. 이외에 민사소송법
상의 소의 변경도 준용된다(동법 8②, 민사소송법 262·263).

II. 소의 종류의 변경

1. 개 설

행정소송은 소의 종류가 다양하여 원고가 이를 잘못 선택할 위험이 있어
소의 종류의 변경을 허용할 필요가 있다. 행정소송법은 소의 종류의 변경을 허
용하면서, 민사소송법과 달리 소 변경을 하더라도 소 제기시를 기준으로 제소
기간 준수 여부를 판단케 하고, 소 변경에 수반하여 피고도 변경할 수 있도록
한다. 취소소송, 무효등 확인소송, 부작위위법확인소송과 같은 항고소송 상호간
뿐만 아니라 항고소송과 당사자소송 상호간에도 소 변경이 가능하다(행정소송법
21①·37·42). 항고소송과 당사자소송 사이의 소 변경에서는, 행정청에서 행정
청이 속한 국가 또는 공공단체로, 또는 그 반대로의 피고 변경이 수반된다.

2. 요 건

(1) 소송이 사실심에 계속되고 변론종결 전일 것

새로운 청구에 대해서도 사실심리가 필요하므로 사실심에서만 가능하고 상고심에서는 불가능하다.

(2) 청구의 기초에 변경이 없을 것

소 변경이 종래의 심리 결과를 활용하여 소송경제를 도모하는 제도임을 고려하면, 청구 기초의 동일성은 구 청구와 신 청구 사이에 사실자료가 공통되어 사실자료를 계속 이용할 수 있는 경우를 의미한다고 할 것이다. 예를 들어 운전면허 취소처분에 대하여 무효확인소송을 제기하였다가 취소소송으로 변경하는 경우, 건축허가 신청에 대해 응답이 없어 부작위위법확인소송을 제기하였다가 거부처분이 이루어지자 거부처분 취소소송으로 변경하는 경우, 공무원지위확인을 구하는 당사자소송을 제기하였다가 파면처분 취소소송으로 변경하는 경우 등이 여기에 해당한다.

(3) 소 변경이 상당하다고 인정될 것

소 변경의 상당성은 소 변경을 허가함으로써 소송이 지연되는지, 그에 따른 원고의 이익과 피고의 불이익은 어떠한지 등을 고려하여 개별 사건의 상황에 따라 판단되어야 할 것이다.

(4) 변경되는 새로운 소는 적법할 것

신소는 그 자체로 소송요건을 갖춘 적법한 것이어야 한다. 다만, 소 변경 허가결정이 내려지면 새로운 소는 처음에 소를 제기한 때 제기된 것으로 본다(동법 21④·14④). 따라서 무효등 확인소송, 부작위위법확인소송, 당사자소송 등을 제기하였다가 취소소송으로 변경한 경우, 취소소송의 제소기간 내에 처음의 소를 제기하였다면 소변경신청서가 제소기간 이후에 제출되었다고 하더라도 새로운 소는 제소기간을 준수한 적법한 것이 된다.

Ⅲ. 처분변경으로 인한 소 변경

1. 개 설

행정소송이 계속 되는 중에도 행정청은 직권으로 또는 행정심판 재결 등에 따라 처분을 변경할 수 있다. 이 경우 원고에게 책임 없는 사유로 인한 절차의 반복을 피하게 하기 위하여, 행정소송법은 처분변경으로 인한 소 변경 제도를 마련하였다. 무효등 확인소송, 당사자소송에서도 가능하다(동법 38①·44①).

2. 요 건

(1) 처분이 변경될 것

소송의 대상인 처분이 처분청 또는 감독청에 의하여 직권으로 변경되거나, 원고가 행정소송과 함께 행정심판도 청구하였는데 그 재결로 변경된 경우이다.

(2) 소 변경 신청기간 내일 것

소 변경 신청은 처분의 변경이 있음을 안 날부터 60일 이내에 하여야 한다(동법 22②). 1998년 행정소송법 개정시 제소기간이 60일에서 90일로 늘어났는데, 위 소 변경 신청기간은 60일로 유지되었다. 입법의 오류인 것으로 보이나, 법률에 60일로 규정되어 있는 이상 60일 내에 소 변경 신청을 하지 않았다면, 제소기간 내에 별소를 제기할 수밖에 없다.

(3) 그 밖의 요건

소 변경이므로 사실심 변론종결 전이어야 하고, 새로운 소는 적법한 것이어야 한다. 다만, 필요적 행정심판 전치 사건에서, 변경 전 처분에 관해 행정심판절차를 거쳤으면 변경 후 처분에 관해서도 거친 것으로 본다(동법 22③).

Ⅳ. 민사소송법상의 소의 변경

1. 개 설

행정소송법 제8조 제2항에 따라 민사소송법 제262조의 소 변경도 준용된다. 따라서 소의 종류의 변경이나 처분변경으로 인한 소 변경에 해당하지 않더라도, 민사소송법 제262조의 요건을 갖추면 소 변경이 가능하다.

2. 행정소송과 민사소송 사이의 소 변경

현행 행정소송법은 행정소송 간의 소의 종류의 변경에 관해서만 규정하고 있고, 행정소송과 민사소송 사이의 소 변경에 관해서는 규정하고 있지 않다. 그러나 이를 부정할 이유가 없을 뿐만 아니라, 현실적으로 이를 인정할 필요성이 크다. 최근 들어 행정사건인지 민사사건인지 논란이 되는 경우가 많고, 과거의 관점에서는 민사사건으로 보았을 사건도 행정사건이라 판단되는 예가 적지 않다. 그러한 경우에 소 변경을 허용하지 않는다면, 원고는 동일한 분쟁에 관해 절차를 반복하여야 할 뿐만 아니라, 제소기간을 놓치게 될 위험도 있다. 대법원도 의료보호법상 진료비의 지급청구가 민사소송으로 제기되었으나 진료비 지급 거부결정에 대해 취소를 구하는 항고소송이 올바른 소송의 형태인 경우에 항고소송으로의 소 변경이 가능하다고 하였다(대판 1999. 11. 26, 97다42250).

3. 제소기간의 문제

민사소송법상 소 변경의 경우 원칙적으로 새로운 소에 대한 제소기간의 준수는 소 변경 신청을 한 때를 기준으로 판단한다(동법 265, 대판 2004. 11. 25, 2004두7023). 다만, 예외적으로 처음에 소를 제기한 때에 새로운 소를 제기한 것으로 해석되는 경우가 있다. "선행 처분과 후행 처분 사이에 밀접한 관련성이 있고 선행 처분에 존재한다고 주장되는 위법사유가 후행 처분에도 마찬가지로 존재할 수 있는 관계인 경우에는 후행 처분의 취소를 구하는 소변경의 제소기간 준수 여부는 따로 따질 필요가 없다"(대판 2019. 7. 4, 2018두58431). 또한 "선행 처분의 취소를 구하는 소를 제기하였다가 이후 후행 처분의 취소를 구하는 청구취지를 추가한 경우에도, 선행 처분이 종국적 처분을 예정하고 있는 일종의 잠정적 처분으로서 후행 처분이 있을 경우 선행 처분은 후행 처분에 흡수되어 소멸되는 관계에 있고, 당초 선행 처분에 존재한다고 주장되는 위법사유가 후행 처분에도 마찬가지로 존재할 수 있는 관계여서 선행 처분의 취소를 구하는 소에 후행 처분의 취소를 구하는 취지도 포함되어 있다고 볼 수 있다면, 후행 처분의 취소를 구하는 소의 제소기간은 선행 처분의 취소를 구하는 최초의 소가 제기된 때를 기준으로 정하여야" 한다(대판 2018. 11. 15, 2016두48737). 위 2.에서 본 민사소송과 행정소송 사이의 소 변경 판례에서도, 민사소송의 상고심에서는 당연히 취소소송의 제소기간이 지났을 것임에도 취소소송으로의 소 변경이 가능한 것을 전제로 판단하고 있다. 명시적인 언급은 없지만, 변경 전후의 청구가 밀접한 관련이 있어 소 변경 신청시 별도로 제소기간을 준수할 필요가 없다는 생각을 그 바탕에 깔고 있는 것으로 보인다.

제4목 취소소송의 판결

Ⅰ. 판결의 종류

1. 개 관

취소소송에서의 판결도 소송판결(각하판결)과 본안판결로 나눌 수 있고, 본안판결은 다시 인용판결과 기각판결로 나눌 수 있다. 그런데 행정소송법에서는 판결의 결과가 공익에 미치는 영향이 크다는 점을 고려하여 행정소송에 특유한 사정판결 제도가 마련되어 있다.

2. 사정판결

(1) 의 의

원고의 청구가 이유 있다고 인정하는 경우에도 처분등을 취소하는 것이 현저히 공공복리에 적합하지 않다고 인정하는 때에는 법원은 원고의 청구를 기각할 수 있다. 이를 사정판결이라 한다(동법 28①). 사정판결은 처분을 기초로 하여 형성된 법률관계가 중요한 공공복리의 실현을 내용으로 하는 것인 경우에, 처분의 위법성을 감수하면서라도 그를 기초로 하여 형성된 법적·사실적 관계를 존속시키기 위한 제도이다. 그러한 점에서 이 제도는 법치주의에 대한 중대한 예외를 이루는 것이므로, 그 요건은 극히 엄격하게 해석하여야 한다.

(2) 요 건

사정판결은 취소소송에서만 인정되고 무효등 확인소송에는 준용(동법 38① 참조)되지 않는다(대판 1996. 3. 22, 95누5509). 사정판결은 처분등을 취소하는 것이 현저히 공공복리에 적합하지 않은 경우에 인정되는 것이다. 앞서 본 것처럼 법치주의의 중대한 예외를 이루는 것이므로 극히 엄격한 요건 아래 제한적으로 하여야 하고, '현저히 공공복리에 적합하지 아니한가'의 여부를 판단할 때에는 위법한 행정처분을 취소·변경하여야 할 필요와 그 취소·변경으로 발생할 수 있는 공공복리에 반하는 사태 등을 비교·교량하여 그 적용 여부를 판단하여야 한다(대판 2009. 12. 10, 2009두8359).

법학전문대학원 예비인가의 취소를 구한 사건에서는, 법학전문대학원이 이미 개원하여 입학생을 받아들여 교육을 하고 있는데 인가가 취소되면 입학생들이 피해를 입을 수 있는 점과 해당 사안에서 문제된 위법사유가 없더라도 동일한 결론에 이르렀을 것으로 보이는 점 등을 고려하여 사정판결을 하였다(대판 2009. 12. 10, 2009두8359). 반면 여객자동차운송사업계획 변경인가의 취소를 구하는 사건에서는, 인가가 취소되면 저렴한 요금의 공항버스를 이용할 수 없게 되어 승객들의 불편함이 예상되지만 이러한 불편은 피고 행정청의 대응 조치에 의해 빠른 시일 내에 해소될 수 있을 것이라는 이유로 사정판결의 요건을 충족하지 못한다고 판단되었다(대판 2010. 2. 25, 2008두18168).

(3) 심 판

사정판결의 요건은 처분이 위법함에도 기각판결을 하여야 할 예외적 사정에 관한 것이므로, 그 증명책임은 피고 행정청에 있다. 법원은 사정판결을 함에 있어서 판결에 앞서 미리 "원고가 그로 인하여 입게 될 손해의 정도와 배상방법 그 밖의 사정을 조사하여야 한다"(동법 28②). 이는 사정판결의 요건인 이익형량의 기초가 되는 사실관계에 대한 심리인 동시에, 손해배상 등 구제방법의 청구를 병합하여 제기(후술)하도록 유도하고 이를 심리하기 위한 것이다.

판단기준시에 관하여 보면, 처분의 위법성은 앞서 본 것처럼 처분시를 기준으로 판단하지만, 현저히 공공복리에 적합하지 않은지 여부는 판결시(변론종결시)를 기준으로 한다. 처분 후의 사정도 고려해야 하기 때문이다.

법원이 사정판결을 함에 있어서는 원고의 청구를 기각하면서도 "그 판결의 주문에서 그 처분등이 위법함을 명시하여야 한다"(동법 28①후단). 이로써 처분의 위법성에 대하여는 기판력이 발생하게 된다. 사정판결은 처분의 위법성을 치유하는 제도가 아니므로, 처분의 위법성을 주문에서 확정함으로써 위법한 처분으로 인한 손해배상 등을 용이하게 청구할 수 있게 하고, 해당 처분이 적법한 것임을 전제로 하는 후속처분을 저지하기 위한 것이다.

사정판결은 중대한 공공복리를 보호하기 위하여 원고의 정당한 취소청구를 배척하고, 위법성에도 불구하고 처분의 효력을 존속시키는 것이다. 따라서 원고에게 발생한 손해에 대하여는 적절한 구제수단이 강구되어야 한다. 행정소송법 제28조 제3항에서는 원고는 피고가 속하는 국가 또는 공공단체를 상대로 손해배상·제해시설의 설치 그 밖에 적당한 구제방법의 청구를 당해 취소소송 등이 계속된 법원에 병합하여 제기할 수 있다고 규정하고 있다.

Ⅱ. 판결의 효력

취소소송의 판결의 효력으로서는 판결의 일반적 효력인 기판력 외에도, 취소판결의 고유한 효력으로서 형성력과 기속력이 규정되어 있다.

1. 기 판 력

(1) 의 의

취소소송의 판결이 확정되면, 확정된 판단내용은 당사자와 법원을 구속하여 후소에서 당사자와 법원은 동일 사항에 대하여 확정판결의 내용과 모순되는 주장·판단을 할 수 없다. 예를 들어 처분의 취소소송에서 기각판결이 확정되어 처분이 적법하다는 판단이 확정되었다면, 같은 처분에 대한 무효확인소송이 다시 제기되더라도 당사자와 법원은 처분이 위법하다는 주장·판단을 할 수 없다. 이러한 확정판결의 내용적 효력을 기판력(실질적 확정력)이라 한다. 행정소송법에는 기판력에 관한 규정은 없지만, 동법 제8조 제2항에 따라 민사소송법 제216조, 제218조가 준용된다.

(2) 범 위

1) 주관적 범위　취소판결의 기판력은 당사자 및 당사자와 동일시할 수 있는 자(승계인)에게만 미치고(민사소송법 218), 제3자에게는 미치지 않는다. 다만 취소소송의 피고는 권리주체가 아니라 행정청이므로, 기판력은 피고 외에 당해 처분의 효력이 귀속하는 국가 또는 공공단체에 미친다.

2) 객관적 범위　일반적으로 기판력은 판결 주문에 포함된 판단에 한정되는 것이 원칙이고(동법 216①), 취소소송 판결의 기판력도 주문에 표시된 소송물에 관한 판단에만 인정된다. 취소소송의 소송물은 통상 '처분의 위법성 일반'으로 이해된다. 따라서 처분의 위법하다는 점(인용판결) 또는 적법하다는 점(기각판결)에 대해서만 기판력이 미치고, 판결이유 중에 적시된 개개의 구체적인 위법사유에 관한 판단에는 미치지 않는다. 개개의 위법사유는 공격방어방법에 불과하기 때문이다. 따라서 기각판결이 확정되면 처분이 적법하다는 점에 대해 기판력이 생기고, 원고는 당해 소송에서 주장한 것과는 다른 위법사유를 들어 다시 당해 처분의 효력을 다툴 수 없다.

이와 관련하여 취소소송 기각판결이 확정된 후 후소인 국가배상소송에서 원고가 처분의 위법을 주장할 수 있는지의 문제가 있다. 여러 견해가 있지만, 취소소송에서의 위법성과 국가배상소송에서의 위법성의 관념은 다른 것으로서, 후자에서의 위법성의 관념은 취소소송에서의 위법성의 관념보다는 넓다고 보아야 할 것이다. 따라서 기각판결의 기판력에 의하여 그 후의 국가배상사건에서 처분의 위법 주장이 반드시 차단되는 것은 아니라고 할 것이다.

3) 시간적 범위　기판력은 사실심 변론종결시를 기준으로 하여 발생한다. 당사자는 사실심의 변론종결시까지 소송자료를 제출할 수 있고, 종국판결도 그 때까지 제출된 자료를 기초로 한 것이기 때문에, 그 시점을 기준으로 하여 기판력이 생기는 것이다.

2. 형 성 력

(1) 의 의

처분을 취소하는 판결이 확정되면, 당해 처분은 행정청이 다시 이를 취소하거나 당사자에게 취소통지를 하지 않아도 효력을 상실하여 처음부터 없었던 것과 같은 상태로 된다. 이러한 취소판결의 효력을 형성력이라 한다. 기판력과 달리 청구인용판결에만 인정되는 효력이다. 행정소송법은 이에 관한 직접적 규정을 두고 있지 않지만, 취소판결의 제3자효를 규정한 제29조 제1항은 이를 전제로 한 규정이다.

(2) 제3자효

행정소송법 제29조 제1항은, "처분등을 취소하는 확정판결은 제3자에 대하여도 효력이 있다"고 하여 형성력이 제3자에게 미친다는 점을 명시하고 있다. 이 규정은 소송당사자와 제3자와의 관계에 있어 취소판결의 효력이 달라지는 것을 막고, 법률관계를 획일적·통일적으로 규율하려는 데에 그 취지가 있다. 예를 들어, A와 B가 하나의 인·허가를 두고 경원관계에 있는데, B에게 인·허가가 발급되고 A는 거부당한 상황을 상정해 보자. A가 B에 대한 인·허가를 대상으로 취소소송을 제기하여 취소판결이 확정되면, 그 형성력은 제3자인 B에게도 미쳐 B에 대한 관계에서도 인·허가의 효력은 상실된다. 이와 같이 취소판결의 효력이 제3자에게 미치면 제3자의 권리나 이익이 부당하게 침해될 우려가 있으므로, 앞서 본 것처럼 행정소송법은 제3자의 소송참가(행정소송법 16)와 재심청구(동법 31) 제도를 두고 있다.

3. 기 속 력

(1) 의 의

취소판결의 기속력은 처분등을 취소하는 확정판결이 그 내용에 따라 당사자인 행정청과 그 밖의 관계행정청을 기속하는 효력을 말한다. 행정소송법은 "처분등을 취소하는 확정판결은 그 사건에 관하여 당사자인 행정청과 그 밖의 관계행정청을 기속한다"고 규정하여, 이를 명시하고 있다(동법 30①). 형성력과 마찬가지로 청구인용판결에만 인정되는 효력이다.

판결에 의하여 위법한 침익적 처분이 취소된 경우에 행정청이 그에 따르지 않고 동일한 처분을 반복하거나, 수익적 처분의 발급신청에 대한 위법한 거부처분이 취소된 경우에 행정청이 판결의 취지에 따라 처분을 하지 않는다만 취소소송은 그 의의를 상실하게 된다. 기속력은 행정청에게 판결을 준수하고 판결에 따라 행동할 의무를 부과함으로써 판결의 실효성을 확보하기 위한 것이다.

기속력의 성질은 과거에는 기판력의 작용으로 이해하기도 하였으나, 현재의 대체적인 견해는 기판력과는 구별되는 특수한 효력이라는 것이다(특수효력설). 판례도 마찬가지이다.

> 행정소송법 제30조 제1항은 "처분 등을 취소하는 확정판결은 그 사건에 관하여 당사자인 행정청과 그 밖의 관계행정청을 기속한다."라고 규정하고 있다. 이러한 취소 확정판결의 '기속력'은 취소 청구가 인용된 판결에서 인정되는 것으로서 당사자인 행정청과 그 밖의 관계행정청에게 확정판결의 취지에 따라 행동하여야 할 의무를 지우는 작용을 하는 것이다. 이에 비하여 행정소송법 제8조 제2항에 의하여 행정소송에 준용되는 민사소송법 제216조, 제218조가 규정하고 있는 '기판력'이란 기판력 있는 전소 판결의 소송물과 동일한 후소를 허용하지 않음과 동시에, 후소의 소송물이 전소의 소송물과 동일하지는 않다고 하더라도 전소의 소송물에 관한 판단이 후소의 선결문제가 되거나 모순관계에 있을 때에는 후소에서 전소 판결의 판단과 다른 주장을 하는 것을 허용하지 않는 작용을 하는 것이다(대판 2016. 3. 24, 2015두48235).

(2) 범 위

1) 주관적 범위　　취소판결의 기속력은 당사자인 행정청과 그 밖의 관계행정청을 기속한다(동법 30①). 여기서 관계행정청은 취소된 처분등을 기초로 하여 그와 관련되는 처분이나 부수되는 행위를 할 수 있는 행정청을 총칭한다.[1]

2) 객관적 범위　　취소판결의 기속력은 판결 주문뿐만 아니라 그 전제가 되는 판결 이유에서의 판단, 즉 개개의 위법사유에 관한 판단에도 미친다. 따라서 확정판결로 취소된 처분과 다른 사유를 들어 새로이 처분을 하는 것은 기속력에 저촉되지 않는다. 여기에서 동일 사유인지 다른 사유인지는 확정판결에서 위법한 것으로 판단된 종전 처분사유와 '기본적 사실관계에 있어 동일성'이 인정되는지 여부에 따라 판단되어야 한다(대판 2016. 3. 24, 2015두48235). 앞서 본 바와 같이 처분사유의 추가·변경의 허용 범위와 일치한다.

3) 시간적 범위　　처분의 위법 여부는 처분시를 기준으로 판단되므로 기속력도 처분시를 기준을 발생한다. 따라서 종전 처분이 판결로 취소되었더라도 처분 후에 발생한 새로운 사유를 들어 다시 동일한 처분을 할 수 있다(대판

---

1) 이상규, 행정법(상), p. 886.

2011. 10. 27, 2011두14401).

(3) 내 용

기속력은 다음의 두 가지 효력을 그 내용으로 한다.

1) **소극적 효력**(반복금지효)　취소판결이 확정되면 행정청은 동일 사실관계 아래에서 동일 당사자에 대하여 동일한 내용의 처분을 반복하여서는 아니된다. 이러한 반복금지효에 위반한 처분은 중대·명백한 하자가 있어 당연무효이다(대판 1990. 12. 11, 90누3560). 위에서 본 것처럼 기속력은 판결에 적시된 구체적 위법사유에 관하여 생기는 것이다. 따라서 절차상 하자를 이유로 취소된 경우에 절차적 하자를 보완하거나, 재량 하자를 이유로 취소된 경우에 재량을 다시 적정하게 행사하였다면, 기속력에 반하지 않는다. 예를 들어 음주운전을 이유로 내려진 운전면허 취소처분이 이유제시의무를 이행하지 않았다는 이유로 또는 비례원칙에 위반된다는 이유로 판결로 취소된 상황을 생각해 보자. 같은 음주운전 사실에 근거하더라도, 행정청이 구체적인 이유를 제시하면서 운전면허 취소처분을 하거나, 재량을 다시 적정하게 행사하여 운전면허 정지처분을 하면, 기속력에 저촉되지 않는다. 또한 실체적 위법사유가 있는 경우에도 그와는 다른 사유, 즉 종전 처분사유와 기본적 사실관계의 동일성이 없는 사유에 근거한다면, 기속력에 반하지 않는다.

2) **적극적 효력**

㈎ **재처분의무**　거부처분 취소판결이 확정되면 행정청은 판결의 취지에 따라 다시 처분할 의무가 있다. 거부처분 취소판결의 실효성을 확보하기 위한 의무로서 기속력의 한 내용이다. 행정소송법은 제30조 제2항에서 이를 명시적으로 규정하고 있고, 절차상의 위법을 이유로 취소된 경우에도 준용한다(동법 30③). "판결에 의하여 취소되는 처분이 당사자의 신청을 거부하는 것을 내용으로 하는 경우에는 그 처분을 행한 행정청은 판결의 취지에 따라 다시 이전의 신청에 대한 처분을 하여야 한다"(동법 30②). 위 규정에 따르면 거부처분이 취소되면 행정청은, 원고의 새로운 신청을 기다리지 않고 신청에 대한 처분을 다시 하여야 하고, 다시 처분을 함에 있어서는 판결의 취지에 따라야 한다.

앞서 논의와 마찬가지로 재처분의무도 판결이유에 적시된 구체적 위법사유에 관하여 생기는 것이다. 따라서 신청을 인용하는 처분을 하지 않더라도 재처분의무를 이행한 것이 될 수 있다. 거부처분이 절차상 하자를 이유로 취소되었다면, 절차적 하자를 보완하여 다시 거부처분을 하는 것도 재처분의무를 이행한 것이다. 실체적 위법사유가 있는 경우에도 그와는 다른 사유, 즉 종전 처분사유와 기본적 사실관계의 동일성이 없는 사유에 근거한다면, 다시 거부처분을 하더라도 재처분의무에 어긋나지 않는다.

시간적 범위에 관하여 보면, 재처분의무는 처분시를 기준으로 발생한다. 따라서 거부처분 후에 법령이 개정되거나 사실상태가 변경된 경우에는 개정된 법령이나 변경된 사실상태를 근거로 다시 거부처분을 할 수 있다. 예를 들어 건축불허가 처분 이후에 준농림지역 안에서 숙박업 시설에 설치를 제한할 수 있도록 법령이 개정되었다면, 이를 근거로 다시 건축불허가 처분을 하는 것도 재처분의무를 이행한 것이다(대결 1998. 1. 7, 97두22). 그러나 법령 개정시 경과규정을 두어 개정 전 이루어진 신청에 대해서는 종전의 규정을 적용하도록 하였다면 종전 규정에 따라 재처분을 하여야 하고, 이를 법령 개정에 따른 새로운 사유라고 할 수 없다(대결 2002. 12. 11, 2002무22).

행정소송법은 재처분의무의 실효성을 담보하기 위하여 간접강제 제도를 두고 있다. 행정청이 재처분의무를 이행하지 아니하는 때에는 법원은 "당사자의 신청에 의하여 결정으로써 상당한 기간을 정하고 행정청이 그 기간내에 이행하지 아니하는 때에는 그 지연기간에 따라 일정한 배상을 할 것을 명하거나 즉시 손해배상을 할 것을 명할 수 있다"(동법 34).

(나) 원상회복의무　　처분에 의하여 법률관계·사실관계가 변동한 경우, 처분이 취소되면 이러한 현상은 위법상태로 되는 것이므로, 행정청은 위법상태를 제거하고 원상회복할 의무를 부담한다. 예를 들어 특정한 처분 때문에 이와 연관된 수익적 처분의 신청을 기한 내에 하지 못하였는데 해당 처분이 위법한 것으로 취소되었다면, 기한 내에 하지 못한 신청을 사후적으로 할 수 있는 기회를 주는 것이 기속력의 입법취지와 법치행정 원리에 부합한다(대판 2019. 1. 31, 2016두52019).

제3항　취소소송 이외의 항고소송

제1목　무효등 확인소송

Ⅰ. 개　설

무효등 확인소송은 "행정청의 처분등의 효력 유무 또는 존재 여부를 확인하는 소송"이다(행정소송법 4ⅱ). 여기에는 처분등의 무효확인, 유효확인, 부존재확인, 존재확인, 실효확인 등을 청구하는 소송이 포함된다. 주로 활용되는 것은 무효확인소송이므로 이하의 논의는 이를 중심으로 한다.

하자가 중대·명백한 것인 때에는 당해 처분에는 공정력이 인정되지 않고 불가쟁력도 발생하지 않는다. 따라서 처분이 무효라는 점은 기간의 제한 없이, 그리고 항고소송에 의하지 않고 다른 법률관계의 선결문제로 다툴 수 있다. 그러나 처분으로서의 외관은 있는 것이고, 행정청은 당해 처분이 유효한 것이라고 판단하여 이를 집행할 우려도 있다. 따라서 처분이 무효임을 공적으로 확인받아 처분의 외관을 제거하기 위해 무효확인소송을 제기할 필요가 있다.

II. 취소소송과의 공통점과 차이점

1. 공 통 점

무효확인소송도 취소소송과 마찬가지로 행정청의 공권력 행사에 불복하여 제기하는 소송이고, 처분의 무효를 확정하여 넓은 의미에서 그 효력을 배제하는 것을 목적으로 하는 것이라는 점에서 공통된다. 따라서 취소소송에 관한 대부분의 규정이 무효확인소송에 준용된다(동법 37·38①). 따라서 아래 2.의 차이점과 III.의 소의 이익 외에는 취소소송에 관한 해당 부분의 서술을 참조하면 된다.

2. 차 이 점

준용되지 않는 규정으로는 행정심판전치주의(동법 18), 제소기간(동법 20), 사정판결(동법 28) 등이 있다. 이 중 제소기간이 준용되지 않는다는 점이 소송요건과 그에 따른 소송유형의 선택에 있어서 실제로 중요한 의미를 갖는다. 무효확인소송에 대해 제소기간의 제한이 없는 이유는 중대·명백한 하자가 있어 당연무효인 처분은 공정력과 불가쟁력이 발생하지 않기 때문이다. 그런데 소 제기를 위해 소송유형을 선택하는 단계에서는 당해 처분에 존재하는 하자가 단순위법의 정도인지, 아니면 중대·명백하여 당연무효에 이르는 정도인지 선험적으로 판단하기 어렵다. 이러한 상황에서 통상 원고는 취소소송의 제소기간 내라면 취소소송을 제기하고, 제소기간이 지나 취소소송으로는 본안판단을 받기 어려운 상황일 때 제소기간의 제한이 없는 무효확인소송을 제기한다.

Ⅲ. 소의 이익 — 보충성의 문제

행정소송법 제35조는 무효확인소송은 무효확인을 구할 "법률상 이익"이 있는 자가 제기할 수 있다고 규정한다. '법률상 이익'이라는 문언은 취소소송의 해당 조항과 같지만(동법 12), 무효확인소송의 경우에는 확인소송의 보충성이 요구되는지의 문제를 추가로 검토하여야 한다. 이는 다음의 상황에서 발생하는 문제이다.

행정청이 부담금 부과처분과 같은 금전부과처분을 하였고, 상대방은 일단 이를 납부하였으나 처분에 하자가 있다고 판단하여 이를 돌려받고자 한다. 해당 처분의 하자가 단순위법의 정도라면 공정력이 있어 취소소송을 제기해야 하지만, 당연무효에 이른다면 금전부과처분의 무효를 선결문제로 부당이득반환청구소송을 제기할 수 있다. 이러한 상황에서 부당이득반환청구소송을 제기하지 않고 처분의 무효확인소송을 제기할 확인의 이익이 있는가의 문제이다. 민사소송의 경우 이행소송을 제기할 수 있음에도 확인소송을 제기하는 것은 법적 불안을 제거하는 데 유효적절한 수단이라 할 수 없어 원칙적으로 확인의 이익이 없다고 한다. 이것이 확인소송의 보충성이다. 무효확인소송도 이행소송(앞의 예에서의 부당이득반환청구소송)에 대한 관계에서 보충적인가가 문제된다.

종래 대법원은 처분의 무효를 전제로 한 이행소송 등과 같은 구제수단이 있는 경우에는 원칙적으로 소의 이익을 부정하고, 다른 구제수단에 의하여 분쟁이 해결되지 않는 경우에 한하여 무효확인소송이 보충적으로 인정된다고 하여 이른바 '무효확인소송의 보충성'을 요구하여 왔다(대판 1963. 10. 22, 63누122 판결 등). 그러나 대법원 2008. 3. 20. 선고 2007두6342 전원합의체 판결에서 입장을 변경하였다.

> 행정처분의 근거 법률에 의하여 보호되는 직접적이고 구체적인 이익이 있는 경우에는 행정소송법 제35조에 규정된 '무효확인을 구할 법률상 이익'이 있다고 보아야 하고, 이와 별도로 무효확인소송의 보충성이 요구되는 것은 아니므로 행정처분의 무효를 전제로 한 이행소송 등과 같은 직접적인 구제수단이 있는지 여부를 따질 필요가 없다고 해석함이 상당하다.

이 판결에서는 ① 행정소송은 국민의 권리 또는 이익의 침해를 구제하고, 공법상의 권리관계 또는 법 적용에 관한 다툼을 적정하게 해결함을 목적으로

하는 것으로서, 대등한 주체 사이의 사법상 생활관계에 관한 분쟁을 심판대상
으로 하는 민사소송과는 그 목적 · 취지 및 기능 등을 달리한다는 점, ② 행정소
송법 제4조에서는 무효확인소송을 항고소송의 일종으로 규정하고 있고, 행정소
송법 제38조 제1항에서는 취소판결의 기속력 및 행정청의 재처분의무에 관한
행정소송법 제30조를 무효확인소송에도 준용하고 있으므로, 무효확인판결 자체
만으로도 실효성을 확보할 수 있다는 점, ③ 무효확인소송의 보충성을 규정하
고 있는 외국의 일부 입법례(일본)와는 달리 우리나라 행정소송법에는 명문의
규정이 없어 이로 인한 명시적 제한이 존재하지 아니한다는 점을 그 논거로 들
고 있다. 그러므로 앞의 예에서 원고는 금전부과처분에 대한 무효확인소송 또
는 부당이득반환청구소송 중에서 어느 하나를 선택할 수 있다.

제2목 부작위위법확인소송

I. 개 설

행정청에 대하여 일정한 처분을 할 것을 신청하였으나 행정청이 인용이든
거부든 어떠한 처분도 하지 않고 이를 방치하고 있는 경우에는, 취소소송이나
무효확인소송의 방법으로 이를 다툴 수 없다. 이러한 행정청의 부작위를 다툴
소송유형으로 따로 마련된 것이 부작위위법확인소송이다.

다만 뒤에서 볼 바와 같이 부작위가 위법하다는 것을 확인하여 행정청으로
하여금 응답을 하도록 하기 위한 소송일 뿐, 원고의 신청을 인용하지 않은 것이
위법하다는 확인은 받을 수 없으므로, 실효적이지 않은 우회적인 권리구제수단
이다. 행정심판에서는 부작위에 대해 의무이행심판을 청구할 수 있지만(행정심판
법 5ⅲ), 행정소송에서는 권력분립 원칙이 침해될 수 있다는 우려의 목소리 때
문에 의무이행소송이 도입되지 못하였다. 그러나 실효적인 권리구제를 위해서
는 의무이행소송을 도입하는 것이 바람직하다. 2006년 대법원 개정의견과
2013년 정부 입법예고안 모두 의무이행소송의 도입을 개정내용으로 담고 있다.

부작위위법확인소송도 취소소송과 마찬가지로 항고소송이므로 상당수의 조
항이 준용된다(행정소송법 38②). 이하에서는 취소소송과 다른 부분 위주로 설명
한다.

Ⅱ. 대상적격 ─ 부작위의 개념

행정소송법은 부작위를 "행정청이 당사자의 신청에 대하여 상당한 기간 내에 일정한 처분을 하여야 할 법률상 의무가 있음에도 불구하고 이를 하지 아니하는 것"이라고 정의하고 있다(동법 2①ii). 이에 따르면 부작위가 되려면 다음의 요건을 충족하여야 한다.

① 신 청　우선 당사자의 신청이 있어야 한다.

② 법규상 또는 조리상의 신청권　신청은 법규상·조리상의 신청권이 있는 자의 신청이어야 한다. 행정소송법은 행정청에게 '일정한 처분을 하여야 할 의무'가 있을 것을 요구하고, 여기에서 일정한 처분이란 신청의 인용이든 거부든 응답을 하여야 할 의무라고 해석된다. 이에 대응하는 당사자의 권리가 바로 거부처분의 요건인 신청권, 즉 응답신청권이므로, 거부처분과 마찬가지로 신청권이 성립요건이 된다.[1]

③ 처분의 신청　신청한 행정작용은 처분이어야 한다. 인·허가 등의 수익적 처분의 신청이 일반적일 것이다. 그러므로 처분성이 인정되지 않는 행정작용을 신청한 경우에는 부작위위법확인소송의 대상인 부작위가 되지 아니한다. 예를 들어 검사의 압수물환부결정은 처분이 아니므로 그 신청에 대해 아무런 결정이나 통지를 하지 아니하여도 부작위에 해당하지 아니한다(대판 1995. 3. 10, 94누14018).

④ 상당한 기간　부작위가 되기 위해서는 신청을 한 뒤 '상당한 기간'이 지나도 아무런 처분을 하지 아니하여야 한다. 상당한 기간은 사회통념상 당해 신청에 대한 처분을 하는 데 필요한 것으로 인정되는 기간을 말한다. 행정절차법의 처리기간(행정절차법 19)이 일응의 판단기준이 될 수 있을 것이다. 다만, 사실심 변론종결시를 기준으로 판단하게 되므로 대개의 경우 기간은 문제되지 아니한다.

⑤ 처분의 부존재　당사자의 신청에 대한 행정청의 처분이 부존재하여야 한다. 소 제기시에는 처분이 없었더라도 변론종결 전에 행정청이 인용이든 거부든 처분을 하였다면 부작위위법확인소송을 구할 소의 이익을 상실하게 된다(대판 1990. 9. 25, 89누4758). 신청 후 일정한 기간이 경과하면 거부처분을 한 것으로 보는 조항을 두는 법령이 있다. 이 경우에는 의제된 처분을 다투어야 하

---

1) 제1목 제1. Ⅲ. 참조.

고 부작위를 다툴 수는 없다.

Ⅲ. 심리의 기준과 범위

1. 위법판단 기준시

취소소송에 있어서는 처분시를 기준으로 판단하지만, 부작위위법확인소송의 경우에는 처분이 없으므로 판결시(변론종결시)를 기준으로 할 수밖에 없다.

2. 법원의 심리범위

부작위위법확인소송에서 행정청에게 신청에 따른 인용처분을 할 의무가 있는지도 심리할 수 있다는 견해(실체적 심리설)도 있지만, 부작위의 위법 여부만 심리할 수 있다는 견해(절차적 심리설)가 통설·판례의 입장이다.

> 부작위위법확인의 소는 행정청이 당사자의 법규상 또는 조리상의 권리에 기한 신청에 대하여 상당한 기간 내에 그 신청을 인용하는 적극적 처분을 하거나 각하 또는 기각하는 등의 소극적 처분을 하여야 할 법률상의 응답의무가 있음에도 불구하고 이를 하지 아니하는 경우, 그 부작위의 위법을 확인함으로써 행정청의 응답을 신속하게 하여 부작위 내지 무응답이라고 하는 소극적인 위법상태를 제거하는 것을 목적으로 하는 것이고, 나아가 그 인용 판결의 기속력에 의하여 행정청으로 하여금 적극적이든 소극적이든 어떤 처분을 하도록 강제한 다음, 그에 대하여 불복이 있을 경우 그 처분을 다투게 함으로써 최종적으로는 당사자의 권리와 이익을 보호하려는 제도 …(대판 2002. 6. 28, 2000두4750)

Ⅳ. 부작위위법확인소송의 판결

부작위위법확인소송의 판결에도 기속력, 처분의무 및 간접강제 규정이 준용된다(행정소송법 38②·30·34). 따라서 인용판결이 확정되면, 행정청은 '판결의 취지에 따라' 상대방의 신청에 대하여 일정한 처분을 하여야 한다. 그러나 부작위위법확인소송은 행정청의 부작위가 위법한 것임을 확인하는 데 그치는 것이므로(Ⅲ.2.의 절차적 심리설), 신청을 인용하든 거부하든 간에 처분을 하기만 하면 판결의 취지에 따른 처분이 된다. 만약 행정청이 거부처분을 한다면, 원고는 거부처분 취소소송을 다시 제기하여야 비로소 원하는 목적을 달성할 수 있다. 이 점에서 부작위위법확인소송은 우회적인 구제수단에 불과하다. 간접강제 규정이 준용되므로 행정청이 처분의무를 이행하지 아니하면 이를 통한 실효성 확보가 가능하다.

제4항 당사자소송

I. 의 의

당사자소송은 "행정청의 처분등을 원인으로 하는 법률관계에 관한 소송 그 밖에 공법상의 법률관계에 관한 소송으로서 그 법률관계의 일방 당사자를 피고로 하는 소송"을 말한다(동법 3ii). 처분(또는 그 부작위)을 대상으로 하는 항고소송과 달리, 당사자소송은 법률관계 자체를 대상으로 한다. 민사소송과의 관계에서 구별해 보면, 당사자소송은 공법상 법률관계를 대상으로 하는 반면, 당사자소송은 사법상 법률관계를 대상으로 한다. 당사자소송에는 형식적 당사자소송과 실질적 당사자소송이 있다.

II. 형식적 당사자소송

1. 의 의

형식적 당사자소송이란 행정청의 처분이나 재결에 의하여 형성된 법률관계에 관하여 다툼이 있는 경우에, 처분 등의 효력을 다툼이 없이 직접 처분 등에 의하여 형성된 법률관계에 대하여 법률관계의 당사자를 피고로 하여 제기하는 소송을 말한다. 형식적 당사자소송은 처분 등에 불복하는 항고소송으로서의 실질을 갖추고 있으나, 일정한 필요가 있어 법령에서 법률관계를 직접 당사자 사이에 다투도록 하는 것이다. 항고소송을 통해 처분의 공정력을 배제하지 않은 채, 당사자소송으로 처분의 내용을 실질적으로 변경하는 소송이므로, 개별법상의 명시적 근거가 있어야 한다. 토지취득보상법의 보상금증감청구소송이 대표적인 예이다. 아래에서는 이에 관해 살펴본다.

2. 보상금증감청구소송

토지수용위원회의 수용재결은 내용적으로는 당해 토지를 수용한다는 권리취득재결과 그에 따르는 보상금재결로 구성되어 있다. 토지소유자 등이 수용재결에 대하여 불복할 때에는, 수용 그 자체를 저지하고자 하는 경우도 있고 보상금액에 대하여만 다투고자 하는 경우도 있다. 후자의 경우 수용의 정당성에 대하여는 이의가 없고 단지 보상금액의 다과만이 다투어지고 있는 것이다. 그러한 점에서는 토지수용위원회를 피고로 수용재결의 취소를 구할 것이 아니라, 다툼의 실질적 당사자라고 할 수 있는 토지소유자(보상금 지급청구권자)와 사업시행자(보상금 지급의무자)가 각각 원·피고가 되어 보상금의 증액 또는 감액을 청구하도록 하는 것이 다툼의 해결을 위한 적절한 해결방식이 된다.

이러한 취지에 따라 토지취득보상법도 보상금재결에 불복하는 경우에는, 보상금증감청구소송을 제기하는 자가 토지소유자 또는 관계인인 때에는 사업시행자를, 사업시행자인 때에는 토지소유자 또는 관계인을 각각 피고로 하여 제기하도록 하고 있다(법 85②). 전자의 경우에는 증액을 구하는 금원의 이행청구를, 후자의 경우에는 감액을 구하는 금원에 대한 채무부존재확인청구 또는 이행청구를 청구취지로 한다. 토지수용위원회를 피고로 하여 수용재결의 취소나 변경을 구하는 청구취지는 불필요하다.

Ⅲ. 실질적 당사자소송

실질적 당사자소송은 공법상의 법률관계에 관한 다툼으로서 그 법률관계의 한쪽 당사자를 피고로 하는 소송을 말한다(행정소송법 3ii). 몇 가지 유형을 살펴보면 다음과 같다. 근래에 들어 민사소송과의 관계에서 당사자소송의 대상을 넓히는 취지의 판례가 늘어나는 추세여서 당사자소송이 활성화되고 있다.

1. 공법상의 신분·지위에 관한 소송

공무원이나 공법상 근무관계에 있는 자 등의 신분이나 지위의 확인을 구하는 소송이 이에 속한다. 예를 들어 '전문직공무원인 공중보건의사의 채용계약해지의 의사표시'는 일반공무원에 대한 징계처분과 달리 처분이 아니고 관할 도지사가 계약관계의 한쪽 당사자로서 한 의사표시이므로, 항고소송으로 다툴 수 없고, 당사자소송으로 그 의사표시의 무효확인을 구하여야 한다(대판 1996. 5. 31, 95누10617). 또한 지방소방공무원의 보수에 관한 법률관계는 공법상의 법률관계이고, 초과근무수당에 관해서는 법령에서 구체적으로 정하고 있어 그 지급청구권은 법령의 규정에 의해 직접 발생하는 것이므로, 초과근무수당의 지급을 구하는 청구는 당사자소송으로 하여야 한다(대판 2013. 3. 28, 2012다102629).

2. 손실보상청구

손실보상금의 결정절차와 불복방법은 법령에 따라 다양한 형태가 있다. 그 중 법령 자체의 규정에 의하여 직접 손실보상청구권이 발생하고 불복절차에 관해 달리 정함이 없는 경우에는 보상금의 지급을 구하는 이행소송을 제기한다. 과거의 판례는 손실보상청구권을 사권으로 보아 민사소송으로 구하여야 한다는 입장이었다(대판 1991. 4. 26, 90다8978 등). 그러나 대법원은 이러한 종래의 판례를 변경하여 위와 같은 경우의 손실보상청구권은 공법상의 권리이고, 이에 관한 쟁송은 공법상 법률관계에 관한 소송으로서의 당사자소송에 의하여야 할 것이라고 하였다.

> 법률 제3782호 하천법 중 개정법률(이하 '개정 하천법'이라 한다)은 그 부칙 제2조 제1항에서 개정 하천법의 시행일인 1984. 12. 31. 전에 유수지에 해당되어 하천구역으로 된 토지 및 구 하천법(1971. 1. 19. 법률 제2292호로 전문 개정된 것)의 시행으로 국유로 된 제외지 안의 토지에 대하여는 관리청이 그 손실을 보상하도록 규정하였고, '법률 제3782호 하천법 중 개정법률 부칙 제2조의 규정에 의한 보상청구권의 소멸시효가 만료된 하천구역 편입토지 보상에 관한 특별조치법' 제2조는 개정 하천법 부칙 제2조 제1항에 해당하는 토지로서 개정 하천법 부칙 제2조 제2항에서 규정하고 있는 소멸시효의 만료로 보상청구권이 소멸되어 보상을 받지 못한 토지에 대하여는 시·도지사가 그 손실을 보상하도록 규정하고 있는바, 위 각 규정들에 의한 손실보상청구권은 모두 종전의 하천법 규정 자체에 의하여 하천구역으로 편입되어 국유로 되었으나 그에 대한 보상규정이 없었거나 보상청구권이 시효로 소멸되어 보상을 받지 못한 토지들에 대하여, 국가가 반성적 고려와 국민의 권리구제 차원에서 그 손실을 보상하기 위하여 규정한 것으로서, 그 법적 성질은 하천법 본칙이 원래부터 규정하고 있던 하천구역에의 편입에 의한 손실보상청구권과 하등 다를 바가 없는 것이어서 공법상의 권리임이 분명하므로 그에 관한 쟁송도 행정소송절차에 의하여야 한다. … 하천법 부칙(1984. 12. 31.) 제2조와 '법률 제3782호 하천법 중 개정법률 부칙 제2조의 규정에 의한 보상청구권의 소멸시효가 만료된 하천구역 편입토지 보상에 관한 특별조치법' 제2조, 제6조의 각 규정들을 종합하면, 위 규정들에 의한 손실보상청구권은 1984. 12. 31. 전에 토지가 하천구역으로 된 경우에는 당연히 발생되는 것이지, 관리청의 보상금지급결정에 의하여 비로소 발생하는 것은 아니므로, 위 규정들에 의한 손실보상금의 지급을 구하거나 손실보상청구권의 확인을 구하는 소송은 행정소송법 제3조 제2호 소정의 당사자소송에 의하여야 한다(대판 2006. 5. 18, 2004다6207).

3. 공법상 부당이득과 국가배상

공법상 원인에 의한 부당이득반환청구와 국가배상청구는 실무에서 당사자소송이 아니라 민사소송의 대상으로 보고 있다(과오납 국세환급에 관한 대판 2015. 8. 27, 2013다212639). 그러나 공법상 원인으로 발생하는 손해배상이나 부당이득반환에 관한 다툼은 행정소송의 전문성·공익성 등을 고려할 때 당사자소송의 대상으로 하는 것이 바람직할 것이다. 부가가치세 환급청구에 관해서는, 그 성격을 부당이득의 반환이 아니라 "조세 정책적 관점에서 특별히 인정되는 공법상 의무"라고 보아 당사자소송의 대상이라고 판단한 바 있다(대판 2013. 3. 21, 2011다95564)

4. 공법상 금전급부청구권의 지급청구

산업재해보상보험법·공무원연금법·군인연금법 등 각종 사회보장 관계법률에 정한 급여의 수급권은 당사자의 신청과 그에 대한 행정청의 인용결정이 있을 때에 비로소 구체적으로 발생하는 것이므로, 곧바로 국가를 상대로 당사자소송으로 그 권리의 확인이나 급여의 지급을 소구하는 것은 허용되지 아니한다(대판 1995. 9. 15, 93누18532 등).[1] 반면 근거법령상 행정청의 결정 없이 공법상 금전급부청구권이 곧바로 발생하는 경우에는, 행정청의 인용결정을 기다릴 필요 없이 당사자소송으로 그 이행을 구할 수 있다. 석탄산업법에 의한 석탄가격안정지원금청구(대판 1997. 5. 30, 95다28960), 「광주민주화운동관련자의 보상 등에 관한 법률」에 의한 보상청구(대판 1992. 12. 24, 92누3335) 등이 그 예이다. 결국 근거법령의 해석상 행정청의 결정이 있어야 권리가 발생한다면 지급 거부결정은 처분이어서 항고소송으로 다투어야 하고, 행정청의 결정 없이 법령에 의해 바로 권리의 존부와 범위가 정해진다면 지급을 구하는 당사자소송을 제기하여야 한다. 문제는 많은 경우 근거법령을 어느 쪽을 해석하여야 할지 명확하지 않다는 점이다.

대법원은 위의 「광주민주화운동관련자의 보상 등에 관한 법률」과 구조가 거의 유사한 「민주화운동관련자 명예회복 및 보상 등에 관한 법률」의 보상금에

---

1) 다만, 이미 명예퇴직수당 지급대상자로 결정된 상태이고, 수당의 산정기준이 법령에 구체적으로 정하여져 있다면, 정당한 수당액과 이미 지급받은 수당액 사이의 차액의 지급을 구하는 청구는 당사자소송으로 제기하여야 한다(대판 2016. 5. 24, 2013두14863).

관한 사건에서, 앞서의 사건과는 달리 당사자소송이 아니라 항고소송으로 보상금지급 기각결정의 취소를 구하여야 한다고 판단하였다(대판 2008. 4. 17, 2005두16185 다수의견). 항고소송의 형태가 행정청의 1차적 판단권을 존중하고, 증명책임이나 소송비용의 면에서 원고에게 유리하다는 점을 고려한 결과로 보인다. 이에 대해서 당사자소송의 대상이라는 반대의견이 있었다.

> [다수의견] '민주화운동관련자 명예회복 및 보상 등에 관한 법률' 제2조 제1호, 제2호 본문, 제4조, 제10조, 제11조, 제13조 규정들의 취지와 내용에 비추어 보면, 같은 법 제2조 제2호 각 목은 민주화운동과 관련한 피해 유형을 추상적으로 규정한 것에 불과하여 제2조 제1호에서 정의하고 있는 민주화운동의 내용을 함께 고려하더라도 그 규정들만으로는 바로 법상의 보상금 등의 지급 대상자가 확정된다고 볼 수 없고, '민주화운동관련자 명예회복 및 보상 심의위원회'에서 심의·결정을 받아야만 비로소 보상금 등의 지급 대상자로 확정될 수 있다. 따라서 그와 같은 심의위원회의 결정은 국민의 권리의무에 직접 영향을 미치는 행정처분에 해당하므로, 관련자 등으로서 보상금 등을 지급받고자 하는 신청에 대하여 심의위원회가 관련자 해당 요건의 전부 또는 일부를 인정하지 아니하여 보상금 등의 지급을 기각하는 결정을 한 경우에는 신청인은 심의위원회를 상대로 그 결정의 취소를 구하는 소송을 제기하여 보상금 등의 지급대상자가 될 수 있다.
> [반대의견] '민주화운동관련자 명예회복 및 보상 등에 관한 법률' 제17조의 규정은 입법자가 결정전치주의에 관하여 특별한 의미를 부여하고 있는 것으로, 심의위원회의 결정과 같은 사전심사를 거치거나 사전심사를 위한 일정한 기간이 지난 후에는 곧바로 당사자소송의 형태로 권리구제를 받을 수 있도록 하려는 데 그 진정한 뜻이 있는 것이다. 또한, 소송경제나 분쟁의 신속한 해결을 도모한다는 측면에서도 당사자소송에 의하는 것이 국민의 권익침해 해소에 가장 유효하고 적절한 수단이다. 따라서 보상금 등의 지급신청을 한 사람이 심의위원회의 보상금 등의 지급에 관한 결정을 다투고자 하는 경우에는 곧바로 보상금 등의 지급을 구하는 소송을 제기하여야 하고, 관련자 등이 갖게 되는 보상금 등에 관한 권리는 위 법이 특별히 인정하고 있는 공법상 권리이므로 그 보상금 등의 지급에 관한 소송은 행정소송법 제3조 제2호에 정한 국가를 상대로 하는 당사자소송에 의하여야 한다.

Ⅳ. 당사자소송의 심리와 판결

취소소송에 관한 규정이 상당수 준용된다(행정소송법 44). 이하에서는 취소소송과 다른 부분 위주로 설명한다.[1]

---

1) 가처분의 가능성에 관해서는 제2항 제2목 Ⅲ. 3. 참조.

1. 피고적격

당사자소송은 항고소송처럼 행정청을 피고로 하지 않고, '국가·공공단체 그 밖의 권리주체'를 피고로 한다(동법 39).

2. 토지관할

당사자소송에 관한 재판관할에 대하여는 취소소송에 관한 규정이 준용되므로, 피고의 소재지를 관할하는 행정법원이 관할법원이 된다. 당사자소송은 항고소송의 경우와는 달리 국가·공공단체 기타 권리주체를 피고로 하므로, 국가나 공공단체가 피고인 때에는 관계행정청의 소재지를 피고의 소재지로 본다(동법 40).

3. 제소기간

일반적인 제소기간 제한은 없고, 개별법에서 "당사자소송에 관하여 제소기간이 정하여져 있는 때에는 그 기간은 불변기간으로 한다"(동법 41).

제5항 민중소송과 기관소송

Ⅰ. 개 념

민중소송은 "국가 또는 공공단체의 기관이 법률에 위반되는 행위를 한 때에 직접 자기의 법률상 이익과 관계없이 그 시정을 구하기 위하여 제기하는 소송"(동법 3ⅲ)을, 기관소송은 "국가 또는 공공단체의 기관상호간에 있어서의 권한의 존부 또는 그 행사에 관한 다툼이 있을 때에 이에 대하여 제기하는 소송"(동법 3ⅳ)을 말한다. 민중소송과 기관소송은 행정소송법의 규정만으로 일반적으로 인정되지 않고, 개별법에서 정한 경우에 한하여 제기할 수 있다(동법 45). 즉, 민중소송과 기관소송에 대해서는 법정주의가 적용된다. 대상적격, 원고적격, 제소기간 등 각 소송에 관한 구체적인 사항도 개별법에서 규율하는 바에 따르게 된다.

II. 현행법상 인정되는 예

1. 민중소송

현행법상 인정되는 민중소송으로서는 국민투표법이 정한 국민투표무효소송 (법 92), 공직선거법이 정한 선거무효소송(법 222)과 당선무효소송(법 223), 지방 자치법이 정한 주민소송(법 22) 등이 있다.

2. 기관소송

현행법상의 기관소송으로는 지방자치법이 정한 지방자치단체 장과 지방의 회 사이의 의결무효소송(법 120) 등이 있다. 지방자치법이 정한 감독처분에 대 한 이의소송(동법 188·189)이 기관소송에 해당하는지는 논란이 있다.

색 인

저자약력

김 동 희

서울대학교 법과대학 졸업
「프랑스」국립행정대학원(ENA) 수료
파리 제Ⅱ대학에서 공법학 국가박사
자르브류켄대학교 불법(佛法)연구소 연구위원
자르브류켄대학교에서 독일행정법연구
파리 제Ⅱ·Ⅺ대학 객원교수
사법시험·행정고시·입법고시 등 각종 시험위원
서울대학교 법과대학 교수

저 서

행정법 Ⅱ
행정법연습
「프랑스」사회보장법
「프랑스」행정법(역서)

최 계 영

서울대학교 법과대학 학사, 석사, 박사
사법연수원 32기 수료(2003)
서울지방법원, 서울서부지방법원 예비판사,
  판사(2003~2007)
서울대학교 법과대학 전임강사, 조교수,
  부교수, 교수(2007~현)

제27판
행 정 법 Ⅰ

초판발행	1991년 9월 20일
제27판발행	2023년 3월 15일
지은이	김동희·최계영
펴낸이	안종만·안상준
편 집	김선민
기획/마케팅	조성호
표지디자인	이수빈
제 작	고철민·조영환

펴낸곳　(주) **박영사**
　　　서울특별시 금천구 가산디지털2로 53, 210호(가산동, 한라시그마밸리)
　　　등록 1959. 3. 11. 제300-1959-1호(倫)

전 화	02)733-6771
f a x	02)736-4818
e-mail	pys@pybook.co.kr
homepage	www.pybook.co.kr
ISBN	979-11-303-4433-1　94360
	979-11-303-4432-4　(세트)

copyright©김동희·최계영, 2023, Printed in Korea

정가　　　53,000원

.